总主编 曾宪义 王利明

21世纪法学系列教材

法学研究生用书

法理学专题研究

（第二版）

主 编 朱景文

中国人民大学出版社
· 北京 ·

编审委员会

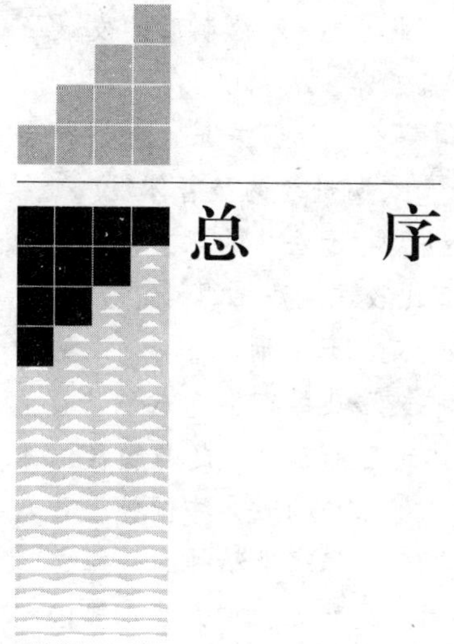

总　序

曾宪义

在人类文明与文化的发展中，中华民族曾作出过伟大的贡献，不仅最早开启了世界东方文明的大门，而且对人类法治、法学及法学教育的生成与发展进行了积极的探索与光辉的实践。

在我们祖先生存繁衍的土地上，自从摆脱动物生活、开始用双手去进行创造性的劳动、用人类特有的灵性去思考以后，我们人类在不断改造客观世界、创造辉煌的物质文明的同时，也在不断地探索人类的主观世界，逐渐形成了哲学思想、伦理道德、宗教信仰、风俗习惯等一系列维系道德人心、维持一定社会秩序的精神规范，更创造了博大精深、义理精微的法律制度。应该说，在人类所创造的诸种精神文化成果中，法律制度是一种极为奇特的社会现象。因为作为一项人类的精神成果，法律制度往往集中而突出地反映了人类在认识自身、调节社会、谋求发展的各个重要进程中的思想和行动。法律是现实社会的调节器，是人民权利的保障书，是通过国家的强制力来确认人的不同社会地位的有力杠杆，它来源于现实生活，而且真实地反映现实的要求。因而透过一个国家、一个民族、一个时代的法律制度，我们可以清楚地观察到当时人们关于人、社会、人与人的关系、社会组织以及哲学、宗教等诸多方面的思想与观点。同时，法律是一种具有国家强制力、约束力的社会规范，它以一种最明确的方式，对当时社会成员的言论或行动作出规范与要求，因而也清楚地反映了人类在各个历史发展阶段中对于不同的人所作出的种种具体要求和限制。因此，从法律制度的发展变迁中，同样可以看到人类自身不断发展、不断完善的历史轨迹。人类社会几千年的国家文明发展历史已经无可争辩地证明，法律制度乃是维系社会、调整各种社会关系、保持社会稳定的重要的工具。同时，法律制度的不断完善，也是人类社会文明进步的显著体现。

由于发展路径的不同、文化背景的差异，东方社会与西方世界对于法律的意义、底蕴的理解、阐释存有很大的差异，但是，在各自的发展过程中，都曾比较注重法律的制定与完善。中国古代虽然被看成是“礼治”的社会、“人治”的世界，被认为是“只有刑，没有法”的时代，但从《法经》到《唐律疏议》、《大清律例》等数十部优秀成文法典的存在，充分说明了成文制定法在中国古代社会中的突出地位，唯这些成文法制所体现出的精神旨趣与现代法律文明有较大不同而已。时至20世纪初叶，随着西风东渐、东西文化交流加快，中国社会开始由古代的、传统的社会体制向近现代文明过渡，建立健全的、符合现代理性精神的法律文明体系方成为现代社会的共识。正因为如此，近代以来的数百年间，在西方、东方各主要国家里，伴随着社会变革的潮起潮落，法律改革运动也一直呈方兴未艾之势。

从历史上看，法律的文明、进步，取决于诸多的社会因素。东西方法律发展的历史均充分证明，推动法律文明进步的动力，是现实的社会生活，是政治、经济和社会文化的变迁；同时，法律内容、法律技术的发展，往往依赖于一大批法律专家以及更多的受过法律教育的社会成员的研究和推动。从这个角度看，法学教育、法学研究的发展，对于法律文明的发展进步，也有着异常重要的意义。正因为如此，法学教育和法学研究在现代国家的国民教育体系和科学研究体系中，开始占有越来越重要的位置。

中国近代意义上的法学教育和法学研究，肇始于19世纪末的晚清时代。清光绪二十一年（公元1895年）开办的天津中西学堂，首次开设法科并招收学生，虽然规模较小，但仍可以视为中国最早的近代法学教育机构（天津中西学堂后改名为北洋大学，又发展为天津大学）。三年后，中国近代著名的思想家、有“维新骄子”之称的梁启超先生即在湖南《湘报》上发表题为《论中国宜讲求法律之学》的文章，用他惯有的富有感染力的激情文字，呼唤国人重视法学，发明法学，讲求法学。梁先生是清代末年一位开风气之先的思想巨子，在他的辉煌的学术生涯中，法学并非其专攻，但他仍以敏锐的眼光，预见到了新世纪中国法学研究和法学教育的发展。数年以后，清廷在内外压力之下，被迫宣布实施“新政”，推动变法修律。以修订法律大臣沈家本为代表的一批有识之士，在近十年的变法修律过程中，在大量翻译西方法学著作，引进西方法律观念，有限度地改造中国传统的法律体制的同时，也开始推动中国早期的法学教育和法学研究。20世纪初，中国最早设立的三所大学——北洋大学、京师大学堂、山西大学堂均设有法科或法律学科目，以期“端正方向，培养通才”。1906年，应修订法律大臣沈家本、伍廷芳等人的奏请，清政府在京师正式设立中国第一所专门的法政教育机构——京师法律学堂。次年，另一所法政学堂——直属清政府学部的京师法政学堂也正式招生。这些大学法科及法律、法政学堂的设立，应该是中国历史上近代意义上的正规专门法学教育的滥觞。

自清末以来，中国的法学教育作为法律事业的一个重要组成部分，随着中国社会的曲折发展，经历了极不平坦的发展历程。在20世纪的大部分时间里，中国社会一直充斥着各种矛盾和斗争。在外敌入侵、民族危亡的沉重压力之下，中国人民为寻找适合中国国情的发展道路而花费了无穷的心力，付出过沉重的代价。从客观上看，长期的社会骚动和频繁的政治变迁曾给中国的法治与法学带来过极大的消极影响。直至70年代末期，以"文化大革命"宣告结束为标志，中国社会从政治阵痛中清醒过来，开始用理性的目光重新审视中国的过去，规划国家和社会的未来，中国由此进入长期稳定、和平发展的大好时期，以这种大的社会环境为背景，中国的法学教育也获得了前所未有的发展机遇。

从宏观上看，实行改革开放以来，经过二十多年的努力，中国的法学教育事业所取得的成就是辉煌的。首先，经过"解放思想，实事求是"思想解放运动的洗礼，在中国法学界迅速清除了极左思潮及苏联法学模式的一些消极影响，根据本国国情建设社会主义法治国家已经成为国家民族的共识，这为中国法学教育和法学研究的发展奠定了稳固的思想基础。其次，随着法学禁区的不断被打破、法学研究的逐步深入，一个较为完善的法学学科体系已经建立起来。理论法学、部门法学各学科基本形成了比较系统和成熟的理论体系和学术框架，一些随着法学研究逐渐深入而出现的法学子学科、法学边缘学科也渐次成型。1997年，国家教育主管部门和教育部高校法学学科教学指导委员会对原有专业目录进行了又一次大幅度调整，决定自1999年起法学类本科只设一个单一的法学专业，按照一个专业招生，从而使法学学科的布局更加科学和合理。同时，在充分论证的基础上，确定了法学专业本科教学的14门核心课程，加上其他必修、选修课程的配合，由此形成了一个传统与更新并重、能够适应国家和社会发展需要的教学体系。法学硕士和博士研究生及法律硕士专业学位研究生的专业设置、课程教学和培养体系也日臻完善。再次，法学教育的规模迅速扩大，层次日趋齐全，结构日臻合理。目前中国有六百余所普通高等院校设置了法律院系或法律本科专业，在校本科学生和研究生已达二十余万人。除本科生外，在一些全国知名的法律院校，法学硕士研究生、法律硕士专业学位研究生、法学博士研究生已经逐步成为培养的重点。

众所周知，法律的进步、法治的完善，是一项综合性的社会工程。一方面，现实社会关系的发展，国家政治、经济和社会生活的变化，为法律的进步、变迁提供动力，提供社会的土壤。另一方面，法学教育、法学研究的发展，直接推动法律进步的进程。同时，全民法律意识、法律素质的提高，则是实现法治国理想的关键的、决定性的因素。在社会发展、法学教育、法学研究等几个攸关法律进步的重要环节中，法学教育无疑处于核心的、基础的地位。中国法学教育过去二十多年所走过的历程令人激动，所取得的成就也足资我们自豪。随着国家的发展、社会的进步，在21世纪，我们面临着更严峻的挑战和更灿烂的前景。"建设世界一流法学教育"，任重道远。

首先，法律是建立在经济基础之上的上层建筑，以法治为研究对象的法学也就成为一门实践性很强的学科。社会生活的发展变化，势必要对法学教育、法学研究不断提出新的要求。经过二十多年的奋斗，中国改革开放的前期目标已顺利实现。但随着改革开放的逐步深入，国家和社会的一些深层次问题，比如说社会主义市场经济秩序的真正建立、国有企业制度的改革、政治体制的完善、全民道德价值的重建、环境保护和自然资源的合理利用等等，也已经开始浮现出来。这些复杂问题的解决，无疑最终都会归结到法律制度的完善上来。建立一套完善、合理的法律制度，构建理想的和谐社会，乃一项持久而庞大的社会工程，需要全民族的智慧和努力。其中的基础性工作，如理论的论证、框架的设计、具体规范的拟订、法律实施中的纠偏等等，则有赖于法学研究的不断深入，以及高素质人才特别是法律人才的养成，而培养法律人才的任务，则是法学教育的直接责任。

其次，21 世纪是一个多元化的世纪。20 世纪中叶发生的信息技术革命，正在极大地改变着我们的世界。现代科学技术，特别是计算机网络信息技术的发展，使传统的生活方式、思想观念发生了根本的改变，并由此引发许多人类从未面对过的问题。就法学教育而言，在 21 世纪所要面临的，不仅是教学内容、研究对象的多元化问题，而且还有培养对象、培养目标的多元化、教学方式的多元化等一系列问题，这些问题都需要法学界去思考、去探索。

中国人民大学法学院建立于 1950 年，是新中国诞生后创办的第一所正规高等法学教育机构。在半个多世纪的岁月中，中国人民大学法学院以其雄厚的学术力量、严谨求实的学风、高水平的教学质量以及丰硕的学术研究成果，在全国法学教育领域处于领先地位，并开始跻身于世界著名法学院之林。据初步统计，中国人民大学法学院已经为国家培养法学专业本科生、硕士生、博士生一万余人，培养各类成人法科学生三十余万人。经过多年的努力，中国人民大学法学院形成了较为明显的学术优势，在现职教师中，既有一批资深望重、在国内外享有盛誉的法学前辈，更有一大批在改革开放后成长起来的优秀中青年法学家。这些老中青法学专家多年来在勤奋研究法学理论的同时，也积极投身于国家的立法、司法实践，对国家法制建设贡献良多。

有鉴于此，中国人民大学法学院与中国人民大学出版社经过研究协商，决定结合中国人民大学法学院的学术优势和中国人民大学出版社的出版力量，出版一套“21 世纪法学系列教材”。自 1998 年开始编写出版本科教材，包括按照国家教育部所确定的法学专业核心课程和其所颁布印发的《全国高等学校法学专业核心课程基本要求》而编写的 14 门核心课程教材，也包括法学各领域、各新兴学科教材及教学参考书和案例分析在内，到 2000 年 12 月 3 日在人民大会堂大礼堂召开举世瞩目的“21 世纪世界百所著名大学法学院院长论坛暨中国人民大学法学院成立五十周年庆祝大会”之时，业已出版了 50 本作为 50 周年院庆献礼，到现在总共出版了 80 本。为了进一步适应高等法学教育发展的形势和教学改革的需要，最近中国人民大学法学院与中国人民大学出版社决定将这套教材扩大为四个系列，即：“本科生用书”、“法学研究生用书”、“法律硕士研究生用书”以及“司法考试用书”，总数将达二百多本。我们设想，本套教材的编写，将更加注意“高水准”与“适用性”的合理结合。首先，本套教材将由中国人民大学法学院具有全国影响的各学科的学术带头人领衔，约请全国高校优秀学者参加，形成学术实力强大的编写阵容。同时，在编写教材时，将注意吸收中国法学研究的最新的学术成果，注意国际学术发展的最新动向，力求使教材内容能够站在21世纪的学术前沿，反映各学科成熟的理论，体现中国法学的水平。其次，本套教材在编写时，将针对新时期学生特点，将思想性、学术性、新颖性、可读性有机结合起来，注意运用典型生动的案例、简明流畅的语言去阐释法律理论与法律制度。

我们期望并且相信，经过组织者、编写者、出版者的共同努力，这套法学教材将以其质量效应、规模效应，力求成为奉献给新世纪的精品教材，我们诚挚地祈望得到方家和广大读者的教正。

2006年7月1日

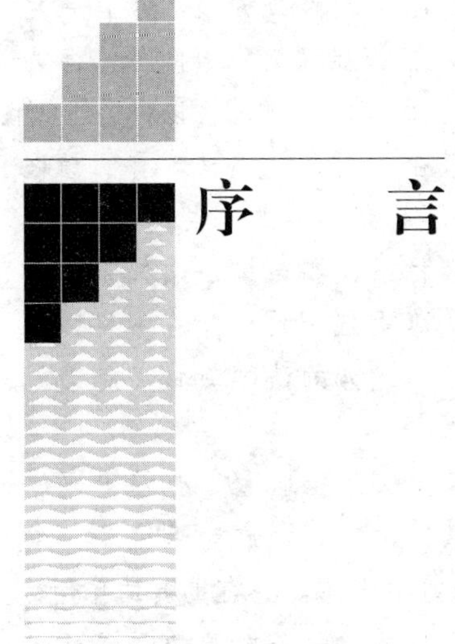

序　言

法学教育是高等教育的重要组成部分，是建设社会主义法治国家、构建社会主义和谐社会的重要基础，并居于先导性的战略地位。在我国社会转型的新世纪、新阶段，法学教育不仅要为建设高素质的法律职业共同体服务，而且要面向全社会培养大批治理国家、管理社会、发展经济的高层次法律人才。近年来，法学教育取得了长足的进步，法科数量增长很快，教育质量稳步提高，培养层次日渐完善，目前已经形成了涵盖本科生、第二学士学位生、法学硕士研究生、法律硕士研究生、法学博士研究生的完整的法学人才培养体系，接受法科教育已经成为莘莘学子的优先选择之一。随着中国法治事业的迅速发展，我们有理由相信，中国法学教育的事业大有可为，中国法学教育的前途充满光明。

教育的基本功能在于育人，在于塑造德才兼备的高素质人才。法学教育的宗旨并非培养只会机械适用法律的“工匠”，而承载着培养追求正义、知法懂法、忠于法律、廉洁自律的法律人的任务。要完成法学教育的使命，首先必须认真抓好教材建设。我始终认为，教材是实现教育功能的重要工具和媒介，法学教材不仅仅是法学知识传承的载体，而且是规范教学内容、提高教学质量的关键，对法学教育的发展有着不可估量的作用。

第一，法学教材是传授法学基本知识的工具。初学法律，既要有好的老师，又要有好的教材。正如冯友兰先生所言：“学哲学的目的，是使人作为人能够成为人，而不是成为某种人。其他的学习（不是学哲学）是使人能够成为某种人，即有一定职业的人。”一套好的教材，能够高屋建瓴地展示法律的体系，能够准确简明地阐释法律的逻辑，能够深入浅出地叙述法律的精要，能够生动贴切地表达深奥的法理。所以，法学教材是学生学习法律的向导，是学生步入法律殿堂的阶梯。如果在入门之初教材就有偏颇之处，就可能误人子弟，学生日后还要花费大量时间与精力来修正已经形成的错误观念。

第二，法学教材是传播法律价值理念的载体。好的法学教材不仅要传授法学知识，更要传播法律的精神和法治的理念，例如对公平、正义的追求，尊重权利的观念。本科、研究生阶段的青年学子，正处在人生观、价值观形成的阶段，一套优秀的法学教材，对于他们价值观的塑造和健全人格的培养具有重要意义。

第三，法学教材是形成职业共同体的主要条件。建设社会主义法治国家，有赖于法律职业共同体的生成。一套好的法学教材，向法律研习者传授共同的知识，这对于培养一个接受共同的价值理念、共同的法律思维、共同的话语体系的法律共同体，具有重要的作用。

第四，法学教材是所有法律研习者的良师益友。没有好的教材，一个好的教师或可弥补教材的欠缺和不足，但对那些没有老师指导的自学者而言，教材就是老师，其重要作用是显而易见的。

长期以来，在我们的评价体系中，教材并没有获得应有的注重，对学术成果的形式优先考虑的往往是专著而非教材。在不少人的观念中，教材与创新、与学术精品甚至与学术无缘。其实，要真正写出一部好的教材，其难度之大、工作之艰辛、影响之深远，绝不低于一部优秀的专著，它甚至可以成为在几百年甚至更长的时间内发挥作用的传世之作。以查士丁尼的《法学阶梯》为例，所谓法学阶梯，即法学入门之义，就是一部教材。但它概括了罗马法的精髓，千百年来，一直是人们研习罗马法最基本的著述。日本著名学者我妻荣说过，大学教授有两大任务：一是写出自己熟悉的专业及学术领域的讲义乃至教科书；二是选择自己最有兴趣、最看重的题目，集中精力进行终生的研究。实际上，这两者是相辅相成的。写出一部好教材，必须要对相关领域形成一个完整的知识体系，还要能以深入浅出的语言将问题讲清楚、讲明白。没有编写教材的基本功，实际上也很难写出优秀的专著。当然，也只有对每一个专题都有一定研究，才能形成对这个学术领域的完整把握。

虽然近几年我国法学教育发展迅速，成绩显著，但是法学教育也面临许多挑战。各个学校的师资队伍和教学质量参差不齐，这就更需要推出更多的结构严谨、内容全面、角度各有侧重、能够适应不同需求的法学教材，为提高法学教学和人才培养质量、保障法学教育健康发展提供前提条件。

长期以来，中国人民大学法学院始终高度重视教材建设。作为新中国成立后建立的第一所正规的法学教育机构，中国人民大学法律系最早开设了社会主义法学教学课堂，编写了第一套社会主义法学讲义，培养了新中国第一批法学本科生和各学科的硕士生、博士生，产生了新中国最早的一批法学家和法律工作者。中国人民大学法律系因此被誉为“新中国法学教育的工作母机”。半个多世纪以来，中国人民大学法学院为社会主义法制建设培养了大批优秀的法律人才，并为法学事业的振兴和繁荣作出了卓越贡献，也因此成为引领中国法学教育的重镇、凝聚国内法律人才的平台和沟通中外法学交流的窗口，并在世界知名法学院行列中崭露头角。为了对中国法学教育事业作出更大的贡献，我们有义务也有责任出版一套体现我们最新研究成果的法学教材。

承蒙中国人民大学出版社的大力支持，我们组织编写了本套教材，其中包括本科生用书、法律硕士研究生用书、法学研究生用书和司法考试用书四大系列，分别面向不同层次法科教育需求。编写人员以中国人民大学法学院教师为主，反映了中国人民大学法学院整体的研究实力和学术视野。相信本套教材的出版，一定能够为新时期法学教育的繁荣发展发挥应有的作用。

是为序。

2006 年 7 月 10 日

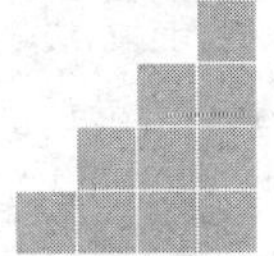

第二版序言

《法理学专题研究》(原名《法理学研究》)第二版与第一版相比，作了相当大程度的调整，其中没有一篇论文是第一版中所包括的。在2006年第一版的序言中我曾经说过：本书“无论在体系上还是在内容上，都是开放性的，随着时代的发展，学者们注意的中心会变化，选择的主题也会调整”。“本书中的许多内容经过若干年后会显得过时了，被新的内容所取代，就像选入本书的论文主要是近年来的作品，而很少20世纪90年代中期以前的作品一样。”

选入第二版的文章的最大特点是对法律与发展的中国经验的探讨，在此基础上进行对中国特色社会主义法律理论的研究，包括中国特色社会主义法律体系和社会主义法治理念研究。其中的一个背景显然与改革开放30年的经验总结相关。就法律领域而言，中国经历了一个从选择法治，推进法治，反思法治，到坚定走中国特色的社会主义法治道路的过程，经过反复比较鉴别，中国对自己的道路越来越有信心。“文化大革命”结束后，我国痛定思痛，发扬民主，加强法治，向西方学习法治经验，进行制度化建设、法制建设。但是西方的法治道路与中国的社会主义制度在许多方面是不适应的，甚至威胁到社会主义制度本身。众所周知，西方的法治模式建立的前提是多党制、三权分立和私有化，这显然和中国的社会经济政治制度是不相容的。长期以来一些西方人提出，中国要实行法治必须取消共产党的领导，否则法治将是一句空话。从实际情况看，无论是立法还是司法，按照三权分立的模式或司法独立的模式，西方法治道路都解决不了中国问题。我们开始对西方的法治模式进行反思，重新找回自我，坚定了走中国法治道路的决心，即党的领导、人民当家作主和依法治国的统一。在我看来，中国法治道路有别于西方，主要不在于立法、执法、司法等机构的设置及运作，而在于把各个机构统合起来，发挥其整体优势。比如我们不搞三权鼎立，从国家机构来说，全国人民代表大会是最高国家权力机关，行政机关、司法机关等都是由人大产生并对其负责、受其监督；从社会系统来说，党政军民学，东西南北中，党是领导一切的，可以集中全国的力量办大事。司法机构的设置上，公、检、法虽然有分工负责、相互制约的原则，但是不是相互扯皮，而是相互配合，把案件办得尽可能地公正，符合民意，服务大局。政法委的设立，同样体现了整体优势。因此，中国法治道路实际体现了这种整体优势。分开来看，无论是立法、执法、司法、监督，我们都有许多不尽如人意、不如其他国家的地方；但整体看，各个机构之间和每个机构内部各个部门之间的相互协调和配合，正像一个协调器或润滑剂。如此，我们的优势就体现出来了，而这种优势恰恰是中国的政治体制所决定的。

形成中国法治道路包括三个因素：中国传统文化的大局观，中国共产党为人民服务的传统，现代法治理念。

第一，中国传统文化的大局观。中国五千年的文明，有一套成熟的治理术，儒墨道法的学问都是围绕如何治理国家展开的，“治大国如烹小鲜”，重整体，而不是头痛医头，脚痛医脚。中国学者不应自卑，这种大局观绝不比西方的分权制衡的理论差。

第二，中国共产党为人民服务的传统。从根据地开始，我国形成了马锡五的审判方式、群众路线、枫桥经验、依靠人民等成功经验。中国法治道路是中国特色社会主义理论体系指引下形成的，但是不应割裂历史，把 30 年和 60 年对立起来，以马列主义、毛泽东思想为基础是实实在在的东西，它们仍然是新时期走中国特色社会主义法治道路的宝贵财富。

第三，现代法治理念。中国现在的环境与古代、革命战争时期、计划经济时期的已经有很大不同，改革开放后我们总结“文化大革命”的教训，确实从其他国家的法治道路中吸取了有益的东西。毛泽东和邓小平都说过，我们没有民主和法治的传统；对依法治国这一套国际共产主义运动也没有现成的经验，苏联和中国都曾经犯过错误，学会使用法律武器是邓小平在改革开放初期就一再强调的任务。中国法治道路应该体现世界各国人民所普遍追求的价值，如民主、法治、人权等，并结合中国具体实践赋予它们新的含义。没有各国统一的法治道路，更不能把西方的法治看作是普适性的唯一的道路。西方法治是由自己的社会环境和历史传统所决定的。中国法治道路有自己的特点，受到中国国情和历史传统的制约。同时，中国道路本身也反映了世界各国法治，包括西方法治发展过程中所遇到的普遍性的问题。所以中国法治道路是开放性的、与时俱进的，应该体现普遍性与特殊性的统一。

收入本书的作品主要有三个来源：一是近几年来中国人民大学法学理论专业的教师所发表的论文，二是博士论文，三是参加近年来法律和全球化研究中心召开的两次大型国际研讨会“法律和发展的中国经验国际学术研讨会”（2008）和“中外法律体系比较国际学术研讨会”（2007）的国内外学者所提交的论文。为保持论文原貌，在尊重作者原意的基础上，仅对个别地方作技术性调整。本书未收入有关法社会学和比较法学的研究论文，它们将收入在同期出版的《法社会学专题研究》和《比较法学专题研究》两本研究生读物中。

朱景文

2009 年 10 月 8 日于世纪城

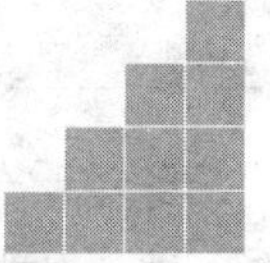

目 录

3.

4.

5.

6.

7.

8.

9.

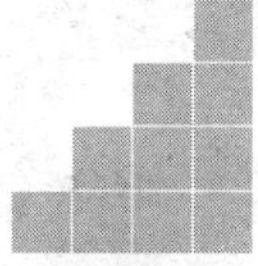

1. 中国特色社会主义法律理论研究

1.1 中国特色社会主义法律理论的形成和发展*
——纪念改革开放30年

朱景文**

中国特色社会主义法律理论是中国特色社会主义理论体系的有机组成部分，是马列主义、毛泽东思想与改革开放以来中国法制建设的实践相结合的产物。邓小平的民主法制思想、以江泽民同志为核心的党的第三代领导集体的依法治国理论，以及以胡锦涛同志为总书记的党中央所提出的法制工作的指导思想是中国特色社会主义法律理论的有机组成部分，它们一脉相承，既体现了历史的连续性、继承性，又体现了中国共产党人在社会主义法制建设的过程中与时俱进，在认识与实践上的阶段性。

2008年是改革开放30年，总结我国改革开放以来法制建设各个方面的历史经验，首当其冲的是总结我国社会主义法制建设的指导思想，即中国特色社会主义法律理论。本文的目的就在于从不同历史时期法制建设的指导思想中寻找马克思主义法学中国化的轨迹。

一、马克思主义法学的历史遗产

社会主义法律理论是有关社会主义法律的性质、地位、作用及与社会的关系的理论。产生于19世纪的马克思主义法学是整个法学历史上的一场伟大的革命，其对资本主义法律制度的批判和对未来社会主义法律制度的思想构建，为社会主义法律理论的建立奠定了基础，是马克思主义法学留给我们的最重要的历史遗产。

---

* 原载《法学家》，2008（6）。

** 中国人民大学法学院教授，博士生导师。

（一）对资本主义法律制度的批判

马克思主义法学产生在这样一个历史时代：一是无产阶级还没有夺取国家政权，上升为统治阶级；二是马克思主义还处在非主流地位，还没有上升为官方的意识形态。因此，对占主导地位的资产阶级法学的批判，对这种法学所辩护的资本主义法律制度的批判，揭示它们在科学性、公正性、中立性的幌子下所掩盖的虚伪性和阶级性，为无产阶级夺取政权做意识形态方面的准备，是19世纪马克思主义法学的主要使命。在无产阶级夺取政权、推翻资产阶级统治的过程中，马克思主义法学的批评精神是思想解放的重要武器，对于破坏旧世界，使人民摆脱对资产阶级国家与法律的幻想，灌输历史唯物主义的国家观和法律观，起到重要的启蒙作用。

对于社会主义法律制度而言，马克思主义在批判资本主义法律制度时所揭示的历史唯物主义法律观更具有世界观和方法论意义。马克思主义对资产阶级法律制度和法律思想的批判不是站在唯心主义的立场，不是站在资产阶级的一个学派批判另一个学派的立场，而是站在历史唯物主义的立场，即从法律赖以建立的经济基础出发，从生产关系要适合生产力，上层建筑要适应经济基础的需要的社会理论的大背景出发揭示资本主义法律制度必然要被一种新的更高类型的法律制度所代替的历史规律。马克思在对黑格尔法哲学的批判中叙述了自己思想转变的过程："我学的专业本来是法律，但我只是把它排在哲学和历史之次当作辅助学科来研究。1842—1843年间，我作为《莱茵报》的编辑，第一次遇到要对所谓物质利益发表意见的难事。""为了解决使我苦恼的疑问，我写的第一部著作是对黑格尔法哲学的批判性的分析，这部著作的导言曾发表在1844年巴黎出版的《德法年鉴》上。我的研究得出这样一个结果：法的关系正像国家的形式一样，既不能从它们本身来理解，也不能从所谓人类精神的一般发展来理解，相反，它们根源于物质的生活关系，这种物质的生活关系的总和，黑格尔按照18世纪的英国人和法国人的先例，概括为'市民社会'，而对市民社会的解剖应该到政治经济学中去寻求。""我所得到的、并且一经得到就用于指导我的研究工作的总的结果，可以简单地表述如下：人们在自己生活的社会生产中产生一定的、必然的、不以他们的意志为转移的关系，即同他们的物质生产力的一定发展阶段相适合的生产关系。这些生产关系的总和构成社会的经济结构，即有法律的和政治的上层建筑竖立其上并有一定的社会意识形式与之相适应的现实基础。物质生活的生产方式制约着整个社会生活、政治生活和精神生活的过程。不是人们的意识决定人们的存在，相反是人们的社会存在决定人们的意识。社会的物质生产力发展到一定阶段，便同它们一直在其中运动的现存生产关系或财产关系（这只是生产关系的法律用语）发生矛盾。于是这些关系便由生产力的发展形式变成生产力的桎梏。那时社会革命的时代就到来了。随着经济基础的变更，全部庞大的上层建筑也或慢或快地发生变革。"① 马克思以十分精辟的语言揭示的法律与社

---

① ［德］马克思：《〈政治经济学批判〉序言》，载《马克思恩格斯选集》，2版，第2卷，31～33页，北京，人民出版社，1995。

会之间关系的原理不仅划清了马克思主义与其产生之前的种种法律观，即“从法律自身”和“从人类精神的一般发展”来理解法律的传统观点的界限，为我们认识法律现象的本源，认识法律现象发生、发展的规律，回答究竟是社会决定法律还是法律决定社会等一系列最根本的问题奠定了理论基础，也为我们认识社会主义法的性质提供了基本思路。

（二）对社会主义法律制度的构建

对新社会，包括新的国家政权与法律制度的构建，在马克思主义创始人的学说中占有相当大的比重，在无产阶级没有夺取政权之前，这种建构主要是建立在对资本主义制度的批判、对旧制度的不合理性的批判的基础上，“不破不立”，在批判旧世界中，发现新世界。比如马克思、恩格斯关于生产的社会性和资本的私人占有性之间的矛盾必然导致剥夺有产者，建立公有制；周期性的经济危机和生产的无政府状态必然导致经济的有计划、按比例的发展；人们奴隶般地服从于分工所引起的人的片面发展必然为人的全面发展所代替。在社会主义的国家与法律制度建构方面，马克思主义创始人的建构主要表现为无产阶级专政的理论。马克思和恩格斯在《共产党宣言》中提出：“工人革命的第一步就是无产阶级变成为统治阶级，争得民主。”[①] 在《哥达纲领批判》中，马克思指出：“在资本主义社会和共产主义社会之间，有一个从前者变为后者的革命转变时期。同这个时期相适应的……只能是无产阶级的革命专政。”[②] 马克思还预测，在共产主义初级阶段即社会主义时期资产阶级权利（法权）只是在生产资料所有制领域才不存在，而在其他领域它仍然是社会各个成员间分配产品和分配劳动的调节者（决定者）。[③]

无产阶级夺取政权以后，马克思主义成了官方的意识形态，马克思主义法学的历史使命也随之发生了重要的变化，对新的社会主义法律制度的建构成为它的一项重要任务，社会主义法学产生了。显然，在新的历史条件下只局限在对资本主义法律制度和法律思想的揭露、批判是不行的，马克思主义面临着从“革命”向“建设”，从“解构”到“建构”的转变。

列宁不但直接领导了人类历史上第一次社会主义革命——十月革命，而且亲自参加了第一个社会主义国家政权建设和法制建设。列宁创造性地发展了马克思关于社会主义时期存在资产阶级法权必要性的理论，提出：“如果不愿陷入空想主义，那就不能认为，在推翻资本主义之后，人们立即就能学会不要任何权利准则而为社会劳动，况且资本主义的废除不能立即为这种变更创造经济前提。”[④] 在苏维埃政权建设初期，列宁就深刻地指出无产阶级专政的国家政权是新型民主的和新型专政的国家，即对最广大的人民实行民主，对资产

① ［德］马克思、恩格斯：《共产党宣言》，载《马克思恩格斯全集》，第4卷，489页，北京，人民出版社，1958。

② ［德］马克思：《哥达纲领批判》，载《马克思恩格斯选集》，2版，第3卷，314页，北京，人民出版社，1995。

③ 参见［德］马克思：《哥达纲领批判》，载《马克思恩格斯选集》，2版，第3卷，293～319页，北京，人民出版社，1995；［德］恩格斯：《社会主义从空想到科学的发展》，载《马克思恩格斯选集》，2版，第3卷，687～760页，北京，人民出版社，1995；［苏］列宁：《国家与革命》，载《列宁选集》，3版，第3卷，109～221页，北京，人民出版社，1995。

④ ［苏］列宁：《国家与革命》，载《列宁选集》，3版，第3卷，196页，北京，人民出版社，1995。

阶级实行专政的国家。列宁十分重视苏维埃政权的法制建设，在从内战转向和平建设时期，他及时告诫人民，反对资产阶级斗争的中心，应尽快地转移到经济的计算和监督工作上来。随着大规模的、急风暴雨式的阶级斗争的结束，法制建设的任务必须提到突出的地位。在从战时共产主义转变到新经济政策时期，他指出，政权愈趋向巩固，民事流转愈发展，愈需要提出加强革命法制的口号。在新经济政策时期，苏维埃政权实行了一系列国家资本主义措施，对外开放，对内搞活，对国际资本实行租让制，对国内以市场和商业为基础恢复和发展国民经济，对农业以粮食税代替余粮征集制。在此过程中列宁一方面强调这个时期法制的社会主义方向，另一方面又号召学习一切有利于社会主义经济和社会发展的西方先进国家的法律制度。列宁尖锐地指出，租让是战争在经济领域的继续。法律的任务是吸引外国资本家，同时也是同外国资本家规避法律的行为进行斗争的工具。我们有信心在这场斗争中取得胜利。在同外国资本家打交道的过程中，我们需要有一套完整的法律，使外国资本家消除顾虑，而愿意同我们进行谈判，如果我们能把一切俄国法律和外国法律中好的东西都吸收过来，那么在这个基础上我们就有可能保证达到现在先进资本主义国家所达到的水平。① 在对内搞活经济方面，列宁指出，实施新经济政策必须有法制的保证。他指示司法人民委员部，在制定苏俄民法典的过程中要研究如何能够对一切私营企业无例外地进行监督，并废除一切与法律条文和工农劳动群众利益相抵触的合同和私人契约，从而保障无产阶级国家利益。所以不能盲目迎合欧洲，盲目抄袭资产阶级民法，而要按照我们的法律精神对它做一系列的限制，但不妨碍经济和商业工作。我们一方面对私人企业主说：做生意吧，发财吧！另一方面又要求他们做老实人，呈报准确的报表，不仅要认真对待我们共产主义的法律条文，而且要认真对待它的精神，不得有一丝一毫违背法律。司法人民委员部和法院能够使资本主义成为“训练有素的”、“循规蹈矩的”资本主义，惩罚任何超越国家资本主义范围的资本主义。这就是新经济政策的基本法律原则。②

二、毛泽东的人民民主专政理论

(一) 人民民主专政和“两类矛盾”的理论

毛泽东思想是马克思主义中国化的第一项伟大成果。毛泽东的人民民主专政理论是马克思主义国家学说，特别是无产阶级专政理论的继承和发展。它使无产阶级专政第一次在一个有着数亿人口、农民占人口的90％以上的东方大国由理论变成现实，也为在这样的国度中法制的发展奠定了基础。

毛泽东在《论人民民主专政》一文中根据马克思列宁主义的国家学说，总结了近代中国革命的经验，指出中国建立人民民主专政的历史必然性：历史的经验证明，资产阶级共

---

① 参见［苏］列宁：《在俄共（布）莫斯科组织支部书记会议上的讲话》，载《列宁全集》，2版，第40卷，41～44页，北京，人民出版社，1986。

② 参见［苏］列宁：《关于司法人民委员部在新经济政策条件下的任务》，载《列宁全集》，2版，第42卷，427～428页，北京，人民出版社，1987。

和国的道路是行不通的。“总结我们的经验，集中到一点，就是工人阶级（经过共产党）领导的以工农联盟为基础的人民民主专政。”“这就是我们的公式，这就是我们的主要经验，这就是我们的主要纲领。”[①] 人民民主专政理论全面阐述了建立人民民主专政的历史必然性，人民民主专政的阶级关系、基本任务和对外政策等问题，为新中国的建立奠定了理论基础，也为社会主义政权建设与法制建设构建了制度蓝图。

毛泽东指出，人民民主专政国家的阶级构成是：工人阶级、农民阶级、城市小资产阶级和民族资产阶级。其中工人阶级是领导阶级。人民民主专政的基础是工人阶级、农民阶级和城市小资产阶级的联盟。中国革命的胜利是建立在工农联盟的基础上的，建立人民民主专政，仍然必须紧紧依靠工农联盟。人民民主专政还包括无产阶级同民族资产阶级的特殊联盟。毛泽东指出，民族资产阶级在现阶段有其很大的重要性。为了对付帝国主义的压迫，为了使中国落后的经济地位得到改变，必须利用一切有利于国计民生的资本主义因素，团结民族资产阶级，共同奋斗。

在大规模的急风暴雨式的阶级斗争和社会主义改造已经基本结束的新的历史条件下，毛泽东及时地提出了正确处理人民内部矛盾的问题。他在 1957 年所写的《关于正确处理人民内部矛盾的问题》一文中提出：“在这个时候，我们提出划分敌我和人民内部两类矛盾的界线，提出正确处理人民内部矛盾的问题，以便团结全国各族人民进行一场新的战争——向自然界开战，发展我们的经济，发展我们的文化，使全体人民比较顺利地走过目前的过渡时期，巩固我们的新制度，建设我们的新国家，就是十分必要的了。”[②] 毛泽东指出：“在现阶段，在建设社会主义的时期，一切赞成、拥护和参加社会主义建设事业的阶级、阶层和社会集团，都属于人民的范围；一切反抗社会主义革命和敌视、破坏社会主义建设的社会势力和社会集团，都是人民的敌人。”[③] 在人民内部，工人阶级是人民民主专政的领导力量；工人阶级、农民阶级和城市小资产阶级的联盟是人民民主专政的基础；民族资产阶级也是人民的组成部分。人民内部矛盾是建立在人民之间的根本利益一致的基础上的矛盾。

毛泽东指出，对人民内部的民主方面和对反动派的专政方面，互相结合起来，就是人民民主专政。“人民民主专政有两个方法。对敌人来说是用专政的方法，就是说在必要的时期内，不让他们参与政治活动，强迫他们服从人民政府的法律，强迫他们从事劳动并在劳动中改造他们成为新人。对人民说来则与此相反，不是用强迫的方法，而是用民主的方法，就是说必须让他们参与政治活动，不是强迫他们做这样做那样，而是用民主的方法向他们进行说服和教育的工作。”[④] 毛泽东认为，要坚持人民民主专政，就必须严格区分和正确处

---

① 毛泽东：《论人民民主专政》，载《毛泽东选集》，2 版，第 4 卷，1480 页，北京，人民出版社，1991。

② 毛泽东：《关于正确处理人民内部矛盾的问题》，载《建国以来毛泽东文稿》，第 6 册，329 页，北京，中央文献出版社，1992。

③ 毛泽东：《关于正确处理人民内部矛盾的问题》，载《建国以来毛泽东文稿》，第 6 册，317 页，北京，中央文献出版社，1992。

④ 毛泽东：《做一个完全的革命派》，载《建国以来毛泽东文稿》，第 1 册，417 页，北京，中央文献出版社，1987。

理这两类不同性质的社会矛盾。凡属于思想性质的问题，人民内部争论的问题，只能用民主的方法、讨论的方法、批评自我批评的方法、说服教育的方法解决。即使人民政府为了维持社会秩序而颁布的带有强制性的命令，也要伴之以说服教育，单靠命令本身常常是行不通的。他指出："在人民内部，不可以没有自由，也不可以没有纪律；不可以没有民主，也不可以没有集中。这种民主和集中的统一，自由和纪律的统一，就是我们的民主集中制。在这个制度下，人民享受着广泛的民主和自由；同时又必须用社会主义的纪律约束自己。"① 实际上，中国和其他社会主义国家的所走过的曲折道路都证明，社会主义法制正是实现毛泽东所向往的这种政治局面的体现和保证。

(二) 人民民主的法制思想

人民民主的法制思想是毛泽东的人民民主专政理论的重要组成部分，建立一个依靠人民，方便人民，为了人民的社会主义法律制度是毛泽东一生所追求的目标。

毛泽东亲自主持制定了新中国的第一部宪法，明确指出："一个团体要有一个章程，一个国家也要有一个章程，宪法就是一个总章程，是根本大法。用宪法这样一个根本大法的形式，把人民民主和社会主义原则固定下来，使全国人民有一条清楚的轨道，使全国人民感到有一条清楚的明确的和正确的道路可走，就可以提高全国人民的积极性。"② 毛泽东明确地把民主原则和社会主义原则确定为我国宪法的基本原则。民主的原则指政治上人民当家作主，社会主义原则指经济上以公有制为基础。毛泽东特别强调我国1954年宪法原则性和灵活性相结合的特点，宪法既坚持社会主义经济的主导地位，又规定私人经济的合法性；既规定共产党的领导，又确定和各民主党派的合作；既规定公民广泛的民主权利，又承认这些权利尚受物质条件的限制；既规定法律的全国统一性，又规定各少数民族地区可以制定符合本民族特点的自治条例和单行条例。所有这些都在基本制度层面体现了中国特色社会主义的雏形。

毛泽东历来主张群众路线，他是人民调解制度的倡导者，他主张司法为民，提倡"马锡五式的审判方式"。早在革命根据地时期，毛泽东就对负责政法工作的谢觉哉指出，司法也该大家动手，不要靠专问案子的推事、审判员。群众路线是根据地司法工作的最基本方针，贯穿司法工作的各个环节。③ 毛泽东提倡社会治安的群防群治，主张专门机关与群众路线相结合，对一些轻刑犯交给基层执行，通过群众专政的方式监督、教育、改造犯罪分子。毛泽东重视对犯人的改造，提出："应该把犯人当人，反革命也是人嘛。我们的目的就是要把他改造好。"毛泽东还曾提议，将来的民法、刑法等各种法典，要写进人的教育问题。毛泽东的人民民主专政理论指导了具有中国特色的刑事政策，即镇压与宽大相结合，惩罚与

① 毛泽东：《关于正确处理人民内部矛盾的问题》，载《建国以来毛泽东文稿》，第6册，321页，北京，中央文献出版社，1992。

② 毛泽东：《关于中华人民共和国宪法草案》，载《建国以来毛泽东文稿》，第4册，504页，北京，人民出版社，1990。

③ 转引自孙国华主编：《邓小平理论、"三个代表"重要思想民主法制导论》，58页，北京，中国人民大学出版社，2004。

教育相结合。他指出，在审理刑事案件时，一定要注意宽严结合，轻重适度，罚当其罪。在解放初期镇压反革命的过程中，毛泽东提出“我们一定要镇压一切反革命，但是一定不可捕错杀错”，并提出了“稳、准、狠”地打击犯罪的方针和“慎杀”的政策。他还提出了死缓这一刑事政策，指出：“对于罪大恶极民愤甚深不杀不足以平民愤者，必须处死，以平民愤。只对那些民愤不深，人民并不要求处死，缓期二年执行，以观后效。”①

毛泽东上述所有思想是新中国成立初期法制工作经验的总结，直到今天仍然是我国法制建设的宝贵财富。

三、邓小平的民主与法制思想

（一）制度建设的重要性

1978年年底召开的中共中央十一届三中全会，标志着中国特色社会主义的探索进入一个新的阶段，这个阶段的理论成果就是邓小平理论。邓小平的民主法制思想是邓小平理论的重要组成部分，它把法制建设在整个社会主义事业中的地位和意义的认识提高到一个崭新的高度，是中国特色社会主义法律理论形成的标志。

总结国际共产主义运动和中国革命与建设的经验，特别是“文化大革命”的经验和教训，强调制度建设的重要性，是邓小平对毛泽东人民民主专政理论的最大贡献。在《党和国家领导制度的改革》中，邓小平指出：“我们过去发生的各种错误，固然与某些领导人的思想、作风有关。但是组织制度、工作制度方面的问题更重要。这些方面的制度好可以使坏人无法任意横行，制度不好，可以使好人无法充分做好事，甚至会走向反面。即使像毛泽东同志这样伟大的人物，也受到一些不好的制度的严重影响，以至对党对国家对他个人都造成了很大的不幸。我们今天再不健全社会主义制度，人们就会说，为什么资本主义制度所能解决的一些问题，社会主义制度反而不能解决呢?”“斯大林严重破坏社会主义法制，毛泽东同志就说过，这样的事件在英、法、美这样的西方国家不可能发生。他虽然认识到这一点，但是由于没有实际上解决领导制度问题以及其他一些原因，仍然导致了‘文化大革命’的十年浩劫。这个教训是极其深刻的。不是说个人没有责任，而是说领导制度、组织制度问题更带有根本性、全局性、稳定性和长期性。”②

在《解放思想，实事求是，团结一致向前看》的著名讲话中，邓小平提出了新时期法制建设的理论纲领：“为了保障人民民主，必须加强法制。必须使民主制度化、法律化，使这种制度和法律不因领导人的改变而改变，不因领导人的看法和注意力的改变而改变。”③

---

① 转引自孙国华主编：《邓小平理论、“三个代表”重要思想民主法制导论》，59～64页，北京，中国人民大学出版社，2004。

② 邓小平：《党和国家领导制度的改革》，载《邓小平文选》，2版，第2卷，333页，北京，人民出版社，1994。

③ 邓小平：《解放思想，实事求是，团结一致向前看》，载《邓小平文选》，2版，第2卷，146页，北京，人民出版社，1994。

邓小平同志的这个讲话，实际上为1997年党的十五大提出的“依法治国，建设社会主义法治国家”的治国方略，为我国的政治体制改革奠定了理论基础。

邓小平十分注意制度建设在处理新时期不同性质的矛盾中的重要性。他强调：“历史经验证明，用大搞群众运动的办法，而不使用透彻说理、从容讨论的办法，去解决群众性的思想教育问题，而不是用扎扎实实、稳步前进的办法，去解决现行制度的改革和新制度的建立问题，从来都是不成功的。”① 谈到保证安定团结，严厉打击刑事犯罪，邓小平再一次强调：“进行这种斗争，不能采取过去搞群众运动的办法，而要遵循社会主义法制的原则。”他特别告诫全党“学会使用法律武器（包括罚款、重税一类经济武器）同反党反社会主义的势力和各种刑事犯罪分子进行斗争。这是现在和今后发展社会主义民主、健全社会主义法制的过程中要求我们必须尽快学会处理的新课题”②。

（二）社会主义法制建设的基本方针

邓小平提出新时期社会主义法制建设的基本方针，即“有法可依，有法必依，执法必严，违法必究”③。

有法可依是针对立法工作提出的要求。在改革开放初期，邓小平针对当时我国立法很不完善的情况指出：“现在的问题是法律很不完备，很多法律还没有制定出来”，“应该集中力量制定刑法、民法、诉讼法和其他各种必要的法律”。“现在立法的工作量很大，人力很不够，因此法律条文开始可以粗一点，逐步完善。有的法规地方可以先试搞，然后经过总结提高，制定全国通行的法律。修改补充法律，成熟一条就修改补充一条。不要等待‘成套设备’。总之，有比没有好，快搞比慢搞好。”④ 正是在小平同志上述思想的指引下，我国在新时期开展了大规模的立法活动，编纂了宪法、组织法、刑法、民法通则、民事诉讼法、刑事诉讼法等一大批法典，初步形成了中国特色的社会主义法律体系的基本框架，同时也逐步积累了立法经验。实践证明，小平同志所提出的“宜粗不宜细”、“授权立法”、“成熟一条就修改补充一条”等做法是适合改革开放初期我国法制建设的实际的。

有法必依是对守法的基本要求，邓小平把维护法律的权威和尊严作为一个重要的问题摆在全党面前，要求全党同志和全体干部都要按照宪法、法律办事，按照社会主义法制原则处理各种问题。正是在邓小平理论的指引下，我国1982年宪法规定：“一切国家机关和武装力量、各政党和各社会团体、各企业事业组织都必须遵守宪法和法律。一切违反宪法

---

① 邓小平：《党和国家领导制度的改革》，载《邓小平文选》，2版，第2卷，336页，北京，人民出版社，1994。

② 邓小平：《贯彻调整方针，保证安定团结》，载《邓小平文选》，2版，第2卷，371页，北京，人民出版社，1994。

③ 邓小平：《解放思想，实事求是，团结一致向前看》，载《邓小平文选》，2版，第2卷，146页，北京，人民出版社，1994。

④ 邓小平：《解放思想，实事求是，团结一致向前看》，载《邓小平文选》，2版，第2卷，146～147页，北京，人民出版社，1994。

和法律的行为，必须予以追究。任何组织或者个人都不得有超越宪法和法律的特权。”同年党的十二大通过的修改后的《中国共产党章程》规定：“党必须在宪法和法律的范围内活动。党必须保证国家的立法、司法、行政机关，经济、文化组织和人民团体积极主动地、独立负责地、协调一致地工作。”

执法必严和违法必究，是对执法机关的执法活动提出的基本要求。它要求一切执法机关和行政机关必须秉公办案，严肃执法。邓小平特别强调坚持公民在法律面前人人平等的原则。人人有依法规定的平等权利和义务，谁也不能占便宜，谁也不能犯法。不管谁犯了法，都要由公安机关依法侦查，司法机关依法办理，任何人都不许干扰法律的实施，任何犯了法的人都不能逍遥法外。[①] 邓小平支持司法机关独立办案，他指出，违法犯罪范围内的问题，应由公、检、法、司等司法机关依法独立处理，行政机关、社会团体和个人不能干涉。他强调：“纠正不正之风、打击犯罪活动中属于法律范围的问题，要用法制来解决，由党直接管不合适。党要管党内纪律的问题，法律范围的问题应该由国家和政府管。”[②]

邓小平从法制建设的全局出发，特别强调发展法学教育和加强政法队伍的建设。1980年他就指出，现在警察不够，法院院长、法官、律师、检察官、审判员都缺乏。他针对当时的情况指出，现在我们能担任司法工作的干部，包括法官、律师、审判官、检察官、专业警察，起码缺一百万。可以当法官的，学过法律、懂得法律，而且执法公正、品德合格的专业干部很少。[③] 他说：“一般资本主义国家考法官、考警察，条件很严格，我们更应该严格，除了必须通晓各项法律、政策、条例、程序、案例和有关的社会知识以外，特别要求大公无私、作风正派”[④]。邓小平特别强调发展法学教育，1985年他在同彭真的谈话中提出：法律院校要扩大，要发展，我们从新中国成立以来就对法律学校注意不够。在一些国家，大学毕业以后还要学习法律专科。经济发达的国家领导人当中，许多是学过法律的。建设一个社会主义法制国家，没有大批法律院校怎么行呢？所以要大力扩大、发展法律院校。[⑤] 邓小平不仅注意发展法律院校的法学教育，而且特别注意增强全民族的法律意识。他提出要在全民范围内开展法制教育：在党政机关、军队、企业、学校和全体人民中，都必须加强纪律教育和法制教育。大中小学的学生从入学起，工人从入厂起，战士从入伍起，工作人员从到职起，就要学习和服从各自所必须遵守的纪律。对一切无纪律、无政府、违反法制的现象，都必须反对和纠正，否则我们就绝不能建设社会主义，也绝不能实现现代化。[⑥] 1986年他还特别明确地指出：“法制教育要从娃娃开始，小学、中学都要进行这个教

---

① 参见邓小平：《解放思想，实事求是，团结一致向前看》，载《邓小平文选》，2版，第2卷，146页，北京，人民出版社，1994。

② 邓小平：《在全体人民中树立法制观念》，载《邓小平文选》，第3卷，163页，北京，人民出版社，1993。

③ 参见邓小平：《目前的形势和任务》，载《邓小平文选》，2版，第2卷，263页，北京，人民出版社，1994。

④ 邓小平：《精简军队，提高战斗力》，载《邓小平文选》，2版，第2卷，286页，北京，人民出版社，1994。

⑤ 转引自彭真：《论新时期的社会主义民主与法制建设》，288页，北京，中央文献出版社，1989。

⑥ 参见邓小平：《贯彻调整方针，保证安定团结》，载《邓小平文选》，2版，第2卷，360页，北京，人民出版社，1994。

育，社会上也要进行这个教育。”[①] 改革开放以来，我国法制建设在法律职业、法学教育和普及法律常识方面所取得的成就正是在小平同志上述决策的指引下取得的。

（三）“一手抓建设，一手抓法制”

邓小平从社会主义现代化建设的全局出发，提出了一系列的“两手抓”的方针。1982年邓小平就指出：“我们要有两手，一手就是坚持对外开放和对内搞活经济的政策，一手就是坚决打击经济犯罪活动。”[②] 1986年1月邓小平明确地提出：“搞四个现代化一定要两手，只有一手是不行的。所谓两手，即一手抓建设，一手抓法制。”[③] 1992年邓小平在视察南方的讲话中又提出：“要坚持两手抓，一手抓改革开放，一手抓打击各种犯罪活动，这两手都要硬。”[④] 在此之前他还说过：“一手抓改革开放，一手抓惩治腐败。”这些论述深刻地阐述了社会主义法制建设和社会主义现代化建设的辩证关系。

小平同志的一系列两手抓的方针实际反映了两个层面的问题：一个层面是一手抓建设、抓改革开放，一手抓法制，即把改革开放和现代化建设过程中所取得的成果制度化、法律化，这是和他一贯重视制度建设的中心思想一致的，为此他在推进市场经济、民主政治和精神文明建设的同时，都大力强调相关领域的法制建设。

另一个层面是一手抓改革开放，一手抓打击经济犯罪、各种犯罪、惩治腐败，这是他根据改革开放所可能带来的大量的各种犯罪、腐败现象的清醒判断作出的应对之策。既不能因为改革开放而放弃对日益猖獗的犯罪和腐败的打击，也不能因为犯罪和腐败的严重而放慢甚至停止改革开放的进程。他的回答是：两手抓，两手都要硬。早在1982年邓小平就指出：“我们自从实行对外开放和对内搞活经济两个方面的政策以来，不过一两年时间，就有相当多的干部被腐蚀了。卷进经济犯罪活动的人不是小量的，而是大量的……要足够估计到这样的形势。这股风来得很猛。如果我们党不严重注意，不坚决煞住这股风，那么，我们的党和国家确实要发生会不会‘改变面貌’的问题。”[⑤] 1986年他更严肃地指出：“经济建设这一手我们搞得相当有成绩，形势喜人，这是我们国家的成功。但风气如果坏下去，经济搞成功又有什么意义？会在另一方面变质，反过来影响整个经济变质，发展下去会形成贪污、盗窃、贿赂横行的世界。”[⑥]他告诫全党：“对外开放，资本主义那一套腐朽的东西就会钻进来……我们必须坚持对外开放、对内搞活经济这一手。但是为了保证这个政策在贯彻执行过程中能够真正有利于四化建设，能够不脱离社会主义方向，就必须同时还有另

① 邓小平：《在全体人民中树立法制观念》，载《邓小平文选》，第3卷，163页，北京，人民出版社，1993。

② 邓小平：《坚决打击经济犯罪活动》，载《邓小平文选》，2版，第2卷，404页，北京，人民出版社，1994。

③⑥ 邓小平：《在中央政治局常委会上的讲话》，载《邓小平文选》，第3卷，154页，北京，人民出版社，1993。

④ 邓小平：《在武昌、深圳、珠海、上海等地的谈话要点》，载《邓小平文选》，第3卷，378页，北京，人民出版社，1993。

⑤ 邓小平：《坚决打击经济犯罪活动》，载《邓小平文选》，2版，第2卷，402～403页，北京，人民出版社，1994。

外一手，这就是打击经济犯罪活动。没有这一手，就没有制约。”[①]

面对严重的刑事犯罪和腐败现象，邓小平一贯主张依法严厉打击各种刑事犯罪活动。1980年邓小平就指出：“中央早就讲过，对各种反革命分子、反党反社会主义分子、刑事犯罪分子的活动，都没有什么‘放’的问题，从来主张不能放纵他们，不能听任他们胡作非为。从中华人民共和国成立，直到最近这几年来，除了十年动乱不算以外，我们一直坚持对各种敌对势力、反革命分子、严重危害社会秩序的刑事犯罪分子实行专政，决不对他们心慈手软。”[②] 1983年他在对公安部领导的谈话中指出：“刑事案件、恶性案件大幅度增加，这种情况很不得人心。几年了，这股风不但没有压下去，反而发展了。原因在哪里？主要是下不了手，对犯罪分子打击不严、不快，判得很轻。对经济犯罪活动是这样，对抢劫、杀人等犯罪活动也是这样。”[③] 邓小平强调：要依法严惩严重危害社会的腐败分子，特别是中高级干部中的违法犯罪的腐败分子。“他们的违法事件越要抓紧查处，因为这些人影响大，犯罪危害大。抓住典型，处理了，效果也大，表明我们下决心克服一切阻力抓法制建设和精神文明建设。”[④]

四、“三个代表”重要思想的依法治国理论

（一）依法治国，建设社会主义法治国家

“三个代表”重要思想是马克思主义中国化的第三大理论成果。以江泽民同志为代表的第三代领导集体在新的历史条件下继承和发展了邓小平理论，他们的法律思想，依法治国，建设社会主义法治国家的理论是“三个代表”重要思想的有机组成部分，是中国特色社会主义法律理论的高度凝结。中国特色社会主义法律理论，内容丰富，博大精深，但最能代表这一理论的就是依法治国，建设社会主义法治国家。它凝结了在新的历史条件下中国共产党人的治国方略，凝结了对法律在社会生活中的地位、作用的全新的认识。

江泽民同志在党的十五大政治报告中提出了依法治国，建设社会主义法治国家的治国方略：“依法治国，就是广大人民群众在党的领导下，依照宪法和法律规定，通过各种途径和形式管理国家事务，管理经济文化事业，管理社会事务，保证国家各项工作都依法进行，逐步实现社会主义民主的制度化、法律化，使这种制度和法律不因领导人的改变而改变，不因领导人看法和注意力的改变而改变。”[⑤] 在党的十六大政治报告中江泽民同志指出：“发展社会主义民主政治，最根本的是要把坚持党的领导、人民当家作主和依法治国有机统一

---

① 邓小平：《在军委座谈会上的讲话》，载《邓小平文选》，2版，第2卷，409页，北京，人民出版社，1994。

② 邓小平：《贯彻调整方针，保证安定团结》，载《邓小平文选》，2版，第2卷，372页，北京，人民出版社，1995。

③ 邓小平：《严厉打击刑事犯罪活动》，载《邓小平文选》，第3卷，33页，北京，人民出版社，1993。

④ 邓小平：《在中央政治局常委会上的讲话》，载《邓小平文选》，第3卷，152页，北京，人民出版社，1993。

⑤ 江泽民：《高举邓小平理论伟大旗帜，把建设有中国特色社会主义事业全面推向二十一世纪》，载《江泽民文选》，第2卷，28～29页，北京，人民出版社，2006。

起来。党的领导是人民当家作主和依法治国的根本保证，人民当家作主是社会主义民主政治的本质要求，依法治国是党领导人民治理国家的基本方略。”①

因此，把依法治国，建设社会主义法治国家和党的领导、人民当家作主有机地统一起来是正确理解依法治国思想的关键。这种新型的社会主义法治显然和历史上任何法治，无论是中国古代法家的法治，还是近代西方的法治、当代西方的法治以及苏联的法治观念都有着重要的区别。中国古代法家的法治实际上是封建专制的法律化，根本没有民主可言；近代西方的法治反对任何形式的封建专制和等级特权，它建立在形式平等的基础上，只是把自由资本主义基础上建立的社会秩序以法律的形式固定下来；当代西方的法治观念注意用税收、社会保障等法律措施纠正事实上日益加重的社会不平等，但对于垄断资本主义制度所造成的巨大的社会差别只能是杯水车薪。苏联的法治观念虽然也强调共产党领导和人民民主，但是实际上，“斯大林严重破坏社会主义法制，毛泽东同志就说过，这样的事件在英、法、美这样的西方国家不可能发生”②。因此，苏联的法治不是民主的法律化，而是专制的法律化，是在加强党的领导的旗号下，践踏民主和法治。在 20 世纪 80 年代末、90 年代初，苏联的法治走向另一个极端，在法治和民主的旗号下，在民主性和公开性的旗号下，放弃党的领导，最终放弃了社会主义道路，导致第一个社会主义国家苏联的解体。

（二）依法执政，党的执政方式的改革

由于党的领导在社会主义现代化建设中的关键作用，在建设社会主义法治国家的过程中如何正确处理党的领导和法治的关系就成为关系到社会主义国家发展成败的重要理论和实践问题。在这个问题上，国际共产主义运动和我们党都曾经走过曲折的道路，我们既不能像前苏联的肃反和我国的“文化大革命”那样，在加强党的领导的旗号下，践踏法治，破坏民主；更不能像西方敌对势力所希望的那样，在法治的旗号下，削弱、架空甚至推翻党的领导，而必须把党的领导和社会主义法治有机地统一起来，找到一条改革和完善党的领导，改革和完善党的执政方式的途径。

十一届三中全会以来，我们党已经提出了“党要在宪法和法律的范围内活动”的原则，同时 1982 年宪法把“一切国家机关和武装力量、各政党和各社会团体、各企业事业组织都必须遵守宪法和法律”确定为宪法的一项基本原则。邓小平很早就注意这一问题，并把它作为我国政治体制改革的关键。他反复强调：“现在从党的工作来说，重点是端正党风，但从全局来说，是加强法制。”“我们坚持党的领导，问题是党善于不善于领导。”③ 党的第三代领导集体在新的历史条件下继续探索如何在坚持法治的前提下改善党的领导问题。在十六大的政治报告中，江泽民同志特别指出改革和完善党的领导方式和执政方式的重要意义和依法执政的有效途径，“这对于推进社会主义民主政治建设，具有全局性作用。党的领导主要是政治、思

---

① 江泽民：《全面建设小康社会，开创中国特色社会主义事业新局面》，载《江泽民文选》，第 3 卷，553 页，北京，人民出版社，2006。

② 邓小平：《党和国家领导制度的改革》，载《邓小平文选》，2 版，第 2 卷，333 页，北京，人民出版社，1994。

③ 邓小平：《在全体人民中树立法制观念》，载《邓小平文选》，第 3 卷，163、164 页，北京，人民出版社，1993。

想和组织领导，通过制定大政方针，提出立法建议，推荐重要干部，进行思想宣传，发挥党组织和党员的作用，坚持依法执政，实施党对国家和社会的领导”。“按照党总揽全局、协调各方的原则，规范党委与人大、政府、政协以及人民团体的关系，支持人大依法履行国家权力机关的职能，经过法定程序，使党的主张成为国家意志，使党组织推荐的人选成为国家政权机关的领导人员，并对他们进行监督；支持政府履行法定职能，依法行政；支持政协围绕团结和民主两大主题履行职能。加强对工会、共青团和妇联等人民团体的领导，支持他们依照法律和各自章程开展工作，更好地成为党联系广大人民群众的桥梁和纽带。”①

（三）依法治国和以德治国

强调依法治国与以德治国相结合，是党的第三代领导集体依法治国思想的另一个重要特点。依法治国与以德治国相结合的思想，既是我国改革开放以来社会主义现代化建设、政治文明和精神文明建设的经验总结，也吸收了中国古代文化和西方现代化过程中法制建设和道德建设的经验教训。

强调社会主义精神文明建设的重要意义和强调社会主义法制建设的重要性，在党的十一届三中全会以来的许多文件中，在十二大、十三大、十四大、十五大的政治报告中都已经明确地提出。而把法制建设和道德建设，依法治国和以德治国结合在一起，作为治理国家的两个重要的、相互联系、相互补充的手段则是党的第三代领导集体的贡献。2000 年 6 月江泽民同志在中央思想政治工作会议上指出：“法律和道德作为上层建筑的组成部分，都是维护社会秩序、规范人们思想和行为的重要手段，它们相互联系、相互补充。法治以其权威性和强制手段规范社会成员的行为。德治以其说服力和劝导力提高社会成员的思想认识和道德觉悟。道德规范和法律规范应该相互结合，统一发挥作用。”② 2002 年 1 月江泽民同志在全国宣传部长会议上又明确指出：“我们在建设有中国特色社会主义，发展社会主义市场经济的过程中，要坚定不移地加强社会主义法制建设，依法治国，同时也要坚定不移地加强社会主义道德建设，以德治国。要把道德建设、以德治国同法制建设、依法治国结合起来。”“对于一个国家的治理来说，法治与德治，从来都是相辅相成的、相互促进的，二者缺一不可，也不可偏废。法治属于政治建设，属于政治文明，德治属于思想建设，属于精神文明。二者范畴不同，但其地位和功能都是非常重要的。我们应始终注意把法治建设和德治建设紧密结合起来，把依法治国与以德治国紧密结合起来。”③ 在十六大报告中，江泽民同志再次指出：“依法治国和以德治国相辅相成。要建立与社会主义市场经济相适应、与社会主义法律规范相协调、与中华民族传统美德相承接的社会主义思想道德体系。”④

---

① 江泽民：《全面建设小康社会，开创中国特色社会主义事业新局面》，载《江泽民文选》，第 3 卷，555～556 页，北京，人民出版社，2006。

② 江泽民：《在中央思想政治工作会议上的讲话》，载《江泽民文选》，第 3 卷，91 页，北京，人民出版社，2006。

③ 《人民日报》，2002－01－11。

④ 江泽民：《全面建设小康社会，开创中国特色社会主义事业的新局面》，载《江泽民文选》，第 3 卷，560 页，北京，人民出版社，2006。

五、科学发展观：马克思主义法律思想中国化的轨迹

（一）社会主义法治理念：法制工作必须服务大局

进入新世纪，中国社会主义法制建设取得了重大进展，社会主义法律体系基本形成，人民法院在解决纠纷中起到越来越大的作用，法律职业队伍无论在数量上还是在质量上都获得了很大的提高，作为培养法律职业后备军的法学教育无论在法学院的数量还是在毕业生的规模上与改革开放初期更是不可同日而语。法律在社会生活各个领域所起到的作用越来越大。但与此同时，随着改革的深化，社会矛盾的增多，人民群众日益增多的法律需求与我国法制工作的现状之间的矛盾也变得日益明显和突出。用什么样的思想指导我国新时期的法制建设，特别是法制工作是否应服务大局，就成为关键。以胡锦涛同志为总书记的党中央依据我国社会主义法制建设的新情况提出以“依法治国，执法为民，公平正义，服务大局，党的领导”为主要内容的社会主义法治理念，把服务大局作为社会主义法治的重要使命。这是从马克思主义法律观的高度对社会主义法治理论的概括，是社会主义制度对法律上层建筑的基本要求，也是中国传统法律文化优秀遗产的继承。它既是我国社会主义法制建设基本经验的总结，也是在建设社会主义法治国家时须臾不可丢弃的基本准则。

社会主义法制建设要服务大局，是胡锦涛同志关于法制工作的一系列重要讲话中所反复强调的基本精神。

2002 年 12 月 24 日在纪念宪法公布实施 20 周年大会的讲话中，胡锦涛同志指出：“二十年的经验还告诉我们，改革开放和社会主义现代化建设的蓬勃发展，是宪法得以充分实施和不断完善的根本原因。实践没有止境，宪法也要随着实践的发展而不断完善。要适应改革开放和社会主义现代化建设的发展要求，根据实践中取得的重要的新经验和新认识，及时依照法定程序对宪法的某些规定进行必要的修正和补充，使宪法成为反映时代要求、与时俱进的宪法。”① 也就是说，宪法作为根本大法服务于改革开放的大局。我国现行宪法并不是什么超越时空、具有普世价值的宪政精神的产物，而是中国改革开放的时代要求，并将随着改革开放而不断的发展完善。

2004 年 12 月 24 日在中央政治局第 12 次集体学习时，胡锦涛同志提出：“坚持依法治国、依法执政，关键是要适应全面建设小康社会的要求，抓住制度建设这个重要环节，推进建设社会主义法治国家的进程，不断实现经济、政治、文化和社会生活的法律化、制度化。”② 也就是说，依法治国必须适应建设小康社会的基本要求，所谓法治精神并不是什么神话，只不过是现实社会关系的制度化、法律化。

2007 年 3 月 24 日胡锦涛同志在中央政治局第 40 次集体学习时指出：“实施物权法，最根本的是要从我国社会主义初级阶段的国情和实际出发，全面准确地把握并坚持和完善国

---

① 胡锦涛：《在纪念宪法公布实施 20 周年大会上的讲话》，载《人民日报》，2002－12－25。

② 胡锦涛：《在中央政治局第 12 次集体学习时的讲话》，载《人民日报》，2004－12－24。

家基本经济制度。”[①] 也就是说，物权法并不是来自什么永恒的私法精神，也不可能超越我国社会主义初级阶段的基本国情，而只能是我国初级阶段基本经济制度的体现。

2007 年 12 月 25 日在同全国政法工作会议的代表和全国大法官、大检察官座谈时，胡锦涛同志更用十分明确的语言指出：“政法事业是中国特色社会主义事业的重要组成部分，必须随着中国特色社会主义事业发展而发展；政法工作是党和国家工作的重要组成部分，必须在党和国家工作大局下开展，为党和国家工作大局服务。切实维护党的执政地位，切实维护国家安全，切实维护人民权益，确保社会大局稳定，是政法战线的首要政治任务。”胡锦涛指出：“做好政法工作，关键是要全面把握党的十七大对加强和改进政法工作作出的战略部署，坚持把政法工作放在党和国家工作全局中来谋划、来推进。”他指出：“大法官、大检察官要始终保持高度的政治意识、大局意识、责任意识、法律意识、廉洁意识，始终坚持党的事业至上、人民利益至上、宪法法律至上。”[②]

建设中国特色的社会主义是当前中国的大局，法制建设，无论是立法、司法、执法、法律监督、法制宣传、法学教育都要从这个大局出发，服务于这个大局。不错，法律不同于政治、经济和文化本身，法律具有自己的独立性，但是这种独立性并不能否认法律对现实经济、政治和文化关系的依赖性。所谓法律的独立性，并不是指法律的内容可以脱离现实社会生活，而在于它反映社会生活的独特的形式。立法，无论是经济立法、政治立法，还是社会立法，实际是对现实社会占主导地位的社会关系的确认，它以法律的形式使这种关系获得国家意志的属性，取得人人必须遵守的地位。而司法和执法则使上升为法律的统治阶级意志具体化，成为指导具体案件的标准。法律监督则把反映全国人民意志的宪法作为衡量一切法律、行政法规、地方性法规的合宪性的准绳。因此，无论在哪个法律领域，从事法律工作都必须讲政治，都必须服务于大局。所谓法律的独立性是指法律作为上层建筑由经济基础决定，而又反作用于经济基础的属性。法律反作用于经济基础的一个重要形式就是法律一旦把社会生活的一般条件确定下来，取得了法律的尊严，就不允许任何人的恣意行为，无论是统治者还是被统治者都必须一体遵行。这表面看来是法律决定一切，实际上法律之所以能取得这样的地位，恰恰是由于它所确认和保护的社会关系在社会生活中的主导地位。因此，法律的独立性是相对的，而不是绝对的。

由于不同社会的经济、政治和文化结构的差异，法律制度也表现为不同程度的差别，很难把在一种社会制度中所通行的法律制度原封不动地照搬到另一种完全不同的社会制度中。不错，不同社会制度的法律具有许多相似性、共同性，这是法的相对独立性的另一种表现，从而构成在一定范围内具有普适性的法律原则或法律精神，如宪政原则、私法精神、公平观念等等。但是，一个国家的法律制度之所以能够在另一个国家适用，并不是由于这

---

① 胡锦涛：《在中央政治局第 40 次集体学习时的讲话》，载《人民日报》，2007-03-25。

② 胡锦涛：《在同全国政法工作会议的代表和全国大法官、大检察官座谈时的讲话》，载《人民日报》，2007-12-26。

些神秘的法律精神的作用，相反这些法律观念、法律精神的本源恰恰是它们赖以存在的社会关系。这也就是马克思反复讲的法的关系不能从法律自身来理解，也不能从人类精神的一般发展来理解，相反它们根源于社会的物质生活条件。因此在构建一个国家的法律制度时，在借鉴其他国家的法律制度时，基本的立场是必须从自己国家的国情出发，而不能盲目地照抄、照搬外国的制度。在任何时候我们都要反对那种闭关自守、故步自封、不学习其他国家先进经验的倾向。但是也应该清醒地认识到法律必须反映和服务于本国的基本社会制度。我们经常听到这样一种说法，某些从国外借鉴的法律制度在中国之所以实施效果不佳，主要是只引进了这一个制度，而没有引进其他配套的、甚至更根本的制度。这就告诉我们，当深入到基本制度的层面，如果基本社会制度不同，却要照搬其他国家的法律，以为通过法律变革就可以改变社会的基本制度，这种典型的法学家的幻想不可能不在现实面前碰壁。

实际上，法制工作要服务大局，是整个中国社会主义事业的有机组成部分，这是从毛泽东、邓小平到江泽民在论述法制建设、政法工作时所一贯强调的基本精神。他们从来不是孤立地谈论法制建设，而总是把法制建设、政法工作和一定时期的中心工作相联系。“抓大事”、“讲政治”、“服从大局”就是这种大局观的生动表述。大局观也是中国法律文化传统的一个重要组成部分，即把法律看作是社会治理的多种手段中的一种，法律为一定的政治目的服务。这种思想在孔子的学说中有鲜明的表现，他所说的“听讼吾尤人也，必也使无讼乎”，也就是说，诉讼与否并不重要，他的目的在无讼，在人际关系、人与自然关系的和谐。法家虽然强调法治的重要性，斥责儒家“弃法术而心治，尧舜不能治一国”，但法家并不是法律拜物教，在他们看来法律像权术、势力等等一样，都是用来巩固统治者政权的工具。换句话说，他们是权力拜物教，只要能巩固政权，什么手段都可以用。后来的儒家，荀子“隆礼重法”已经超越了儒法之争在刑与德之间的二难选择，无论是法律还是道德都是统治者治理社会的工具。值得注意的是，这种大局观对中国历代统治者的影响，即看问题不是仅仅从局部出发，就事论事，而是把所遇到的问题与整个社会形势、大局相联系。这恰恰是中国法律文化不同于西方的一个特点。这些年我们批判封建主义、专制主义，补法治课，学习用我们过去不熟悉的法律手段解决问题，在某种程度上从局部、微观的层面有了很大的长进。但是，与此同时，不要把我们民族法律文化中的精华——整体观、大局观也当作糟粕和专制、集权、特权等一起抛弃。

服务大局与法治、依法办事是否矛盾？服务大局观念的提出是否意味着回到法律虚无主义的老路上？关键要看是什么类型的法治。社会主义法治和党的领导、人民民主一起共同构成了社会主义民主政治。在这里依法治国与建设中国特色社会主义的大局之间的关系非常清晰。实行社会主义法治是建设中国特色的社会主义的有机组成部分，也是广大人民群众在中国共产党的领导下管理国家事务、经济、文化事业、社会事务的重要工具。建设中国特色社会主义实行依法治国的好处这里讲得也十分清楚，就是可以防止个人的专断和任意，实现社会主义民主的制度化、法律化。但是，服务大局即服务于建设中国特色社会主义与西方的法治观念却是不相容的。因为按照西方的法治观念，实行法治与多党制、三权分立的政治制度，私有制的主导地位等一系列社会经济政治制度相联系。如果缺乏这些社会制度，法治就会失去前提和基础，就根本谈不上法治。当然，无论是西方的法治还是中国社会主义法治作为法治都有共同之处：第一，它们都是对占主导地位的社会关系的确认和保护，只不过它们所确认的保护的社会关系不同而已；第二，反对个别人包括领导者的任意行为，实行规则治理，凡是反对法律所确认和保护的社会关系的行为，无论哪个社会的法治都是不允许的。我们经常发现，当谈论法治精神、宪政精神、私法精神等一类的抽象概念的时候，在有着不同政治倾向的学者中，这些精神所依附和服务的社会关系，他们所心怡的社会基本制度显然是不同的。

这里还涉及两种根本不同的法制工作的指导路线，两种根本不同的法律观。一种是从大局出发，把法制工作看作是党的事业、人民的事业的一个有机的组成部分，法制工作要自觉地服务于大局；另一种是从法律自身出发，认为法制工作应该独立于社会，不受社会因素的影响，只在法律框架内考虑问题。按照马克思主义的法律观，法律是整个社会的一个组成部分，是社会的上层建筑，它根源并服务于社会的经济基础。如果脱离这样一个大局，认为法律可以独立于社会而存在，认为法律可以决定一切，从思想路线上说是本末倒置，是马克思多次批判过的“法学家的幻想”。“社会不是以法律为基础的。那是法学家们的幻想。相反地，法律应该以社会为基础。法律应该是社会共同的、由一定物质生产方式所产生的利益和需要的表现，而不是单个的个人恣意横行。”①

有人认为，从法律自身出发，在法律的框架内考虑问题，不受社会因素的影响，在法治发达的国家这是一种职业传统，是法律自治性的表现。其实这是一种误解。传统的职业主义认为，所谓法律的自治性是指判决的标准只依赖于法律，而不依赖于法律之外的任何因素，如道德、宗教等。在法律发展的历史上，确实有过这样一个早期阶段：法律、道德、宗教等等因素缠绕在一起，法律屈从于道德和宗教的压力，或者直接用道德和宗教判案；在当代社会中，不顾法律规定，法院判决受到各种各样的非法律因素的压力的情况也屡见不鲜。确立法律的自治性，法院审理案件只依据法律，司法独立等原则，恰恰是法律进化的结果，是法治的一个重要特征。但是法律的自治性不是绝对的，法律不可能在纯粹的法律空间运作，法律在社会中运作、受社会的影响是绝对的：（1）法律的自治性、自足性离不开其他社会因素，从来源上，法律把其他社会因素——经济、政治、道德、宗教等包含在自身之中。从本意上说，所谓法律的自治性只不过是按照纳入法律中的经济、政治、文化等标准，而不能把法律之外的经济、政治、文化因素作为标准。（2）法律不仅仅表现为规则，而且表现为原则，而对原则的抽象性的解释往往并不依赖于法律自身，而依赖于社会发展的具体情况。（3）不是一切案件都能找到法律根据，在没有法律根据的情况下，法官又不能拒绝审理，必然寻求法外的标准。而且，法律不可能包罗万象，社会关系的变动性与法律的固定性之间总要产生空白，必然使法律非自治的一面暴露出来。（4）即使一切

① 《马克思恩格斯全集》，第6卷，291～292页，北京，人民出版社，1961。

案件都能找到法律根据，在许多情况下，同一案件也可能有两个或多个相互矛盾的法律根据。因此，法官判案的过程不是将唯一适用的法条运用于具体案件的过程，而是一个选择过程，在这种情况下很难说法律是自治的，而是他治的，受到法官的个性、偏好、意识形态、社会压力和其他各种条件的限制。①

还应该指出，强调法制工作服务大局并不是在法律之外去寻找办案的标准。法律标准和社会标准在根本上是统一的。法律本身就是全国人民意志的体现，因此从本质上说，依法办事就是依照全国人民的意志办事，就是服务大局。当然，法的适用不是机械地把法律条文运用到具体案件中，有时法律有空白或有矛盾，有时法律规定很原则，有时法律对处理某些事务为执法者留有较大的自由裁量空间，规定了较大的量刑幅度，在所有这些情况下都需要执法者根据法的基本精神，根据社会形势的变化，根据大局，作出解释和判断。实际上，在任何国家，包括特别主张司法独立的西方国家在内，都有大量的根据不同的形势对法律作出不同的解释、在法律所规定的幅度内作出不同的判决的案例。因此，对执法者来说，服务大局绝不是不按照法律办事，或者置法律于不顾另外搞一套标准，而是要学会运用法律武器，学会运用法律手段服务大局，不能把服务大局与法治对立起来。

强调法制工作要服务大局，其实就是强调法制工作要讲政治。法律是一种规则政治，它来源于不同政治力量、派别、群体之间的实力对比，是把社会中占主导地位的经济、政治和文化关系以规则的形式表现出来。但规则政治与政治的原型——赤裸裸的政治关系不同，它是一种游戏规则，所有参加游戏的人，不管你属于哪一个政治集团或派别，持有什么样的政治主张，都要按规则办事，而不能违规操作。毫无疑问，法律要随着社会关系的改变而改变，但法律又不能因为社会的任何微小的变动而立即改变，法律具有自己的相对稳定性。反之，社会上的任何强大的政治力量，无论是国际还是国内，认为自己的力量已经足以打破现有的力量平衡，而不顾已有的国内法或国际法，奉行所谓“单边主义”，必然使自己的行动失去合法性的基础。同时，法律制度在自己的发展过程中也积累了一套适应社会变化而又能保持自己稳定性的机制和技术，如法律解释、类推、论证、拟制等。法律是规则政治并不意味着法律是一种僵化的措施，它也有一套使现实政治能够渗入法律调整过程中的方法，比如法律的一些原则性的规定，可以作出伸缩性很大的解释，可以为执法者留下较大的自由裁量的空间。而且在法律与政治、法律与其他社会调整方式之间并不存在一条清晰的界限，问题在于要学会用法律手段，在法律的框架内把它们联系起来。如果推开法律，在法律之外另搞一套，那就谈不上规则政治了。一个单纯的政治家和一个受过法律教育的政治家的区别可能就在这里。前者往往能够从政治上考虑问题，“讲政治”，摆脱受到所从事的职业、分工的影响，从大局着眼；后者不仅能从政治上考虑问题，而且能够把这种问题化成法律问题，在大家都能接受的法律框架中分析。因此，在强调法制工作

---

① 参见朱景文：《法治中的悖论》，载朱景文主编：《法理学研究》，122页，北京，中国人民大学出版社，2005。

要服务大局、法律与政治的不可分割的联系的时候，也应注意法律是规则政治。这是我们坚定不移地走依法治国道路的必然结论。

（二）以人为本的科学发展观：在人与制度之间

党的十六大以来，以胡锦涛同志为总书记的党中央面对国际和国内出现的新情况、新问题，提出了以人为本的科学发展观和建设社会主义和谐社会等一系列新的思想。以人为本的思想，作为科学发展和和谐发展的出发点和归宿，对于社会主义法制建设具有根本的意义。胡锦涛同志强调我们党和国家政权的根本性质："权为民所用，情为民所系，利为民所谋。"① 他提出我们党和国家一切工作的最根本的指导原则："立党为公，执政为民"②。他强调立法工作要"按照法定的立法程序，扩大公民对立法的有序参与，推动解决好人民最关心、最直接、最现实的利益问题，维护人民合法权益和社会公平正义"③。他强调："维护人民权益，是党的根本宗旨的要求，也是做好政法工作的目的。政法工作搞得好不好，最终要看人民满意不满意。要坚持以人为本，坚持执法为民，坚持司法公正，把维护好人民权益作为政法工作的根本出发点和落脚点，着力解决人民最关心、最直接、最现实的利益问题，为人民安居乐业提供更加有力的法治保障和法律服务。"④ 他强调：司法体制改革必须"以满足人民的司法需求为根本出发点，从人民不满意的问题入手"⑤。总之，以人为本，法律来自人民，为了人民，方便人民，服务于人民是我们在进行社会主义法制建设时须臾不可忘记的根本。

回顾马克思主义法律思想中国化的过程，从毛泽东到邓小平、江泽民再到以胡锦涛为总书记的党中央，我们似乎看到了一个从人到制度再回归到人的轨迹。

毛泽东把建立一个来自人民、依靠人民、为了人民的社会主义制度作为自己终生奋斗的目标，他领导人民推翻压在人民头上的三座大山，创建了中华人民共和国；新中国成立以后他又领导人民进行中国特色社会主义的探索。他时刻把人民的利益放在心上，他相信人民，"人民，只有人民，才是创造历史的动力"，相信人民能够自己解放自己，自己教育自己，自己管理自己；他希望国家的政府成为人民政府，时刻记住自己的宗旨"为人民服务"；他希望人民政府不致蜕化为官僚机器，方便人民，为民所用；他希望人民法院使人民易于接近；他相信人民的力量能够使犯罪分子改过自新。他憎恶那些打着共产党的旗号、混入党和国家领导机关却在损害人民、为自己谋取私利的腐败分子、投机分子，甚至不惜采取最严厉的惩罚措施，一次又一次地发动运动整肃他们。他寄希望于人民，相信群众运动的"天然合理性"，通过群众运动的方式能够把这些腐败分子清除出去。尽管毛泽东犯了像"文化大革命"那样的严重错误，但以他为代表的党的第一代领导集体"全心全意为人

---

① 胡锦涛：《领导干部权为民所用 情为民所系 利为民所谋》，载《人民日报》，2003－02－18。

② 胡锦涛：《"三个代表"的本质是立党为公、执政为民》，载《人民日报》，2003－07－01。

③ 胡锦涛在十七届中央政治局第一次学习会议上的讲话，载《人民日报》，2007－11－27。

④⑤ 胡锦涛在同全国政法工作会议的代表和全国大法官、大检察官座谈时的讲话，载《人民日报》，2007－12－26。

民服务”的精神却永远为中国人民铭记。但是，正像邓小平所说的：“我们过去发生的各种错误，固然与某些领导人的思想、作风有关。但是组织制度、工作制度方面的问题更重要。这些方面的制度好可以使坏人无法任意横行，制度不好，可以使好人无法充分做好事，甚至会走向反面。即使像毛泽东同志这样伟大的人物，也受到一些不好的制度的严重影响，以至对党对国家对他个人都造成了很大的不幸。”当然，一个社会的制度化建设不是无条件的，在社会经常处于不稳定的变动状态下，是很难实现制度化的。毛泽东的悲剧恰恰在于对无产阶级夺取政权以后的阶级斗争形势的错误估计。按照他的无产阶级专政下的继续革命的理论，新生的国家政权和法律制度也成了不断受到批判和解构的对象。正是这种错误的估计，“以阶级斗争为纲”，导致制度化建设、法制建设的忽视甚至缺失。中国1949年以后就一直不断地处于各种运动之中，自己亲手建立起的政权还没有稳定又被自己发动的新的运动颠覆了，直至发生“文化大革命”这种全国性的动乱。

邓小平为代表的党的第二代领导集体在法制建设方面的最大功绩就是制度建设。党的十一届三中全会以来，党和国家的工作重心从“以阶级斗争为纲”转移到“以经济建设为中心”，从而为经济、政治、文化和社会生活各个领域的制度化建设奠定了基础。在新的历史条件下不是没有社会矛盾，也不是没有阶级斗争，但是邓小平始终牢牢把握的一个原则是，这些矛盾和斗争，不能通过群众运动的方式，而必须通过法律的方法得到解决。因此“学会使用法律手段”成为新时期处理社会矛盾和冲突的基本方法。邓小平反复告诫，“没有法制不成”，“搞法制靠得住些”。邓小平提出新时期我国法制建设的指导方针，有法可依，有法必依，执法必严，违法必究。在很短的时间内，立法、司法、执法、法律职业、法学教育、普法等领域都取得了举世瞩目的成就，法律已经成为我国调整社会关系的重要手段。过去在我国社会生活的许多领域主要依靠政策办事，依靠群众运动，依靠长官意志，人们法制观念淡薄的局面正在发生变化。从毛泽东到邓小平，从群众运动到制度化建设，从人到法，这是一个伟大的转变。

江泽民为代表的党的第三代领导集体继续沿着小平同志所开创的制度化建设的轨道前进，在新的历史阶段提出“依法治国，建设社会主义法治国家”这一我国法制建设的总体目标，把中国共产党执政方式的改革，“依法执政”提到议事日程，并创造性地提出依法治国与以德治国相结合的问题。摆在党的第三代领导集体面前的法制建设的任务已经不同于改革开放初期，在立法领域的任务已经从为改变无法可依的局面加速立法转变到以提高立法质量为中心，初步形成中国特色的社会主义法律体系的基本框架；在司法领域随着法院受理案件的数量的迅速增加，如何保证司法公正，提高办案的质量和效率，进行司法改革已经成为主要使命；在法律职业领域的主要问题已经从法制建设初期迅速解决执业人员数量的短缺，转变到提高他们的专业化水平和职业道德素质（不排除由于法制发展的不平衡性，在边远地区仍然存在执业人员短缺的问题）；法学教育的规模获得了极大的发展，无论是法学院的数量还是法学专业毕业生的数量都比改革开放初期有了成倍、成十倍的提高，如何提高法学教育的质量已经成为主要问题。一句话，法制建设的任务正在从以增加数量为中心逐步转变到以提高质量为中心。从某种意义上说，制度化建设的任务变得更加艰巨了。换句话说，就法制建设而言，邓小平面临的是从无到有的问题，江泽民面临的是带给人民一个什么样的法律制度的问题。

回顾中国特色社会主义发展进程，回顾中国共产党人从毛泽东到邓小平到江泽民的法制思想的转变，我们可以清楚地看到从群众运动到制度化建设的轨迹。经过几十年的反复探索和艰苦努力，伴随着社会主义市场经济、民主政治和精神文明的发展，社会主义法制建设已经成为中国特色社会主义的一个重要组成部分。面对法制建设所取得的成就，我们需要回到原点，认真对待一个更具根本性的问题：人与制度的关系。改革开放以来强调制度建设的初衷，是认为制度比人更重要，不能把党和国家的命运寄托在一两个人身上，制度问题更带有根本性、全局性、稳定性和长期性。反对人治，走向法治，是党的十一届三中全会以来法制建设的主旋律。但是，在人与制度的关系问题上还有更带根本性的一面，在我们进行制度建设、法制建设的时候，必须记住一个基本原理，人不是为制度、为法律而存在，相反，制度和法律是为人而存在。我们不是制度拜物教。就制度与人的关系而言，制度有约束人的一面，有制约人的任意性的一面，但是归根结底，无论是制度的建立还是制度的实施，都是为了人。不错，小平同志十分重视制度建设，但也正是他鲜明地提出了“三个有利于”的思想，他强调：制定一切方针政策的出发点和归宿，始终要看“人民拥护不拥护”、“人民赞成不赞成”、“人民高兴不高兴”、“人民答应不答应”。江泽民同志十分强调依法治国，建设社会主义法治国家，但也正是他提出了“三个代表”重要思想，他强调：“不断发展先进生产力和先进文化，归根到底都是为了满足人民群众日益增长的物质文化生活需要，不断实现最广大人民的根本利益。”因此在他们看来，制度建设、法制建设对于实现最广大人民的最大利益而言，都是第二位的。在党的十七大报告中，胡锦涛同志明确提出：“全心全意为人民服务是党的根本宗旨，党的一切奋斗和工作都是为了造福人民。要始终把实现好、维护好、发展好最广大人民的根本利益作为党和国家一切工作的出发点和落脚点，尊重人民主体地位，发挥人民首创精神，保障人民各项权益，走共同富裕道路，促进人的全面发展，做到发展为了人民、发展依靠人民、发展成果由人民共享。”① 以胡锦涛同志为总书记的党中央在新的历史条件下，提出“以人为本”的科学发展观的意义正在于此，实际上他在告诫全党和全国人民，人是我们一切工作，无论经济建设、政治建设，还是文化建设和社会建设，包括渗透在其中的制度建设的出发点和归宿。

从“为人民服务”到“以人为本”这似乎是一个回归，但它是一个经过制度建设的环节的回归，由于有了制度建设、法制建设，以人为本、以人的全面发展为中心才有了更加强有力的制度体现和保障，也恰恰是由于以人为本，才使得制度建设、法制建设牢记自己的根本和方向。

---

① 胡锦涛：《高举中国特色社会主义伟大旗帜　为夺取全面建设小康社会新胜利而奋斗》，北京，人民出版社，2007。

1.2 论法的和谐价值*

孙国华**

2006年我曾在《东方法学》第2期上发表了题为“简论法的和谐价值”的一篇短文，简短地讲了我对法的和谐价值的一些认识。我在那篇短文中说：“无数历史事实，特别是《香港特别行政区基本法》、《澳门特别行政区基本法》的颁布和实施充分证明：法这种社会调整器的重要价值在于‘和’、在于促进和谐。法是使矛盾获得协调、使对立得以统一、使争执纳入秩序、使对抗变为互促、使相反得以相成的精巧有效的手段。这似乎与法本身的性质有关。”① 我还提出：“在今天，在人类进入21世纪、地球已成为‘地球村’的今天，在马克思主义在中国获得新的重大的发展，党中央以马克思列宁主义、毛泽东思想、邓小平理论和‘三个代表’重要思想为指导，提出了一系列诸如以人为本、执政为民、构建和谐社会、环境友好型社会、资源节约型社会、实现可持续发展、促进世界和谐等落实科学发展观的创新理论的今天，法、特别是我国社会主义法的这种潜在的、尚未被人们充分认知的价值，值得我国法学界、法律界，特别是法理学界的同仁们去认真探索、深刻认知并努力发掘和发挥。”

经过两年多的思考，我进一步肯定并加深了这种认识。的确，法的重要价值在于“和”、在于促进和实现事物的和谐。法、特别是我国社会主义法的这种潜在的、尚未被人们充分认识的重要价值，确实值得法学界同仁去认真探索、深刻认识并努力发掘和发挥。本文想对这个问题，再作进一步比较详细些的阐释和论证，希望得到法学同仁们的批评、指正。

一、什么是法的和谐价值

（一）什么是法的价值

要阐明法的和谐价值，首先就得明确什么是法的价值，要明确法的价值，就应该在内涵上将事物的价值与人对该事物的价值的认识，即人关于该事物的价值的评价或价值观区别开来。法的价值，是指法这种客体在满足主体的需要和利益中的积极意义。法作为一种客观存在对人是有价值的，不管人对法的价值有没有认识或者认识到什么程度，法对人的价值是客观存在的。而人认为法有什么价值、人的价值追求和人对法的价值的认识、评价是主观的。因此，法的价值具有客观性和主体性（不是“主观性”，“主观性”是指人的某

---

* 原载《法学家》，2008（5）。

** 中国人民大学法学院教授，博士生导师。

① 孙国华：《简论法的和谐价值》，载《东方法学》，2006（2）。

种精神特性，表明认识是主观的、不一定符合实际，“主体性”则是指法的价值因主体的不同而不同，但它对主体的价值仍然是客观的、不以主体的认识为转移的[①])。法的价值具有客观性、是客观的，因为法的价值是法对于满足主体的需要和利益的积极意义，这种需要和利益都是在历史的社会实践中不断形成和发展起来的，是受一定物质生活条件所制约、不以人对它如何认识为转移的。法的主体性引发出法的价值的变异性（法的价值随主体的需要和利益的变化而变化）和法的价值的多维性（主体的需要和利益是多方面、多层次的，因而法满足主体需要和利益的积极意义也是多方面、多层次的。）

人对法的价值的认识、评价和追求与法对人的实际价值，是一个主观认识和客观实际的关系。主观肯定对客观有影响，因为法在一定意义上是人的创造物，体现着人的意志，在法中必然包含人的一定意向（价值观），但是，法的价值事实上是怎样的与人们对它的认识、评价和追求不一定一致，所以，不应把客观存在的法的价值，与人对这种价值的主观认识混为一谈，那样就会掩盖人的主观认识应该尽量符合客观实际这个认识论的关键问题。

其次，在法的价值中，我们应区别法所中介的客体的价值、法的工具性价值和法本身的价值。

主体的需要和利益归根到底决定于社会的物质生活条件。对满足主体的需要和利益具有积极意义的有各式各样的客体，包括体现生产关系的财产关系，也包括公平、效率，自由、纪律，发展、稳定等反映经济、政治、文化、社会生活等内容的事实状态。法是社会经济、政治、文化和一般社会生活内容的特殊表现形式，是对它所反映的这些客体的价值进行确认、分配、衡量、保护和指示人们认识这些价值的手段。这就是法的工具性价值，包括确认性价值（确认其他客体的价值的价值）、分配性价值（分配其他客体的价值的价值）、衡量性价值（衡量其他客体的价值的价值）、保护性价值（保护其他客体的价值的价值）、认识性价值（帮助人们认识法所中介的客体的价值的价值）。

法本身的价值，即法满足人们法律需要的价值。人类进入文明时代，就产生了对法律的需要。这说明法具有其他调整社会关系的手段（如道德、宗教、一般的思想教育等）所不具备或很少具备的素质和价值。法的工具性价值实际上也属于法本身的价值。法的和谐价值就是从法所中介的价值和法的工具性价值相结合的角度来研究和认识法本身的价值的。

（二）什么是法的和谐价值

客观实际和辩证唯物主义都昭示我们：矛盾是普遍存在的，对立统一是事物存在和发展的根本规律。毛泽东在《关于正确处理人民内部矛盾的问题》中指出：“马克思主义的哲学认为，对立统一规律是宇宙的根本规律。这个规律，不论在自然界、人类社会和人们的思想中，都是普遍存在的。矛盾着的对立面又统一，又斗争，由此推动事物的运动和变化……这个规律，在我国，懂得的人逐渐多起来了。但是，对于许多人说来，承认这个规律是一回事，

① 参见孙国华主编：《法理学教程》，第五章，北京，中国人民大学出版社，1994；孙国华、何贝倍：《法的价值研究中的几个基本理论问题》，载孙国华：《法理求索》，284页，北京，中国检察出版社，2003。

应用这个规律去观察问题和处理问题又是一回事。许多人不敢公开承认我国人民内部还存在着矛盾，正是这些矛盾推动着我们的社会向前发展。许多人不承认社会主义社会还有矛盾，因而使得他们在社会矛盾面前缩手缩脚，处于被动地位；不懂得在不断地正确处理和解决矛盾的过程中，将会使社会主义社会内部的统一和团结日益巩固。”①

前面讲了，法的价值在于法对满足人的需要的积极意义。人的需要是多样、多层次、多变化的。法的价值也是多方面、多层次、多样、多变的。但法的主要价值似乎还不在于它仅仅能体现和满足人们的这些各式各样的、多变的需要和价值追求，而在于它在一定的条件下，尤其是在实行民主、法治的条件下，能够因势利导，使人们的这些需要和价值追求获得协调，使对立的东西得以统一，使相反的方面得以相成。法有协调不同主体或同一主体之间多种、多样、多变的价值追求，从而促进人们之间的和谐、促进社会和谐的价值，这就是法的和谐价值。法的历史证明：法这种社会调整器的重要价值在于“和”、在于和谐。就其性质来看，法是社会生活中稳定与和解的因素，它总是使对立的方面在一定条件下获得协调和统一的有效手段。

二、法的和谐价值的表现

（一）协调和化解不同的利益矛盾是法的和谐价值的基础

对不同利益的认识与协调是缓和、化解人与人的矛盾、人与自然的矛盾，促进和实现和谐的关键。马克思曾指出：“人们奋斗所争取的一切，都同他们的利益有关。”② 利益也是主客体之间的一种关系，表现为客观规律作用与主体产生的不同需要和满足这种需要的措施，是人们行为的内在动力。利益是价值的基础，是人们认识和衡量价值的根据。

利益是客观范畴。因为人的需要是人类生命活动的表现和必然要求，是一种客观的必然性。正是人们的需要，使人们结成一定的利益关系。所以需要是利益的基础和始因。人们的一定需要构成他们的利益，不过利益还要包括满足需要这种必然性要求的措施和手段，因为措施和手段不对头，也不能满足需要、实现利益。应该把客观上存在的利益（利益本身）和人在主观上对这种利益的认识（主观利益）区别开来。固定在法律中的利益就带有主观性，是主观利益，它同客观上存在的利益可能一致，也可能不一致，甚或有很大差异。也就是说，可能出现这样的情况：自以为是根据自己的利益而行动的人，实际上却干的是违背自己利益的事。这恰恰说明：利益是人们同他们周围现实中能帮助他们作为一定的社会成员而生存、发展的对象和现象的客观关系的表现，是客观的、不依人对它的认识为转移的。自认为有利，不一定真正有利；自认为无利，也不一定真正无利。是否有利、是否有害、利大利小，是需要从实际出发去多方探索的。在市场经济条件下，多元利益的格局

① 毛泽东：《关于正确处理人民内部矛盾的问题》，载《建国以来毛泽东文稿》，第6册，325～326页，北京，中央文献出版社，1992。

② 《马克思恩格斯全集》，第1卷，82页，北京，人民出版社，1956。

是客观的存在。人们的任务、特别是执政党和政府的任务就在于：如实地认识各种利益关系、恰当地缓和利益矛盾、正确地调整利益关系、化解利益冲突。而法正是人们在认识利益的基础上，缓和利益矛盾，正确处理利益关系的精巧、有效手段。

法能够协调社会中不同个体、群体的利益，也能在一定意义上压制强者的利益、保护弱者利益，以缓和尖锐的利益矛盾。在《家庭、私有制和国家起源》中，恩格斯就曾指出：国家是社会日益分裂成两大对立阶级并且阶级矛盾达到不可调和的产物，而从另一方面看，正是国家的出现使得社会中的尖锐矛盾得以缓和，将对立和冲突限制在一定秩序的范围内，而法就是这个秩序最主要的化身。在谈到雅典国家的形成的时候，恩格斯就提到，为了缓和社会矛盾，梭伦改革一方面“禁止缔结以债务人的人身作抵押的债务契约……规定了个人所能占有的土地的最大数额，以便至少把贵族对于农民土地的无限贪欲限制一下”①，另一方面，改革议事会制度提高可担任官员的公民的财产门槛，也就是说，雅典国家的法律本质上虽然是为了维护上层贵族的统治，但在一定程度上还是限制了强势阶层的无限贪欲，同时保护了底层自由民的基本人身自由。

资本主义的法和法治所标榜的自由、平等、正义等价值，虽然有很大的局限性，但它们在反封建、反特权方面有很大的进步意义，在一定程度上能成为压制特权的武器。

我国不久前颁布的新的《劳动合同法》也有缓解利益各方尖锐矛盾的价值。企业在劳资关系中处于强势地位，企业为了降低生产成本获取高额利润，往往会使劳动者的利益受到挤压，以致加班加点、拖欠工资、缺乏必要的劳动保障等问题普遍存在，有的已相当严重。新的《劳动合同法》从我国社会主义初级阶段的现实和发展社会主义市场经济出发，既要保护企业合法的经营活动，也要适当地限制企业对其强势的滥用，注重保护劳动者的基本权益。

改革必然要求对利益关系进行调整。随着我国城市化进程的加快，必然发生利益分化、利益主体多元化的趋势，如房屋拆迁问题、环境污染问题等涉及个人利益和公共利益的矛盾日益显现。在我国，以公共利益为名与个体利益相对抗的往往是政府机构。在法学界也有不少人认为个人权利和公共权力（国家权力）的矛盾是法学领域的一对主要矛盾，从而，在“钉子户”问题上以保护个人权利限制公共权力为理由声援“钉子户”的声音高涨。实际上所谓“个人权利和公权力”的矛盾，实际上也就是个人（或个人的集合体，如：家庭、群众团体等）和国家的矛盾的反映。在我们的国家，个人利益与国家利益是辩证统一的，国家利益中就包含了个人的利益。“利为民所谋”，党和政府的一切活动都是为民谋利，并且要让人民享受到改革的成果。这个“民”、“人民”的利益，当然包括人民中每个个人的利益。所以，在我们的国家，个人利益与国家利益的矛盾，只要认识清楚、处理得当，是完全可以协调、化解的，因为我们的国家是人民当家作主的国家。要知道无论是“个人权

---

① ［德］恩格斯：《家庭、私有制和国家起源》，载《马克思恩格斯全集》，第21卷，131页，北京，人民出版社，1965。

利”还是“国家权力”都源于并反映着社会的利益关系，其中包括：不同个体之间的利益关系、不同群体之间的利益关系，也包括不同个体与群体之间的利益关系，以及不同个体或不同群体的利益与整个社会或国家利益之间的关系。而法正是反映并协调这些利益关系的精巧、有效手段。这是因为法是“理”与“力”的结合，它既有协调利益矛盾的物质力量，也有协调利益矛盾的思想、理论原则和具体措施。

（二）通过确立有国家强制力保障的价值观、正义观缓和矛盾、化解矛盾

我们说法是在认识客观现实的基础上协调利益关系的精巧、有效的手段，这就与法本身的性质有关。法是上升为法律的国家意志，是有国家强制力保障的人人必须遵守的规范体系。法的产生就是对一定事实和现状的价值确认，是矛盾获得一定协调、力量达到一定平衡的结果。矛盾得到一定的协调、力量达到一定的平衡，就能够形成在社会中占主导地位的正义理念、原则和规范，并使之体现在作为国家意志且有国家强制力保障的法律之中，这不仅有利于使对立的各方在认识上达到一定的共识，而且能使争执纳入一定的秩序，保证行动上的协调。

国家的产生使社会具有一种用以统一人们的认识和行动的物质力量，而与国家相伴而生的法的出现，不仅体现了这种力量，而且为这种力量的运用，提供了精神的、观念上的标准——上升为国家意志的公平、正义观。民主制是国家的一种形态，现代国家都应是民主政体的国家，在民主的制度下，少数服从多数，多数尊重少数，有利于形成大多数人可以接受的价值观、正义观。公平、正义是社会的黏合剂，意味着“给每个人以其应得的”。这个抽象的公式，在不同的时间、地点和条件下，有不同的内容，反映着不同的“理”。如果说“力”（国家权力）是法协调人们之间的利益矛盾、把争执纳入秩序的必要因素，那么“理”（法律中体现的包括公平正义的道理）则是这种秩序的内容，是缓和矛盾、化解矛盾的根据和标准的基本因素。“理”与“力”二者的形成相当复杂，但它们归根结底都决定于社会的物质生活条件。

法既是对事实和现状的认可，又不是事实和现状的简单写照，而是加上了人的一定价值追求的写照。这一点，法与文学很类似：它既源于生活，又高于生活，既承认现实，又要改造现实。作为社会上层建筑的重要组成部分的法，归根结底反映着经济基础的要求，但同时还受上层建筑其他因素（政治制度、伦理、文化等）的影响，它可以把理想和现实、存在和应该统一起来；法是通过制定和认可两种基本形式上升为国家的法律（成文的或不成文的）的、在社会上占主导地位的、来自社会生活之“理”（道理）的体现，这样的“理”是有国家强制力保障的“理”。这样，国家权力的存在和行使，就有了“理”的根据，国家权力就是讲“理”的、讲正义的了；这样，在社会中占主导地位的、来自社会生活之“理”，就有了同样是来自社会生活之“力”，即国家强制力的保障，给“理”以国家强制力的支持。从而法既有行使国家权力的价值，又有限制滥用国家权力的价值。

法所内含的“理”至少包含三方面的因素：（1）对客观事实和客观规律的承认和利用；（2）人们在认识一定事实和客观规律的基础上形成的价值观、正义观（愿望、主张）；（3）人们

积累的调整社会矛盾、人与自然的矛盾的经验、智慧、科学的发展、技术措施，包括一定的法律文化等等。[①] 法将这些因素综合考虑固定在自身之中，在利益协调的基础上形成共同的价值观，这种价值观就为利益协调提供基本的原则和理念。

不同主体，往往具有不同的价值观，要想协调不同主体的价值观，建立共同的或多数人可以认同的价值观，民主的政体和具有国家意志性、确定性、规范性、国家强制性的法具有不可替代的作用。共同价值观作为一种社会意识能够反作用于社会存在，推动利益的协调。然而，不可忘记的关键一点是，在法对不同价值观的协调的背后是法对利益关系的协调，如果不能通过民主的形式，了解不同群体或个人的利益诉求，认识社会现实中的利益矛盾，就无法解决价值观的矛盾。

（三）在作为国家意识的、在社会占主导地位的价值观的指导下，法主要是通过协调以下几方面的矛盾来缓和、化解包括利益矛盾的各种矛盾而促进和谐的

1. 通过对法律上权利与义务的规定和保障来协调自由和纪律的关系，也协调个人与群体、个人与国家的关系

自由是对必然的认识和对客观世界的改造。世界上没有绝对的自由，自由不等于任性，自由和纪律是互为条件的，自由的尽头就是纪律，遵守一定纪律才有自由，自由和纪律是对立的统一，也是任何社会和主体都必须具备的素质。任何主体、任何社会，没有自由，就没有了主体的主动性、创造性，没有了活力；任何主体、任何社会，没有纪律，不遵守一定的秩序，就是任性，就是自毁，就是“人人相互为狼”。在一个法治国家，自由和纪律以及在法律上反映它们的权利和义务，不仅是协调个人与个人、个人与团体之间的利益关系的手段，也是协调个人（或团体）与整个社会（或国家）之间的利益关系的精巧措施。

自由与纪律的法律表现就是法律上规定的权利和义务。什么是权利？权利是被认为正当的行为，是对人的行为自由的价值确认，法律上的权利就是被法律确认为正当的、权利人追求利益的行为（包括作为、不作为）。什么是义务？义务是被认为必需的、必要的行为，法律上的义务就是法律确认的与权利人的利益攸关的义务人必须做的行为（包括作为、不作为）。用在法律上规定和保护人们的权利和义务的办法来协调人们之间的利益关系，既协调个体与个体之间的利益关系，也协调个体与群体、群体与群体之间的利益关系以及个体或群体与社会或国家之间的利益关系，所以，国家作为法律上的权利主体，也是权利义务的承担者，依法行使法律赋予的权力，是它的权利（职权），依法履行义务（作为、不作为）是它的职责。这才是法治。可见法律上的权利和义务都同人们之间的利益有关。法是用在法律上规定权利义务、分配权利义务的办法，来指导人们行为，协调自由与纪律的关系，也协调人们之间（包括公民与国家之间）的利益关系的。在这方面，法的历史已为我们积累了丰富的经验。从实际出发结合现实深入研究这些经验，不断完善法制、坚决厉行

① 参见孙国华、许旭：《再论法是“理”与“力”的结合》，载孙国华：《法理求索》，267～268页，北京，中国检察出版社，2003。

法治，既可保证适合一定生产方式的公平、正义和正当利益的实现，又能创造并建立“既有自由又有纪律，既有统一意志又有个人心情舒畅生动活泼那样一种局面”。

2. 通过法律上权利与义务的规定和保障来协调公平和效率的关系

公平、正义、公正、公道这些词所表达的意思虽然有不同的侧重，但其基本含义相同，都是人们追求的一种价值、一种人与人的关系的状态。对这种状态是什么，不同的学派有不同的回答。马克思主义经典作家在人类历史上第一次科学地揭示了公平正义概念的物质基础。恩格斯在批判蒲鲁东主张的“永恒公平”时指出：“这个公平则始终只是现存经济关系的或者反映其保守方面、或者反映其革命方面的观念化的神圣化的表现。”① 马克思也曾指出：“生产当事人之间进行的交易的正义性在于：这种交易是从生产关系中作为自然结果产生出来的。这种经济交易作为当事人的意志行为，作为他们的共同意志的表示，作为可以有国家强加给立约双方的契约，表现在法律形式上……这些形式只是表示这个内容。这个内容只要与生产方式相适应，相一致，就是正义的；只要与生产方式相矛盾，就是非正义的。在资本主义生产方式的基础上，奴隶制是非正义的；在商品质量上弄虚作假也是非正义的。”② 在今天，马克思主义经典作家的这些原则性的论述，对我们用唯物辩证的方法观察公平正义的实质，仍有重要的指导意义。世界上没有永恒的正义。不同的时代、不同的生产方式要求有不同内容的正义。法是“善和正义的艺术”，但法作为上层建筑的重要组成部分，它所体现的正义，总是适合它所赖以建立的经济基础的正义。

效率作为一个经济学概念，具有两个层面的意义：在微观层面上它指的是资源配置效率，即在有效资源配置的前提下投入和产出比率的提高；在宏观层面上，效率是一种代表社会经济增长的价值目标，经济学家们往往对什么是最优效率方案争执不休。

法经济学的发展使得经济学家们开始考虑经济发展中的制度因素，于是就有了我们经常拿来举例的做蛋糕和分蛋糕的问题，西方主流经济学家的答案是：首要的是促进效率，只有做大蛋糕才能使得每个人分得的更多，最终促进公平。而福利经济学家和社会主义经济学家更强调公平，比如福利国家征收高额税着力降低贫富差距。

实际上，效率和公平也是辩证统一的。法所体现的公平必定应当是一种有效率的公平，体现着社会发展的规律。这就要求我们用生产关系必须适合生产力、上层建筑必须适合经济基础的历史唯物主义观点来观察公平与效率的问题。“三个代表”的重要思想和以人为本、全面协调可持续发展的科学发展观，是历史唯物主义方法的丰富和发展，以这些思想为指导，就可以使我们适应先进文化、先进生产力发展和广大人民群众利益的要求，不断更新观念，进行理论和制度的创新，及时调整生产关系与生产力、上层建筑与经济基础的矛盾，在法律上对社会关系参加者的权利和义务，作出正确、恰当的安排，实现公平与效率的辩证统一。

---

① 《马克思恩格斯选集》，2版，第3卷，212页，北京，人民出版社，1995。

② 《马克思恩格斯全集》，第25卷，379页，北京，人民出版社，1974。

如果我们能坚持和落实马克思主义在中国最新成就的指导，如果我们能正确地认识利益关系，我们就可以在法律上作出正确的、恰当的权利义务安排，就可实现应有的公正，这种公正中也就内含着效率。历史表明：定分就能止争，就能促进和谐，就会促进生产力的发展、提高劳动生产率。

3. 通过法律上权利与义务的规定与保障来协调发展和稳定的关系

发展和稳定也是辩证统一的关系。发展是硬道理，发展才能化解矛盾，促进稳定；稳定方可发展，为发展创造条件。稳定要求公平。发展要有效率。法律上权利义务的正确安排，可以协调公平与效率的矛盾，也就协调了稳定与发展的矛盾，保证社会在稳定中健康发展，在发展中获得更大的稳定。

一方面，法能够将改革的经验稳固下来，推动发展有秩序地进行，保障社会稳定，同时，利用法的创建性、前瞻性，创建有利于社会发展的法律关系鼓励发展；另一方面，可以利用法原则性和灵活性相结合的素质，确立稳定社会秩序的原则性规定，为有序的创新活动提供条件，鼓励适合生活需要的有活力的行为，促进社会有序、健康发展。

（四）法的和谐价值的特殊性

人的行为规范种类繁多，可依不同标准进行分类。按照调整的是人与人的关系（社会关系），还是人与自然对象、劳动工具的关系，行为规则可区分为社会规范与技术规范。社会规范是调整人与人的关系的行为规则，技术规范则是调整人与自然的关系的行为规则。社会规范又可分许多种，如道德规范、宗教规范、社会团体规范、习惯等。法律规范是一种特殊的社会规范。技术规范是人合理地对待自然对象、使用技术手段必须遵守的行为规则，其内容决定于自然规律，是人们根据对自然规律的认识和已达到的技术文化水平制定的。然而，在现代，绝大多数技术规范的遵守都同人们的社会利益有关，所以技术规范往往具有社会性、甚或法律性，成为社会技术规范或法律技术规范，后者就成为法的组成部分。所有的行为规则，同法一样都对利益关系、价值观的矛盾有一定程度的协调作用，都能促进对立双方的和谐。那么法的和谐价值的特殊性何在呢？这值得认真研究。本文提出以下几点供参考：

首先，法之所以能够成为协调不同利益和不同价值观最有效的手段，是由于它具有国家意志性、明确肯定的规范性、可预测性和国家强制性，它以明确认定权利主体和明确规定权利和义务为手段，为各个主体的利益划定范围，排除任意性和偶然性，确定解决利益矛盾的原则、规范，引导各个主体的行为，缓解冲突。无论是道德、宗教还是其他社会规范，由于缺乏关于权利主体及其权利义务的明确规定和国家强制力的保证，无法为社会中利益冲突的主体，构建一种稳定的交往平台，尤其在市场经济扩展和全球化日益发展的今天，大型的陌生人社会要求一种可预测的、明确的、能得到普遍遵行的规范，唯有法才具有这样的性能。

其次，法还能够通过对民主的、使纠纷解决程序化的方式来协调利益。比如健全的立法程序、诉讼程序就能使各主体在立法或诉讼过程中充分表达其利益诉求，在利益协调的基础上形成法律或判决，这样形成的法律或判决即使并不能完全体现不同主体的全部利益，这种利益协调的过程也将使得形成的法律或判决更能为各方所接受。毛泽东认为民主是一种解决人民内部矛盾的方法。[①] 纠纷解决程序所设置的实际上也是一种民主方式，一种在具体案件中允许双方当事人在法律和法官的指导下，通过对立诉求的伸张和质询来引导双方协调利益、化解矛盾。

再次，宗教、道德等社会规范往往重视个人道德品性的修养，强调牺牲、奉献，鼓吹“重义轻利”，不大重视利益、特别是个人利益，宗教还鼓吹寄希望于来世；而习惯、长者的威权，也往往倾向于既得利益的保护，这类规范都不大关注不同利益的协调这个有关公平正义的关键问题。在人类所有的行为规则中，法是最关注人们之间不同利益的协调问题的，所以法在缓和矛盾、化解矛盾和促进和谐方面，扮演着基本的、不可代替的作用，它是社会生活中稳定的、和解的因素。

三、如何发挥法的和谐价值

要正确、充分地发挥法的和谐价值，首先就得正确且充分地认识法的这种价值，这就要求加强法学研究，在研究中坚持辩证唯物主义的立场，承认法的价值的客观性、利益的客观性，坚持以马克思主义在中国发展的最新成果为指导，认真落实以人为本全面协调可持续发展的科学发展观，继续解放思想，不断进行理论、制度的创新，不断完善我们的社会主义制度，发展社会主义民主、健全社会主义法制，坚定不移地贯彻、落实建设社会主义法治国家的治国方略，这是一个长期、复杂、艰巨的任务，在这方面有很多工作有待加强。总的来说，就是要不断完善法律调整机制。

研究如何发挥法的和谐价值，不能仅仅从静态来理解法，更应该从动态来把握，因为法是以其特有的机制在社会生活中运行，确认、维护、发展一定的社会关系的。参与法律调整的各种法律手段，构成法律调整机制。法律调整机制就是法运行并发挥作用的系统，它描述的是用来保证对社会关系实现有效法律影响的各种法律手段的系统及其运作过程。法律调整过程一般可以分为三个阶段：法律规范开始生效阶段、产生法律关系阶段、实现法律上的权利和义务阶段。在许多情况下还会出现一个法的适用阶段（机动阶段）。法律规范开始生效阶段的基本要素是法律规范的制定和颁布；产生法律关系阶段的基本要素是权利主体的明确、法律事实的出现和特殊的权利义务关系（法律关系）的形成和发展；实现法律上的权利和义务阶段的基本要素是法律关系主体享受和实现权利、承担和履行义务的行为；法的适用阶段有时产生在法律关系产生前（如签订合同，合同关系才产生），有时产生在法律关系产生后（如对合同发生争议，诉诸法院），其基本要素是主管机关适用法的活动，包括权力机关、行政机关的立法活动（在一个法治国家，立法活动也必须依法进行，有

① 参见毛泽东：《关于正确处理人民内部矛盾的问题》，载《建国以来毛泽东文稿》，第6册，322页，北京，中央文献出版社，1992。

上位法的根据，所以也是法的适用的一种）、国家权力机关、行政机关的执法活动和司法机关的审判、监督活动等。也就是说，只有首先保证立法、司法、执法、法律监督机制的完善，才能确保法的和谐价值的发挥。如何能完善法律调整机制？根本在于在其中贯彻唯物辩证法的原理，落实科学发展观。在具体措施方面本文提出以下几点浅见供参考：

1. 加强立法工作——准确认识客观利益和准确选择适当的法律调整方法

（1）准确认识客观利益、正确处理利益关系

社会中的利益矛盾无处不在，执政者的任务是：认识这种矛盾，不使其激化发展为严重的对抗和冲突。这就要求认真做艰苦、细致、长期的调查研究和总结经验教训的工作。这样才能认识一定利益关系的本质，只有抓住矛盾的本质才能促成对立双方的统一和谐。无数事实说明：利益分配失衡，是导致社会冲突的根本原因。因此必须进一步贯彻科学立法、民主立法的原则，重视科技发展与法制的关系，不断完善民主制度，建立并健全畅通的利益表达机制，让人民群众通过理性、合法的形式，有地方表达自己的利益诉求，并及时得到合理的解决，把矛盾、冲突解决在萌芽状态。

（2）准确选择适当的法律调整方法

常言说得好："一把钥匙开一把锁"，调整不同的对象，需要用不同的方法。我国法学曾经一度不承认公、私法的划分，我认为这是由于混淆了反映法律调整内在规律的、历史地形成的公私法的划分这个事实和西方法学对这个事实的理论解释的缘故。西方学者对公私法的划分的理论解释，有许多合理的、有用的因素，但都还不够科学、完善，以致说法繁多，莫衷一是。实际上任何法都是国家意志的体现，都是"公"的、国家的、人人必须遵守的。所谓"私"法（主要是民商法），只是法律允许当事人自行决定相互之间的权利义务关系而已，它采用的基本上是一种放任性的、任意性的法律调整方法，是为来自社会生活本身的需要、为"看不见的那只手"发挥作用创造条件的方法，是适合市场经济、有利于市场经济的建设和发展的调整方法，反映了市场经济要求主体平等、自主，产权明晰，自愿等价、可预测等特点。只有在深入认识市场经济客观规律的基础上，我们才能发现市场机制的不足和不完善之处，既要依靠"看不见的那只手"，又得适当运用"看得见的这只手"，适当地使用限制市场经济负面影响的规定，使发展市场经济为我国的社会主义建设服务，为社会关系和人与自然关系的和谐服务。

从公平和效率的矛盾、稳定和发展的矛盾来看如何选择适当的法律调整方法以发挥法的和谐价值，也是值得思考的一个重要问题。如前所述，法是公平、正义的化身，但法所体现的总是与生产力相适应的一定生产方式所要求的公平、正义。这实际上就是把公平、正义与效率统一起来了，是把这二者辩证地统一考虑的公平、正义。公平与效率的矛盾，反映了法的内在矛盾，又是社会矛盾运动变化的体现。重视现有的公平，有利于社会的稳定，但无效率的公平不可能持久。社会要进步，就得协调公平与效率的矛盾使其达到新的平衡。所以，如果运用得当，法这个精巧的工具，可以使社会在稳定中获得发展，在发展中获得更大的稳定。一个社会的法律必然要既关心效率又关心公平，没有效率就不可能有

更高水平的公平，没有公平就会影响效率的提高，就是不适合生产力发展的要求。为了鼓励主体的参与，繁荣市场活动，增进效率，促进发展，国家要注重通过授权性规范、通过尊重主体意思自治的、调整平等主体关系的民商法的作用；为了弥补市场调节的不足、防止两极分化，国家也要重视通过引入积极义务性规范和禁止性规范，通过加强国家干预的财政金融法、经济法、劳动和社会保障法、环保（生态）法等部门的作用，将效率和公平、稳定和发展统一起来，立法一定要考虑到科学技术的最新发展，重视法律技术规范的运用。

2. 加强司法、执法等法的适用工作，坚持有法必依、执法必严、违法必究，在微观层面，实现法的和谐价值

司法和执法的重要任务是：尊重和保障人权，坚决将法律规定落实于社会生活之中、转变为主体享受权利履行义务的行为，实现法对利益冲突的协调。司法和执法通过将法律规定与现实的具体情况相联系，通过在宪法和法律指导的方向和限度内的个别调整（自由裁量），做到尊重当事人合法权益、正确、合法、公正、合理和及时地适用法的活动，在微观层面缓和并协调利益冲突，促进人与人、人与自然的和谐。好的高质量的执法、司法活动，可以弥补立法和法律规定的不足，提高法律调整的效果，实现社会和谐。

3. 加强法律监督工作，法律监督、特别是宪法监督是维持法的体系的和谐、贯彻依法治国方略的关键

列宁曾指出："究竟用什么来保证法令的执行呢？第一，对法令的执行加以监督。第二，对不执行法令加以惩罚。"① 我们体会，没有完善、严格的监督，就会使不法行为因没被发现而逃脱谴责和惩罚，就不能落实违法必究的要求，这也就是对法治的背离和破坏。宪法监督是现代民主国家必备的要素。随着社会的不断发展，社会关系日益复杂，专业的要求日益增强，越来越多的法律得由懂得专门科技知识的行政部门来制定，针对各种特殊关系的单行法、特别法大量出现。于是，各种法律之间的矛盾成为一种普遍现象。现行法律规范是法律调整机制的一个基本要素，只有法律规范之间、法的体系本身的和谐统一，才能使各种法律规范相互配合，有效发挥其和谐价值。宪法作为一个国家的根本大法，对整个法的体系的统一和谐，起着关键作用。只有完善宪法监督，促使各效力等级的法律、法规都遵循宪法的基本原则，才能达成法的体系自身的和谐和统一。

中国共产党提出决策权、执行权和监督权三权的相互制约，是我们进一步完善法律调整机制、加强党政两个系统的法律监督的重要指导，要使党内的监督、国家和政府的监督和各种社会团体、媒体网络舆论和广大人民群众的监督相互配合，形成强有力的、"疏而不漏"的法网，切实落实依法治国的治国方略，这样才能使法的和谐价值得到充分的发挥。

四、几点结论

通过以上分析，我们可以看到：法律似乎内在地是符合辩证法的：法直接体现的是

① ［苏］列宁：《新工厂法》，载《列宁全集》，2版，第2卷，358页，北京，人民出版社，1984。

"对立统一"的"统一"这一面，它在统一中涵盖着对立，使对立在统一中得以协调，它总是考虑到对立的双方，如：存在，应该；事实，法律；自由，纪律；权利，义务；民主，集中；国家权力（在法律上体现为职权）的行使，人权、公民权的保护；实体，程序；控方，辩方，等等。一项争执，一旦纳入法律程序，就是选择了解决矛盾的和平方式，通过法律程序，在社会大多数人可以认同的国家意志的指导下，在不同群体可以认同的"游戏规则"的指导下，辨明是非、明确利害、实现公平正义，化解矛盾，实现和谐。

矛盾是普遍存在的。学会运用法律手段，如实地承认矛盾、认识矛盾，合理地缓和矛盾、化解矛盾，才能建立良好的、符合实际生活需要的法律秩序。建立良好的法律秩序，把争执纳入法律秩序，既是统一的体现，又是进一步协调矛盾、缓和矛盾、化解矛盾的前提，这就能使对抗获得一定的缓和，甚至可互相促进、实现双赢或多赢。对抗的事物在一定条件下，可以互相促进，"一国两制"的伟大构想与制定实施两个基本法的光辉实践，充分证明了这一点：对矛盾认识正确、处理得当，就可以使相反得以相成，互促繁荣、实现双赢。

执政党和政府的重要任务就在于：充分利用自己执掌政权的有利条件，学会并充分发挥法这个"关于正义的艺术"的和谐价值，如实地认识矛盾（主要是人们之间的利益矛盾），明智地协调矛盾、缓和矛盾、化解矛盾。这再一次证明中国传统观念"和为贵"的深刻。"和"是在一定历史条件下、有原则的"和"。最基本的条件、最基本的原则可以是：（1）有利于促进生产力的发展；（2）符合人类文明前进发展的方向；（3）符合大多数人的根本利益。中国共产党领导下的社会主义事业，客观上完全具备这些条件。所以，我们可以说：法、特别是社会主义法有许多价值，但其最主要的价值在于和谐、在于"和"、在于协调人们的各种价值追求，为人们之间、民族之间、个人与社会或国家之间、国家之间、人与自然之间的和谐，提供解决的前提、理念、原则、规范、程序和措施。

在今天，法的这种潜在的、尚未被人们充分认知的价值，确实是值得我国法学界、法理学界和政治法律界的同仁们，去认真探索、深刻认知并努力发掘和发挥的。

1.3 论中国特色社会主义法治的本质和特征*

朱力宇**

自"依法治国，建设社会主义法治国家"的治国基本方略和奋斗目标确定后，我国的社会主义法制建设，取得了令世人瞩目的成就；法学界对法治理论的研究，也取得了丰硕的成果。但是我认为，我们对法治的研究，在结合"中国特色"和"社会主义"方面还显得不足。本文愿在这方面进行一些努力。

---

* 原载《中国人民大学学报》，2007（1）。

** 中国人民大学法学院教授，博士生导师，法学博士。

一、关于法治的一般理论和实现条件

我国法学界一般认为，从理论上可以将“法治”视为：是一种治国的基本方略，是一种文明社会的基本原则，是对现代国家的基本要求，同时又是占社会主导地位的普遍观念或内在精神，还是一个国家和社会应当具有的实际状态或社会秩序。

法治作为治国的基本方略至少是指：必须依照体现人民意志的法律来治理国家，国家有关重要的政治、经济、文化关系和其他社会关系主要应当依靠法律来进行调整；在治理国家的各种手段和措施中，法律具有最重要的地位；全国公民、一切国家机关和武装力量、各政党和各社会团体、各企业事业组织的活动，都必须以宪法和法律为准则和依据，不受任何个人意志的干涉、阻碍和破坏。

法治作为文明社会的基本原则至少包括：（1）人民主权原则，即国家的一切权力属于人民。（2）法律至上原则，即以宪法为核心的法律具有至高无上的权威。（3）人权原则，即充分保障每个人的权利与基本自由的实现。（4）法律面前人人平等原则，即公民依法平等地享有法定的权利和承担法定的义务。（5）依法行政原则，即政府必须依据体现人民意志的法律来行使权力，使政府的行为纳入法律化、制度化的轨道。（6）司法独立原则，即司法机关依法独立公正地行使司法权。

法治作为对现代国家的基本要求至少是：第一，有法可依，即要求建立统一、完备、科学的法律体系和法律规范。法律体系应当力求完整、科学、严谨、系统；各部门法应当合理划分、彼此协调、共同发挥作用；法律规范应当明确、肯定、具体，具有可操作性。第二，有法必依，即要求保证法律效力的普遍性和有效性，尽量排除和杜绝立法、执法、司法、守法和法律监督中的随意性、偶然性和腐败；要有较为健全的法律服务机构。第三，执法必严，即要求确保严格公正的执法和司法。行政机关的活动必须守法，不得滥用职权，必须符合“合法性”、“合理性”和“效率性”等原则；司法机关应当独立公正地行使司法权，不受其他机关、社会团体和个人的非法干预。同时，行政活动和司法活动都必须有严格而公正的程序。第四，违法必究，即要求任何公民的违法行为必须毫无例外地依法平等地受到追究和制裁，要用同一尺度把法律适用于所有公民。

法治作为占社会主导地位的普遍观念或内在精神至少有：（1）善法与恶法的观念，即在社会观念中普遍认为法治要求的是良法之治。（2）法律至上的观念，即在社会观念中普遍认为法律在国家生活中具有最高的或至高无上的权威，服从“法的统治”是最基本的社会观念之一。（3）权利和义务的观念，即在社会观念中普遍认为享受权利和承担义务是一致的，不能只享受权利不承担义务，也不能只承担义务不享受权利。（4）权力和责任的观念，即国家和政府的权力不仅要受到限制和制约，而且这种权力同时也是对公民或纳税人的责任。

法治作为国家和社会应当具有的实际状态或社会秩序是说：在法治的状态下，通过对国家和政府权力和责任的科学规制、公民权利和义务的合理配置，在法律秩序的层面，人们普遍地依据法律规则、制度、原则去从事各种经济、政治、文化和社会活动，已经形成一种严格有序、井井有条的状态，违法犯罪现象大为减少。

在基本上形成上述理论共识的同时，我国法学界还普遍认为，要建设成为“法治国家”，至少需要三个条件：一是健全完善的市场经济体制；二是高度民主的政治体制；三是全民具有较高的文化素质。从世界各国法制发展的历史看，这三个条件都是成为“法治国家”所必不可少的经济、政治和文化条件；而“法治国家”的建立，又是这三个条件充分发展的必然要求和结果。

我认为，各国关于法治的目标、原则、要求、形式、价值取向和实现程度等理论有共同性的方面。也就是说，前述法治的一般理论和实现条件，与我国的法制建设是有共同点的。但是同时我们必须看到，各国的法治是建立在不同社会制度的基础上的，所以又有特殊性的方面，甚至会有本质的区别。邓小平理论中关于社会主义法制建设的论述和“三个代表”重要思想中关于建设社会主义法治国家的论述，集中体现和概括了中国特色社会主义法治的本质和特征。本文在下面将根据这些论述，从我国的经济、政治和文化领域的角度，结合法治的一般理论和实现条件，进行一些探讨。

二、法治与社会主义市场经济

在邓小平理论中，始终贯穿着这样的观点：我们的一切工作，包括法制建设，都必须以经济建设为中心，为经济建设服务。在邓小平看来，离开经济的现代化，其他现代化就无从谈起。而邓小平关于法制建设在经济建设中占有极为重要的战略地位的思想，在他一系列关于“两手抓，两手都要硬”的论述中得到了集中体现。邓小平多次指出：“搞四个现代化一定要有两手，只有一手是不行的。所谓两手，即一手抓建设，一手抓法制。”①

邓小平 1992 年南方讲话后，由于我们对市场经济有了全新的认识，对社会主义经济建设与法制建设的关系也有了更为深刻的理解。江泽民同志在阐述社会主义市场经济与法制的关系时指出：“世界经济的实践证明，一个比较成熟的市场经济，必然要求并具有比较完备的法制。市场经营活动的运行，市场秩序的维系，国家对经济活动中的宏观调控和管理，以及生产、交换、分配、消费等各个环节，都需要法律的引导和规范。在国际经济交往中，也需要按国际惯例和国与国之间约定的规则办事。这些都是市场经济的内在要求。我们要实现经济体制和经济增长方式的根本性转变，也必须按照市场的一般规则和我们的国情，健全和完善各种法制。全面建立起社会主义市场经济和集约型经济所必需的法律体系。”②

市场经济之所以能够有效地配置有限的资源，是因为它有产权明晰的市场主体和一整套完整的市场体系的运作机制。市场经济具有一般的共性：第一，市场经济承认市场主体的独立性，即承认它们可以自主地作出经济决策，独立地承担风险；第二，市场经济是有

① 《邓小平文选》，第 3 卷，154 页，北京，人民出版社，1993。

② 《江泽民论有中国特色社会主义（专题摘编）》，50 页，北京，中央文献出版社，2002。

竞争性的市场体系，由市场形成价格，保证各种商品和生产要素的自由流动，由市场对资源配置起基础性的作用；第三，市场经济有相应有效的宏观调控机制，对市场运行实行引导和监控，以弥补市场机制本身固有的内在缺陷和弱点；第四，市场经济是有规则的经济，需要通过大量与市场经济内在机制和运行逻辑相适应的法律体系进行规范；第五，市场经济是一种开放的经济，各个国家或地区都需要通过共同遵守国际惯例和规则来进行互补互偿的国际交流和合作。总之，市场经济运行看似无序，实是要求有序。市场经济要求经济运行法治化；市场经济天然地要求法治。因为，法治自身所具有的规范、统一、稳定和强制等特征是市场经济运行环境和秩序所要求的。

但是应当指出，市场经济不属于社会主义基本经济制度的范畴，在资本主义制度下也可以存在。我国最根本的经济基础是社会主义经济制度。在我国，市场经济所固有的某些规律和功能，如价值规律的作用机制、市场资源配置机制、市场引导功能、利益刺激功能、优胜劣汰功能等，是在社会主义的基本经济制度和分配制度的基础上发生作用的。《宪法》第 6 条规定了我国的基本经济制度和分配制度："中华人民共和国的社会主义经济制度的基础是生产资料的社会主义公有制，即全民所有制和劳动群众集体所有制。社会主义公有制消灭人剥削人的制度，实行各尽所能、按劳分配的原则。国家在社会主义初级阶段，坚持公有制为主体、多种所有制经济共同发展的基本经济制度，坚持按劳分配为主体、多种分配方式并存的分配制度。"此外，我国其他有关法律也对社会主义基本经济制度和分配制度进行了具体的规定。这些基本经济制度和分配制度从经济方面决定了我国法治的本质。

与西方国家的市场经济相比，我国的市场经济还有自己的特点。例如，除了它是与社会主义基本经济制度和分配制度相结合的，是在国家宏观调控下利用市场机制配置社会资源和引导经济运行的经济形式之外，一般而言，在我国，市场自发调节的程度比西方国家弱，而政府规划、管制的程度和能力则较强；特别是我国正处于计划经济向市场经济的长期逐步转型的过程中。这些特点都决定了我国经济法治化的特点。

目前，我国法治要促进和保障经济建设的发展，实现全体人民的共同富裕，就必须坚持"根据解放和发展生产力的要求，坚持和完善公有制为主体、多种所有制经济共同发展的基本经济制度"①；坚持"确立劳动、资本、技术和管理等生产要素按贡献参与分配的原则，完善按劳分配为主体、多种分配方式并存的分配制度"②；要"完善政府的经济调节、市场监管、社会管理和公共服务的职能，减少和规范行政审批。要把促进经济增长，增加就业，稳定物价，保持国际收支平衡作为宏观调控的主要目标"③。也就是说，在经济领域，法制建设必须结合中国国情，坚持社会主义的基本经济制度和分配制度，进行有力的宏观调控。

三、法治与社会主义民主政治

现代国家的法治，是建立在民主基础上的法治，是民主政治体制内的法治。马克思主

①②③ 江泽民：《全面建设小康社会　开创中国特色社会主义事业新局面》，20～42 页，北京，人民出版社，2002。

义中包含着实行社会主义法治的重要思想。马克思在谈到马克思主义与有关资产阶级学说的根本区别时曾经指出："我所加上的新内容就是证明了下列几点：(1) 阶级的存在仅仅同生产发展的一定历史阶段相联系；(2) 阶级斗争必然导致无产阶级专政；(3) 这个专政不过是达到消灭一切阶级和进入无阶级社会的过渡……"① 根据这一观点，既然阶级斗争必然导致无产阶级专政，而无产阶级专政实际也是无产阶级民主，那么，无产阶级民主必然要求实现人民主权和人民当家作主，也必然要求由无产阶级专政或人民民主专政来保障，同时还必然要求实行民主集中制，从而真正实现全体人民在形式和事实上的平等。这些都要求社会主义国家在发展社会主义民主的同时，还必须健全社会主义法制。因为，在现代社会，民主政治的所有内容，都要由法律来确认、体现和保证。社会主义国家也不例外。

中国当代的法治，是社会主义民主的法律化、制度化，是在社会主义民主政治基础上实行的法治。而我国的民主政治，则是在社会主义法治保障下运行的民主政治。

从 1978 年 12 月 13 日在党的十一届三中全会召开前的中共中央工作会议闭幕会上提出的"为了保障人民民主，必须加强法制。必须使民主制度化、法律化，使这种制度和法律不因领导人的改变而改变，不因领导人的看法和注意力的改变而改变"②，一直到 1992 年南方讲话，邓小平不下十余次阐述了民主和法制的建设问题；坚持发展社会主义民主和法制，一直是我们党和国家的坚定不移的方针。

例如：邓小平指出："为了实现四个现代化，必须发扬社会主义民主和加强社会主义法制。"③ 他还认为："民主和法制，这两个方面都应该加强，过去我们都不足。要加强民主就要加强法制。没有广泛的民主是不行的，没有健全的法制也是不行的。"④ 邓小平还特别强调："要继续发展社会主义民主，健全社会主义法制。这是三中全会以来中央坚定不移的基本方针，今后也决不允许有任何动摇。"⑤ "在发扬社会主义民主的同时，还要加强社会主义法制，做到既能调动人民的积极性，又能保证我们有领导有秩序地进行社会主义建设。"⑥

以江泽民同志为核心的党的第三代领导集体也一直坚持发展社会主义民主和法制的基本方针。例如，江泽民同志提出："建设高度的社会主义民主和完备的法制，是我们的根本目标和根本任务之一，也是人民群众的共同愿望。"⑦ "我国政治体制改革的目标是，建设有中国特色的社会主义民主政治，健全社会主义法制，切实保障人民群众当家作主的权利。" "依法治国，就是党领导人民治理国家，保证人民依法实行民主选举、民主决策、民主管理和民主监督，维护广大人民群众的根本利益。各级领导干部要始终摆正自己同人民群众的

① 《马克思恩格斯选集》，2 版，第 4 卷，547 页，北京，人民出版社，1995。
② 《邓小平文选》，2 版，第 2 卷，146 页，北京，人民出版社，1994。
③ 同上书，187 页。
④ 同上书，189 页。
⑤ 同上书，359 页。
⑥ 《邓小平文选》，第 3 卷，210 页，北京，人民出版社，1993。
⑦ 《江泽民论有中国特色社会主义（专题摘编）》，51 页，北京，中央文献出版社，2002。

关系，通过推进依法治国，切实保障人民的主人翁地位和各项权利，保证人民对政府工作进行有效的监督和支持。"①

由上可以看出，我国的社会主义民主政治像其他一切国家的民主政治一样，承认少数服从多数，人民有决定国家制度和管理国家的平等权利；承认公民在法律面前一律平等，任何组织或个人都不得有超越宪法和法律的特权。因此，与民主政治相联系的法治的某些共同特征必然也反映到我国法治的运行中。但是，我国最根本的政治制度是人民代表大会制度，也是与其他非社会主义国家政治制度的根本区别。《宪法》第1条规定："中华人民共和国是工人阶级领导的、以工农联盟为基础的人民民主专政的社会主义国家。社会主义制度是中华人民共和国的根本制度。禁止任何组织或者个人破坏社会主义制度。"《宪法》第2条规定："中华人民共和国的一切权力属于人民。人民行使国家权力的机关是全国人民代表大会和地方各级人民代表大会。"《宪法》序言还宣布："中国共产党领导的多党合作和政治协商制度将长期存在和发展。"《宪法》还规定了人民享有管理国家事务、管理经济和文化事业、管理社会事务的权利以及其他一系列民主自由权利；其他有关法律也规定了实现这些权利和自由的具体制度。这些基本政治制度从政治方面决定了我国法治的本质。

与西方国家的民主政治相比，我国民主政治的最重要特点就是中国共产党的领导。中国的民主政治的运行，中国的政治体制改革所要达到的目标，同西方的政治多元化不同。中国不实行多党制，不实行三权分立，而是实行共产党领导下的国家权力内部的职能分工。这一特点同样也决定了我国政治法治化的特点。

目前，我国法治要保障民主政治的发展，确立人民的主人翁地位，就必须"坚持和完善人民代表大会制度，保证人民代表大会及其常委会依法履行职能，保证立法和决策更好地体现人民的意志"②。"坚持和完善共产党领导的多党合作和政治协商制度。坚持'长期共存、互相监督、肝胆相照、荣辱与共'的方针，加强同民主党派合作共事，更好地发挥我国社会主义政党制度的特点和优势。保证人民政协发挥政治协商、民主监督和参政议政的作用。"③"健全民主制度，丰富民主形式，扩大公民有序的政治参与，保证人民依法实行民主选举、民主决策、民主管理和民主监督，享有广泛的权利和自由，尊重和保障人权。"④

四、法治与社会主义文化建设

人们对文化概念的界定，定义最多，分歧最大，也最难统一。有人在二十多年前统计，当时在世界各国文献中关于文化的定义竟有二百五十余种之多。⑤"根据人们的种种定义，我们可以将文化的概念归纳为以下几种：一是将文化视为人类在实践中所创造的物质财富

---

① 《江泽民论有中国特色社会主义（专题摘编）》，298～331页，北京，中央文献出版社，2002。

②③④ 江泽民：《全面建设小康社会 开创中国特色社会主义事业新局面》，20～42页，北京，人民出版社，2002。

⑤ 参见［日］名和太郎：《经济与文化》，高增杰、郝玉珍译，41页，北京，中国经济出版社，1987。

和精神财富的总和，包括习惯、规范、制度等在内。这是最广义的文化概念。二是将文化等同于人类在实践中所创造的精神财富和习惯、规范、制度等。这是包括观念形态和规范形态的文化在内的文化概念。三是将文化视为精神财富的总和，即在一定的物质生产方式基础上发生和发展的精神文化。这是观念形态的文化概念。四是将文化视为文学艺术，文化与文学艺术并用。或将文化等同于教育，文化与教育并用。这是特定意义上的文化概念。"①

上述后三种相对狭义的文化观的共同点在于，都把文化限定在人类精神活动的领域，认为文化是包括哲学、宗教、科学、技术、文学、艺术、教育、风俗等观念形态和习惯、规范、制度等规范形态的成果。我们所讲的社会主义精神文明或社会主义文化，也主要是指精神领域的文化现象。其中，法律现象也可以作为文化的一种表现。

我们是共产党领导的社会主义国家，从某种意义说，正像我国经济体制改革是要把以公有制为主体与发展多种经济成分相结合、政治体制改革是要把坚持共产党的领导与实行民主相结合一样，我国的文化建设就是要坚持以马克思列宁主义、毛泽东思想和邓小平理论为指导，贯彻"三个代表"重要思想，将依法治国与以德治国相结合。《宪法》用多处条文规定了国家在文化教育建设中的基本任务，确认了国家发展社会主义教育事业、科学文化事业，普及科学技术知识、奖励科学研究成果和技术发明创造，开展群众性的卫生活动、体育活动，发展为人民服务、为社会主义服务的新闻广播电视、出版发行事业、图书馆、博物馆、文化馆和其他文化事业，开展群众性的文化活动，国家保护名胜古迹、珍贵文物和其他重要文化遗产等。《宪法》第 24 条还规定："国家通过普及理想教育、道德教育、文化教育、纪律和法制教育，通过在城乡不同范围的群众中制定和执行各种守则、公约，加强社会主义精神文明的建设。国家提倡爱祖国、爱人民、爱劳动、爱科学、爱社会主义的公德，在人民中进行爱国主义、集体主义和国际主义、共产主义的教育，进行辩证唯物主义和历史唯物主义的教育，反对资本主义的、封建主义的和其他的腐朽思想。"国家还通过一系列法律、法规和规章将宪法的这些规定加以具体化。所以，这些发展文化事业的任务和原则，从文化方面同样决定了我国法治的本质。

我国文化与外国文化相比，最重要的特点至少有两点：一是我国的文化建设是以马克思列宁主义、毛泽东思想、邓小平理论和"三个代表"重要思想为指导的，二是中华民族形成了"以爱国主义为核心的团结统一、爱好和平、勤劳勇敢、自强不息的伟大民族精神"②。这种指导思想和民族精神渗透在我国的文化中，也从文化方面决定了我国法治的特点。

目前，我国法治要保障文化建设的发展，牢牢把握先进文化的前进方向，就必须使"全民族的思想道德素质、科学文化素质和健康素质明显提高，形成比较完善的现代国民教

① 朱力宇主编：《依法治国论》，132 页，北京，中国人民大学出版社，2004。

② 江泽民：《全面建设小康社会　开创中国特色社会主义事业新局面》，20～42 页，北京，人民出版社，2002。

育体系、科技和文化创新体系、全民健身和医疗卫生体系。人民享有接受良好教育的机会，基本普及高中阶段教育，消除文盲。形成全民学习、终身学习的学习型社会，促进人的全面发展”①，“要建立与社会主义市场经济相适应、与社会主义法律规范相协调、与中华民族传统美德相承接的社会主义思想道德体系”②，要“把深化改革同调整结构和促进发展结合起来，理顺政府和文化企事业单位的关系，加强文化法制建设，加强宏观管理，深化文化企事业单位内部改革，逐步建立有利于调动文化工作者积极性，推动文化创新，多出精品、多出人才的文化管理体制和运行机制”③。

五、法治与中国共产党的领导

在以上经济、政治、文化三个领域理解、把握和坚持法治与社会主义的本质及特点相当重要。因为，只有保持社会主义的性质，符合中国国情，才能科学正确地选择我国法治的具体目标、模式、标准和途径。而科学正确的选择的结合点，最根本的就是要把坚持党的领导、人民当家作主和依法治国有机统一起来。

共产党的领导地位是历史形成的，是中国人民长期选择的必然结果。邓小平总结说：“从根本上说，没有党的领导，就没有现代中国的一切。”④ 同样，实行中国特色社会主义法治，也离不开坚持党的领导。因为，只有坚持党的领导，才能从根本上保证社会主义法制建设在现代化建设事业中的正确方向，才能保证法律的制定和实施能够反映工人阶级领导的广大人民群众的共同利益和意志。

“党必须在宪法和法律的范围内活动”是邓小平关于坚持和改善党的领导的思想的重要体现，是中国共产党作为执政党在处理同国家、宪法和法律的关系方面必须遵守的准则，也是在长期社会主义建设过程中总结出来的重要经验。这一准则的基本要求是：一切党组织和所有党员的任何活动，都必须以遵循宪法和法律的规定为根本依据，而不能与宪法和法律相抵触；都必须带头模范地遵守宪法和法律，维护其尊严，保证其实施。

党的第三代领导集体继承和发展了邓小平关于“党必须在宪法和法律的范围内活动”的思想。江泽民同志指出：“凡是关系国家和人民的大事，党要作出决定，还要形成国家的法律，党的领导与依法办事是一致的。党领导人民制定宪法和法律，党也领导人民执行宪法和法律。党章明确规定，党的组织和党员要在宪法和法律的范围内活动。这是一条极其重要的政治原则。”⑤ 江泽民同志还指出：“推进社会主义民主政治建设，必须处理好党的领导、发扬民主，依法办事的关系。党的领导是关键，发扬民主是基础，依法办事是保证，绝不能把三者割裂开来、对立起来。”⑥在提出依法治国的基本方略时，江泽民同志还指出：“党领导人民制定宪法和法律，并在宪法和法律范围内活动。依法治国把坚持党的领导、发

---

①②③ 江泽民：《全面建设小康社会 开创中国特色社会主义事业新局面》，20～42页，北京，人民出版社，2002。

④ 《邓小平文选》，2版，第2卷，266页，北京，人民出版社，1994。

⑤⑥ 《江泽民论有中国特色社会主义（专题摘编）》，298～331页，北京，中央文献出版社，2002。

扬人民民主和严格依法办事统一起来，从制度和法律上保证党的基本路线和基本方针的贯彻实施，保证党始终发挥总揽全局、协调各方的领导核心作用。"①

我认为，根据邓小平理论和"三个代表"重要思想，从法治的角度讲，之所以最根本的是要把坚持党的领导、人民当家作主和依法治国有机统一起来，其原因在于：

首先，在我国，人民是国家政权的主人，国家的一切权力属于人民，这是宪法的根本原则。人民的广泛性要求有一个坚强有力的、能真正代表人民利益的政治核心来领导、组织、支持人民掌握国家权力，实行民主选举、民主决策、民主管理和民主监督，保证人民依法享有广泛的权利和自由，尊重和保障人权。中国共产党始终代表中国先进生产力的发展要求，始终代表中国先进文化的前进方向，始终代表中国最广大人民的根本利益，是中国特色社会主义事业的领导核心。所以，应当由中国共产党通过政治、思想和组织的领导，带领广大人民进行社会主义现代化建设，在政治上充分保证我国人民当家作主。不懂得党的领导的重要性，就是不懂得社会主义民主的真谛，就不能把握社会主义法治的方向，也就无法建设社会主义现代化国家。

其次，我国的宪法和法律是由党领导人民制定的，它是党的主张和人民意志在国家意志方面的统一。党的主张集中代表和体现了我国法律的发展方向和基本精神，从一定意义上讲，我国法律就是党的主要主张和政策的条文化、规范化。依法治国使党的领导方式和方法发生了根本性的转变，即从执政以前主要通过政策来领导，到执政以后既依靠政策又依法办事。党的政策要通过国家的名义以一定程序用法律形式固定下来，党的政策经过法定程序上升为体现国家意志的法律，而法律的施行又进一步提升了党的领导的权威性。因此，宪法和法律是党的主张和人民意志相统一的体现。

再次，我国正处于社会主义初级阶段，现阶段社会的主要矛盾是广大人民群众日益增长的物质文化需要同落后的社会生产之间的矛盾，解决这个矛盾的根本方法就是以经济建设为中心，坚持四项基本原则，坚持改革开放，把我国建设成为富强、民主、文明的社会主义现代化国家。这是党在社会主义初级阶段基本路线，是以宪法加以肯定了的。依法治国可以从制度和法律上保证党的基本路线、方针和政策的贯彻实施，保证党的领导。

党的十六大在"党必须在宪法和法律的范围内活动"这一准则的基础上，进一步提出了党要"依法执政"的重大问题。作为要长期执政并领导国家建设的政党，中国共产党当然要"改革和完善党的领导方式和执政方式"②，要"加强党的执政能力建设，提高党的领导水平和执政水平"；其中，包括"必须增强法制观念，善于把坚持党的领导、人民当家作主和依法治国统一起来，不断提高依法执政的能力"③。这也是中国特色社会主义法治最根本、最重要的本质和特征。

总而言之，社会主义的市场经济体制、社会主义的民主政治体制和较高社会主义文化

①②③ 《江泽民论有中国特色社会主义（专题摘编）》，298～331页，北京，中央文献出版社，2002。

素质等条件，正是我国法治与其他国家和社会制度的法治的根本区别所在。这是因为，一个法治国家，当然必须建立在富强、民主、文明的基础之上。但是，我国要实现的是社会主义现代化。所以，社会主义是我国法治的本质性规定，也是我国法治发展的根本方向。离开这一本质性规定和根本发展方向，即使达到了高度的富强、民主、文明的程度，也不可能是社会主义性质的。同时，我国要建设的是中国特色的社会主义，不符合中国国情特点的法治，当然也就不可能植根、深入并成长于中国社会之中。

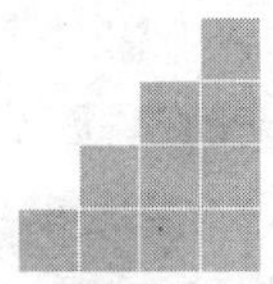

2.

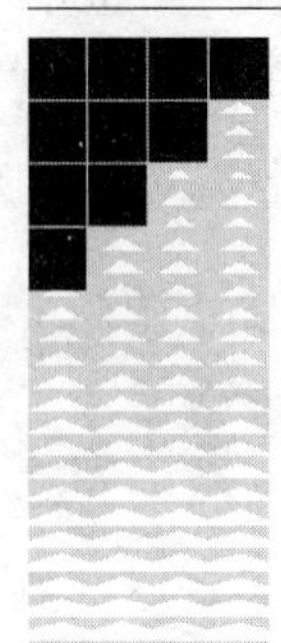

法律和发展的中国经验

2.1 中国法制化的趋势与反思
——立法与诉讼量的数据分析*

朱景文

所谓法制化，指法律在社会生活中的覆盖面，是表示法律在社会中的重要性程度的指标。它可以从多重视角考量和比较。在立法领域，在一定限度内立法数量的多少一般可以衡量法制化程度高低；在司法领域，在一定限度内诉讼数量的多少一般也可以衡量法制化程度的高低。但是它们都不是绝对的，在立法不健全的情况下，立法数量的增多具有积极意义；而当立法已经比较健全的时候，只注重数量不注重质量，就不见得是一件好事。在司法能力薄弱的情况下，诉讼数量的增加显示人们对法院解决纠纷日益信赖；而当太多的诉讼涌向法院，以致法院有限的审判能力承担不了时，诉讼数量的增加就不见得是好事，它表明其他纠纷解决机制的不畅。因此，我们完全可以利用有关数据，对立法与司法不同领域的法制化程度，对我国法律发展不同阶段的特点和趋势进行分析。

随着中国社会向现代化的发展，法律在社会中的作用日益明显，法制化的进程日益加

* 本文的写作得助于我所主持的《中国法律发展报告：数据库和指标体系》（北京，中国人民大学出版社，2007）所提供的数据，感谢课题组成员的努力为本文的数据分析提供了基础。原载蒋立山主编：《中国法治论丛》（2008年卷），北京，知识产权出版社，2009。

快，体现出法律愈来愈多、诉讼愈来愈多的发展趋势。经过改革开放30年的发展，现在我国法律发展所面对的问题也十分明显：在立法方面，面对立法数量的迅速增长，如何保证立法质量，如何保证被制定的法律得到有效实施；在司法方面，面对越来越多的诉讼涌向法院，如何解决其与法院的有限的资源和解决纠纷的能力的矛盾，如何处理诉讼与其他解决纠纷方式的关系。所有这些都是关系我国法律发展的全局性问题。

一、立法的数量与反思

（一）越来越多的法律

1. 法律制定的数量

在立法领域，我们可以明显地看出法律越来越多的发展趋势。图1表明，无论是全国人大及其常委会制定的法律和有关法律问题的决定，国务院制定的行政法规，国务院所属的各部、各委员会所制定的行政规章，还是省一级人民代表大会及其常委会所制定的地方性法规的数量在1949～1978年和1979～2005年两个阶段都有着明显的差别，改革开放以来全国人大及其常委会的立法数量是改革开放前的6.49倍，国务院的立法数量是改革开放前的14.21倍，国务院各部委的立法数量是改革开放前的80.17倍，省一级人民代表大会及其常委会的立法数量是改革开放前的774.01倍。

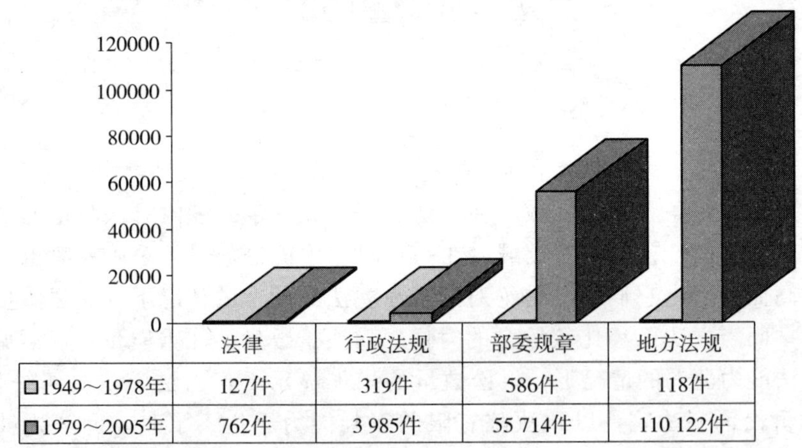

	法律	行政法规	部委规章	地方法规
1949～1978年	127件	319件	586件	118件
1979～2005年	762件	3 985件	55 714件	110 122件

图1　改革开放前后不同机构立法的数量（1949～1978年/1979～2005年）

说明：根据我对中国法律法规检索系统的检索（最近访问日期：2006－04－10），参见http：//www. npc. gov. cn。其中法律包括全国人大及其常委会所制定的法律和有关法律问题的决定，行政法规包括国务院制定的行政法规和规范性文件，部委规章包括国务院各部委制定的部委规章和文件，地方法规包括各省的地方国家机关制定的地方法规规章。

1979～2004年法律的年平均增长率为11.8%，行政法规的为10.7%，部委规章的为14.4%，地方法规的为33.1%，而所有各类立法的年平均增长率为21.3%。

2. 法律制定与修改的比率

改革开放以来中国社会处于不断的变动过程中，这种变动在全国人大作制定的法律和有关法律的文件中有明显的反映。图2表明，各类立法立、改、废的构成，在全国人大及其常委会制定的法律和有关法律的文件中，现在仍然有效的占28.61%，将近70%的已经失效或修订；国务院的立法中有效率为86.60%，部委规章中的有效率为81.58%，地方法规中的有效率为79.86%，司法解释中的有效率为89.20%。

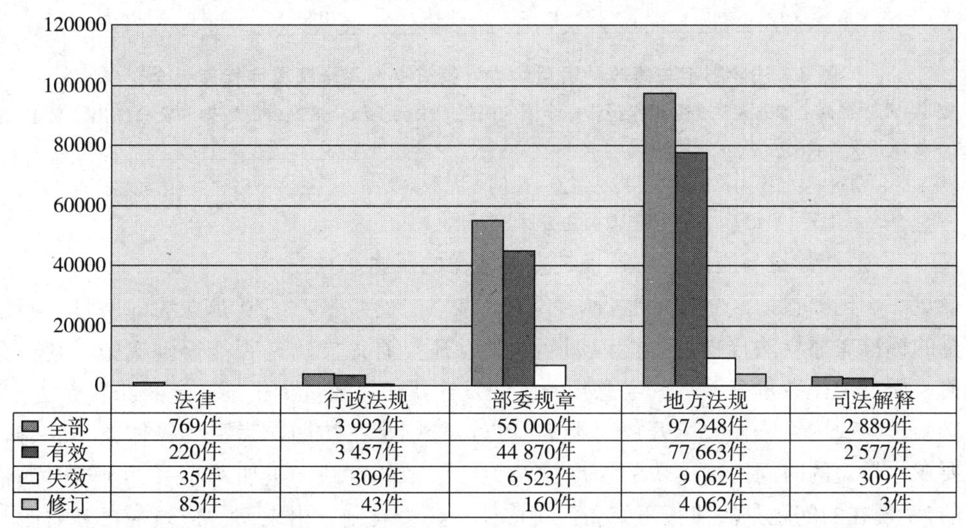

	法律	行政法规	部委规章	地方法规	司法解释
全部	769件	3 992件	55 000件	97 248件	2 889件
有效	220件	3 457件	44 870件	77 663件	2 577件
失效	35件	309件	6 523件	9 062件	309件
修订	85件	43件	160件	4 062件	3件

图2　各类立法和司法解释的立、改、废的数量（1979～2004年）

说明：根据我对中国法律法规检索系统的检索（截止日期：2006-04-10），参见http://www.npc.gov.cn。其中法律包括全国人大及其常委会所制定的法律和有关法律问题的决定，行政法规包括国务院制定的行政法规和规范性文件，部委规章包括国务院各部委制定的部委规章和文件，地方法规包括省一级的地方国家权力机关制定的地方法规。

中国法律体系的建立在初期主要是制定法律，后来的重心逐步转换到修改法律上。图3表明了这种发展趋势，全国人大及其常委会在第五届全国人大期间制定和修改的比率为18∶1，第六届为3.7∶1，第七届为14∶1，第八届为3.2∶1，第九届全国人大期间这一比率为0.85∶1，也就是说，法律修改的数量已经超过法律制定的数量。预计这一比率将会继续向着修改的方向倾斜。一些重要的法律，例如，1982年宪法已经修改了4次，即1988年、1993年、1999年和2004年；1979年刑法在1979年到1997年之间修改和解释了25次，1997年作了重大修订，到2004年年底又修改和解释了12次；1979年制定的刑事诉讼法在1996年进行了重大修改，其后到2004年年底又修改或解释了13次。

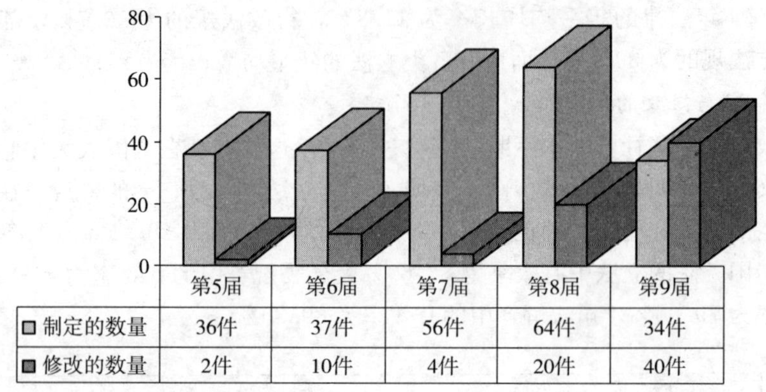

图3 法律制定与修改的数量构成（第五～九届全国人民代表大会）

说明：此表根据全国人大常委会工作报告、全国人民代表大会工作全书提供的数据和资料作出。表中数字不包括法律解释和议案表决办法等法律文件。

资料来源：蔡定剑：《中国人民代表大会制度》；全国人大常委会办公厅秘书一局编：《第九届全国人民代表大会及其常务委员会会议大事记》，北京，中国民主法制出版社，2003。

（二）立法的数量与质量：对越来越多的法律的反思

衡量一个国家或地区立法的状况，不能单靠立法的数量，还要看立法的质量；衡量立法质量的标准单靠立法自身是不能说明问题的，还要看该立法是否能得到实施，其社会效果如何。而且法律数量多并不一定意味着立法发达，法律数量少也不一定意味着立法落后。

必须考虑我国立法在改革开放时期的特点，特别是在初期，我国法律体系不完善，因此需要在尽量短的时间内用尽快的速度弥补无法可依的空缺。正如邓小平针对当时的情况所说的："现在的问题是法律很不完备，很多法律还没有制定出来。""成熟一条就修改补充一条。不要等待'成套设备'。总之，有比没有好，快搞比慢搞好。"[①] 因此，在我们把法律发展数量作为一个衡量法律发展的指标的时候，只具有相对意义，必须和改革开放初期无法可依的状况相联系。表1表明，我国立法高速发展主要表现在2001年加入世贸组织之前，而在此之后，从2002年到2005年，我国各类立法的年平均增长率都呈现负值。全国人大已经明确地把提高立法质量作为我国立法的一项主要目标。[②]

表1 中国不同时期各类立法的年均增长率 （单位：%）

	法律	行政法规	部委规章	地方法规	立法总数
1979～1989年	4.9	6.2	22.3	45.1	24.5
1990～2001年	24.6	19.9	16.1	30.9	24.3
2002～2005年	－8.14	－15.5	－9.5	－0.4	－2.9

① 邓小平：《解放思想，实事求是，团结一致向前看》，载《邓小平文选》，2版，第2卷，146、147页，北京，人民出版社，1994。

② 参见吴邦国：《为形成中国特色社会主义法律体系而奋斗》，载中国人大网：http://www.npc.gov.cn/zgrdw/common/group_photo_zw.jsp?label=WXZLK&id=328465&pdmc=011302&dm=01130205，2004-02-01。

近年来，为了提高立法质量，我国采取的措施包括：

1. 严格立法程序。特别是2000年我国通过《立法法》，对全国人大及其常委会、国务院的立法程序加以规范化。在八届全国人大以前，法律案审议的程序比较简单，法律审议的次数并无明确规定。一部法律从国务院提交议案、有关方面向全国人大常委会作说明，到最后获得通过，一度是在一次会议上、几天时间内完成的。九届全国人大时，全国人大为规范立法工作，提高立法质量，对法律草案的审议由“两审”改成“三审”。自1998年开始，审议法律草案一般要实行三审制：一审，听取提案人对法律草案的说明，进行初步审议；二审，在经过两个月或更长时间，委员们对法律草案进行充分的调查研究后，围绕法律草案的重点、难点和分歧意见，进行深入审议；三审，在专门委员会根据委员们的审议意见对法律草案进行修改并提出审议结果报告的基础上再作审议，如果意见不大，即付表决。2000年《立法法》明确规定“三审制”。在九届全国人大通过的74件法律中，一审通过的有8件，二审通过的有20件，三审通过的有38件，四审通过的有6件，甚至还有五审才通过的2件，即《证券法》和《合同法》。

2. 提高立法者的专业素质。全国人大代表，特别是全国人大常委会委员的文化素质、专业素质有了明显的提高。全国人大和全国人大常委会的组成人员不再是立法的“门外汉”，在国家的立法过程中，越来越能够发表实质性的意见。许多全国人大常委会的委员，都曾经在国务院主管部门第一线工作，熟悉有关立法的背景，能够发表很内行的意见。近年来所推行的专职委员制度，也为提高立法者的专业素质提供了一条切实可行的路径。为了提高全国人大常委会组成人员的法律素质，从九届全国人大开始，聘请来自大学、研究机构和实际部门的法学专家进行法制讲座，每次全国人大常委会会议（两个月）举行1次，九届全国人大期间共举行30次，十届全国人大截至2004年年底共举行11次。法制讲座的举办，对常委会组成人员熟悉全国人大的工作，进一步履行好宪法和法律赋予的职责，特别是提高法律审议质量，起到了积极的作用。

3. 积极倾听法律专家和其他有关专家的意见。在许多重要立法的起草过程中都广泛地听取了他们的意见，立法中形成专家意见书或专家稿已成为我国近年来立法的一个通例。

4. 立法的公众参与。我国既借鉴了其他国家公众参与立法的形式，如立法听证会、论证会，同时对一些关系老百姓切身利益的重要立法，如《宪法》、《全民所有制工业企业法》、《行政诉讼法》、《集会游行示威法》、《土地管理法》、《村民委员会组织法》、《合同法》、《婚姻法》、《物权法》等，又广泛采用了公开征求意见、全民讨论的形式。

5. 加强执法检查。立法的质量不能单靠立法自身来衡量，更重要的是看被制定的法律是否能够得到实施，其实施效果如何。近年来，加强法律实施的效果的监督，对重要的法律实行执法检查，已经成为全国人大常委会的一项主要职能。1989年至2004年，全国人大先后进行执法检查57次，全国性检查4次，检查范围在10～17个省区的有20次。检查的内容涉及工业、农业、环保、教育、科技、产品质量、基层民主建设、社会治安等领域，其中八届全国人大常委会于1994年至1997年连续4年检查了《农业法》的实施情况。1998

年、2000年，九届全国人大常委会又组织了两次对《农业法》实施情况的检查。八届全国人大连续3年安排检查了《环境保护法》的实施情况。

二、诉讼的数量和反思

(一) 越来越多的诉讼

1. 诉讼数量

在司法领域，1979年以来我国的诉讼数量逐年增加，人民法院一审各类案件（收案），包括民事、刑事、行政案件以及各类案件的总量都有了迅速的增加，1979年到2006年我国诉讼的年均增长率为9.6%，其中民事案件为10.0%，刑事案件为9.7%，行政案件为53.8%。

表2　中国各类一审诉讼收案数量（1979～2006年）　（单位：件）

年份	刑事一审	民事一审	行政一审	一审总数
1979年	123 846	389 943		513 789
1980年	197 856	565 679		763 535
1981年	232 125	673 926		906 051
1982年	245 219	778 941		1 024 160
1983年	542 648	799 989	527	1 343 164
1984年	431 357	923 120	983	1 355 460
1985年	246 655	1 072 170	916	1 319 741
1986年	299 720	1 310 930	632	1 611 282
1987年	289 614	1 579 675	5 940	1 875 229
1988年	313 306	1 968 745	8 573	2 290 624
1989年	392 564	2 511 017	9 934	2 913 515
1990年	459 656	2 444 112	13 006	2 916 774
1991年	427 840	2 448 178	25 667	2 901 685
1992年	422 991	2 601 041	27 125	3 051 157
1993年	403 267	2 983 667	27 911	3 414 845
1994年	482 927	3 437 465	35 083	3 955 475
1995年	495 741	3 997 339	52 596	4 545 676
1996年	618 826	4 613 788	79 966	5 312 580
1997年	436 894	4 760 928	90 557	5 288 379
1998年	482 164	4 830 284	98 350	5 410 798
1999年	540 008	5 054 857	97 569	5 692 434
2000年	560 432	4 710 102	85 760	5 356 294
2001年	628 996	4 615 017	100 921	5 344 934
2002年	631 348	4 420 123	80 728	5 132 199

续前表

年份	刑事一审	民事一审	行政一审	一审总数
2003 年	632 605	4 410 236	87 919	5 130 760
2004 年	618 826	4 332 727	92 613	5 044 166
2005 年	684 897	4 380 095	96 178	5 161 170
2006 年	702 445	4 385 732	95 617	5 183 794

资料来源：1986～2006 年的数字见《中国法律年鉴》1987～2007 年各卷；1979～1985 年的数字见北大法意网，司法统计：《1950 年～1998 年全国法院刑事案件一览表》、《1950 年～1998 年民事案件一览表》（http://www.lawyee.net/OT_Data）。

我们大体可以把 1979 年以来我国诉讼数量的发展分为两个阶段：

第一阶段 1979～1996 年，在该阶段各类诉讼的数量发展都很快，诉讼曲线呈急速上升的趋势，其中刑事诉讼的年均增长率为 12.6%，民事诉讼的为 16.9%，行政诉讼的为 93.3%，一审全部诉讼的年均增长率 15.4%。

而第二阶段 1997～2006 年，我们可以明显地看出各类诉讼的曲线都变得平缓甚至下滑，其中刑事诉讼的年均增长率为 2.1%，民事诉讼的为－0.45%，行政诉讼的为 2.4%，诉讼总量的为－0.2%（见表 3）。

表 3　　不同阶段一审各类案件的年均增长率（1979～2006 年）　　（单位：%）

阶段	刑事案件	民事案件	行政案件	一审案件
1979～2006 年	9.7	10	53.8	9.6
1979～1996 年	12.6	16.9	93.3	15.4
1997～2006 年	2.1	－0.45	2.4	－0.2

其他国家的经验表明，诉讼数量的增长与 GDP 的增长有一定的关系，但是又不是完全由 GDP 的增长所决定的。一般来说，当社会处在转型时期，人们之间的各种矛盾都会增多，社会失范现象突出，因此诉讼数量会上升较快；而当社会处在比较平稳的发展阶段，失范转变为正常和规范，诉讼数量的增加会变得平缓甚至下降。当然诉讼数量的增加也和人们对法院的信任程度、法院的可接近程度有关。各类案件数量增加的理由不尽相同，不仅刑事案件与民事、行政案件增加的原因不同，即使同样的刑事案件，杀人、抢劫、强奸和经济犯罪案件增加的理由也不相同，应该具体问题具体分析。

2. 犯罪率

与刑事案件有关的是公安机关刑事案件的立案、破案的数量、检察机关批捕的数量和审判机关的刑事案件有罪判决数量，它们共同构成了与犯罪率有关的四个指标，在我们比较不同国家或不同历史时期的犯罪率的时候，有的国家以公安机关的立案或破案数量为基准，有的国家以检察机关的批捕数量（有时也用向法院提起公诉的数量）为基准，有的国家以法院有罪判决数量为基准。我国公安机关刑事案件的立案数量由 1986 年的547 115件增长到 2004 年的4 718 000件，年平均增长率为 16.7%；破案数量由 1986 年的343 185件，增加到 2004 年的2 004 000件，年平均增长率为 12.4%；检察机关审查批准、决定逮捕的数量，从 1986 年的422 108人增加到 2004 年的811 102人，后者是前者的 1.92 倍，年平均增长率为 4.7%；检察机关向人民法院提起公诉的数量，从 1990 年的636 626人增加到 2004 年的867 186人，后者是前者的 1.36 倍，年增长率为 3.3%；人民法院的有罪判决数量由 1987 年的324 099件增加到 2003 年的742 261件，年增长率为 6.2%。我国每100 000人口的立案率、破案率、批捕率、有罪判决率 1986 年分别为 51、32、40、30，2004 年分别为 363、154、62、59。

表 4　　中国刑事案件立案、破案、批捕、有罪判决数量和犯罪率（1986～2004 年）

年份	立案数	立案率	破案数	破案率	批捕数	批捕率	有罪判决数	有罪判决率
1986 年	547 115	51.2861	343 185	32.169 874	422 108	39.568 05	325 000	30.465 22
1987 年	570 439	52.621 82	570 439	52.621 825	357 056	32.937 68	324 099	29.897 47
1988 年	827 594	75.124 5	626 488	56.869 185	422 108	38.316 68	366 751	33.291 67
1989 年	1 971 901	176.275 1	1 112 152	99.419 121	579 992	51.847 49	481 076	43.005 05
1990 年	2 216 997	195.298 3	1 265 240	111.456 72	636 804	56.096 94	580 272	51.116 95
1991 年	2 365 709	205.574 4	1 460 622	126.924 52	550 955	47.876 66	507 238	44.077 76
1992 年	1 582 659	135.854 1	1 079 517	92.664 79	511 150	43.876 67	492 817	42.302 98
1993 年	1 616 879	137.205	1 211 888	102.838 33	558 008	47.351 41	449 920	38.179 29
1994 年	1 660 734	139.342 6	1 298 005	108.908 11	629 331	52.803 53	545 282	45.751 47
1995 年	1 690 407	140.299 6	1 350 159	112.059 87	608 678	50.518 78	543 276	45.090 57
1996 年	1 600 716	131.470 2	1 279 091	105.054 49	704 148	57.833 19	665 556	54.663 55
1997 年	1 613 629	131.181 4	1 172 214	95.296 14	537 363	43.685 39	526 303	42.786 25
1998 年	1 986 068	159.885 7	1 264 635	101.807 71	537 363	43.259 67	528 299	42.529 99
1999 年	2 249 319	179.429 5	1 375 109	109.693 24	663 518	52.929 22	602 381	48.052 28
2000 年	3 637 307	288.112 7	1 644 094	130.229 39	715 833	56.701 44	639 814	50.679 94
2001 年	4 457 579	350.700 5	1 910 635	150.319 42	841 845	66.232 25	744 549	58.577 48
2002 年	4 336 712	338.699 8	1 925 090	150.350 67	782 060	61.079 35	701 772	54.808 81
2003 年	4 399 000	341.431 2	1 841 900	142.960 26	764 776	59.358 58	742 261	57.611 07
2004 年	4 718 000	362.956 6	2 004 000	154.168 08	811 102	62.398 22	764 586	58.819 74

资料来源：《中国法律年鉴》1987～2005 年各卷有关公安机关立案数量、破案数量、检察机关批捕数量和法院有罪判决数量。根据上述数量和当年人口数计算立案率、破案率、批捕率和有罪判决率。

我国刑事案件的发展曲线大体可以分为四个阶段：

第一阶段：1986～1991 年，为刑事案件急速增长期，立案年增长率为 41.34%，形成犯罪的第一个波峰；

第二阶段：1992～1997 年，由于 1992 年刑事案件收案标准上调，刑事案件增长速度变慢，立案的年均增长率仅为 0.43%；

第三阶段：1998～2001年，刑事案件由处于急速增长期，年均立案增长率为30.15%，形成刑事犯罪的第二个波峰；

第四阶段：2002～2004年，刑事案件增长变缓，年均增长率为1.9%（见图4）。

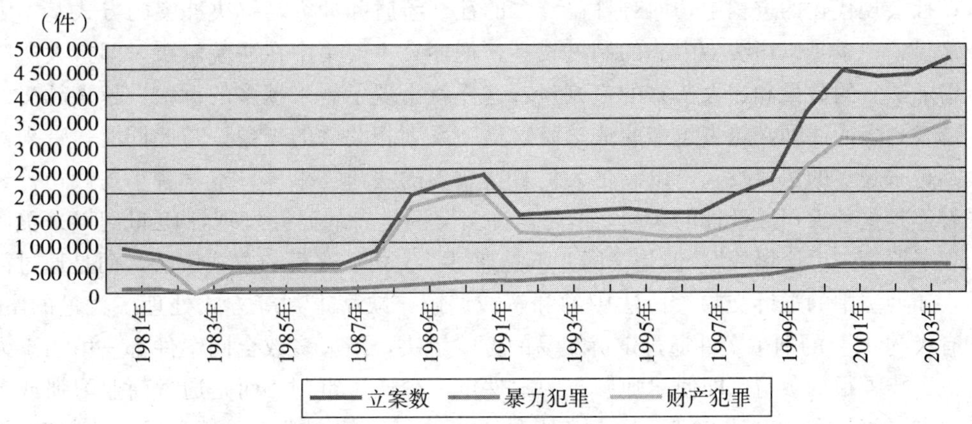

图4 公安机关各类犯罪立案数量变化（1981～2004年）

资料来源：根据《中国法律发展报告》（北京，中国人民大学出版社，2007）公安机关部分的有关材料绘制。其中暴力犯罪包括杀人、伤害、抢劫和抢劫四种犯罪的立案数；财产犯罪包括盗窃和欺诈两种犯罪的立案数。

对我国不同阶段犯罪数量和犯罪率的变化应做下述说明：（1）犯罪率可能由于统计标准的变化而变化，这特别表现在财产犯罪中，比如盗窃罪的立案标准从500元上升到1 000元，就会有相当一部分1 000元以下的盗窃不作为犯罪而立案，这种差别有时直接以司法解释的形式表现出来；（2）犯罪率是一个客观指标，但是它在一定时期往往与某一地区政府或主管部门的政绩直接相关，因此难免有虚假的成分；（3）在一段时期，一些地区在统计犯罪率时实际执行"不破不立"的办法，即只有破了的案子才算在犯罪率的范围内，而没有破的案子，则不包含在内。只是在公安部强调犯罪率要反映犯罪的真实状况以后，这种情况才有所改变。因此，一个地区统计数字所表明的犯罪率高，也许是当地犯罪现实的真实写照；而另一个地区统计的犯罪率低，也许完全是虚假的，当地老百姓的安全感很差，因此不能简单地通过统计数字来比较不同地区犯罪率的高低，必须运用其他的指标，特别是群众安全感指标加以佐证。

在我国犯罪率的统计中，各种不同性质的犯罪所占的比重和增长速度是不同的。根据公安部的统计，包括杀人、伤害、抢劫和强奸在内的暴力犯罪，从1981年到2004年占全部立案数量的15.2%，年平均增长率为8.5%；而财产犯罪（包括盗窃和欺诈）占全部立案数量的74%，年平均增长率为14.1%。

（二）对越来越多的诉讼的反思

1. 中国的选择：大司法设计和小司法设计

衡量一个国家或地区司法状况，不能单靠诉讼数量或诉讼率，而且诉讼数量或诉讼率的增加不一定就意味着法律发展程度高，诉讼数量或诉讼率减少也不一定就意味着法律发展程度低。虽然，诉讼数量的增加可能意味着人们越来越依赖于法院解决纠纷，但是，许多国家的经验都表明，把原来可以通过其他方式解决的纠纷都集中到法院，也并不一定就是一件好事。

在社会现代化的进程中，面对日益增多的社会矛盾和冲突，解决冲突的方式基本上有两条途径，一条是以司法为中心的制度设计，把冲突主要集中在法院解决，即扩大法院规模，增加法官的数量和加大法官的审判量，这样就出现了越来越多的诉讼，越来越多的法官，越来越多的律师，越来越多的法学院这样一系列相关联的现象。与此同时，带来国家和个人越来越多的法律投入，以满足人们日益增多的法律需求。日本学者小岛武司曾经把美国看作是这种大司法设计的典型。但是，许多美国学者的研究发现，19 世纪以来美国确实出现了所谓"诉讼爆炸"，但是美国并不是通过扩大司法规模的方式解决，而是通过简易程序，如刑法中的辩诉交易，民法中的和解或调解，缺席审判等方式处理了大量的案件，比如有大约 90%的刑事案件通过辩诉交易的方式解决，绝大多数合同案件都是由当事人自己解决，律师很少参与，即使律师参与的案件也很少通过审判，而是通过商业习惯或者诚信、双方之间的和解得到处理。另一条则是通过非诉讼的方式，通过小司法的制度设计，即面对日益增多的社会冲突和矛盾，不鼓励人们通过法院解决，而是通过调解、仲裁、双方的直接谈判等方式解决纠纷，即使涌入法院的纠纷也要求首先经过调解或仲裁的程序，把非诉讼纠纷解决机制作为法院审判的前置程序。日本往往被看作是这种小司法设计的典型，日本成为发达国家中民事诉讼率最少、律师拥有率最低的国家。实际上，被称为大司法设计的美国面对诉讼爆炸，除了通过简易程序、提高诉讼费用、规制受理标准等"截流"手段之外，另一个重要的方式也是通过非诉讼的纠纷解决机制，使涌向法院的争端分流，通过调解、仲裁等手段解决。①

中国诉讼越来越多的情况发生在改革开放这一特殊的历史阶段，在此之前中国社会主要的解决纠纷的方式不是诉讼，而是通过当事人的工作单位、所属的居民委员会或村民委员会，单位不仅仅是职工工作和服务的场所，而且担负着解决纠纷的职能；居民委员会和村民委员会不仅仅是管理居民居住的场所，而且负责他们的治安管理和冲突的解决。它们都不仅仅是单一的工作或生活组织，而是承担着多种功能的组织。在很少人口流动的情况下，大量的纠纷根本不用到法院而是通过单位或村民委员会、居民委员会得到化解和解决的。即使出现不同单位或不同单位的人员之间的纠纷，也可以通过它们共同的上级主管部门解决。改革开放的一个明显的效果是在单位主要职业功能强化的同时，将单位和居委会、村委会解决民间纠纷功能分化出来，转交给社会专门解决纠纷的机构——法院、公安机关

① 参见朱景文主编：《法社会学》，183～188 页，北京，中国人民大学出版社，2004；[日] 小岛武司：《比较法在移植外国法律中的第二任务》，载沈宗灵、王晨光编：《比较法学的新动向》，49 页，北京，北京大学出版社，1993；Stewart Macaulay，"Non-Contractual Relations in Business：a Preliminary Study"，28*American Sociological Review*55（1963）；Lawrence Friedman，"General Theory of Law and Social Change"，in J. Ziegel，*Law and Social Change*，Toronto，Osgoodhall Law School，York University，1973。

或行政机关。在这样的背景下，大量的纠纷涌向法院，法官的数量明显增加，法官的审判量迅速增长。从1981年到2004年，我国各类案件的数量由1 179 388件，增加到5 625 310件，增长了377.0%；法官数量由60 439人增加到190 627人，增长了215.4%；每名法官的年均审判量由19.5件增长到29.5件，增长了51.3%。

表5　　　　中国每名法官的年均审判数量的变化（1981～2004年）

年份	法官数量（A）（人）	案件数量（B）（件）	每名法官年均审判量（B/A）（件）
1981年	60 439	1 179 388	19.5
1982年	76 906	1 270 967	16.5
1983年	83 688	1 638 813	19.5
1984年	88 135	1 637 356	18.5
1985年	95 247	1 655 712	17.3
1986年	99 820	2 226 527	22.3
1987年	117 647	2 417 884	20.5
1988年	119 529	2 563 652	21.4
1990年	131 460	3 211 758	24.4
1991年	138 459	3 214 948	23.2
1998年	170 000	5 880 759	34.5
2002年	210 000	5 665 966	26.9
2003年	194 622	5 676 413	29.1
2004年	190 627	5 625 310	29.5

资料来源：根据《中国法律发展报告》（北京，中国人民大学出版社，2007）审判部分所提供的数据整理和绘制。法官数量包括法院院长、副院长、审判员、助理审判员；审判数量包括一审、二审、再审的收案数量。

在以诉讼为中心的、包括公安、检察、法院、律师的职能在内的法制化趋势日益加强的同时，我国其他纠纷解决方式也随之发生了变化，但是这些变化的方向和程度不同，我们可以大致把它们分为几类：

第一类为调解，传统上调解在解决民间纠纷中起着重要的作用，但是，改革开放以来无论是民间调解，还是法院调解和仲裁调解，都表现为相反的趋势，日益弱化。

第二类为仲裁（包括经济合同仲裁、劳动仲裁和涉外仲裁），表现为不同的趋势：经济合同仲裁在由行政仲裁转变为民间仲裁以后，虽然在数量上逐年上升，但是在总量上已经远远不如行政仲裁时期，2004年经济仲裁的数量只有3.7万件，而同年人民法院合同案件的收案数量为22.4万件，仲裁与诉讼的数量相比所占的比重很少；劳动仲裁数量越来越多，与诉讼相比，劳动仲裁所占的比重为60%，诉讼为40%，而且这一比率有越来越扩大的趋势。

第三类为行政执法，以工商行政管理为例，呈现出越来越多、越来越强化的发展趋势，无论在数量上还是在发展速度上都超过司法。

第四类为信访，作为一种传统的表达意愿和不满的渠道在一定时期急剧上升，出现多次信访高潮，信访数量远远超过诉讼的数量，但是法院和检察院的信访数量，无论从绝对数量看，还是与它们的主要功能——审判和批捕的数量相比，却有下降的趋势。

2. 调解

调解可以分为民间调解、法院调解和仲裁调解，在法院诉讼数量迅速增长的情况下，调解的作用发生了很大的变化，总体上讲，改革开放以来调解的作用在弱化。

(1) 民间调解

调解在解决民间纠纷中一直起着重要的作用。1981～2004 年我国各类居民委员会和村民委员会调解纠纷的数量共计 1.49 亿件，是同期人民法院民事案件一审收案数量 0.71 亿件的 2.1 倍。但是，20 世纪 80 年代以来我国各种类型的调解委员会调解的数量从 1981 年的 780 万件下降到 2004 年的 441 万件；与此相应，我国同时期法院一审民事案件的数量从 1980 年的 67.4 万件上升到 1999 年的 505 万件，2000 年以后有所下滑，但 2004 年的一审民事案件仍然达到 433 万件。从二者的比率看，1981 年民间调解的数量所占的比重为 92.1%，而 2004 年这一比重为 50.4%。因此，这些年来民间调解数量的下降和法院一审民事案件数量的上升这两种趋势使得二者的数量已经达到基本相等的水平。

表 6　调解委员会调解的民事纠纷与法院一审的民事案件数量的比率（1981～2006 年）

年份	民间调解的数量 (B)（件）	法院一审民事案件数量 (C)（件）	民间调解比重 C/（B+C）
1981 年	7 805 400	673 926	0.921
1982 年	8 165 762	778 941	0.91
1983 年	6 477 494	799 989	0.89
1984 年	6 748 583	923 120	0.879
1985 年	6 332 912	1 072 170	0.855
1986 年	7 307 049	1 310 930	0.847
1987 年	6 966 053	1 579 675	0.815
1988 年	7 255 199	1 968 745	0.786
1989 年	7 341 030	2 511 017	0.745
1990 年	7 409 222	2 444 112	0.752
1991 年	7 125 524	2 448 178	0.744
1992 年	6 173 209	2 601 041	0.703
1993 年	6 222 958	2 983 667	0.676
1994 年	6 123 729	3 437 465	0.640

续前表

年份	民间调解的数量 (B)(件)	法院一审民事案件数量 (C)(件)	民间调解比重 C/(B+C)
1995年	6 028 481	3 997 339	0.601
1996年	5 802 230	4 613 788	0.557
1997年	5 543 166	4 760 928	0.538
1998年	5 267 194	4 830 284	0.522
1999年	5 188 646	5 054 857	0.506
2000年	5 030 619	4 710 102	0.516
2001年	4 861 695	4 615 017	0.513
2002年	4 636 139	4 420 123	0.512
2003年	4 492 157	4 410 236	0.505
2004年	4 414 233	4 332 727	0.505
2005年	4 486 800	4 380 095	0.506
2006年	4 628 018	4 385 732	0.513

资料来源：1986～2007年各卷《中国法律年鉴》。

我国民间调解数量的下降与调解效率低有着密切关系，我国1981年有人民调解员476万人，调解民事纠纷780万件，每名调解员的年调解纠纷数量为1.63件，而2003年我国有调解员514万人，调解纠纷441万件，每名调解员年调解纠纷0.86件。这些数字大大低于我国每名法官的年均审判量，后者1981年为19.5件，2004年为29.5件。当然，这与调解员是业余的而法官是专业的有关；同时也与对于调解员的定位有关，我国调解员的数量大起大落，最多的年份超过1 000万人，而最少的年份只有400多万人，我们估计，许多村干部或居民委员会干部，从来不实际调解民事纠纷，但也被算在调解员的统计数字中，否则，每年调解不到1个案件，无论如何也说不过去。

(2) 法院调解

调解在法院解决民事案件中起着重要作用。1978～2004年人民法院一审民事案件共结案7 220万件，其中调解结案3 642万件，年平均调解结案率为50.4%。但是，法院调解作用在日益下降。从表7的数据看，我国法院民事一审案件的调解结案率1978年为72.33%，70%以上的调解结案率一直保持到1989年。1991年我国修改《民事诉讼法》，将民事诉讼的基本原则从“人民法院审理民事案件应当着重进行调解”修改为“应当根据自愿与合法的原则进行调解”，从此民事诉讼调解结案率直线下降，直到2003年调解结案率下降到不足30%。2004年中央强调建设社会主义和谐社会，对调解作用的宣传力度开始加大，但是从调解结案率的曲线看，还没有看到明显的拐点（见表7）。

表 7　　法院一审民事案件调解结案率（1978～2006 年）

年份	结案数（件）	调解结案数（件）	调解结案率（%）
1978 年	284 411	205 710	72.33
1979 年	367 369	258 605	70.39
1980 年	555 078	383 653	69.12
1981 年	662 800	456 753	68.91
1982 年	778 358	530 543	68.16
1983 年	792 039	569 161	71.86
1984 年	931 358	678 633	72.86
1985 年	1 056 002	795 610	75.34
1986 年	1 287 383	961 725	74.7
1987 年	1 561 620	1 140 548	73.04
1988 年	1 905 539	1 406 589	73.82
1989 年	2 482 764	1 770 618	71.32
1990 年	2 452 183	1 611 338	65.71
1991 年	2 498 071	1 489 227	59.62
1992 年	2 598 317	1 534 747	59.07
1993 年	2 975 332	1 779 645	59.81
1994 年	3 427 614	2 017 192	58.85
1995 年	3 986 099	2 273 601	57.04
1996 年	4 588 958	2 477 384	53.99
1997 年	4 720 341	2 384 749	50.52
1998 年	4 816 275	2 167 110	45
1999 年	5 060 611	2 132 161	42.13
2000 年	4 733 886	1 785 560	37.72
2001 年	4 616 472	1 622 332	35.14
2002 年	4 393 306	1 331 978	30.32
2003 年	4 416 168	1 322 220	29.94
2004 年	4 303 744	1 334 792	31.01
2005 年	4 360 184	1 399 772	32.1
2006 年	4 382 407	1 426 245	32.54

资料来源：1986～2007 年各卷《中国法律年鉴》。

3. 仲裁

(1) 经济合同仲裁

我国经济合同仲裁的发展可分为两个阶段：第一阶段为 1994 年以前，由经济合同仲裁委员会所作的仲裁，属于行政仲裁；第二阶段从1995年到现在，成立了专门的仲裁委员会，属于非官方的民间仲裁。如图5所示，在第一阶段，从1983年到1994年，经济合同行政仲裁的数量为2 064 415件，而法院受理的经济合同案件总量为5 494 578件，仲裁所占的比重为27.3%。在此阶段，仲裁显然起到了分流的作用，如果把这些仲裁案件都拿到法院审理，显然法院的审判量会大大增加。而在第二个阶段，民间仲裁的总数虽然一直在增长，但是与行政仲裁阶段相比，总量太少，1997～2006年10年间民间仲裁总量为232 392件，而同期法院合同案件收案数量为24 269 816件[①]，仲裁所占比重不足1%。在此阶段，仲裁显然没有起到分流的作用。

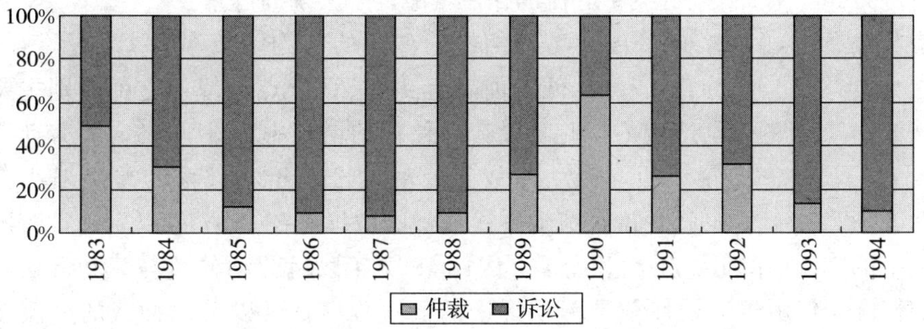

图5 经济合同仲裁与诉讼的比例（1983～1994年）

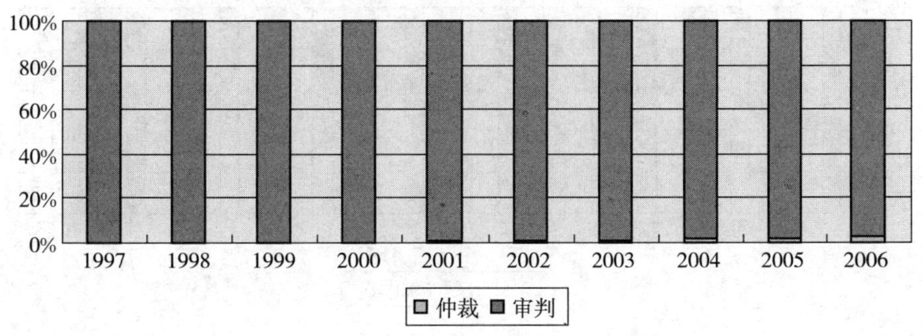

图6 经济合同仲裁与诉讼的比例（1997～2006年）

（2）劳动仲裁

我国的劳动仲裁机构即劳动争议仲裁委员会是解决劳动争议的专门机构，设在政府内，

---

① 1994年以前人民法院所受理的经济合同案件与1995年以后所受理的合同案件的统计标准并不一致，合同案件除了包括经济合同之外，还包括劳动合同，技术合同，知识产权合同等，但是其主要构成仍然是经济合同案件，其他合同纠纷所占的比重很有限，如1995～2004年人民法院所受理的合同案件共2 447.5万件，其中劳动合同案件77.3万件，只占3.1%。技术合同、知识产权合同案件所占的比例更低，因此用1995年以后的合同案件对比之前的经济合同案件不会从实质上影响结论。参见冉井富：《当代中国民事诉讼率变迁研究》，128～145页，北京，中国人民大学出版社，2005。

具有行政机关的属性。因此，我国的劳动仲裁与经济合同仲裁不同，属于行政仲裁。与经济合同仲裁的萎缩相对照，劳动仲裁的数量增加很快。如图7所示，据原劳动与社会保障部的统计，从1987年劳动争议处理制度恢复到2004年，我国各级劳动仲裁机构共立案受理劳动争议案件1 408 720件，而同期法院受理的劳动纠纷的数量为907 509件，劳动仲裁所占的比重为60.8%，而诉讼所占的比重为39.2%。从发展趋势看，仲裁所占的比重有越来越大的趋势，从1987年的34.3%上升到2004年的61.2%。考虑到我国劳动争议的诉讼在许多情况下都把劳动仲裁作为其前置程序，仲裁比例的增加和诉讼比例的降低说明我国劳动仲裁实际上使越来越多的劳动争议案件在进入法院以前就通过仲裁程序解决了。因此，就劳动纠纷而言，仲裁确实起到了分流的作用，减轻了法院的诉累。

从增长率分析，1987～2004年劳动纠纷的仲裁的年均增长率为27.8%，而劳动纠纷的诉讼的年均增长率为18.7%，低于前者近10个百分点；但是这种差别主要是由于1987～1996年二者的差别造成的，此阶段劳动仲裁的增长率为31.1%，而劳动诉讼的增长率为8.1%；在1997年以后，劳动仲裁与劳动诉讼的年增长率的差别缩小，前者为24%，后者为22.5%。也就是说，劳动诉讼数量的增长率在1997年以后并没有随着诉讼总量增长率的降低而降低，反倒升高了。因此1997年以后劳动仲裁与劳动诉讼属于二者都增高的情况，但由于劳动仲裁是劳动诉讼的前置程序，所以劳动仲裁的分流作用是毋庸置疑的。

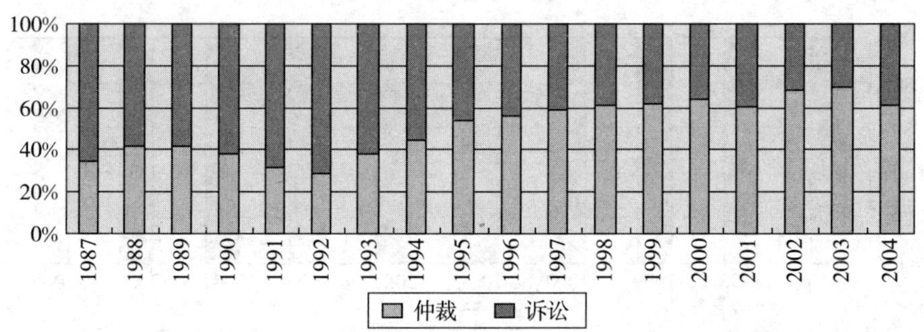

图7　劳动纠纷的仲裁与诉讼数量的比例（1987～2004年）

资料来源：1987～1998年的劳动争议纠纷诉讼收案资料来源于最高人民法院研究室编：《全国人民法院司法统计历史资料汇编1949～1998》（民事部分），北京，人民法院出版社，2000；1999年以后的劳动争议纠纷诉讼收案资料来源于《中国法律年鉴》2000～2005年各年版本。

表8　不同阶段劳动纠纷的仲裁和诉讼的年均增长率（1987～2004年）　（单位：%）

年份	仲裁增长率	诉讼增长率
1987～2004年	27.8	18.7
1987～1996年	31.1	8.1
1997～2004年	24	22.5

4. 行政执法——工商行政管理和治安管理

行政执法是一个具有极其广泛内容的领域，其主体不是司法机关而是行政管理机关。但它所涉及的范围远远比司法涉及的大得多。一个人可能一生没有与司法机关接触，但是从生到死、衣食住行却与行政管理机关息息相关。这里我们只选择工商行政管理和治安管理来说明它们的发展与司法的关系。

(1) 工商行政管理。如表 9 所示，我国工商行政管理机构查处的不公平交易案件（包括投机倒把和不正当竞争）数量从 1997 年的 512.9 万件上升到 2002 年的 152.95 万件；消费者权益保护案件（包括受理消费者申诉和举报、查处侵害消费者权益、查处制售假冒伪劣商品）从 1997 年的138 346件上升到 2002 年的1 026 057件；合同案件（查处违法合同）从 1997 年的13 957件上升到 2002 年的33 264件；广告案件（查处违法广告）从 1997 年的 31 780件上升到 2002 年的83 653件。上述案件的总量由 1997 年的 69.7 万件上升到 2002 年的 267 万件。而在此期间，工商行政管理机构的行政执法案件的总数是 954 万件。

相比之下，我国人民法院所受理的一审民事案件中的合同的案件数量由 1997 年的 264 万件降低到 2002 年的 226 万件，侵权与权属案件由 48.9 万件上升到 60.7 万件，两项合计从 312.9 万件降低到 286.7 万件。人民法院所受理的刑事案件中破坏社会主义市场经济罪的数量从7 367件上升到15 252件。但其数量太少，不足以对 1997 年以后诉讼增长率的降低构成实质影响。

表 9　工商行政管理行政执法活动的数量（1997～2002 年）　（单位：件）

年份	查处违法广告	查处违法合同	受理消费者权益申诉和举报案件	查处侵害消费者权益案件	查处制售假冒伪劣商品案件	公平交易执法	小计
1997 年	31 780	13 957	46 996	18 821	72 529	512 900	696 983
1998 年	37 707	12 936	41 575	13 571	69 803	546 100	721 692
1999 年	51 494	22 939	272 015	52 481	74 805	710 900	1 184 634
2000 年	66 824	30 076	446 737	90 442	230 544	971 600	1 836 223
2001 年	79 236	36 019	650 570	135 067	163 422	1 366 800	2 431 114
2002 年	83 653	33 264	704 853	161 342	159 862	1 529 500	2 672 474
总计	350 694	149 191	2 162 746	471 724	770 965	5 637 800	9 543 120

资料来源：《工商行政管理统计汇编》（1997～2002）。

表 10　工商行政管理行政执法与合同、侵权、权属诉讼数量对比（1997～2002 年）　（单位：件）

年份	合同诉讼（A）	侵权与权属诉讼（B）	诉讼（A+B）	工商
1997 年	2 641 167	489 771	3 130 938	696 983
1998 年	2 636 902	600 520	3 237 422	721 692
1999 年	2 832 049	599 004	3 431 053	1 184 634

续前表

年份	合同诉讼（A）	侵权与权属诉讼（B）	诉讼（A+B）	工商
2000 年	2 513 639	630 566	3 144 205	1 836 223
2001 年	2 358 926	668 240	3 027 166	2 431 114
2002 年	2 266 695	607 646	2 874 341	2 672 474
小计	15 249 378	3 593 747	18 843 125	9 543 120

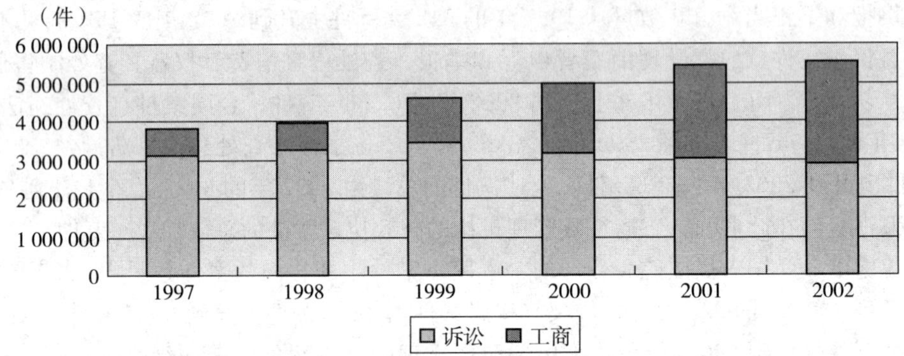

图 8　工商行政执法与合同、侵权、权属诉讼的数量（1997～2002 年）

（2）治安管理。如表 11 所示，我国公安机关每年发现受理的治安案件 1986 年为 112 万件，2006 年为 720 万件，年均增长率为 10.35%；而同期法院一审刑事案件的收案数量从 30 万件上升到 70 万件，年均增长率为 5.1%，治安案件年均增长率为刑事诉讼年均增长率的 2 倍，二者的相关系数为 0.925，其中治安案件所占的比重为 86.7%。

从治安案件的内容看，按照我国治安管理处罚法的规定，扰乱公共秩序，妨害公共安全，侵犯人身权利、财产权利，妨害社会管理，具有社会危害性，依照《中华人民共和国刑法》的规定构成犯罪的，依法追究刑事责任；尚不够刑事处罚的，由公安机关依照本法给予治安管理处罚。值得注意的是，这些治安案件在美国、欧洲西方国家许多都算作犯罪，情节轻微者也被视为轻罪，但是在中国却按照治安案件处理，这意味着我国治安案件的非罪化。试想，如果这样大规模的治安案件转变成刑事案件，即使是只有其中的十分之一发生如此转变，刑事诉讼的数量也会翻番，对刑事审判将会产生极大的影响。①

---

① 在比较不同国家的刑事诉讼率时，经常会遇到这样的现象，比如美国和中国的刑事诉讼率差别很大，中国的比美国的低得多，根本不在一个数量级。但是仔细分析就会发现，问题的关键在于什么是犯罪，中国把治安案件不算做犯罪，而治安案件超过 700 万件，远远高于刑事诉讼的数量。人们经常指责中国的治安案件剥夺了被告人的正当接受审判的权利，但是不要忘记美国的刑事诉讼也有相应的表现，美国刑事诉讼案件很多，但是 90% 的刑事案件，特别是属于轻罪的案件（相当于中国的治安案件）通过辩诉交易解决，法院的作用只限于给交易盖上合法的印章。也就是说美国法院实际经过审判的刑事案件只有不到十分之一。因此如果我们不是着眼于"犯罪率"、"诉讼率"之类的概念，而是着眼于功能的话，无论从数量上看还是从性质上看中国和美国的刑事案件都有可比性。See Samuel Krislov, "Debating on Bargaining: Comments from a Synthesizer", 13*Law & Society Review*573, 575～576, 578～581；朱景文：《法社会学》，第五章，北京，中国人民大学出版社，2005。

从治安案件与刑事诉讼所占的比重看，治安案件所占的比重有越来越大的趋势，1986～1996年治安案件所占的比重为84%，1997～2006年为89.5%。这说明我国通过治安管理"非罪化"的趋势越来越明显，大量的案件在进入刑事审判程序以前通过治安管理程序就解决了，从而大大减少了刑事审判的数量。1997年以后的这种发展缓解了刑事审判的压力。

当然，非罪化、治安案件不经过刑事诉讼处理也会带来另一个问题，可能助长公安机关在处理这类案件时的恣意行为，使受到治安管理处罚的人员的受到正当审判的权利得不到保障。实际上，这已成为近年来我国刑事诉讼法改革、治安管理处罚改革的一项重要内容。我国2005年通过的《治安管理处罚法》已经把"实施治安管理处罚，应当公开、公正，尊重和保障人权，保护公民的人格尊严"作为基本原则写入法律中。

表11　公安机关治安案件、刑事案件和法院刑事一审案件数量（1986～2006年）　（单位：件）

年度	公安机关发现受理治安案件	公安机关立案刑事案件	法院刑事一审收案
1986年	1 115 858	547 115	299 720
1987年	1 234 910	570 439	289 614
1988年	1 410 044	827 594	313 306
1989年	1 847 625	1 971 901	392 564
1990年	1 965 663	2 216 997	459 656
1991年	2 414 635	2 365 709	427 840
1992年	2 956 737	1 582 659	422 991
1993年	3 351 061	1 616 879	403 267
1994年	3 300 972	1 660 734	482 927
1995年	3 289 760	1 690 407	495 741
1996年	3 363 636	1 600 716	618 826
1997年	3 227 669	1 613 629	436 894
1998年	3 232 113	1 986 068	482 164
1999年	3 356 083	2 249 319	540 008
2000年	4 437 417	3 637 307	560 432
2001年	5 713 934	4 457 579	628 996
2002年	6 232 350	4 336 712	631 348
2003年	5 995 594	4 393 893	632 605
2004年	6 647 724	4 718 122	647 541
2005年	7 377 600	4 648 401	684 897
2006年	7 197 200	4 653 265	702 445

表 12　不同阶段公安机关治安案件与法院一审刑事诉讼年均增长率和比重　(单位:%)

年度	治安案件增长率	刑事诉讼增长率	治安案件比重
1986～2006 年	10.35	5.1	0.867
1986～1996 年	12.1	8.17	0.84
1997～2006 年	8.56	2.1	0.895

注：治安案件比重＝治安案件数量/（治安案件数量＋刑事诉讼数量）。

5. 信访

信访在中国有着长期的历史传统，无论是中国古代的拦轿喊冤，还是革命根据地和新中国成立初期反映民情、处理冤案，信访都是一种申诉冤屈、表达意愿以至解决纠纷的重要途径。在新的历史条件下，面对现代司法制度，信访的存废已经成为摆在国家制度设计者和亿万老百姓面前的一个棘手问题。所谓“去留两彷徨”，去除信访制度，把人们引导到现代的司法制度，这当然是一种理想设计，但面对现实，人们对司法的生疏感、司法腐败以及可观的诉讼费用，往往使人们在现代法律制度面前望而却步，与中国法制现代化进程几乎同步的一次次信访高潮就是明证；保留甚至强化信访制度，把信访机构建设成一个拥有足够权力解决纠纷的机制，而不是上情下达、下情上达的机制，这也是一种理想的制度设计，但这又会使刚刚建立起来的现代司法制度陷于瘫痪，谁又能保证这种拥有解决纠纷功能的信访机构不被更多的信访潮所冲垮?

我国自改革开放以来出现多次信访高潮，信访数量远远超过诉讼的数量。20 世纪 90 年代中期以后，群体信访和矛盾激烈的个体信访不断增长，在 1993 年引发了持续上升的“信访洪峰”。国家信访局局长的周占顺指出：“自 1993 年全国群众来信来访总量出现回升以来，已经持续上升了 10 年。”① 1990 年全国省、区、市和中央机关各部门共受理信访 500 多万件次；1995 年为 479 万件次；2000 年信访总量1 024万件次②；2003 年1 272.3万件次③，2004 年1 370万件次。2005 年信访数量开始回落，为1 270万件次④；2006 年比前一年又下降了 15.5%⑤，为1 073.15万件次。我们可以把这几年到党政机关的信访量和法院的一审、二审、再审的收案数量做一个对比（见图 9）：

---

① 王永前：《破解群众信访八大热点》，《半月谈》（内部版），2003（11），24～25 页。

② 参见朱景文主编：《中国法律发展报告——数据库和指标体系》，509～511 页，北京，中国人民大学出版社，2007。以上数据主要来自不同时期中办国办信访局、国家信访局局长在各类会议上的讲话及接受采访时所做的回答。其中有些是原始资料，有些是笔者根据线索推算出来的大致结论，相关文章报导均见历年《人民信访》杂志。

③ 转引自范愉：《纠纷解决的理论与实践》，350 页，北京，清华大学出版社，2007。

④ See FACTBOX：China's “Petitions and Appeals” System，at http：//www.reuters.com/article/newsOne/idUSPEK2837120070911.

⑤ 参见《中国信访总量 2006 年下降 15%　群体性事件数量下降》，载http：//news.enorth.com.cn/system/2007/03/28/001589639.shtml。

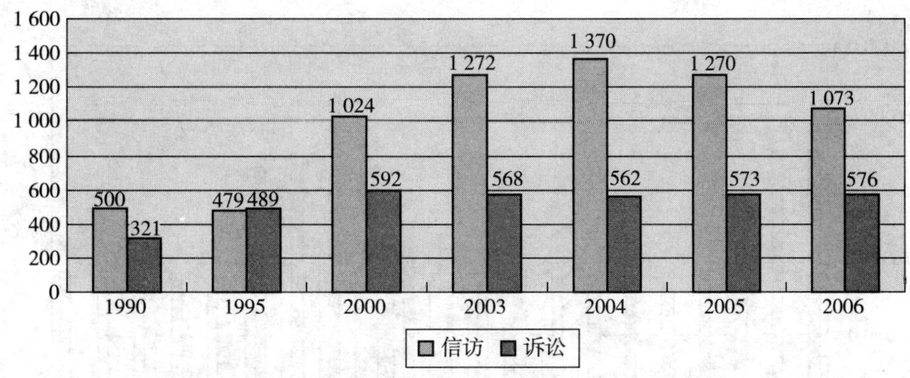

图 9 信访与诉讼数量的对比（1990～2006 年） （单位：万件）

注：信访包括党政部门的信访数量；诉讼包括法院一审、二审和再审的收案数量。

信访中群众反映的热点、难点问题相对集中，涉及政策性、群体性的现实问题较多。土地征收征用、城市建设拆迁、环境保护、企业重组改制和破产、涉法涉诉等五方面群众反映强烈的突出问题，成为新时期信访工作的重点。①

值得注意的是，这些领域中有些属于法院不受理的领域，涉及的往往是体制改革中的政策性、全局性问题，有关行政部门处于风口浪尖，通过诉讼很难得到解决；有的则属于与诉讼直接相关的领域，即所谓涉诉、涉法信访，到党政部门的信访中包括这类，而到司法机关的信访则主要反映的是这类问题。在某种程度上涉诉、涉法信访数量是人们对法院审判评价的风向标。我们可以把这些年到法院的信访数量与诉讼的数量做一个对比：

如图 10 所示，1986～2006 年法院一审、二审、再审的收案总量为9 690万件，而法院信访的总量为13 779万件，远远超过诉讼的数量，这不能不引起人们对法院审判是否公正、有效率的怀疑。但是也应该看到 2002 年以来法院的信访数量有了明显的下降，远远低于诉讼的数量，只相当于诉讼数量的 60%多。在这两个阶段信访数量的变化在某种程度上对于诉讼来讲具有积极意义。但这只是就到法院的信访而言，须知到党政部门、人大以及工青妇、新闻媒体的信访中还有相当大的比例属于涉诉信访的范围，数量可能远远大于到法院的信访量。②

诚如法院系统对涉诉信访原因的分析，改革开放带来了经济文化日益繁荣，人们经济文化生活的活跃，而矛盾纠纷也成倍增加，利益冲突趋向激烈，社会处于矛盾多发期，不稳定因素增多，如企改、破产、产权转让、职工安置、养老、保险、征地拆迁、土地调整等问题，法院受理这些案件却易产生信访，其实许多不是法院的问题，只是矛盾最后到了法院，由法院作出的终审裁判，许多当事人不愿意息诉服判，而选择上访，由此，也带来

① 参见《群众反映强烈的五方面突出问题成信访工作重点》，载http：//news. enorth. com. cn/system/2007/03/28/001589628. shtml。

② 有报道说，涉诉信访的数量可能占信访总量的 40%。参见曾庆伟、吴才：《妥善处理涉法上访案件的长效机制研究》，载http：//www. snzg. cn/article/show. php？ itemid-6763/page-1. html。

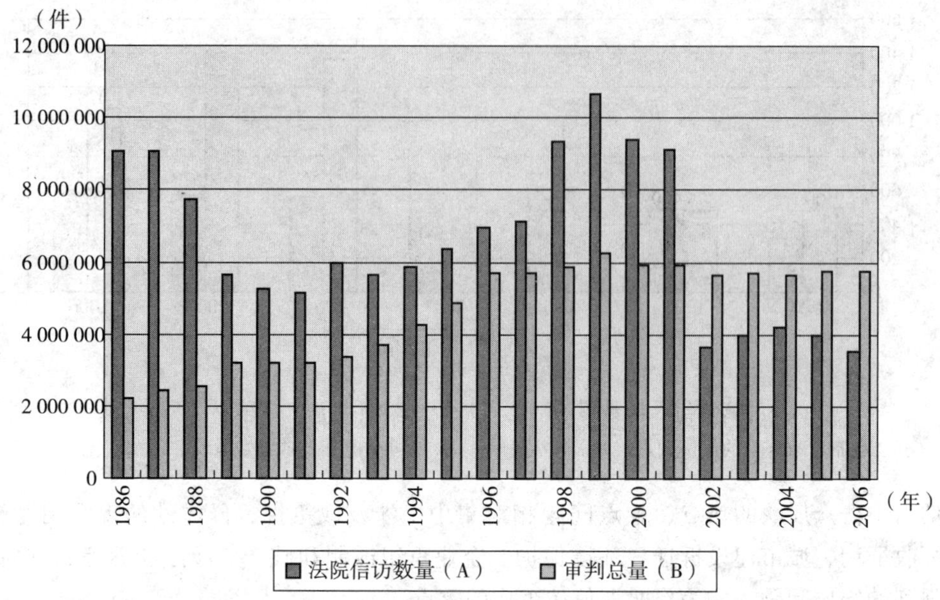

图 10 法院信访与诉讼数量的变化（1986～2006 年）

资料来源：《中国法律年鉴》1997～2007 年各卷。审判总量包括一审、二审、再审的数量。

了涉诉信访的增多。同时，在审判实践中，裁判不公、执行难、效率低、有的案件久诉不立、久审不结、久拖不决，执法方式简单、粗暴，重结案轻效果，一味强调当庭宣判率，重判轻调，执法不廉，在办案过程中滥用自由裁量权，办关系案、人情案、金钱案，吃喝当事人，所有这些现象都是造成涉诉信访数量居高不下的重要原因。①

2.2 改革开放 30 年中国立法的主要经验*

李　林**

2008 年是中国改革开放 30 周年。回顾 30 年来的中国立法史，可以看到，中国立法记载了改革开放曲折发展的足迹，确认并体现了 30 年来中国经济、政治、文化、社会进步的成果。伴随着改革开放的成功推进，中国立法也得到不断发展，取得了举世瞩目的成就，初步形成了立法的中国特色和中国经验。

---

* 原载《法律和发展的中国经验国际学术研讨会论文集》（2008）。

** 中国社会科学院法学研究所所长、研究员，法学博士。

① 参见《基层法院涉诉信访工作现状剖析》，载 http：//www.chinacourt.org/public/detail.php? id＝200488。

一、改革开放以来中国立法的历史回顾

1978年以来，中国立法大致经历了四个发展阶段：1978年至1982年，立法的全面恢复和发展；1982年至1992年，有计划商品经济背景下的立法；1993年至2002年，建立社会主义市场经济体制背景下的立法；2003年至今，全面贯彻落实科学发展观背景下的立法。

（一）立法的全面恢复和发展（1978～1982年）

1976年“文化大革命”结束。1978年，中国在提出改革开放的同时，明确提出，必须加强社会主义法制，做到有法可依，有法必依，执法必严，违法必究。有法可依，应当把立法工作摆到全国人民代表大会及其常务委员会的重要议程上来。

邓小平同志在1978年说过：中国“现在的问题是法律很不完备，很多法律还没有制定出来……所以，应该集中力量制定刑法、民法、诉讼法和其他各种必要的法律，例如工厂法、人民公社法、森林法、草原法、环境保护法、劳动法、外国人投资法等等，经过一定的民主程序讨论通过……做到有法可依……国家和企业、企业和企业、企业和个人等等之间的关系，也要用法律的形式来确定；它们之间的矛盾，也有不少要通过法律来解决。现在立法的工作量很大，人力很不够，因此法律条文开始可以粗一点，逐步完善。有的法规地方可以先试搞，然后经过总结提高，制定全国通行的法律。修改补充法律，成熟一条就修改补充一条，不要等待‘成套设备’。总之，有比没有好，快搞比慢搞好。”① “法律条文开始可以粗一点”，“成熟一条制定一条”，不要等待“成套设备”，“快搞比慢搞好”等思想，符合当时实际，成为1978年以后一段时间内中国立法的指导方针，对于加快立法速度、及时解决“无法可依”的问题具有重要意义。

新时期法制建设开端最明显的标志是1979年的大规模立法。1979年7月，五届全国人大二次会议审议通过了刑法、刑事诉讼法、地方各级人大和地方各级政府组织法、全国人大和地方各级人大选举法、法院组织法、检察院组织法、中外合资经营企业法共七个重要法律。“在一次会议上通过这样多的重要法律，这在中国社会主义立法史上还是第一次。”②邓小平指出：“这次全国人大开会制定了七个法律……这次会议以后，要接着制定一系列的法律。我们的民法还没有，要制定；经济方面的很多法律，比如工厂法等等，也要制定。我们的法律是太少了，成百个法律总要有的……现在只是开端。”③

为了适应经济体制改革和对外开放的需要，全国人大及其常委会一直把制定有关经济方面的法律，作为立法工作的重点。1980年全国人大常委会的工作报告提出：“随着四个现代化建设事业的发展，经济立法工作已越来越需要……今后随着经济的调整和经济体制改

---

① 邓小平：《解放思想，实事求是，团结一致向前看》，载《邓小平文选》，2版，第2卷，146～147页，北京，人民出版社，1994。

② 吴大英、刘瀚等：《中国社会主义立法问题》，64页，北京，群众出版社，1984。

③ 邓小平：《民主和法制两手都不能削弱》，载《邓小平文选》，2版，第2卷，189页，北京，人民出版社，1994。

革工作的进展，需要进一步加强经济立法。”以经济建设为中心进行立法，始终是改革开放30年以来中国立法工作的主线和特色。

1982年12月4日全国人大通过了全面修改的现行宪法。这部宪法确立了中央和地方适当分权的立法体制，是新中国立法史上的重要里程碑。

这一时期，除全国人大全面修改颁布了1982年宪法外，全国人大及其常委会还制定颁布了现行有效的法律16件，它们是宪法及宪法相关法7件，民商法3件，经济法2件，社会法2件，刑法1件，诉讼与非诉讼程序法1件。①

（二）有计划商品经济背景下的立法（1983～1992年）

在1982年宪法的基础上，中国立法进入了快速发展时期。立法以经济建设为中心，就必须适应并作用于经济体制改革的需要。党的十二届三中全会作出了关于经济体制改革的决定，提出中国社会主义经济是公有制基础上的有计划商品经济，突破把计划经济同商品经济对立起来的传统观念，强调随着“经济体制的改革和国民经济的发展，使越来越多的经济关系和经济活动准则需要用法律形式固定下来”。为此，“国家立法机关要加快经济立法”。

这一时期，中国立法沿着两条背景性的主线展开：一是大力推进经济体制、政治体制改革，加强民主法治建设和精神文明建设，这是中国立法工作面临的总体的历史任务和时代背景；二是以经济建设为中心，建立适应有计划商品经济发展的计划经济与市场调节相结合的经济体制。在这一时期，除全国人大于1988年对宪法做了个别修改外，全国人大及其常委会还制定颁布了现行有效的法律70件，它们是宪法及宪法相关法16件，民商法9件，行政法19件，经济法18件，社会法5件，诉讼与非诉讼程序法3件。

（三）建立社会主义市场经济体制背景下的立法（1993～2002年）

1992年，执政党提出中国经济体制改革的目标是建立社会主义市场经济体制。与此相适应，要高度重视法治建设，加强立法工作，建立和完善社会主义市场经济的法律体系，特别是抓紧制定与完善保障改革开放、加强宏观经济管理、规范微观经济行为的法律和法规。加强社会主义市场经济立法，这是建立社会主义市场经济体制的迫切要求。

1993年八届全国人大通过的宪法修正案明确规定，“国家实行社会主义市场经济”，“国家加强经济立法，完善宏观调控”。这就为建立和发展社会主义市场经济提供了宪法依据，对建立社会主义市场经济法律体系提出了新要求。

1997年我国把依法治国确立为治国基本方略，强调要加强立法工作，提高立法质量，到2010年形成有中国特色社会主义法律体系。

---

① 根据国务院新闻办公室2008年2月28日发布的《中国的法治建设》白皮书，截至该白皮书发布时，全国人大及其常委会共制定现行有效的法律229件，其中有6件是1978年以前制定的，它们是：《城市街道办事处组织条例》（1954年）、《公安派出所组织条例》（1954年），《全国人大常委会批准国务院关于劳动教养问题的决定的决议》（1957年），《全国人大常委会批准国务院关于华侨捐资兴办学校办法的决议》（1957年），《户口登记条例》（1958年），《华侨申请使用国有的荒山荒地条例》（1955年）。

这一时期，除全国人大于1993年、1999年对宪法做了两次修改外，全国人大及其常委会还制定颁布了现行有效的法律98件，它们是宪法及宪法相关法11件、民商法15件、行政法38件、经济法24件、社会法7件、诉讼与非诉讼程序法3件。

(四) 全面贯彻落实科学发展观背景下的立法 (2003年至今)

科学发展观，就是要统筹城乡发展、统筹区域发展、统筹经济社会发展、统筹人与自然和谐发展、统筹国内发展和对外开放，坚持以人为本，全面、协调、可持续的发展。科学发展观，第一要义是发展，核心是以人为本，基本要求是全面协调可持续，根本方法是统筹兼顾。

以法律的方式体现和落实科学发展观的要求，是2003年以来中国立法工作的指导思想和中心任务。这一时期，除全国人大于2004年对1982年宪法做了必要修改外，全国人大及其常委会还制定颁布了现行有效的法律27件，它们是宪法及宪法相关法3件、行政法12件、经济法9件、社会法3件。

在操作过程中，如何到达“2010年形成有中国特色社会主义法律体系”这一目标，其进程大致可分为三个阶段：九届全国人大（1998年3月～2003年3月）：“初步形成”；十届全国人大（2003年3月～2008年3月）：“基本形成”；2010年：“形成中国特色社会主义法律体系”。

2008年3月，全国人大常委会委员长吴邦国指出，中国特色社会主义法律体系，是以宪法为核心、法律为主干，由宪法及宪法相关法、民法商法、行政法、经济法、社会法、刑法、诉讼与非诉讼程序法七个法律部门，以及法律、行政法规、地方性法规三个层次规范构成的统一整体。经过不懈努力，目前中国现行有效的法律229件，加上现行有效的行政法规约六百件、地方性法规七千多件，构成中国特色社会主义法律体系的各个法律部门已经齐全，各个法律部门中基本的、主要的法律及配套规定已经制定出来，中国特色社会主义法律体系已经基本形成，国家经济、政治、文化、社会生活的各个方面基本实现了有法可依。

二、30年来中国立法的经验

反思30年来的中国立法，大致可以总结出以下7条基本经验。

(一) 坚持立法体制的中国特色

1. 中央与地方分享立法职权的多元立法体制

1982年宪法和立法法、组织法等法律，构建了现行中国特色的中央与地方分享立法职权的多元立法体制。中国特色的立法体制主要有两个特点：

首先，中国立法体制表现为“一个国家、两种制度、三个法系、四个域”。“一个国家”是指中国；“两种制度”是指社会主义制度与资本主义制度；“三个法系”是指大陆属于社会主义法系，香港地区属于普通法系，澳门和台湾地区属于大陆法系；“四个域”包括中国内地、香港地区、澳门地区、台湾地区。

其次，中国立法体制表现为多元（层次）的立法主体结构，包括：全国人大行使修改宪法、制定基本法律的职权；全国人大常委会行使制定和修改法律的职权；国务院行使制定行政法规的职权；省、省会市、较大市的人大及其常委会行使制定地方法规的职权；经济特区的人大及其常委会根据全国人大及其常委会的特别授权行使制定经济特区法规的职权；民族自治地方人大行使制定自治条例和单行条例的职权，可以变通法律和法规；特别行政区行使特区的立法权。具体参见表1。

表1　　中国中央与地方分享立法职权的多元立法体制

立法主体	立法职权
全国人大	修改宪法并监督宪法实施，制定和修改刑事、民事、国家机构和其他的基本法律，改变或者撤销全国人大常委会不适当的决定
全国人大常委会	解释宪法、监督宪法的实施，制定和修改除基本法律以外的其他法律，对全国人大制定的法律进行部分补充和修改（但补充和修改不得同该法律的基本原则相抵触），解释法律，撤销国务院制定的同宪法、法律相抵触的行政法规、决定和命令，撤销地方国家权力机关制定的同宪法、法律和行政法规相抵触的地方性法规和决议
国务院	制定和修改行政法规
省、省会市、较大市的人大及其常委会	制定和修改地方性法规，报上级立法机关备案
经济特区人大及其常委会	制定和修改特区法规并在本特区范围内实施
民族自治地方人大	制定自治条例和单行条例，可变通法律和法规
香港和澳门特别行政区	行使特别行政区立法权

多元立法体制适应中国地方大、经济社会发展不平衡的实际情况，有利于调动中央和地方两个方面的立法积极性，同时也面临着如何维护法制统一的问题。中国主要是通过两种方式来解决多元立法体制下的法制统一问题的。

（1）通过立法备案审查制度来解决。《立法法》第89条规定，行政法规、地方性法规、自治条例和单行条例、规章应当在公布后的30日内依照下列规定报有关机关备案：行政法规报全国人民代表大会常务委员会备案；省、自治区、直辖市的人民代表大会及其常务委员会制定的地方性法规，报全国人民代表大会常务委员会和国务院备案；较大的市的人民代表大会及其常务委员会制定的地方性法规，由省、自治区的人民代表大会常务委员会报全国人民代表大会常务委员会和国务院备案；自治州、自治县制定的自治条例和单行条例，由省、自治区、直辖市的人民代表大会常务委员会报全国人民代表大会常务委员会和国务院备案；部门规章和地方政府规章报国务院备案；地方政府规章应当同时报本级人民代表大会常务委员会备案；较大的市的人民政府制定的规章应当同时报省、自治区的人民代表大会常务委员会和人民政府备案；根据授权制定的法规应当报授权决定规定的机关备案。

据统计，1993～1997年，有3 692件地方性法规报送全国人民代表大会常务委员会备案审查，全国人民代表大会各专门委员会已审结了2 045件，其中发现与宪法和现行法律相抵触的共计93件，占审结总数的4.54%。[①] 2003年至2007年上半年，国务院法制办对地方、部门报送国务院备案的7 690多件法规、规章进行了备案审查，对其中1 000余件涉及行政许可、行政处罚、行政强制等事项的法规或者规章进行了重点审查，并对其中300多件存在问题的法规规章采取不同方式进行了处理。

(2) 通过解释宪法和法律来解决。《立法法》第二章第四节对法律解释的基本规则作出了专门规定。1) 法律解释的主体：法律的规定需要进一步明确具体含义的、法律制定后出现新的情况需要明确适用法律依据的，都由全国人民代表大会常务委员会解释。2) 法律解释的提出：国务院、中央军事委员会、最高人民法院、最高人民检察院和全国人民代表大会各专门委员会，以及省、自治区、直辖市的人民代表大会常务委员会可以向全国人民代表大会常务委员会提出法律解释要求。3) 法律解释的程序：全国人民代表大会常务委员会工作机构研究拟订法律解释草案，由委员长会议决定列入常务委员会会议议程；法律解释草案经常务委员会会议审议，由法律委员会根据常务委员会组成人员的审议意见进行审议、修改，提出法律解释草案表决稿；法律解释草案表决稿由常务委员会全体组成人员的过半数通过，由常务委员会发布公告予以公布。4) 法律解释的效力：全国人民代表大会常务委员会的法律解释同法律具有同等效力。

2. 立法参与和立法博弈的中国特色

(1) 中国不实行两党制、多党制，也没有“议会党团”制度，因此不存在以多党制为前提的各种利益群体的立法博弈。但中国实行的是共产党领导的多党合作和政治协商的政党制度，作为执政党的中国共产党通过作出重大决策、提出重要立法建议、批准立法规划、通过人大内部的共产党组织及其共产党员，实现对立法的领导。民主党派通过提出提案、议案，通过参加政治协商，通过以个人身份参加人大立法过程等方式，参与立法和立法博弈过程，但其作用比较有限。

(2) 中国不实行立法游说集团制度，没有游说集团（Lobby)，因此不同利益群体要表达自己的利益诉求、影响立法过程，较少通过其直接作用，而是主要通过专家学者、工会、妇联、共青团等群体和组织、通过媒体来间接实现自己的利益诉求。尤其是，立法法规定专家学者参与立法听证会、座谈会、咨询会等制度，是专家参与立法的制度化安排。

(3) 中国公民参与立法，日益成为中国公民和以公民个人身份表现出来的利益群体参与立法博弈的重要形式。但这种参与目前还处在初级水平，在公民立法参与的权利、形式、渠道、层次和效果等方面，离民主立法的目标还有相当的差距。

根据1982年宪法建构的中国立法体制，在很大程度上调动了中央立法和地方立法这两个积极性，使中国立法工作取得了前所未有的成就。但这种立法体制也存在明显弊端，最突出的是它不能满足地方政府对立法权力资源的需求，在某种程度上遏制了地方推进经济社会发

---

① 参见李铁映：《论民主》，175页，北京，人民出版社、中国社会科学出版社，2001。

展和政治体制改革的步伐。由于存在上述弊端，中央政府多次采用立法授权方式（包括法律的授权和授权决定的授权），赋予一些地方人大及其常委会以地方立法权或者授权立法权。

（二）坚持法律体系的中国特色

中国特色社会主义法律体系有两个主要参照系：一是与西方法律体系相比，中国强调其法律体系的社会主义性质；二是与原苏联东欧的传统社会主义法律体系相比，中国强调其法律体系是中国特色的社会主义法律体系。

世界上多数国家将法律体系分为公法和私法。在这个基础上，当代法学家又派生出了介于公法和私法之间的“社会法”，使法律体系形成“三分法”的划分格局。但是在中国，不以公法、私法、社会法作为划分法律体系的标准，因为中国的法律体系理论受到苏联的深刻影响。在苏联，革命导师列宁曾经说过，“我们不承认任何‘私人’性质的东西，在我们看来，经济领域中的一切都属于公法范畴，而不是什么私人性质的东西……因此必须：对‘私法’关系更广泛地运用国家干预；扩大国家废除‘私人’契约的权力……而是把我们的革命的法律意识运用到‘民事法律关系’上去”①。根据列宁的这个教导，苏联学者否定了公法和私法的划分，主张把法律体系分为不同的部门，其划分标准首先是法律调整对象的不同，其次是法律调整方法的不同。据此，苏联把法律体系分为10个法律部门——国家法、行政法、劳动法、土地法、集体农庄法、财政预算法、家庭法、民法、刑法和诉讼法。

中国接受了苏联的经验，又根据自己的实际情况做了调整。目前，中国特色社会主义法律体系划分为七个法律部门，它们是宪法及宪法相关法，民法商法，行政法，经济法，社会法，刑法，诉讼与非诉讼程序法。具体参见表2。

表2　　苏联、新中国、旧中国法律体系构成比较

苏联	新中国	旧中国
国家法	宪法及宪法相关法	宪法
行政法	行政法	行政法
劳动法	社会法	
土地法	经济法	
集体农庄法		
财政预算法		
家庭法		
民法	民法商法	民法
刑法	刑法	刑法
诉讼法	诉讼与非诉讼程序法	民事诉讼法、刑事诉讼法

① 《列宁全集》，2版，第42卷，427页，北京，人民出版社，1987。

目前，中国特色的法律体系还面临着以下理论质疑：其一，以法律的调整对象作为法律体系的主要划分标准，为此，行政法可以作为一个独立的法律部门存在，但为什么立法法、司法法、监督法要归属于宪法部门，而不能独立出来？其二，按照现行划分标准，为什么国际法可以划分为国际公法、国际私法、国际经济法，而国内法不做如此划分？其三，法律的调整方法是划分法律体系的次要标准，此标准适用于刑法（刑事处罚），但为什么行政处罚、经济处罚、民事处罚又不能独立出来，却要从属于行政法、经济法和民法？其四，中国法律体系中有很多奖励性法律规范，为什么不按照调整方法的标准把这些奖励性法律规范聚合起来，形成一个法律部门？其五，法律调整的某些主体能否作为法律体系的划分标准，如未成年人保护法、老年人保护法、妇女权益保护法、残疾人权益保障法、消费者权益保护法、教师法、警察法、法官法、检察官法、律师法、公务员法，等等？显然，中国特色法律体系的理论还不能让人信服地回答和解决这些问题。

（三）立法必须以经济建设为中心，与改革发展紧密结合

以经济建设为中心、坚持改革开放，是近30年来中国经济社会发展的主旋律。立法要适应并服务于经济社会发展和改革开放的需要，是中国近30年立法的又一基本经验。

立法是对社会文明进步成果的法律确认，是促进科学发展和社会稳定繁荣的制度保障，同时也是使党和国家重大决策制度化、规范化和法律化的重要方式。1986年，国务院在《关于第七个五年计划的报告》中就指出：“经济体制改革的深入进行和国民经济的进一步发展，越来越要求把更多的经济关系和经济活动的准则用法律的形式固定下来，使法律成为调解经济关系和经济活动的重要手段。”1987年，党的十三大报告明确提出：“必须一手抓建设和改革，一手抓法制。法制建设必须贯串于改革的全过程。一方面，应当加强立法工作，改善执法活动，保障司法机关依法独立行使职权，提高公民的法律意识；另一方面，法制建设又必须保障建设和改革的秩序，使改革的成果得以巩固。应兴应革的事情，要尽可能用法律或制度的形式加以明确。”1992年，党的十四大报告要求：必须“加强立法工作，特别是抓紧制订与完善保障改革开放、加强宏观经济管理、规范微观经济行为的法律和法规，这是建立社会主义市场经济体制的迫切要求”。1993年，《中共中央关于建立社会主义市场经济体制若干问题的决定》提出：“改革决策要与立法决策紧密结合。立法要体现改革精神，用法律引导、推进和保障改革顺利进行。”1995年，党的十四届五中全会通过的《关于国民经济和社会发展“九五计划”和2010年远景目标的建议》进一步要求：“坚持改革开放和法制建设的统一，做到改革决策、发展决策与立法决策紧密结合。”1997年和2002年，党又明确提出：“要把改革和发展的重大决策同立法结合起来”，要“适应社会主义市场经济发展、社会全面进步和加入世贸组织的新形势，加强立法工作，提高立法质量，到2010年形成中国特色社会主义法律体系”。这些要求，既强调了改革发展必须以立法方式进行，也强调了立法工作必须紧密结合改革发展实际，改革发展与立法是相辅相成、互动推进的关系。立法与改革发展紧密结合，也可以从全国人大常委会的工作报告中体现出来。详见表3。

表 3　　从全国人大常委会工作报告看立法与改革发展相结合的内容

年份	关于立法与改革发展相结合的主要内容
1980 年	集中力量去制定那些当前最急需、而过去又没有的法规，特别是经济方面的法规。这是健全社会主义法制的一项重要措施。适应四个现代化建设的需要，加强经济立法等工作。
1981 年	我们国家大，民族多，各地的政治、经济、文化的发展是不平衡的。立法应当注意到全国千差万别的具体情况，避免一刀切。当前经济立法的重点，是围绕经济调整和体制改革来进行，以保障调整任务的顺利实现，巩固经济改革的成果。民法本身十分复杂，加上体制正在改革，短时期内难以制订出来。现在一方面起草民法，一方面制订单行民事法规，单行法规成熟了，再吸收到民法中来。
1983 年	今后要继续根据需要和可能抓紧制定一些必要的法律，另一方面法律又不能太多、太烦琐，并且努力做到使我们制定的法律能够比较周到，能够行得通，能够解决实际问题。
1985 年	六届全国人大二次会议以来，常委会进一步加强了经济立法工作。常委会正在会同国务院抓紧研究草拟中外合作经营企业法、外商独资经营企业法、海关法、海商法、公司法以及矿产资源法、劳动法、土地法等重要法律。其中，多数经过几年的工作，已起草了草案；有些由于体制改革，还处于探索试验、积累经验的阶段，制定法律可能还要费些时间。我们这样一个大国，各地政治、经济、文化发展很不平衡。因此，法律只能解决最基本的问题，不能规定太细，太细就难以适用全国。各地把对外开放、城市经济体制改革中需要解决的法律问题，要立哪些法，提了出来。常委会将分别轻重缓急，有计划地根据具体情况努力加快经济立法工作。
1986 年	为了适应经济体制改革和社会主义现代化建设的需要，必须根据轻重缓急和具体条件，积极负责地加快经济立法的步伐。由于全面的经济体制改革和教育、科技体制改革正在开展，一些重要的改革还在实践和积累经验的过程中，因而这些法律还需要根据条件逐步制定，在总结经验的基础上，成熟一个制定一个。一些条件还不成熟的，涉及经济体制改革和对外开放方面的立法，国务院还可以根据全国人大授权的决定制定暂行的规定或者条例。同时，各省、自治区、直辖市也正在加强制定地方性法规的工作。国家还没有制定的一些法律，可以先制定地方性法规，这也有利于加快国家立法工作的步伐。
1988 年	六届全国人大及其常委会任期 5 年内，审议通过了 37 件法律，10 件补充修改法律的决定，16 件有关法律问题的决定，共 63 件。立法工作的重大进展，使我国在国家政治生活、经济生活、社会生活的基本方面，已经有法可依。以宪法为基础的社会主义法律体系已经初步形成。适应社会主义四化建设、经济体制改革和对外开放的需要，常委会一直把制定有关经济方面的法律作为立法工作的重点。在已经制定的 37 件法律中，有关经济方面的法律 22 件，有关对外开放的法律 10 件。
1990 年	立法必须以宪法为依据，保障和促进社会主义现代化建设和改革开放有秩序地进行。要把经过实践证明是正确的并长期适用的政策，通过法定程序转变为国家法律，要认真研究改革开放中出现的各种新情况、新问题，及时地把改革开放的成功经验用法律形式肯定下来。
1994 年	经济立法放在第一位，逐步建立适应社会主义市场经济的法律体系。制定社会主义市场经济方面的法律，是一项紧迫而艰巨的任务。在立法工作中，要以建设有中国特色社会主义理论和党的基本路线为指导，以宪法为依据，以改革的精神对待和解决立法工作中遇到的问题和难点。

续前表

年份	关于立法与改革发展相结合的主要内容
1995 年	常委会继续把立法工作放在首位，加快经济立法，在形成社会主义市场经济法律体系框架方面迈出了重要步伐。常委会按照立法决策和改革决策紧密结合的要求，把制定保障和促进改革开放、加快建立社会主义市场经济体制方面的法律作为立法的重点。
1996 年	我们要认真总结立法工作的经验，进一步加快立法步伐，提高立法工作水平。立法要同改革和发展的实际紧密结合。要把实践证明是正确的东西，用法律形式肯定下来，巩固改革开放的成果，用法律引导、推进、保障改革和发展。
1997 年	要继续把经济立法放在重要位置，抓紧制定有关市场经济方面的法律，如国有资产法、证券法、期货交易法等。抓紧制定其他方面急需的法律，加快立法法和监督法的起草工作。
1998 年	加快立法步伐，抓紧制定社会主义市场经济方面的法律。常委会在立法工作中，始终注意坚持立法同改革、发展的重大决策相结合。从我国社会主义初级阶段的实际出发，认真总结改革开放和现代化建设的经验，把实践证明是正确的经验用法律肯定下来，巩固改革开放的成果，推进和保障改革开放和现代化建设的健康发展。
2000 年	常委会要把立法工作与国家改革、发展、稳定的重大决策更加紧密地结合起来，通过建立和完善有关法律制度，保障和促进各项事业的发展。
2001 年	改革开放以来，全国人大及其常委会已经制定了 390 多件法律和有关法律问题的决定，国务院制定了 800 多件行政法规，地方人大制定了 8 000 多件地方性法规。要继续围绕国家的中心工作，坚持立法与改革、发展、稳定的重大决策紧密结合，通过立法，把党的主张转变为国家意志，使立法工作更好地服务于国家工作的大局。
2002 年	根据改革开放和建立社会主义市场经济体制的要求，适时制定、修改有关法律。把经过各地实践的成功做法和实施地方性法规的经验，上升为法律。
2003 年	本届常委会不断加强和改进立法工作，坚持把立法与国家改革、发展、稳定的重大决策更加紧密地结合起来。紧紧围绕国家的中心工作开展立法，集中力量，保证急需制定和修改的法律，以及形成法律体系必不可少的重要法律适时出台，使立法工作服从和服务于国家工作的大局。既着眼于通过立法肯定改革成果，又注意为深化改革留有空间和余地。
2004 年	立法工作思路是坚持围绕党和国家工作大局，为改革发展服务。既注意及时把改革中取得的成功经验用法律形式确定下来，对现有法律中不适应实践发展的规定进行修改，为改革发展提供坚实的法制保障；又注意为继续深化改革留下空间。要坚持从我国的国情出发，始终把改革开放和现代化建设的伟大实践作为立法的基础。
2005 年	一年来，常委会共审议了 33 件法律、法律解释和有关法律问题决定的草案，通过了 25 件，为经济社会发展进一步提供了法律保障，向实现本届任期内基本形成中国特色社会主义法律体系的立法目标迈出了坚实的步伐。
2007 年	立法要准确把握改革开放和现代化建设的客观规律，深刻认识我国经济社会发展的阶段性特征，统筹兼顾最广大人民的根本利益、现阶段群众的共同利益和不同群体的特殊利益。要着重解决现实生活中迫切需要规范的问题，妥善处理法律的稳定性和变动性、前瞻性和可操作性的关系，充分发挥法律在构建和谐社会中的规范、引导和保障作用。
2008 年	要按照国家的战略部署和重大决策，以改革开放和现代化建设伟大实践作为立法基础，根据经济社会发展的客观需要，把在中国特色法律体系中起支架作用、现实生活迫切需要、立法条件比较成熟的立法项目作为立法重点，将改革开放和现代化建设的成功经验以法律形式固定下来。要紧紧围绕全面建设小康社会的奋斗目标，紧紧围绕改革发展稳定的重大问题，紧紧围绕人民群众普遍关心的热点难点问题，全面部署和统筹安排立法工作。

坚持立法与改革发展和现代化建设相适应，把实践证明是正确的经验用法律肯定下来，巩固改革开放和现代化建设的积极成果，保障和促进经济社会又好又快地发展，为改革发展和现代化建设创造良好的法治环境，是30年改革开放的一条基本经验。改革开放的实践证明，立法与改革发展必须紧密结合，“对于那些应兴应革的重大决策，尽可能作出法律规范，力求用立法引导、推进和保障改革开放和现代化建设的健康发展”①。在立法过程中，应当“采取积极、慎重的方针，严肃立法，成熟一个，制定一个，不成熟或没有把握的，不勉强制定，避免束缚改革的手脚，或因仓促制定，被迫频繁修改，使制定的法律具有稳定性和权威性。对于立法中遇到的问题，要区别不同情况作出处理：改革开放实践经验比较成熟的，通过立法加以深化、细化，作出具体规定；改革开放实践经验尚不成熟，又需要作规定的，立法作出原则规定，为进一步改革发展留下空间；对于实践经验缺乏，各方面意见又不一致的，暂不规定，待条件成熟时再行立法”。

当然，立法与改革发展紧密结合也面临一些内在矛盾难以解决：一是法律应当具有统一性和协调性，但改革发展的不平衡性使改革时期的立法难以统一和协调；二是法律应当准确、具体，但改革发展的渐进性使改革时期的立法难以准确、具体；三是法律应当具有稳定性，但改革发展措施的探索性使改革时期的立法难以固定不变；四是法律应当具有国家强制性，但改革发展的复杂情况使立法难以相应作出强制规定。②

(四) 逐步走向开门立法、民主立法

开门立法，就是坚持以人为本和人民当家作主，保障人民的民主权利，从制度和程序上实现民主立法。发展人民民主是改革开放伊始就提出的一项基本任务，加强民主立法也是中国立法机关的一向秉持的基本方针，但由于主客观多种原因，中国立法机关开门立法却是在20世纪90年代中后期逐步实行和推广的。2000年3月全国人大通过的《立法法》第5条规定：“立法应当体现人民的意志，发扬社会主义民主，保障人民通过多种途径参与立法活动。”第34条规定：“列入常务委员会会议议程的法律案，法律委员会、有关的专门委员会和常务委员会工作机构应当听取各方面的意见。听取意见可以采取座谈会、论证会、听证会等多种形式。常务委员会工作机构应当将法律草案发送有关机关、组织和专家征求意见，将意见整理后送法律委员会和有关的专门委员会，并根据需要，印发常务委员会会议。”第35条规定：“列入常务委员会会议议程的重要的法律案，经委员长会议决定，可以将法律草案公布，征求意见。各机关、组织和公民提出的意见送常务委员会工作机构。”

2007年，党的十七大报告要求：“增强决策透明度和公众参与度，制定与群众利益密切相关的法律法规和公共政策原则上要公开听取意见。”2008年3月，吴邦国委员长在十一届全国人大一次会议上指出：立法工作“要坚持以人为本，把最广大人民的根本利益作为人大一切工作的出发点和落脚点，尊重人民主体地位，发挥人民首创精神，保障人民各项权益。

---

① 田纪云：《第八届全国人民代表大会第四次会议上全国人大常委会工作报告》(1996年)。

② 参见李培传主编：《中国社会主义立法的理论与实践》，328～331页，北京，中国法制出版社，1991。

要坚持国家一切权力属于人民，健全民主制度，丰富民主形式，拓宽民主渠道，从各个层次、各个领域扩大公民有序政治参与，保障人民依法实行民主选举、民主决策、民主管理、民主监督的权利。要坚持走群众路线，更好地发挥人大在体察民情、反映民意、集中民智、珍惜民力方面的优势和作用。要正确反映和统筹兼顾不同方面群众的利益，认真督促有关方面及时解决人民最关心、最直接、最现实的利益问题，着力保障和改善民生，最大限度地调动人民群众的积极性、主动性、创造性，把最广大人民的根本利益实现好、维护好、发展好”。

坚持民主立法是人民当家作主的必然要求。2008 年 4 月，全国人大常委会委员长会议决定，今后全国人大常委会审议的法律草案，一般都予以公开，向社会广泛征求意见。公布法律草案主要有两种形式：一是提请全国人大常委会审议的法律草案，经常委会初次审议后，一般都在中国人大网站上予以公布；二是对关系改革发展稳定大局，关系人民群众切身利益、社会普遍关注的重要法律草案，经委员长会议决定，同时在中央主要新闻媒体和中国人大网站上公布。

1954 年以来，全国人大及其常委会共有 16 部法律（宪法）草案向社会征求意见，其中，2000 年～2008 年 4 月，公布 6 部法律草案，占公布总数的 37.50%，平均每年公布 0.75 部；1990 年～1999 年 12 月，公布 4 部法律草案，占公布总数的 25%，平均每年公布 0.40 部；1978 年～1989 年 12 月，公布 5 部法律草案，占公布总数的 31.25%，平均每年公布 0.41 部。1954 年公布宪法草案 1 部，占公布总数的 6.25%。详见表 4。

表 4　全国人大及其常委会的 16 部向社会征求意见的法律草案

名称	公布日期	征求意见的时间	收到意见	通过日期
食品安全法	2008 年 4 月 20 日	至当年 5 月 20 日	11 327 件意见	2009 年 2 月 28 日，十一届全国人大常委会第七次会议通过
水污染防治法	2007 年 9 月 5 日	至当年 10 月 10 日	2 400 多条群众意见，67 件群众来信	2008 年 2 月 28 日，十届全国人大常委会第三十二次会议通过
就业促进法	2007 年 3 月 25 日	至当年 4 月 25 日	11 020 件意见，约 70%来自基层群众	2007 年 8 月 30 日，十届全国人大常委会第二十九次会议通过
劳动合同法	2006 年 3 月 20 日	至当年 4 月 20 日	191 849 件，创人大立法史新纪录	2007 年 6 月 29 日，十届全国人大常委会第二十八次会议通过
物权法	2005 年 7 月 10 日	至当年 8 月 20 日	11 543 件意见，很多都得以吸纳	2007 年 3 月 16 日，十届全国人大五次会议通过
婚姻法	2001 年 1 月 11 日	至当年 2 月 28 日	草案根据征求意见作了许多修改	2001 年 4 月 28 日，九届全国人大常委会第二十一次会议修正
合同法	1998 年 9 月 4 日	至当年 10 月 15 日	草案根据征求意见作了修改	1999 年 3 月 15 日，九届全国人大二次会议通过
村民委员会组织法	1998 年 6 月 26 日	至当年 8 月 1 日	草案根据征求意见作了修改	1998 年 11 月 4 日，九届全国人大常委会第五次会议通过

续前表

名称	公布日期	征求意见的时间	收到意见	通过日期
土地管理法	1998 年 4 月 29 日	至当年 6 月 1 日	草案根据征求意见作了许多修改	1998 年 8 月 29 日，九届全国人大常委会第四次会议修订，后于 2004 年第二次修正
澳门特别行政区基本法	1991 年 7 月 9 日 1992 年 3 月 16 日	征求意见稿，4 个月； 基本法草案，4 个月	仅第一次就作了一百多处修改和补充	1993 年 3 月 31 日，八届全国人大一次会议通过
香港特别行政区基本法	1988 年 4 月 1989 年 2 月	征求意见稿，5 个月； 基本法草案，8 个月	仅第一次就作了一百多处修改	1990 年 4 月 4 日，七届全国人大三次会议通过
集会游行示威法	1989 年 7 月 6 日	至当年 8 月 10 日	根据各方意见进行了修改	1989 年 10 月 31 日，七届全国人大常委会第十次会议通过
行政诉讼法	1988 年 11 月 9 日	至当年 12 月底	根据各方意见作了较多修改和补充	1989 年 4 月 4 日，七届全国人大二次会议通过
全民所有制工业企业法	1988 年 1 月 12 日	至当年 2 月 25 日	提出的许多意见和建议被吸收	1988 年 4 月 13 日，七届全国人大一次会议通过
1982 年宪法	1982 年 4 月 26 日	至当年 8 月底	许多意见被采纳，近百处补充修改	1982 年 12 月 4 日，五届全国人大五次会议通过
1954 年宪法	1954 年 6 月 15 日	历时 2 个多月	对原来的草案再度作了修改	1954 年 9 月 20 日，一届全国人大一次会议通过

立法听证是开门立法的又一种重要形式。立法听证制度作为民主立法的一种重要形式，得到了普遍确认。但是，在国家层面上，全国人大或其常委会目前还没有对立法听证制度作出专门的具体立法，只是于 2005 年 9 月，在全国人大常委会初次审议的个人所得税法修正案草案规定个人所得税工资、薪金所得减除费用标准为1 500元之前，为推进立法民主，全国人大法律委员会、财政经济委员会和全国人大常委会法制工作委员会在北京举行听证会，对这一减除费用标准是否适当，进一步广泛听取包括广大工薪收入者在内的社会各方面的意见和建议。这是国家立法机关第一次就立法问题举行立法听证会。

在地方立法机关层面上，立法听证的实践探索和制度建构早已展开。[①] 1999 年 9 月，广东省人大常委会就《广东省建设工程招标投标管理条例》（修订草案）举行听证会，开创了全国地方立法听证之先河。据不完全统计，截至 2001 年年底，中国先后有 19 个省、市

① 参见汪全胜：《立法听证研究》，北京，北京大学出版社，2003。

举行立法听证活动27次，共听证了28个法规、规章草案。广东、上海、浙江等9个省、直辖市的人民代表大会常务委员会及其专门委员会或者工作机构举行立法听证活动11次（其中广东省2次、上海市2次），武汉、沈阳等6个较大的市的人民代表大会常务委员会及其专门委员会或者工作机构举行立法听证会9次（其中武汉市、沈阳市各举行2次），安徽、厦门等5个省、市人民政府或者政府部门举行立法听证会7次（其中湖南省人民政府举行2次）。立法听证次数最多的是上海市。详见表5。

表5　　地方立法听证会调查统计表（截至2001年10月26日）

序号	听证时间	听证单位	听证主持部门	听证法规、规章名称	相关资料
1	1999年9月9日	广东省人大常委会	常委会	广东省建设工程招标投标管理条例（修订草案）	（1）听证会通告 （2）工作方案 （3）听证会程序 （4）会场注意事项 （5）听证报告书
2	1999年10月29日	武汉市人大常委会	常委会	武汉市外商投资企业管理条例修改稿	（1）听证会方案 （2）听证会通知 （3）参加听证会须知 （4）听证会程序
3	2000年	武汉市人大常委会	常委会	武汉市专利管理条例（草案）	（1）听证会主持程序 （2）听证会报告表
4	2000年4月28日	安徽省人民政府	法制办公室、劳动和社会保障厅	安徽省失业保险规定（征求意见稿）	（1）准备工作（公告、报名、确定听证参加人员与单位、确定地点、研究方案） （2）听证情况 （3）听证会综述
5	2000年6～7月	安徽省人大常委会	财经委员会	安徽省保护和促进个体私营经济发展条例（草案）	（缺）
6	2000年7月21日	贵阳市人大常委会	常委会	贵阳市汽车维修业管理办法（草案）	（1）发言情况 （2）听证报告
7	2000年7月28日	石家庄市人大常委会	常委会	石家庄市民心河管理条例（草案）	（1）举行听证会的安排 （2）会场纪律 （3）听证会规则 （4）条例（草案）
8	2000年7月29日	浙江省人大常委会	法制委员会	实施《消费者权益保护法》办法（修订草案）	（1）浙江省立法听证规则 （2）立法听证报告

续前表

序号	听证时间	听证单位	听证主持部门	听证法规、规章名称	相关资料
9	2000年8月25日	河北省人大常委会	常委会	私营企业条例修正案（草案）、个体工商户条例修正案（草案）	(1) 听证会程序 (2) 听证会会场纪律 (3) 立法听证会规则 (4) 听证内容 (5) 听证会通告 (6) 关于立法听证会情况的报告
10	2000年8月30日	南京市人大常委会	法制工作委员会、教科文卫委员会	南京市民办中小学条例（草案）	(1) 听证会注意事项 (2) 听证参加人发言守则
11	2000年9月20日	厦门市人民政府	法制局	厦门市限制养犬管理办法（草案）	群众的立法意见和建议
12	2000年10月15日	广东省人大常委会	法制委员会、城建环资委	广东省建设工程监理条例（草案）	(1) 听证程序 (2) 听证报告书
13	2000年11月	深圳市人大常委会	计划预算委员会	深圳经济特区审计监督条例（草案）	(1) 听证规则（试行） (2) 举行立法听证会的工作方案 (3) 听证的主要问题
14	2000年11月12日	沈阳市人大常委会	环境与资源保护城乡建设委员会	沈阳市城市房产管理条例（草案修改稿）	(1) 通告 (2) 工作方案 (3) 沈阳市城市房产管理条例（草案修改稿）立法听证会程序 (4) 会场注意事项 (5) 听证报告书
15	2000年11月23日	江苏省人大常委会	城乡建设环境保护委员会	物业管理条例（草案）	(1) 听证会通告 (2) 听证会程序 (3) 工作方案 (4) 听证报告书
16	2001年3月16日	海南省人大常委会	法制委员会	海南省城镇从业人员基本医疗保险条例（修订草案）	(1) 立法听证建议 (2) 听证会方案（稿） (3) 听证通知 (4) 听证公告 (5) 立法听证会守则 (6) 立法听证会程序 (7) 听证说明 (8) 听证情况综述

续前表

序号	听证时间	听证单位	听证主持部门	听证法规、规章名称	相关资料
17	2001年5月18日	上海市人大常委会	教育科学文化卫生委员会	上海市中小学生伤害事故处理条例（修改建议稿）	上海市人大常委会立法听证规则（暂行）
18	2001年7月19日	沈阳市人大常委会	法制委员会	沈阳市城市绿化管理条例（草案）	（1）工作方案 （2）城市绿化管理条例（草案）听证规则 （3）听证会注意事项 （4）市政府的议案
19	2001年9月6日	天津市人大常委会	常委会	天津市见义勇为人员奖励和保护条例（草案）	（1）通告 （2）听证规则 （3）听证会报告
20	2001年9月7日	山西省人大常委会	法制委员会	山西省盐业管理条例（草案）	（1）工作方案 （2）立法听证会要求 （3）听证会基本情况
21	2001年9月29日	上海市人大常委会	法制委员会、财经委员会	上海市劳动合同条例（草案）	（缺）
22	2001年9月29日	陕西省人民政府	法制办、交通厅	陕西省出租车管理条例（草案）	（缺）
23	2001年9月	湖南省人民政府	法制办	湖南省城市住宅区物业管理条例(草案)	（缺）
24	2001年10月	湖南省人民政府	法制办	湖南省禁止向企业乱收费乱罚款乱摊派条例（草案）	（缺）
25	2001年10月	四川省人大常委会	法制委	四川省世界遗产保护条例（草案）	（缺）
26	2001年	青岛市政府	法制局	青岛市城市房屋共用部位和共用设施维修管理暂行办法（草案）	（缺）
27	2000年10月	安徽省政府	法制办、国土厅	安徽省砂石粘土矿开采管理规定（草案）	（缺）

注：1. 广西壮族自治区人民政府于1999年5月制定了《广西壮族自治区人民政府立法听证制度实施办法》，并下发《关于印发立法听证制度实施办法的通知》，要求各地贯彻。

2. 河南省人大常委会拟订了《河南省法制委员会地方立法听证会规则（草案）》。

3. 深圳市人大常委会拟订了《深圳市人大常委会听证条例（草案修改二稿）》。

4. 南京市人大常委会在举行完《南京市民办中小学条例》立法听证之后，制定了《南京市立法听证组织办法》。

资料来源：北京大学法学院、人民代表大会与议会研究中心立法听证课题组。

表 6 **地方立法听证规则制定情况**（截至 2001 年 10 月 26 日）

<table>
<tr><td rowspan="7">已经制定立法听证规则的有 11 个省、市</td><td rowspan="3">制定和通过的机构</td><td>主任会议</td><td>1. 浙江省地方立法听证会规则
2. 上海市人大常委会立法听证规则（暂行）
3. 南京市立法听证组织办法</td></tr>
<tr><td>委员会</td><td>1.《广东省建设工程招标投标管理条例》听证会程序
2.《广东省建设工程监理条例（草案）》听证会程序
3. 深圳市人民代表大会计划预算委员会听证规则（试行）
4.《沈阳市城市房产管理条例（草案修改稿）》立法听证会程序
5.《沈阳市城市绿化管理条例（草案）》听证会规则</td></tr>
<tr><td>不明确</td><td>1.《石家庄市民心河管理条例（草案）》听证会规则
2. 听证会规则（河北省人大）
3. 听证会程序（江苏省人大）
4.《天津市见义勇为人员奖励和保护条例（草案）》听证会规则
5.《山西省盐业管理条例（草案）》立法听证会要求</td></tr>
<tr><td rowspan="4">听证规则的效力</td><td>普遍适用</td><td>1. 浙江省地方立法听证会规则
2. 上海市人大常委会立法听证规则（暂行）
3. 南京市立法听证组织办法</td></tr>
<tr><td>长期适用</td><td>1. 浙江省地方立法听证会规则
2. 上海市人大常委会立法听证规则（暂行）
3. 南京市立法听证组织办法
4. 深圳市人民代表大会计划预算委员会听证规则（试行）</td></tr>
<tr><td>当次适用</td><td>1.《广东省建设工程招标投标管理条例》听证会程序
2.《石家庄市民心河管理条例（草案）》听证会规则
3. 听证会程序（江苏省人大）
4.《沈阳市城市房产管理条例（草案修改稿）》立法听证会程序
5.《沈阳市城市绿化管理条例（草案）》听证会规则
6.《天津市见义勇为人员奖励和保护条例（草案）》听证会规则
7.《山西省盐业管理条例（草案）》立法听证会要求</td></tr>
<tr><td>不明确</td><td>听证会规则（河北省人大）</td></tr>
<tr><td>未制定立法听证规则的 5 次</td><td colspan="3">1. 武汉市外商投资企业管理条例（修改稿）
2. 安徽省失业保险规定（征求意见稿）
3. 贵阳市汽车维修业管理办法（草案）
4. 海南省城镇从业人员基本医疗保险条例（修订草案）
5. 南京市民办中小学条例（草案）</td></tr>
</table>

续前表

不明确的有6次	1. 安徽省保护和促进个体私营企业发展条例（草案） 2. 厦门市限制养犬管理办法（草案） 3. 陕西省出租车管理条例（草案） 4. 武汉市专利管理条例（草案） 5. 湖南省城市住宅区物业管理条例（草案） 6. 湖南省禁止向企业乱收费乱罚款乱摊派条例（草案）
正在制定中的有2个省、市	1. 河南省人大常委会拟订了《河南省法制委员会地方立法听证会规则（草案）》 2. 深圳市人大常委会拟订了《深圳市人大常委会听证条例（草案修改二稿）》

资料来源：北京大学法学院、人民代表大会与议会研究中心立法听证课题组。

另据不完全统计，自2000年至2004年年底，省级人大常委会共对38件地方性法规草案举行了立法听证会。尽管立法听证制度在充分征求民意、完善立法等方面，发挥了重要作用，但它也存在听证人员代表性不够、听证程序设置不够合理、听证过程形同演戏、听证结果不受重视等问题。这些问题在不同程度上影响了人民参与开门立法的民主质量。

(五) 制定法律与修改法律并重

全国人大常委会多次提出，要“把修改法律放在与制定法律同等重要的位置上”。2003年，九届全国人大常委会在总结本届人大立法工作时指出：“坚持把修改原有法律与制定新的法律放在同等重要的位置。本届审议通过的法律共76件，其中41件是对法律的修改，从而把实践证明是成功的新经验和新认识及时用法律规定下来，使立法工作适应我国社会发生的广泛而深刻的变化，更好地发挥法律对现实生活的规范作用。”①

改革开放以来，由于经济社会关系不断变迁，加之法律观念的转变和立法技术的提高，导致法律修改的任务越来越重，制定法律与修改法律并重，成为30年立法的主要做法和基本经验。在全国人大及其常委会制定的现行有效的229件法律中，有71件法律被修改，占现行有效法律总数的31%。按照七个法律部门进行统计，其修改多寡的排序情况是：刑法1件，修改1件，修改率100%；民法商法32件，修改15件，修改率46.9%；经济法54件，修改21件，修改率38.9%；诉讼与非诉讼程序法7件，修改2件，修改率28.6%；行政法79件，修改22件，修改率27.8%；宪法及宪法相关法39件，修改7件，修改率17.9%；社会法17件，修改3件，修改率17.6%。

从年份来看，现行有效法律的修改情况是：1978～1982年制定法律22件，没有修改法律，修改与制定之比率为0；1983～1992年制定70件、修改1件，修改与制定之比率为1.42%；1993～2002年制定98件、修改33件，修改与制定之比率为33.67%；2003～2008年制定32件、修改37件，修改与制定之比率为115.62%。详见表7。

① 李鹏：《第十届全国人民代表大会第一次会议上全国人大常委会工作报告》(2003年)。

表 7　　现行有效法律修改数量排序统计（71 件）

排序		1978～1982 年	1983～1992 年	1993～2002 年	2003～2008 年
7	宪法及宪法相关法 39 件，修改 7 件，修改率 17.9%		《人民检察院组织法》(1983 年、1986 年)(1 件)	《民族区域自治法》(2001 年),《法官法》(2001 年),《检察官法》(2001 年)(3 件)	《地方各级人民代表大会和地方各级人民政府组织法》(1982 年、1986 年、1995 年、2004 年),《全国人民代表大会和地方各级人民代表大会选举法》(1982 年、1986 年、1995 年、2004 年),《人民法院组织法》(1983 年、1986 年、2006 年)(3 件)
2	民法商法 32 件,修改 15 件,修改率 46.8%			《中外合资经营企业法》(1990 年、2001 年),《婚姻法》(2001 年),《商标法》(1993 年、2001 年),《专利法》(1992 年、2000 年),《外资企业法》(2000 年),《中外合作经营企业法》(2000 年),《著作权法》(2001 年),《收养法》(1998 年),《保险法》(2002 年)(9 件)	《公司法》(1999 年、2004 年、2005 年),《商业银行法》(2003 年),《票据法》(1995 年,2004 年),《拍卖法》(2004 年),《合伙企业法》(2006 年),《证券法》(2004 年、2005 年)(6 件)
5	行政法 79 件,修改 22 件,修改率 27.8%			《兵役法》(1998 年),《药品管理法》(2001 年),《海关法》(2000 年),《大气污染防治法》(1995 年、2000 年),《档案法》(1996 年),《中国人民解放军军官军衔条例》(1994 年),《归侨侨眷权益保护法》(2000 年),《测绘法》(2002 年),《现役军官法》(1994 年、2000 年)(9 件)	《义务教育法》(2006 年),《国境卫生检疫法》(2007 年),《学位条例》(2004 年),《海洋环境保护法》(1999 年),《文物保护法》(1991 年、2002 年、2007 年),《水污染防治法》(1996 年、2008 年),《野生动物保护法》(2004 年),《传染病防治法》(2004 年),《科学技术进步法》(2007 年),《城市房地产管理法》(2007 年),《固体废物污染环境防治法》(2004 年),《律师法》(2001 年、2007 年),《道路交通安全法》(2007 年)(13 件)

续前表

排序		1978～1982年	1983～1992年	1993～2002年	2003～2008年
3	经济法54件，修改21件，修改率38.9%			《统计法》(1996年)，《森林法》(1998年)，《会计法》(1993年、1999年)，《草原法》(2002年)，《水法》(2002年)，《进出口商品检验法》(2002年)，《税收征收管理法》(1995年、2001年)，《产品质量法》(2000年)，《农业法》(2002年)(9件)	《对外贸易法》(2004年)，《审计法》(2006年)，《中国人民银行法》(2003年)，《公路法》(1999年、2004年)，《动物防疫法》(2007年)，《节约能源法》(2007年)，《种子法》(2004年)，《银行业监督管理法》(2006年)，《渔业法》(2000年、2004年)，《矿产资源法》(1996年)，《土地管理法》(1988年、1998年、2004年)，《个人所得税法》(1993年、1999年、2005年、2007年)(12件)
6	社会法17件，修改3件，修改率17.6%			《工会法》(2001年)(1件)	《未成年人保护法》(2006年)，《妇女权益保障法》(2005年)(2件)
1	刑法1件，修改1件，修改率100%			《刑法》(1997年)、《全国人民代表大会常务委员会关于惩治骗购外汇、逃汇和非法买卖外汇犯罪的决定》(1998年)，《刑法修正案》(1999年)，《刑法修正案(二)》(2001年)，《刑法修正案(三)》(2001年)，《刑法修正案(四)》(2002年)(1件)	《刑法修正案(五)》(2005年)，《刑法修正案(六)》(2006年)
4	诉讼与非诉讼程序法7件，修改2件，修改率28.6%			《刑事诉讼法》(1996年)(1件)	《民事诉讼法》(2007年)(1件)
总计	229件中有71件修改，修改率31%	无	1件	33件	37件

由上统计可以看出，1978年以来，中国修改法律的数量越来越多。进入21世纪后，修改法律的数量，明显超过了制定法律的数量，表明中国的立法进入了一个大调整的时期。

从对现行有效法律的修改次数来看，1978年以来，修改5次及5次以上的法律有2件，占修改总数的2.8%；修改4次的有2件，占修改总数的2.8%；修改3次的有4件，占修改总数的5.6%；修改2次的有14件，占修改总数的19.7%；修改1次的有49件，占修改总数的69%。

如果对七个部门法的修改情况分别进行统计，可以进一步看出法律修改的内容、时间和频率：(1) 宪法及宪法相关法共修改7件，其中修改5次及以上的无；修改4次的2件，修改率为28.57%；修改3次的1件，修改率为14.28%；修改2次的1件，修改率为14.28%；修改1次的3件，修改率为42.80%。(2) 民法商法共修改15件，其中修改5次及以上的无；修改4次的无；修改3次的1件，修改率为6.66%；修改2次的5件，修改率为33.33%；修改1次的9件，修改率为60%。(3) 行政法共修改22件，其中修改5次及以上的无；修改4次的无；修改3次的1件，修改率为4.54%；修改2次的4件，修改率为18.18%；修改1次的17件，修改率为77.27%。(4) 经济法共修改21件，其中修改5次及以上的1件，修改率为4.76%；修改4次的无；修改3次的1件，修改率为4.76%；修改2次的4件，修改率为19.04%；修改1次的15件，修改率为71.42%。(5) 社会法共修改3件，诉讼与非诉讼程序法共修改2件，它们均为修改1次。(6) 刑法修改5次以上。详见表8。

表8　　现行有效法律修改次数统计(71件)

部门法	修改5次及以上	修改4次	修改3次	修改2次	修改1次
宪法及宪法相关法共修改7件		《地方人民代表大会和地方人民政府组织法》(1982年、1986年、1995年、2004年),《全国人民代表大会和地方人民代表大会选举法》(1982年、1986年、1995年、2000年)(2件)	《人民法院组织法》(1983年、1986年、2006年)(1件)	《人民检察院组织法》(1983年、1986年)(1件)	《民族区域自治法》(2001年),《法官法》(2001年),《检察官法》(2001年)(3件)
修改率小计		28.57%	14.28%	14.28%	42.80%

续前表

部门法	修改5次及以上	修改4次	修改3次	修改2次	修改1次
民法商共修改15件			《公司法》(1999年、2004年、2005年)(1件)	《中外合资经营企业法》(1990年、2001年),《商标法》(1993年、2001年),《专利法》(1992年、2000年),《票据法》(1995年、2004年),《证券法》(2004年、2005年)(5件)	《商业银行法》(2003年),《拍卖法》(2004年),《合伙企业法》(2006年),《婚姻法》(2001年),《外资企业法》(2000年),《中外合作经营企业法》(2000年),《著作权法》(2001年),《收养法》(1998年),《保险法》(2002年)(9件)
修改率小计			6.66%	33.33%	60%
行政法共修改22件			《文物保护法》(1991年、2002年、2007年)(1件)	《大气污染防治法》(1995年、2000年),《现役军官法》(1994年、2000年),《水污染防治法》(1996年、2008年),《律师法》(2001年、2007年)(4件)	《兵役法》(1998年),《药品管理法》(2001年),《海关法》(2000年),《义务教育法》(2006年),《档案法》(1996年),《中国人民解放军军官军衔条例》(1994年),《归侨侨眷权益保护法》(2000年),《测绘法》(2002年),《国境卫生检疫法》(2007年),《学位条例》(2004年),《海洋环境保护法》(1999年),《野生动物保护法》(2004年),《传染病防治法》(2004年),《科学技术进步法》(2007年),《城市房地产管理法》(2007年),《固体废物污染环境防治法》(2004年),《道路交通安全法》(2007年)(17件)
修改率小计			4.54%	18.18%	77.27%

续前表

部门法	修改5次及以上	修改4次	修改3次	修改2次	修改1次
经济法修改21件	《个人所得税法》(1993年、1999年、2005年、2007年两次修正)(1件)		《土地管理法》(1988年、1998年、2004年)(1件)	《会计法》(1993年、1999年),《税收征收管理法》(1995年、2001年),《公路法》(1999年、2004年),《渔业法》(2000年、2004年)(4件)	《产品质量法》(2000年),《农业法》(2002年),《草原法》(2002年),《水法》(2002年),《进出口商品检验法》(2002年),《统计法》(1996年),《森林法》(1998年),《对外贸易法》(2004年),《审计法》(2006年),《中国人民银行法》(2003年),《动物防疫法》(2007年),《节约能源法》(2007年),《种子法》(2004年),《银行业监督管理法》(2006年),《矿产资源法》(1996年)(15件)
小计	4.76%		4.76%	19.04%	71.42%
社会法共修改3件					《工会法》(2001年),《未成年人保护法》(2006年),《妇女权益保障法》(2005年)(3件)
修改率小计					100%
刑法共修改1件	《刑法》(1997年)、《关于惩治骗购外汇、逃汇和非法买卖外汇犯罪的决定》(1998年),《刑法修正案》(1999年),《刑法修正案(二)》(1999年)、《刑法修正案(三)》(2001年)、《刑法修正案(四)》(2002年)、《刑法修正案(五)》(2005年)、《刑法修正案(六)》(2006年)(1件)				

续前表

部门法	修改5次及以上	修改4次	修改3次	修改2次	修改1次
修改率小计	100%				
诉讼与非诉讼程序法共修改2件					《刑事诉讼法》(1996年),《民事诉讼法》(2007年)(2件)
修改率小计					100%
总计:71件	2件 占修改总数的2.8%	2件 占修改总数的2.8%	4件 占修改总数的5.6%	14件 占修改总数的19.7%	49件 占修改总数的69%

由上可见，中国对法律总体上是修改一次者居大多数，这表明立法机关对修改法律持比较谨慎的态度。

（六）经济立法与社会立法向平衡方向发展

全国人大及其常委会制定的现行有效法律共计229件，依照各门类立法数量的多少来排序，可以看出它们的百分比分别是：行政法79件，占全国人大及其常委会立法总数的34.50%；经济法54件，占23.58%；宪法及宪法相关法39件，占17.03%；民商法32件，占13.97%；社会法17件，占7.42%；诉讼与非诉讼程序法7件，占3.06%；刑法1件，占0.44%。

改革开放以来，经济立法始终是中国立法工作的重点，而社会立法则处于相对滞后状态。截至2008年的统计[①]，六届全国人大及其常委会共立法37件，其中经济立法22件、社会立法1件。七届全国人大及其常委会共立法62件，其中经济立法21件、社会立法5件。八届全国人大及其常委会共立法118件，其中经济立法35件、社会立法6件。九届全国人大及其常委会共立法124件，其中经济立法29件、社会立法4件。十届全国人大及其常委会共立法100件，其中经济立法23件、社会立法7件。以上五届全国人大及其常委会25年中总计立法441件，其中经济立法130件，占29.5%；社会立法23件，仅占5.2%。详见表9。

① 该统计含已被废除和被修改的全部法律，而不是仅指现行有效的法律。

表 9　全国人大及其常委会经济立法与社会立法比较统计表

全国人大及其常委会（25 年）	立法总数（件）	经济立法（件）	占立法总数的%	社会立法（件）	占立法总数的%
六届全国人大（1983.03～1988.03）	37	22	59.5	1	2.7
七届全国人大（1988.03～1993.03）	62	21	33.9	5	8.1
八届全国人大（1993.03～1998.03）	118	35	29.7	6	5.1
九届全国人大（1998.03～2003.03）	124	29	23.4	4	3.2
十届全国人大（2003.03～2008.03）	100	23	23	7	7
总计	441	130	29.5	23	5.2

事实上，“十一届三中全会以来，全国人大常委会共制定 300 多部法律和有关法律问题的决定，其中三分之一以上是经济法律”①。在地方立法中，重视经济立法、轻视社会立法的现象依然存在。例如，江苏省人大常委会 1993 年至 1997 年共制定和批准了 76 件经济法规，占立法总数的 55%；安徽省九届人大制定、修改、批准经济类法规 70 件，占立法总数的 54.7%。

十届全国人大以来，社会立法的比重越来越大，经济立法与社会立法不协调、不平衡的问题，正在以人为本的科学发展观指导下逐步得到解决。

（七）坚持中国国情和特色，充分借鉴外国立法经验

中国正处于并将长期处于社会主义初级阶段，因此中国必须经历一个相当长的历史阶段，才能实现工业化和现代化。虽然改革开放 30 年来我们在各方面取得了巨大进步，但是，中国人口多、底子薄，城乡发展和地区发展很不平衡，生产力不发达的状况并没有根本改变，中国的社会主义市场经济体制还不够完善，民主法制还不够健全，社会不公、贪污腐败等问题仍然存在，社会制度还不够成熟；虽然“经过新中国成立以来特别是改革开放以来的不懈努力，中国取得了举世瞩目的发展成就，从生产力到生产关系、从经济基础到上层建筑都发生了意义深远的重大变化，但中国仍处于并将长期处于社会主义初级阶段的基本国情没有变，人民日益增长的物质文化需要同落后的社会生产之间的矛盾这一社会主要矛盾没有变”②。中国今天仍然是一个发展中国家。立法工作必须始终牢记这一基本国情，从这一基本国情出发，坚定不移地走中国特色社会主义立法发展道路。

立足于中国国情，从中国的实际情况出发，总结我们自己的实践经验，同时借鉴古今中

① 郭道晖总主编：《当代中国立法》（上），603 页，北京，中国民主法制出版社，1998。

② 胡锦涛：《高举中国特色社会主义伟大旗帜　为夺取全面建设小康社会新胜利而奋斗——在中国共产党第十七次全国代表大会上的报告》。

外好的、有益的东西，认真研究和借鉴国外立法的有益经验，但不照搬别国的立法模式。在制定各项法律时，要注意搜集、整理国外有关的法律规定，加以研究、比较，从中汲取对我有用的东西。对于其中反映市场经济规律性、共同性的内容，以及国际交往中形成的国际法规范和惯例，大胆地吸收和借鉴，有的适合中国实际的法律规定可以直接移植，在实践中逐步完善。① 例如，在民商法领域，民法通则、物权法、合同法等法律，兼采普通法系和大陆法系国家的诸多基本制度，吸收了国际通行的私法精神与立法原则。在行政法领域，吸收了现代行政法治中通行的比例原则、信赖保护等原则。在刑事法领域，刑法和刑事诉讼法借鉴和吸收了国外罪刑法定和公开审判等现代刑事法治的基本原则和精神。针对近年来刑事犯罪中出现的新情况，参照国外刑事立法经验，在刑事法律中规定了资助恐怖活动罪、洗钱罪、内幕交易罪、操纵证券、期货交易价格罪、妨害信用卡管理罪等新罪名。在知识产权保护和环境保护的立法方面，也吸收了不少国外的立法经验。② 1987 年，全国人大常委会提出，立法过程中注意“提供有关法律资料，便于常委会委员进行审议。在一年来举行的五次常委会会议上，共印发各种参阅资料 126 件，仅为审议企业破产法草案就印发了 51 件，为审议全民所有制工业企业法草案印发了 24 件。这些材料介绍了制定有关法律的基本情况，反映了法律草案的主要问题和主要的不同意见，并提供了国外的有关法律资料以便参考”③。全国人大及其常委会在立法过程中学习、借鉴、吸收外国立法经验的情况，请参见表 10。

表 10　　22 部法律在立法过程中吸收借鉴外国立法经验的情况④

序号	中国法律名称	立法时间	立法借鉴外国立法经验涉及的国家和地区	借鉴外国立法经验涉及的主要内容
1	食品卫生法	1982 年 11 月	日本、美国、德国、罗马尼亚	本法的适用范围，食品卫生监督，禁止销售的食品，营业场所和设施的卫生要求，行政处理和处罚，刑事处罚
2	水污染防治法	1984 年 5 月	美国、日本、苏联、罗马尼亚	主管机关，各类水质标准和污染物排放标准的制定，对超标排污和造成水污染危害的企业、设施实行限期改进及停工、停产的决定权，法律责任
3	药政法	1984 年 6 月	苏联、日本、美国、英国、新加坡	药品管理的主管机关，药品生产、销售许可证或执照及其有效期限，进口药品的管理，新药的管理，违法药品问题

① 参见田纪云：《第九届全国人民代表大会第一次会议上全国人大常委会工作报告》(1998 年)。

② 参见国务院新闻办公室：《中国的法治建设》白皮书，2008 年 2 月 28 日发表。

③ 陈丕显：《第六届全国人民代表大会第五次会议上全国人大常委会工作报告》(1987 年)。

④ 本表内容主要参见宋汝棼：《参加立法工作琐记》（下），北京，中国法制出版社，1995。(宋汝棼于 1981 年后，任全国人大常委会法制委员会副主任、法制工作委员会副主任，全国人大法律委员会副主任。)

续前表

序号	中国法律名称	立法时间	立法借鉴外国立法经验涉及的国家和地区	借鉴外国立法经验涉及的主要内容
4	民法通则	1986年4月	美国、英国、德国、法国、日本	调整商品经济的主要法律——性质和作用：民法、商法、经济法，劳动法、社会法
5	企业破产法（试行）	1986年12月	英国、法国、意大利、荷兰、比利时、德国、爱尔兰	破产的条件，破产程序的提出，破产程序的分类，破产诉讼的司法管辖权
6	标准化法	1988年12月	波兰、匈牙利、捷克斯洛伐克、日本、法国、南斯拉夫	标准体系和标准的制定，标准的执行，产品质量认证，标准实施的监督检查，法律责任
7	环境保护法	1989年12月	美国、日本、苏联、罗马尼亚、韩国、德国	环境保护立法模式，关于“环境”的定义，污染物排放许可证制度，排污费，环境污染损害赔偿的诉讼时效，等等
8	中外合资经营企业法（修正案）	1990年4月	美国、日本、德国、荷兰、卢森堡、法国、意大利、苏联、罗马尼亚、波兰、埃及、智利、印度尼西亚、韩国、泰国、新加坡、马来西亚	公司法或民法中关于公司期限的规定，外国投资法中关于合营企业经营期限的规定
9	著作权法	1990年9月	美国、法国、德国、日本、苏联、意大利、英国、巴西、罗马尼亚、南斯拉夫、保加利亚	著作权法保护的作品，作者，著作权的内容，著作权的归属，邻接权，对著作权的限制，著作权合同，侵权责任，职务作品版权归属，等等
10	水土保持法	1991年6月	美国、印度、日本、苏联、澳大利亚、新西兰	水土流失情况，水土保持治理经验，水土保持治理措施，等等
11	税收征收管理法	1992年9月	美国、英国、法国、印度、荷兰、加拿大、日本、德国	查询纳税人银行账户，纳税人离境管理，对欠税人财产和欠税人在银行存款的强制执行，对逃避纳税嫌疑人实施强制措施，征税强制执行措施，偷税逃税构成犯罪的条件，等等
12	海商法	1992年11月	国际海事组织和英国法律专家	国际海上货运合同，提单运输中合同成立时间问题，国际海上运输与国内沿海运输的法律适用问题，船舶所有权和抵押权登记的效力，提单运输承运人的基本义务海上拖航中发生的损害赔偿责任，船舶优先权，对油轮救助的特别补偿，等等

续前表

序号	中国法律名称	立法时间	立法借鉴外国立法经验涉及的国家和地区	借鉴外国立法经验涉及的主要内容
13	矿山安全法	1992年11月	美国、日本、印度，我国台湾地区	矿山安全的执法机关及其职权，矿山建设的安全保障，矿山事故的报告与处理，法律责任
14	商标法（修正案）	1993年2月	美国、法国、德国、日本、意大利、泰国	对假冒他人注册商标行为的处罚，对伪造他人注册商标识别标志行为的处罚，对销售假冒他人注册商标的商品行为的处罚，对法人假冒、伪造注册商标行为的处罚，对假冒注册商标的商品的处理
15	反不正当竞争法	1993年9月	美国、德国、日本、韩国、匈牙利	立法体例：分别立法、统一立法和分散立法，主管机关及其职权，不正当竞争行为，民事、行政和刑事法律责任，等等
16	公司法	1993年12月	德国、日本、韩国、法国、英国、挪威、瑞典、意大利、瑞士、奥地利、美国、比利时、荷兰、丹麦等	股份有限公司、有限责任公司与无限责任公司的主要区别，公司的设立，股份、股票和公司债，股权的转让，公司的机构，股东会，董事会，监事会，公司的会计，年度会计报表及其审计，公积金，股息、控股公司和参与公司，公司的转化、合并、解散与清算，外国公司，法律中关于公司的罚则等
17	预算法	1994年3月	苏联、罗马尼亚、西班牙、日本、德国、泰国、英国、韩国	预算的收支平衡和赤字问题，预算的审批，预算的调整，对预算执行情况和决算的监督，等等
18	劳动法	1994年7月	美国、加拿大、英国、法国、日本、罗马尼亚、俄罗斯、保加利亚、波兰、匈牙利、蒙古、伊拉克等国家	劳动合同的内容，劳动合同的期限，劳动合同的形式，劳动合同的变更，劳动合同的终止，终止劳动合同的补偿等
19	仲裁法	1994年8月	荷兰、瑞士、瑞典、日本、国际商事制裁示范法	撤销裁决，不予执行裁决等
20	审计法	1994年8月	美国、奥地利、西班牙、加拿大、土耳其、德国、法国、新加坡、日本、印度、瑞典、约旦、沙特阿拉伯等国家	审计机关的设置，审计监督范围，审计调查的权限等

续前表

序号	中国法律名称	立法时间	立法借鉴外国立法经验涉及的国家和地区	借鉴外国立法经验涉及的主要内容
21	合同法①	1999年3月	美国、加拿大、澳大利亚、德国、英国、意大利、西班牙、日本、法国、韩国等国家	合同法的发展情况，合同自由原则，合同效力，商务代理人，情势变更，公益捐赠，赠与合同，借贷合同，租赁合同，承揽制度，货物运输合同，旅游合同物的瑕疵担保，托收信贷合同，销售特许合同，委托合同，等等
22	立法法②	2000年3月	美国、德国、英国、法国、日本、意大利、俄罗斯、白俄罗斯	立法权限划分，立法制度，地方立法，立法程序，宪法关于立法制度的规定，立法体制，立法指导思想，立法基本原则，授权立法，立法技术，等等

应当说，改革开放30年中国的立法发展，充分学习借鉴了包括西方立法经验在内的一切人类立法文明的有益成果，不仅大量学习借鉴了西方经济立法、民商事立法、环境保护和能源立法、社会立法等的经验，而且适量学习借鉴了西方民主政治立法、行政立法等的经验；不仅学习借鉴了西方大陆法系的立法经验，而且学习借鉴了普通法系和其他法系的立法经验；不仅学习借鉴了外国的立法经验，而且学习借鉴了我国香港、澳门和台湾地区的立法经验。如果立法的中国经验能够成立，那么，这种经验应当是中国国情与世界立法文明成果相结合的产物，它既是中国的，也是世界的。

2.3 30年法制变革之何种“中国经验”*

高全喜**

古人有30年为“一世”之说，中国现代社会的新一轮变革从20世纪80年代开始，至今恰好30年，似乎到了一论短长的时候，时下经济、政治、法律、文化等各个领域都出现了瞻前顾后的总结之声。总结是必要的，但盲目乐观却是有害的，因为，我们中国当今并没有走出“三千年未有之变局”这一历史的三峡，甚至尚在急流险滩之中途。因此在我看

* 原载《法律和发展的中国经验国际学术研讨会论文集》(2008)。

** 北京航空航天大学法律系教授，哲学博士。

① 参见全国人大法工委民法室编著：《〈中华人民共和国合同法〉立法资料选》，北京，法律出版社，1999。

② 参见李步云主编：《立法法研究》，长沙，湖南人民出版社，1998。

来，我们还根本没有资格以成功者的姿态奢谈政法事务的“中国经验”，甚至恰恰是相反，我们更应该提醒自己的是为什么我们尚不能走出这个急流险滩，中国的法制之道究竟在哪里。所以，基于上述的个人立场，本文对于所谓“中国经验”的解读更多的是苏格拉底式的诘难，我要追问的是中国30年法制变革所造就的是何种经验，对此我愿在一个宏观的语境下作一番审慎的考察。

一、关于“中国经验”的几种社会理论预设

中国是一个大国，这里的“大”不仅是指地大物博、人口众多等等，而且还包括历史悠久、制度繁复，在本文的语境中，所谓“大国”之“大”尤其是指陈其政制与法制的厚重结构与历史累积。① 谈论中国法制理论以及制度实践的30年变革，首先需要确立这样一个宏观视角，我们既不是古典意义上的王朝政制，也不是一些小型国家，而是一个大国在当今世界格局中的现代法制之变。在具体讨论30年来中国法律与发展的“中国经验”之前，本文先论述一下当前有关“中国经验”的几种主要的理论预设，尽管这些理论并不属于法学理论，或者与中国法学并没有直接的关系，但是，在我看来，它们却是我们讨论当今中国法律问题的理论基础，中国法学应该具备历史的宏大视野，并且与其他社会科学建立互补的关系。

（一）“现代化模式”问题

关于社会理论中的现代化理论②，今天似乎已经是一个陈旧的话题，在当今的社会学、经济学、政治学、历史学乃至法学诸学科，所谓的“现代化模式”遭到了普遍的诟病。论者多以现代化模式的一元线性的进步逻辑为弊端，由此质疑后发国家在走向现代社会之际所选择的这个路径，在他们看来，西方的现代化已经面临诸多问题，由此，非西方国家在选择自身发展道路时完全没有必要借鉴西方三百年来的现代化经验，而是应该走它们自己独特的道路。虽然质疑现代化模式的理论主张在当今世界是多种多样的，甚至有些主张在理论前提和实证调研方面的方式方法是相互对立的，但就其攻讦现代化模式这一点来看，却是相当一致的，它们的理据概括起来可以归结为两个破产论：后发国家追随现代化道路

---

① 关于这个方面的问题，参见高全喜：《大国、法治国与国家责任》，载高全喜：《我的轭——在政治与法律之间》，北京，中国法制出版社，2007；高全喜主编：《大国》，第1～4期，北京，北京大学出版社，2004～2005。

② 参见罗荣渠：《现代化新论——世界与中国的现代化进程》，北京，北京大学出版社，1993；罗荣渠：《现代化新论续篇——东亚与中国的现代化进程》，北京，北京大学出版社，1997；罗荣渠、牛大勇编：《中国现代化历程的探索》，北京，北京大学出版社，1992；［美］布莱克等：《日本和俄国的现代化》，北京，商务印书馆，1984；［美］布莱克：《现代化的动力：一个比较史的研究》，成都，四川人民出版社，1988；［美］罗兹曼：《中国的现代化》，南京，江苏人民出版社，2003；［美］亨廷顿：《变革社会中的政治秩序》，北京，华夏出版社，1988；［美］费正清：《美国与中国》，北京，商务印书馆，1987；［美］费正清、赖肖尔、克雷格：《东亚文明：传统与变革》，天津，天津人民出版社，1992；许纪霖、陈达凯主编：《中国现代化史》，上海，上海三联书店，1995。

的破产和西方现代化过程的自我破产。①

如何看待上述对于现代化模式的质疑和否定呢？在此本文认为大致有如下三个问题需要简单做些梳理：第一，西方国家的现代化道路是否走到了尽头？第二，后发国家在自我发展中是否要刻意寻求一种不同于西方现代模式的独特道路？第三，后发国家的多元主义发展道路是否依赖于一种现代化的基础制度？上述三个问题任何一个都是宏大的问题，本文无力也无法系统加以论述或解决，但作为下文关于 30 年中国法制变革的一种理论前设，初步勾勒一个思想观点的主旨还是十分必要的。

关于第一个问题，西方现代社会向何处去？这个问题早在 20 世纪乃至 19 世纪末就作为强劲的理论思潮出现了，概括起来大致有四波：第一波是以 19、20 世纪之交尼采、斯宾格勒等人为代表的西方没落论，第二波则是 20 世纪 30、40 年代第二次世界大战前后出现的西方文明的终结论，第三波则是伴随着冷战结束以及后发国家在走向现代化过程中的挫折而产生的对于西方现代化道路的质疑，第四波则是当前以现代西方为主导的全球化霸权对于人类社会诸多资源、环境的破坏，以及不合理的世界秩序所导致的对于现代化模式的反思和否定。四波理论思潮无论是源自西方社会自身还是源自非西方社会，它们对于以西方为代表的现代化道路的指责和批判都是具有深刻价值的，也是具有相当合理性的。问题在于，现代社会并没有因为上述四波思潮的猛烈批判而停止它的进程，反而以前所未有的方式在继续，所以，对于这些批判理论就值得加以反思，即我们需要怎样的批判。对于源自西方社会自身的批判，我们要有一个清醒的认识，即这类批判属于西方现代社会的自我纠正意识，是西方社会的牛虻，它们是在分享着西方现代社会的法权、福祉之前提下的批判，这类批判无论内容多么尖锐，甚至具有革命性和颠覆性，对于西方社会都是必要的，它们所倡言的西方现代文明终结论对于西方自身来说从来都是益大于弊的，一个社会需要自己的病理医生，西方社会确实早已到了现代化模式改弦易辙的时候了。

但是，对于那些尚未步入现代社会的后发国家的理论家们，他们对于西方现代化模式的批判，就需要给予多方面的评估和检讨，即他们是基于何种立场上的批判，这就进入第二个问题，即现代化模式是否仅仅是西方的发展模式，后发国家的发展是否存在着一种独特的非现代化模式的发展道路。如果把现代化模式仅仅理解为一种从前现代到现代的机械性的历史进步逻辑，显然，这个模式对于后发国家是不适用的，由于历史传统、地缘政治、经济状况和文化背景，等等，后发国家不可能克隆或照搬西方的发展路径，后发国家无论

---

① 参见 Baran, Paul, The Political Economy of Growth, New York, Monthly Review Press, 1957; Frank, Andre Gruder, Capitalism and Underdevelopment in Latin America, New York, Monthly Review Press, 1967; [德] A.G. 弗兰克:《依附性积累与不发达》，南京，译林出版社，1999；[英] A. 吉登斯:《现代性的后果》，南京，译林出版社，1999；[美] F. 兹纳涅茨基、[波] W.I. 托马斯:《身处欧美的波兰农民》，南京，译林出版社，1999；[美] 查尔斯·K·威尔伯主编:《发达与不发达问题的政治经济学》，北京，中国社会科学出版社，1984；[美] 伊曼纽尔·沃勒斯坦:《现代世界体系》，第一、二、三卷，北京，高等教育出版社，1998、1998、2000；[德] 弗兰克:《白银时代》，北京，中央编译局，2000；许宝强、渠敬东编:《反市场的资本主义》，北京，中央编译局，2000。

怎样学习西方或不学习西方，走的都必定是自己的道路。这一点，其实大可不必追随各种反现代化模式的理论，各国历史的经验和教训都是如此，这些属于基本的常识理性。问题在于，当这些国家有意识地主动拒斥西方现代化模式，尤其是拒斥所谓的现代化模式所带来的灾难后果时，它们的独特道路事实上是失败的，是无法与现代化这个所谓的魔鬼相抗衡的。就当今世界来说，时至今日，还没有出现一个成熟的非现代化的现代社会，一个非“西化”的现代化社会，因此，当理论家们言之凿凿地追随西方语境的反现代化模式理论时，他们是否清楚这些理论究竟将我们伊于胡底，我们可以拒斥“西方”，拒斥“线性进步逻辑”，拒斥现代化病疫，但是，我们是否可以完全彻底地抛弃现代化模式而构造出一个崭新社会?

这里其实就涉及一个有关社会演变路径的普遍与特殊的关系问题，因此，也就是第三个问题，即后发国家的多元主义发展道路与现代化模式的基础问题。多元主义、非线性逻辑、反西方中心论、后发优势、本土经验、地方知识、独特道路，等等，这些是现代社会理论中非常时髦而且在西方学院派和后发国家的社会理论中占据主流的观点和主张，尽管这些观点的具体内容相互之间差之千里，但反现代化模式把它们联系在一起。① 抽象地看，这些理论观点都是非常有道理的，没有什么不对，甚至是相当精辟的，任何一个有现实意识的人似乎都没有理由反驳这些观点，尤其是对于后发国家的理论家们来说，这些说辞还占据了道德的制高点。问题在于，明明是一个处身于现代社会的社会体，由于尚没有享受现代社会的福祉，并且面临现代社会的风险，就由此而有理由逃避现代社会吗？在我看来，多元主义等等是必要的，但这种多元主义应该是建立在现代化模式基础上的多元主义，是通过多元主义的修补而完善的现代主义。尤其是对于中国这样一个大国，我们不可能走一条拒斥现代化模式的独特道路，我们可以拒斥西化、拒斥现代化的一些病毒，但这里的前提是我们必须同时步入现代化的进程，在现代化进程中修正“现代化模式”，反对西方霸权，构建和挖掘超越于东西方差异的具有普适性的共同道路。

总之，上述三个问题的具体展开是本文无法企及的，但我的基本观点还是明确的，那就是，固然现代化模式存在诸多问题，现代化道路并非完善的道路，西方的现代化带来了诸多灾难，但是，中国作为一个后发国家，在探索我们的发展道路时，不能自绝于现代化进程，而是应该融入其中，在现代化模式的普世主义机制中造就自己的独特制度，在现代化模式的平台上开展多元主义，塑造自己的主体性。为什么这样说呢？一个基本的事实是，反现代化模式的所谓两个破产论，对于中国来说都并不真切地存在。关于西方社会的终结或破产，那是西方人或批判者的自我警示，后发国家的理论家们大可不必当真，如果信以

① 关于中国近现代社会史的研究，反对现代化模式的各种理论思潮也是蔚为壮观，参见［美］柯文：《在中国发现历史——中国中心观在美国的兴起》，北京，中华书局，1989；彭慕兰：《大分流——欧洲、中国及现代世界经济的发展》，南京，江苏人民出版社，2003；［美］杜赞奇：《文化、权力与国家》，南京，江苏人民出版社，2003；黄宗智：《华北的小农经济与社会变迁》，北京，中华书局，1986；［德］玻金斯：《中国农业的发展，1368—1968》，上海，上海译文出版社，1984。

为真，只能说明其政治见识的幼稚；至于后发国家现代化的破产，对于中国还根本构不成一个结论，中国尚在现代化的途中，其前景虽然并非光明灿烂，但也绝不是死路一条。从某种意义上说，在当今世界，看来只有现代中国，似乎有可能走出一条现代化模式的修正主义道路，而不是反现代化的独特道路，但这有待于我们的政治成熟，有待于中国人的大智慧。

(二)“本土资源”问题

从学术路径上看，本土资源问题本来属于社会学问题，而且不属于规范性理论，只是属于实证社会学的范畴。但是，由于诸多论者把本土经验、地方知识、具体技艺、常识理性等问题上升到现代社会之新旧转型的背景中加以考察和分析，所以，“本土资源”问题就具有社会理论的意义，并且被纳入反对现代化模式的理论谱系之中。[①] 作为社会学的一个分支，或者作为实证社会学的一种方法论运用，本土资源问题并没有什么特别奇异的东西，从某种意义上说，现代社会学的鼻祖孔德所开启的实证主义就试图突破哲学形而上学的古典社会学路径，致力于人类社会的科学化研究，此后的现代社会学分化为诸多具体学科，例如，人类社会学、工程社会学、知识社会学、文化社会学。依据一定的学科标准，对于特定社会对象加以取证、分析、调研，从而得出一些实证性的结论，这是社会科学的一个基本特性，所谓“本土资源”不过是某个分殊的社会学研究的议题。

但是，社会理论就不同了，自马克思开辟的社会理论所诉求的乃是对于一个社会的整全性结构分析，并试图通过对于全部社会的历史、政治、经济与文化等方面的解剖，而赋予其一种意识形态的意义。[②] 马克思以降的托克维尔、马克斯·韦伯、杜克海姆、卢曼、哈耶克、葛兰西、哈贝马斯等近现代的诸多理论家基本上都属于这类社会理论家，这一路径的社会理论与狭义的社会学有着重大的区别，虽然它们之间有左、右意识形态的区别，但构建一种整全性的理论却是其共同的基本特征。在上述这个谱系的视野下，有关“本土资源”的理论内涵与外延就发生了重大的变异，它们指陈的不再是一些具体的研究对象，而是呈现出典型性的结构意义，对于各种本土资源的取舍、衡量、解读和论断等等，尤其是对于中国这样一个处在历史转型时期的宏观社会结构来说，有关“本土资源”问题的考量与辨析，就不期而然地具有意识形态的意义。

我们必须明确的是，本土资源的研究对象和方法究竟是属于分殊的社会学议题还是社会理论议题，尽管两者之间并没有严格的界限，但区别还是十分明显的。关于社会学、经济学、政治学、法学、文艺学等等，都有一个基于本土意识和本土资源的分殊性的学科研究类型，关于这一类研究不属于本文的议题，也构不成宏大的社会理论叙事。问题在于，很多属于这一形态的分殊社会学议题，其论者并没有搞清楚自己学科的边界，由

---

① 参见梁治平编：《法律的文化解释》，北京，三联书店，1994；[美] 吉尔兹：《地方性知识——阐释人类学论文集》，北京，中央编译局，2000；苏力：《法治及其本土资源》，北京，中国政法大学出版社，1996；季卫东：《面向二十一世纪的法与社会》，载《中国社会科学》，1996 (3)。

② 参见马克思的《德意志意识形态》、《共产党宣言》等，它们都是意识形态的思想斗争的杰作。

此扩展为一种社会理论，甚至有些论者有意混淆两者之间的学科差别，试图用分殊化的社会学研究取代社会理论，以此构建一种基于具体学科之上的宏观社会政治—经济—法律—文化理论。无论赞成与否，由于本土资源构成了宏大的社会理论之支撑，所以，所谓的"本土资源"就面临严峻的质疑。在我看来，这种质疑主要来自如下三个方面的挑战：

第一，本土资源之"本土"是否预设了一个对立的"他者"，或者说，在社会理论的研究对象之间，这类本土理论是否从其基础的理论出发点上，就设定了一个有关"本土"与"异域"的天然鸿沟。本来作为分殊性的社会学研究，本土资源只是特定的研究对象，与异域资源的关系或者没有多少实质关联，或者其差别是有限度的，并不存在绝对的整全性裂痕，任何一种对象的局部之间都存在着这样那样的区别，如此之本土研究是有着学科与层级的边界的。但是，作为整全性的社会理论，或整全性的社会政治—法律理论，本土与异域的关系从某种意义上就构成了对立性的张力关系，强调本土就意味着排斥异域，本土由于上升为普遍性的东西，那么他者就是特殊性的或伪普遍性的东西，由本土资源所构建的社会理论就意味着他者的非正当性。在中国或后发国家的发展这一语境中，本土资源的社会理论显然属于非或反现代化模式的理论，现代化模式所构建的是一个他者，一个敌对的异域，本土资源所开辟的则是另外一条迥异于他者的独特道路。问题在于这种拒斥现代化模式的本土资源，究竟如何作为主体（而不被视为点缀和花瓶）步入当今世界格局，并且强有力地参与世界秩序的规则制定，展开多元主义的竞争？

第二，何为本土？何为本土的普遍性？本土资源是否意味着地方性的、特定时期的特殊性知识或制度以及正当性资格？从理论上说，任何一种其来自有的文明都难免是本土性的，都源于各自的传统，并且自主性地发展演变，成长为一个活的生命体。所以，从来就没有抽象的本土资源或抽象的绝对他者，任何一个壮大、健康、富有生机的社会体，都是在与其他社会生命体的交流和竞争中成长起来的，故步自封的本土必然要走向衰落和死亡，如果本土能够成为一种活的资源，就必然是在交流融汇中成长的本土，是突破了自我束缚的本土。同样，所谓的他者，所谓的异域世界，它们之所以对于本土资源构成挑战，也就在于它们是富有生机的，是可以为本土所共享的。[①] 关键的问题，不在于他者的强硬和可怕，而在于本土的守旧和拒斥，真正从活的本土所开辟出来的正当性资源，一定是能够向他者敞开的资源，一定是会通他者并化敌为友的本土资源。[②] 作为一个老大的中国，可以标

① 关于这个问题的争论，早在英国18世纪的有关苏格兰启蒙思想家们那里就出现过。参见高全喜：《现代自由主义如何应对美德问题——以麦金泰尔所谓"休谟的英国化颠覆"为例》，载（台湾）《思想》，第7期。

② 参见［英］哈耶克：《个人主义与经济秩序》，北京，北京经济学院，1991；［英］哈耶克：《致命的自负》，北京，中国社会科学出版社，2000；［英］哈耶克：《经济、科学与政治——哈耶克思想精粹》，南京，江苏人民出版社，2000。例如，哈耶克将他的观点溯源至古希腊思想，指出希腊语中的动词 katallatein 不仅有"交换"之义，而且还有"被共同体所接纳"和"化敌为友"的含义。依照哈耶克的研究，以斯密等人为代表的英国古典经济学所描述的市场经济活动实质上就是作为一种交换学的市场经济活动，在一个开放的大社会中并不存在共同的具体目的，"大社会只是一种手段相关的而非目的相关的社会"。

榜的本土符号可谓无尽数，但并非这些东西都有资格成为活的资源，在一个转型和开放的大社会，只有那些与时俱进的本土经验、地方知识、特殊技艺、具体制度等等，才能在主动性地吸纳他者的过程中演变为活的资源。

第三，有关本土资源的社会理论，除了前述的开放性议题之外，还有一个大传统与小传统，即究竟是从民族国家的层面还是从地方主义的层面来看待本土资源的问题。本来，作为分殊性的社会学议题，关于本土资源的研究并不存在上述大小之辨的问题，某个研究对象构成了一个独立的事实，针对此的局部研究其结论是有学科边界的，例如，美国加州学派关于近代中国长江流域的经济研究，中外法史学者对于大清律的研究，社会学家对于清代地方治理的研究。[①] 但是，如果把本土资源上升到宏观社会理论的高度，并形成一种社会政治的方法论和价值论，那么，关于本土，尤其是中国五千年文明的所谓本土资源，就面临如何应对国家传统和地方传统的二元格局问题。特别值得注意的是，当今有关本土资源的研究语境是关涉一个民族从传统社会向现代社会的大转型，上述问题就格外显得严峻和沉重。究竟是哪一种本土资源表征我们这个社会生命体，尤其是表征我们这个社会政治生命体？是地方性的习俗惯例还是王朝制度的洪范大典，是抽样例举的个案还是连篇累牍的统计，是文艺话本的勾勒还是三皇五帝的本纪？也许堂堂正史不足以表达中国五千年之本土资源的本相，但乡村野语肯定也难以尽显本土资源的本性。因此，从方法论上看，本土资源的社会理论就其自身来说，似乎无力承载如此重大的议题，当然，论者可以由此否认任何形式的宏大叙事，拒斥任何社会理论的大词，但这样做并不等于没有这些大词和重大议题，只不过是把有关本土资源的研究还原到分殊性的狭义社会学领域而已。[②]

（三）“后现代社会”问题

当今的西方社会理论可谓弥漫着一种后现代的幽灵，就像一百多年前马克思尝言的共产主义幽灵一样。当前这股强劲的思想潮流自然有其政治、经济、文化的背景，它在西方社会的出现和盛行是有道理的，尽管这股思潮中的各种思想理论路径不一而足，社会意识千差万别，愿望诉求千奇百怪，但就其对于西方主导的现代政治、经济、文化模式的指控、批判来说，却是十分一致的。应该指出，这股思潮确实揭示了西方主导的全球范围内的现代化模式所存在的诸多弊端，例如，世界政治、经济格局的不平等，西方中心主义与后发国家依附性之间的不公正，美国为代表的政治、经济与科技的霸权和世界秩序的失衡，环境污染的加剧，极端个人主义的膨胀，金融危机的频仍不断，高科技的风险，核武器的恐

---

① 参见［美］黄宗智：《长江三角洲的小农家庭与乡村发展》，北京，中华书局，1992；［美］黄宗智：《法律、习俗与司法实践：清代与民国的比较》，上海，上海书店出版社，2003；［美］黄宗智：《清代的法律、社会与文化：民法的表达与实践》，上海，上海书店出版社，2001；［美］D. 布迪、C. 莫里斯：《中华帝国的法律》，南京，江苏人民出版社，2003。

② 参见苏力：《法治及其本土资源》，北京，中国政法大学出版社，1996；［美］黄宗智：《中国法律的现代性？》，载《清华法学》，第10辑，北京，清华大学出版社，2007。

惧等，这一切似乎都与西方现代化模式的扩展同步并生，都可以归结为现代性之病。[①] 因此，基于一种反现代立场，对于现代文明予以反思甚至批判，在思想理论方面就变得理所应当了。值得注意的是，西方各种反现代化理论是以现代性问题的论争的形式出现的，尽管它们也调用各种前现代的资源，乃至异域资源，开出的却是一种后现代社会的话语，即它们是在分享现代化成果的基础之上拒斥现代社会，并勾勒出一个后现代社会的图景的。显然，这是西方诸多现代性论争的一个吊诡，也是诸多后现代社会理论的一个死穴，一方面它们喋喋不休地指陈现代性之病如何病入膏肓；另一方面，它们本身就属于现代性的弃儿，没有现代性，也就没有所谓的后现代之议题。

本文的主旨不是讨论后现代社会，在我看来，后现代问题是一个攸关西方文明的问题，虽然这个问题与我们不无关系，但中国百年来的攸关问题却不是后现代问题，这一点乃是社会理论的一个常识。当然，中国这样一个庞大的社会文明体，在经历了近二百年的社会大转型之后，不能说我们一点也没有所谓的后现代问题，诸如环境污染、高科技风险、核武器灾难、个人至上的妄为、家庭机制的危机等，这些后工业、后消费时代的乱象在中国也是触目惊心。但是，就整体性的社会本性来说，中国还是一个成长中的现代社会，或者说，还是一个从前现代社会向现代社会转型的社会，一个强有力的现代社会的骨骼，即法治文明秩序还没有成熟地建立起来。形象地说，现代中国就如同一个行走的巨人，他的前足已经步入后现代社会，他的后足则还跋涉在前现代社会，而他的躯体和大脑，则尚在现代社会，而且病疴缠身。因此，对于中国来说，如何诊治疾病，使得自己真正强有力地担当起构建现代社会的重任，才是攸关民族存亡的大问题。[②]

令人疑惑的是中国那些鼓吹者，他们极尽所能地追随西方的各种后现代理论，把西方社会诸多后现代问题平行推移到中国，以为中国已然处在了与西方同步同构的社会结构之中，甚至认为中国过犹不及，已然成为世界后现代的前哨。他们宣称，中国之罪恶乃是现代性之罪恶，现代性不分东方西方，乃是当今世界的各种社会病毒之渊薮，因此，中国的问题是如何抵御与西方世界的同流合污，拒斥现代性毒素，否定现代化模式，加入西方的各种后现代理论的大合唱，一起反对中外勾结的共同敌人。[③] 在这些中国的后现代理论家们看来，西方的各种后现代理论已经为他们提供了一个有关后现代社会的样板，他们需要增加的新东西就是挖掘那些中国特有的前现代的本土资源，并继承下来，绕过现

---

① 关于后现代问题的资料汗牛充栋，参见中央编译局和中国社会科学文献出版社近些年编辑、翻译、出版的一系列著作，例如斯蒂文·贝斯特与道格拉斯·凯尔纳的《后现代理论》、布罗代尔的《资本主义论丛》、里斯本小组的《竞争的极限——经济全球化与人类的未来》、舒曼与彼得·马丁的《全球化陷阱》、乌·贝克的《全球化与政治》等。

② 参见高全喜：《何种政治？谁之现代性？——现代性政治叙事的左右版本及中国语境》，北京，新星出版社，2007；高鸿钧：《伊斯兰法：传统与现代化》，北京，中国社会科学文献出版社，1996；许章润：《说法、活法、立法：关于法律之为一种人世生活方式及其意义》，北京，清华大学出版社，2004。

③ 参见汪晖：《去政治的政治、霸权的多重构成与六十年代的消逝》，载《开放时代》，2007（2），“去政治的政治与二十世纪的终结”，网络版。

代化的泥潭，从而构建一个去现代性的新主体，一个与西方后现代社会比肩而立的美丽新社会。

上述言辞无疑属于一种社会浪漫派，或者政治浪漫派、经济浪漫派。对此，如果单纯从批判性的角度看，他们的观点是有助益的，他们真切地指出了现代化模式的一些弊端，质疑现代性的灾难后果，这些无疑为现代化潮流的盲目乐观者敲响了警钟，尤其是对于中国这样一个正在步入现代化大潮的后来者来说，清醒地认识到现代化的风险，意识到现代性的潜在病因，无疑是有启发意义的。但是问题在于，后现代社会理论并不甘心只作为一个牛虻，而是要全面颠覆现代化道路，彻底拒斥现代性，尤其是中国的上述论者，他们旨在解构现代化模式，重新建构一套新共识，例如，建构一个与“华盛顿共识”相对立的“北京共识”，企图绕过现代化道路，在中国的前现代和西方的后现代之间构建一个中国特殊论的社会道路。① 他们既误读了西方后现代理论的前提条件，也低估了中国现代化理论的历史经验，西方的后现代社会是在一个高度发达的现代化背景下产生的，中国的现代化道路从来就不是照搬西方的模式。作为一种常识理性，中国现代化理论所主张的乃是在融入现代化的进程中克服现代性问题，在建立现代法治国家的制度建设中消除现代化制度的弊端，现代中国的主体性不是躲避在现代社会的怀乡病或梦想曲中建立起来的，而是在与世界主流国家的竞争与合作中，在积极参与国际秩序的规则构建的博弈中建立起来的，只有发展成为现代社会的主体，才有资格和能力扩展我们的后现代社会，发扬我们的绵延不断的传统。②

关于全球化问题，中国的后现代理论就处于尴尬的境地，如果把全球化视为一种后现代社会的蓝图，他们似乎应该拥抱，但是，吊诡的是他们拥抱的只是全球化的某些“理想成分”，对于当下可见的全球化，他们是断然拒斥的，因为这不是他们理想的全球化，他们理想的全球化是去资本主义的全球化，是远离现代文明的全球化，或者说是享受现代社会的经济、科技乃至文化成果而又祛除其政治制度、法律制度和经济制度的全球化。这个全球化在哪里？不是在整体性革命的迷梦中，就是在前现代社会的幻想中。对于主张中国积极参与现代社会的理论来说，全球化虽然是一个挑战，面临诸多的严峻考验，可是立场却不是吊诡的，即我们应该建立或完善我们参与全球化的资格能力，在主体制度上，即在政治、法律、经济等核心制度上，构建我们的与世界尤其是与先行的西方社会并轨的构架，在享受全球化成果的同时，忍受其必要的代价，把副作用降低到最低点。从来就没有免费

① 参见黄平、崔之元主编：《中国与全球化：华盛顿共识还是北京共识》，北京，中国社会科学文献出版社，2005。

② 参见罗荣渠：《现代化新论——世界与中国的现代化进程》，北京，北京大学出版社，1993；罗荣渠：《现代化新论续篇——东亚与中国的现代化进程》，北京，北京大学出版社，1997；林毅夫、蔡昉、李周：《中国的奇迹：发展战略与经济改革》，上海，上海三联书店，1994；杨小凯：《后发劣势》，载《中国商界评论》，2006（1）；杨小凯：《百年中国经济学史笔记》，未刊稿；高全喜：《现代政制五论》，北京，法律出版社，2008；韦森：《华夏传统文化阴影下的中国现代化道路》，载（墨尔本）《汉声》，1994（9）；韦森：《从习俗到法律的转化看中国社会的宪制化进程》，未刊稿；张晋藩：《中国法律传统与近代转型》，北京，法律出版社，1997。

的午餐，如果说全球化是未来世界走向后现代社会的必由之路，我们不可能通过批判而获得解放，只有建设、参与、改造，才能分享其应得的成果。

当然，现代化、全球化不是阉割自我，舍弃中国的主体性，所谓主体性只能是在一个竞争中的主体性，主体性存在于关系之中，存在于主（体）客（体）博弈之中，反现代化、去全球化、沉湎于本土资源就能成就中国的主体性了吗？离开一种现实的世界关系，所谓的建构主体性只能是一句空话。中国的主体性不是逃避出来的，而是成就出来的，即便现代性是一个深渊①，我们也必须跳进去。其实，世界并不是西方的，更不是美国的，从人类历史的大尺度来看，人类文明经历了多次轴心时代的变迁，在每一个历史性的发展演变过程中，各个民族都曾经致力于伟大的奋斗，一轮轮的普世性的规则是存在的，关键在于参与构建，并占据要津。在最新一轮的现代化进程中，西方诸民族从某种意义上走在前面，中国应该迎头赶上。西方诸民族，例如英国、法国、德国、美国，乃至亚洲的日本，他们并没有因为积极参与这一轮进程而失去了主体性，反而建构了各自的现代社会的民族精神，我们中国为什么就一定会因此而失去自我，丧失主体性呢?② 难道我们要自绝于世界潮流，在自我隔绝的后现代话语中，在本土资源的怀乡病中去构建我们的主体性吗？只有一个傻瓜才会把现代化、全球化视为一种医治百病的外来的神仙，但即便它是魔鬼，中国要求生存和发展，也必须与它共舞，何况现代化、全球化也不是魔鬼，而只是一把双刃剑。

二、30年中国法制的变革之道

前面本文初步论述了与中国发展与法律变革相关联的一些宏大叙事，在我看来，它们对于我们具体探讨30年法制变革之中国经验是必要的。因为，中国法制的30年变革从总的方面来说，是中国近代以来的社会大转型的一个部分，如果说鸦片战争以来的一百多年中国经历了3次大型的社会巨变，即晚清变法、辛亥革命和1949年新中国成立，那么，30年的法制之变是其中离我们最近的一次变革的一个新的转机，而且这个转机并没有完成，甚至还刚刚开始。远的不说，就中华人民共和国的建立至今，我们已经走完了60年的历程，1978年肇始的中国共产党领导下的改革开放，是中国在20世纪末重新走向现代世界的一个重要的里程碑，随着中国社会30年来的整体发展，中国已经开始影响世界，因此，中国与世界的关系就成为一个焦点问题。这个问题涉及政治、经济、文化、社会等诸多方面，其中，法制占据重要的地位。回首中国近现代历史，第一轮的中国之变，其枢纽便落实在法制上，“变法图强”正是晚清之际一代中国人的心声，然而内外交迫，国运多舛，辛亥革

① 关于现代性问题，我是有不同看法的，在西方大致有三种路径的论述，而对于英美法政思想家们来说，现代性或许不是一个真问题，参见高全喜：《何种政治？谁之现代性？——现代性政治叙事的左右版本及中国语境》，北京，新星出版社，2007。

② 参见高全喜：《中国现代法学之道：价值、对象与方法——关于邓正来〈中国法学向何处去〉的一种本质主义批判》，载高全喜：《我的轭——在政治与法律之间》，北京，中国法制出版社，2007；邓正来：《中国法学向何处去——建构“中国法律理想图景”时代的论纲》，北京，商务印书馆，2006。

命和共产革命，一百多年的政治激进主义打破了法制中国的改良进程，致使中国在20世纪几乎遭遇了灭顶之灾，内外战争频仍不绝，国民经济几近崩溃。1978年邓小平等人开启的30年改革开放，使中国的历史又回到近代的起点，变法图强再一次绝处逢生，成为中国现代社会转型的正道。我认为，只有从上述的宏观大背景来审视中国30年来的法制变革，才能看清它的真相，这个法制之变不仅是中国共产党领导下的政制与法制改革，而且接续的是晚清以来的变法图强，它打破的不仅是“文化大革命”的革命狂潮，而且是对中国百年政治激进主义的矫正。①

从学术思想的层面来看这一轮法制变革，前述所谓中国独特论的几种理论观点，就显得抓小失大，不着要领，看似新潮高妙，实则空疏不当。我认为，从政治逻辑来看，我们一百多年来所亟待解决的问题是西方17世纪～19世纪各民族国家曾经面临的现代化问题，而我们现在所必须应对的国际秩序却是20世纪和21世纪的世界新秩序，因此，在时间上乃是不对应的，这就使我们的任务面临着两难困境。一方面，我们要建设一个全面现代化的民族国家，而且是一个自由民主宪政的政治国家，这是西方各现代国家用了三百多年的时间才完成的；但是另一方面，西方现代社会的政治状况却逐渐出现了去国家化的趋势，自由民主宪政的现代国家的弊端以及国际秩序的不合理、不公正弊端日渐显示出来，也就是说，我们的国家建设以及现代化道路遭遇后现代政治的阻击，建设自由民主宪政的国家的正当性和开放的现代社会的合理诉求，面临后现代社会和全球化的挑战。此外，我们又是一个文明古国，五千年来的政治文化传统使得我们建设国家的同时必须解决好与传统体制的关系问题。因此，这诸多复杂纠结的问题，需要我们审慎地处理中国特色与世界格局、现代模式与多元主义、历史传统与普世价值、本土资源与异域制度等多方面的关系。② 从某种意义上说，中国法制30年的变革，从一开始就面临上述问题的挑战，如何处理这些问题，是中国30年远没有解决的，而且这些问题在我们逐步解决了威权性法制的社会控制之后，将变得更加尖锐和紧迫，前述诸种反现代的社会理论会从背后夹击中国法制的进程，甚至颠覆30年来的尚不丰厚的成果。因此，在新的理论视野下回顾中国30年来的法制变革，探讨我们是否成就了一种“中国经验”，无疑是十

① 邓小平说：“要特别注意我们‘左’的错误。‘左’的错误带来的损失，历史已经作出结论。我们都是搞革命的，搞革命的人最容易犯急性病。我们的用心是好的，想早一点进入共产主义。这往往使我们不能冷静地分析主客观方面的情况，从而违反客观世界发展的规律。中国过去就是犯了性急的错误。”（《邓小平文选》，第3卷，139～140页，北京，人民出版社，1993。）恩格斯指出：“在任何一次革命中，就像其他任何时候一样，难免作出许多蠢事；当人们最后平静下来，能够重新进行批评的时候，必然会得出这样的结论：我们做了许多最好不做的事，而没有做许多应该做的事，因此事情搞糟了。”（《马克思恩格斯选集》，2版，第3卷，249页，北京，人民出版社，1995。）参见邹谠：《二十世纪中国政治：从宏观历史与微观行动角度看》，伦敦，牛津大学出版社，1994；余英时：《中国思想传统的现代诠释》，南京，江苏人民出版社，1991；林毓生：《中国传统的创造性转化》，北京，三联书店，1988。

② 参见高全喜：《我的轭——在政治与法律之间》，北京，中国法制出版社，2007；高全喜：《现代政制五论》，北京，法律出版社，2008。

分必要的。

(一) 从党与国家的一元化到政制与法制的二元分化

现代社会的分殊大致呈现政制、法制、经济与文化等几个方面，中国30年来的变革，从总体上看也经历了这个过程。改革之初的思想解放运动，党的十一届三中全会的决议，20世纪90年代的经济改革大潮，一系列法律规则的修订、制定与颁布，等等，这些看似不同领域的变化，实际上都属于现代社会的转型之标志，它们具有内在的关联。其实这些纷纷扬扬的人事物象，在欧洲文艺复兴以来的诸国世道变迁中也都似曾相识地出现过，晚清民国以来的中国也曾经出现过，并没有什么特别新奇之处，所谓太阳底下无新事。如果把主题限定在政法事务上，具体地就这30年中国法制之变来看的话，中国的这一轮变法却也有自己的独特本性，而且是迄今为止在世界上的现代社会转型之从未出现的景观，它既不同于英国的光荣革命之变法，也不同于法国大革命之法制创新，也不同于新旧俄国两轮之法律变革。我的初步看法是，这30年法制之变革，集中体现了一个从党与国家一元化到政制与法制的二元分化的变革路径。

中国法制变革的起点是从中国旧体制的改革开始的，这个旧体制不同于西方主流的现代政治制度，也不同于传统的王朝政治，而是一种党与国家合一的政治制度。这个党国合一的体制属于现代政治激进主义的革命成果，在苏联造就为苏维埃社会主义国家，在中国则表现为两种形态，一个是国民党的党国，一个是共产党的党国，后一个经过内战战胜了前一个，在1949年创建了新中国，宪法对其的表述则为："中国共产党领导中国各族人民……建立了中华人民共和国……中国各族人民将继续在中国共产党领导下……把我国建设成为富强、民主、文明的社会主义国家。"① 这是一个新型的现代政治体制，本文称之为中国政制，即共产党领导人民建设现代的国家与社会（社会主义）的政治制度，或曰国体，但因为这个国体的党的核心领导地位，所以本文更愿意称之为政制，即政治体制，它不同于西方的政体，或政府论意义上的政体，因为党的本质是对于国家的领导，而不只是对于政府的领导。②

在这个政制之下，法律制度是否存在呢？它处于何种地位呢？显然，法制是存在的，因为任何一种社会组织体，尤其是政治体，不可能没有规则与秩序，中国政制也是如此，其实，中国千年以来的王朝政治，也都有自己运行有效的法制。共产党领导的现代政制，也有法制的位置，但从本质上说，这个法制是从属性的、工具性的，服务于党与国家政制的一元化领导。用党的意识形态语言说，就是法制要讲政治，用政法理论来说，我们有着

---

① 陈端洪：《论中国宪法的根本原则及其格式化修辞》，载陈端洪：《宪治与人权》，北京，法律出版社，2007；陈端洪：《论宪法作为国家的根本法与高级法》，未刊稿；高全喜：《论共和政体——关于中华人民共和国的一种政体论思考》，载高全喜：《现代政制五论》，北京，法律出版社，2008。

② 用西方政治学或宪法学一般理论难以准确概括中国的"党政一体"制度，参见李林：《法治与宪政的变迁》，第八题"依法治国与执政党的执政方式"，北京，中国社会科学出版社，2005。

把两种理论统一起来加以论证的修辞：一种是从苏联引进的“国家与法的理论”[①]，这种理论是党与国家一元化的政制统辖法制的理论；一种是毛泽东晚年的“无产阶级专政下继续革命”理论[②]，这个理论是以激进革命的方式破除“资产阶级法权”[③]，两种理论恰好从正反两个方面把法制置于政制的边缘一隅，凸显的是政制一元化的绝对性本质。

中国30年法制变革的撬板是从摆脱政制的强制约束开始的，尽管它的直接动力来自政制。党政分开，权力下放，民主法制，20世纪80年代邓小平多次提出的这些主张，大多写进了党的各届全会决议和相关文件之中，成为那个时期的纲领性文献。[④] 具体地考察，中国30年的法制变革，表现在法律制度的构建上是成果丰硕的：在公法领域，我们修改了刑法，颁布了行政许可法、行政诉讼法、立法法，2004年修改宪法，人权入宪，等等；在私法领域，我们制定了一系列法律规则，例如，民法通则、公司法、合同法、担保法，尤其是加入WTO，近年又制定了物权法，等等。[⑤] 上述法律规则的制定和完善，使得一个与中国30年改革开放、市场经济和政治文明相匹配的现代化的法律体系初步建立起来，应该指出，这个法律体系和法制制度，构成了中国走向现代社会的一个重大的具有根本性意义的支柱。

随着中国30年改革开放进程的深入，一个较为成熟的现代社会的二元结构——国家与社会——初步建立起来，这个国家与社会的两分是西方现代社会用了近三百年的时间逐步完成

---

① 胡水君：《中国法理学三十年》，未刊稿。据胡水君的考察，当时的译著主要有：苏联科学院法学研究所科学研究员集体编著：《马克思列宁主义关于国家和法权理论教程》，北京，中国人民大学出版社，1950；［苏］杰尼索夫：《国家与法的理论》，北京，中华书局，1951；［苏］维辛斯基：《国家和法的理论问题》，北京，法律出版社，1955，此著对新中国成立初期法学理论影响最大；［苏］罗马什金、斯特罗果维奇、图曼诺夫主编：《国家和法的理论》，北京，法律出版社，1963，等等。

② 1967年11月6日，在由陈伯达、姚文元主持起草，经毛泽东批示同意，以“两报一刊”编辑部名义发表的纪念十月革命50周年的文章《沿着十月社会主义革命开辟的道路前进》中，第一次对“无产阶级文化大革命”作了理论形态概括。其内容要点有：(1) 必须用马列主义对立统一的观点观察社会主义社会；(2) 在社会主义社会历史中，还存在阶级、阶级矛盾、阶级斗争，存在着社会主义同资本主义两条道路的斗争，存在着资本主义复辟的危险性，必须把政治和思想战线上的社会主义革命进行到底；(3) 无产阶级专政下的阶级斗争“依然是政权问题”，“无产阶级必须在上层建筑其中包括各个文化领域中对资产阶级实行全面的专政”；(4) 要把那些被“党内一小撮走资本主义道路的当权派”篡夺了的权力坚决夺回到无产阶级手中；(5) 无产阶级专政下继续进行的革命，最重要的是开展“无产阶级文化大革命”；(6)“无产阶级文化大革命”在思想领域中的根本纲领是“斗私批修”。文章还把这一理论称为是在“马克思主义发展史上树立了第三个伟大的里程碑”，它的基本观点还被写进了中共九大通过的党章总纲中。

③ 关于对于资产阶级法权的批判，参见张春桥：《破除资产阶级的法权思想》，1958年发表；［意］葛兰西：《狱中书简》，北京，人民出版社，2006；汪晖：《去政治的政治、霸权的多重构成与六十年代的消逝》，载《开放时代》，2007 (2)。

④ 邓小平多次指出：“我们提出改革时，就包括政治体制改革。现在经济体制改革每前进一步，都深深感到政治体制改革的必要性。”“为了适应社会主义现代化建设的需要，为了适应党和国家政治生活民主化的需要，为了兴利除弊，党和国家的领导制度以及其他制度，需要改革的很多。”（《邓小平文选》，第3卷，176页；2版，第2卷，322页；第3卷，177页。）

⑤ 参见信春鹰等：《车之两轮　鸟之双翼——改革发展中的经济与法律》，北京，社会科学文献出版社，2004；信春鹰：《中国的法律制度及其改革》，北京，法律出版社，1999。

的，在中国从鸦片战争算起用了150年，从20世纪80年代算起则用了仅仅30年。从制度层面来看，支撑上述两分的核心支柱有两个：一个是政制，一个是法制。前者构成了一个主权化的民族国家的政治体制，后者构成了一个市场经济的市民社会的规则体系。[①] 对于中国而言，我们30年大致走过了一个与西方历史类似的从政制分离出法制的过程，也是在转型中形成了政制与法制的二元分化，只不过在西方是从绝对君主专制主义分离出来的[②]，而在中国是从党与国家的一元化政制统辖中分离出来的。改革前的中国，是一个党政军一元化的政治国家，党管经济，党管人事，党管行政，党管司法，党管军事，党管外交，党管社会，等等，在中国的几乎一切领域，党都具有绝对的领导性，它的统治的正当性来自人民主权，来自它领导中国人民的革命胜利和国家构建。30年改革的进程，是一个把革命党转化为执政党，把政治统治转化为法制治理的过程[③]，尤其是要建设一个新型的社会主义的市场经济和民主政治，或从政治国家中逐渐分离出一个市民社会，一个市场经济秩序，一个公民公共空间，因此，法制制度和法律体系作为现代社会之生活和生产、经济贸易和公共领域的规则体系，就不但变得十分重要，而且越来越具有其独立于政制的主体性，法律自治成为法制的本体特征。[④]

从理论上看，上述法制与政制的分离，也表现为一种新的具有30年改革特征的法学理论或法理学，这个法理学就是首先矫正无产阶级继续革命的“无法无天”的特殊政治状态，恢复法制的日常状态，继而破除传统的“国家与法的理论”，从党与国家一统的法制理论，转变为法学理论，即呈现独立的具有自主性意义的法理。这个法理学恢复了法律自治的本体意义，探讨法的权利与义务关系、正义与平等关系、权力与权利关系、利益与道德关系，应然与实然关系，等等，并随着这30年法理学的深入推进，强化了权利理论、法治理论、正义理论、宪政理论、人权理论等现代法理学的核心理论。[⑤] 考察中国30年法制变革进程的中国法理学，我们会发现一个非常明显的特征，即尽管其间不时有政治化法制的国家与法的一元化传统观点，不时有强调本土资源、民族特性和民间习俗（法）以及后现代批判法学等的各种理论[⑥]，但中国法学的主流，却是一种现代化的法律自治理论，它们表现为对于政制的疏离、对于政治权力的抵御，对于政府行政的约束，对于个人权利的维护，对于社会经济秩序的规

---

① 关于政制与法制的关系，参见刘海波：《中央与地方关系的法治化研究》，博士后报告，中国社会科学院法学所，2007。

② 参见高全喜：《论政治社会——关于中国现代社会的一种政治经济学考察》，载高全喜：《现代政制五论》，北京，法律出版社，2008。

③ 参见夏勇：《依法治国——国家与社会》，载《宪政建设——政权与人民》，北京，社会科学文献出版社，2004；俞可平：《当代中国政治体制》，兰州，兰州大学出版社，1998；俞可平主编：《治理与善治》，北京，社会科学文献出版社，2000；林尚立：《当代中国政治形态研究》，天津，天津人民出版社，2000。

④ 参见吴敬琏：《呼唤法治的市场经济》，北京，三联书店，2007；江平：《我所能做的是呐喊》，北京，法律出版社，2007。

⑤ 参见胡水君：《中国法理学三十年》，未刊稿。

⑥ 参见苏力所著《法治及其本土资源》以及此后在中国法学界肇始的一股强大的有关本土资源问题的法学、社会学、文化学思潮。

范，对于个人从生命权、财产权、表达权到各种合法的社会权益的确认、保障和维护，等等，因此，法治理论、权利理论、人权理论、宪政理论成为中国现代法理学的基本理论。①

（二）从法制到法治的治道变迁以及内在吊诡

本来政制与法制是一种平行的关系，就其理想状态来说，应该是相互补充、相互助益，政制关涉政治国家、主权构成及其正当性问题，法制关涉社会秩序、权利保障以及行为规则问题，两者通过宪法制度而联系起来，政治的归政治，法律的归法律。② 但就人类社会历史的现实状况来看，上述关系只是一种应然，并非实然。就西方诸民族国家的现代化进程来说，这个政制与法制的二分经历了一个过程，其中有着一个法治的凸显问题，即法律的统治取代权力意志的统治，这样一来，从理论上就有一个法制与法治的本质之辨，所谓 rule by law 与 rule of law 的辨析，用中国的词汇说，就是一个法制（“刀制”）与法治（“水治”）的不同。其实法律制度的两种形态原本并没有什么不同，但是由于与政治权力之关系的差异，甚至是实质性差异，“刀制”与“水治”对于一个现代社会的塑造有着迥然不同的作用：前者是权力支配下的法律制度，后者是限制权力恣意的法律制度。关于它们的本性特征以及在西方近现代政治与法律的制度和理论两方面的演变和意义，西方思想理论家们的相关著作可谓汗牛充栋，本文在此不予讨论。应该指出的是，上述内容在中国这 30 年法制变革中，也是作为一个核心问题出现的，它们不仅表现为中国法学理论上的一场重大争论，而是深刻地影响了中国法律制度的实践。③

由于从过去的社会主义政法一元制中开放出一个社会主义的市场经济和一个独立的法制秩序，因此，这个法制就追求自己的自治本性，要求法治，即法律的统治，这样一来，在中国这 30 年的现代社会转型中，就开始了一种治道变革。我把这个时期的中国法制向法治的转变称为治道变革，所谓治道，是与政道相对应的，如果说后者关涉政制及其合法性、正当性问题，即一个现代国家的本性问题，那么后者则关涉社会治理的规则秩序问题，即通过什么方式形塑社会的问题。④ 中国的治道变革，其核心内容就不仅是有关政府政策的管理问题，不仅是行政问题，而主要是法治问题，从法制到法治的演变集中体现了中国社会治理模式的

---

① 参见李步云：《转型时期的中国法治》，2007 年 12 月 12 日在北京航空航天大学法学院“中国法学大讲堂”的演讲，载《中国政法大学校报》，2008（2）；郭道晖、李步云、郝铁川主编：《中国当代法学争鸣实录》，长沙，湖南人民出版社，1998；高全喜：《中国现代法学之道：价值、对象与方法——关于邓正来〈中国法学向何处去〉的一种本质主义批判》、《立宪时代的法政哲学思考》、《中国语境下的自由主义法权理论》，载高全喜：《我的轭——在政治与法律之间》，北京，中国法制出版社，2007。

② 参见陈端洪：《论宪法作为国家的根本法与高级法》，未刊稿；高全喜：《社会主义法治国家：基于宪法学的视角》，载《中共中央党校校报》，2008（1）；刘海波：《政体初论》，北京，北京大学出版社，2005。

③ 参见李步云：《从法制到法治，二十年改一字》，载《法学》，1999（7）；赵明：《从“法制”到“法治”的中国语境》，载《思想战线》，2005（2）；“建国以来法学界重大事件研究”系列，载《法学》，1997 年以来各期。

④ 参见牟宗三：《政道与治道》，桂林，广西师范大学出版社，2006；［美］麦金尼斯：《多中心治道与发展》，上海，上海三联书店，2006；毛寿龙：《宪政秩序与治道变革》，未刊稿；强世功：《法制与治理——国家转型中的法律》，北京，中国法制出版社，2001。

变化，法治取代了党政一体化的政策管制，通过法律塑造社会。

首先，法治的本意是制约政治权力，这就意味着为私人空间敞开了追求和实现个人权利与利益的大门，由于改革开放是从市场经济开始的，因而以民法、经济法、合同法、公司法等法律制度以及法学研究为中心内容的法制改革占据了先导地位，私法自治成为基本的法制原则。民商法的自治原则，从某种意义上改变了传统的社会治理之道，过去是以政府行政权力以及规章制度来统辖社会，中心在管制；而私法自治则把法制的主体转交给社会，具体地说转交给个人，私法的法权主体是个人或法人，定分止争，维护私人合法权益，这才是法律的本性。随着一系列民商法乃至国际私法的制定和完善，中国 30 年法制变革的初步成果才体现出来，即我们有了一个通过私法调整和规范的正常社会，或经济社会、市民社会，有了一个个人权利和利益得到合法保障的法律秩序，正是由于这个法律秩序的逐步建立，中国的经济社会和人民生活才得到飞速的发展，才逐步形成了一个现代社会。①

其次，法治的推进必然要涉及政治权力的法治化限制，因为单纯的私法自治是远远不够的，人不单是一个经济动物，还是一个公共社会的成员。利益问题，尤其是权利问题，必然要与政治发生关系，要涉及政府的管理体制。维护个人的权利和利益，就必然要规范政府的权力与职责，因此，30 年法制变革的另外一个重要方面就是公共政治层面的法治化推进，即在公法领域的法制之变。这个领域的变革体现为宪法的修改，各种行政法规的颁布，行政许可法、行政诉讼法、立法法的颁布，以及司法体制的改革，等等。法治不同于法制在中国的语境中，其实质就是约束政府的恣意权力，在政府权力与市民社会之间由法律划出一个各自的边界，所谓治道变革意味着把公民视为现代社会的主体，依法执政，执政为民，建立一个法治政府。②

客观地看，中国 30 年来的社会发展与法律制度的变革，在上述两个层面上确实是一步步在推进这个现代社会转型的治道的法治化进程，一方面是私人为主体的经济社会的发展以及个人权利与利益的法律保障制度的建立和完善，另一方面则是约束政府权力恣意妄为的一系列公法制度的建立和完善，两者结合在一起，构成了中国 30 年法制变革的一条清晰有力的轴线，否认这个基本事实是不对的。从理论上看，这个现实的现代社会的发展轨道，从某种意义上印证了哈耶克有关法治的学说，即内部规则与外部规则的法治化理论。③ 但是，对于这样一种演变和改革，我们又不能给予过高的估价，或者从根本上说，中国 30 年法制之变还远没有完成，还远没有达到法治中国的目的。因为中国的法制之变绝非从“刀制”到“水治”的一个词汇的转变，而是两种法律制度的转变。问题在于，中国法制的“水治”之道属于一种外来的制度文明，我们的传统中并没有类似

① 参见龙卫球：《法治进程中的中国民法——纪念〈民法通则〉施行 20 周年》，载《比较法研究》，2007 (1)。

② 参见中国共产党最新的有关体制改革、依法执政、法治政府的文件，如中共中央十七届二中全会通过的《关于深化行政管理体制改革的意见》。

③ 参见［英］哈耶克：《法律、立法与自由》，北京，中国大百科全书出版社，2000。

英国传统的“古老宪法”[①]，因此，“水治”之道在中国法制的总体格局中就难免陷入窘境。如果说政制到法制的二元分化得以存在的基础是法治实质性地介入中国政制，但是由于这个介入在中国并没有真正到位，就使得政制与法制的二元分化变成了貌离神合，也就是说，中国的政制和“水治”之间形成了内在的张力，这也正是中国30年法制进程的根本问题，或者说，这个问题只是在理论上解决了，现实中并没有解决。

本文在此使用了中国法制变革的“吊诡”一词，指陈的是这样一种分裂状况，即中国的“水治”之道在相当情况下是一种法律修辞，在我们的普法宣传中，在我们的法学理论中，乃至在一系列的法律条款中，30年法制中国的“水治”成为一种知识上的共识，然在其实质的运作中，“水治”却被“刀制”化约，依然扮演着“刀制”功能。从这个意义上来说，上述的政制与法制的二元分化就有很多虚假的成分，我国现今颁布的一系列法律，从宪法到行政法、立法法，再到物权法、劳动合同法，都还拖着一个“刀制”的大尾巴，或者说法制之上还有个紧箍咒，成为政治修辞学上的一种点缀。有人据此认为中国法制30年基本上是在原地打转，破铜烂铁，全无新东西。但是，我认为中国法制的吊诡与前述的党与国家的一元化辖制相比，毕竟洞开了一线生机，“水治”之道在中国法制的背后仍然在缓慢地演进，我们透过那些政治意识形态的话语，可以清楚地感受到“水治”的力量在扩展，一步步争夺自己的领地。所以，这个吊诡开启了“水治”之道的扩展空间，“水治”逐渐剥离法制乃至政制的传统枷锁而成为中国现代社会之制度转型的内在契机。在此我们可以引用黑格尔在《精神现象学》中的一段描述：旧时代和旧的体制犹如一尊泥塑在那里俨然不动，经历风吹雨打，终究会在一天早晨，“稀里哗啦!”一个新世界重新建立起来。[②]

（三）中国法制单向度的发展、演变以及终结

中国法制的吊诡从一个方面凸显了中国法学理论30年来关于法治认识的片面性、单一性，或缺乏中国语境下的“创造性转换”[③]，用我的话来说，中国的法治理论还处于启蒙时代的意识，还需要一种“政治成熟”[④]。也正是由于此，在中国法学理论中，一系列“去”法治或“反”法治的法学理论甚嚣尘上，这股来自不同理论资源的对抗法治中国的法学思潮，虽然其自身的正当性有待考察和辨析，但它们确实击中了中国启蒙法治理论或教条主义的法治理论的短板。[⑤]

我们看到，中国法治理论在强调个人权利、限制政府权力这个法治的基本特性时，并

---

① 裴亚琴：《论辉格传统及其宪政意义》，北京大学博士论文初稿，2008；姚中秋：《理性、法律与自然法：普通法宪政主义的框架》（译后记），载［德］海因里希·罗门：《自然法的观念史和哲学》，上海，上海三联书店，2007。

② 参见［德］黑格尔：《精神现象学》，下卷，84页，北京，商务印书馆，1981。

③ 林毓生的洞见，他指出：“我们知道，自由、理性、法治与民主不能经由打倒传统而获得，只能在传统经由创造的转化而逐渐建立起一个新的、有生机的传统的时候才能逐渐获得。”（林毓生：《中国传统的创造性转化》，5页，北京，三联书店，1988。）

④ 高全喜：《我的轭——在政治与法律之间》，北京，中国法制出版社，2007。

⑤ 例如，苏力十年前提出的“什么是你的贡献”问题，让一代中国法学家们为之折腰。

没有有效地把这个法治的一般性原理具体转化为中国法制语境下的法治之道。在中国的法理学论文和著作中，大量充斥着有关西方法治、权利理论的转述和论证，尤其是西方当代的诸多法学理论，它们关于人权、权利、自由、规则、废除死刑、司法审查、法院独立等方面的论述，被直接地运用到中国现实社会的法律分析，成为一种主流的理论框架。考察中国30年来的法制变革，人们会发现一个非常奇怪的现象，即理论与现实的重大反差。也就是说，旧法制在理论层面上虽然丧失了主导性的话语权，但在制度的运作中依然是强有力的；理论上的法治主义在中国30年的法制变革中一路走红，占据着话语的主导地位，而在实际的制度运作上却是相对薄弱的，它们对于现实制度改进的影响还是非常弱小的，不是被扭曲就是被消解。为什么会出现这种情况呢？在我看来这里存在着中国法治理论的幼稚病或中国法治改革的单向度的片面扩展，而没有能够把法治问题进一步引申到政制与社会的更深层面上去。在理论上法治不同于法制，建立法治的自主性，从政制领域中逐渐夺回自己的地盘并维护个人的基本权利，这些都是中国法治主义的基本内容，但是这些诉求单独在法律范围内是不可能自我完成的。也就是说中国法制的变革一方面需要法治主体性的自我建构，另一方面更需要走出自己的狭隘范围，与更广阔的中国现代社会的其他变革要素结合。只有推进了中国社会全面的变革，尤其是中国政制的变革，中国法制自身的主体性才能全面建立起来。

粗略考察一下中国法制30年的变革进程，其理论形态大体说来经历了如下三个阶段：第一个阶段是头十年，这是中国法律理论的启蒙时期，即从旧政制的强权话语中逐渐建立起法学的独立领域，与此相关联的政治法律等问题的大讨论使得法学继哲学、经济学之后成为一门显学，在改革中占据了前沿的地位。第二个阶段是部门法的大发展时期，与中国的社会主义市场经济发展相配套，这一时期的法律理论在推进市场经济以及促进中国经济与世界经济相接轨的法律构建方面起到了巨大的作用。与此相关联的还有一系列部门法的修订和颁布，以及中国加入WTO和全面参与全球化进程，等等。其间中国的法律和法学都扮演了积极的角色。第三个阶段是关于民本主义的法律构建，这个方面的工作主要是从这几年开始强化的，例如，先后颁布了消费者权益保护法、环境保护法、劳动合同法等。这些法律旨在落实新时期中国共产党提出的“以人为本”与“和谐社会”的目标，构建一个新型的社会主义福利社会，使改革开放30年的经济成果为每一个国民所实际地享有。①

上述三个不同阶段的法制建设和法学研究无疑说明了30年中国法制的法律自主性及法治主义的模式确实得到了很大的扩展。但应该指出的是，这些扩展和推进都基本上是在中国现有的政治体制的框架下逐渐进行的。这样一来，我们就会发现中国法治主义的进程面临着前面提及的吊诡问题，那就是政治的开放程度为中国的法制进程提供了一个不可逾越的边界，法治主义的真正核心恰恰是在对于这个边界的扩展以及自身主体性的建构上，由

① 这一轮立法的出现，尤其是《劳动合同法》的颁布，引起了巨大的社会反响和争议，在法学界也出现了相关的讨论和不同的观点。参见有关的大量报道。

于受制于政制的严重约束，其内在动力受到很大的制约甚至改变了正常的路径，成为扭曲的法治主义或修辞学的法治主义。这一点与中国的经济改革和经济学困境几乎是一样的，大家都知道中国的市场经济在某种意义上是扭曲的，中国主流经济学家的某些市场经济理论是片面的，因为西方的现代经济学有一个基本的理论预设，那就是它们有一个成熟的正常的宪政法治秩序，是在一个无须讨论的法治国家的前提下进行它们的经济理论研究的，在中国却远不是那么回事，我们根本没有这样的政制前提。30 年来的中国法制也面临着同样的困境，一个国家的法制昌明需要一个优良的政体制度，由于中国的政治变革进展缓慢，法制改革先行，缺乏政治法学和宪政主义的指导，致使法条主义盛行，形式主义泛滥，政法修辞学大行其道。从这样一个角度来看，中国法制 30 年变革如果不触及深层政治改革也就走到了尽头。

从中国现代社会的转型来看，中国法治主义的构建以及面临的政制与法制二元分化的吊诡，都属于现代化模式的议题，即便是其中出现了自身无力解决的问题，也是这个进程中所催生的问题，而且它们的真正解决有待于政制的回归，通过政制改革来破除修辞学的迷雾，促进其现实的落实。但是，针对上述法治主义的诸多弊端，却引发了另外一种法学思潮，即彻底质疑和抛弃中国法治之道的所谓本土资源、后现代主义、批判法学、世界体系等法律理论。这些理论无疑看到了中国法制 30 年变革的盲点，但它们并不是诉求法治的深化，而是质疑和反对法治主义本身，进而质疑和反对中国的现代化模式。在它们看来，不是中国的政制有问题，而是法治有问题，法治主义不过是西方的东西，中国 30 年法制改革的进程由于选择了西方法治主义的道路才问题多多、上下失矩。中国完全可以在保持现有政制的情况下，走出一条独特的法制之路，在拒斥现代化模式的情况下，发展出中国的现代社会，而且这个法制和社会的图景，早就存在于人们习以为常的传统法制之中。

看到中国现代法治之道的问题，揭示其教条主义的幼稚和武断，这没有什么错；挖掘本土资源，从传统中开出中国法制的一些新思路，这当然值得喝彩；批判现代化模式的诸多弊端，指出中国不能重复西方现代化的老路，等等，这些本文都是赞同的。但是，本文不能赞同的是，上述所言真的能够成为我们抵御甚至拒绝中国现代社会转型的法治主义之充分理据吗？在中国面对全球化的社会、经济、文化的全面冲击但又必须参与构建世界格局的形势下，我们难道仅仅以拒斥现代化模式就能成就出一个新型的国家与社会吗？如果说本土法制是源远流长的，那么自鸦片战争以来，这个本土资源并没有能使我们抵御西方列强的冲击，现在在新的世界格局下，它又如何能够使我们不重蹈覆辙？所以，我认为对于中国社会来说，关键的问题是政制与法制的重新构建问题，通过法治主义真正实现政制与法制的二元分化，达成政治国家与市民社会的二分，从而建设一个强大、自由、法治的国家与社会，才是中国当今的问题之问题。

在上述国家与法治的现代化变革的前提下，我从来就不反对继承传统，而是对传统抱有极大的尊崇和温情。本土资源当然是我们弥足珍贵的嘉宝，后现代的社会图景也使我们心旷神怡，它们伴随着中国法治主义的真正落实，将成为矫正教条式的自由主义的法宝。

但是，令人遗憾的是，中国上述理论的主张者并不这样认为，他们希望以此颠覆中国的现代化模式，扭转法治主义的方向，所以，他们眼中的中国法制变革的终结与我前述的终结具有完全不同的蕴涵。

(四) 政制的回归：宪法政治与具体法治

本文前面提出了3个主要问题，一个是30年中国法制变革的政制与法制的二元分化，一个是由于法治不昌而导致的中国法制的内在吊诡，一个是法治理论的教条主义致使中国法学进退维谷。这3个问题其实都可归结到一个问题上来，那就是重新指向了中国的政制，从某种意义上说，30年一个轮回，我们又回到了原初的起点上，就中国法制30年的变革之道，乃至中国全方位的社会政治经济的变革路径来看，我们已经到了必须揭开中国政制的铁盖头的时候了，如果中国的政治改革不能如期进一步实质性推进的话，中国的法制和经济就走到了死胡同。中国的法制变革之道是政制的回归。

当然，我不认为中国30年的法制变革是一种原封不动的折腾，没有任何收获，我更不认为中国的这一轮变革只不过证明了现代化模式和自由主义法学在中国的水土不服，因此中国要走一条反西方现代化模式的本土主义法制道路。在我看来，中国法制30年的变革冲破了旧体制的束缚，从党与国家一元化的辖制中走出来，这本身就是一个巨大的百年没有的成就，只不过这个改革的过程远没有完成。固然法治主义、现代化模式等具有普世性的原则，但毕竟它们的成功形态是与西方诸民族国家的发展联系在一起的，并且塑造了当今的世界格局。[①] 因此，中国的现代化进程以及法治主义就不能照搬西方的版本，我们要融汇中国元素，用老黑格尔的话来说，要通过中国的特殊性来加以显现，即把普遍性与特殊性融汇为一种中国的个体性，构建我们的主体性。[②]

从上述主体中国的原则来看，中国法制30年的变革之道，其所面临的政制回归就具有全新的意义，我们不是要回到30年乃至150年前的旧的政制形态上去，而且这也是根本不可能的事情。历史是变化的，从来就没一个原封不动的所谓政制摆放在那里，150年前的王朝政制和30年前的“文化大革命”政制时至今日早已土崩瓦解、面目全非。就近来说，经过30年的历史变革，中国社会发生了翻天覆地的变化，中国政制已经非30年改革之初，30年来中国经济与法制的变革已经从根基上触动了原先的政治体制。社会变革是与政制变革同步的，我们不能说中国是经济发展、法制变革，而政制还是原封不动，只不过前者是以显白的方式，甚至是以修辞的面目在明处展开，而后者则是在背后悄悄地进行。

既然如此，为什么本文还要提出“政制的回归”，为什么还要三番五次地说政制依然是束缚中国经济与法律发展的阻力，政治体制与经济、法律的二元分化仍然存在着某种吊诡

---

① 参见韦森：《欧洲近现代历史上宪政民主政制的生成、建构与演进》，载《法制与社会发展》，2007 (5)。

② 参见［德］黑格尔：《小逻辑》，北京，商务印书馆，1980；高全喜：《论相互承认的法权〈精神现象学〉研究两篇》，下篇，有关“历史主体性”的论述，北京，北京大学出版社，2004。

呢？这就促使我们重新来看什么是政治与法律的关系，什么是中国法制诉求的良性政制。固然中国政制30年来发生了很大的变化，但总的来看，这种变化或改革还依然保持着旧体制的刚性结构，并没有从根本上改变党与国家控制社会的权力模式，法治主义在政制那里还没有真正得以落实。因此，本文所谓“政制的回归”不是回到30年前的政制，也不是用现行的政制吸纳法治[①]，而是诉求一种内在的政制变革，通过法治主义规范政治，真正实现宪法政治和具体法治，为现代社会建立一个良性的公共政体。本文认为，只有这样才能为中国法制的现代化和中国社会朝向现代的转型，以及构建中国的主体性提供一个政制的基础。

本文认为这种政制的回归又可以分为两个大的层面：宪法政治与具体法治。[②] 之所以这样划分，是基于一个基本的政治学原理，即人类的政治事务区分为两种，一种是日常政治，一种是非常政治。就一个成熟的社会形态来说，日常政治属于生活的常态政制，人们在这样一种状态下，各自从事自己的目的性活动，只要遵循法律，便具有自由的活动空间，具体法治是常态政制的基本形态。但是，一个社会并不总是处于日常政制，在历史的诸多时期，人类政制还有一种非常态的特殊政制，此时政制的意义凸显，个人生活关涉其中，需要政制的决断，因此，又被称为宪法政制或立宪政制。[③]

就中国的语境，尤其是中国30年法制变革的语境来看，我认为我们需要从上述两种政制的综合来看待政制的回归。首先，中国政制自鸦片战争以来，就一直处于非常政制的历史时期，150年来，我们并没有建立起一个良好的宪法政制，立宪时代的政制主题直到今天并没有完成。因此，考察30年来的中国法制，重新提出政制的回归，其要义仍然是重提宪法政制的核心问题，即真正以宪法为政治行为准则，按照宪法构建一个现代的政治秩序。应该指出，30年前的法制变革，并不是宪法政制的产物，当时政制与法制二元分化的动力机制也不是宪法问题，而是党与国家的政制问题，只是因为宪政不昌，所以才出现了法制

① 金耀基根据英国人管理香港的经验，曾经提出了一个行政吸纳政治的“非政治”观点，参见金耀基：《从传统到现代》，北京，中国人民大学出版社，1999。不过，对于中国来说，这类吸纳是有限度的，政制的强势力量或许只有通过法治才能驯化。英国的自由左派思想家尚塔尔·墨菲也曾提出一种“政治的回归”，不过，他提出这个观点的欧美语境与我们的中国语境不同，他是在后现代的视野下，针对自由民主政治的颓败提出一种反本质主义的多元政治，而我所提出的政治回归，则是基于中国社会的本质主义政治回归，诉求的是邓小平政治体制改革的继续。参见［英］墨菲：《政治的回归》，南京，江苏人民出版社，2005；高全喜：《论宪法政治——关于法治主义理论的另一个视角》，载《北大法律评论》，第6卷第2辑，北京，北京大学出版社，2005。

② 参见高全喜：《论宪法政治——关于法治主义理论的另一个视角》，载《北大法律评论》，第6卷第2辑，北京，北京大学出版社，2005；高全喜：《立宪时代的法政哲学思考》、《中国语境下的自由主义法权理论》，载高全喜：《我的轭——在政治与法律之间》，北京，中国法制出版社，2007；贺卫方：《具体法治》，北京，法律出版社，2002。贺卫方精辟地指出：“宏大价值的实现，主要依赖于具体政制、法律和程序。只有通过具体法治，才能使法治达到名归实至的境界。”

③ 关于这两种政制状态的定义以及对于它们的阐释，又有两种不同的理论模式，一种是德国公法学家卡尔·施米特的把非常政治绝对化的理论；一种是美国宪法学家阿克曼的两种政治以及从非常政治向日常政治转化的理论。参见［德］卡尔·施米特：《政治的概念》，上海，上海人民出版社，2003；Bruce Ackerman，We The People：Foundations，Harvard University Press，1991；蔡宗珍：《卡尔·施米特之宪法概念析论》，载《政治与社会哲学评论》，2003（5）。

变革难以为继的状况，才出现了法治主义的修辞学，才出现了政制之道的潜规则。因此，今天我们提出政制的回归，首先是正视非常时期的政制内蕴，开启宪法政制，以宪立国，以宪治党，让宪法长出铁牙，而不再是一纸空文。①

从现代社会的政制历史看，任何一个民族国家在其走向现代的过程中，都几乎无一例外地经历了宪法政制的危机和困难时期。17 世纪以来，西方诸民族国家用三百多年的时间完成了这一个艰难的政制转型。中国自 1840 年开始不过才走了 150 年，就最新一轮的变法图强的法制变革来说，我们才仅仅经历了 30 年，因此，我们不可能也没有理由回避这个宪法政制的根本性问题，我们也不能盲目乐观地就试图毕其功于一役，在 30 年之间一举解决我国的宪法政制问题。从某种意义上说，所谓政制的回归，不仅是回归 30 年来重新凸显的中华人民共和国的宪法政制问题，而且是回归晚清立宪的宪法政制问题，中国有一个王朝政制的传统，也有宪法政制的传统，关键是如何构建我们的活的宪法，这里就必然关涉制宪权问题、政制正义性问题、革命与改良的问题、革命党向执政党转型的宪法政制问题②，等等。

在宪法政制的大背景下，政制的回归在今天还有另外一个路径，那就是具体法治，也就是说，使得社会的每一个法律规则，都能够不受制于政治权力，在具体的社会生活中，在每一个国民的权利保障方面，让法治的阳光照耀到每一个细节，使法的统治落实到实处，落实到具体环节，落实到每一个司法的诉讼和案件之中。法治不是空泛的，而是具体的，不总是宏大叙事，而常是润物无声。中国的法治主义固然要回归宪法政制，致力于宪法构建，但这样一种特殊时期的伟业，其自身不是目的，宪法的伟大要落实到具体的细节，立宪政制的非常时期要有转化为日常政制的机制和轨道。从某种意义上说，中国政制的现代转型很类似德国和法国的，150 年来，我们频繁跋涉于政制的革命性巨变之中，不但没有完成立宪政制，而且日常政制也没有建立起来，法治离百姓的日常生活甚远，强权就在我们身边，因此，政制的回归，还需要建立起一种常态的政制，即具体法治，在常规情况下划分出你的与我的，尤其是政治权力与个人领域的边界。就此而言，英美的政制值得我们借鉴，按照阿克曼的论述，美国历史上也曾经出现过政制危机，并催生出宪法政制，但这个国家的政治成熟在于，它们总能寻找到一条从宪法政制转化为日常政制的途径，从而达到非常政制与日常政制的统一。③

---

① 参见萨托利的有关“保障性的宪法、名义上的宪法和装饰性的宪法”的三种宪法的区分，参见［美］萨托利：《“宪政”疏议》，载王焱编：《市场逻辑与国家观念》，北京，三联书店，1995；林来梵：《宪法不能没牙》，载《法学》，2005（6）。

② 参见夏勇：《依法治国——国家与社会》，载《宪政建设——政权与人民》，北京，社会科学文献出版社，2004；俞可平：《当代中国政治体制》，兰州，兰州大学出版社，1998；俞可平：《治理与善治》，北京，社会科学文献出版社，2000；林尚立：《当代中国政治形态研究》，天津，天津人民出版社，2000；李林：《法治与宪政的变迁》，北京，中国社会科学出版社，2005。

③ 参见贺卫方：《具体法治》，北京，法律出版社，2002；［美］阿克曼：《我们人民：宪法变革的原动力》，北京，法律出版社，2003。

对于今天的中国来说，经过30年的改革开放，各项事业都已取得前所未有的发展，但诸多问题也都纠结在一起，呈现出重大的危机，如何开启中国社会的新的转型，这就促使我们回归政制。中国问题的艰难性在于，这个政制的回归是两个方面的回归，即既是回到非常政治，又是回到日常政制，如何处理这种复杂多元的关系，促进中国实现宪法政治的转型，并从中催生出一个法治主义的常态政制，是摆在中国政治家和法律人面前的共同问题，也是“我们中国人民”① 的共同问题。

三、政法领域的“中国经验”之辨析

本文的主题是关于中国法制30年变革之道的考察，这里当然涉及一个近来为国内外研究中国问题的法学、政治学和经济学等学科的理论家们所共同关注的一个问题，即中国经验。谈到“经验”，这里又涉及两个层面的问题，一个是作为过程的事实内容，一个是作为范式的形式提升。②

就前一个方面来说，中国作为一个具有悠久历史传统的大国，在现代社会的转型中面临着内政外交等一系列的转变，如何在国内政制、经济、社会的巨大变革中保持自己的主体性，并积极稳健地对外开放，与世界接轨，参与当前正在发生深刻变化的国际新秩序的构建，在内部秩序和外部秩序两个领域塑造出一个现代社会，这里确实有一个中国的发生、演变和扩展的过程，甚至有着一种中国特色的成功形式，这些可以称为“中国经验”。因为，中国作为一个大国，在30年来的发展中，已经在内外两个方面取得了丰硕的成果，这是有目共睹的，所以，中国可以说在后发国家的现代化演变中，具有中国经验。但是，如果把上述的中国经验上升到一种范式的高度，认为中国的社会发展，尤其是政制与法制的制度发展，已经取得了成功的经验，具有典范性的范式意义，则是过于乐观了，因为，正像前文所一再指出的，30年来我国的社会、政制、经济、文化等各个方面的发展，其在国内、国外两个领域中的转型和构建，尽管取得了相当的成就，但毕竟没有彻底完成，中国转型时期的危机并没有解决，不但内部社会积累加剧的问题如芒在刺，而且外部世界的新挑战也是日益严峻③，那么，我们的经验如何能够成为一种具有普遍性意义的范式或典范呢？

所以，我认为探讨中国发展与法制的中国经验问题，不可能不涉及对于中国经验的理解和界定，或者说我们具有的究竟是何种“中国经验”。其实，在这个问题上汉语思想界一

---

① 参照阿克曼的“我们人民”的宪法学概念提出的“我们中国人民”的宪法学概念。

② 参见［美］托马斯·库恩：《科学革命的结构》，北京，北京大学出版社，2003；［美］L.H.奇尔克特：《比较政治学理论：新范式的探讨》，北京，社会科学文献出版社，1998。

③ 参见季卫东：《宪政新论》，北京，北京大学出版社，2004；张千帆：《宪政、法治与经济发展》，北京，北京大学出版社，2004；秋风：《立宪的技艺》，北京，北京大学出版社，2004；高全喜：《现代政制五论》，北京，法律出版社，2008；刘海波：《政体初论》，北京，北京大学出版社，2004；陈端洪：《宪治与人权》，北京，法律出版社，2007；任东来：《政治世界探微》，北京，北京大学出版社，2004。

直存在着思想与理论上的严重分歧。一派思想理论认为，尽管中国改革30年来的经验尚不足以达到范式的高度，但这条改革开放、法治、民主、宪政的道路是正确的，我们现在的问题是如何进一步深化改革，尤其是政治制度的改革，以此促进中国经济、法制与社会文化的发展进步，真正融入现代社会的潮流，在内外两个方面实现中国的主体性。另外一派思想理论则与之相反，它们指陈和批判中国发展的现代化模式，拒斥所谓西方自由、民主、法治、宪政，并以此全面否定中国这个30年来主导的朝向现代化的经验和道路，在它们眼中，如果有所谓中国经验的话，那就是中国抗拒现代化普遍模式，抗拒西化经济、政制和法律制度的反现代性的特殊经验。所以，关于何种中国经验，在当前中国的语境下，就存在着迥然不同的论述。

（一）中国主体性：文化的还是制度的

在近些年的中国法政思想理论中，关于构建中国主体性的问题开始凸显，我认为这是一件好事，它表明中国经过30年来的改革开放，在经济、政制和社会诸多领域取得了实质性的进步，在当今国际秩序中的地位有所加强，一个繁荣的经济社会和一个大国的政治社会的双层面貌被初步勾勒出来。时代呼唤理论，因此，关于中国主体性的理论诉求由此而生。作为中国学人，当然心仪这类主体性的言说。但是，如果仔细梳理一下有关中国主体性的话语言说，我却产生一种深深的隐忧，即构建中国主体性的核心基础是什么，我们构建主体性的资格和能力是什么：是制度还是文化？是诉诸前现代的或后现代的反（西方）政制与法治的社会批判理论，还是诉诸自由主义与民族主义相结合的改良主义的社会建设理论？

我认为，中国主体性的构建问题，并不单纯是中国独特性的文明特质论问题，而是中国近现代以来融入世界格局的普遍性与特殊性相结合的会通问题，因此，那些顽固拒斥所谓西方模式的中国主体性，不仅在理论上极其片面，而且在中国近现代的历史实践中已经被现实的中国现代化进程所抛弃。当然，我们有充分的理据和道义来指陈西方列强主导的现代世界体系之罪恶多端，揭露西方的现代化模式只是它们的特殊性模式，而非世界其他国家理所应当追随膜拜的范式。但是，古老中国要进行自己的现代社会转型，就必须面对西方问题，并且把它视为普遍性的问题，这不是愿意不愿意的事情，而是被迫的转型，只有在特殊中国与特殊西方的碰触中，预设一种可以为双方共享的普遍性，中国才有出路。[①] 否则，特殊的西方在现实中打败了特殊的中国，中国将向何处去？作为后发国家，我们的主体性只有在分享共同的普遍性之建设中展现我们的特殊性，即基于中西共同普遍本性之下的中国特性才是我们的主体性。

狭隘的中国特殊论的主体性理论却不这样认为，它们固执于中国的特殊性，把西方的特殊性与普遍性捆绑在一起，试图在彻底反西方和反现代的语境中建立中国的主体性，在它们那里，没有共享的普遍性，只有敌我对立的特殊性，只有两种文明的绝

① 参见韦森：《拉美经济停滞的制度、文化与历史原因》，载《解放日报》，2008-04-24。

对冲突。[①] 那么如何在本土特色中构建中国的主体性呢？我们发现，这类宣扬中国主体性的高调理论，尽管观点各异、资源杂糅，但有着一个共同的特点，就是用文化、知识、观念化约政制、法制、经济，尤其是遮蔽中国现代转型的政制、法律、经济制度的核心地位，在激进主义的批判狂潮的快感中，在对西方的但已经侵入中国肌体的法治主义的怨恨中，在对一个过去的或未来的美好新世界的憧憬中，构建他们的中国主体性。显然，他们的理论属于文学叙事，属于诗化哲学，属于知识考古，属于语言游戏。

我认为，中国主体性应该建立在开放的普遍性的共享的基础之上，在此，文化与制度两个方面的因素都是非常重要的，而且抽象地说，两者并没有孰高孰低的差别，文化与制度并不彼此对立。所以，本文提出的“中国主体性：制度的还是文化的”，其实抽象地看，是一个假问题，中国主体性既基于制度又基于文化，开放的分享现代社会之普遍性的制度与文化的结合，共同塑造着中国的主体性。但是，我的问题在当今中国思想界关于何种中国经验的论争中，又是具有意义的，因为，那些主张中国主体性的诸多言辞，共同遮蔽了制度，尤其是自由、法治、民主、共和、宪政的制度对于中国主体性的重要意义，把它们视为西方、异质、敌对的东西，企图把想象中的中国主体性建立在文化、知识、观念的单一维度上面，并且以此抗拒、诋毁普世性的制度价值。在我看来，在当今中国的特殊历史时期，制度构建或回归政制的体制改革，推进法治主义，建立法治政府和自由共和政体，是远比发扬中国传统文化、构建知识谱系学、参与反对现代主义的文化大批判、组建后现代社会的思想统一战线等等，更为重要和关键。[②]

当然，这样强调制度的重要性，并不是否定文化，否定传统，而是寻求自由主义政制、法制与中国民族主义的结合。在这个问题上，我既不同意保守的民族主义至上论或激进主义的民族主义，也不赞同教条主义的自由主义或西方中心主义的自由主义。在我看来，中国主体性的构建，只能基于中国之自由的民族主义这个理论基础之上，寻求普遍性与特殊性、政体制度与文化意识的结合。因为任何一种优良的政体制度、法制秩序，都必定扎根于本土，与传统结合。近代以来为西方诸民族国家所分享的普世性制度文明要与中国交汇，成为我们的制度结构，促进我们的现代社会转型，也同样需要与中国的民族主义相结合，而不是相对抗。值得庆幸的是，中国的传统文化并没有诸如伊斯兰、基督教文明那样的拒斥异质文化的戾气，我们的民族性开放、温润、和合，我们的老传统典雅、中庸、淳厚，只是近代以来由于屡遭西方列强欺辱，才变得有些愤激而决裂，但这不是中国文化的主流。因此，我们有能力也有自信，在现代社会的转型中，在政法

---

① 支持上述结论的这类理论也不是东方中国传统固有的，而是从西方调用的，如亨廷顿的文明冲突论、施米特的敌友政治论等。其实，这种敌我对立理论及其精神气质，与中国传统的中庸思想是不相容的，中国文明的精神气质是涵融、会通的。

② 参见高全喜：《文化政治与现代性问题之真伪》、《中国现代法学之道：价值、对象与方法》、《中国语境下的施米特问题》、《哈耶克主义与中国语境》等，载高全喜：《我的轭——在政治与法律之间》，北京，中国法制出版社，2007；王焱：《文化，还是制度？》，载《21世纪经济报道》，2007-08-04。

之道的变革中，在国家与社会的发育成长中，塑造出新的民族性格和法政骨骼，达成自由主义与民族主义的良性结合。①

（二）法制变革中的“中国经验”

本文的主题是探讨30年中国法制变革的经验，通过上述的分析，我们可以看到，这个中国经验处于两种思想理论的交集之中，从某种意义上说，30年中国法制进程确实存在着一种经验，显现出一种改良主义的法治中国的道路，或者说，中国法制30年来经历着近现代历史以来少有的巨变。这个变化无论从内部的制度结构、价值取向和技术操作等方面看，还是从与外部世界格局的交汇、碰撞、冲突与对抗、调适等方面看，都是巨大的，甚至是较为成功的。例如，从立法、司法和政府行政的权力结构之区分，从逐渐脱离传统的党政法一元化体制，从主流意识形态倡导的执政为民、司法监督、依法治国和政治文明的法治理念之宣传，从积极参与国际秩序的法制规则，加入世界贸易组织体系，担当大国责任，倡导世界和平新秩序②等，我们都可以发现中国法制的现代性转型，看到一个理性的中国在处理内政、外交事务中的法制意识的开放、稳健以及建设性的成就。无论怎么说，上述这些重大的内外两个方面的法制变革，是中国作为一个大国，在改革旧体制，朝向现代社会转型的一种值得肯定的进步过程，如果说有中国经验的话，在我看来，这个经验是与改革进步、变法图强的主题联系在一起的，其理论基础仍然是邓小平提出的现实主义的实践理性原则③，或中国传统自有的实事求是原则，用大家耳熟能详的话说，就是摸着石头过河，就是旧瓶装新酒，用学术语言说，就是法制的渐进改良主义，就是对于现代化法制模式的中国修正主义。

关于这个法制的中国经验，大致有如下几点需要说明：首先，转型时期的实践理性，是中国法制之所以能够一步步走出来的指导原则。这个原则从30年改革之初的“实践是检验真理的唯一标准”理论大讨论中就显示出来，此后也一直贯穿在中国法制的变革进

① 参见高全喜：《论民族主义——关于民族主义问题的一种自由主义考察》、《论国家利益——关于中国现代社会的一种国家哲学思考》，载高全喜：《现代政制五论》，北京，法律出版社，2008；高全喜：《大国之道：自由主义与民族主义》、《大国之道与中国问题》，载高全喜：《我的轭——在政治与法律之间》，北京，中国法制出版社，2007；许章润：《论人的联合与双向承认法权》，载《政法论坛》，2007（6）；许章润：《法律信仰与民族国家》，载许章润：《法律信仰：中国语境及其意义》，桂林，广西师范大学出版社，2003；许章润：《论国家利益的合法性转向》，载《中国政法大学校报》，2007（1）；[以色列] 耶尔·塔米尔：《自由主义的民族主义》，上海，上海世纪出版集团，2005。

② 参见郑必坚：《中国共产党在21世纪的走向》，载《人民日报》（海外版），2005-11-22。他认为中国的改革开放走的是一条以经济建设为中心，在同经济全球化相联系而不是相脱离的进程中独立自主地建设中国特色社会主义的道路。是经济全球化成全了中国的和平崛起，因此，中国共产党无意于挑战现存国际秩序，更不主张用暴烈的手段去打破它、颠覆它。经济全球化背景下不必对外扩张和争夺殖民地去掠夺别国资源，而可以通过全球化条件下生产要素的市场化流动，去获得中国现代化建设所必需的国际资源。自20世纪70年代末、80年代初中国走上和平崛起发展道路以来，中国共产党就始终坚持把发展社会主义市场经济同建设社会主义民主政治、法治国家以及先进文化与和谐社会结合起来。

③ 参见中国社会科学院法学所“马克思主义法学原理”课题组系列笔谈；刘海波：《实事求是与例证推理》，载《学海》，2007（4）；刘海波：《关于宪法解释的几个问题》，载《太平洋学刊》，2007（12）。

程之中，没有这个实践理性的包容性、开放性，甚至试错性，中国的法制不可能达到今天这个高度。例如，“良性违宪”、“案例制度”讨论所反映出来的问题，也从一个侧面说明了这个实践理性在一些具体的法制领域的调适作用。中国法制在转型期面临的问题是多方面的，谁也没有能力在开始就构建出一个全方位的规划，这种理性建构主义的独断论与政制专制主义的结合，曾经对中国法制造成了巨大的灾难。因此，改良主义的实践理性，允许法制领域的具体实践和改革探索，甚至允许试错，搞法制的试验田，成熟之后加以总结推广，上升到国家立法，予以制度化、法制化，这是中国法制一个突出的经验。

其次，确立现代法治观念，健全法律体系，构建一种现代模式的法制框架，这种融入世界主流法制体系而不是抗拒现代社会的法律观念，也是中国法制经验的一个突出特征。当然，融入世界，并不等于克隆或复制西方的法制体系和制度模式，而是在保持中国特性的前提下，积极合作，锐意改革，中国特性不是固守旧体制、旧法权、旧传统、旧学统。应该看到，中国的道统、法统、学统自鸦片战争以来已经屡遭摧残，几经变异，各种“左”的和右的，尤其是“左”的激进主义的狂潮已经使中国的法制难以为继，因此，30 年来中国法制如果有经验的话，其中的一个议题就是如何在现代法制模式的变革中恢复我国的活的传统，而不是死的传统。在这个问题上，粗略地看，我们中国近代以来，大致有四种法制传统，一种是沈家本为代表的晚清变法的保守主义传统，一种是康梁变法的激进主义传统，一种是国民党时期建立的“六法全书”的三民主义法制传统，一种是新中国建立的“国家与法”的无产阶级法制传统。在我看来，考察 30 年中国法制变革之道中的中国经验，应该走出单纯的国家体制，进入一个更加宏大的中国近现代历史的变法传统中，看到它接续的不仅是中国 50 年的法制传统，而且与 150 年来的 4 次法制变革有着密切的联系，属于第五次变法图强的历史路径。

再次，接续传统，不是为了守旧，而是为了出新。中国法制 30 年的另一个经验，在我看来，就是敢于面对当今的世界格局，积极地融入进去，在迎接而不是抗拒中逐步调适我们的法制模式。应该指出，我们所处的时代，是一个巨变着的世界，全球化浪潮、新技术革命、世界一体化，都对中国法制构成了巨大的挑战，但同时也构成了巨大的机遇。中国法制 30 年是在一个与外部世界广泛交往的过程中发展演变出来的，而不是自我封闭独自构建的。因此，我们看到，由于外部世界的刺激，与世界经济、贸易、政制、文化、军事、技术等诸多方面的全方位联系，促使我们的法制必须采用现代体系，与国际接轨。条约法、国际法、WTO 规则、海洋法公约、国际人权公约等等，都迫使我们的法制如同我们的社会一样，全方位地开放，走向世界，参与国际事务的规则制定，既捍卫国家利益，又维护世界和平，这是一个成熟的大国法制的姿态。尽管我们 30 年的法制变革还不能说塑造出了一个从容的大国政制，但它表现出来的面对世界的开放性，以及业已实现的促进中国走向世界的法制路径，不失为中国经验的一个表征。①

上述所言，是本文从宏观视角梳理出来的几点所谓30年法制的中国经验。这些肯定会遭遇反现代模式的各种批判理论的否认或拒斥。在他们看来，上述我所言的法制经验恰恰是中国法制的失败，我知道他们一贯反对中国的实践理性，认为那是市侩的实用主义；他们也反对或遮蔽不谈近现代以来的变法传统，尤其是保守的自由主义的政制、法制之法统、道统、学统，认为那是反革命的破烂货，左派激进主义才是他们浴火重生的原动力。当然，他们更反对世界法制秩序，反对中国加入这个现代主义的潮流，全球化、自由经济、世界贸易规则、华盛顿共识、资本主义民主宪政等等，全都是些腐朽、反动、压迫无产阶级的枷锁，中国法制要加入这个体系，不过是证明了中国权贵资本主义与西方资本主义的"共谋"。他们不承认中国法制30年来的这种经验，不过，他们也不拒斥"中国经验"，或者说他们也在寻求另外一种中国经验，即在中国法制事务中如何抵御西方法制侵入的经验，中国人民如何反对、抗拒不平等的（中国与西方资本家和当权派们共谋形成的）法制的经验，如何在中国传统资源中挖掘出完全不同于西方法制的具有民族特殊性的民间法制的经验，等等。如此看来，关于中国法制的何种经验问题，在中国的思想界实际上一直存在着激烈的争论。

相对来看，30年中国法制变革如同中国社会的变革一样，可以说存在着一个"中国经验"，至于这个经验究竟是什么，尚存在巨大的纷争。不过，如果从经验的成熟形态，从这个中国经验是否达成了范式来看，本文认为30年法制变革的中国经验还是不成功的，还上升不到范式的高度。为什么这样说呢？因为，正像前文一再指出的，我们的改革并没有过大关，法制中国的更为艰巨的任务还在后头，政制的回归，重新启动新一轮政治改革的关头还没有真正到来，因此，所谓的中国经验之根基还是不牢固的。从政治学的角度看，我们还处于非常政制的变革时期，一种良性的日常政制的常态机制并没有成熟而健全地巩固下来，在这样一种境况下奢谈法制的中国经验无疑具有一定的误导性。在我看来，今年虽然是中国改革开放30年，但我们还远没有到总结经验的时候，或许在不远的将来，中国法制得以真正摆脱政制的辖制，在普世性的现代化模式中开辟出一个真正中国主体性的法制之道，就像昔日的盎格鲁-撒克逊民族向世界贡献出"英国经验"一样，到那时我们未尝不能贡献给世界一个中华民族的法制的"中国经验"。

---

① 参见朱景文：《全球化条件下的法治国家》，北京，中国人民大学出版社，2006；朱景文：《比较法社会学的框架和方法——法制化、本土化与全球化》，北京，中国人民大学出版社，2001；法律出版社推出的"法律与发展译丛"。

2.4 我国社会转型对法律治理的挑战*

叶传星**

回顾过去近三十年的社会转型和法制改革进程，我们可以发现，正是社会转型过程孕育着对于法治的需求。正是在社会转型过程中，法治成为全社会自觉而明确的共同愿望，法治的社会基础逐步巩固起来，法律治理取得了重要的成就，尤其是法律对社会转型的进程也产生着越来越大的影响。① 在过去近三十年中，市场经济的逐步壮大，政治体制民主化改革的逐步深入，社会自由和自主空间的扩大，精神生活的多样化，社会公共生活的日渐丰富，都在催生着对于法治的诉求。在过去近三十年中，法律的作用是逐步增大的，但不是一下子到位的。当然，从理念上来看，严格依法办事在许多时候只是一种理想。这和法治理念本身的理想性有关。从根本上说，完备的没有缺陷的法治是不存在的。② 这是由社会和世界本身的不完满性所决定的。而从社会的现实条件来看，社会的转型过程本身也决定了法治不可能一下子完全到位。尤其在激烈的社会变革时代，各种损害法律的良好执行的因素都在持续。比如，市场对于利益最大化的追求在损害规则，权力行使的私人化在损害规则，个人的投机主义心理在损害规则，个人守法的消极性也在损害规则。法律治理只能是在不断遭受关于法制不完善、执法不严格的诘问中逐步走向进步。所有制度的落实都不是一蹴而就的，而是在时间的洗礼中逐步得以践行的。本文重点分析的就是，社会转型对于法治所提出的严峻挑战，认识到在社会转型期法律治理总体滞后的原因和表现，并进而简要说明如何完善法律治理才能回应社会转型的挑战。

一、社会转型期是社会矛盾的高发期

已有学者研究指出，现代社会本身，就会带来社会风险的增加。现代社会相对于传统社会，是一个更具有风险性也更脆弱的社会。③ 而在一个向现代社会过渡的过程中，其社会动荡的风险也许更大。有学者指出："现代性孕育着稳定，而现代化过程则滋生着动乱。"④ 这道出了社会转型的风险。在很多时候，社会动荡都是在社会变革和转型过程中发生的。

---

* 原载《法商研究》，2009 (2)。

** 中国人民大学法学院副教授，法学博士。

① 关于从治理的角度来分析我国法制建设的理论意义，可参见强世功：《法制与治理——国家转型中的法律》，123～134页，北京，中国政法大学出版社，2003。

② 有学者曾探讨过法治在最终意义上是不可能的。这种悲观观点的背后，是对于法治理想的反思和深思。参见［英］恩迪科特：《论法治的不可能性》，陈林林、傅蔚冈译，载《比较法研究》，2004 (3)。

③ 参见［美］贝克：《风险社会》，南京，译林出版社，2004；［英］吉登斯：《现代性的后果》，南京，译林出版社，2000。

④ ［美］亨廷顿：《变化社会中的政治秩序》，39页，北京，三联书店，1989。

转型是对于原有秩序的破坏。破坏本身就会动摇秩序。

当代中国的社会转型是一个复杂的社会改造和进步过程。这个转型既是从传统到现代的现代化过程，也是一个从计划经济到市场经济的经济转轨过程，是从集权政治统治到自由民主政治的转型过程，还是一种新型的意识形态重建和文化重建过程。这个过程把发展与转型相结合，把经济发展、政治民主化和文化重建等因素聚合在一起。这使得我国的社会转型的复杂程度几乎要比任何一个国家的转型的要大。它既面临着大多数发展中国家的发展难题，也面临着如原苏联和东欧国家的转型难题。

在过去近三十年的社会转型中，我国已经在相当程度上克服了计划经济时代的社会危机因素。在转型过程中，由于是渐进性的改革，往往采取双轨制和试验方式，这种方式对于旧的社会体制的革新是逐步的，而有些最为艰难的问题即那些难啃的“硬骨头”被遗留下来。转型可以让原来压抑已久的矛盾暴露出来、被激发出来。时至今日，社会转型的所有重要问题都已经充分暴露出来。同时，由于转型控制缺乏经验或者必须矫枉过正等因素，社会转型又产生了一系列新的社会矛盾和问题。尤其是自20世纪90年代中期以来，社会转型出现了一些新的趋势。[①] 可以说，当代的中国正处于社会全面转型的关键时期。说改革进入关键时期、进入攻坚的时期，其意旨就是新旧矛盾的交错。在社会转型的关键时期，社会矛盾和社会纠纷急剧增加。这也是社会失调加剧、社会失范加重的时期，也是社会控制压力急剧增加的时期。因而，目前的形式是，老问题尤其是最为艰难的老问题，依然在拖着改革的后腿，有些是在改革过程中因为经验不足或者国际局势重大变化而引发新的问题。

第一，贫富悬殊引发社会矛盾的尖锐化，加剧社会的不公感。

改革开放和意识形态的转型，极大地解放了生产力，激发了人们的财富欲，也带来了经济的高速增长，社会财富的急剧增加。在财富的增加过程中，中国迅速地从一个相对的平均主义社会演变为一个贫富悬殊的社会。相关的数据研究表明，中国20世纪80年代初期反映居民收入差距的数据基尼系数是0.28，到1995年是0.38，到90年代末为0.458，在新世纪的这几年也一直维持在0.4以上。[②] 世界银行在1997年的《共同享受不断提高的收入》报告中曾指出，全世界还没有一个国家在短短15年内收入差距变化如此之大。这种状况到今天也没有得到扭转，甚至愈演愈烈。世界银行最近的一项研究认为，中国最贫困的10%人口2001年～2003年间的真实收入下降了2.5%，在这段时间内，中国最富的10%人口真实收入增长了16%。[③]

很明显的事实是，在改革开放之初，随着国家全面垄断资源的状况的改变，社会自主性增强，社会出现了兴旺发展的形势，尤其普通的大众从改革中普遍地受益。这就是所谓

---

① 参见孙立平：《转型与断裂：改革以来的社会结构的变迁》，26～136页，北京，清华大学出版社，2004。

② 关于近些年来基尼系数的估计，有不同的数据，但是大都认为达到0.4以上，超过了正常贫富差距的警戒线。参见刘祖云主编：《社会转型解读》，259页，武汉，武汉大学出版社，2005。

③ 参见http：//money.business.sohu.com/20061123/n246560771.shtml。

的"蛋糕做大"的改革。在20世纪90年代以后，贫富差距很快地加剧，产生了越来越严重的社会公平问题。这种社会不公的原因，有分配机制不健全方面的，更有改革中国有资产的流失问题。

国家监管不足导致的国有资产经营的大量浪费，国有资产的各种形式流失，引起社会的广泛争论和谴责。大量的国有资产被以各种形式侵吞，这实际上的"私有化"帮助促成了一种寡头集团的形成。这就是有些学者所称的权贵私有化问题。有学者警告这种状况可能导致那种权贵资本主义化。如有学者指出过，中国的改革开放，其实质是通过利益调整逐渐改变社会资源的占有状态。但改变资源的占有状态的方式走的是以权力市场化为起点的权贵私有化道路，最显著的特征就是国家资源分配及占有的不平等，这种起点不平等是中国改革以来社会阶层形成的基本条件。①

中国的社会转型中，涉及全能主义的集权政府的转型问题，这个过程中必然是经济问题和政治问题扭结在一起，就是民主化、自由化与市场化、私有化扭结在一起。再加上意识形态背景中的"皇帝的新衣"颜色之争，使得问题极端地复杂化。也就是这个过程有私人生活的公共化的"化私为公"的民主问题，也有在明晰产权和提高资本效率名义下的"化公为私"的市场化问题。② 由于政治权力民主化运行的滞后，也同时出现了种种伪市场化，如政府以市场化为由而逃避公共责任，寡头群体以市场化来化公为私地敛财。这在公共卫生改革、教育产业化改革、国有企业改制等等情形中有明显表现。

相关的社会学、经济学研究表明，上层强势群体是以财富、权力和知识的结合为基础建立起来的。这个群体人数不多，但是控制着社会的大部分资源。③ 有学者把这个过程概括为社会的寡头化。这个过程中权力与资本的结合，导致了国有资产的大量流失，也导致政府权力自主性的削弱。

与强势集团的形成相反，自20世纪90年代以来，逐步形成了社会弱势群体或者有学者所称的底层社会。贫苦的农民、农民工、城市的下岗失业人员等是当今弱势群体的主体。这些弱势群体有些长期以来处在中国的底层，如中国西南、西北集中联片贫困地区的贫困层，还有一些是近年社会变迁中新产生的底层，如下岗职工、衰落企业的职工以及由流动人口组成的城市底层社会等。社会的底层不能平等地分享改革和发展带来的社会整体福利的增进，似乎成为被时代和社会所抛弃的人。他们的弱势是结构性的、制度性的。他们人数众多但是对社会政策的影响力却不大，基本的医疗、养老没有保障，在阶层内部弥漫着比较强烈的失望情绪，但是通过自身改变处境的能力又很有限。城乡差别依然是造就农村

---

① 参见何清涟：《当前中国社会结构演变的总体性分析》，载《书屋》，2000（3）。

② 参见秦晖：《自由主义，社会民主主义与中国问题》，载http://www.cngdsz.net/discourse/article_show.asp?typeid=1&articleid=6341。

③ 参见孙立平：《转型与断裂：改革以来的社会结构的变迁》，77～136页，北京，清华大学出版社，2004。

社会弱势群体的一个主要原因。近年来农村和城市的收入比又在逐步拉大。[①] 农民在城市中受到歧视，在农村生活中也受到制度性的歧视。他们的权益不能得到平等的保护。当今，随着社会进步，行政化的身份歧视在减少，但必须看到，有些身份歧视还远远没有被打破，其中最为根深蒂固的就是对于农民的身份歧视。农民因为其身份而在权利享有上受到诸多的歧视，没有得到国民待遇。

一个健康的社会应该有贫富差别。贫富的分化，从其积极后果来看，可以增强社会的活力，促进社会结构的分化和社会的多元化，也会有助于社会的稳定。但贫富差距的过于悬殊则会带来社会矛盾的增加，尤其是当贫富悬殊是制度性歧视所造就的、个人没有希望通过自己的能力来改变这个处境的时候，就容易滋生对社会的不满和抗拒情绪。社会的怨恨心理在贫富悬殊中成长。在底层民众面对经济地位的低下与政治地位的虚幻之间的强烈反差时，便容易导致低层的民粹化。

另外，值得注意的是，社会分化过程中的社会中间阶层的发育迟缓。发生这种迟缓的原因是，社会的上层势力群体占有和支配大部分社会资源。金字塔形的分层结构使得中间阶层基本被推入社会的中下层了。

这样，整个社会结构便存在断裂的危险。其表现就是社会的两极化而不是多元化。社会的两极化，是社会转型中的社会结构的畸形状态。这种社会结构相比较原来的“压缩社会”在某些方面是一个进步，但依然不是一个健康的社会结构。在这个结构中少数的社会上层控制着大多数的社会资源，而大多数的社会中下层人虽多但“势不众”，社会中间层没有充分地发育起来。社会的贫富悬殊导致了阶层之间的断裂，甚至阶层之间的仇恨。

有学者认为，两极化社会的基本特点在于：社会框架脆弱，没有能力抵御社会震荡、处理和化解各种突发性的事件；社会认知短浅，扭曲了对这些问题的把握，特别是对若干重大的、关键性的问题难以达成共识；而作为社会运行主导者的政府在问题和危机酝酿之时往往麻木不仁，当问题显著化或危机来临之时，由于传统的思维方式的惯性作用的支配，其又会更多地强调问题和危机背后的意识形态因素，不适当地强化问题和危机中的敌对因

---

① 改革开放以来城乡居民收入差距经历了由迅速缩小到逐渐扩大，再由逐渐扩大到逐渐缩小，又由逐渐缩小到加速扩大的发展过程。1978 年，城乡居民收入之比为 2.57：1，1985 年达到历史最低点，为 1.8：1，之后在 1994 年达到峰值，比例为 2.86：1，超过了改革开放以前的水平。1997 年达到新的谷底，比例为 2.47：1，1997 年后，城乡居民收入比急剧扩大，2001 年为 2.90：1，2002 年扩大到 3.11：1，2003 年扩大到 3.23：1。（参见朱明龙：《用统筹发展缩小城乡差距》，载《中国经济导报》，2004－03－23。）林毅夫的最新研究认为，中国的城乡贫富差距将持续扩大，预计到 2020 年城乡可支配收入的差距将达到 4.9：1。而国外普遍接受的城乡差距是 1.5：1，发展中国家的城乡差距为 1.7：1。（参见《新京报》，2006－11－24。）另有人认为，“大量可以观察的事实表明，城乡居民之间存在着收入差距，而且在一定时期内这种收入差距会持续扩张，这是世界各国工业化过程中普遍存在的现象。但同样的观察也可以发现，平抑城乡居民的收入差距，除去工业化过程中经济发展运行的自身规律，可以在漫长的时期内自动弥合这种差距外，政府作用更为明显。政府的行为选择在很大程度上缩短或延续着这个过程的周期”。参见张红宇：《新“均贫富”说：各国对农民收入的支持》，载《管理世界》，2004 (4)。

素，从而导致政府在心理上的“过分紧张”和行为上的“防卫过当”措施。此种“过分紧张”和“防卫过当”反过来又会进一步加剧危机，同时削弱政府的凝聚意志，限制政府有效化解问题的措施和手段。因此，两极化社会又可称为“高风险社会”，其直接后果是社会冲突和对抗的发生，特别是底层社会对于上层社会的敌视和反抗。改革以前，中国居民普遍的生活水平都不高，因此，低收入的底层社会反而不明显。近年的一些调查显示，在这种新产生的贫困层中有明显的反社会倾向。流动人口中的底层社会，往往是违法犯罪的大本营。[①]

在有些时候，经济的增长可以在一定程度上缓和社会矛盾，尤其是减少一些因为经济短缺所产生的矛盾和纠纷。但是经济增长也可能带来社会矛盾的尖锐化，尤其是在经济增长与社会发展没有同步，多数人享受不到经济增长带来的福利增加的时候。近年来，我国的经济一直在高速增长，但是很多普通人的生活并没有因此而得到相应的改善，甚至有些地方还明显地出现了民生衰败的迹象。比如前几年一度很严重的土地抛荒现象、农村的“空壳化”（只有儿童、妇女、老人在留守，这就是所谓的“386199部队”在留守农村）、农民收入持续增长缓慢甚至负增长。有学者认为，在一个经济快速增长的社会中，通常会出现大批受益者和受损者。经济快速增长进而会造就社会群体的分裂，即产生所谓的“新富民”和“新贫民”。随着“新富民”人数的增加，他们自然而然地将会运用其手中的经济力量去改变社会和政治秩序，以便更好地维护他们的既得利益。而生存状况不进反退的“新贫民”，由于绝对和相对福利水平的下降，对其贫困的怨恨程度远远超出了一直处于社会底层者对贫困的怨恨。经济的快速增长，会导致社会各种人群对于经济增长成果的不均等的分享，尤其是在一个转型社会中，由于各种非经济力量的介入，这些经济增长的效应可能有一种集中于少数人手中的趋势。经济增长完全可能极大地增加受损者的数量，人均收入提高而受损者数量增多。这样，多数受益者虽有受益但却可能因为受益程度低于其他受益者而感到沮丧和不满。[②] 公正感从来都是相对的。在社会福利状况普遍改进的同时，人们同时很关心相对的地位的提高。人们心中真正的追求是福利的相对水平提高而非绝对水平改进。人们的绝对贫困或者相对剥夺感的增加，是社会动荡的一个因素。这样一来，经济改革和经济增长可能成为社会动荡的导火索。这在转型的中国尤须警惕。

第二，工业化、城市化过程中社会矛盾集中爆发。

随着市场经济的发展，企业用工量的增加，出现了规模庞大的民工潮，主要是农村劳动力向城市转移。由于制度保障的欠缺、劳动力充裕等原因，在各种企业单位中，劳资关系成为一种新的突出问题。比如，一些企业中的雇工为了发泄不满，采用了焚烧厂房、毁坏机器、殴伤管理人员等极端手段。此类现象在南部经济发达地区已屡见不鲜。农民工为讨薪杀人、总理为民工讨薪，是这个时代民工生存状况一个生动而辛酸的注脚。

---

① 参见孙立平：《转型与断裂：改革以来中国社会结构的变迁》，34～50页，北京，清华大学出版社，2004。

② 参见张宇燕：《经济增长与社会动荡的“托克维尔效应”》，载《上海证券报》，2006-05-16。

大中城市企业职工在企业改制的过程中也出现了大量的下岗失业问题。近年来这些职工为要求基本生活保障、参与企业管理而进行的请愿、罢工行为彼伏此起，呈现明显增加趋势。

在城市化进程中，出现两类突出问题。一个是被“圈地”农民、被拆迁居民的权益保护问题。近年来一些群体性事件、上访事件发生在土地征收和房屋拆迁过程中。农民的正当权益往往得不到充分维护。尤其是某些地方政府、官员、村干部等与开发商合谋，损害相关当事人利益的情况比较突出。另一个问题是，在城市化过程中，人口流动大大增加，农民大量流向城市，产生了新型的犯罪形式。尤其是一些城乡结合地带、一些外来户聚居的地区，成为犯罪的高发区。

在工业化、城市化过程中，伴随着人口增长压力的增加，会产生严重的失业问题。① 这个问题会一直困扰着社会转型的全过程。失业问题容易滋生社会不稳定。失业人群容易产生对社会的不满甚至报复情绪。② 中国在工业化过程中的环境压力越来越大。在经济发展与环境治理之间存在着一定的矛盾。环境的恶化会给社会稳定带来负面影响。近几年来，因为环境污染产生的群体性纠纷也逐步增加。

市场经济的发展解放了人的财富欲望，追逐利益和财富、摆脱贫困成为时代的主旋律。但是由于监管没有及时跟进，市场伦理没有完全生成，市场领域的混乱和纠纷急剧增加。违法经营、短期行为、假冒伪劣、坑蒙拐骗、虚假宣传、商业贿赂、欺行霸市等等，近年来都有越发严重的势头。市场的不完善和社会秩序的不健全刺激了人们利用一切手段来获取利益。近年来，日益猖獗的黑社会性质的犯罪活动，也已成为社会转型中的一个毒瘤。经济领域的犯罪呈明显上升趋势，也和市场化转型有一定关系。更值得忧虑的是，在市场化过程中，公共权力与资本的合谋，促成了权钱交易的恶性增长。下面还要讨论这个问题。

由以上简单的描述可以看出，当代中国的社会转型中促使社会矛盾和社会纠纷增加的因素在持续增加，而且其中的多种因素，在短期内难以从根本上改变。这也为社会纠纷的增加以及社会冲突程度的提高提供了进一步的现实基础。

二、社会转型凸显法律等社会控制制度的不足

我们已经指出，考察一个社会的社会转型实际带来的社会秩序恶化状况，不能只观察促使纠纷增加的因素，而是还必须仔细考察抑制纠纷和社会冲突的因素是不是也在增加，以及后者的增加速度是不是超过了冲突因素的增长速度。从两者的对比中才可以更清晰地观察一个社会的现实法律治理状况。下面我们简要分析社会中的抑制和化解纠纷的机制，尤其是法律机制的发展状况。

---

① 参见蔡昉主编：《2002年中国人口与劳动问题报告》，北京，中国社会文献出版社，2002。

② 参见胡鞍钢主编：《中国走向》，49～77页，杭州，浙江人民出版社，2000。

第一，法律的供应存在明显问题。

在前面我们已经说明过，社会转型以来立法取得了重大的成就，但是也存在着诸多的问题。这些问题的存在使得法律的效果打了折扣，使得立法在应付急剧的社会变革时有些“力不从心”。简单地总结一下，当前立法存在的主要问题大致有：

其一，某些立法的模仿痕迹太重而显得很“洋气”，而因为其洋气而被有些人谴责为脱离中国国情。立法中的移植与如何适应国情问题，是立法所经常要面对的诘问。立法移植或者基于对国外立法经验的借鉴而快速立法，是后发展国家法制发展的一个捷径。但是其经常的后遗症是，立法因“水土不服”而被责备。立法由于过于强调与国际经验接轨、以发达国家的法制为蓝本而对于本国自己的复杂国情不能适应。所谓脱离国情，其中很重要的就是，立法是城市中心主义的，而在二元结构下，对于乡村发展的关照就显得不够；立法是精英主义的，对于大众的真实想法和观念关照不够；立法是汉族中心主义的，对于少数民族的生存状况关照不够；立法是现代性中心主义的，对于本土文化的乡土传统关照不够，等等。

其二，立法效果的过度乐观主义。这种观念使得人们对于通过立法改造社会生活等能力过度自信，甚至轻信。立法可以在何种程度上改造社会，是一个广受争议的问题。而在社会转型过程中，人们往往对于立法改造社会的能力有很乐观的看法，立法被作为社会改造的便捷工具。立法的过度乐观主义是由法学家们制造的一种法律迷信。而反对立法上的过度乐观主义，是要对于法律的不能、法律的局限性有更清醒的认识。立法的实际效果要受很多因素的制约，不能轻率地相信法律能改变一切。社会生活的很多方面都是法律所不能轻易改变的。国家权力通过立法改造生活时，必须尊重生活本身的逻辑和社会的自发性和自组织性。立法打破生活自身逻辑可能是变革一个步骤，但是这是要付出代价的，也是高风险的。尤其值得注意的是，一味地依靠立法来治理社会，可能会助长一种国家制造违法和犯罪的倾向性。法律的目的是抑制违法犯罪，减少社会纠纷，但是立法的不适当恰恰可能在制造纠纷和违法。这倒应了老子的那句话：“法令滋张，盗贼多有”。这样，立法的过度，会大大增加法律调整的成本，也更容易造成有法不依。应该清醒地看到立法等正式制度调整的局限性。

其三，立法的国家中心主义倾向。立法的国家中心主义往往使人对民间规则和自发秩序失去应有的尊重。很多学者都强调过了，国家立法往往更为强调国家以立法的方式对于乡村和民间自发自主秩序的改造，而法律的无效往往正是在于对于民间秩序的稳定性和抗拒性估计不足，对于民间已有秩序的尊重不够，对于民间秩序中自发成长起来的新制度因素重视不够。实际上，礼失而求诸野，推动中国发展的新制度从根本上说不是外来的，而是内生的。权力不能拔苗助长，企图代替秩序的生长过程。秩序中包含权力因素，但是权力并非秩序。尽管可以从外面引进来良法美制，但是这里的关键是如何使制度落地生根。这个生根过程，正是制度与固有秩序之间的契合过程，是从已有秩序中发现新制度生长因素的过程。因而，制度是外来的，但是制度的基础是内生的。必须经过外来制度的内生化转换，才有法律制度的真正创新。我国在社会转型中的城乡二元结构以及由此导致的城乡断裂，转型中的精英与大众的价值观之间的断裂，也使得民间秩序与官方法制之间的对抗表现得更为突出。

其四，立法的“空壳化”。急剧的社会转型与立法的稳定性，是有其天然冲突的。在社会转型中，国家立法机关为避免立法快速失效的尴尬，避免立法机关与行政权力的直接冲突，也为社会转型期的探索留下空间，往往立法比较政策化，比较粗线条，也让立法本身留有空白。这样立法就有很大的弹性，这种弹性让立法有时成为一个徒具形式的空壳。这是立法调整措施上的空壳化。还有一种立法的空壳化，就是立法因为滞后于社会发展的步伐，而在实际上归于失效而徒具法律的形式。这是立法效力上的空壳化。比立法的这种“空壳化”更为严重的是立法的“空白化”，就是在某些重要的社会领域的立法讨论多年，迟迟不能出台，导致长期无法可依。法律不能同时跟进社会转型进程，就会产生规范的“真空”。这在不太恰当的意义上可以看作是立法领域上的空壳化。立法的这种状况，使得司法解释的重要性显示出来。立法的空壳化也让政策性调整有更大的余地。

其五，立法权力的分割。我国的立法体制有中央和地方两个层次，中央和地方又分别有多个立法主体，即其中主要是人大机构与行政机构。这样的立法体制在社会转型中，有一定的弹性和灵活性。这里的问题是，中央的人大立法权行使不够充分，法律的空壳化使得在立法体制中实际上是行政立法在主导，行政立法又往往被部门利益所主导。中央通过立法对于地方的制约能力不够，而中央地方关系的法律化程度不高，这也影响到全国的法制统一。

其六，立法公共性的不足。我们也已经指出过，立法在近些年来受到各种利益集团的影响越来越严重，立法的公共议程受到一定程度的扭曲。这让立法在一定意义上丧失了公共性。立法被某些强势群体所把持，而不能真正伸张和保护公共利益。尤其是，在当代中国的国家机构体系中，立法的协调功能不足，中立性不够，立法受行政机关的过多影响，行政方面立法又被部门利益所左右，地方立法被地方主义所侵蚀。这使得立法中的利益较量和协调本身就是失衡的。一些应该被保护和关照的利益由于没有相应的主体来主张而被忽视或者被侵害，而另有一些强势部门或者一些强势利益集团借助其代言人则主导立法。比如在邮电、航空、电信、银行、石油、交通等等领域的立法中，部门利益和强势群体的身影清晰可辨。它们所牺牲的是缺场的大多数——大众的公共利益。公共利益为权力和局部利益所侵蚀。

其七，立法的草率。由于理论准备不足、公共参与不够、立法应时应景、领导人个人意见等因素的影响，有一些立法显得较草率，立法技术粗糙，制度设计明显不合理，制度之间的协调性不够。

立法中的这些问题，诸如立法的不完善、立法的滞后或者超前、立法的地方保护主义、立法的部门保护主义、立法的懈怠等等因素，决定了通过法律的治理的限制。在面对社会转型所提出的秩序需要的更大压力的时候，立法能提供多少规范和制度关系到法律能不能回应社会秩序的挑战。

第二，政府治理能力的降低。

相比较前改革时代的国家全面干预社会而获得全能权力，社会转型的一个重要方面就是政府权力的适当退出，规范和限制政府权力。从改革以来的情形来看，存在一个国家权力从社会领域中逐步退出的状况。这种退出是为了使得社会获得更大的活力、更大的自由空间。当然，这种退出不是要试图削弱政府的权威和治理能力。实际上，正是伴随着适当的退出，才有国家的行动能力的健康发育。正是有所不为，才可以更好地有所为。

在改革过程中，我们党和政府一直试图保持一种强势的把握全局和控制全局能力，以至于被认为是一种新权威主义的政治模式。① 这也是我国改革稳步推进的一个支持因素。但是在过去一些年的转型进程中，政府角色和功能定位方面也出现了一些新的问题。建立真正的公共服务和公共管理型政府，是政府职能转换的一个重要方向。② 目前存在的关键问题是，在有些地方，不该退出的退出了，该有所为的却无所事事，该出手的时候却手软了，该缩手的时候却手长了。

其一，政府的公共职能的降低，公共事业的衰败。在政府转型和甩财政包袱的名义下，一些地方政府把一些公共事业卖掉、送掉，把本来应该由政府兴办的一些公共事业简单地推向市场，或者任由其自生自灭。这导致在政府应该有所作为的领域，政府缺位了。尤其在广大的农村地区，由于没有建立其公共财政，农村兴办教育、水利、医疗卫生、社会保障等公共事业方面的国家投入严重不足，农民没有享受到应该得到的政府公共服务。有些基层政府除了收钱来养活自己，几乎无所作为。

其二，中央与地方政府的关系的不清晰。③ 这导致中央与地方争权、政府与百姓争利的状况。近年来地方政府的离心力似乎在增加，有些地方政府凭借经济实力对于中央政策有更大的影响，这种状况影响了中央政府的治理能力。而地方政府有些为了短期效益、形象工程而任意决策的行为，也似乎难以遏制。比如，近年来，在保护耕地、保护环境方面，中央一再严令控制，而一些地方政府有令不行，有禁不止。

其三，部分政府官员的腐败呈严重态势。在有些官员心目中，做官甚至已经成为谋取利益的生意行为。花钱买官，做官收银，甚至被某些人视为一个官场的潜规则。比如，近年来严重的矿难事件中，背后几乎都有“官煤”勾结的情形。而中央政府三令五申的要官员退股脱钩的命令总是不能得到很好的兑现。矿难发生以后往往有地方政府来为煤老板掩饰、撑腰。有些地方政府明火执仗、有禁不止已经到了令人发指的程度。这其中的腐败显

① 关于新权威主义政治的特点，可以参见陈尧：《新权威主义政权的民主转型》，上海，上海人民出版社，2006；刘军宁、李林编：《新权威主义：对改革理论纲领的论争》，北京，北京经济学院出版社，1989。

② 参见周天勇等：《中国政治体制改革》，1～46页，北京，中国水利水电出版社，2004。

③ 中央与地方的分权是政治体制改革的中心议题之一，法律发展也总是不能回避中央与地方的分权关系问题。相关的讨论参见苏力：《当代中国的中央与地方分权——重读毛泽东〈论十大关系〉第五节》，载《中国社会科学》，2004（2）。

而易见。又如，在国有企业转制、房地产开发、干部升迁调整等方面的官员腐败更是成为大众议论焦点。权钱交易已经严重腐蚀了政府的肌体，也损害着党和政府的权威。司法腐败的蔓延，损害了社会大众对于公正的信心、对于社会诚信的信心。

其四，财政拮据与经营“权力”。由于地方基层政府的机构臃肿庞大，很多地方的财政完全沦为“吃饭财政”，而且还巧立名目以政府名义收取各种费用。由于经费的限制，很多应该由政府负责的事情，政府要么放任，要么交给企业或者其他机构，这些机构又借政府之名来谋取利益。有些地方，政府直接参与营利性的经营活动，而且屡禁不止。政府的这种“创收”行为背弃了政府的基本定位，更直接损害了政府的威信。权力本来应当是公益性的、为大众谋取福利的，却被用来为政府自己谋利。权力的市场化、权力本身的自我利益中心化，也是我们曾经说到的政府的异化的一个形式。另一种经营权力的表现是，遇见有利可图的事项，为了争夺利益，一哄而上，闹成“九龙治水”；遇见无利可图的事项，相互推诿扯皮，都不负责任。①

其五，政府公共性的下降。也许，当前对于政府权力的最大考验是，如何保持政府的公共性而不被强势的利益集团所左右。灰色经济、黑色经济、地下经济的出现乃至猖獗，寻租行为的公开化、普遍化等等都直接影响着政府的中立性，使得政府看守公共利益的政治品格受到严重挑战。尤其是，各种强势利益集团都在利用各种途径和手段，试图影响政府的公共决策。而近些年来的一些问题也恰恰表明，这种影响是相当大的，有些明显有可能推行的改革被以种种理由拖延的背后，都有相关利益集团的介入。

其六，官民关系紧张。官民矛盾成为当今政府管理中的一个突出问题。有些地方政府不是疏导矛盾、检讨失误，而是千方百计地掩饰矛盾、压制矛盾。比如有些地方政府竟然将打击农民上访作为“专项治理活动”。农民上访作为弱势者寻求正义的方式，其中更多地呈现的是对于现存秩序和权威的尊重，而不是颠覆。有些地方政府将之视为洪水猛兽，其实在自己侵蚀着政权的合法性基础。

其七，意识形态影响力的减弱。政府一直试图沿用几十年来形成的意识形态优势来巩固政府的合法性和公信力，强化政府的责任伦理；通过不断的“与时俱进”来达到政策与发展形势的同步，来维护政府的威信。突出意识形态的优势是中国改革的一个“亮点”，但是由于实际运行中的种种问题，意识形态反而可能被无情的现实所嘲弄。意识形态的高调与现实状况之间的反差，使得意识形态增强政府权威的能力受到很大的影响，意识形态的政治动员能力也受到影响。在种种利益刺激面前，意识形态甚至受到了嘲弄。权力的不受制约，权力的市场化，权力的私人化，甚至权力的流氓化、黑帮化②，会导致政府责任伦理的丧失。

---

① 食品监管领域中的权力重叠、权力争夺和推诿非常典型地反映了这个问题。近来通过的《食品安全法》是在监管机构的权责划分上做了进一步的明确规定，试图解决权力的推诿和重叠问题。

② 有学者认为某些政府机构存在一种“西西里化”倾向。参见孙立平：《转型与断裂：改革以来中国社会结构的变迁》，119～125页，北京，清华大学出版社，2004。

另外，在转型社会中，司法机构本身的公信力受到挑战。这加剧了依法治理的难度。法律能起到其调整作用很重要的原因就是司法的公平正义性。而司法的腐败，破坏了司法和法律的权威性。有些司法人员在关系、权力、金钱、美色面前的屈服，使得法律也成为任其蹂躏的玩偶，手中的执法权、司法权成为其获取私人利益的手段。近年来，司法机关一直在致力于改变自己的形象，已经取得了一定的效果。

公共官员的腐败、权力被利益集团所左右、权力市场化的利益刺激等等，使得以法律来约束政府权力显得更为艰难。政府部门成为有法不依的重灾区。而政府部门的一次不法，比公民十次、百次的违法为祸尤烈。约束政府权力的滥用，其难度本来就比约束公民违法要大很多。在法制还不是很健全、有法不依还很盛行的今天，当一个公共官员丧失政治责任伦理，其放肆、恣意和疯狂简直到了极点。

政府权威和公信力的衰落，对于政府权力的不信任，尤其对于基层权力的不信任，会直接伤害政府的治理能力。对于法律的不信任，甚至对于执法机构、司法机构的失望，也会在很大程度上直接伤害法律的治理能力。这些因素导致了政府治理能力的减弱，也导致了政府治理能力的降低。在这样的背景下，期待政府严格公正执法和司法，严格约束自己的权力，确实有很大的难度。国家权力在应对社会转型危机和矛盾的能力上是存在问题的。这是导致法律治理不够充分的重要原因之一。

第三，非正式社会控制的供应不足。

执法成本的高昂影响着正式制度的实施效果。在社会转型中，法制化程度的提高，也在助长一种倾向，就是更为注重甚至迷信通过正式的制度渠道来解决纠纷。这个方向似乎并没有错。但是应该注意的是用正式制度来解决纠纷、维持秩序的成本问题。通过法律等正式制度来解决纠纷要耗费大量的公共资源。执法机构、司法机构经常抱怨经费不足，抱怨无力执法、执法力量不足等，都表明了法律实施的高成本问题。这就是正式制度的代价。司法机构的执行难，有一部分原因就是执行成本太高。一个极端的例子是，有人因为一纸胜诉判决的执行屡屡受阻，迫于无奈而想把判决书拍卖掉。在一个转型的社会中，国家有足够的财力来负担起这么大的执法成本和司法成本吗？在社会转型中，国家财政的压力大，而且因为缺少必要监督而浪费严重，很多时候并不能充分满足法律执法的资源耗费。这就使得法律治理的效果受到影响。

而在正式法律制度实际上不能满足需要时，或者人们对于有法不依、执法不严感到失望时，又容易产生两种反应：一种倾向是，重新祭起德治的大旗，用以德治国来校正法治化的流弊；另一种倾向是，寻求替代性的权威治理方式。其一，就纠纷而言，试图寻求纠纷解决的替代性机制，力求更大地发挥调解、协商、谈判、仲裁等非法律的纠纷解决方式的功用。这个方向当然没有错，也许可以借助这样的努力形成一种有中国治理特色的纠纷解决体制。不过，在一个走向法治社会的国家中，非诉讼的纠纷解决方式的拓展不能否定正规的法律制度供应的必要性。其二，就正常社会治理而言，政府退出或者治理能力衰退后，在许多社会领域留下治理权威的真空。必须填补由此造成的权威真空和规范真空或者规范失调。比如就农村的治理而言，改革以来国家在许多领域中退出农村的治理，如，农村基层组织功能严重衰退，政府由“全能政府”骤变为“不管政府”。而农村的传统价值观已经在阶级斗争年代被摧毁殆尽。这使得农村处于治理不足的境况。农村宗族制度的恢复，宗教、准宗教的信仰的兴起，都是农村自发谋求重建基层社会权威的做法。后来，发展农村的基层民主自治，则是来自官方的试图重建农村基础社会的努力。这些做法，对于实现农村的社会控制有一种替代性功能。鉴于国家正式制度的供应不足，这种非正式制度的供应就尤其显得重要。但是这些非正式制度的供应水平也受到很大的制约。而且这些非正式的制度供应也不可能取代国家成为主导的社会控制形式。

第四，社会价值共识的重建尚需时日。

价值观体系是社会控制的软件系统。价值观体系包括意识形态、道德价值、生活观念等。社会的价值共识程度，对于提高社会控制水平、减少社会控制成本、提高法律的实效至关重要。

价值观的建构是一个理论问题，可以由知识拥有者或者政治精英完成，而社会价值共识的形成，则是一个实践过程，不可能由少数人来替代。从价值体系作为理论的形成到成为大众的价值共识，总是要经过一个相当长的过程。法律价值共识的生成，是法律理念深入人心的过程，是一个塑造法律信仰的过程，也是一个法律文化重建的过程。价值共识的生成过程，不是依靠强力，而是依靠大众的道德自觉。在社会转型中，价值共识的形成需要权威和精英的引导，但是其真正生成则需要社会的自我进化。时至今日，旧的价值观体系已经日渐式微，但是新的价值观还没有定型，尤其受到短期内市场化的利益原则的冲击，道德约束力没有好转。当代中国是一个价值观多元化发展的时代，虽有主导意识形态的指引，但是在大众中形成普遍共守的价值观共识尚需时日。

在这个倡导价值和利益多元化的世俗化的“渎神”时代，在这个市场化、去意识形态化的浮华而浮躁的后革命时代，重建社会价值共识是艰难的，但正因为艰难而更需矢志以求。价值重建过程，就是重新寻找精神家园的过程。

以顺应时代需要的价值体系来指导立法和制度创新，可以降低法律制度的实施成本，提高法律调整的效率。以由社会全体成员分享的价值共识作为法律治理的社会氛围和文化环境，可以进一步降低法律实施的成本。进一步看，只有修复日常生活与心灵世界、价值与制度之间的关联，建立社会的普遍价值共识，这个社会才是稳定的，这个社会的治理成本才是更低的。建立社会价值共识，借助道德来实现社会整合，可以促使民众更自觉地尊重正式规则，更自觉地守法，这样就可以大大节约社会的正式制度运作的成本。这也是一种“无为而治”的善治状态。提倡以德治国的合理性似乎从这里可以找到一点根据。法治也需要其道德基础，其用意之一也是在此。

对于价值观的共享，是影响社会成员的社会认同感的一个因素。任何社会的整合都需要借助价值共识来统一思想，并提高个体对于社会的认同感和皈依感。在现代法治国家中，个体的民族身份和公民身份是建立社会认同感的基本方式。这些身份的一个前提就是分享共同的民族情感、公民价值观。借助于共同价值观的分享，个体会感觉到自己属于这个社会，对于这个社会具有一种责任感。另外，价值共识也可以起到沟通不同社会阶层的作用，从而可以缓解社会阶层之间的矛盾，也有助于实现社会的政治和解。这样，价值共识就是一种缓解社会矛盾、减少社会纠纷的积极因素。

修德养性以求共识，依共识而修法制，行法制以化风俗，这是法律最终走入生活、走入人心深处的路径，也是法治建立自己的精神基础和文化基础的路径。

第五，社会信任机制的重建步履维艰。

毫无疑问，信任是社会生活的最基本基础。建立基本的社会信任，是社会生活成为可能的条件，是社会合作得以扩展的基础，也是社会整合的关键因素之一。[①] 当今的社会中，社会信任机制的瓦解已成为社会危机的一个信号。社会信任机制瓦解的一个典型例子就是近年来盛行的“杀熟”现象。“杀熟”现象造成的一个最严重的社会后果，就是将最核心的人与人之间的相互信任破坏殆尽。我国传统社会的最基本信任结构就是围绕“熟人”建立起来的，传统社会也被称为“熟人社会”。这种信任结构在阶级斗争时代已经遭受了严重的破坏。而在市场经济大潮席卷而来的时候，对商业利益的疯狂追逐最后从根本上摧毁了这种信任机制。

而自新中国成立以来在新意识形态基础上建立的个人交往之间的“同志式”信任结构和高度依赖国家的“父爱式”信任结构，曾经是有效的。社会转型以来，这种意识形态化的信任机制受到越来越大的挑战和侵蚀。但是官方依然没有放弃通过意识形态的教化来建立信任。最近的社会主义荣耻观教育就是个例子。

目前，新的信任机制还没有建立起来，社会的诚信危机成为一个大众话题。社会信任的缺失，大大增加了人们的交往成本，提高了社会交往的风险，限制了人们扩大交往的积极性。由于没有起码的诚信，交易的投机性就格外严重。假冒伪劣、坑蒙拐骗、吃拿卡要成为生财之道，诚实守法却常常遭到嘲弄。某些政府部门为了政绩形象，为了升官或腐败的私利，也是做假成风。政风不良，成为破坏社会诚信的一大因素。

没有社会信任，在减少人们交往的意义上，似乎是减少了某些社会纠纷。但是，更多的情况是，由于没有健全的诚信机制，社会矛盾往往更为突出，社会纠纷会增加。比如，如果在合同交易中各方都本着诚信来签订和履行合同，就会减少很多的纠纷；而如果各方都骗字当头，交易中纠纷就在所难免。

第六，社会的组织控制体系还很不完善。

随着意识形态控制的削弱，国家权力退出某些领域的控制，受商业大潮的冲击，组织发展呈多元化趋势，原来的垄断性组织控制在减弱，个人从传统的组织控制中获得解放。社会转型已经在相当程度上突破着在压缩社会中所被先赋的身份，而使其逐步成为自由人。

---

① 参见季卫东：《法治与信任》，载郑永流主编：《法哲学与法社会学论丛》，2006年第1辑，北京，北京大学出版社，2006。

从单位制的僵化的行政化控制中解脱出来而成为自由人，是个人自改革开放以来获得解放的重要形式之一。单位制是一种身份制，原来的单位制曾经是一种有效的社会控制形式，但是这种制度因为过度束缚人的自由而注定要被改造。

在身份性的单位组织控制逐步瓦解的同时，自由的或者契约性的组织也在成长。这种组织恰恰是个人自由发展的手段，其大致有两种：一是营利性的组织，主要就是企业组织；另一类是非营利性的社会组织，主要是各种自愿性民间组织。这种非政府、非营利的社会组织发展对于法治的发展有重要意义。通过组织化，可以强大个人结合的力量。组织是个人的社会自治的必要形式。结社权因此便是个人最基本的权利。这些组织是可以自由加入的组织，个人不会因为加入组织而丧失自由和自主，相反，个人因为加入这些组织而获得了更大的自由和发展，同时可以借助这些组织对抗国家权力的任意性。① 比如，当前，农民组织农会的结社权，就是保障农民权益的重要形式。新型的组织多种多样，诸如各种地域性的自治组织、功能性的中介组织等。这些组织正在壮大，但是官方控制的色彩依然比较浓厚，很多的社会组织依然要挂靠在官方机构之下。自主独立、功能多样化、治理民主化的社会组织的充分成长还需要时日。

这些新型社会组织是社会中间层发育的一个策源地，也是建设公民社会和公民政治的主力军。而企业组织的充分发展，对于发展生产力，沟通市场与社会、市场与国家有积极作用。各种社团组织，对于沟通国家与社会、精英与民众、上层和底层、富人和穷人有重要的积极作用。这些组织也是中介机制、利益表达机制和社会沟通机制的重要组成部分。

如上种种表明，在社会转型中，控制社会矛盾和社会纠纷的国家和社会治理权威和治理能力不足，在这个时期权威失落、价值失落、社会失范②，当然这不是说法律治理等就注定无所作为，而是说，法律治理的改善、法律调控能力的提高、法治化程度的提高等都需要经历一个艰难的过程，需要在忍受法制不完备、法律无能等等的责备中执著地前行。忍受苦难才能进步，但是忍受苦难不是消极的等待，而更是要坚韧的追求。

三、完善法制，应对社会转型的挑战

社会转型对法律治理的挑战是严峻的，社会矛盾的尖锐化也将会持续一个时期。有学者认为，到2020年左右，才会出现我国社会秩序根本好转的“拐点”③。对于社会转型的矛盾的控制和治理是多方面的，法律是其中最重要的治理方式之一。但是法律在这个过程中所面临的窘境也是明显的。法律应该如何回应挑战才不辜负这个时代？这里不能详细地讨

① 相关的论述可以参见孙国华、朱景文主编：《法理学》，159～162页，北京，中国人民大学出版社，2005；马长山：《法治进程中的民间治理》，北京，法律出版社，2006。

② 有学者认为，社会现代化过程中法律的失效的原因在于权威的失落。参见郑永流：《法治四章》，256～267页，北京，中国政法大学出版社，2002。

③ 蒋立山：《走向“和谐社会”的秩序线路图》，载《法学家》，2006（2）。

论和论证法律治理完善的各个方面，只能结合社会转型已经暴露出来的问题，简要地指出以下几点：

第一，真正贯彻权利平等原则。

实现社会转型过程的公正，首先是保障权利平等的落实。宪法规定了公民在法律面前人人平等的原则。这一原则的最重要落实之一就是，要实现人在基本权利方面的平等。基本权利的不平等是一种制度性的歧视，是当前不平等发展的重要制度原因，也是造成大量的利益矛盾和冲突的重要原因。比如，近些年来越来越严重的征地纠纷，其背后的真实原因就是农民没有对于土地的真正权利，农民没有成为真正的公民而没有享有平等的公民权，更进一步是公民还没有享有真正的公民权。比如，农民没有对于土地这种最重要财产的所有权，没有充分的结社自由而不能组织起来捍卫自己的权利，没有迁徙自由来改变自己的命运，没有享受到平等的社会保障权。因而，农民保护不了他们赖以维生的土地，他们没有对于土地的发言权，这些土地在集体的名义下或在快速发展的名义下被强取豪夺。

通过赋予人以平等权利，尤其是赋予社会的弱势群体以平等权利，可以减少大量的纠纷，增加社会的凝聚力，减少社会转型中对于底层的剥夺。比如，对于农民而言，就是尽快给他们以国民待遇，实现超越城乡二元结构的权利平等化。

第二，通过法律“抑富抑强”和“扶贫扶弱”。

这就是要运用税收等方式来调节社会财富占有的过分悬殊，努力保障社会的贫富差别不产生社会的结构性裂痕和造成尖锐的贫富对立。这些税收手段包括：高额累进税制、遗产税、奢侈消费税等。尤其要严厉打击那种不义而富、不法而富，切断金钱和权力的联系，坚决抑制经济寡头势力对于公共政策的不当影响。另外，要调整垄断行业过高的垄断收入。垄断行业不合理的高收入已经成为造成社会不公平的一个重要因素。

以法律来“扶贫扶弱”，其中最重要的措施之一就是建立覆盖全民的社会保障制度。享受社会保障，是公民分享社会改革和进步成果的重要方式，也是缓解社会矛盾、保障改革走向深入的重要的方式。应该尽快实现住房、医疗、教育等最基本的保障制度覆盖大多数以至全社会成员，建立和完善对于社会弱者的救助制度、职业培训制度、再就业培训制度等。

另一个重要措施是，通过健全利益表达机制来保护弱势群体。要让各类群体，特别是社会弱势群体获得更多的表达利益的机会，使利益表达机制得以制度化、常规化。比如，建立劳资集体谈判制度、集体劳动合同制度，拓展工会的功能。应当强化人大在代表和表达利益上的广泛性，健全听证制度、舆论监督制度等。

第三，促进社会的自由流动。

自由流动是人的基本人权，是市场经济秩序的构成性要素，也是创造更多社会财富的必由之路。正是自由制度带来更高的生产力。前面提到过促进人的自由流动的重要性。要继续打破各种身份的限制规定，彻底打破城乡隔离的体制，保障公民的迁徙自由、流动自由和居住自由。要打破职业准入的种种不合理限制，保障公民的平等就业权和职业自由。

要打破市场准入的不合理限制，实现资本的流动自由。尤其是要加强对市场主体平等自由权的保障，消除对于民营经济的制度性歧视，将保障民营经济发展的相关政策法律化。

要打破地区垄断、行业垄断、所有制垄断以及其他的行政垄断，建立公平合理自由的平等竞争环境。要继续促进资本、人员、商品、技术的自由流动，来达到市场效益的最大化。尤其要改变权力过度介入市场的做法，警惕滑入坏的市场经济。①

第四，社会的去组织化和再组织化。

组织的多元化，是利益多元化发展的必然要求，也是社会自治发展的重要途径之一。在组织多元化的基础上，逐步学习公共生活，培养公共理性，进而促进建立自由、开放而健康的公共生活空间。

组织的多元化发展，将会提高抗议的力量，似乎这会影响稳定，更容易导致社会动荡。但是也要看到，组织的多元化也是健全利益表达机制的必要举动，通过多元组织进入政治参与活动中，实际上也是把散乱的民众不满情绪纳入政治的议程之中，他们固然对于政治议程施加了压力，但是同时也被政治重新塑造着。就是说，他们的利益要求在政治过程中得以表达，就是缓解其不满情绪从而化解利益冲突的重要方式。

组织的多元化发展，也有助于转变政府的职能，通过组织的自治来减少政府对于社会生活的干预，填补政府权力退出所带来的治理空白。政府精简基层机构，与社会组织的多元化发展应该是同时进行的。多元组织代表公民社会的力量来和国家政权进行积极的交涉活动，通过交涉性积极互动，逐步明确政府的权力界限。

组织多元化的方式是多样的，比如在农村，应该鼓励兴办消费合作社、生产合作社、农会等农业合作组织。农民协会组织可以引导农民争取权益活动的理性化，减少农民的“非制度化政治参与”；政府也更愿意与农民的组织如农民协会来对话，而由它来代表农民的利益与政府对话也更有效；农协也可以充当农民与政府之间的中间层组织，从而缓解在一些地方农民和政府的对立；农协等组织把农民组织起来并进行自治管理，这也减少了政府的某些经济管理职能。②

因而，为了保障社会转型的深入和稳定，一方面，应该从原来的过于僵化而剥夺自由的组织体系中解脱出来，另一方面，还要进一步发展自愿的再组织化，这种再组织化的目的是保障自由。对于个人而言，健康的组织化是提高社会自由水平和人的集体行动能力的必要方式。对于政府而言，公民社会的多元组织化水平的提高，不是洪水猛兽，而是得力助手。因而，应该充分保障结社自由，依法保障发展各种社会组织。③

---

① 参见钱颖一：《市场与法治》，载《经济社会体制比较》，2000（3）；钱颖一：《政府与法治》，载《比较》，2002（5）。

② 关于民间组织的现实困境和出路，参见谢海定：《中国民间组织的合法性困境》，载《法学研究》，2004（2）。

③ 关于这方面改革的思路和措施，可以参见周天勇等：《中国政治体制改革》，154～175页，北京，中国水利水电出版社，2004；王团：《中国社团改革》，北京，社会科学文献出版社，2001；金晓晨：《商会与行业协会法律制度研究》，北京，气象出版社，2003。

第五，完善释放矛盾的安全阀制度。

言论出版自由权、罢工自由权、游行示威自由权、公民的诉愿权等都是公民表达自己意见的重要方式，也是伸张其利益诉求的方式。这些权利实际上也是社会释放矛盾的安全阀机制的一部分。为了社会的长治久安，应该积极地疏导矛盾，而不是压制矛盾，应该让人们可以在合理的范围内宣泄不满情绪。如果没有这种正常的表达批评和不满的机会，那么必然会逐步积累矛盾，最终酿成大动荡。为了稳定和化解矛盾，应该保障公民表达意见和利益诉求的这些基本人权。

同时也应该承认公民在没有其他有效手段维护其合法利益时享有抵抗权。对于民众的局部性的、小规模的合理抗议活动，应当予以最大限度的容忍并积极疏导，而不是动辄滥用法律制裁来予以简单化的处理。这样既损害了法律的权威性，又达不到理想的效果。

应健全纠纷的多元化解决机制。[①]在处理纠纷时，应当注重法律机制与非法律机制相结合。在社会转型过程中，社会矛盾大量爆发，根本不可能也没有必要完全以法律手段来处理这些利益纠纷，应该建立多渠道的纠纷解决机制来及时、便利而低成本地解决纠纷。当然，这种非正式纠纷解决渠道的健全，并不是要蚕食或者替代纠纷的法律解决方式，也不能为了宣扬其重要性，而延缓甚至否定正式制度的建设步伐。

2.5 多重视角时代的法律和发展：新兴发展型国家的法律挑战[②]

大卫·楚贝克[*]

朱景文　余履雪　译　许建康　校

当今，在法律和发展问题的领域，浮现出一个新的话题："新兴发展型国家"（new developmental state，NDS）的出现及其对法律的意义。"发展型国家"（developmental state）这一称谓原是指在拉美和亚洲两个地区，国家在发展中所扮演的角色。过去在这两个区域，

---

* 大卫·楚贝克（David M. Trubek），世界事务和全球经济中心的资深成员，威斯康星-麦迪逊大学 Voss-Bascom 教席教授，美国批判法学派的代表人物。本文是大卫·楚贝克在中国人民大学法律与全球化研究中心于 2008 年 5 月 10 日～11 日举办的"法律与发展的中国经验"国际学术会议上的报告，原载《法律和发展的中国经验国际学术研讨会论文集》（2008 年）。

① 关于我国纠纷多元化解决机制的相关研究，参见范愉：《纠纷解决的理论与实践》，北京，清华大学出版社，2007。

② 笔者感谢 Lousie Trubek，Diogo Coutinho，Paulo Mattos，John Ohnesorge，Alvaro Santos，Evgeny Finkel，麦迪逊大学"法律和发展"研讨班上的学生们，在圣·保罗（São Paulo）CEBRAP 举行的"法律与新兴发展型国家"研讨会，以及在 Fundao Getulio Vargas（FGV）法学院举行的"法律和发展"研讨会，笔者从中得到了有用的观点、建议和帮助。本文的错误由笔者负责。

国家在刺激和引导经济发展中扮演着积极的角色。新自由主义和"华盛顿共识"（Washington consensus）倡导国家扮演一种更为有限的和被动的角色，在这些理论如日中天占据霸权地位的时期，上述举措似乎显得不合潮流了。但是如今新的发展实践和新的理论正在涌现。不难发现，一些国家正重新以一种更为积极的姿态来促进发展和公平，并且一套有助于解释这种发展并为其提供指导的理论亦正在形成。

这些理论和实践中的新变化要求我们重新审视法律和发展理论，因而值得关注。不难看出，一些国家并不是简单回归过去的发展政策和法律模式，而是要摸索一种与六七十年代的亚洲和拉美国家非常不同的发展型国家模式。虽然这些新的理论强调国家干预的价值，但是它们所指出的干预形式与此前在很多国家实行的那些形式大不相同。我们了解到的不多的经验资料表明，一些国家正在试验新的干预模式。新的理论和实践表明我们需要新的法律形式和法律程序。

本文对上述发展的分析分成五部分。第一部分，我将概述新兴发展型国家的观点并用巴西最近的发展来证明这种模式在实践中正在呈现。第二部分，我侧重于经济发展理论，这将有助于解释必要的制度创新中一些新的趋势和重点。第三部分，我将展示过去经济理论中的一些变化是如何改变有关法律和发展的理论和学说的，并且指出重估这些理论的时机业已成熟。第四部分，我将指出亚洲经验至今尚未在西方法律和发展理论中占有一席之地。鉴于有关新兴发展型国家的一些观点取材于亚洲经验，当我们致力于理解当下形势和新兴发展型国家这一现象时，就应当努力弥补这一大缺陷。在第五部分，为了给法律在新兴发展型国家中的角色提供一个坚实的理论，我将提出一些必须解决的课题。

一、新兴发展型国家的出现

第一部分将描述通向积极国家（activist state）的新途径并以巴西的实践予以证明，指出呈现这一趋势的国家所共同具备的特点。

（一）基本动向

过去，拉美发展型国家主要是通过国有形式推动经济运行，限制与世界经济往来，阻止与本国工业竞争的产品进口，致力于国内市场的发展以促进经济增长，通过进口既有技术实现本国工业化，并关注分配对经济增长的制约作用。如今呈现出一种新的态势：国家在推动经济增长的过程中仍然扮演着积极的角色，然而却首先依托于市场分配资源；赋予私人投资及其所有制以特权作为经济增长的引擎；对世界市场采取开放的姿态；并对社会公平和保障予以直接关注。

（二）新的实践：巴西

在巴西最近的发展中，很多变化表明这个国家正在朝新兴发展型国家的范式前进。巴西曾是拉美最初发展型国家的主要倡导者。当时国家经济的很大一部分属于政府所有，工业资金主要由政府提供，国家有效地禁止了与本国工业竞争的产品进口并建立了一个中央计划体制。20 世纪 90 年代，所有上述情形发生了改变，巴西启动了大规模的私有化过程，开放了世界贸易港口，撤销了积极的工业干预政策，并建立了对私营企业的独立监管机构。

如今很多迹象表明巴西试图重新更为积极地干预经济运行。然而，这并不意味着它想重拾那些五六十年代经典发展型国家曾经采取的政策和措施。情况毋宁是，巴西正在沿着上述路径进行新的探索。新的产业政策已经被宣布。鼓励在某些主要工业领域进行私人注资的法律已获通过。政府建立了巴西产业发展总署（Brazilian Agency for Industrial Development，ABID），这是一种全新的经济机构，参加者包括国营部门和私营部门。马托斯（Mattos）将其描述为这样一种机构："…… 它将投资在技术研究、创新和发展投资的股东（国营或私营）结合起来。"（2007）过去曾经提供贷款并对大型企业（很多为国企）实行有限的股本投资的巴西国家发展银行（Brazilian State Development Bank，BNDES）如今也发生了变化，其更多地将重点放到建立国家风险资本市场以及其他培育创新、扶植新兴企业和小型商业的措施上来。

马托斯认为，尽管这并不是一套完全连贯的政策和举措，但是目前巴西政府正在寻求一种"……国家在推动经济增长中的角色的新概念"。他指出，这一角色不同于"……五六十年代民族主义的、官僚制的'凯恩斯国家'（Keynesian State）模式，其一度致力于通过人为地建立垄断行业或市场进入壁垒而直接干预经济……"这种模式下的政府垂青于胜利者。同时，其与 20 世纪 90 年代的新自由主义也不是一个调调。更确切地讲，目前的政府试图将新的产业政策形式和新的基于国营与私营两部门合作的治理安排制度化。"在这些模式下，政府和私营部门互换信息并加入推动经济发展的探索过程中"（2007 年）。此外，巴西政府建立了 Bolsa Familia，这是一种对社会极度贫穷者给予直接帮助的形式，旨在缓解国家高度的收入不平等状态。

（三）新兴发展型国家可能具备的几个要素

目前这个时期，新兴发展型国家更多的是一个观念或一系列局部的动向，而并非一种成熟的实践或成型的模式。我们需要作更多的经验性研究来确定世界上发生的这种新动向究竟到达了何种程度。需要指出的是，新兴发展型国家的概念是一种理想类型（ideal type），在某一特定国家人们不必认为可以穷尽它的所有特点和要素。[①] 然而我们仍然需要某些办法来衡量一国在多大程度上趋近于这一方向。下面我尝试列出一些政策导向指标来确定发生了这种动向或范式的转变。在研究新兴发展型国家时，我们应当考察下面这些条件在多大程度上得到了满足：

- 首要依赖私营部门的投资而不是直接的国家所有制[②]；

① 并且，我们也不应当将凡存在政府积极干预经济的发展中国家统统作为这种新趋势的案例。因为存在这样一种情形，国家可能会拒绝新自由主义倡导的对政府的限制，成为经济运行的主角，但其本身并不是"新兴"发展型国家。例如，那些主要依靠国有化或再次国有化并对刺激富有活力的私人投资乏术可陈的国家，可能遵循发展型国家的套路，但却与这里论述的路径不同。

② 例外的情形是重要的自然资源，例如石油和天然气这类由国家所有的资源。

- 承认国家在引导投资、项目协调以及提供信息上的主导作用，尤其是对那些需要多种投入和长期回报的工程；
- 国营部门和私营部门之间的广泛合作和沟通；
- 推动出口的重大利益以及对进口的相对开放；
- 关注企业家、创新以及新产品开发而非依赖进口技术和技术诀窍；
- 推动生产性而非投机性的外资直接投资；
- 关注于使私人企业参与竞争，而不是保护其免于竞争；
- 公共服务的私有化或公私合营；
- 推动国内资本市场和金融行业增加资源和分配资源；
- 关注社会保障，包括缩小收入不平等的差别，维持社会团结并缓冲社会重组成本；
- 国家的福利项目注重接收者的就业问题或对人力资本的投资。

二、新的发展经济学

对新兴发展型国家及其法律意义的探讨离不开广泛的经验性研究。但是我们仍然需要建立一种理论来解释国家和法律领域内的一些实际举措。新发展经济学可以为我们提供这样一个起点。一些非主流经济学家正在建立一些理论，强调国家的重要性以及上文所述的国家活动的必要性。与经典发展主义理论或新自由主义的市场原教旨主义不同，这些理论渊源于一套迥然相异的认识。由它们引出了一些制度的新观念，包括发展所必需的那些法律制度。

（一）新经济理论

不少关于发展型国家的最初理论主要解决的是落后国家工业化的道路问题。它们曾经面临的挑战并不是发明新的工序和产品或与发达国家的领先行业竞争，而是要赶上发达国家。例如，以更为低廉的成本生产发达国家已经生产的产品，或者生产发达国家已居领先地位的新产品。但是新兴发展型国家理论是在全球化的竞争以及信息经济的大环境中出现的，在这一环境下，一些发展中国家力图成为新产品开发者和全球性的竞争者，因而它们就不得不加速创新和缩短产品周期。①

（二）关于国家参与的必要性和性质的一种新思路

这些新理论的关键点在于如何给出这样一些知识，使投资能够获得最大的社会收益，并从中洞察到国家应当扮演的角色。经典发展主义理论假定，国家或多或少应当自己发展出这种关于有效投资所必需的知识——这就是为什么当初如此强调政府计划部门和五年计划的作用。但是，新自由主义站在对立面上坚持认为，国家在这些方面总是犯错误，因而应当禁止其参与大部分经济领域内的投资决策，从而能让市场自己来正确解决这一问题。

---

① 因为并非所有的发展中国家都有能力参与到所有的新经济领域中或者成为全球性的竞争者，这些理论更适合于那些更为发达的国家，例如巴西、俄罗斯、印度和中国。

新兴发展型国家的理论拒绝了事无巨细的中央计划的观念，并承认市场信号的重要性，认为私人行为者拥有更多的信息，能够制订有效的策略。但是它也假定，如果没有国家的各种投入和指导，私人行为者可能因无法掌握全面的情况而不能进行有利的投资，或者不能有效利用他们已有的信息。在这种情形下，有效的发展政策依托于国营和私营经济间的紧密合作，研究、试验并使政府行为迎合具体的需要和环境（Sabel，2005；Hausmann，Rodrik & Sabel，2007）。

学习新发展经济学过程的重要性。这套思想将学习能力视为一个成功的发展型国家的主要因素，这样说一点也不过分。这一思想的很多方面以及它提供的很多途径就是为了便于人们获取并提高学习能力（Sabel and Reddy，2003）。

这些有关知识学习的观念使得那些新兴发展型国家的倡导者们不再因循“一劳永逸”的思路了。在某种意义上，这种思路对于经典发展型国家和新自由主义是共同的：它们都假定有一套纲要和政策能够推动发展（虽然其政策本质并不尽相同），并对有志于确保经济增长的国家都开出了同样的药方。

这种“自上而下、一劳永逸”的思路已遭到了尖锐的批评。有学者指出，即使为了实现某些功能，一定的机构是不可或缺的，实现这些功能也存在不同的途径。他们指出，即使社会已经接纳了这些经济机构，将它们从一国“移植”到另一国也常常是不可能的。他们认为，经济发展政策必须允许各国根据其自身需要和传统来型塑自己在机构方面的结构。

新兴发展型国家理念拒绝接受上述“一劳永逸”的方式，强调不存在放之四海而皆准的促进经济发展的经济政策或模式。然而它超越了相异的解决办法能够在不同的发展型国家奏效这一层面。因为这些新的理论强调经济政策必须通过试验和公私合作的渠道来制定，并迎合特定工业和地区的需要，新的理论指出了考虑国家自身多样性及国家间多样性的必要（Hausmann and Rodrik，2006）。

另外一个大致能概括新兴发展型国家实践的假定，就是摒弃关于比较优势的静止的概念。“新兴”发展型国家视比较优势不仅为初始条件的禀赋，而且更是通过国家干预所构建的。因而我们看到，通过不同形式的公私合作，那些在政府强烈关注下本土带动型的公司和工业可以跻身于世界竞争性行业。

新兴发展型国家理论的另一个特色就是强调灵活性和可变性。这是因为这套理论聚焦于试验和合作。新兴发展型国家理论的倡导者们认为，我们不可能事先知道正确的发展途径，发现这些途径需要试验，而试验又必须将公私合作纳入其中，正确的途径必须配以适当的法律和规制框架（Hausmann and Rodrik，2006；Sabel，2005）。由此，政策必须足够灵活，允许不同的举措和规制框架有充分修正的回旋余地，从而使得学习获取的知识成果能够被轻松地吸纳进来。

最后，新兴发展型国家理论将开放透明的治理作为其隐含的必要条件，否则，新的观念就无法向上渗透并被广泛分享。这就对旧的威权主义模式提出了质疑，同时关注民主的意义。

（三）新发展经济学的机构和政策含义

新发展经济学认为，新兴发展型国家需要大量的新的机构和政策，其中包括：

- 公私信息分享体系；
- 扶植有发展前途的产品和市场的政府资助体系；
- 一些公私合作举措，旨在建立培育国际竞争力和提升本国效益的规制体制；
- 努力建立具备国际竞争优势的国家品牌；
- 在教育、研发和科技创新上的重投入；
- 对新兴行业的关税、课税和津贴的实施有高度的选择性；
- 为打造龙头企业投入公共风险资本；
- 将公私合营形式作为基础设施的主要投资来源；
- 新的团结机制，诸如基本收入保障。

有关这些新机构和政策的具体例子参见 Hausmann，Rodrik 以及 Sabel 对产业政策的建议。这个建议反映了新发展经济学的基本构想，并阐述了新机构的类型。他们注意到发展中国家市场的若干特征，其表现次优说明了国家干预的必要性。这些市场有可能无法捕捉到那些在赢利上能够为民族经济产生外部收益的新产品；无法为相互关联的投资提供合作机制；也不能提供关于某个工业的成功所必需的公共投入的知识。为了克服这些缺陷，他们提出了产业政策在组织上的新途径。

一条途径涉及那些业已存在的工业领域，这些领域需要获得支持以便提高效率和竞争力并拓展既有的产品和服务链条。这一途径要求国家必须组织某部门、区域或产业内的企业间以及在企业和国家间的对话沟通；并且对从上述这种合作中体察到的公共投入提供激励；鼓励它们的持续优化；建立对产生于上述磋商的项目的监控体系；并且确保这一学习过程获取的知识能够被共享。这些作者建议创立一种仿照此前东亚模式的公私“磋商委员会”；建立专门的公共投入预算，以支付包括新的规制体制在内的成本；以及建立起一种能够对委员会磋商和项目设计产生反馈的常规观察或质量评估机制（2007 年）。

另外一条途径解决的是对那些尚不存在工业企业的领域，需要大型风险性投资来推动经济进入这一新领域或提升到新的水准。对成熟经济的环境而言，这属于风险投资家们的地盘。但一般发展中国家并不存在这样一群人，因此国家必须取而补之。上述作者们认为国家发展银行可以扮演风险投资人的角色，提供所需的战略资金（2007 年）。这一建议使发展银行具有一个新的角色，它成为一个可以要求很多部门采纳新政策和新措施的机构。

所有这些机构创新对法律都将产生重大影响，反之亦然。从 Hausmann，Rodrik 和 Sabel 提出的具体观点中亦不难发现这一点。他们有关公私磋商委员会和政府对经选择行业的投入建立专门预算的建议，将会引出一系列行政法和宪法问题。持续优化以及对公共基金投入的常规性监控，如果与有权修改管制的那些行政法规相抵触，或者与政府依宪法或法令享有的传统形式的审计稽查权力相违背，那就会面临麻烦。发展银行从借贷者摇身变为风险投资者，这就要求修改银行章程，建立新的所有权形式并对员工进行重新培训。

三、“发展理论”与“法律和发展学说（Doctrine）”之间的关系

在本文第一部分，我阐述了经济学观点与法律和发展论域中的不同“学说”之间的关系。法律和发展理论的思想史表明，某个时期盛行的经济学观念与当时法律在经济发展中角色的主要意见之间往往存在密切联系。

我们有时用“法律和发展”这一术语指引导发展中国家法律制度改革的一套思想。在这个意义上使用的“法律和发展学说”远远超出一套简单的经济规划的处方清单，但还不足以称为一套体系化的学术理论。正如 Alvaro 和我指出的那样，我们最好将它看成是法律理论、经济发展理论和发展行为实践之间互动的产物（Trubek and Santos，2006）。

此前的某些时期，经济学、法律理论和发展行为实践共同建立了一种相对连贯的视角和原则，其一度引导了西方外来援助机构的活动并影响了国内的改革者们。当法律、经济学和发展行为实践相协调一致时，国家就能够出台一系列相对清晰的政策和经济规划。这种情况曾经出现过两次。第一次是发展型国家的法律：在这种模式下，法律首先被看成一种使国家干预更为有效的工具。第二次是法律在新自由主义市场秩序中的角色：法律主要是为市场提供一种框架，并作为屏障防止国家对市场行为的无理干预（Trubek and Santos，2006）。

这些模式都与当时主导的经济学理论相关联。20 世纪 60 年代的经济学家们对国家的强大作用情有独钟，坚信私有企业缺乏建立国家关键工业的资源，国有制是至关重要的，并且认为进口替代以及与世界市场脱钩是经济发展的不二选择。法律和发展学说的第一个阶段就是建立在这些理论之上的，并且主张强化国家机器，从而使其足以在经济发展中挑起大梁。然而当这种模式带来的一系列局限性和扭曲逐渐浮出水面的时候，经济学家们开始质疑自己开出的“药方”并考虑限制国家权力并向世界市场开放。这一在经济学内部发生的转变推动了法律和发展学说的第二个、也叫做新自由主义时期的形成。第二个时期强调法律在保护投资者市场预期、便利私人交易以及限制国家权力方面的作用。

上述两种基本的法律和发展学说曾经在一定时期主宰了境外资金援助活动，并且深深地影响了本土的经济改革。但是这些时期已经过去。虽然这两种模式中的某些方面仍然存在于理论和实践中，但是没有哪一种模式能够独撑门面。真实的情况是，我们正处在这样一个时期，无论是对发展理论，还是对法律和发展学说而言，没有哪种理论能够一统天下。从世界银行通过“从事实业”（doing business）工程以重构新自由主义，到社会主义复兴的努力，以及重建一个更为经典的发展型国家形式的举措，这些都说明，这是一个新的充斥着不同声音的时期。新兴发展型国家的观念正是在这种氛围中产生的，有的学者正致力于探讨这些观念对法律的意义。新自由主义模式达成的共识已被击碎，在发展经济学和国家实践中正涌现出新的观念。不同的发展模式和不同的法律角色理论由是而生。

四、亚洲经验与法律和发展学说①

我们应当看到，也存在过这样一些时期：法律秩序和国家发展战略之间或多或少地存在一种稳定的关系，尽管这些模式并没有被列入西方经济发展的进程，亦没有成为前文所述法律和发展学说的一部分。这种现象中最重要的代表就是在亚洲奇迹中法律所扮演的角色，尤其是东北亚经济的异军突起（Ohnesorge，2007；Woo-Cumings，2006）。

亚洲现象不容忽视，因为这在经济发展历史中是一段不同寻常的时期，并且亚洲摸索出的一些实践经验影响了关于新兴发展型国家思想的形成，包括公私合作的方方面面、支持创新和国际竞争以及外向型指导。因而，当我们思考法律在新兴发展型国家中的作用这一问题时，应当看看是否能从亚洲崛起过程中的法律发展史里找到一些经验。

大部分观察家都强调行政指导在东北亚经济崛起中的作用。无论其理由是国家官僚体制既是知识拥有者又在相当程度上独立于私营部门，还是国家仅仅满足主要工业集团的要求，他们都承认在刺激和掌控对后来成为国际竞争性工业的投资上，国家“行政指导”扮演着举足轻重的角色。

如果说国家行为在亚洲崛起过程中是一个关键因素，那么法律制度在其中扮演着什么样的角色呢？答案是：十分有限。法律和发展的理念已经指出了法律的两大作用。在第一阶段，法律被看作是国家制定和引导经济活动的一个强有力的工具。在第二阶段，法律被用来作为抵抗国家干预的屏障以及为私人交易提供经济体制框架。

事实表明，在亚洲法律并没有扮演上述角色。更确切地讲，法律充其量只是以其不作为而便利了那些非正规的行政指导模式。John Ohnesorge 指出，“用国家特权压制法律权利，在某些方面是［亚洲］发展型国家特有的理念”（2007）。他总结道：

> 财产权为法律明文规定……理论上讲，公法应当可以保护私有财产不受国家侵犯。但在实践中，存在……［大量］非正规做法……法院在保护权利免受国家侵犯上是懦弱的。（2007b）

这一观点与 Meredith Woo-Cumings（2006）的理论不谋而合。在谈到法律在日本第二次世界大战后的作用时，她指出：

> 当日本成为战后工业发展的一个模式时，法律制度充其量充当了非正规机制的后援力量，特别是在著名的行政指导措施中。相反，经济政策的制定和落实在很大程度上是通过非正规机制实现的，有意识地避免正规法律制度的干预。法院是相对被动的，人们极少以个人权利和特权为由提起诉讼，从诉至法院的案件看，对消费者的保护也是乏善可陈。法院因经济政策实施而为私人行为者挺身而出的事几乎闻所未闻。外国企业在政策形成过程中理所当然只能靠边儿站，在要求法院维护其利益上只有很小的余地。

① 这仅是一个初步的观点。

如果说法律在亚洲崛起中的主要贡献在于对行政指导不加干涉，那么我们就必须弄清亚洲的过去在多大程度上与亚洲的现在相关联，又在多大程度上与世界其他地区的新兴发展型国家相关联。Ohnesorge 和 Woo-Cumings 指出，法律节制产生的真正后果是政府部门独自打起经济政策的大旗，不论是作为认识的某种主体，还是仅作为主要工业集团的办事机构。但是这种模式如今是否还能为经济发展开出一剂良方尚存疑虑，尽管其在过去曾经奏效。Woo-Cumings 认为日本已经脱离了这种模式，并指出原因在于自上而下的传统国家指挥模式已经不再适应信息时代的产业和技术了。新发展经济学强调自下而上的公私磋商机制的重要性以及与之配套的法律制度的价值。

无论法律节制和非正规模式对亚洲国家曾经发生了多么大的影响，对亚洲乃至全球许多发展中国家而言，这种途径如今可能不再合时宜了。这种法律制度孕育了众所周知的“强硬国家”（Hard State），被很多学者视为亚洲成功的关键点。亚洲模式的一个特色就是国家官僚体制与私营部门和市民社会之间的隔离。由此，如同经典发展型国家经常伴随的情形那样，国家得以多途径地稳执经济发展的航舵。但这种体制与新发展经济学家们设想的那种更为开放、透明和合作性的关系似乎不太合拍，这些经济学家们对旧的亚洲法律模式在理论上的适当性提出了疑问。

五、法律和新兴发展型国家：一个初步分析

从学术角度看，新兴发展型国家的观念来源于一群非正统经济学家，他们一方面继续坚持国家干预的重要性，另一方面却不像在从前的发展型国家那样，青睐于国家所有权和自上而下的中央控制模式。从像巴西这样的国家的实践中不难发现这种新模式的蛛丝马迹。有迹象表明它们正在超越新自由主义，但又不是简单回归 20 世纪五六十年代的发展型国家的窠臼。

有关新兴发展型国家的理论设计尚未被学术界完全接受，同时国家干预形式的试验也还没有最终定型。但是不可否认的是这种变化正在进行并将对法律产生重大的影响。在这一部分，我将关注新兴发展型国家的理论和实践对法律的一些影响，并简要指出在建立一种服务于新兴发展型国家的法律理论和实践的过程中必须应对的几个问题。

（一）法律实践

法律秩序中什么样的变化，以及什么样的新型法律制度能够被看作向新兴发展型国家转化的证据呢？答案是我们并不知道：如果新兴发展型国家的实践本身就是支离破碎的，那就几乎无法在法律实践中找到一些说明问题的数据。同时，新兴发展型国家的法律理论至今也没有被建立起来。但仍然可以预期的是，我们将从如下行动中获得众多收益：建立服务于多种形式的公私合作的法律框架；强调建立服务于能发现和回报企业家的资本市场的法律结构；关注公司治理中在鼓励投资和推动创新方面的一些转变；承认制度的灵活性和进行种种试验的必要性；对国际经济法中可能钳制国家干预的任何做法都提出质疑。

（二）法律理论

我们需要一种与新兴发展型国家相应的法律理论。尽管一些可能会发展成上述法律理论的观点正在法学界流传，但这项工作仍未完成。然而在转向这一问题前，有必要首先考察一下新发展经济学对目前占主导地位的法律和发展理论的影响。由此我们就能够更为清晰地看到新兴发展型国家所需的法律思想在多大程度上区别于拉美最初的发展型国家、亚洲的发展型国家以及新自由主义所采纳的那些法律模式。这一分析将帮助我们看到建立一套与新兴发展型国家充分吻合的法律理论所面临的挑战。

1. 相反的功能：新兴发展型国家法律的两难境地。

在最初的发展型国家中，法律主要是作为国家管理经济以及领导社会改造的有效工具。由于私人投资处于次要地位，人们往往更强调增强国家权力，而不是保护私人行为者权利或为他们之间的交易提供便利。对法律稳定性和可预期性的考虑就会相对比较小，只要它们不影响到国家主动采取积极的干预措施。

相反，新自由主义模式将保护私有财产、促进契约缔结和限制国家指导作为其法律理论的重中之重。新自由主义者们认为市场规则的关键在于它的可预期性。这就意味着不能轻易改变法律规则。新自由主义甚至卖弄要复苏法律形式主义，以确保法的确定性、可预期性和稳定性。

新兴发展型国家的法律应兼顾灵活性和稳定性。经济领域内的试验需要一种灵活的、专业的和便于修改的体制。这样的体制在程序和实质上都是必要的。程序性的法律框架能够适应发现新的市场、产品和工序的公私合作的需要。实质性的法律框架则能提供吸引私有投资并确保其服务于公共利益的特殊规制体制。鉴于所有的考虑皆基于发现新的点子和寻找新的途径，程序应当尽可能灵活，实质性的法律体制也应能方便和快捷地被修改。

但同时，考虑到新兴发展型国家对私人投资的依赖，它的法制就必须能够让私人投资者对其法律制度抱以充分的信任，从而对经济试验中的风险领域进行注资。如何能够在实现灵活性并保证经济规范的高度专业化的同时，给私营部门吃下定心丸？如何一方面保证私人投资受到保护，另一方面迅速修改法律规则？如何防止灵活性所需的自由裁量空间成为政府寻租的牺牲品？如何降低专业规制体制的建构只是为了某个行业获利而置国家发展战略的优先地位于不顾的风险？如何在拥有专业化的便于修改的工业法律规则体制的同时，不规避常规的议会程序和对权利的捍卫？

2. 新兴发展型国家的法律理论应考虑哪些问题？

我们尚未找到这些问题的答案。实际上，新兴发展型国家刚开始出现，我们只是面对这些新的问题，才开始理解其法律意义。但是我们也可以指出一些有待研究的问题，并且分析美国和欧洲的一些发展，这或许对建立发展型国家的法律理论有所助益。

构建新兴发展型国家的法律秩序，需要进行一系列具体的考察。初步分析表明，这些思路的成功与否在很大程度上取决于本国和国际的经济法对新兴发展型国家内在的政策和规划是推动还是阻止。理解新兴发展型国家和法律的关系，必须回答这样几个问题：

- 如何在不窒息创新和创造性毁灭（Creative Destruction）的情况下保护私有财产。
- 如何在不影响国家和私人行为者之间信息自由流通的情况下使得公私关系透明化。
- 如何在对特殊工业进行政府扶植和补贴的同时，避免产生垄断和效率低下的企业或者与国际贸易规则不抵触。
- 如何使管理体制迎合工业需要、抓住国际良机，同时维系法律公平。
- 如何确保对公共服务和基础设施的私人投资与国家目标相一致。
- 如何确保公司治理法律既鼓励投资，又支持创新。
- 如何打造既关注社会需求又能减少贫困的法律制度。
- 如何确保"富人不会近水楼台先得月"，因为复杂、灵活和可变性的游戏规则不必要地垂青于大的经济活动参与者。

3. 是否存在这一种普遍的法律理论，可以让我们发展出能够胜任新兴发展型国家复杂需要的制度？

尽管我们需要回答所有的专门性问题，但新兴发展型国家提出的多方位的挑战要求我们对法律的本质和作用进行基础性的重新审视。不妨回顾一下美国法律理论近来的一些发展，其被冠以各种头衔："新治理"，民主经验主义，交杂性（Sabel and Simon，2006；Trubek and Trubek，2004；Trubek and Trubek，2007；de Burca and Scott，2006）。这些思想力图重新勾画法律秩序，促进在新兴发展型国家中居于核心地位的公私合作和试验。这一阵营的学者们已经着手处理新兴发展型国家法律两难困境中的很多问题。

第一个，也是最基本的困境就是如何在体制的灵活性与投资者所需的可靠性和稳定性之间寻得平衡。欧美近来在"新治理"领域内的研究给出了两种基本机制。第一种是建立交杂体制将"硬性"的、约束性的法与软性的、更为灵活的规范和方针结合起来（Trubek and Trubek，2007）。第二种就是使得规则能够被较为容易地修改，但是必须以充分的参与和行为者的同意为前提。对新型发展型国家而言，这一机制意味着建立起一种必须以得到投资者的同意为必要条件的可以快速改变的体制。

第二个困境就是政府俘获（Agency Capture）。允许公私合作和共同制订与修改适当的管理体制可能会为政府俘获，甚至为官商勾结和腐败打开方便之门。新治理学说的倡导者们的解决之道就是建立广泛参与的新型合作体制，从而使工业利益之外的利益也参与协商，并在尽可能透明的程度上加以维护。

第三个困境就是民主统治、议会至上和法律的一致性。经典法律模式认为，议会遵守普遍意志的命令，议会的命令是至高无上的，因而它所通过的法律规则能够制约处于次级地位的政府机构，被通过的法律规则的一致性保证了相似案件将获得相似的处理结果。新治理学说的倡导者们认为这种"传送带似的"模式只是一种幻想，从而他们力图寻求替代制度，确保经济管理体制能够对股东负责。他们质疑：议会是否对民意作出反应；政府机构是否真得如规则所说的那样受其约束；在自由裁量空间存在的情况下，相似案件是否会得到相似处理。由于这种模式不符合民主理论的标准，他们将目光转向了新的参与形式和透明化形式，从而保证规则具有回应力和管理者的可问责性（Sabel and Simon，2006）。

上述这些观点尚未被充分发展，也没有被广泛接受，尽管我们在一些地方不难找到其痕迹。至今在发展中国家，也没有将这些思想付诸实现的自觉努力。但是我相信，这套思想能够帮助我们找到应对上述困境的线索并有助于我们建立新兴发展型国家的法律理论。

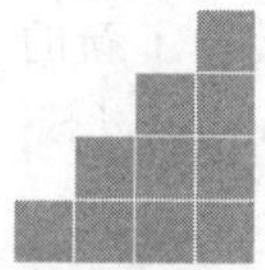

3. 国外法律思潮研究

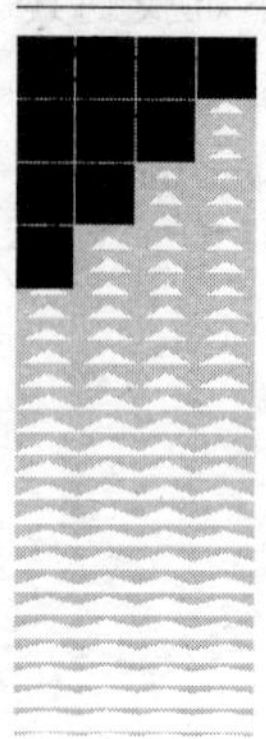

3.1 当代美国法律思想的演进谱系*

冯玉军**

一、引言

我们所处的时代，是一个全球化的时代。无论是在物质、技术方面，还是在精神、文化方面，世界各国都彼此影响、相互作用，以一种复杂的"重叠网络结构"的方式发展演进。在这场声势浩大的发展潮流与客观趋势当中，最引人注目的就是美国的战略地位和国际影响力。很多人都说，20世纪是美国的世纪——美国在20世纪中成为世界上最富裕、掌握最大权力并对世界事务最有影响力的国家。美国的选择和美国发生的故事（不管是否情愿），都必定会引起最多人的关注。美国法律系统乃至法学研究中的细微变化，都会引起最多国家法律系统的模仿、借鉴和关注。从具体规范的移植借鉴到部门法律制度的复制式引进，再到法律思想的深层渗透，概莫能外。与之相反，其他一些第三世界穷国甚或第二世界小国的法律故事，则没有如此强大的吸引力，也不会成为我们思考法

---

* 原载《法学家》，2007（6）。系作者主持的2005年度国家社会科学项目《全球化背景下的东亚法治问题研究》（05BFX001）的阶段性研究成果之一。初稿在2005年8月至2006年9月作者赴美国哥伦比亚大学法学院和哈佛大学法学院访问研究期间撰著完成，感谢哥伦比亚大学法学院Liebman（李本）教授、哈佛大学法学院Alford（安守廉）教授和Duken Kennedy（肯尼迪）教授的指点。孙国华教授、朱景文教授、范愉教授提供了宝贵的评论与修改建议。

** 中国人民大学法学院教授，法学博士。

律问题、观察法律现象的新背景和新的视角框架。因此，深入了解当代美国法律思想发展演进的故事，不仅对美国人是重要的，对于在美国以外的我们也有很重要的意义，甚至更为重要的意义。

然而，对中国古代法律思想史和欧洲大陆法律思想史有所了解的比较法学者普遍有个体会，即和这两种历时性法律思维传统的相对统一性不同，当代美国法律思想源流众多、思想繁杂、百家争鸣，不仅缺乏一致公认的法学知识体系，而且很难形成扬弃分歧、综采百家的主流学术传统。诸如复兴自然法学（新康德主义法学）、分析法学、社会法学、现实主义法学、历史法学、综合法学、新自由主义法学、法律与经济学、法律与文学、法律与全球化，女权主义法学、种族批判法学以及其他种种后现代主义法学等诸多思想流派，“你方唱罢我登场，各领风骚没几年”，这就像一个五彩斑斓但却令人眼花缭乱的“万花筒”。申而言之，遑论美国法诸子百家之间的观点歧异，即便是同一位法学家，其隐藏在众多学术产出背后的研究立场与不同时期的研究结论也可能是变化多端、前后不一的。[①] 这一切，不仅给外部观察者带来很大的认识障碍，而且使美国法律学术始终处在一种不断变动的格局当中：主题不确定、立场不确定、价值不确定、方法不确定，最后，法律实践的应用方式和评价标准也不确定。

本文借助于对美国1978年以来美国法学论文（著作）的“引证率”排行榜，及对美国当代最重要的法学论文、法学著作、法学教材进行内容上的权重分析，概括介绍当代美国法律思想家在时代海洋中勇敢航行的轨迹，进而发现法学思想的发展线索，总结其谱系演进的基本特点。

二、美国法学理论名著名篇引证率排行榜

众所周知，引证率是评价学者科研水平和学术文献影响力的重要指标[②]，即哪一种成果被其他相同学科文献的引证率高，其学术水准就高、影响力就大并被大家公认为优秀。作为一种客观的评价指标，它能较好地反映出一项研究成果和理论观点的学术地位和受重视的程度。与那些指定的或组织的成果评价活动相比，引证率的最大优点是可以在很大程度

---

① 对此我们可以通过一个非常典型的例子加以说明。波斯纳教授是美国联邦第七巡回上诉法院的大法官，同时在芝加哥大学兼任教席。他早年在运用规范经济学理论分析和诠释法律（法经济学）方面作出了开拓性的贡献。但他后来的研究涉猎更为广泛，论题和结论愈研愈新、愈出愈奇。择其要者有：《法理学问题》（1990年）、《性与理性》（1992年）、《衰老与年龄》（1995年）、《超越法律》（1995年）、《联邦法院》（1996年）、《法律与文学》（1998年）、《道德和法律理论的疑问》（1999年）、《反托拉斯法》（2000年第二版）、《国家事务：对克林顿总统的调查、弹劾与审判》（2000年）、《打破僵局：2000年大选、宪法与法院》（2000年）、《公共知识分子》（2001年）等等。他之所以从如此多的角度研究法律，其原因只在于波斯纳在《超越法律》中的一个确信：没有单独哪种进路包括法律经济学，能永久地捕获法律的复杂性。

② 西方国家自然科学和人文社会科学学术文献和学者水平基本上都是按照引证率进行评价的，《名人词典》也大都根据引证率次数筛选。在经济学界，以引证率为基础对经济学家所进行的排行，又通常为预测未来诺贝尔经济学家得主提供线索。

上避免人为干扰，从而使之能够在一种“公众选择”下保持客观性。①

美国法学界经过百多年的发展，已然建立了共同的学术规范，有很完善的引证统计机制，从而使之判断学术著作之影响力的渠道较为公开和透明。对此耶鲁法学院图书馆副馆长 Fred R. Shapiro 先后发表了美国“引证率最高的法学论文”［The Most-Cited Law Review Articles Revisited，Chicago=Kent Law Review（1996）］，“引证率最高的法律学者”［The Most-cited Legal Scholars，The Journal of Legal Studies，vol. 29（pt. 2），2000，pp. 424-425.］，“引证率最高前五十名法学著作”［The Fifty Most Cited Legal Books（1978～1999）］等多篇文章。此外，还有 James E. Krier and Stewart J. Schwab 撰写的“25 部经典作品”［The Cathedral at Twenty-Five：Citation and Impression，Yale Law Journal（1997）］均较全面地介绍和分析了影响美国法治发展进程的学术力作和著名学者。如今这些成果已经成为了解美国法当代发展动向的必备资料。下面，笔者结合 2005 年 8 月至 2006 年 5 月在哥伦比亚大学法学院访问研究期间，由著名法学家、卡多佐讲座教授 George P. Fletcher 在讲授“美国法导论”课时予以补充、完善的“1978～2004 年引证率最高的法学著作、法学论文和法学教材”数据表，简述这三类排行榜的前 25 名（Top 25）以内的法理学名作名篇（排除了部门法的作品），并就其前几名的大致内容进行简短说明。

（一）引证率最高法学著作前 25 名（Most Cited Law Books Top 25，2004）中的法理学文献

名次	作者、书名、出版年份	被引次数
1	John Hart Ely，Democracy and Distrust：A Theory of Judicial Review（1980，Harvard） 约翰·哈特·伊利：《民主和不信任：一个司法审查的理论》	1 460
2	Ronald M. Dworkin，Law's Empire（1986） 德沃金：《法律的帝国》	904
4	Catharine A. MacKinnon，Feminism Unmodified：Discourses on Life and Law（1987） 凯瑟琳·麦金侬：《正宗女性主义：关于生命与法律的演说》	726
5	Richard A. Posner，The Economics of Justice（1981） 理查德·波斯纳：《正义/司法的经济学》	542

① “引证率”在评价学术成果的实际水平和影响力方面，具有“普遍性、公有主义、无私利性和有条理的怀疑性”的优点。（参见［美］杰里·加斯顿：《科学的社会运行》，顾昕等译，21～25 页，北京，光明日报出版社，1988。）引证率指标的合理性建立在这样的假设上：每一位研究者都高兴别人引用他的成果；每一位研究者都自愿地引用他认为是对他有帮助的成果，这样，引证率没有学术外的评价因素，它是学术界同仁自发评价的结果，高质量高引用，低质量低引用，这体现了客观公正性。当然，“引证率”的统计也是一项难度很大的工作，需要收集大量的信息和使用专门的信息处理手段才能保证其科学性。在共同的学术规范未建立、严格的学术规范训练未实施、学术环境无序的情况下，是难以保证引证率的科学性的。从而可能出现大量“该引的不引”、“引的不该引”、“权威引证”严重、“自我引证”畸高的恶质化倾向。

续前表

名次	作者、书名、出版年份	被引次数
7	Bruce A. Ackerman，Social Justice in the Liberal State（1980） 阿克曼：《自由国度的社会正义》	509
8	Catharine A. MacKinnon，Sexual Harassment of Working Women：A Case of Sex Discrimination（1979） 凯瑟琳·麦金侬：《性骚扰与性别歧视——职场女性困境》	504
9	Ronald M. Dworkin，Taking Rights Seriously（1978） 德沃金：《认真对待权利》	489
11	Ronald M. Dworkin，A Matter of Principle（1985） 德沃金：《原则问题》	462
12	Robert H. Bork，The Tempting of America：the Political Seduction of the Law（1990） 博克：《美国的诱惑：法律的政治诱惑》	444
14	Richard A. Posner，The Federal Courts：Crisis & Reform（1985），The Federal Courts：Challenge & Reform（1996） 理查德·波斯纳：《联邦法院：危机与改革》、《联邦法院：挑战与改革》	442
15	Guido Calabresi，A Common Law for the Age of Statutes（1982） 卡拉布雷西：《成文法时代的普通法》	438
16	Guido Calabresi & Philip Bobbit，Tragic Choices（1978） 卡拉布雷西、博比特：《悲剧性选择》	381
19	Derrick A. Bell，Jr.，And We Are Not Saved：the Elusive Quest for Racial Justice（1987）（1989） 贝尔：《我们不是被拯救的：关于种族正义的一个容易忘记的追问》	345
20	Catharine A. MacKinnon，Toward a Feminist Theory of the State（1989） 凯瑟琳·麦金侬：《朝向国家的一种女权主义理论》	340
23	Mark G. Kelman，A Guide to Critical Legal Studies（1987） 科尔曼：《批判法学研究导论》	312
24	Richard A. Posner，The Problems of Jurisprudence（1990） 理查德·波斯纳：《法理学问题》	297

排名第一的约翰·哈特·伊利是美国当代宪法学家，1968年与1973年先后在哈佛大学法学院和耶鲁大学法学院任教授，1982年成为斯坦福大学法学院院长，1987年卸任，2003年去世前他在迈阿密法学院任教。约翰的这部著作是关于宪法学司法审查理论新领域的开山之作，被认为是过去50年里最重要的宪法学著作，他倡导一种“参与导向、强化代议制”的程序主义司法审查路径，从而为从宪法文本出发进行法律解释和司法审查提供了卓有见地的思路。

排名第二的德沃金是美国著名法理学家，20世纪70年代新自然法学派主要代表人物之一。其毕业于哈佛大学法学院，从1962年开始，先后在耶鲁大学、纽约大学等任法理学教授，现为英国牛津大学和美国纽约大学合聘教授，主持“法哲学前沿”系列讲座。在《法律帝国》一书中，德沃金基于对法律惯例主义与法律实用主义的批判，提出了法律是什么的超脱于惯例主义（教条主义）和实用主义（功利主义）之外的第三种理论——作为整体的法律，必须通过法官的不断解释才能揭示其真实意蕴。换言之，德沃金把法律看成是不断解释性的、整体性的和建构性的概念，对法律是什么的理解和确切地把握，只有在整体性法律解释中，以建构性的解释态度，才能使法律更加趋于完美，因为法律是随着社会不断发展的概念。尽管法官的最终判决不是最佳的，但对法律的态度却是建构性的：以解释精神，把原则置于实践之上，从而既保持了对过去正确的忠实，又同时为更美好的未来指明了最佳之路。这就是德沃金的结论和他要告诉人们法律是什么的解答。

排名第四的是著名的女权主义法学家麦金侬，在《正宗女性主义：关于生命与法律的演说》一书中，她认为，国家权力和法律不是中立的，而是男权主义的体现：以所谓“理性”为前提构筑的法律和法学是完全排斥妇女的，因为男性是规则导向的，而女性是感情导向的，以男性为中心建立的现代法治必然是压抑妇女的。法律中的性别不平等并非不合理的歧视的结果，而是妇女系统性的社会从属地位的结果。性问题在本质上是一个权力问题，特别是男人的统治地位和女人的从属地位问题。例如：就强奸案中的女性“同意”问题而言。麦金侬就猛烈批判了现代法律只是在形式上保护妇女，实质上却以男性的利益为导向。她指出，对于妇女在恐惧中未能对强奸行为作出反应，任何善解人意的法庭都会认为这是合理得不能再合理的现象，女权主义坚决不同意在犯罪行为要素认定中存在以被害人的反应为证据基础的“不同意”（消极）要素，主张根本就不需要判断妇女是否表达了“不要”就应该追究行为人严格责任。

排名第五的是波斯纳的名作《正义/司法的经济学》，全书共有四编。第一编集中讨论了正义与效率的问题，它实际上是波斯纳试图为此前他建立的法律经济分析奠定的一个哲学伦理学的基础，其试图从财富最大化出发建立一种总体化的社会理论。第二编以经济学为武器从总体上相当全面地解说了初民社会（前国家社会）以及农业社会的基本结构以及治理制度和实践的主要方面。第三编比较细致地讨论了隐私问题，并对美国联邦最高法院20世纪60～70年代的一系列重要隐私判决中的法理进行了辨析。第四编则从信息经济学的进路切入，集中分析的是美国社会中种族歧视的问题。

（二）引证率最高法学论文前25名（Most Cited Law Review Articles Top 25，2004）中的法理学名篇

名次	作者、文章名、发表年份	被引次数
1	R. H. Coase，The Problem of Social Cost，3 J. L&E. 1（1960） 科斯：《社会成本问题》	1 932
2	Oliver Wendell Holmes，The Path of the Law，10 Harv. L. Rev.（1897） 霍姆斯：《法律的道路》	1 846
3	Samuel D. Warren&Louis D. Brandeis，The Right to Privacy，4 Harv. L. Rev，(1931) 沃伦和布兰代斯：《论隐私权》	1 440

续前表

名次	作者、文章名、发表年份	被引次数
4	Herbert Wechsler，Toward Neutral Principles of Constitutional Law，73 Harv. L. Rev 1（1959） 威克斯勒：《走向宪法的中立原则》	1 263
5	Charles R. Lawrence III，The Id，the Ego，and Equal Protection：Reckoning with Unconscious Racism，39 Stan. L. Rev. 317（1987） 劳伦斯：《本我、自我和平等保护：无意识种族歧视的估量》	1 261
6	Robert H. Bork，Neutral Principles and Some First Amendment Problems，47 Int. L. J. 1（1971） 博克：《自然原则与若干宪法第一修正案问题》	1 201
8	Duncan Kennedy，Form & Substance in Private Law Adjudication，89 Harv. L. Rev. 1685（1976） 邓肯·肯尼迪：《私法程序中的形式和实质》	956
9	William Brennan Jr.，State Constitutions and the Protection of Individual Rights，90 Harv. L. Rev 489（1977） 布伦南：《州宪法和个人权利保护》	924
10	Abram Chayes，The Role of the Judge in Public Law Litigation，89 Harv. L. Rev. 1281（1976） 查耶斯：《公法中法官的作用》	915
11	Robert Cover，The Supreme Court，1982 Term，Foreword：Nomos and Narrative，97 Harv. L. Rev. 4（1984） 卡弗：《最高法院》	900
12	Frank I. Michelman，Property，Utility，and Fairness：Comments on the Ethical / foundations of "Just Compensation" Law，80 Harv. L. Rev. 1165（1967） 米歇尔曼：《财产、效用和公平》	843
13	Charles A. Reich，The New Property，73 Yale L. Rev. 733（1964） 莱奇：《新财产权》	815
14	Roberto Mangabeira Unger，The Critical Legal Studies Movement 96 Harv. L. Rev. 561（1983） 昂格尔：《批判法学运动》	790
15	Richard B. Stewart，the Reformation of American Administrative Law，88 Harv. L. Rev. 1667（1975） 斯图尔特：《美国行政法的改革》	735
16	Richard H. Mnookin & Lewis Kornhauser，Bargaining in the Shadow of the Law：the Case of Divorce，88 Tale L. J. 950（1979） 芒金、康豪斯：《法律阴影下的交易：离婚案件》	717
17	Marc Galanter，Why the "Haves" Come Out Ahead：Speculations on the Limits of Legal Change，9 Law&Soc'y Rev. 95（1974） 格兰特：《为什么"强势者"优先：法律变革限度的推测》	692
19	Paul Brest，The Misconceived Quest for the Original Understanding，60 B. U. L. Rev. 204（1980） 布瑞斯特：《对原初理解的误会》	679
21	Cass R. Sunstein，Interest Groups in American Public Law，38 Stan. L. Rev. 29（1985） 桑斯坦：《美国公法中的利益集团》	648

续前表

名次	作者、文章名、发表年份	被引次数
23	Anthony G. Amsterdam, Perspectives on the Fourth Amendment, 58 Minn. L. Rev. 349 (1974) 阿姆斯特丹:《第四修正案的展望》	630
24	Cass R. Sunstein, Beyond the Republican Revival, 97 Yale L. J. 1539 (1988) 桑斯坦:《超越共和党的复兴》	624
25	Lon L. Fuller, The Forms and Limits of Adjudication, 92 Harv. L. Rev. 353 (1978) 富勒:《形式和判决的限制》	611

科斯的《社会成本问题》排名第一。这篇文章研究了现实生活中的“侵害”(侵权)问题,他结合养牛者走失的牛损害相邻农夫谷物的案例,揭示出外部性问题对于双方具有侵害相互性的本质,即侵害总是存在的,问题的关键不是避免一切损害,而是如何避免较大的损害。现实生活中“侵权”的本质是产权不清,如果物品的产权界定清楚,政府的干预或者采取“补偿”原则就是多此一举。科斯指出,只要交易成本为零,那么无论产权归谁,都可以通过市场自由交易达到资源的最佳配置。他同时强调,在市场交易成本为零时,法院关于损害责任的判决对资源的配置没有影响,法院面临的迫切问题不是谁做什么,而是谁有权做什么。通过市场交易修改最初产权的合法界定通常是可能的。这些观点和见解独到,发人深省,对法学和经济学研究都具有巨大的启发意义,该著作也成为法经济学诞生的里程碑式文献。

《法律的道路》是时任马萨诸塞州最高法院法官的奥利弗·霍姆斯在纪念波士顿大学法学院新讲堂落成大会上的讲演。全文篇幅不长,霍氏以一个法官的博识阐发了四种相互联系的观点:注重现实(和现世)结果的实用主义、主张法律应独立并区别于道德的中立主义、把外在行为视作对象的客观主义、以经验探索为基础的实证主义。从他的娓娓论述中,我们看到了一位普通法系的法官对传统的(经常是空洞的)历史主义解释的不满足,一位永不满足的法学家对法律理想状态的追求,以及一位在法律的道路上勤奋开拓的先行者对后来人的殷切期望。霍姆斯在这篇文章的一开始就强调了法律的预测功能,倡导法律的经验实证研究,这一点无疑已被美国法学的后世发展所验证。

塞缪尔·沃伦和路易斯·布兰代斯都担任过美国联邦最高法院法官,他们在这篇著名的文章中认为,隐私是一种秘密,这种秘密首先是一种客观存在,具有物质性。隐私权是个人在通常情况下决定他的思想、观点和情感在多大程度上与别人交流的权利。时至今日,隐私权已为人所共知。《布莱克法律词典》认为,隐私权是私生活不受干涉的权利或个人私事不经允许不得公开的权利。

赫伯特·威克斯勒在这篇《走向宪法的中立原则》中令人信服地证明,虽然宪法没有明确提到司法审查,但是从宪法规定的结构上能逻辑性地读出这项内在权力。但这种司法审查必须依照某种“中立原则”。宪法授权法院进行司法审查,但这并不表明法院可以任意行使这项权力,随便将自己的价值、理念和政治主张掺和到宪法文本中去;假如这样做,法官就“越界”了，且威克斯勒举出了美国法官在判决过程中“越界”的许多实例，包括像“校区种族隔离案”（Brown v. Board of Education）这样的社会影响巨大且至今为民众所称颂的判例。可以不夸张地说，这是一篇迄今为止讨论这个主题的最具建设性的论文，也是这个领域内难以逾越的里程碑。它一方面代表着自马伯里决定以来的学术论辩之总结，另一方面又清晰指明了一个新的起点、新的方向和新的思路。此后，人们对司法审查和司法职能的学术探讨多建立在这篇论文的基础上，因而其引证率那么高，也就不足为奇了。

查理斯·劳伦斯的《本我、自我和平等保护：无意识种族主义的衡量》从对法院判决的检讨出发，研究如何处理美国法上种族仇恨性言论之问题。这个问题在20世纪初便已开始讨论，但随着新的历史事件、新的学说发展，至今也未有定论。其理论上的难题在于自由与平等两个价值的冲突。而观察美国法院的判决，大抵上是倾向保障种族仇恨性言论。该文认为法院这样的态度固有其历史的背景以及理论上的支持，但是平等的价值也不应忽视。该文主张：对于在私领域的种族骚扰、恐吓等行为是可以禁止的。而在公开场合，或者是针对不特定人的情况，若系争言论具有任何政治、文学、艺术、科学的价值，则可受到言论自由的保障，若无，同样也在禁止之列。

（三）大英社会科学引证索引中引证率最高的10部法学著作［British Legal Books Most Cited in Social Sciences Citation Index（1978—1999）］① 之法理学名著

作者	文章名、发表年份
Atiyah，P. S. 阿蒂亚	The Rise and Fall of Freedom of Contract（1979） 《合同自由的兴起与衰落》
Baker，J. H. 贝克	An Introduction to English Legal History（1979）（1990） 《英国法律史导论》
Finnis，John 菲尼斯	Natural Law and Natural Rights（1980） 《自然法与自然权利》
Hart，H. L. A. Tony Honore 哈特等	Causation in the Law（1985） 《法律中的因果关系》
MacCormick，Neil 麦考密克	Legal Reasoning and Legal Theory（1978）（1994） 《法律推理和法律史》
Raz，Joseph 拉兹	The Morality of Freedom（1986） 《自由的德性》
Raz，Joseph 拉兹	The Authority of Law：Essays on Law and Morality（1979） 《法律的权威：法律与道德散记》
Smart，Carol 斯马特	Feminism and the Power of Law（1989） 《女权主义与法的权力》
Williams，Glanville L. 格兰维尔	Textbook of Criminal Law（1978）（1983） 《刑法教科书》

① Compiled by Fred R. Shapiro，at http：//lib. law. washington. edu/ref/mostcited. html.

三、当代美国法律思想的流派及其发展阶段

“横看成岭侧成峰，远近高低各不同。”结合前述引证率排名靠前的法理名著、名篇，下面笔者将按照学术传统和学派的不同，对 20 世纪以来美国法律思想的发展历程（学术史）进行深入辨析。

（一）按照法学研究核心主题的不同，分为社会学法学、新自然法学和新分析法学三方面

1. 社会学法学

这主要肇源于罗斯科·庞德的社会法学思想和以卢埃林和弗兰克为代表的现实主义法学运动。① 不同时代总有新的人物和理论产生，这体现了美国实用主义哲学精神，是在总体上根据社会和时代需要在研究内容和研究范式上不断创新的一种学术潮流。法律现实主义对以后的其他法律学派，如法经济学、批判法学运动等影响深远。

以现实主义法学运动（Legal Realism Movement）为例，它是兴起于美国 20 世纪 20、30 年代的一场反法律形式主义的批判改革法律运动，以 1930 年卢埃林公开发表的《现实主义法理学——引领未来》为标志开始，一直持续到 20 世纪 60 年代。其第一次提出“现实主义法理学”（A Realistic Jurisprudence）的概念，阐释了现实主义法学的观点。该运动分为四个阶段：第一个阶段：霍姆斯的奠基阶段（1897—1910）；第二个阶段：学院派的高潮阶段（1910—1933）；第三个阶段：罗斯福新政主导阶段（1933—1945）；第四个阶段：第二次世界大战以后的发展阶段（1945—1960）。

其中杰罗姆·弗兰克、瓦特·W·库克、昂德海尔·穆尔、赫尔曼·奥利芬特、约瑟夫·C·哈钦森、威廉姆·O·道格拉斯等二十多位现实主义法学家直接参与了“罗斯福新政”，制定了一系列的法律法令，保证了“新政”的完成，这加速了美国摆脱经济危机，实现了美国的复兴与崛起。现实主义法学运动扩大了现实主义法学思想的影响，提高了现实主义法学的地位，使之在美国成为继庞德的社会法学之后占据主导地位的法学思想，并影响到世界许多地方。

主要观点：

（1）法律是不确定的，它受到多种社会、文化和具体行为环境的影响，书本上的法律（如制定法、判例等）并不能决定法律争议的结果，正如杰罗姆·弗兰克的名言：“法官早上吃了些什么，都能决定司法判决的结果。”（2）法律是人制定的，因此受制于人的弱点和缺陷，它并不完美。（3）法律应该作为一种社会控制的工具，实现社会目标，平衡各种竞争的社会利益。（4）采用跨学科的方法，特别是社会学和人类学的实证方法研究法律具有

---

① 把庞德和法律现实主义运动并列，丝毫不意味着它们二者间没有分歧。庞德是有名的反现实主义者，他曾直言不讳地批评法律现实主义的怀疑论倾向。他认为，很难说法律现实主义到底是什么，说它不是什么，反而比较容易。

非常重要的意义。(5) 法律系统合理化和合法化的基础在于社会过程当中。(6) 一些传统学说，特别是分析实证主义的逻辑教条对于实践来说，是一种脱离实际情况的理论扭曲和“基本法律神话”。

第一阶段代表性文献（20世纪初叶）：

(1) 霍姆斯：《法律的道路》[Holmes，The Path of the Law (1897)]；

(2) 杜威：《逻辑方法和法律》[John Dewey，Logical Method and Law (1923)]；

(3) 卢埃林：《现实主义法理学——引领未来》[Llewellyn，A Realistic Jurisprudence-The Next Stop (1930)]；

(4) 弗兰克：《法律与现代精神》(J. Frank，Law and the Modern Mind，Garden City，N. Y. 1963，first published in 1930)。

第二阶段代表性文献（20世纪六七十年代“法律和社会”思潮）：

(1) 麦考利：《法律和权力的平衡》(Stewart Macaulay，Law and Balance of Power，1966)；

(2) 弗里德曼：《法律文化和社会发展》(Friedman，Legal Culture and Social Development，1969)；

(3) 格兰特：《为什么“强势者”优先：法律变革限度的推测》[Marc Galanter，Why the “Haves” Come Out Ahead：Speculations on the Limits of Legal Change，9 Law&Soc'y Rev. 95 (1974)]。

2. 新自然法学和康德自由主义法学 (Kantian Liberalism)

自然法学在20世纪得以复兴，主要是基于两方面的原因：(1) 从现实层面看，它是人类反思两次世界大战的必然回应。即战后人们在清算纳粹反人类暴行、进行正义审判的过程中，必然呼唤提倡价值的自然法学的复兴。(2) 自然法从其内在机理看，主张的是正义之法、道德之法、理性之法，能提出鲜明的价值主张和价值内核。经过马里旦、富勒以及后来的法哲学家罗尔斯、德沃金等人的持续努力，大致赞同法律正义和价值选择的法学家们激浊扬清，将自然法学和康德自由主义法学推进到一个新高度。这个学派的基本学术传统来源于欧洲大陆。其基本思想是强调法律价值，特别是自由和权利价值的优先性，主张尊重个人道德自治和罗尔斯式的分配正义，反对公权力对私人行为的过分干预，通过对以宪法为主的整体法律进行谨慎的司法解释，使国家保证给全体公民一个权利和自由的基本框架，但不确保和干预其生活方式等。

代表性文献：

富勒：《约因与形式》(Lon Fuller，Consideration and Form，1941)。在这篇文章中，富勒研究了强制执行允诺的形式和实质理由，指出涉及作出可强制执行允诺的方式的法律手续，构成了决定可强制执行允诺的一系列理由。例如，约因的正式条件证明了允诺的存在，告诫要约人允诺的严肃性，并指导当事人如何作出或者避免作出可强制执行的允诺。此外，富勒还强调了强制执行允诺的实质理由，认为意思自治原则是构成合同责任的一个实质性理由。

(1) 赫伯特·威克斯勒:《走向宪法的中立原则》(Herbert Wechsler, Toward Neutral Principles, 1959)。

(2) 戈瑞斯·沃尔德:《时间与态度》(Gris Wold, Time and Attitudes, 1960)。

(3) 米歇尔曼:《保护穷人》(Michelman, Protecting the Poor, 1969);《法律的共和》(Law's Republic, 1988)。

(4) 约翰·哈特·伊利:《民主和不信任:一个司法审查的理论》(Ely, Democracy and Distrust, 1980)。

(5) 德沃金:《认真对待权利》(Dworkin, Taking Rights Seriously, 1977);《法律帝国》(1986)。

(6) 埃克曼:《自由国家中的社会正义》(Ackerman, Social Justice in the Liberal State, 1980)。

(7) 理查兹:《个人,家庭和宪法》(Richards, Individual, Family, and Constitution, 1980)。

(8) 卡弗:《暴力和语词》(Robert Cover, Violence and the Word, 1986)。

(9) 埃斯克瑞奇:《法律解释的动力学》(Eskridge, Dynamic Statutory Interpretation, 1994)。

3. *新分析法学*

新分析法学是20世纪60年代形成的现代西方法学派别之一。其首创人是英国牛津大学法理学教授赫伯特·哈特(Herbert L. Hart, 1907—1993)。他的主要著作是:《法律的概念》(1961年),其他著作有《法律·自由和道德》(1963年)和《惩罚与责任》(1968年)等。他是第二次世界大战后西方法学界最有影响的人物之一。

新分析法学派的形成和发展,是同从20世纪50年代后期开始,以哈特和富勒为主要代表的长期论战不可分的。这一论战的实质是西方法律哲学传统中自然法学说和法律实证主义两大派之争。哈特的新分析法学是在奥斯丁(John Austin, 1790—1859)的传统分析法学的基础上发展起来的,尽管哈特的学说以法律实证主义为基础,并被公认是第二次世界大战后这一派的主要代表人物,但他的学说又具有向自然法学说靠拢的特征(即在鼓吹"国家主义"的新黑格尔主义法学趋于衰落,对法律的价值准则采取不同程度的否定或怀疑态度的实证主义法学亦有所动摇的大背景下,向自然法学吸取学术资源)。此外,哈特还将逻辑实证主义的概念与语言分析法运用到法学中来,反对法律概念传统的下定义的方法,主张采用根据具体情况进行逻辑分析的方法。①

拉兹是哈特以后新分析法学的主将。他一方面力图继承分析法学的传统,对奥斯丁、凯尔森、哈特的理论进行了客观地分析;另一方面,又尝试在新形势下建立自己的分析法

① 参见沈宗灵:《论哈特的新分析法学》,载《法学研究》,1981(6)。

学框架。他把研究范围扩展到自然法学和社会学法学的传统领域，如法治问题、法律的作用问题、法官的地位问题等等。

代表性文献：

（1）霍菲尔德：《论应用于司法推理的某些基本法学概念》（Wesley Hohfeld，Some Fundamental Legal Conceptions as Applied Judicial Reasoning，1913）。霍菲尔德是美国“法律实证主义”的代表人物。他在文章中试图厘清各个法律概念的内涵及其不同，对不同法律关系逐一分析，进而寻找法律概念的最小公分母。①

（2）哈特：《法律的概念》（Hart，H. L. A. The Concept of Law，2nd ed.，p. 239，Oxford，Clarendon Press，1994）；

（3）哈特和萨克斯：《法律过程：法律制定和应用中的基本问题》（Hart & Sacks，The Legal Process：Basic Problems in the Making and Application of Law，1958）；

（4）威灵顿：《普通法规则与宪法双重标准》（Wellington，Common Law Rules and Constitutional Double Standards，1973）；

（5）拉兹：《法律的权威：法律与道德散记》（Raz，The Authority of Law：Essays on Law and Morality，Oxford University Press，1979）；拉兹：《自由的德性》（The Morality of Freedom，Oxford，Clarendon Press，1986）。

（二）按照法学与其他学科工具交叉渗透的不同，可以分为法经济学、法社会学、法统计学、法文学、行为主义法学等

在此我们以法经济学为例，简述一下这个源于20世纪60年代的新潮流：四十多年来法经济学运动——就其整体而言——可以说是学派林立，思想杂多。从根本上说，法经济学“并非是一个一致性的运动，而是不同学术传统并存的研究过程，其中有些研究具有互补性，有些研究则具有竞争性，或者说，是具有冲突对立性质的”②。具体而言，根据这些年关于学科发展情况的一般说法，法经济学主要有如下几个并非公认的“学派”或学术核心：以卡拉布雷西及其传承关系为核心，逐渐形成了法经济学的“耶鲁学派”；以科斯、波斯纳、兰德斯为核心，逐渐形成了法经济学的“芝加哥学派”③；侧重于从事政治经济学和宪政税收经济学研究的布坎南和塔洛克于1969年在弗吉尼亚理工学院创建了公共选择研究中心，有人称之为法经济学（或称公共选择理论）的“弗吉尼亚学派”。

除了这三个比较有名的“学派”之外，布雷姆利比较侧重于研究制度起源和变迁问

---

① 他尖锐地指出，以前的法学理论犯了一个致命的逻辑错误，即误以为“自由”逻辑上包含了不受他人干涉的“权利”。换言之，霍菲尔德认为，一个人有做某件事的法律自由，并不逻辑上意味着他（她）做该件事时享有不受他人干涉的“权利”。例如，一个厂主雇佣非工会工人的“自由”，并不逻辑上意味着他（她）有阻止工人组织工会的“权利”，而工人组织工会实质上就是干涉厂主雇佣非工会工人的“自由”。

② Nicholas Mercuro and Steven G. Medema，*Economics and The Law：From Posner to post-Modernism*，published by Princeton University Press，1997，pp. 1-2.

③ Coase，“Law and Economics at Chicago”，*Journal of Law & Economics*，Vol. 36 (1)，pp. 239-54，1993.

题，有人称之为“制度学派”；哈佛法学院的沙维尔和卡普洛均出身经济学科，成果也都主要发表在经济学刊物上，有人称之为“哈佛学派”；此外像波林斯基在斯坦福大学法学院、罗伯特·考特在加州大学伯克利分校法学院均坚持了多年法经济学的教学与科研，在法经济学发展中贡献突出，并且他们的研究也都形成了独特风格，有时也被人为地称为学派。这样的划分虽不能说没有道理，但就其整体认识论和方法论的基础而言，则仍是个“大同小异”的问题，即在应用经济学、哲学和其他社会科学研究法律问题方面有“大同”；而在是否进行应然性研究以及对具体问题的分析角度和方法上却很不一致，存在“小异”。

此外，还有一些基于女性视角、人类学视角、心理学视角的法经济学支派，几位著名学者如塞洛库斯大学的麦乐怡和哈佛大学的邓肯·肯尼迪则强烈批判波斯纳式的法经济学，主张建构一种包容性更强的、批判性的法经济学，再加上欧洲国家的学者基于其原有大陆法系演绎推理的传统，也自发形成了偏重研究立法效率和成文规范的学术道德，凡此种种法经济学观点，虽然与波斯纳或数学化法经济学“道不同，不相为谋”，但也未必见得形成了不同于法经济学的另一门学科，所以算不上“另门别户”，而是属于法经济学这个有着共同志趣和问题立场但组织较为松散的学术共同体，并以一种关于法和经济学之间正当关系的不同意识形态之间的竞争与斗争的形式推动了当代法经济学的发展。

代表性文献：

(1) 科斯：《社会成本问题》(Coase，Problem of Social Cost，1960)；

(2) 卡拉布雷西：《风险分配和侵权行为》(Calabresi，Risk Distribution and Torts，1961)；

(3) 波斯纳：《法律的经济分析》(Posner，Economic Analysis of Law，1st ed.，1972)；

(4) 卡拉布雷西和梅拉曼德：《产权规则，责任规则及其不可让与性》(Calabresi & Melamed，Property Rule，Liability Rules and Inalienability，1972)；

(5) 波林斯基：《侵权争议的解决》(Polinsky，Resolving Nuisance Disputes，1980)；

(6) 沙维尔：《意外事故法的经济分析》(Shavell，Economic Analysis of Accident Law，1987)；

(7) 兰德斯和波斯纳：《侵权法的经济结构》(William M. Landes & Richard A. Posner，The Economic Structure of Tort Law，1987)；

(8) 朱斯、桑斯坦和西拉：《法经济学的一个行为进路》(Jolls，Sunstein and Thaler，A Behavioral Approach to Law and Economics. Stanford Law Review，Vol. 50，pp. 1471-1550，1998)；

(9) 卡普洛和沙维尔：《公平与福利》(Louis Kaplow & Steven Shavell，Fairness versus Welfare，Harvard University Press，Cambridge，Massachusetts，and London，England 2002)。

(三) 按照政治意识形态，可以分为左翼和右翼（或极左、极右、中左、中右等）法律思想

这种流派划分实际上是美国当代政治思想和政治主张在法学界的反映。大家争论的焦点，从是否坚守分配正义原则到是否堕胎和克隆人等拉拉杂杂的问题，不一而足。无论是美国联邦和州各级法院的法官，还是法学院的学者们，都或明或暗地坚守某种政治立场，进而在法庭判决和法学著作中予以坚持。例如，联邦法官是任命的，而且是终身职位，因此其任命的程序和法官的遴选就非常政治化。著名的“伦奎斯特法院”的保守主义倾向最终将靠上帝的“天启”发动伊拉克战争的小布什送上总统的宝座。①

右翼学者代表性文献：

(1) 哈耶克：《自由秩序原理》(Hayek，The Constitution of Liberty，London and Chicago，1960)；

(2) 伯林：《自由四论》(Isaiah Berlin，Four Essays on Liberty，Oxford，Oxford University Press，1969)；

(3) 诺齐克：《无政府、国家与乌托邦》(Robert Nozick，Anarchy，State and Utopia，Oxford，Blackwell，1974)；

(4) 波斯纳：《法律的经济分析》[Posner，Economic Analysis of Law (1986) (1992) (1998)]。

左翼学者代表性文献：

(1) 弗如格：《城市作为一个法律概念》(Frug，City as a Legal Concept，1980)；

(2) 热丁：《财产和人格》(Radin，Property and Personhood，1982)；

(3) 桑斯坦：《美国法律中的利益集团》(Sunstein，Interest Groups in American Law，1985)；

(4) 辛格：《财产的信赖利益》(Singer，Reliance Interest in Property，1987)；

(5) 萨姆纳：《阅读意识形态》(Colin Sumner，Reading Ideologies：an Investigation into the Marxist Theory of Ideology and Law，New York，Academic Press，1979)；

(6) 贝隆等：《马克思主义与法》(Marxism and Law，edited by Beirne and Richard Quinney，New York，Wiley，1982)。

(四) 按照是否受后现代主义思潮影响，可以分为现代主义法学和后现代主义法学方法论

后现代主义法学要求超越现代主义的法律思维及其体系性建构，否定理性法律主体和法的合理性，也反对法的一切宏大叙事与霸权话语，主张弱势群体之间的商谈、颠覆性叙述、反基础主义的认识论等。这种思潮在当代的主要体现就是批判法学研究思潮。但是二

---

① 参见［美］德肖微茨：《极不公正：联邦最高法院怎样劫持了2000年大选》，廖明等译，北京，法律出版社，2003。

者并不是隶属关系，而是交叉关系。即批判法学可能有后现代倾向，但批判却未必后现代；后现代倾向影响和强化了批判法学的颠覆特征，但批判也未必走向后现代。这种观点在批判法学的领军人物邓肯·肯尼迪身上体现得最为明显。

邓肯·肯尼迪教授2006年6月在哈佛大学讲授"比较法与法律全球化的新观察架构"课程时，针对"法律全球化"问题提出了一系列十分尖锐的观点：首先，他认为目前观察比较法与法律全球化现象的思维架构不仅无法充分解释全球之法律现象，也使边缘地区的精英失去了自我创造法律论述，反抗中心法律霸权的能力。就通行的比较法研究路径而言，Civil law/Common law之区分成为比较法学者思考问题的基本出发点，然而这种观察架构无法充分解释全球化下的法律现象。如北欧法究竟属于大陆法系，还是普通法系？印度法虽然继受了英国法，但却是法典化的结果，从而使得在印度法律实践中，法条解释与判例援引同等重要。这种比较法研究视角的另一个弊端则在于，使得边缘地区的法学精英习惯于抄袭其所继受国的法学论述，而没有独立思考之创造力。其次，他提出要对全球化背景下的法律现象进行比较好的研究，不能拘泥于法律的外在形式（如法典或是判例法），或是历史事实（如因殖民而继受英国法、因法典化之需求继受德国法或是法国法），而必须观察法学论述的语言结构。即人们遵守法律在很大程度上就是遵循共同的（法律）语法规则，而不是其内容本身。就譬如说打牌打了一半，中间突然换手，新来的人并不需要知道牌怎么打到这里，他只需要知道打牌的规则就可以接着打下去了。了解过去的牌是怎么打掉的诚然重要，但是更重要的却是下一个人（法律相对人）会不会接着打。这样，观察全球化背景下法律变化的视角就会从对不同法律文明的历史研究和形式研究转向对法律的语法结构/商谈框架研究了，从而使毫无关联之法律之间的比较研究成为可能。再次，他认为当前"诉讼大爆炸"让越来越多有争议的问题涌入法庭之中，等待法官依据法律给出"正确"的答案，这就使得法律政治化以及政治司法化的现象日益明显。此时，法律与政治实际上处在一个诠释的循环当中。二者彼此独立，又互相影响。正确认识这种关系，才不会陷于法律中心主义的窠臼，或是以为法律不过是政治主张之包装而忽略法律体系可以发挥的功能，或者难以理解和回答各种新的法律论述与现象（如妇女权、少数种族权、同性恋权、亚洲价值）何以存在，其意义如何。①

1. 批判法学研究思潮

代表性文献：

（1）肯尼迪：《私法判决中的形式与实质》（Duken Kennedy，Form and Substance in Private Law and Adjudication，1976）；

（2）昂格尔：《批判法学运动》（Roberto Mangabeira Unger，The Critical Legal Studies Movement，96 Harv. L. Rev. 561，1983）；

---

① 以上肯尼迪教授的授课内容为笔者2006年5月～8月在哈佛大学法学院东亚法律研究中心访问研究请教所得，2006届L. L. M毕业生张英磊先生提供了重要帮助。

(3) 科尔曼:《刑法的建构型解释》(Kelman, Interpretive Construction in Criminal Law, 1981);

(4) 图什耐特:《法律学识:原因与治疗》(Tushnet, Legal Scholarship: Causes and Cure, 1981);

(5) 甘贝尔:《权利意识的现象学》(Gabel, Phenomenology of Rights-Consciousness, 1984)。

2. 女权主义法律理论

其主张的可能的改革包括:适当放宽标准;工作角色的重组;参与性争议解决;限制色情文学(描写)。

代表性文献:

(1) 麦金侬:《无可改变的女权主义》(MacKinnon, Feminism Unmodified, 1987);

(2) 威廉姆斯:《解构性别》(Williams, Deconstructing Gender, 1989);

(3) 舒耶茨:《工作的故事》(Schuitz, Stories about Work, 1990)。

3. 批判种族主义法律理论

其主张的可能的改革包括:强化市民权利;批判色盲和保守主义行动;强化经济权利;重构隐私和财产权利;慎重对待交叉性文化和民族主义、分离主义。

代表性文献:

(1) 马祖达:《关注底层》(Matsuda, Looking to the Bottom, 1987);

(2) 威廉姆斯:《成为财产的客体》(Williams, Being the Object of Property, 1988);

(3) 德尔戈多:《批判种族文献学》(Delgado, Critical Race Bibliography, 1993~1995);

(4) 金百利·柯瑞肖:《批判种族理论》(Creashaw, Critical Race Theory, 1995)。

四、几点结论

美国法律思想的最大特点是多种学术资源和解释进路纷然杂陈,具有鲜明的实用主义和学术综合的特色。它既研究法律内部的概念、关系、规范,又研究法律外部的属性、影响、效果;既有反映统治阶级意志的主流法律哲学,又有对整体法律制度及其承载的意识形态和价值体系进行批判和揭露的批判法律传统;既有书斋论道的应然性法学,又有深入法律运作实践的,带有鲜明实证和经验色彩的经济分析、社会分析和田野调查;既有沿袭了欧洲大陆传统的自然法学和分析实证主义传统的诸多流派,更结合美国本土社会与现实发展的实践,创造性建立起来的社会学法学。这三类反映和解释法律本质之事实、规范和价值的不同进路就在美国法的实践中被冶于一炉,相互激荡、碰撞,产生了法律知识拓展的崭新空间。

（一）与时俱进的美国法律思想

法律是社会的产物，因此应将焦点放在美国法律的社会脉络之上，探索20世纪的美国社会巨变。法律思想的进步，归根结底要依托于社会结构和经济文明的发展而发展。

美国著名法律史学家劳伦斯·弗里德曼在《二十世纪美国法律史》中将1900年美国的社会和法律与2000年美国的社会和法律进行比较，认为无论从哪个方面，不管是科技发展水平还是社会结构，抑或是性别歧视或种族歧视问题（1900年的美国还是一个白人的世界，仇黑主义盛行），都已发生了沧海桑田般的改变。例如随着汽车、收音机、电视、电脑等新技术的出现，人们的生活被改变，也因此出现了消费者权益保护法、事故责任法等等。罗斯福"新政"不仅是美国现代社会历史发展的转折点，而且是当代美国法律思想史的转折点。以法律现实主义运动为代表的美国法律思想，自此之后伴随着一波接一波的"民权"运动的勃兴，实实在在地推进了世界法律文明的进步。

在现代社会里，法律扮演着并将继续扮演着最重要的秩序责任。无论是基于市场交易的便利安全，还是基于公共利益分配的考虑，在这个由"陌生人"组成的社会里，法律掌管着一切。越复杂、越专业、越异质的社会，越迫切需要法律。因此近日社会的法律系统都在持续扩张中，法律在社会中所扮演的角色已比过往来的重要。法学研究与法律实践实际上已经从社会的舞台边缘移向舞台的中央。

（二）实用主义哲学影响深远

当代美国主流的法律思想，建立在多元的社会文化、尊崇个人权利、自由主义以及实用主义的哲学观之上。以实践效果为目的，强调法律的经世致用成为很多学者的选择。以波斯纳的学术立场为例，他在哲学上采实用主义（pragmatist in philosophy）、方法学上采用经济和社会分析（economic in methodology）、政治上持自由主义（liberal in politics）的立场。尽管围绕着他的研究仍存在着极其尖锐的争论和批判（如他与德沃金的论战），但整个社会相对恪守学术自由和平等论辩的原则，因此几乎不存在学术之外的担忧。

（三）当代美国法律思想就是当代美国法律思想史本身

美国的法律思想发展根本无法用一两个简单的口号，或者几句精雕细琢的话作结。在各式各样有着不同历史传承、研究目的、分析工具和认识方式的法学流派之间，充满了冲突与和谐，批判与对话的矛盾气氛。总体上表现出"平等、多元、批判"的话语特性，而这一话语平台的出现，无疑又同一个长期稳定的法制社会的固有特色紧密相关。总之，在笔者看来，当代美国法律思想史和法律文化史同美国法律发展史乃至于社会发展史相辅相成、如影随形，共同构成了复杂而变动不居的文明样态。

附表 1 引证率最高的 102 篇法学论文（Most Cited Law Review Articles Top 102，1985，2004）①

1985		2004		
Hits	Rank	Hits	Rank	Article
?	1	1 932	1	R. H. Coase，The Problem of Social Cost，3 J. L&E. 1（1960）
719	5	1 846	2	Oliver Wendell Holmes，The Path of the Law，10 Harv. L. Rev.（1897）
578	9	1 440	3	Samuel D. Warren & Louis D. Brandeis，The Right to Privacy，4 Harv. L. Rev，1931.
968	2	1 263	4	Herbert Wechsler，Toward Neutral Principles of Constitutional Law，73 Harv. L. Rev 1（1959）
253	61	1 261	5	Charles R. Lawrence III，The Id，the Ego，and Equal Protection：Reckoning with Unconscious Racism，39 Stan. L. Rev. 317（1987）
609	7	1 201	6	Robert H. Bork，Neutral Principles and Some First Amendment Problems，47 Int. L. J. 1（1971）
542	11	1 023	7	Guido Calabresi & A. Douglas Melamed，Property Rules，Liability Rules，and Inalienability：One View of the Cathedral，85 Harv. L. Rev. 1089（1972）
550	10	956	8	Duncan Kennedy，Form & Substance in Private Law Adjudication，89 Harv. L. Rev. 1685（1976）
346	26	924	9	William Brennan Jr.，State Constitutions and the Protection of Individual Rights，90 Harv. L. Rev 489（1977）
645	6	915	10	Abram Chayes，The Role of the Judge in Public Law Litigation，89 Harv. L. Rev. 1281（1976）
291	41	900	11	Robert Cover，The Supreme Court，1982 Term，Foreword：Nomos and Narrative，97 Harv. L. Rev. 4（1984）
523	12	843	12	Frank I. Michelman，Property，Utility，and Fairness：Comments on the Ethical /foundations of "Just Compensation" Law，80 Harv. L. Rev. 1165（1967）
728	4	815	13	Charles A. Reich，The New Property，73 Yale L. Rev. 733（1964）
327	32	790	14	Roberto Mangabeira Unger，The Critical Legal Studies Movement 96 Harv. L. Rev. 561（1983）
582	8	735	15	Richard B. Stewart，the Reformation of American Administrative Law，88 Harv. L. Rev. 1667（1975）

① Compiled by George P. Fletcher（re. Fred R. Shapiro），Cardozo Professor of Jurisprudence，Columbia University，Law School.

续前表

1985		2004		
Hits	Rank	Hits	Rank	Article
357	23	717	16	Richard H. Mnookin & Lewis Kornhauser，Bargaining in the Shadow of the Law：the Case of Divorce，88 Tale L. J. 950（1979）
489	13	692	17	Marc Galanter，Why the "Haves" Come Out Ahead：Speculations on the Limits of Legal Change，9 Law & Soc'y Rev. 95（1974）
356	24	681	18	Frank H. Easterbrook & Daniel R，Fischel，The Proper Role of a Target's Management in Responding to a Tender Offer，94 Harv. L. Rev. 1161（1981）
337	30	679	19	Paul Brest，The Misconceived Quest for the Original Understanding，60 B. U. L. Rev. 204（1980）
402	18	657	20	Owen M. Fiss，The Supreme Court，1978 Term——Foreword：the Forms of Justice，93 Harv. L. Rev. 1（1979）
301	38	648	21	Cass R. Sunstein，Interest Groups in American Public law，38 Stan. L. Rev. 29（1985）
278	49	634	22	William L. Cary，Federalism and Corporate Law：Reflection Upon Delaware，83 Yale L. J. 663（1974）
360	22	630	23	Anthony G，Amsterdam，Perspectives on the Fourth Amendment，58Minn. L. Rev. 349（1974）
208	93	624	24	Cass R. Sunstein，Beyond Republican Revival，97 Yale L. J. 1539（1988）
284	46	611	25	Lon L. Fuller，The Forms and Limits of Adjudication，92 Harv. L. Rev. 353（1978）
282	47	593	26	Frank I. Michelman，The Supreme Court，1985 Term—— Foreword：Traces of Self，Government，100 Harv L，Rev4（1986）
242	69	589	27	Herbert Wechsler，The Political Safeguards of Federalism：the Role of the States in the Composition and Selection of the National Government，54 Colum，L. Rev 543（1954）
238	73	568	28	Martha Minow，The Supreme Court，1986 Term—— Foreword：Justice Engendered，101 Harv. L. Rev 1641（1987）
323	33	547	29	Thomas I. Emerson，Toward a General Theory of the First Amendment，72 Yale L. J. 877（1963）
319	34	532	30	Alexander Meiklejohn，The First Amendment is an Absolute，1961 Sup. Ct. Rev. 245
224	83	524	31	Frances E. Olsen，The Family and the Market：a Study of Ideology and Legal Reform，96 Harv. L. Rev. 1497（1983）
282	47	515	32	Thomas C. Grey，Do We Have an Unwritten Constitution?，27 Stan. L. Rev. 703（1975）

续前表

1985		2004		
Hits	Rank	Hits	Rank	Article
446	16	510	33	John Hart Ely, The Wages of Crying Wolf: a Comment on Roe v. Wade, 82 Yale L. J. 920 (1973)
249	65	505	34	Marc Galanter, Reading the Landscape of Disputes: What We Know and Don't Know (and Think We Know) about Our Allegedly Contentious and Litigious Society, 31 UCLA L. Rev 4 (1983)
268	52	497	35	Mark V Tushnet, Following the Rules Laid Down: a Critique of Interpretivism and Neutral Principles, 96 Harv L. Rev 781 (1983)
340	28	494	36	H. L. A. Hart, Positivism and the Separation of Law & Morals, 71 Harv. L. Rev. 593 (1958)
240	72	494	36	Felix S. Cohen, Transcendental Nonsense and the Functional Approach, 35 Colum. L. Rev. 809 (1935)
204	99	489	38	George L. Priest & Benjamin Klein, The Selection of DiSputes for Litigation, 13 J. Legal Stud. 1 (1984)
341	27	477	39	Henry M. Hart, Jr., The Power of Congress to Limit the Jurisdiction of Courts: an Exercise in Dialectic, 66 Harv L. Rev 1362 (1953)
290	42	467	40	Duncan Kennedy, The Structure of Blackstone's Commentaries, 28 Buff. L. Rev. 205 (1979)
225	82	466	41	Alan David Freeman, Legitimizing Racial Discrimination through Antidiscrimination Law: a Critical Review of Supreme Court Doctrine, 62 Minn. L. Rev 1049 (1978)
205	96	455	42	Catharine A. MacKinnon, Feminism, Marxism, Method, and the State: toward Feminist Jurisprudence, 8 Signs 635 (1983)
243	68	454	43	Bruce Ackerman, The Storrs Lectures: Discovering the Constitution, 93 Yale L. J. 1013 (1984)
299	39	451	44	Richard A. Posner, A Theory of Negligence, 1 J. Legal Stud. 29 (1985)
217	89	449	45	Philip Areeda & Donald F. Turner, Predatory Pricing and Related Practices under Section 2 of the Sherman Act, 88 Harv. L. Rev. 697 (1975)
454	15	445	46	Stewart Macaulay, Non-Contractual Relations in Business: a Preliminary Study, 28 Am. Soc. Rev. 55 (1963)
224	83	438	47	James B. Thayer, The Origin and Scope of the American Doctrine of Constitutional Law, 7 Harv. L. Rev. 129 (1893)
253	60	434	48	Owen M. Fiss, Objectivity and Interpretation, 34 Stan. L. Rev. 739 (1982)

续前表

1985		2004		
Hits	Rank	Hits	Rank	Article
255	57	423	49	Felix Frankfurter，Some Reflections on the Reading of Statutes，47 Colum. L. Rev. 527 (1947)
244	67	420	50	John Hart Ely，Flag Desecration：a Case Study in the Roles of Categorization and Balancing in First Amendment Analysis，88 Harv. L. Rev. 1482 (1975)
292	40	413	51	Joseph L. Sax，Takings and Police Power，74 Yale L. J. 36 (1964)
278	49	403	52	Richard A. Epstein，A Theory of Strict Liability，2 J. Legal Stud. 151，1973
306	36	401	53	Lon L. Fuller，Positivism & Fidelity to Law——a Reply to Professor Hart，71 Harv. L. Rev. 630 (1958)
338	29	395	54	Lawrence H. Tribe，Trial by Mathematics：Precision and Ritual in the Legal Process，84 Harv. L. Rev. 1329 (1971)
228	80	392	55	Gerald E. Frug，The City as a Legal Concept，93 Harv. L. Rev. 1057 (1980)
288	43	391	56	Lon L. Fuller & William R. Perdue，Jr.，The Reliance Interest in Contractual Damages (Pts. 1 & 2)，46 Yale L. J. 52，373 (1936～7)
255	57	387	57	George P. Fletcher，Fairness and Utility in Tort Theory，85 Harv. L. Rev. 537 (1972)
384	19	385	58	Frank I. Michelman，The Supreme Court，1968 Term—— Foreword：on Protecting the Poor through the Fourteenth Amendment，83 Harv. L，Rev. 7 (1969)
238	73	385	58	Alexander M. Bickel，The Supreme Court，1960 Terms——Foreword：the Passive Virtues，75 Harv. L. Rev. 40 (1961)
460	14	381	60	Joseph Tussman & Jacobus TenBroek，The Equal Protection of the Laws，37 Cal，L. Rev. 341 ～1949)
250	63	366	61	Henry P. Monaghan，The Supreme Court，1974 Term—— Foreword：Constitutional Common Law，89 Harv. L. Rev. 1 (1975)
264	55	365	62	Henry J. Friendly，Some Kind of Hearing，23 U. Pa. L. Rev. 1267 (1975)
913	3	359	63	Gerald Gunther，The Supreme Court，1971 Term—— Foreword：in Search of Evolving Doctrine on a Changing Court：a Model for a Newer Equal Protection，86 Harv. L. Rev. (1972)
242	69	343	64	Paul M. Bator Finality in Criminal Law and Federal Habeas Corpus for State Prisoners，76 Harv. L. Rev 441 (1963)

续前表

1985		2004		
Hits	Rank	Hits	Rank	Article
436	17	338	65	William W Van Alstyne, The Demise of the Right——Privilege Distinction in Constitutional Law, 81 Harv. L. Rev 1439 (1968)
287	44	335	66	Friedrich Kessler, Contracts of Adhesion—— Some Thoughts about Freedom of Contract, 43 Colum. L. Rev, 629 (1943)
221	86	335	66	Arthur Allen Left, Unconscionability and the Code——the Emperor's Clause, 115 U. Pa. L. Rev. 485 (1967)
336	31	333	68	John Hart Ely, Legislative and Administrative Motivation in Constitutional Law, 79 Yale L. J. 1205 (1970)
384	19	328	69	Henry G. Manne, Mergers and the Market for Corporate Control, 73 J. Poi. Econ. 110 (1965)
254	59	324	70	Henry J. Friendly, In Praise of Erie—— and of the New Federal Common Law, 39 NYU L. Rev. 383 (1964)
231	75	320	71	Marvin E. Frankel, The Search for Truth: an Umpireal View, 123 U. Pa. L, Rev 1031 (1975)
370	21	315	72	William L Prosser, The Assault upon the Citadel (Strict Liability to the Consumer), 69 Yale L. J. 1099 (1960)
230	77	314	73	Richard A. Posner, An Economic Approach to Legal Procedure & Judicial Administration, 2 J. Legal Stud. 399 (1973)
267	53	308	74	Alexander M. Bickel, The Original Understanding and the Segregation Decision, 69 Harv, L, Rev. 1 (1955)
204	99	308	75	Kenneth L. Karst, The Supreme Court, 1976 Term—— Foreword: Equal Citizenship under the Fourteenth Amendment, 91 Harv L. Rev. 1 (1977)
252	62	307	76	William L. Prosser, Privacy, 48 Cal. L, Rev. 383 (1960)
206	95	297	77	Kenneth L. Karst, Equality as a Central Principle in the First Amendment, 43 U. Chi. L. Rev 20 (1975)
303	37	285	78	Henry M. Hart, Jr., The Relations between State and Federal Law, 54 Colum. L. Rev. 489 (1954)
218	88	272	79	Charles Fairman, Does the Fourteenth Amendment Incorporate the Bill of Rights? —— The Original Understanding, 2 Stan. L. Rev. 5 (1949)
220	87	270	80	Guido Calabresi & Jan T. Hirschoff, Toward a Test for Strict Liability in Torts, 81 Yale L. J. 1055 (1972)
271	51	269	81	Guido Calabresi, Some Thoughts on Risk Distribution and the Law of Torts, 70 Yale L. J, 499 (1961)
250	64	266	82	William L. Prosser, The Fall of the Citadel (Strict Liability to the Consumer), 50 Minn. L. Rev 791 (1966)

续前表

1985		2004		
Hits	Rank	Hits	Rank	Article
245	66	265	83	Henry M. Hart, Jr., The Aims of the Criminal Law, 23 L. & Contemp. Probe. 401 (1958)
230	77	249	84	Harry H. Wellington, Common Law Rules and Constitutional Double Standards: Some Notes on Adjudication, 83 Yale L. J. 221 (1973)
222	85	244	85	Robert H. Bork, The Rule of Reason and the Per se Concept: Price Fixing and Market Division (Pts. 1 & 2), 74 Yale L. J. 775 (1965), 75 Yale L. J. 373 (t966)
355	25	242	86	Henry M. Hart, The Supreme Court, 1958 Term—— Foreword: the Time Chart of the Justices, 73 Harv. L. Rev. 84 (1959)
211	92	237	87	Joseph L. Sax, Takings, Private Property, and Public Rights, 81 Yale L. J. 149 (1971)
229	79	222	88	Archibald Cox, The Supreme Court, 1965 Term—— Foreword: Constitutional Adjudication and the Promotion of Human Rights, 80 Harv L. Rev 1 (1957)
216	90	213	89	Charles L. Black, Jr., The Supreme Court, 1969 Term——Foreword: "State Action", Equal Protection, and California's Proposition, 81 Harv L. Rev 69 (1967)
287	44	211	90	Harry Kalven, Jr., The New York Times Case: k Note on "the Central Meaning of the First Amendment", 1964 Sup. Ct. Rev. 191
266	54	201	91	Dallin H. Oaks, Studying the Exclusionary Rule in Search and Seizure, 37 U. Chi. L. Rev, 665 (1970)
204	99	199	92	William J. Brennan, Jr., The Supreme Court and the Meiklejohn Interpretation of the First Amendment, 79 Harv L. Rev 1 (1965)
232	75	193	93	Jerome A Barron, Access to the Press—— a New First Amendment Right, 80 Harv. L. Rev. 1641 (1967)
226	61	191	94	Alexander M. Bickel & Harry H. Wellington, Legislative Purpose and the Judicial Process: the Lincoln Mills Case, 71 Harv L. Rev 1 (1957)
204	99	184	95	William M. Landes, An Economic Analysis of the Courts, 14 J. L. & Econ. 61 (1971)
256	56	179	96	Paul Brest, The Supreme Court, 1975 Term—— Foreword: in defense of the Antidiscrimination Principle, 90 Harv L, Row 1 (1976)
205	96	126	97	Harold Leventhal, Environmental Decision Making and the Role of the Courts, 122 U. Pa. L. Rev. 509 (1974)
212	91	161	98	John P. Brown, Toward and Economic Theory of Liability, 2 J. Legal Stud. 323 (1973)
207	94	141	99	Albert W Alschuler, The Prosecutor's Role in Plea Bargaining, 36 U. Chi. L. Rev. 50 (1968)

续前表

1985		2004		Article
Hits	Rank	Hits	Rank	
317	36	136	100	Bruce J. Ennis & Thomas R. Litwack，Psychiatry and the Presumption of Expertise：Flipping Coins in the Courtroom，62 Cal L. Rev 693 (1974)
205	96	126	101	Sanford H. Kadish，Methodology and Criteria in Due Process Adjudication——a Survey & Criticism，66 Yale L. J. 39 (1957)
241	71	59	102	Joseph Goldstein，Police Discretion Not to Invoke the Criminal Process：Low-Visibility Decisions in the Administration of Justice，69 Yale L. J. 543 (1960)

附表 2　　引证率最高的 50 部法学著作（Most Cited Law Publications Top 50）①

名次	作者、书名、出版年份	被引次数
1	John Hart Ely，Democracy and Distrust a Theory of Judicial Review (1980)	1 460
2	Ronald M. Dworkin，Law's Empire (1986)	904
3	Robert H. Bork，The Antitrust Paradox：a Policy at War with Itself (1978) (1993)	808
4	Catharine A. MacKinnon，Feminism Unmodified：Discourses on Life and Law (1987)	726
5	Richard A. Posner，The Economics of Justice (1981) (1983)	542
6	Richard A. Epstein，Takings：Private Property and the Power of Eminent Domain (1985)	515
7	Bruce A. Ackerman，Social Justice in the Liberal State (1980)	509
8	Catharine A. MacKinnon，Sexual Harassment of Working Women：a Case of Sex Discrimination (1979)	504
9	Ronald M. Dworkin，Taking Rights Seriously (1978)	489
10	Jesse H. Choper，Judicial Review and the National Political Process：a Functional Reconsideration of the Role of the Supreme Court (1980)	466
11	Ronald M. Dworkin，A Matter of Principle (1985)	462
12	Robert H. Bork，The Tempting of America：the Political Seduction of the Law (1990)	444
13	Joseph Goldstein，Anna Freud，& Albert J. Solnit，Before the Best Interests of the Child (1979)，Beyond the Best Interests of the Child (1979)，In the Best Interests of the Child：Professional Boundaries (1986)，The Best Interest of the Child：The Least Detrimental Alternative (1996)	442

① Compiled by George P. Fletcher (re. Fred R. Shapiro)，Cardozo Professor of Jurisprudence，Columbia University，Law School.

续前表

名次	作者、书名、出版年份	被引次数
14	Richard A. Posner，The Federal Courts：Crisis & Reform (1985)，The Federal Courts：Challenge & Reform (1996)	442
15	Guido Calabresi，A Common Law for the Age of Statutes (1982)	438
16	Guido Calabresi & Philip Bobbit，Tragic Choices (1978)	381
17	Stephen G. Breyer，Regulation and Its Reform (1982)	367
18	Michael J. Perry，The Constitution，the Courts，and Human Rights：an Inquiry into the Legitimacy of Constitutional Policymaking by the Judiciary (1982)	354
19	Derrick A. Bell，Jr，And We Are Not Saved：the Elusive Quest for Racial Justice (1987) (1989)	345
20	Catharine A. MacKinnon，Toward a Feminist Theory of the State (1989)	340
21	William M. Landes & Richard A. Posner，The Economic Structure of Tort Law (1987)	334
22	George P. Fletcher，Rethinking Criminal Law (1978)	332
23	Mark G. Kelman，A Guide to Critical Legal Studies (1987)	312
24	Richard A. Posner，The Problems of Jurisprudence (1990)	297
25	Martha L. Minow，Making All the Difference：Inclusion，Exclusion，and American Law (1990)	290
26	Bruce A. Ackerman，We the People (1991，1998)	282
27	Bruce A. Ackerman & William T Hassler，Clean Coal/Dirty Air Or How the Clean Air Act Became a Multibillion-Dollar Bail-Out for High-Sulfur Coal Producers and What Should Be Done about It (1981)	277
28	Lawrence M. Friedman，A History Of American Law (1985)	269
29	Steven Shavell，Economic Analysis Of Accident Law (1987)	269
30	Reid Hastie，Steven D. Penrod，Nancy Pennington，inside the Jury (1983)	264
31	Ian R. Macneil，The New Social Contract：an Inquiry into Modern Contractual Relations (1980)	264
32	Patricia J. Williams，The Alchemy Of Race and Rights (1991)	248
33	Charles Fried，Contract As Promise：a Theory of Contractual Obligation (1981)	242
34	Robert C. Ellickson，Order without Law How Neighbors Settle Disputes (1991)	240
35	Daniel A. Farber Philip P. Frickey，Law and Public Choice：a Critical Introduction (1991)	239
36	Stanley E. Fish，Doing What Comes Naturally：Change，Rhetoric，and the Practice of Theory in Literary Legal Studies (1989)	232

续前表

名次	作者、书名、出版年份	被引次数
37	Charles Fried，Right and Wrong（1978）	230
38	Mary Ann Glendon，Rights Talk：the Impoverishment of Political Discourse（1991）	225
39	Jerry L. Mashaw，Bureaucratic Justice：Managing Social Security Disability Claims（1983）	224
40	Robert B. Stevens，Law School：Legal Education in america from the 1850s to 1980s（1983）	217
41	Morton J. Horwitz，The Transformation Of American Law，1870～1960：the Crisis Of Legal Orthodoxy（1992）	216
42	Peter W. Huber，Liability：the Legal Revolution and Its Consequences（1988）	216
43	David Kairys，The Politics of Law：a Progressive Critique（1982）（1990）（1998）	215
44	Cass R. Sunstein，After the Rights Revolution：Reconceiving the Regulatory State（1990）	212
45	Frank H. Easterbrook Daniel R. Fischel，The Economic Structure of Corporate Law（1991）	210
46	Susan Estrich，Real Rape（1987）	210
47	James Boyd White，When Words Lose Their Meaning：Constitutions and Reconstitutions of Language，Character，And Community（1984）	206
48	Bob Woodward Scott Armstrong，The Brethren：inside The Supreme Court（1979）	202
49	Mark V. Tushnet，Red，White，and Blue：a Critical Analysis of Constitutional Law（1988）	193
50	John P.，Heinz Edward O. Laumann，Chicago Lawyers：The Social Structure of the Bar（1982）（1994）	190

3.2 美国法律实用主义*

张芝梅**

一、美国法律实用主义的发展历程

1. 美国法律实用主义的产生和发展

美国法律实用主义的产生和美国的实用主义哲学直接相关。作为一种哲学流派，实用

* 原载张芝梅：《美国的法律实用主义》，北京，法律出版社，2008。

** 法学博士，《中国社会科学》副编审。

主义大约出现于19世纪70年代的美国。1871～1874年间，皮尔士在哈佛大学主持了“形而上学俱乐部”，主要成员有詹姆士、赖特（C. Wright）、霍姆斯等人，他们为了表示对当时流行的不可知论的不屑一顾，半是嘲讽半是挑战地称自己是“形而上学俱乐部”[①] 的，从而“形而上学俱乐部”被认为是美国第一个实用主义组织。一般认为，皮尔士是实用主义的创始人[②]，他奠定了实用主义的一些基本原则，形成了实用主义的立场和框架。但在那个时候，实用主义的影响并不大。1898年，詹姆士在加利福尼亚大学的一次演讲中首次使用实用主义（Pragmatism）这个概念。后来，詹姆士的一系列演讲才使得实用主义逐渐传播并扩大了其在社会上的影响。到19世纪末20世纪初，由于詹姆士和杜威等人的努力，实用主义在美国成为影响最大的哲学流派。在20世纪50年代以前，实用主义在美国哲学中一直占有主导地位，甚至被视为美国的半官方哲学，其对美国社会生活的各方面产生了很大的影响。由于第二次世界大战，许多不同国家的哲学家到美国避难，这给美国带来了其他的哲学，实用主义一枝独秀的情况不复存在了。随着杜威的逝世，古典实用主义走入低谷。然而，后来实用主义和分析哲学的结合使实用主义重新焕发了生机，产生了新实用主义。

一般认为，霍姆斯是美国法律实用主义的奠基人。卡多佐和法律现实主义都受霍姆斯的启发：卡多佐继承和发展了美国法律实用主义，法律现实主义则发展出一套和法律实用主义有一定联系但又有不同的理论。

著名法官霍姆斯是美国第一个实用主义组织——“形而上学俱乐部”的主要成员。他参与和分享了皮尔士、詹姆士等人对实用主义的一些理解，并把实用主义的一些原则运用到法律理论和法律实践中。但把霍姆斯看作美国法律实用主义的奠基人的原因不仅仅在于霍姆斯是“形而上学俱乐部”的成员和实用主义的奠基人之一，更重要的是，他在司法实践中贯彻了哲学实用主义的一些原则，并且为后来的法律实用主义更彻底地摆脱教条主义提供了很好的样板；同时他可能还是唯一的既是哲学实用主义者又是法律实用主义者的实用主义者。总之，霍姆斯对美国司法理论和司法实践都有重大的影响。

霍姆斯最重要的贡献之一就是把美国司法从当时盛行的形式主义中解救出来，奠定了美国法律的实用主义基础。代表他反形式主义的流传最广的口号就是：“法律的生命不在于逻辑，而在于经验。”他指出，形式主义把法律看作一个概念体系、一系列的公理，从中可以演绎出作为推论的法律原则和作为定理的规则，然后把这些规则用到实际中，就可以产生确定的法律结果。依据这样的观念，已有的法律就可以演绎出每个案件的裁决。霍姆斯认为，这么做的必然结果是僵化，即把任何案件看作是没有特殊性的、没有时间和空间特点的、和社会生活完全脱节的事物，并可以像欧几里得几何那样推导出判决来。霍姆斯反

---

① *The Collected Papers of Charles Sanders Pierce*, C. Hartshorne and P. Weiss (eds.), Harvard University Press, 1963, p. 5. 这个表述看起来和后面的实用主义的反形而上学的立场似乎是矛盾的，但应该这么理解，他们对其他流派的反形而上学的做法不满，而皮尔士本人一脚踏在旧哲学中，另外一脚跨进了新哲学。

② 但皮尔士认为贝恩（Bain）关于“信念”的定义必然会导向实用主义，因而他自己把贝恩看作是实用主义的创始人。See *The Collected Papers of Charles Sanders Pierce*, p. 12.

对形式主义的更重要的一个理由是：形式主义者经常会把一些带有意识形态或者政治色彩的判决以逻辑伪装成客观的、不偏不倚的和绝对正确的结论。形式主义有能力迷惑法官把充满政治意味的东西看成是从纯粹的概念逻辑推演出来的。

此外，霍姆斯还对传统的法律与道德的关系进行了批评。他在肯定道德和法律是密切相关的同时，指出道德和法律的区分具有重要的实践意义。他首先袪除了法律中权利、义务等概念的道德含义，指出课税和罚款从结果上看是一样的。也就是说，他试图淡化法律的道德和意识形态色彩，尽可能把它转化为一种科学问题、一个技术处理、一种中性的行为，从而在实践上第一次实现了法律和道德的分离（实证主义最多只是理论上的分离）。波斯纳对霍姆斯的《法律的道路》的评价是："霍姆斯完全把法律从道德中解脱出来，让法律独立自由地起作用"①。

在其漫长的司法生涯中，霍姆斯还提出了许多重要的、有争议的、对后世产生很大影响的思想和命题。比如：他的"坏人"视角、法律的预测理论以及有关法官在司法过程中的定位的论述至今仍然脍炙人口、引人入胜，并引起无尽的遐思和无穷的争论。托马斯·格雷说霍姆斯是"美国法律史上最伟大的先贤"②，没有人在法律中扮演的角色比他更重要。波斯纳也认为霍姆斯是美国法律界的唯一的导师人物。③

霍姆斯奠定了法律要面对现实、解决现实问题的基调。卡多佐继承了霍姆斯的传统，对实用主义的司法哲学进行了系统地阐述。由于时代的不同，卡多佐要面对的问题和霍姆斯所面临的问题有所不同。卡多佐要解决的主要问题就是：如何用实用主义来回应人们对司法过程的确定性和科学性的怀疑。

卡多佐没有怀疑遵循先例原则的正当性。他说："遵循先例至少是我们普通法系每天工作的规则"④。但他显然并没有把遵循先例看作是对先例的固守，而是把先例看作是处理当下案件的参考，或者说是法律资源之一。同时，卡多佐也强调先例必须在司法实践中不断地进行检验。因为任何先例总是和特定的时代背景相联系，它回答的是某个具体环境下的问题，当社会条件发生激烈变化时，旧有的先例可能未必能够适应新的时代的要求，这时法官就要充当立法者的角色，创造先例、填补法律的空白以解决新的问题。但法官的这种造法行为的合法性何在？法官的造法行为是否会危及法律的确定性？这是许多人提出的疑问，也是卡多佐需要回答的问题。卡多佐说："正是在没有决定性的先例时，严肃的法官工作才刚刚开始"⑤。在面对社会发生变化，旧有的先例无法解决新出现的问题时，法官有时就要充当立法者的角色，创造先例、填补法律的空白、解决新的问题。但法官的这种造法行为可能带来法律的不确定性的疑问。为了避免法官过度使用自由裁量权或者给人主观

---

① ［美］波斯纳：《超越法律》，苏力译，301页，北京，中国政法大学出版社，2001。

② Thomas C. Grey, "Holmes and Legal Pragmatism", 41 *Stanford Law Review* 787 (1989).

③ 参见［美］波斯纳：《法理学问题》，苏力译，24页，北京，中国政法大学出版社，2002。

④ ［美］卡多佐：《司法过程中的性质》，苏力译，8页，北京，商务印书馆，1998。

⑤ 同上书，9页。

裁断的感觉，卡多佐一再强调法官只能在法律的空隙造法，而且要尽可能少；也就是说，尽管法官被授权可以在法律的空隙立法，但他们没有被授权可以任意地废除旧的规则或者创造新的规则。卡多佐认为减少这种不确定性的关键是法官要找出先例中体现的原则和基本的审判理念。但这些原则不应当被视为教条，而应视为可以利用的法律渊源，它们需要在实践中不断检验，如果这些原则导致了不公正的结果，就要被淘汰。

普通法的发展还遇到另外一个实践中的问题：如何在纷繁复杂的先例中寻找可用来解决当下案件的先例。随着历史的演进，积累起来的先例越来越多，因而难免显得良莠不齐、杂乱无章。如果不对普通法的诸多判例进行整理，普通法可能就会显得支离破碎。而法官很难花那么多的时间对所有相关的先例进行甄别，因而可能无法找到合适的先例作为自己的指导。这必然影响人们对法律确定性的信仰，进而怀疑法律的公正性。因此，卡多佐认为对以往的判例进行重述、整理是非常必要而且迫切的任务。当然，卡多佐也认识到，要对普通法进行整理，仅仅有材料和方法是不够的，还需要“有一些警醒的头脑来揭示构造的秘密，令我们高瞻远瞩、俯瞰全貌”①。卡多佐还希望法律学者为法官提供一种法理学的指导，帮助他们从具体的法律问题中抽象出原则。他对法律学者推动法律的确定性的工作同样充满信心，认为这可以将美国的普通法统一起来。

卡多佐认为，我们每个人，不管是否愿意承认，都有一种哲学支撑他的生活。② 在司法过程中，法官如何决定案件，如何从诸多判例中选择其中的某个或者某些判例作为解决他当下案件的先例；或者他选择遵循先例还是创造先例，这些都需要一种哲学。卡多佐赞成的是一种考虑社会福利的实用主义司法哲学。卡多佐说：“法律的终极原因是社会的福利。未达到其目标的规则不可能永久性地证明其存在是合理的。”③ 这种哲学的不同和方法的不同是相关的。

在《司法过程的性质》中，卡多佐提出了四种方法，分别为哲学的方法、进化的方法、传统的方法和社会学方法。他说：“一个原则的指导力量也许可以沿着逻辑发展的路线起作用，我将称其为类推的规则或哲学的方法；这种力量也可以沿着历史发展的路线起作用，我将称其为进化的方法；它还可以沿着社会习惯的路线起作用，我将称其为传统的方法；最后，它还可以沿着正义、道德和社会福利、当时的社会风气的路线起作用，我将称其为社会学的方法。”④ 卡多佐这里所说的哲学的方法其实就是逻辑的方法，卡多佐对待逻辑的态度要比霍姆斯客气许多。逻辑的方法是法律推理中常用的一种方法，卡多佐还强调，尽管法律并不总是由逻辑决定的，但在没有其他更好的方法可使用时，最好还是使用逻辑的方法。他对霍姆斯那句关于逻辑和经验的名言的反应是：“霍姆斯并没有告诉我们当经验沉默不语时应当忽视逻辑。”⑤ 此外，卡多佐还指出，逻辑方法其实在

① ［美］卡多佐：《法律的成长 法律科学的悖论》，董炯、彭冰译，6页，北京，中国法制出版社，2002。

② 参见上书，3页。

③ 同上书，39页。

④ 同上书，16页。

⑤ 同上书，17～18页。

普通法和大陆法中都使用，不过各自侧重的具体方法有所不同。大陆法系可能更多地使用逻辑中的演绎方法，而普通法系更多地使用归纳和类比的方法。不管怎样，把逻辑的方法看作是至高无上或者万能的是错误的，这是对逻辑的滥用。因为一些案件似乎各有一定的逻辑支撑。卡多佐以 Riggs v. Palmer 案件为例，认为我们必须回答：我们是如何在不同的逻辑之间进行选择的问题。这种选择本身不是逻辑决定的，而是依据社会利益。通过对司法过程的分析，卡多佐得出结论："逻辑、历史、习惯、效用以及为人们接受的正确行为的标准是一些独自或共同影响法律进步的力量。在某些具体案件中，哪种力量将起支配作用，这在很大程度上必定取决于将因此得以推进或者损害的诸多社会利益的相对重要性或相对价值。"①

总之，卡多佐进一步拓展了由霍姆斯开创的实用主义的道路，同时澄清了霍姆斯思想中的一些模棱两可的东西，并对当时其他派别对实用主义的攻击进行了有力地回应，因此，波斯纳认为卡多佐对法律的实用主义做了系统的阐述。他还评价卡多佐的《司法过程的性质》是"法律实用主义的一个既清晰又精到的宣言"②。

受霍姆斯对法律形式主义的批评的启发，同时也受其他一些思想家对社会中具体法律问题的关注的影响，一些学者开始关注法律的现实与理论之间的差别，代表这种理论倾向的就是法律现实主义。法律现实主义的诞生可以追溯到 19 世纪末 20 世纪初，法律现实主义者喜欢以霍姆斯的《法律的道路》(1897 年）的演讲作为法律现实主义诞生的标志。③ 虽然在 1912 年，宾格汉（Bingham）对法律现实主义的立场进行了系统的描述，但当时并没有引起人们的注意。直到 20 世纪 30 年代法律现实主义才激发了法学家们的灵感，发展成为一个运动，其在 30 年代达到鼎盛。法律现实主义者提出了一些关于法律理论与司法实践的新的理解。法律实用主义也可以说是法律现实主义的渊源之一，后来的法律实用主义也是在对法律现实主义的一些主张的批评中得到发展的。

富勒指出，法律现实主义很难称为一个"学派"，因为不同的法律现实主义者的观点很不一样，有左派也有右派，故此，把法律现实主义称为一个"运动"比较合适。从某种意义上说，对法律现实主义的批评不能从总体上进行，而是要区别对待不同的现实主义者。④ 卢埃林也明确表示：没有现实主义学派，但有一个关于这种思想的运动。⑤ 他认为可以列入现实主义名单的人数很多，他们没有融贯的学派，没有领袖。参与这个运动的人，尽管他们的旨趣不同，观点也千差万别，但有一点是共同的，就是他们都不接受传统的法律理论。⑥

---

① ［美］卡多佐：《法律的成长 法律科学的悖论》，董炯、彭冰译，69 页，北京，中国法制出版社，2002。

② ［美］波斯纳：《超越法律》，苏力译，448 页，北京，中国政法大学出版社，2001。

③ See L. Fuller, "American Legal Realism", 82 *U. Pa. L. Rev.* 429 (1933～1934).

④ See L. Fuller, "American Legal Realism", 82 *U. Pa. L. Rev.* 430 (1933～1934).

⑤ See Llewellyn, "Some Realism about Realism-Responding to Dean Pound", 44 *Harv. L. Rev.* 1233～1234 (1930～1931).

⑥ Ibid.

通常，卢埃林和弗兰克被认为是法律现实主义的代表。卢埃林不认为法律现实主义是一种混乱的法律思潮，他认为法律现实主义者有自己的核心观点：如认识到社会的变化会带来法律的变化；对司法实践感兴趣、对效果感兴趣；对把规则和概念视为对法庭预测的充分条件持怀疑态度。卢埃林区分了两个问题：一是司法判决的可预测性，二是这种预测的基础是什么。他认为前者是法律的确定性问题，后者涉及法律制度。这种区分很重要。① 卢埃林对规则在多大程度上对法官的判决有指导作用表示怀疑；而弗兰克则对初审法院的法官在多大程度上可以把握事实表示怀疑。不过，他们的怀疑归根结底是认识论上的怀疑，其实没有多大差别，尽管人们把卢埃林称为“规则怀疑论”者而把弗兰克称为“事实怀疑论”者。卢埃林还认为：在规则之前的是事实，世界源于行动而不是语词。判决的背后是法官，而法官是人，作为人他们有人类的背景。规则之外还有效果，在判决之外还有对规则或者判决有直接或者间接关系的人。②

弗兰克首先批评现代法律理论对规则的崇拜。他指出，规则只是法律的一个部分，他强调判决过程中心理学以及其他非法律的因素的作用。他相信法官的判决只是他的整个行为的一部分，而作出判决的过程实际上是心理、环境和社会因素对法官个人的个性发展产生影响的混合物。他还认为，法学院的学生对司法判决的错误理解在于他们把注意力集中在那些高等法院的法庭意见上，而不关心那些对发现事实起关键性作用的初审法院的判决，他把这称为“高等法院迷思”（upper-court myth）。在弗兰克看来，司法过程最重要的部分是发现事实，但由于发现事实固有的主观性，因此这恰好也是司法过程中的薄弱环节之一，他对此也没有解决的方案。③ 不过，他认为法官如果在具体的案件中有自知之明并且能够自我克制，会减少其主观色彩。弗兰克还批评了陪审团制度，认为陪审团制度从功能上看已经过时了，并且作为发现案件事实的工具，其非常没效率。他建议完全推翻现有的陪审团制度。④

和其他改革者一样，弗兰克也追根溯源，探讨目前制度的根源。他认为现有制度的弊端就在于培养法律人的教育制度有问题。和霍姆斯一样，他对美国法律教育追随兰德尔的方法进行了严厉地批评。他认为法学院的大多数教师应该由有实践经验的人来担任，而学生应该通过“诊所式”的方式培养，或者要有类似法律学徒式的经历。虽然他承认案例教学法有用，但他批评这种方法过分关注高等法院的判例。⑤

尽管不同的法律现实主义者之间的观点各有不同，但归结起来，法律现实主义大致有如下三个基本的立场：首先是反形式主义。他们意识到“书本上的法”和“现实中的法”

---

① See L. Fuller，“American Legal Realism”，82 *U. Pa. L. Rev.* 431（1933～1934）.

② See Llewellyn，“Some Realism about Realism-Responding to Dean Pound”，44 *Harv. L. Rev.* 1232（1930～1931）.

③ See Julius Paul，“Jerome Frank's Contributions to the Philosophy of American Legal Realism”，11 *Vand. L. Rev.* 754（1957～1958）.

④⑤ See Julius Paul，“Jerome Frank's Contributions to the Philosophy of American Legal Realism”，11 *Vand. L. Rev.* 755（1957～1958）.

是有差距的；意识到司法过程并不是封闭地运用法律规则或者先例进行推理的过程；注意到法律之外的因素，比如政策的因素、某个时期的民情还有法官个人的道德、宗教和生活背景都可能对实际的司法过程产生影响。可以说，他们关心的重点不再是法律是怎么规定的，而是更关注法律是如何运作的，关注事实而不是规定。他们对司法过程中的各种不确定的因素比较敏感。现实主义法学从霍姆斯对形式主义的批评中得到启发，形成了现实主义运动，但后来，现实主义也被其他流派超越。

2. 法律实用主义的复兴

和哲学实用主义在经历低潮然后复兴一样，美国的法律实用主义也得到复兴。法律实用主义在与美国其他的法律理论的竞争中逐渐获得承认和接受，并且被很多人认为是最好的理论。同时，出现了很多背景不同的法律实用主义者。鲁本说："实用主义近来成为美国法律理论中最时新的浪潮……当今的法律实用主义包括了形形色色的人物……他们的作品极少共同点，只是从乐观的意义上看，实用主义倾向提供了一种从思维困境的心理监狱中解脱出来的途径。"[①] 史密斯也认为：几年前（指 1990 年），法律实用主义还只是"旷野的呼唤"……但现在，多数学者很愉快地声称自己是实用主义者，那些把法律看作是"实践理性"的学者和女权主义学者的观点和实用主义有重叠。实用主义的阵营明显扩大。即使是那些批评法律实用主义的人，比如德沃金，也是实用主义者。[②] 法律实用主义阵营里形形色色的人物都有，它和其他很多其他的理论结合在一起。这和詹姆士认为实用主义就像旅馆里的走廊的观点相似，他们都认为实用主义可能和其他不同的理论兼容，也可以被不同的人用来解释不同的现象。限于篇幅，无法详细考察所有这些背景迥异的法律实用主义者的各种不同的理论，下文拟介绍波斯纳所持的一些基本立场。

如赫夫曼（J. L. Huffman）所说，"实用主义是波斯纳司法哲学的核心"[③]。波斯纳自己明确表态："我赞同一种实用主义的法理学。"[④] 他认为美国当代的法理学非常需要方法的转变，主张法理学应该变得更为实用主义一些。但由于没有完全一致的实用主义，实用主义在某种程度上是个空洞的标签，因此，我们必须理解波斯纳所说的实用主义究竟指的是什么，以及波斯纳的实用主义和其他一些实用主义者的实用主义有什么不同。

波斯纳分析了实用主义的一些基本观念，比如反本质主义、反基础主义、反形式主义、注重行动及其效果等等。[⑤] 在《超越法律》中，波斯纳说他使用实用主义这个概念时，"首先是指一种处理问题的进路，它是实践的和工具性的，而不是本质主义的；它感兴趣的是，什么东西有效和有用，而不是这'究竟'是什么东西。因此，它是向前看的，它珍视与昔

---

① 鲁本：《法律现代主义》，苏亦工译，155 页，北京，中国政法大学出版社，2004。

② See Steven D. Smith, "The Pursuit of Pragmatism", 100 *Yale L. J.* 409 (1990～1991).

③ J. L. Huffman, Like the Supreme Court, Posner is Right for the Wrong Reasons, 1 *Law, Probability and Risk* 70, (2002).

④ ［美］波斯纳：《法理学问题》，苏力译，35 页，北京，中国政法大学出版社，2002。

⑤ 参见上书。

日保持连续性，但仅限于这种连续性有助于我们处理目前和未来的问题”[①]。这些立场和其他的实用主义者没有太大的差别。

不过，波斯纳对实用主义有他自己独特的理解：和其他人的理解不同，波斯纳并没有把实用主义看作是美国的专利。在波斯纳看来：实用主义更多的是一个传统、态度、视角而不是一套教义，对它最好用詹姆士说的“实用主义的气质”来概括。詹姆士认为：“哲学史在极大程度上是人类几种气质冲突的历史……他的气质给他造成的偏见，比他那任何比较严格的客观前提所造成的要强烈得多”[②]。波斯纳认为在荷马诗史《奥德赛》那里就可以发现“实用主义气质”。奥德修斯不是传统意义上的正统的英雄，他的主要特点是能够熟练地适应环境，而不是用强力和环境作对。所以，他是个实用主义者，一个工具理性者而不是一个沉思者。他的虔诚不是出于对作为造物主的上帝的爱，而是一种实用主义的虔诚。[③]波斯纳认为实用主义的气质也存在于前苏格拉底哲学家那里。后来的休谟、边沁、密尔、爱默生、黑格尔、托克维尔、尼采、波普尔都有这种实用主义的气质。

波斯纳喜欢的那种实用主义“强调科学的优点（思想开放、不尚空谈的探索），重视研究过程而不是研究结果，它喜欢生动性而讨厌停滞，不喜欢没有实际差别的区分；换言之，它不喜欢‘形而上学’，它对任何研究领域里发现的‘客观真理’都充满疑虑，也无意为自己的思想和行动建立一个充分的哲学基础，它喜好实验，不迷信神明信条，并且在谨慎的范围内更情愿通过与往昔保持连续来塑造未来。因此，我所谈论的是一种态度，而不是一种教条”[④]。这就是他所强调的“实用主义气质”。

首先，这种“实用主义气质”强调规则要随社会的变化而变化。波斯纳在《超越法律》中强调实用主义可以“促使法律学术更为接近社会科学，促使司法游戏更略为接近科学的游戏”[⑤]。这是波斯纳一贯的理论追求。波斯纳指出，他这里使用的游戏概念和维特根斯坦的“语言游戏”的游戏概念是一致的。之所以使用“游戏”这个概念主要是因为在维特根斯坦的“语言游戏”说那里，游戏和规则联系在一起，而规则是可以改变的。波斯纳认为司法的规则其实比游戏的规则更不固定。使用游戏这个隐喻是为了说明司法规则会随着社会的需要而改变，尽管改变起来可能并不容易，但波斯纳认为这很重要。因为实用主义关心各种政策、规则和法律的社会后果。所以，实用主义并不是如一些人想象的那样没有社会追求，恰好相反，实用主义非常重视对社会产生的影响。

其次，“实用主义气质”强调法律是用来解决问题的。遵循先例不是因为它们是先例，而是因为它们可以用来解决某个法律问题，不遵循先例同样如此。当法官认为创造先例比

---

① ［美］波斯纳：《超越法律》，苏力译，4页，北京，中国政法大学出版社，2001。

② ［美］詹姆士：《实用主义——一些旧思想方法的新名称》，陈羽纶、孙瑞禾译，7页，北京，商务印书馆，1983。

③ See Richard A. Posner, *Law, Pragmatism, and Democracy*, Harvard University Press, 2003, pp. 25-28.

④ ［美］波斯纳：《法理学问题》，苏力译，37页，北京，中国政法大学出版社，2002。

⑤ ［美］波斯纳：《超越法律》，苏力译，453页，北京，中国政法大学出版社，2002。

遵循先例可以更好地解决问题时，或者在没有合适的可用的先例时，法官就应当创造先例。或者说，应把先例看作是行动的指南而不是教条。我们不能要求法官无条件地服从先例。一个实用主义的法官会根据案件的需要，选择是遵循先例还是不遵循先例。

最后，波斯纳甚至解构了实用主义。他认为实用主义也是一种修辞，不过在美国，这是一种比形式主义更好的修辞。他认为实用主义是对美国司法精神的最好的描述，也是司法改革的最好的指南——因此既是对司法作用的最好的规范性理论，同时也是最好的实证性理论。[①] 但他还认为，坏的实用主义判决和好的一样多，坚持实用主义也应该很谨慎。波斯纳并不认为实用主义是普适的，也不认为实用主义可以解决一切问题。波斯纳说，他不想给人们留下一个印象，以为他认为实用主义是所有法院都可以采用的正确方法，因为这样就陷入普适主义的谬误中；而且，他还认为，实用主义基本上是一种美国的哲学，可能并不适宜在其他国家使用，实用主义的审判同样如此。[②] 同时，他反对教条主义地对待各种问题，包括教条主义地理解实用主义。

以上这些是他对实用主义的基本态度。此外，波斯纳还强调要坚持实用主义的立场就必须运用其他学科的知识和方法来研究法律问题，他说："交叉学科的法律理论是不可避免的。"[③] 他调动了各种知识，既从内在视角、也从外在视角分析法律。他从现代生物学理论中借鉴了很多东西来分析法律问题。当然，他使用最多的法律的经济分析是达到这个目的的最佳手段。波斯纳不是凭空想出使用经济学的分析方法。他认为，经济学大举"入侵"法律领域是因为"法律推理的隐含结构有很多是经济学的"[④]。波斯纳认为，随着其他社会科学的发展，传统的法律理论研究如果不从其他学科那里借鉴一些方法，恐怕很难避免平庸，也难以有所突破。他说："一方面，把传统的学术性法律同诸如文学、哲学这些典型的人文科学作比较；另一方面，又把传统法律学术同物理学和生物学这些典型的科学领域作比较，会给人很多启发。"[⑤] 他主张法律要从其他学科的最新的研究成果中吸纳可供法律研究的资源，因为有些法律问题如果换个角度分析，可能就容易解决了。他说："在一个目的共同的场合，将一个法律的问题转化为一个社会科学的问题，可以使法律问题变得确定起来，并因此可以推进有效的边沁式工程，即把法律建立在一种更为科学的基础上，并且不伤害其他的竞争性价值"[⑥]。法律人应该培养必要的从外在视角看待法律的意识，这对理解和改进法律大有帮助。

二、实用主义、现实主义和形式主义

法律实用主义和法律现实主义都是在对法律形式主义的批判的基础上发展起来的，而法律

---

① See Richard A. Posner, *Law, Pragmatism, and Democracy*, p. 1.

② 参见［美］波斯纳：《道德和法律理论的疑问》，苏力译，307页，北京，中国政法大学出版社，2001。

③ ［美］波斯纳：《法理学问题》，苏力译，547页，北京，中国政法大学出版社，2002。

④ 同上书，135页。

⑤ ［美］波斯纳：《超越法律》，苏力译，104页，北京，中国政法大学出版社，2001。

⑥ ［美］波斯纳：《法理学问题》，苏力译，485页，北京，中国政法大学出版社，2002。

实用主义和法律现实主义的一些观点又有差别，因此辨析这三者之间的关系是十分必要的。

法律形式主义者相信：只要依据客观事实、明确的规则和一定的逻辑方法就可以得到一个确定的结果。这样，无论谁在作出判决，判决的结果一定是一样的。这就是波斯纳所说的“自动售货机”式的裁决。可见，法律中的形式主义主要不是指适用三段论进行推理，而是指相信那些疑难问题有客观的或者唯一正确的答案；反形式主义也不是指不能适用三段论进行推理，实际上，法官的大多数工作都依赖各种逻辑推理形式，甚至在理论上不排除这种可能：实用主义的法官如果认为最实用主义的方法就是形式主义，那这也不违背他的实用主义立场。而且，如果按人数算的话，美国的大多数法官是形式主义者，尽管美国的许多著名的法官是实用主义者。波斯纳还认为形式主义会以各种不同的面目出现。“即使是像德沃金那样的反形而上学、反教条、反诡辩论甚至是‘实用主义的’（罗蒂这样认为）法学，它的修辞性长处和实质性弱点都留下了形式主义的痕迹。”①

波斯纳认为形式主义话语的一个共同毛病就是“把一个先例作为支持现有案件判决的理由（引用先前决定是为了支持这一判决），而不是作为获得该判决的资源。它似乎把先前的这个决定当作是欧氏几何公理或科学实验的结果，而不是一种政治行为”②。

尽管不同的法律现实主义者之间的观点各有不同，但归结起来，法律现实主义大致有如下三个基本的立场：首先是反形式主义。现实主义是作为形式主义的对立物而存在的。受霍姆斯对形式主义批评的影响，法律现实主义接受霍姆斯“法律的生命不在于逻辑，而在于经验”的主张。他们认为“书本上的法”和“现实中的法”是有差距的；意识到司法过程并不是封闭地运用法律规则或者先例进行推理的过程；注意到法律之外的因素，比如政策的因素、某个时期的民情还有法官个人的道德、宗教和生活背景都可能对实际的司法过程产生影响。可以说，他们关心的重点不再是法律是怎么规定的，而是更关注法律是如何运作的，关注事实而不是规定。他们对司法过程中的各种不确定因素比较敏感。其次是对法律确定性的怀疑。有些法律现实主义者侧重怀疑规则的确定性，有些则对判决的结果产生怀疑。法律现实主义对规则的怀疑有两种原因。一是认为“事实”是一个复杂的、模糊的概念，很难套到规则里去；二是认为规则由概念组成，而概念本身不过是我们思维的模糊的碎片，因此是不可靠的。这种怀疑实际上是一种认识论上的怀疑而不是法律上的怀疑，是对人的认识能力的不信任。而且颇为悖谬的是，法律现实主义是作为法律形式主义的对立物出现的，但它对规则的过度怀疑恰好又是形式主义的一种反映。另外一些法律现实主义者怀疑法官的具体判决的不确定性，他们认为法官的判决可能受到很多非法律因素的影响而影响了法律的确定性。但很奇怪的是，他们却不怎么怀疑普通法本身的不确定性。他们似乎很认同美国的判例法传统，没有像欧洲的法律现实主义那样的法律怀疑主义。最后是对司法过程的关注。由于相信司法过程的不确定性，因此和霍姆斯相比，他们不信任

① ［美］波斯纳：《超越法律》，苏力译，15～16页，北京，中国政法大学出版社，2001。

② ［美］波斯纳：《法理学问题》，苏力译，102～103页，北京，中国政法大学出版社，2002。

那种法庭将作出什么样的判决的预测。

法律现实主义最主要的贡献是，它提出了一种不同的思考法律问题的方法。它把法律看作是一个可观察的现象，这导致他们把法律作为描述性的、经验性的科学来分析。因此，法律现实主义对当时的很多法律改革有激励作用，同时也使得法学院的学生重新认识到法律推理在法律中的作用。不过，尽管法律现实主义对美国的法律教育有影响，但对英美法传统的法理学的建设却贡献不大：法律现实主义对正统法律理论的批评以及对法律确定性的怀疑都对批判法学有启发，但法律现实主义对“形式主义”的批评走得太远了，他们对法律的不确定性也强调得过头了，大多数人并不赞同，认为他们只见树木，不见森林，忽视了司法过程中很多案件的确定性。

如果作为学术派别，法律现实主义和实用主义是有差别的，但它们又有明显的师承关系。法律现实主义和实用主义的大方向是一致的。它们都反对概念主义、法条主义和形式主义，都强调法官要面对现实，采取适当的方法解决现实问题。但它们仍然有区别，法律现实主义轻视理论的作用，但实用主义其实并不反对理论。波斯纳说：“一个明智的实用主义者并不忽略理论”[①]，他们反对的只是詹姆斯所说的那种“恶的抽象性”[②]。此外，尽管法律实用主义也批评形式主义，但并不否认法律的确定性，而法律现实主义的一个重要特点就是对法律确定性的怀疑，法律实用主义认为法律现实主义走得太远了。

波斯纳既反对法律形式主义，又对法律现实主义没有多少好感。他说：20 世纪 30 年代的法律现实主义没有为实用主义贡献什么，也没有为后来的法律经济学贡献什么。[③] 和法律形式主义相反，法律现实主义过分排斥甚至否认理论的作用。而波斯纳认为：任何好的科学，包括社会科学，都应该是事实和理论的统一。尽管法律现实主义者注重事实，进行了一些经验性研究，但他们中的一些人进行的经验研究很糟糕。且现实主义法学在理论上没有什么创新。“现实主义法学家的经验研究不仅失败了，而且，除了给法律学术界留下一个恶名外，没有交出什么经验性研究成果。这就例证了，脱离理论框架的经验性研究不会有什么结果。”[④] 德沃金认为，现实主义的过时要归咎于它们的那些“愚蠢的语义学主张”[⑤]。而且，法律现实主义虽然对批评法律形式主义有贡献，但太政治化了，随着与之相关的政治问题的消退，法律现实主义运动也必然衰退。事实上，波斯纳认为在现实主义和形式主义之间还有第三条道路，那就是实用主义。现实主义法学是相对主义和怀疑论的，但波斯纳认为实用主义不是如此，尽管实用主义有怀疑论色彩。

波斯纳认为，法律现实主义的另一个弱点是它缺乏方法。它仅仅避免了纠缠于语词的毛病，

① ［美］波斯纳：《法理学问题》，苏力译，479 页，北京，中国政法大学出版社，2002。

② Maricarmen Jenkins, “Can Pragmatism Overcome the Impasse in Contemporary Legal Theory?”, 15 *Can. Journal of Law and Jurisprudence* 95 (2002).

③ 参见［美］波斯纳：《超越法律》，苏力译，3 页，北京，中国政法大学出版社，2001。

④ 同上书，23 页。

⑤ ［美］德沃金：《法律帝国》，李常青译，138 页，北京，中国大百科全书出版社，1996。

知道要对事实进行考察、也要在不同的政策之间保持平衡，但波斯纳认为他们不知道该如何达到这些目的。波斯纳还认为，现实主义法学太不负责任，“现实主义法学家特别是批判人士实际上只是用另一套同样未予考察的僵化、抽象的概念——平等、自由、社会主义和民主——替换了原来的那一套僵化、抽象的概念——财产与合同”[①]，因而不可能有什么大的贡献。

哈特认为，法律形式主义和法律现实主义的不同在于他们对世界的解释不同。形式主义不认可对法律的空缺进行解释，而现实主义则相反。[②] 形式主义把法律的范围限制得太小，而现实主义则把法律的范围扩得太大。此外，法律实用主义和法律现实主义、法律形式主义的最主要的差别在于对待先例的态度上。实用主义认为，只有把先例看作一种资源而不是必须遵守的原则才能弱化先例中的权威色彩，使得遵循先例看起来更科学一些。实用主义把遵循先例当作一个政策，而不是一种义务。相较之下，形式主义盲目遵循先例，而现实主义则盲目反对先例的作用。现实中的法官必然会碰到先例无法和当前的案件完全吻合的情况，在这种情况下应该如何对待先例？很显然，形式主义在这种情况下是行不通的，而现实主义又可能导致人们对法官的恣意独断的担忧以及对法律确定性的怀疑。但实际上，实用主义认为法官的自由裁量的余地是十分有限的，虽然从个案上看有不确定的因素，但总体上并不是像法律现实主义者认为的那么不确定。一个负责任的实用主义法官不仅对宪法和法律条文很尊敬，对先例同样如此。他会认真掂量如何对待先例才可能带来更好的效果。因而波斯纳认为还是实用主义的态度更合理一些。

三、实用主义能为我们提供什么

杜威曾经明确表示，他研究哲学的目的是要对传统哲学进行改造，同时建立一种全新的哲学，这种哲学和以往有不同的思维方式、伦理观和行为方式。波斯纳指出传统法理学已经接近“偶像的黄昏”，他强调法理学需要方法的转换，主张建立一种新的法理学。可以说，实用主义的确给我们带来一些新的理念。总结起来，实用主义给我们带来的新东西主要有以下几方面：

首先，实用主义也许从根本上改变了我们对知识的看法，即实用主义强调知识的作用不在于发现真理，而在于为实践提供指导。实用主义强调知识的价值体现在它对实践的作用上，认为一个好的理论应该是可以给人们提供指导的，如果知识不能为实践服务，那么它就毫无价值。实用主义允许人们在实践中对理论灵活运用，并且认为理论的使用范围不是固定的。可见，实用主义从根本上说是反对理论的构建的（但不是反理论），因为在他们看来，通过概念建构一个抽象的理论体系是没有价值的。

其次，实用主义还改变了提问的方式，进而改变了分析问题的进路。和传统哲学不同，实用主义不认为传统的那些哲学问题是自然的，而认为它们是人为构造的，这里的人为构

---

① ［美］波斯纳：《超越法律》，苏力译，323页，北京，中国政法大学出版社，2001。批判法学继承了20世纪30年代法律现实主义的衣钵。

② 参见［美］哈特：《法律的概念》，张文显等译，129页，北京，中国大百科全书出版社，1996。

造指的是这些问题不是永恒的。提问方式的改变也导致了对许多问题的不同回答。比如，实用主义不认为理智和情感、或者理性和感性的区分是必要的，认为那种二元对立的传统的提问方式导致了对这些问题的回答必然是截然相反的，而且必然处于无休止的争论中。或许改变一下提问方式，就可以改变这些无谓的争论，而且其回答可能更合理。从这个意义上说，实用主义和当初的分析哲学有类似的治疗哲学的功能，它们把哲学引到新的道路上。实用主义认为传统的提问方式不可能得出新的结论，主张用另外一套词汇取代传统的词汇。实用主义认为以“是否有用”取代“是否是真的”或者“本质上如何”比较好。这就为旧问题提供了无限的新的解答的可能，或者说实用主义为传统哲学问题提供了一个全新的路径。

另外，实用主义也模糊了传统的哲学与其他自然科学和社会科学的界限，更彻底地把哲学从神坛上拉下来。在这一点上，实用主义哲学家和实用主义法学家对此都有贡献。实用主义吸纳了各种自然科学和社会科学的成果和方法，但它反过来也可以很好地运用到各种具体科学中去。实用主义哲学家“满足于把自己描述为解决哲学问题的哲学家”[①]，而实用主义法学家则满足于使用实用主义的方法解决法律问题，他们都对各种形而上学的问题不感兴趣。不过这一点使得一些人认为实用主义让人无法忍受。实用主义还改变了对事物和行为进行正当化或者合理化的方式，也改变了理论范式。它不是以理论来论证理论，而是以事实来论证理论。实用主义对所有其他的主义开放，也欢迎各种理论和方法的运用。

实用主义也给美国法律带来了很大的变化。波斯纳多次强调：“美国法律的实用主义特性可以改善美国的法律”[②]。他认为美国法律的实用主义的用处有两个：一是推翻那些雄心勃勃的法律理论；二是促使法律学术更略为接近社会科学，使司法更加接近科学。比如波斯纳认为，经济学的这些分析有助于改变法学界囿于自己的传统进路而带来的错误观点或者其他偏见。一门学科成熟的标志就是它从常识中来但又超越常识，它可以解释一些现象，帮助我们摆脱错误的常识。他说：“在一个目的共同的场合，将一个法律的问题转化为一个社会科学的问题，可以使法律问题变得确定起来，并因此可以推进有效的边沁式工程，即把法律建立在一种更为科学的基础上，并且不伤害其他的竞争性价值。”[③] 法律人应该培养必要的从外在视角看法律的意识，这对理解和改进法律大有帮助。的确，通过霍姆斯、卡多佐、波斯纳等实用主义者的努力，美国的司法状况和一个世纪以前相比有了很大的改变。法官们对形式主义都有一定的警惕。

以上这些都可以说是实用主义的贡献。不过波斯纳谦虚地说：实用主义其实也没什么太了不起的贡献，它无非是戳穿了一些气球，指出了一些糟糕的观点或者伪装。他还进一步指出，今天的实用主义和早前的实用主义相比没有多大的进步，因为就实用主义的性质来说，不可能有太大的进步，最多就是实用主义可资使用的工具多一些，比如比起前人，

① ［美］罗蒂：《后形而上学希望——新实用主义社会、政治和法律哲学》，100页，上海，上海译文出版社，2003。

② ［美］波斯纳：《法理学问题》，苏力译，36页，北京，中国政法大学出版社，2002。

③ 同上书，485页。

我们今天可借助更多的不同学科的知识和方法对法律进行分析。所以，“实用主义法理学真正蕴涵的一切……就是拒绝这样一种观点：法律是基于某些永恒原则并以逻辑操作予以实现的东西，就是决心把法律当作一种工具，为一些社会目标服务”①。

波斯纳还强调，实用主义是一种如何使用理论的理论，它不是解决实际问题的处方。②它对我们如何处理和解决法律中的问题提供指导而不是提供答案。正是在这个意义上，波斯纳认为实用主义也没什么大的作用。他在《超越法律》的“实用主义能有什么贡献给法律?”这一章的开头引用了艾略特的一句话：“实用主义的重大弱点就是它最终对谁都毫无用处。”③当然，这不能理解为实用主义真的一无是处、没有什么价值，波斯纳只是在强调实用主义的作用的同时，提醒我们同样不要忘记实用主义的局限性。从无法为我们提供答案的角度看，实用主义是没有用的。但它可以帮助我们寻找、尝试各种可能，然后选择一种比较好的解决方法。因此，可以把艾略特的那句话添上一句：实用主义的最大优点就在于它清楚自己有时候是没有用处的。或许这也可以算得上是实用主义的一个贡献。

3.3 新法律现实主义的勃兴与当代中国法学反思*

范　愉**

从法学与法治理念的关联上看，当代中国法学的问题不仅关乎其学术价值和品位，也关系到我国法律制度的建构、实践和改革以及法学研究与法学教育的方向。在学派林立的情况下，毫无疑问，无论是作为指导理念或是学术立场，对待各种学说、流派和方法论，均不能只执一端、不及其余，多元化的标准显然最为合理。然而，在基本理念地把握上，这些方法之间毕竟不可避免地存在着一些根本性的冲突和选择，不仅很难不偏不倚地将其加以中和，而且每一种方法也只有在坚守其本质的前提下才能体现其价值所在。本文在不否定其他法学方法的基本价值的同时，着重评价美国新法律现实主义及其背景，倡导法律现实主义的立场和经验性的研究方法，并据此对中国法学进行反思，以确立一种分析、研究和建构中国法学的理论框架。

---

* 原载《中国法学》，2006（4）。

** 法学博士，中国人民大学法学院教授。

在构思本文时，笔者正在美国威斯康星大学法学院（麦迪逊）做访问学者。本文的写作得到了该校 Stewart Macaulay 教授极大的启迪和帮助，笔者通过电子邮件与其进行了十余次较长的笔谈。Macaulay 教授不仅提供了大量参考文献，并欣然同意笔者将其介绍新法律现实主义的论文翻译成中文，还将他刚刚完成、准备在 2006 年 1 月学会发表的最新论文提供给笔者作参考。Macaulay 教授平易近人、睿智渊博的风范和魅力与他敏锐的学术洞察力和犀利的论证一样令人难忘。Macaulay 教授在国内有多种中文译名，如马考利、麦考莱等，笔者根据商务印书馆《英语姓名译名手册》的标准译法，译为麦考利。

① ［美］波斯纳：《超越法律》，苏力译，464 页，北京，中国政法大学出版社，2001。

② See Thomas C. Grey, “What Good Is Legal Pragmatism?”, in *Pragmatism in Law and Society*, Michael Brint and William Weaver (eds.), Westview Press, 1991, p. 25.

③ ［美］波斯纳：《超越法律》，苏力译，443 页，北京，中国政法大学出版社，2001。

一、美国“新法律现实主义”辨析

从2003年开始，一个名为“新法律现实主义”的法学流派在美国法与社会研究阵营中祭起了他们的旗帜[①]：2005年，该学派的一次高峰专题研讨会和一个网站相继登场[②]，这个学派的领军人物麦考利教授发表了一篇堪称宣言的重要论文。[③] 2006年伊始，在美国法学院协会盛大的年会上，麦考利教授又对此进一步进行了详细的论证。[④] 众所周知，20世纪前期曾在美国风光一时的法律现实主义似已成为明日黄花[⑤]，那么“新法律现实主义”与原有的“法律现实主义”流派有何渊源？其勃兴的背景何在？

从名称上可以看出，“新法律现实主义”并不讳言其与老一代法律现实主义之间的渊源与联系。[⑥] 法律现实主义从庞德的法社会学理念出发，强调充分认识“书本上的法”与“行动中

---

① 新法律现实主义由威斯康星大学法学院首倡，2003年该校首先组织了有关新法律现实主义的研讨会（the “Wisconsin Tradition” and the “New Legal Realism”）；2004年5月美国法与社会协会（LSA）成立40周年纪念年会主题为：Law on Books and Law in Action-Legal Realism，New Formalism，and the New Legal Realism；相关资料及网站参见Law and Society Association Home Page。由美国律师协会基金和维斯康星大学法学院法律研究所共同资助的“新法律现实主义项目”，旨在发展一种跨学科（interdisciplinary）的关于法律的经验性研究（empirical research）的范式（paradigm）。（参见http：//www. newlegalrealism. org/events. php：The New Legal Realism Project，访问日期：2005-11-10。）经验性研究，即实证性研究，是社会学的基本方法，主要包括：观察法、实验法、统计分析法、数学模型法、问卷调查法、个案分析法等，重在通过事实资料和证据的收集提出并验证各种理论设想和制度设计模式，以追求研究和制度建构的科学性、合理性和效益性。需要说明的是，我国目前冠之实证研究的成果中有相当一部分是借助第二手资料或统计数字完成的，甚至借助媒体报道的个别案例展开，这类实证研究的事实前提往往存在许多不真实或不准确之处，并极易以讹传讹，导致较大的误解和误用。因此，笔者在本文中有时直接采用经验性研究的概念，强调通过研究者的观察和调研获取第一手资料的研究方法。

② See The New Legal Realism Project，at http：//www. newlegalrealism. org/events. php.

③ See “The New Versus the Old Legal Realism：‘Things Ain't What They Used to Be’”，*Wisconsin Law Review*，Volume 2005，Number 2，pp. 365-403. 笔者已将其全文译出，载《政法论坛》，2006（4）。在此前的一系列论文和教材中，作为新法律现实主义的成果还可参见“Freedom from Contract：Solutions in Search of a Problem?”，*Wisconsin Law Review*，Volume 2004；Stewart Macaulay，John Kidwell，William Whitfor，*Contracts：Law in Action*，2nd ed.，Volume I，the Introductory Course，LexisNexis，2003。

④ See Stewart Macaulay，“Contracts，New Legal Realism and Improving the Navigation of the Yellow Submarine”，DRAFT at the Association of American Law Schools meeting in 12-15-2005. 麦考利教授向笔者提供了这篇尚未正式发表的手稿，该文将在年内（2006年）在 *Tulane Law Review* 上发表，其进一步阐述了新现实主义理念和经验性（实证）研究方法的问题。

⑤ 法律现实主义是指美国20世纪二三十年代兴盛一时的法学流派，尽管它给美国传统法学和美国人的法律信念带来了致命的打击，并推动了司法能动主义和法律乃至社会改革运动，但是作为一种社会科学方法或法学，它却似乎一度淡出乃至销声匿迹。美国学者Schlegel指出：现实主义的社会科学研究已经死亡，其原因是：（1）其产生的制度化环境是暂时性的；（2）这一运动的领袖人物的个人特质；（3）推动这样一种与时俱进的社会科学研究本身的困难。[See John Henry Schlege，“American Legal Realism and Empirical Social Science：From the Yale Experince”，28 *Buff. L. Rev.* (1979). 转引自前引麦考利论文。] 在当时特定的历史背景和学术氛围下，现实主义的法学理论被视为离经叛道之说，受到了传统法学阵营坚决的抵制和联合打压。See John Henry Schlege，“American Legal Realism and Empirical Social Science：From the Yale Experience”，28 *Buff. L. Rev.* 459，521（1979）. 转引自前引麦考利论文。

⑥ “我们将采用一种集经验性研究的复合考察、法律问题和政策问题为一体的三维方法（tripartite approach）——这正是‘老’现实主义者所倡导的，然而经过数代人的新思维，这些领域已经有了长足的发展”（前引注②）。

的法”（Law in Action）之间的差距，主张通过司法实践认识法与社会及公共政策之间的关系，倡导直接通过司法能动主义“释放法律的能量”，并彻底粉碎传统法学精心构筑的关于法治与民主的神话。在这个意义上可以说，法律现实主义既是对传统法学原理的解构，又充满了能动主义的创造性。继法律现实主义之后，批判主义法学、种族主义和女权主义法学乃至经济分析法学等都在一定程度上延续了其解构性、批判性的传统，而法与社会研究则将研究“行动中的法”的道路坚持到底。⑦ 毫不夸张地说，法律现实主义已经彻底改变了现代法学乃至司法理念。⑧ 乃至于今天，客观地评价法律自身的功能与局限已经不再成为法学界的禁忌，真正的现实主义的环境和氛围已经形成。正是在这种背景下，“新法律现实主义”才可能以否定之否定的姿态亮相。“新法律现实主义”并非老调重弹，它显示出深厚的、历史与现实的积淀，笔者试将二者的联系与差异归纳如下⑨：

首先，法律现实主义的基点都是强调法律与社会的现实的关联，把法视为一种与社会相关的因变量（dependent variable），即依据社会条件而变化的因素。然而，传统法律现实主义尽管明确承认法与社会的差距，但实际上主要立足于司法金字塔的上层，即将关注的焦点置于包括美国联邦最高法院在内的上诉法院，除少数现实主义者如弗兰克所作的关于初审法院的研究外，大多数研究都注目于一些“伟大”的或经典的上诉判例及上诉法官的行为，也即采用了一种精英主义的立场。“法学界有一种倾向，常常忽略一些非常重要的问题，除非这些问题在上诉案件中受到关注、从而进入法律体系的上层。很明显，很多重要问题永远也不会进入法院或行政机构。当一个问题从社会民众经由律师、起诉立案、审判，最终进入各种上诉程序时，在这一过程中，问题与事实二者往往都发生了变化。”⑩ 而新法律现实主义则倡导一种“自下而上”（bottom-up）的经验性研究，主张从社会基层和未经法院及法律职业染指的社会生活事实着手，探讨秩序的形成、法律与社会的关系，以及各

---

⑦ 法与社会研究正是新法律现实主义的直接渊源，参见 Stewart Macaulay, Lawrence M. Friedman, John Stookey ed., *Law & Society, Readings on the Social Study of Law*, W. W. Norton & Company, New York, London, 1995; Lawrence M. Friedman, “The Law and Society Movement”, 38 *Stan. L. Rev.* 763 (1986); Bryant Garth & Joyce Sterling, “From Legal Realism to Law and Society: Reshaping Law for the Last Stages of the Social Activist State”, 32 *Law & Soc. Y. Rev.* 409 (1998); Felice V. Levine, “Goose Bumps and ‘The Search for Signs of Intelligent Life’ in Sociolegal Studies: after Twenty-Five Years”, 24 *Law & Soc. Y. Rev.* 7 (1990); David M. Trubek & John Esser, “‘Critical Empiricism’ in American Legal Studies: Paradox, Program, or Pandora's Box?”, 14 *Law & Soc. Inquiry* 3 (1989)。

⑧ “正如 Friedman 指出的：在一个重要的意义上，法律现实主义在终结时几乎打败了其所有的敌人。今天，如果你告诉一个法律家群体，你认为政治对法律制度起着重要的影响，法治并非像表面上的那样确定而是相当灵活的；你相信法律不是也不可能是中立的，以及诸如此类的观点，他们可能会哈欠连天并表示同意……至于他们是否据此陈词滥调行事，则是另一回事。”（麦考利，前引注③。）

⑨ 麦考利教授前引注③论文从学说史的角度分析了与前辈的异同，以下诸点为笔者参考该论文及其他文献的内容，根据自己的理解归纳分析而成。

⑩ William L. F. Felstiner et al., “The Emergence and Transformation of Disputes: Naming, Blaming, Claiming ……”, 15 *Law & Soc. Y. Rev.* 631 (1980～1981). 转引自前引注③论文。

种形式的"活法"或社会规范和社会权力，从而更为客观地评价和发挥法的作用。经过法与社会研究数十年的积累，越来越多的法学家认识到，仅仅关注正式的法律规则、司法制度和上诉案例已远远不足以解释法律的真实运作及其与社会的关系，而从社会秩序和纠纷解决的原貌出发就成为一种必需的选择。不言而喻，当法学家从法律启蒙者转向以社会现实为师之时，也就必然失去其高高在上的精英与社会制度建构者的偶像地位。需要指出的是，自下而上并不意味着完全否定"上层"的意义，严格地说是寻求"上下贯通（bottom-to-top)"[11]。

其次，与老一代法律现实主义一样，新法律现实主义与传统的法律意识形态以及那些从抽象理念出发的法律迷信和制度迷信完全对立，并以改造法学、改革法律教育、重构法律理念为根本目标。早期的法律现实主义者出于其政治目标和理念，借助一些经验事实对传统法学原理发动攻击，因而激起了法律职业集团的强烈反对。然而，一方面，其研究的出发点与其政治目标直接相连，势必会削弱研究的科学性和中立性并导致结论失之于偏颇。例如，他们强调政策、目的对法律的影响，认为法官实际上是在根据政策和标准价值观创造法律，据此，对法律的解释可能会因人而异。这种对法律与政策的混淆可能会导致过分强调政治对法律的作用，最终导向放弃法治。[12] 另一方面，其目的和结论先行的研究方法也难以避免偏激、片面和失误，甚至由此掩盖了其自身价值及其发现。与之相比，新法律现实主义自始就强调其作为一种科学研究的基本定位和不与任何政治倾向结盟的立场。对于社会改革，"新法律现实主义应该在什么程度上作出这种回应，是一个开放性的问题。有些研究将会是相对中立的，会将重点放在对法律制度的功能进行客观描述上；有些研究将完成对律师进行培训的任务，以发挥他们的其他社会作用。此外，有时新法律现实主义并不主张追求一种利益无涉的、中立的和无偏向的事实。如果自下而上地考察法律，经常会发现法律并非大多数人希望的那样。无论研究者的动机如何，有些研究事实上可能会起到揭丑的作用；一些最好的研究甚至可能导致引火烧身。"[13] 有时一些经验性研究发现的事实可能是令人不快的，也"可能支持某些相当受保守派欢迎的结论"[14]。尽管这种立场可能招致来自左右两方面的不满，但新法律现实主义仍将坚

---

⑪ 新现实主义宣称：我们延续了法社会学近几十年的发展道路，强调自下而上（bottom-up）对法的作用进行更多的经验性研究。这具有一种方法论上的意义，要求更多地关注数据资料的收集，以保证更准确地理解在人民日常生活中的法及其实践。这种自下而上的关注也会推向政策领域，在此我们同样希望植根于"民主"，关注人民日常生活环境中的法的作用。同时，我们还必须研究处于上层"top"的法律精英及机构，以便更加彻底深入地理解法律过程（legal processes）。前引注②。

⑫ Stewart Macaulay，John Kidwell，William Whitford，*Contracts：Law in Action*，2nd edition，LexisNexis Matthew Bender，2003，pp. 6-7.

⑬ 前引注③论文。

⑭ 例如，自20世纪60年代以来，美国的诉讼高潮（爆炸）一直被一些理想主义法学家描述为带来了公民权利的扩张和社会进步，但是近期的经验（实证）研究表明事实并非完全如此，至少证据不足以证明这些论断。这对于热衷于权利扩张和诉讼的法律家而言，无疑是一种不受欢迎的研究发现。参见前引③论文集所列举文献。亦可参见范愉：《集团诉讼研究》（北京大学出版社，2005）第三章有关美国集团诉讼的资料。

持探寻那些掩藏在各种偏见性解释的阴云背后的事实，相信事实自己会说话。新法律现实主义坚持进行动态和发展地观察，其并不认为法律只能是对习惯的确认，承认当事实本身足以证明社会的某种发展趋势和需求时，通过法律规则和制度的建构能够起到推动、引导社会发展的作用。正因为如此，任何社会政策和法律的制定都必须以事实为依据或出发点，将经验实证研究作为最基本的方法。[15]

再次，传统法律现实主义尽管强调经验性研究的重要性并开此先河，但事实上他们多数人却很少真正实行[16]，而新法律现实主义则将经验性研究作为其基本进路，并以此鲜明特色区别于传统法学和其他法学流派。例如，尽管与法经济学、批判主义法学[17]、乃至其他后现代流派[18]对法以及具体制度和事实上的认识可能是相似或相同的，但是新法律现实主义对于通过数学模式、逻辑推理、自上而下的判例推定乃至于根据灵感和直觉的研究结论持怀疑和否定的态度，其坚持认为，在未经验证之前，理论模式尽管有其价值和意义，但并不能因其逻辑的严谨而自我证成为真理，最多只是一种合理的假设或预期。[19] 这意味着，新法律现实主义不承认任何根据传统法律意识形态和抽象理念推演出的“颠扑不破”的或普适性的规律，也并不以结论和政治立场作为其学派的旗帜，而是倡导一种实事求是的现实主义态度用以检讨各种法律理念和制度，揭示以往被法律意识形态和形式主义掩盖或模糊化的事实，建立科学的前提与起点。同样以这种方法为纽带，新法律现实主义又能够将不同的研究者积聚到一个阵营。[20]

又次，新老现实主义对于司法的态度不同。老一代法律现实主义本质上是法律中心主义，具有鲜明的司法能动主义的倾向；尽管他们承认“书本上的法”与“行动中的法”存

---

⑮ 这种法学研究为现实的社会发展服务的精神，即产生于20世纪20年代初的“威斯康星理念”的主旨。

⑯ 霍姆斯大法官尽管承认经验性研究的重要性，但实际上却对这类研究方法和成果不以为然。而除了弗兰克和卢埃林的少量研究外，现实主义法学家的经验性研究成果并不多见。

⑰ 参见朱景文主编：《对西方法律传统的挑战——美国批判法律研究运动》，北京，中国检察出版社，1996。

⑱ 参见朱景文主编：《当代西方后现代法学》，北京，法律出版社，2002。

⑲ 笔者曾与麦考利教授讨论过经验性研究方法与其他研究方法（包括各种社会科学方法）的异同，并以布莱克（Donald Black）、埃克里森（Robert C. Ellickson，Order Without Law：How Neighbors Settle Disputes）和埃里克·波斯纳（Eric A. Posner，Law and Social Norms）为例，说明其间的差异。麦考利教授认为，布莱克和埃里克森的研究属于经验性研究，但是埃里克·波斯纳的研究则不属于此。其中埃里克森的经验性研究非常出色，但其最后的理论分析模式借助了博弈论的假设，布莱克的经验性研究及其理论抽象都是非常经典的，但是他将法律界定为政府的控制，这是许多研究行动中的法和法律多元论的法社会学家所不能接受的。埃里克·波斯纳的方法不属于经验性研究，而更像是一种思想实验，但是他对社会规范的关注却是绝大多数法社会学家和现实主义者所认同的，是一个很好的视角（实际上也借助了经验的证明）。麦考利教授认为，博弈论或经济分析法学的许多理论模式和预设，在没有获得经验性资料之前无疑是非常有价值的，但是这些方法既不能取代经验性资料的验证，也不能因其精致而证明自身的正确。“所有应用于法律的社会科学的方法都存在缺点。我们不能像自然科学家发现水分子公式那样，寻求一种能够以同样的方式证明其确定无疑的真理”。（引自麦考利教授的电子邮件）。

⑳ 新法律现实主义的积极参与者中既有法与经济分析学派，又有不少批判法学的急先锋，其基本立场是反对从原理和逻辑出发的。事实上，凡是严格恪守经验实证研究方法的研究者，在有关法律的作用和对具体制度的态度上往往较容易达成一致，至少能够站在同一起点上对话和交流。他们共同的对手则是那些传统的法律形式主义或教条主义。然而，新法律现实主义并非怀疑一切、否定一切的犬儒主义者，而是从质疑先验原理出发，走向科学的实证研究，并试图在事实的基础上进行制度建构，以实现法律与社会的协调。

在着差距，但是仍期待通过国家的正式司法制度（尤其是包括最高法院在内的上诉法院）来推动法律与社会的进步与改革，其关注点是国家权力、法律制度和规则，依靠的则是法律精英和司法权——通过他们施放法律的能量。可以说，老一代的法律现实主义是司法能动主义的首倡者，他们击破了美国人对于民主与自由的理想或神话，却又将新的迷信寄托在以美国联邦最高法院的法官为代表的司法系统（主要是各种上诉法院）之上。与之相比，新法律现实主义更具多元化的倾向，他们并不否认法的作用和法治的价值，但是基于“法与社会”40余年积累的研究成果和经验性知识，他们不再认为法律在现代社会（即法治社会，至少是在美国社会）起着绝对的中心作用，他们直言不讳地指出法律的局限性及其在社会治理和现实生活中的有限作用，并与批判法学、经济分析法学共同宣告了法律形式主义或教条主义的死亡。㉑ 麦考利教授重申，他尊重法治原则和法律的作用，但必须承认，事实证明法律在社会治理中仅能起到一种边缘性的作用，这里所说的法律既包括成文法律规则和判例，也包括正式的司法诉讼制度。真正在社会治理中发挥作用的，往往是社会关系自身根据需要而产生的规则、制裁机制以及道德等辅助机制，法律仅仅是通过强制力设定社会关系的基本框架和边界而已。如果前一套机制无效或低效，法律往往也很难促使其发挥作用。继20世纪60年代发表成名作《企业的非合同行为》之后，麦考利教授检讨了吉尔默、麦克尼尔及其他学者的合同法理论，并对这一问题进行了持续的经验性研究。他认为，美国的合同行为正在进一步远离合同法的制约，走向更大的自由。㉒ 从研究成果及结论上看，新现实主义在对司法和法律之功能的保守评价上与传统现实主义迥然相异。

最后，二者在方法上强调与其他社会科学的整合。法律现实主义本质上并不是一个阵营绝对清晰的法学家团体，而是一种主张将社会科学方法引入法学研究的基本立场或方法，新法律现实主义则将这一立场发展到了一个新阶段。“法学界中的社会科学兴趣日益增长，但是迄今法学界并没有建立一种能将多元化的社会科学学科和方法加以整合的组织化的研究范式……进行上下贯通（bottom-to-top）的法律分析要求一种能整合在各种层次上的经

㉑ Grant Gilmore 教授说：“天堂没有法律，在那里狮子与绵羊能和睦相处……越是糟糕的社会，法律越多。在地狱里除了法律什么也没有，并且严格地遵守程序公正。”［Grant Gilmore，*The Ages of American Law*，111 (1977). 转引自麦考利。］此说或许过于偏激，但是相对于传统法学对法律和程序正义的理想主义描述，也许是一剂良药。麦考利教授也对那些试图通过诉讼解决所有社会纷争的空想提出过讽刺，他说“我曾经开玩笑说，往冲突中的坦克车上扔一本法律书是一个很糟糕的主意”(引自麦考利教授的电子邮件)。

㉒ “Freedom from Contract：Solutions in Search of a Problem?”，in 2004 *Wisconsin Law Review*。该论文指出，美国目前合同纠纷诉讼正逐步减少，法院的主要功能已不再是解决纠纷。其通过对各种新合同理论进行分析和综述性研究后认为，从行动中的法的角度看，人们确实是正在从合同中获得自由，也就是说，市场开始超越合同法的约束，传统的合同理论和合同义务已经越来越多地被长期合作的利益关系、纠纷解决途径的多样性和灵活选择所取代。合同的责任和义务也在发生改变。（See Stewart Macaulay，John Kidwell，William Whitfor，*Contracts：Law in Action*，2nd ed.，Volume I，the Introductory Course，LexisNexis，2003.）新法律现实主义追求发展一种包括人类的法律实践在内的更多方面的解释模式。也就是说，除了理性的选择之外，人和机构时常还会受到文化、社会结构、情绪或其他因素的影响——有时他们是无法选择的。为了分析法律的影响，我们必须研究在他或她参与其中、并必然能够理解的复合型从属（多元依附）的社会关系。参见前引注②。

验性研究的模式，使用一种能够整体性地理解法律的潜力及其问题的范式。为了达到这一点，我们还需要一种整体性的方法，以整合那些人种（类）学和许多社会学大量的调查发现和细致的研究成果……这显然需要关注法与社会科学之间的交流互动过程，也需要一种能够整合各种社会科学学科的模式。”㉓ 新法律现实主义首先在理念上统合了德国法学家埃利希的“活法（living law）”和美国法社会学家庞德的“行动中的法（law in action）”的概念，将欧洲大陆的法社会学传统（包括历史法学、法社会学和现实主义）与美国法学的实用主义精神融为一体；其次，其以经验性研究方法统合各种社会科学研究方法，包括社会学、人类学、人种学、行为科学、心理学、政治学、经济学乃至于统计学等等；最后，其以尊重事实的立场，开放性地接受一切能为经验和实践检验和证明的政策提案和立法目标，包括正式制度与非正式制度之间的协调、国家权力与民间自治的互动、裁决机制与协商调解程序的相互作用、激进的改革与守成之间的博弈等等。

二、法律现实主义的现代土壤及社会背景

沿着美国新法律现实主义发生的轨迹，可以看到法与社会研究产生与发展的现代土壤和社会背景，其具体特点是：

1. 如前所述，从法学乃至与法治自身的发展看，现代初期开始树立的理想主义神话确实在逐渐破灭，现实主义的理念和对客观事实的认知开始从边缘走向法学界的主流。早期现实主义以“离经叛道”的方式道出的事实和预测，在今天已经不再令人感到惊异；相反，今天已经没有哪个法学院还在固守着亚里士多德时代的法治理念。这种思想解放已经从早期现实主义者的政治目的转变为一种普遍的科学立场，并逐步成为美国乃至于当代世界各国法学研究的基调。

2. 新法律现实主义建立在法与社会研究及其他法学流派的研究成果的深厚积累之上。时至今日，法与社会研究早已跨越基础理论的奠基时代，产生了卷帙浩繁的经验性研究成果。这些发现不断验证和补充着早期的一些预测和猜想；而新现实主义阶段的到来则表明这种积累将会是永无穷尽的——随着社会的发展，早期的结论同样需要重新验证、补充、更新和发展。因此，对于法与社会研究而言，理论模式并不是最重要的，而正是持续不断的经验性的研究方法及其发现赋予了其永久的生命力。1984 年，麦考利教授在纽约州立大学发表了纪念法与社会研究协会成立 20 年的 Michhell 演讲，他在总结这一运动的成就时提出了著名的 7 个命题：

（1）法律不是自由的（Law is not free 是双关语，也可理解为法律不是免费的）。

（2）法律是通过一些代表自身利益、占有有限资源的角色在其所能充分掌控的场景中表现出来的。

（3）很多通常被视为法律的功能实际上是由替代性机制承担的，在我们称之为“公”

㉓ The New Legal Realism Project. 转引自前引注②。

和“私”的因素之间，很大程度上是相互贯通的。

(4) 人，无论是单独或是集体行动，都不能期待他们在面对法律时被动地遵守。

(5) 律师除了在法庭进行对抗之外，还能发挥更多的作用。

(6) 我们的社会以多种方式处理纠纷，而放弃（忍让）和回避也是其中重要的方式。

(7) 尽管法律在美国社会中的作用至关重要，但其影响往往是间接、微妙和模棱两可的。㉔

该演讲发表以来，麦考利教授一直希望有更多的学者来补充和修正这七个命题。一些研究者响应了这一期待，而今天这些当初被视为“七宗罪”的命题已不再令人感到新奇了。㉕ 事实上，法与社会研究和新现实主义是一种“与时俱进”的方法，它不会提供任何放之四海而皆准的定律，也不会给出一成不变的答案。例如，法治与社会协调的最佳程度、正式的法律制度与非正式制度的最佳结合点、纠纷解决与权利实现的最佳方式和模式等等。因为这些概念和标准都是相对的、因社会的环境、文化等多种因素而迥然各异的，所以其对每个国家或社会的研究、结论、政策目标和方案必然是具体的，并且是可以通过经验事实验证的。

3. 社会科学多学科的相互渗透。在 20 世纪 20 年代，法学还是一个由法学家垄断的封闭体系，这一方面是由法律职业的垄断性、历史延续性及其利益需要所决定的，另一方面也是受到了法律自治及法律思维逻辑的限制。然而，法律的发展证明，其自治性并不能阻隔社会的批判和影响，现实主义理念打开了法学封闭的大门，法学与社会科学的相互结合与渗透从此不可逆转。社会科学方法的导入给法学带来了新的思维和发展动力，学者们开始重新检验法学据以自治的前提，推翻了一些神话、修正了一些前提，也描画出了法律的真实作用及其限度。借助社会科学乃至某些自然科学的手段和方法，可以更准确和全面地发现和界定事实；而借助人文科学、历史学、文化学等的研究思路，则可以对法律现象乃至规则提供更加开放和现实的解释。㉖

㉔ See Stewart Macaulay, “Law and the Behavioral Sciences: Is There Any There There?”, 6 *Law & Pol'Y* 149, 182 (1984).

㉕ 1998 年，Frank Munger 教授对这 7 个命题进行了评论，并增加了一些反映更新的法与社会文化的内容；他还以法与社会的方法提出了一种新的关于正当性（legality）的观点：(1) 法是日常生活中社会结构的一种要素；(2) 法律的内容和意义是由一群自成一体、各有独自的经历、却在同一历史场景中出现的行为主体所赋予的；(3) 在研究中一个日益受到质疑的问题是，如何继续维持法律中立的神话和法的自治；(4) 法律家创造文化，但受其在政治和经济机制中的作用所限定。Munger 总结说：我强调，所谓“新”批判经验主义的发现以及我们对法与社会领域的洞察与麦考利教授总结的早期经验性成果高度一致，然而我们已不再理解早期成果中用以描述法律的远大理想与其实际成就之间的“差距”一词的意义。Frank Munger, *Mapping Law and Society*, in *Crossing Boundarless: Tradition and Transformation in Law and Society Research* 21, 42～55 (Austin Sarat et al. eds., 1998). 转引自前引注③论文。

㉖ 事实上，不断援引法外因素（包括道德、习惯、文化、政治目标、价值观和社会利益权衡等等）对法律规则及原则进行解释已成为法律实践中不言而喻的准则，所谓职业法律家从法律规则、逻辑和原理出发根据法律思维进行推理、解释和法律适用的技术和过程已经无法在司法实践中严格遵循。制度建构中的道德、传统文化、成本效益等因素更是不得不考虑的基本要素。

4. 法律家共同体的社会回归。最初，法律现实主义的出现是为了支持一种政治改革，它大胆地揭露了法律自治理念和法律职业集团竭力掩藏的事实，揭开了蒙在美国人眼前的纱幕。人们发现，法律职业与法律教育的传统实际上并不仅仅是生产和延续着正义，同时也维护着这个职业对于纠纷解决和法律事务的垄断和法律话语权，长久以来，这种垄断给社会带来的并非都是好处。“历史说明，如果谁侮辱了传统的法学教授和法律职业，他们就可能成为强大的敌人向你进行报复。”㉗ 然而，一旦这种批判和反思从外部引发了来自内部的呼应，这就是法律重归社会的开始。ADR运动、对民间社会力量及其规范的重视以及法律教育改革㉘，无不反映出一种新的开放理念和法律家回应社会的积极态度，而法与社会研究以及新法律现实主义则是这种社会回归的旗帜和先导。只有具备了这种勇气和态度，法律家才可能在社会治理和法律实践中发挥更重要的作用。㉙

5. 当代社会的多元化发展趋势及司法危机。当代法与社会研究实际上可以归结为一种法律多元的理念，而这实质上是对社会自身的多元化发展趋势的回应。㉚ 面对多元化的社会需求、多元化的价值观与规则体系，单一化的法治思路和制度远远不能解释和应对。在长期的实践和尝试之后，人们发现，如果仅依靠国家权力、法律及正式机制，是远远无法满足社会治理需要的。以社会自治和自律机制补充法律调整、以协商和解替代诉讼对抗、以

㉗ 前引注③论文。

㉘ 例如，美国的诊所式教育（Clinic Legal Education）就是适应社会转型的需要，为了改造传统法学院脱离社会实际的教育而建立和发展起来的，ADR是诊所式教育中的重要组成部分。笔者在美国的考察中发现并得到证实的是：诊所式教育的教师群体较之正式的法学教授而言，对现行法律制度更具有批判性，更重视实际操作性，也更少存在法律制度和规则的迷信。

㉙ 威斯康星大学法学院的合同法课程以教授“行动中的法”为宗旨，笔者围绕这种教学方式与麦考利教授进行了讨论，笔者谈道：在中国我们经常为法学教育的目标感到困惑，人们希望对法律学生进行法律意识形态的教育和培养，一方面使他们具有法律“信仰”，将法律奉作至尊；另一方面又希望使他们获得法律的操作技能——法律解释、举证、辩论、法律规则援引适用等等，这些技能使他们区别于普通的民众而成为法律规则的运作者。而法与社会的研究则告诉他们规则以外的秩序、非法律合作的意义，以及法律的局限性等等，这对于那些期待从法学院获得法律“信仰”、技术和操作性知识的学生而言，是否会影响他们对法律的权威、功能以及对法律技术的尊重和掌握？更进一步地说，“行动中的法”学说是否会动摇社会对法治的信念？麦考利教授认为：如果只以理想化或意识形态的方式看待法制，那么这种法的理论，就会远远脱离律师和社会成员的实践经验，那又怎能期待人们严肃地对待我们的理论？我认为，显然我们的方法有助于培养、训练那些希望成为律师的人——如果行动中的制度涉及和解和谈判，如果（通过诉讼）主张权利需要较高成本（包括诉讼费用以及对有价值的关系造成的损害），而且，如果我们的法律规则体系本身存在矛盾——那么，律师必须能够对付这些问题。与此同时，理论家也面临一些挑战。我不认为法与社会研究方法意味着否定法律的运作及需要。法律有影响和作用，但是它不是无所不能的。而且，我们有许多诉讼的替代方式，而律师应该清楚地知道什么是合理的选择。理论家也必须如此。如果一种理论只适用于所有的交易中的一个非常有限的微小类型，这是什么样的理论？我时常说，我们教育的使命是要使学生成为敢于怀疑的人、但不是犬儒学者（愤世嫉俗）——这不是一件轻松的任务。（引自本人与麦考利教授的电子邮件通信。）

㉚ 这种多元化理论并不意味着简单地将自然法学、规范分析法学和法社会学三种方法进行调和或综合，而是属于法社会学的一种基本立场。其主旨是在尊重传统法学流派及其有益成果的基础上，坚持以实证方法考察和验证那些未经证实的或需要验证、发现的事实，用事实证明、证伪或补充、修正各种理论假说或已经过时的理论、制度及观念。

宽容和协调、长久的合作关系辅助法律上的权利义务、以实际可行性和社会效果评价法律的必要、成本和运作方式、以多元化的价值和动态的方式应对社会发展带来的各种问题、在和谐与效益的统一中推动社会发展，这些理念都已得到社会的普遍认同，并逐步成为公共政策和价值观。即使是最高司法机关的违宪审查的正当性，也在一定程度上受到多元化理念的挑战，该理念开始颠覆某些传统法律文化、原理和法律思维。同时，曾被推崇备至的司法机制在现实中已日益暴露出种种局限或弊端，其被称为司法的危机。这种事实进一步从外至内地加快了对司法迷信和传统法理的颠覆，并推动了司法改革。[31]

三、当代世界法律现实主义传统及发展

实际上，无论是关注法与社会之联系的法社会学，还是从事实和实际需要出发的法律现实主义思想都并非美国的专利。美国新法律现实主义在回顾其思想渊源时，不仅将其归功于欧洲的法社会学思想家，而且高度评价法人类学对其发展的巨大贡献。[32] 在欧洲大陆，从历史法学派到马克斯、埃利希、杜尔凯姆、卢曼等人为代表的法社会学（及法人类学）传统，以及斯堪的纳维亚学派的现实主义理念，不仅对其法律制度及社会制度的建构起到了深远的影响，并且在比较法研究中也表现出一种实证主义风格。[33]

不可否认，现实主义的立场和研究方法并不简单地等同于“法律现实主义”流派，但在法社会学的研究中又确实贯通着一种共同的基本精神，并在当代不同国家的法学界中产生了共鸣。可以说，现实主义法学在东亚国家和地区亦有深厚的基础。继受西方法学的日本法学家综合欧洲和美国的学术传统，很早就开拓了一条属于自己的法社会学研究和现实主义方法的道路。尤其是在第二次世界大战之后，法学家目光向下，深入实际进行实证调研，进一步推动了法与社会的有机协调与互动。日本的法意识论、法文化论和法社会学的理论体系及研究成果对当代法学产生了不可低估的影响[34]；法人类学则将法律多元理论阐发得更具解释性[35]；而在实证研究方面，东亚学者同样成果卓著，无论是法史学、纠纷解决研

---

[31] 有关这一问题的分析及资料参见范愉：《诉讼的价值、运行机制与社会效应》，载《北大法律评论》，第1卷第1辑，北京，法律出版社，1998；《浅谈当代“非诉讼纠纷解决”的发展及其趋势》，载《比较法研究》，2003(4)；《非诉讼纠纷解决机制研究》，第二章第二节，北京，中国人民大学出版社，2000；［英］朱克曼主编：《危机中的民事司法》，傅郁林等译，北京，中国政法大学出版社，2005。

[32] 麦考利教授指出：我们使用“行动中的法”这一概念描述自己所从事的研究事业，但同时也非常明确地考虑到了埃利希的理念。实际上，我们受到的埃利希理念的影响可能比对庞德思想的认识更多……此外，我还从马林诺夫斯基（Malinowski）教授的《初民社会的犯罪与习惯（Crime and Custom in Savage Society)》中获益甚多。参见前引注③论文。

[33] 因篇幅所限，不得不略去这一段重要的学说史的追溯。

[34] 参见何勤华：《当代日本法学》，第一、四章，上海，上海社会科学出版社，1991；陈根法：《论日本法的精神》，第五、七章，北京，北京大学出版社，2005，以及国内已经译出的川岛武宜和大木雅夫等人的著作。

[35] 例如，［日］千叶正士：《法律多元——从日本法律文化迈向一般理论》，强世功等译，北京，中国政法大学出版社，1997。

究或部门法学，乃至理论法学很多都以鲜明的现实性课题和实证性研究方法为其研究特色。㊱

近年来，在经济全球化的背景下，东亚国家对法与社会及全球化的关系普遍给予关注。已经有许多研究者对这一问题进行了关联性的研究。例如，2002 年在日本国立九州大学法学院举办的为期 10 天的国际研讨项目："亚洲——开放的社会与法"（Law and the Open Society in Asia），与会者一个共同的问题意识是，在法制化的进程中必须积极面对法与社会的互动这个课题，一方面实现法与社会的现代化，另一方面又要处理好本土社会的文化、传统与法制的协调，同时还必须应对经济全球化的挑战。㊲ 近年来，东亚法律多元的思潮影响日增，例如，日本名古屋大学教授安田信之所提出的法律多元的解释框架，其作为一种方法论或认识论得到了许多法学家的认同。㊳ 这种认识框架强调，在非西方国家的法治与社会发展中，除了认识到国家权力与法律的作用外，更需要尊重经济和市场规律，同时需要提高其文化自觉和对社会基础的维护。而法学家则应该放弃对形式主义、法律意识形态和法律家共同体利益的片面追求，以现实主义的态度面对社会的客观事实，客观评价法律规则与制度的实际作用和效果，准确把握法律与社会关系的实际状况，这就需要对法的实际运行进行自下而上的经验性研究，需要对法律制度建构及发展战略提出符合实际的提案，并进而在社会转型、制度建构和社会治理方面作出积极应对。

在中国，尽管面对着法律意识形态和普适主义的强大抵制，但现实主义的立场和方法仍以本土化、实证研究等的形式显示出其力量，并直接与法律移植、制度建构、法律改革等现实议题紧密相关。不容否认，目前我国的法学家也进行了许多有价值的自下而上的实证研究，大量涉及法制本土化问题的研究成果已经问世；非正式制度、调解乃至私力救济

㊱ 例如，日本法理学年会每年的主题都是实践性的，例如，医学伦理的挑战、所有权的发展及理论更新、司法改革等等，而选择纯粹理论研究的法理学家则比较罕见，很多参加法理学年会的会员同时也是部门法的专家，同时，重要的法与社会课题的研究往往都是跨学科的。同样，诸如民法和民事诉讼法等传统法学领域的社会学研究和比较研究都具有很强的实证指向。

㊲ 这一项目由日本学术振兴会资助，属于亚洲科学研讨系列项目的组成部分。研讨会共有来自中国大陆及香港地区、日本、韩国、泰国、巴基斯坦、孟加拉国、新加坡、菲律宾、印度尼西亚、越南等国家和地区的五十余名代表参加。研讨会分为 9 个专题：法律文化与法律意识，法律与宗教，亚洲宪法与社会重构，亚洲合同法与所有权法，公司法、贸易法和投资法，刑法的发展与犯罪问题，纠纷解决、法律职业与法律教育，国际法与亚洲国际法律支援，亚洲国家的法律资源共享及数据库建设等。不过，中国与其他非西方发展中国家显然存在许多重要的不同，包括制度建构的方式、政治体制和社会自然条件等诸多的差异，甚至法学家的问题意识和方法也有明显的差距——中国法学家更普遍关心的是建立规则体系（立法）和制度改革问题，但对法律文化以及法与社会的互动问题却关心不足。

㊳ See Yasuda，Nobuyuki，How Can Law Interact with the society? —a Note on Recent Law Reform Movement in Asia，安田教授的观点在很大程度上是在昂格尔的三种法的类型的理论模式上的重构。笔者有关这一理论模式的评介和对中国法制的思考，参见范愉：《从司法实践视角看经济全球化与我国法制建设的关系》，载《比较法在中国》（2005 年卷），北京，法律出版社，2005；简略版载《法律科学》，2005（1）。在 2006 年 3 月 25 日召开的第六届东亚法哲学研讨会（台湾大学）上，安田信之教授进一步阐发了他的这一理论。参见该研讨会网站：http：//www. law. ntu. edu. tw/east-asia2006/EA-HOME/EA-Home. html。

的意义逐步被法律界所承认，民间法也成为热门话题。[39] 学者们倡导的现实主义和实证研究方法不仅有利于法学自身的改善，也会极大地影响到司法实务界。2004 年年初，笔者在一篇探讨中国法院诉讼调解的论文中指出，法院调解政策的变化预示着“司法政策和改革重新回归到现实主义和经验主义的基础上”[40]。同年 10 月最高人民法院院长肖扬在美国耶鲁大学发表题为“中国司法：挑战与改革”的演讲时提出：在中国目前的法院审判中，对正义执著追求的“理想主义”可能在一定程度上必须让位于解决纠纷的“现实主义”[41]。毫无疑问，这种提法并不意味着法律界已经放弃了对法律教义（或形式）主义和法律意识形态的追求，其也很难与传统的实用主义立场完全区别开来，但至少可以说明，中国法律界也开始接受现实主义的理念，这与世界性的法律现实主义思潮殊途同归。尽管这并不意味着法院和法学界已经开始脱离法律意识形态的影响甚至支配，但可以预见，今后的“司法改革”和司法实践必然是教条主义与现实主义重复博弈的过程，政策的反复在所难免，但单一化的法律形式主义和教条主义将难以再成为唯一的主宰。

四、反思中国法学与法治

新法律现实主义理念既可以作为一面镜子，令我们反思法学理论存在的问题，又可借此思考中国法治理念的转型和建构。诚如许多学者所言，中国目前的法学研究基本上建立在一种现代性情结或范式之上[42]，而中国的法治建构总与法律移植的主题息息相关。在法制现代化的运动中，法律移植主要是指通过引进外国法，制定和建立相应的法律和制度。尽管关于法治本身以及继受西方法的必要性已成为社会的一种基本共识，其趋势不可逆转；然而，其真正走向及具体的制度建构仍充满了变数。迄今为止，处于法律移植情境中的法

---

[39] 当然这并不意味着这些研究已经产生了重要的社会影响。需要特别指出的是，在目前中国的学术界，“引证率”并不足以成为一种证明某种学说或学者影响力的科学依据。因为，只有在一个完全遵守科学规范的环境中，引用率才能显示其功能。当前的问题是，首先，在中国学术界和实务界撰写的“论著”中，存在相当多的剽窃、变相抄袭和不规范使用，其无疑是不会标注原作者的姓名的，剽窃与引用成反比，越是专门的研究，此类情形越严重。其次，引用在很大程度上还停留在引证权威的层次上，正像以前将马恩列斯语录作为不证自明的逻辑前提一样，目前许多研究中这种引证情况还相当普遍，这反映了学术界的偶像崇拜和一种非科学的风气，而一些有很大社会影响力的“媒体法学家”，无非是借助了传播的话语权，同样并不代表其学术威望。再次，目前中国书籍文献出版量和速度与读者实际获得和阅读的文献不成比例。研究者没有形成在著述之前首先检索和穷尽已有资料的学术习惯，加之学风不正，评论界存在趋炎附势、弄虚作假和炒作之风，因此，实际上仅有少量文献和书籍会引起关注和被引用。最后，很多法律实务界以论文作为业绩评价标准，经常举办各种论文比赛、评奖等活动，这在选题确定的情况下，很容易造成集中的批量生产，集中引用、重复引用、非规范引用。总之，目前我国法学界以引用率判断学术成就和影响是不够科学的，至少是不充分的。

[40] 范愉：《调解的重构（下）》，载《法制与社会发展》，2004（3）。

[41] 颜茂昆：《肖扬在美国耶鲁大学发表演讲》，载《人民法院报》，2004－10－12。

[42] 邓正来教授认为：中国法学之所以无力引领中国法制发展，实是因为它们都受一种“现代化范式”的支配。参见邓正来：《中国法学向何处去》，载《政法论坛》，2005（1）～（4）。邓教授对中国法学乃至中国学术界的批判是深刻和极具建设性的，但是笔者对于中国法学家是否能够或有必要建立一种“中国法律理想图景”表示疑问，因为理想和理念本身是无法证明其自身的科学性或合理性的，而学者自身更是难以具有这样的能力。

学反映出的问题主要是：

首先，法律移植本质上是一种自上而下的运动。各国法律继受的初期，几乎毫无例外都是由法律精英（特别是法学家）设计并操作的，即使在今天，法律移植的主导权、决策权仍掌握在一些政治精英和法律精英的手中。[43] 当代中国的法律移植已渗透在日常的立法或"改革"活动中，然而，尽管如今立法与决策的参与者范围扩大了，但就其整体而言，其与当年沈家本等先人对国外法律与中国社会实际的认识及其慎重态度相比，几乎不可同日而语。法律规则和制度的设计者与决定者除热衷于对国外"先进经验"进行考察外，很少在本国进行大规模地社会调查；其对所谓法系、历史渊源、形式、成本等问题也很少展开过认真论证，遑论慎思民族习惯和传统文化。多数立法未经过全民参与的社会论证就迅速完成。[44] 严格地说，这种选择和移植中并没有开通真正表达民众和社会需求的渠道。在移植过程中，立法者和法学精英自身知识的不足、利益与价值观的左右，论证中对事实的裁剪、信息高度不对称，以及媒体舆论（同样主要代表社会精英）的操作等因素相互纠葛，加之民众对立法的陌生、疏远以及参与的困难，即使采用了某种公开的形式或程序，民主选择的功能也难以实现。

其次，法律移植通常采用的是国家权力和"法律中心"的单一视角，旨在将现代的法律规则、制度、形式、程序从西方法治国家移植到本国，体现着国家或政府以法律为工具实现社会治理的强烈需求和期待。随着制度和规则的移植，法律教育制度、法律职业群体和法学研究亦在以大跃进的方式日益扩大，不断壮大的法律职业集团在为社会带来福祉和正义的同时，也在试图建立对司法活动乃至纠纷解决过程的垄断，并通过争取参与决策的机会扩大自己的利益及影响。国家权力与法学家之间的博弈很容易在"与国际接轨"的口号上达成一致，并以法律全球化和与国际接轨的名义助长一些轻率的移植。毫不奇怪，美国的国际影响力使得其成为移植目标的首选，目前美国对中国法律制度、教育和文化的渗透程度已远远超过了其他国家。[45] 然而，这种偏好和选择由于往往并非是对其制度的优劣、可行性、移植成本和理念进行详细考察和深思熟虑的结果，其常常是不考虑与原有制度的衔接，舍近求远，以致徒增许多混乱。有时一个制度的引进近乎草率，乃至于或成为具文、

---

[43] 参见刘星：《重新理解法律移植——从"历史"到"当下"》，载《中国社会科学》，2004（5）。该论文对此有较深刻的批评。

[44] 在某些原本并无既有制度的领域，如股票、期货和一些现代金融制度，尚可容忍反复试错，但也同样存在着与既有制度衔接的问题。而在涉及民生和社会基础的诸法领域，如民法及民事诉讼，移植而来的制度与现实社会治理需求与效果的差距则根本无法消弭。而理念方面的冲突同样在所难免，从《物权法》制定中的问题和波折就可略见一斑。

[45] 法律输出乃至法律帝国主义的一条捷径就是通过法律家的教育对一个国家的法律文化进行渗透，在这种渗透中，法律家起到了最积极和忠实的中介、推动作用。当代中国法律教育和培训中，美国法律教育和法学的影响已占压倒优势，乃至于一些基层法院的法官也被送到美国培训。美国法学译著在中国出版的种类和数量非常惊人，不过，这个进程未必是美国法学家的自觉意识。美国许多在20世纪60年代参与过法律与发展运动的老一代法学家后来在实践中深刻反思，批判和否定了法律输出和法律帝国主义。而在我国，那些对美国法治持批评态度的"法与社会"研究、批判主义法学等学派的研究成果和观点，往往被视为后现代主义而有意识地被加以筛除或不受欢迎。

或与原有的体系发生无法释解的冲突。㊻

再次，法律中心论与法律形式主义构成的一种意识形态占据着主流，把持着话语权并对法学和立法产生着极大的影响㊼，这种意识形态最大的特点就是仅仅以一些现代理念或概念（例如人权、隐私权、知情权、自由权等等）作为立法的出发点和价值取向，而不问这些概念背后的利益和条件究竟是什么，不关心社会环境和基本事实，更不关心法律的道德基础。而当制度与规则的运行及其效果不尽如人意时，法学家提出的“法律信仰”㊽、“法律家共同体”等理念亦无法解决这些困境。而司法机关推行的种种改革和政策，同样受到这些理念的支配，乃至经常遭遇到现实的嘲弄。㊾

最后，在法律移植过程中，尽管国情、民意和承受力等概念经常成为立法中某项制度或规则能否成立的重要理由，但是就整体而言，依然主要是基于利益平衡和成本方面的考量，立法者、法学家及主流社会舆论在立法过程中的文化自觉非常低，无论是《婚姻法》、《物权法》的制定修改或是民法典的编纂，以传统文化、社会道德、伦理习惯等为理由的意见和建议不仅鲜有考虑，还很难被法律所吸收。㊿ 与其他东亚国家和地区相比较而言(51)，我国大陆

㊻ 例如有关引进美国集团诉讼问题的讨论，参见范愉：《集团诉讼问题研究》，北京，北京大学出版社，2005。

㊼ 强世功认为：当代法理学成功地建构了一种全新的法律观，即倡导一种没有国家的法律观，或者说是一种没有政治的法律观……从形式上说，这种法律观体现了一种“法制主义”（legalism），即从形式合理性、普遍适用性、程序正义和法律的内在道德性等这些法律规则本身的内在特征入手来理解法律；从实质上说，这种法律观体现了一种自由主义的权利观，即把自然权利作为思考法律内容的出发点。“法理学可能由此变成法律人的意识形态，丧失作为一门科学所具有的开放性和发展可能性，逐渐沦为一种新的教条。今天，法学研究中的教条化倾向已经初见端倪。”［强世功：《迈向立法者的法理学——法律移植背景下对当代法理学的反思性考察》，载《中国社会科学》，2005（1）。］实际上法学家偶像化也是我们社会的一个标志性的现象，激进法律理想主义往往借助媒体，压倒不同的声音和反对意见，加剧非理性的情绪。

㊽ 在当代中国，“法律信仰”问题已经从一种似是而非的误解发展为一种思想体系，尽管其中不乏积极意义。（参见许章润等：《法律信仰——中国语境及其意义》，桂林，广西师范大学出版社，2003；范愉：《法律怎样被信仰》，载许章润等：《法律信仰——中国语境及其意义》，桂林，广西师范大学出版社，2003。）所谓信仰并非信念或信心，通常是指宗教及其他非理性的超验信念。实际上，所谓法律信仰的命题本身是对西方某些法学思想的误读，没有任何经验性的依据。在三大法学流派的思想中都不能推断出对法律规则和制度信仰的命题，如果是指对自然法学中崇尚的正义价值观等的信仰的话，那么在任何民族的文化中都存在这样的基本立场，中国法律文化同样如此。能够成立的命题是对“法”的信仰，即对法律规则和制度之上或其背后的价值——正义、公平、真善美和道德的信仰，法律只有借助这些力量才能提高其正当性和权威性，从而有效地实施，而不是仅依靠国家权力和对法律规则的迷信。

㊾ 法院在司法改革中曾以“司法能动主义”为其最高理想，以程序公正为其基本理念，但前一个时期的许多司法改革措施均已告失败或受挫。尽管法院在事实面前不得不调整政策，宣称应以现实主义为基点，但是从其推行的改革规划看，很难说现实主义已成为法院的主导理念，毋宁说仍处在多种理念的博弈过程中。

㊿ 近年来法学界虽然不断强调本土化主张，但在具体立法和制度设计中，这种文化自觉却始终不明显，或停留在一些大而空的中华民族传统美德之类的标榜和纯精神层面的道德（德治）宣传。2000年《婚姻法》修改过程中曾提出有关禁止姻亲之间婚姻的问题，招致法学界和社会学界精英的激烈反对，后迅即被摒弃于修改案之外。

(51) 以日本和韩国为例，两国的法律乃至于宪法都体现出一种强烈的民族精神，无论是日本的“和”或集体主义的理念，还是韩国人刚柔相济的精神，在其法律规则及其实施中都可以明显地体现出来，而关乎民生和家庭的民法更是渗透了对传统文化和道德的尊重与延续。

法律移植和建构中的文化自觉和传统维系意识最弱，法的实施效果也最差——各种非正式的救济机制往往受到国家和法律的打压[52]，民间社会规范在正式的司法活动中原则上不被承认。[53]

在我国，现实主义的理念尽管已经出现，但相对于主流的法律意识形态，其声音和影响还非常微弱。然而，以这种立场或方法反思我国大陆的法律移植以及法学研究，确实非常必要，至少可以得到以下启示：

第一，需要以一种现实主义的态度和经验实证方法研究和解决中国问题、改造中国法学、为中国的法治进程提供合理可行的政策和方案。诚然，中国的法治是一种政府主导的自上而下的进程，法律精英在制度建构中确实承担着重要的历史使命，但这并不意味着这种法学研究和制度建构仅可以从原理和理念出发。事实证明，精英主导的政策、立法和改革许多不过是某种利益的体现，有些则已经被实践证明是失败的。解决中国的问题首先应了解中国社会的现实、需求及可能采取的最佳方式。为了减少错误信息和对公众的误导，法学家应尽可能基于第一手资料和真正的事实展开其研究和论证，既不是仅仅依据法律条文，也不是仅仅根据一些被媒体剪裁和炒作过的“案例”材料[54]坐而论道。经验性研究本身存在固有的局限性，并且极大地依赖于研究者拥有的资源、科学精神及诚信以及能力和技术。[55] 而且，其研究发现常常因为不合时宜而受到冷遇。然而，只有经验性研究才能使我们接近于法律和社会的真实，而如果没有真实的前提，任何制度建构和设计都不可能是合理的。经验性研究的目标应该是通过大量的事实证据（包括实况调研、数据、统计等等）揭示社会和法律运行的真实状况和客观需求，并发现问题，探讨、分析制度建构的一切必须条件和成本收益。总之，应以一套科学的方法尽可能接近客观真实，使法学、立法和对法治的期待回归到现实的基础。[56]

---

[52] 近年来，面对一些提倡多元化纠纷解决机制的声音和实践中的需求，我国已经开始对制度化的人民调解进行重构，但相当多的意见倾向于将其正规化和法制化。与此同时，民间私力救济正在活跃地发展，有可能占领非正式救济的广阔空间。

[53] 只有在实践问题积重难返时，才可能由司法解释文件加以协调。例如最高人民法院《关于适用〈中华人民共和国婚姻法〉若干问题的解释（二）》中关于彩礼问题的处理意见。目前一些基层法院和法庭已开始承认甚至强调民间社会规范在纠纷解决中的作用，但是就整体发展趋势而言，这不可能成为法院和司法活动的主流。

[54] 以2005年在各种媒体上炒作的王斌余案为例，法院认定的事实与媒体报道大相径庭：一个身携上千元现金、刚刚自愿接受了劳动主管部门的调解、5天之内就能够结清欠薪的人，因一时激愤杀害了几个并非其雇主的无辜者（包括妇女）。而在媒体的报道下，学者们将其描述为一个“身无分文”、“投诉无门”，在走投无路的境况下杀害恶老板的“弱势群体”代表。微妙的事实改变就这样成为一些学者立论的基础。参见《王斌余故意杀人案二审宣判》，载《人民法院报》，2005-19-20；《要新闻事实还是法律事实？王斌余案真相还原》，载《检察日报》，2005-09-21。

[55] 麦考利教授指出：通常，我们最多只能提供一些临时性的和量化的描述，最多作出一些猜测，这些猜想是每个人在做了我们的考察之后都能够发现的。然而，我们的研究是由规范的立场所支撑的，而不是依赖于那些奇闻轶事、都市传说、或我们自己想要相信的自说自话，因为有太多的法学教授专门研究了一两个事例，就断言这是一个必须引起关注的相当典型的或重要的现象。转引自前引注③论文。

[56] 研究和解决中国问题也需要对国外的经验和教训有客观、真实的了解，在比较法研究方面同样需要依赖经验性的资料及分析。

第二，应以一种现实主义的态度检讨中国法治发展之路，破除所谓法律信仰的虚假命题，客观地认识法律的作用及其局限性[57]，保证法与社会的协调，平稳地实现社会转型。现实主义并非后现代主义，作为一种以事实为出发点的研究方法，它摒弃超验的法律意识形态、形式主义和唯原理主义（普适主义），能够融会贯通各种多元化的视角和方法，包括经济分析法学、法文化论、公共管理以及其他学派的方法和研究成果。现实主义的方法和立场可以将现代性的问题与后现代性的问题同时放在中国社会现实的基础上进行客观考量，将对具体制度的建构建立在实证和经验性的考察分析之上，兼顾可行性、现实性和成本效益分析，其具体结论则应该是开放的。在我国自上而下地推行现代法治的过程中，现实主义主张循序渐进的发展进路，避免因盲目推进法律制度而迅速摧毁原有的社会秩序、道德和价值观，造成传统的失落和社会失范，并在数代人中出现连续性的不可逆转的效应——社会的精神生活贫乏、信仰缺失、道德失范以及社会凝聚力和自治力丧失等等。“五四运动”以来，我们在推进科学与民主的同时，忽略了现代西方文明中多元化的因素，尤其是宗教信仰及传统文化的重要社会功能，在破旧立新的发展中对基层秩序、社会共同体以及道德等机制造成了一定程度的破坏；而近年来以“大跃进”的方式来推进法治，尽管起到了社会启蒙的作用，但也在一定程度上成为法律职业扩张权力与利益争夺的契机，对法律的权威与正当性造成了一定的损害。在这种背景下，当务之急并且可能是今后相当长时期内的最艰难的使命是，重建社会的道德与精神信仰，培养全社会的诚信、责任和主流文化。[58] 正如西方学者裴文睿（Randy Peerenboom）指出的：“法治并不总是最有效的解决方案。在有些情况下，依靠市场或政治渠道，而不是依靠正式的法律，可能是约束当事方或解决纠纷的更有效的方法。而且，只有在与文化价值、非正式惯例和制度及经济发展的一般水平相适应的情况下，法律才是最有效的……在没有其他制度、经济政策和文化习俗相应变革的情况下，单枪匹马地进行法律体制改革，会使改革的效力受到限制。”[59]

第三，采取自下而上的视角，不是仅热衷于通过宪政以及正式的法律制度和规则实现社会治理，而是更注重通过法的实施与纠纷解决的实践，了解社会的实际需求，寻找解决

---

[57] 有人可能认为这样会鼓励国人“不把法律当回事”的态度，实际上，法社会学的大量研究证明，法律的实施程度及效果与意识形态基本无关，而是与法律主体的利益、守法的道德意识及执法成本成正比（参见朱景文：《比较法社会学的框架和方法——法制化、本土化和全球化》，536页以下，第二节“人们遵守法律的原因”，北京，中国人民大学出版社，2001）。为了使法律能有效实施，首先考虑的是法律的正当性与合理性、利益与价值取向，及其与社会道德的同向性（也包括与传统和习惯的同向性）；其次是能否承担必需的成本（同向性越高则成本越低，反之亦然），确立法律权威需要守法的道德信念和执法成本，而民众对法律认知及情感的提高并不会因法律信仰和法律意识形态的宣传而促成。在这个意义上，“不把法律当回事”是中国的一种事实，需要的不是否定这一事实的存在，而是如何面对这种现象并逐步确立法律的权威。

[58] 当然这绝不意味着否定政治体制改革的意义。从本质上讲，法治的建立与实施是与民主政治不可分的。然而即使是宪政，如果制定得尽善尽美但无法实施，最终不过是理想而已。事实上，目前我们尽管已有相关的认识甚至呼吁，但实际上对于精神与道德的重建几乎束手无策。

[59] ［美］裴文睿（Randy Peerenboom）：《中国的法治与经济发展》，载《洪范评论》，第1卷第1辑，北京，中国政法大学出版社，2004。

问题的合理途径。尤其应重视社会基础、文化传统、人民的生活习惯和社会成本。就中国目前的实际而言，在法典编纂和法律制定中，已不大可能再通过大规模的社会调查、收集民间习惯等方式缩小法与社会之间的差距，因为社会转型与变动的速度是惊人的，传统习惯已经迅速嬗变，而新的习俗和行为规范无时不在形成和变化中，期待以类似法国或德国民法典的模式建立无所不包的民事秩序以解决所有民事纠纷，其本身是不切合实际的幻想。因此，毋宁将民法典设定为一种基本框架、原则和规则，减少对它的理想主义期待，同时尊重社会机制自身的调节规律，借助多元化的纠纷解决机制和社会规范（social norm），提倡当事人和社会成员以协商、和平（非对抗）、经济、灵活的方式，在法律的框架下（in the shadow of law）争取双赢或多赢的解决。[60]

第四，科学合理地进行法律移植、制度建构和路径选择。仅仅发现法与社会的差距是不够的，还应由此探索合理的发展战略，建立符合实际的政策和目标。现实主义的态度认同社会稳定与和谐的价值，认为在制度建构过程中，必须考虑到成本、效益和现实可能性。一方面，应注重正式制度与非正式机制、国家规制与社会自治的协调，尽可能地通过既有制度的转型发挥现代功能，减少大规模的解构与频繁变动带来的动荡与风险；另一方面，在一些基本法律制度和程序方面应继续坚持现代化目标，促进社会逐步向这一目标迈进。在法律移植的过程中，国家（立法者）对于文化的态度往往会决定不同的继受模式和结果，在这方面中国应该向东亚其他国家和地区学习，增加文化认同意识，确立多元化模式和路径，建立更多的替代性机制。

第五，以经验性研究方法整合法学与其他社会科学，借鉴各种社会科学方法提高法学的科学性。在经验性实证研究的价值得到社会和法律界的认同之时，最重要的是清醒地认识到这种方法自身的局限。“今天，新法律现实主义可能会面临着基于社会科学立场的批评，甚至包括一些基于资料数据的研究者对其发动的挑战。然而，只要双方都忠实地遵守科学游戏规则，就都会作出有益的贡献。”[61] 最易给现实主义研究方法造成致命伤害的是伪实证主义的方法，即以实证研究为标榜的非科学方法，目前这种情况已屡见不鲜，主要包括：先入为主地提出论断或主观臆测，以零星获得的所谓实证资料或媒体上的案例进行填充；对科学方法和技术的无知导致的对资料数据的误读或误用；个别或少数第一手资料的过度使用；缺乏对资料数据局限性的认识；个案及田野调查的局限；证据不足的结论，事

---

[60] 一个由中美学者联合进行的对北京市民在纠纷解决方式选择方面的调研，采用了与美国芝加哥大学同样的问卷方式，调研结果表明：“当在中国观察纠纷行为的时候，很多西方的观察者都倾向于寻找（希望有）大众对正式法律动员的信心和支持。”笔者对这种强大的美国意识形态的动机、功用和经验基础有所怀疑。笔者觉得没有必然的理由认为正式的法律比其他已有的选择要好。（参见［美］麦宜生：《市民生活中的法律》，王平译，载郭星华、陆益龙等：《法律与社会——社会学和法学的视角》，101～102 页，北京，中国人民大学出版社，2004。）同时，研究也显示出，中国民众对于实质（结果）正义与程序正义的区别比较淡漠，一般而言更关注结果的公正而不是过程或程序。

[61] Elizabeth Warren，“The Market for Data：the Changing Role of Social Sciences”，2002 *Wis. L. Rev.* 1. 转引自前注③论文。

实资料的虚假处理、剪裁或说明缺乏等等。有时由于训练不足或受主观先见的支配，调研者即使亲自深入基层和实践，也未必能够获得第一手资料并得出令人信服的研究结论。同样，缺乏对以往研究资料的全面把握和同类研究之间的交流互动，也会导致实证研究停留在肤浅的观察之上，难以作出更有价值的分析。[62] 正因为存在这些问题，麦考利教授告诫我们：即使有些社会科学研究看起来能支持我们偏好的观点，但只要我们关心的是事情的发展而不是为了寻求支持自己观点的权威修辞，就必须以怀疑和谨慎的目光去加以审视。[63] 同样，对于其他社会科学的研究成果及方法，不仅需要相互借鉴，也需要通过经验性方法和客观的态度进行交叉验证。[64] 实证研究的最终目标就是尽可能发现事实或提供最充分的证据，以将结论或制度建构建立在扎实的前提或基础之上，当不同调研获得的事实及分析能够相互印证时，应该说这种实证研究就已经取得了初步的成就，接近了相对客观的事实或真相。[65]

总之，新法律现实主义是对传统法学方法的反思但并非后现代主义，这种立场并不否定法治的价值和功能，但并不认为法治是唯一和万能的；同样，它并不主张以非正式制度和非法律方法替代法制，而是寻求多元化的路径。现实主义强调以经验实证性方法发现事实，并在此基础上科学地设计制度、分析其利弊和成本，选择现实可行的、成本与风险较低的道路；其研究强调立场的客观和中立，但不排除支持一些相对保守的观点和做法。对于中国目前的社会发展和法律移植而言，法律现实主义的口号应该是法制与社会的可持续发展。[66] 对于中国法学而言，法律现实主义代表着一种从实际出发和实事求是的精神以及一

---

[62] 麦考利教授已故的妻子 Jackie Macaulay 是一位卓越的律师和编辑，同时经历过良好的社会科学研究方法训练。她在一篇论文中将法学界实证研究存在的问题列举为：(1) 急功近利的短视观点；(2) 样本偏差及对第二手报告缺少足以识别的标识；(3) 对样本提供者的定位、识别的偏差；(4) 对进行研究所处的环境定义不完整；(5) 没有数据的细节（例如，在没有任何证据的情况下，研究穷人的特点并假定其他人必然与之不同）；(6) 无效的因果推论；(7) 外在世界的偏差（影响到所收集的社会统计资料）；(8) 具有“意义”的相同性与差异性（不详）；(9) 理论、概念和方法不充分的问题，包括：(a) 虚假的二分法；(b) 可疑的对称；(c) 结果未定的循环；(d) 缺少替代物；(e) 带有贬义的标签和证据不足的臆测；(f) 理论与操作中的变数不一致；(g) 过于简单的模式和无批判的变动；(10) 由于学术规范和学术成功道路造成的问题。See Jackie Macaulay, “Some Barriers to Drawing Conclusions from Social Science Research” (1979), at www. law. wisc. edu/facstaff/macaulay/papers/barriers. pdf.

[63] 参见前注③论文。

[64] 例如，近年来某些社会学研究失去了其应有的实证特性，简单地将西方实证研究的二手资料或某一些学者的观点作为论证的基础，借助媒体的炒作，将某些性学、同性恋、女权问题等研究引上了歧途，同时产生了非常消极的社会效果。而不少社会科学研究对法的理解往往也是从原理出发的。

[65] 例如，近些年不同学科的学者对我国农村社会发展与纠纷解决、法律服务方面的实证研究，在一定程度上可以相互印证，也由此对一些根据推理和间接材料作出的分析结论提出了反证。例如，王亚新：《农村法律服务问题实证研究》[载《法制与社会发展》，2006 (3)]，对于基层法庭和司法所（法律服务所）的实证研究是一个比较成功的实证研究范例。其资料与分析结论与其学者（也包括笔者）的实证研究和观察能够形成相互印证。

[66] 笔者对于这一理念的阐发参见范愉：《非诉讼纠纷解决机制（ADR）与法治的可持续发展》，载《法制现代化》，第 9 卷，南京，南京师范大学出版社，2004；范愉：《以多元化纠纷解决机制保证社会的可持续发展》，载《法律适用》，2005 (2)。

种经验性的实证研究方法，其本质上是一种态度和起点，而不是一种结论和意识形态。

3.4 惩罚的合理性——福柯对人道主义的批判分析*

胡水君**

社会契约论是关于国家合法性的理论，也是关于惩罚合理性（punitive rationality）的理论。前者说明人们何以应该接受国家的统治，后者说明人们何以应该容忍法律惩罚。就法律惩罚的合理性来说，社会契约论者的观点又各不相同。按照霍布斯（Thomas Hobbes）的社会契约论，建立国家是为了保护以“生命保全”为核心内容的“自然权利”，通过社会契约建立国家后，个人仍然完全拥有生命保全的自然权利，如果国家剥夺个人的生命、要求个人承认罪行并追究罪责，个人没有义务服从，或者说有不服从的自由。① 按照洛克（John Locke）的社会契约论，在自然状态中，每个人对违反“理性”或“自然法”的人都拥有惩罚权，有权把杀人犯“当作狮子或老虎加以毁灭”，通过社会契约建立国家后，这种惩罚权统一转交国家行使，无论是在自然状态中还是在国家建立后，违反理性或自然法的人都要遭受惩罚。② 按照卢梭（J. J. Rousseau）的社会契约论，虽然生存是“人性的首要法则”，但通过社会契约建立国家后，人的生命因为需要国家的保护而只成为“国家的一种有条件的赠礼”，个人有义务效死国家，个人犯罪乃至杀人是对社会契约或“公意”的违反，他因此由“公民”一跃而成为“公共敌人”，应该遭受惩罚。③

从霍布斯到洛克，再到卢梭，可以明显看到社会契约论对惩罚合理性论证的逐渐加强。在霍布斯那里，生命保全看上去是绝对的，因此，他的社会契约论为个人逃脱惩罚始终留有缺口。虽然同样以自然权利为出发点，但洛克和卢梭的社会契约论分别以“理性”和“公意”堵塞了霍布斯的缺口。从理论上看，霍布斯和卢梭各自代表着个人主义和集体主义两个极端，一个以“生命保全”为由坚持完全存留缺口，另一个以“公意”为由坚持彻底地堵塞缺口，而洛克的“理性”路径则代表着一条中间路线。洛克既基于违反理性或自然法的不良后果而强调惩罚的必要性，也基于理性而强调惩罚的合理方式：惩罚要根据“明确不变的法规”以及“冷静的理性和良心”，而不能任由“感情冲动或放纵不羁的意志”④。

---

* 原载《环球法律评论》，2006（2）。

** 中国社会科学院法学研究所研究员，法学博士。

① 参见［英］霍布斯：《利维坦》，黎思复、黎廷弼译，97、169、241页，北京，商务印书馆，1985。

② 参见［英］洛克：《政府论》（下篇），叶启芳、瞿菊农译，7～10、53～54、78～80页，北京，商务印书馆，1964。

③ 参见［法］卢梭：《社会契约论》，何兆武译，9、39～48页，北京，商务印书馆，1980。

④ ［英］洛克：《政府论》（下篇），叶启芳、瞿菊农译，7、53页，北京，商务印书馆，1964。

后世的法律惩罚实践基本上是沿着洛克的路线，通过“理性”和“人道”而逐渐缝合霍布斯的缺口的。沿着这样的路径，人权保障得以切入刑事司法程序，无罪推定、正当程序、罪刑相当、沉默权、不受酷刑、废除死刑等都成为现代刑事法律改革的重要内容，同时，各式法律惩罚机制在现代社会也因此得以更加巩固和发达。就此而言，“理性”、“人道”在一定程度上其实可以被视为法律惩罚得以存续并被普遍接受的重要条件，这正是“惩罚合理性”的关键所在，也是法国思想家福柯（Michel Foucault，1926—1984）所关注的一个重要法律问题。

本文主要围绕“惩罚合理性”考察福柯对人道主义的批判分析。“惩罚合理性”所涉及的主要问题是：惩罚在社会中何以能够存在，被人容忍乃至接受并得以长期有效运行？或者，惩罚是怎样被合理化的？由于启蒙时代以来的刑事法律改革以“人道”为主要导向，“惩罚合理性”通常与人道主义紧密联系在一起。福柯毫不讳言地反对一切形式的人道主义，这在他的很多著作中都可以看到。例如，早在《疯癫与文明》中，福柯就坚持认为，文艺复兴以来西方社会对疯癫的各种对待，其“政治意识远远多于慈善意识”[①]；在《词与物》中，福柯更是耸人视听地宣告“人之死”；被福柯称为自己第一本书的《规训与惩罚》是一部有关“惩罚合理性”的书，“它不是研究刑法理论本身，也不是研究某种刑事制度的进化，而是分析某种‘惩罚合理性’的形成……关注权力的运作方式”[②]，同时，它也是一部批判人道主义的经典之作。在“惩罚合理性”上，福柯把社会契约论视为一种为惩罚权提供新基础的理论，但他同时认为，社会契约论在人们何以接受惩罚权、何以容忍被惩罚上有关缔约和权力转让的虚构是不充分的。[③] 福柯更加注重分析其中的权力运作，由此每每得出一些与人道主义相悖，并且发人深省的见解。本文具体从人道主义刑事法律改革的起点、过程和结果三个方面考察福柯对人道主义的批判分析。

一、人道主义中的“人”观念

“人道主义”的英文是“humanism”，它有时也被翻译为“人文主义”或“人本主义”。人文主义发源于14世纪晚期在意大利兴起的一股研究古希腊和古罗马的语言、文学、哲学、科学和艺术的文化运动，研究者一般被称为人文学者，他们重新喊出“人是万物的尺度”、“我是人，凡是人的一切特性，我无不具备”之类的口号，强调人性、人自身的价值、个人尊严和思想自由，反对神权和神学。这一文化运动到16世纪末期走向衰微，但作为一种“以人为中心”的思潮却继续存在和发展，直至18、19世纪出现现代人道主义。有人把

① Michel Foucault，*Madness and Civilization：a History of Insanity in the Age of Reason*，London and New York，Routledge，1967，p. 213.

② Michel Foucault，*The Foucault Reader*，ed. by Paul Rabinow，New York，Pantheon Books，1984，p. 337.

③ See Michel Foucault，*Discipline and Punish：the Birth of the Prison*，New York，Vintage Books，1977，p. 303.

"humanism"解释为：

> 这样一套极为广泛的哲学，其核心在于相信人类利益和尊严应该是最重要的。它的根源常常被追溯至古希腊，它的萌芽则随处可见：在文艺复兴运动中，它涉及从神灵到对"人"及其艺术、文学和历史作品的研究的转向；在进步的（progressive）启蒙运动中，它涉及合理性（rationality）；在现代主义运动中，它涉及对"上帝之死"的信仰……最一般的是，人道主义涉及对以神为思想核心的宗教的拒绝。遍布全球的人道主义组织确信："人类社会的性质在于，人类的意图和活动在人类事务中起决定性作用，它们只受制于情境的条件因素。"[①]

与人道主义相对，存在反人道主义。人道主义诉诸人性或人类共同本质概念，认为历史是人的思想和行动的产物；反人道主义则宣称人道主义是"意识形态"，认为人们并不创造历史，也不会在历史中发现"真理"或"目的"，历史是一个没有主体的过程。[②] 人道主义与反人道主义在20世纪中叶的欧洲曾有一次正面交锋。1946年，萨特（Jean-Paul Sartre）发表了题为"存在主义是一种人道主义"的演讲，以人的"主体性"为出发点，把传统哲学所认为的"本质先于存在"颠倒为"存在先于本质"，否认普遍人性和人的宿命，认为人是自由的，除人之外别无立法者，人必须自己作决定，人的命运由自己选择、自己造就、自己负责，唯有如此人才是有尊严的人。[③] 次年，海德格尔（Martin Heidegger）发表了《关于人道主义的书信》，直言一切人道主义都是形而上学，批评无论是"本质先于存在"还是"存在先于本质"都忽略了"存在"本身，由此并没有把人本身的尊严摆到充分的高度。海德格尔指出，"人之本质的高贵并不在于：人是存在者的实体而成为存在者的'主体'，以便作为存在的统治者让存在者之存在状态消融在那种被过于聒噪地赞扬了的'客体性'中。"海德格尔反对人道主义，反对把人建构为存在的"主体"或者至上的中心，但这并不表明他赞成非人道、维护非人性、贬低人的尊严，海德格尔的意图在于揭示"人道主义"这类名词的不利后果，揭示人的本质远远不仅是所谓的"单纯的人"、单纯的"理性存在"，从而把人们的注意力引向人本身。海德格尔说，"与'人道主义'的对立绝不包含对非人道的捍卫，而是开启了其他一些眼界"[④]。

海德格尔与萨特的争论的确为福柯对人道主义的批判分析打开了新的眼界。在有关人道主义的批评分析上，福柯更多地受到了尼采（Friedrich Nietzsche）、海德格尔等人的影响。福柯比较早地洞察到"启蒙"与"人道主义"之间细微的差别。尽管在18世纪的欧洲同时出现了启蒙运动和人道主义，一些人由此也经常把二者混为一谈，但在福柯看来，启

---

① Gordon Marshall (ed.), *A Dictionary of Sociology*, Oxford and New York, Oxford University Press, 1998, pp. 289-290.

② 参见［英］索珀：《人道主义与反人道主义》，廖申白、杨清荣译，7页，北京，华夏出版社，1999。

③ 转引自［美］考夫曼编著：《存在主义》，陈鼓应、孟祥森、刘崎译，301～325页，北京，商务印书馆，1987。

④ ［德］海德格尔：《路标》，孙周兴译，366～429页，北京，商务印书馆，2000。

蒙与人道主义并非一回事。福柯指出，启蒙是欧洲历史上特定的一个或一系列事件（event），它涉及一系列对“现代”有重要影响的具体而复杂的历史过程；而人道主义则是欧洲社会反复出现的一个或一系列主题（theme），它涉及各种各样的价值判断，时而反神学，时而反科学，时而与存在主义相连，时而又与国家社会主义相连。由于人道主义圆滑善变，不从一而终，福柯认为它难以作为反思的轴心，启蒙原则反倒可以成为它的一种“批判”或“出路”，有鉴于此，启蒙与人道主义在福柯看来表现为一种紧张关系，而不是同一关系。尽管福柯大体上属于反人道主义的学者之列，但与海德格尔一样，福柯并不认为凡是与人道主义相关的东西都应当摒弃。福柯对人道主义提出批判的一个首要方面在于对人道主义有关“人”的观念的批判分析。[①] 他说：

> 事实上，至少从17世纪以来，所谓的人道主义一直不得不依靠某些从宗教、科学或政治那里挪借而来的人的观念。人道主义的作用就在于粉饰和论证这些它最终不得不求助的人的观念。[②]

福柯首先通过“人之死”打碎了人道主义的“人”观念。1966年，继尼采宣告“上帝之死”后，福柯在《词与物》的篇末宣告“人之死”：“人是近期的一项发明。并且也许正在接近其终点……人将被抹去，如同大海边沙地上的一张脸。”[③] 他说：

> 人很久以来就已开始消失，并且不停地在消失，而我们关于人的现代思想、我们对人的关切、我们的人道主义，都在人并不存在的危险的隆隆响声中安睡。难道我们不应提醒我们自己，我们自身受到了一种只属于我们自己的有限性的束缚，这种有限性通过我们的认知而向我们打开世界的真理，难道我们不应提醒我们自己，我们正骑虎难下吗?[④]

福柯有关“人之死”的宣告，旨在批判起建构和奠基作用的“主体”，这一“主体”是现代哲学基于人的有限认知而构造出来乃至被意识形态化了的“人”。在《词与物》的开篇，福柯刻意引述了古代中国一种关于动物的古怪划分：属于皇帝的、飘香的、驯服的、数不胜数的、刚打破水罐的，等等。这种划分在现代人看来是杂乱离奇、逻辑不通的，福柯引述它是为了揭示现代思维的边界和限度，引导出“我思”之外的他思或非思。在福柯看来，人道主义中的“人”不是自然事实，而是一种知识建构，它有其特定的理性认知基础，这一基础不同于古代的那种离奇思维，也不同于其他非理性思维。因此，基于所谓人性或人类共同本质对“人”的建构，实际上只是在以有限替代无限，以知替代无知；人道主义中的“人”其实只是人的副本或替身（doubles），恰恰是它替代、排除乃至消解了活生

---

① See Michel Foucault, *The Foucault Reader*, ed. by Paul Rabinow, New York, Pantheon Books, 1984, pp. 43-45.

② Ibid., p. 44.

③ Michel Foucault, *The Order of Things*: *an Archaeology of the Human Sciences*, London and New York, Routledge, 1970, p. 422.

④ Ibid., p. 351.

生的、丰富多彩的"真正的人"及其存在。麦斯特尔（J. de Maistre）对"人"这种处境曾给以这样的讽刺："根本就没有什么世界的人。在我的一生中，我只看到过法国人、意大利人、俄国人等等。多亏了孟德斯鸠，我也知道了人还可以是一名波斯人。至于人，我要说，我有生以来还没有遇到过一位。"①

福柯不仅揭示了"主体"对"真正的人"的取代和消解，也分析了"主体"建构过程中所倚赖的知识和社会条件。1971 年，福柯与乔姆斯基（Noam Chomsky）就"人性"问题展开了一场公开辩论。乔姆斯基肯定"人性"的存在，认为人有先天禀赋，人的"先天语言"、"本能知识"和"先天智能"是人性在生物学上的基本构成要素，因为这些天赋要素，人才得以相互学习、理解和交流。福柯则坚持认为，重要的不是人性是什么以及人性是否存在，而是人性概念在社会中怎样起作用。福柯指出，人讲话都有一定规则在起作用，不仅包括语言规则，而且包括认识论规则，这些规则划定了知识的边界，由此，人性并不是一个科学概念，人性概念的作用只在于在认识论上标明某种话语类型与神学、生物学或历史学相关或相对。福柯以动、植物的分类为例指出，自中世纪以来，人们根据截然不同的规则，对动、植物作了各种各样的划分和重写，每一次重写都使得知识在其功能、结构和内在关系上发生全新变化，这说明有很多不同的方式可以使某些知识类型同时成为可能。显然在人性问题上，福柯更加看重人性概念据以产生的知识和社会条件，以及人性概念实际的社会功用。② 这一见解与海德格尔、尼采等人的看法是一致的。萨特认为人是自由的，自己决定、自己负责，而在海德格尔看来，语言是人的存在之所，人实际生活在语言的牢笼之中，依靠语言思考和交流，因此，完全自主的"主体"其实是不存在的。尼采也曾基于人的这种非独立处境指出，"人对自己的行为是毫无责任的，人对自己的本性是毫无责任的"。福柯深受尼采和海德格尔的影响，他不仅把"作者"视为话语作用的产物，也基于同样的理由宣告"人"的死亡，认为"道义是由个人的存在构成的，而个人是偶然的，是由道德传统塑成的，并不是真正自主的"，因此人对其生活中发生的事情并不负有责任。③

此外，福柯还着重分析了"主体"建构过程中的权力运作。这集中体现在他有关法律惩罚和规训权力（disciplinary power）的分析中。"主体"的英文是"subject"，它同时还指"臣民"。福柯把兼具"主体"和"臣民"双重意义的"subject"视为人道主义的核心，由此揭示人在被塑造成"主体"的同时也被塑造成"臣民"的双重处境：灵魂统治肉体，但受制于上帝；意识支配判断，但受制于真理必然性；个人享有权利，但受制于法律。在福柯看来，人道主义与此前的上帝观念对社会运转具有相同的作用，在理性、仁慈乃至神圣的名义下，它们都被利用来造就屈从和温顺的公民或臣民。福柯指出，人道主义的要义在

---

① 转引自［英］莱斯诺夫：《二十世纪的政治哲学家》，冯克利译，289 页，北京，商务印书馆，2001。

② Noam Chomsky and Michel Foucault, "Human Nature: Justice versus Power", in Arnold I. Davidson (ed.), *Foucault and His Interlocutors*, Chicago & London, the University of Chicago Press, 1997, pp. 107-145.

③ 参见［美］米勒：《福柯的生死爱欲》，高毅译，477～478、500 页，台北，台北时报出版公司，1995。

于，“即使你不行使权力，你也是统治者。而且，你越是拒绝行使权力，越是服从当权者，你的统治权就越是增长”，“人道主义就是西方文明中限制权力欲望的一切东西”①。这些看法贯穿在他有关作为权力技术的惩罚以及生命权力的非人道后果的批判分析之中。

二、作为权力技术的惩罚

人道主义是现代刑事法律改革的重要指导思想之一。贝卡里亚（Cesare Beccaria）在其名著《论犯罪与刑罚》中就试图促使刑罚向人性化方向发展，以体现人道（caring and humanity）和“人性”（human nature）的法律取代作为“少数人欲望的工具”的法律。而且刑罚从酷刑到依法惩罚再到监禁（imprisonment）的变革过程一般也被视为一个更趋人道的进步历程。例如，涂尔干（Emile Durkheim）把从压制性制裁到恢复性制裁、从惩罚到监禁视为惩罚的两条进化路线，认为它们是一个人道、进步的历史进程。涂尔干说，“文明正在逐步朝着理性化和逻辑化方向发展的趋势已经成了非常明显的事实……既然集体意识朝着更理性的方向发展，它的强制性色彩也就会越来越少，也不再阻碍个人的自由变化和自由发展了”，“当集体意识迅速缩减为个人信仰的时候，组织社会的道德在性质上就要比环节社会显得更加人道，更加合理”②。福柯不认同这些看法，他对人道主义刑事法律改革的“人道”目的始终坚持质疑和批判的态度，也不认为刑罚从酷刑到依法惩罚再到监禁的变革过程体现了人类道德的进步，所有这些变革在福柯看来只是“权力技术”的变化而已。针对涂尔干把残酷惩罚的衰落以及从惩罚到监禁的刑罚演化过程视为“道德过程”的看法，福柯批评道：

> 如果一个人局限于立法或刑事程序的进化，他就会冒险地认为，集体情感发生了变化，人道化增强了，或者认为人文科学的发展是一个大范围的、外在的、缓慢的和基本的事实。如果只研究一般的社会形式，就像涂尔干所做的那样，一个人就会冒险地把个人化的惩罚过程设定为更加仁慈的原则，而个人化的惩罚过程其实是新的权力策略的一个后果，这些新的策略也包括新的惩罚机制。③

在《规训与惩罚》一书中，福柯分析了18世纪晚期并存的三种惩罚权力形式，即君主时代作为公共景观的酷刑、启蒙思想家和法律改革家提出的注重法律程序和人性化的惩罚、监狱监禁和教养，并揭示了惩罚从酷刑到依法惩罚再到监禁变化过程中的权力技术和权力策略。

18世纪末以来，长期在刑事司法体制中占据重要而明确地位的公开酷刑在批评声中逐

---

① Michel Foucault，*Language*，*Counter-memory*，*Practice*：*Selected Essays and Interviews*，ed. by Donald F. Bouchard，Oxford，Cornell University，1977，pp. 221-222；［德］克拉达、登博夫斯基编：《福柯的迷宫》，4～9页，北京，商务印书馆，2005。

② ［法］涂尔干：《社会分工论》，渠东译，246～247、365页，北京，三联书店，2000。组织社会与环节社会是涂尔干划分的两种社会类型。

③ Michel Foucault，*Discipline and Punish*：*the Birth of the Prison*，New York，Vintage Books，1977，p. 23.

渐消失。例如，法国于1789年废除戴枷示众，于1791年废除公开认罪。这一变化在福柯看来并非出于“人道”情感和慈善意识，而是出于惩罚策略的改变。福柯认为，作为公共景观的酷刑蕴涵了一套对君主权力有利的惩罚技术，但由于这套技术同时存在缺陷，它最终被新的惩罚权力技术所取代。首先，酷刑是建立在痛苦的量化艺术之上的权力技术。酷刑能够制造可测量、可计算、可比较、可分层的痛苦，它实际上包含着一整套权力经济学。例如，以火刑执行死刑能够延长痛苦，以肢解活人执行死刑能够将痛苦最大化，以酷刑方式执行死刑则可以把一次简单的死亡变为“一千次死亡”。其次，酷刑是一种复现犯罪真相的法律仪式。司法拷问和公开处决的功能在于，让犯人供认犯罪真相，承认罪行，从而支持惩罚的运作并以最醒目的方式展现惩罚的效果。再次，酷刑也是一种炫耀君主权力的政治仪式。公开的酷刑和处决既是罪犯痛苦的延续，也是君主权力的壮观展现，是法律和君主权力的庆祝仪式，同时，它还能通过向罪犯发泄怒火的权力公开展示而唤起围观民众对法律和君主权力的畏惧。然而，公开处决也可能带来社会骚乱，导致法律和君主权威的危机。罪犯宁死不屈可能使罪犯变成“英雄”、罪犯虔诚地公开认罪忏悔可能使罪犯成为“圣徒”、绝望的罪犯可能肆无忌惮地诋毁君主和法律、判决不公和刽子手的骄纵也可能激起民众公愤，所有这些都可能导致“围绕着断头台的骚乱”。正是因为惩罚技术上的这种严重缺陷，作为公共景观的酷刑到18世纪末逐渐消失。在福柯看来，酷刑的消失与其说是出于人道目的，不如说是出于政治和策略考虑，他说，

> 对公开处决仪式的废除，不管对囚犯的人道情感起了何种作用，单就国家权力而言，它对这些包含多重意义的仪式的效果无论如何都有一种政治担心。①

而且，就君主权力来说，尽管它能通过公开处决展示自己的宏伟壮观，但它同时也具有个人化、无限制、不规则、不连续、不灵活、不精细等弊病。这些弊病使得君主权力显出其笨拙、低效的一面，它在惩处少数严重犯罪的同时，对其他大量的违法活动鞭长莫及。这些弊病为君主权力带来了巨大危险。要克服这些弊病，就需要确定一套新的惩罚策略和技巧，用一种连续、持久的机制取代花费大、无节制的机制。在福柯看来，18世纪所谓的人道主义刑罚变革就在于织就一张严密细致的“普遍惩罚”之网，建构惩罚权力的新机制和新技巧，以使惩罚艺术规范、精巧、普遍。首先是有效配置上层司法权力，以克服权力分布杂乱无章、集中于若干点、彼此冲突、互不连贯、功能紊乱、漏洞百出、不能覆盖整个社会实体等弊端。福柯由此认为，“改革运动的真正目标……与其说是要在更加公平原则的基础上建立一种新的惩罚权利，不如说是要建立一种新的惩罚权力‘机制’，使权力分布更合理”；“刑法改革应被解读为一种重新配置惩罚权力的策略，这一策略使惩罚权力更规则、更有效、更持久、在效果上更细微”②。其次是对下层非法活动的严密控制。福柯认为，法律之下存在着大量非法活动，法律并不能彻底消除所有的非法活动，而只是对这些活动

---

① Ibid., p. 65.

② Ibid., p. 80.

施以不同的管控，如此也可让法律和刑罚体制得以长期存在下去。随着资本主义社会经济关系发生变化，非法活动的体制被重构，封建时代不被认为是违法的行为（如拾柴），相应地也被明确规定为非法活动（如盗窃）而予以严格控制和切实惩罚。因此，在福柯看来，不是一种新的情感而是另一种对付非法活动的政策，促发了刑事法律改革。① 显然，福柯并不认为人道主义刑罚改革的动因是“人道”情感，他更注重从政治、经济、社会、阶级等方面挖掘变革的历史原因。他说：

> 毫无疑问，正在显现的与其说是对人犯人性的一种新的尊重——甚至对轻微罪犯也仍然经常使用酷刑——不如说是一种朝向更精细的司法、对社会实体更周密的刑事测绘的趋势。②

福柯认为，18世纪的法律改革家的梦想就是要把社会建设成为“惩罚之城”（the city of punishments）：通过法律详尽规定罪刑，织就严密的惩罚之网，以确定和精确的惩罚给人以教训，使大众的记忆能够复现传闻中的严峻法律话语。而实际上，这一“惩罚之城”很快被“监禁之城”（the carceral city）所取代。福柯注意到，在“惩罚之城”的构想中，被涂尔干等人视为人道进步表现的“监禁”并没有作为一般惩罚形式被提出来，相反，监禁这种观念最初受到了许多法学家和法律改革者的严厉批评，因为监禁被认为是专制主义的一个形象，是“常规司法”之外体现君主专横意志的镇压实践，监狱也被认为是一个幽晦之所，充满暴力和不公正。然而，刑罚改革之后短短二十多年间，到19世纪早期，监禁即已如同当代社会一样覆盖了从死刑到轻微刑罚之间所有的惩罚范围。监狱源于拘禁和教养实践，在福柯看来，监狱的出现标志着惩罚权力的制度化，它蕴涵了一套新的权力技术，具有新的独到功能。首先，监狱是全面而严厉的“规训机构”，监狱的各种矫正技术所试图恢复的与其说是“法律主体”，不如说是“驯服的臣民”。其次，监狱因为生产不法行为而得以存续。福柯并不认为监狱能够消除或者减少犯罪，相反，他认为监狱的存在是以违法活动为条件的，监狱“并不旨在于消灭犯罪，而是旨在区分、分配和利用犯罪；与其说它们使那些易于违法的人变得驯服，不如说它们倾向于把违法行为吸纳到一种一般的征服策略中”③。最后，监狱所使用的类似规训技术被扩及学校、医院、兵营、工厂等社会领域，形成所谓的“监禁群岛”，社会由此在福柯看来也成了“监禁社会”。福柯就此写道：

> ……所有这些都是为了制造出规训的个人（disciplinary individual）。这种处于中心并被统一起来的人性，是复杂的权力关系的效果和工具，是受制于多种“监禁”机制的肉体和力量，是本身就是这种策略的要素的话语的对象。在这种人性中，我们应该能够听到隐隐传来的战斗厮杀声。④
>
> 一场战斗接着一场战斗，直到法治最终取代战争，达致普遍的互利，在此过

① Ibid., pp. 78-89.

② Ibid., p. 78.

③ Ibid., p. 272.

④ Ibid., p. 308.

程中，人性并非越来越进步；人性将其暴力逐一安置在规则体系中，由此从一种统治过渡到另一种统治。①

总之，对于从酷刑到依法惩罚再到监禁这一惩罚变革过程，福柯并不视其为人道的胜利和道德的进步，而是视其为权力技术和“惩罚术”（art of punishing）的转变，在此转变过程中，“主体”被塑造出来，“人性”被制造出来，“规训的个人”也被生产出来。这一如有学者所指出的，贝卡里亚以来的人道主义刑事法律改革无非是“为了为新的社会制度，造就和培训一种符合新社会规范和社会法制的‘人’罢了。而这一时期的一切有关‘人’的论述，不管是科学论述、哲学论述还是政治论述，都以建构有利于巩固新的法制统治为中心目的”②。

三、生命权力的非人道后果

尼采曾经嘲笑历史起源的神圣性。他说，神圣的起源只是“形而上学的一种延伸，这种延伸源于这样一种信念：事物在其诞生之初最为宝贵、最为精华”；“我们想要通过显示人的神圣诞生来唤醒人的自主权（man's sovereignty）：这条道路现在行不通了，因为在入口处站着一只猴子”③。福柯同样认为，历史的开端是卑微的，“一门真正的科学甚至能够接受其初始阶段可耻的、肮脏的故事”④。对近代以来的惩罚变革过程，福柯无疑更加看重其实际的政治统治目的，而淡化乃至否定其高贵神圣的人道动因。不仅于此，除了揭示惩罚变革的所谓“人道”起源的不光彩一面外，福柯在对惩罚变革过程的历史分析中也力图揭示惩罚实践对“人道”的偏离以及由“人道”所致的非人道后果。福柯之所以把启蒙视为人道主义的一种“批判”和“出路”，正在于他认为自由、平等、博爱的启蒙理想在经历了近三百多年的发展之后并没有在西方社会完全得以实现，反倒出现了与之背道而驰的非人道后果。

福柯指出，使政治权力“合理化”或者使“理性”获得更大的政治权力，是启蒙的任务之一，但是，到19世纪，人们越来越担心理性在社会中的作用是不是强大得过了头，并且开始怀疑一个有理性化倾向的社会会对个人的自由、种族的存续造成威胁，因此，19世纪以来，西方思想一直没有放松对政治结构中理性的作用或者理性的匮乏的批判。⑤福柯说：

18世纪以来的哲学和批判思想的中心问题，过去、现在和将来都是这样一

---

① Michel Foucault，*The Foucault Reader*，ed. by Paul Rabinow，New York，Pantheon Books，1984，p. 85.

② 高宣扬：《当代法国哲学导论》，92页，上海，同济大学出版社，2004。

③ Michel Foucault，*The Foucault Reader*，ed. by Paul Rabinow，New York，Pantheon Books，1984，p. 79.

④ Michel Foucault，*Politics*，*Philosophy*，*Culture*：*Interviews and Other Writings of Michel Foucault*，*1977～1984*，ed. by Lawrence D. Kritzman，New York and London，Routledge，1988，p. 15.

⑤ Michel Foucault，*The Essential Foucault*：*Selections from the Essential Works of Foucault*，*1954～1984*，ed. by Paul Rabinow and Nikolas Rose，New York，New Press，2003，p. 128.

> 个问题：我们运用的这种理性（Reason）到底是什么？它的历史影响是什么？它的界限，它的危险又是什么？我们何以成为理性的人，幸运地致力于行使一种不幸地充满内在危险的合理性（rationality）？……如果说理性是应该被消除的敌人，这是极端危险的，那么，讲对这类合理性的任何批判质疑都冒着把我们带入非合理性（irrationality）的风险，也是同样危险的。不应忘记——我这么讲不是为了批判合理性，而是为了指出含混之所在——正是在社会达尔文主义的华美合理性基础上，种族主义才得以形成，成为纳粹最持久和最有力的因素之一。当然，这是一种非合理性，但是，别忘了，一种非合理性同时也是合理性的一种形式……①

福柯对理性以及合理性的这种批判是从权力分析着手的。按照福柯的分析，现代社会是一个君主权力淡出、“管理生命的权力”（power over life）突显的社会。“管理生命的权力”在现代社会中的运行有两个基本方向、形式和目标，因此，“管理生命的权力”被分为“规训权力”和“生命权力”（bio-power）。“规训权力”与“生命权力”不是对立的，而是相互联系的两极，它们分别以身体和生命为目标。福柯认为，17 世纪的欧洲产生了以个人的身体为中心的权力技术（规训权力），它通过训练、锻炼、监视、审查人的身体来增强并利用身体的力量。对身体的规训、身体能力的最优化、对身体力量的榨取、身体功用和驯服的同等提高、把身体整合到有效而经济的管控体制，所有这些都由规训权力保障实现。福柯把基于规训权力运行的政治称为“身体政治”（anatomo-politics 或 the politics of body）或“人体的解剖政治”（anatomo-politics of human body），它在 17 世纪末和 18 世纪被建立起来。到 18 世纪中叶，欧洲又产生了以总体的人口为中心的权力技术，即生命权力，它通过刺激出生率、减少发病率、延长人的寿命等来维系和改良人口资源并促进经济生产。人口的繁衍、出生率、死亡率、健康状况、寿命长短等都由生命权力予以调控。福柯把基于生命权力运行的政治称为“生命政治”（bio-politics）或“人口的生命政治”（bio-politics of population），它在 18 世纪下半叶被建立起来。② 身体规训（disciplines）和人口调控（regulations）分别从个体和国家两个层面上表现“管理生命的权力”的两种技术。尽管规训权力和生命权力都有改良和增进体能、养育和挽救生命的积极作用，但它们同时也带来了消极的非人道后果，而且在很大程度上，正是其积极功效为它们的存在及其消极作用的发挥提供了合理性。

规训权力是训练并驯服身体的权力。福柯认为，监狱集“规训”之大成，但规训并不仅仅出现在监狱，17 世纪以来，它广泛出现于修道院、学校、工厂、医院、兵营等社会领域，使得社会成为一个“规训社会”。规训权力的最大特点在于它具有双重效果：一方面增

---

① Michel Foucault, *The Foucault Reader*, ed. by Paul Rabinow, New York, Pantheon Books, 1984, p. 249.

② Cf. Michel Foucault, *The History of Sexuality*, *Volume 1*: *An Introduction*, New York, Vintage Books, 1980, pp. 139-140.

强人的体能、提高身体技能；另一方面加强对人的控制和使用，使人成为更加驯服的人。福柯就此指出：

> 当一门有关人的身体的技艺诞生时，规训的历史时期也就到来了。这门技艺的目标并不只在提高人体技能，也不只在强化对人体的征服，而在于形成一种关系，通过这种机制本身使人体变得更有用时也更顺从，变得更顺从时也更有用。[①]
>
> 生命权力无疑是资本主义发展的一个必不可少的要素。不把对身体的控制纳入生产机器，不把对人口现象的调整纳入经济过程，资本主义就不可能得到发展。但这并非资本主义发展所要求的全部。它还要增强对身体的规训和对人口的调控，以使它们更加有用和驯服；通常，它还必须有能使力量、才智和生命最优化的权力手段，同时不致使它们更加难以统治（govern）。[②]

也就是说，效用和驯服是规训权力运作所致的两种相伴而生的后果，一如人在被塑造成为会说话、会理性思考、会劳动的“主体”的同时，也沦为驯服的“臣民”。在《性史》第一卷中，福柯以“权力与快乐之间持续的螺旋”、“快乐与权力并驾齐驱的螺旋”[③] 来表达这种双重效果，由此说明现代社会在给人以比以前的社会更大自由和快乐的同时，也给人以更加精细严密的权力控制。这正是福柯把“subject”视为人道主义核心的关键所在。而且，规训不仅导致了驯服后果，也带来了“道德盲视的社会生产”。一些学者对此分析指出，在纪律严格的纳粹体制下，当个人实施大屠杀时，他并不认为自己在杀人，而只认为自己在执行命令，这可谓规训机制淹没人的道德良知的一个例证。[④] 此外，福柯还把规训惩戒（disciplinary penalty）视为规训权力的重要手段之一，这是一种不同于法律惩罚的“次惩戒”（infra-penalty），它们在社会领域大肆瓜分法律不管的领域，规定并压制大型法律惩罚体制相对不重视而放任不管的大量行为。由于规训惩戒比法律惩罚更加精细、灵巧、经济，也能带来积极的矫正训练效果，它使得人们更能接受惩戒和处罚。一如福柯所说：“监禁体制及其远远超出法律监禁的最重要后果也许在于，它成功地使惩罚权力变得自然和正当，至少降低了人们容忍惩罚的门槛。它倾向于消除惩罚行使的高昂代价。”[⑤] 而且，规训惩戒由此也与法律惩罚在现代社会中缝合成为一张监禁之网，使得现代社会中的人们处处被置于监视、检查、惩戒之中。

生命权力是调控人口、以刺激人口出生率、改善人口的健康和寿命的权力。生命权力与君主时代君主的“死亡权利”（right of death）相比，君主权力是一种“让人死”的权力，

---

① Michel Foucault, *Discipline and Punish*: *The Birth of the Prison*, New York, Vintage Books, 1977, pp. 137-138.

② Michel Foucault, *The History of Sexuality*, Volume 1: An Introduction, New York, Vintage Books, 1980, pp. 140-141.

③ Ibid., pp. 45-49.

④ 参见［英］鲍曼：《现代性与大屠杀》，杨渝东、史建华译，32～37页，南京，译林出版社，2002。

⑤ Michel Foucault, *Discipline and Punish*: *the Birth of the Prison*, New York, Vintage Books, 1977, pp. 301-302.

生命权力则是一种“让人活”的权力。君主权力通过“让人死”显示其权威，生命权力则通过“让人活”显示其合理性。不能“让人死”表明君主权力的终结，不能“让人活”则表明生命权力的终结。疾病和死亡是生命权力的天敌，因此，其为了在社会中得以存续并有效运行，为了获得合理性，生命权力必须努力“让人活”、让人健康长寿。在福柯看来，近代以来刑事法律改革的根本动因正在于生命权力的这种运行逻辑，而不在于“人道”意识。然而在现代社会，生命权力的命运却是双重的，它一方面努力“让人活”，另一方面却导致人的大规模死亡或者为人类的生存带来大规模死亡的威胁。按照福柯的分析，君主权力通过法律刑杀来行使自己的权威，尽管如此，它看上去并不足以对人类的整体生存带来威胁，就此而言，“让人死”的君主权力实际上伴随着人类的存活。而生命权力则以千方百计地“让人活”来维护自己的合理性，例如，减少或禁止身体酷刑、废除死刑等，尽管如此，它实际上伴随着“巨大的死亡权力”（formidable power of death）。世界大战、种族灭绝和原子弹可以被视为19世纪以来“巨大的死亡权力”的三个典型——战争的血腥程度和死亡数量前所未有；出于改良人种的目的而实施种族灭绝；原子弹和核武器也正把人类置于普遍死亡的危险境地。现代社会由此也出现了战争罪、种族灭绝罪和反人类罪。福柯指出，

> 死在断头台上的人越来越少了，而死于战争的人却越来越多了。一旦权力以管理生命为己任，导致死刑越来越难以执行的原因就不是人道主义情感（humanitarian feelings）的觉醒，而是权力的存在理由及其运行逻辑。①
>
> 历史上存在一个悖论：现代国家开始担心个人——各个人的生命；而同时国家开始实施其最大规模的屠杀，开始担心每个人的身体和精神健康。法国关于公共健康的第一本伟大的书写于1784年，而5年后法国大革命爆发，10年后拿破仑战争爆发。生死之间的游戏是现代国家的主要悖论。②

显然，福柯通过对作为生命权力背面（counterpart）的死亡权力的分析，从目的论上否定了西方近代以来的人道主义。在有关人道主义的批判中，法西斯主义有时也被一些人视为一种“人道主义”，因为纳粹实施惨绝人寰的种族大屠杀在很多程度上是从人种改良出发的，其间的逻辑同时包含了人种改良和种族灭绝：为了优化人种，就要消灭“劣等”人种和“劣等”族类。因此，德里达（Jacques Derrida）把人道主义视为一种“本质主义”③，福柯的师友阿尔杜塞（Louis Althusser）也倡导马克思的“理论上的反人道主义”，认为对

---

① Michel Foucault, *The History of Sexuality*, Volume 1: An Introduction, New York, Vintage Books, 1980, pp. 137-138.

② Michel Foucault, *Foucault Live* (*Interviews, 1961～1984*), ed. by Sylvere Lotringer, New York, Semiotext (e), 1996, p. 299.

③ ［法］多斯：《从结构到解构：法国20世纪思想主潮》（下卷），季广茅译，471、472页，北京，中央编译出版社，2004。

“人”的信仰是认识论上的灾难，是“本质的理想主义”，是“资产阶级意识形态的虚构神化”[①]。所有这些看法与福柯对人道主义的批判分析看上去都是一致的。

福柯围绕“惩罚合理性”展开的对近代以来西方社会人道主义法律改革的批判分析，主要涉及政治权力和法律权力切入社会的理性途径和方式，或者说理性在政治和法律领域的运用实效和程度。专横残暴的政治权力和法律权力一般容易遭受唾弃和抗争，而福柯有关“惩罚合理性”的分析，则在此之外打开了另外一片视野：怎样看待“理性”和“人道”名义下的政治权力和法律权力的运转？“人道”中的“人”究竟是什么样的“人”？怎样对人好？以怎样的“道”对人才是真正的好？在一篇专门论“道”的文章中，韩愈曾力排佛老，主张对佛、道教徒要“人其人，火其书，庐其居，明先王之道以道之”（《原道》），换言之，要烧毁佛、道经卷，拆除道观庙宇，让佛、道教徒还俗，重新做“人”，成家生子，过一种儒家的道德生活。不难看出，在此种“人其人”的人道主张背后，实际上存在着在现代人看来几近残酷的不宽容。[②] 由此看来，如同种族优化与大屠杀、“公理”与强权的联合一样，人道与残暴在一定条件下其实也是可以相容的。这正是福柯所谓的“政治合理性”、“惩罚合理性”的重要症结。黑格尔所谓的“理性的狡计”讲的也是这层“名”“实”关系：“普通的观念……始终留在后方，在背景里不受骚扰，也不受侵犯。它驱使热情去为它自己工作，热情在这种推动里发展了它的存在，因而热情受到了损失，遭到祸殃”[③]。历史上，政治和法律领域中的这种“名”“实”不一现象曾受到一些人的关注。例如，法国大革命时期罗兰夫人（Jeanne Marie Roland）如此感叹：“啊！自由，多少罪恶假汝之名而行！”哈耶克（Friedrich A. von Hayek）也以与众不同的方式写道：“在这个世界上，一些最有害的动力之源常常不是恶人，而是情操高尚的理想主义者。”[④] 在近代，中国传统社会由“德性”和“仁义”出发的“礼”“教”实践也被一些人认为只具有“吃人”的功能。在当代，有人洞察到18世纪以来人权的胜利与近三百年来工人苦难、世界大战、种族灭绝之间的剧烈反差。[⑤] 福柯有关“惩罚合理性”的分析也无非是要指明理性、人道与政治权力、法律权力之间的这种“名”“实”关系，他说，

> 人类的所有行为都通过合理性（rationality）而被安排和规划。在制度、行为和政治关系中都存在逻辑。甚至最残暴的行为中也存在合理性。暴力中最危险的就是它的合理性。当然，暴力本身是很可怕的。但是，暴力最深刻的根源以及暴力的持续来自我们所使用的合理性形式。如果我们生活在理性的（reason）世界，

---

① Gordon Marshall (ed.), *A Dictionary of Sociology*, Oxford and New York, Oxford University Press, 1998, p. 290.

② 参见（唐）韩愈：《韩昌黎全集》，171～175页，北京，中国书店，1991；（清）颜元：《习斋四存编》，156～157页，上海，上海古籍出版社，2000。

③ ［德］黑格尔：《历史哲学》，王造时译，34页，上海，上海书店出版社，1999。

④ Friedrich A. Hayek, *Law, Legislation and Liberty*, Vol. 1: Rules and Order, London, Routledge & Kegan Paul, 1973, p. 70.

⑤ 参见［美］杜兹纳：《人权的终结》，郭春发译，2页，南京，江苏人民出版社，2002。

我们就能消除暴力，这种想法是极端错误的。暴力与合理性并非两相对立。我的问题不是要审判理性，而是要搞清楚这种合理性与暴力竟然如此地相容。①

福柯有关政治权力和法律权力与合理性之间关系的分析在某些方面看上去与老子的看法有点类似。不同的是，老子明确提出了解决办法，而福柯则只作分析而不提供解答。老子说："天下皆知美之为美，斯恶已；皆知善之为善，斯不善已。故有无相生，难易相成，长短相形，高下相倾，音声相和，前后相随。是以圣人处无为之事，行不言之教"，"绝仁弃义，民复孝慈；绝圣弃智，民利百倍；绝巧弃利，盗贼无有。"（《老子》）对不断向前发展的现代社会来说，解决"惩罚合理性"所提出的问题也许难以回复到老子所谓的小国寡民、绝圣弃智、返朴归真的道路，它需要更多的理论反思和实践反思。

这里的理论反思主要是对理性的反思。一如前述，福柯批判人道主义并不表明他反对理性、主张非人道。实际上，20 世纪 70 年代，福柯曾与萨特一起走上街头，抗议工厂工人的苦难、倡导监狱状况的改善、要求政府善待难民，有人因此认为福柯实际奉行的是"实用人道主义"②。福柯也明确表示自己并非反对理性，而是反对理性在现代社会中"唯我独尊"的话语霸权，反对理性以自己为中心压制、消除其他话语，把其他非理性话语边缘化。如果说启蒙意味着"照耀"、"照明"（enlighten），那么，理性的话语霸权、理性的滥用则导致启蒙的阴影，这种阴影需要通过对理性的反思予以消除或减弱。其中的一个重要方面在于在对"人"的认识上应采取更加开放和多元的态度，反思人道主义中的"人"观念，反思作为"人其人"出发点的那个被主观建构起来的乃至被意识形态化的"人"，而更加尊重和维护作为"人其人"对象的那个现实的、活生生的人。现实的人是丰富多彩的，而理论认知和治理策略在对"人"的判断上一般有所侧重。例如，中国古人认为"德性"和"良知"是"天植灵根"，由此走了两千多年的"德性之道"；而近代西方思想家则认为人有"天赋权利"，主张"权利优先于善"，西方社会由此在近三百年来走上了一条"权利之道"。在现代化进程中协调这两条各具其"道"的路线，不在于通过把"人权"意识形态化来贬低和压抑"德性"话语，或者通过把"德性"意识形态化来贬低和压抑"人权"话语，而在于分别反思其中的两种对"人"的认知，寻求权利与道德的结合之道。

理论反思之外也需要实践反思。其中的一个重要方面在于对政治、法律、惩罚等制度及其运行的反思。制度可以使一些价值长期得以维护和贯彻，严格遵照成文制度办事也可以克服人的某些弱点，但成文制度在另一方面又受制于人，容易导致名实不一，这不仅表现在"为之斗斛以量之，则并与斗斛而窃之；为之权衡以称之，则并以权衡而窃之"（《庄子·胠箧》），更表现在成文制度在贯彻过程中对理性的偏离，或者通过利用"理性"和"人道"获得合理性来实施对人的权力统治乃至奴役。就此而言，对政治和法律等制度的反思，既需要

① Michel Foucault，*Foucault Live*（*Interviews*，*1961～1984*），ed. by Sylvere Lotringer，New York，Semiotext(e)，1996，p. 299.

② ［法］多斯：《从结构到解构：法国 20 世纪思想主潮》（下卷），季广茅译，445～446 页，北京，中央编译出版社，2004。

以一种更加开放和多元的理论认知来反思制度中的价值导向，也需要通过不断的实践适时改革、完善乃至纠正政治、法律、惩罚等实践中的一些制度，寻求制度与实践的结合之道。

3.5 历史法学派的方法论*

余履雪**

1802年，23岁的弗里德里希·卡尔·冯·萨维尼（Friedrich Carl von Savigny）初任马尔堡（Marburg）大学教授后讲授的第一门课程是法学方法（Juristische Methodologie）。①这标志着他开始将有关法律的知识（Kenntnis/ Knowledge）作为一门科学（Wissenschaft）来教授，从而与传统教学观念分道扬镳。②

萨维尼的法学方法论由三部组成：（1）纯粹方法（Absolute Methodik）：解释的对象、方法和目的。③（2）文本方法（Literarische Methodik）：如何甄选和阅读罗马法文献。④（3）学院方法（Academische Methodik）：课堂教学的方法和大学的使命。⑤纯粹方法是核心，后两种方法是其补充。历史法学派及与其对垒的分歧焦点即：通过何种途径建立起德意志民族的法学。纯粹方法直面上述问题，贯穿于萨维尼法学思想的始终。

一、对制定法的解释：寻找完美的法律文本

根据1809年的讲义⑥，纯粹方法包括三个方面：（1）语义学视角（Philologische Ansicht）：将法律文本作为单纯的文本看待；（2）体系化视角（Systematische Ansicht）：将所

---

* 原为余履雪博士学位论文，原名《历史法学派》。

** 中国人民大学法学院讲师，法学博士。

① 参见 Aldo Mazzacane，Jurisprudenz als Wissenschaft，载 *Vorlesungen über juristische Methodologie 1802～1842*，Vittorio Klostermann Frankfurt am Main，1993，S. 27。从1802年冬到1842年冬，萨维尼每年都会开设法学方法论的课程，他有关方法论的观点主要集中在他的课堂讲义中。萨维尼有关方法论的基本思想在其早期的方法论讲义中已经成形，后来进一步完善和体系化，有关的更为详细的介绍参见 Gerhard Wesenberg，Vorwort des Herausgebers，载 *Juristische Methodenlehre*，Nach der Ausarbeitung des Jacob Grimm，Herausgegebung von Gerhard Wesenberg，K. F. Koehler Verl. Stuttgart，1951，SS. 5～7。

② Aldo Mazzacane，Jurisprudenz als Wissenschaft，*Vorlesungen über juristische Methodologie 1802～1842*，Vittorio Klostermann Frankfurt am Main，1993，S. 27.

③ *Vorlesungen über juristische Methodologie 1802～1842*，Vittorio Klostermann Frankfurt am Main，1993，S. 139.

④ Ibid.，S. 153.

⑤ 参见前注③所引书，SS. 168～171。另参见 *Juristische Methodenlehre*，Nach der Ausarbeitung des Jakob Grimm，Herausgegebung von Gerhard Wesenberg，K. F. Koehler Verl. Stuttgart，1951，SS. 69～73。

⑥ 参见前注③所引书，S. 139。此外，这一体系建构自1802年之后，一直没有变化。另参见 *Juristische Methodenlehre*，Nach der Ausarbeitung des Jacob Grimm，Herausgegebung von Gerhard Wesenberg，K. F. Koehler Verl. Stuttgart，1951，SS. 13～31。

有法律文本的内容看作一个整体进行解释，认为所有制定法内涵的概念和原理先在地构成一个有机联系的整体；（3）历史学视角（Historische Ansicht）：将所有法律文本作为历史延续过程中的一个环节——法的内部历史（Innere Rechtsgeschichte）来看待。

任何解释都需要以一定的文本为前提，语义学的解释就是基于单个文本的解释（diplomatik Kritik）。这里的文本首先指的是“制定法”（Gesetz）。语义学解释并非一种仅基于字面含义上的“平面的”、“被动的”解释⑦，而是一个对制定法内容进行整合并使之系统化的过程。这种方法假设，每一个具体案件的解释结论都应当并且可以从制定法中逻辑地推出。解释的过程就是将制定法运用于个案的过程。解释的客观性源于制定法自身的“客观性”，即制定法应当具备这样一种品质：它“除自身之外再无其他外在的基础，并且能够为解释者提供这样的基础”⑧，这里的所谓“其他外在的基础”是指受到其他外在因素的干扰，例如政治因素、个人因素等等。

那么，制定法为解释者提供的这种基础是否直接存在于制定法的字面之上呢？萨维尼认为，解释的出发点或依据并不是由制定法条文直接（unmittelbar）给出的，而是以一种间接的（mittelbar）形式存在于制定法之中，需要解释者自己寻找。“文本”（Text）并不等于“文本给出的含义”（Gegebenen）。寻找文本含义是一种“更高层次的判断过程”（höhre Kritik），即揭示文本字面没有表述出来的含义，甚至是修正文本错误表述了的含义。萨维尼将这种文本称为“败落的法律文本”（verdorbener Text）。⑨ 解释就是对一个“败落文本”的重新修缮过程（Restitution eines verdorbenen Txtes），是对基础文本（Grundtext）的复原。

可以看到，在这里存在着两种文本：“败落的文本”和“完美的文本”，萨维尼将这两种文本都称为“制定法”（Gesetz），在谈到这种“制定法”应当具备的特征时，萨维尼指出：

> 制定法应当是客观的，除了自身之外，它不应当有任何别的目的，它应当内涵着所有解释的前提或者为所有的解释奠定一个普遍的知识基础。由此，解释的结果也就成为客观的和必然的。⑩

制定法提供的这种知识基础的本质是什么？萨维尼在1809年的讲义中指出：

> 立法的真谛在于其能够为解释提供足够的依据——法律的完美性并不在于单纯堆积个别情况或者对每一个案件事必躬亲，这些个别的情况往往数量繁多并且

---

⑦ 所谓平面化的、被动的解释即一种仅仅停留在法律条文的字面上的解释，其以单个条文本身为最高指向，是一种无反思式的解释。

⑧ *Juristische Methodenlehre*，Nach der Ausarbeitung des Jakob Grimm，Herausgegebung von Gerhard Wesenberg，K. S. Koehler Verl. Stuttgart，1951，S. 19.

⑨ 这种败落的文本并非是一种劣质的文本，它来自于完美的文本，但可能由于缺散或者字面表达的错误而成为一种不完美的文本。

⑩ 前注③所引书，S. 90。

> 相互冲突—— 这种形式的完美性在于对内容的准确充分的表达，而这就要依赖立法者渊博的才识。只有当立法者对各种法律关系及其之间的联系反复揣摩并真正融会贯通之后才能实现这种形式的完美性。这样一来，尽管个别案件的结论并没有直接由字面给出，但是得出结论的道路已经清晰地由法律指明了。[11]

上文中的“各种法律关系及其之间的联系”（die Rechtsverhöltnisse und ihren innern Zusammenhang）萨维尼称之为“法”即“Recht”，这是一个自洽的体系并内涵在制定法当中。无论是“完美的法律文本”还是“败落的文本”都是以这种“法”为其内容和最高指向的，解释的最终目的就是在文本中找寻“法”所指向的结论。

一方面，这一寻找过程包含四个环节：（1）逻辑环节（logisches Element）：演示文本的逻辑序列；（2）语法环节（grammatisches Element）：呈现语句的语法含义；（3）历史因素（historisches Element）：将解释结果放在制定法所处的具体历史时期进行考察；（4）体系化因素（systematisches Element）：解释结果必须与法律概念、原则构成一个和谐的体系。[12] 另一方面，这种解释是从一般到个别的过程，它假定偶然的个案逻辑上先在于法律整体之中。这就要求解释不是随意的或任意的，其必须兼顾逻辑、语法、历史和体系四个因素。

二、将民族精神转化为法律科学：经验历史与体系历史

《立法和法理学的当代使命》一书写道：

> 归结到一点，所有的法都是以这样的形式产生的，它最初以习惯法的形式存在于那个时期人们的日常生活中。起初它是通过人们的习俗惯例和信仰起作用，后来通过法学理论得以提炼出来。总之，它是一种内在的、默默起作用的力量的产物，而不是某个立法者个人意志的产物。[13]

“民族精神论”是萨维尼法学理论的哲学根据，并且成为被抨击的主要对象。以黑格尔为代表的理性主义者认为，这种“浪漫主义”是模糊的、暧昧不清的，是一种遁入神秘主义的唯心论，因为它始终无法阐明并证明所谓的“历史精神”的内涵和存在，并且消解了个体存在的价值，用一种神秘的、宿命的共性取代了散布在具体时空条件下的理性个体的能动性，将生命价值和在世努力归结为一种拟人化了的“历史精神”。在他们眼中，这种神秘主义是反动和保守势力的看门犬。然而暂不论孰是孰非，历史法学派终究绕不开的问题就是，如何将“民族精神”转化到“法律科学”中。

作为“民族精神”的“法”具有发生学的特质——它来自一个民族内部发展的需要，在历史发展的过程中形成。作为民族精神体现的“法”，萨维尼称为“一种持续稳定的发展

---

[11] 前注③所引书，S. 142。

[12] 参见前注③所引书，SS. 140～141。

[13] Savigny，Vom Beruf unserer Zeit für Gesetzgebung und Rechtswissenschaft，Heidelberg，1814，S. 14.

体系的法的内部历史”[14]：

> （由此）每一个民族的法的内在品质来自这个民族的习惯法，法并不来自制定法，制定法只是以清晰、固定的形式将法的内容保存和传达出来，但是同时制定法也可能会错误地传达法或者使法的内容受到损害。[15]

这样，由发生学意义上的“法”引出“历史”的概念并将时间序列中连续的“法”与平面化的、点状序列的“法律文本”——制定法——区别开来。“法”高于制定法，后者来自于“法”并成为其外部表现形式，而解释的任务就是借助制定法实现“法”在当下的具体要求。[16]

是否依赖制定法——法典编纂——就能够实现民族精神呢？这是提堡与萨维尼争论的焦点。[17] 提堡认为，通过法典编纂可以实现法学理论自身的系统化和司法实践的统一性。这就牵涉到法典在法学理论和司法实践中的地位这一问题。究竟应该以法典为最高指导，还是将其看作法律科学研究和批判的对象。如果承认法律科学的地位高于制定法，那么，如何建立一门系统的法律科学？[18]

历史法学派明确提出，应当从现实生活中层出不穷的个别案件出发，重新找回这种“内在的、默默的起作用的”民族的共同意识，而不是依赖一部制定法：

> 这些最初以人民的共同意识形式存在的法，如今就成为法学家群体的共同意识。因此，在当代，法学家群体就成为人民共同意识的代表并将其付诸实现。[19]

由此出发，萨维尼将作为“民族精神”的“法”转变成一种法律科学意义上的“自觉性”或“人为性”（künstlich）：“法”的实现依赖于法学家的司法活动，旨在在个案中实现民族当下的“共同意识”。

由此我们可以发现贯穿在纯粹方法中的一条线索，即解释（Exegese）与历史（Historie）的关联——解释必须成为历史的。历史方法的本质（historische Behandlung im eigentlichen Sinn）就是将立法看作某一历史时期的自我延续（Betrachtung der Gesetzgebung als

---

⑭ 萨维尼认为存在两种法的历史，一种是法的外部历史，这也是当时对法的认识的普遍观点，这种观点将法完全等同于制定法，将其归于一种国家活动的结果，法律历史由此也就成为国家活动的历史的一部分，从而法律史就成为对于政治体活动的记录和研究；另外一种是法的内部历史，即将法的发展看作一个持续稳定发展的过程，其发展的动力来自法律生活的需要——法的内部需要，从而所有发展过程中出现或产生的法律概念、原理、结论共同构成一个有机联系的自洽体系。参见 Aldo Mazzacane，Jurisprudenz als Wissenschaft；前注③所引书，S. 36。

⑮ 前注③所引书，S. 182。

⑯ 参见前注⑬所引书，S. 12。

⑰ 这一部分的相关背景性资料参见 Thibaut und Savigny，*Ihre Programmatischen Schriften*，Berlin：Lizenzausgabe des Verlages Franz Vahlen，1914。

⑱ 大陆法坚持的理性主义在应对这一问题上产生了两种模式：法国与德国。提堡可以归于前者，参见前注所引书，Hans Hattenhauer，Eintritung，SS. 9～20。

⑲ 前注⑬所引书，S. 12。

sich fortbildend in einer gegebenen Zeit)。[20] 法律科学借此与一个民族和国家的发展联系起来。历史方法致力于从制定法的"共时性"（Synchronie）向作为"民族精神"的"法"的"历时性"（Diachronie）过渡，重新赋予先在文本当下的生命力。因而，制定法文本在这里只是一个过渡或者中介，法律科学是一种更高层次的"判断"的科学，其目的在于在个别情况下找到制定法中没有直接表达的"法"，依赖一种客观化了的个体实践——法官的解释活动——来实现。[21]

法律推理必须结合个别案件进行，而现实生活的无限多样性决定了制定法不可能也不应当对所有的情况一网打尽，这里就反应出了制定法与现实生活之间的一种张力，亦即前面提到的制定法的"共时性"与现实生活的"历时性"之间的矛盾。法律总是出现在一个特定的时间点上，而个案却是在此后的时间序列中出现的。这一张力就为解释提出了更高的要求：其必须在形式上由制定法推导出来，同时在实质上必须解决或缓和制定法与"法"之间可能存在的时滞。要做到这一点，就必须运用一定的法律知识、方法并遵循一定的原则，使法律解释成为一种融科学性、客观性和个体能动性于一体的活动。这种活动不仅局限于认识、了解"法"的历史，还是一种将"法"的历史与当下要求结合起来的活动。[22]

解释应当自觉地把"法"的历史与法的当下要求统一起来并形成一个和谐的整体。那么这样的整体具有什么特点呢？要回答这个问题就必须引入纯粹方法中的第三个要素："体系化"。萨维尼借助罗马法论述了体系化的本质：

> （在罗马法中）所有的法都是相互联系的并且构成一个统一体，即各种民事关系之间相辅相成、融会贯通——因而所有的法都是基于一个共同的体系，这一体系经常没有被意识到或者积势未发——我们的法律科学应当发现这一体系并将其呈现出来，从而实现由多样性向统一性的转化，这正是解释的任务——体系化是解释的目的，解释是体系化的基础。[23]

解释具有双重任务：（1）发现这个法律体系，（2）使各种解释的结果处于一个和谐的整体之中。因而解释的结论就不应是单独的、分离的，它们之间以及它们与各种法律关系应共同构成一个内部有机联系的体系。

前述的这种法律科学体系化的观念在萨维尼之前已经被科学界普遍接受了。康德已经指出，一种科学体系就是"在一个理念的指导下的知识的统一体"（die Einheit der mannig-

---

⑳ 参见前注③所引书，S. 88。

㉑ "个体的实践"在这里作为桥梁包含两层含义：（1）解释的发生是随机的：解释的启动要借助于单个偶发案件来激发；（2）"法"是具体的："法"的当下要求正是体现在一个一个的案件当中，从这一层面上讲，解释的结果又是确定的。

㉒ 前注③所引书，S. 210。

㉓ 前注③所引书，SS. 148～149。

faltigen Erkenntnisse unter einer Idee)。[24] 由此，一门科学体系也就是一个知识的等级体系：以一个基本原则为指导，所有这个基本原则下属的知识按照其种属构成一个下位的知识系谱。自然法就是建立在康德科学哲学之上的一个权利义务等级体系。在康德的理论中，这种构成知识体系前提的抽象的基本原则也即一门学科的先验前提。[25]

萨维尼有关体系化的理论在这里走向了与康德不同的道路：他认为法律科学体系中并不存在一个绝对的先验前提，法律科学是一个内部自洽的，融法律概念、基本原理和原则在内的有机体。[26] 而对当时的自然法学说，萨维尼极端反感[27]，他指出：

> ……人们一度对《法学阶梯》的本质视而不见，却从中发展出了一套自然法，并将其作为理性的必然产物：对此我们至今没有听到任何反对的声音；但是我们如今也看到人们日复一日地将法律概念和观点仅仅看成一种纯粹理性的产物，而对其渊源却一无所知。只要我们不把自己置身于整个世界及其发展历史之中，那么我们就不能正确认识普遍性和发展的真正原因……[28]

他认为对法律科学而言，应将当下与过去联系起来，将当下看作历史的延续，

> ……追溯每一个法律文本的根源，发现其自身发展中内在的有机联系，从而判断哪些因素在我们的时代仍然起作用，那些因素已经消亡化作历史尘埃……[29]

由此，在萨维尼的理论中，法律科学体系是一个不断更新演变的系统，其中并不存在一成不变的先验原理，所有的概念、原理都将随着历史的发展而处于自发演变的运动过程当中，这一过程将始终保持各种概念、原理、原则之间的和谐性和体系化。也就是在这一意义上，萨维尼脱离了康德的知识哲学理论而采取了知识发生学的立场，由此解决了一个问题：如何将当下我们的知识状况（gegenwartige Erkenntnis）与过去的知识结合起来（vorgegangene Erkenntnis）从而走向一种理想化的知识（ideale Erkenntnis）。另一方面，这一结合过程的结果又将作为整个统一体的一个有机组成部分而为后来（未来）提供一个在先的知识谱系。借此，法律科学作为一门知识体系也就伴随人类历史的发展而成为一个不断自我完善的统一体。施罗德认为，萨维尼由此也就将知识（Erkenntnis）与知识的当下处

㉔ Kant, *Kritik der Reinen Vernunft*（2. Aufl. 1798）in der Akademie Ausgabe, Bd. 3, S. 538.

㉕ 18世纪的大百科全书学派也持有这样的观点，它借助抽象的基本原理为一种形而上的实证主义（Metapositivism）奠定了出发点，由此所有的权利借由这一出发点被逻辑地排列在一个价值序列中。参见 Aldo Mazzacane, Jurisprudenz als Wissenschaft，前注③所引书，SS. 33～34。这样建立起来的法律科学以一个不可动摇的抽象前提作为其全部理论体系的基点，这一基点是先验的、不可改变的，其下位的知识体系可以是一个有机联系的整体，然后这些知识与这一抽象前提之间构成一种绝对的等级序列。一旦这一抽象的基本原理被推翻，全部知识体系将不复存在。

㉖ 同前注⑬所引书，S. 34。

㉗ See Roscoe Pound, *Jurisprudence*（V. I），Chapter 2，§7，"The Law-of-Natural School"，West Publishing Co.，1959，pp. 47-50.

㉘ 前注⑬所引书，SS. 115，118。

㉙ 前注⑬所引书，S. 118。

遇（Erkenntnisgegenstand）统一起来从而与康德哲学相分离。[30] 法律科学的发展演变也就是在不同的历史阶段向一种完美的知识体系不断接近的过程。因而知识的“共时性”（Synchronie）也就与知识的“历时性”（Diachronie）结合起来并且相互转化、循环往复。法律科学的历史不再是一个凌乱的“仓库”，而是一个不断变化着的体系。这里的“历史”具有双重含义，一种是时间序列上的历史——经验历史（历时性历史），另一种是哲学意义上的历史——体系历史（共时性历史）。它内涵着这样一些基本原理、概念：这些原理和概念可以为当下提供一个精确的出发点，从而使得法律推理能够得出确定的结论。在法律科学的纯粹方法中，解释应当实现“历史性”与“体系化”的统一。

三、建立在罗马法基础上的德意志法律科学

如何建立德意志民族的法学？萨维尼明确指出：应当以罗马法为基础。一方面，追溯到罗马法（back to roots），发现蕴涵在法律科学中的有机原则系统（organic principles）；另一方面，将罗马法的完美的模型应用于当代德意志的法律实践，实现罗马法在当代的延续和发展。[31]

随之而来的两个问题就是：如果说法是民族精神的体现，那么为何要将整个法律科学建立在罗马法这种外来法之上，而不是建立在日耳曼民族的习惯法之上？[32] 如何厘清罗马法与日耳曼法特别是与日耳曼习惯法之间的关系？[33]

对于第一个问题，有如下三个理由：

理由一：罗马法秉具科学的品质。萨维尼将法的历史划分成三个阶段：最初是没有文字记载的不成文法阶段，在这一时期，“法”基本上是以“习惯法”的形式存在于人们的日常生活和共同意识之中，此即公元3世纪之前的法律历史，即罗马的古典时代和共和国时

---

[30] J. Schroeder, *Wissenschafttheorie und Lehre der "praktischen Jurisprusenz" auf deutschen Universitäten an der Wende zum 19. Jahrhundert*, Frankfurt a. M. 1979.

[31] 这也是萨维尼在《当代罗马法体系》中试图实现的，这部罗马法的历史肇始于古罗马帝国，绵延千年，从未中断，一直延续到当代德意志的民族精神中。

[32] 萨维尼在1809年的讲义中指出，“潘德克吞课程，即对查士丁尼法的详细讲授，应当作为法律学习的重点，法律科学的本质和方法也只有通过这一途径才能够习得……”（Die Vorlesung über Pandekten, d. h. der detaillirte Vortrag des Justinianischen Rechts, wird gewhnlich, und nicht mit Unrecht, als Mittelpunct des juristischen Studiums betrachtet. Es ist daher hier recht eigentlich der Ort, die Natur und Methode unsrer Wissenschaft in Erwgung zu ziehen...）参见前注③所引书，S. 138。此外，其1825～1826年的讲义中这样记录道：“……教育界在这一点上基本达成了一致意见，即以一种对罗马法的详细讲解作为整个法学体系中不容忽视的环节，其几乎可以成为整个法律学习的重点……”（...dass in Einem Punkt fast alle Lehrer übereinstimmen, darin nmlich, dass eine ausführliche Dogmatik des R. mischen Rechts unentbehrlich und gewissermassen der Mittelpunkt für das gesammte juristische Studium sei...）参见前注③所引书，S. 203。

[33] 这里涉及的一个更深层次的问题就是：如果历史法学派将法的本质定位在一种民族的共同意识之上，那么已经消亡了近两千年的罗马法是否可以代表日耳曼民族的共同意识，由此如何解决罗马法与当下日耳曼法的关系就转化为是否可能以及如何使得罗马法在当下日耳曼民族的共同意识中实现并继续。

代的法律历史；第二阶段是“法”开始从最初的习惯法向制定法以及法学著作转化的时代，与第一阶段相比，这个时代是“法”的没落时代[34]；第三个阶段是从没落时代一直延续至今的“法”的历史。对第一时期的“法”，他给予了极高的评价，认为“法”的共同意识的本质就是在那个时代形成的，

> 在人类有文字记载的历史开始之前，民法就已经具备了其特质，如同语言、习惯和政治那样，它与一个民族的特性紧密相连。然而这一特质在当时并没有独立出来，它与那个民族的生命力与活动交融一体，不可分割。只不过如今当我们在观察它时，才将这一特性提炼出来。将这连接在一起的是一种民族的共同意志，这种情感来自于一个民族内部的必然要求，它排除一切偶然性和专断因素的干扰。[35]

可见，在每一民族的早期发展中都蕴涵着这种客观的必然性——民族的共同意识，法律科学的基本原理也就以非成文的方式植根于民族的共同意识中。萨维尼指出，早期的人类发展虽然疏于抽象的思维和精确的表达，但当时的人们具备一种此后时代的人们不具备的能力——“对法律情形和法律关系的清晰认识”(ein klares Bewusstsein ihrer Zustnde und Verhltnisse)。[36] 这种能力在民法中集中体现出来，罗马法学也就是在那个时期呈现出极度繁盛的局面，并以其客观性、精确性和生动性为此后的法律科学提供了最佳范本。[37]

他指出，罗马法学家有关法律关系和法律基本原理的知识是一种源于历史发展的内部需要的、不断积累完善的真正的法学的骨架，其在法学家手中有如一把标尺般运用自如。罗马法学并不是一蹴而就的，它是伴随着人类历史的一段发展过程而产生并完善的，每一个罗马法学家总是在此前法学家留下的观点上继续前进，整个法律科学在当时为所有的法学家共同分享和发展。罗马法学家对于法学基本原理和法律关系特有的敏感性造就了法律科学的黄金时代，这正是我们这个堕化的时代所极度缺乏的。萨维尼指出，要找回这种法律科学的真正品质，就必须回溯至法律科学产生的源头，而其精髓就存在于古典时代的罗马法学之中。

理由二：罗马法秉具语言优势。法律科学要做到与一个民族的共同意识相融合，其所使用的语言就必须来源于那个民族的日常生活并逐渐锤炼出一种科学的品质——精确性和

---

[34] 萨维尼在“论立法和法理学的当代使命”一文的第四部分指出：“……到公元6世纪的时候，几乎所有的伟大精神都销声匿迹了，人们这才急急忙忙地试图在此前光辉时代的废墟中找寻支言片语，以图片刻慰藉。由此我们看到在很短的时间内涌现出了形形色色的罗马制定法：狄奥多西法典，西哥特法律辑要，以及所谓的帕比尼安和查士丁尼法典……” (...Und als im sechsten Jahrhundert alles geistige Leben erstorben war, suchte man Trümmer aus besseren Zeiten zusammen, um dem Bedürfniss des Augenblicks abzuhelfen. So entstanden in einem kurzen Zeitraum verschiedene R. mische Gesetzbücher: das Edict des Theoderich, das Westgothische Breviarium, der sogenannte Papian und die Rechtsbücher von Justinian...) 参见前注⑬所引书，S. 35。

[35] 前注⑬所引书，S. 8。

[36] 参见前注⑬所引书，S. 9。

[37] 参见前注⑬所引书，S. 29。

生动性。[38] 在这一点上，罗马法学家享有得天独厚的优势：

……他们（罗马法学家，笔者注）掌握着一种十分重要的并且十分可靠的工具——一种杰出的语言，其与法律科学契合得如此完美，以至于两者彼此交融为一个不可分割的整体。……当他们在面对一个案件时，就能够从案件的具体情况出发，由此，呈现在我们眼前的是，所有的法律关系在他们手中一步一步地展开并转化。似乎整个法律科学就是以此（本案，笔者注）为出发点而建立起来的。因而他们的理论与实践就合二为一。他们的理论直接来源于实践，而他们的实践又借由理论的提炼而精致化。他们在面对每一个基本原理时脑子里马上就能够出现一个案例，同时每一个案例又与特定的原理相连而被确定下来，这样，他们就在从个别到一般之间回旋得游刃有余，这正是罗马法学家的杰出之处……[39]

理由三：罗马法学家掌握了一套杰出的方法。罗马法学的语言优势带来了罗马法的第三个特点——罗马法学家运用的杰出的方法，这也是萨维尼将整个罗马法作为法律科学核心的一个主要原因，同时也是厘清其理论中罗马法与日耳曼法关系的关键。[40] 真正领会罗马法的本质，就要理解罗马法学家是如何运用那些法律的基本原理和概念以及如何确定法律关系，同时将罗马法学家的这种方法运用到德意志当前的法律实践中并不断发展。将罗马法的历史与当下德意志民族的历史接续起来，这种接续不是一种时间上的接续，而是一种基于历史同时又超越历史的“知识方法”的延续。罗马法与日耳曼法的历史接续是在当代完成的，是一种将过去的知识和方法在当代复活的过程，这一过程依赖于当代法学家的共同合作。

第二个问题：如何厘清罗马法与日耳曼法之间的关系？这是历史法学阵营中罗马法学派与日耳曼法学派的主要分歧所在。在德意志的法律历史中，日耳曼法是以散落于民间的习惯法的形式存在的，并伴随各邦的政治格局分割碎裂成繁冗的不成文的习惯，这种本土法律的现状既无法提供充足的法学资源，亦无力建立起一套系统化的科学体系。由此必须借助已经渗透进来的罗马法，这种脱离草根阶层的贵族文化在几个世纪前已经悄然无声地进入到德意志的法律实践。[41] 因而更多时候，历史法学派内部的罗马法学派和日耳曼法学派之间是一种合作的关系，前者为后者提供法律科学的体系和基本资源，而一旦其初具模型，

㊳ 这里的精确性并不是一种概念上抽象的准确性，萨维尼指出，罗马法学并不是一种抽象的分类的科学，这种科学以抽象的概念为基本单位，而概念一旦抽象出来就很容易与现实生活脱离成为僵硬的东西；相反，罗马法学是一种对法律关系和基本原理运用自如的科学体系和方法，这是由于法律的原理和概念源自现实生活本身而不是以一些抽象概念为中介。因此，这里的精确性是对法律关系、原理的准确定位——一种法律感觉。参见前注⑬所引书，S. 29～30。

㊴ 前注⑬所引书，SS. 30～31。萨维尼同时指出了当时的日耳曼法学并不具备自己的语言，参见前注⑬所引书，S. 52，他对当时《普鲁士普通法》的僵化的立法语言的抨击，参见前注⑬所引书，S. 91。

㊵ 萨维尼对罗马法方法的高度评价，参见前注⑬所引书，SS. 35～36。

㊶ See Ernst Freund, “Historical Jurisprudence in Germany”, *Political Science Quarterly*, Vol. 5, No. 3, pp. 468-470.

日耳曼法才有了真正的科学基础并发展出一种科学品质的能力。由此，历史法学派内部的“主义之争”的结果实际上取决于“哪一派能够提供一套方法合理性的实用工具或技术”。而方向一旦给定，就会为卓有成效的历史研究创造无穷大的空间。正是在罗马法学派和日耳曼法学派的共同努力下，建立在罗马法基础上的潘德克吞学说才得以建立起来，同时无数的日耳曼地方习惯法被重新整理并整合进德意志法学。

由此可以看到萨维尼的理论脉络：我们可以借助一种历史上曾经出现的完美的法学体系在当下建立起德意志的法律科学，它既是过去的延续又是对其进一步的发展。在“论立法和法理学的当代使命”一文第八部分“当没有制定法时我们应当作些什么”（“Was wir thun sollen wo keine Gesetzbücher sind”）中，萨维尼明确给出了解决当时德国问题的办法：“如何处理罗马法与日耳曼法之间的关系？应当将罗马法作为法律科学的模本，在罗马法渊源丢失的地方，从日耳曼法的国家意识中寻找和挖掘，最后在此基础上对这两种法进行改造。”[42] —— 判断哪些因素目前还发挥着作用，哪些因素已经失去了生命力而应被淘汰。[43]

综上，在历史与当下的两级中，萨维尼是侧重于当下的，他关注的是当下德意志法学的处境和出路，而对罗马法的研究则是提升德意志法律科学品质的必由之路。

四、将法律科学从制定法中拯救出来：大陆法传统中的经验主义

“追溯至罗马法”——这种方法的关键是要看到基本原理在历史发展中的演变过程并且与当下的情况联系起来。萨维尼指出，应当通过追源法重建法的历史，其上溯至中世纪并延续至今，从而与当下的法构成一个有机联系的整体。[44]

另外，这里的“历史”又是一种哲学意义上的“体系历史”，即一种不依赖于时间序列的抽象体系。“体系化”不仅要求某一时段中法律科学中的所有原理、概念和结论之间的和谐，而且要求所有出现在不同历史阶段的原理、概念和结论构成一个和谐的整体。这样就给出一种可能性，即我们可以借助法律科学整体中的某些基本概念、基本原理找到一种法律科学的方法，这种方法就是将“解释过程”与“体系化过程”结合起来。萨维尼认为这一结合过程不能太早，只有在“解释过程”和“体系化过程”充分进行后，结合才能达到预期的效果：

> 将解释与体系因素结合起来：由此法学方法得以成形。操之过急不行，这样只会竹篮打水。只有在对每一个细节做到彻底地追溯其内部根源之后才能实现。[45]

解释中含有历史的因素，或者解释本身就处于一定的经验历史之中。而体系化要求所

---

[42] 因而历史法学派内部包含两个分支，罗马法学派和日耳曼法学派，两派在基本观点上是一致的，即它们都认为德意志法学必须从历史精神中去挖掘资源并建立法律科学的体系；两派的不同之处在于对法学资源的选择上。

[43][44] 参见前注⑬所引书，SS. 118～119。

[45] 前注③所引书，S. 88。

有的概念、原理和结论之间共洽，由此形成一个有机体。在这一意义上，我们可以将其称为一种“建构理性”。科学的本质体现在于这种经验理性与建构理性的完美结合。这就回应了大陆法系内部的一个深层问题：如何解决个别与整体之间的关系，如何调和经验理性与建构理性？

如何使解释活动的结果具备一种相对的客观性，两大法系分别给出了不同的方法。一个普遍的观点就是，大陆法系逐渐形成了一种理性主义传统，借助制定法贯彻一种演绎推理的三段逻辑；而普通法系则采取了经验理性的进路，借助先例原则遵循归纳推理或类比推理的逻辑。

如果从推理过程来看，普通法系中存在两次推理。首先，法官必须结合本案找到类似的先例判决，在这一过程中，法官完成了从个别（本案）到一般（先例判决中的判决理由）的推理，即从类似的先例中“读出”（“找到”）适合本案的判决依据，这种寻找类似先例并提炼判决依据的过程是普通法方法的核心，它要求法官必须掌握一种“区别的技术”。法官必须指出本案为何适用于此先例而不适用于彼先例，必须在“形式上”或者“真正相互冲突”的先例中经过艰难跋涉和慎重权衡，指出本案与这些先例有哪些相似之处，哪些不同之处，其中哪些因素是起决定作用的判决依据，哪些又是次要的甚至是干扰性的因素。[46] 在确定了本案适用的先例之后，这种“区别的技术”还要求法官在类似先例判决中区别“判决依据”和“附带说明”[47]，法官必须指出为何这一判决依据适用于本案以及其在多大程度上适用。可见，普通法方法的精髓就在于这种“区别的技术”。一旦判决的大前提——先例判决中的判决依据——给出后，也就要开始第二次推理——演绎推理，即从大前提出发得出本案的判决结论。由于在普通法系中，第一次推理一经完成，第二次推理也就水到渠成了。因此普通法方法的重点在于第一次推理中对“区别技术”地运用。勒内·达维指出：“普通法为了建立其体系并由此进行法律推理，必须在个案中找到一种最符合理性的解决办法，发现这种解决方法的一个决定因素就要求法官始终怀有这样一种愿望：确保判决结论的连贯性，这就必须将逻辑作为一个必要的前提。”[48] 而“区别的技术”的目的在于实现判决的精确性与各种判决之间的和谐性，前者侧重于个案的公正，后者要求时刻兼顾一种体

---

[46] 目前学术界已经普遍承认，这一过程其实含有很多不确定性的因素，其可能是主观的，也可能是客观的，例如政策的、历史的、传统的、法官个人脾性以及司法中的下意识因素等等。参见［美］本杰明·卡多佐：《司法过程的性质》，苏力译，北京，商务印书馆，1998；［美］波斯纳：《法理学问题》，苏力译，北京：中国政法大学出版社，1994；Eugen Ehrlich，*Grundlegung der Soziologie des Rechts*，Berlin，Duncker & Humblot Verl.，1989；*Gesetz und lebendes Recht*，Berlin，Duncker & Humblot Verl.，1986。

[47] 勒内·达维指出，普通法系中判决书一般分成两部分，一部分是“判决依据”（*ratio decidendi*），这一部分具有先例的约束力，另一部分是法官本人的“附带说明”（*obiter dictum*），先例原则要求遵守先例中的“判决依据”，法官的“附带说明”原则上没有约束力，只起到辅助或参考的作用。然而“判决依据”和“附带说明”在判决意见中是交织在一起的，需要后来的法官在引用先例时进行识别和区分。René David & Camille Jauffret-Spinosi，*Les grands systèmes de droit contemporains*，Paris，Dalloz，1988，p. 428. 中译本参见［法］勒内·达维：《当代主要法律体系》，漆竹生译，356页，上海，上海译文出版社，1984。

[48] 同上注所引书，444页。

系化的和谐状态——这就要求所有的案件判决都处于一个相互呼应的整体之中。同时，这种状态的实现又是在法官个人的实践理性——“法官的找法活动”——中完成的，即在一种个体的经验活动中完成的；另一方面，这种个体经验活动的结果又成为后来案件判决的潜在大前提。

大陆法系坚持一种理性主义的传统，这种理性主义相信：能够由一定的前提得出确定的结论。与普通法系不同的是，大陆法系将这一前提诉诸制定法。这种建构理性主义的最高理想是一种形式正义，即韦伯（Max Weber）所讲的形式理性法，这是现代西方社会特有的法律类型，也是“法理型”统治的基础，人们习惯于把这种法律占统治地位的社会称之为法治社会。这种形式理性法的典型代表就是近代欧洲各国的民法典[49]——相信制定法能够最大限度地减少乃至排除法官司法中的不确定性。

对制定法的崇拜在18世纪达到顶峰，当时的人们对完美的法典表现出了极大的热情。在这一点上，大陆法系中的两极——自然法学派和分析法学派——站在了同一个战壕里并为那个时代的理性主义奠定了根基。它们的共同进路就是从一个绝对前提出发，实现对权利义务的价值排序。它们的区别在于，自然法学派将理性、天赋人权、自由民主作为其理论的基石，分析法学派则将道德和政治因素逐出了法律科学，以实在法的规则体系作为讨论的对象。自然法学派和分析法学派都将一部宪法作为其理论体系的前提，只是自然法自己“创造”了这个前提，而分析法学派只是“搬运”了这个前提。[50]

崇尚制定法的一种典型观点就是认为法官可以像自动售货机那样对每个可能出现的案件给出确定的结论——一种“去人为性”的司法活动。然而，即便法律文本本身是完美的，这里同样存在法官的自由裁量空间，不可能完全排除法官的个人判断。萨维尼曾经指出：

> ……只要我们认真观察每个案件的特点就不难得出这样的结论：这种（认为制定法能够囊括所有个别情形的——作者注）观点只是一场空梦，因为制定法本身不可能对各种各样的实际情况划定明晰的界限。[51] ……

这种观点的危险在于：第一，这种过分推崇法典的观念使得大陆法系的法律科学一度成为围绕制定法的诠释学，从而使法律科学完全沦为制定法的附属品。第二，它对制定法寄予了极大的期望并将其置于最高地位，一旦制定法本身存在缺陷或疏漏，有可能导致判决结果的混乱甚至相互冲突。第三，大陆法系的这种由大前提推出结论的进路虽然以客观存在的文本为前提，然而在具体实践中仍然不能排除个人判断的因素，甚至可以说，与英

---

[49] See Max Weber，Economy and Society：*An Outline of Interpretive Sociology*，vol. 2，pp. 657-658. 转引自郑戈：《韦伯论西方法律的独特性》，载李猛编：《韦伯：法律与价值》，80页，上海，上海人民出版社，2001。

[50] 亦即自然法从道德律出发得出了一系列绝对的应然结论——“天赋人权”、“自由民主”、“私有财产神圣不可侵犯”等等——作为价值排序的最高原则和指导，而分析法学派同样提出了法律规则的等级体系，并由此追溯至一部效力最高的基本法——“原初宪法”，但是分析法学派并不关注其内容或价值，“基本规范”（Basic Norm）在分析法学派那里只是起到了一种形式上的逻辑中介的作用。

[51] 前注⑬所引书，SS. 21～22。

美法系相比，大陆法系的法官在判决时拥有更大的裁量空间。[52]

随之而来的一个问题就是，这样有可能会使整个法律科学封闭在一个僵硬的空间内，无法自我化解内部可能出现的矛盾。这些矛盾一方面（可能）来自法律文本本身的不完美性——将法律文本奉为绝对完美，不允许变更或改善；另一方面来自于对司法活动结果的放任——演绎推理的形式逻辑本身不能排除任意专断。法律不具备科学的品质，就为司法活动带来了极大的不便甚至埋下了司法专断的隐患。萨维尼在评价 18 世纪中期理性主义泛滥的情形时指出：

> …… 由此，人们就对当下寄予了无限的希望，他们对于一种绝对完美状态的实现从来没有这样坚信过，这种热情一时间冲塞进各个领域：…… 在民法中同样群情激昂，人们热切盼望新法典的出台，希冀我们的法官抱着这样一部法典就能像万能机那样吐出确定的答案。人们相信，在这种对法律语句的拼拼写写中就能够将司法过程中的个人因素扫地出门：……[53]

针对上述问题萨维尼主张，司法过程应当采取将历史因素与体系化结合起来的经验理性的进路，同时重构法律科学与制定法之间的关系。在“论立法与法理学的当代使命”的开始，他就批判了一种将法律科学与制定法等同的做法并指出了其后果：

> ……法律科学（如果）将当下的制定法作为其唯一的研究对象，那么这样的法律科学会像制定法一样充满不确定性并且左右摇摆。我们没有理由不怀疑，当明天早晨睁开眼时，所有的法律已经改头换面了……[54]

借用胡果的话，萨维尼在这里试图“将法律科学从制定法中解救出来”（die Wissenschaft gegen die Gesetzbücher zu retten）。[55] 对当时的德意志法学而言，当务之急是提升法律科学自身的品质，而不是匆忙出台一部制定法。

前文已经指出，对经验理性的强调首先将关注点集中在法官的司法活动中，即如何解决从一般推出个别的问题。不仅要做到个案推理的体系化，而且要求兼顾所有的结论与作为其前提的那些法律概念、原理之间的和谐性与体系性。这就要求每一个概念、原理必须尽可能的精确和准确，相互间界限分明，由此确保判决结论的精确性并使得所有结论之间和谐呼应。这种概念、原理、判决结论的精确性也就是大陆法系推理中的“区别的能力”。每一个不同的概念、原理、判例越是精确化，不同概念原理之间的区分就越明确细致，法律科学就越精致。萨维尼认为“区别的能力”是法律科学的应具品质：

---

[52] 勒内·达维曾经详细地比较了大陆法系与普通法系法官的自由裁量权，参见前注㊼所引书，Section 2：Règle de droit et legal rule，pp. 405-411。

[53] 前注⑬所引书，SS. 4～5。

[54] 前注⑬所引书，SS. 6～7。

[55] Von Savignys “Beruf”，in GGA（1814），Stück 194，S. 1932. 转引自 Stephan Meder，*Urteilen*，*Elemente von Kants reflektierender Urteilskraft in Savignys Lehre von der juristischen Entscheidungs-und Regelfindung*，Vittorio Klostermann Frankfurt am Main，1999，S. 48。

> ……在潘德克吞中，每个判例都具备其特点，但是当我们翻阅8至9世纪的判决书时，却发现判例与判例之间没什么两样，每个判例似乎都在重复着别的判例。实际上，并不是法律关系本身成为这种统一的形式的牺牲品，而毋宁是这样一来，法官就丧失了一种区别的能力，这种情况越是严重，法的确定性和一致性就越难达到……[56]

由此，萨维尼将法律科学的关注点从制定法引导到一种侧重于经验理性的方法上来——一种解释和体系化相结合的方法。借助这样一种方法，重构法律科学与制定法之间的关系：法律科学是高于制定法的学科体系，它具备其固有的基本概念和原理，是一个不断发展演变的有机整体，并随着人类历史的演进而不断自我更新并保持一种动态的自洽状态。[57]

一个国家法律发展的状况取决于法律科学自身品质的提升。萨维尼曾经对帕比尼安（*Papinian*）、乌尔比安（*Ulpian*）和保罗（*Paulus*）时代的法学状况无比感叹，他指出，当时具备制定一部完美法典的全部条件，然而我们却没有找到任何法典的蛛丝马迹，为何？——“只要法始终保持其生命力，就没有必要树立一部法典”（So lange das Recht in lebendigem Fortschreiten war，wurde kein Gesetzbuch nothing gefunden）。[58] 这里提到的使得“法始终保持其生命力”正是法律科学的特有方法和司法活动的目的。这种方法一方面使得法律科学体系自身不断完善，另一方面也使得法律科学成为法学家之间共享的一套知识体系。也就是说，它提供了一种习得法律知识的方法，这种方法一方面在大学中传授，而更多的则是在个体的经验活动中——在个案中进行判断——加以运用。

综上，在18世纪理性主义撩拨着欧洲大陆的时候，萨维尼冷静地看到了大陆法系传统的内部存在的问题并提出了一套解决的办法。此后德国民法典的出台以及欧陆各国的相继效仿使得法典最终成为欧洲大陆传统中的一个显著特点，但是因此而否认或忽视历史法学派的价值就不免肤浅了。她在大陆法系传统的形成时期就注意到了其中一个值得反思的深层次问题，并使我们重新思考法律科学的方法、定位以及经验理性的价值。

---

[56] 前注⑬所引书，S. 128。

[57] 萨维尼对当时法国存在的将法律科学从属于制定法的观点的批判，参见前注⑬所引书，SS. 79～80。

[58] 参见前注⑬所引书，S. 34。此外，在对罗马法文本质量的评价中，萨维尼指出在查士丁尼法典中，作为制定法的增订（*Novellen*）和新律（*die neueren Constitution des Codex*）是最差的，相比之下，不是制定法的潘德克吞（Pandekten）和《公告》（Rescripten）却是罗马法的精髓，参见前注③所引书，S. 184；前注⑬所引书，S. 25。

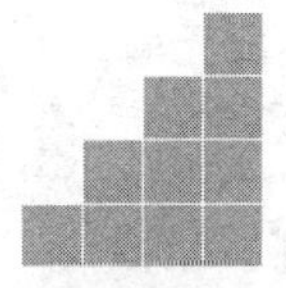

4.

法律与人权研究

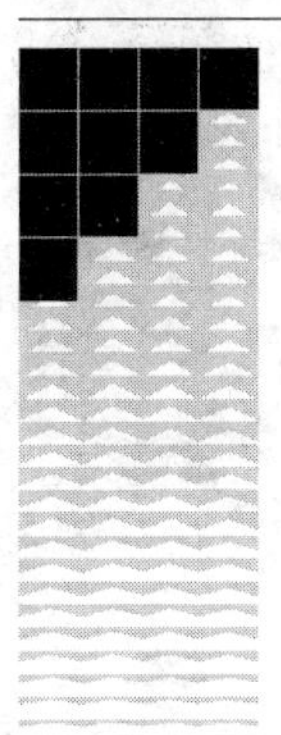

4.1 人权概念的理论分歧解析*

叶传星

人权问题是当代世界备受关注的重大课题，是关系到个人生存和整个人类发展状况的重要课题。人权作为一个高贵的理想也激励着一代又一代的人们为着理想的社会而奋斗，而围绕着人权问题产生了广泛而持久的争论。在关于人权的众多的争议中，首先面对的问题就是关于人权的概念的种种理解。在这里，我们并不讨论人权的严格定义，或许寻找严格定义的企图本身也是徒劳的，只是结合人权概念中的主要争论指出理解人权概念的几个必要的角度。

一、人权的自然性和社会性

现代的人权理论来自西方的自由民主理论。17、18 世纪的自然法理论孕育了最早的人权概念。现代人权的前身就是天赋人权即自然权利。在启蒙理论中，自然权利是来源于造物主的、是人所与生俱来的、为人所固有的、不能被剥夺或者不能放弃的权利。享有自然权利是人之所以为人的要素之一。自然权利理论基于人作为有理性、有意志自由、有普遍而恒久的人性本质的动物而应当有其固有的尊严和权利，论证了自然权利的先验性、神圣性、绝对性、自明性和超越时空性等。这种基于抽象人性论的权利论证带有明显的启蒙理论的色彩。即把个人看作是先于社会、孤立于社会、高于国家的自然生命体，基于其被理论抽象和过滤了的自然属性，个人处在与国家或社会相对立的状态，个人权利就是防范国家和社会侵害个人的有力工具。通过确立个人权利的所谓自然属性，而确认其不可被国家所剥夺，不可以任何理由被侵犯。在法国的《人权和公民权宣言》和美国的《独立宣言》

---

* 原载《法学家》，2005 (6)。

中我们可以明显地看出自然法理论的影响。在《世界人权宣言》的序言中我们也可以看出自然法传统对于当代人权的深远影响，如其中强调了人的尊严和人的不可剥夺的权利。在早期，人们一般将自然法作为人权的先验理论基础。康德最早从人是目的的人的尊严的角度、从人本身为人权奠定了坚实的先验思想基础。当代的不少学者在理论上则更多地将人的尊严作为人权的思想基础。如日本法学家宫泽俊义指出："当今在许多国家中，都在考虑作为承认人权的根据，已经没有必要再把神或自然法抬出来，而是以'人性'或'人的尊严'等作为人权的根据就足够了。"① 另有学者指出了作为人权的根据的人的尊严的终极性和无根据性的逻辑特点。②

这种基于抽象人性论的权利论证，显然有其朴素的道德感染力，有其在特定时期的革命性，但其中的有些理论也有其明显的逻辑上的粗陋性甚至武断性。其对人性特点的应然假定，以及从这些特点中来推论出人的实然权利的理论思路，已经受到许多的批评。人的所谓自然属性或者自然需要也不一定有确定的内容。人权的要求中包含满足人的自然本性需要的成分，权利话语的社会基础也在于人的需要和资源的匮乏性，更确切地说是权利为人的需要的满足提供条件，而权利本身却未必是人的自然需要。但是对于究竟哪些来自人的生理或自然本性的需要可以成为人权主张的基础并没有一致的意见。也有学者指出，人权并非来自人的生理本性，而更是来自人的道德本性。③ 而这种道德本性其实是一种超越人的自然本能的社会本性。大致说来，关于人是有抽象人性的理论其实是一种典型的意识形态，是在特定的社会历史时期出现的对于时代要求的理论诠释。人性中明显地包含时代性的成分。人在历史上从来也不是完全孤立于社会的动物，所谓人性其实是在社会中才获得的属性。人不可能孤立于社会而获得其个性，人只有在社会中才能获得其完整的个性。所以应当在历史文化传统和现实的社会结构中，在人所实际依存的现实社会关系的体系中寻求对人权的理解。不同的社会关系会产生不同的人权观念和人权样式。只有在特定社会关系发展的具体情景中才能理解这个社会对于人的需要和对于人的权利要求。也只有在社会关系所界定的人的社会属性中才能获得对于人的全面理解。这些正是被马克思主义的人权观所反复强调的主题。从人的社会性的角度理解人权，为人权找到了一个新的社会基础，也为人们争取人权设置了一个更为现实的范围和界限。对于人的社会属性的关注，意味着对于人权的理解从生物性到人格、从人到人格、从个人人格到集体人格、从抽象到现实等的转向，也意味着人权体系的拓展。

---

① ［日］宫泽俊义：《宪法Ⅱ》，新版，78～79页，东京，有斐阁，1974。他认为，这种人权概念的意思是，所有生物学意义上的人当然应该是社会意义上的人，而社会意义上的人是人类社会中的最高价值。

② 参见［美］范伯格：《自由、权利和社会正义》，134～136页，贵阳，贵州人民出版社，1998。该作者认为，对于人类的普遍尊重在某种意义上是找不到根据的——它是一种终极的态度，而这一点本身是不能用更终极的术语来加以描述的。这种态度是自然而然地从以"人的观点"来看待每个人而产生，但它并不是根据任何比它自身更为终极的东西，而且这种态度显然不是可以用理由来证明的。

③ 参见［英］文森特：《人权与国际关系》，14页，北京，知识出版社，1998。

人权的自然性和社会性基础直接与人的形象普遍化的设定方式相关联。对于人权问题的解释，首先就要牵涉对于什么是人的理解，只有理解了什么是人才能更好地理解什么是人权。对于人的形象的建构是和一定的社会背景有直接关联的。学者尽管企图建立一种能够超越特定时代的理论和关于人的想象图景，但是他们的思考从来不是无背景的。什么是人这个似乎最简单的问题困扰着无数个世代的人们。人之为人，就在于人对于自身形象的自觉，但是每个时代、每个民族都有自己对于人的形象的想象和规划。人是什么的问题便不只是一个单纯的事实问题，而是有着强烈价值色彩的问题。对人的形象的理解总是以某种普遍性为基础的，但是这种普遍性是建立在不同的社会背景和社会关系的图景之上的。而其相对应的现实的人的状态更是有巨大的反差。如古希腊时代的城邦人，神学时代中上帝之统治的圣域中的人即在神圣关怀之下的在上帝眷顾中的普遍的人，启蒙时代所理解的人是在人的理性和人的抽象性上的普遍的人，民族国家时代的人，全球化时代的人。这些不同的人的形象造就了人权的不同面貌，也使得人权的社会性中的普遍性和平等性在不同的层次上展开。

对人的社会性的重视也使得理论从强调抽象的人性转向从具体的社会关系中理解人性的相对性。人性的相对性展示了人的多样性，包括人权的多样性。不能够为了达到所谓的人权的绝对性而牺牲人权的多样性，而应当在人的社会性、相对性的基础上完成对于人性的重新诠释。人权问题不能回避人性问题，但是人权问题可以超越抽象的以个体或者神秘精神为核心的抽象人性论。但是如何在不同的社会结构中、在价值多样性中、在多样的人性理解中寻求一种对人权的普遍性理解也是一个必须面对的问题。当然也有学者指出，我国人权理论中的一个偏向就是以人的社会性来否认人的自然天性的重要性。他认为，人的社会性是人权的主导元素，但以人的自然性为前提；人的自然性也受社会性的影响而有所发展变化。因而应当强调人权的自然性和社会性的统一。① 人当然会有其自然属性，但是这种自然属性只有在一定社会关系所设定的理论文化和社会背景中才得到价值上的确认。只有在社会关系的背景中人的自然属性才成为一个有力的申辩或者抗辩理由。单纯的自然本性是个非价值的概念，不能从中推论出价值关怀。人的自然属性的价值化实际上是人的自然属性的社会化，是在社会中对于自然属性的肯定。有学者指出："人是群居性的，他需要和别人共同生活，只有在这个意义上，我们才可以说人类社会是自然的社会……政治社会就是这样组成的社会：承认人在本质上既是政治动物又是自然动物，也就是承认人类在本质上倾向于生活在政治社会中并参与政治活动……这就是人类按照自然权利要求政治自由的权利基础。"②

---

① 参见郭道晖：《人权的本性与价值位阶》，载《政法论坛》，2004（2）。另有学者也从另一个角度论证了人权的本原，认为人权源于人的本性，这种本性包括自然属性和社会属性。自然属性即人性，包括人的天性、德性和理性。它是产生人权的内因。社会性是人权产生和发展的外因。参见李步云：《论人权的本原》，载《政法论坛》，2004（2）。

② ［美］阿德勒：《六大观点》，108页，北京，团结出版社，1989。

二、人权的理念性和制度性

人权是一种应然的理念，也是一种制度的事实，还是一种现实的社会关系本身。这种理念是社会结构的内在逻辑的显现，是社会关系内在规律的凝结和理论提升，是时代精神的精华。人权理念及其核心价值是在特定的文化背景中生成的一种理解社会和治理改造社会的方式。也许从现时代来看，人权理念和人权话语似乎是个文明进步的一个阶梯和助推力。鉴于权利话语所体现的道德性、普遍性、固有性、绝对性等特点，人权口号最能够引起人内心深处的"同类感"，唤起人争取利益的正义感，能够成为弱者对抗强者的有力武器。源自西方的现代性一个面相就是以权利为中心。权利语言因为其能被作为表达现实要求的一个方便而精巧的工具而成为强势语言。权利话语成为西方法律文化最显要的特征之一。但是，如后文要提到的，我们必须在对权利语言保持一份"温情与敬意"的同情式理解的同时，也对权利话语本身保持一种反省态度。理念代表着人权的核心价值，也代表着社会关于人的核心价值的趋向。这种理念必须现实化，必须与现实的社会关系相结合，才能展示其价值。权利的现实是人权理念在历史过程中的展开，但是这种理念的展开并不是一种先验的所谓绝对精神的现实化，而是一种现实的社会关系逻辑的创生过程。人权理念从自在到自觉、从理念到现实的转化，表现为从理念到观念、从精英理论到大众观念、从实践到观念、从观念到制度、从非正式制度到正式制度、从国内制度到全球制度等的流转过程。

人权的正当性基础不单单来自法律，也来自道德、习俗或者特定的观念。人权的理念性以及人权首先在道德层面的制度展开等表现了人权的先法律性。正如很多学者所看到的，人权首先是一种在道德上获得肯定和正当性的权利。[①] 基于道德上的正当性，基于人的德性潜力，人们可以获得关于自己主张的优先权，可以对抗来自权利相对方的对于自己的干涉。道德是一种强有力的主张理由，因为道德本身深深根植于社会生活本身，代表一种强烈的正义感召力。人权的道德性质是意图表明人权是先于或者独立于任何法律或正式制度而存在的权利。道德权利主要包括：习惯的权利、理想的权利、凭借良心的权利、履行的权利等。[②]

但是人权在自身完善的过程中，在人借助于人权而获得自身完善的过程中，在社会进步的历史进程中，在一定的文化背景中会进一步地制度化、法律化。通过制度化，人权理念可以具体化，可以获得确定性，可以获得更具实体性也更有力的保障。[③] 人权制度化有多个层次，如亚国家法的层次、国内法的层次、国际法的层次以及可能的全球法的层次等。亚国家层次的人权要求主要表现为道德权利、习惯权利等由社会正义观所建构和保障的人

---

① 参见沈宗灵主编：《西方人权学说》（下），序言，成都，四川人民出版社，1994。

② 参见［美］范伯格：《自由、权利和社会正义》，123页，贵阳，贵州人民出版社，1998。该作者将人权理解为一切人基本上都平等拥有的根本的重要的道德权利，它们都是无条件的、不可更改的。

③ 关于人权的制度化方式，参见刘红臻：《人权的制度表达》，载《法制与社会发展》，2004（1）。

权规范。这是一种非正式的制度化层面。国家法的层次是人权的正式制度化层面。而超国家层次和跨国家层次则是人权的全球制度化层次。

法治理念下所建构的正式制度已经成为当代人权保护的最重要的制度性支持。人权也逐步从一种宣言性的权利升华为一种制度性的权利。把人权纳入法治的框架内对于人权的保障至关重要。在法律的框架内，人权的项目得到明确的制度性的确认，权利之间的界限得以明确，权利的实现得到更有力的保障。同时人权也为法治的内在价值意蕴的塑造提供营养。以保护人权为己任，使得法治得到更深厚的合法性基础。对人权的法律保护最早是在国内法中建立的。直到第二次世界大战以前，人权基本上仅仅是国内法的管辖事项，只是在少数零散的事项和个别领域中有国际法的参与，比如，在保护宗教、种族、语言等方面的少数群体、外交保护、禁止奴隶贸易、禁止强迫劳动、保护国际劳工权利、人道主义干涉等方面有少数的国际公约和制度。[①] 对人权的国际法保护，是一项革命性的变革，是从第二次世界大战对人的生命和尊严的空前践踏和暴行的惨痛教训中引发的巨变。这种变革在二战以后才逐步展开并取得巨大的进展。在当代已经普遍接受了并从各个方面继续促进这种变革。在过去的半个多世纪中，国际人权法已经发展成为国际法的一个重要的分支学科。这些法律也对传统国际法的一些基本特点提出了挑战，比如它旨在保护和实现个人的权利和自由，而不是传统国际法所主要保护的国家利益。它更主要规定缔约国与其领域内的和受其管辖的个人之间的权利和义务关系，《公民权利和政治权利国际公约》第 2 条对此有清晰的表述。而关于人权制度化的最新发展，我们试图指出一种在所谓的全球法背景中的人权制度。这种制度表现了全球化在人权领域中的深刻影响。下文对此有所论及。

三、人权的基础性和理想性

人们经常谈到人权的应然性，就是说人权中体现着人作为人权主体，基于某种理由而提出某种主张或者要求，而这种要求或者主张所涉及的利益被认为是其应当得到的。人权的应然性包含基础性和理想性两个相反相成的方面。人权的应然性中包含着人权的理想性。人权之所以成为一种抗议性的理想、一种为人们所珍视的社会价值，就在于其应然性，在于其中包含着的不断召唤人们走向完善生活境界的理想。有些理想如果过于高玄可能会流于一种口号或者宣言，那就不是一种真实的权利要求。人权中的应然要求又必须是具有现实性的应然，就是有着实现的现实可能性的应然。人权的理想性不应当是那种没有实现的可能性的高玄的空洞的理想。人权的主张不是以那种少数人才能具备的能力和品质为立论前提，而是以每个人都有可能也有必要达到的目标或者标准为前提。如何在一个现实社会结构许可的最大限度内谋求权利的最大的范围和最深度的实现，所展现的就是人权的理想性。这种理想性一方面对于社会的统治者寄予期许，即希望他们的权力可能被节制，其滥

---

① 参见徐显明主编：《国际人权法》，22～29 页，北京，法律出版社，2004。

用权力的行为可能被抑制；另一方面，也对主张人权的大众寄予期许，即期待他们有不断自我革新的能力和坚持为自身生活完善而斗争的冲动，同时也有忍受现实的苦难和不完满的耐心。

人权的应然品质同时也是一种基础性的，即为人们在一个特定的社会中所必须具备的最基本的品质，在一定意义上这种标准是一种最低限度的标准。[①] 人权的基础性表明人权之于人的重要性、根本性。人权的基础性也要求这种权利是应当为所有人享有的，即权利的普遍性。而且人权的这种基础性往往是从道德的角度展开论证，即这种基础性就是道德性或者伦理性。很多学者都是从道德的角度来理解人权的正当性基础，把人权视为一种道德权利，借助道德之于人的生活的基础性来支持人权正当性。这种基础性要求把那些对于人的生存和发展最重要的权利要求标识为所有人共同享有的人权。人权之所以有现实意义，在很大程度上是在于其中的权利主张对于人的重要性。这种基础性似乎没有完全承载人权的理想性，但是在其中也有理想性的一面，这种基础性的要求也可以被认为是一种最基本的理想性要求。同时理想性也不排斥基础性，人权的基础性和理想性从一定的角度看是相互交通的两极。基础性本身所表明的人权的普遍化也同时是一种理想，权利从少数人的权利到一种人人享有的普遍权利，从一国人所享有的权利到为全人类所普遍享有的权利，其作为人的生存和发展的最基本指标从一些狭隘的领域到更广泛领域的拓展，这本身就是一种崇高的理想。人权的基础性中也总是蕴涵着平等的因素，平等性的背后是人权的普遍性，而平等性的诉求也是一种追求普遍性的努力。一项权利只有是平等的才有可能是普遍化的，相对应的只有普遍化的权利才会是平等的人格和权利。而只有真正可能普遍化或者具有普遍化潜力的诉求和主张，才可能是基础性的。

人权总是在现实与理想的两极之间的平衡中寻找自身的存在空间。人权的基础性是权利的理想性的支点。人权的制度化和落实是其基础性的表达，而其理想性的视角总是着力于揭示现实的不完满性和残缺性。对于理想性的追求，表明人权在一定意义上总是一种对抗现实的权利，是一种不安分的冲动。理想性展示人权的活力，而基础性则展示人权的现实性。基础性也表明人权在多样性前提下的一元性或者共通性。对于基础性权利的肯定要表明的是，期待人权的人们希望通过把一定的权利主张设定为最基本、应当被普遍享有的人权，而强调这些权利应当普遍化，而权利普遍化的最主要的受益者是社会中的弱者，人权往往是弱者用来挑战和对抗强者尤其是有组织的国家暴力的有力工具，是被压迫者和期待改善自己命运和地位的人的话语。人权发展的进程中总是蕴涵着从理想到现实，从大道至玄到大道流行，从观念到现实关系，从少数精英到普罗大众等等的矛盾运动。在这种矛盾运动中，人权成为一个召唤人类进步的理想旗帜。

---

① 参见［英］米尔恩：《人的权利和人的多样性》，7页，北京，中国大百科全书出版社，1995。

四、人权的非国家性和国家性

人权和民族国家之间有着复杂的扭结关系。在关于人权的几乎所有重要问题中都涉及对于人权和国家之间关系的理解。按照有些学者的说法："人权具有双重性。在基本的体系上，人权是人类相互间的权利要求，在辅助的体系上，人权也是对应当保护这种权利要求的机构即国家提出的要求。"① 我们在这里要说明的是，人权就其本身的性质有一种超越国家的独立性，但是也对于国家有一种依附性。

近代西方人权观中，基于对于集权或者极权国家的深深恐惧，将人权视为个人对抗国家的权利。② 争取人权就是争取从国家的高压统治中解脱出来，争取个人相对于国家的自由。这里有两个问题值得注意：一是个人作为独立的受尊崇的人权主体本身不是西方文化和西方社会本来就有的，而只是近代的社会历史的产物，是资本的瓦解力量和民族国家建构的整合力量帮助了个人从各种共同体的束缚中解脱出来。二是国家的角色。在人权观的视野中，国家似乎被认为是对于个体的最大的潜在侵害者。但是也要看到，个人人权虽然对于国家的强大权力存有戒备，但是个人的独立从来不是摆脱国家的独立，而仅仅是国家之中的独立。那种主张完全摆脱政府的无政府主义自由趋向并不是自由主义者所能赞同的。这种所谓独立的个人作为一个想象的标准人的模型产生的过程，其实也是在民族国家中获得新的身份认同的过程。近代个人人权的形成和发展与民族国家所造就的政治治理架构有着内在的联系。近代民族国家的成长，提高了个人对于其自身与国家关系，而且也正是因为正在形成中的近代民族国家帮助了个人从各种身份等整体中挣脱出来。历史的一个吊诡就是，个人主义的成长和国家力量的壮大在一定意义上是结伴而行的。个人借助于国家获得解放，而国家又成为威胁个人的一个潜在的可怕力量。

人权的发展中有一种向国家靠拢而争取国家支持的运动。一般认为，在以基本自由权为主导的人权视野中，人权与国家的对抗性最为明显和直接。但要注意的是，这种对抗性只是要求限制国家的功能，而不是摆脱国家，或者完全将国家作为实现人权的障碍，不是要否认国家作为集中权力对于人权实现的重要支持作用。至于经济社会权利、弱势群体的权利等则改变了对于国家的敌视态度，转而要依靠国家来支持这些权利。不过对此也要看

---

① ［德］奥特弗利德赫·费：《政治的正义性——法和国家的批判哲学之基础》，404页，上海，上海译文出版社，1998。

② 在实践的层面上可以将人权界定为个人相对于国家与政府的权利，这是因为：第一，国家作为"有组织的暴力"和"必要的恶"，对人权的侵凌和践踏在强度和可能性上均远甚于来自个人的对人权的侵犯。第二，来自个人的对人权的侵犯，可以借助公共权力获得救济。当国家能通过立法确认人权并以司法提供救济机制时，来自个人的人权的侵犯是可能得到防范的。国家可以作为个人与个人关系的中立的第三者，而个人与国家之间却缺乏这种中立的第三者。因此，防范来自国家的对人权的侵犯也就甚于防范来自个人的侵犯。第三，个人存在的目的是他自身，个人并不以他人为目的，由此，人权不是个人的目标（至少不是直接目标）。自宪政实践以来，政府存在的目的，就明确地被宣称为是人的自由、独立、尊严这样的人类终极价值，这使政府直接地成为对人权负有相应的义务者。参见李琦：《论法律上的防卫权》，载《中国社会科学》，2002（1）。

到问题的相反方面，就是个人作为弱者向国家的要求权，并没有根本改变在国家与个人的强弱对比关系的框架中来思考问题的基本思路。而当人权概念拓展到人民权、发展权等集体权利的时候，则几乎将国家作为争取人权的主体了，它将权利和权力更为直接地结合在一起了，也将国民、人民、国家更为直接地结合在一起了。这些表明了人权本身在个人与国家这个治理结构中有依附于国家权力的侧面。在人权的背后总是有一种权力的因素在起作用，虽然人权也总是以制约权力为己任，但是这种依附并不能直接导致将人权置于国家之下，将主权对于人权的支持直接延伸为主权高于人权。近代以来的人权主要还是在民族国家的框架内展开的。仅仅是在保障人权的制度性条件的功能意义上，主权高于人权。这种高于不能被解释为主权可以覆盖人权。其实正是国家权力行使中所造成的个人生存空间的局促才引发了以人权名义争取自由空间的必要性。

人权的非国家性突出的是人权中的一种疏离国家的或者制约国家的倾向，尤其应说明的是，人权运动并不是完全依附于国家，人权正当性的根据也不是来自于国家，人权的效力来源也不是国家，从国家存在的最终目的上来看人权是高于主权的，反而人权可以成为国家存在的合理性基础。这里也从一个方面展示了权利与权力的复杂关系。[①] 有学者讨论了把权利简单地依附于国家而对于权利观念和制度发展的影响：由于权利是国家设立的，对权利的纲领性规定符合这一前提；宪法没有必要列举权利，以对国家权力形成预先存在的限制；国家给予那些热爱并忠实于国家或是国家“成员”的人以权利，剥夺那些敌视国家的人享有权利的资格；既然权利是由国家创立的，国家也就拥有充分的权力限制权利。只要是通过立法程序给予限制，就是正当的；没有任何法律因为其限制权利而被视为无效，只要有关法律是依照一定的程序制定的，也就无须任何程序决定是否特定的法律侵犯了权利。[②]

人权的非国家性在亚国家层次、超国家层次、跨国家层次上展开。这些方面表明了人权高于国家权力的性质，它从根本上看不是国家的附属物，国家不是人权的创造者而可以是人权的表达者和保障者。对于人权的非国家性的强调，也从另一个角度展示了人权相对于国家的绝对性，即强调人权的不可剥夺性、固有性、普遍性，国家不能以任何方式来取消人权的这些根本属性。但是也应当看到看到人权的非国家性方面所可能带来的负面影响，非国家的其他社会力量可能使得人权遭受来自非国家力量的侵蚀。

正在兴起的全球化浪潮在跨国和超国家的层次上强化着人权的非国家化倾向。各种不断加强的国际组织、各种跨国性的非国家民间组织的兴盛等都在逐步挑战国家的优先地位，并试图限制国家在国内政治和国际领域中的作用。地区性的和国际性的组织影响力大增，有时甚至直接决定原来由国家独立决定的事务。跨国的非政府组织的影响力尤其在人权和环境保

---

① 关于权利与权力之间关系的论述有很多。可以参见王莉君：《权利和权力关系的新思考》，载《法学家》，2005 (2)。

② 参见［美］安德鲁·内森：《中国权利思想的起源》，黄列译，载夏勇编：《公法》，56页，北京，法律出版社，1999。

护领域中有了很大的增长。比如国际性的金融组织世界银行和国际货币基金组织近年来就对于人权事务就越来越有兴趣。这也是对国家中心主义的国际秩序的挑战。作为瓦解国家中心主义的后果，在世界范围内逐步形成了多中心的权利和权力中心。这些权力中心对于人权在全球的发展有正负两方面的作用。值得注意的是，地方化也是全球化的一个维度。从一个角度看，地方化是一种对抗全球化的力量，但是也要看到地方化对于国家中心主义的解构。跨国公司的行为、新的信息交流等使得弱者也能够对其自己的国家提出抗议和表达不同意见，并通过跨国的联盟、外国政府、地区性的或国际性的组织来对其国家施加压力。

五、人权的个人性和集体性

人权的个人性和集体性的争论涉及对于人权主体和人权的基本价值趋向的理解。这是人权概念的重要方面之一。人权作为一种社会运动在近代西方首先生成的时候，无疑其作为一种话语所要争取的是让人从各种整体的压制和束缚中挣脱出来。人要从家族、宗教的、地域性的、身份的等各种整体中解放出来。所以人权理念中的人，首先是作为个体的人。而在西方的文化和社会背景中，这种所谓普遍的人，最早实际上不过是根据白人、男性、有产者、基督教徒、欧美人等的特征想象出来的标准人。至于有色人种、无产者、妇女、非基督徒等似乎未被认为是人权所保护的对象。如此看来，人权其实是很具有意识形态色彩的范畴。但是西方文化中的一些积极因素也有助于其自身超越一些限制。正如有学者指出的："西方理性主义的长处在于：和自身的传统保持着一定的距离，并不断拓宽自己狭隘的视野。人权解释和人权实现的历史，就是我们西方世界观解中心化的历史。所谓的平等权，是逐步才普及到被压迫群体、边缘群体以及遭到排挤的群体头上。经过顽强的政治斗争，工人、妇女和犹太人、吉卜赛人、同性恋者以及难民等，才被当作平等的'人'对待。回顾历史，从各种解放潮流中我们可以看到，人权一直都在发挥着意识形态的功能。在任何一次解放潮流中，在要求平等和包容的同时，实际上也遮蔽了那些被排挤群体的不平等。这就不能不引起我们的怀疑：人权的功能是否仅限于意识形态。人权难道不是一直都在提供一幅错误的普遍性图景，也就是说，一直都在提供一种想象的人性的图景，在这背后，或许隐藏着西方帝国主义的本质和他们的切身利益?"① 在人权的个人中心主义的背后，实际上确立的人的形象是，人就等于个人。近代的人权理论就是在这种原子式的个人为本的个人主义的基础上发展起来的。② 而这种个人主义人权观的发展和昌盛，又反过来刺激和助长了西方文化的中心主义和文化优越感，就是将西方文化视为唯一一种能够发展人权的文化，在西方文化与人权文化建立简单的等同关系。

个人和集体的关系是人类社会要面对的永恒的问题。这种关系的复杂性要求我们在探

---

① ［德］哈贝马斯：《论人权的文化间性——假想的问题与现实的问题》，载http：//www. gongfa. com/habeimasifanghuayanjiang1. htm。

② 关于这种高度个人化的人的评论，可以参见曲相霏：《自由主义人权主体观批判》，载徐显明主编：《人权研究》，第4卷，36～104页，济南，山东人民出版社，2004。

讨人权问题的时候，要对个人、团体、国家的关系保持一种反省式的理解。即便是在强调人权的个人性以及与国家的对抗性以及个人的优先性的同时，也并不是完全排斥国家权力的。相反，人权从其本性上对于国家权力有某种意义上的依赖性，对于民族国家的认同和一定程度的依附是近代人权进步的一个条件。个人作为国民的归属感和自我认同，对于人权的发展是很重要的。当然，人权的发展也有一种突破民族国家的框架的倾向，过去一个世纪以来渐渐兴起的全球治理机制是对于民族国家的一个挑战，而且它在培养一种人的认同、人的结合和人的关系的新形式，甚至逐步形成所谓的世界公民和全球公民社会。

在西方的特殊历史进程中发展出来的人权话语和人权理论，被抽去其时代和文化背景而不适当地普遍化，并由此造成了对于非西方社会的话语霸权。这种话语霸权实际上成为文化殖民的一种方式。当然这种文化殖民行为中也有文明传播的因素。非西方的国家出于对于西方个人人权话语的反动，提出了所谓集体人权来对抗个人人权，提出以集体主义来对抗个人主义。这种文化的自觉和对于西方文化的拒斥有其历史背景。非西方国家早先在政治、经济、文化上的被殖民状态，以及作为后发展国家所面临的西方发达国家的挤压，尤其是反对西方国家以人权为矛头的对于非西方国家的指手画脚的种种非议，当然还有其历史传统的接续，才促使其提出作为个人主义人权观的对立物的集体主义人权观。这是反抗人权话语霸权的努力。但是也有学者提醒我们："个人对集体这种二元论式的认识框架本身具有很浓厚的近代欧洲文明产物的色彩。非欧美各国的政府和知识分子强调集体性权利自身就是在无意识中陷入了欧美中心主义的思维方式，并且具有强化这种方式的可能性。这与强调自身文化的特殊性和独立性来抗衡欧美普遍性的做法同出一辙。"[①] 这个提醒是非常重要的。事实上，当代人权争论的整个话语体系确实是由西方文化所圈定的。非西方国家要辩驳，似乎就要接受这个话语平台。话语的霸权所建立的是霸权的话语。话语体系形成方式会深深影响参与探讨者的地位。而且这些非西方国家在试图通过提出和论证集体人权而抓住话语主动权的同时，也在自觉不自觉地重新想象和重构自己的文化。由此可见，集体人权的提出本身就具有一定的意识形态的色彩。集体人权作为一个问题，所展示的首先是对于西方个人中心主义人权观的反动和超越。从话语的角度把握集体人权的性质，有助于保持一种清醒的学术态度。

集体人权的提出显然不仅仅是出于争夺话语的制高点，其背后肯定也存在着历史发展进程的要求。对于集体人权的争论，不仅仅是话语之争，更重要的是如何看待人权发展中的新的现象。对于历史本身的回顾和评价，也让我们看到集体对于个人人权的发展是至关重要的。在历史上，作为一个历史事实的人权从来没有脱离开一定的集体而独立存在过。有关争取个人人权的人权运动必须借助于集体来进行。人在近代作为独立的个人的意义在于，使得个人从外部高压的强制性的团体束缚中解脱出来，而不是要个人完全抛弃集体。实际上各种团体的兴起恰恰是个人发展所必需的。个人在集体中获得归属感也获得力量。

---

① ［日］大沼保昭：《人权、国家与文明》，231页，北京，三联书店，2003。

只是这种集体是对于个人不是压迫性的，个人对各种集体的多样性参与正是个人独立性的展示。个人可以自由地进入或者离开一个团体的时候，这个团体就不可能是压迫性的。而那种片面的过度强调个人与集体的疏离和独立的观点和实践会使得人权理论面临诸多诘问。①

集体对于个人的重要性本身并不足以直接延伸出集体人权。它所说明的首先是个人人权的集体基础。而要使集体作为独立的权利主体并认可集体人权，必须做进一步的论证。这里要关注的是：其一，有没有可能伸张一个集体的权利，就是集体作为权利主体是否可能；这里说的是集体的行动能力问题。在集体权利有可能的前提下，就要进而说明另一个问题。其二，是不是有必要甚至必须主张集体的权利，就是集体权利的必要性问题。集体权利所强调的重心确实不同于个人人权。集体作为权利主体，可能使人权理念本来的核心被淡化了，即人权作为一种对抗国家的、以个人的权利为中心的权利的理念被淡化了。这对于人权的发展的影响值得仔细品味。集体作为人权的主体，会带来一些新需要论证的新问题，比如谁来行使权利、针对什么行使权利、谁来保障权利等。这些问题我们在下面讨论集体人权构造的时候会更具体地谈到。

关于集体权利的正当性的论证，一般还是从集体权利对于人的发展的重要性，从个人对于集体的依赖性，从集体和个人互动的必然性等方面展开。这与前面谈到的个人和集体的关联问题有联系。集体权利的最终落脚点或者归宿还是个人的最终发展。从这里才能逐步确立集体权利的正当性。集体权利的提出从西方学术谱系上看与以自然权利理论为中心的自然法思想的颠覆有某种关系，与古希腊以来的城邦共同体主义传统有关，也与以自主为中心的积极自由传统有关。历史上的种种社会优先论、民族优先论、国家优先论等为集体权利的正当性提供了理论支持，这些理论将集体权利抬高到与个人权利一样重要甚至更为重要的地位。卢梭、黑格尔、法国大革命的理性主义、德国的浪漫主义等都颠覆了人权的个人主义传统。但也正是这些理论使得集体权利一直受到质疑，甚至让一些人感到恐惧。在东方，人权的集体性的立场在儒家思想的当代形式之一即亚洲价值观中得到比较充分的阐释。也有学者指出了从个人性与集体性的对立的角度来考虑人权问题的局限性。“通过跨文化的讨论，我们也必须从我们不同解释方式的片面性当中汲取教训。比如，有人主张个体凌驾于一切社会化过程之上，并且天生就享有一定的权利。这种观点是占有性个人主义的遗产，今天被新自由主义又一次翻炒起来，因而是很成问题的。个体的权利是以法律共同体当中主体间共同承认的规范为基础的。如果我们把个体化过程和社会化过程的相互同一性提高到法律的高度，那么，在个人主义和集体主义之间进行选择，就会变得毫无意义。”② 从超越集体主义和个人主义之争的角度来考虑人权的个人性和整体性，是个有意

① 对于个人中心主义的人权观的缺陷，可以参见［日］大沼保昭：《人权、国家与文明》，227～234页，北京，三联书店，2003。

② ［德］哈贝马斯：《论人权的文化间性——假想的问题与现实的问题》，载http：www.gongfa.com / habeimasifanghuayanjiang 1.htm。

义的理论思路。在人权的理解上附加过多的意识形态色彩和主义之争，尽管人权之争很难完全摆脱这种种的主义，不利于达到不同立场之间的对话并不利于达成共识以接近真理。

4.2 析“结社权问题”*

周少青**

一、“结社权问题”的提出

20世纪80年代以来，随着经济、政治体制改革的逐渐展开，我国的“总体性社会”或者说“国家高度统合社会”的社会结构开始发生变化。明显的表征是在政府组织和市场组织以外出现了大量的新兴的社团组织。1996年，我国官方公布的社团的数量已达到18.7万①，这些社团组织广泛地活跃在各个领域，成为一支引人注意的重要的社会力量。社团数量的迅速增长和它们在社会生活中的重要作用，越来越受到人们的重视。与此同时，社团在发展过程中存在的问题以及政府对社团的态度也越来越引起人们的关注。政府对社团的态度以及由这种态度所支配的种种规制行为（包括立法的）及其相应社会后果已逐渐积淀为众多学者所关注和研究的“结社权问题”②。

结社权问题是我国20世纪80年代以来，随着改革和开放的逐渐深入，在国家对社会的控制越来越放松的历史条件下形成和加深的。从结社权问题表征的种种具体问题来看，结社权问题不仅涉及结社权自身的制度、理论和实践问题，而且也涉及与结社权直接或间接相关的种种其他问题。如果可以加以区分的话，前者可以称为“结社权的直接问题”，后者可称为“结社权的间接问题”。结社权的直接问题涉及结社权的立法、执法、司法救济等问题，同时也涉及社团结构发展不平衡、社团法律地位不平等以及社团自身发展中存在的一些问题。结社权的间接问题则涉及由于结社权的缺位而导致的其他问题，主要有社会建设主体缺失或主体不明晰、社会发展动力不足、社会转型缺乏依托、社会之于国家（政府）的监督力和合法性支持力不足等等。在认识层面，结社权问题或许还包括，实践中人们更多把诸如“温饱”、“安全”（而不是结社权）等生存的基本问题视为“问题”。换句话说，结社权问题还指谓对结社权的价值、意义和功能的偏差性认识。

结社权问题涉及转型期中的国家与社会的关系问题，其核心是凝结和代表社会力量的

---

* 原载《吉林师范大学学报》，2008（4）。

** 中国社会科学院法学所副研究员，法学博士。

① 参见民政部《2001年民政事业发展统计公报》。

② “结社权问题”是作者在对我国结社权保障的理论、实践、制度、理念及相关研究观察的基础上提出来的，它是一种以“问题”为中心的比较简约的研究路径。以“结社权问题”为研究路径可以把有关结社自由的相关问题统摄起来，形成观察我国结社自由理论和实践的独特视角。

结社权因为种种原因而得不到有效实施；其焦点是政府所代表的国家权力过于强大，政府拥有对（社会）社团单方面的绝对控制权，不存在可以平衡政府权力的独立力量。结社权问题的实质是政府权力与民众权利、国家权力与社会权力（利）存在状态、权威价值分配的失衡，其直接后果是政府独大（为“后全能政府”）、公民社会发育相对缓慢、自主能力差，或者从另一个维度表达是经济与社会乃至政治发展的不协调。

由于结社权问题广泛的关联性，它几乎涉及政治国家和公民社会关系的方方面面；不仅有广泛的政治性、经济性和社会性，而且具有深刻的历史性和文化性；不仅涉及其他国家在对待结社自由时所共同面临的问题，更涉及中国社会所特有的问题。因此，认识结社权问题，如果不将学术的审查点建立在对上述多种相关联的问题的认识上，就很难对中国的结社权问题作出比较恰当的分析。本文试图从政治的、经济的、历史的、社会的和观念的五个维度展开对结社权问题的分析。

二、结社权问题的政治分析

（一）结社权问题政治分析的意义

在任何国家，政治因素都是民间结社能否取得生存和发展空间的首要的和主要的考虑因素。① 结社权问题本质上是个宪法问题，而宪法问题从来都不是一个纯粹的法律问题，更多的是一个政治问题。作为宪法问题或政治问题，结社权问题客观上需要从政治分析的角度加以把握。如果说，把政治问题转化为法律问题是为了强调规则主义政治或强调法律的规制作用的话，那么，把法律问题尤其是宪法类问题转化为政治问题，则是为发现滋生问题的政治环境（包括制度的、历史的和现实的政治环境），从而还原问题的真实本质。

所谓结社权问题的政治分析，就是依据一定的政治环境理论对结社权问题产生的政治原因作出分析，指出其在政治上的成因、意蕴和意义，并继而分析这一问题在政治上解决的可能性。从目前我国结社权的实践和研究所面临的情况来看，结社权问题的政治分析除了关注结社权问题的政治成因外，更多关注的是，在当前我国现有的政治环境下，结社权问题究竟能不能解决？不首先回答这一问题，我们就难以有效地展开结社权问题的研究，更谈不上提出有效的解决对策或路径。

有学者提出了这样的论点：公民结社权问题“在现在的政府结构下是一个假命题，无论怎样探讨都没有多大意义。除非创造一个新的概念并界定它的范围”。那么，在我国目前的政府结构下，结社权问题究竟是一个真命题还是假命题？结社权问题到底有无解决的可能？这个问题从最小关涉的意义上来看，它决定着结社自由及其相关问题的研究是否还有现实意义；从最大关涉的意义上来看，它影响着中国未来社会发展的基本走向，即如果结

① See Michael Bratton, “The Politics of NGO-Government Relations in Africa”, *World Development*, 1989, vol. 17, issue 4, pp. 569-587.

社权问题的解决是可能的，那么通过什么途径，需要哪些政治条件？如果不可能解决，那么中国社会将如何转型？替代性的手段和途径将是什么？结社权问题的政治分析将直接或间接地涉及这些问题。

（二）结社权问题的政治分析

1. 结社权问题的政治成因

中国结社权问题的政治成因，既与其传统的基本政治制度构架密切相关，也与其现行的基本政治构架和这一构架所生成的秩序紧密相关，还与执政党统治权力的取得方式紧密相关。

毛寿龙在一篇题为“宪政与结社自由”① 的发言中指出，传统的政治制度构架及秩序基本上是一种单中心的帝国秩序。在这种秩序中，国家是奖励和惩罚的中心，规则的制定和执行都依赖于国家的强力，国家是一切是非的最终裁断者，除国家级的结社或作为国家工具的结社外，民间的结社是被高度禁止的。中国传统的政治制度构架和秩序具有鲜明的帝国中心主义，规则国家主义、秩序单一主义和价值观的高度一元化。② 在这一制度构架和秩序下，任何鼓吹多中心秩序和规则的活动都被视为对现存秩序和规则的挑战，任何现代意义上的结社活动都是被严厉禁止的。国家法律的目的既不是像古罗马那样要显示神的最高精神；也不是像美索不达米亚那样要维护私有财产和个人权利，“其主要目的是政治的”，牢固的政治统治。③ 传统政治制度和法律秩序的这一特征，与近代以来在多元政治文化中熏陶和铸就的结社自由发生了严重冲突，与现代结社自由理念里所蕴涵的多元主义、联邦主义以及分权倾向格格不入，由此形成了阻却中国结社权问题解决的强大的传统政治文化力量。

新中国成立后，我国的政治性质发生了本质变化，国家由王朝体制下一家一姓的私有物，变成由工人阶级领导的、以工农联盟为基础的社会主义共和国国家，国家的统治变成了“多数人的统治”。但是由于历史发展的惯性和路径依赖，传统的“帝国秩序”仍然在新的政治体制下有所保留。表现在国家政治体制方面，单中心的自上而下的统制方式仍然发挥着主要作用。无论是政治权力的层级划分，还是功能分属都保持着高度的“一个中心性”。从地方到中央，从立法到行政，权力的向心性倾向都非常明显。换句话说，新中国成立至今，传统的国家主义、秩序单一主义和政治价值观的一元化状况并没有得到实质性的

---

① 毛寿龙：《宪政与结社自由》（演讲），北京大学非营利组织研究中心学术研讨会，2003－09－20。

② 这一特点与西欧中世纪封建社会的情形截然不同。西欧封建社会虽然建立在君权神授的基础之上，但君权并不是唯一的权力和规则来源。君权受到来自教权、贵族权和市民权等多元权力的挤压和挑战。西欧封建社会的多元权力格局“打破了大多数古代文明的显著单一性，使得社会组织的多形式、多原则在其中同时并存着”，“神权政治的、君主政治的、贵族政治的、民主政治的成分；各行各业、各式人等相互混合相互挤压；存在着无数程度不等的自由、财富和势力”。正是这些多元的权利、利益和自由成为后来支撑欧洲结社自由的酵母精神。参见马占山：《民间组织与转型期的公民性塑造》，载《NGO的社会责任国际学术研讨会论文集》，2007年12月；［法］基佐：《欧洲文明史》，程洪逵等译，23页，北京，商务印书馆，1998。

③ 参见张中秋：《中国法律形象的一面——外国人眼中的中国法》，25页，北京，法律出版社，2002。

改变，这些情况的存在客观上续接了阻却中国结社权问题解决的强大传统政治文化力量，成为结社权问题极难解决的政治难结。

此外，从执政党统治权力确立的方式来看，由于特定的历史条件，中国共产党是通过“枪杆子”革命而不是“结社自由”取得政权的，这一历史特点从“外部”固化了传统的一元化统治结构。

2. 结社权问题解决的政治条件

以上我们从传统的及现实的基本政治制度构架和秩序的角度探讨了我国结社权问题的成因。那么，从此分析出发，我们继续前面提到的问题：究竟结社权问题是真命题还是假命题？它能不能在我国现有的政治条件下解决？这个问题实际上涉及结社权问题解决的政治条件。

从改革开放以来发生的政治变迁来看，我国政治体制一直处在适应性变迁之中①，政府从包办社会、代替社会逐步转向帮助催生民间社会和适度支持民间社会的独立和发展，而同时期的民间社团的从无到有、从小到大也实证地反映了这种变迁。政治体制的适应性变迁是结社权问题解决的重要政治条件。

因此，在政治体制的改革方面，要尽力避免这样的认识误区，即认为：政府是理性经济人，在诸种改革方案中，它往往只选择对它损失最小的方案或者说只有改革方案对它在总体上利大于弊的时候才有可能，因此政府控制下的改革不大可能给结社权问题的解决留下太多政治空间。而实际上，这种观点只看到理性经济人的初始选择逻辑，没有能够从动态和递进意义上看到经济理性人所面临的选择困境，即当一轮改革完成之后，下一轮的改革发生的条件和环境条件均发生了重要变化，以至于当政府拒绝进一步的改革时，会遭受比接受改革更大的损失。这就是说，政府在政治体制改革的选择中，不总是处于主动理性经济人的地位，在很多情况下，政府主导下的政治体制的改革会被动地卷入对社会的适应性改革中，由此改革也呈现出阶段性的制度变迁。② 就是说，政府一旦步入政治体制改革的车道，对于速度和方向的把握就不再完全取决于政府的理性经济人的单方面的从容选择，而是取决于多种力量（市场的、公民社会的乃至政府内部的）的博弈和选择（当然政府在相当长的时间内都将保持强大的主导力量）。在推进政治体制改革的程度上，中共十六大提出要“积极稳妥地推进”，而在时隔五年的十七大报告中则直接提出要“深化政治体制改革”。当然，这并不是说十七大后政治体制改革不再需要“积极稳妥地”推进，而是说十六大后的形势发展、多种力量的博弈需要我们在政治体制改革

① 最能体现这一变迁的现象是数次发生的政府机构改革，这些改革使得政府在执政理念、机构设置、人员配置、运行机制等方面发生了深刻变化。如果我们站在目前的立场上跨越时空直接去审视第一次机构改革前的政府状况，就会产生一种强烈的变迁感。基于已有的经验和路径依赖判断，这种变迁将会持续下去，并可能在恰当的历史时机发生跳跃性的变迁。

② 参见康晓光：《转型时期的中国社团》，载中国青少年发展基金会、基金会发展研究委员会编：《处于十字路口的中国社团》，13～14页，天津，天津人民出版社，2001。

方面进一步作出回应。十七大报告中，仅“民主”一词就出现了多达六十余次。其他方面提出要“保障人民享有更多更切实的民主权利”；要“加快建设”社会主义法治国家；要“确保权力正确行使，必须让权力在阳光下运行”，等等。尤其引人注意的是，十七大还第一次在党的报告中提出了“表达权”。表达权是一种有多种政治意味的权利，它是多种政治权利的概括性表述，是不同利益群体进行意见协商和交换的重要渠道。它的提出表明执政党已经意识到并准备在制度层面适当接纳多种社会（政治）力量。十七大报告的上述新特点充分表明，我国政治体制改革是在多种力量推动和参与下进行的，政治体制改革既是渐进的，也是不可逆转的。

具体到结社权问题，在起始阶段，为适应市场经济的发展和政府自身的改革，政府主动优先选择发展一些与这两类改革密切相关的中介组织和行业组织；当市场经济进一步发展，社会力量有所发展时，为适应这种变化，政府作出第二轮改革的选择，如逐渐允许一些农村专业经济技术合作组织和一些社会服务类的社团的合法存在；当市场经济的发展对社会发展进而对政府机构造成巨大的压力时，第三轮适应性改革被启动，在这一过程中，为适应社区建设，一些在社区层面活动的社团组织的合法存在问题可能得到解决，如采取在社区居委会备案的办法（解决社团登记管理条例门槛过高的问题）；在农村，可能逐渐允许各类合作社、金融组织乃至农民协会的合法存在，等等。我国政治体制改革的这些制度性变迁说明，结社权问题的解决可能存在着政治上的症结，但不存在政治上的死结，即认为中国的结社权问题是个“假命题”。

当然，如果以静态的眼光来判断，当前我们还很难说中国的政治制度构架和秩序为结社权问题的解决提供了现实的政治条件和基础。但如果以发展的观点来看，真正使传统单一的“帝国秩序”开始解体的现象其实已经反复出现：国家的“单中心的奖励，很多已经失去了作用，有些正在失去作用”；而市场的评价，已越来越成为荣誉与成就的标志；与此同时，单中心的惩罚，即以具体的惩罚来确立制度的做法也正在逐步失去市场；以程序性来确保规则的公正性，以公正性来确保政府的威信的理念正在兴起；规则的力度，正在转由公共的讨论、对等的谈判和协商与遵守而生；一些寄生型的社团如工会、妇联，正在走向维权型社团，等等。同时，在一些重大事件上，开放的公共讨论空间也正在形成。就是说，在新的历史条件下，传统的国家主义、秩序单一主义和政治价值观一元化的状况正在慢慢改变，一个多中心的、多元的治理体系正在慢慢形成（尽管这个过程可能十分漫长），而这一体系必将为中国结社权问题的解决提供坚实的政治依托。

另外，从我国政府主导改革发生的逻辑次序来看，继经济领域市场化改革初步完成之后，社会领域的自治化改革①也已全面展开，相应地，政治领域内的改革亦将全面启动，这

---

① 大体上说，这部分改革包含社区建设、社团建设两个部分，前者在政府的大力支持甚至直接组织下已取得了较为明显的效果，后者则是在政府价值观的主导下有选择性地进行，继行业组织等市场中介性组织之后，农民的专业性组织建设受到政府的关注和支持，这类组织在立法和组织建设的实践方面都已取得一定成果。

将在全局意义上为结社权问题的解决提供条件。

三、结社权问题的经济分析

结社权问题的形成与一定的经济发展阶段相关，有一定的经济必然性。在我国，结社权问题的重要经济原因是，由于长期的经济发展的缺位，我国经济发展水平很低，经济总量及质量均严重落后于发达国家。改革开放后，为补上发展经济这一课，政府一直把经济建设奉为中心，"让一部分人先富起来"、"发展是硬道理"等成为确保经济优先发展的新的意识形态，政府的决策显示出其高昂的发展经济的决心和恒心，而这一点恰恰成为结社权问题形成的经济诱因。

我们知道，在资本主义上升时期，虽然结社权作为一种催生资本主义生产方式的政治性权利，对资本主义的生产性活动的确起了巨大的推动作用，但是从总体上看，结社权主要是一项分配性权利①，与其展开博弈的是资本联合的力量，这种权利属性在资本主义制度全面确立后变得尤为明显。随着资本主义生产的发展，资产阶级在它不到三百年的时间内，积累了大量财富，也积累了大量的社会问题，其中一个明显的社会问题是两极分化或财富分配严重不均。为了矫正这一严重的社会问题，作为财富主要创造者的工人通过广泛的结社活动掀起了要求重新分配财富的运动，其内容主要有改善劳动条件、提高劳动待遇、提供劳动福利等，主要手段为谈判、协商、罢工等。工人有组织的结社活动对于缓和严重的阶级对立和收入分化起到了重要作用。

如前述，改革开放后的中国，为恶补发展经济这一课，长期坚持"以经济建设为中心"、"发展是硬道理"的基本国策和价值选择。总的说来，这一阶段是以生产财富，而不是以分配财富为其核心发展战略，这一情势客观上需要结社权作出一定的让步和牺牲，一个潜在的共识是：在蛋糕没有做大之前，对要求公平分配蛋糕的结社活动予以一定的限制甚至压制。这种现象在发展中国家具有一定普遍性，如孟加拉国，为吸引外资，其出口加工区的管理部门甚至公开打出了"投资于孟加拉国出口加工区获利最优，因为孟加拉提供最为廉价且生产力水平高的劳动力，法律禁止在加工区内成立工会，罢工违法"的广告标幅，以吸引外资。②

随着改革开放的深入，政府逐渐意识到单纯追求经济增长与大量社会问题包括贫富分化问题（这种贫富分化被认为与工人、农民工、农民等弱势群体的结社权受到限制相关）的出现有密切联系。尤其是，随着经济全球化进程的加快，世界范围内的经济社会发展不平衡加剧，以及发展中国家的日益贫困化，也被认为与结社权（劳工结社权）受到跨国资

---

① 结社有所谓营利性与非营利性之分。宪法和人权意义上的结社通常仅指非营利性结社，而营利性结社如企业、公司一般由民商法、公司法研究。本文所指的结社显然属于前一种情况。在非营利性结社如工会结社中，结社权主要是一项分配性权利，尽管这种分配性权利可能有利于生产性活动。

② 参见周国银、张少标编著：《社会责任国际标准实施指南》，64页，深圳，海天出版社，2002；周少青：《三重框架下的劳工标准问题》，载朱景文主编：《全球化条件下的法治国家》，北京，中国人民大学出版社，2006。

本的全球范围内的侵害密切相关。[①] 基于这种认识，党的十六届三中全会和十七大提出、强调了以人为本的科学发展观，这在某种程度上可视为对结社权问题经济成因的正视和回应。尤其是“以人为本”发展理念的提出，为消除结社权问题的经济成因提供了历史性的契机。

值得注意的是，在未来相当长的时期内，中国仍将在客观上处于“赶超”或“补课式”的经济发展过程中（即处于“发展是硬道理”阶段），由此决定了结社权问题的经济成因将长期存在，并可能在特定时期急剧膨胀成为遏制结社权问题解决的重要因素。

四、结社权问题的历史分析

与结社权问题的经济成因和政治成因相比，我国结社权问题的历史成因是最深刻、最具中国特色的。如果说在经济成因和政治成因方面，我们与其他国家尤其是发展中国家尚有许多相同或相似点的话，那么，在结社权的历史成因方面，我们存在的问题几乎是独一无二的。中国长达数千年的历史在结社方面留下了两份重要的历史遗产：一份是几乎贯穿整个封建史的传统秘密结社，另一份是自近代以来就富有政治斗争传统的公开社团。这两种社团虽说在性质和存在的具体形式方面有着巨大的差异，但其直接或间接地觊觎或指向国家政权的惯性却是十分相似的，因此中国的历代统治阶级都把严密控制和防范“天然”具有政治倾向的民间社团作为维护统治的重大任务，这种倾向一直影响到今天。

结社权问题具有很强的历史成因性，不从历史的维度去认识结社权问题的成因，我们便不可能正确地认识中国的结社权问题。下面我们就从“觊觎政权的传统秘密结社”和“自近代以来就富有政治斗争传统的公开社团”这两个历史性的维度展开论述，看看它们是如何影响结社权的实现并进而成为结社权问题的历史成因。

（一）觊觎政权的传统秘密结社

中华民族的确富有优秀的传统结社文化，历史上的“锄社”、“义社”、“粮社”、“祭社”、“义赈会”等类型的民间结社发挥了重要的互济互助、扶危济贫、匡正救世的作用；文人的“诗社”之类的社团组织还造就了“秦汉的壮怀悲歌，魏晋的风姿流逸，唐宋的诗词光华，乃至于明代的忧国忧民”的文化精粹。但毋庸置疑，我们的传统结社文化中也有着诸多的消极因素，秘密结社便是其中比较明显的一种。

秘密结社是中国传统社会结构的衍生物，它是数千年来国家高度统合社会的产物和标志。[②] 秘密结社是我国封建社会和半封建半殖民地社会里的一部分下层群众，为了求得精神

① 参见周国银、张少标编著：《社会责任国际标准实施指南》，64页，深圳，海天出版社，2002；周少青：《三重框架下的劳工标准问题》，载朱景文主编：《全球化条件下的法治国家》，北京，中国人民大学出版社，2006。

② 为防止“流民”作乱，自秦汉以来，历代统治者都推行严格有效的户籍制度，从秦汉魏晋时期的“乡里制”到唐代的“乡保制”，从宋朝的“都保制”到清代的“保甲法”，这些户籍制度将农民牢牢地束缚在土地上。与此同时，政府又通过一系列措施如分户、告亲等将国家控制的触角伸至社会基层。这种条件下，民间公开社团不仅客观上严重缺乏生存和发展的空间，而且在政府的主观价值取向上也不具有存在的合法性和正当性。因此，传统社会条件下的民间社团基本上只能以秘密结社的形式存在。

上的慰藉或生活上的互济互助、自卫抗暴而自发结成的社会组织。由于其所宣传的某些口号或教义，具有反抗时政的特点，因而容易与主流社会相悖离或对立。特别是在社会矛盾激化时，它们往往发动下层群众起来造反，因此被历代统治阶级视为“异端”、“叛逆”，严加打击，必欲除之而后快。因此，这些组织总是处于秘密状态。[①] 民间秘密结社平时“有患相救，有难相死，不持一钱可周行天下”[②]，当发展至一定规模时，或在一定历史条件下，一些首领往往渐生政治野心，“有不轨志”，他们宣称自己“大福”、“大贵”，“有帝王之相”，要“换乾坤”、“换世界”。历史上秘密会社的发难成为许多朝代垮台的重要诱因，有的还直接导致了封建王朝的改朝换代。[③] 近代后，秘密会社又渗入几乎所有政（党）治派别的斗争，成为中国政治舞台上一股时隐时现的重要政治力量。

姑且不论秘密会社在不同历史时期的不同性质和作用，单从形式上看，我国民间秘密会社活动的一个重要特点就是易把斗争的锋芒指向国家政权。它们起事的目的往往一开始是摆脱难以忍受的压迫、争取起码的生存条件。但是，随着成员的激增和群体力量的强大，谋取政权或曰“夺取鸟位”便成为它们近乎惯性的目标。这种现象与封建国家长期坚持的对民间社团的高压政策和实践（很大程度上已经形成了“有你没我，有我没你”的恶性对立）密切相关，也与我国社会长期商品经济严重不发达相关（在一个工商业都极不发达的国家或地区，展现个人价值或“出人头地”的重要途径甚至唯一途径是谋得权力）。秘密结社谋取政权的传统和“惯性”，使历代统治阶级对其保持着高度戒心，即使是在清末结社活动有所合法化以后，历届政府也仍然坚持着严厉限制性的结社立法和政策。

中华人民共和国成立尤其是改革开放后，虽然国家性质和结社的经济、社会基础均发生了深刻变化，但民间秘密结社的传统并没有随之消失，相反，随着利益的日益多元化和利益冲突的日趋广泛以及限制性的社团立法的推行，种种公开的、半公开的或秘密的民间结社层出不穷，有些社团看上去仍然保持着冲击政权的倾向和惯性，这种倾向和惯性虽不足以撼动人民政权的根基，但也足以让政府对其百般谨慎。真正的结社自由实质上推行的是一种事后追惩制，即只有当社团明确违反了有关法律时，国家才有权力进行追究，这种制度对政府的信心和能力均是一种考验。因此，在政府看来，推行真正的结社自由实际上潜含着一定的政治风险，坐等那些地下社团发达后直指国家政权时再去依法惩处，会给政府和社会造成高昂的成本。保险的办法是，通过行政权力的事前允许和事后的直接监督和

---

① 参见秦宝琦：《清末民初秘密社会的蜕变》，1～2页，北京，中国人民大学出版社，2004。

② 周凯：《内自讼斋文钞》，卷1，纪齐二寡妇之乱。转引自郑永华：《清代秘密教门治理》，159页，福州，福建人民出版社，2003。

③ 在长达数千年的历史过程中，在中华帝国秩序的中心外，徘徊着大量的与帝国秩序基因同构的民间组织，它们俟帝国因高度腐化而失序的历史机遇，与国家展开暴力竞争，在不少情况下，成功地成为改朝换代的工具或手段。新王朝建立后，单中心的帝国秩序再一次被确立，并同样重复着奖励和惩罚的基本国策，同样以强力维持规则的效用，同样严厉禁止民间结社，最后因同样的原因而陷入高度腐化、失序，而被长期处于帝国秩序中心外的民间社团掀起“革命”的风暴推翻，如此循环往复，构成长达数千年的封建历史。

管理，在这些社团来不及做大甚至还没有明显迹象时消灭它们。我国社团立法的一个主要动机是防止传统的秘密结社对政府权力的可能的侵害，防范秘密结社的目的是通过限制公开社团的方式实现的，这里，政府有个潜在的逻辑：如果允许普遍公开的合法结社，就难以防止在公开的幌子下秘密进行的反政府活动。[①] 因此，一定程度上我们可以说，秘密结社传统是结社权问题的重大历史成因。

需要指出的是，秘密结社传统对结社权问题生成的影响，在很大程度上并不是客观存在的。由于具体的历史环境和条件发生了质的变化，今天的社团面临着与历史上的社团截然不同的社会使命。社会利益的多元化，社会矛盾的非根本对抗性，社会价值的多层次多渠道的体现[②]，等等，都使民间社团不必再以竞争国家政权为目标，相反在许多方面，民间社团成为国家政权的参与者、合作者和维护者。

（二）近代以来公开的社团也多有政治斗争的传统

伴随着晚清的政治、法律改革以及当时社会政治、经济的变迁，中国产生了近代意义上的社团。由于近代中国特殊的历史背景，这些社团尤其是学会和工会一开始就和政治斗争结下了不解之缘，成为中国近代政治舞台上的重要角色，认识这一特点对我们正确认识中国的结社权问题至关重要。

鸦片战争以来，尤其是甲午战争之后，中国知识分子的“四千年大梦”（梁启超语）被唤醒，丧权、失地、赔款首先刺痛了他们政治神经。为拯救民族的危亡，知识分子创立了各种学会，如强学会、南学会、保国会等，宣传维新思想，意图救亡图存。据统计，戊戌前后出现过各种学会团体 668 个，其中政治、教育、学术、青年、风俗改良等革新团体 360 多个，商业、宗教等团体超过3 000个。[③] 这种“因政教而成风俗，因风俗而心理”的价值嬗变造就了学会这类社团倾心政治斗争的传统，有人甚至把这些学会看作是具有近代政党性质的团体。

现代意义上的工会也产生于近代社会激烈的民族和阶级矛盾中，中国工会的产生一开始就具有双重特点，它们既直接为会员自身的利益而斗争，又为整个民族、国家的利益而战斗。如果用国际上流行的互益性和公益性的划分标准，我们恐怕很难为近代以来的中国工会划定身份。由于近代社会的特殊性，我国工会运动更多的是为国家、民族的独立和解放而进行政治斗争。1851 年成立的广州打包工人联合会，是我国最早

① 其实，按照托克威尔的理解，在真正实行公开结社的国度里是不存在秘密结社的。为防范秘密结社，许多西方国家包括前面提到的丹麦，都容忍了那些看上去根本无法容忍的社团（如恋童癖者协会和一些被我们界定为“邪教”的社团）的存在，这样做的一个重要的理由是，他们认为解散或禁止会使这些社团从地上转入地下，从而更难以监督和防范。

② 奥本海认为，当社会发展到较高阶段时，科学、艺术、公民道德以及在竞争中拥有强健的体质等等都可以直接满足被伊利亚斯称为“永远优于他人，比他人更著名”的第三级欲望，而不必通过追求权力或财富等中间目标去满足。参见［德］弗兰茨·奥本海：《论国家》，沈蕴芳、王燕生译，11 页，北京，商务印书馆，1999。

③ 参见张玉法：《清季的立宪团体》，114 页，台湾“中央研究院”中国近代史研究所，1971。

的具有工会性质的组织，这个组织就曾组织过反对英法侵略中国的罢工斗争。[①] 此后中国工会组织的政治斗争连绵不断，贯穿了整个近代史，极大地影响了中国社会的政治格局。

商会是清末法律改革催生的“体制内”社团，清末以来商会的传统是“在商言商”不问政治，但在五四运动中，商会在学生、工人的影响下，也被动地介入了政治斗争，天津总商会在给当时政府的电文中说，“查栖息于津埠之劳动者数十万众，现已发生不稳定之象。倘迁延不决，演成实事，其危厄之局，痛苦有过罢市者”[②]。

上述我们简要地论述了近代以来三种具有代表意义的社团的政治斗争的传统，相对而言，学会和工会在介入政治斗争方面要深刻得多，一定程度上我们可以说，正是这两类团体的结合产生了近代以来影响中国命运的一个伟大的政党——中国共产党。中国共产党是工人运动和马克思主义相结合的产物，也是社团运动的产物，谢荫明在《社团在中共创建时的作用》中指出，近代北京的许多文化社团在中国共产党成立过程中，为其创立做了思想上和组织上的准备。[③]

尤其值得关注的现象是，由于中国近代以来社会矛盾的尖锐和不可调和，由社团而成的政党在经历了“民主化”的斗争手段失败后，逐渐与武装或暴力结合，形成了政党加暴力的革命或反革命模式，各政党或集团都力图通过强力方式解决中国的矛盾，这种倾向和传统对我国社团的治理模式产生深刻的影响。“政府管理社团”模式的选择一定程度上就是为预防这种倾向和传统所采取的防范手段；现行社团立法的许多限制性条款，都与防止社团从事政治活动，防止社团做大的预防性目的紧密相连，如社团的发起人或负责人的政治倾向可以被作为不批准社团成立或者撤销社团的理由；民办非企业单位不能设立分支机构，社会团体不可以设立地域性分支机构等等，可以说，不了解中国近代社团运动的特点，就不了解中国的结社权问题。

五、结社权问题的社会学分析

结社权问题具有很强的政府因素，上述政治分析、经济分析和历史分析虽角度各有侧重，但政府因素是其中关键性和联结性的因素。然而，倘若把结社权问题仅仅理解成政府控制结社，公民争取结社自由，或者简单理解成社会与政府在结社自由问题上的某种程度的对立的话，那便会犯照抄西方国家曾经在同类问题上的思维路径的错误。我国结社权问题形成的一个深刻的社会原因是，社会对其自身缺乏必要的信任和信心，而这一点是导致结社权问题的重要社会原因。

（一）国人独特的“恶性社会观”

结社自由的实质在于约束国家权力，伸张社会权利（力），其预设的前提是，国家是一

---

① 参见史探径：《中国工会的历史、现状及有关问题探讨》，载《环球法律评论》，2002年夏季号。

② 《晨报》，1919-06-13。

③ 参见谢荫明：《社团在中共创建时的作用》，载《北京档案史料》，2001（2）。

种“必要的恶”，是社会发展过程中某个阶段产生的“迫不得已”的异化物。西方社会结社权较发达的原因多重而又复杂，但其轻国家、重社会的社会本位观（就总体而言是如此）无疑是其中最重要、最富底蕴的要素。在他们看来，“国家是一种构建物”，“是一种公民团体”，“是个人间的联合”，在这个联合体内，“权利和义务归于个体的人，而不是集体”。“国家和政府只能在公共行为领域内合法地行动，而在已经划为私人性质的领域里就不具有权威”①；“政府的必要性，最多在于解决社会和文明所不便解决的少量事务”（潘恩语）。与此相对应，他们认为，社会先于政府而存在；社会首先源自一个把个人从自然状态解救出来的契约，然后这个新形成的社会才建立了政府。社会具有其自己的前政治的生命和统一性，而这恰恰是政治结构所必须服务的。社会有权力和权利去确立或取消政治权力，这要视该政治权力是否为社会利益服务而定。而政府尽管可被视为至高无上，但它与社会之间实际上是一种信托关系。如果它违背了自己的信用，社会就可以恢复其行动的自由。② 西方社会的这种界分国家与社会以及以社会为本位的政治文化传统，不仅“始终是不同形式的反专制主义思潮的核心”，而且在实践中构成了以社会权利（力）制约国家权力的结社自由的坚强堤坝。

反观我国，由于数千年的国家对社会高度统合的历史传统，社会不仅在占有各种有形的资源方面匮乏，而且在精神观念上也多半处于与封建国家正统相对的“离经叛道”上，这种历史上形成的轻社会（以宗族、家族为代表的社会力量实际上仅仅是国家的延伸，而不具有自己真正独立的形态。历史上，许多家族都怕被怀疑“做大”而遭灭族，它们制定的家规、族规总是把“遵守政府法令”作为首要条款，对于家内、族内出现的“异端”，有时家族法比国家法的处罚更严厉；另外，还有论者指出，中国历史上实际并不存在多少让许多学者津津乐道的实力雄厚的家族或宗族，历史上的社会力量更多的是以“散沙”的形式存在的，从来没有形成过可以抗衡国家权力的社会权力）、重国家的传统经过新中国成立后数十年的“计划国家主义”的熏染后，逐渐积淀为一种极为罕见的“恶性社会观”，表现为：社会民众对社会自身有一种高度的不信任感，他们对来自“社会的”东西几乎本能地怀疑；甚至一度把“社会上的”这几个字变成消极的、不可靠的乃至“坏”的代名词；人们迷信国家（政府）到这样一个程度：不仅要求国家立法插手诸如惩治“第三者”和“不孝之人”等私性十足的事务，甚至愿意将学术规范这类本该由学术团体高度自治解决的问题也交给国家来裁断。国家在这里成了名副其实的社会公正的最后裁判者，成了“善”的化身、民众信任的最大寄托者。据清华大学公共管理学院 NGO 研究所所作的公民社会指数调查，有 90%以上的人面临问题时倾向于找政府解决，只有 3%的人遇到问题愿意找非政

---

① ［美］菲利克斯·格罗斯：《公民与国家——民族、部族和族属身份》，王建娥等译，34 页，北京，新华出版社，2003。

② 参见［英］查尔斯·泰勒：《市民社会的模式》，载邓正来、［英］J. C. 亚历山大主编：《国家与市民社会》，14、23 页，北京，中央编译出版社，2002。

府组织（社会）解决。[①] 最近中国社会科学院社会学所主持的调查研究也表明，民众对中央政府的信任程度最高，远在消费者协会、社区组织、行业协会、宗教组织等之上。[②] 在社团领域，政府部门的支持总是能够极大地提高社会对社团活动的信任度[③]，实践中那些运行和发展较好的著名社团几乎无一不是依赖党政机关取得社会信任的，如中国青基会是借团中央建立自己的社会信誉的；中华慈善总会是借民政部来建立自己的信誉的；各地的消费者协会是借政府工商行政管理部门建立信誉的。[④] 而那些与政府没有瓜葛尤其是那些不受政府欢迎的民间组织往往也得不到社会的认可，它们的发展一般很难与那些依赖政府机关取得社会信任的组织相比。

总之，在国家与社会、政府与社团的关系上，我国民众表现出了一种高度的首足错位的现象[⑤]，这种情形使得以社会权利（力）制约国家权力、以社团权力分散国家权力为基轴的结社自由面临着巨大的挑战。

(二)“恶性社会观”与结社权问题的形成

苏力借罗伯特·埃利克森在《无需法律的秩序》一书中所说的“世界的偏僻角落发生的事可以说明有关社会生活组织的中心问题”和“法律制定者如果对那些会促成非正式合作的社会条件缺乏眼力，他们就可能造就一个法律更多但秩序更少的世界”，表达了他对“社会性的”东西的重视和强调，他甚至引用老子的“法令滋彰，盗贼多有”，得出了“法治越不完全的社会，法条会定得越细密”的结论。

在我国，由于民众普遍存在的“恶性社会观”，实践中人们总是倾向于依赖国家，对来自“政府的”东西总是给予充分的信任，这种情形使得在改革开放中已大大消解了的传统的国家主义，在新的历史条件下又以“法律万能主义”（准确地说是国家立法万能主义）的面孔出现。人们越来越多地主张通过国家立法来规制社会，而国家也正试图利用这种倾向加紧通过立法对社会实行控制（社团登记条例是其中一种）。[⑥] 本来结社自由强调的是社会

① 参见《清华大学公共管理学院 NGO 研究所公民社会指数研究报告》，2006，未刊稿。

② 参见中国社会科学院社会学所：《全国社会状况综合调查》，2007。

③ 这是王名等学者通过大量实证分析得出的重要结论（参见王名等：《中国社团改革——从政府选择到社会选择》，141 页，北京，社会科学文献出版社，2001）。不过由于对这些“官方背景”社团的监管不力，近些年来也不断爆出诸如中国营养学会的违法推荐黄金搭档事件、中国消费者协会的“欧典门事件”以及全国牙防组的违法认证事件等等，这些事件一定程度上影响了公众对“官方社团”的信任。

④ 参见孙五三、沈原：《“制度的形同质异”与社会团体的发育——以中国青基会及其对外交往活动为例》，载“中国 NPO 服务网”：http：//www.npo.org.cn。

⑤ 这一点与西方国家形成鲜明对比，在丹麦有一个民间自发建立的“自由城”，这个自由城与政府对峙了三十多年。在这三十多年中，政府多次动用警察试图以武力将他们驱逐出去，多年都遭到失败，一个重要原因就是，这个由抢占旧军营为始的民间集团，得到丹麦民众尤其是哥本哈根民众的有力支持。丹麦民众对“社会性的”东西有一种非同寻常的信任，而对国家或政府则本能地投以怀疑的目光。

⑥ 也许在这种意义上，我们才能够理解为什么苏力会为“颠覆了国家或正式法律是社会秩序之唯一或主要来源，民间法或民间规范只是正式法律之补充或从属这样一个命题”而欢欣鼓舞，会特别强调和看重“社会自治”、“民间的”、“社会的”之类的词汇。参见苏力：《无需法律的秩序》，载《环球法律评论》，2004 年春季号。

通过法律对国家行为的控制，而“恶性社会观”则在逻辑上把受控制的对象不知不觉中转移到社会身上。[①]

在保障公民自由和社会独立性不受国家非法干预问题上，有两种殊途同归的观点：一种是主张守夜人式的最小国家，强调宪法和法律通过限制国家干预个人的权力来保护自由；另一种是强调国家通过更多的积极的立法来保护公民的自由。我们之所以说两种观点殊途同归，是因为两者实际上都是以社会、以公民权利为本位的，而结社自由实际上也正是以社会、以保护公民权利为本位的。张扬“社会性的”，约束“国家性的”，是结社自由的精髓和真正的历史使命。我国目前普遍存在的“恶性社会观”和变相的国家主义有使这种认识或定位发生错位或逆转的危险。人们对社会自身的不信任和信心不足，使得以社会权利（力）为基础的结社自由面临着失去根基的危险，可以说，国人的“恶性社会观”已成为结社权问题要素中最难以攻破的堡垒之一。

六、结社权问题的观念性分析

观念问题是结社权问题的最深层次的东西。

（一）结社权问题观念性成因的一般分析

虽然第二次世界大战以来，结社自由作为基本的人权通过两个国际人权公约和国际劳工组织几个有关结社自由的公约的广泛签署，得到了许多国家的认同，但在观念上，出于种种原因，一些国家尤其是发展中国家还是显得内驱力明显不足。如许多非洲国家之所以签署国际人权公约，建立地区性的人权公约和实施机制，乃至在国内建立人权委员会之类的组织，并不是基于内在地认识到人权的价值，也就是说，并不是因为观念上发生了对人权价值的内在认同，而是为了得到发达国家的经济援助。在这些国家，实施结社自由的制度和机制的创立仅仅是争取外援的装饰物，没能在实践中起到多大作用。不仅非洲国家如此，一些欧洲国家如希腊和西班牙之所以实施公约也带有明显的功利主义色彩，前者是想借此进一步融入欧洲社会，后者则希望在几十年的独裁统治结束后，重新回到欧洲大家庭。[②]

就我国而言，虽然在国内立法上，结社自由自清末《钦定宪法大纲》时起，几乎在历部宪法或宪法性文件或其他法律文件上都有规定，而且，我们已签署两个人权公约，现行的宪法版本中又写进了“国家尊重与保障人权”的条款，但毋庸讳言的是，我们之所以这样做（尤其是签署两个人权公约和在宪法中写上“国家尊重与保障人权”的条款），除了

---

① 前几年马来西亚发生的华人社团之争生动地说明了这一点。事件中，自视为“华社进步改革力量”的雪华堂上书要求政府解散“分化华社进步力量”的隆华堂。这里我们姑且不论具体事件的是与非，单从要求政府解散作为竞争对手的其他社团这一点来看，就足可以知道华人社会自治精神的匮乏和诉诸政府权威的国家中心主义的惯性做法。参见江雨航：《从吉隆坡中华大会堂风波看华人的“政治盲点”》，载《亚洲时报在线》，2003-12-09。

② 参见刘培峰：《国际范围内社团立法的成就与问题》，载《环球法律评论》，2002年夏季号；Ernst Haas, *Human Rights and International Action——the Case of Freedom of Association*, Stanford University Press, 1970。

与改革开放的伟大历史进程有共生性的一面外，与想要争取好的国际形象和国家利益的功利主义动机不无关联，就是说，我们对结社自由的价值和理念的认识并不是完全从自身的发展经历中“进化”出来的。这就意味着，在保障结社自由的观念方面，或者说在对保障结社自由重要性的认识上，我们仍然存在着不足。从保障结社自由的实践来看，这种不足体现为，到目前为止，我们似乎还没能够深刻地认识到保障结社自由对促进整个国家、民族和社会发展的重大意义，没能很好地在发展中体味和融入结社自由的人权理念。

（二）结社权问题观念性成因的执政党因素分析

在结社权问题的观念性成因方面，有一个不能忽视的方面是执政党因素即执政党对结社自由价值和功用的评价和看法。由于执政党主导改革的中国特色，执政党对结社自由的看法或观念在理解整个结社权问题中占有重要的地位。

众所周知，中国共产党及其前的孙中山领导的资产阶级革命团体或政党，客观上都是秉承结社自由精神、践行结社自由理念的产物。在长达半个世纪的时间内，结社自由及其理念或精神对孙中山领导的资产阶级革命和中国共产党领导下的新民主主义革命，起了巨大的助推和合法性支撑作用。从历史的或经验的角度看，这种助推和合法性支撑作用主要表现为为现存秩序的解构或破坏活动提供一种力量聚集和合法性证明。

如果我们简单地回顾一下中国共产党历次代表大会的一些重要文献，就会发现，在1949年前党的一些重要文件中，结社自由权出现的频率是相当高或相当频繁的。从二大到七大的有关决议和报告中，几乎无一例外地提到或强调人民的结社自由或权利。二大的《关于“民主的联合战线”的议决案》指出，在“封建势力统治的国家，人民的生命财产都握在武人手里，法律和舆论都没有什么效力，所以为人民幸福计，民主派对于封建革命是必要的，无产阶级倘还不能够单独革命，扶助民主派对于封建革命也是必要的；因为封建武人是无产者和民主派公共的仇敌，两派联合起来打倒公敌，才能得着出版、集会、结社的自由，任何阶级都必须得着这几种自由方有充分发展的机会”。三大在《中国共产党党纲草案》中把“保障人民集会、结社、言论、出版之自由权”列为“最小限度的党纲”之一。四大在《对于职工运动之议决案》中把“工人阶级初步的政治权利——群众的集会、结社、言论等自由的要求”视为“现时亟须提出的口号”。五大在《职工运动议决案》中认为，“从争集会、结社、罢工之自由，一直到参加政权的实现，充分地表现了无产阶级在国民革命中的领导作用”。六大的《职工运动决议案》指出，党应当领导这些组织（指“拖义气”或“兄弟团姊妹团”类的群众组织）实行斗争，“使他们合并统一团结到赤色工会的组织方面上来”。在工会斗争方面，六大决议案指出，“白色恐怖虽是厉害，然必须力争工会的公开存在，必须利用每个经济上的冲突，每一个罢工，每一个政治事件，以求脱离秘密状态，这中间工作的方法是非常要随机应变的。此外又可想法创造出某种合法或半合法的组织来，例如体育会、运动会、自修社、丝竹社、戏剧社（票房）、疾病、失业、婚丧互助会等，应照现在的情形力争工会公开（结社自由）和创造出种种合法的与半合法的团体来，让我们可以在他们的名义之下去工作，这是我们目前中国革命之阶段中主要的实际任务”。至七大时，毛泽东在《论联合政府》中提出了“取消一切镇压人民的言论、出版、集会、结社、思想、信仰和身体等项自由的反动法令，使人民获得充分的自由权利”的“适当的，并且是最低限度的”的政治要求，认为“人民的言论、出版、集会、结社、思想、信仰和身体这几项自由，是最重要的自由”。他批评国民党“不是唤起民众，而是压迫民众，将民众的言论、出版、集会、结社、思想、信仰和身体等项自由权利剥夺得干干净净”。

以上我们以执政党——中国共产党1949年前的历次代表大会通过的一些决议或宣言为线索，大致回顾了执政党在革命时期有关结社自由的一些政策和观点。我们发现，在几十年的革命历程中，结社自由在中国共产党人的观念中主要是一种革命和批判的武器；结社自由在革命时期主要起两种作用，或者说扮演两种角色：一种是作为组织和聚集革命力量的手段，另一种是作为向国民党政权施加政治压力、削弱其政治合法性的策略或手段。这两种作用的共通之处在于，都是以推翻或瓦解现存政权、破坏现存秩序为目的，这里，结社自由主要表现为一种解构性的力量。

无独有偶，马克思、恩格斯关于结社自由价值和功用的许多看法也侧重于“革命性”或解构性的一面。马克思曾经高度评价工人俱乐部的革命性功用，他说：“须知俱乐部是革命无产阶级的集合地点，是它的秘密活动场所。国民议会本身是禁止工人们联合起来反对自己的资产者的。而俱乐部不是整个工人阶级联合起来反对整个资产阶级，又是什么呢？不是组织独特工人国家去对抗资产阶级国家，又是什么呢？难道这不是无产阶级的制宪议会和起义军备战部队吗？”①

恩格斯也写道，“德国工人应当首先争得那些为独立地组成阶级政党所必需的权利：出版、结社和集会的自由”；“由于结社权和集会权的废除，共产主义的或无产阶级的政党，同其他政党一样，都失去了在大陆上建立合法组织的可能性。更何况共产主义的或无产阶级的政党的领袖们都已被逐出自己的国境。但是任何政党没有组织都是无法存在的；如果说在自由资产阶级以及民主派小资产阶级那里，它们的社会地位、它们的物质优势以及它们的成员之间早已建立起来的日常联系，在某种程度上能代替这类组织的话，那么，没有这种社会地位和资财的无产阶级，便不得不在各种秘密的联合中寻求这种组织。正因为如此，无论在法国或者在德国都出现了许多秘密团体”。恩格斯继而指出，“没有出版自由、结社权和集会权，就不可能有工人运动”，“没有这些自由，工人政党自己就不能获得运动的自由；争取这些自由，同时也就是争取自己本身存在的条件，争取自己呼吸所需的空气”。针对巴枯宁派反对利用政治自由的情形，恩格斯指出，“政治自由、集会结社的权利和出版自由，就是我们的武器；如果有人想从我们手里夺走这个武器，难道我们能够袖手旁观和放弃政治吗？有人说，进行任何政治行动都等于承认现存制度。但是，既然这个制

① 《马克思恩格斯全集》，第7卷，62页，北京，人民出版社，1959。

度把反对它的手段交到我们手中，那么利用这些手段就不意味着承认现存制度”。他甚至明确指出，“结社权的存在正是为了能够不受处罚地（当然是以合法的形式）‘破坏’国家制度”。恩格斯满怀信心地指出，共产主义政党“抱有更远大更崇高的目的，它们懂得：推翻现存政府只不过是即将来临的伟大斗争中的过渡阶段，它们竭力把以它们为核心的党团结在自己的周围，训练党去进行最后的决战。这一决战或迟或早将必然在欧洲不仅永远消灭‘暴君’、‘专制君主’和‘王位追求者’的统治，而且永远消灭无比强大的极端可怕的权力：资本对劳动的支配权”①。

马克思、恩格斯关于结社自由的论述和对结社自由功能的理解和评价与我国新民主主义革命时期结社自由的革命实践高度契合。

新民主主义革命胜利后，历史上起过巨大解构作用的结社自由则较少出现在党的历届代表大会的重要文件中。有所例外的是党的十三大。十三大报告指出，为“保证工人阶级和广大群众当家作主，调动各方面积极性，维护全社会安定团结的基础”，防范和制止“侵犯群众权利的现象”，“必须抓紧制定新闻出版、结社、集会、游行等法律……使宪法规定的公民权利和自由得到保障”。但这次代表大会提出的“结社立法”的任务后来并没有在实践中兑现。

这些情况似在表明，在执政党的观念世界里，结社自由主要是一种革命性的或解构性的力量，这种革命性或解构性的力量，在和平时期可能转化成一种破坏性的力量。这种观念性的认识在实践中逻辑地表现为对社团尤其是比较独立于政府的社团始终抱有一种提防心态，对保障结社的立法进程推动不够积极。

值得注意的是，十四大确立社会主义市场经济的体制改革目标后，从与市场经济的相关联中，执政党逐渐认识到社团至少一部分社团具有明显的建设性作用。于是，十四大以来，一些与市场经济直接相关的社会中介组织、行业或职业组织和能够帮助政府解决社会问题的慈善组织得到了重视和发展。这一情况可以从我国当前的社团结构得到证实。

（三）结社权问题观念性成因的学者因素分析

尤其值得注意的是，随着结社自由实践进程在我国的某种程度地受阻，最初极力倡导甚至鼓吹结社自由的部分学者的态度发生了明显转向。他们转而认为，“结社其实只是西方人的一种生活方式”，“而中国人的生活方式显然不是结社的”，这两种生活方式并“没有什么先进和落后之分”；西方人的结社式的生活方式是以基督教文化为中心形成的，而中国人的生活方式是建立在家庭伦理文化基础之上的。以美国来说，美国人的结社自由是建立在其特有的文化和制度基础之上，对缺少自由传统的我国来说具有不可模仿和不可复制性，所以当下我们的问题“最重要的不是我们要不要结社，不是政府和法律让不让我们结社，

① 《马克思恩格斯全集》，第21卷，19页，北京，人民出版社，1965；第8卷，449页，北京，人民出版社，1961；第16卷，84、86～87页，北京，人民出版社，1964；第17卷，450页，北京，人民出版社，1963；第5卷，324页，北京，人民出版社，1958；第8卷，450页，北京，人民出版社，1961。

给不给我们权利，保障不保障我们的自由，而在于我们会不会结社，习惯不习惯结社”，如此等等。应该说，从文化或传统生活方式的角度反省结社自由在一国实践的基础问题是必要的、富有意义的，某种程度上也是我们深入研究结社自由及其实践条件的不可缺少的一个环节。然而，从上述观点反映出的观念问题来看，在我国，结社自由的理念及其实践价值，不仅没能为政府深刻地认识和接受，而且对相当一部分学者来讲，结社自由其实也是“外在于”他们的，或者用他们的话来说，“结社并不是一个多么先进的理念”，是可以“降格”对待的一种东西。这种情形，联想起长期以来大多数学者都只是从结社或结社自由的工具性作用如弥补政府和市场失灵、提供补充的公共服务的角度来论证结社自由存在的正当性，而只有为数不多的学者坚持“结社是人之群性使然”，认识到结社自由在实现中国社会转型和人的转型（人的现代化）方面的不可缺位的作用，意识到“中国当前的公民权利（特别是结社权利）实践正处在一个不正常的状态”，等等，笔者认为结社自由的观念问题不仅仅是个“政府问题”，而且也是个“社会问题”。从某种意义上来讲，政府结社自由观念缺乏跟进，只是反映了政府“经济人”的本性，反映了其对既有权力的利己性防护的态度；而大部分学者结社自由观念的松懈则正好说明社会作为整体对结社自由重要性的估计并不充分。

当然，也应该看到，学者对结社自由态度的转变甚至逆转，与我们现时期所处的国际国内环境密切相关。就国际环境来看，结社自由比较充分的一些第三世界国家如东欧诸国、非洲等国以及拉美的一些国家并没有出现政治昌明、经济繁荣的局面，在有些国家情况甚至正好相反。由于政府失去了对社会的控制力，而社会自身的自治力和控制能力还远未发育，这些国家出现了市民社会和政府权力“双输”的局面，其中少数国家还出现了社会混乱和经济、民主政治发展中的无措感。从国内情况来看，政府长期严格控制结社的立法政策取向，似没有带来明显的不利后果。实践中，中国经济的连年增长和民众生活水平的大幅提高使不少人相信，结社自由的必要性和迫切性并不是如一些学者所宣扬的那样强烈。国际国内的情势发展使一部分学者对待结社自由（价值）态度发生转变，这一转变客观上强化了政府对结社自由的固有态度和相应措施，形成了部分学者与政府在对待结社自由问题态度上的某种程度上的“共谋”，结社权问题呈现出深刻的观念成因。

综上可以说，虽然我们已在文本意义上取得了保护结社自由的很大成就，但在观念层面，还存在着较大的差距，这些差距是造成“书本上的法”与“行动中的法”的较大差异的重要根源，可以认为，结社自由的观念问题是制约结社自由的最深层次的东西，也是结社权问题的核心构成因素。

以上我们从政治的、经济的、历史的、社会的以及观念的角度扼要分析了结社权问题的种种成因。通过分析，笔者认为，中国结社权问题的成因具有高度的复杂性、密切的关联性和浓厚的国家特色性。这意味着任何试图有效解决这一问题的路径都必须考虑能够同时针对多重成因的制度性框架设计。

4.3 版权保护与表达自由研究述评*

何贵忠**

一、问题及其背景

自采用制宪和立法途径保护版权与表达自由以来，在过去的几百年里①，版权与表达自由分处两个不同的法律领域，拥有各自的概念、原则、规范和方法。版权学者通常只关注版权问题，宪法和人权学者只研究表达自由，在各自的领域内各说各话，缺乏对话和沟通。很少有学者去研究版权保护与表达自由之间的关联、互动，几乎没有学者承认和研究两者之间存在潜在的冲突。

然而，从20世纪六七十年代起，由于当事人在诉讼中援引表达自由和美国联邦宪法第一修正案对抗版权侵权主张，美国司法才注意到两者可能存在冲突，从而开始探讨第一修正案在版权案件中的地位和作用。学术界也由此注意到版权保护与表达自由之间存在某种关联和互动。1985年，美国联邦最高法院在Harper & Row Publishers v. Nation Enterprises② 一案的判决中对版权保护与表达自由之间的关系作出权威阐述。之后，对这个问题的讨论一度沉寂，学界似乎认为此判决已经解决了版权保护与表达自由的关系问题。20世纪90年代中期之后，这个问题再次被提出来，并且在全世界受到重视。无论是在美国、欧洲，还是亚洲，包括我国台湾地区，司法界和学术界都持续关注和审视版权保护对表达自由的影响，并逐渐承认两者之间存在潜在的冲突。受此影响，我国学术界也从20世纪90年代中期开始陆续有学者从宪法和人权角度探讨版权保护问题。

那么，学术界为什么会在20世纪90年代转变态度，从忽视、否定版权保护与表达自由之间可能存在冲突，转向逐渐肯定、重视两者之间潜在的冲突呢？综合起来，是国内和国际两个层面的因素综合作用促使学界关注、探讨两者关系。国际因素是大的社会背景，国内因素则是直接的动因。

首先，20世纪90年代以来，知识产权保护全球化与人权保护的全球化产生了冲突，并日趋激烈。国际社会开始注意到知识产权保护与人权保护存在很强的关联性，甚至存在一

---

* 何贵忠博士学位论文，原名《版权保护与表达自由的关系》。

** 华南师范大学讲师，法学博士。

① 自由地表达，是人作为社会性动物生存和发展的必然需求。作为经验事实，一定程度的表达自由，从一开始就伴随着人类。然而，作为法律确认和保障的权利，表达自由却是近代的事情。表达自由最早见于英国1689年《权利法案》第9条："国会内之演说自由、辩论或议事之自由，不应在国会以外之任何法院或任何地方，受到弹劾或讯问。"这种言论自由在本质上是一种特权，保护议员在议会自由议政，不是现代意义上的作为普遍、平等人权的表达自由，不过却是人类立法保障表达自由的开端。版权保护，从现代版权法的源头——英国1709年《安娜法》算起，至今也有约三百年历史了。

② 471 U.S. 539 (1985).

定的冲突。特别是随着数字信息技术和互联网的出现，版权的迅猛扩张对表达和信息自由这一基本人权构成冲突和威胁。[①] 版权保护与表达自由间的冲突只是知识产权与人权冲突的一个方面，是这种冲突的具体体现。[②]

其次，在国内司法方面，西方国家一些版权侵权案件的当事人依据宪法和人权法，力主表达自由抗辩，迫使法院在审判中判断表达自由在版权案件中的地位和作用。此外，在立法方面，20 世纪 70 年代特别是 90 年代以来，为适应版权保护全球化、国际化趋势的要求，各国大幅度修改版权法，版权得到持续扩张。这引起了广泛的社会争议和批评，认为版权的扩张违反宪法和人权法保障的基本人权，改变了版权与表达自由原有的平衡关系，使版权与表达自由之间由“相辅相成”的关系逐渐演变为“互相冲突”，而且冲突仍在加剧。连一向认为“版权是表达自由引擎”的美国学者也开始承认，版权与表达自由之间有所谓“固有的紧张关系”（inherent tension）。[③] 总之，处理现实案件的需要和立法的争议促使学界和司法不得不再次全面深入地探讨版权保护与表达自由之间内在的逻辑关系。

具体说来，美国是最早注意到版权保护与表达自由存在互动关系的国家。1966 年 Rosement Enterprises Inc. v. Random House Inc. [④] 和 1968 年 Time Inc. v. Bernard Geis Associate[⑤] 这两个案件中，被告都以表达自由进行抗辩。正是这两个案件引起了司法和学术界对版权保护与表达自由关系的关注。学术界开始发表有关版权保护与美国联邦宪法第一修

---

① See Michael D. Birnhack, “Acknowledging the Conflict Between Copyright and Freedom of Expression Under the Human Right Act”, *Ent. L. Rev.* 24 (2003).

② 学者们认为学术界注意到版权与表达自由的问题虽然已经超过 30 年，但这个问题得到持续的关注却是最近的事情，直接的原因是知识产权制度的剧烈变革引起了广泛的社会争议，使人们开始关注这个问题。评论人士开始从人权角度考察知识产权制度。对于专利权，人权的立场是药品专利会妨碍到人的生命权、健康权和发展权。在版权问题上，关注的焦点是版权妨碍表达自由。See Robert Burrell, Allison Coleman, *Copyright Exceptions: the Digital Impact*, Cambridge University Press, 2005, at 16.

③ 赵伯雄：《从宪法上言论自由的保障论著作权的限制——以探讨著作权法第八十条之二合宪性问题为中心》，东吴大学法学院 2005 年硕士学位论文，9 页。

④ 366 F. 2d 303 (2d Cir. 1966), *cert. denied*, 395 US 1009 (1967). 该案涉及一位低调的工业大亨 Howard Hughes。此人不愿公开隐私，不喜欢他人撰写和出版其传记。案件被告未经授权为原告撰写了传记，并且引用了 *Look* 杂志的资料。Howard Hughes 于是购买 *Look* 杂志有关文章的版权，然后成立 Rosement Enterprises Inc.，控告出版传记的出版社侵权，要求法院禁止出版传记。法院审理后，认为原告并非受到损害而请求救济，目的是为了阻止传记发行，动机不纯；传记也只少量引用了 *Look* 杂志的资料；而且 Howard Hughes 属于公众人物。于是法院采纳合理使用抗辩，驳回原告要求颁发禁令的主张。该案件在信息自由与合理使用原则的适用上具有领导地位。案件评述参见贺德芬：《言论自由与著作权的保护——兼谈著作权的限制》，载贺德芬：《文化创新与商业奇迹》，203～205 页，台北，月旦出版社，1994。

⑤ 293 F. Supp. 130 (1968). 1963 年约翰·肯尼迪被刺身亡。服装厂商 Abraham Zapruder 用家用照相机拍下了一部分现场。这些照片资料版权属于 *Life* 杂志。一名为 Thompson 的教师就总统遇刺事件写了《达拉斯的六秒钟》，深入研究这一事件。该书中的插图是基于 Zapruder 的照片绘制的。*Life* 杂志认为侵犯其版权。被告以第一修正案和合理使用抗辩。法院认定，一是事关公众利益，公众有合理要求尽量获取信息的权利；二是该使用对原作品不构成重大损害。最终判定被告的行为是合理使用。但是该案没有用第一修正案作为裁判依据。

正案关系的研究论文。① 1985 年美国联邦最高法院通过审理 Harper & Row Publishers v. Nation Enterprises② 一案，对版权保护与表达自由之间的关系作出权威阐述。20 世纪 90 年代中期之后，这个问题再次被提出来。其动因就是数字信息时代的到来和版权的持续扩张，使版权问题变得特别尖锐、敏感。人们可以更加便宜、容易、便捷地复制作品；同时用信息技术封锁、控制作品也变得简单，技术手段前所未有地控制了创新性作品。在此情形下，美国在 1998 年通过了《数字千年版权法案》（Digital Millennium Copyright Act 1998），规定了针对技术保护措施的"反规避条款"③；还通过了《延长版权保护期法案》（Sonny Bono Copyright Term Extension Act，CTEA），将版权作品保护期全部延长 20 年，并且回溯性地保护既存的、已完成的作品。这两个法案通过之后，美国立即出现了几起与这两个法案有关的、有重大影响的诉讼。版权保护与表达自由的关系，最终引起了美国社会广泛持久的讨论，法学界发表了大量的文章研究、探讨两者的关系，批评这两个法案的相关条款违反宪法，侵害了表达自由。④

---

① 比如，Melville B. Nimmer，"Does Copyright Abridge the First Amendment Guarantees of Free Speech and Press"，17 *U. C. L. A Law Rev.* 1180～1204（1970）；P. Goldstein，"Copyright and the First Amendment"，70 *Colum. L. Rev.* 983（1970）；L. S. Sobel， "Copyright and the First Amendment：a Gathering Storm?"，19 *ASCAP Copyright L. Symp.* 43（1971）。

② 471 U. S. 539（1985）.

③ 美国版权法第 1201 条，即是反规避条款。

④ 从 1970 年 Melville B. Nimmer 发表"Does Copyright Abridge the First Amendment Guarantees of Free Speech and Press"［17 *U. C. L. A Law Rev.* 1180～1204（1970）］，Paul Goldstein 发表"Copyright and the First Amendment"［70 *Colum. L. Rev.*（1970）］起，美国学术界对版权法与第一修正案、版权保护与言论自由的关系作了大量的研究，学术论文至少也有上百篇。20 世纪 70 年代的代表论文有，Paul Goldstein， "Copyright and the First Amendment"，70 *Colum. L. Rev.* 983（1970）；Melville B. Nimmer， "Does Copyright Abridge the First Amendment Guarantees of Free Speech and Press?"，17 *U. C. L. A. Law Rev.* 1180（1970）；L. S. Sobel，"Copyright and the First Amendment：A Gathering Storm?"，19 *ASCAP Copyright L. Symp.* 43（1971）。当时主流观点是认为版权与表达自由、版权法与第一修正案之间是协调一致的，不存在冲突，版权法内在地包含了保护表达自由机制。最近十多年来，美国的判例、立法和学术评论中已经逐渐承认，版权法对言论自由构成潜在的、不当的干预和限制。主要文献有：CE. Baker，"First Amendment Limits on Copyright"，(2002) 55 *Vanderbilt L. Rev.* 891；M. A. Lemley and E. Volokh，"Freedom of Speech and Injunctions in Intellectual Property Cases"，（1998）48 Duke L. J. 147；Larreance Lessig，"Copyright's First Amendment"，(2001) 48 *U. C. L. A. L. Rev.* 1057；N. W. Netanel，"Locating Copyright Within the First Amendment Skein"，(2001) 54 *Stanford L. Rev.* 1；N. W Netanel，"Market Hierarchy and Copyright in Our System of Free Expression"，(2000) 53 *Vanderbilt L. Rev.* 1879；J. Rubenfeld，"The Freedom of Imagination：Copyright's Constitutionality"，(2002) 112 *Yale L. J.* 1；R. Tushnet， "Copy this Essay：How Fair Use Doctrine Harms Free Speech and How Copying Serves It"，(2004) 109 *Yale L. J.* 101；Pamela Samulson，"Copyright and Freedom of Expression from a Historic Perspective"，*Journal of Intellectual Property Law*，Vol. 10，Spring，2003。也有一些学者回应说，第一修正案并不否定、限制版权保护，主要的文献有：C. L. Eisgruber，"Censorship，Copyright，and Free Speech：Some Tentative Skepticism about the Campaign to Impose First Amendment Restrictions on Copyright Law"， (2003) 2 *J. Telecommunications & High Technology L.* 17；David McGowan，"Why the First Amendment Cannot Dictate Copyright Policy"，(2004) 65 *U. Pittsburg L. Rev.* 281。See Neil Weinstock Netanel， "Copyright and the First Amendment：What Eldred Misses-and Portends"，in Jonathan Griffiths and Uma Southersanen (ed)，*Copyright and Free Speech*，*Comparative and International Analyses*，Oxford University Press，2005，at 127-128，footnote 1。

在欧洲，1996 年欧盟发布《关于数据库法律保护指令》，赋予数据库版权和特别权利保护。2001 年又发布《欧盟议会和理事会关于协调信息社会中版权和相关权某些方面的指令》。作为《信息社会指南》的一部分，欧盟采取系列行动协调版权方面的问题。这迫使英国和欧洲其他国家修改版权法，关注版权的例外。但正是国际版权制度的发展使得版权例外成为冲突的根源。[⑤] 1998 年，英国通过《人权法案》（Human Right Act 1998）。该法案吸收了《欧洲人权公约》的主要内容，在英国有准宪法地位。它要求法院不是可以，而是必须审查所有国内立法，使之尽可能与《欧洲人权公约》一致。如果发现国内立法与《欧洲人权公约》不一致，法院必须作出不一致的申明。这项法案给英国的司法审查体制和人权法带来深远的影响。[⑥] 传统上由普通法保障的人权，比如表达自由，如何与一直以来由成文法保护的版权协调，引起各界关注。"如果说在知识产权性质上不断增加的争议激发了对版权与表达自由关系的研究兴趣的话，那么英国 1998 年《人权法案》则进一步激发了人们对这个问题的关注。"[⑦] 在影响深远的 Ashdown v. Telegraph Group Ltd. 案件中，上诉法院仔细审查了版权法与表达自由的关系。掌卷法官（the Master of Roles）Phillips 勋爵在该案中明确承认两者存在紧张关系："版权与表达自由是对立的，它阻止了除版权人外的所有人使用受版权保护的文字作品的形式表达信息。"[⑧] 欧洲这些立法和案件促使学界关注版权的过度扩张，由此开始全面探讨扩张

此外，新一代学者有关版权保护与表达自由关系的代表性文章还有：Y. *hotmchl. ai* Benkler，"Free As the Air to Common Use：First Amendment Constraints on Enclosure of of the Public Domain"，74 *N. Y. U. L. Rev.* 354（1999）；Julie E. Cohen，"A Right to Road Anonymous！a Closer Look at Copyright Management in Cyberspace"，28 *Conn. L. Rev.* 981（1996）；Nlva Elkin-Koren，"Copyright Law and Social Dialogue on the Information Superhighway：The Case Against Copyright Liability of Bulletin Board Operators"，13 *Cardozo Arts & Ent. L. J.* 345（1995）；Mark A. Lemley & Eugene Volokh，"Freedom of Speech and Injunctions in Intellectual Property Cases"，48 *Duke L. J.* 147（1999）；Larreance Lessig，*Ode and Other Laws of Cyberspace*（E2000）；Neil W. Netanel，"Locating Copyright Within the First Amendment Skein"，54 *Stan. L. Rev.* 1（2001）；Pamela Samulson，"Copyright and Freedom of Expression from a Historic Perspective"，*Journal of Intellectual Property Law*，Vol. 10，Spring，2003；Pamela Samuelson，"Intellectual Property and the Digital Economy：Why the Anti-Circumvention Regulations Need to be Revised"，14 *Berkeley Tech. L. J.* 519，524（1999）；Amy E. McCall，The "DMCA and Researchers' First Amendment Rights"，3 *P. G. H J. Tech. L. & Pol'y* 2（2002）。

⑤ See Robert Burrell，Allison Coleman，*Copyright Exceptions：the Digital Impact*，Cambridge University Press，2005，at 1.

⑥ See Robert Danay，"Copyright vs. Free Expression：the Case of Peer-to-Peer File-Sharing of Music in the United Kingdom"，*International Journal of Communication Law & Policy*，Autumn，2005，at 2.

⑦ Robert Burrell，Allison Coleman，*Copyright Exceptions：the Digital Impact*，Cambridge University Press，2005，at 17.

⑧ 原文是："Copyright is antithetical to freedom of expression. It prevents all，save the owner of the copyright，from expressing information in the form of the literary work protected by the copyright." [（2001）E. M. L. R. 44（CA），p. 30. Incited from Michael D. Birnhack，"Acknowledging the Conflict Between Copyright and Freedom of Expression under the Human Right Act"，*Ent. L. Rev.* 24（2003）.]

版权对相关人权，如表达自由、信息自由、学术自由、教育文化权等的影响。[①]

在我国，2004年前后，先后有多位学者发表有关知识产权与人权关系的论文，揭示知识产权与人权之间潜在的冲突。[②] 但是具体到版权保护与表达自由方面，这二者的关系引起学术界广泛注意，是在2005年年底到2006年年初的“胡戈事件”[③] 之后。“胡戈事件”的核心是，胡戈的行为是正当合法的艺术创作、电影批评，还是侵害电影《无极》版权的违法行为，

① 根据有限的来自欧洲的英文资料，荷兰阿姆斯特丹大学1982年成立了信息法研究所，研究信息自由、表达自由与知识产权的关系。欧洲比较早研究版权法与表达自由的学者是荷兰阿姆斯特丹大学 Herman Cohen Jehoram 教授，相关文章有：“Freedom of Expression in Copyright Law”（1984）6（1）*E. I. P. R.* 3；“The Freedom of Expression in Copyright and Media Law”，Nordiskt Immateriellt Raettsskydd，（NIR）- 1985 No 2/3 pp. 181-187；“Copyright and Freedom of Expression，Abuse of Rights and Standard Chicanery：American and Dutch Approaches”，*E. I. P. R.* 2004，26（7），275～279。欧洲召开数次研讨会，出版两本论文集，分别是 Paul L. C. Torremans（ed），“Copyright and Human Rights：Freedom of Expression，Intellectual Property and Privacy”，Hayue，Kluwer Law International，2004；Jonathan Griffiths and Uma Southersanen（eds），*Copyright and Free Speech*，*Comparative and International Analyses*，Oxford University Press，2005。

欧洲最近研究版权与表达自由的文献有：（1）F. MacMillan Patfield，“Towards a Reconciliation of Free Speech and Copyright”，in *The Yearbook of Media and Entertainment Law* 1996，edited by E. M. Barendt（1996）199；（2）J. Griffiths，“Copyright Law and Censorship：the Impact of the Human Rights Act 1998”，*The Yearbook of Copyright and Media Law* 1999，edited by E. M. Barendt and A. Firth（1999）3；“Copyright in English Literature：Denying the Public Domain”，(2000) 22 (4) *E. I. P. R.* 150，152-153；（3）M. Spence，“Intellectual Property and the Problem of Parody”，(1998) 114 *L. Q. Rev.* 594，608-609，615-618；D. Vaver，“Intellectual Property：The State of the Art”，(2000) 116 *L. Q. Rev.* 621，634-635；or in a comparative context：P. B. Hugenholtz，“Copyright and Freedom of Expression”，in *The Commodification of Information*，edited by N. Elkin-Koren and N. W. Netanel（2002）239。相关文献可以参见 Michael D. Birnhack，“Acknowledging the Conflict Between Copyright and Freedom of Expression Under the Human Right Act”，[2003] *Ent. L. Rev.* 24 footnote 2、footnote 6。

② 比如，吴汉东：《知识产权的私权与人权属性》，载《法学研究》，2003（3）；宋慧献：《冲突与平衡：知识产权的人权视野》，载《中国知识产权报》，2004-04-06；邵培樟：《知识产权的扩张与强化对人权的冲突及其应对》，载《中国知识产权报》，2004-11-01；吴汉东：《知识产权 VS. 人权：冲突、交叉与协调》，载http：//www. civillaw. com. cn/weizhang/default. asp? id=16915；张乃根：《论 TRIPs 协议框架下知识产权与人权的关系》，载《法学家》，2004（4）；王培舒：《人权视野下的知识产权》，载张文显主编：《法学论坛前沿》，第3卷，292～306页，北京，科学出版社，2005；郑万青：《全球化条件下的知识产权与人权》，北京，知识产权出版社，2007；周俊强：《与公共健康有关的知识产权国际保护》，载《中国法学》，2005（1）；吕炳斌：《与国际贸易有关的知识产权与公共健康》，载《知识产权研究》（辑刊），北京，中国方正出版社，2003，等等。

③ 一个名叫胡戈的观众，看完电影《无极》，觉得“上当”，就制作了一段视频《一个馒头引发的血案》，批评、讽刺这部电影。该视频形式新颖、内容幽默、充满创意，在网络上迅速传播，引起一阵“馒头热”。由于该视频大量使用了影片《无极》的画面，并解构了原有的故事情节和人物形象，该片导演和制片公司认为胡戈的行为属于侵权，声称要状告胡戈，从而引起包括网络媒体在内的电子媒体和平面媒体的广泛报道和关注，大量网民通过各种途径参与了这个讨论。电影和学术界也关注和参与讨论了这个事件。这个事件双方当事人最终和解，没有形成诉讼，因此不能称为案件，只能称为事件。事件相关情况，参见《胡戈：玩笑开大了》，载《南方周末》，2006-02-23；《陈凯歌是否告胡戈全看胡态度》，载http：//ent. sina. com. cn/x/2006-02-15/1313986353. html；《〈馒头血案〉是否侵权，版权局官员谈著作权范畴》，载http：//news. sohu. com/20060215/n241837408. shtm；《美国院士关注馒头血案：我们动了陈凯歌的馒头》，载 http：//ent. sina. com. cn/m/c/2006-03-13/10001013900. html；《一个馒头引发的著作权问题》，载《新民周刊》，2006-02-27，等等。

其作品是否属于正当的滑稽模仿作品。这个问题在社会各界形成了截然相反的结论。在分析、探讨这个事件的过程中，版权学者和宪法学者都注意到，作为私权利的版权，与作为人权和基本权利的表达自由，并不是毫不相干的，相反它们之间存在互动，也有内在的紧张关系，甚至有潜在的冲突。学界由此开始注意和探讨版权法与宪法、版权与基本权利的关系。①

我国台湾地区的学者比大陆学者更早注意到了版权保护与表达自由的关系。② 但是版权与表达自由的关系真正引起台湾地区学界广泛关注，是因台湾地区于1992年、1998年两次大规模修改"著作权法"，大幅扩张版权。这是为了满足信息社会的到来和加入世界贸易组织的需要而作出的回应。特别是为了与世界知识产权组织的《版权条约》（WCT）和《表演和录音制品条约》（WPPT）接轨，在2004年把针对技术保护措施的"反规避条款"和"反交易条款"纳入"著作权法"③。学界强烈批评这项立法，强烈质疑其合"宪"性，并全面探讨版权保护与表达自由、私权与基本权利的关系，也提出了相关的立法补充建议。④

学界关注版权与表达自由的互动和冲突的国际背景是，知识产权的过度扩张与人权保

① 从本人已经查到的文献来看，国内最早研究版权与表达自由的关系的是吴汉东教授，其在《法制与社会发展》1996年第4期上发表《合理使用制度的宪法学评析》中谈到版权与言论自由的关系。但是此后并没有见到国内对此有更多的研究。2005年前后，尤其是胡戈事件之后，陆续有学者发表涉及这一领域的论文，如宋慧献：《版权保护与表达自由：冲突与协调》，载吴汉东主编：《知识产权年刊》，2006年号，北京，北京大学出版社，2007；徐瑄：《知识产权的正当性》，载《中国社会科学》，2003（3）；高荣林：《版权与言论自由》，载《中国知识产权报》，2004-10-27；徐瑄：《从宪政的视角看知识产权》，载《电子知识产权》，2005（7）；苏力：《戏仿的法律保护与限制——从〈一个馒头引发的血案切入〉》，载《中国法学》，2006（3）；蔡定剑：《馒头血案的宪法视角》，载《新京报》，2006-03-04；季卫东：《"馒头血案"引发的法治困境》，载《财经》，总154期；张翔：《"馒头案"中的基本权利冲突问题》，载《检察日报》，2006-02-20；李雨峰：《论著作权的宪法基础》，载《法商研究》，2006（4）；李雨峰：《表达自由与合理使用制度》，载《电子知识产权》，2006（5）；梁志文：《论滑稽模仿作品之合法性》，载《电子知识产权》，2006（4）；甘明：《论"戏仿"作品的知识产权保护——以〈一个馒头引发的血案〉为视角》，载《图书馆建设》，2007（5）；刘慧敏：《论模仿讽刺作品的版权法保护》，吉林大学2007硕士学位论文等。

② 台湾大学法学院贺德芬教授在1979年发表论文《言论自由与著作权的保护——兼谈著作权的限制》，后来收入其论文集《文化创新与商业奇迹》，台北，月旦出版社，1994。这是中文学术界最早探讨言论自由与版权保护的论述。

③ 我国台湾地区"著作权法"第80条第2款第1项规定："著作权人所采取禁止或限制他人擅自进入著作之防盗拷措施，未经合法授权不得予以破解、破坏或以其他方法规避之。"第2项规定："破解、破坏或规避防盗拷措施之设备、器材、零件、技术或信息，未经合法授权不得制造、输入、提供公众使用或为公众提供服务。"这即是"反规避条款"和"反交易条款"。

④ 我国台湾地区学术界在2000年后对这个问题作了比较多的研究，集中于两个方面：介绍和研究美国《数字千年版权法案》和《延长版权保护期限法案》与第一修正案、表达自由的关系以及美国发生的相关案件；分析、评论我国台湾地区"著作权法"修正案新增加的第80条第2款，即反规避条款和反交易条款对表达自由的影响。主要的文献有：蔡惠如：《著作权合理使用之价值创新与未来展望》，交通大学科技管理研究所2006年博士学位论文；李筱苹：《著作权与言论自由保障的限界——以美国有关受保护著作的技术措施之立法为例》，台湾大学法律学研究所2002年硕士学位论文；赵伯雄：《从宪法上言论自由的保障论著作权的限制——以探讨"著作权法"第八十条之二合宪性问题为中心》，东吴大学法律学系2005年硕士学位论文；朱稚芬：《论著作权法与公共领域之冲突与调和机制》，世新大学法律学研究所2005年硕士学位论文；刘昱劭：《著作权法公益面向之宪法基础》，台湾政治大学法律学研究所2005年硕士学位论文；杜惠锦：《著作权存续期间之变迁与著作权公共领域之研究》，台湾交通大学管理学院2004年硕士学位论文；陈起行：《信息著作的著作性与合理使用——事理、学理及法制面研究》，载《政大法学评论》，第68期，2002；张世柱：《著作权法反规避条款与言论自由》，载《法令月刊》，第55卷，2004年第10期；章忠信：《该不该延长著作权保护期间?》，载http：//www.copyrightnote.org/crnote/bbs.php? board=4&act=read&id=176，等等。

障之间的冲突。20世纪90年代以来，知识产权和人权的国际保护都取得了重大进展。两大权利保护体制的交集和冲突越来越大。[①] 知识产权制度，无论保护对象、范围、期限、方法、救济措施等都得到空前的扩张。特别是以《与贸易有关的知识产权协定》(TRIPs，以下简称《知识产权协定》)为代表，国际社会在知识产权国际保护方面取得了前所未有的、全方位的一致，而且基于世界贸易组织强有力的执行和监督机制，这项协定比其他知识产权国际条约、公约更加有力、有效，它意味着知识产权全球保护取得了历史性的进展。也正是该协定的实施使国际人权机构开始注意到知识产权的扩张已经威胁、侵害了人权，特别是发展中国家人权的保障和实现。

由于《知识产权协定》的实施，发达国家严格保护药品专利严重阻碍发展中国家保障公民生命健康权利的努力，侵害了公民的生命权和社会公共健康利益。从1998年起，国际人权机构，包括负责监督和实施《公民权利与政治权利国际公约》的联合国人权委员会、负责监督和实施《经济、社会和文化权利国际公约》的经济社会文化权利委员会、联合国人权事务高级专员公署、世界卫生组织，甚至联合国教科文组织等先后对国际知识产权法相关条款的制定和实施表达其关注、忧虑和批评。这些机构或者通过决议，或者邀请特约报告员提供报告，或者召开专门的学术研讨会，强烈批评《知识产权协定》给人权带来严重威胁，对过度保护知识产权提出批评，并施加压力，要求国际社会和各国立法、行政和司法协调知识产权与人权，要求用人权标准去规范、审视、调整知识产权立法、司法和政策。比如，1998年11月9日，世界知识产权组织与联合国人权事务高级专员公署联合组织的研讨会，主题就是"知识产权与人权"，与会专家发表了知识产权与人权方面的论文。[②] 联合国人权委员会防止歧视及保护少数小组委员会第50届会议在1998年12号决议中委托J. 奥洛卡-奥尼安戈先生和迪皮卡·乌达加马女士编写报告，说明"国际和区域贸易、投资和金融政策、协定和做法如何能更好地反映人权准则和标准的首要地位，与之配合，让联合国人权机构和机制在这一方面发挥中心作用"。小组要求两位专家"在该文件中从人权角度分析多边投资协议，并考虑如何确保今后关于该协议或类似协议或措施的谈判在人权框架范围内进行"[③]。1999年6月，在委员会第51届会议上，J. 奥洛卡-奥尼安戈先生和迪皮卡·乌达加马女士根据1998年12号文件提交《人权作为贸易、投资和金融政策及做法的首要目标》的报告。[④] 2000年，在人权委员会增进和保护人权小组委员会第52届

① 关于知识产权与人权的交集和冲突，参看郑万青：《全球化条件下的知识产权与人权》，第五、六、七章，北京，知识产权出版社，2006；王培舒：《人权视野下的知识产权》，载张文显主编：《法学论坛前沿》，第3卷，292~306页，北京，科学出版社，2005。

② 在这次会议上，美国知名学者 Audrey R. Chapman 发表论文"A Human Rights Perspective On Intellectual Property，Science Progress，and Access to the Benefits of Science"；伦敦大学 Peter Drahos 教授发表论文"The Universality of Intellectual Property Rights：Origins and Development"；Silvia Salazar 教授发表论文"Intellectual Property and the Right to Culture"。参见http：//www. wipo. int/tk/en/hr/paneldiscussion/papers/index. html。

③ E/CN. 4/Sub. 2/1999/11，at 2.

④ E/CN. 4/Sub. 2/1999/11.

会议上，J. 奥洛卡-奥尼安戈先生和迪皮卡・乌达加马女士根据1999年8号文件提交了题为《全球化及其对充分实现人权的影响》的报告。[①] 2000年8月17日，增进和保护人权小组委员会第52届会议第25次会议通过《知识产权与人权》[②] 的决议。2001年11月联合国经社理事会经济、社会、文化权利委员会第27届会议发表题为《人权与知识产权》[③] 的申明。2001年11月14日，世界贸易组织多哈会议通过《关于TRIPs协议与公共健康的宣言》，宣言强调TRIPs协议与公共健康的关系，承认在一些最落后的发展中国家存在严重的公共健康危机，严格、机械执行《知识产权协定》将对发展中国家的公共健康产生非常不利的影响。

"人们发现，十几年来，正是在全球化浪潮中迅猛发展起来的知识产权制度，冲击了现实中最根本问题的解决，撼动了'人权保护'这一关乎人类生存发展之最根本保障的基石与支柱。"[④] 正是在这些人权机构或者与人权有关的机构的关注、呼吁下，知识产权与人权的冲突、协调和平衡的问题被提上议事日程。学者们开始研究这两类权利、两套法律体制的关系，试图揭示在人权与知识产权互动问题上各自不同的观念和方法，以此为前提，探讨如何构建民族国家和私人的权利义务关系。[⑤] 版权保护与表达自由的关系，只是知识产权保护与人权关系的一个方面、一个小缩影，但也有其自身的特点。本文研究版权与表达自由，既是出于对现实问题的关注，也是对国际上有关知识产权与人权关系的讨论的呼应。

二、外国研究状况

如前文所述，美国早在20世纪60年代末期、70年代初期就开始关注版权保护和表达自由的互动，欧洲是在20世纪80年代初期开始注意这个问题的。但是，版权保护与表达自由的关系真正得到持续的、广泛的关注，成为学术界和司法界关注的热点之一，都是20世纪90年代之后。迄今为止，学术界发表了大量的论文、著作，从不同角度、不同法律背景阐述版权与表达自由的冲突与平衡，其中也包括了一部分学位论文。在总体上，外国文献主要关注三个方面的问题。

1. 为什么版权与表达自由的互动关系长期遭到忽视、否定，而在近期会引起持续的关注

英国研究表达自由的知名学者Eric Barendt认为，这主要是因为长期以来，权利理论认为表达自由是针对国家的公权利，不能用来对抗私人或者公司，从而主张版权法要免于美国联邦宪法第一修正案审查所导致；用美国法院的话来说，这里没有"国家行为"，版权侵

---

① E/CN. 4/Sub. 2/2000/13.

② E/CN. 4/2001/2，E/CN. 4/Sub. 2/2000/46，at 24～26.

③ E/C. 12/2001/15.

④ 宋慧献、周艳敏：《冲突与平衡：知识产权的人权视野》，载《知识产权》，2004 (2)。

⑤ See Laurence R. Helfer，"Human Rights and Intellectual Property：Conflict or Coexistence?"，5 *Minn. Intell. Prop. Rev.* 47 (2003) 47～48，also available at http：//mipr. umn. edu.

害一般是由私人和媒体公司造成，没有国家行为，不涉及言论自由问题。[①] Eric Barendt 认为这种观点是错误的。版权保护涉及国家行为，而且美国法院在诽谤、隐私案件中已经接受依据宪法基本权利对抗私人侵权诉讼的主张。而且，虽然版权内部有保护表达自由的机制，但是这二者的冲突并不像法院在 Ashdown v. Telegraph Group Ltd. 案中所说的是“极少数情形”，事实上，冲突大量存在。

Fiona Macmillan 认为，版权法相对不关注表达自由，主要有三点原因：（1）有的理论认为，版权法在促进表达多元化方面的功能大大超过、抵消了其对表达的负面影响。（2）主流的观点认为版权法有内在机制处理表达自由问题。（3）最主要的事实是，版权法对言论行使私人审查，而不是政府审查，致使版权对表达自由的压制被低估或者被忽视了。[②]

Laurence R. Helfer 认为，几十年来，人权与知识产权一直是彼此陌生的两个法律体系，两者事实上是互不相干地发展着。部分的原因是，两大法律领域均只关注各自更重要的内容，从未认为对方会有助于或者威胁自己的影响范围和扩张机会。而现在，两者变成越来越亲密的伙伴了。有两个原因导致人权团体开始要求把知识产权纳入人权立法中，一是对以前被忽视了的原住民的权利的重视，二是《知识产权协定》首次将知识产权与贸易联系起来。这两个方面都从人权角度暴露了知识产权法在规范上的严重不足。而且，这两个方面均要求对人权与知识产权的“冲突论”与“共存论”之间的紧张关系作出回应，也要启动新的立法。[③]

荷兰学者 P. Bernt Hugenholtz 分析了欧洲国家以前对这个问题没有兴趣的原因。他说，欧洲对这个问题缺乏兴趣有很多的解释。阻碍欧洲法院让版权服从于表达自由的一个因素，可能是传统上围绕着欧洲大陆版权法的神秘的自然法。不像美国法律，信息政策的实用主义直接反映在美国的宪法条款中，欧洲大陆的作者权是主要建立在自然正义的观念上的，“作者权不是法律创设的，而是存在于人的法律意识中”。在纯粹的权利哲学中，版权基本上是没有限制的自然权利，反映了作者和他的个人创作间的神圣的联系。另外一个原因是许多欧洲国家没有有权使法律服从于宪法规范的宪法法院。德国联邦的宪法法院是一个例外，从 1948 年起，它采取了与美国联邦最高法院相当的宪法能动主义的措施。而且，因为宪法上的自由几乎经常是给国家立法机构限制言论自由留有空间，欧洲法院对合宪性问题倾向于睁一只眼闭一只眼。[④]

---

① See Eric Barendt, “Copyright and Free Speech Theory”, in Jonathan Griffiths and Uma Southersanen (ed), *Copyright and Free Speech*, *Comparative and International Analyses*, Oxford University Press, 2005, at 13.

② See Fiona Macmillan, “Commodification And Cultural Ownership”, in *Copyright and Free Speech*, *Comparative and International Analyses*, edited by Jonathan Griffiths and Uma Southersanen, Oxford University Press, 2005, at 35.

③ See Laurence R. Helfer, “Human Rights and Intellectual Property: Conflict or Coexistence?”, 5 *Minn. Intell. Prop. Rev.* 47 (2003), at 51-52, also available at http://mipr.umn.edu.

④ See P. Bernt Hugenholtz, “Copyright and Freedom of Expression in Europe”, in Niva Elkin-Koren and Neil Weinstock Netanel (eds), *The Commodification of Information*（信息的商品化），241～242 页，北京，中信出版社，2003。

在加拿大对于宪法与私法的影响缺乏本土的研究，学者总结的原因大致雷同：一是宪法是公法文件，对公法领域的影响大大超过其对私法的影响，二是人们通常假设版权法已经通过其内在机制吸纳了表达自由的价值。这两套机制之间公开对立的必要性大大降低。[①]

归纳起来，随着经济全球化和数字信息时代的到来，世界贸易组织 1994 年通过了《知识产权协定》和世界知识产权组织 1996 年通过《版权条约》(WCT)、《表演和录音制品条约》(WPPT)，欧盟通过和实施《信息社会指南》和《协调版权与相关权利的指令》，对数据库实施版权保护等，版权和其他知识产权过度扩张引发的知识产权与人权冲突的争议是直接的原因。基于公私法划分的传统，公权利只能针对国家，不能对抗私人和公司的观点是探讨版权保护与表达自由关系的理论障碍和难点。另外，普通法司法体制与欧洲大陆法司法体制的差异也是导致司法对此问题采取不同态度的因素之一。

2. 知识产权与人权互动和冲突的宏观思路

在版权、知识产权与人权互动的宏观思路方面，学者们提出了冲突模式与共存模式、冲突视角与共存视角、内部视角与外部视角等思路。英国学者 Paul L. C. Torremans 提出研究知识产权与人权互动的冲突模式与共存模式[②]，美国学者 Laurence R. Helfer 提出冲突视角与共存视角[③]，两者的观点实质一致。

知识产权与人权的冲突模式、冲突视角认为，版权和知识产权与人权存在根本冲突。这种思路认为强大的知识产权一定会削弱人权，特别是经济、社会和文化方面的人权。这种冲突只有通过强制性地承认人权的优先性才能解决。因为人权是根本的，比知识产权更重要。

知识产权与人权的共存模式、共存视角则从更宽广的视角看待知识产权与人权的互动，认为知识产权与人权实现了基本的平衡。一方面，有必要界定私人排他权的范围，授予创造者、作者排他权是对作者创造活动的鼓励及对其创造性贡献的承认。这种鼓励足以使它以一种合适的、有效的方式发挥激励和认可的功能。另一方面，社会存在着更大的利益，公众必须拥有足够的机会接近、使用作者创作的成果。因此，知识产权法和人权法都试图在公众权利与私人权利间取得平衡，在这个意义上，两者是不冲突的。只是这两个法律领域并不是在所有案件中都用完全一致的方式界定这种平衡。因此，这二者间存在着共存性和一致性，而非绝对对立。[④]

版权保护与表达自由的内在视角与外在视角，是指站在版权体制内部来审视版权保护

---

① See Ysolde Gendreau, "Copyright and Freedom of Expression in Canada", in Paul . L C. Torremans (eds), *Copyright and Human Rights: Freedom of Expression, Intellectual Property and Privacy*, Hayue, Kluwer Law International, 2004, at 21.

② Paul L. C. Torremans, "Copyright as a Human Right", in Paul L. C. Torremans (ed), *Copyright and Human Rights——Freedom of Expression-Intellectual Property-Privacy*, Kluwer Law International, 2004, at 2.

③ Laurence R. Helfer, "Human Rights and Intellectual Property: Conflict or Coexistence?", 5 *Minn. Intell. Prop. Rev.* 47 (2003), at 48-49, also available at http://mipr.umn.edu.

④ 关于两者模式、两个视角，参看前注 Paul L. C. Torremans 和 Laurence R. Helfer 的论文。

对表达自由的影响，还是从版权体制之外，即从宪法、人权法等角度，从国家法律体系的整体层面上看版权与表达自由、基本权利的关系。内在视角是从版权法内部规范出发，认为版权与表达自由不冲突，目的是一致的。即使在具体案件中与表达自由存在潜在的冲突，版权法内置了容纳和保护表达自由的机制，如思想与表达二分法、合理使用、保护期限、原创性要求等机制。这些机制足以保护表达自由，版权法自身就是一个自足的体系，不需要接受外部的审查。内在视角又可以分为机制的内在化和实体的内在化，前者侧重从法律机制、技术上谈论版权与表达自由的一致性；后者从立法目的层面强调二者目的的一致性。外部视角则是站在维护法律体系统一性的高度上，从版权法之外审视版权与其他权利、版权法与其他法律的关系，特别是从宪法基本权利和人权的角度看版权法对基本权利的影响，将版权与表达自由的冲突看成是版权法与人权法、宪法这两套法律制度之间的冲突。外部视角认为版权法尽管内部有一定的机制保护表达自由，但是不能绝对免于宪法和人权法的表达自由规范的司法审查；结论是目前的版权制度对表达自由构成侵害。① 有趣的是，司法机构在实务中多数是从内部视角处理版权与表达自由的关系，而学术界大多数主张在肯定内部视角的分析的同时，仍然有需要引入外部的分析视角。

3. 版权与表达自由关系：一致论与冲突论

大致上可以 20 世纪 80 年代中为时间线，此前主流的观点认为版权与表达自由不存在冲突，因为版权内部设置了容纳和保护表达自由的机制，版权法与表达自由权利在根本目的上一致。此后，冲突论被学界所接受。一致论的代表人物是美国知名版权学者 Melvile B. Nimmer。② 美国联邦最高法院也在 Harper & Row Publishers v. Nation Enterprises③ 一案的判决中支持了这种观点。20 世纪 80 年代中期之后，主流的观点逐渐承认版权保护与表达自由间存在潜在的冲突，版权在本质上对表达自由起阻碍作用，代表人物有荷兰学者 Herman Cohen Jehoram④ 和美国学者 L. Ray Patterson⑤、Pamela Samulson⑥、Neil W. Netanel⑦ 等。20 世纪 90 年代中期之后大部分关于版权与表达自由的论述都认为版权保护与表达自由

---

① See Michael D. Birnhack, "Acknowledging the Conflict between Copyright and Freedom of Expression under the Human Right Act", [2003] *Ent. L. Rev.* 24; "Copyrighting Speech: a Trans-Atlantic View", in Paul L. C. Torremans (ed), *Copyright and Human Rights: Freedom of Expression, Intellectual Property and Privacy*, Kluwer Law International, Hayue, 2004, at 61.

② See Melville B. Nimmer, "Does Copyright Abridge the First Amendment Guarantees of Free Speech and Press", 17 *U. C. L. A L. Rev.* 1180 (1970).

③ 471 US 539 (1985).

④ See Herman Cohen Jehoram, "Freedom of Expression in Copyright Law", (1984) 6 (1) *E. I. P. R.* 3; "Copyright and Freedom of Expression, Abuse of Right and Standard Chicanery: American and Dutch Approaches", *E. I. P. R.* 2004, 26 (7), 275～279.

⑤ See L. Ray Patterson, *Copyright in Historical Perspective*, Vanderbilt University Press, 1968.

⑥ See Pamela Samulson, "Copyright and Freedom of Expression from a Historic Perspective", *Journal of Intellectual Property Law*, Vol. 10, Spring, 2003.

⑦ See Neil W. Netanel, "Locating Copyright Within the First Amendment Skein", 54 *Stan. L. Rev.* 1 (2001).

存在冲突，版权法的扩张侵害了表达自由，甚至违反宪法。

Melvile B. Nimmer 在 1970 年发表著名论文，认为版权激励作者创作和发表、传播作品，在大部分时候对表达自由起正面促进作用，丰富而不是阻碍了表达自由。由于版权法中的思想与表达二分法、合理使用原则、保护期限的限制等“内部安全机制”（internal safety valves）的存在，版权对表达自由造成的限制要远小于对表达自由的贡献。因此，版权没有妨碍表达自由，版权法可以免受第一修正案的审查。这一观点后来成为美国学界和司法处理版权与表达自由关系的主流观点。

Nimmer 还认为表达自由与版权之间的关系是相辅相成的。为此，他提出了著名的“定义平衡原则”来均衡两者的关系。在一定程度上，版权妨碍了表达自由，但是版权促进创作这个更大的公共利益为这种限制提供了正当性。他认为，美国联邦法院在 New York Times Co. v. Sullivan 以及 Time，Inc. v. Hill 两个案件上典型地体现了定义平衡原则。法院据此来衡量第一修正案保障言论自由与政府官员与私人隐私权的利益关系，作出的判决是恰当的。①

然而，Nimmer 也承认，版权法中的表达与思想二分法有时难于区分和界定，操作上存在困难。而且在一定的情形下版权保护要让位于表达自由。他在文章中提到一幅有关越南战争期间发生的米莱大屠杀（My Lai massacre）的照片时说，在新闻图片、电影等报道、评论、使用的时候，区分内容与表达是不容易的，如果不使用电影片段、图片就不能准确地反映其真实的思想内容和含义。“在这个意义上，一般说来一个有意义的民主的对话有赖于接近生动的作品……没有其表达形式，思想就毫无意义……如果公众要完整理解这幅照片反映的米莱大屠杀，还要受到照片版权所有人的审查的话，这是不能容忍的。这里，我们必须认为表达自由的利益比版权利益重要。”② 不过，他认为，这种情形是极少数的，在绝大多数的情形下版权是促进和保护了表达自由的，版权法与第一修正案不存在冲突。

美国联邦法院依据这种理论也认为版权法与第一修正案目的一致，版权保护提供了激励创作的经济动机，第一修正案也禁止任何危害言论自由的政府立法和行政管制。两者均能鼓励和促进科学、人文艺术的研究和传播。③

20 世纪 80 年代中期之后，特别是 90 年代中后期进入数字信息时代后，国际社会和欧美国家先后大规模修改版权法，针对数字信息时代制定新的版权条例，学术界的观点发生

---

① Melville B. Nimmer，“Does Copyright Abridge the First Amendment Guarantees of Free Speech and Press?”，17 *U. C. L. A L. Rev.* 1180，1181（1970）. 关于 Nimmer 文章的中文资料参见贺德芬：《言论自由与著作权的保护——兼谈著作权的限制》，载贺德芬：《文化创新与商业契机》，189 页，台北，月旦出版社，1994；赵伯雄：《从宪法上言论自由的保障论著作权的限制——以探讨“著作权法”第八十条之二合宪性问题为中心》，东吴大学法律学系 2005 年硕士学位论文，51～52 页。

② Melville B. Nimmer，“Does Copyright Abridge the First Amendment Guarantees of Free Speech and Press?”，17 *U. C. L. A L. Rev.* 1180（1970），at 1197-1198.

③ Travis J. Denneson，“The Definitional Imbalance Between Copyright and the First Amendment”，30 *Wm. Mitchell L. Rev.* 895，at 896（2004）. 也参见赵伯雄：《从宪法上言论自由的保障论著作权的限制——以探讨“著作权法”第八十条之二合宪性问题为中心》，东吴大学法律学系 2005 年硕士学位论文，52 页。

了巨大的变化，普遍认为当前过度扩张的版权法侵害、限制了表达自由。冲突论逐渐成为学界主流观点。

荷兰知名学者 Herman Jehoram 通过考察版权发展的历史，揭示了版权保护的立法动机、历史背景与实际效果之间的差异。版权作为经济权利，目的就是激励作者与第三人分享作品中的利益。“版权使作者对其作品的销售拥有权利，这使作者能够独立于个人或者国家的赞助、捐赠及其可能的影响之外。在这个意义上，版权是最古老的保障表达和信息自由的方式之一。”① 他指出，这只是根据版权的效果来说的。它并不是过去政府授予出版商、印刷商印刷特权的目的。相反，政府授予印刷特权是要为政府提供有效的审查手段。至少在大多数欧洲国家是如此。② 他认为版权保护与表达自由有一致的地方，也存在不一致甚至冲突的地方。版权法用排他权和经济利益激励了一部分创作的同时，也阻碍了另一部分创作、表达行为。由于版权法通过思想与表达二分法、合理使用等原则在一定程度上可以消除大部分潜在的冲突，法院也非常乐意从有利于表达自由的角度来解释版权。这也是为何到目前为止，欧洲人权法院还没有作出任何主张表达自由与版权冲突的判决，荷兰最高法院也拒绝认为版权法违宪，这些都是可以理解的。但是尽管如此，版权与表达自由间仍然在有些情形下存在冲突也是事实。人们其实一直是用版权与表达自由相互限制的方法来构造二者间的关系。③

美国学者 Pamela Samulson 从版权的历史入手考察版权与表达自由的关系。他认为长期以来，研究第一修正案的学者一直忽视了版权法对表达自由原则的影响，而新一代的学者改变了这点。他们注意到，版权的扩展、合理使用和其他版权限制的萎缩，使版权法与第一修正案间潜在的冲突越来越多。这些学者用第一修正案和其他宪法原则来支持限制版权法，并对版权法提出政策建议。④ 但是，他认为，学者们仍然忽视了一个事实，正如版权被视为“表达自由的引擎”有很长的历史一样，版权对表达自由价值没有兴趣，甚至感到敌意，也有很长的历史。他赞成 L. Ray Patterson 的观点⑤，版权在历史上的作用，与其说是促进表达自由，不如说是压制表达自由。⑥

Pamela Samulson 将版权制度的历史演变分为前现代时期、现代时期和后现代时期三个阶段。前现代时期是 15 世纪后期和 16 世纪早期的英国出版商会时期，版权的主要功能是管制、垄断图书贸易，实行图书出版审查。“就使书籍得以更广泛地传播而言，前现代的版

---

① Herman Cohen Jehoram，“Freedom of Expression in Copyright Law”，*E. I. P. R.* 1 (1984).

② See Herman Cohen Jehoram，“Copyright and Freedom of Expression，Abuse of Rights and Standard Chicanery：American and Dutch Approaches”，*E. I. P. R.* 2004，26 (7)，at 275-279.

③ Ibid.，at 276-278.

④ See Pamela Samulson，“Copyright and Freedom of Expression from a Historic Perspective”，*Journal of Intellectual Property Law*，Vol. 10，Spring 2003，at 321-322，footnotes 19，20，21.

⑤ See L. Ray Patterson，*Copyright in Historical Perspective*，Vanderbilt University Press，1968.

⑥ See Pamela Samulson，“Copyright and Freedom of Expression from a Historic Perspective”，*Journal of Intellectual Property Law*，Vol. 10，Spring，2003，at 323-324.

权制度毫无疑问是促进了表达自由的。然而，这只是图书贸易的副产品，并不是那时占主导地位的版权制度的目的。”[①] 1710 年英国国会通过了《安娜法》，标志着版权制度从前现代时期进入现代时期。“这个法案推翻了出版商会版权制度的几项基本原则；同时也使版权的目的从审查转向表达自由原则”，《安娜法》的通过推翻了旧的压制言论、反竞争的、压制性的前现代版权制度。[②] 现代版权时期持续到 1976 年。从 1976 年起，美国版权法开始进入后现代时期，而首次全面、详细阐述版权制度后现代图景的是 1995 年克林顿政府关于《知识产权和国家信息基础设施》的白皮书。此后的《数字千年版权法案》和《延长版权保护期法案》是后现代版权制度的代表。通过详细的比较，他发现，后现代时期版权体制与前现代时期版权体制非常相似，居然有 11 个相似点，尤其是在功能和社会效果方面非常类似。后现代版权制度动摇了表达自由价值的基础，保护版权作品中的商业模式和技术措施的价值已经凌驾于表达自由和合理使用价值之上，后现代版权体制的发展倾向令人忧心。他认为，要坚持现代的版权原则，拒绝后现代倾向，使版权法真正“促进科学和实用艺术的进步”，以及维护一个开放、民主的社会。[③]

西方还有诸多学者发表大量文章，结合美国和英国的具体案件和版权法的新发展，揭示当前版权新发展与表达自由存在的冲突，要求对相关版权制度进行司法审查。比如 Michael D. Birnhack 分析了英国的 Ashdown v. Telegraph Group Ltd. 案件，认为英国开始承认版权与表达自由确实存在冲突，英国《人权法案》和《欧洲人权公约》给英国的司法体制带来深远影响，要求协调版权法与人权法案的相关规范。[④] Erwin Chemerinsky 分析了美国的 Eldred v. Reno、Eldred v. Ashcroft 案件，说明为什么《延长版权保护期法案》违反宪法，认为法官对这些案件的判决是错误的。[⑤] Amy E. McCall 则分析了《数字千年版权法案》与第一修正案的关系，认为该法案侵害了第一修正案的权利，应该进行违宪审查。[⑥]

总之，目前多数学者认为后现代版权制度的不当扩张，对表达自由构成威胁，要求在保护版权的同时协调与表达自由的关系，要把人权原则和人权保障纳入版权立法和政策之中，版权立法要接受宪法和人权法的审查。

---

① L. Ray Patterson，*Copyright in Historical Perspective*，Vanderbilt University Press，1968，at 115-126. 转引自 Pamela Samulson，“Copyright and Freedom of Expression from a Historic Perspective”，*Journal of Intellectual Property Law*，Vol. 10，Spring，2003。

② 转引自 Pamela Samulson，“Copyright and Freedom of Expression from a Historic Perspective”，*Journal of Intellectual Property Law*，Vol. 10，Spring，2003，at 325。

③ Ibid.，at 341-344.

④ See Michael D. Birnhack，“Acknowledging the Conflict between Copyright and Freedom of Expression under the Human Right Act”，［2003］*Ent. L. Rev.* 24.

⑤ See Erwin Chemerinsky，“Balancing Copyright Protections and Freedom of Speech：Why the Copyright Extension Act Is Unconstitutional”，36 *Loy. L. A. L. Rev.* 83（2002）.

⑥ See Amy E. McCall，“The DMCA and Researchers' First Amendment Rights”，3 *P. G. H J. Tech. L. & Pol'y* 2（2002）.

三、中国研究现状

比较而言，我国对版权与表达自由的研究，无论在广度还是深度上，都远不如欧美，文献的数量和质量不可同日而语。与祖国大陆相比，我国台湾地区又相对更早地注意到这个问题，研究更为深入。1979 年，台湾大学贺德芬教授发表《言论自由与著作权的保护——兼论著作权的限制》，介绍、分析美国关于版权与表达自由的理论和司法案例，同时对台湾地区修改"著作权法"提出若干意见。其观点与 M. Nimmer 大致一致，认为二者的根本目的是不冲突的，相反，二者是相辅相成的：版权法鼓励创作，也就是鼓励言论自由，就是鼓励和促进人的自我发展和自我实现，促进文化发展。① 在技术上，版权法内置了思想与表达二分法、合理使用、保护期限限制、原创性要求等机制，这些机制可以保护表达自由。因此，她认为美国版权法并不违反第一修正案。同时，言论自由和版权都不是绝对的，都受到对方的限制，而且对这些限制的内涵和外延的解释也随着时代、社会条件的变化而变化。关键是如何在两种法规的不同限制中，寻求和谐之点和互利共进的配合，减少彼此的冲突，以实现既保障言论自由，又鼓励创作的双重目的。其实，最终的目的都是社会文明的最大进步。②

我国台湾地区为了与《知识产权协定》、《版权条约》和《表演和录音录像制品条约》保持一致，先后多次修改"著作权法"，引入了"反规避条款"和"反交易条款"，加强版权保护力度。与此同时，美国对版权与表达自由的讨论也传到了我国台湾地区，学者们从具体立法、条款和具体案件入手，研究、分析了美国的《数字千年版权法案》、《版权保护期延长法案》和美国的相关案件，探讨版权保护与表达自由的相关法理③；有论文从宪法角度探讨版权为何及如何保护公共利益④；也有的文献以台湾地区的"著作权法"修正案为核心，评论、分析新的"著作权法"的相关条款对表达自由的影响。⑤

这些研究整体上沿用了美国学界的思路，结合我国台湾地区立法和司法，对版权过度扩张，尤其是"反规避条款"和"反交易条款"持批评态度，认为应该立法予以补充和限制，以实现版权保护与表达自由、公共利益之间的平衡。不过，我国台湾地区很多论文谈

---

① 参见贺德芬：《言论自由与著作权的保护——兼谈著作权的限制》，载贺德芬：《文化创新与商业奇迹》，200～201 页，台北，月旦出版社，1994。

② 参见上书，202 页。

③ 参见张世柱：《"著作权法"反规避条款与言论自由》，载《法令月刊》，第 55 卷第 10 期；李筱苹：《著作权与言论自由保障的限界——以美国有关受保护著作的技术措施之立法为例》，台湾大学法律学研究所 2002 年硕士学位论文；章忠信：《该不该延长著作权保护期间?》，载 http://www.copyrightnote.org/crnote/bbs.php?board=4&act=read&id=176。

④ 参见刘昱劭：《著作权法公益面向之宪法基础》，台湾政治大学法律学研究所 2005 年硕士学位论文。

⑤ 参见赵伯雄：《从宪法上言论自由的保障论著作权的限制——以探讨"著作权法"第八十条之二合宪性问题为中心》，东吴大学法律学系 2005 年硕士学位论文；朱稚芬：《论著作权法与公共领域之冲突与调和机制》，世新大学法律学研究所 2005 年硕士学位论文。

到了技术保护措施立法的得失，侧重对具体规范和案件作了技术分析，却没有文献详细地从宪法、人权法理论上加以说明，对版权保护与表达自由的基本理论分析不够。①

与欧美和我国台湾地区从具体立法和案例入手不同，祖国大陆对知识产权与人权、版权与表达自由的研究更多侧重于一般的、抽象的基本理论，从法理、宪法学入手探析二者的关系。吴汉东教授于1996年发表论文阐述了版权与表达自由在内在机理上的一致性，认为版权有的是言论自由宪法权利的具体表现，有的与言论自由宪法思想一脉相承，有的则是与言论自由限制的宪法原则紧密相连。以发表权为中心的版权人身权制度是言论自由的私权形式；版权的排除领域来源于防止言论自由滥用的宪法精神；版权限制制度则是言论自由的具体法律保障。因此版权与表达自由是一枚硬币的两面，都体现当代立宪的精神和目的。如果两种法益发生冲突，宜采取精神自由优先于经济自由的原则。②

徐瑄教授从对价的角度审视知识产权的价值及正当性。她主张从宪政的立场重新审视知识产权立法的原则和法律价值。从宪政角度来说，知识产权的正当性根源于宪法权利，特别是表达自由与财产权、经济自由的"对价"。知识产权的正当性根源于宪法权利的"对价"，是表达自由和保密自由的对价。这种对价就是为了保障一部分人的自由而使其他人让渡部分自由，并允诺以自由为补偿，以此实现宪政的目标。因此，创制知识产权法就是为了实现宪法上信息自由、表达自由、学术自由、思想自由、经济自由等自由权利，充分对价是其合宪性的条件。没有充分对价，过度保护财产自由、经济自由，就会影响公众的学习、思想、表达、信息等自由的实现，使之成本过高而受到侵害，这样的知识产权制度有违宪之嫌。这也正是当前知识产权制度面临的正当性危机和合宪性困境。③

李雨峰博士也从宪政角度阐述了版权的宪法基础，认为版权的正当性基础应该建立在对宪法目标的促进上，在宪法视野下研究版权会更有意义。④ 版权与信息自由、表达自由间存在交互影响的关系。一方面，版权是表达的产权化，表达是版权保护的对象。自由表达是版权存在的前提；另一方面，过度的版权保护会限制信息自由。毕竟，版权旨在保护私有领域里的表达，意在控制信息的传播，而信息自由要求接近、获得、传播信息。版权的宪法路径与表达自由的目的是一致，都是要促进创作和思想信息的传播。适当、有限的版权保护对表达自由、从而对宪法目的的实现起积极促进作用，过紧、过松都不利于宪法目的的实现。

"胡戈事件"后也有学者从权利冲突角度分析版权与表达自由的冲突，认为事件反映了

---

① 参见赵伯雄：《从宪法上言论自由的保障论著作权的限制——以探讨"著作权法"第八十条之二合宪性问题为中心》，东吴大学法律学系2005年硕士学位论文，4～5页。

② 参见吴汉东：《合理使用制度的宪法学分析》，载《法制与社会发展》，1996（4）。该文后来成为《著作权合理使用制度研究》一书的一章，86、90、91、110页，北京，中国政法大学出版社，2005。

③ 参见徐瑄：《从宪政的视角看"知识产权"》，载《电子知识产权》，2005（7）；徐瑄：《知识产权的正当性——论知识产权法中的对价与衡平》，载《中国社会科学》，2003（4）。

④ 参见李雨峰：《论著作权的宪法基础》，载《法商研究》，2006（4）。

基本权利的冲突。[①] 也有学者从宪法角度看这一事件，认为当事人通过网络方式采用诙谐方法从事文艺批评，完全是一种新的言论表达方式。"在民法层面上，著作权和商业利益往往比言论权有较高的价值，更容易受到保护。但是，在宪法的层面上，表达自由的价值即使不说是高于著作权和财产利益，也是特别受到关注和偏爱的，因为具有普遍价值的表达权，往往比个人的经济利益有更重要的社会意义，因而更受保护。"[②] 此外也有其他学者对版权与表达自由的关系作了初步的探讨。[③]

宪政理论为分析版权与表达自由的关系提供了较新的视角，但是在整体上可以纳入知识产权正当性的工具主义理论中去，属于激励理论的分支，只是它从宪法角度展开，与法经济学的激励理论有细微差异，不过二者殊途同归。与我国台湾地区学者侧重从技术角度分析版权与表达自由、版权法与宪法的关系相反，内地学者多数是在一般的抽象理论上泛泛地研究二者的关系，缺乏对具体规范和事件的细腻、精致、深入的技术分析。"胡戈事件"没有成功进入诉讼程序，没有引发更多的司法上的讨论，也阻碍了学界进一步发掘其法学意义。

国内直接探讨版权保护与表达自由关系的论文主要有冯晓青、魏衍亮的《互联网上言论自由权与版权关系之述评》[④] 和宋慧献的《版权保护与表达自由：冲突与协调》[⑤] 两篇。前文主要根据美国的立法和判例，阐述版权法、判例和格式合同对表达自由的保护和限制。后文认为，版权与表达自由代表两种不同的价值取向，两者存在有限的一致和协调，但也存在不可避免的冲突。

四、我国学术研究和司法判例缺失的主要原因

我国学术界迄今还没有像欧美那样全面深入地探讨版权与表达自由的互动，承认两者存在冲突的就更少。不仅文献资料非常少，而且没有直接处理版权与表达自由关系的判例。究其原因，主要有三个方面：

1. 工具主义激励理论和乐观主义的影响

改革开放以来，我国法制改革和法治建设的基本任务之一是响应经济市场化、国际化、全球化的需要，建立与本国社会主义市场经济相适应、又与国际政治经济规则体系相一致的社会主义法律体系，为促进和完善社会主义市场经济服务。法制既要符合本国国情，又

---

① 参见张翔：《"馒头案"中的基本权利冲突问题》，载《检察日报》，2006－02－20。

② 蔡定剑：《馒头血案的宪法视角》，载http：//www.civillaw.com.cn/weizhang/default.asp？id＝25657。

③ 参见宋慧献：《版权保护与表达自由：冲突与协调》，载吴汉东主编：《知识产权年刊》，2006年号，北京，北京大学出版社，2007；高荣林：《版权与言论自由》，载《中国知识产权报》，2004－10－27。

④ 参见冯晓青、魏衍亮：《互联网上言论自由权与版权关系之述评》，载《北大法律评论》，2001年第2辑，513～533页，北京，法律出版社，2001。

⑤ 参见宋慧献：《版权保护与表达自由：冲突与协调》，载吴汉东主编：《知识产权年刊》，2006年号，北京，北京大学出版社，2007。

要符合国际要求，与国际接轨。这体现了法制作为社会上层建筑，为经济基础服务的职能，也体现了我国法制建设的工具主义的态度和导向，其实也昭示了我国法制现代化的动力来自外在压力这一事实。在这个背景和理念指导之下，我国基本上接受了国际上版权和知识产权的工具主义理论，知识产权激励理论成为我国版权和其他知识产权立法的最主要的理论支柱。整个社会，从学术研究到立法，对版权的激励功能怀抱工具主义和乐观主义的心态和期待。这种理念和态度体现在有关知识产权立法过程之中，也体现在学者的著述之中。

1978年后，我国版权立法的直接动因是：1979年邓小平访美期间，中美要签署“中美高能物理协议”，美方提出版权保护问题。国家出版局随后向国务院要求“建立版权机构，制定版权法”①。经过多次的审订、修改、试行，我国第一部版权法终于在1990年通过，1991年6月起施行。美国基于其在知识产权领域的强大优势，一直向世界各国推销其知识产权产品，并推广其知识产权标准。面对中国广阔的市场，知识产权保护一直是中美贸易谈判的重点之一。由于对国际市场的依赖，中国不断在知识产权问题上让步，不断提高包括版权在内的知识产权保护标准，以满足美国和欧盟等发达国家的要求。1992年《中美关于保护知识产权的谅解备忘录》、1995年《中美保护知识产权协议》就是这种背景的产物。此外，《与贸易有关的知识产权协定》和两个“互联网条约”既是我国知识产权立法的国际标准，也是强大的国际压力。甚至可以说，中国知识产权立法，最主要是由于以美国为代表的发达国家和国际社会的贸易压力所致，是我国发展经济、促进国际贸易、“与国际接轨”对外经济政策的产物。这也是我国改革开放后版权立法直接进入后现代版权时期，与发达国家和国际的版权制度接轨的原因。

我国知名学者吴汉东教授也曾经从公共政策角度探讨我国知识产权制度的演变。② 他认为，我国知识产权政策经历过清朝末年的被动性接受，改革开放初期到1990年的选择性安排，20世纪90年代初至新世纪初年的调整性适用三个阶段后，直到2004年、2005年才进入主动性决策阶段。2004年后，我国分别成立了“国家保护知识产权工作组”和“国家知识产权战略制定工作领导小组”。2008年6月，国务院发布了我国第一个《国家知识产权战略纲要》，标志着我国开始实施自己的知识产权战略。这表明，“中国已经站在战略全局的高度，重新审视知识产权制度的功用和地位”。“中国将通过制定和实施国家知识产权战略，有效利用知识产权制度，以此作为缩小与发达国家的差距、实现跨越式发展的政策抉择。”③

显然，从公共政策层面分析知识产权制度，可能比单纯从民商法层面看待知识产权，要更接近知识产权制度的本质。“四阶段说”清楚地揭示了我国知识产权演变的动力转向，从外在压力造成的被动选择，到内在因素激发的主动选择以及制定知识产权战略，其中蕴

① 沈仁干、钟颖科：《著作权法概论》，18页，北京，商务印书馆，2005。

② 参见吴汉东：《利弊之间：知识产权制度的政策科学分析》，载《法商研究》，2006（5）；吴汉东：《中国知识产权制度的政策科学分析》，载《中国知识产权报》，2006-08-09。

③ 同上。

涵的都是知识产权的工具主义理念——为促进和发展经济服务。这种理念既是我国版权和知识产权立法的指导思想，也成为国家最高决策层政策制定的指导思想，对知识产权保护的社会效果怀抱乐观主义的期待。虽然中央在提出知识产权战略的时候，考虑到了其文化意义，但不能否定的是，在具体的政策执行中，特别是地方政府和企业在理解和执行知识产权战略时，关注焦点仍然是知识产权保护带来的经济意义，而不是文化意义。因此，即使从公共政策方面理解版权和知识产权制度，我国在当前或多或少、有意无意地仅仅视之为经济政策，而不是文化政策；视之为经济战略，而不是文化战略。毕竟，作为发展中国家，发展经济是中央和地方政府压倒性的任务，也是解决各种社会问题的前提。这种形势下，我国缺乏对知识产权制度的批判的声音和批判性的研究，只关注知识产权保护对经济和社会文化的积极意义，而很少深入地反思知识产权制度的负面影响；没有将知识产权保护带来的积极的经济和社会效益与所付出的成本进行对比研究，对知识产权保护的社会效果缺乏系统的、实证的分析研究；很少研究知识产权与包括人权和基本权利在内的其他权利的冲突。这当然也就会导致对版权保护与表达自由的冲突缺乏重视和研究，甚至根本就否定二者存在冲突。在版权保护上的工具主义和乐观主义是导致我国忽视研究版权保护与表达自由之间关系的观念因素。

2. 传统的公私法划分、宪法理念和权利意识的影响

大陆法系有关公法与私法、公权与私权的划分由来已久。依据日本宪法学家美浓部达吉的论述，私法关系首先是个人相互间的意思和利益关系的法，原则上由社会本身的力量维持，只有在社会力量不足以维持时，才由国家力量去维持。私法的主体地位平等，以维护当事人私人利益为主。公法关系的主体则至少有一方是国家或者其他公权者，以国家组织、国家与其他国家或者人民的关系为规范对象，以保护国家利益或者社会公共利益为主。[①] 正是依据这种理论，一般而言，版权法被认为属于私法，即民商法的领域，版权也被视为私权，甚至世界贸易组织《与贸易有关的知识产权协定》在其序言中也明确认可知识产权为私权。“权利本体的私权性是将知识产权归类于民事权利范畴的基本依据。”知识产权的产生、行使和保护，适用民法的基本原则和基本制度。离开民事权利体系，知识产权成为无源之水、无本之木，无法找到其权利归属。[②]

相反，传统上，宪法、行政法、刑法等经常被纳入公法的范畴，宪法基本权利也被视为公权利。立宪是对国家权力的合法性限制，也是对国家权力的合理性承认。[③] 宪法的理念是要保障公民的基本权利免受来自国家的侵害，因此是针对国家的权利。由此延伸出权利效力的问题，即宪法权利具有垂直效力，而私法权利则是水平效力的，在传统理论上宪法基本权利是不具备私人效力的。虽然起源于 20 世纪 60 年代德国的基本权利“第三人效力

---

① 参见［日］美浓部达吉：《公法与私法》，黄冯明译，34、35、36、38、39 页，北京，中国政法大学出版社，2003。

② 参见吴汉东等：《知识产权基本问题研究》，8 页，北京，中国人民大学出版社，2005。

③ 参见潘伟杰：《宪法的理念与制度》，134 页，上海，上海人民出版社，2004。

理论”，包括直接效力说和间接效力说[①]，都已经被学术界引进国内，但是学术界本身对此充满分歧，司法更从未接受此学说。

正是基于上述公、私法区分的理论和权利效力对象的观点，传统上学术界认为，版权与表达自由是不相干的、分属于两个不同法域的权利，前者是私权，是针对私人的、免于私人侵害的权利；后者是宪法基本权利和基本人权，属于公权利，是针对国家的、免于国家非法干预，尤其是事前审查的权利，两者不可能发生冲突。知识产权学者不研究宪法基本权利和人权，不了解知识产权与基本权利和人权的影响；宪法和人权学者不研究知识产权，忽视宪法权利、人权与知识产权的关系，相互间没有沟通和交流，导致学科间的封闭和割裂，既没有从知识产权角度看宪法权利和人权，也没有从人权角度看待知识产权。这种情形直到20世纪末期联合国人权高级专员办公室与世界知识产权组织、世界贸易组织分别召开研讨会，联合国经社理事会下属的经济、社会和文化权利委员会多次发表特约报告员的研究报告，阐述知识产权与人权的关系之后才引起国际社会的重视。在我国，这种情形是2004年后才逐渐受到关注的。[②] 情况虽然正在发生改变，但迄今为止，学界还没有详细深入地探讨版权与表达自由的关系。僵化的公私法划分理论和宪法权利效力理论是我国理论界忽视研究版权保护与表达自由关系的理论背景。

此外，我国缺乏有关版权保护与表达自由之间关系的判例，其中一个重要原因是我国公民还没有提起这样的诉讼，或者在涉及版权侵权的诉讼中没有提出表达自由抗辩。传统上，司法是消极的、以审判方式解决社会纠纷的机构。在民事纠纷中，充分尊重当事人意思自治。如果当事人不主动提出诉讼或诉求，提出其抗辩理由，法院不能主动地审理，或者主动为当事人提出主张。公民是否意识到自己的权利受到侵害，或者在诉求中提出什么样的权利诉求，显然是与权利意识、法治水平密切相关。我国长期是行政主导的社会，特别重视公法，忽视保障公民私权的私法，甚至有人认为中国古代没有私法，只有公法。观点固然是见仁见智，但是中国长期以来不重视保障公民的私人权利，甚至否定公民的权利却是事实。加上长期的国家、集体本位的体制影响，我国公民的个人权利意识远不如西方的发达。改革开放之后，我国公民的权利意识已经得到极大的发展，但也远不够成熟。要么忽视公民的个人权利，对生活中的权利现象视而不见；要么重视自己的权利，而忽视、否定他人的权利，难以在个人之间的权利上达成平衡。

3. 立法和司法体制的限制

人民代表大会制度是我国的根本政治制度，全国人民代表大会既是我国最高权力机

---

① 关于“第三人效力理论”，参见陈新民：《德国公法学基本理论》（上册），第八章“宪法基本权利及对第三人效力之理论”，济南，山东人民出版社，2001；陈文贵：《基本权利对民事私法之规范效力》，台湾警察大学2001年硕士论文。

② 2006年5月，中国人民大学民商事法律科学研究中心与宪政与行政法治研究中心联合召开“宪法学与民法学的学术对话”研讨会，希望能建立民法学与宪法学对话、沟通的平台。在“胡戈事件”之后，学者开始从宪法、人权角度研究版权和知识产权问题。如宋慧献、郑万青、张乃根、吴汉东等学者均有过有关知识产权与人权问题的论述。

关，也是最高立法机关，行政和司法机关都由它产生，对它负责。全国人民代表大会及其常委会行使宪法解释和监督的权力，司法机构，包括最高人民法院，根本就没有权力审查全国人大及其常委会的立法是否违宪。但是由于体制、成员构成、会期以及工作任务繁重等因素的影响，迄今为止全国人大及其常委会在解释和监督宪法方面的职能并没有得到充分的尊重和实现，没有达到应有的效果。全国人大及其常委会本身既是最高立法机构，又是宪法解释、监督机构，因此在理论和观念上当然地推定全国人大及其常委会制定的法律是合宪的，不存在违宪的可能和空间。具体到版权法，我国基本上没有出现过有关版权法及其具体规则的违宪性问题的讨论，至多讨论版权规则的适当性问题。在制定版权法的咨询、讨论过程中，虽然其于本文第 1 条载明“根据宪法制定本法”，但是其实并没有真正从宪法层面审视、考察版权立法，基本上忽略了对表达自由等宪法基本权利的影响。这种立法和解释、监督合二为一的体制消除了对版权法可能违宪的担心，也制约了对版权法的宪法审查。

我国台湾地区学者贺德芬教授曾指出，台湾地区之所以不容易出现“著作权法”违“宪”的质疑，是因为“台湾‘宪法’固也保障言论和出版自由，但由于‘宪法’第二十三条规定为了防止妨碍他人自由，避免紧急危难，维持社会秩序和增进公共利益之必要，得以法律限制之。而台湾‘宪法’意识薄弱，第二十三条又有凌驾其他权利保障条文之强势。故在台湾，不容易产生‘著作权法’是否违‘宪’的疑义”[①]。这个分析是针对台湾地区的，其实也适合于祖国大陆。表达自由、版权以及其权利限制都有宪法上的依据。我国《宪法》第 35 条保障了公民的表达自由权利，但是第 33 条同样也规定，公民享有宪法和法律保障的权利，“同时必须履行宪法和法律规定的义务”；第 51 条规定公民在行使自由的时候，“不得损害国家的、社会的、集体的利益和其他公民的合法的自由和权利”；第 53 条再次规定公民“必须遵守宪法和法律”，“遵守公共秩序，尊重社会公德”等。宪法权利意识淡薄和权利限制条款的并存、立法体制的制掣，也阻碍了人们更深入地反思版权与表达自由之间的互动和制约的关系。

此外，我国宪法虽然也规定保障公民的基本权利，在权利类型上与其他国家、国际人权法，尤其是《公民权利和政治权利国际公约》和《经济、社会和文化权利国际公约》的规定，大致相同；但是由于宪法权利效力理论和司法体制的限制，我国宪法还没有可诉性，司法不能也不愿以宪法本身为依据作出裁判，这使有的宪法权利处于纸上，一旦遭到侵害，无法在宪法层面上获得救济。表达自由就是这样一种权利。一方面，宪法对表达自由权利的规定非常简单；另一方面，也缺乏相应的具体法律、法规对表达自由及其相关权利进行细化，使之具有可操作性。受到种种因素的影响，表达自由在我国还不是一个完整的、现实的权利，还需要一系列其他因素的配合。对于涉及表达自由与版权保护的案件，我国惯

---

① 贺德芬：《言论自由与著作权的保护——兼谈著作权的限制》，载贺德芬：《文化创新与商业契机》，171 页，台北，月旦出版社，1994。

常是遵循美国司法的路径，将其列为民事私法案件，在版权法内部寻求解决，而无法从宪法层面上救济。这些因素也限制了司法和学术从表达自由层面思考版权问题的空间。

4.4 企业社会责任：在法律与道德之间*

刘 玲**

法律是社会控制的产物，也是社会控制的主要力量，但绝非唯一力量。在任何有组织的社会中，仅仅依凭法律这一社会力量显然是不够的。①

——［美］博登海默

企业社会责任是法律责任与道德责任的结合，法律反映着社会的“条文化伦理”，体现出由立法者确定的对公平进行企业活动的基本态度。然而，法律本身涵盖不了社会对企业的所有期望，法律应付不了企业可能面对的所有问题。不同的企业，在规模、产品类型、盈利能力、资源占有、对社会和利益相关者的影响等方面都不相同，因此它们信奉、履行社会责任之道也就不同，很难统一，这就为道德责任的存在留下了很大的空间。我国新《公司法》第5条第1款规定：“公司从事经营活动，必须遵守法律、行政法规，遵守社会公德、商业道德，诚实守信，接受政府和社会公众的监督，承担社会责任。”该条规定体现了政府对企业社会责任问题的鲜明立场，使得企业社会责任从学者讨论上升到立法规定，这也促使人们进一步思考：公司法中所说的企业社会责任的性质是法律责任、道德责任还是介乎于两者之间？

本文试图对不同类型的企业行为划分其道德和法律边界，提出道德法律化的趋势和具体建议，并且在讨论企业法律责任和道德责任关系的前提下得出结论：企业在法律责任之外也必须承担道德责任。企业法律责任和道德责任不是非此即彼的关系，两者之间可以相互转化，这种转化可以通过国家立法来推进。

一、法律与道德关系界说

（一）作为社会控制方式的法律与道德

法律与道德作为两种最基本的社会控制方式，有着十分密切的联系。法律是国家颁布的行为规则，它是从国家立场出发对人们行为的评价，包含着立法者关于正义、是非、善恶的价值取向，因此法律不可能脱离道德。而道德作为一种社会现象，是由经济关系最终决定、按照善恶标准来评价并依靠社会舆论、内心信念和传统习惯维持的规范、原则和意

---

* 原为刘玲博士学位论文，原名《企业社会责任》。

** 中国社会科学院民族所助理研究员，法学博士。

① ［美］E. 博登海默：《法理学：法律哲学与法律方法》，邓正来译，357页，北京，中国政法大学出版社，1998。

识的总称。在历史唯物论看来，道德观念归根到底也是由一定的物质生活条件决定的。人们自觉或不自觉地，归根到底总是从他们进行生产和交换的经济关系中，获得自己的伦理观念。①

1. 法律与道德的一般关系

历史唯物主义认为，法律与道德同属于上层建筑，其性质与作用方向是由经济基础决定的，法律与道德也对经济基础有着巨大的反作用，两者相互依存、相互交叉、相互影响。法律与道德的一般关系可作如下表述②：

(1) 生成形态并列。

法律与道德都是社会的重要行为规范，都对人们的行为进行评价，对社会关系进行调整。但是，两者属于不同的社会规范体系。马克思指出："道德的基础是人类精神的自律"③。这一论断不仅深刻地概括了道德的本质特征，而且指明了道德与法律的根本区别。从性质上看，道德体现的是"人类精神的自律"，道德的规范作用来自社会舆论、内心信念和传统习惯等精神力量，实际上是通过社会成员的自觉来发挥作用的。而法律表现的是"国家意志的他律"，它是由国家机关根据占社会主导地位的意志而采用规范形式制定的，同时又是依靠国家强制力即法庭、警察、监狱等来保证施行的。就其生成状态来说，法律主要是一种制度形态的上层建筑，道德主要是一种意识形态的上层建筑，它们在基本内涵、表现形式、调控方法等方面既相互区别，又相互联系。

(2) 调控范围交叉。

一般来说，凡是法律所禁止和制裁的行为，也是道德所禁止和谴责的行为；凡是法律所要求和鼓励的行为，也是道德所培养和倡导的行为。反言之，许多道德观念也体现在法律之中，许多道德问题也是可以诉求法律解决的问题。不过，从规范作用的范围来看，法律与道德对人们行为有着不同层次的要求。前者一般只能规定最起码的行为要求，而后者可以解决人们精神生活和社会行为中更高层次的问题。

(3) 社会功能互补。

法律与道德在调整社会关系方面尽管两者手段不一，但其功能却相互补充。道德的作用主要表现为对人们行为的规范和引导，其实现方式主要依靠舆论督促、内心修养和习惯驱使，因而道德在社会职业和家庭生活中影响广泛而深远。但道德也有局限性，它对严重危害他人或社会利益的行为只能谴责而不能制裁。而法律则不然，它明文规定什么可为，什么不可为，以国家强制力为后盾，既有引导、推动作用，更有惩戒、防范作用。但法律也非万能，其设定的"中人"（即一般人）标准不同于道德倡导的"圣人"标准，因此对虽"缺德"而不违法的行为往往无能为力。在现代社会中，法律的他律约束作用与道德的自律

① 参见孙国华、朱景文主编：《法理学》，164～172页，北京，中国人民大学出版社，1999。

② 参见吴汉东：《法律的道德化与道德的法律化——关于法制建设和道德建设协调发展的哲学思考》，载《法商研究》，1998 (2)。

③ 《马克思恩格斯全集》，第1卷，15页，北京，人民出版社，1956。

教化作用只有相互补充和密切配合，才能达到建设社会文明的良好效果。

2. 道德的法律化之必要与可能

在道德同个人对自我的态度的关系上，道德被定义为召唤，亦即召唤人们以一种对社会负责的方式发挥潜力、施展才能，从而获得真正的幸福和内心的满足。然而，人们更为经常的是把道德这一术语适用于人与人之间的关系，在这种关系中，人们各自强调自我意志之间和相互矛盾的情感之间可能会发生摩擦和冲突。道德的目的，从其社会意义上来看，就是要通过减少过分自私的影响范围、减少对他人的有害行为、消除两败俱伤的争斗以及社会生活中其他潜在的分裂力量而加强社会和谐。这与法律安排的目的绝非毫不相干，因此就产生了一个问题，即我们怎样才能将道德和法律各自的范围区分开来并加以划定？

一种颇具影响的理论认为，法律与道德之间的区别存在于这样的一个事实，即法律调整人们的外部关系，而道德则支配人们的内心动机。然而，这种观点并不能被人们当作对这两种社会控制力量之间关系的一种普遍有效的解释加以接受，这两种社会控制力量之间的关系将更为复杂、更为模糊、更为易变。[①] 应当说，法律通常所关注的是一个行动应受法律规范裁判的人的心智倾向。从法律的角度来看，动机和精神状况往往是很重要的，而反过来看也是如此，道德并非对行为毫不关注。不表现为道德行为的善意，或者会产生不道德的或有害的非意图后果的高尚动机，都很难被视为社会道德的有意义的表现。虽然从道德的角度来看，伴随着一项行为发生的态度和倾向同对该行为的评价有关系，但是一个社会的道德准则对人们的要求往往不只是培养纯洁的心灵。为了使个人将善意转化为符合道德的高尚行为，社会道德准则常常会将舆论的压力施加于他们。不道德的行为会受到公众的谴责，即使这一行为未超越出法律所允许的范围。尽管法律不会因某人没有表现宽容与忍耐的德行而将他逮捕入狱，但是一个人的行为如果不断违反社会道德规则，那么他就会发现他在所置身于的群体中做一个自尊的成员是很困难的。

对道德观念的历史发展的研究表明，道德命令的主要渊源并不能从个人的自律理性中发现。[②] 伦理体系得以建立，乃是源于有组织的群体希望创造社会生活基本条件的强烈愿望。制定社会道德原则，就是为了约束群体间的过分行为、减少掠夺性行为和违背良心的行为，培养对邻人的关心，从而增加和谐共处的可能性。用库尔特·贝尔（Kurt Baier）的话来讲，“当遵循自私规则有害于他人时，道德规则便是用来压倒那些自私规则的普遍原则”[③]。在道德价值的这个等级体系中，我们可以区分两类要求和原则。第一类是使社会有序化的基本要求，它们对于有效地履行一个有组织的社会必须承担的任务来讲，是必不可少的。避免暴力和伤害、忠实地履行协议、协调家庭关系等，均属于这类基本要求。第二类是指那些有助于提高生活质量和增进人们之间密切关系的原则，但是这些原则对人们提

① 参见［美］E. 博登海默：《法理学：法律哲学与法律方法》，邓正来译，370～390页，北京，中国政法大学出版社，1998。

② See B. F. Skinner, *Beyond Freedom and Dignity*, New York, 1971, p. 20.

③ Kurt Baier, *The Moral Point of View*, Ithaca, 1958, p. 309.

出的要求远远超过了那种被认为是维持社会生活的必要条件所必需的要求。慷慨、仁慈、博爱、无私和富有爱心等都属于第二类道德规范。

一方面，那些被视为社会交往的基本而必要的道德正当原则，在所有的社会中都被赋予了强大的强制性质。这些道德原则的约束力的增强，当然是通过将它们转化为法律规则而实现的。另一方面，那些在法律权利与义务范围之外的道德准则，只具有较弱的强制力。尽管我们不能说那些由对他人的同情、仁慈及关心所驱使的行为仅仅是一个主观选择和决定的问题，但是它们给予人们在纯粹道德问题上的自律程度要大于强制性的法律规范所允许的自由意志的范围。这一事实的必然结果是，任何可被用来维护法律权利的强制执行制度是无力适用于纯粹道德要求的。

法律与道德的相互转化或双向流动是人类法律发展史上的壮丽景观：一方面，每个时代总是将该社会至关重要的道德准则法律化，道德规范因而得以不断地上升为法律规范；另一方面，随着社会的发展，每个时代都会根据自身的状况将某些不再具有根本的重要性或者不再经常横遭践踏的行为规则由法律转化为道德，因而许多行为规范得以逐渐退出法律领域、重返道德世界。这种双向流动在今后相当长的时期里仍将构成人类法律发展的基本格局。在21世纪的中国，一方面，由于市场经济飞速发展、社会的行业化和专门化程度迅速提高，市场经济特定的道德要求和各个行业的职业道德不仅会全面发育出来，而且日益具有根本的重要性，因而，市场伦理、职业伦理以及其他社会公德的法律化将是未来中国的法制主题之一；但另一方面，随着民众道德水准的普遍提高以及社会自由度和宽容度的增大，许多有关私德的法律规范将渐次转化为道德。

就更为长远的历史趋势来看，由法律到道德的流向将日益显著，并逐渐占据主导地位，从而使得未来的法律发展在总体上呈现出趋向于道德的态势，其首要标志便是法律强制力的日渐减弱[①]，这将启示我们应当更加关注法律的内在（道德）机制，而把法的外在强制推至最后的防线。这种趋势的根本依据在于，随着整个人类文明程度和道德水准的普遍提高，人们对善恶是非的判断能力与自律能力将大大增强，因而，外在的规范，尤其是物质强制力的运用日益减弱。[②]

（二）市场经济下的法律与道德

1. 市场经济是法治经济

市场经济是商品生产发展到一定阶段的产物，是市场在资源配置中起基础性作用的经济运行形式。市场经济是法治经济，这一论断一方面意味着市场经济的发展必须有高质量、高效率的法律调整，必须把法的至上性、权威性原则贯彻到一切市场关系中去，才可以保障市场经济的健康发展；另一方面意味着法律所具有的固有功能和调整能力使之能够满足

---

① 参见刘星：《法律“强制力”观念的弱化：当代西方法理学的本体变革》，载《外国法译评》，1999（3）。

② 参见胡旭晟：《法的道德历程——法律史的伦理解释（论纲）》，187～189页，北京，法律出版社，2006。

市场经济的需要。[1] 总的来说，市场经济是法治经济的含义主要有以下三个方面：

（1）市场经济是独立主体之间的平权经济。

在市场经济社会，通过市场实现资源的优化配置，是以市场主体的权利和自由为前提的，市场主体的独立性需要法律的维护。这是由于市场经济是发达的商品经济，商品经济的产生和发展是以社会分工为前提的。而在社会分工中所产生的商品生产者，从一开始就具有独立性的品格。只有生产者对自己的产品具有独立的所有权和支配权，才有可能同他人进行平等的交换，才有可能使自己的产品变成现实的商品。主体的这种独立、自主、平等的地位，一开始只要求相互的承认，但随着市场的扩大，这种相互自发的承认就显得十分乏力了，迫切需要一种强有力的社会规范加以维护，这种强有力的社会规范就是法律。

（2）市场经济是平等主体间的交易型经济。

市场经济不同于高度集权的计划经济，它是一种多元决策型经济，主体之间地位平等，主要靠市场的交易把他们联系在一起。交易需要遵循一定的规则，这种规则开始表现为习惯，后来就表现为法律。法律归根到底是满足社会生产和交换的最一般条件的表现。市场经济是发达的商品经济，主要靠市场来优化配置社会资源，市场交易的广度、深度和复杂程度，都是简单商品经济条件下所不可比拟的。要保持市场的高效、安全和有序，维护市场交易的公平和公正，很大程度上依靠法律。

（3）市场经济是利益驱动型经济。

在市场经济中，每个生产者和经营者都是“自主经营、自负盈亏”的利益主体。利益既是推动市场发育的动力，利益的冲突又常常会使市场主体在局部利益的驱使下冲破市场正常规则的约束，去损害他人的利益或社会和国家的整体利益，使市场失范。为了弥补市场失范，就需要国家适度干预。在市场经济条件下，国家干预的方式不能是依靠行政手段直接插手具体生产经营活动，而应当主要依靠法律划定所有市场参与者的活动边界，将一切市场经济活动纳入法治的轨道。

2. 市场经济的道德意蕴

美国伦理学家 R. T. 诺兰在《伦理学与现实生活》中曾指出：“每一种经济体制都有自己的道德基础，或至少有自己的道德含义。”[2] 与任何其他社会形态一样，市场经济也有自己内在的一套道德准则。相对于社会制度而言，这套道德准则具有一定的相对独立性。

现代市场经济条件下，依靠市场和价格来分配资源和分配收入，利润作为生产和投资决策中的指导力量居于支配地位。这就要求社会的产品、劳动、知识、资源和产权实现商品化，商品交换高度发达。市场交换必须遵循等价交换和自愿交换原则。这两个原则要求经济行为主体必须把追求自身利益的愿望与交换相对方的利益结合起来，不但要关心自己

① 参见孙国华、朱景文主编：《法理学》，130～138页，北京，中国人民大学出版社，1999。

② ［美］R. T. 诺兰：《伦理学与现实生活》，324页，北京，华夏出版社，1988。

的支出所应得到的回报，还应该使他人的支出也得到相应的回报。同时，现代市场经济已完成由卖方市场向买方市场的转变，人们可以自愿、自由地选择进行市场交换的对象，消费者自觉、自主的消费意识业已形成。在这种条件下，谁要想通过市场为自身谋取更大的利益，谁就必须在更好地满足他人的需要上作出更大的努力。因此，现代市场经济并非以自私自利的极端利己主义为道德基础，而是以自利与利他相结合的互利主义为道德基础。

自由主义经济学家都认为市场经济是最有效率的制度，但再伟大的制度也有局限。巴菲特[①]直言不讳地说，市场无法解决穷人的问题，要解决穷人的问题，就必须靠市场经济中的赢家的道德自觉。古典经济学所理解的市场经济，实际上是一种非道德化的中性制度：只要一个人在市场中合法赚了钱，并且依法纳税，那么就不仅增进了自己的利益，也增进了全社会的利益。他在此之外，没有任何其他义务。这种市场经济的观念，来源于以法国为核心的欧洲启蒙主义的理性思潮：追求快乐和私利，是一个人最基本的本能。一个理性的制度，是要把这种对个人快乐和私利的追求，转化为自动对社会也有好处的行为。这样大家都可以放心追求快乐，而不用操心太多道德问题。市场有其天然的合理性，一切都由“看不见的手”管着，用不着看得见的道德信条。然而，这只是对启蒙主义最狭隘的理解，那种创造一个理性的制度，使追求私利的人能够自动造福于全社会的理想，充满了天真的乌托邦情怀。与此同时，自由市场的正宗，是在盎格鲁—撒克逊的启蒙主义传统中成长起来的。这种启蒙主义，核心不是理性，而是道德。

亚当·斯密就是这一传统的核心人物之一。只是他的理论频频被后人用法国启蒙主义的理性精神来解释，所以影响最大，被误解的也最多。人们想当然地认为，他的所谓自由放任的市场经济，就是在看不见的手的控制下，尽情地为个人利益而竞争。这样，个人获得的利益越大，社会的收益也越大。市场经济的道德，是其背后那种让个人和社会共赢的理性，而不只是让个人在市场上接受伦理的约束。其实，斯密不仅是位经济学家，更是位道德学家，除了《国富论》外，他的另一部重要著作是《道德情操论》。[②] 在这部巨著中，斯密认为，支配人类行为的动机有自爱、同情、追求自由的欲望、正义感、劳动习惯和交换倾向。“自爱”和“同情”是人类行为两个最基本的动机，而且这两个基本动机又总是相互伴随的。人类的各种动机之间存在着一种相互制约并趋于自然平衡的关系。在他看来，交换倾向是一个重要的、不可或缺的、使人类最基本的动机即自利和利他对立统一的中介环节。因此，他之所以宣扬自由放任的市场经济，一个基本的预期就是个人有强烈的道德

① 被称为“股神”的巴菲特是美国有史以来最伟大的投资家，他依靠股票、外汇市场的投资成为世界上数一数二的富翁。2006年6月25日巴菲特宣布，他将捐出总价达到370亿美元的私人财富投向慈善事业。这笔巨额善款将分别注入微软董事长比尔·盖茨创立的慈善基金会以及巴菲特家族的基金会，巴菲特捐出的370亿美元是美国迄今为止出现的最大一笔私人慈善捐赠，这也占到了巴菲特财产的大约60%。

② 关于亚当·斯密的“道德情操论”，参见陈岳堂、郭建国：《经济行为的伦理审视——从“经济人”谈起》，90页，长沙，湖南师范大学出版社，2004；王莹、景枫：《经济学家的道德追问——亚当·斯密伦理思想研究》，217～220页，北京，人民出版社，2001。

关怀和约束，会利用自己的自由追求社会公益，所以才用不着国家来插手。他明确指出那种人人为己的自由竞争是放纵和有害的。

美国的历史也多少证明了亚当·斯密的判断。众所周知，美国拥有最自由放任的经济，也有着最发达的慈善事业，两者相辅相成。美国在19世纪末和20世纪末出现了两次创造财富的高峰，也同时出现了两次慈善事业的高峰。前一次的代表是卡耐基和洛克菲勒，后一次的代表是巴菲特和盖茨。美国自由放任的市场经济之所以能够维持，其中很重要的原因就在于这些市场经济中最大的赢家，能够主动根据自己的道德情操创新分配财富，使政府权力的介入成为不必要的。如果这些成功的人不自行重新分配财富，而是通过财产继承创造一个世袭的经济贵族，那么公众就可能通过选票要求政府重新分配财富。

经济学家们主张政府退出经济领域，这本身并没有错。但是，他们所忽视的是另外一个问题：自由放任的市场经济需要道德的基础。同样，中国的企业如果放弃自己的社会责任和道德承担，市场经济制度就不可能在中国成功。

二、对企业行为的规制：法律与道德的分野

（一）对企业行为的法律规制

尽管理论上对企业社会责任的性质看法不一，但各国加强企业社会责任立法的趋势却非常明显。20世纪80年代以后，对企业社会责任进行立法规制的呼声高涨，西方发达市场经济国家纷纷出台涉及企业社会责任问题的立法，或在已有立法中增加有关企业社会责任的内容。随着世界性企业社会责任问题的日益重要，我国也会有越来越多的国家立法关注这一问题。

1. 企业社会责任不是纯粹的道德问题

计划经济时代，不存在独立的企业利益，理论上也没有企业社会责任的概念。改革开放后，企业成为自主经营、自负盈亏的经济实体，企业以及股东的利益受到充分的尊重。然而，在完成这一转变后，企业究竟还应否承担社会责任？不少企业以经济利益为首要追求，将环境保护、职工权益、安全生产等方面的投入降低到了最低限度，使得许多国家强制性规定都成了一纸空文，更谈不上自觉履行道德意义上的社会责任。无法否认，改革开放30年来，我国在经济发展取得巨大成就的同时，也付出了巨大的社会成本，企业单纯追求经济效率已经导致大量社会问题的产生，企业社会责任现状令人担忧。鉴于企业忽视社会责任的严重后果已逐渐显现，强化企业社会责任意识，倡导企业社会责任已显得非常必要。

然而，现实中许多人把企业社会责任看作是一种纯粹道德义务，认为企业是否积极履行社会责任取决于企业及其经营者的道德良心，只要企业家具备了相应的道德责任感，企业忽视社会责任的现状就会得到改善。实际上，在一个市场机制尚不健全的社会环境中，企业本身不可能是“道德中性”的，企业及企业家的“社会良知”与市场机制的完善以及社会评价体系的健全密切相关。在价值取向多元、善恶标准模糊的情况下，为了追求利润

最大化，企业及其经营者常常会将道德和法律抛到一边。道德崇高的企业家当然存在，但如果只是凤毛麟角，就难以改变整个社会企业社会责任堪忧的状况。显然，强化和落实企业社会责任不能仅靠企业家的社会良知，而要寄希望于一种基于法律权威之上的正式制度安排，因为从根本上说人类的道德要求和动机并不是来自道德本身的魅力，而是源于经济关系和物质利益。当各种利益矛盾充分暴露、相互冲突时，个体的道德理性和道德意志往往难以抵御和克制利益的诱惑，特别在经济转型时期，更需要社会以制度化的形式提供一种“激励—约束”机制。企业社会责任不仅仅是一个道德问题，更是一个法制问题。

2. 企业社会责任法制化的迫切需要

法律不是道德中性的，法律制度中内蕴着一定的伦理追求。企业社会责任的法制化，实际上是一个不断将道德要求法律化的过程，这包括两个方面的重要内涵：一是指内蕴于法律制度中的伦理要求、伦理价值，即“法律的道德基础”；二是指将伦理要求、伦理原则具体化为明示的为社会成员所必须遵循的规范，即“道德法律化”①。

法律的道德基础和道德的法律强制是一个问题的两个方面。历史和现实都证明，失去伦理追求的法律和没有道德基础的守法，都不可能带来真正意义上的法律秩序和社会公正。特别是在社会转型时期，利益矛盾凸现，人们对一种以平等和公正为基础的经济制度安排的要求日益迫切，法律对企业社会责任问题的介入是不可避免的。只有法律制度中内含着伦理追求，才能有效地钳制不道德的经济行为。反之，如果不道德的经济行为仍有积极的利润回报，那么自利行为在利益最大化驱动下必然滑向不道德的一边，并促使更多的企业效仿，如果不加制止，这种消极榜样便将如瘟疫一般蔓延，诱导企业在市场行为中抛弃责任和良知。

企业社会责任法制化也是我国社会转型时期经济社会发展的特殊要求。人类的道德可分为道德信仰和道德规范两个层面：前者是“愿望的道德”，是道德理想；后者是“义务的道德”，是人们在社会生活中必须遵守的、最基本的行为准则。一般而言，社会对于“义务的道德”，即最低限度道德，存在一个监督和评价机制，一旦不遵守最低限度道德的情形出现，监督评价机制将迅速启动，明确地表明社会的褒贬态度。然而，当社会处于转型时期时，这种机制常常会失灵。由于传统道德已经解体而新型道德体系尚未建立，导致社会道德氛围淡薄、道德情感淡漠和行为非道德化。其直接后果就是社会道德舆论力量减弱，道德崇高者的出场得不到褒扬，卑劣无德者的行为受不到应有的批评和否定，单纯的道德规范由于缺乏权威性和有效的外部强制，已不能为企业提供明确的行为模式，难以适应转型期的社会调整要求。这种情况下，迫切需要通过法律的权威和强制保障，引导、规制企业的行为，迫使企业履行最低限度的社会责任。

此外，我国市场经济体制刚刚建立，企业的发展历史较短，企业追求利润最大化的本

① 王玲：《法制伦理是强化和落实企业社会责任的重要途径——兼评新〈公司法〉第5条》，载《求索》，2006（2）。

能刚刚释放出来，因而缺乏类似西方的传统企业文化和企业道德。同时，激烈残酷的市场竞争不可避免，企业在经营过程中缺乏良知的拷问和道德的调控。在这样的情况下，仅靠道德来约束企业的行为，要求其承担社会责任，显得过于理想化。只有运用法律的手段，将企业的逐利冲动抑制在合理的界限之内，才能落实企业的社会责任。

3. 我国现行法律体系中的企业社会责任规范

我国现行立法对企业社会责任的规定分散在企业法、公司法、产品质量法、消费者权益保护法、自然资源法、环境保护法、劳动法、社会保障法、税法、公益事业捐赠法等诸多法律法规中。其内容集中体现在以下几个方面：

（1）关于企业社会责任主体的规定

长期以来，企业法、公司法均未以明确的方式规定企业社会责任，“企业要不要承担社会责任”在理论界一直是个争论不休的问题。值得欣慰的是，这一长期没有结论的争议，随着2005年10月27日新《公司法》的颁布，终于画上了一个圆满的句号。新《公司法》第5条规定：公司从事经营活动，必须遵守法律、行政法规，遵守社会公德、商业道德，诚实守信，接受政府和社会公众的监督，承担社会责任。新《公司法》首次在法律中明确了公司的社会责任主体地位，意味着对传统企业角色或目标定位的突破，该条规定无疑是我国企业社会责任法制化建设中具有里程碑意义的重大成果，是我国社会主义《公司法》的一大特色。①

新《公司法》将公司应当承担社会责任写进总则，表明了政府对公司社会责任问题的鲜明立场。第5条引入了伦理性判断标准，反映着社会经济中的道德准则，构成了各项企业社会责任具体制度的基石，成为企业社会责任有关具体规则正当性、合法性的来源。该规定构成了一切有关企业社会责任行为标准的基础，任何一种行为只要被证明是不道德的，就可能被纳入法律的范围明确予以禁止。即使不存在具体规则，作为原则性条款，仍可发挥调解的功能。

（2）关于企业对雇员责任的规定

企业对雇员的责任在我国立法中主要体现在两个方面：一是雇员参与企业经营管理的规定，二是雇员劳动保护的规定。我国现行企业法是伴随着经济体制改革的深化而逐步制定的，迄今为止，已颁布了《全民所有制工业企业法》、《城镇集体所有制企业条例》、《中外合资经营企业法》、《中外合作经营企业法》、《外资企业法》、《公司法》、《合伙企业法》、《个人独资企业法》等法律法规。从总体上看，这些企业法律法规对雇员参与企业经营管理

① 法律作为工具有其局限性，在企业社会责任问题上表现尤为明显。因为企业社会责任很大程度上仍归属于道德义务范畴，法律只能在最低限度内作出对企业社会责任的强制性规范，而对道德范围内的社会责任，法律规范是无法发挥其作用强制企业承担的。但面对道德意义上的社会责任，法律并非无所作为，它可以通过任意性规范引导企业树立企业公民意识。因此，这是个很有理论意义和实践意义的规定，是要求企业承担社会责任而不仅仅是创造利润的法律根据，其兼具法律责任和道德责任的属性。当然，该规定在立法中的原则性地位和司法适用的可能性之间的关联还需要进一步研究。

和雇员劳动保护的规定较为零散，分布在许多条款之中。

职工参与企业经营管理在其他国家尤其是德国、荷兰等欧洲国家向来被视为维护职工合法权益以及企业对职工承担社会责任的一种重要方式。在我国，职工尤其是国有企业的职工参与企业经营管理较为普遍，并为现行企业法所肯定。《全民所有制工业企业法》第51条规定：职工代表大会是企业实行民主管理的基本形式，是职工行使民主管理权力的机构。第53条规定：企业通过职工代表大会和其他形式实行民主管理。在集体所有制企业法中，职工代表大会被规定为企业的权力机构。外商投资企业法也规定企业通过工会等形式实行民主管理。①

新《公司法》分则进一步完善了职工董事制度与职工监事制度，就职工董事制度而言，第45条第2款和第68条要求两个以上的国有企业或者两个以上的其他国有投资主体投资设立的有限责任公司以及国有独资公司的董事会成员中应当有公司职工代表；第45条第2款和第109条第2款允许其他有限责任公司和股份有限公司设立职工代表董事制度。就职工监事制度而言，第52条第2款、第71条和第118条要求监事会应当包括股东代表和适当比例的公司职工代表，其中职工代表的比例不得低于1/3，从而有助于扭转一些公司中职工监事比例过低的现象。

劳动保护与职工参与一样，是维护职工合法权益的一项重要措施，同时也是企业对职工应尽的一项社会责任。我国现行法律、法规对此做了明文规定，除了《劳动法》这部关于劳动保护的基本法律外，另如《全民所有制工业企业法》第41条、《城镇集体所有制企业条例》第22条以及新《公司法》第17条等也均要求企业执行国家有关劳动保护的规定，建立必要的规章制度和劳动安全卫生设施，保护职工的安全和健康。②

(3) 关于企业对消费者责任的规定

企业对消费者的责任主要体现为保证产品和服务的质量。为了切实保护消费者权益，督促企业履行对消费者的社会责任，我国制定了《消费者权益保护法》，不论是对消费者权利的规定（《消费者权益保护法》第7～15条），还是对经营者义务的规定（《消费者权益保护法》第16～26条），都是为了明确企业对消费者的社会责任。另外，《产品质量法》和《反不正当竞争法》也规定了企业的相应义务，直接或间接地保护消费者权益。上述一系列的法律确立了企业对消费者的责任，促使企业提高产品和服务的质量和意识，使其能更好地保护消费者的人身、财产安全，维护交易公平和促进消费者福利。③

---

①③ 参见于新循：《我国企业社会责任及其立法初探》，载《贵州大学学报》（社会科学版），2001 (5)。

② 2008年1月1日起，25部国家级法律法规付诸实施。在这批新法规中，《劳动合同法》与《就业促进法》直接关系到广大劳动者最关心、最直接、最现实的利益问题，而为众多基层民众所期待。其中，《劳动合同法》在保护用人单位合法权益的同时，更侧重于维护处于弱势地位的劳动者的合法权益，以实现用人单位与劳动者之间力量与利益的平衡，促进劳动关系的和谐稳定。《就业促进法》强调了政府在促进就业中的责任与义务，强调公平就业与禁止就业歧视。这两部法律的实施，为我国劳动者提供了更全面的保护，从而使得劳动者权益保护更进一步。

（4）关于企业对债权人责任的规定

作为企业社会责任的重要内容，企业对债权人的责任主要由《合同法》、《担保法》等法律法规来规定，核心是企业必须切实履行依法订立的合同，确保交易安全。《合同法》未直接涉及企业社会责任，但其个别条款间接为企业实施公益性捐赠提供了依据和支持。如第186、188条规定：赠与人在赠与财产转移之前可以撤销赠与，但具有救灾、扶贫等社会公益、道德义务性质的赠与合同，不适用此项规定；具有救灾、扶贫等社会公益、道德义务性质的赠与合同，赠与人不交付赠与财产，受赠人可以要求交付。《合同法》的这些规定弥补了企业的某些公益型捐赠法律调整的空缺，有助于企业社会责任的落实。

当然，作为经济主体法的企业（公司）法也对债权人利益给予极大的关注，新《公司法》第1条开宗明义，将保护债权人的合法权益规定为公司立法宗旨之一；第77、174、176条对公司合并或分立中的债权人保护问题作出了实体和程序规定；第178、184条对公司减资和清算中的债权人保护程序作出了规定。此外，《企业破产法》还为债权人在企业破产特殊情况下的利益保护提供了途径。①

（5）关于环境保护与资源合理利用的规定

伴随着经济的发展，环境保护与资源合理利用问题变得日益突出，生态的失衡、资源的枯竭正在威胁着人类的生存。社会经济所面临的最严重的问题之一，就是不适当的消费和生产模式，使得环境恶化和发展失衡。若想达到可持续发展，需要改变生产以及消费的模式，最大限度地利用资源和最低限度地产生废弃物。这个问题对我国而言显得尤为重要。

我国制定了《环境保护法》，对企业设立和生产过程中的环保问题做了详尽的规定。此外，《全民所有制工业企业法》（第41条）、《城镇集体所有制企业条例》（第22条）、《私营企业暂行条例》（第45条）等企业法律法规也做了相应规定，要求企业落实环境保护措施，做到文明生产，尽到环境保护的社会责任。

关于企业对环境保护的责任，我国还有《清洁生产促进法》、《节约能源法》、《大气污染防治法》、《水污染防治法》、《排放污染物申报登记管理规定》、《海洋环境保护法》等一系列法律、法规。这些法律、法规不仅规定了企业的守法义务，而且规定了企业违反相应法律法规应承担的法律责任。

（6）税法对企业履行社会责任的激励机制

由于企业的社会责任是被当作法律与道德相结合的复合性义务来看待的，在实际操作中出现如下现象：法律意义上的企业社会责任的履行尚有衡量标准，而道德意义上的企业社会责任的履行就难以找到衡量的标准，因此，促使企业履行道德意义上的社会责任的激励机制就无从谈起。

---

① 《企业破产法》第31、32条规定的破产撤销制度，第33条规定的破产无效制度以及第40条规定的破产抵销制度等规定都有益于债权人利益的实现。另外，第61、68条分别规定了债权人会议和债权人委员会的职权，为实现债权人自治提供了有力保障。

为了鼓励企业履行高于法定义务的社会责任，同时兼顾企业利益、股东利益和社会利益，我国现行税法对公益、救济性捐赠实行扣减所得税制度，对企业利用废水、废气、废渣等废弃物品为主要原料进行生产、安排下岗职工就业等也可给予减征或免征企业所得税等优惠。企业所得税优惠政策表面上看只是赋予某个企业以额外的利益，但进一步分析就会发现任何税收优惠政策的实施，同时也意味着对不享受优惠的企业利益的一种限制，意味着对不同主体的重大利益的调整与分配，因此税收优惠政策对企业履行社会责任发挥着导向和激励作用。将税收优惠政策和企业的社会责任联系起来，就是要寻求一种途径激励企业履行社会责任。①

除上述有关企业社会责任的规定外，我国法律中还有关于精神文明建设和遵守职业道德的规定，以及社会保障法、公益事业捐赠法等法律法规中与企业社会责任内容有关的相关规定，共同构成了我国现行法律体系中有关企业社会责任的主要内容。当然，总体而言，我国企业社会责任法制化程度还不高，现有立法对企业社会责任的规定仍存在许多“盲区”，如，《合伙企业法》除第61条第1款规定合伙企业财产在支付清算费用后，应当清偿所欠的职工工资和劳动保险费用外，没有任何有关企业应承担社会责任或者雇员权益保护的条款。《个人独资企业法》也一样，除第29条第1款要求个人独资企业解散的，财产应当清偿所欠职工工资和社会保险费用，第6条规定个人独资企业职工依法建立工会，工会依法开展活动外，也没有其他有关企业社会责任问题的规定。此外，企业合理利用资源以及劳工保护、环境保护方面的立法也还远远不够。许多劳工保护方面的国际公约我国还没有参加。相信随着社会的发展，企业社会责任的意识不断提高，我国关于企业社会责任的立法必将不断完善。

（二）对企业行为的道德规制

1. 守法是否等于善尽社会责任

学界关于企业社会责任的论辩，大致有社会责任论和股东利益优先论两大派别。一方面，依据企业社会责任论，企业经营者不应只对股东负责，而应充分考量雇员、消费者、供应商等利益相关者的利益，并兼顾社会全体的公益。② 另一方面，主张股东利益优先的人，对于企业的经营，提出两条主轴：第一，经营者只对股东负责。第二，股东以外的利益相关者，应依政府法律，或与公司签订契约，加以保障。③ 有论者认为，企业经营所产生

---

① 参见任慧：《从税法角度看公司的社会责任》，载《北方工业大学学报》，2005（6）。

② See Einer Elhauge，“Sacrificing Corporate Profits in the Public Interest”，80*N. Y. U. Law Rev.* 733（2005）；Adam Winkler，“Corporate Law or the Law of Business?：Stakeholders and Corporate Governance at the End of History”，67 *Law&Contemp. Bobs*，109（2004）. 转引自赖英照：《论全球盟约与公司社会责任》，载《法令月刊》，2007（2）。

③ See Ian B. Lee， “Efficiency and Ethics in the Debate about Shareholder Primacy”，31*Del. J. Corp. L.*，2006，p. 533；C. A. Harwells，“The Cycles of Corporate Social Responsibility：An Historical Retrospective for the Twenty-First Century”，51*U. Kan. L. Rev.*，2002，p. 77.

的问题，多是不遵守法律的结果；如果遵守法律，忠实履行契约，企业所带来的环境污染、剥削劳工及侵害消费者权益等问题，都可迎刃而解，企业的社会责任也会圆满履行。因此，经营者的义务就是守法。

那么，我们有必要进行探讨：守法是不是等于善尽社会责任？

第一，如果执法松散，违法行为被处罚的可能性很低，许多企业可能选择不遵守法律，以增加企业的利润，致使守法的人营运成本相对提高，不守法的人反而得利（所谓“搭便车”现象），且往往使企业在守法或违法的选择上陷入两难（所谓“囚徒困境”）。此种情形，可能诱引更多的人不再守法，形成反淘汰的现象。

第二，如果法律规定不尽完善，例如劳动法过度向经营者倾斜，取缔环境污染的标准太低，消费者保护的规定漏洞百出，即使法律能够贯彻执行，守法也不等于善尽社会责任。[①] 此外，如果维持公平竞争的法制不健全，跨国企业更可能运用非常规的竞争方法，把相对弱势的本地产业赶出市场，进而侵害消费者的利益。

第三，企业凭其强势的市场地位，与劳动者等利益相关者签订契约，内容未必公平，在此种情形下，履行契约的结果可能和社会责任背道而驰。

第四，许多社会问题，不是企业营运直接造成的，企业虽然有能力协助处理，但因为没有法律义务，宁可袖手旁观，坐视问题恶化，守法的结果，社会责任也未必实现。

由此可知，对于企业营运所造成的问题，在法律完备，执法严密的情形下，两派理论的差异很小。但在法律不健全或执法松散的情形下，企业伦理成为关键的因素，两派理论开始出现差异。对于非由企业营运造成的问题，如果一方执意“为股东最大利益而经营”，另一方坚持实现社会责任，则二者差距更大。当然，如果经营者都有健全的企业伦理观念，以宏观的视野，善用企业资源，共同改善社会环境，两派理论也可能殊途同归。

就现实情况而言，各国法律繁简不一，执法宽严有别，在全球化的浪潮下，企业经营者如果以追求股东最大的利益为己任，并以没有违法记录为已足，往往利用当地法律的疏漏或执法的松散，污染环境、剥削劳工，欺诈消费者；所谓“遵守法律就是善尽社会责任”的说法，值得商榷。[②]

2. 企业慈善的动机及其影响因素

有学者将各种慈善捐赠的动机分类为无私奉献型、互助友爱型、同情弱者型、塑造形象型、最终利己型。[③] 也有学者将企业的捐赠行为概括为责任与支持、同情与怜悯、利益与公关、崇敬与钦佩、从众与服众等方面。[④] 笔者尝试着从文化、历史、心理、体制等几个角度来分析影响企业捐赠的原因。

首先，文化因素。应该说，中国并不缺少“富而有道”的文化基因。但是，要建设一

---

① See Robert Clark, *Corporate Law*, Little, Brown & Co., 1986, p. 688.

② 参见赖英照：《论全球盟约与公司社会责任》，载《法令月刊》，2007 (2)。

③ 参见郑功成、张奇林、许飞琼：《中华慈善事业》，13 页，广州，广东经济出版社，1999。

④ 参见栾林悦：《中外 IT 企业捐赠行为研究》，中国人民大学社会保障专业 2006 年硕士学位论文。

个和谐发展的社会，要倡导企业在创业过程中更多地承担起社会责任，还有很长一段路要走。这其中的原因之一是文化传统的断裂。人的慈善意识是在社会生活中受思想、道德、宗教、文化等多种因素的综合和长期影响形成的。虽然中国古代就形成了丰富的慈善思想，有代表性的有两周以来的民本主义思想、儒家仁义学说、佛教的慈悲观念与因果报应说、民间善书所宣扬的道教思想等①，但与西方（以美国为例）的人文传统不同，中国的慈善更强调给予者的大方和仁慈，受助者的感激和回报，更突出街坊邻里的熟人间的互助，并不习惯向陌生人捐赠金钱，至于向一个中介机构捐款，让其代表自己管理和使用这笔金钱，那更是鲜有所闻。

其次，历史因素。慈善事业在中国很早就成为促进社会治理、维持社会物质文明再生产的必要手段。《礼记·月令》中有“天子布德兴惠，命有司发仓廪，赐贫穷，振乏”的记述；《孟子·尽心篇》中也有战国时期“齐宣王亦尝发棠邑之仓，以赈贫民”的记载。② 我国传统商人不论其文化水平的高低，在整体上均较为重视商业操守，并且大多数商人在取得一定的经商成就后，又会以各种形式捐资兴办公益事业，诸如修路、铺桥、兴办学校、助饷赈灾、抚孤恤贫以及修建祠堂、庙宇等。与此同时，传统社会也把是否遵纪守法、乐善好施视为衡量商贾品行的主要标准，并对符合标准的商人给予赞扬和褒奖，这就进一步强化了商人的伦理观念，明清时期最大的商人集团如晋商、徽商都是这方面的良好典范。

再次，心理因素。在中国几千年来的封建统治下，民众受佛教影响深远，捐赠一般是从救急、仁慈、怜悯的角度出发；而西方国家受基督教的影响较多，除了博爱、仁慈方面，他们更强调和谐、幸福、社会投资、双赢等理念。

最后，还应当从体制中去寻找答案。其一，由于成长中的市场经济体制欠缺规范，创业环境的不公平现象仍然存在，导致认真守法的企业积累财富的过程非常缓慢艰辛，这部分企业在承担企业法律责任的同时，在客观上较为缺少承担道德责任的实力。而靠投机致富的企业，则天然地缺少社会责任感，因为回报社会的举措显然有悖于他们的创业初衷；即便是迫于舆论压力勉强为之，其慈善行为的质量也会大打折扣，而这又在一定程度上影响了公众对企业从事慈善活动的整体印象，并给整个企业界的形象带来负面影响，严重阻碍了企业公益活动的开展。其二，在传统的计划经济体制下，企业受到行政的强制而面面俱到地包办职工福利，对社会责任承担是消极被动的，企业回报社会的主动性并没有得到充分的培育，而在实行市场经济体制之后又缺少有效机制来规范企业在这方面的义务，在激烈的市场竞争中企业就会采取“甩包袱”的短期行为来达到提高效率的目的。其三，由于长期以来国有企业捐赠主要靠的是政府行政化的动员机制，例如企业领导人需要依靠捐赠来建立政绩，就是一种变相的行政指派，企业捐赠动机由此受到扭曲。这种国有企业所

① 转引自杨方方：《现代慈善事业应认识的几个基础性问题》，载《社会科学》，2004（3）；王卫平：《论中国古代慈善事业的思想基础》，载《江苏社会科学》，1999（2）。

② 转引自栾林悦：《中外IT企业捐赠行为研究》，中国人民大学社会保障专业2006年硕士学位论文。

特有的建立政绩或者完成指派任务的动机，是与市场体制格格不入的，市场化程度越高，持这种动机的企业将越少。

三、中国企业承担社会责任的现状

（一）中国企业履行法律责任现状

1. 我国企业履行法律责任存在的问题

随着改革开放的深化和经济活动日益国际化，遵从国际发展趋势，遵守全球契约原则，注重企业社会责任，维护社会发展秩序以及发展的可持续性是必然趋势。由于对社会责任认识不清，我国企业出现了一种低责任的状态；社会转型期一些企业急功近利的心态，也使得我国的企业社会责任意识退化。目前，我国企业最突出的问题表现为以下几个方面：

（1）劳工问题日益突出。主要表现在个别企业忽视生产安全，忽视职工的休息权利，强迫劳工加班加点，用非人道的措施惩罚职工，克扣、拖欠工人工资，甚至无视自己在社会保障方面应尽的义务，不替职工缴纳社会保险费用，等等。据报道，截至 2006 年 10 月中旬，我国大约有 4.5 万工人的手臂、手和手指被机器压碎或切断。仅浙江省某县每年就有一千多名工人被机器切断手指。据中华全国总工会对广东省外资企业进行的一项调查发现，有 25%的员工不能按时领取工资，近一半工人被迫每天工作 8 小时以上；约 62%的人一周工作 7 天，半数以上工人的收入低于最低工资标准。①

（2）逃避对政府的义务。有些企业通过做假账偷税漏税，甚至与公务员队伍里的一些腐败分子相互勾结，共谋逃避税收。还有一些企业趁着改革的时机，低价购买国有资产，使国有资产大量流失。

（3）一些企业唯利是图，提供假冒伪劣产品、虚假信息或者不合格的服务，侵犯消费者利益，欺骗消费者，同时也造成极坏的社会影响。

（4）较少考虑到环境问题与可持续发展，把经济发展建立在污染环境与对自然资源的严重掠夺之上。对提供公共服务态度冷淡，没有为公众服务的意识。

（5）进行不正当竞争，妨碍社会正常市场持续的建立。除了自然垄断企业依靠自身的地位获取垄断利益外，计划经济时期遗留下来的一些非自然垄断企业也拖延改革以获取垄断利润。还有一些公司利用不正当的手段排挤市场上的其他企业，运用非法手段损坏竞争对手的利益和声誉。

（6）通过发布虚假信息侵犯债权人和股东的利益。一些公司违背证券法的规定，通过假包装到市场上圈钱，损害股东的利益，或者是利用破产法的规定，使用假破产等手段，通过假破产逃避债务，严重损害公司债权人的利益。

---

① 参见耿海军：《激活企业社会责任不能光凭自觉》，载 http://www.p5w.net/news/gncj/200705/t959559.htm。

（7）企业重大责任事故频发。2005 年 11 月 13 日，中石油吉林石化公司双苯厂发生爆炸事故，造成松花江水环境污染，给东北三省沿岸的几百万居民的饮水造成困难，对松花江的生态造成极大危害，甚至对俄罗斯造成了跨国影响。矿难也是企业安全生产的重灾区。据统计，中国煤炭产量虽然占世界 35%，但中国的矿难死亡人数却占世界的 80%，中国煤矿百万吨死亡率是美国的 100 倍、南非的 30 倍。2004 年我国矿难死亡的人数是6 027人，平均每生产 100 万吨煤炭就有 3.1 个同胞付出生命。尽管我国各级政府采取了多种措施来防范和治理矿难，但收效甚微，重大矿难次数和死亡人数继续攀升，继续着“死亡之旅”[①]。

2. 原因分析

总的来说，目前中国企业社会责任缺失主要有以下几方面的原因：

（1）社会各方面对企业社会责任的认识仍不统一，企业有必要正确处理好企业、政府与社会三者之间的关系，使社会各界对企业社会责任的认识和态度保持一致。

不同的社会环境和经济体制条件下，人们对于企业是否应该承担社会责任以及实现社会责任的程度所持的认识和态度是不同的。目前中国社会正在经历从计划经济时代的“大政府，小社会”格局向“小政府，大社会”的市场经济过渡的转型时期，在这样的社会转型时期，人们对企业社会责任的态度和认识不统一，容易导致企业处于无所适从的地位。一方面，社会对于企业社会责任认识不清；另一方面，某些地方政府职能部门态度不明确，引导和管理职能不到位。在此情形下，企业要强化社会责任意识，争取政府和社会的支持，使政府、社会和企业认识和态度趋向一致，共同推动企业社会责任的进步。

当前，出现了两种极端的情况：一种是部分国有大中型企业虽然认识到了承担社会责任的必要性，但由于长期背负沉重的包袱，政企职责一时难以彻底分离，仍存在“企业办社会”的现象，连企业最基本的经济效益都很难实现，更不用说去履行更高层次的道德和慈善责任。这种情况在中国这样的以国有大中型企业为经济主体的国家具有典型性，现在随着国有大企业经营状况不断改善而正在转变。另一种情况是有些企业如少数私营、外资企业认为只要遵纪守法就是履行社会责任，将追逐利润、遵纪守法视为企业的社会责任，而把其他社会责任推向政府和社会。这种情况随着私营和外资企业的增加正在具有普遍性。这种观点实际上是对企业的社会责任的片面、狭义的认识，没有理解企业社会责任的真谛。

总之，各种社会力量对于企业社会责任的认识程度和角度不一致，是目前企业社会责任在中国发展面临的最大问题，也是影响其进步的最大障碍。

（2）相关的法律、制度建设相对滞后，无法适应现阶段中国企业社会责任的形势。

一方面，由于缺乏相应的法律依据和政府的规范化引导和管理，企业社会责任沦为零

---

① 《重大事故频发，考验“企业社会责任”》，载新华网：http://news.xinhuanet.com/comments/2005-11/30/content_3851783.htm。

散、各自为政的缺乏整体规划的自发行为，而不是在政府统一引导、规范下的合理、有序、科学行为，结果是企业自发社会责任行为的效果和影响常常不尽如人意；另一方面，有关企业社会责任内容的认定缺乏系统、明确、规范的法律依据，而是散布在《消费者权益保护法》、《产品质量法》、《环境保护法》、《公司法》、《劳动法》等诸多法律条文中，并且没有明确规定哪些法律条款就是企业应该履行的社会责任，使得企业社会责任没有系统化的法律约束和制度保障。同时，非政府组织和消费者在对企业社会责任进行监督时也会由于缺乏明确的法律依据而束手无策。因此，政府将企业社会责任纳入法制化、规范化的轨道并给予明确的界定和认可迫在眉睫。

(3) 在促进企业履行社会责任方面，政府的引导和管制有所欠缺。

2004 年 5 月 1 日，以美国、欧盟国家为代表的西方国家开始在企业内强制推行企业社会责任国际标准（即 SA8000 标准体系），该标准对劳动密集型产品加工企业社会责任的某些内容如员工工资、雇佣童工、超时加班、工作环境等进行约束。目前，越来越多的西方国家在国外产品进入本国市场时，首先看其是否符合 SA8000 标准。中国政府有关部门在这方面对企业的引导和管制仍缺乏明确的认识和有效的手段，以致企业在国际市场竞争中经常处于被动地位。企业承担社会责任固然是其社会组织的属性和经济全球化背景下参与国际市场竞争的必要要求，但是更需要政府的积极推动和引导。目前，政府在企业社会责任方面督导不力，除纳税和缴纳社会保险金之外，政府对企业社会责任的其他方面基本采取的是自由放任的态度，缺乏强有力的监管措施。

(二) 中国企业的公益与慈善表现

1. 企业家是否动机不纯

一些企业家从事公益慈善事业时，往往被指责为目的不纯，急功近利。的确，有一些企业家从事慈善事业时，把履行企业社会责任当成违法乱纪的变相补偿。如印尼金光集团，一方面，在云南、海南、广西等地建设生产基地，毁坏天然林木；另一方面则对外宣传企业的慈善和公益形象，2005 年的胡润慈善排行榜，金光集团即名列前茅。[①]

企业社会责任不在于用公益慈善活动粉饰自己，如果企业的生产过程肆意污染环境、严重损害生态或者漠视雇员权益、社区利益等，那么即使拿出再多的钱用于“购买慈善”，也无法挽回生态环境的破坏，无法树立企业的良好形象。

2. 是否与企业战略相连

企业家行为与企业行为模糊化，经常使公众只记住了慈善活动中企业家的名字，记住了慈善榜的名次。而这种履行社会责任的行为，是企业家一时心血来潮，还是企业家纯粹的善意之举？是经过董事会或相关组织的批准，还是企业战略管理与公司治理的重要举措？

企业在进行公益活动时，如果立足于企业自身的价值观，避免将企业行为“个人化”，

---

① 相关报道参见冯永锋：《印尼金光集团扩大在华毁林能力，仍旧蔑视环评》，载搜狐新闻中心：http://news.sohu.com/20061031/n246109247.shtml，2008-03-16。

就容易得到相关组织的批准与认可，与企业战略发展需要相一致，给企业可持续发展奠定重要的基础。同时，企业会尽可能地将公益项目与企业提供的产品和服务紧密结合起来。如，微软公司的“潜力无限”和“携手助学”项目，是该公司投入最多的两个公益项目，旨在为边远地区以及数字化程度较低的人群提供资金和软件，以消除数字鸿沟，这与微软的产品以及其挖掘潜在市场的公司战略取得了完全的一致。而摩托罗拉的“绿箱子环保计划”，旨在回收废弃手机及配件，与公司减少废弃手机对环境污染的良好形象相呼应。

3. 是否用公益活动宣传作秀

2008年3月3日，《新京报》上一篇题为“3 000万救灾捐款未到账”报道引起笔者注意：2008年春节期间，我国南方遭遇历史罕见的冰雪灾害，社会各界慷慨解囊，献出自己的爱心。而一小部分企业却借此机会上演“捐赠秀”，开出“空头支票”，打免费广告。3月1日，湖北省民政厅赈灾接受办公室统计显示：截至当天，该省共接受捐款1.06亿元，实际到账仅7 383万元。湖北省民政厅表示，为体现社会诚信，将把捐赠中开空头支票的企业公示于众。①

这样的“慈善秀”并不是个案，在抗洪抢险、防治非典等社会危急时刻都曾出现过企业捐赠假药的现象。因此，在正确舆论导向下，对企业公益慈善活动进行宣传报道，对于鼓励企业积极承担社会责任，树立良好形象，是非常必要的。不过，如果把慈善完全当作是“形象工程”来打造，那就背离了慈善的精神。

当然，作为理性经济人，某些企业家把慈善当作秀，一定程度上值得谅解。但是，这也反映了这样一个事实：尽管中国的各种慈善活动接连登场，但很多企业家的财富观并没有发生根本变化，健康的慈善文化在中国远没有形成。一方面是慈善作秀，另一方面却是伪劣产品的层出不穷、污染环境的肆无忌惮。让人们不禁发问：企业法律责任和道德责任孰轻孰重，从遵从法律到自觉承担社会责任，企业的道德缓冲带（或者说“底线”）究竟有多宽（在哪儿）?

四、企业社会责任：法律责任、道德责任还是……

慈善，不应该是社会对企业家希求的第一素质。不作坏、不害人是小善，捐赠助人是中善，做好企业多纳税、增加就业、拉动经济，才是大善。②

——刘丹栋

关于法律与道德在内容上的联系，所有的学者都承认法律的内容必然反映着一定的道德观念和道德传统，然而对于法律与道德在内容上的重合程度应如何确定，人们的认识不尽一致。古代法学家多倾向于尽量把道德义务上升为法律义务。这意味着法律要体现尽可能多的、甚至全部道德的内容。在他们看来，法律的重要使命是保证社会思想的纯洁性，

① 相关报道参见《湖北救灾捐款3 000万未到账，企业被指上演捐赠秀》，载搜狐新闻中心：http://www.sina.com.cn，2008-03-02。

② 刘丹栋：《写在慈善榜边上》，载《经营者》，2006（10）。

为此应尽可能地使道德法律化，从而获得强制执行的效力，否则，会放纵违背道德的恶行。与此种观念相适应，古代法的一个重要特征就在于它与占主导地位的道德在内容上高度重合。与上述观念相反，现代法学家则倾向于使道德标准与法律标准相对分离开来，故“法律是最低限度的道德”几成通说。这意味着，不能把较高的道德要求法律化，不能用法律制裁来对付所有道德的恶行，唯有在维护基本社会秩序所必需的条件下，法律才能执行最低限度的公共道德。[①]

企业社会责任是法律责任和道德责任的结合，其中法律责任是企业必须负责的、绝对的事务和领域。企业应该是一个以生产或提供社会需要的商品和服务为目标，并以公平的价格进行销售的机构。既然社会已准许企业负起生产职责，履行有关社会契约，社会就会相应制定一些基本规则——法律，法律反映着社会的“条文化伦理”，体现出由立法者确定的对公平进行企业活动的基本看法。然而，法律本身涵盖不了社会对企业的所有期望行为，法律也应付不了企业可能面对的所有话题、情况或问题，法律的滞后性以及不同的企业在规模、生产的产品类型、盈利能力和资源、对社会和利益相关者的影响等方面都不相同，因此它们信奉、履行社会责任之道也就不同，很难统一。这就为道德责任的存在留下了空间。

被称为“企业社会责任之父”的霍华德·R·鲍恩（Howard R. Bowen）[②] 在其对企业社会责任的阐述中提到了企业社会责任概念的三个主要内容：一是强调承担社会责任的主体是现代大公司，二是明确了社会责任的实施者是公司管理者，三是明晰了企业社会责任的原则是自愿。并以此将企业社会责任与法律约束和政府监管加以区分。然而，关于自愿原则，鲍恩后来又作了新的解释：1977 年，鲍恩在伊利诺伊大学召开的“公司与社会责任”研讨会上旧话重提，发表了《商人的社会责任——20 年后》一文，对自己早年提出的企业社会责任概念中的“自愿原则”进行了修正。他坦言，在 1953 年的书中提到企业社会责任的自愿原则时是“非常小心的”[③]，但还是对企业自愿承担社会责任存有希望，而随后 25 年的观察和经历加深了他对自愿原则的怀疑。他认为，企业与工会组织结盟、控制媒体、影响政府，其权力是如此之大，影响如此广泛，以至于自愿原则的社会责任已不再能有效地约束公司。很多迫切的社会责任，如种族平等、减少污染、保护自然以及产品质量等，不能仅仅依靠企业自愿承担社会责任来解决。所以，鲍恩放弃了“自愿原则”，他转而提出企业社会责任的有效性应该建立在社会控制企业的基础上，“是公众而不是公司控制者”[④]。

---

① 参见张文显主编：《法理学》，450 页，北京，法律出版社，1997。

② 鲍恩 1953 年的划时代著作《商人的社会责任》被公认为标志着现代公司社会责任概念构建的开始。See Carrol，Archie B.，*Corporate Social Responsibility：Evolution of a Definition Construct*，Business and Society，38 (3)，1999，p. 270.

③ Bowen，Howard R.，1978，*Rationality，Legitimacy，Responsibility：Search for New Directions in Business and Society*，Epstein，D. M. &Votaw，D. (ed)，California，Goodyear Publishing Company，Inc.，p. 122.

④ Ibid，p. 129.

综上，企业社会责任是法律责任和道德责任的结合体，其中法律责任是社会对企业的强制要求，企业必须承担，否则将面临法律的制裁。而道德责任则是企业可以自由选择的，只是这种自由选择中渗透了政府和社会对企业的期望，出于战略考虑和建立企业形象的目的，企业往往选择与自己能力相适应的道德责任。但是法律责任和道德责任之间的关系并不是一成不变的，从近期来看，企业首先要承担基本的社会责任——法律责任，这与企业的规模大小和实际能力无关；从长远来看，对企业道德的呼吁是必要的，通过企业道德的法律化可以加速这一进程。我们的努力就是通过企业、政府和社会的共同关注促使企业法律责任和道德责任的最终履行。

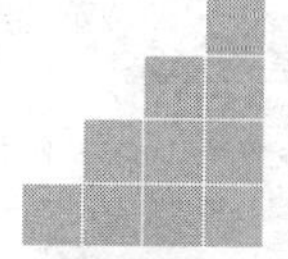

5. 立法研究

5.1 关于中国特色社会主义法律体系的结构——在公法与私法、实体法与程序法、国际法与国内法之间*

朱景文 周望**

一、中国特色社会主义法律体系形成的基础：立法实践和法学研究

党的十五大和十六大都提出“到2010年形成中国特色社会主义法律体系”的目标，李鹏委员长于2001年3月九届全国人大四次会议上曾经提出，“要在本届任期内初步形成这个法律体系”。吴邦国委员长于2003年3月在换届后的十届全国人大提出，“争取在本届任期内，基本形成中国特色社会主义法律体系”，2008年3月十一届全国人大一次会议上，他宣布“中国特色社会主义法律体系已经基本形成”。这里所使用的“形成”、“初步形成”、“基本形成”表明形成中国特色社会主义法律体系是目标，而这一目标是分阶段实现的。

法律体系的形成是一个国家立法实践和相应的法学理论研究成熟的标志和产物，而法律体系的部门划分又是提高立法质量、形成和完善法律体系、呼唤和促进法学研究成熟的必然要求。

首先，一个国家法律体系的形成有赖于立法实践的成熟。改革开放以来，我国立法经历了一个从无到有，从小到大，从填补空白、注重立法数量到日益成熟、注重立法质量的过程。

改革开放以来全国人大及其常委会的立法数量是改革开放前的6.49倍，国务院的立法数量是改革开放前的14.21倍，国务院所属的各部委的立法数量是改革开放前的80.17倍，省一级人民代表大会及其常委会的立法数量是改革开放前的774.01倍。①

中国立法数量的高速增长与我国改革开放初期的特点有着直接的关系，我国法律体系

* 原载《中外法律体系比较国际学术研讨会论文集》(2007)。

** 中国人民大学法学院博士研究生。

① 参见朱景文主编：《中国法律发展报告——数据库和指标体系》，1～2页，北京，中国人民大学出版社，2007。

不完善，因此需要在尽量短的时间内用尽量快的速度弥补无法可依的空缺。正如邓小平针对当时的情况所说的："现在的问题是法律很不完备，很多法律还没有制定出来。""成熟一条就修改补充一条。不要等待'成套设备'。总之，有比没有好，快搞比慢搞好。"[①] 但是，在积累了一定数量之后，如何提高立法质量，保证法律、行政法规、地方性法规符合宪法，保证各个立法之间的协调和统一，逐渐成为摆在我国各级立法机构，特别是全国人民代表大会及其常务委员会面前的主要任务。

实际上，全国人大及其常委会近年来反复强调的都是立法质量问题。特别是2000年我国通过《立法法》，对全国人大及其常委会、国务院的立法程序加以规范化。在八届全国人大以前，法律案审议的程序比较简单，法律审议的次数并无明确规定。一部法律从国务院提交议案、有关方面向全国人大常委会作说明，到最后获得通过，一度是在一次会议上、几天时间内完成的。九届全国人大时，全国人大为规范立法工作，提高立法质量，对法律草案的审议由"两审"改成"三审"。自1998年开始，审议法律草案一般要实行三审制：一审，听取提案人对法律草案的说明，进行初步审议；二审，在经过两个月或更长时间，委员们对法律草案进行充分的调查研究后，围绕法律草案的重点、难点和分歧意见，进行深入审议；三审，在专门委员会根据委员们的审议意见对法律草案进行修改并提出审议结果报告的基础上再作审议，如果意见不大，即付表决。2000年《立法法》明确规定"三审制"。在九届全国人大通过的74件法律中，一审通过的有8件，二审通过的有20件，三审通过的有38件，四审通过的有6件，甚至还有五审才通过的证券法和合同法。

全国人大常委会审议通过法律的次数和数量 （单位：件）

届别	一次通过	二次通过	三次通过	四次通过	五次通过	合计
七届全国人大（1988～1992年）	2（3.7%）	49（92.5%）	0	1（1.8%）	1（1.8%）	53
八届全国人大（1993～1997年）	2（2.77%）	61（84.72%）	8（11.11%）	1（1.38%）	0	72
九届全国人大（1998～2002年）	8（10.66%）	23（30.66%）	40（53.33%）	3（4%）	1（1.33%）	75

为了提高立法质量，除了要考虑法律必须适合现阶段我国社会关系的特点，在有关立法本身上下工夫外，必须考虑我国立法的整体布局，必须考虑各类法律之间的相互协调和统一，必须对中国特色的社会主义法律体系做全局上的考虑和研究。

其次，形成法律体系离不开法学研究的进展。威格摩尔考察了世界各主要法律体系后得出结论说："法系的产生和存续取决于一个训练有素的法律职业者阶层的存续和发

① 邓小平：《解放思想，实事求是，团结一致向前看》，载《邓小平文选》，2版，第2卷，147页，北京，人民出版社，1994。

展。"[1] 这个结论对一国之内的法律体系同样适用。立法的发展是法律体系形成的基础，在立法数量获得大规模的发展的情况下，形成法律体系的关键是对已有立法进行的加工整理工作，消除其中矛盾、重合和不一致的地方，去粗取精，去伪存真，而这项工作依赖于法学家的理性构建，从而形成一个相互协调、相互配合、内在统一的整体。

这种加工整理工作基本包括两个方面。一方面是纵向的，主要解决不同层次立法之间的关系，即立法体系或法律渊源体系的问题，它们解决的主要是法的等级结构的问题，如现在经常说的三个层次的立法，如什么属于法的范畴，是否只包括法律、行政法规、地方性法规？部门规章、地方政府的规章，甚至省级以下地方国家机关所制定的规范性文件是否应该包括在法的范围内？什么样的法应该由全国人大制定，什么样的法应该由国务院，或者由地方制定。这属于不同国家机关之间的关系，或中央与地方的立法权限划分。另一方面是横向的，主要解决不同法律部门之间的关系，即一个国家法的内在结构，而这个内在结构不是凭感觉就能认识到的，需要人的理性思维活动。既然是人的理性思维活动，不同的人对法的内在结构的认识可能就不一样，一个人可能认为法律体系的内在结构由 5 个部门组成，另一个人可能认为是 7 个或 9 个或更多，各有各的道理。因此有人认为这导致法律部门的划分没有任何实际意义。不错，理论完全可能对实践作出错误的指引，但是是否因此就可以认为理论，包括法律部门划分的理论是无用的呢？法律体系形成的基础是大量的立法实践，而在此基础上正好需要从理论上进行加工，立法的毛坯才可能锻造成材，否则它们永远是毛坯，不可能形成成熟的法律体系。应该看到，立法永远是为了适应社会的需要，为了应急，无论古今中外都是如此，在初始阶段，不可能全面考虑法律规范之间、部门之间的相互一致和协调的问题，而当立法已经发展到一定规模之后，不注意立法之间的协调统一、相互配合，不注意体系问题，无论如何也是不行的，这不仅仅是为了达到理论上的完满，更重要的是实践本身的要求。在某种意义上，从立法实践上升到成熟的法律体系（以及法律体系的存续和维系），恰恰是法学家的职责，是法学家不可推卸的责任。

二、法律体系结构的历史演变：法律部门的划分标准

在明确了研究部门法划分对于形成中国特色法律体系的必要性之后，我们面临的就是如何划分不同的法律部门的问题。划分法律部门的标准是什么？

应该看到，一个国家法律体系的发展和社会关系的发展一样，都有一个从简单到复杂的过程，刚开始社会关系简单，调整它们的法律规范也简单，法律主要以习惯法的形式表现出来，没有完全脱离行为本身，而且调整社会关系的法律规范与其他社会规范也没有严格的界限，法律与道德、宗教往往是一而二，二而一的，法律部门更谈不到什么划分，"民刑不分，诸法合体"，社会中人们的实际行为与行为规范、法律之间完全处于一种混沌状态。后来随着社会关系的复杂化，特别是随着社会分工的发展，开始出现简单的法律门类

① ［美］约翰·H·威格摩尔：《世界法系概览》，何勤华等译，957 页，上海，上海人民出版社，2004。

的划分，如罗马法中的公法与私法，中世纪的教会法与世俗法，英国法中的普通法与衡平法等。这些划分适合那个时代社会关系的需要。所有的法律规范，要么可以归入这一类，要么可以归入那一类。以大陆法系公法与私法划分为例，在古罗马时代这种分类适应了当时社会关系简单划分的要求，那时的一切关系要么属于私人自治的领域，要么属于公权力行使的领域；主体要么是国家或代表国家的公权力，要么是私人，除此之外，没有其他的主体。就像查士丁尼所说[①]，“法律学习分为两部分，即公法和私法。公法涉及罗马帝国的政体，私法则涉及私人利益”[②]。而普通法与衡平法的划分也具有这种非此即彼的性质，衡平法的出现是为了弥补普通法的不足，如果普通法的救济能够达到公正，不得使用衡平法的救济手段。

到 18、19 世纪，随着法典编纂运动，在大陆法系逐渐形成了现代法律体系的雏形，包括宪法、行政法、刑法、民法（商法）、诉讼法（包括民事诉讼法和刑事诉讼法，以及后来从行政法中剥离出来的行政诉讼法）在内的五大法律部门，各种法律规范都可以分别归入其中。其中宪法规定国家机构和公民的基本权利和义务，行政法规定国家行政机关之间及其与公民之间的关系，刑法规定什么是犯罪和对犯罪实施什么刑罚，民法规定公民之间的民事关系，包括物权、债权、侵权行为、婚姻家庭、继承等，而诉讼法则是在主体的实体权利发生争执或受到侵犯的情况下如何通过审判的方式确认和保护权利的规定。这种分类的特点适合于那个时代社会关系的要求，特别是法律调整的特点。法律部门的划分总是跟法典相连。因为法典和法律部门划分都是理性的产物，零乱的规范性文件上升为法典本身就需要法学家在已有法律文件的基础上去粗取精，消除内在的矛盾，而部门划分则把编纂法典的工作从一个部门的领域扩展到整个法律体系。对部门法典的产生具有决定意义的非《法国民法典》莫属。1804 年《法国民法典》被公认为近代资本主义社会的第一部法典，它的意义不仅在于它标志着大陆法系的形成并成为大陆法系的核心和基础，还在于它开创了法律部门的立法例。“它既是近代法典化的开端和起点，也是近现代人类社会制度创新的光辉典范。”[③] 并且，“其后世界上的每部民法典都或多或少地受到了《法国民法典》的影响”[④]，奥地利、荷兰、德国、瑞士、希腊等其他欧洲国家及土耳其、日本、加拿大、阿根廷、巴西、塞内加尔、几内亚等广大亚洲、美洲和非洲国家都纷纷效仿，制定自己的部门法典，大陆法系法典法的基本特点在世界范围内得以传播。恩格斯亦赞誉它是“资产阶级社会的模范法典”，是“全世界法典编纂的基础”。法国在民法典之后几年，相继又制定《民事诉讼法》、《商法》、《刑法》、《刑事诉讼法》共 4 部法典，加上宪法，构成了法国的“六法”体系。而行政法由于其自身的特点，形成法典的可能性与必要性不大，但行政法在

---

① 当然，一般认为乌尔比安是公、私法划分的首创者，他在《学说汇纂》中关于法律的分类说道：“它们有的造福于公共利益，有的则造福于私人。公法见之于宗教事务、宗教机构和国家管理机构之中。”（［意］彼德罗·彭梵得：《罗马法教科书》，黄风译，7 页，北京，中国政法大学出版社，2005。）

② ［罗马］查士丁尼：《法学总论——法学阶梯》，张企泰译，5～6 页，北京，商务印书馆，1989。

③ 刘春田、许炜：《法国民法典制定的历史背景》，载《法学家》，2002（6）。

④ 徐国栋：《〈法国民法典〉模式的传播与变形小史》，载《法学家》，2004（2）。

整个法律体系中的特殊地位是任何其他的法典或法律所不能代替的。应该看到，这些部门的划分，虽然与它们调整的社会关系有关，但是为什么这几大部门不是像通常对社会关系的领域划分那样划分为政治法、经济法、文化法、宗教法、教育法，而是现在这个样子，在很大程度上是由调整方法的特点所决定的。宪法所使用的是一般的调整，它的规定往往要通过其他部门法的具体的法律关系实现；行政法是隶属性的调整，它所调整的对象即国家行政机关及相对人，国家行政机关之间、行政机关与行政相对人之间具有不平等的关系；刑法的调整方法是刑事制裁，虽然它调整的对象包括一切社会关系，但是只有在法律所规定的社会关系受到严重破坏、而当事人自己又无法修复的情况下，刑法才起作用；民商法的调整方法是平权性的；诉讼法的调整方法是程序，正是这样的调整方法决定了它们所调整的社会关系有自己不同的特点。这种经典的部门的划分，在宪法和部门法之间，民法和行政法之间，确认权利的法（包括宪法、行政法、民法）和保护权利的法（刑法）之间，实体法与程序法之间的差别中似乎看到了五大法律部门的基础性和纯粹性。似乎它们能够把各种法律规范都网罗其中，不会有任何遗漏。一些法学家甚至赞叹，它们具有法律上的纯粹性、鲜明的对比性、法律上的不可兼容性的特点。它们具有数学般完善的结构，这是法所固有的特殊规律性的一种明显的表现，即尽管各部门的法律制度多种多样，仍然存在法律工具的一些基本的、原始的因素（调整性和保护性，集中的和任意的原则，实体的和程序的原则），而所有这一切在五大法律部门中都获得了最详尽的体现。① 这是一幅多么理想的法律部门划分和组合的图画啊！一切都是那么和谐、自然、贴切、天衣无缝，似乎它可以应对任何社会关系，社会关系的任何变化似乎都可以纳入到整个体系之中，以不变应万变。实际上，19 世纪后半期的概念法学就是这样建立起来的。

进入 20 世纪以来，随着社会关系的复杂化，法律规范及其之间的关系也日益复杂。这种复杂化的一个表现就是出现了许多新的领域，国家利益、社会利益与私人利益相互渗透，公权力与私权力相互影响，诉讼法与程序法相互作用，以至于国际法与国内法相互转化：一方面，出现了大量的兼有不同法律部门特点的新领域；另一方面，即使是原来纯粹的五大法律部门本身的不可兼容性，也受到与自己相对的法律部门的影响。这就是所谓的公法私法化和私法公法化，以及混合法律部门的出现。再用公法与私法的两分法来归纳各种不同的法律规范，非此即彼，就太简单化了。面对新的社会关系，在原有的部门中首先出现一些不那么纯的规范，它们处在边缘，而非原有部门的核心，这样就在这个部门中出现了不那么协调的现象，后来这类条文变得越来越多，膨胀起来，原有的法律部门再也不能容纳它们，最后逐渐形成一个或若干个调整同类关系的法律文件，经过法学家的理论化，新的部门产生了。与此相伴的理论后果是，从原有的划分部门的标准看似乎出现了一个怪胎：拥有若干互不相容的法律原则、法律调整方法的法律部门。从实践来看，无论法学家还是

---

① 参见［苏］阿列克谢耶夫：《法的一般理论》，上册，黄良平、丁文琪译，258 页以下，北京，法律出版社，1988。

实务工作者都正在学会用一种新的方法看问题和解决问题，即不再是站在某一法律部门的立场，甚至不再以法律规范为中心，而是以问题为中心，找出解决这一问题的各种规范，可能是宪法的，也可能是刑法的或行政法的，甚至可能寻找处理该问题的非法律的规范，如习俗、道德、礼仪。这样法律就出现了新的组合，如有人提出以利益为标准将我国社会主义法律体系划分为在宪法统领之下的国家法、社会法、家庭法和自治法四大部类。[①] 有人提出从权利角度将我国社会主义法律体系划分为基本权法、自由权法、社会权法、参与权法和救济权法。[②] 这完全是新的思路或新的组合。尽管有人质疑这会丢弃法律传统和文化，完全打乱原有的纯粹的法律部门的划分，但问题是为什么不可以呢。

各个原有的法律部门相互渗透、相互影响的现象，在当代几乎所有国家都发生了。现实主义法学在20世纪30年代就针对罗斯福新政国家干预的强化提出，公法与私法、私人自治领域与公共权力行使领域之间没有一条明显的界限。就最典型的私权——私有财产权和契约自由而言，都不是纯粹私的。它们都必须得到国家的确认和保障，与法律强制有着必然的联系。古典法学家所谓"公法与私法划分"和"私人自治"理论都只不过是一种"幻想"。而所谓"私法"只不过是公法的一种形式。[③] 第二次世界大战以后，现实主义法学在许多方面都受到了批判，如关于法律的不确定性、怀疑论等。但是，它们关于公、私法划分的观点则在很大程度上被后来的学者继承下来。他们认为，公法与私法、公共权力行使领域与私人自治领域之间的界限不是固定不变的、绝对的，而是流动的、活的，而且正在形成一些介于公法与私法之间的具有两个领域的某些特征的"中间领域"。这种折中的观点涉及许多法律领域，如管辖权的界限、契约与非契约行为之间的界限、违约责任与侵权责任的界限，甚至生与死之间的界限也不是绝对的，而是相对的、流动的。如美国联邦最高法院关于堕胎问题的判决规定，妇女怀孕3个月之内的堕胎受到隐私权的保护，属于私法领域；怀孕最后3个月的堕胎在法律上属于公权；而在中间3个月则部分地属于私权，部分地属于公权。[④] 西方社会中这些新的变化在法学界引起不小的震动和恐慌。梅里曼细致分析了公法私法化、私法公法化及公法与私法相互渗透的原因和表现，说由于政府、经济和社会的巨变，当代大陆法系传统"公、私法的划分正处在危机之中"[⑤]。昂格尔将"福利国家与法治的衰落"相联系，认为后自由主义社会"国家与社会的逐步近似，公法与私法的逐步混合"侵蚀了法律的普遍性、公共性和实在性，摧毁法律秩序的自治性，导致了法

① 参见李龙、范进学：《论中国特色社会主义法律体系的科学构建》，载《法制与社会发展》，2003（5）。

② 参见徐显明、曲相霏：《人权的体系与分类》，载刘海年、李林主编：《依法治国与法律体系重构》，72～73页，北京，社会科学文献出版社，2008。

③ See M. Cohen, "Property and Sovereignty", 13 *Cornell Law Review* (1935); R. Hale, "Bargaining, Duress and Economic Liability", 43 *Columbia Law Review* 603 (1943); "Coercion and Distribution in a Supposedly Non-Coercive State", 38 *Political Science Quarterly* 470 (1923).

④ See Chicago v. Wilson, 75 III, 2d 525 (1978).

⑤ ［美］约翰·亨利·梅利曼：《大陆法系》，顾培东、禄正平译，95～105页，北京，法律出版社，2004。

治的解体。[①] 伯尔曼则明确地指出公法、私法和社会法领域发生了根本性变化，当代西方国家协调一致的法律体系正在变得凌乱不堪，西方法律传统面临崩溃的威胁。[②]

三、当代中国法律体系的结构

1. 公法与私法

如前所述，公法和私法是大陆法系法律体系的基本分类，尤其以 19 世纪自由资本主义时期的欧陆国家为典型。公法和私法被认为是应当严格区分的两个法域，国家不得干预私法领域，个人在私法领域具有完全的自由，只受私法的约束，国家的存在只是保障个人权利的自由行使。但是随着自由资本主义向垄断资本主义的过渡，尤其是 20 世纪 20、30 年代后以罗斯福“新政”为标志性事件，国家加强对传统上属于私人领域的经济领域的干预，公法和私法的界限模糊化，公、私法划分的传统遭遇挑战。

中国的法律体系究竟应该如何划分，是否坚持公法与私法的划分，也是理论界和实务界长期争论的问题。固然，公法和私法的区分有它的积极意义：公法通行的原则“法无允许即禁止”与私法通行的原则“法无禁止即允许”各有自己的适用范围，保障二者的适度分离对划定公权力的边界、防止公权的滥用和任性，维护私权自治、保障个人权利对公权扩张的抵御权，具有重要意义，对私权意识薄弱、市场经济和民主政治并不健全的当今中国更是如此。公、私法划分之所以绵延至今，其必然性和生命力很大程度上应该与此有关，说明“它源于社会生活的需要，反映了法律调整的规律性”[③]。但是公法和私法的二元区分并不能概括和适应当前社会发展的现实，主要原因在于：

第一，公法和私法的区分具有相对性。这种相对性不仅仅是因为“就私法也由国家制定这一点而言……私法也具有公共性质”[④]，更主要的理由在于二者区分标准的相对性和模糊性。“关于区别公法与私法应以什么为标准这问题，学说纷然，莫衷一是。试看瑞士人荷灵加（Hollinger）在其学位论文《公法与私法的区别标准》（1904 年）中举出十七种不同的学说；马尔堡（Marburg）的私法讲师华尔滋（Walz）在就职演讲《关于公法的本质》（1928 年）中亦举出十二种不同的学说，即可知其复杂之一斑。”[⑤] 仅就影响最大的代表性学说而言，也有主体说、法律关系说、利益说、综合说等不同的标准[⑥]，但是单独的标准都

---

① 参见［美］R. M. 昂格尔：《现代社会中的法律》，吴玉章、周汉华译，186～196 页，南京，译林出版社，2001。

② 参见［美］哈罗德·J·伯尔曼：《法律与革命》，贺卫方等译，39～49 页，北京，中国大百科全书出版社，1993。

③ 孙国华、杨思斌：《公私法的划分与法的内在结构》，载《法制与社会发展》，2004（4）。

④ ［美］R. M. 昂格尔：《现代社会中的法律》，吴玉章、周汉华译，194 页，南京，译林出版社，2001。

⑤ ［日］美浓部达吉：《公法与私法》，黄冯明译，23～24 页，北京，中国政法大学出版社，2003。

⑥ 关于这几种标准的具体主张和优缺点评价，论述已不少见。重点可以参见［日］美浓部达吉：《公法与私法》，黄冯明译，24～32 页，北京，中国政法大学出版社，2003；孙国华、杨思斌：《公私法的划分与法的内在结构》，载《法制与社会发展》，2004（4），等等。

有遗漏或褊狭，不能尽数囊括现实多样性，而所谓的综合说，即针对具体的情形判断公法和私法的属性，实际就是承认公法私法标准的多元性。公法与私法区分标准的相对性还表现在不同国家的不同态度方面，在一国中属于公法领域的关系，在另一国则可能属于私法领域。因此，即便公法与私法的核心含义还是清楚的，也往往难以准确界定二者的边界。

第二，传统上属于私法领域的法律，越来越多地受到国家干预和限制，即所谓“私法公法化”。这突出地表现在，随着“管的最少的政府是最好的政府”的观念逐渐被放弃，个人本位逐渐被社会本位所替代，自由资本主义时期确立的私权神圣、契约自由、过错责任三大基本法律原则从绝对走向相对，私权神圣、契约自由不得侵犯社会公共利益和他人合法权利（有学者惊呼“契约的死亡”①），过错责任在某些领域让位于严格责任或者无过错责任。“契约就是法律”的原则必须接受公益的约束，私法主体的社会责任得到强调，这些规定在民商事法律中比比皆是，具体体现在规范性法律文件中的强制性条款，比如我国《合同法》（1999年）中就明确规定：

> 第五十二条　有下列情形之一的，合同无效：
> （一）一方以欺诈、胁迫的手段订立合同，损害国家利益；
> （二）恶意串通，损害国家、集体或者第三人利益；
> （三）以合法形式掩盖非法目的；
> （四）损害社会公共利益；
> （五）违反法律、行政法规的强制性规定。
> 第五十三条　合同中的下列免责条款无效：
> （一）造成对方人身伤害的；
> （二）因故意或者重大过失造成对方财产损失的。

这些规定就完全排除了私人契约对上述事项的自治空间。商法领域也是如此，比如国家对公司尤其是上市公司监管力度的加大，对公司资本的运用、公司高管人员的任职资格、公司信息的披露等都有严格的监管。其他私人自治受限的例子亦比比皆是（当然，也有难以分清一个法律规范究竟是任意性规范还是强行性规范的情况）。甚至也有学者指出物权法“不应被笼统地视为私法”②。此外，私法法律关系的成立有的时候亦需要公法主体的参与，比如登记、许可等，根据中国法律的规定，“不动产物权的设立、变更、转让和消灭，经依法登记，发生效力；未经登记，不发生效力，但法律另有规定的除外”（《物权法》第9条第1款）。

第三，传统上属于公法领域的法律，也逐渐受到私法的影响，呈现私法的影子，即所谓“公法私法化”。行政法领域私法化的表现可能最为突出：一方面，在行政理念方面，行政法信赖利益保护原则源于私法诚信原则，听证、磋商、行政合同、行政指导、行政调解与和解等柔性规则也深受私法契约和自治理念的影响；另一方面，在行政组织领域，出现了私法组

---

① Grant Gilmore, *The Death of Contract*, Ohio State University Press, 1974.

② 杨解君：《物权法不应被笼统地视为私法》，载《法学》，2007（7）。

织形式的公法主体，即通常所说的非政府组织或第三部门，也引进了私营企业人事管理中的非终身制理念，行政人员开始合同化——这些变化被形容为"企业化政府运动"（corporatising government）；同时，在行政行为方面，"以私法完成公法任务"的实践普遍流行，政府与私法主体在建设、服务项目、环境保护、科研和文化等领域开展广泛的合作（比如委托私人建设高速公路、进行政府采购、提供公共服务、"治安承包"等）。[①] 正如德国行政法学者 Stober 教授所说："公私合作在一个现代的合作国家不是全部，但没有它则一无所成。"

诉讼法领域，随着当事人主义诉讼模式的引入和程序契约理念的兴起，当事人在程序的启动（比如民事诉讼中的起诉、刑事诉讼中的自诉）、程序的选择（比如上诉权的放弃）、诉讼和解等方面，也影响着纠纷解决的公法性质和国家主导程度。同时，非诉讼纠纷解决机制的兴起使得纠纷的解决更加多元化。

宪法领域也出现了私法化现象。传统的宪法理论认为，宪法是公民和政府之间的契约，"以'限制政府不得为非'，从而保障公民基本权利为根本目的。以美国为代表的早期宪政国家坚持传统宪政理论，不承认宪法适用于私人领域"[②]。但是随着人权保障要求的发展，世界各国普遍出现了宪法向私法领域渗透的宪政发展趋势，最为典型的是德国的"间接适用理论"和美国的"国家行为理论"[③]。在中国，尽管司法机关不能直接适用宪法，但是宪法中有很多关于公民个人权利的规定，现实中也陆续出现了关于个人权利冲突的"宪法诉讼"[④]。

甚至在公法化程度最高、国家"看守"最严的刑事领域，随着对犯罪被害人权利关注的增多，也出现了国家高度垄断格局的松动，表现出一定的私法化倾向，如刑事自诉制度的确立、辩诉交易[⑤]、刑事和解[⑥]及有关犯罪的非刑罚处理[⑦]等，有的国家还存在赔偿性替

---

① 参见杨寅：《公私法的汇合与行政法演进》，载《中国法学》，2004（2）；金自宁：《公法/私法二元区分的反思》，北京，北京大学出版社，2007，等等。

② 蔡定剑：《中国宪法实施的私法化之路》，载《中国社会科学》，2004（2）。

③ 关于两种理论的发展过程及内容介绍，可参见蔡定剑：《中国宪法实施的私法化之路》，载《中国社会科学》2004（2）；刘志刚：《宪法"私法"适用的法理分析》，载《中国法学》，2004（2）；张千帆：《论宪法效力的界定及其对私法的影响》，载《比较法研究》，2004（2），等等。

④ 这类"宪法诉讼"尤以平等权为多，比如身高歧视案、乙肝歧视案、妇女退休年龄歧视案等。

⑤ 辩诉交易大意是指在刑事案件中，被告人（通过辩护人）与公诉人进行协商达成双方均可接受的协议的程序。国内辩诉交易第一案是 2002 年 4 月 11 日牡丹江铁路运输法院审理的一起故意伤害案件。被告人孟某伙同五六人将车辆与之争道的被害人王某打成重伤。案发后其他犯罪嫌疑人长期在逃，无法确定被害人的重伤具体是何人所为。为尽快了结本案，公诉机关与辩护人达成协议，并向法院提交辩诉交易申请。审理法院牡丹江铁路运输法院采纳了控辩双方的交易结果，以故意伤害罪判处被告人孟某有期徒刑 3 年、缓刑 3 年。该案从开庭到宣判仅用了 25 分钟。参见王立新等：《开庭只用 25 分钟》，载《人民法院报》，2002-04-21。

⑥ 刑事和解是指在刑事诉讼中，加害人与被害人达成和解后，国家专门机关对加害人不追究刑事责任、免除处罚或者从轻处罚的一种制度。与辩诉交易、恢复性司法、调解、私了等存在区别。在西方这一概念被称为"加害人与被害人的和解"（Victim-Offender Reconciliation，VOR）。参见陈光中、葛琳：《刑事和解初探》，载《中国法学》，2006（5）。

⑦ 如我国《刑法》（1997 年）第 37 条规定："对于犯罪情节轻微不需要判处刑罚的，可以免予刑事处罚，但是可以根据案件的不同情况，予以训诫或者责令具结悔过、赔礼道歉、赔偿损失……"

刑措施（即通过赔偿被害人损失作为刑罚的替代措施）、监狱的私有化、侦查权的私人化等其他私法性质的制度和实践。

第四，出现了一些混合法律部门，如经济法、社会法、环境法等，“公共利益的公共因素与契约的私法因素糅合在了一起……既不能完全归于私法领域，也不能完全算作公法领域”，难于将其归入传统的公法或私法法律部门（群），即所谓“第三法域”（尽管也有人认为这些法律应当划为行政法或者民商法法律部门）。按照哈贝马斯的说法，这一领域产生于“国家社会化和社会国家化这一互动过程中……公共利益的公共因素与契约的私法因素糅合在了一起……这既不是一个纯粹的私人领域，也不是一个真正的公共领域；因为这个领域既不能完全归于私法领域，也不能完全算作公法领域”①。比如劳动法领域，国家对劳动者和用人单位双方的权利和义务就做了很多强制性规定，比如最低工资制度、社会保险制度、工作时间和休息休假制度、劳动保护制度、女职工和未成年工保护制度等，用人单位不得通过契约加以变更。不仅在劳动合同中订立所谓的“生死条款”、“工伤概不负责”等条款没有法律效力，甚至违背法律的强制性规定，可能给违反者（主要是用人单位）带来新的不利负担，比如法律要求用人单位应当与劳动者订立书面劳动合同，“用人单位自用工之日起满一年不与劳动者订立书面劳动合同的，视为用人单位与劳动者已订立无固定期限劳动合同”（《劳动合同法》第 14 条第 3 款）。这与传统民法意思自治的基本原则相去甚远。其他如消费者权益保护、反不正当竞争、反垄断等领域也存在着大量的强制性规范。这些法域的出现，对于保护弱势群体，促进社会实质公平和可持续发展，起到了重要作用。

由此可知，当今社会，“各种社会关系越来越多，它们无法再用私法或者公法加以分门别类”②，几乎每个法律领域都不同程度地混合着公法与私法的因素。如果说公法指向的是国家权力，而私法指向的是个人权利，那么国家权力与个人权利的纠结和缠绕似乎预示着公法与私法的复杂纠葛。如果说公法指向的是公共利益，而私法指向的是私人利益，那么公共利益与私人利益的冲突和紧张似乎也预示着公法与私法的难分难解。这种混合、纠葛和难分难解源于国家、社会和个人关系的多样化，源于公共领域和私人领域的模糊化以及公共利益和私人利益的复杂化，根源在于社会生活、社会关系和社会结构的复杂化以及由此导致的社会调整手段和法律调整方式的复杂化。

因此，尽管从法的内在结构看，公法和私法的区分有其必要，在法律体系理想类型的理论把握上以及权力和权利关系的观念变革上具有意义，但是不能过分夸大这种意义，至少英美法系不曾采纳公、私法的结构划分也照样可以造就发达的法治文明。从法律体系的现实存在形态及其社会根源来看，用公法和私法概括我国法律部门过于简单化，中国法律体系的划分作为法治文明的重要组成部分，也只有扎根于时代和中国实际才能枝繁叶茂。

2. 实体法与程序法

实体法和程序法是法律体系的又一传统分类。程序法（adjective law）是由边沁创造的

---

①② ［德］哈贝马斯：《公共领域的结构转型》，曹卫东等译，179 页，上海，学林出版社，1999。

类名词，有别于实体法（substantive law），它不具体规定个人的权利和义务，而是用来主张、证明或实现权利义务的手段，或者确保被侵犯的权利得到救济。[①] 随着中国法制的不断推进，中国关于程序正当、程序正义、程序自治等课题的讨论不断深入，并在若干方面达成了共识，比如“程序的公正性的实质是排除恣意因素，保证决定的客观正确”[②]，程序不仅具有保障实体法实现的附属性，还具有自身的独立意义，通过程序正义实现实质正义，等等，从而大大推进了中国法治理论和实践。

如果说实体法指向的是实质正义或者说内容正确性的话，程序法指向的则是形式正义或者说形式正确性，二者本质属性的区别似乎清晰可辨，但是如果不把程序法仅仅从狭义上理解为诉讼法的话，这种理论区分在实践的严格检验下仅仅具有相对的意义，在很多场合二者的界限并不是泾渭分明。

第一，实体和程序的区分仅在相对意义上有效，这不但意味着，实体性权利并不仅仅依靠程序保障，也并非只有程序才可以保障实体性权利的实现；也意味着，由于程序的自治性和独立性，程序本身就有实体性的意义，“虽然程序也许看上去更像一种明显的形式而不是实体，但是在公共事务中它可能含有既是手段又是目的的意思”[③]。后者表现为，某些程序本身的瑕疵或程序的违反可能导致行为本身的不成立或者无效，比如：

> 《行政处罚法》（1996年）第41条　行政机关及其执法人员在作出行政处罚决定之前，不依照本法第三十一条、第三十二条的规定向当事人告知给予行政处罚的事实、理由和依据，或者拒绝听取当事人的陈述、申辩，行政处罚决定不能成立；当事人放弃陈述或者申辩权利的除外。
>
> 《行政处罚法》（1996年）第3条第2款　没有法定依据或者不遵守法定程序的，行政处罚无效。

实际上，美国的正当程序原则（due process of law）就是一项具有实体意义的规则[④]，而美国的权利法案（美国宪法第一修正案）则多是以程序性条款来宣示实体性权利，正如美国大法官W. 道格拉斯（William Douglas）所言：“权利法案的大多数规定都是程序性条款，这一事实绝非没有意义。正是程序决定了法治与恣意的人治之间的基本区别。坚定地遵守严格的法律程序，是我们赖以实现人人在法律面前平等享有正义的主要保证。”[⑤]

第二，实体和程序区分的相对意义还体现在，同一个法律规定从不同的视角可以作出不同的界定。比如《民事诉讼法》（2007年）规定：“各民族公民都有用本民族语言、文字

---

① 参见［英］戴维·M·沃克：《牛津法律大辞典》，李双元等译，21页，北京，法律出版社，2003。

② 季卫东：《法治秩序的建构》，14页，北京，中国政法大学出版社，1999。

③ ［美］约翰·V·奥尔特：《正当法律程序简史》，杨明成、陈霜玲译，71页，北京，商务印书馆，2006。

④ 美国正当法律程序原则包括程序性正当程序和实体性正当程序两部分内容，其实体性内容并不仅仅是程序性内容的派生物。参见［美］约翰·V·奥尔特：《正当法律程序简史》，杨明成、陈霜玲译，北京，商务印书馆，2006。

⑤ Christopher Osakwe, “The Bill of Rights for the Criminal Defendant in American Law”, in *Human Rights in Criminal Procedure* (J. A. Andrews ed.), Martinus Nijhoff Publishers, 1982, pp. 260-264.

进行民事诉讼的权利。”(《民事诉讼法》第11条第1款、《宪法》第134条有同样的规定)这既可以被看作是一项程序性权利，其目的是保障少数民族公民更好地维护自己的实体权利；也可以被看作是一项实体性权利，是一项有关人的尊严的基本人权。法律有关“管辖”的规定也是如此，管辖权既可以被看作是程序运作的一部分，也可以被看作是管辖机关权限分工的实体规定，跟立法机关、司法机关或行政机关职权划分类似。

此外，相同的规定可能同时为程序法和实体法所接受。比如司法机关依法独立行使职权，人民法院、人民检察院和公安机关在刑事案件中分工负责、互相配合、互相制约的原则等就同时规定在宪法和诉讼法中：

《宪法》(2004年) 第一百二十六条　人民法院依照法律规定独立行使审判权，不受行政机关、社会团体和个人的干涉。

《宪法》(2004年) 第一百三十一条　人民检察院依照法律规定独立行使检察权，不受行政机关、社会团体和个人的干涉。

《民事诉讼法》(2007年) 第六条　民事案件的审判权由人民法院行使。人民法院依照法律规定对民事案件独立进行审判，不受行政机关、社会团体和个人的干涉。

《刑事诉讼法》(1996年) 第五条　人民法院依照法律规定独立行使审判权，人民检察院依照法律规定独立行使检察权，不受行政机关、社会团体和个人的干涉。

《宪法》(2004年) 第一百三十五条　人民法院、人民检察院和公安机关办理刑事案件，应当分工负责，互相配合，互相制约，以保证准确有效地执行法律。

《刑事诉讼法》(1996年) 第七条　人民法院、人民检察院和公安机关进行刑事诉讼，应当分工负责，互相配合，互相制约，以保证准确有效地执行法律。

甚至，同样的法律规定，在一个国家认为是实体法的，在另一国家可能认为是程序法。这种差别在国际私法中表现的最为明显（即国际私法中的“识别”问题），比如时效问题，有的国家认为是程序问题，有的国家认为是实体问题，这样对问题性质的不同认定就会导致适用不同的法律，因为按照一般的国际私法规则，有关当事人实体权利、义务的问题适用其法律关系赖以存在的法律制度，而有关程序性的问题则适用法院地法。这样对程序和实体问题的不同识别就会实质性地影响当事人的实体权利义务。① 也正因为如此，通过对程

① 有很多相关案例，比如，Re Cohn 案［(1945) 61 L. Q. R. 340］就是一个适例：一位母亲和女儿两人都在德国有住所但居住在英格兰，她们在伦敦的一次空袭中丧生，但是无法确定死亡的先后。依照母亲生前的遗嘱，女儿如果且只有活得比母亲更久，才有资格继承动产。依据英格兰冲突规则，动产继承受住所地法支配，程序受法院地法支配。母女死亡顺序的推定，依据英格兰《1925年财产法》第184条，推定长者先死，但依据《德国民法典》第20条，推定是同时死亡。因此，推定死亡（在英格兰和德国）究竟被认定为实体问题还是程序问题，判决结果将大相径庭。Uthwatt 法官最终决定英格兰的推定是实体的，从而不予适用；德国的推定也是实体的，因而予以适用。但是还可能存在其他情形，如果法官认定第184条是程序的而第20条是实体的，或者相反，或者认定第184条和第20条都是程序的，情况将更加复杂。参见［英］J. H. C. 莫里斯主编：《戴西和莫里斯论冲突法》(上)，李双元等译，52～53页，北京，中国大百科全书出版社，1998。

序法的扩大解释扩张法院地法的适用范围就成为受理法院扩张管辖权常用的正当化技巧。难怪学者们感叹："通常很难说清一个特定的问题是实体法问题还是程序法问题。"①

第三，实体和程序区分的相对意义还表现在，不管理论上二者的界限多么清晰，但是在现实的法律文本中，我们几乎找不到纯粹的实体法或者程序法，现实生活中作为理论模型载体的部门法典往往同时包含实体性和程序性的规定。程序和实体不分是古代法的基本特征，中西皆然，尽管中国更加偏重实体（比如《法经》及历代封建法典），而西方更加强调程序（比如《十二铜表法》）。尽管这常常被当作批评中国古代法制文明不够发达的一个证据，但是显然并不公平，虽然这种有失公允的批评对凸显程序的功能和意义并非没有裨益。或许事物的发展总是在批判、否定和再批判、再否定的基础上发展前进。经历了程序法和实体法过于细致的划分，今天呼吁对二者进行结合的声音似乎越来越响，比如学界对"刑事一体化"（也有别的叫法，比如德国刑法学家李斯特称之为"整体刑法学"）持普遍认同的态度，一种代表性的观点认为"实现刑法的最佳社会效益是刑事一体化的目的，刑事一体化的内涵则是刑法和刑法运行内外协调"②，而所谓"刑法内外"，则不仅包括刑事实体法，也包括刑事程序法。我们还可以看到很多的法律规定都既有实体性规定，又有程序性规定。这种实体与程序的混合在行政法中表现得尤其突出（其原因或许跟行政裁量的空间过大、最容易侵犯公民权利有关），行政处罚、行政监察、行政许可等诸多法律文本都表现了这一特点，如我国《行政许可法》（2003年），仅从法典的章节目录就可了然（如下），"总则"、"行政许可的设定"、"法律责任"等章节以实体性规定为主，而第四章"行政许可的实施程序"则显然是以程序性规定为主。

《行政许可法》（2003年）章节目录

第一章　总则

第二章　行政许可的设定

第三章　行政许可的实施机关

第四章　行政许可的实施程序

　第一节　申请与受理

　第二节　审查与决定

　第三节　期限

　第四节　听证

　第五节　变更与延续

　第六节　特别规定

第五章　行政许可的费用

第六章　监督检查

---

① ［英］戴维·M·沃克：《牛津法律大辞典》，李双元等译，1082页，北京，法律出版社，2003。

② 储槐植：《再说刑事一体化》，载《法学》，2004（3）。

第七章　法律责任

第八章　附则

法律教学和法学研究中也体现了这个特点，又以行政法为典型，不论是学科设置、学位授予，还是教材编写，行政诉讼法都是与行政（实体）法不分家的。

不仅国内法如此，国际法也是如此。国际刑事法院《罗马规约》就被认为是实体法和程序法结合的典范，不仅规定了普遍义务原则、个人国际刑事责任原则等基本刑罚原则，规定了灭绝种族罪、危害人类罪、战争罪等犯罪构成，也规定了法院的设立、组成、职权和奖惩等组织法内容，还规定了刑事责任追究的调查、起诉、审判、执行以及国际合作和司法协助等程序性内容。[①]

实体法和程序法发展的趋势促使我们在划分中国法律体系时进一步思考二者的关系，主要是部门立法究竟采取诉讼法与实体法合一还是分离的方式值得研究。简单地以西方范式作为衡量我们是非正误的标准这种意识形态式的做法应当杜绝，中国法律体系的划分，部门立法的形式应当服从中国法制建设的实践，适应中国国情、能够满足中国社会法律需求的形式才是好的形式。

3. 国际法与国内法

通常所说的法律体系，指的是一个国家内部全部现行法的有机整体，不涉及国际法。在国家交往较少、国际联系不甚紧密的条件下，即使是持“一元论”[②] 的国家，国际法与国内法的界限亦相对比较清晰。但是随着经济全球化的发展，国家、国际组织及其相互之间的联系日益紧密，法律领域的全球化现象日益明显，国际法与国内法的因素相互交织，二者的界限日益模糊，特别是欧盟法律秩序的出现，使得国际法与国内法的传统划分已经不是那么具有解释力而是更加复杂化。因此，在中国不断深入地融入全球化、国内法的国际因素日益增多的大背景下，讨论中国特色社会主义法律体系亦必须深刻地洞察传统国际法与国内法二元结构划分的局限。

国际法与国内法的相互渗透或者说法律全球化有两种主要的表现形式：国内法的国际化和国际法的国内化。也有学者将这两种表现形式分别称为“全球化的地方主义（globalized localism）”和“地方化的全球主义（localized globalism）”[③]。

第一，国内法的国际化。国内法的国际化是一个国家的法律输出过程，即一国或一地

① 关于国际刑事法院及罗马规约内容的介绍，可参见李世光、刘大群、凌岩：《国际刑事法院罗马规约评释》，北京，北京大学出版社，2006；[加] 威廉·A·夏巴斯：《国际刑事法院导论》，黄芳译，北京，中国人民公安大学出版社，2006；王秀梅：《国际刑事法院研究》，北京，中国人民大学出版社，2002，等等。

② 关于国际法与国内法的关系问题，传统的代表性理论是“二元论”和“一元论”。前者认为国际法与国内法是两个不同的法律体系，每一个法律体系在其各自的范围内是最高的；后者认为国际法与国内法是一个法律体系，主张国际法高于国内法，或国内法高于国际法。参见 [英] 詹宁斯、瓦茨修订：《奥本海国际法》，第 1 卷第 1 分册，王铁崖等译，31～32 页，北京，中国大百科全书出版社，1995。

③ Boaventura de Sousa Santos，*Towards a New Common Sense*：*Law*，*Science and Politics in the Paradigmatic Transition*，Routledge，New York，1995，pp. 250-378.

区的法律制度由于某种原因在更广泛的领域、在全球流行，这是一个国家软实力的表现，往往跟输出国的经济、政治或者文化强势、先进或者霸权有关，而输入国往往居于弱势、落后或者依附地位。近代以来，在世界范围内这种形式的全球化发生过两次：一次是在私法领域，法国民法典和德国民法典的巨大成功在欧洲以至世界范围内掀起法典编纂的热潮；另一次是在公法领域，在欧美兴起的违宪审查制度扩展到亚非拉国家和第三世界。① 另外，20世纪50、60年代美国和欧洲一些国家开展的"法律与发展运动"，也是（美国或欧洲国家）国内法国际化的典型表现，它们以援助第三世界国家为名，派出"和平队"等组织帮助第三世界国家建立美欧式的法律制度，传播美国和西方的法律模式和法律观念。中国改革开放以来在各个法律领域立法过程中广泛借鉴了国外相关立法、进行法律移植。② 如在宪法领域关于人权、法治、私有财产保护的原则；刑法中刑法的三大原则——罪刑法定原则、刑法面前人人平等原则、罪刑相一致原则，以及法人犯罪、危害国家安全罪、财产来历不明罪等具体制度；刑事诉讼法中的无罪推定、对犯罪嫌疑人权利保护、对庭审方式的改革；行政法中的行政救济制度、行政处罚中的法治原则和合理性原则、立法听证会制度；民法中的无过错责任等制度；婚姻法中的离婚过错赔偿制度、探视权制度、有关家庭暴力的处理等等，都是在借鉴了国外有关立法的基础上制定的。

中国的法律移植反映了世界各国立法的普遍潮流，在政治、经济、文化等领域的一些问题上具有共同性，因此可以借鉴其他国家处理同类问题的经验。但是，中国制定有关立法并不是由于国外的规定，而是中国自己的客观需要，如果不是中国改革开放本身社会关系的新变化，仅仅是外国存在有关立法，根本不可能产生中国的立法动机。如果不借鉴国外立法，中国通过自己的实践摸索，最终也可以制定出类似的法律规定，但可能需要更长的时间，法律移植大大缩短了中国摸索的过程。中国的法律移植，借鉴其他国家立法不是照搬照抄，而是结合自己的国情，作出适合中国国情的解释。以宪法原则为例，实际上中国对法治、人权、私有财产保护都有符合中国国情、中国基本社会制度的自己的解释。如法治既有普适性的一面，在中国又把法治赋予社会主义的内涵，看做是与中国共产党的领导、人民当家作主有机联系的整体；人权受到中国宪法和法律的保证，但又受到一定物质生活条件和文化发展水平的制约，公民基本权利的行使不得侵犯其他人、社会和国家的利益；对私有财产的保护则被纳入到社会主义基本经济制度的框架内。

对中国而言，也有传统资源在世界范围内得到传播，比如调解，当今亦有中国特色的

---

① See M. A. Glendon, M. W. Gordon & C. Osakwee, *Comparative Legal Traditions*, West Publishing Corp., 1985, pp. 328-354.

② 中国法律移植的形式包括三种：第一，在改革开放初期主要是在涉外领域，如涉外经济、贸易、婚姻、继承、犯罪、诉讼等；第二，随着改革深入，在完全属于国内事务没有涉外因素的领域，借鉴国外相关立法；第三，随着全球化的进程，中国加入越来越多的国际条约，国际标准对中国立法起了重要作用。这里所说的国内法的国际化主要指第二种形式。参见朱景文主编：《全球化条件下的法治国家》，第28章，北京，中国人民大学出版社，2006。

政党制度、民族区域自治制度、特别行政区制度等示范性创举，但是现代法律制度和理念的输出在整体上讲并不明显。随着中国软实力的增强和对中国文化价值观认同度的提高，特别是改革开放以来中国经济30年的持续增长创造的“中国经验”和“中国模式”，包括其法律方面，正广泛得到国际社会的关注。

第二，国际法的国内化，即国际组织的条约、规章为内国所接受，转变为对内国具有法律拘束力的规则。由于越来越多的国家加入到某一国际组织中，从而使该组织的规则成为全球性的规则。比如，世界贸易组织在世界经济中的作用越来越大，其目标不仅在于排除对外商的歧视措施，而且试图调节“国界背后”的政策内容和国内市场结构。① 对内国来说，加入某一国际组织，必须承担相应的义务，往往必须对自己国家或地区原有的法律制度加以调整，以适应国际规章、条约的要求。

从地区范围来看，1952年欧洲煤钢共同体成立时，成员国就决定把原来属于成员国主权管辖范围内的煤炭和钢铁的生产和经营权力转交给凌驾于它们之上的欧共体；1957年签订欧洲经济共同体条约时，成员国又决定把更广泛的经济权利转让，按照欧共体法，实现人员、资本、服务和商品流动的四大自由，使欧共体真正成为一个没有经济边境的世界；1992年成立了欧盟，实现了更大范围的一体化。欧盟法在其发展过程中逐步形成了欧盟法效力优先原则，即欧盟法的效力高于成员国法，包括成员国宪法和法律，以及欧盟法的直接效力原则，即欧盟法对成员国具有直接效力，不需要成员国特殊的批准程序。

改革开放以来中国加入了大量的国际组织，签署了大量的国际条约，制定和修改了与国际条约相适应的大量法律和法规，认真履行自己的国际承诺。择其要者：在国际贸易领域，中国2001年加入世贸组织，自1999年年底以来，按照中央的统一部署，中国所采取的措施包括：(1) 清理、修改加入之日前已生效的法律文件，适应世贸组织规则；(2) 统一实施WTO规则，对成员方实行国民待遇原则；(3) 执行透明度原则，凡是影响贸易的法律、法规、司法判决和行政决定都必须公布，不公布不得实施；(4) 加强司法审查；(5) 遵循非歧视原则。在知识产权领域，1980年中国成为世界知识产权组织的成员国，加入《建立世界知识产权组织公约》以来，中国陆续加入了有关版权、专利、商标等一系列国际知识产权条约，为履行自己的国际承诺，中国先后多次修改《专利法》、《商标法》和《著作权法》。在公民政治权利领域，中国政府已于1998年签署了《公民权利和政治权利国际公约》(等待全国人大常委会审议批准)；2004年把“国家尊重和保障人权”和对公民合法的私有财产的保护写进宪法修正案；先后修改刑法、刑事诉讼法，对生命权(免于酷刑)、人身自由权(非法监禁、超期羁押)、公平审判权、收容、劳教制度等进行改革。在经济、社会、文化权利领域，中国在1997年签署《经济、社会与文化权利国际公约》，2001年全国人大常委会批准加入该公约(除了保留条款之外)；2004年

① 参见［澳］克里斯多夫·阿尔普：《全球化与法——一个形成中的交接点》，载《南京大学法律评论》，1997 (1)。

宪法修正案确定“国家建立健全同经济发展水平相适应的社会保障制度”，中国在社会保障制度、医疗保险制度、义务教育制度立法方面有了重大进展。在环境领域，1992年中国签署《联合国气候变化框架公约》，1993年批准了这一公约；1998年中国签署《京都议定书》，2002年核准了这一议定书；中国政府已经采取了七项措施应对气候变化：组建了国家气候变化协调机构；积极参加有关气候变化的国际谈判；采取一系列减缓温室气体排放的政策措施，认真履行《联合国气候变化框架公约》下承担的具体义务，根据公约的有关规定，正在制定《应对气候变化国家战略》；开展气候变化的科学研究；成立了清洁发展机制审核理事会，并发布《中国清洁发展机制项目暂行管理办法》；开展对气候变化方面的宣传、教育活动。在卫生领域，中国是世界卫生组织的成员国，近年来在对“SARS”、艾滋病、禽流感的防治方面中国认真履行自己的国际义务，先后制定《传染病防治法》（1989年，2004年），《突发公共卫生事件应急条例》（2003年）等；中国政府加大了公共卫生领域的投入，尤其是对广大农村地区的投入；中国加强国际合作的措施包括：建立疫病防治通报机制、开展经验交流与合作研究、加快卫生领域合作进程、协调出入境管理措施等。

概括起来，国际法对中国国内法律体系的渗透，或者说国际法进入中国国内法律体系有两种基本方式：纳入（adoption）与转化（transformation）。纳入意味着国际法一经批准即在中国国内适用，即直接适用。如：

> 《商标法》（2001年）第十七条　外国人或者外国企业在中国申请商标注册的，应当按其所属国和中华人民共和国签订的协议或者共同参加的国际条约办理，或者按对等原则办理。

> 《民法通则》（1986年）第一百四十二条（第2款）　中华人民共和国缔结或者参加的国际条约同中华人民共和国的民事法律有不同规定的，适用国际条约的规定，但中华人民共和国声明保留的条款除外。①

中国司法实践中也有直接适用国际条约的例子。② 转化则意味着需要通过国内立法将其转化为国内法、间接适用，主要通过制定新法、修改和补充立法的方式进行。比如中国于1975年和1979年分别加入《维也纳外交关系公约》和《维也纳领事关系公约》，为履行公约，于1986年和1990年分别制定《外交特权与豁免条例》和《领事特权与豁免条例》。《专利法》、《商标法》、《著作权法》的制定和修改也是有关知识产权国际公约转化的结果。2001年中国加入世界贸易组织后，为使中国法律体系与世贸组织规则保持一致而进行的大规模的法律清理亦是典型的国际法国内化的表现。据不完全统计，截至2002年年底，中国

---

① 也有人认为条约优先与条约的直接适用不同，不能等量齐观。

② 比如在“美国联合企业有限公司诉山东省对外贸易总公司烟台公司购销合同案”中，山东省高级人民法院就是直接适用《联合国国际货物销售合同公约》，没有采纳美方当事人提出的应适用美国法的主张。美方不服向最高人民法院提起上诉，亦被驳回。参见最高人民法院民事判决书（1998）经终字第358号。更多实例可参见朱景文：《国内司法中运用外国法的比较法思考》，载《法学》，2004（1）。

共制定修改法律 14 件、行政法规 37 件，废止行政法规 12 件，停止执行有关文件 34 件，立、改、废部门规章及政策措施1 000余件，修改、废止有关地方性法规和地方政府规章或者停止执行有关文件及其他政策措施超过 19 万件。[①] 此后，中央和地方继续适时地进行了大量修改和调整。当然，在具体转化适用的程度上存在着差别，有的条约只能通过立法转化才能适用，比如：

> 《香港特别行政区基本法》（1990 年）第 39 条第 1 款　《公民权利和政治权利国际公约》、《经济、社会与文化权利的国际公约》和国际劳工公约适用于香港的有关规定继续有效，通过香港特别行政区的法律予以实施。

有的虽然已经转化为国内法，但是也混合着直接适用的纳入因素，比如：

> 《领事特权与豁免条例》（1990 年）第 27 条　中国缔结或者参加的国际条约对领事特权与豁免另有规定的，按照国际条约的规定办理，但中国声明保留的条款除外。中国与外国签订的双边条约或者协定对领事特权与豁免另有规定的，按照条约或者协定的规定执行。

实际上，国内法的国际化与国际法的国内化既是相互联系又是相互转化的，某些国际规则得到不同国家的普遍接受从而成为内国法的一部分，而这些规则往往又来源于某些国家/国际组织的有关规则。国际法与国内法的界限之所以变得模糊，二者关系之所以变得空前复杂，说到底，是因为由社会物质生活条件最终决定的国家主权在发生变化（如让渡、受限），绝对的国家主权向相对的国家主权转变。传统理论的核心是维护国家主权，国际法不能以限制缔约国主权来约束缔约国。[②] 但是全球化的发展使得缔约国履行国际义务的时候其主权不能不受影响，一个国家的国际化程度越高，国际法和国内法的界限就显得越模糊。因此，国内法的国际化是一种较弱意义上的法律全球化，而国际法的国内化是一种较强意义上的法律全球化，即有关国家具有统一的规则，这类规则是“超国家的法”、“世界法”，它凌驾于主权国家的法律之上，主权国家的国内法必须根据它的标准加以调整。最典型的适例如前所述的欧盟法，相对于成员国法具有直接效力和优先性，并且成员国有义务保证欧盟法效力在本国的实现，以致有人认为一个新的超国家的“利维坦”正在形成。

因此，在中国越来越广泛而深入地融入全球化进程、国际法的国内化与国内法的国际化相互交织的大背景中，中国特色社会主义法律体系简单坚持国内法的范围显然不能解释当下的现实，亦无助于中国宪政体制的完善，因为“国际法在国内的适用问题，也是个宪政问题”[③]，更无助于推进国家利益与国际合作的良性互动。鉴于国际法与国内法的日益融合，国际法与国内法的关系定位的日益重要，而中国国际法与国内法关系的立法不足尤其

---

① 参见刘敬怀、黄海霞：《从法制上兑现入世承诺》，载《瞭望新闻周刊》，2002 (48)。

② 参见莫纪宏：《论国际法与国内法关系的新动向》，载《世界经济与政治》，2001 (4)。

③ 周忠海：《中国的和平崛起需要加强对国际法的研究》，载《法学研究》，2004 (2)。

是宪法规定的阙如，以及由此导致的法律实践的混乱[①]，研究中国法律体系的结构划分必须从当下现实出发，关注并深化对国际法与国内法的关系问题的研究，包括但不限于国际法是否属于中国法律体系的一部分，国际法在中国法律体系中居于什么位置（国际法与国内法的地位），国际法如何在国内适用，以及国际法与国内法发生冲突如何解决等紧密相连、环环相扣的重大课题。

4. 实际操作

按照官方的表述，“中国特色社会主义法律体系，是以宪法为统帅，法律为主干，包括行政法规、地方性法规、自治条例和单行条例等规范性文件在内的，由七个法律部门、三个层次的法律规范组成的协调统一整体”[②]。三个层次指的是宪法，法律，行政法规、地方性法规、自治条例和单行条例，七个法律部门指的是宪法及宪法相关法、民商法、行政法、经济法、社会法、刑法、诉讼与非诉讼程序法。

需要指出的是，全国人大关于七大法律部门的划分是对现状的一种（但不是唯一）归纳，并不妨碍学者从其他角度对我国法律部门作出其他的划分。七大部门划分法是否科学、是否还有别的划分方法，都可以继续讨论。民商法类中的知识产权法和婚姻家庭法，经济法中的环境资源法等，是否可以成为独立的法律部门，都可以找到很多支持或者反对的理由，也都可以继续讨论。事实上，独立法律部门的形成主要依赖于立法数量和种类的积累，归根结底有赖于这类社会关系的增多和重要程度的增加。

与法律部门的划分相关，哪些法律文件归于哪类部门也是一个有争议的问题。比如全国人大把《义务教育法》、《传染病防治法》等归入社会法法律部门[③]，而国务院新闻办公室发布的中国法治白皮书则将其放在行政法法律部门。[④] 理论界划分的时候差别就更大，比如《企业破产法》归入民商法还是程序法，《劳动争议调解仲裁法》归入社会法还是程序法。导致这种差别主要有两个方面的原因：一个是客观原因，法律部门和法律文件（部门法典）并不是相等的两个概念，前者强调的是内在特性，而后者是表现形式，二者是内容和形式的关系，但又不是一一对应的，同一个法律文件往往包含多个法律部门的法律规范，同时具有多个法律部门的性质；另一个是主观原因，不同的主体看问题的角度不同，同一个法律文件归入不同的法律部门表示人们对它的认识或者需要不同，比如经济法和行政法、民

① 关于国际法如何在国内适用，由于中国采取逐一立法的方式（见前文），而没有统一的规定，所以在法律没有规定的情况下，国际法究竟如何在国内生效无法确定，从而导致司法实践中的混乱。我国最高人民法院在是否直接适用 WTO 规则问题上先是宣称直接适用，后又表明不直接适用即是一例。参见车丕照：《论条约在我国的适用》，载《法学杂志》，2005（3）。

② 吴邦国：《加强立法工作 提高立法质量 为形成中国特色社会主义法律体系而奋斗》，载《求是》，2004（3）。

③ 参见全国人大常委会法制工作委员会：《十届全国人大及其常委会五年立法工作简述》，载《中国人大》，2008（5）。

④ 参见国务院新闻办公室：《中国的法治建设》，载http：//news. xinhuanet. com/newscenter/2008－02/28/content_7687281_11. htm，2008－02－28。

商法之间的界限就往往存在争议。

当然不同的划分一般来说并不会影响法律文件本身的效力，但是对于人们的认识和使用（包括特定情形下的司法适用）可能产生影响，并进而影响法学理论的反思和跟进。比如随着中国人权法的逐步完善，特别是加入世界“三大人权公约”后，这些人权公约是否要归入某个法律部门，有关人权法的内容应当归入哪个法律部门，有关公民经济、社会、文化类的权利是否要归入宪法法律部门，以及由此引发的宪法与国际条约的关系等理论问题，等等，都是需要认真面对的。

总之，面对中国特色社会主义法律体系，一方面要面向社会生活日益复杂化的实际，认清传统理论如公法与私法、实体法与程序法、国内法与国际法的局限性，认识现有概括的不足，积极发展出新的、更有解释力的理论，以适应和推动法律实践的新的变化和发展。另一方面，在更具解释力的理论发展过程中，不妨尊重传统和现实做法，而不宜过分挑剔和较真；当然也无须囿于一统，而应该根据客观需要和主观认识，允许多元划分方法的并存，时间和实践会选择出最优的方案。

5.2 立法听证效果评估研究*

朱力宇 孙晓东**

自从2000年《中华人民共和国立法法》将“听证会”规定为立法活动的环节之一以来，随着地方立法机关乃至国家立法机关的“立法听证会”的实践的开展①，立法听证已经成为促进我国立法民主性和科学性的一项重要立法制度。然而无论是在制度设计的层面上还是在具体立法活动实践操作的层面上，立法听证制度在我国还处在研究探索阶段，有很多问题有待于完善和解决。例如，不同“利益群体”② 的利益诉求通过立法听证是否在立法中得到了反映？立法听证制度的各个程序性环节是否公正？立法听证会的准备、进行是否考虑到了经济成本的节约？立法听证制度的实行是否提高了立法质量？这些问题都关涉到

---

* 载《法学杂志》2007年第5期。

** 华东政法学院副教授，法学博士。

① 2005年9月，全国人大法律委员会、财政经济委员会和全国人大常委会法制工作委员会共同举行了个人所得税工薪所得减除费用标准听证会。这是全国人大常委会首次举行立法听证会。自2000年《中华人民共和国立法法》颁布至2004年年底，全国已有24个省级人大常委会共对39件地方性法规草案举行过38次立法听证会，内容涵盖了市场管理、消费者权益保护、环境资源保护、城市公用设施建设、拆迁管理和见义勇为等诸多方面。参见《中国最高立法机关首次举行立法听证会》，载http：//news. xinhuanet. com/legal/2005－09/27/content_3549965. htm，首次访问时间：2007－05－18。

② 利益群体在现代民主社会中扮演着重要的角色。它是指具有共同利益、且为争取共同利益而采取共同行动、以影响政府决策的组织。参见朱力宇、张曙光主编：《立法学》，89页，北京，中国人民大学出版社，2001。

立法听证的效果。因此，对立法听证效果的评估对于优化立法听证的制度设计、完善立法听证的实践操作都具有重要意义。本文尝试利用社会学中的数据测量与建立模型的方法来研究立法听证的效果评估问题。

一、立法听证效果评估的复杂性与可行性

从总体上讲，立法听证制度是在整个社会系统中发挥作用的，社会系统中的诸多因素都会对立法听证制度的效果产生影响。但是，在一定意义上，社会系统中的很多因素是无法测量的。然而，立法听证是一种程序性的制度，其效果在很大程度上依赖于各种程序性的事实；如果将既定的社会因素作为不变的条件，将立法听证的各个环节分解成可测量的事实，利用测量的数据，在一定程度上还是可以评估立法听证的效果的。

1. 立法听证的效果的界定

一般地讲，立法听证是指立法主体在立法活动中，进行有关涉及公民、法人或其他组织的权益的立法时，给予利害关系人发表意见的机会，由立法主体听取意见的程序性法律制度。① 从一定角度看，立法听证的效果是与立法欲达至的目标密切联系在一起的。我国许多有关立法听证的地方性法规都将立法听证的目标定位于增进立法的民主性和科学性以提高立法质量。② 将“增进立法的民主性和科学性、提高立法质量”作为立法听证的目标无疑具有很大的合理性。但是，在立法过程中如欲为达成公平与正义的目标，不惜采用烦琐的立法程序，消耗巨额的经济成本，又将构成对立法效益性的违背。因而，适度控制立法的经济成本、注重立法的效益性，也应成为理性的制度设计者要着重考虑的问题。也就是说，在适度的经济成本消耗下，尽可能增进立法的科学性、民主性从而提高立法质量，是立法听证制度的目标，也是考察立法听证效果的首要指标。

2. 立法听证效果评估的复杂性

如下图所示，立法质量的提高从整体上依赖于社会机制、制度（程序）机制、文化机制等系统因素的共同作用：社会机制主要是指一个国家的经济、政治条件，一个国家经济发展的程度、政治文明的程度、民主的进步程度，是制度（程序）机制产生效果的宏观背景。包括立法听证制度在内的制度（程序）机制主要是指立法者为提高立法质量而进行的制度或程序设计。文化机制主要是指人们的民主法律意识，这些观念意识因素是制度（程

---

① 参见汪全胜：《立法听证研究》，3页，北京，北京大学出版社，2003。

② 例如，《南京市人民政府立法听证办法》第1条规定：“为了规范市政府立法听证活动，增强政府立法的民主性和科学性，保护公民、法人和其他组织的合法权益，提高立法质量，根据《中华人民共和国立法法》和《南京市政府规章制定程序规定》，结合本市实际，制定本办法。”（http://www.chinacourt.org/flwk/show1.php?file_id=93225，首次访问时间：2007-05-18。）《哈尔滨市立法听证规定》第1条规定：“为了规范立法听证活动，促进地方立法工作的民主化和科学化，根据《中华人民共和国地方各级人民代表大会和地方各级人民政府组织法》和《中华人民共和国立法法》的有关规定，结合我市实际，制定本规定。”（http://www.harbin.gov.cn/hrbzfw/hrbnews_zb/display_template.php?id=683，首次访问时间：2007-05-18。）

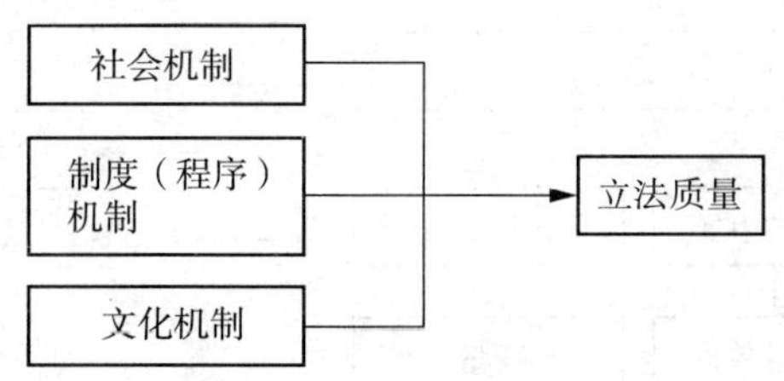

序）机制产生效果的“润滑剂”。由此可见，立法听证制度是在由社会机制、制度（程序）机制、文化机制组成的系统中发挥作用的，一个国家的经济与政治的进步程度、一个国家的公民的民主法律意识对立法听证制度的效果都有着直接或间接的影响。这就为立法听证效果的评估带来了困难。由经济、政治条件构成的社会机制涉及的因素广泛、庞杂，很难用模型化的手段转化成可测量的数据。由人们的民主法律意识等因素构成的文化机制也存在着同样的问题，因为人们的民主法律意识存在于人们的精神世界，具有潜在性，将其分解成可测量的数据指标进行评估也是十分困难的。因此，考虑相关系统因素的作用来评估立法听证的效果将是十分复杂的。

3. 立法听证效果评估的可行性

经过仔细的分析，我们发现立法听证效果的定量化分析仍旧具有可行性。理由在于：第一，虽然立法听证制度作用的发挥受到社会机制、文化机制等其他系统因素的影响，但是一个国家的经济政治条件、人们的民主法律意识水平的变化是比较缓慢的，在一定的时空条件下可以将社会机制和文化机制作为系统中的不变量，从而将立法听证程序机制作为系统中的主要变量来评估其提高立法质量的程度。第二，如下图所示，立法听证主要是一种程序性机制，程序性机制有其自身的特性，可以分解为程序性事实和程序目标两种主要因素。听证会公告的方式及其强度、听证陈述人的遴选方法和标准、听证陈述人的发言时间、利害关系人的辩论时间及其强度等程序性事实的变化，会对立法听证目标的实现程度，从而对立法听证效果产生直接影响。由于这些特点，立法听证这种程序性机制是适合建立模型进行定量化评估其效果的。如果我们将立法听证制度中的程序性事实作为可以测量的数据指标，将立法听证的目标作为变量，那么对立法听证效果的定量化评估是完全可行的。实证的研究分析方法已经成为社会科学领域的重要研究方法，利用自然科学的手段对社会学的问题进行精细化、定量化的分析是有积极意义的。笔者将尝试把立法听证程序机制转换为由可测量数据和变量等因素组成的模型进而来评估立法听证的效果。①

① 通过建立模型将社会学的问题转换为可以测量的数据的方法在其他学科领域已经被广泛采纳。参见［美］杰拉德·J·泰利斯：《广告效果评估——广告何时、如何和为什么有效》，李洋、张奕、晓卉译，49～57页，北京，中国劳动社会保障出版社，2005。

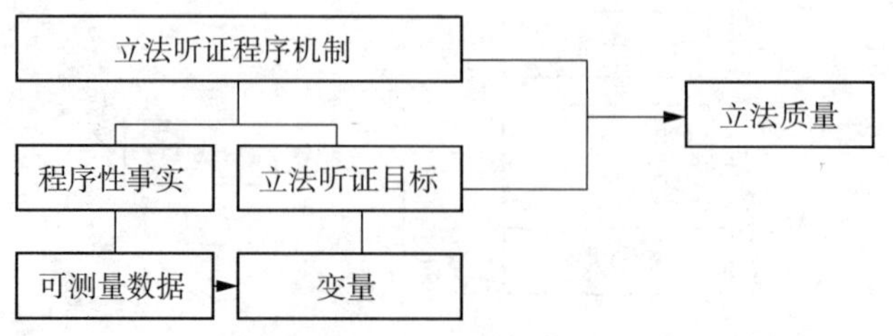

二、立法听证效果评估总体分析模型的建立

1. 总体评估模型的建立

立法听证制度主要是一种程序性机制，主要由程序事实性因素（例如听证会公告的方式和强度、听证陈述人的遴选方法和标准、听证陈述人的发言时间、利害关系人的辩论时间和强度等）和目标因素（例如公开性、公正性、经济性、科学性等）组成。基于程序机制的特性，目标因素的变动（实现）主要依赖于程序的设计或者说程序性事实因素的变动，而目标因素就是评估程序机制效果的指标。程序性事实在一定程度上是可以测量的，通过测量程序性事实来考察立法听证目标的实现程度就可以在一定程度上评估立法听证的效果。所以，将立法听证程序机制中的程序性事实作为可测量的数据，将立法听证的目标作为变量，就可以建立立法听证效果评估的总体模型，如下图所示。

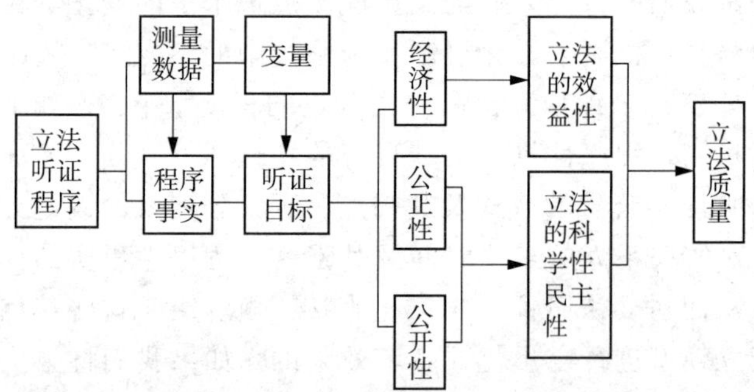

合适的变量的选择是对立法听证效果进行正确评估的关键问题。经济性目标的选择，是出于立法成本的考虑，经济性主要是指立法听证过程中经济资源的节约性和效率性。波斯纳认为："事实上，通过成文法而生产规则的成本是很高的，一部法律的通过需要大多数议员的同意……当有几百位当事人参与同一交易时，交易成本是很高的。这还意味着，要扩大立法机关的生产能力是很困难的。"① 在我国地方立法听证的实践中，已经出现了经费紧张的局面。有研究资料表明，"一般而言，召开立法座谈会、论证会时，都会给参加人员发放一定的会务补贴，这是一种对付出的补偿，是立法成本的合理构成。同理，对参加听

① [美] 理查德·A·波斯纳：《法律的经济分析》，蒋兆康译，707 页，北京，中国大百科全书出版社，1997。

证活动的单位和个人给予一定的补贴，亦系立法成本的题中之意。但实际并非完全如此。贵阳至今举行了3次立法听证，听证了五个法规草案，每次听证都进行了电视或电台的现场直播，各级报刊都进行了较多的报道，有两次分别开通了五部热线电话。按市场价，电视直播为每小时20 000元～30 000元，电台直播为每小时15 000元～20 000元。会务补贴一般每人每次为50元，听证陈述人除了报名、索要资料等外，一般要参加两次会议，且所有的人都是自己解决交通工具。由于贵阳市每制定一个法规的预算为15 000元，修订一个法规的预算为8 000元，显然不可能足额支出成本。比如，一次听证直播只给电视台3 000元～5 000元，给听证陈述人和参加听证活动者50元补贴。2004年，由于办公经费再次削减，听证陈述人的补贴无法支付，这显然是不合理的"①。因此，一个理性的立法听证程序的设计是不能忽略经济性考量的，不考虑经济成本的立法听证程序的效果很难说是良好的，不考虑经济成本的立法很难说是高质量的。立法听证的公开性目标主要是立法听证程序中的民主化程度，也就是不同利益群体（包括专家和学者）对立法听证事项的知悉程度和对立法听证程序的参与程度。② 在现代利益多元的社会中，如果仅仅依靠民选的立法代表已经越来越难以充分反映公众的不同利益要求，必须建立一种能够更加准确反映公众意愿和要求的制度。③ 立法听证就是这样一种让公众直接参与立法活动、使不同利益群体的利益诉求在立法过程中得到反映的制度。立法听证在吸收专家学者参与立法活动以适应现代立法对专业性、技术性的要求方面也发挥了重要作用。立法听证的公开性还体现在民众和不同利益群体对立法听证事项的知悉程度，立法听证制度也是一个重要的舆论宣传媒介，提高公众对立法听证事项的知悉程度，不仅可以提高人们对相关法案的认同感，也会增加人们的守法自觉性，这对一个国家相关法律制度的形成具有重要意义。立法听证的公正性主要是指程序性构成要素的正当安排和程序性机制的合理设计，这主要是出于程序正义性的考虑。罗尔斯通过比较"完善的程序正义"、"不完善的程序正义"、"纯粹的程序正义"的区别，深刻地揭示了一个正义的程序性机制对于结果的正当性、正义性的重要意义。④ 立法听证作为立法过程中的一个程序性机制，其程序本身的"公正性"和"正义性"对立法质量的高低有着重要的影响。

2. 单一的目标评估与综合的目标评估

经济性、公正性、公开性这三个目标变量在同一个听证程序中有时是相互矛盾的。为了增加"公开性"与"公正性"，必然要增加听证会的规模和听证会的程序环节，这样就会增加听证会的经济成本从而降低"经济性"。那么，怎样评估一次听证会的效果呢？笔者认

---

① 吴利平：《立法听证费用面临尴尬》，载《人大研究》，2004（7）。

② 参见孔繁斌、魏姝：《中国立法听证会效能研究——以程序设计和叙事模式为论域》，载《南京社会科学》，2004（1）。

③ 参见汪全胜：《立法听证研究》，15页，北京，北京大学出版社，2003。

④ 参见［美］约翰·罗尔斯：《正义论》，何怀宏、何包钢、廖申白译，87～89页，北京，中国社会科学出版社，1988。

为，可以采取单一的目标评估和综合的目标评估两种模式。所谓单一的目标评估，是指从三个目标变量中选择一个单独评估立法听证程序的经济性、公开性或公正性。所谓综合的目标评估模式，是指对立法听证程序的经济性、公开性和公正性进行综合评价。在综合的目标评估模式之中，听证程序的效果取决于三个目标变量的合适的协调，协调的依据主要是听证法案的性质，也就是相关法案的层次和涉及的公众利益的范围。一般而言，如果听证的法案是国家层次的立法或者涉及的公众利益范围广，效果良好的立法听证程序需要较强的公正性和公开性、需要较弱的经济性；如果听证法案是地方层次的立法或者涉及的公众利益范围小，效果良好的立法听证程序需要较强的经济性、需要较弱的公正性和公开性，如下表所示：

变量比例 法案性质	经济性	公正性	公开性
国家层次立法涉及公众利益范围大	弱	强	强
地方层次立法涉及公众利益范围小	强	弱	弱

三、经济性、公正性、公开性评估模型的建立

将经济性、公正性、公开性作为变量，将立法听证过程中的程序性事实转换为可测量的数据，就可以建立经济性、公正性、公开性的评估模型。① 在模型建立的过程中，可以将立法听证程序分成预备阶段、进行阶段、反馈阶段。预备阶段主要是指为举行立法听证会而从事发布举行听证会公告、拟定立法听证方案、选择和邀请听证陈述人、发出听证通知、收集和准备相关材料等准备工作的阶段。进行阶段主要是指由立法机关人员介绍相关法案的制定依据和理由、听证陈述人陈述、利害关系人辩论等环节组成的听证程序的实质阶段。反馈阶段主要是指由立法听证报告的形成、听证报告对相关法案的影响以及听证报告对相关法案的影响的反馈等环节组成的立法听证的收尾阶段。

1. 经济性评估模型

经济性的评估模型如下表所示，经济性变量与测量的数据值是负相关的关系，各种费用之和越大，立法听证制度的经济性就越弱。在预备阶段：听证公告的费用，由选择的公告方式和公告时间所决定；选择和邀请听证陈述人的费用由选择方式和程序、选择的人数、

① 下文的评估模型中的程序性事实的设计过程中，部分参考了汪全胜先生的研究成果。参见汪全胜：《立法听证研究》，111～123页，北京，北京大学出版社，2003。

通知方式等因素决定，一般而言选择的范围越广、选择的人数越多、选择的程序越复杂、通知方式的成本越高，选择和邀请听证陈述人的费用就越高；收集和准备材料的费用由选择材料的范围和取得方式等因素决定；报名的费用虽然常常由听证陈述人和其他相关人员支付，但是这部分费用也应计入立法听证的成本，这部分费用由报名方式、报名时间、报名地点等因素决定。在进行阶段：立法听证的经济性主要受组织听证的费用、听证陈述人的补贴费用、听证陈述人的交通费和食宿费、必要时的鉴定费用和翻译费用、场所和设施费用、听证会的直播费用等因素的影响。在反馈阶段：反馈费用，也就是说将听证陈述人及相关人员提出的意见对相关法案的影响程度等信息向听证陈述人和相关人员反馈而花费的费用，由反馈的方式和反馈的强度等因素决定。

变量	立法听证的阶段	测量数据
经济性	预备阶段	(1) 公告费用（公告方式——杂志、广播、电视、网络；公告时间长度） (2) 选择和邀请听证陈述人费用（选择方式和程序；选择的人数；通知方式：电话、电子邮件、普通邮件、特殊邮件） (3) 收集与准备有关材料的费用（选择材料的范围；取得材料的方式） (4) 报名的费用（报名的方式、报名的时间、报名的地点）
	进行阶段	(1) 组织听证的费用 (2) 听证陈述人的补贴费用 (3) 听证陈述人的交通费、食宿费 (4) 必要时的鉴定费用 (5) 必要时的翻译费用 (6) 场所、设施费用 (7) 直播费用（直播方式——广播、电视、网络；直播时间长度）
	反馈阶段	反馈费用（反馈的方式——电话、网络、报纸、杂志；反馈的强度）

2. 公开性评估模型

公开性评估模型如下表所示，公开性变量与测量的数据值是正相关的关系，一般而言，各种数据值越大，公开性越强。在预备阶段：听证公告的强度取决于公告的方式和公告的时间长度；听证陈述人的选择广度，主要是指听证陈述人候选人的范围，一般以人数来衡量；听证陈述人的人数，是指从听证陈述人候选人中选择的正式听证陈述人的人数。在进行阶段：旁听人数这个数量指标直接影响着听证会的规模和公开性程度；在进行现场直播的听证会程序中，直播强度受直播的方式和直播的时间长度等因素的影响；听证会持续时间，是指单次听证会的持续时间；听证会的次数，是指讨论一个法案要举行的听证会的次数。在反馈阶段：听证报告的公布广度，是指听证报告的公开程度，主要由公布的方式和公布的时间长度决定；反馈强度，是指将听证陈述人及相关人员提出的意见对相关法案的影响程度等信息向听证陈述人和相关人员反馈的程度，主要由反馈的方式和反馈的次数等因素决定。

变量	立法听证的阶段	测量数据
公开性	预备阶段	(1) 公告强度(公告方式——杂志、广播、电视、网络;公告时间长度) (2) 听证陈述人的选择广度 (3) 听证陈述人的人数
	进行阶段	(1) 旁听人数 (2) 直播强度(直播方式——广播、电视、网络;直播时间长度) (3) 听证会持续时间 (4) 听证会的次数
	反馈阶段	(1) 听证报告的公布广度(公布方式;公布时间长度) (2) 反馈强度(反馈的方式——电话、网络、报纸、杂志;反馈的次数)

3. 公正性评估模型

公正性的评估较为复杂,因为其中涉及较多的价值判断。但是根据学者们的理论研究和立法听证会的实践经验,我们仍然可以在一定程度上设计评估模型尝试对立法听证的公正性进行评估。公正性评估模型如下表所示,公正性变量与测量数据值是正相关的关系,数据值越大、公正性越强。在预备阶段:主要议题选择的正当性程度、听证陈述人选择的正当性程度、报名程序的正当性程度的测试,需要一定的价值判断,有一定的复杂性;主要议题选择的正当性程度,一般是要考察听证的主要议题的选择与不同利益群体利益的相关程度;听证陈述人选择的正当性程度,主要是考察听证陈述人对不同利益群体的代表性程度、听证陈述人的意见将对相关法案产生影响的程度,一般来讲听证陈述人选择的正当性受选择范围和选择程序的正当性影响;报名程序的正当性程度主要是指在报名时间、报名方式、报名地点的设计上对不同群体的方便性程度,例如遥远的报名地点是否会使住在农村的居民受到限制、不合适的报名时间是否会限制上班时间严格的人群?[①] 在进行阶段:听证陈述人的发言次数和发言时间是保障听证陈述人充分表达意见和体现听证公正性的重要数量指标;不同利害关系人的发言次数和时间的对等程度,是指不同利害关系人表达不同利益诉求机会的对等程度;利害关系人的辩论次数和辩论时间长度,主要是指听证会的论辩性程度。在反馈阶段:听证报告与相关法案的相关程度主要是指相关的听证法案对听证报告中的意见和观点采纳的程度,或者说听证报告中的意见和观点对相关法案的影响程度。

总体上来说,结合我国国情,我国的立法听证,应将价值目标定位于增进立法的民主性和科学性,以提高立法质量;而在制度建设方面,注重立法的效益性,也应成为要着重考虑的问题。所以就立法听证的效果评估分析模型的建立而言,有以下几个实际问题值得我们特别注意:

---

① 参见孔繁斌、魏姝:《中国立法听证会效能研究——以程序设计和叙事模式为论域》,载《南京社会科学》,2004 (1)。

首先，应该循序渐进地实现听证的民主性和科学性。我国的民主政治建设有待加强，听证制度作为一种重要的民主制度设计，自然应该重视听证的民主性功能定位，否则就不能体现引进听证制度的初衷。但同时，民主的发展是一个长期的过程，听证制度的发展和完善也是如此。为此，我们在听证制度建设上应该稳步推进，否则就会引起不必要的混乱。由于立法听证的社会影响较大，程序要求比较严格，成本也比较高，所以必须对某些听证的范围明确界定。一方面，听证范围的规定应尽可能具体详细，不应过于笼统，所以要明确界定应当听证事项的范围；另一方面，对可以听证的范围则无须规定，这样可以为公众直接参与立法提供一个平台。所以，在法律上，对确定的听证范围要采用“应当举行听证”的强制性用语，而不要用“可以举行听证”的原则性规定，并且逐步拓宽立法听证的范围。

变量	立法听证的阶段	测量数据
公正性	预备阶段	（1）主要议题选择的正当性程度（与不同利益群体的利益的相关程度） （2）听证陈述人选择的正当性程度（选择范围的正当性程度，选择程序的正当性程度） （3）报名程序的正当性程度（报名的时间、地点、方式的正当性程度）
	进行阶段	（1）听证陈述人的发言次数 （2）听证陈述人的发言时间长度 （3）不同利害关系人的发言次数和时间的对等程度 （4）利害关系人的辩论次数 （5）利害关系人的辩论时间长度
	反馈阶段	听证报告与相关法案的相关程度

其次，为了实现听证的民主性和科学性，必须特别重视听证的透明性和公开性。听证透明要求的预先公布、听证过程公开和听证会资料公开等，这些都是立法听证的效果评估需要进一步研究的问题。我们应当看到，立法听证坚持公开原则，有利于加强对立法行为的监督，避免暗箱操作可能带来的腐败，有利于防止立法过程中的部门利益倾向。为保证听证的公正性和广泛性，在听证参加人的结构问题上，各地都强调要让有关利益主体代表和普通公民代表参与听证会。但在实际操作过程中，由于受部门利益倾向及立法者的主观期望等因素影响，听证参加人的广泛代表性始终不能得到保证。所以，目前要在注意发挥并重视专家证人作用的同时，为保障听证参加人的公平代表性，立法机关应该进一步拓宽群众获知立法听证信息的渠道，并使参加听证会的代表的组成和人数比例能够反映相应的利益结构，既要达到表达意见的目的，又要防止平均主义，平衡不同意见持有者的参加人数。同时，还应注意利益不大显现的群体的要求，特别是弱势群体的要求，吸收他们的代表作为听证参加人参加听证会。所以，可以确立比例代表制、地区代表制、职业代表制与部门代表制相结合的代表产生方法，这样既能使立法听证机构获取更公正、客观的资料和

信息，也有利于立法听证的效果评估分析模型的建立。

再次，在我国立法听证发展的初期，必须十分重视实现立法听证效益的最大化。就目前来看，一方面，我国的立法听证基本上都是由立法机关主动召集的，实践中少有群众主动要求召开立法听证会的；另一方面，《立法法》和地方立法听证规则中对立法范围的界定过于宽泛，一般是说，涉及本地"重大的，与公民、法人和其他组织的权益关系密切的"法律、法规需要举行立法听证会，可是在实际操作中往往难于掌握，随意性较大。在这样的情况下，还是要逐步探索，慎重地举行听证会，充分考虑到立法听证的成本和经济效益，因为这是相对最容易测量和评估的。

最后，是听证结果的法律效力问题。地方立法听证一般都强调听证操作的公开透明、公正合理，而对立法听证结果的后续处理和实际应用则往往较为忽视。例如，许多地方的立法听证规则大都未对听证结果或听证陈述人所发表意见的处理方式和程序加以明确和严格的规定。目前，立法听证中陈述人不是人大代表，他们没有法律赋予的立法权，由于立法听证不同于行政听证，听证不是立法的必经程序，如果把听证陈述人的意见等同于人大代表的立法意见，与法律规定不符。但是，对立法听证结果的后续处理和实际应用的忽视，也会挫伤群众参与立法的热情，损害立法的质量和权威。所以，对"应当举行听证"的听证会的法律效力，即立法机关的回应机制，如对听证会中的合理意见如何采纳，对未采纳的意见给予书面答复、说明理由等，作出明确的、有约束力的规定，这也是立法听证效果评估的重要内容。

5.3 全民公决制度的价值分析*

廉　思**

全民公决，又称公民投票、全民表决或全民投票。它是指在某个国家或地区内，由享有投票权的社会全体成员对本国或本地区具有重大影响的问题，以投票的方式进行直接表决的制度安排，简称"公投"或"公决"。全民公决制度体现了西方国家"主权在民"的政治理念和国际社会"民族自决"的政治原则。根据学者苏克西（Markku Suksi）的统计，当今世界160个主要国家的宪法中，有85部宪法，即相当于53.1%的宪法明确规定有某种形式的全民公决条款①，在次数方面，依照巴特勒（David Butler）和兰尼（Austin Ranney）针对世界各地区全国性全民公决次数的统计，从1900年到1993年间，瑞士共举行公投357次，其余欧洲各国231次，亚洲国家30次，北美与南美洲国家46次，澳洲与新西兰64次，

---

* 原为廉思博士学位论文，原名《全民公决制度的法理学辨析》。

** 对外经济贸易大学公共管理学院教师，法学博士，北京大学国际关系学院政治学博士后。

① See Markku Suksi, *Bringing in the People: a Comparison of Constitutional Forms and Practices of the Referendum*, Boston, Martinus Nijhoft, 1993, pp. 137-142.

全球共计实施公投 728 次。[①] 从政治制度上看，举行过全民公决的国家既有社会主义制度的原苏联，又有西方民主制度下的加拿大；从经济发展的程度上看，既有经济发达的欧洲国家，也有第三世界的广大发展中国家和地区。

所谓价值，是客体（各种物质的、精神的、制度的对象）能够满足主体（某人、某个阶级、某个民族或国家等）生存和发展需要的一种性能。[②] 因此，全民公决制度的价值就是全民公决这个客体对满足阶级、社会或国家需要的一种性能。要分析全民公决制度的价值，就必须全面考察全民公决制度的功能和局限。通过对比该制度的功能和局限，辨证分析全民公决制度的内在价值。

一、全民公决制度的功能

1. 全民公决制度最符合人类自由的本性。“自由确实是人所固有的东西”[③]。从人性的角度出发，全民公决制度最符合人类向往自由、渴望自我做主的本性。人们能够自己当家作主，为何要找个人来管自己。在政治上除非不得已，否则没有人天生喜欢被人管，这种发自内心的对自由的渴望正是人们喜欢全民公决制度的原始动机。一些调查也从侧面证明了这一认识：美国佛罗里达州 1999 年针对全民公决的一份民意调查显示，即使认为自己并没有足够的能力对复杂的政治或政策问题作出明智的决定，仍有高达 88%的人支持公投制度。[④]

2. 全民公决制度能最大限度地体现公意。在民主国家，公民作为国家权力的主体，要求更多地参与国家的各项管理活动，直接表达自己的意愿。在全民公决制度中，政策决策权由公民亲自行使，不存在决策时没有人代表自己意志或者反映自己利益要求的问题。全民公决制度让人民对立法机关出台的法律或政府出台的政策拥有直接的参与决定权力，而无须假手于他人，这就使得人民主权的理念获得最大限度的实践，主权在民的原则获得最充分的体现，能最大限度地体现公意。

3. 全民公决制度是代议民主制的有益补充。在现代大型复杂的社会中，代议民主制仍然是比直接民主制更好的形式，但是多数人统治这种民主的精义却不能抛弃。因此，变通的结果是多数人的统治是指少数人的执政是在多数人的真正同意和委托下进行的，并且是在多数人的有效监督和制约之下进行的。全民公决制度是能够较好地体现多数人的同意、委托和监督的机制，它力求在代议制度的政治设计中使权力回归于人民，让人民有权越过代议机构直接参与到政府行使权力的过程中，这就加强了代议民主对民意的反映功能，使

---

① See David Butler and Austin Ranney eds., *Referendums around the World: the Growing Use of Direct Democracy*, Washington, D.C., American Enterprise Institute Press, 1994, p.5.

② 参见孙国华、朱景文主编：《法理学》，2 版，58 页，北京，中国人民大学出版社，2004。

③ 《马克思恩格斯全集》，第 1 卷，63 页，北京，人民出版社，1956。

④ See Matthew Mendelsohn & Andrew Parkin eds., *Referendum Democracy: Citizens, Elites and Deliberations in Referendum Campaigns*, N.Y., Palgrave, 2001, pp.34-6, table 1-1.

代议制更符合民主本意的要求。

4. 全民公决制度是现代人权的体现。当人权保障已成为一种国际化的潮流时，国际人权公约和各国宪法都列举了公民的各种权利。虽然大部分国际公约和各国宪法并没有明确提出“全民公决权”这一称谓，但基本上都从民族自决权和创制复决权等方面规定了全民公决制度的相关内容。因此，赋予公民以全民公决权，使全民公决制度在制宪、立法、自决和其他重大事项上发挥作用已逐渐成为公民政治权利的重要组成部分。

5. 全民公决制度能提升政府决策的正当性。全民公决制度是能使政府决策合法性最大化的政治制度。全民公决制度能够使选民深信，由他们自己参与制定的政策会比单由政府官员制定的政策更具有正当性，因为全民公决的结果比民意代表所代为表达的结果带有更为明确的人民意志性，能促使公共利益凌驾于个体利益之上。当人民以主权拥有者身份用多数决的方式作出政治选择的时候，再没有比这个机制的合法性或正当性位阶更高的其他机制了。因此，全民公决制度不仅体现着民主，而且使民主的结果得以最大限度地正当化。

6. 全民公决制度能增强对民意代表和政党的制约力。在代议民主制度中，人民意志或人民利益是通过政党或民意代表等中介来实现的。当民意代表当选之后，人民就需要想方设法用其他的政治机制来制约他们，而全民公决制度恰恰起到了这样的作用。人民通过全民公决制度，有权将自己委托出去的权力随时加以收回。面对全民公决制度，作为接受人民委托而行使权力的政府及其官员，必须按照人民公决的决议来行使权力。况且，全民公决作出的决策具有最高法律效力，即使议会也不能将其推翻，这在一定程度上可以抗衡执政党和代议机关的专断，会对民意代表或政党扭曲人民意志的行为起到一定程度的制约作用。

7. 全民公决制度能保持政治稳定性。首先，当一个民族自决独立或者一个国家从一种制度向另一种制度转型的过程中，全民公决是使社会避免发生暴力革命的重要途径。就和平变革与暴力革命两种手段而言，人民虽然有通过暴力革命实现自决独立和推翻专制统治的权利，但是，在理性意义上，一个社会的良性变革和发展应当以和平方式进行。只有以和平方式进行重大变革的社会，才能做到以尽可能小的代价取得尽可能多的成果。在当今世界，通过全民公决实现和平变革已经成为国际社会公认的理性选择。

其次，在常态民主政治中，全民公决是保持政治稳定性的重要手段。全民公决在一定程度上能够满足人们当家作主的愿望，使人们对政府的不满情绪得以释放，使公民和政府之间的紧张关系得以缓解，最终使“问题”在“秩序”的范围内得以解决，客观上为缓和社会阶级矛盾、维护阶级统治起到了特殊的“安全阀”的作用。

8. 全民公决制度能促进政治参与感。政治体系承担着社会资源的分配功能，公民为了满足自己对社会价值资源的需求，就必须与政治体系发生联系，全民公决制度是公民与政治体系发生联系的最直接形式之一。民众在参与全民公决的过程中，对政治的疏远和冷漠必然有所降低。因为民众知道，他们必须为政策决定的错误分担责任。全民公决制度使人民都能参与政策的制定，减少了政治冷漠感，促进了政治参与感，是公民政治参与的重要途径。

9. 全民公决制度能培育公民主体意识。首先，公决制度为民众提供了在投票中学习社会管理的途径。民众在进行公决的过程中，必须了解他们所要公决的政策内容及其相关材料，了解公决的程序和要求。正是在这个过程中，公民逐渐掌握了必要的法律手段或政治手段并运用之。其次，公决制度还能促使公民切实感到自身与国家事务的密切联系，形成比较强的公民意识和法制意识。再次，通过普遍参与公决的过程，民众可以就一议题讨论、决策或监督其执行，人们真正与他人共同创造了一个"公共领域"，使自己原本局限的观点得以在普遍参与公决的过程中，转化成具有公共性导向的意见。此外，全民公决还可以让一个人领悟到沟通、协调、讲理、容忍等公民德行，而这些德行，既是民主政治所需要的文化，也是现代文明的反映。

二、全民公决制度的局限

1. 全民公决制度不正义、少宽容。古希腊伟大的思想家苏格拉底就是被一哄而起的"多数决"处死的。众多的愚民可以判处思想家的死刑，数量本身并不体现正义。在现代社会，全民公决能带来正当性，然而不一定带来正义性，也不一定带来正确性。而且，全民公决制度缺乏宽容，不能尊重社会成员的多元价值需求。全民公决制度无视问题的复杂性和多元性，要求民众对每一个问题都持明确的、或赞成或反对的立场，并对问题的性质作出对与否绝对的划分，这是不符合人类多元化需求的发展方向的，因为许多问题并没有一清二楚的答案，更无法达到绝对的澄清。

2. 全民公决制度容易导致独裁专制。全民公决要求尽可能多的人尽可能高度的参与政治，但是参加的人越多，每个人的作用就越小，多数人比少数人更易操纵。况且在全民公决中，并非所有人都同公决之事有直接的利害关系，并非所有人都能认识到公投之事的眼前乃至长远利益关系，并非所有人都拥有足够的相关知识和判断能力。相反，有相当数量的参与"公投"者，并不一定深思熟虑，可能"随大流"；有相当部分可能因一时之利或其他原因而"盲从"。这就使少数政客有了充分的机会以人民的名义操纵多数，甚至以人民的名义实行专制。全民公决也就极易产生塔尔蒙所谓"极权主义民主"的结果。[①] 20 世纪 30 年代，欧洲所有的独裁者都频繁使用全民公决就是一个例证。看上去最民主的决策手段"公投"，其实也完全可能成为让独裁政权合法化的最有效的手段。

3. 全民公决制度会危害代议民主制。全民公决不可避免会对代议制中行政、立法部门的运作造成危害。全民公决中创制投票的发动基本上是因为立法机关不愿意制定某项法律或是政治形势不适宜制定某项法律，此时人民如果以公投方式迫使国会立法或者强行立法，将破坏立法机关的主体性，也会造成政治责任的归属问题。而全民公决中复决投票则是因为人民不愿接受立法机关所制定的法律，因此直接公决废止该项法律继续执行。这可能会导致代议机关内部经多次博弈所形成的妥协方案遭到否决，使得代议机关被赋予的职权遭到破坏。

---

① 参见［以］J. F. 塔尔蒙：《极权主义民主的起源》，2～3 页，长春，吉林人民出版社，2004。

4. 全民公决制度造成的“多数暴政”，可能侵犯人权。由全民公决制度引发的“多数暴政”，极有可能提供压制少数的方法，从而侵犯人权。特别是在异质性社会里，不同特质的社群之间本来的互信基础很薄弱，如果居于多数的社群动辄就敏感性和冲突性的议题发动全民公决，那么居于少数的群体必然会以更激进的手段来对抗多数的决定，从而导致整个社会的解构性危机。

从民族层面来看，一国内部的全民公决制度有时会导致欺负少数族裔的结果发生。少数族裔独立建国后，原来的少数变成了多数，原来的多数变成了少数，又开始多数欺负少数的循环。前南斯拉夫及其下属共和国自 1991 年以来在不断的全民公决中分崩离析就是一个鲜明的例证。没有法治的全民公决是原始制度，摧毁法治的全民公决是蔑视和伤害人权的制度。从历史的经验来看，全民公决制度有时不仅保障不了人权，反而可能会造成严重的人权危机。

5. 全民公决制度可能削弱政府的权威。在低度民主状态的国家中，无论是宪法和法律的修改，或者是政府的重大举措，抑或是主权的让渡问题，由于并不经常举行全民公决，全民公决就具有强烈的抵抗性，往往是以政府对立面的角色来出现。全民公决制度的这种抵抗作用不可避免地弱化了立法机关和行政体系的权威，可能导致政府权威的结构性紊乱。如果公众认为政府的决策不对，通过全民公决作出了自己认为正确的决策，政府此时将处于极为被动的地位，势必减损政府原有体系的权威性，逐渐导致政府和社会之间信赖关系的破裂。

6. 全民公决制度破坏政党政治、责任政治。全民公决会破坏政党的功能以及应负的政治责任。政党应该负有利益的汇集和利益的提出等功能，即政党应该对争执不下的公共议题承担汇集民意和提出政策的责任。可是政党往往会在党内意见分歧甚至面临分裂时，将争议以公投案的形式交付全民公决，以规避政治责任或避免党内危机。例如英国在工党执政时期，两次公投都是工党首相威尔逊（Harold Wilson）为避免工党分裂所采取的政治策略。政党因为自身的因素将问题丢给人民，而一旦人民以全民公决方式表达了意见，相关的政治责任也就跟着模糊掉了。如果人民的决定错了，除了外来的侵略者，谁有资格和能力来惩罚自己人民的多数呢？因此，全民公决制度使执政党不能负执政之责，而把一切责任都推给人民。

7. 全民公决制度可能导致政治的不确定性。分裂主义者通常利用全民公决来煽动民族情绪，挑拨民族关系，进行分裂国家的活动。在这种情况下，全民公决不会带来社会的繁荣和稳定，而是带来冲突和战争。如加拿大的魁北克公投，就造成该地不同族群经常处于对立状态。

此外，全民公决尽管在制宪修宪以及重要立法等方面发挥了不可替代的作用。但是在某些情况下，它也会沦为国内政治斗争的工具。特别是在政府与议会在重大问题上形成僵持时，政府往往利用全民公决来寻求公众支持，这时全民公决就成为国内政治斗争的工具。比如 1993 年俄罗斯的“制宪之争”公投就几乎使俄罗斯分裂。正因为全民公决可能导致政治的不确定性，使得各国政府在运用全民公决时非常谨慎，没有把握不会轻易将重大议题诉诸公决。

8. 全民公决制度可能导致“民主泛化”倾向。全民公决制度使得公民参与政治的热情空前高涨，民主意识和自主性日益膨胀。人们不再唯组织和领导的意图是从，更愿意“我行我素”，根据自己的主观判断和意愿行事，因此容易造成社会的过度政治化，导致社会生活各种功能之间的深度失衡。此外，全民公决制度效率低下，成本高昂。全民公决制度非常耗时昂贵，一次公决投票通常需要印制大量的宣传品并进行大量的民调和辩论等，同时，漫长的计票过程和政府认同公决结果也很容易造成决策的拖延。总之，全民公决制度把政治当作公民可以在“干中学”而无须专门技能的实验场所，很容易导致“民主泛化”的倾向。

9. 公民不具有参与全民公决的能力。全民公决制度的议题，无论是国家主权、宪法修改，还是公共政策、社会道德，它们所牵涉的专业范围恐怕都不是一般公民能轻易理解的。而且在一些实证研究中也发现，公民在一些复杂性和专业性较高的议题中不但投票率偏低，而且往往会发生投错票的情形。麦格比（David B. Magleby）对有关美国各州全民公决的研究中就发现，有一部分选民在一些废止型（abrogative referendum）全民公决中，明明是想要否决掉废止该法律的提案，但因为理解上的误差而误投赞成否决该法律案，使得投票的结果刚好与其意愿相反。[①] 这种情形在许多施行全民公决制度的国家中都曾出现。

三、全民公决制度的价值辨析

通过以上分析，可以看出全民公决制度既具有功能上的积极作用，也有其制度上的局限性。如果将上述全民公决制度的功能和局限进行对比，可以得到如下列表：

全民公决制度的功能性	全民公决制度的局限性
最符合人类自由的本性	不正义、少宽容
在最大限度上体现公意	导致独裁专制
是代议民主制的有益补充	会危害代议民主制
是现代人权的体现	造成的“多数暴政”，可能侵犯人权
提升政府决策的正当性	削弱政府的权威
增强对民意代表和政党的制约力	破坏政党政治、责任政治
保持政治稳定性	导致政治的不确定性
促进政治参与感	导致“民主泛化”倾向
培育公民主体意识	公民不具有参与全民公决的能力

① See David Butler and Austin Ranney eds., *Referendum around the World: the Growing Use of Direct Democracy*, Washington, D, C., American Enterprise Institute Press, 1994, p. 18.

从表中我们可以发现全民公决制度的功能和局限正好是一一对应的。它高扬自由和民主的大旗，但结果往往陷入不正义少宽容的境地；它宣称要依靠人民，却把希望寄托在独裁者身上；它是现代社会政治权利的体现，但同时它所导致的多数暴政，比其他政治制度都更能侵犯人权；它反对现行主流的政治形式，反对代议民主制，但它又是在代议制的政治环境中运行，它要产生影响，又不得不借助于现行的政治体制；它在理论上常常抨击政党，而在实践中，它又成为政党之间斗争的工具等等。由于全民公决制度自身所固有的这种矛盾性，在结果上它常常成了自己所反对的东西，成了自己的对立面，陷入了自身所设置的不可超越的困境之中。全民公决制度自身所反映出来的这些似是而非、自相矛盾的价值取向，需要逐一加以研究和分析：

1. 最符合人类自由的本性 VS 不正义、少宽容——全民公决制度体现的哲学价值

如何认识全民公决制度所体现的真正价值？这就需要我们对全民公决制度进行哲学上的反思。全民公决制度本身就是主体之间的交往、对话、协商、博弈的过程，在这个过程中主体必须具有反思的意愿和能力。民主的原则不是仅仅把少数和多数的数量关系颠倒过来，更重要的是反对、否定、取消任何专横。① 全民公决制度强调自由和自主，但是，这一做法可能忽视了自由与正义之间的潜在冲突，导致的结果可能是自由的胜利和正义的毁灭。自由不等于任性和恣意妄为，自由是有边界的。自由的尽头就是责任和纪律，而一个社会对责任和纪律的设定就体现了这个社会的正义观。全民公决的发展历史告诉我们，由于全民公决制度所体现出的自由和自主，它很容易被人们认为是一种“善”，因而使得人们对它理想的激情追求而忽视其自身应当承担的责任和纪律，如果不对全民公决加以束缚和限制，不在全民公决中体现出人类社会的责任和纪律，这种制度不仅会摧毁社会的正义及和平，而且还将摧毁民主本身。实际上正像哈耶克所说的：“民主的理想，其最初的目的是要阻止一切专断的权力，但却因其自身不可限制及没有限制而变成了一种证明新的专断权力为正当的理由。”② 所以对全民公决自身也是应加以限制的，只有有限的民主和法治的民主，才是可以信赖的。只有体现正义的自由，才是真正的自由。只有把自由和正义结合起来，反对任性和专横，才能实现全民公决制度所追求的人类目标。

2. 在最大限度上体现公意 VS 容易导致独裁专制——全民公决制度与独裁专制

从理论上说，全民公决制度能够对抗专制，最大限度的体现民意，但在实践中它却未必能避免专制。如果仅仅把全民公决制度看作不受任何限制、任何人都必须无条件服从公决的结果——公意的话，全民公决制度会随时成为新的“利维坦”——一个借人民的名义推行独裁的专制国家。没有比假借人民的名义发号施令的政府更可怕的了，因为“它可以假借多数人的意志所形成的道义力量，坚定地、迅速地和顽固地去实现独夫的要求”③。因此，在承认

① 参见［美］汉密尔顿、杰伊、麦迪逊：《联邦党人文集》，北京，商务印书馆，1997。

② ［英］哈耶克：《自由秩序原理》（上），130页，北京，三联书店，1997。

③ ［美］托克维尔：《论美国的民主》（上），252页，北京，商务印书馆，1997。

全民公决制度能最大限度体现民意的同时，必须重视全民公决所具有的反民主特性。

而且，由于全民公决制度本身是一个动态的政治过程，各种社会因素的影响，都可能促使全民公决制度丧失自身的独立性和公平性，反映一个“歪曲”的政治社会格局。随着社会的发展，金钱、阶级、党派、投票技术、宗教、民族等因素，对全民公决制度的影响将会越来越大。这些都促使全民公决制度作为一种制度，反过来强化了既有的（不公平）社会建制，从而具有反民主的特征，最终可能导致独裁专制。因此，应加强对全民公决制度的规范和保障，如通过法律明确规定公众参与全民公决的范围、程序和方法；建立健全公决信息公开制度，扩大公民对公决议题的知情范围和知情度；保障言论自由，加强新闻舆论对公众意见的反映；完善公民公开讨论机制等，以避免该制度可能出现的极权主义倾向。

3. 是代议民主制的有益补充 VS 会危害代议民主制——全民公决制度与代议民主制

就现实来看，真正的直接民主制确实在当代民主国家的规模中很难实践。而且事事都要人民以全民公决来作出决定，也不符合实际。但在必要时由人民以最高主权拥有者的身份对争议性较高的议题作出整体意志的裁决，确实可以弥补代议民主的不足。而且当今社会，随着科技、交通、通讯等技术的飞速发展，人民可联系的政治空间空前扩大，参与民主、协商民主等民主理论相继提出，直接民主制原本所适宜的小国寡民的概念也应有所变化。虽然民主国家的现实仍不可能让它扩大到取代代议民主制的地步，代议民主制仍旧是占主导地位的民主政体形式。但是，现实及未来的最佳选择应是将代议民主与直接民主有机地结合起来，在代议民主的基础之上加入一些直接民主元素，如全民公决这种形式，以加强代议民主对民意的反应功能，同时也弥补了代议制之下政治精英对民意的垄断和扭曲所产生的缺憾。因此，既然在现代民主国家的范围内，公民参政可行的基本形式只能是代议民主制，那么，从理论来说，全民公决制度在世界范围内的实施，并不意味着对代议民主制的危害，而仅仅意味着在那些施行全民公决制度的国家，公民的参政更为直接。有学者认为，“间接民主是直接民主的高级阶段”①，那么全民公决制度在世界范围的兴起，是否也可以让我们产生这样的推断：包含直接民主形式的间接民主是间接民主的高级阶段。

4. 是现代人权的体现 VS 造成的“多数暴政”，可能侵犯人权——全民公决制度与人权保障

在全民公决制度中的，如果按照多数裁决的原则，少数服从多数，投票的结果将是多数的意见将上升为约束所有人的国家意志，并在全社会强制性地贯彻执行，在公决中失败的少数必须无条件地遵守，否则就要受到惩罚。可见，在全民公决制度中存在多数暴政的威胁，多数确实有可能滥用其权力，来侵害少数的权利，从而造成人权危机。因此，在全民公决制度中，需要把贯彻多数意志与防止多数暴政有机地结合起来。

应当赋予法院针对全民公决司法审查（judicial review）的权力。公投不但不能免于司法审查，甚至法院对于公投通过的法案，当有侵犯少数权利的嫌疑时，应该从严审查。例

① 刘军宁：《直接民主与间接民主》，49 页，北京，三联书店，1998。

如意大利宪法第75条规定，宪法法院对由人民提出的废止型法律复决案拥有实质的审查权，除审查是否抵触排除条款的规定之外，对诉求内容是否违宪也有权进行实质审查。①

而且，在那些文化、语言、宗教和民族剧烈分化的现代国家里，往往存在着永久的多数和少数，在这种情况下，贸然地实行全民公决制度就难以公正合理地实现决策中的社会利益配置，难以良好地保护和增进处于少数地位的群体或集团的利益。在这种国家里，运用全民公决制度来进行民主决策，就不可避免地存在着局限性。针对这个问题，一个基本的解决方案是实行分享民主制，向存在种族、宗教或者语言的少数的地理区域下放决策权力，从而实现相对的民主自治。当代中国作为一个多民族的主权国家，在少数民族聚居地区所实行的民族区域自治制度，就是解决这一问题的成功尝试。

此外，要想让全民公决制度避免由于多数暴政而导致的侵犯人权的情况发生，还需要把全民公决制度同加强人权意识和宣传人权知识密切结合起来。只有人权意识达到一定高度的社会，才能成功地举行全民公决。

5. 提升政府决策的正当性VS削弱政府的权威——全民公决制度与政府的权威性

全民公决制度与政府权威具有辩证统一的关系。一方面，全民公决制度的有效实施，离不开政府依靠自身权威性的推动，反过来又能强化政府决策的正当性，提升政府的权威；另一方面，全民公决制度如果作出和政府决策相反的决议，又会直接影响到政府的权威，导致社会的失衡。因此，对于一个社会来说，要想处理好全民公决制度与政府权威的关系，政府就要通过一定的程序有选择地把一定的社会关系及行为纳入全民公决的范围。因为只有政府的介入，公众参与全民公决制度出台的政策或法律案才具有普遍的约束力和权威性；而同样也只有通过一定的政府行为对公决议题加以筛选和甄别、对公决程序加以管理和控制，全民公决制度才不会对政府的权威造成太大的伤害。合理的社会政治系统应是公民关注——精英反应——公民释怀的周期循环，既使政府权威受到制衡，也不因制衡而丧失其本身的权威性，达到公民影响力和政府影响力之间的均衡。在这种状态下，公民对社会政策的制定既抱有积极主动的态度，又不至于强烈到损害政府的权威；全民公决制度的有效运行及政府的承诺同时存在，但其度量是适当的；政治歧视也可能依然未被消除，但却受到控制。

6. 增强对民意代表和政党的制约力VS破坏政党政治、责任政治——全民公决制度与政党政治

全民公决破坏政党政治、责任政治的情况在英国和法国较为明显。之所以形成这种状况，主要原因在于英法两国仅允许公投由政府机关来发动，政党及政治人物考虑是否举行全民公决时主要以其自身利害为出发点，这就为政党规避政治责任提供了契机。英国在战后的四次全民公决有两次是为了摆平党内分歧，另两次则为了规避政治责任。而法国第五

① See David Butler & Austin Ranney eds., *Referendum around the World: the Growing Use of Direct Democracy*, Washington, D.C., American Enterprise Institute Press, 1994, pp. 63-64.

共和国的全民公决也多是由总统别有用心发动的：1962年戴高乐为了确保个人继续执政，策动了总统直选的公投提案；1969年戴高乐提出公投来改革参议院和建立区域政府，但实际上是为了再次确认其统治地位；1972年欧共体扩员，法国政府完全可以自行决定，根本没必要举行全民公决，但当时的蓬皮杜总统却想依靠公投来展现其个人的声望。

当然，全民公决对政党制度也具有一定的积极意义，如对民意代表或政党扭曲人民意志的行为起到一定程度的制约作用，反对腐败，防止组织异化等。全民公决制度的这种功能尤其体现在由民众发动的全民公决中。例如，意大利宪法规定，仅须50万公民的联署便可以复决所有法律的全部或部分条文。这项规定使得意大利人在25年间（1975～1995年）共提出75次公投的要求。意大利国会曾有3次提早解散国会来延迟全民公决程序的记载，国会也曾有8次为了避免全民公决而直接通过符合公投要求的法律。民众发动的全民公决不但给国会议员外在的压力，同时也改变了意大利的选举制度。① 这是民众通过全民公决对民意代表和政党进行制约的一个成功范例。

可见，如果全民公决的发动主体是政府，则较容易被政党或政治人物利用来满足其政治目的，那么此时全民公决制度就会成为政党规避政治责任的有效工具。而如果全民公决的发动主体是民众，则全民公决制度对政党的制约作用和抵抗功能就可以得到比较充分的发挥。在实践中，这类全民公决的主要影响力来自其设定议程的潜在力量。固然公投的法定效力为政府所必须遵守，但是公投程序本身的威胁力就足以使国会或议会采取妥协让步的态度。从这个角度来看，由民众发动的全民公决有助于迫使政府顺应民意。

7. 保持政治稳定性VS导致政治的不确定性——全民公决制度与政治稳定

从原则上或从长远看，全民公决制度应当有助于政治稳定。首先，就自下而上的民主来说，全民公决使得广大公民有了直接的投票权。既然有关的政策决策是由公民自己作出的，获得了公民的投票认同和授权，国家政府执行该政策就更具有合法性。越是合法性强，越是得到民众的支持和拥护，议会、政府内阁、政治秩序以及政治制度等就会越稳定。其次，从自上而下的政治控制角度看，全民公决也是统治者影响被统治者的过程。通过公投，统治者一样可以加强政治稳定。让民众去对抗自己参与制定的政策在心理上都是艰难的；对于精英们来说，通过投票箱加以控制的参与比无控制的骚乱和变更政治体制更可取。② 再次，若就领土与主权纠纷来看，全民公决也提供了和平解决这种重大政治危机的正常途径，有利于政治稳定。

但是，从实际政治生活或从短期看，全民公决制度未必能保证政治稳定。首先，在不同的社会经济发展水平上，全民公决制度对政治稳定的影响不一。一般来说，社会经济越

---

① 从1980年开始，意大利国会和政党便开始讨论修改选举法，但最后还是无果而终。人民对僵化腐败的国会早已失望，于是在1991年便发动公投修改选举法，1994年，国会迫于民意自动修改参议院（Chamber of Deputies）的选举法，随着选举方法的改变，基民党和社会党也在选战中全面溃败而消失。

② See Martin Harrop, William L. Miller, *Elections and Voters, a Comparative Introduction*, Macmillan Education, 1987, pp. 262-263.

发达，全民公决制度对政治稳定的负面影响就越小。如今，西方发达国家全民公决制度可能影响到议会内党派结构、政府首脑的更替及政府内阁的变化或不稳定，但一般不会不利于其政治秩序和基本政治制度的稳定。而在发展中国家，全民公决制度对政治稳定的积极效应和消极效应往往并存。落后国家原本的社会忠诚度较强，而现代化过程则削弱了这一点，加之配套的法律、法规不完善，全民公决更多地服务于仪式性和合法性的制度设计，而不是作为一种大众参与及控制的真正工具而存在的。特别是那些社会变化速度较快的发展中国家，人们要求扩大政治参与和政治制度化之间的矛盾非常突出，加上全民公决本身又有难以控制的特点，因而全民公决对政治稳定产生负面影响的可能性就很大。正是基于这些担心，一些发展较快的国家在涉及有关直接民主（如全民公决）的问题上就非常谨慎。其次，处于不同政治环境下的全民公决制度的政治稳定功能也会不同。这方面的经验主要有两点：一者，在中央政权虚弱或软弱的国家，全民公决对政治稳定往往是雪上加霜，而在中央政权强大的国家，全民公决对政治稳定则相得益彰；二者，不同的政府体制下全民公决制度的政治稳定效应也不同，在总统制下，全民公决制度对政府及其内阁的稳定不会造成冲击，但会对政府及其内阁的政策有制约力和影响力。

此外，影响政治稳定的因素是多元的，全民公决制度仅仅是影响政治稳定的多元变量之一，而且常常并不是单独起作用。有鉴于此，初行全民公决制度时，不应只考虑全民公决本身对政治稳定的功能效应，还应综合考量社会及政治诸因素的作用，应选择合适的时机和条件，以免对政治稳定造成破坏性影响。

8. 促进政治参与感 VS 导致“民主泛化”倾向——全民公决制度与政治参与

是不是政治参与越多越好？如果认为一国的政治参与度越高，则该国的政治体制就越民主，那么考察世界范围内的全民公决就可以发现，在一些极权主义国家，如伊拉克、埃及等，公民参与全民公决的投票率和赞同率往往出奇的高。所以单纯以政治参与度来论断一个国家民主体制的好或坏，并不能得出政治参与度越高，民主发展水平越高的事实。因此，对政治参与度高低不能做片面的理解，不能简单地认为政治参与越多越好。

在全民公决制度中，要想处理好政治参与的尺度问题，就需要把握有效参与和参与强度的关系，参与过度与不足都会对既有的政治体制产生不利影响。参与强度过高，即参与过度，会引起社会的躁动和不安，形成“政治肥大症”；参与不足则会导致公民与国家之间的沟通不畅，阻断决策科学化、民主化的基础来源。阿尔蒙德指出：民主政治的公民被号召追求矛盾的目标：他必须是主动的，而又是被动的；参与的，而又是疏远的；有影响力的，而又是顺从的。① 因此，对于一个社会来说，要想既提升公民的政治参与感，又不会导致“民主泛化”的情况发生，就必须通过制度化的手段组织和引导公众参与全民公决，实现适度参与和有效管理的统一。如果全民公决制度能为公众参与提供畅通的渠道，反映和

① 参见［美］加布里埃尔·A·阿尔蒙德、小G·宾厄姆·鲍威尔：《比较政治学：体系、进程和政策》，87页，上海，上海译文出版社，1987。

体现民意，这样的高度政治参与就不会导致“民主泛化”的种种弊端。

9. 培育公民主体意识VS公民不具有参与全民公决的能力——全民公决制度与公民政治能力

全民公决制度确实能够在一定程度上培育公民的主体意识，但个人政治参与能力有限，也是不容回避的客观事实。然而这两点又不是完全的对立关系，正是因为个人在政治参与能力上确有不足之处，才需要全民公决制度给予培育和教化。而公民也正是在参与全民公决的过程中，不断提高自己的政治能力和塑造自己的主体意识。

要使公民的政治能力得到提升，最有效的办法就是大力提高公民的教育水平。众多的研究都证实，公民的教育水平与公民的民主意识、参政意识和参政能力有着相当大的正相关性。一般来说，教育程度高的公民，会普遍地对公决活动感兴趣，也会更加认识到公决的必要性。公民的文化素质越高，就越容易对公决议题作出理性的抉择。公民的文化素质越高，对自身利益的认识就会越清晰、越深刻，参与全民公决和投票的积极性就会越大；接受的政治信息就会越多，理解和判断政治信息，鉴别和选择公共政策的能力就会越强，就越不会作出错误的选择，从而对全民公决制度施加良性的影响。因此，加强教育，重视公民文化素质的提高，不仅有利于公民的政治参与，而且有利于全民公决制度的良性运转。

从本文对全民公决制度的价值分析可以看出，全民公决制度本身就是一个具有内在矛盾性的悖论，它自身就处于两难的困境之中。全民公决制度可以带来民主与平等，可以带来政治活力与文明，但无法提供所有美好的礼物。对全民公决制度期待太多，并不是一种理性的心态。作为一个值得我们不断诠释、反省和改进的社会政治制度，全民公决制度的内在价值仍然需要我们不断地深入研究下去。

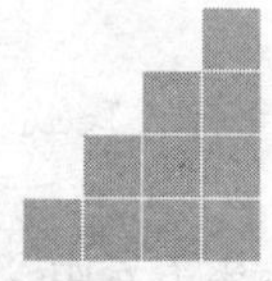

6.

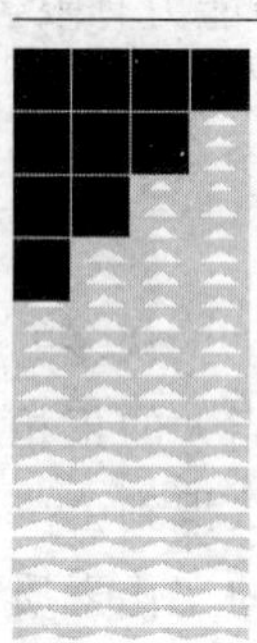

法的实施研究

6.1 社会主义法治理念与司法改革*

张志铭**

一、"社会主义法治理念"命题的现实针对性和重要意义

中央决定进行社会主义法治理念教育，提出社会主义法治理念的基本内涵是"依法治国"、"执法为民"、"公平正义"、"服务大局"和"党的领导"，具有明确的现实针对性，意义重大而深远。为什么？简单说一句话：中国社会选择了法治，"法治"却没有很好地关照中国。

大家知道，"依法治国，建设社会主义法治国家"同"国家维护和保障人权"一道，已经写入了我们国家的宪法，法治已经成为我们国家和社会治理的基本方略、根本原则。中国社会选择了法治。但是，与此形成强烈反差的是，我们这些年关于法治的理论、观念和认识，并没有很好地关注中国的国情、社情和民情，关注中国的文化传统。我们这些年讲法治，讲的是"现代法治"，是现代法治理念，现代司法理念。我们已经对"现代的"一词习以为常、运用自如，但是思考一下就会发现，我们所追求和强调的现代性，更多的是一种普适性，这种普适性，忽视或无视特殊性，就内涵而言，我们所说的"现代的"，可能在很大程度上是西方的、域外的，甚至是英美的。这就缺少了对中国社会状况的联系和关照。

中国的政制架构，如政党制度、国体和政体（包括国家的组织样式和结构样式）等与现代西方法治社会的政制架构有根本的不同。从社会经济发展程度看，中国是一个发展中国家。尽管改革开放近三十年来中国的整体经济规模、综合国力快速增强，但就人均国民生产总值而言，就中国仍有数目可观的贫困人口和地区而言，中国仍然是一个发展中国家。而现代法治的许多原则和要求，都是以发达的经济和社会状况为前提的。从文化传统角度看，中国的风土人情、民风民俗也与外部世界很不一样。中国是一个东方社会，对于东方社会和西方社会，这些年从文化比较的意义上我们已经做了很多的研究，它们是两种不同类型的文化。在法律文化传统方面，中国与西方现代法治社会也有很大的不一样。此外，中国地域辽阔，地貌特征复杂，资源禀赋各地也不同，这些也与许多现代法治国家构成明显差别。由于政制架构、经济社会发展状况、文化传统或法律文化传统以及自然状况等种种不同，就需要我们在理论逻辑上衍生出一种思考和认识，即在我们这样一块风格殊异的土地上推行法治事业，一定会有自己的特点，拿来主义、生吞活剥是不行的，简单类比、照搬硬套也是不行的。回顾和反思我们已有的法制改革和实践，在很多问题上可以说已经

---

* 原载《法学家》，2006（4）。

** 中国人民大学法学院教授，博士生导师。

体会到了上述简单化做法所造成的后果。

强调社会主义法治理念，除了引导人们在法治问题上关照中国社会的特点、特色外，在更加宏大的背景上看，则是中国社会在当今世界和平崛起，成为有分量、负责任的政治和经济大国的需要。中国的和平崛起，需要我们在当今世界各种重大而共同的话题上有自己的声音，凸显自己的主体意识。诸如人权、民主、法治等，皆属于当今世界通行的话题，属于全球意识形态的核心内容。对于这些概念和命题，存在着一个如何理解、如何认识意义上的"定义权"问题。而要参与定义的形成，就必须改变消极回避甚至排斥的立场和态度，不能简单地在姓"资"还是姓"社"、"中国的"还是"西方的"意义上做选择和取舍。正如中国在人权问题上从排斥到参与、从一般参与到争夺"话语权"一样，在法治问题上中国也要有自己的声音，要立足于自己的国情和实践，为人类法治文明贡献自己的经验。

说到这里，我想可以形成一种看法，这种看法是，就如何正确理解和把握中央提出的"社会主义法治理念"这一命题而言，也许最重要的不是这一提法的具体表述和具体含义，而是要看到其中所包含的现实而深刻的针对性，看到它在"法治"这样一种全球化的意识形态话语里所倡导和提示的一种中国视野，一种中国的主体意识。而这从根本上说是与现代社会整体协调发展的思路和策略相一致的。基于这样的理解来思考和认识"中国社会主义法治理念"这个话题，我觉得应该很好地把握和处理法治理论和实践中所面临的普适性和特殊性的关系，处理好东方和西方、本土和域外、现代和当下的关系问题。同时，对于中国这样一个历史悠久的东方社会来讲，社会主义和法治同样都属于革命性和改造性的概念，是全新的实践，因此除上述几个维度的关系之外，还需要从传统和现实关系的角度来思考问题。

"社会主义法治理念"是"社会主义的"法治理念。如何确切地理解"社会主义"和"社会主义法治理念"，我想最根本的一点就是要立足于中国社会的现实和发展需要。"社会主义"曾经简单地被当作不同于"资本主义"的意识形态化的概念，忽视了不同社会形态的共性，忽视了人类社会的共性，以及事物本身的规律性。中国近三十年的改革开放，已经对"什么是社会主义"提供了很好的注解。中国不仅是中国的中国，而且是世界的中国——是一个不断放眼世界、融入全球化进程，不断在当今世界"和平崛起"的中国。所以，"社会主义法治理念"应该是一个在传统与现实、固有与开放、普遍与特殊之间折冲和谐的概念，是一个立足于当代中国生存与发展需要的表述。我们不能说社会主义的法治理念就是中国的法治理念，却可以说中国的法治理念就是社会主义的法治理念。"社会主义"同"法治"一样，是一个更为抽象一般的概念，在什么是社会主义，什么是社会主义性质的问题上，同样需要凸现中国的主体意识，倡导一种中国视野。

二、"社会主义法治理念"的内在逻辑

社会主义法治理念基本内涵的五个内容不仅具有现实针对性，而且包含内在关联和逻辑，是一个有机的系统。

可能许多人已经注意到，中央提出“社会主义法治理念”的命题之后，社会上尤其是学术理论界存在某种失语现象，显得比较沉默。现在政府方面、官员们讲这个话题或者说宣传这个内容比较多，但学术理论界回应的比较少。这种现象在某种意义上说是非常自然的，因为我们这么多年来一直习惯于“现代法治理念”的说法，突然间要改口为“社会主义法治理念”，不是一件容易的事。尤其是长期以来“姓资”和“姓社”的问题和争论一直困扰着中国社会的改革和发展，“社会主义”的理论和实践在中国表现得特别复杂，“社会主义”的用法特别容易引起人们的反思性思考，所以要改口就更不是一件轻而易举的事。另外，也许很多人还会想，社会主义法治理念的“基本内涵”为什么是五个，而不是六个、七个，或三个、四个呢?“依法治国”、“执法为民”、“公平正义”、“服务大局”和“党的领导”这五个原则或内容之间的关系是什么呢?引用一个专家在某个场合的说法，迄今为止，社会主义法治理念的五个基本内涵，仍然像是分离的“五个土豆”。尽管这五个理念分别被说成是“核心内容”、“本质要求”、“价值追求”、“重要使命”和“根本保证”，给人留下的也只是每项内容都很重要的印象，而不能给人留下相互关联、有机整体的感觉。如何阐释和揭示社会主义法治理念五个内容的内在逻辑联系，把“五个土豆”煮成一锅，使它们黏合、串联起来，是我们需要思考和回答的问题。从目前情况看，社会上和理论界的沉默和失语，在一定程度也说明在整合社会主义法治理念的五个内涵，揭示其内在逻辑关联方面，人们暂时还没有一个好的思路。

我个人的体会和看法是，中央关于社会主义法治理念基本内涵的五个提法，不仅具有深刻的现实针对性，而且在学理上或理论上也是具有内在的逻辑关联的（尽管眼下人们可能还没有清楚地意识到)。对于这种内在逻辑，我们可以运用目的和手段这对范畴加以清楚的概括和揭示。我们要建设社会主义法治国家，就必须在理论和实践上回答两个方面的问题：一是为什么要实行法治，二是如何实行法治。前一个问题是目的性考量问题，是伦理意义上的一种选择，是价值偏好、价值选择的问题；后一个问题是在操作意义上关于方式方法的思考和回答。按照目的和手段这对范畴来分析，在社会主义法治理念的五项内容中，公平正义和执法为民皆属于目的性表述。法律是关于公平和善良的一种艺术，法律和法治应该以公平正义为依归，这可以说是不同时期不同政治体的极为通行的表述。社会主义国家的法治同样要以追求公平正义为依归，以“在全社会实现公平正义”为目的。当然，对于什么是公平正义，不同时期不同地方的人们往往有不同的认识。对于像中国这样一个人民当家作主，一切权力属于人民的“人民共和国”来说，公平正义的含义从根本上说还是要立足于人民的利益、立足于人民利益的实现来理解。如果是这样的话，那么我们就能很自然地得出一个结论，即，公平正义和执法为民都属于社会主义法治理念中的目的性表述，两者的合理关系是：执法为民是“神”，是实质内容，公平正义是“形”，是外在表现；执法为民是对公平正义的实质界定，公平正义是对执法为民的制度（或技术）保障。只有形神兼备，社会主义法治理念在目的性上才算是圆融自洽，才能真正回到中国社会为什么要实行法治的问题。

也许有很多人会认为，执法为民作为社会主义法治理念，不过是一种政治化的口号。其实也不尽然。执法为民的确是一个非常生活化，甚至于带有强烈政治色彩的说法，但它同样可以在执法（包括司法）的意义上进行恰当的转化。讲执法为民，我想最重要的有两个方面：一个是善待自己，另一个是善待别人。所谓善待自己，就是不能用自己手中掌握的公共权力去谋取私利，而善待别人，则是要尊重别人的人权和法律权利，特别是不能在不告知、不听取的情况下，专横恣意地处分当事人的权益。回顾现代执法或司法公正理念最早发源的“自然正义”原则，其原初的要求也是从对人和对己这两个最基本的维度来表述的。我们今天讲“执法为民”，实际上最重要的也还是这样两个方面。

相对于执法为民和公平正义，依法治国、服务大局和党的领导这三个理念皆属于方式方法意义上的理念表述，解决的是如何实行社会主义法治的问题，服务于法治目的即执法为民和公平正义的实现。其中，依法治国是对实行社会主义法治的方式方法的综合要求，而服务大局和党的领导则是在提出综合要求同时的特别强调。在中国社会转型的复杂过程中，保持社会的安定平稳是至关重要的。发展是硬道理，但发展的基本前提不是动荡，而是稳定，在这方面我们应该容易达成共识。强调服务大局，就是要在社会转型的大背景下，在执法过程中，在纠纷的解决过程中，体现法律和法治所内含的衡平要求。法治是一种程序性的过程和操作，法治也是一种特定的组织构造。党的领导可以说是中国社会主义法治在组织构造方面的鲜明特征，说“党的领导是根本保障”，首先或者最重要的就是指组织上的重要保障。应该辨析的是，党的领导在中国的法治事业中至关重要，是“根本保障”，但是，党的领导本身不是目的，因为共产党是为人民谋幸福的，“立党为公、执政为民”，“权为民所用、利为民所谋、情为民所系”。我想这一点应该是明确的。

三、社会主义法治理念与司法改革

司法是法治的重要环节，中国司法是中国社会主义法治事业的有机组成部分。社会主义法治在总体理念上的五个基本内涵及其内在逻辑联系，也要体现在我们对司法的认识和实践中。

司法理念的基本功能是指引和说明司法实践。指引表现为价值指引和行动指引，也即司法理念的价值功能和实践功能。前者的载体是司法的目的理念——司法活动是一种有目的的活动，内含了关于司法伦理性、正当性的价值追求；司法最基本的目的理念是司法公正，“司法为民”则是当代中国对司法公正的实质性解说。后者的载体是各种关于司法方式的理念——司法实践涉及司法的具体组织和运作，它同样是一个观念先行的活动；诸如效率、衡平、公开、文明、艺术、独立、平等、中立等等，都是对司法方式的要求。司法的目的理念决定了司法的方向，司法方式的理念则直接关涉司法的品质。司法目的的理念回答的是为什么司法的问题，司法方式的理念回答的是如何司法的问题。从内容结构上说，司法理念就是以司法宗旨或目的为核心的一整套观念体系；司法则可以理解为围绕司法目的而展开的制度建构和制度运作的活动。由于司法理念的具体内容或要求因社会形态、文化传统、司法类型等情况的变化而有所不同，存在着传统和现代、中国与外国、欧陆与英美的差别，就有了“端正”、“更新”“转变”司法理念之类的话题。所以，“社会主义司法理念”应该是一个在传统与现实、固有与开放、普遍与特殊之间折冲和谐的概念，是一个立足于当代中国生存与发展需要的表述。我们不能说社会主义司法理念就是中国的司法理念，却可以说中国的司法理念就是社会主义的司法理念。

就司法改革而言，“社会主义法治理念”这一命题所包含的深刻启示和意义，集中表现在对司法改革的基本思路、基本框架和基本要求的反思和厘定上。从这个意义上说，中国的司法改革需要重点思考以下三个问题：

第一个问题是司法在国家和社会生活中的合理定位问题。司法是法治的重要领域，在中国“依法治国，建设法治国家”的事业中，司法必须获得它应有的地位。如何在中国的政制架构、社会治理系统和法治蓝图中合理定位司法，这是一个复杂而重大的问题。中央讲“依法治国是法治的核心内容”，在这个核心内容中应该包含有一种核心成分，这就是对于中国司法在中国法治进程中扮演角色的恰如其分的定位。这是一个大问题，撇开对这个问题的深入思考和明确回答，那么谈论司法改革也好，从事司法改革也好，都只能是舍本求末、瞎摸乱撞。

第二个问题是对于司法和司法改革的目的性考量。司法改革轰轰烈烈了那么多年，各种改革设想和改革措施也有了丰富展现，在这样一个时刻，可能我们有必要在综合社会各界对司法改革的评价和期待的基础上，在社会主义法治的宏大背景下，认真地检视一下司法和司法改革的目的。我们可能会发现，对于中国司法改革的目的是否清晰，司法活动是否充分体现了正当的目的追求，社会上可能会有不同的评价或看法。司法是一个公共生活领域，司法改革是一种社会工程、社会事业，我们应该认真地对待各种不同的想法，尤其是在司法内部的认识和司法外部的期待方面，在对司法的职业判断和生活感受的关系上，在司法的技术要求和社会影响的关系上，应该寻找有效的途径进行有效的沟通。

第三个问题是司法的方式问题。“社会主义法治理念”的提出及其在司法理念和司法活动中的展开，有助于我们检讨和反思这些年来在司法的操作方式上的很多认识。如何立足于中国社会的多样化需求，在司法的组织和运作上实现专业化和大众化、精密司法和温情司法、社会效果和法律效果、职业理性和生活逻辑之间的对接和平衡，是非常重要的。在这方面，需要我们撇除这些年来可能存在的许多观念“泡沫”。

按照社会主义法治理念基本内涵的要求，按照其中所内含的立足中国实际的主体意识的要求，我们会发现，这些年来关于司法改革的认识和实践在一些大的方面可能存在着盲点。我们需要反思一下司法改革是否存在着部门倾向、本位利益驱动的问题，是否存在着一种在职业化的思路下缺乏与社会、与民众沟通的“精英司法”问题，是否在司法改革的思路和方案的制订上存在着片面的中央化司法的问题。比如说我们经常讲中国司法的弊端之一是“司法权地方化”，并针对性地提出了“司法权中央化”的改革思路。但是稍加观察和思考就会发现，国家权力在中央和地方的意义上都是一种系统综合的构造，在任何国家的地方权力系统中，都包含有司法权这种成分。因此，如果说“司法权的地方化”不对，那么“司法的中央化”同样也是误导人的。其实我们真正要改革的是“司法的地方化”问题，而不是“司法权的地方化”问题。在司法权的配置上如果实行的是中央化的改革思路，那是容易陷入过度集权的危险的，而且也必然是低效率的。另外，我们还需要反思一下我们的司法改革在思路和方案上是否存在着太多的以城市为中心，以司法高端为标准，以沿海发达地区为样板的问题，而对于广大的乡村，对于基层司法的特殊要求，对于复杂的地区差异和区域特征，却存在关注不够的问题。司法在组织上是一种层级构造，司法的层级与司法的职业化或专业化应该是正比关系，与司法的大众化或生活化则应该是反比关系。还有，我们的司法改革是否在文化上存在着以汉民族为中心、而对众多少数民族的传统和习惯缺乏关照的问题，等等。

中国的司法改革要想真正获得成功，就必须要在很多问题上作出独到而富有成效的平衡。司法改革是一个宏大的系统工程，既涉及大的思路、定位和外部关系调整，又涉及精细的程序和技术操作，它不仅是一个战略问题，也是一个战术问题。中国的司法改革无疑还将进行下去，但其成功则需要假以时日、持之以恒、大智大勇。因此，借中央提出“社会主义法治理念”这一命题的机会，静下心来，好好想想，好好回顾、审视和谋划一下中国司法改革的过去、现在和将来，我觉得是特别有意义的。

6.2 非诉讼纠纷解决机制（ADR）与法治的可持续发展——纠纷解决与ADR研究的方法与理念*

范 愉

一、ADR发展的历史契机

Alternative Dispute Resolution（ADR）概念源于美国，原来是指本世纪逐步发展起来的各种诉讼外纠纷解决方式，现已引申为对世界各国普遍存在着的、民事诉讼制度以外的非诉讼纠纷解决程序或机制的总称。这一概念既可以根据字面意义译为“替代性（或代替性、选择性）纠纷解决方式”，亦可根据其实质意义译为“审判外（诉讼外或判决外）纠纷解决方式”或“非诉讼纠纷解决程序”、“法院外纠纷解决方式”等。ADR是一个理论与实务（实践）紧密结合的领域，也是一种历史和文化研究的课题。[①]

ADR这个概念，在美国和西方世界产生不过短短数十年，然而，非诉讼纠纷解决的实

---

* 原载《法制现代化》，第9卷，南京，南京师范大学出版社，2004。

① 关于纠纷解决与ADR理论研究情况，参见范愉：《非诉讼纠纷解决机制研究》，第四章，北京，中国人民大学出版社，2000。

践，在世界各地却无处不在，且几乎与人类社会的历史同样悠久。中国的调解就是这样一种既古老又现代的社会机制，它既是我们文化的象征，又曾经被视为我们传统的负担。20世纪80至90年代，当世界各国ADR正在蓬勃发展之际，我国刚刚进入法制现代化建设的高潮。我们很自然、也很正确地把法院和诉讼作为建立法治权威的制度性象征，把扩大民众对司法的利用作为提高社会法律意识、建立法治秩序和信念的基本进路；同时积极地以诉讼统合、替代传统的调解、行政裁决等纠纷解决方式。然而，在这一进程中，也不可避免地出现了某些虚无主义倾向以及浮躁和急功近利的趋势。一时，为权利而斗争、走上法庭成为社会的时尚，在诉讼日益增加的同时，以调解为象征的非诉讼纠纷解决机制被看作落后于时代的事物而遭到冷落，似乎正逐渐走向衰退甚至消亡。

当每年诉讼总量的增长被作为法治建设的一项重要指标昭示于社会的时候，人们兴奋地看到了这一现象所显示的民众"法律意识提高"的表象；然而，我们却往往忽视了其背后潜在的"危机"：

首先，对司法的过高期待和纠纷解决途径的单一化，会导致法院压力加大，使得法院不得不向不断增加法官人数、简化诉讼程序寻找出路，但这种司法的过热发展超出了社会的承受力和法律发展的规律，造成了法官乃至司法的整体素质相对低下的局面。这不仅不利于改变长久以来的粗放司法的状况，而且使法院难以发挥更重要的社会功能。同时，因执法环境恶劣导致的诸如执行和管辖权等方面的问题困扰着司法本身，民众对司法权威的公信度也随之受到影响。

其次，过多的诉讼还会加剧社会关系的对抗性和紧张度，增加经济生活和市场运行的成本，贬损自治协商、道德诚信、传统习惯等一系列重要的价值和社会规范，使社会和共同体的凝聚力逐步衰退。家庭的温情、邻里的礼让、交易过程的诚信、乃至社会的宽容和责任感，往往会在简单的权利利益的对抗中逐渐贬值失落。

最后，当诉讼不是被作为纠纷解决的最终途径、而是被普遍作为第一甚至唯一的选择之时，司法和纠纷解决的效益往往会被弃置不问。在司法资源短缺、诉讼成本不断攀升、而国家又不可能提供充足的法律援助的情况下，一种新的社会不平等——司法资源利用上的差距正在悄然出现，困扰着社会和当事人。总之，诉讼的高增长在成功地进行社会启蒙和司法原始积累的同时，助长了诉讼万能的思潮，忽略了多元化的价值和途径，这不仅不利于奠定一个良好的现代司法的基础，而且过早地引发了西方法治中的一些固有弊端。

今天，这些问题幸而已经开始被社会和法院认识到了。2002年7月，最高人民法院副院长刘家琛在全国法院思想宣传工作会议上提出："目前在社会上出现了滥用诉讼手段的倾向。为一点小事，寸步不让，动不动就进入诉讼程序。其结果常常是事与愿违，不仅是一场官司下来结了怨，增加了更多的潜在社会矛盾，而且增加了诉讼成本，浪费了大量的诉讼资源。因为诉讼活动从一开始便需要投入成本、支出各种费用。"刘家琛指出，近几年来，在法院内部也出现了包揽一切矛盾纠纷、解决一切社会问题的倾向。似乎通过诉讼可以解决一切社会矛盾、一切社会纷争，可以包打天下。一些法院因为自身经济利益的驱动，而愿意主动扩大案源，以多收案、多办案为荣；一些地方的相关部门为了推卸责任，也把大量应当由其相关部门解决的纠纷推到了法院。但由于体制等诸多因素的原因，法院事实上又不可能解决所有社会问题。这样造成的结果是，少数案件审判质量不高，法院不堪重负，又不可避免地成为社会关注的焦点，司法应有的权威也受到损害。刘家琛为此强调："在司法改革进程中，要逐步清理一些与时代精神不符的、过时的司法观念，要形成和创立一些新的现代司法观念，并在实践中不断加以完善。"①

这种来自法院内部的反思是深刻的，它说明，法制现代化也需要树立一种"可持续发展"的理念，其合理路径实际上正在于法律机制与其他非正式社会调整机制的配合。提高司法素质、树立司法权威需要从适当节制司法和诉讼开始。毫无疑问，这种观念上的变化并不能立即改变社会成员对于纠纷解决方式的选择行为和态度，然而，却给了我们一种预示——实践证明，法院的态度是决定 ADR 的地位和发展的至关重要的因素。伴随着社会和法院在观念上的改变，当前，我国的纠纷解决机制已经出现了一些新的动向：法院在注重以开庭和判决为核心的审判方式改革的同时，重新开始重视调解、提倡和解，并正在加强与民间性 ADR 程序的衔接，人民调解协议的效力得到了认可。② 与此同时，我国的有关机构和部门正在积极重构现有的 ADR 机制，人民调解等传统非诉讼机制也开始焕发了生机，各种行业自律性的纠纷解决机制和新型的 ADR 犹如雨后春笋般生长出来。尽管，一个合理有效的多元化纠纷解决机制的形成尚需时日，但至少可以肯定地说，我们这个注重和解的国家正在融入世界性的 ADR 潮流之中。

与 ADR 的制度和实践形成对应，我国法学界也开始对 ADR 抱以积极的态度。近年来，我国关于 ADR 的各种实证调研、学术研究、制度改革和建构的提案，以及对国外相关制度及理念的比较研究已经形成了一个引人关注的亮点。③

二、ADR 的发展带给我们的启示

世界性的 ADR 的蓬勃发展，给我们带来的启示大致可以概括为以下几个方面：

(一) ADR 的发展是法治社会的需要

ADR 作为一种纠纷解决机制，适应了社会的需求，以解决纠纷为其基本功能。然而，

---

① 《人民法院报》，2002-07-12。

② 当前各地都在推广或尝试调解协议的公证、司法或行政审核等方式。在上海等地，法院已正式承认人民调解协议具有"合同上的效力"。同时，司法部与最高人民法院正在制定关于人民调解协议的司法解释，准备正式将这一原则推至全国。此外，关于调解的立法准备也在积极进行中。

③ 近年的有关研究例如：范愉：《非诉讼纠纷解决机制研究》，北京，中国人民大学出版社，2000；范愉：《非诉讼程序（ADR）教程》，北京，中国人民大学出版社，2002；王生长：《仲裁与调解相结合的理论与实务》，北京，法律出版社，2001；王克楠：《美国司法 ADR 现状的考察》，载《研究生法学》，2001（3）；何兵：《纠纷解决机制的重构》，《中外法学》，2002（1）；袁泉、郭玉军：《ADR——西方盛行的解决民商事争议的热门制度》，载《法学评论》，1999（1）；蔡虹：《大陆法院调解与香港诉讼和解之比较》，载《中国法学》，1999（4）；范愉主编：《ADR 原理与实务》，厦门，厦门大学出版社，2002。

从传统的协商、调解、仲裁等方式脱胎而来的现代ADR之所以能在当代有着如此旺盛的生命力，不仅是为了应对纠纷解决的需要，还反映着人类社会和法治自身的一种发展。近现代以来的历史说明，法治的经典原理和制度、规则既非完美无缺，也并非一成不变，法治之所以被现代社会奉为圭臬，正是因为它本身是“与时俱进”的——随着社会的发展，纠纷的内容和形式，以及纠纷当事人和社会主体的需求变化了，纠纷解决机制也会随之发生相应的变化。ADR并不能解决法治的所有问题和危机，但它毕竟是法治自我更新的一种努力。在这一过程中，ADR尽管时时与普遍主义的法治原理发生冲突，但原理并不能阻碍社会的发展，而实践却极大地推动着制度及其原理的发展更新。现代法治为公民提供了通过司法诉讼追求正义的基本制度保证，同时也为公民提供了越来越大的自由意志和行为的空间；司法在有所为有所不为的消极主义原则下调整着自身的社会功能。从国家司法权对纠纷解决的独占，到多元化纠纷解决机制的形成；从国家——个人的二元社会结构，到共同体等社会权力加入其中，逐步形成国家——社会——个人的三元乃至多元社会结构；从法律规则的一统天下，到在法律的投影下自主交易，乃至于通过交易形成规则，这本身就是现代法治发展的必然结果，彰显出法治的生命力和创新力。

对于发展中国家、特别是通过法律移植实现法制现代化的国家而言，ADR更为重要的意义实际上并非为了应对所谓“诉讼爆炸”，也不是对传统文化的妥协，而是一种法制和社会“可持续发展”的需要。现代法治的建立和发展是一个循序渐进的过程——需要逐步培养造就出一代高素质的司法官，而这往往需要一两代人的时间；而诉讼程序及法律适用如何与传统社会和社会主体的习惯及观念相协调，同样是一个需要逐步适应的问题，纠纷解决的合情理性应受到特别关注。现代法治的弊端正如经济发展中对环境的破坏一样，必须从发展初期就给予高度关注，否则一旦在急功近利的大跃进中破坏掉了法制的基础，想要再度恢复就需要付出更大的成本和代价，有些损失甚至是无法挽回的。因此，在法治发展的初期阶段重视ADR，具有营造法治的“可持续发展”的特殊意义。

（二）ADR的发展反映并促进着时代理念和精神的变化

ADR的发展反映并促进着一种时代理念和精神的变化，即，从对抗对决走向对话协商，从单一价值走向多元化，从胜负决斗走向争取双赢。无论是在家庭或企业内部，还是在市场活动中，无论是在一个社团、地区或国家的范围内，还是在国际政治、经济舞台上，人们比以往任何时候都更重视以交流与合作来促进社会的发展，更重视相互尊重与宽容的价值，这不仅是文明的进步，也是法治的进步。人类社会已经逐步摈弃了以战争、大规模的社会革命和群众运动等方式解决纠纷和冲突的做法，在法治下平衡利益，在秩序中求得发展，已经成为现代人的共识。即使是在司法程序中，也可以通过对话弱化对抗性；通过ADR常识化、简便快捷、本人参与、人性化和人情化的程序设计，有利于实现真正以当事人为中心、而不是以国家为中心的纠纷解决。同时，WTO的纠纷解决机制也向我们展示了国家间通过协商、平等参与、自律解决纠纷的典范。① 实际上，世界性 ADR 的发展本身也是文化交流的产物，在这一过程中，中国的调解作为人类文明的重要成果，也为当代 ADR 的发展提供了重要的资源和经验。

(三) ADR 的发展与司法改革相互促进

现代 ADR 的目的绝非取代司法和诉讼，但却可能与诉讼形成积极的互动，并为司法制度带来新的生机。当代 ADR 的发展与司法改革在一定程度上不谋而合，并推动着改革的继续深入。这一改革潮流所预示的趋势是：其一，ADR 的广泛应用，为社会主体纠纷解决提供了更为便捷和适宜的渠道，实际上扩大了司法利用的范围。其二，ADR 与诉讼的衔接使法院的功能将进一步发生转变，从纠纷解决更多地向规则的发现和确认、利益的平衡乃至决策的方向转化，而一部分纠纷解决的功能将转由 ADR 来承担，法院则由此承担起对 ADR 进行协调和监督的职能。② 其三，法院附设或司法 ADR 的广泛应用，导致了传统的诉讼文化的某种转变，将使得诉讼的对抗性大大缓和，更多地向和解性转化，平和地解决纠纷的价值更加受到推崇。同时，ADR 理念将会进一步促进法官职权行使方式的变革，法官或法院调解的价值被普遍认同，法官会更加积极地促进当事人和解。③ 其四，ADR 的理念将进一步促进在纠纷解决程序中当事人本人的参与程度，并强调纠纷解决过程中的诚实信用原则，使程序保障理念升华。其五，ADR 的理念和实务改变了法律教育和法律职业的传统思维方式和技能④，这将进一步促进司法观念的变革。

(四) ADR 的发展对法制现代化理论的挑战

ADR 的实践和发展也逐步改变着人们对法制现代化的观念，法制化社会的标准及其理念正在悄然变化。ADR 的发展对法制现代化理论的挑战主要表现在：

---

① WTO 纠纷解决机制本质上属于一种自治和自律性的机构，因为它依托的并非国家强制力，而是一种以其成员自愿加入并承诺遵守的契约性强制力（或拘束力）为基础的。

② 在 20 世纪，法治国家特别是福利国家，围绕着怎样更好地保障社会成员“利用司法”（access to justice）的权利，进行了持续不断的努力，迄今已经历了三个阶段的改革，亦被称为“三次浪潮”。其中第三次浪潮就是 ADR 的发展。这次浪潮标志着随着法院功能的进一步转化，ADR 则获得了宪法上的地位。从纠纷解决的量的比例而言，ADR 甚至可能成为法治社会纠纷解决的主渠道。参见［意］莫诺、卡佩莱蒂编：《福利国家与接近正义》，刘俊祥等译，北京，法律出版社，2000。然而，毫无疑问，这并不意味着世界各国都必然趋于同一种模式或路径，而每个国家所采取的具体形式和发展程度也不可能完全相同。

③ See Burns，Stacy Lee，*Making Settlement Work*，*an Examination of the Work of Judicial Mediators*，Ashgate Publishing Company Limited，2000.

④ 作为更多的对 ADR 予以认同并要求发展新技能的标志，在法学院中已经增加了 ADR 和/或协商和调解的课程。ADR 要求什么样的新技能呢？一般而言，讲授协商和调解的教师们认为，他们所从事的是一项努力使法学院的学生脱离有害的敌意和律师关于对方当事人以及规则所限定的解决方法的预设“哲理图”的工作。这种观点认为，诉讼和诉讼人假定他们所处理的事项是对立的——如果一方赢了，另一方必定是输了，而且通过适用某些一般性的法律规则，纠纷就被解决了。相反，调解和“调解人”却假定，所有的当事人都能够从一个协定的、创造性的解决方案中受益，并且这种情形是独特的，因此就不会受制于任何一般性的原则，除非是当事人所能够接受的程度上。参见［美］史蒂文·苏本、玛格瑞特·伍：《美国民事诉讼的真谛》，蔡彦敏、徐卉译，224 页，北京，法律出版社，2002。

首先，“为权利而斗争”、“诉讼率提高＝权利意识提高”的公式受到质疑。即使在现代法治社会，相当多的纠纷也并不能简单地归结为权利义务关系，而更多的是利益之间的平衡问题。在权利之间和利益之间的冲突中，固然可以通过判决作出胜负分明的判断，但是也有可能通过协调达到“双赢”。当后者的价值被社会认同的时候，当事人的意思自治和处分权就会受到更多的尊重。①

其次，法治并不必然是以单一的国家权力及其价值观（国家意志）为基准的法律规则之治，多元化的价值理念、多元化的行为模式以及多元化的纠纷解决方式将会使现代法治更富有活力。社会法制化程度可以与自治化程度并行不悖、同向发展。法治社会固然必须有司法的权威，但这并不意味着必须由司法垄断所有的纠纷解决。② 现代法治国家应能够容纳各种社会权力及其组织形式的存在，各种社会性、民间性的社会组织及其纠纷解决机制将会有更大的发展空间。从社区、行业性、企业化的ADR机构的勃兴中，可以看到这一发展的前景将是不可限量的。

再次，在现代法治社会，法律规则并不是孤立存在的，其他社会规范不仅同样有其存在的空间和正当性，而且，对法的“正当性”的探求必然要求法律与各种社会规范保持互动——“只有常常意识到‘或许能找到比法律更好的解决方式’的可能性，使法律相对化，我们才能在保有自身道德确信的同时来运用法律”③。“ADR是以合意为基础的、以当事人为中心的程序，这使得纠纷的解决能够避免一无所获的僵硬的选择，使ADR具有实体上的高度灵活性和变化性，并对当事人（进行）总体补偿。”④ 总之，ADR的发展启发和调动了社会成员自身的价值判断（包括道德判断和偏好等）和自主性，并能够通过个别性的衡平

---

① 权利作为现代社会的标志性用语宣示着法治的精髓，其积极意义毋庸置疑。然而，如果以反思的视角审视现代权利理念，就会发现，其实权利在某种意义上也不过是一种时代的统治话语霸权。权利至少有两种明显的不足：首先，权利实际上是国家权力的中介，借助国家的强制力实施多数人对少数人、甚至少数人对多数人的强制，这实际上是一种暴力。因此，权利并不必然是正义的。针对这一点，当代才出现了基本人权、保护弱者和少数人以及群体特殊权利的主张和政策，才会重新认识衡平、个别（实质）正义和自治的价值。其次，权利实质上是否定身份和关系的，而现实中的所有社会关系都不能脱离当事人的特定身份和他们之间的关系，简单的契约原理和权利概念实际上很难概括复杂的社会关系、也难以调整现实发生的各种纠纷，因此，在现代社会中，无论是一般的市场经济行为、个人生活或纠纷解决过程，都不可能不考虑到当事人之间的特定关系。而当把关系纳入纠纷解决的过程时，权利的意义就相对化了。当然，这主要是针对非强制性的民事权利。

② 美国法社会学家麦考利指出：我怀疑某种从A到B再到C等等的进化的思想。我们从身份到契约，然后，契约又不幸地离开了我们，使我们回到身份。然后，我们又转回去。但是，身份或契约的再导入并不是使我们又准确地回到起点。我不认为事物发展只有一条唯一正确的道路……西方资本主义经过了野蛮和不文明，然后它又经过改革，而现在我们发现这种改革也是不完善的。现在清楚的是，美国和中国不能通过完全一样的法律，解决完全一样的问题。法律形式主义总会产生一种反动，因为法律形式主义不可能避免地产生愚蠢的结果，它不可能为自己的解释辩护……法律制度试图去做它们不适合做的事，因而它们犯了错误。这样，又出现了法制化的压力。参见朱景文、［美］斯图尔特·马考利：《关于比较法社会学的对话》，载《比较法研究》，1998（1）。

③ ［日］棚濑孝雄：《现代的理念及其动摇》，载［日］棚濑孝雄：《现代日本的法和秩序》，易平译，8页，北京，中国政法大学出版社，2002。

④ ［日］小岛武司：《诉讼制度改革的法理与实证》，陈刚等译，181页，北京，法律出版社，2001。

达到较诉讼和判决更合乎情理的解决，这说明建设现代化的法制并不意味着每个纠纷都必须经由法庭解决，法治并不排斥其他价值和社会规范。

最后，ADR的发展还反映着市场经济对法治秩序的决定作用，表现为现代社会纠纷解决活动的理性特征——效益观念成为当事人和社会选择纠纷解决方式的基本判断依据。法治不能脱离它所赖以生存的市场经济及其客观规律，市场经济要求把纠纷解决机制作为经济秩序的组成部分：一方面，纠纷解决和正义的实现必须考虑成本与效益的因素；另一方面，社会可以通过良好运作的纠纷解决机制促进经济发展的良性循环。市场经济还将继续引领着纠纷解决机制的需求与发展，塑造着各种新型的ADR方式，乃至新的社会组织形式，一个非常明显的例证就是，经济全球化背景下国际性的纠纷解决机制与世界经济活动的规则相互依存，标示着建立在协商、自愿、互利、自律基础上的新的规则体系和纠纷解决机制的形成。

(五) ADR的基本特征或要素

当代国际比较法学家将ADR的共同性特征及价值概括为以下几个基本要素[①]：

第一，程序上的非正式性（简易性和灵活性）。这主要是针对诉讼程序的复杂性和高成本及延迟等问题强调ADR的程序利益。

第二，在纠纷解决基准上的非法律化。即无须严格适用实体法规定，在法律规定的基本原则框架内[②]，可以有较大的灵活运用和交易的空间。

第三，从纠纷解决主体角度，ADR具有非职业化特征。除了简易小额诉讼等特殊情况外，诉讼程序原则上是以职业法官进行审判，由律师担任诉讼代理的，即由具有专门资格、经过专业培训的职业法律家所垄断。而ADR，无论是调解或仲裁都可以由非法律职业人士承担，并可由非律师代理、或由当事人本人进行，使纠纷解决摆脱了职业法律家的垄断。

第四，从ADR的运营方式看，具有民间化或多样化的特征，其中民间性ADR占据了绝大多数，同时兼有司法性和行政性ADR。

第五，从纠纷解决者与当事人之间的关系看，ADR的构造是水平式（horizontal）的或平等的。包括仲裁在内的ADR程序中，中立第三人并不是行使司法职权的裁判者（法官），当事人的处分权和合意较之诉讼具有更重要的决定意义。这就是ADR被称之为更彻底的新当事人主义的缘由所在。

第六，纠纷解决过程和结果的互利性和平和性（非对抗性）。这是当代世界对ADR价

---

① 参见［日］小岛武司：《裁判外纷争处理与法的支配》，183页以下，东京，有斐阁，2000。其中前四个要素是美国学者所总结的，而后两个要素则是其他国家的学者补充的。

② 具体而言，“实体法可被分为三种：有关公共秩序的强制性规定、调整性规定和非强制性规定，它们全部与解决纠纷有关。与ADR相协调，必须不违反强制性和调整性的规定。然而，如果合意是在清楚法律规定的情况下由当事人达成的，则调停可以违反非强制性规定，因为非强制性规定应该在任何一方当事人的意愿不存在或不清楚时起补充作用”（日本律师协会：《民事调停研究》。转引自［日］小岛武司：《诉讼制度改革的法理与实证》，185～186页，东京，有斐阁，2000）。

值最为认同的一点，也是ADR显而易见的优势。

除了上述共同确认的价值外，由于各国的国情不同，ADR还可能针对各国的特殊需要起到不同的作用。例如：对于存在“诉讼爆炸”的国家，ADR可以极大缓解司法和社会的压力；对于职权主义程度较高的司法体系，ADR可以带来民主化的气氛；对于特殊类型或复杂的案件，ADR可以提供符合情理、追求实质正义的个别衡平；对于大量进行法律移植的发展中国家，ADR可以缓解移植法和法制现代化与社会的脱节和冲突，等等。

三、研究纠纷解决及ADR的方法论

当ADR已经成为一种时代潮流，并且获得了重要的发展契机，ADR的研究已经形成一种理论热点之时，学者的研究和实践探索中往往容易滋生一种急功近利的情绪。例如：在知识和信息的积累并未达到全面系统准确的前提下，简单地归结出世界性的ADR发展的整体状况及趋势；把个别国家的经验上升为放之四海而皆准的普遍规律；把局部性的问题抽象为整体和全局的问题；缺乏动态和发展的视角，把阶段性的现象或尚未成熟的尝试描述为成熟确定或结局性的发展成果；割裂特定ADR程序与其所在的国家及司法制度之间的联系，主张简单地移植某些措施或制度；忽视特定环境下当事人及社会的各种综合因素，强调以普适性的原理建构具体的纠纷解决程序；妄自菲薄，在没有任何实证依据和调查研究的情况下，盲目否定本土的传统资源或提出宏观性的制度及体系的设计或重构方案；在高度评价ADR的价值，提倡ADR的同时，过高地估计ADR的价值和运行的效益，忽视其存在的问题或运行中可能的障碍，甚至极端地主张以ADR全面取代诉讼，等等。在今天，当我国正面临着改革和重构纠纷解决机制的现实需要的情况下，出现这些方法论上的问题，确实不难理解。然而，作为ADR的研究者，既需要不失时机地探讨合理的改革方案，推动ADR的发展，更需要时时警戒自省，冷静客观地检讨自己的研究方法和基本理念，谨慎地对待自己提出的每一个结论和意见。本文将重点分析当前ADR研究的方法论上应特别注意的几个问题：

（一）全面理解ADR发展的普遍性与特殊性

应该看到，当今世界各国尽管都存在着不同形式的ADR，也都在积极鼓励当事人利用ADR解决纠纷，然而，ADR的发展格局并不是千篇一律，其制度和运作完全取决于特定社会的纠纷解决需求及其整体机制的设计，并不存在一种完美的、适用于任何国家和社会的模式，这说明，如同司法程序的设计及其运作一样，ADR的发展也并没有放之四海而皆准的普遍规律。这一点，可以从美国、德国和日本三个典型例证中得到说明。

1. 美国。当代，美国是ADR最积极的推动者，对ADR的偕重无疑是与美国司法制度及其程序的特点直接相关，并与这个国家的文化传统密不可分的。[①]

---

① 参见［美］史蒂文·苏本、玛格瑞特·伍：《美国民事诉讼的真谛》，蔡彦敏、徐卉译，第一章，北京，法律出版社，2002；汤维建：《美国民事司法制度与民事诉讼程序》，“一、美国民事诉讼法律文化”，北京，中国法制出版社，2001。

第一，作为一个移民国家，多元文化的融合与冲突构成了美国的文化特征，由于没有历史上形成的共同价值观、习惯和社会权威可以依托，个人主义和自由主义成为社会的基本价值观，当社会主体之间发生权益争端时，很自然地把纠纷的解决提交司法，这也就是美国人“好讼”，乃至出现所谓“诉讼爆炸”的社会原因。然而另一方面，这种文化的多元化传统，也恰恰成为今天美国人接受多元化的纠纷解决方式的社会条件。

第二，民事诉讼实际上是美国社会决策的一种方式，每一种新的权利利益主张都会提上法院，而新型案件的审判往往都会促进新的政策、原则或规则的产生、或既有规则的改变。作为判例法国家，美国的司法裁判的功能更多地在于通过判例发现和确认规则，为社会提供行为规范。因此，在法院承担了越来越多的社会功能，而又无法应对纠纷解决的需求时，通过法院功能的转移，将纠纷解决功能分流给某些司法性 ADR 就成为顺理成章的选择。而法院则通过其判例，从整体上影响和控制着纠纷解决的法律标准，提供在法律的阴影下谈判的空间和界限。

第三，美国民事诉讼的对抗程序及其证据开示制度相对需要较高的运作成本和时间，同时，陪审团制度是其民事诉讼程序的基石，法院判决的可预测性相对不确定，而律师的收费制度也对诉讼的进程有着至关重要的影响。这些因素一方面导致了诉讼周期和成本的高昂；但另一方面又促进了当事人之间在诉讼的高成本和延迟等压力下交易的可能，成本与收益的衡量，成为 ADR 的主要思维逻辑之一。这也为纠纷解决的市场化提供了契机。

第四，美国的诉讼本质上被视为私人的事情，即使它实现了重要的社会功能，“公共政策得到执行的最佳方式是通过私人提起民事案件的形式显现”①。这样，诉讼中的彻底的当事人主义与 ADR 所倡导的当事人参与、处分和个人选择及风险承担的原理实质上如出一辙，二者在实践中的相互融合也就不足为怪了。同时，这也就决定了在美国，相对于社区自治性的 ADR，社会、法学界和当事人更倾向于法院附设的、与诉讼相互衔接的 ADR。“关于 ADR 的支持者和诉讼的倡导者们之间的争论描绘了作为私人解决纠纷的 ADR 和作为公共解决纠纷的诉讼之间的优选之争，作为社区价值保护的 ADR 和作为个人权利保护的民事诉讼之间的优选之争。但是，通过对比其他法律制度，在美国的对抗制中，诉讼和 ADR 都表明了对私人秩序的偏向超过对公共控制的偏向，对个人选择的保护高于对社区利益的保护”②。

第五，美国人的实用主义哲学理念，使得他们不会长久地为某些传统的或经典的普遍主义原理所困扰，当实践中的问题和需要与最初设定的目标和既有的原则理念发生冲突的时候，实践的努力往往总能冲破理念的束缚开拓出新的道路。最明显的例证就是辩诉交易的广泛应用。美国的 ADR 以法院附设或司法 ADR 的发展为显著特征，主要是适应了法院功能转移的需要，在某种意义上也是司法功能的延伸。与此同时，随着对群体权利和自治

---

①② ［美］史蒂文·苏本、玛格瑞特·伍：《美国民事诉讼的真谛》，蔡彦敏、徐卉译，226 页，北京，法律出版社，2002。

价值的确认以及新型社群的形成，自治性的民间和社区、社团ADR也有着强大的生命力，发挥着重要影响。[①] 近年来，我国的研究者在介绍美国现代ADR时，主要把关注点放在了法院附设或司法ADR上，而对其民间ADR，以及其他国家的ADR类型及其运作方式则关注不够，这也容易导致对ADR的片面认识。实际上，美国ADR的发展自始就伴随着激烈的反对之声，而反对意见又集中于司法ADR[②]，很多人认为，调解等纠纷解决方式的优点在于其民间性和自愿性，一旦它被规定为强制性的、司法性或准司法性的机制，就容易丧失正当化的基础。

2. 德国。德国与美国形成鲜明对照，既没有出现明显的诉讼爆炸，也没有形成司法ADR的热潮。作为欧洲大陆最富理性的国家，德国的司法制度、诉讼程序乃至整个纠纷解决机制都是经过精心设计建构而成的。随着实践的发展和社会需求的变化，德国人总是及时通过修改法律、特别是民事程序法来对其制度体系进行调整。德国ADR的发展受到以下几个因素的影响：

首先，德国宪法把诉讼权利列为公民的基本权利之一，保证公民获得司法救济是国家或政府的义务。为此，国家必须注意充分投入并合理配置司法资源，以保障公民的这一基本权利。尽管围绕司法资源的供求矛盾和对小额诉讼的限制曾引起不少争议，但却有效避免了供求失衡的结果。在德国，纠纷解决资源的配置和分配中的公平与效益达到了谨慎的平衡，法官和律师的人数与人口的比例相对适当，诉讼费用和律师费用均由法律确定，并建立了健全的法律援助体系和诉讼保险制度，诉讼成本问题得到了较合理的控制。

其次，德国民事诉讼职权主义色彩较强，在制度程序的设计和实际效果上看，更符合效率、经济和便利原则，并且不断围绕加强效率和便利诉讼的方向进行程序法的改革。因此，在德国，民事诉讼程序运作比较正常，当事人进行诉讼相对便利，也并未出现美国式的“诉讼爆炸”以及严重积案的后果。尽管没有设置法院附设ADR，但德国法官在诉讼的任何阶段都有促成和解的义务（相当于法院调解），调解与判决相互协调，当事人在诉讼中既不会因调解延迟诉讼，也不会失去和解的机会。

再次，尽管德国人也同样热衷于“为权利而斗争”且是非分明，但由于德国是一个成文法国家，规则的确定性和可预测性较美国的民事诉讼强得多。民事诉讼由于采用律师强制代理制度（主要是普通程序），诉讼活动理性程度很高，而德国律师与美国律师的职业理念和报酬制度不同，在对待当事人方面更加“实事求是”，并力戒揽讼，由此可以有效控制

---

① 关于美国ADR的发展及其理念的介绍及分析，参见范愉：《非诉讼纠纷解决机制研究》，95页以下，北京，中国人民大学出版社，2000；［美］I. R. 麦克尼尔：《新社会契约论》，雷喜宁、潘勤译，北京，中国政法大学出版社，1994；［美］P. 诺内特、P. 塞尔兹尼克：《转变中的法律与社会》，张志铭译，北京，中国政法大学出版社，1994；朱景文、［美］斯图尔特·马考利：《关于比较法社会学的对话》，载《比较法研究》，1998（1）。

② 参见［美］史蒂文·苏本、玛格瑞特·伍：《美国民事诉讼的真谛》，蔡彦敏、徐卉译，218页以下，北京，法律出版社，2002。费斯（Fiss）教授的著名反对意见（1984年）是针对诉讼中和解而发的。

当事人恶意诉讼和滥用诉权的情况。尽管新型权利诉讼并不鲜见，司法审查制度也具有很强的决策功能，但德国一般民事诉讼的基本功能仍以纠纷解决为出发点，法院亦有较强的能力应对增长中的诉讼案件，因而国家并不需要，也没有准备将纠纷解决的权力全面社会化，以实现法院功能的彻底转化。

最后，德国的纠纷解决机制本身形成了一个多元化的体系：民间调解等非诉讼机构遍布城乡和各行各业；法院及其程序的繁简分流使得案件审理和司法资源的利用相对井然有序；劳动纠纷等专门化纠纷解决机制运行正常；商事法院等特别法院可以满足当事人的特殊需要。特别是，作为非诉特别程序的督促程序（dunning Proceeding）[①] 简便、经济而高效，利用率相当高。据统计，在德国地方法院，通过督促程序处理的案件占全部案件的43%甚至80%以上。[②] 这种多元化机制的合理协调及其正常运作，使得美国式的法院附设（或司法）ADR显得并无必要。因此，德国传统的民间调解主要应用于家事、人事和社区纠纷的解决，近年来的ADR重点则是发展面向大企业和消费者的产品质量、医疗纠纷等行业的民间性纠纷解决机构[③]，并没有进一步向法院渗透的迹象。

3. 日本。日本著名的调停制度则与美国的现代ADR不同，是基于完全不同的理念和社会需要发展而来的[④]，这也决定了日本ADR的一些特征：

首先，调停的建立成为日本在实现法制现代化进程中的一种过渡性战略措施，有效地缓解了移植法与传统社会之间的高度不协调和冲突，并在战后逐步完成了向现代ADR的转型。调停适应了日本国民的传统文化和社会心理，成为沟通（继受而来的）法律规则、制度与（本土）社会生活之间的桥梁。“和”的理念对日本人的行为方式（包括企业管理模式）和纠纷解决影响至深，日本人对调解及ADR的理解也与美国完全不同。例如，在实体法对ADR的拘束力问题上，日本学者加藤一郎的看法具有一定的代表性：“日本和美国在思考方法上存在差异，日本的看法是实体法经过适当变化然后才予以使用，而美国的观点则是纠纷解决在既有法律基础上解决。在日本，人们强烈地倾向于认为，正确的解决最好在实体方面和程序方面都与现实相符。然而……在美国和欧洲的主流观点是ADR可以在程序方面灵活运作，但基本规则是按案件性质适用实体法”[⑤]。日本ADR的基本理念是圆满地解决纠纷。

其次，日本的一个独具特色的现象是，即使在社会实现了现代化、进入高增长期之后，在利用诉讼的态度上，日本人也并没有显示出所谓现代意识，以至于诉讼增长缓慢（破产

---

① 尽管督促程序设在法院，但其处理者不是法官，而是专门的行政官员，其程序具有行政化的特点，因此有时也被划入广义的非诉讼程序（ADR）。

② See Federal Statistical Office，Wiesbaden，1997. 根据另一个统计，1996年德国地方法院受理民事案件16 866 900件，其中支付令案件8 100 000件，占全部案件的87%，是审判案件的4.8倍。在支付令案件中只有10%的债务人提出异议。而1996年地方法院以小额程序处理的案件占全部审结案件的5.94%。

③ 参见范愉：《非诉讼纠纷解决机制研究》，245页以下，北京，中国人民大学出版社，2005。

④ 参见上书，第二章。

⑤ ［日］小岛武司：《诉讼制度改革的法理与实证》，陈刚等译，181页注①，北京，法律出版社，2001。日本的这一思维方式对美国的某些类型的ADR也曾发生过重要影响，例如小型审判。

案件除外）。围绕这个问题，社会和法学界曾展开了关于现代性和法意识论的大讨论，国际比较法学界也参与其中。最终，日本社会承认其诉讼程序和司法资源配置等方面存在着妨碍司法利用的制度性原因，并将此列为当前司法改革的中心问题，设计了一系列改革方案，包括改革诉讼程序（简便、经济、常识化、减少对抗性、增加亲和力等等）、增加律师人数，改革法律教育培训制度，以便进一步扩大民众利用诉讼之路，发挥司法的更重要的社会功能。① 尽管并无“诉讼爆炸”的危机，但日本社会仍然高度重视 ADR，已经建立并继续发展各种多元化的非诉讼纠纷解决机制，除了传统的民事和家事调停外，各种涉及环境、产品责任等领域的新型 ADR 也在发挥着积极作用，尤其是其交通事故处理机制，更是一种高效和富有人情味的纠纷处理机制。② 日本法学界普遍认为，ADR 的利用既有扩大法律利用的意义，又有改善司法的价值。“在一定限度内甚至也可以说 ADR 的广泛采用正是公民主权、市场法则以及社会多元化、复杂化的必然结果，反映了某种更加彻底的、非对抗性的当事人主义，可以使法院更容易为市民所利用和亲近。为什么日本律师与美国律师态度相反，不看好 ADR？其中最重要的原因是在美国诉讼过滥以致破坏了社区解决纠纷的机制，而在日本人们宁愿回避诉讼；在美国 ADR 已经成为律师工作的新领域，而在日本 ADR 意味着律师服务范围的缩减”③。

最后，日本对 ADR 的认识和利用方式更注重多元化。小岛武司教授把 ADR 的功能归结为四点：对法律利用的扩大；促进对程序阶段的参与；整体协调；程序平等。④ 而太田胜造教授所作的实证调查表明，法律在 ADR 中的作用存在三种不同模式：（1）强调法律作为纠纷解决标准的 ADR 模式，广泛适用于交通事故纠纷解决中心、房屋建筑纠纷中央审查委员会、公共污染协调委员会和产品责任中心；（2）以人情作为弥补与现实之间差距的工具，但法律仍为主要标准的 ADR 模式，适用于健康生活国家中心和首都东京的受害消费者救援委员会；（3）由调解员针对案件自由裁量，在公正基础上作出解决。法院的民事调停和东京第二律师协会的仲裁中心采用此模式。另一个调查也表明，法律在 ADR 中的作用与法律专家参与的程度直接相关。⑤ 日本这种对 ADR 的多元化认识和利用方式，使 ADR 的发展和司法利用成为相互促进和互补的协调机制。法院附设调解与审判程序形成截然不同的纠纷解决模式，也更适合日本社会和当事人的实际需要。

比较以上三个国家，就会发现，当今世界上尽管 ADR 普遍受到重视，但其发展并没有形成主流性的发展规律。正如小岛武司教授指出的：“ADR 应被应用到何种程度，在不同国家的法律体系中存在着很大的差别。因为关于此问题的实证数据尚未完全收集到，因此，如果要对此问题进行国际化的比较，就必然会带上某种主观印象。在德国，绝大部分的纠

①③ 参见季卫东：《世纪之交日本司法改革述评》，载《人民法院报》，2001－11－05。

② 参见范愉：《非诉讼纠纷解决机制研究》，225 页以下，北京，中国人民大学出版社，2005。

④ 参见［日］小岛武司：《诉讼制度改革的法理与实证》，陈刚等译，181～182 页，北京，法律出版社，2001。

⑤ 参见上书，186～187 页。

纷通过裁判解决，而日本却常使用 ADR。在这两极之间，荷兰、瑞典和丹麦，更接近于日本，美国和英国看来对诉讼的应用越来越少”①。只有在对这一问题有了客观认识的基础上，我们才能更实事求是地研究中国的纠纷解决机制及 ADR 的发展问题。

(二) 全面评价 ADR 的功能和价值

目前，关于 ADR 的研究和介绍不仅集中于美国的实践，而且往往把发展 ADR 的原因完全归结为“诉讼爆炸”，进而把缓解法院和诉讼的压力作为 ADR 的基本功能。尽管这可能是一个一般的事实命题，然而，还需要注意以下几个问题：

1. 尽管 ADR 的发展在很大程度上是由于法院诉讼压力导致或推动的，但 ADR 的价值和意义并不仅仅与诉讼爆炸相联系，也不仅仅在于解决诉讼成本的问题，否则，一旦诉讼爆炸的事实被否定了，关于 ADR 的价值和必要性的论证也必将随之坍塌。② 实际上，ADR 的历史比诉讼更悠久，即便没有严格意义上的诉讼制度及程序，也不能没有纠纷解决机制。ADR 的价值和社会需求主要在于：现代社会和当事人在利益、价值观、偏好和各种实际需要等方面的多元化，本质上需要多元化的纠纷解决方式，需要有更多的选择权。因此，即使是诉讼的压力并不明显，法院的诉讼程序运作良好，或者社会主体并不积极利用诉讼的情况下，ADR 也仍然有其存在的正当性和合理性。

实际上，当代诉讼和司法中反映出来的法治的危机或困境来自两个不同方向——一种是外在的压力造成的诉讼量与法院在纠纷解决资源和能力上的不平衡；另一种则是由诉讼程序的特性所决定的内在的固有弊端。因此，通过 ADR 对诉讼进行补偏救弊的动机也出自两个基本取向：一种是通过 ADR 为当事人提供一种与诉讼异质的纠纷解决途径，从而从“质”的角度缓和和改善司法和诉讼的固有弊端的考虑。这种思想在日本建立调停之初的追求“符合实际的解决”，以及早期用于解决劳动争议、家庭纠纷和邻里纠纷等的代替性纠纷解决方式中清晰可见。③ 另一种则是迫于大量的诉讼案件带来的法院资源匮乏、诉讼延迟和高成本等方面的实际压力，试图以大量利用 ADR 作为从“量”上对诉讼进行分流的实际策略。这种策略集中体现为法院附设 ADR 的积极推进，其效果显著、发展迅速，但也随之带

---

① ［日］小岛武司：《诉讼制度改革的法理与实证》，陈刚等译，179 页，北京，法律出版社，2001。

② 即使在美国，有关诉讼爆炸是否是一个事实尚且始终存在着争论（参见范愉：《非诉讼纠纷解决机制研究》，112 页注释及 287 页以下，北京，中国人民大学出版社，2005；汤维建：《美国民事司法制度与民事诉讼程序》，11 页以下，北京，中国法制出版社，2001）。在美国，对诉讼爆炸的批判，不仅指诉讼量的激增，也包含着对诉讼成本的攀升、滥讼对人际关系摧残等方面的批判。目前美国关于 ADR 的讨论已经很少再纠缠于诉讼爆炸是否存在，而是更重视 ADR 的实际功能。至于诉讼绝对量的增长是否就意味着诉讼爆炸、进而意味着法院已经无法承受其压力，则更是仁者见仁智者见智。

③ 博登海默也认为：愈来愈多地运用调解或仲裁裁决方式，会减少因法律僵化而导致的一些弊端，如典型对抗制诉讼的“要么全胜，要么全败”以及“胜诉方全得”的哲学。这会产生许多自愿的妥协或法院设定的妥协，从而“由法院按照一种定量标准来分配双方诉讼当事人间的权利与义务，这种定量标准并不会仅限于支持一方当事人而置另一方当事人于不顾”。参见［美］E. 博登海默：《法理学——法哲学及其方法》，邓正来、姬敬武译，192 页，北京，华夏出版社，1987。

来不少危及法治和司法的新的担忧。更多的新型ADR属于介于两种取向之间的设计，例如消费者纠纷处理机制，既要考虑到这些特定的纠纷在解决上的便利和效果，又需顾及到其多发性和类型化、普遍化的特点。

单纯以诉讼压力为基本出发点解释发展ADR的必要性和合理性，最大的问题在于仅以国家权力为中心考虑纠纷解决的问题，而并没有充分考虑到当事人的实际需要和纠纷类型的特殊性，并忽视了ADR的一个重要理念，即社会合作和自治的意义。在我国学者对ADR的研究中，往往对美国式的司法ADR情有独钟，对仲裁倍加推崇，但对历史悠久的调解、特别是民间调解则兴趣稍逊或不以为然。在提倡ADR时，也往往把理由归结为诉讼爆炸。然而，我国法院是否正面临着巨大的诉讼爆炸的压力，本身是一个需要实证分析的问题。[①] 即使面临着一定的诉讼压力，法院通过人事和程序的改革，仍然有相当大的提高效率的可能。然而，在我国法制发展的关键时期，更应考虑的是如何提高保证社会的整体协调以及法官素质和法院诉讼的质量，在真正的诉讼爆炸到来之前，ADR就应该受到高度重视，通过建立起多元化的合理的纠纷解决机制，保障法院的威信和司法资源的有效利用，避免诉讼爆炸现象的出现。在这个意义上，非诉讼机制具有保证法制和司法的可持续发展的重要意义，而这一价值对社会发展而言是全局性和历史性的。正如小岛武司教授指出的："裁判是一种很奢侈的纠纷解决方式，故欲让所有的民事纠纷都通过裁判来解决的想法是不现实的。即使无视现实的制约而大肆鼓吹裁判万能论，但大多数纠纷通过裁判以外方式加以解决的事实依然是不会改变的。如果无视必须要对裁判解决方式在量上进行明显限制以尽可能地抑制其甚至是几个百分点增长这一现实，那么就会忽视使自主性纠纷解决方式向合理化方向发展所做的努力，从而形成纠纷解决的整体水平长期在低迷中徘徊的局面"[②]。正因为如此，一些西方国家在司法改革中明确确定以"尽可能避免诉讼"为基本目标。[③]

---

① 如果以我国法官人数比例来看，恐怕很难说这种压力是真实且普遍地存在于每一个法院的，基层法院的负担确实相对较重，但在不同地区之间又很不平衡。而且，在大量的案件中，由于法院自身的利益，有意识地扩收进来的案件也占了不小的比例，例如以简便方式处理的大量协议离婚案件等。此外，由于法院法官程序操作上的原因导致诉讼量增加的，也不在少数。例如，把集团诉讼或可以合并审理的案件分解为若干独立诉讼；因不得变更诉讼主张或当事人而不得不另案起诉的；督促程序的虚置；撤诉后再起诉以及过多的再审（甚至多次再审）案件等等。其中一部分压力是体制和外部因素造成的（如各种干预和执行问题等），很多压力则是可以通过诉讼程序和法院人事的合理布局得到缓解的。例如，目前一些法院正在实行的法官助理、书记官单列和速记员配置等改革措施，都将有利于审判效率的提高。今后，法官员额制度的实施，将会使一部分审判人员退出法官队伍或成为法官助理，这也是当前主张发展法院附设或审前调解的理由之一。应该说，这与其说是为了缓解法院压力，不如说是为了给这些下岗法官一条生路。然而，即使这种程序能够极大地实现繁简分流的目的，但从本质而言，只是一种法院程序上的改变，并不属于严格意义上的ADR（没有非职业调解人员和适用规范上的自由）。此外，通过对法院外ADR处理结果（如调解协议和劳动仲裁裁决等）的合理确认，法院也能缓解一部分压力。

② ［日］小岛武司：《诉讼制度改革的法理与实证》，陈刚等译，161页，北京，法律出版社，2001。

③ 参见徐昕：《英国民事诉讼与民事司法改革》，477页以下，北京，中国政法大学出版社，2002。英国民事司法改革的初步评估，这一改革的第一目标就是使诉讼案件数量总体上有所回落。诉讼，曾经是律师们的生计，现在渐渐地失去了吸引力，司法大臣和法官们已经对诉讼"宣战"，并且取得了一些成果。在伍尔夫勋爵改革后的两年里，诉讼下降了37%（参见该书478页）。

2. 在关注引进美国式的司法 ADR 的同时，不应该忽视我国民事诉讼程序的特色，特别是法院调解的价值。调解的意义并不仅仅在于节约诉讼成本，其所具有的改善判决质量的价值更值得注意。因此，如何充分合理地利用现有的资源和经验，对我们的改革具有更为重要的意义。[①]

近年来，关于改革法院调解的意见多认为法官作为裁判者不应进行调解，甚至主张取消法院调解原则，这多是基于传统的司法消极主义原理和我国法院曾经出现过的强制调解的弊端而作出的判断。实际上，近年来，一种理念的变化正在从实践中悄然对传统的理念发出挑战，原来认为调解与裁判（裁决）不可能、也不应该在同一程序中共存的观念，已经逐渐被法官越来越积极调解的现实所瓦解。德国民诉法把促进和解作为法官的义务；在美国，一些积极赞成调解的法官认为："在大多数争执、大多数法院判决中，审判质量最高的并非是那种从判决中获得一切或一无所获、非黑即白的结果，而是在一种灰色的领域，大多数案例中自由谈判达成的诉讼和解具有较高的审判质量，它费时既短，损失又少"[②]。在仲裁实践中，为了克服简单裁决的弊端，调解与仲裁（这与调解与审判的原理是一致的）的结合已经成为一种新的文化。[③] 从各地各级法院得到的信息表明，当前调解率降低的原因主要是当事人拒绝和少数法官怠于调解，也部分地受到审判中心观念的影响。实际上达成调解协议后，确有当事人以各种理由反悔、甚至提起申诉的，但比例很低；强制调解的情况并不普遍（一般出现在政策性或受到外界影响难以下判的场合）；多数当事人对调解表示满意。[④] 因此，法院调解本身并不存在影响司法公正的严重问题，即使其作用降低，也并不构成被取消的理由。或许，传统理念上的障碍并不可能在短时期内全部消除，人们对调审结合之弊端的怀疑仍将持续（这在很大程度上取决于对法官本人的信任与否），但是，与其试图使一种具有生命力的制度去适应某种正在改变的理论，毋宁在加强其制度保障，防止滥用或不当使用上下工夫，更符合经验理性。[⑤] 此外，我国民事诉讼历来以追求便利和高效率为宗旨，就基本功能而言，主要定位于纠纷解决，这些基本特征决定了法院不可能把大量的纠纷拒之于法院之外，法院的功能转换亦不可能在短期完成。诉讼成本可能成为一部分当事人选择 ADR 的理由，但由于理性的效益观念并未完全树立，就总体而言，盲目选择

---

① 关于法院调解的争论，参见范愉：《非诉讼纠纷解决机制研究》，573 页以下，北京，中国人民大学出版社，2005。

② [美] 马克·加伦特：《美国民事诉讼中法官调解的出现》，王申译，载《上海法学研究》，1991 (2) [原载美国《司法》，1986 (2)、(3)]。

③ 参见王生长：《仲裁与调解相结合的理论与实务》，北京，法律出版社，2001。

④ 《人民法院报》近期关于各地法院调解工作的大量报道中，有大量相关资料，笔者最近对法院和法官的调研也印证了这一点。

⑤ 随着审判方式的改革，法院调解率已经在持续下降。但近年来，由于判决上诉率高、执行难、法律规则空白多等因素，法院又开始注重调解结案。在这种情况下，关键在于如何防止强制调解和确保当事人自愿，尤其是必须杜绝对调解率的强制要求或指标。当然，法院调解原则及制度的保留并不意味着反对设立法院附设调解或其他形式的审前调解。

诉讼、或在其他途径无效的情况下进入诉讼的当事人及案件仍会继续增加。

3. 应该认识到，各类 ADR 并非只能以“二流司法”来应对诉讼爆炸的危机，还应具有各种更为重要的社会功能。包括：

（1）基本功能：以平和的方式纠纷解决。基于这一基本功能，ADR 可能从同向和异向、“质”与“量”两方面与诉讼程序并存互动：越来越多地承担起纠纷解决的重要功能；分担法院压力，维护其主导地位及权威；提供一种缓冲机制，缓和法律与社会的冲突，解决特定主体的特定纠纷的需求。由于 ADR 程序旨在减少对抗性，增加和解的机会，因此较之司法和诉讼在促进社会的安定平和上独具优势，无论是对于市场经济秩序的合理有序发展，还是对于家庭、邻里以及各种错综复杂的人际关系、社会关系的安定平和的维系，以及促进社会文明道德程度的提高，都具有诉讼所不及的特殊价值。尤其是由于多数 ADR 的结果建立在当事人的合意之上，其履行率远比判决高，由此，又免除了社会为执行所承担的风险和成本，增加了安定的因素。

（2）最大限度地节约社会和当事人在纠纷解决中的成本，促进实现司法资源和效益的最大化。通过司法改革降低诉讼成本、克服延迟、简化程序总是有限度的，因为过度的简化就会失去基本的程序保障，降低甚至丧失司法的本质功能。相比之下，通过 ADR 提供低成本的纠纷解决程序，对社会和法治的风险小得多。在根据效益原则选择 ADR 的正当性不再受到怀疑的条件下，ADR 就成为社会和当事人的一种最合理的选择。由于 ADR 处理的纠纷远比法院管辖的范围大得多，ADR 实际上扩大了法律利用的范围。由此，还可以筛选出相对重要的案件付诸法院解决，发挥诉讼特有的社会功能和程序公正优势，充分利用有限的司法资源。

（3）促进新式社会关系和社会调整方式的形成。随着公共领域与私人领域的相互融合，ADR 作为自主调整社会关系的基本手段日益受到重视。ADR 的发展不仅增加了当事人自治的可能性和机会，也促进了社区共同体的凝聚力和自治、自律功能的发挥。它既是公共权力社会化的结果，又是促进这一进程的动力。民间 ADR 的重要作用标志着社会主体已从国家无微不至的呵护下成长起来，开始成为有能力进行自我管理的社会力量。通过 ADR，不仅可以解决纠纷，而且有助于形成新的共同体规范和共同的道德体系以及共同体成员的认同感。这种方式能够最大限度地减少社会在利益冲突中付出的成本和资源浪费，并体现出社会主体的理性素质的提高和社会关系的非对抗性特征。

（4）新司法模式的探索。ADR 的利用具有从非形式主义的角度追求个别性的“符合实际的解决”，注重当事人自身的参与，以及重视实质正义之价值的特征，同时，具有程序常识化和灵活性的特点。在世界性的司法改革浪潮中，ADR 被作为改革的方向和组成部分加以推行，并且与诉讼程序的改革直接衔接起来，促成了一种新的司法模式的演进趋势。例如法官对促成和解的重视，小额审判中的常识化趋向，等等。①

① 参见范愉：《小额诉讼程序研究》，载《中国社会科学》，2001（3）。

(5) 通过纠纷解决积累经验，促进新的规范形成。当社会中出现新的利益冲突，需要重新分配权利义务关系时，往往在既定的法律规范中找不到相应的处理标准。在这种情况下，等待法院通过判决确立规则固然更具权威性和正当性，但一方面，所需成本（包括时间和经济成本、道德成本等）过高；另一方面，由于法官本身并无经验积累，亦非该领域的专家或决策者，所作出的判决不但未必符合实际，甚至有可能出现重大的政策性失误，导致高昂的错误成本。同时，过多地通过法官的裁量确立规则会导致规则的不确定性增加，容易诱发更多的诉讼。而如果由专门性或行政性 ADR 来处理这类纠纷，则不仅可以依靠其专家优势驾轻就熟地解决纠纷，而且能够积累经验、形成惯例并可进而形成行政规章或法规，为此后的立法提供信息和资料。鉴于 ADR 在程序上的灵活性和非正式性，其政策和规则的形成也更加富有弹性，错误成本也更低。

总之，在讨论 ADR 时，应该综合看待其价值。“一般而言，替代性的方法可被看作通过第三方的介入提供了一个恢复当事人自治的机会，因此，有助于发展这样一种思想，即以个人必须尽力依靠自己而非国家权力解决问题”[①]。为了保证纠纷解决机制的多元化和合理化，不应囿于司法 ADR 的狭窄领域，而需更加注重各种形式 ADR（特别是民间性和行政性 ADR）的作用及其相互协调，以使其与民事诉讼制度形成更广泛的衔接和互补。

(三) 在积极评价 ADR 的意义、建构多元化纠纷解决机制的过程中，应正确看待 ADR 与诉讼的关系，认识并努力改进现行 ADR 存在的问题，探索在我国具体的社会环境和法制环境下纠纷解决机制的合理结构

显而易见，同前述三个国家相比较，我国纠纷解决机制的运作情况和社会环境完全不同，具有鲜明的特色，这也是在建构纠纷解决机制中必须充分考虑的。

首先，我国仍处于法制现代化的进程中，现代意义上的司法体制和诉讼程序尚未真正建立。尽管从文化传统而言，中国人不能说是“好讼”，但我们所处的社会转型期纠纷的多发、规则的不确定性，以及对与司法判例的高度期待，却与美国人在 20 世纪 60 年代的情况十分相似。在这种纠纷多发、利益冲突复杂激烈的情况下，诉讼既是纠纷解决的主渠道，也是规则形成的一种机制。国家需要通过法律的统一适用统合社会，同时也期望法律能保障社会的稳定。通过具体的诉讼活动还能够进行广泛深入的社会启蒙，培养社会主体的现代法律意识，同时，也能逐步建立司法和法院的权威。总之，诉讼是使法治具体化、生活化和形象化的最佳方式，也是使社会法律化的基本途径之一。因此，在社会高速发展的情况下，法律和诉讼的地位和作用还将进一步提高，诉讼的增加总体上仍属于社会发展中的正常现象。[②] 因此，

---

① ［日］小岛武司：《诉讼制度改革的法理与实证》，陈刚等译，178 页，北京，法律出版社，2001。

② 社会转型期间，法律确实显示出一种“滞后性”，因此，改革往往都会突破原有的法律框架，在法律尚未作出明确的规范性调整之前，一些领域内是与非、合法与违法、权利与义务之间的界限十分模糊、甚至完全付诸阙如。在这种情况下，某些当事人所主张的权利往往是法律所没有明确界定的，他们在法院寻求解决的过程实际上也是一种探索和寻求规范的过程，并扮演着改革探路者的角色：承担一种风险，期待通过判决获得前人所从未主张过的权利和利益。这类诉讼被社会舆论称为“公益诉讼”，并受到推崇。

我们应该区分提高司法权威与盲目的诉讼崇拜，公民积极行使诉讼权利与滥用诉权，以及合理正当诉讼与恶意诉讼及轻浮诉讼的区别，在保障公民诉讼权利的同时，为纠纷解决开辟更为经济、便捷和平和的ADR方式；同时限制恶意诉讼，减少司法资源的浪费。

其次，近现代以来连续不断的社会革命和运动，使我国传统的社会权威和社会规范几乎被毁坏殆尽，自治与自律机制难以发挥对国家法和秩序的补充和辅助作用。市场经济的冲击进一步使人情失落、人际关系市场化，在公民个性极度张扬的同时，却往往并没有同时培养起对他人的责任、宽容和协同意识，无论是家庭内部、劳资关系、消费关系、医患关系、师生关系、交易伙伴关系中都缺乏基本的信任与诚信，对抗程度极强，和解协商难度极大。实际上，目前完全没有行政权力依托的自治性组织从成立到生存都非常困难，建立在自治组织上的非诉讼纠纷解决机制运作也较为困难。而随着社会进入转型期，原有的一些ADR机构也暴露出人员素质和程序等方面的诸多问题。由于缺少社会和法院的认同，调解协议等ADR处理结果的效力一度微不足道，当事人随意反悔的情况比较严重。就社会意识而言，基本上仍处在法律启蒙期，社会主体缺少对法律和法制的客观和全面的理解，诉讼迷信和权利泛滥成为一种时代特征。这些都对ADR的运作产生了相当大的消极影响，说明ADR的良性运作还缺乏适宜的社会条件。[①]

最后，如前所述，经过了一个时期的混乱或摸索后，目前我国的多元化纠纷解决机制正处在最好的历史发展时期。问题在于，我们需要和可能建立的是何种类型的ADR？这些ADR与诉讼应该形成什么样的关系？目前我国ADR的一个独具特色的现象是：各种非诉讼纠纷解决机制中同样强调法律至上。至少在见诸文字的原则和制度规定中，各种非诉讼纠纷解决方式无不以“合法性”、“依法调解”为基本原则，并都在努力模仿诉讼审判程序。[②] 法律的标准答案通常成为ADR追求的目标，也成为判断ADR的正当性和合理性的基本标准。因此，似乎唯有司法化的ADR最容易受到认同，将现有的非诉讼机制改造成为准司法型的机制也成为社会的一种期待。一些研究者很自然地把美国的模式作为仿效的榜样，主张大力发展法院附设的司法ADR。

然而，在考察司法ADR的问题时，必须注意中美两国法院以及ADR建构和运作的制度与环境存在诸多差异：其一，中国的民事诉讼在程序运作上历来具有简易快捷和注重调解的特点，并有审限等强制性规定的限制；与美国民事诉讼中陪审团、证据开始和对抗所特有的高成本和延迟不可同日而语。目前简易程序的改革将再一次使诉讼提速，法院人事

① 需要指出的是，对调解等非诉讼方式的传统理论支持，如文化传统中的“非讼”观念和关于“人民内部矛盾”非对抗性的意识形态理念，都已经与现实的社会实际发生了极大的脱离，并与法治主义的权利至上思想直接冲突，已经不足以作为现代ADR的理念基础。

② 例如，很多改革方案都把调解和仲裁的公开化作为目标，以获取社会对其公正性的承认。某些改革建议甚至主张把仲裁设在法院。必须说明，美国法院附设仲裁与传统仲裁并非同一事物，尽管都称之为仲裁。法院附设仲裁的参加是强制或半强制的，但裁决却是非强制的（可起诉）；而传统仲裁参加（仲裁契约）是合意（非强制）的，但裁决却是终局性的。

体制的变革也将有利于审判资源的合理配置和使用，因此，诉讼成本和迟延对中国法院的压力，以及由此迫使当事人选择ADR的必要性不可能同美国相提并论。这就决定了中国在发展司法ADR上不可能与美国具有完全相同的动机和合理性。此外应该注意，司法ADR在程序的运作中同样高度依赖律师的作用，其成本较之民间和行政性ADR都要高得多，而当事人本人参与的程度却低得多。在当事人诉讼能力较低的情况下，当事人行使选择权和处分权更需要依靠法官的职权管理，例如行使释明权和诉讼指导等，因此调解并行的简易程序在效率和效益上可能会比司法ADR更高。因此，从我国诉讼当事人的诉讼能力、律师的配备及其成本以及法院程序的特征看，建立司法ADR确需慎重。

其二，与判例法国家美国不同，我国法院目前不仅审判的质量不尽如人意，法院的功能、特别是基层法院仍然是以纠纷解决为其基本定位。尽管由于法律的空白过多、社会发展过快，在处理大量新型案件时，法院在缺乏法律规范的情况下不得不经常大量行使自由裁量权、超越现行法律确立规则，但这种规则创制并非我国法院的主要功能定位。随着法典化的实现，以及立法与规范性司法解释的规范化，今后会更加强调法官严格适用法律，通过个案创制法律的需求和空间将会进一步受到限制。法官在有法可依的情况下，也没有理由承担创新带来的风险。因此，我国法院功能的多元化主要是通过各级法院的分工实现的，即由最高人民法院承担统一法律适用、填补法律空白和创制规则的作用，基层法院仍然会以纠纷解决为主。在这个意义上，以法院功能转移作为发展ADR，特别是司法ADR的理论依据，似乎缺少实证支持。但是，发展法院外的民间性和行政性ADR，确实有利于分担法院的压力，可以过滤掉相当一部分并不重要的纠纷，使法院可以有更多的精力提高审判技术和质量，提高法官的素质和法院的威信。所以在建立多元化纠纷解决机制时，应该注意通过ADR的优势吸引当事人的偏好和选择，强调ADR不同于诉讼的各种程序利益和特殊价值。在这方面，ADR的固有程序利益，如保密性，不仅不应削弱，反而应强化，使ADR与诉讼的反差更加明显，ADR的价值更加突出，唯此才有利于发挥ADR的作用。

其三，ADR并非一种完美无缺的机制，必须实事求是地评价ADR的功能和价值，认识和避免其存在的弊端。美国法学家指出，ADR从三个方面挑战正式的诉讼制度：ADR使社会规范“非法律化”，ADR使律师非专业化，ADR使法律程序非正式化①……这些在非正式的ADR和正式的诉讼之间的矛盾反映了一个永恒的问题，即在正式的程序正义和自由裁量的但却是个别正义之间的适度平衡。②这说明，ADR的特点也可能正是其问题所在。为了更好地利用ADR、减少和避免其缺陷和不足，需要在提高ADR的质量和能力的同时，建立与社会自治、自律、诚信、理性及合作的程度相适应的多元化纠纷解决机制。目前我国各种民间性和行政性ADR存在许多问题和亟待改进之处，例如：仲裁的高成本、复杂和

---

①② See Paul D. Carrington, Civil Litigation and Alternative Dispute Resolution. 转引自［美］史蒂文·苏本、玛格瑞特·伍：《美国民事诉讼的真谛》，蔡彦敏、徐卉译，227页，北京，法律出版社，2002。

高风险导致的低利用率[①]；民间调解机构及其工作的良莠不齐；协商调解达成和解的困难以及反悔率高；劳动仲裁后起诉增加、调解率降低等等。此外，腐败、职业道德自律差、法律不健全等因素以及复杂的社会环境，也容易使脱离监督的ADR隐含着较大的风险和错误成本。因此，在社会转型期间，一方面应注意改造或改进现有的ADR机构和制度，提高其素质及纠纷解决的能力；另一方面，在发展ADR时应特别注意公平与效率的结合，在强调法院对ADR的尊重的同时，应保证法院对ADR的司法审查和监督，使当事人有机会和权利获得司法救济，在ADR机构具备了相应的制度和程序保障之后，则逐步过渡到形式审查。并且，在ADR的实践中应充分注意我国各地方在经济社会发展上的不平衡，不宜采取一刀切的政策。[②] 在制度和程序保障不健全的条件下，应适当限制强制ADR的使用范围。以避免在当事人不服时反复申诉、上告，导致纠纷的久拖不决。与此同时，社会应大力提倡ADR的价值和精神，逐步培养和唤起社会主体的合作、协商和诚信的理念，创造有利于ADR运行的社会环境。

(四) 纠纷解决研究的方法论

纠纷解决与ADR的研究以实践性和功能研究为特征，最基本的研究方法应该是一种实证性的研究，包括法人类学的田野调查、法社会学的实证调研、统计、分析等，以及经验性、实验性研究和比较法研究等等。每一种改革的建言、制度的设计、解构的批判、趋势的预测等等，无一不需要建立在谨慎的论证、小心的实验和客观的总结与利弊分析之上，而这些都并非纯粹的观念和理论问题。ADR研究不仅是一种理论的归纳和抽象，更应该是对发展中的纠纷解决实践的总结，脱离了动态的、活的纠纷解决实践，就失去了这种研究的基础和意义。具体而言，纠纷解决研究应该注重以下方法：

首先，注重实证调研与分析。所有的纠纷解决都是在具体的环境中运作的，因此，研究纠纷解决问题不应该仅从原理和技术出发，而应该具体分析在特定社会环境中的纠纷当事人（包括当事人之间的关系、心理状态、价值观、纠纷行为等）、纠纷（包括纠纷的对象、性质、复杂程度等）的特点以及纠纷关联要素，纠纷关联要素又包括社会结构、纠纷的原因（包括主观原因及所涉及的社会、文化、经济原因等）、纠纷的社会价值以及纠纷解决机制（包括纠纷解决机制的构成及其利用程度、实体规范和程序的特点，纠纷解决机构及其人员的素质）等。离开了对具体社会纠纷解决过程中上述要素的实证依据，任何比较

---

① 2001年2月，中国仲裁网进行第一期网站调查。调查提出的问题为：仲裁与诉讼相比，哪种方式更具有优越性？共列出四个选项，即（1）仲裁由专家审理，具有权威性，仲裁优于诉讼。（2）诉讼比仲裁省钱，诉讼优于仲裁。（3）仲裁比诉讼公正，仲裁优于诉讼。（4）诉讼可以上诉，能纠正错判，诉讼优于仲裁。共收到307张有效选票。上述四个选项所得票数分别为：第一选项得145票，占总票数的47%；第二选项得27票，占总票数的8.8%；第三选项得39票，占总票数的12.7%；第四选项得96票，占总票数的31.5%。由于参加调查的人士大多为商人、律师、法律工作者和仲裁机构人员，所以对仲裁的倾向比较明显，就普通当事人而言，对仲裁的否定性意见可能会更多。

② 例如，我国广东省正在尝试5 000元以下的“小额”纠纷采取强制仲裁的可行性；而对于经济不发达地区、特别是农民而言，这几乎是一个天文数字，为此，一些当事人甚至不惜以终生的精力诉讼、申诉不已。

借鉴和制度设计都会显得苍白无力。值得一提的是一些研究者不久之前对山东陵县的人民调解（司法调解中心）所作的极有价值的实证研究①，研究者们揭示了一幅生动的基层纠纷解决机制的形成与运作情况，说明了这样一个事实：当前的人民调解早已不再是最初的制度所设计的、建立在基层自治组织基础上的民间调解了。在农村，由于民间调解已经失去了纠纷解决的能力，司法行政权力不得不深度介入，形成了代表乡镇党委、政府行使调处矛盾纠纷职权的综合性、实体性的办事机构的“司法调解中心”和“大调解”模式。这种史无前例的调解模式符合当前农村纠纷解决的实际需要——对权威性机构、法律的标准答案、公正程序和执行力的依赖，因而具有显著的效果。② 这些研究者们从实证研究中对许多法律原理和理念进行了反思，提出了许多发人深省的见解。这些实证研究对于ADR理论和纠纷解决的制度建设都具有极其重要的意义，遗憾的是，这样的研究目前确实太少了。

其次，注重纠纷解决机制的动态发展。当代纠纷解决实践和ADR的发展可谓日新月异，常常令人目不暇接。这种动态发展既包括具体ADR的形式创新和改革完善，也包括社会理念、当事人认同方面的变化，以及司法和社会政策方面的转换，因此，研究ADR必须时时注意信息知识的更新，不断追踪实践的发展，发现和总结新的问题，不可把一次调研和阶段性的文献、研究成果作为一成不变的结论，并将其上升为普遍规律。近年来，我国各种纠纷解决机制正经历着一个非常活跃的调整发展期③，从医疗纠纷到交通事故、从消费者纠纷到劳动争议等各种纠纷解决机制从实体规则到程序、乃至主管机构都在进行着重构，这些制度和实践运作的情况都需要在动态发展中关注和把握。数年前的调研和数据及其分析往往已经不再具有现实意义，而今后的发展则并未停止，有关发展趋势的预测也有待印证。面临这些鲜活流动的研究课题，毫无疑问，参与本身就是最好的实证和动态研究。

---

① 参见姜峰：《中国的乡村社区与法律供给》；纪德伟、李耐勇：《关于陵县经验的两项背景资料》；桑本谦：《官方主持下的调解——对陵县乡镇司法调解中心的法理学思考》；夏贞鹏：《陵县如何经验法治》；马永华：《识得庐山“真面目”——对陵县乡镇司法调解中心的分析》，均载《民间法》，第1卷，济南，山东人民出版社，2002。并参见范愉：《非诉讼程序（ADR）教程》，246页以下，北京，中国人民大学出版社，2002。

② 据司法部有关材料，山东省乡镇司法调解中心调处成功率高达97%。这种对人民调解的改造把司法行政资源引入调解机制之中，对于从根本上改变调解的法律地位和效力起到了至关重要的作用。由于在调解中坚持了当事人自愿原则，并没有改变调解的本质属性。其缺点是在强调公开和合法的同时，容易失去调解自身的一些特点，自治的因素相对降低，而强制和评价指导性特色增强，在实践中应当注意避免将其混同于行政处理（决定）。今后，村民自治性的人民调解与司法行政化的“大调解”模式将进一步发生分化。但是，在人民调解的制度和概念上，还无法将二者区别开来，这进一步加剧了人民调解的水准与质量的差距。

③ 例如，2002年8月，司法部提出加强大中城市社区法律服务工作的目标，加强大中城市社区法律服务工作将于两三年内完成。整合后的律师队伍、公证员队伍、基层法律服务队伍、法律援助队伍和法律志愿者队伍将有机地组织起来，划清各自从事法律服务的业务范围、承担的任务、履行的职能，使法律服务资源在城市社区实现优化配置和功能互补，最终构建科学、合理的社区法律服务体系。参见《加强大中城市社区法律服务工作，司法部着力构建社区法律服务体系》，载《人民日报》，2002-08-31。

再次，注重成本效益分析。无论是对现行纠纷解决制度的否定及重构，还是主张引进、移植某些国外的制度，都不能忽略成本与效益的分析。美国经济分析法学家波斯纳曾对简易陪审制做过一个效益分析，结论是这种 ADR 程序设计是得不偿失的，不符合效益原则（当然与此截然相反的意见同样存在，而且波斯纳的分析也并没有使简易陪审的实验告终）。美国的法院附设 ADR 带来的一个问题是费用问题，因为法院诉讼近乎免费，而法院附设 ADR（无论是调解、仲裁、退休法官、简易陪审或早期中立评价）都需要向主持纠纷解决的第三方支付报酬，这给当事人带来了不小的负担。然而与漫长的诉讼程序和证据开示相比较，毕竟能够省下一些律师费用等私人诉讼成本，这也使得当事人不敢轻易反悔，否则可能受到法院的制裁。这说明，一方面，不同的 ADR 程序设计会产生不同的效益结果；另一方面，在不同的条件下，一种具体的 ADR 程序也会产生不同的效益，需要因地制宜来分析。一般而言，纠纷解决机制越正式，其成本和当事人负担（包括举证责任）就越高；如果一种程序的成本与风险失衡，当事人选择的几率就会降低，这也就是何以仲裁的利用率永远不及协商和调解的原因所在。因此，在主张建立某种 ADR 的时候，应该首先评估一下其投入与产出之比，即进行效益分析。即使是主张废弃某项制度，以某种新制度取而代之，也需要考虑成本与效益的问题。因为建构比革除难得多，而改良尽管可能不够革命和彻底，却可以省却许多成本和风险。尤其是 ADR 这种生于社会需求、发展于实践的事物，其自我改造和更新的能力往往极强，一旦加以适当的资源投入和规范，即可变腐朽为神奇，调解的生生不息就说明了这一点。中国的人民调解曾被许多国家学习并发扬光大，为什么在中国不可以焕发新的生机？行政调处也是一样，作为一种高效、专业和灵活及时的处理机制，行政性 ADR 具有很大的发展潜力。在解决了司法审查和救济的问题后，行政性纠纷解决机制的能力还应该得到更有效的发挥。

最后，注重制度建构或改革中的可行性分析和论证。学者们经常热衷于提出各种改革重构方案，引经据典、言之凿凿，但是往往简单地把外国，例如美国的经验直接作为可行性与合理性的论据，而关于本国纠纷解决实况的调研和实证资料无论是从范围还是时间上都非常有限，很多方案实难令人信服。然而，一项改革方案的出台绝非儿戏，为了避免日后因设计失误导致资源的浪费，每一项改革都需精心设计、谨慎论证，尤其是应认真对待不同和反对意见。例如，关于我国建立法院附设的诉前调解制度的可行性问题，基于繁简分流、降低成本、节约审判资源的动机，这一设置从理论上并无不妥，根据法院人事和程序改革的实际，在资源配置上也具有可行性。但是，这种由职业法官（或助理法官、法官助理）担任法院附设调解人的程序，与世界上通行的法院附设 ADR 都不同，而且其程序设计的作用和效益并非通过理论分析便可作出合理判断的。由此，就需要了解当事人的态度，特别是其选择的意愿和满意程度；需要考虑职业化的法官进行调解的利弊所在和调解成功率；需要考虑收费和保障当事人参加的具体措施；还需要考虑调解机构与法院的关系；考虑法律的规定与限制；等等。目前，许多法院通过“大立案庭”或繁简分流正在积极探索尝试这种诉前调解的可行性，从他们的实验中可以得到一些基本数据，究竟审前调解可以过滤掉多少案件①，审前调解与诉讼中调解的关系如何解决，以及当事人满意程度等，这些都可以作为制度改革和重构的依据。如果没有这些基本的依据，则很难提出合理的和令人信服的方案。当前，我国各地的政府和法院以及各行业，都在通过自己的实践进行着这种探索和试验，学者的研究应该植根于这些真实的实践，而不应仅仅构想于书斋之中。

总之，纠纷解决和ADR是当代社会一种极富生命力的实践活动，但它又与我们的文化传统和价值理念息息相关。纠纷解决研究不仅是一种学术活动，实际上更应该是一种广泛深入的参与，抱着法治的可持续发展的理念，抱着对社会纠纷解决行为的关心和社会责任感，抱着对科学研究方法的严肃慎重态度，我们就可以在研究纠纷解决现象的同时，尽力为促进纠纷解决机制的建构和完善尽一份微薄之力。

6.3 中国法官职业化改革的立场和策略*

张志铭

一、法治社会中的法律职业

在现代国家和社会生活中，当法治战胜人治、从而确立规则的主导地位后，"人"的因素依然备受重视。"徒法不足以自行"，这一表述在脱开原有语境的意义上获得重新阐释。法律的创制、实施和发展离不开人的能动作用，只不过此处的"人"，已不是凌驾于法律之上的人，而是遵行法律的人。而在遵行法律的芸芸众生中，又特别强调法律家或以法律为业者的作用。法律职业包括法官、检察官、执业律师、法律教师等。作为法律家的法律职业者，是法律制度的载体，是媒合法律制度和社会生活之间距离、实现法律对社会生活关系的有效调整的中介。因此，如果说法治就是法律的统治，那么所谓的法律统治，又可以恰当地被归结为作为法律家的法律职业者的统治。在一个奉行法治的社会中，法律职业具有崇高的地位，其作用得以充分发挥。

法治理论上这种存在于规则和"法律人"之间的辩证关系，在我国的法制改革和法治进程中已演化为生动的实践。回顾十多年来的改革包括司法改革的历程，可以明显感到人们在视线上的一种聚合，这就是在强调程序规则和组织制度的完善的同时，越来越重视法律职业的造就。诸如在法律教育、法律培训、职业道德教育、统一司法考试、律师行业管理、审判长以及主控检察官的选任、法院院长和检察院检察长选任条件等方面的种种作为，以及诸如"法官精英化"（似乎还可以扩大为"法律职业者精英化"）这样一类的提法，无

---

* 原载《北方法学》，2007（3）。

① 例如，如果能过滤掉50%的民事诉讼案件，应该说就具有合理的效益，但还需要分析这些调解所占用的法院人员和其他资源。总之，这种制度设计需慎而又慎，否则难免重蹈当年法院经济调解中心的覆辙。

不体现以"法律人"为直接指向的改革视角。而且，我们还可以发现，其他许多涉及制度设计和完善的改革，尤其是各种关于法制改革和司法改革的谈论，都是以一个理想的法律职业的存在为前提。例如，我们说法治应该是法律家的统治，律师应该成为法制改革的"旗手"，法官应该是"法律帝国"的君侯，法官应该有更高的薪给、享有各种身份独立的保障等，都是以法律从业者已经成为一个专门职业的群体为前提的。

既然一个理想的法律职业是法制改革的目标和法治实现的前提，既然在我们对许多问题的讨论中都是以"职业"为限定，如职业理念、职业技能、职业管理、职业伦理等，那么就有必要正面回答一个问题，即，什么是法治社会所需要的理想的法律职业？或者说，在一个法治社会中，法律职业只有具备什么样的品质才能承载起实施法治的重任？

从法治发达社会的实践看，法律职业是一种具有特殊品质的专门职业（profession），在社会分工体系中，它与医生、工程师、会计等职业相似而不同于商人、护士、社会活动者、士兵和警察等。具体说来，一个理想的法律职业应该具备以下四种有机联系的品质：

掌握专门的法律知识和技能。法律职业与其他专门职业一样，都是以专门的知识和技能作为自己的力量源泉的群体。"知识就是力量"，这句话最适合于像法律职业这样的专门职业，也最应该为专门职业的从事者所信奉。由于拥有专门的知识和技能，就使得专门职业者能够做普通人无法胜任而又必须面对的事。例如，工程师能够为人们设计建造安全的大桥、耐久的建筑和舒适的房屋，医生能够为患病者作出诊断治疗、为健康者提供防病指导。同样，法律职业如律师则能够为人们妥善地安排法律事务，帮助人们行使和保护权利，使之免遭侵犯。尽管法律职业由于掌握的是法律领域的专门知识和技能而有别于其他专门职业，但是，这种知识和技能的专门性，都使它们有别于其他普通职业。而且，法律职业所需要的专门知识和技能的获得，也是长期学习和训练的结果。诚如英国法官科克所言："法律是一门艺术，在一个人能够获得对它的认识之前，需要长期的学习和实践。"随着社会生活趋于复杂多样，对从事法律职业所需要的学习和训练的要求，也越来越高。

致力于社会福祉。法律职业与其他专门职业一样，必须在自己的旗帜上写上"为社会服务"的大字。尽管专门职业者所掌握的专门知识和技能是他们取之不尽的力量源泉，但是这种潜在的力量要转变为现实，取决于社会对他们的信任，而社会信任的基础，则是他们愿意运用自己的专门知识和技能为实现社会幸福服务。法律职业者不应该是唯名利是从的市侩，而应该是社会正义的追求者、社会制度的"工程师"。法律职业应该是一个对社会、对人生负责、尽职的群体。为社会服务，应该成为法律职业的核心理念，成为法律职业最根本的价值追求。在法律职业的精神境界中，应该特别强调的是利他主义的伦理性。在现代法治社会中，法律职业甚至被作为制衡庸俗的商业文明和喧嚣的平民政治的"法律贵族"或"学识贵族"，并因此而由国家彰显其地位。

实行自我管理。法律职业与其他专门职业一样，是一个自主、自律的职业群体。在现代社会，大凡专门职业，都会实行程度不同的自我管理，并拥有各种重要的自主、自律手段。诸如确定职业准入的条件、制定职业伦理规则、规定收费标准、进行纪律惩戒等，都应该在不同程度上属于法律等专门职业自主决定的范围。法律等专门职业的自我管理，首先是社会分工的结果，是专业特性的要求。由于法律等专门职业需要专门的知识和技能，普通人根本无法就专业领域内的事项作出合理的判断。对于专业领域的事项，只有通过专业内部的同行评议，通过专业从事者的自主判断，才能保证有适当的安排和处理。其次，法律等专门职业的自我管理，也是社会赋予的特权。作为这种特权的基础，则是在社会和专门职业之间达成的一种“历史交易”：职业者以自己的专业知识和技能为社会服务，而社会则向他们回馈以相应的荣誉、地位、便利等各种只有职业者才享有的“特权”。在法治和法律职业之间显然存在着的一种“共生”关系：法治以法律职业为运作的载体，法律职业则维护法治并从中获得成就。

享有良好的社会地位。法律职业与其他专门职业一样，是一个为社会所尊重的群体。在现代社会，法律等专门职业往往具有很高的社会地位，之所以如此，是因为：它们所拥有的为社会生活所必需的专门知识和技能，使它们握有影响社会的强大力量；它们所追求的以增进社会福祉为己任的理想，使它们具有高尚的职业情操；而专门的知识技能与为社会服务的职业精神的结合，又使它们在社会中享有令人羡慕的自治“特权”。为什么人们总是向往并努力成为法律等专门职业的一员，原因就在于它们是由社会精英组成的团体，在于作为精英团体的成员，将会得到社会其他成员的尊重。

就我国的法制改革和法治事业而言，一个理想的法律职业所必须具备的上述品质，应该成为我们判断法律职业是否能够承担法治重任的标准，也是我们对现有的法律职业进行专门职业化的改造和整合的标准。

二、从“法官精英化”到“法官职业化”

近一个时期来业界人士谈论最多的话题是“法院队伍建设”，与此相伴，则出现了“法官职业化”的提法由“学术话语”向“官方话语”的延伸和转化。按照原首席大法官肖扬院长 2002 年 7 月 5 日在全国法院队伍建设工作会议上的讲话中的说法：“法官职业化建设是提高法官队伍整体素质的重要途径，在今后一个相当长的时期，是法院队伍建设的一条主线。”

“法官职业化”的提法显然承继了此前法院内部流行的“法官精英化”的提法。它们都体现了我国法治建设和司法改革中一种反思性、批判性的视点转换：从一味地注重“规则因素”，强调建规立制，转换为对变动不居的“人的因素”的重视。“徒法不足以自行”的古训，在新的时空条件下复苏于人们的记忆，这不仅体现了在任何类型的社会治理模式中，都包含了规则因素和人的因素之间一种内在的逻辑关联，而且还反映了在我国当下的社会发展和法治进程中，人们正在寻求并努力建立在两种因素之间的新的动态平衡关系。

当然，较之于“法官精英化”，“法官职业化”的提法显然更为稳当、妥帖。“精英”(elite) 与“民众”相对应，通常是指在社会生活各领域中少数具有超凡能力、从而影响甚至主导社会和历史发展进程的人物。政治哲学和历史研究中的“精英主义”(elitism)，因常常被指斥为“精英政治论”和“英雄史观”而背上沉重的历史包袱。在现实生活中，由于民主共和、自由平等观念的风行和深入人心，任何在社会成员中间区分“精英”和“非精英”的做法，都会招致人们高度的警惕和下意识的抵制。人类历史在整体上是民众的创造、民众的历史，“人民，只有人民，才是创造历史的动力”（毛泽东语）；人类现实生活的色彩斑斓、多姿多彩，正是因为每一个社会成员都是一个独特而生动的个体——具有不相重复的生命机理和生活个性，都享有平等的人格尊严。尽管民主社会与其他类型的社会一样，也需要有自己的优秀分子或精英人物，但在本质上，民主社会是反“精英主义”尤其是极端“精英主义”的社会。

针对长期以来我国在法官素质问题上忽视职业特性和专业要求、从而造成法官素质整体欠佳的状况，果敢地提出“法官精英化”的口号，选择走“法官精英化”的道路，体现了顺应时势的认识飞跃。但是，用词不贴切，加之对“精英”或“精英化”一类的用语缺乏界定，也的确容易给人造成不良的暗示，使业内业外人士担忧：我们的法官队伍建设、我们的司法改革会不会朝着疏远社会、疏远民众的方向发展？在此关头，以“法官职业化”的表述取代“法官精英化”的提法，恰好起到释疑解惑、坚定改革方向的作用。因为“法官职业化”以职业主义理论为学理基础，作为一种刻画法官素质要求和职业特性的通行表述，它是以亲和民众、为公众服务的职业精神为基本前提的。

法官职业是法律职业的一种。按照职业主义理论的阐说，在现代法治社会，包括法官、检察官、执业律师、大学法律教师等在内的法律职业是一类必须具备特殊品质的专门职业(profession)。这种品质植根于一代代法律人的努力而积淀的职业传统，并经由长期的法律学习、法律训练和法律实践而悟得。概括说来，这种职业品质可以分解为职业能力、职业精神、职业自治和职业声望这样有机联系的四个方面。职业能力是指法律职业者须掌握专门的法律知识和技能，并以此作为自己的力量源泉；职业精神是指法律职业者须致力于社会福祉，以自己掌握的专门知识和技能为社会大众服务；职业自治是指法律职业者须拥有各种重要的自主、自律的手段，实行不同程度的自我管理；职业声望是指法律职业者须为社会所尊重，享有良好的社会地位。它们之间的有机联系在于：职业能力使法律职业握有影响社会的强大力量，职业精神使法律职业具有高尚情操，而职业能力和职业精神的结合，又使法律职业在社会中享有令人羡慕的自治“特权”，进而赢得为社会其他成员所尊崇的崇高职业声望。

立足于这样四个方面的品质来看法律职业，那么我们可以说，法律职业就是经过系统的学习和训练而掌握专门的法律知识和技能、以服务社会大众为志业、享有良好社会地位的自主、自律的社会群体。如果说法官职业是由法律职业中的佼佼者所组成的话，那么他们在职业能力、职业精神、职业自治和职业声望方面就应该具有更加优秀的品质。

“法官职业化”这一提法，包含了对法官职业品质的系统要求。在这诸多方面的要求中，法官为社会谋福祉、为公众服务的职业精神，可谓至关重要。因为正如上面所述，法官作为国家司法权的载体，尽管其职业能力使他们掌握了影响社会的强大力量，但只有将这种力量与法官为民众谋福祉、为社会担道义的高尚职业精神相结合，法官职业才可能与社会大众具有亲和力，才有可能在社会中求得充分的身份和物质保障，并在司法独立的意义上获得令人羡慕的自治“特权”，进而赢得为社会大众所尊崇的职业声望。法官职业与其他任何法律职业一样，尽职尽责、理想崇高，是自己安身立命、兴旺发达的根基所在；一旦根基缺失或腐烂，就不会有社会信用，就不会有与社会大众的亲和力，就必然蜕变为借自己的法律知识和技能以及在制度上拥有的便利一味谋私的利己群体。

“法官职业化”是一个富有理论内涵的命题。运用这一命题，就能够很好地确定、引导和整合法院系统眼下和今后在队伍建设上的诸多改革举措，如“通过确定法官员额，法官遴选、法官助理、书记员序列单设等改革，建立严格的职业准入制度；通过完善继续教育制度，提高在职法官的素质；通过建立职业保障制度，确保法官依法独立公正行使职权；通过建立统一的职业道德和法官管理、监督制约机制，确保司法廉洁”（肖扬语）。

“法官职业化”是一个平衡良好、“道中庸而极高明”的命题。运用这一命题，就能够比较全面地揭示和把握在一个法治社会中法官职业所应有的各项品质，就能够借鉴和吸取域外许多国家和地区法官职业化进程中的经验和教训，在法官职业朝着专精化方向发展的同时，避免因疏远社会、疏远民众而误入歧途。

“法官职业化”还是一个在我国司法改革的整体格局中不可缺少的命题。这一命题凸显了司法改革对“人的因素”的关注，它与司法外部组织构造上的“非地方化”、内部组织管理上的“非行政化”一道，构成了目前和今后长时期内我国司法改革的完整取向。

三、法律职业道德的意义

法律职业道德何以重要？这是在法律业内进行职业道德教育时首先要回答的问题。由于目前在道德问题的认识上笼罩着某种强烈的社会政治氛围，比如社会大众要求遏制法律领域的腐败，执政党制定并推行“以德治国”的方针，以及司法决策层顺应时势部署安排围绕职业道德建设的教育整顿活动等，就使得人们在开展法律职业道德教育时、在对法律职业道德重要性的认识上，表现出明显的时势政策倾向。从法律职业方面看，这种偏重于时势政策的需要、从社会整体道德建设的角度对法律职业道德的意义的把握，展示的是一种“外在视角”。而与“外在视角”相对，则有一种看问题的“内在视角”，即立足于法律职业自身的特性、从法律职业与法律职业道德的内在关联方面对后者的意义予以解说。

审视时下国人有关法律职业道德教育的实践，可以说，在法律职业道德重要性的认识上给人留下的突出印象是：“外在视角”过分张扬和“内在视角”相对稀缺。有鉴于此，需要补强“内在视角”，强化从法律职业自身的特性和需要出发来认识法律职业道德的重要意义。这样做不仅有助于纠偏，有助于按照认知的规律性形成健全而平衡的视角，而且还能够改进法律职业道德教育的品质，体现道德的属性以及人类道德实践的特殊要求。

众所周知，道德是一种关于是非、善恶的判断，是一种诉诸人的良知和内心确信才能真正发挥作用的东西；道德实践包括道德教育则是一种求于内（道德认同）、达于外（道德行为）的活动。就法律职业道德教育而言，如果在法律职业道德重要性的认识上不贯彻一种“内在视角”，如果不能揭示法律职业特性与法律职业道德之间的内在关联，使从业者发自内心地感受到职业道德对于其事业的至关重要，那么，就不可能使他们形成内在的道德确信，并基于道德认同在自己的行为中表现出道德自觉。

在法律职业道德教育中，单纯的“外在视角”、仅仅从时势政策的需要来阐说法律职业道德的意义，显然忽视了法律职业自身的需要和特性，忽视了法律职业作为道德判断的主体地位。它向职业者传达的信息是“社会有需要，你（们）不得不”，而不是“你（们）有需要，你（们）应该”，因而很容易使从业者从心底里产生隔膜，并进一步造成道德上的压迫感或强制感，使人如有重负。因此，良好的法律职业道德教育必须兼顾内、外两种视角，在对法律职业道德重要性的认识上，既考虑时势政策的要求，更顾及职业主体的需要和职业的特性。

那么，什么是“内在视角”下的法律职业道德的意义呢？从法律职业的形成来看，法律职业道德在其中具有不可缺少的作用，可以说，没有法律职业道德的支撑，就不会有现代法律职业。因此，法律职业道德对于法律职业的重要性，用简单的一句话来概括就是：法律职业道德是法律职业的一个基本的构成因素。对此，我想从法治社会中法律职业的特有品质的角度，做一点具体阐述。

在《法治社会中的法律职业》[①] 一文中，我曾提到，现代法治社会中的法律职业必须具备四种有机联系的品质，即掌握专门的法律知识和技能、致力于社会福祉、实现自我管理以及享有良好的社会地位。法律职业道德之所以重要，从“内在视角”来看，就在于它与法律职业的这些品质密切联系。法律职业道德是法律知识和技能的基本组成部分，是为社会服务的职业精神的具体体现，是法律职业实现自我管理的一个基本途径，是法律职业享有良好社会地位的有效保证。

作为法律知识和技能的基本内容。从事法律职业必须掌握专门的法律知识和技能，这种知识和技能是一种“习得的艺术”，其中就包括法律职业道德的内容。法律职业道德是法律职业者在自己的职业活动中应该遵循的判断是非、善恶的准则。要成为一名法律职业者，其先决条件之一，就是要通过专门的教育培训和资格考试，掌握基本的职业道德知识和技能。对法律职业道德的认知，为从事法律职业活动所必需，它应该属于法律职业者必须具备的最低限度的能力的要求。法律职业者必须知道自己的责任，知道一个社会的法律事务应该如何来完成。具体地说，他应该知道道德是关于是非、善恶的判断，它不同于美丑、真假、神圣和世俗、称职和不称职等价值判断；知道决定职业行为对错、好坏的标准，以及证明职业行为和道德主张为正当的适当理由；知道职业上的“善”为何物，其依据何在；知道在面临道德争议时如何形成自己的立场，将不同的道德理由整合为连贯一致的形态，以及解决道德争议的办法是什么。

① 参见张志铭：《法治社会中的法律职业》，载《人民法院报》，2001－11－23。

作为职业精神的具体体现。从事法律职业必须具备职业精神，而法律职业精神的核心，就是致力于社会福祉、用自己的专长为社会服务。在这种精神中，特别强调的是利他主义的伦理性。它所遵循的不“只是赚钱的要求”，也不以赚钱多少来衡量、评价职业成就的高低。这样一种克己利他的属性，恰恰也是道德评价的精髓所在。道德评价从根本上说是一种利他的评价，追求的是有利于他人和群体，有利于国家、民族和社会，并在此前提下定位自我利益的实现。法律职业道德也不例外。法律职业道德在处理职业与社会、职业个人与职业整体以及职业个人与其他利益主体的关系方面所提出的各种要求，都体现了服务于社会的利他主义职业精神的要求。从动态实现的角度看，法律职业者之所以能够以自己掌握的专业知识和技能为社会服务，关键是因为在这种专业知识和技能中所包含的职业道德成分，发挥了定向规制的作用。

作为职业自治的实施途径。法律职业是一个自主自律的职业群体，它通过各种途径或手段实现自我管理，其中最重要的就是制定和实施职业道德准则。法律职业自治，是一种道德意义上的自治；它要为社会所允诺，就必须以造福于社会为前提，而不能是反社会、反道德的结党营私、党同伐异。因此，组成法律职业，意味着其组织要自主地为从业者制定专门的“伦理法典”，并通过非正式的同行压力，通过限制进入职业组织，通过审查、处分甚至清除那些严重违反职业道德准则的人，维护和实现职业自治。

作为良好社会地位的有效保证。法治社会中的法律职业是一个享有很高社会地位的社会精英团体，而作为这种地位的一个重要保证，则是其职业道德。一个职业的社会地位的高低，取决于其是否拥有以及在多大程度上拥有社会公信和社会尊重，而这在很大程度上又取决于社会对它的道德评价。法律职业道德不仅使法律职业具有足够的职业道德内涵，而且还因为这种职业道德所贯穿的服务于社会的精神，而使它同时具有充分的社会道德内涵。正是这种充足的道德内涵，才有效地支撑和巩固了法律职业的社会地位。

四、法律职业道德的认知

秉承法制改革的反思精神，在这里我想从法律职业道德教育的目标出发，谈谈对法律职业道德的认知问题。

法律职业道德教育是法制改革中的一项重要内容。但是，法律职业道德教育的目的是什么呢？对此，人们似乎没有，也不认为有必要予以深究。一般认为，法律职业道德教育的目的在于“造就有道德的法律职业者”，即通过法律职业道德教育，使法律职业者成为“具有良好职业道德”的个体，使法律职业成为“品德高尚”的群体。粗粗看来，这种认识并没有什么不对，但稍加琢磨，则破绽毕露。我们知道，道德是人们对事物的是非、善恶的判断；道德教育的目的在于帮助人们更好地认识生活中的“善”为何物，而无法保证使一个人成为好人或“道德人”。“道德人”的造就是一项复杂的社会过程，道德教育不过是其中一个重要的环节。同理，法律职业道德教育作为道德教育的一种，它也无法保证使法律职业者成为职业上的“道德人”，其目的也只能是帮助法律职业者更好地认识职业上的

“善”，进而为造就职业上的“道德人”创造必要条件。

因此，应该清楚地看到，法律职业道德教育的目标在于促进对法律职业道德的认知，而不在于直接造就职业上的“道德人”。这样来锁定目标的重要意义在于，避免将法律职业道德教育的作用泛化，以致将法律职业道德建设的复杂性和丰富内涵简单地归结为“道德教化”，误以为法律职业道德教育就是法律职业道德建设的全部，从而遮蔽我们的视野。同时，也只有这样，法律职业道德教育才会有合理、饱满的内容。因为，把法律职业道德教育的目标与“道德人”的造就相联系，自然就会把思考和实施法律职业教育的重点放在职业道德准则的概括和宣示上，而一旦职业道德教育蜕变为简单的“你（们）应该或不得如何如何做”的样式，道德教化或道德强制的味道就不可避免。

我们可以回顾一下，在2001年10月18日最高人民法院发布《中华人民共和国法官职业道德基本准则》前，许多业内人士对法官职业道德的兴趣都在于竞相概括法律职业道德准则的点点条条，而如今在该准则出台并把职业道德准则概括为六个方面后，这方面的兴趣和思考则骤然陡减。个中原因何在？我想很重要的一点就在于造就“道德人”的职业道德教育指向。基于这种指向，既然已经完成了寻找和概括职业道德准则的任务，余下的工作自然是宣传和讲授这些准则了。

其实，法律职业道德教育所追求的道德认知，应该有更广泛的内容，而对职业道德准则或标准的认知，不过是其中的一个重要方面。法律职业道德关注的是法律职业者应该如何从事社会的法律事务。它要研究职业道德对于职业的意义，研究决定职业行为对错、好坏的标准，以及证明职业行为正当与否的适当理由，并合理解决职业领域的道德冲突。因此，法律职业道德教育所追求的道德认知，主要应该包括两部分内容：一是法律职业道德的特性及其与法律职业的关系，二是对法律职业道德本身的认知。

法律职业道德与法律职业者的法律活动相联系，是社会整个道德体系的一个有机而特殊的组成部分。对法律职业道德的认知，以对法律职业的认知为前提。就两者的关系而言，我在《法律职业道德的意义》① 一文中已有阐述，即法律职业道德是法律职业的一个构成性因素——缺乏对法律职业道德的认知，就算不上法律职业的一员；没有法律职业道德的支撑，就构不成一个健全的法律职业。

关于法律职业道德本身的认知，我想除了注意它与法律职业者的职业活动相联系外，应该特别强调道德认知的一般规律在法律职业道德领域的运用。就此说来，相应的教育目标可具体分解为四个层次，依次是：

对道德评价的认知：善的存在。何为道德评价？这是道德认知中最初始的问题。道德评价是关于是非、善恶的评价；法律职业道德评价则是存在于法律职业者的职业活动中的有关是非、善恶的评价。从道德的观点看问题，不同于从其他的观点看问题；追问道德上的是与非、善与恶，并不是追问认识论上的真与假、审美上的美与丑、经济上的节

① 参见张志铭：《法律职业道德的意义》，载《人民法院报》，2001－12－21，3版。

俭与浪费、政治的有利与不利以及法律上的合法与非法等，尽管在同样一个事物上可以交叉重叠着不同的评价。道德教育就是要使人们在辨认道德评价的独特性的基础上，认识到自己行为所应该承担的道德责任。这种道德自觉，是要求人们包括职业者负责任地行为的第一步。

对道德准则的认知：善的含义。何谓道德上的善？道德上的善具体表现为社会所承认和遵从的一整套道德准则。不了解这些道德准则，就不能把握道德上的善的具体含义，并在道德上判断一个人的品行的好坏。就法律职业而言，由于法律职业道德是其构成要素，并具体表现为各种职业道德准则，因此，法律职业者如果违反了职业道德准则，就会失去同行和他人的尊重，甚至受到职业纪律的惩戒；一旦因为违反职业道德准则而被认为丧失了职业道德性，则会被清除出职业队伍。

对道德根据的认知：善的理由。一种行为何以为善？当我们基于一定的道德准则提出某种道德要求时，就需要说明其理由。道德教育在道德根据认知方面的任务，就是要为分析各种道德论点提供工具。在这里，我们会发现一些最基本的逻辑原则和/或经验原则在起作用，它们构成了社会制度的根基，构成了道德判断的基本理念。正如医生必须知道什么是健康、工程师必须知道什么是安全，法律家则必须知道什么是正义，否则就无法成功地扮演其社会角色。

对道德冲突和道德理论的认知：善的实现。如何解决道德冲突？这是道德实现的关键。实际上，道德冲突就是不同道德理由的冲突。要解决道德冲突，就需要将不同的道德理由整合为连贯一致的形态，形成道德理论。道德理论能够帮助我们清楚地认识道德冲突的特性，道德用语的含义，以及道德论点的说服力大小，从而使我们有可能选择最为正确的立场解决道德冲突。因此，道德教育在道德冲突认知方面的任务，就是要借助于道德理论为解决道德冲突提供经验和各种可选择的方案。

五、法律家的养成与统一司法考试

2001 年 6 月，九届全国人大常委会第二十二次会议通过了对《法官法》的修改决定。在对《法官法》的各项修改中，业内人士谈论最多的是关于统一司法考试的规定，即“国家对初任法官、检察官和取得律师资格实行统一的司法考试制度”（第 51 条）。这一规定的意义的确不容低估。诸如提高司法人员的素质、促进法律职业共同体的构建、防止司法人员选任上的随意性、储备法律职业人才、提升司法职业的社会公信等，只是其中比较显著直接的一些方面。而它对于中国社会的整个法治进程究竟将起到什么样的推动作用，虽一时难以说清，但也让人确有所感。回顾并前瞻地想来，我们的确应该感到鼓舞，可以说，国家统一司法考试制度的确立，是司法观念潜移默化地更新导致法律制度变革的典型例子，也是我国这些年来司法和法律改革的一个最突出的成就。

不过，在欣喜之余，也有必要提请人们注意，我们希求于国家统一司法考试去达到的各项目的，是不可能通过这孤零零一项制度改革和设计就实现的。统一司法考试与法律家的养成密切相关。从法律家养成的角度看，统一司法考试只是其中的一个重要环节。要想使它圆满地发挥作用，必须配之于在法学教育、法律训练等方面的相应设计。对此，我想可以比照一下其他国家的做法来说明。

在当今各法治发达社会，法律家一般是指精通法律并从事法律实务者，如法官、检察官和律师等，他们与精通法理并从事法学研究和教学的法学家一道，构成了一个完整的法律职业群体。法律家的养成有一个过程，因为要把一个普通人造就为一名法官、检察官或律师，需要多方面的教育、训练，并结合以各种考试的检查、鉴定和淘汰，不可能毕其功于一役。

当然，具体到如何根据社会对法律家的要求，安排相应的教育、训练和考试，各国的做法并不完全相同。从德国、日本、法国、美国等一些国家的情况看，法律家的养成可以有不同的模式，同时还有许多细节做法上的差别。这方面的情况，近来人们已多有论及。需要进一步指出的是，在这众多或大或小的差异背后，却暗含了一种共同的制度设计原理，即对应于社会对法律职业者高素质、高技能的要求，在法律家养成过程中也区分了普通高等教育和系统职业训练这样两个阶段——前者侧重于基本素质，后者侧重于专业技能。在德、日、法等国，法律家养成所需要的素质教育一般在大学法律院系进行，系统的技能训练则是在通过统一的国家司法官考试后，由司法官研修所或法官学院一类的专门机构来组织完成。在美国，大学承担了更大的责任，不仅素质教育多在大学里完成，而且大学的法学院还承担了系统职业训练的任务，学生从入学时就被告知，要“学会像法律家那样思考问题”。

相比之下，在法律家的养成上，我国虽然引入了统一司法考试的做法，同时要求初任法官者必须具备受过高等院校法律专业或非法律专业本科教育等条件，从而与德、日、法等国家的做法比较相像，却并没有明确体现基本素质教育和系统技能训练的区分。《法官法》第12条规定：“初任法官采用严格考核的办法，按照德才兼备的标准，从通过国家统一司法考试取得资格，并且具备法官条件的人员中择优提出人选。”由于其中的“严格考核”是否能够被理解为经过系统的职业训练还不得而知，而且从用语本身来看也很难作这样的牵强解释，因而可以认为，《法官法》在规定了统一司法考试之后，并没有随之提出系统的技能训练的要求。而一旦缺少了技能训练这一环节，那么在统一司法考试的“指挥棒”下，我国目前在大学法律院系所进行的以学习掌握广泛的人文社会知识和法学理论为指向的素质教育，就会出现定位上的两难：一方面，由于统一司法考试对于法律家的养成具有“一锤定音”的意义，大学法律院系似有必要承担起系统技能训练的任务，以进入法律职业为指向。时下许多业界人士尤其是主管法律的官员主张对我国的大学法律院系的教学进行改革，以强化其职业指向，我想很大程度上就是出于这种考虑。但是，另一方面，中国的法律院系又不同于美国的法学院，它以受过初等教育者为对象，主要而且也比较适合承担的是普通高等教育，这一点与德、日、法等大陆法国家的情况相似。

说到这里，我们大致就可以作出如下判断了：虽然我国立法确立了统一司法考试制度，但就法律家的养成而言，目前并没有在素质教育、资格考试和技能训练等方面形成一套有机联系的制度。统一司法考试无疑为这一整套制度的合理构建提供了有利的契机，它将启动与法律家养成相关的一系列制度改造和创新的过程。在这一过程中，我们会面对不同的方案，需要作出妥当的选择。比如：是在统一司法考试之后增设系统的职业训练制度，还是对大学法律院系的教育进行类似于美国法学院的职业化改造？如果是前者，那么是设立统一的司法研修制度，还是依托已有的法官学院、检察官学院等机构，采取不同职业分散训练的做法？而一旦选择了分散训练制度安排，又如何贯彻统一司法考试的价值取向，不损害法律职业共同体的构建？等等，都需要我们认真地加以探讨和回答（尽管就我看来，设立统一的司法研修制度当属更为合理的选择）。

应该指出的是，当我们受统一司法考试制度的激励，并借鉴法治发达国家的实践、顺着素质教育和技能训练的二分思路构筑我国法律家养成的完整制度方案时，不应该忘记上面曾涉及的一个最为原初的问题，那就是，在当今中国社会，对于法律家的养成究竟应该提出什么样的要求才算恰如其分？较之于我国过去的做法，以及法治发达国家早期在这方面水准并不高的要求（如师傅带徒弟式的训练或中等程度的法律学校训练），大学本科高等教育等条件加上统一的司法考试已经是一个相当高的职业“门槛”，在这种情况下提出更进一步的要求，是否有点不切实际或不合时宜？尽管我并不那么认为，但这类问题却是值得认真考虑的。尤其是考虑到中国社会各地区在整体发展水平上的巨大落差，就更是如此。

六、围绕“从律师中选法官”的思考

在 2001 年 2 月 14 日的“司法琐话”中，贺卫方教授就时下业内流行的一个话题，即“从律师中选法官”，谈了自己的一些看法，重点是这样一种英美式制度的价值或好处。读后想了很多，内容大致可以归为两个方面：一是“从律师中选法官”这一表述本身的确切含义；二是“从律师中选法官”作为一种法制改革的建议，对于解决中国当下问题的意义。下面，我想就着贺卫方文章的思路，从上述两个方面谈一些不成熟的看法，也算凑个热闹吧！

先就表述本身的确切含义谈两点看法。其一，在法官遴选方面，说“从律师中选法官”是英美式的，意味着有很多国家如德国、法国等代表大陆法传统的国家不是“从律师中选法官”。这一表述大致是不错的。就法官和律师两种职业间的流动而言，英美一般都是先做律师，被认为优秀的律师才有可能做法官；在大陆法国家则看不到这两种职业在制度上的先后承接关系，尽管做法多有不同，但法官遴选、晋升在制度程序上相对完整、封闭，与律师没有什么特别的承接关系。不过，从我了解的一些情况看，至少在最高法院（包括大陆法国家的宪法法院）的层面上，大陆法国家也看不到那种自始为法官、从法官到法官的封闭，而与英美一样，对包括律师在内的其他法律职业者都保持开放。

其二，说英美是“从律师中选法官”，可能要特别注意分辨“律师”一词的两层含义，即职业含义的“律师”和身份资格含义的“律师”。英文中的“律师”（lawyer）既可以指一种职业，与法官、检察官、法律教师、政府或公司的专职法律顾问等各种法律职业并列，又称“执业律师”；也可以在广泛的意义上，指各种法律职业所共同具有的一种身份资格，即“法律家”。“法律家”是指专长于法律知识和技巧的人，在现代社会，一个人是否能够被称之为“法律家”，要看他或她是否经过系统的法律教育和学习，通过专门的考试和培训，从而具备从事法律职业的资质或资格。我国在建立、推行统一司法考试制度后，之所以在法律职业共同体的建构上出现某种混乱，以至于提出“从事公职的律师是不是律师”的疑问，关键就在于没有区分“律师”的两层含义、并理顺它们之间的关系。从事法律职业者尽管在工作上有分殊，在身份资格上却无差别；不同的法律职业是否能构建为一个共同体，关键因素之一也在于是否存在共同的“法律家”的身份资格。就英美式“从律师中选法官”而言，可能更准确的表述应该是“从法律家中选法官”。尽管在数量上英美等国可能主要是从“执业律师”中选法官，但它们显然也从检察官等其他法律职业中选法官。

接下来再谈谈“从律师中选法官”对于解决我国当下问题的意义或价值。很显然，如果我们立足于法官和法院方面来分析问题，那么谈论“从律师中选法官”，最直接的问题指向在于提高法官素质，提升司法裁判的品质。这里的“诊断”——法官素质整体水平不够高、司法裁判的品质还不尽如人意等——不会有什么错误，关键是我们开出的“从律师中选法官”这张“药方”是不是对症并有效。对此，我想简单地谈五点看法：

1. 如果我们以为法官职业代表了法律职业的高水平，做法官像在英美国家那样被当做是从事法律职业者的一种令人羡慕的成就，同时，如果我们还以为法官职业在组织构造上的封闭性对其品质有不利影响，那么，基于上面对“律师”一词双重含义的辨析，我们应该考虑的是从具有“律师”或法律家的身份资格的其他法律职业者中选法官，包括执业律师、检察官、政府法律官员、法律教师等，而不只是从“执业律师”中选法官。否则的话，法官职业在组织构造上依然达不到我们所预期的开放程度。

2. 如果要建立一种从优秀的执业律师中选法官的制度，那么我们不能考虑“钱包”鼓不鼓的因素。这其中可能有很多理由，诸如：律师是不是优秀、有成就与律师是不是有钱很难画等号；有没有钱、钱多钱少与会不会腐败、抗腐败能力的大小，可能并没有什么稳定的正相关关系（是否有反相关关系似乎也很难说），因为那取决于各种复杂的因素；法官应该过一种体面、尊荣而非奢靡、浮夸的生活，这样的生活对“钱”或财富的需求是有限的、大致可以确定的，而一种好的制度，应该为法官不假外求地过上这样的生活提供相应的待遇；在制度上，这种待遇不是阻止腐败的理由，而是要求法官不因追求金钱财富而以权谋私的理由，是对法官的腐败行为予以惩戒的理由……在制度改革中，我们不仅要发现问题，如法官待遇低、司法腐败等，而且要分析什么是相关的因素，考虑什么是解决问题的恰当途径。

3. 如果要建立从优秀的执业律师中选法官的制度，那么我们有必要确立一些基本的前提预设，诸如：执业律师和法官之间在素质上存在可通用的优秀评价标准，优秀执业律师的素质，也是称职的法官所需要的素质；法官是一种需要优秀的执业律师或法律职业者出任的职业（有一种说法认为，最优秀的法律人才往往不能做法官，因为他们往往有怪癖、自以为是、不合群，法官需要比较平庸之辈）；法官是一种令优秀的执业律师或法律职业者向往的职业……

4. 与上面这点相联系，我们可能要考虑"从律师中选法官"这种做法与整个司法传统和诉讼框架的关联性。英美为什么"从执业律师中选法官"而大陆法国家不这样做，除历史形成的原因外，内含的法理是什么？在不同的裁判或诉讼构造中，执业律师和法官这两种法律职业之间的依存度、同构性是不是也有不同？权力和技能之间是不是有一种此消彼长的关系？比如，在偏重当事人主义的诉讼构造中，法官权力的有效行使可能更倚重对律师技能的了解，而在偏重职权主义的诉讼构造中，诉讼裁判具有法官职权推动的色彩，律师的作用相对要小，因此，就法官具有执业律师良好的从业背景而言，前者的重要性可能要大得多，后者则有可能被认为不那么必要或不必要。

5. 也许更为重要的是，如果我们提出引入英美式的"从律师中选法官"的制度，以此来促进我国法官素质的提高和司法品质的改善，那么还需要考虑是不是有必要、有可能走那么远的问题。从我国近代以来的法律史看，我们更多接受的是大陆法传统（包括在诉讼裁判制度方面），而一般说来，传承意义上的革新较之于断裂意义上的革新总是更为可行，代价小，价值不一定小。因此，如果要跨越式地选择一种崭新的、英美式的"从律师中选法官"的改革，那么我们要想想，不行此道的那些大陆法国家是不是也有类似于我国的法官素质和司法品质的问题？换言之，我们面临的问题是否与没有"从律师中选法官"有关系？如果不是，那么我们是否应该更多地了解一下大陆法国家的做法？是不是应该换一种思路？我并无意、也没有否定"从律师中选法官"的合理性，我要问的是，我们遇到了什么问题，这些问题是不是能够支持我们提出某种改革主张，以及我们的主张是不是一种相对较优的选择？

七、司考门槛的高与低

随着本年度司法考试的临近，有关司法考试门槛高低的话题再次引起人们的热切关注，立场、观点的分歧也一目了然。为了使关于该话题的讨论得以深入，我想在这里先对"司考门槛"这一表述的含义做一点辨析。

"司考门槛"在人们的讨论中常常具有两种含义，交错缠绕在一起：一指司法考试的通过率；二指"司法考试合格"作为进入法官、检察官、律师等法律职业的法定要求之一，所必然具有的"门槛"效应。与之相对，"司考门槛高低"的话题也具有性质不同的意味：在前者，"司考门槛高低"意指司法考试通过率的高低；在后者，"司考门槛高低"意指司法考试结果对进入法律职业的影响。

明眼人一望而知，"司考门槛"的前一种含义所引发的"高低"话题，基本上是一个事实层面的描述性问题——司考通过率是不是太低、司考门槛是不是过高？而后一种含义所引发的，则是价值层面的评价问题——司考通过率应该如何、司考门槛应该降低、维持还是提高？人们真正关心和需要关心的，显然是后者。

司考门槛在事实层面是高了还是低了？很多人是从考试人数和通过人数的比率来说的。自2002年开始第一次司法考试以来，2002～2004年的实际考试人数分别是31万人、近17万人和17.9万人，通过率分别是8%、11.12%和11.22%，通过人数一共6万多人（含有对一些地区的照顾数），平均大约是考试人数的一成。如果仅仅根据司法考试通过者的绝对数就说司考门槛高了，那不过是论者的个人感觉，基于同样的事实，别人也可以说司考门槛不高或不够高。究竟是高还是低，只能从对比的意义上来说明，即相对于什么来说是高了还是低了。对比可以是纵向的历史对比，得出的结论是近三年司考门槛有逐年降低的趋势；也可以是横向对比，如与域外的情况对比，发现中国的司考门槛并不高——但这里有一个可比性问题：不同地区、不同群体等相互之间的对比，如相对于东部地区更高的通过率，司考门槛对西部地区显得比较高；相对于法律院校参考者的更高通过率，司考门槛对其他参考者群体显得比较高。

需要指出的是，在事实层面对司考门槛高低的描述，并不应该成为人们的真正关切所在。因为对于一个接受了大专院校法律教育的人来说，除非他想要从事法官、检察官、律师等法律职业，司法考试对他在法律上并不构成“门槛”限制。从法律职业的有限规模看，从学习法律不一定从事法律职业的普遍情况看，司法考试只能采取窄门政策，其高门槛应是题中应有之义。在这里，不存在所谓的“浪费法律人才、不利于法学教育”的问题。

人们在价值层面对司考门槛高低的评论，以及存在的观点分歧，主要产生于司考结果对于解决目前我国法律职业所面临问题的影响。其中的聚焦点是：西部等不发达地区的基层法院、检察院出现了法官、检察官“断层”问题（如有的省87%的基层法院法官人数仅为3至4人），而与此形成对比的是，这些法院、检察院连年在司法考试中的低通过率、甚至零通过率。尽管在2002～2004年的司考中，有关部门对这些地区已经给予了照顾，比如2002年合格线是240分，这些地区放宽为235分，有七百多人符合放宽条件；2003年合格线是240分，这些地区放宽为225分，有两千多人符合放宽条件；2004年合格线是360分，这些地区放宽为335分，另外还采取了放宽报名条件、民族语言试卷等办法予以关照，但总的情况并没有改变。应该说，目前有关“降低司考门槛”的意见，主要是针对司法官断层现象的有感而发。

但是，“降低司考门槛”并不是解决司法官断层问题的对症良方。从法院、检察院方面看，造成断层的直接原因是：留不住——司法官流失；出不去——司法官与行政人员结构严重失调、不合格人员挤占编制；进不来、不愿进——社会上条件合格者不得而入或不愿进入。应该说，这三方面的原因都不是简单地采取降低司考门槛的办法就能解决的。司法官流失的问题，关键在于对司法官的身份和职务保障严重缺乏，尤其是司法官在与律师、党政干部等的比较中产生的落差感、挫折感。至于出不去、进不来或不愿进的情况，则或者表明应该维护司考门槛，或者与司考门槛无关。一句话，目前的司法官断层问题，既不是因司考门槛造成，也无法由此解决。考虑到全国法院、检察院干警目前平均40%左右的大学本科学历水平，考虑到中国社会发展和法治进程对司法官的职业化改造要求，“降低司考门槛”的说法真的应该慎之又慎!

从中国律师业的现状和发展看，也没有多少降低司考门槛的必要。通过司考门槛限制从业人数，是避免导致恶性竞争、保持律师执业秩序、维护律师服务品质的重要手段。而且近十多年来，我国律师的数量一直处于盘整状态，最新的统计是11.8万人，并没有出现原来预期的大发展。我想其中的重要原因是：律师主要生活于经济比较发达的大中城市，其业务属于“高端”法律服务。中国的法律服务需求的确巨大，但律师的数量规模取决于这种法律服务需求有多少能转化为对律师服务的需求。

作为“门槛”的司法考试是中国法律职业化进程的推进器，它的确遭遇了某种不合理的职业现状，值此关头，需要我们坚定信念，努力贯彻司法考试制度的设计意图，坚持、坚持、再坚持!

八、也谈“延缓法官退休年龄”

“法官不同于一般公务员，应该延缓法官的法定退休年龄”，这是时下流行的一个说法，在我看来，这也将是伴随中国法官职业化改造进程始终的一个持久话题。

的确，在现实生活中，有不少司法技艺娴熟、德高望重的法官不得不在自己职业生涯的高峰阶段，迫于55岁或60岁的强制退休年龄的规定，惜别自己的岗位，让人不胜欷歔感叹！从理论上说，“延缓法官退休年龄”也是顺理成章、不言而喻的。“法官是老的好，律师是少的俏”，一语道破高品质司法对法官年资阅历、心智名望的倚重。从制度设计的逻辑来说，如果我们基于司法裁判活动的内在要求，通过提高门槛、逐级选任等做法推迟了担任各级法院法官的年龄，那么在其他因素不变的情况下（如身体健康、无严重品德瑕疵等），也应该基于同样的考虑延缓法官的法定退休年龄。这是避免司法资源浪费、避免法官在任内因心有旁骛而无法尽职尽能等各种弊端的必然选择。域外法治发达国家的实践也对“延缓”之说形成强有力的支持。

但是，在现阶段，如果从整体上审视我国法官职业的外部环境和内在构成，对于在制度设计上是否应该作出延缓法官退休年龄的决策这一问题，恐怕我们还不能不做否定性的选择。“延缓法官退休年龄”之说应该缓行，主要考虑如下：

其一，“延缓”之说以合格的法官为对象，后者是法官职业化改造的目标，也是职业保障的前提。对于何谓“合格法官”，首先涉及法官的养成模式，对此，多年司法改革的努力已经累积出一个大致的制度轮廓：大学法科毕业、通过司法官考试取得资格、经过系统的任前训练、担任实习法官期满并经考核合格。尽管如此，就现阶段的情况看，这还只是一个已经树立并在实践中不断实现的目标模式，而非现状：目前法官整体的学历状况远远没有达到《法官法》要求的水平，本科学历以上的人员平均在40%左右，如果考虑是否法律本科和获自正规法律院校的因素，这一比例还会大大缩水。从整体上说，中国法官也不是一个经过严格职前选拔的群体。尽管我们不能仅因此而对法官群体的司法能力做不良评价，但职业化的确包含了强势的形式要求，不管实际能力如何，在制度设计上法官必须是一望而知的“品牌”。

其二，现阶段许多地方、尤其是其中的基层法院，法官严重短缺，但是解决这一问题的对症之药是提高职业的“含金量”，解决进口不开、出口不畅、内部结构不合理等问题，而不是简单地延缓在职法官的退休年龄。尤其是，在现阶段我们不能假设法官自身不愿意到期退休。到期退休是法官的权利。在目前司法保障缺乏的情况下，法官收入不多、压力不小；地位不高、风险不小，因而还算不上一个条件优越的职业。到期退休，可能是多数法官的意愿；延缓退休年龄，则意味着制度设计上的不近人情。从长远看，对于不同层级法院的法官，在制度上不仅要设立作为权利的可以退休年龄，而且要设定作为义务的强制退休年龄，同时还要有针对特定情况的甄别变通程序，以折冲强制退休规定的刚性。

其三，在现阶段，延缓法官退休年龄也很难为社会所认可。“延缓”之说在深层次上包含了对法官不同于一般公务员的职业特性的认识，但是，这样一种认识要体现于制度，一个必要的前提是社会认同。而在目前情况下，要把个中道理向业外人士、尤其是富有决策权力的领导人说清、进而说服，必定是很困难的。有不少学者批评不久前通过的《公务员法》，认为它对法官的职业特性缺乏应有的关照，但是，它却真实地体现了现阶段我国社会对法官职业的认识水平。

总之，延缓法官退休年龄应该立足现状，在法官职业化改造的总体背景下予以考虑。中国法官的职业化改造过程是一个不断在业内外彰显法官职业特性，并完成相应的观念转变和制度设计的过程。考虑到在实践中“延缓法官退休年龄”只是一个在个别和局部意义上有必要的主张，在中国法官职业化改造的大背景下，在一般决策上，“延缓法官退休年龄”之说应该缓行。

九、关于“司法官短缺”：缺编还是缺人

近两年来，关于“西部和贫困地区基层司法官短缺”的话题引起人们热切关注。议论的广泛程度和频繁程度，直接促成了今年 3 月 9 日中央组织部、中编办、最高人民法院、最高人民检察院共同制定发布了《关于缓解西部及贫困地区基层人民法院、人民检察院法官、检察官短缺问题的意见》（以下简称《意见》）。为有效缓解这些地方“司法官短缺”的状况，《意见》提出了“稳定本地人才、引进急需人才、培养后备人才、提高队伍素质”的对策，并倚重于组织的力量，针对性地设计了各种制度措施，如合理配置和使用现有司法官资源、建立人才对口支援机制、改进省级统一招考和多措施拓宽司法官来源渠道等。可以预期，随着这些政策措施的贯彻实行，上述地区“司法官短缺”的问题将会得到“有效缓解”。此外还可以发现，《意见》对于解决这些地区“司法官短缺”问题的思路也是比较健全的。《意见》强调了司法官选任的法律标准，提出要加快研究解决司法官分类管理、职级待遇、职务保障制度等重要问题，提出要提升司法官的素质品质等，这些都表明“司法官短缺”不仅仅是一个数量问题，而且更涉及质量以及与此相关的诸多因素的改变。

回顾人们关于“西部和贫困地区基层司法官短缺”的议论到《意见》出台的过程，我

想也需要我们更加深入地思考和回答一个重要的问题，即究竟什么是“司法官短缺”。对此，《意见》开宗明义的界定是：司法官“队伍来源短缺、办案力量不足且有逐步加剧的趋势，严重影响了这些地方审判、检察工作的正常开展”。其中最关键的表述是“办案力量不足”，这构成了对“司法官短缺”的实质性界定，揭示了司法需求和供给关系的核心内容。那么，这些地方的“司法官短缺”是否导致了“办案力量不足”并不断加剧的问题呢，我想就此应该有肯定的回答，而且《意见》的出台事实上也是以此为前提判断。问题是此前、甚至直到现在人们关于这些地方“司法官短缺”的议论并没有在这方面提供扎实的说明。从各种媒体报道分析的内容看，讲的都是由于各种原因造成西部和贫困地区基层法、检两院的“缺编”问题，而不是导致“办案力量不足”的“缺人”问题。

比如，见诸于媒体的报道说，贵州检察机关编制在5 500人左右，现在空编竟达1 000人；陕西检察机关 2002 年至 2005 年共减少检察官 712 名，同期该省基层人民检察院只有 69 人通过司法考试，有 49 个基层人民检察院没有一名干警通过司法考试；内蒙古检察官断层严重，每年平均减少人员 200 余名，基层人民检察院有大量“一人科室”，司考通过率低、人才危机加剧；重庆市基层人民法院法官人数呈负增长趋势，自 2001 年以来，全市基层人民法院新进人员 474 名，担任法官职务的仅有 78 名，有 16 个基层人民法院没有任命过一名法官（不含院领导），法官断层问题严重……显然，这些地区基层司法官的缺编、缺额是无疑的了，但是否因此造成了“办案力量不足”，造成了司法官“缺人”的问题呢，可能还无从判断。

由于进口不通、出口不畅、合格人员流失、人员结构失调等等原因，西部和贫困地区基层法、检两院存在“缺编”的事实，但是，在看到扎实的相关数据和分析报告前，我们还不能贸然认定这些地方在“办案力量不足”的意义上有“缺人”的问题。质言之，在理想状态下——编制计划准确适时的情况下，缺编意味着缺人，但在中国社会转型的大背景下，我们却有足够的理由表示怀疑。

即使不考虑案件类别、纠纷解决观念等复杂因素对司法资源“耗能”的影响，在东部和一些中心城市面临“诉讼爆炸”的局面下（想想北京市朝阳区法院年审理 5 万多案件的情况），这些地区司法机关的人均办案数量肯定普遍会高于西部或其他地区；而去过西部做调研的人都了解，在地广人稀、发达程度较低、风俗习惯殊异的大环境下，法、检两院的案件量是比较少的，人浮于事的状况并不少见。由此说来，可能我们要讨论就是北京、上海、江苏、浙江、广东等许多比较发达地方基层法、检两院的司法官短缺问题。如果做课题调研，我们甚至可以非常合理地预设：中国政府机关包括司法机关存在严重的缺编不缺人、缺人不缺编的问题。在知情者眼里，政府机关和全额事业单位存在吃编制空额的问题，也不是什么秘密。同时，人浮于事不仅常常于事无补，反而导致“寻租”腐败，也不乏现实的教训。

要回答不同地区的司法官是不是短缺的问题，会涉及诸多复杂因素的考量。从相关性的角度分析，很多因素可能并没有直接的影响，如单纯的人口数量、地域面积等。编制因素的影响尽管直观而显著，但是，编制的产生原本是基于“做事”的需要，在一个大变动的时代，我们确有必要厘定需要，核实编制，进而准确回答司法官是不是短缺的问题。从司法需要、司法功能出发看问题，还有助于我们在分析和解决问题时形成更加准确的判断和应对思路，如从物质待遇和职业保障上大大增强司法官职业的成就感，以此为先机，切实提升职业品质和工作效能。如此这般，就不会在有了“司法官整体质量不尽如人意”的判断之后，错过司法考试制度给我们改造司法官职业、提升其品质带来的良好契机，就不会在对于司法官职业品质改善缺乏深度关切的情况下，过分倚重行政组织手段解决问题。

曾几何时，关于中国法官（尤其是最高人民法院法官）“数量太多”的议论也盛极一时，在此话题仍余音绕梁之际，我们又遭遇了关于“西部和贫困地区基层司法官短缺”的议论和实践。如此鲜明的对比和反差，需要我们在一个浮躁的年代做一些不那么浮躁的思考！

十、对我国法官培训的两个角度的思考

关于中国的法官培训，我们需要考虑许多方面的许多问题。就法官培训这一话题本身而言，至少应该包括法官培训的目的或目标、组织、对象及其特点、内容、时间长短、师资安排、资金来源、制度保障、方式方法、效果评价等一系列问题。而要想说得更清楚、更全面、深入，我们还不得不考虑许多与话题密切相关的“外部问题”，如整个社会的法制和司法环境，国外法治发达国家的相关实践和经验。在这里，我想从法官培训的理想模式和实际操作这样两个角度，谈谈自己对我国法官培训的总体看法。就前一个角度的分析而言，我想通过与国外相关实践的比较来进行；就后一个角度的分析而言，我想立足于中国法官的职业现状来展开。

（一）域外的实践：法官培训的两种含义

在当今各国的司法制度中，法官培训是一个普遍存在的现象。顾名思义，法官培训就是对法官的培养和训练。对此，我国《法官法》第九章作了专门规定。《法官法》第26条规定：“对法官应当有计划地进行理论培训和业务培训。”不过，从所接触到的国外情况看，人们对“法官培训”一词的含义似乎还是有两种理解：一种是严格意义上或狭义的法官培训，指对在职法官甚至包括法院其他各类工作人员的继续教育，这种意义上的法官培训可以称之为在职培训；另一种是广义的法官培训，它还包括通过一个培训或教育过程把一个普通人造就为一名法官，即所谓的职前培训。可以认为，对“法官培训”含义的不同理解，决定了法官培训机构在职能定位上的不同。

从读到的一些材料看，德国、法国、日本和我国台湾地区等大陆法传统的法律人士更倾向于从广义的角度谈法官培训，而美国、英国等普通法传统的法律人士则更倾向于从狭义的角度谈法官培训。个中原因固然有许多，而且可能还比较复杂，但大致还是可以认为：在前者，法官通常被认为是有计划的教育或培养的结果，因而初任法官者往往可能比较年轻；在后者，法官则是职业教育和自由实践的结果——一个人只有在专门的职业教育（如美国的法学院，英国的律师学院）的基础上、经过从事律师等其他法律职业的实践并且声

誉卓著，才有可能成为职业法官。在美国和英国，年纪轻轻要想戴上法官的桂冠，是不那么可能的。

为进一步比较说明，我想以德国的情况为例。按照德国宪法法律，担任法官的条件除具有德国国籍、忠于德国宪法外，还须有从事司法工作的资格。所谓“有从事司法工作的资格”，简单地说就是要通过两次国家司法考试。法官通常是由各州司法部长从通过两次考试者的佼佼者中任命。从司法官（包括法官）培养和训练的全过程看，大致有四个阶段：即大学法学教育、实习期教育、见习法官教育和法官继续教育。其中前两个阶段属于普通法学教育，它在一个人被任命为法官之前进行，而且并不专以从事法官职业为指向，因此属于任职前的培训；后两个阶段属于任职后的、严格意义上的法官培训，似乎可以分别称之为初任法官培训和“资深”法官培训。具体情况如下：

1. 大学法学教育。一般为5年（至少3年半），采用的方法是讲授和练习。此后参加第一次国家司法考试（书面和口头）。

2. 实习期教育。通过第一次国家司法考试者进入为期两年的实习期，它由各州司法部组织实施，其中包括6个月的法院民庭庭审实践，4～6个月或更长时间的律师事务所实践等，目的是了解不同的法律职业。此后参加第二次国家司法考试，考试内容中包括要求制作内容和形式俱佳的判决书。

3. 见习法官教育。通过第二次国家司法考试而被任命为法官者，将担任3年～5年的见习法官（然后才能被任命为终身法官）。见习法官可以独立办案，但其工作质量在一定程度上要受所在法院院长监督，因为其中被评估为“不适合在司法部门工作”者将被解雇。见习法官要参加司法部或法院组织的培训，典型的情况是4周的概论教学，紧跟两套为期1周的强化课程。

4. 法官继续教育。其目的是使法官跟上时代步伐。德国法官学院的2个培训中心和各州政府为法官提供了很多培训机会。法官学院开设100门左右的课程，一半是法律专业课程——介绍实体法或程序法领域的最新发展及其中所包含的社会和技术的发展；1/4是跨学科的，如医学和法律；1/4是关于社会能力的，如“法庭修辞和交际”。每班25人～40人。培训课程不打分，不发证书，与晋升前景无直接关系。（这一点与中国不同，中国《法官法》第26条规定：“法官在培训期间的学习成绩和鉴定，作为其任职、晋升的依据之一。”）

上述德国的做法在大陆法传统的国家或地区还是具有典型意义的。它们的共同特点是：在一个人从事法律职业（包括法官）之前，一般须经过大学法律院系的法学教育和专门的司法职业训练。这种大学法学教育和司法职业培训可能成为一个人进入法官职业的“直通车”。比较说来，美国等普通法传统的国家则没有这样的“直通车”，而且似乎也没有这种环环相扣的法官培养体制，它们似乎更注重在造就法官过程中实践和经验的重要性。同时，考虑到英国存在律师学院一类的设置，美国的法律职业的职前教育和训练在某种意义上倚重的是大学的法学院。另外，就在职法官的培训而言，这些国家和地区的做法也是有同有异。其基本的共同点都是：设有专门机构负责组织这样的培训，时间很短，重在知识更新，等等。例如，美国专门从事法官培训的机构是联邦司法中心，培训对象是法官和法院工作人员。它对新法官（主要是初审法官）的培训计划分两步，每次 4 天半，中间间隔 9 个半月。它还定期举行涉及诸多领域的研讨班和培训班，人数 20～200 人不等，时间 1～2 天，最长不超过 5 天。

说到这里，我们就可以比较分析一下中国的情况了。

根据我国《法官法》第 9 条的规定，担任法官的条件是：（1）年满 23 岁的中国公民；（2）拥护中国宪法；（3）有良好的政治、业务素质和品行；（4）身体健康；（5）高等院校法律专业本科毕业或者高等院校非法律专业本科毕业具有法律专业知识，从事法律工作满二年；或者获得法律专业硕士学位、博士学位，从事法律工作满 1 年。《法官法》第 12 条规定："初任审判员、助理审判员采用公开考试、严格考核的办法，按照德才兼备的标准，从具备法官条件的人员中择优提出人选。"联系这些规定来看《法官法》第九章所说的"法官培训"和现实的培训实践，我们可以作出以下两点判断：

第一，我国的法官培训是指对在职法官的培训，因而可以归入对"法官培训"的狭义理解。这一点与美国等普通法传统的国家类似。但是，值得特别注意的是，我国大学法律院系的法律教育并不具有像美国法学院那样的职业指向或特色。

第二，我国大学法律院系的法律教育与德国等大陆法传统的国家和地区的大学法律教育相似，同属职业指向不明确的普通法律教育。但是，同样值得特别注意的是，由于我国没有像德国等大陆法传统的国家和地区的"职前训练"，这种在大学中进行的普通法律教育却可能成为进入法官职业的"直通车"（这里不考虑未受系统法律教育进入法官职业的情况）。

基于以上两个判断，也许需要我们在比较长远或理想的意义上进行这样一种思考和选择：继续维持对"法官培训"的狭义理解，同时强化大学法律院系法律教育的职业指向或特色；或者扩展"法官培训"的含义，使其包含与大学普通法律教育相衔接的"职前训练"的内容。应该说，不做这样的深层思考和深刻改进，在我国就不可能形成与高素质的法官职业相对称的充分的"法官培训"概念。

（二）法官职业定位和法官培训：面向发展，保持合理张力

法官培训是一项实实在在的工作，当然不能局限于理想模式的探讨而不顾实际操作。而谈论实际操作，就不能不从中国法官的现状和所面临的发展来分析问题。对此，我想谈相互关联的两个方面的看法。

一个方面的看法是：职业、素质和培训这三者之间存在内在的逻辑关联，问题在于，从中国的现状看，法官是一种什么职业；就中国的法治发展看，法官应该是一种什么职业。谈论法官的素质要求和职业培训，不能不立足于中国社会的需要、考虑法官在社会中的职业定位问题，而考虑法官的职业定位，既要面对现状，更要顾及中国社会的转型和发展。

应该肯定，在当今中国，视法官为一种职业，已取得越来越多的共识。与任何其他社会职业一样，法官职业也有相应的素质要求，同时，素质的养成离不开教育和培训。这就是职业、素质和教育这三者之间在逻辑上的基本关联。

需要进一步强调的是，法官职业是作为专门职业（profession）的法律职业的一种，它与一般的职业（occupation）不同，具有专门的素质要求。从事并要胜任这一职业，需要掌握专门的职业知识和技能，并要遵行专门的职业伦理。尽管法官职业可以在不同的社会和制度环境中存在，但评价其素质高低的理念和标准还是大致相同的。一个真正的法官，必须忠于法律，具备胜任审判工作的能力；在职业道德上要为人正直并显示其公正性；在日常生活中要有公正、谦恭和敬重他人的修养和气质；在裁判中要有运用常识和创造性智慧的能力。显然，法官所具有的这样一种专门素质的养成，离不开专门的职业教育和培训。

中国现在的问题是，尽管对法官职业的素质要求在认识上有很大提高，但是，对于法官作为一种从业素质要求很高的专门职业的认识，还相当模糊。当然，总体说来，中国法官的构成现状确实也很难要求人们视它为一种高素质的专门职业。以湖北省某基层法院的情况为例。该法院有在职干警 168 人，其中从军队转业来的有 76 人，占 45%；通过组织人事部门从公安或其他部门调入的有 61 人，占 36%；从社会招考的有 18 人，占 11%；从大专院校（不一定是法律院校）分配来的有 13 人，占 8%。在该法院 17 名庭长中，有 5 名属乡镇干部调任，6 人属军转干部。基于这样一种法官构成现状，至少能使我们理解为什么现如今对法官的任何优遇都难以为社会所认同，以及为什么提高法官的社会公信步履维艰。

然而，中国要想发展成为一个现代法治国家，要想通过社会和法制改革建立现代司法制度，就必须形成由法官、检察官、执业律师和其他各种法律职业构成的法律职业共同体，造就作为一种专门职业的法官职业。的确，这是一个对当今中国现实具有很大超越性的理想目标，但是我们必须确认和追求这个目标。正视眼下法官职业在构成、素质等方面的现状，以及目前国家和社会对法官的角色期待并不意味着要安于现状，而是为了表明：对目标的追求必须脚踏实地。在当今中国，“发展”一词无论在时间序列和空间序列上，都应该是一个连续性的概念。我们必须在“保守”和“进取”之间形成和保持合理的张力。

我想表达的第二个方面的看法是：在法官培训的目的、组织、对象、内容、时间长短、师资安排、培训方法、效果评价等方方面面的安排中，要体现和兼顾上面所说的现状和发展两个方面：既要考虑到中国法官职业在构成和素质方面的现状，又要甚至更要重视中国的法官职业在我们所勾画并努力实现的法治图景中所必须面对的改造和发展。对于“现状”，我们需要予以正视而非迁就；对于“发展”，我们需要做到细致冷静，而非盲目鼓噪。由此，我想引申出以下两点：

第一，考虑到中国法官在构成和素质方面的现状，如果法官培训不是较高层次的培训，那么就不能不成为一个比较宽泛的话题。

从国外法治发达国家的情况看，经过漫长时间的磨合，司法以及国家和社会生活的方方面面都获得了良好的定位。在它们那里，严格意义上的法官培训是一个非常“有限的”话题，它不同于法官在任职前的学历教育和职业训练，而是着重于法官任职后在职业知识、职业技能和职业伦理上的不断更新。由于培训目的的有限性，也就决定了培训计划在内容和时间（一般不超过三四天）等方面的有限性，以及在培训的组织、对象、师资安排、方法、效果评价等方面的针对性和有效性。同时，严格意义上的法官培训也是一个外部边界大致清楚的话题，它以法官的职前教育和训练为基础。与此不同，由于当今中国社会还不是在一种专门职业的意义上界定法官和其他法律职业、目前中国法官在整体上还不能说是一个在任职前接受过比较充分的学历教育和职业训练的群体，就使得中国法官培训计划的制订者难以在“边界清楚”的意义上考虑问题，而必须认真地思考和选择自己的“起点”。资源（如时间、资金、场所、师资等）是有限的，甚至是非常短缺的，时下的任何法官培训计划，都必须也不得不在“补课”和“更新”之间找到平衡。

第二，如果资源是非常短缺的话，那么我们就不能不特别地强调中国的法官培训必须考虑中国的法制和司法改革的前瞻性需要。面对中国社会的“转型”，尽管在法制和司法改革的实际操作上，常常会让人感到“无从下手”、找不到合理的“支点”，从而不得不引进某种试错机制，进行程度不同的“模糊操作”，但是，有一点我想可以肯定，即：提高法官素质是司法改革的一项重要内容，而且法官是司法权的承载者，法官素质的提高，是司法发挥作用的基本前提。时下的法官培训计划应该体现转型社会的特点，服务于司法改革和建立现代司法制度的需要，服务于法治社会的构建。从理想的角度看，严格意义上的法官培训应该是一种重在“更新”的培训，而不应该是一种提高法官低素质状况的“补习”计划、“镀金”计划。

十一、《法官法》与法官的职业化进程

《法官法》自1995年八届全国人大常委会第十二次会议通过，至2005年已实施10年整，期间九届全国人大常委会曾于2001年对其相关内容作过重要的增补和修改。《法官法》是关于法官制度的法律，其目的应该在于保障法官权益、规范法官管理、维护法官职业的整体品质。要回顾《法官法》的产生及其走过的十年历程，有必要联系中国法官的职业化发展这个大背景来进行。

众所周知，司法的行政化、地方化以及法官的非职业化，是中国司法的三大痼疾，也是中国司法提高自身品质、回应社会发展和法治化治理所要切实解决的问题。《法官法》的制定和实施是不是有意义，以及具有什么样的意义，关键要看它对中国法官的职业化改造起到什么作用，以及在多大程度上促进了法官群体的职业化。

从法官职业化的角度来认识和评价《法官法》，其重要意义可以用一句话来概括：《法官法》以立法文本的显著标识，开启了中国法官的职业化进程。具体可以从以下两个方面来阐述：

其一，《法官法》的产生及其客观存在对法官的职业化发展所具有的意义。

即使不带任何价值偏好，不对《法官法》的产生和实施是推进还是延缓了法官职业化的进程作评价，也应该充分肯定，《法官法》作为对当代中国法官制度的系统陈述，必然具有重要的文本价值。《法官法》共17章、53条，它全面规定了法官职业的管理和保障，内容包括一般原则、法官职责、法官的义务和权利、法官的条件、任免、任职回避、法官的

等级、考核、培训、奖励，惩戒、工资保险福利、辞职辞退、退休、申诉控告、法官考评委员会等各个方面。《法官法》在十年前的诞生，犹如绘制了一幅关于中国法官制度的全景式图像，它以历史总结和系统陈述的方式，界定并廓清了中国法官职业化发展的起步状态。从《法官法》诞生后的实践看，它的存在为中国法官制度的不断完善、为中国法官的职业化发展提供了一个实在的法律框架。同时，它也为有关法官职业和法官制度的相关理论研讨，提供了既确定又开放的话语空间。

其二，《法官法》在非常实质的意义上开启了中国法官的职业化进程。

职业化是一个系统工程，它涉及对一个职业在教育背景、技能训练、行为伦理、身份地位、职务特权、组织构造等诸多方面的一系列合理的制度安排。法官职业化的过程不可能一蹴而就，它不仅要求对法官队伍本身进行深刻的改造，而且还包含了对法官职业所处环境的良好期许。但是，千里之行，始于足下，《法官法》在法官条件、职务保障、任职回避、培训教育等方面的许多规定，对于中国法官的职业化发展，的确具有意蕴深远的实质意义。例如，《法官法》第 8 条规定了法官享有的各项权利，其中第 2、3 项分别规定：法官"依法审判案件不受行政机关、社会团体和个人的干涉"；法官"非因法定事由、非经法定程序，不被免职、降职、辞退或者处分"。这样一些规定显然体现了法官职业化的内在要求，即使在今天也具有很强的现实针对性。因为在实践中，法官在履行职责时还经常受到外界的不当干涉；法官因公正处理案件得罪某些领导而被停职、降职或者调离、甚至受刑事追究的事件还时有发生；在有些地方，法官要按地方要求承担招商引资、扫黄打非等职业外的任务，没有完成任务会被追究责任。

尤其值得一提的是《法官法》第 4 章在担任"法官的条件"的规定中对法官学历条件的要求。《法官法》第 9 条规定了担任法官必须具备的条件，其中第 6 项规定是："高等院校法律专业本科毕业或者高等院校非法律专业本科毕业具有法律专业知识，从事法律工作满二年，其中担任高级人民法院、最高人民法院法官，应当从事法律工作满三年；获得法律专业硕士学位、博士学位或者非法律专业硕士学位、博士学位具有法律专业知识，从事法律工作满一年，其中担任高级人民法院、最高人民法院法官，应当从事法律工作满二年。"虽然该条文紧接着作了"开口"规定："本法施行前的审判人员不具备前款第六项规定的条件的，应当接受培训，具体办法由最高人民法院制定"，以及"适用第一款第六项规定的学历条件确有困难的地方，经最高人民法院审核确定，在一定期限内，可以将担任法官的学历条件放宽为高等院校法律专业专科毕业"，但是它毕竟在共和国的历史上第一次对法官的学历条件提出了明确的高要求，其意义直接而深远。

对担任法官的学历要求，直接针对的是当时法官在整体教育背景方面的不良状况。这种状况在当时由于对比律师在学历和资格考试方面的"高标准、严要求"而形成强烈反差，并为社会舆论所诟病。从目前关于法官学历状况的统计数字看，《法官法》对法官学历条件的要求，不仅在立法的当时是超前的、严峻的，从而对于中国法官的职业化发展具有"革命性"的意义，而且在它实施十年后的今天、甚至在今后很长一段时期，依然具有深刻的意义。对此，我们可以列举见诸媒体的一些统计数字加以说明：

2002 年 9 月，最高人民法院要求现职法官未达到本科学历要求的：40 岁以下的必须在 5 年内达到本科学历；40 岁以上的，要接受半年到一年的专职培训，按照大学法律专业课程设置进行强化学习。到 2003 年，最高人民法院统计表明，在地方各级法院的法官中，大学本科以上学历占全体法官的 41%左右，比 1998 年增加了 21%。另据统计，山东省 2003 年底全省法官本科以上学历人员比例达到 46%，高出全国法院平均水平。河北省 2004 年底全省法官队伍中本科以上学历人员占法官总数的 55.17%（2002 年为 28.94%，2003 年为 36.55%）。云南 2004 年全省法官中正规院校毕业的法律本科生占 8%。

鉴于中国法官和检察官在学历的法定要求和实际状况方面的可比性，这里还可以引用最高人民检察院《2004～2008 年全国检察人才队伍建设规划》中的一些数字，对中国法官的学历现状以及与法律要求之间的差距做一个辅助说明。该规划要求：到 2008 年，全国检察人员中大学专科以上学历的人数要达到 19 万人，平均达到 90%，其中大学本科学历的人数要达到 12 万人，平均达到 60%；到 2008 年，省级以上检察院领导班子大学本科毕业的要求达到 95%，地、县两级检察院要分别达到 90%和 80%以上；省级以上检察院的领导班子中法律专业的要达到 80%以上，地、县两级检察院要分别达到 70%和 60%。由此可以推断，中国《检察官法》对检察官学历条件的要求，一直到 2008 年都还是一个进行时，或者说只是在局部范围内达标而在整体上未达标的完成进行时，而不可能是完成时。中国法官的情况可能也大致如此。

《法官法》对担任法官者所设定的学历门槛，显然在中国的法院和法官群体中造成了一种深深的“紧张”。为了消除这种“紧张”，提高法官的学历层次以便符合法律上的“门槛”要求，中国的法院和法官在过去 10 年里已经做了大量的工作，并取得显著成就，今后还将继续付出艰苦的努力。

值得充分肯定的是，这样一种“紧张”造就了中国法官职业化发展的建设性“张力”。可以说，如果没有《法官法》在 10 年前对担任法官者设定的学历门槛，就没有后来关于“法官职业化”的明确提法，以及在法官职业化方面不断引入的高标准、严要求。因此，可以毫不夸张地说，要问中国法官的职业化进程在制度上的“张力”从何时、因何事而起始，答案恰好在于《法官法》的诞生及其对担任法官者所设定的学历门槛。法官的学历门槛将继续为中国法官的职业化发展提供强有力的屏障，并与统一司法考试的制度设计一道，构成中国法官职业化在制度上的显著而强大的动力。在更加深刻的意义上，它们还将为中国司法的整体发展造就建设性的“张力”，发挥牵引、拉动的作用。

立足于《法官法》的规定，沿着律师资格统一考试、法律职业共同体的议论、法官学历门槛的设定、统一司法考试制度的推行及其与法官任职制度的对接、法官培训制度的完善、法官职业道德规范的建立、法官身份和职务保障制度的不断完备，等等，中国法官职业化发展的轨迹已清晰可见。在此前提下，我们甚至可以认为，相对于那种关于中国法官职业化改造的高歌猛进式、所向披靡般的宏大议论，立足于《法官法》的切实实施，遵循法官职业化要求的渐进式改革和发展，显然更加具有可行性和合理性。

当然，《法官法》的严格实施要求强化对其权威性的认识，因而有必要进一步明确《法官法》的法律位阶。《法官法》是全国人大常委会通过的全国性法律，其效力高于行政法规、地方性法规和行政规章，任何低位阶的法律、规定都不得消解《法官法》的效力。就《法官法》与新近通过的《公务员法》的关系而言，两者同属全国人大常委会通过的法律，尽管有前法和后法之分，但它们之间是特别法和一般法的关系，因为公务员法第 3 条第 2 款明确规定："法律对公务员中的领导成员的产生、任免、监督以及法官、检察官等的义务、权利和管理另有规定的，从其规定。"因此，在法官职业的管理和保障方面，具体到《法官法》和《公务员法》的关系，不应采取后法优于前法的原则，而应该适用特别法优于一般法的原则。

《法官法》以对中国法官制度的文本展示和对法官职业化发展的实质推进开启了中国法官的职业化进程。但是，中国法官的职业化改造必将是一个漫长而复杂的过程。在此过程中，除了在制度理念、制度框架等宏观层面的演进和完善外，制度细节方面的精雕细琢更是一项需要假以时日的慢功细活。中国法官的职业化不仅包含对法官队伍自身的深刻改造，而且作为中国司法和法治事业的一个有机环节，还必然与中国社会的整体发展和法治状况呈同步状态。

从法官职业化的实质要求看，《法官法》对法官职业的保障和管理显然还有进一步完善的空间。诸如：

法官遴选的路径要进一步清晰规范。在法官遴选方面，基于各种复杂因素的影响，目前《法官法》还留有较大的"缝隙"。《法官法》第 12 条规定："初任法官采用严格考核的办法，按照德才兼备的标准，从通过国家统一司法考试取得资格，并且具备法官条件的人员中择优提出人选。""人民法院的院长、副院长应当从法官或者其他具备法官条件的人员中择优提出人选。"可见，法官法没有把"通过国家统一司法考试取得资格"作为担任"法官"的条件，而是作为选任"初任法官"的条件，对于属于"法官"范围的法院院长、副院长的选任，适用的则是"法官"的条件。从长远看，法院院长、副院长必须首先具有法官身份，而"通过国家统一司法考试取得资格"则应该成为担任法官的必要条件之一。

法官管理要合理规范，真正体现法官职业的内在规律和特性。《法官法》不应该是管理法，而应该是规范对法官职业管理的法。在管理方面，应该积极促成社会对职业理性的尊重，认识并认可法官职业的内在规律和特性，从制度上赋予法官群体更多的自主空间，体现更多的同行制约、更多的职业视角，淡化法官管理中的行政色彩、长官意志。对"法官的等级"应该适时进行"去除行政化"的改造。简单地说，就是在严格法官遴选条件、保证法官职业的高品质的前提下，主要以任职资历为主来确定法官的等级并设定相应的薪酬待遇，而不是把法官等级简单地同法院的级别、在法院内担任的职务相匹配。

法官保障要针对问题，力争在身份和职务保障方面取得实质性进步。《法官法》的重心除了规范管理外，更重要的是为法官职业提供切实有效的保障。从当下和长远的发展看，应该特别强调《法官法》对法官职业的身份和职务保障，要义无反顾地选择尊重法官、给予法官以尊荣的立场，以此为基点甚至原点，提升法官职业的个别、局部和整体品质，推动法官职业化进程向纵深发展，回应社会法治进程对司法的角色期待。

在实质性地完善对法官职业的保障和管理之外，《法官法》作为规定法官制度的完整的立法文本，随着人们认识和实践的发展，在文字、句式、编排结构等表述形式方面也应该更加精确、妥当。比如，对第1章总则的四条规定，就可以在表述方面做某些调整和修改：

第1条“为了提高法官的素质，加强对法官的管理，保障人民法院依法独立行使审判权，保障法官依法履行职责，保障司法公正，根据宪法，制定本法。”可以考虑改为“为了维护法官职业的品质，规范对法官的管理，保障法官依法履行职责，促成司法公正，根据宪法，制定本法。”其中的要点是：法官职业自始就应该高品质，其品质应该“维护”而非“提高”；《法官法》重在“规范管理”而非“加强管理”。

第2条“法官是依法行使国家审判权的审判人员，包括最高人民法院、地方各级人民法院和军事法院等专门人民法院的院长、副院长、审判委员会委员、庭长、副庭长、审判员和助理审判员。”可以考虑改为“法官是依法行使国家审判权的审判人员。在法院内部担任院长、副院长、审判委员会委员、庭长、副庭长、审判员和助理审判员应该具备法官身份。”理由是：法官是一种身份资格，要明确确立法官的“身份”含义，以此来统合“院长、副院长、审判委员会委员、庭长、副庭长、审判员和助理审判员”等各种审判职务。

第3条“法官必须忠实执行宪法和法律，全心全意为人民服务。”可以考虑改为：“法官必须忠于法律，遵行职业道德，维护审判的独立和公正。”理由是：忠于法律是一个总体要求，其中的“法律”应该是一个统称，不宜对法律作列举式规定；司法必须为民，但是“司法为民”的直接要求是追求司法审判的独立和公正的品质。“全心全意为人民服务”的生活表述有必要转化为法律表述，并赋予在法律上可操作、可评估的含义。

第4条“法官依法履行职责，受法律保护。”可以考虑改为：“法官依法履行职责，不受任何追究。”理由是：要在职务行为豁免的意义上真正强化对法官的职务保障。

又如，在法官的权利和义务的规定方面，要遵循“职务限定”和“身份特权”的要求。所谓“职务限定”是指：法官是公民，凡是公民承担的义务而不受法官身份影响的，都无须在法官的义务中重复规定。诸如“严格遵守宪法和法律”，“保守国家秘密”等，都属于公民应尽义务的范围，法官也概莫能外。所谓“身份特权”意指：凡是公民享有的权利而不因法官身份受限制的，无须在法官权利中重复规定。诸如“人身、财产和住所安全受法律保护”、“获得劳动报酬”、“提出申诉或者控告”等一类的权益，法官和任何公民一样，在法律上平等享有，受同等保护。

再如，在条文规定方面要注意制度规范的刚性和可操作性。如《法官法》在担任法官的条件中规定了“身体健康”（第9条第5项）的要求，这项要求显然过于笼统，随之而来的疑问是：何谓身体健康？身体不健康是否还能继续做法官？从可操作性的角度看，“身体健康”的要求似乎有必要以“能够担负法官职责”为限定。

中国法官制度的完善，法官的职业化改造，是一场持续不断的接力，一代人通过《法官法》开启了这场接力，并卓有成效，后来人将继续在《法官法》的旗帜下推进这一进程。当然，《法官法》的完善，法官职业化进程的推进，在很大程度上主要不是法官和法院自身的事，甚至可以说是法官和法院力所不能及的事。我们期待着在中国的社会发展和法治进程中，在职业问题上达成更多的共识，在民主社会的追求和大众的生活常识与职业精英的理想和职业理性之间建立真正的沟通机制，并求得某种和谐与平衡。

6.4 错位的政治自由主义：中国法律职业是政体改革的领头羊吗？*

裴文睿**

对于中国法律职业和旨在促进法治建设的国际性捐赠机构而言，学界关心的一个核心问题就是作为政体改革推动力量的律师业所扮演的角色，特别是律师业在培育政治自由主义，推动民主政治和保护人权中发挥的作用（Alford 2007；Pils 2007；Halliday and Liu 2007；Fu and Cullen forthcoming）。①

本文第一部分论述在法律职业和更广泛的法律和社会领域中，在对宽泛意义上的法治价值的理解上，存在着一般性共识。然而政治自由主义却不是法律体制改革的动力，因为法律职业和法律体制的发展与现代化和经济发展更像是一盘棋。但即使在法治的价值上达成了一般性共识，法律职业内部的冲突以及法律职业同其他法律—政治体制之间的矛盾也使得将法治的大原则和抽象理想贯彻到可能的改革中变得十分复杂。伴随中国进入中等收入国家这一关键阶段，这些矛盾也在加剧，许多发展中国家的改革也就是在这一阶段停滞

---

* 原载《法律发展的中国经验国际学术研讨会论文集》（2008）。

** Randall Peerenboom，牛津大学社会—法律研究中心成员、牛津法律基金会“司法与社会：中国法治项目”负责人，墨尔本拉特罗勃大学教授。

① 笔者认为，阿尔福德（Alford）正确地质疑了中国法律职业将作为自由民主主义的一个重要力量的推测。然而在中国，法律职业和法律界的确在某些方面共同推动了法治建设，即便与先进的西方世界国家和西方势力迅速扶植起来的国家、世界性捐赠机构以及作为世界各国典范推广的联合国模式相比，中国的状况距离它们所讲的自由民主法治还很遥远。另参见 Peerenboom（2002）。联合国、国际律师协会和美国律师协会最近都出台了推动法治、政治自由主义、人权和民主的新动议，参见 the 2005 Summit resolution of member states，GA/RES/60/1，para. 134（b）；the IBA's Global Campaign to Promote the Rule of Law，at http：//www. ibanet. org/humanrights/Rule_of_Law_Movement. cfm；the ABA's Global Rule of Law Movement，at http：//www. abanet. org/rol/ and the ABA's World Justice Project，at http：//www. abanet. org/wjp/。哈里德（Halliday）和刘（Liu）将政治自由主义和（自由）民主主义区别开来，强调基本自由，尤其是公民、经济权利和人身权，而非选举权。

不前的。

第二部分论述除了对自由民主主义的推动软弱无力之外，其他大量因素束缚住了法律职业推进政治自由主义的手脚。最明显的一点就是，中国正在步东亚发展模式的后尘，这就极大地限制了律师涉足“政治律师”（political lawyering）领域的机会。

第三部分指出在中国，刑事辩护律师并不像一些乐观的评论者认为的那样是政体改革的领头羊，原因不胜枚举，最重要的莫过于公众对日益攀升的犯罪率的不宽容态度。

第四部分认为尽管在社会经济案件中，与“政治律师”在公民和政治权利案件中的情形相比，“公益律师”（cause-lawyering）在社会经济案件中享有更大的政治空间，但是公益律师的成效受制于很多因素，最大的障碍就是缺乏资源和制度不健全，这也是很多中低收入国家的典型特点。

第五部分得出结论认为，尽管我们不能指望律师职业成为政治自由主义的领头羊，它甚至都无法在一段时期内扛起大梁，但我们也不能过于悲观失望。东亚的一些国家已经克服了类似困难并走出了这些困境。它们已经建立了基本上符合法治原则的法律体系并较好地保护了人权，尽管还有一些国家仍然是非民主体制或者是功能不良的民主体制，尽管与西方经济发达的国家相比，它们仍然不够自由。此外，这些国家法律职业中的一小部分边缘派系在政体改革中扮演着关键角色，他们甚至一度改变了法律职业和法律界的性质与政治导向。

一、法治和经济发展

很多数据都表明，法律职业和法律体制的发展会共同步经济发展模式的后尘，并与现代化理论看齐。

（一）法律职业和法律界的发展

自 1978 年中国经济体制改革起步以来，法律院校和法学院学生的数目日益增加。1976 年中国仅有 8 所法学院，1989 年有 62 所，1999 年有 183 所，2003 年有 389 所，2005 年有 559 所（Zhu 2007：41）。法学院学生数量也急剧攀升，从 1991 年的25 000人上升到 2005 年的450 000人，研究生从7 500人上升到103 000人（Zhu：41）。这就使律师数量由 20 世纪 80 年代早期的寥寥几千人增加到如今的130 000人。

经济体制改革的最初几年间，律师还是极为稀罕的职业。起初，获得律师资格的标准十分宽松。伴随时间推移，律师业的门槛也在提高。1997 年仅有 33%的律师拥有大学或研究生学历。到了 2004 年，这一比率上升到 2/3，11%的律师拥有法学研究生学历，44%的律师拥有法学本科学历，12%的律师拥有其他专业本科学历（Zhu：37）。这个比率在不远的将来还会继续上升，因为《律师法》要求律师必须拥有本科学位，在律师稀缺的穷困地区可以有所例外。同时伴随律师业的内部竞争逐渐激烈，拥有本科和研究学学历的律师比例将继续增长。尤其对那些向高级专业型人才开出高价薪酬的律师事务所而言，高等学历更是“敲门砖”。

律师行业队伍规模的扩大和专业化程度的提高也在其他领域反映出来。立法几乎出全面开花。从 1979 年到 2005 年，815 项法律、4 156项国务院规章、58 797项部门规章以及 115 369项省级人大行政法规获得了通过（Zhu：2）。与此同时，全国人大代表的素质也呈现出稳步提高的趋势。90%的全国人大代表拥有大学以上文凭，在二十年里翻了一番。约 90%的全国人大常委拥有大学或者研究生文凭（Zhu：33)。全国人大代表和人大系统工作人员中受过法律训练的人数也急剧增加。

从 2000 年开始，所有的法官都将拥有大学学历。2001 年通过的《法官法》提高了法官录用标准，除了在一些确有困难的地方之外，法官必须拥有大学本科学历。2004 年，52%的法官为大学毕业生，1995 年这一比率仅有 7%（Zhu：34）。2004 年，44%的检察官、51%的公证人拥有大学或研究生学历。

（二）经济发展与法律职业和法律界发展之间的密切联系

多国数据比较研究显示，法治与良好的治理与财富之间有着紧密的联系，制度的发展和成长之间也是相辅相成的（Chang and Calderon 2000；Rigobon and Rodrik 2005；Kaufmman et al. 2007）

GDP 与世界银行法治指标间的比率为 r=82，与政府效率实践的比率为 r=77，与遏制腐败之间的比率为 r=76，与表决权和责任（即公民权和参与权）之间的比率为 r=62（Peerenboom 2007）。

然而法律与发展研究中困扰学者们的一个问题就是，在厘清法治、良好的治理和经济增长之间的关系时，由于各国政治体制、文化差异以及其他原因，很难将发展模式在各国间进行比较。中国是现代化理论的一个极为有价值的例子，因为在那里，众多的地区差异性集中在一个国家中，这就使得我们可以掌握政体的本质和文化因素（尽管在一些地区，汉族同少数民族之间的文化差异仍然不容忽视）。上海的人均 GDP 为55 000，北京为 37 058，广东为19 707，而甘肃的人均 GDP 为5 970，贵州仅为4 215（Zhu：64～65）。总体而言，中国还是一个低水平的中等收入国家，但中国的某些省份已经可以与中等收入国家中较为富裕的国家平起平坐了，一些省份则仍然属于低水平的中等收入国家的行列，还有一些省份则与印度、印尼和孟加拉等低收入国家一样贫穷。

中国各省份间的比较研究显示出的财富增长和制度发展之间的一般关系与全球范围内的研究成果并无二致。省人均 GDP 与人均律师数量法科毕业生比例以及诉讼之间存在着紧密的联系（Zhu：60）。

贸易领域内的诉讼整体呈现出增长的趋势，民事诉讼范围进一步拓展，调解案件缩减，仲裁数量在一定范围内相对稳定（Zhu：21，26）。一审经济类案件从 1983 年的44 080件攀升到 1996 年的1 519 793件，一审民事案件则由 1978 年的300 787件上升到 1999 年的 3 519 244件。在 1983 年至 2001 年间，经济类纠纷平均每年增长 18.3%，是民事案件增长速度的两倍、刑事案件的四倍（Clarke et al. 2006)。此后，诉讼数量保持相对稳定。

合同纠纷在诉讼案件中占绝大多数（He 2007；Zhu：221)。一审买卖合同案件从 1983

年的23 482件增至1996年的422 655件。农村土地合同纠纷案件从1983年的21 459件增至1995年的87 503件。金钱借贷类纠纷从1983年的1 264件增至1996年的558 499件（《中国年鉴》，China Law Yearbooks）。

在人均诉讼和人均律师之间也存在密切的联系（Zhu：90）。在中国，大多数顶尖的律师事务所以及大多数律师集中在少数几个大城市中，而在一些地区仍然没有律师事务所，甚至连律师也很难找到。北京、上海和天津每100 000人中的诉讼分别为1 307件、994件和802件，与湖南、江西和西藏形成对比，这三个地区的数目约在177件到230件之间。北京每100 000人中的律师为54.3人，上海为32.3人，天津为17.1人，广州为12.2人，而湖南仅为6.4人，江西为4.4人，西藏为1.3人（Zhu：51～52）。

就更广泛的法律体系而言，司法机关的素质与富裕程度之间也存在紧密的联系。城市中较高级别法院的法官往往具备相当高的教育水平。例如，上海市1/3以上的高级法院法官以及将近三分之一的仲裁员具备法律专业研究生或博士生学历。同一个法院不同部门之间法官的受教育程度也不同。上海市第一仲裁法院民事五庭的13名法官中，有1名博士，1名博士在读，8名法律专业硕士，其余8名硕士在读。与之形成对比的是，在农村基层法院甚至是较高级别法院中，高专业素质的法官人数相对较少。

尽管在中国，案件执行经常被看作一个大难题，然而案件总体执行情况却在好转（Zhu：243～247；World Bank Doing Business Survey 2008）。与发展的大步调基本一致，最近的研究发现，案件执行在较为富裕的城市有了明显的好转，在困难的农村地区，老的问题依然存在（He 2008）。执行情况好转的主要原因在于经济领域发生了质的变化；普遍的司法体制改革加强了制度建设并提升了司法机关的专业化水平；在加强案件执行力度上采取了一些特殊措施。很多城市的经济更加多样化，私营经济扮演着主导性的角色。某个企业的兴衰在地方政府眼中不再那么重要了，地方政府更为重视保护自己在建立一个有吸引力的投资环境上所享有的声誉。结果是，政府不再那么热衷于地方保护主义了（Gechlick 2006；Peerenboom 2002）。

世界银行的《全球贸易环境调查》指出，中国的司法腐败与同等人均收入水平国家相比为低。这与《世界透析》（Transparency International）和其他调查公布的有关腐败的数据相一致。① 但是司法腐败仍然在一些案件中存在。

在中国内部，富裕程度和腐败之间也有着紧密的联系。在农村，当法院缺乏充裕的经费时，为了获得资金，更容易发生机构性的腐败行为。

不同的发展模式一般与不同的公众态度相连。尽管中国公众总体上对司法机关表现出惊人的高度信任，但是城市和农村居民的态度却存在很大不同（Peerenboom and He 2008）。与农村居民相比，城市居民更倾向于诉诸法院（尽管城市居民遭受不幸的几率更高），并且

---

① 根据《腐败观察索引》，中国在163个国家中位居第71位。See Transparency International（2007：327）；Yang（2004）.

对诉讼经验更易接受。农村的经济发展模式下会产生更少的纠纷，更为强有力的制度和对生活的高满足率，正如较为富裕的城市地区的情形一样（Michelson 2008）。

(三) 推行法治的障碍：在中等收入国家这一阶段，矛盾冲突的加剧

调查研究显示，中国法律和政府体制正在快速改善。根据世界银行提供的数据，与其他国家相比，中国在中低收入阶层更好地推行了法治，在其他良好政府指标上则与之持平或高于它们（Kaufmann et al. 2007）。但需要进一步深化改革来应对进一步发生的问题。

中国在这一阶段中遇到的问题并不稀奇。中等收入国家在努力跻身法治型的富国（这些国家的公民权利在民主体制下受到较好的保护）行列中时将面临严峻的挑战。中等收入国家必须克服一系列技术、政治和社会问题：实现稳定的经济增长以保证不断提供就业岗位、保护环境、同时减轻贫困、缓解收入不均；建立社会保障体系，保护经济体制改革和全球化过程中产生的弱势群体；减少金融泡沫，并避免金融放开后频频光顾的金融危机；强化国家制度和政府体制；在国家由于资源稀缺和制度薄弱无法满足那些日益高涨的需求和愿望时，维持社会和政治稳定（IEG 2007，World Bank 2006，2001）。

中等收入国家也面临全球化和世界贸易体制带来的新挑战，其导致了全球化的不平等并限制了中等收入国家的政府出于自身利益考虑制定并贯彻的一些措施——包括如今那些发达国家在其发展的关键阶段曾经采取的一系列措施。

世界银行的一份研究（IEG 2007）指出，尽管中等收入国家自 1995 年以来一直保持 3.7%的经济增长速度，但是这些国家并没有实现平稳高质量的发展。半数以上的中等收入国家面临收入不均问题，尤其是那些存在地区差异的国家。同时不断攀升的经济增长速度以环境的恶化为代价：二氧化碳排放量上升，林木被破坏，空气和水资源遭到污染。尽管中等收入国家在减轻贫困上相对低收入国家更为成功，但是贫困在很多国家仍然是一个严重问题。中等收入国家还面临健康方面的难题。HIV/AID 仍然是一个严重问题，并且在很多国家还在恶化。70%的中等收入国家没有实现减少 2/3 的儿童死亡率的《千年目标》。

虽然一些中等收入国家改进了社会制度，但是它们的制度与发达国家相比仍然比较薄弱。3/4 的中等收入国家对腐败行为束手无策。15 个中等收入国家名列世界银行公布的最腐败的国家行列，2/3 的国家低于平均水平。司法腐败削弱了公众对法院的信任，并且使得法治的推行举步维艰（Global Corruption Report 2007）。强化司法独立的努力并不尽如人意（Cuoso 2005；IFES/USAID 2002；Santiso 2003）。诉讼往往耗费时日并且费用高昂。寻求司法途径解决问题然十分有限。

总之，很多中等收入国家的改革裹足不前；人民身陷非人道的贫困循环、日益严重的收入不均、持续恶化的环境、薄弱无能的社会制度和政府渎职的泥潭；对这些挑战采取的应对措施也并不理想。

对失败的转型国家及其面临的障碍，人们尽管已经给予相当的重视，然而对诸如中国这样的中等收入国家面临的具体问题以及应当采取何种行之有效的措施，我们仍然知之甚少。世界银行也只是在最近才将关注点转向中等收入国家。它在短短 6 年中公布的 3 个策

略性文件显示了世界银行在理解这一问题上面临的困难，以及在设计旨在应对中等收入国家的复杂问题的有效的改革策略上面临的障碍（World Bank 2001，2004，2006）。

欠缺知识和有效的策略不禁使人遗憾，70%的世界人口以及1/3的贫困人口生活在中等收入国家中（IEG 2007）。仅仅在东亚，到2010年，90%的人口将生活在中等收入国家。

中等收入国家之间存在巨大差异，人均GDP从850美元到10 000美元不等，即便撇开这些不谈，一个重要的问题就是对诸如法治这种公认的抽象理念很难转化为具体改革所需要的政治共识。有关称职的司法和法律职业的一些大而化之的理论价值不大，因为对像中国这样的国家而言，必须一方面提高法官和律师的录用标准，另一方面又有必要放宽条件以保证贫困省份拥有一定数目的法官和律师。同样，有关独立廉洁的司法体制和法律职业的一般理论也难以派上用场，因为在一些国家，一方面存在腐败，另一方面也需要用监督来确保责任的承担。

与许多中等收入国家一样，在中国，旨在实现法治的具体改革的设计和推进被日益加剧的矛盾冲突所牵绊。中国社会变得越来越多元化，在基本信仰上存在旧左派、新左派、新右派、新自由主义、传统自由主义以及儒家修正主义等派别（Leonard 2008），日益明显的发展不均加剧了城乡冲突，国有经济体制改革带来的就业机会加剧了城市下岗工人、城市一般居民和民工之间的利益冲突。这些差异反映在对社会规范性的不同认识中，并且又进一步反映在对法治这一大概念的不同理解中（Peerenboom 2002）。这些不同版本的法治概念阻碍了改革的脚步，不同的派系采用不同的概念用来支持截然相反的法律改革。

改革还被法律职业和广大法律界内部的矛盾冲突所羁绊。律师人数的陡增导致了在一些地区出现了律师过剩的现象。结果导致律师业试图从劣等的法律服务提供者和没有执照的“赤脚律师”那里下手来限制竞争。从业门槛更低的法律服务提供者被禁止代理刑事案件，并且收费也要低于正式律师。官方对这部分人的政策不一而同。起先考虑到农村律师稀缺的情况，对此采取鼓励态度，后来又加高了执业门槛，加强了对这部分人的控制。最近由于政府试图将其变成非牟利型的公益律师，这部分人的数量呈现出缩减的态势。然而法律服务提供者仍然比正式律师提供了更多的法律咨询意见并撰写了更多的法律文书（Zhu：388）。在一些地区，“赤脚律师”还承担着很大比例的民事诉讼案件代理（Zhu：413）。

法律服务提供者和“赤脚律师”是否对正式律师的市场形成威胁值得商榷。很少有律师情愿重新回到农村执业或者收取比他人更低的代理费。尽管政府加强了法律援助的力度并对贫困者采取了减免诉讼费用，以便于他们寻求司法援助，然而很多人仍然无力承担诉讼费用。尽管民事代理在总体上呈现出上升趋势，但是案件代理比率仍然很低：只有1/4的当事人选择律师代理诉讼（Zhu：351）。“赤脚律师”经常参与到一些诸如土地征收、环境纠纷、地方腐败和政府滥用职权之类的棘手案件中。相比而言，很多正式律师不愿意涉足此类案件，而“赤脚律师”往往与地方司法官员交情甚密，并且经常求助于他们出谋划策。

在律师业的另一个领域，在主要城市，中国律师业面临外资律所的竞争。很多情况下，国外律师和中国律师会合作进行某个项目。中国律师仍然垄断诉讼这一块。外资律所凭借其遍布世界的分支机构，在大型跨国贸易中拥有天然优势。然而中国与外国律师在诸如一般公司运作、合并、买进，金融以及资本市场等关键领域的竞争越来越激烈。结果是中国律师试图遏制外国律师的竞争。外国律师无权对中国法律发表意见，他们在中国代理仲裁也受到限制，因为其无权解释中国法律。

外国和本土律所竞相提供最优质的服务并展示其强大的实力。在精英律所代理案件显示了法律职业日益细化的分层和职业化。[①] 中伦北京律所只招收北京大学、中国政法大学、中国人民大学和清华大学最优秀的学生。其他律所也引入对外经济贸易大学的学生，他们在经济法领域、外语和普通法训练上占有优势。国外法学学位，诸如 JD 和 LLM 越来越司空见惯。结果是律师事务所更加重视对国外制度的掌握。要想进入顶级律所，一张 LLM 文凭不再那么灵验了。

例如 King and Wood 事务所就要求应聘者具备名牌法学院法学本科以上学历，倾向于录用那些拥有国外学历、通过中国或国外律师执业考试、在较大的律所或者跨国公司有过从业经历并熟谙英语口语和写作的应聘者。他们还必须奋发图强、目标明确并能承受压力。中伦律师事务所从中国和国外的名牌法学院校录用人员。倾向于招收拥有法学硕士或 JD 学位的应聘者，他们必须拥有中国或国外的律师执业资格。加盟的非诉律师必须拥有至少两年涉外法律服务从业经验。应聘者必须至少掌握一门外语，尽管实际上很多律师的客户是中国人，他们擅长的诉讼领域仅要求很低程度的外语水平即可。

机构间的利益竞争以及法律界内部的地盘争夺也阻碍了旨在促进公众利益的改革措施的推行。例如，检察院和人大代表就反对法院提出的司法独立的要求，并力主进一步扩大检察院和人大司法审查的权力以遏制司法腐败并弥补一些地区低素质的法官队伍状况，进一步确保责任追究和实现正义。与此同时，法官们则呼吁改变现有的任命体制和财务系统以增强法院的独立性。然而中央决策当局则更多地考虑中央财政体系。地方政府官员对加强司法独立的支持也是乏善可陈，他们不太能够对地方法院施压、偏袒地方企业或掩盖政府滥用权力。

二、作为政治自由主义和自由民主体制的一支力量的法律职业

一般而言，法治是坚固的民主政体得以成功建立的先决条件，虽然对香港、新加坡以及其他地区的经验性研究显示，两者并不必然联系在一起（Peerenboom 2007）。在中国，

① 法律职业的分层在律师所从事的工作种类、工作方式、客户群以及收入上很明显地体现出来。此外，排名在前 20%的律所拥有绝大多数的营业额，而排名在后 20%的律所确几乎无法支撑门面。进一步更详细的论述参见 Peerenboom（forthcoming 2009）；对包括从事刑事案件代理的非精英律所面临的问题，参见 Michelson（this volume）。

推行法治要求并导致了以法律来约束国家，建立一个日益独立自治的法律职业团体和司法系统，立法、执法和监督过程中广泛的政治参与，以及强大的市民社会和大众传媒。所有这些发展都与政治自由主义相吻合。由此，人们似乎看到这样一个希望：中国正在走向自由主义民主，同其他国家一样，中国的法律职业也将扮演举足轻重的角色。

然而应当谨慎。我们首先需要将法治、人权保护（如果不是自由主义的人权，也是对这一概念合理解释意义上的人权）制度和规范意义上的政治自由主义、特定规范立场上强调个体主义和自治的自由主义，以及在政府各个层次实行的多党选举竞争性的民主体制区分开来。在中国，存在很多对法治持支持立场的非自由主义者，他们甚至认同必须加强制度建设来保护公民权利。但是在其他东亚国家（Peerenboom et al. 2006），非自由主义者与自由主义者对权利的理解或有不同。这些非自由主义者在中国现阶段不会过于推崇选举。相反，他们认为，根据其他东亚国家的经验教训以及第三次民主化浪潮带来的可怕结果，民主体制应当被推迟，直到国家更为富裕和其他能够实现制度整合的条件到位（Peerenboom 2007）。

分析在推行法治上实施的法律举措，最好将法律职业分为"政治律师"（political lawyering）和"公益律师"（cause lawyering）（Scheingold and Sarat 2004，Halliday et al. 2007）。政治律师关注的是作为第一代权利的公民和政治权利——言论、思想、宗教信仰、迁徙和集会等消极自由权以及旨在保护这些权利的自由民主主义（最先推动西方经济发展）的政治制度。公益律师则强调经济和社会权利——土地权、农民流动、获得福利权、劳动权和妇女权益、甚至还包括动物的生活权利。不可否认在实践中，不乏一些激进的律师同时参与到上述两类活动中来，如同在韩国和中国台湾地区的情形一样（Ginsburg 2007）。

无论是政治律师还是公益律师，他们向政府提出质疑的策略和动机不尽相同，尤其是在像中国这样的国家，情况尤甚。付华菱（Fu Hualing）和居伦（Richard Cullen）将中国"维权运动"中的律师做了三种分类。"维权"律师是一个宽泛的术语，指那部分参与到推动保护公民权利和政治法律体制改革中来的激进分子。这些激进的律师可能是温和的、批判的或者极端的，取决于他们手头的案件、其动机和方式。

温和型的律师在政治上不会过于偏激。他们选择诸如消费者权益保护、劳动者权利或歧视等这类不具有过分的政治敏感性的案件。他们在法律的范围内从业，依赖法律推理辩论的途径，并致力于推动法治进程。

批判型的律师往往对政治体制更加挑剔，但他们在缺乏可行的替代方案时，也表现出实用主义的一面。他们希望现存体制尽量向那些理想化的表述靠近，并且他们经常是体制改革的支持者。他们倾向于接手一些更具政治敏感性的案件，例如言论自由、宗教信仰自由和结社自由，但是对那些政治上极其敏感的案件，他们不会染指。他们不仅依赖法律途径，也依赖政治途径，包括扩大舆论影响、获得国外非政府组织及其他组织的支持，以及利用公众抗议和静坐，尽管他们有的选择公众抗议，有的则依赖后者。他们"更倾向于渐进式的体制转型，希望通过内部改革的途径结束独裁主义国家的专横行为，避免与中共当局/国家的直接对垒”（Fu and Cullen）。

极端的律师接手的是一些高度政治敏感性的案件，如政治异己分子的案件和法轮功案件。他们的途径更为极端化，包括组织群众抗议和社会运动，甚至鼓动采用暴力手段。其目的也可能是推翻党国政权。极端的律师会“逆法律和政治大气候而行”（Sarat and Scheingold 2001）。正如许多不是那么极端的律师指出的那样，到头来，这些极端的律师总是疏离公众，远离他们自己的伙伴，并且为政府压制“维权”运动、使之丧失合法性提供了口实（Pils 2007）。

政府对温和型律师持容忍甚至是支持的态度，对批判型的律师一般持容忍态度，但是这部分人却更容易与政府相对抗，尤其是与地方官员对抗，这取决于具体的案件和采用的策略。极端的律师更容易受到地方政府的骚扰，受到从扰乱社会秩序到危害国家安全等罪名的指控，或者被拘留，甚至遭到警察和暴徒的殴打，这些暴徒或是与警察沆瀣一气，或是警察的走狗。

除了受到政府对抗之外，政治律师面临的一个难题就是缺乏其他律师和公众的支持。在一些国家，整个律所成员都可能是政治律师，公益律师则更为边缘化。在中国，各种类型的“维权”律师无疑只是法律职业中的边缘分子。如果一定要找到什么区别的话，相对于政治律师而言，政治上更为安全的公益律师获得了更多的支持。

同其他国家一样，法律职业精英阶层存在于中国一些顶级的经济类律师事务所中。经济类律师通常无暇成为政治上的激进分子，虽然他们中一些人作为律师协会成员会向政府就经济类法律或慈善机构基金募集提供建议。他们倾向于肯定目前的改革，并且对中国的走向持更为乐观的态度。他们也是稳定渐进式改革的既得利益者。他们中的一些人或许能对政治律师远期政治目标产生共鸣，但是他们对极端律师采取的方式持反对态度。作为土地开发商和大型贸易公司的代表，在土地征收案件、房屋所有者和土地开发商的纠纷、环境保护案件以及劳动权案件中，他们的业务利益同公益律师存在冲突。

在法律界其他领域，法学院对律师中的激进分子提供了某些支持。伏（Fu）和居伦（Cullen）指出，法学院的律师在推动宪政主义和法律维权中扮演了关键角色。他们作为学者，在政治上相对自治并且有经济保障，对公共政策制定的参与使得他们能够对敏感案件提供有效的支持。这部分人的代表人物有北京大学的贺卫方、北京邮电大学的许智勇、中国政法大学的腾彪以及四川大学的周伟。他们更接近于批判型的律师，而非极端型的律师。

但是人们却不能过多地寄希望于学术界的这批人。尽管大学为敏感问题提供了更大的话语空间，但是大学也要对当局有所交代。例如，腾彪就由于他的激进主义立场被其所在的大学禁止出国（Fu and Cullen）（腾彪在申奥期间也曾被当局拘留，旋即释放）。而且学术界并不是通篇一律地支持自由主义，很多教授在政治上并不积极。法学界已经成长起来，并且涌现出很多高水平的德高望重德的学者。但很多教授虽然名义上是全职教授，但考虑到花费在私人赚钱上的时间，他们只算个兼职教授而已。学术研究青睐于实证主义，大部分著作关注学理问题。相对而言，只有很少著作明确地涉及政治问题。由于强调学术产出的数量，很多著作充其量不过是一篇又一篇的法律重述。学术界在法官和政府官员心目中的地位也不崇高。政府和司法机关的法律改革者对这些著作往往视而不见，在他们眼中，学术界的理论并不实用，或者不适用于当前中国实际。

虽然中国的学术界在教育、财政和政治立场上比一般大众更倾向于自由主义，但是学术大家们的政治观点却十分不同。贺卫方、蔡定剑以及其他一大批人已凭借他们的自由主义立场成为公共知识分子。但是也有一些学者与这部分人持相反的立场，巩献田就发动了一次反对物权法的运动导致该法的审议曾一度搁浅。他针对的是收入不均衡和社会公正，并因此可归入新右派与反对新自由主义的左派之间的全国性的大论辩，但是围绕物权法的这场运动使社会主义者的老论调起死回生。潘维——政治学家，以对民主制的攻击而著名，根据他的观点，法治的建立必须先于民主。

那些寻找中国走向自由民主制的蛛丝马迹的西方学者们会自然而然地选择贺卫方或者蔡定剑这样的自由主义者，或诸如朴志方（Pu Zhifang）、高智胜（Gao Zhisheng）这类激进的律师。但是这可能会使他们错误地判断中国目前的走向或者自由主义在中国究竟有多少人捧场。相对于自由主义者和激进分子，那些更为谨慎保守的学者和律师可能对政策制定和改革进程具有更大的影响力。他们的观点也许不合西方学者、非政府组织或者议会机构的口味，因而他们就不会被应邀参加国际会议、或者在全国人大各委员会执行决议前发表观点。但是他们的观点应当受到重视。

然而，政治自由主义在中国面临的最大障碍是：中国正在沿着其他成功国家的发展路子前进。东亚模式下的经济增长、法律体制改革、民主化和宪政主义，以及相伴相随的不同阶段被寄予厚望的各种各样的权利（Peerenboom 2007），这种发展道路会极大地束缚律师推进政治自由主义以及跻身于政治律师行列的能力。经济发展才是重中之重。法律体制改革是双轨模式，经济的迅速发展是一个方面，同时，当公民和政治权利的行使将会危及社会政治稳定并由此波及经济发展时，必须予以坚决地制约。固然存在很多市民社会组织，但市民社会受到严格的管制，那些涉足政治活动的组织更是受到严密监控。前苏共温和革命的前车之鉴引起了中国当局的高度警惕，尤其对那些与国外政府、国际性的捐赠机构和非政府组织有来往的团体，更是草木皆兵。同样，尽管新闻媒体在问题报道上越来越趋于多样和主动，但是限制依然存在，那些犯了忌讳的记者和编辑将难逃被纠缠、解雇或逮捕的命运。

从制度层面上讲，由于中国并没有宪法法院，这就迫使激进主义律师往往依赖请愿或者法院诉讼的渠道，而法院对社会政策的制定既缺乏法律权威，在政治上也无能为力。但即便存在宪法法院，我们也不能有太多指望。其他东亚国家的宪法法院尽管在经济和其他非政治类案件中拥有一块足够独立的决策空间，但是在那些政治敏感性强的案件中仍然受到严格控制（Peerenboom and Chen 2008；Ginsburg 2007）。其他独裁政体如马来西亚和埃及的宪法法院，在越界或对当局产生过度危险时，也将难逃被清除的厄运。

三、作为政治自由主义先锋的刑事辩护律师

鉴于刑事辩护律师在英法这样的先进政治自由主义国家中扮演的领头羊的角色，哈里德（Terrence Halliday）和刘思达（Sida Liu）慎重地指出，中国的刑事辩护律师可能也将如此（Halliday and Liu 2007）。他们认为，有效的辩护代理要求辩护律师对国家权力限度的普遍认同、开放的市民社会和对核心权利的制度化保障，所有这些都可以归入政治自由主义的特质。在全国律师协会网站论坛上发表的观点中，他们找到了辩护律师作为中国政治自由主义先锋的证据。到 2005 年 3 月，该论坛已拥有超过34 000注册者，他们在 25 个不同的讨论区中发表了271 925个帖子。

然而还是应谨慎些。哈里德和刘思达正确地指出，没有系统的证据表明存在连贯的观点。尤其是，并没有明显的迹象表明，中国的刑事辩护律师已经联合起来支持自由主义或者其他政治观点。大部分帖子涉及的是刑事辩护律师经常遇到的一些实际问题，包括接触受委托人和卷宗、收集证据和交叉询问证人时的问题，以及被诬陷、受到捏造证据和妨碍司法等刑事追究的危险。大家一致认同，对刑事辩护律师应当予以更多的保护，并要求进一步重视对犯罪嫌疑人的权利保护。对法律界而言，无须讳言的一点是，刑事辩护律师也拥护法治改革，包括限制国家权力，重新确定法院、公安和检察院之间的权力关系，以及实行司法体制改革。但是与所有这些改革同时存在的还有包罗万象的法治理念和各异其趣的政治观点。

在刑事辩护阵营中存在明显的分化。一些律师对国家表现出更大的信任；另一些则强调辩护律师需要联合起来以保护自己，虽然实践中还没有任何动静。尽管很多刑事辩护律师进项很少，并且在法律职业中属于那些更为边缘的群体，但是也不乏一些拥有很大知名度的律师（他们通过接手一些要案赚到了很多钱）、知名学者以及全国或地方律协的成员，以及一些前法官或前检察官。他们与当局保持着较好的关系，并且能够判断哪些案子是烫手的山芋、不能接手。与他们那些关系圈太小的同事相比，这些人也不太会被纠缠或诬陷。哈里德和刘思达指出，司法部官方杂志《中国律师》上发表的观点就不是那么极端了，它站在更高的层面来看待中国司法体制改革和刑事辩护律师的问题。

但是即便刑事辩护律师在政治观点上和改革策略上同仇敌忾，他们也不太可能成为政治自由主义中的主导力量。与检察官、警察、法官和立法者等这些法律界的成员相比，律律尤其是刑事辩护律师的力量是最弱小的。

中国律师尤其是刑事辩护律师的社会地位十分低下。与其他国家相比，中国法律职业的一个主要不同点就是律师的产生模式。在很多国家，律师往往来自受过高等教育的阶层并代代传延（Dezalay and Garth 2002）。然而，中国的法律职业是在 1978 年才从零起步的。要求律师必须通过国家司法考试的举措进一步妨碍了律师的产出。同时，真正的精英阶层——高官的后代——并不涉足法律。他们往往荫其父辈的势力从政或经商，在受到严格限制的工业领域和有价值的土地合同和政府供应上，利用后者的关系网获得令人艳

羡的许可。

只有不到30%的律师是党员，这一比例进一步表明了律师边缘化的政治地位和立场（Zhu：343）。党员身份一般被看作是提升事业的途径，尤其是对那些拥有政治抱负的人而言。律师在入党问题上的消极态度说明他们的事业取决于其他因素，对大多数律师而言，推动政治纲领要摆在追求经济利益之后。

尽管毋庸置疑，刑事辩护律师与法律界的自由主义分子必然相互影响，但是无可否认，检察官和警察对自由主义的态度尤其保守，他们更倾向于维护法律和秩序，而非刑事辩护律师。法官和人大代表的立场在某种程度上位于两者的中间，尽管没有理由认为，与同等教育程度的一般公民相比，他们更为自由主义化。大部分人对大众主导观念持认同态度，认为与犯罪行为作斗争是正当的。

实际上，刑事辩护律师成为政治体制改革领头羊的主要阻力来自于中国日益增加的犯罪行为，并且在不远的将来，犯罪数量仍将继续上升。一般而言，工业化、城市化和市场经济体制的转型将导致犯罪率上升，屡见不鲜的是，当社会和经济发展日趋不均衡与之相伴相形时，情况更是如此。与其他转型国家相比，对中国律师在刑事诉讼中寻求保护，公众并不十分支持（Bakken 2005；Peerenboom 2004）。苏维埃政权垮掉后，东欧国家匆匆忙忙地实施了宪法和法律，对犯罪者的权利实行了全方位的保护。但是不久这些国家就由于犯罪率的上升和公众要求而将这些保护措施一笔勾销（Siegelbaum 2002；Kurczewski & Sullivan 2002）。同样的情形也发生在布宜诺斯艾利斯，近半数的市民认为有必要让“犯罪分子尝尝枪子儿的味道”（Brinks 2006：18）。

新闻媒体在这里扮演了一个既积极又消极的角色。中国媒体报道了一些刑事案件严重违反正当程序和不公正判决的情形。例如在某案中，犯罪嫌疑人被以谋杀罪判死刑，但到头来却发现受害人安然无恙。这导致了要求改革死刑制度的呼声。

但是媒体有时在刑事司法中也起到了消极作用。在一些地方，媒体将对一些暴力犯罪的描述添枝加叶，使得公众认为应当对犯罪下狠手整治（Beale 2003；Petit 2002）。实际上与其他国家相比，中国的犯罪率保持在一个较低的水平上（Bakken 2005）。媒体的消极作用的一个例子就是刘涌案，最初，刘涌这个前全国人大代表、黑社会头目被判死刑。上诉期间，他提供大量的警察证言，证明那些对他不利的证据是刑讯逼供所得，因而获得减刑。众怒最终促使最高人民法院对本案提起再审，刘涌在很短的时间内被执行死刑。

这并不是说犯罪嫌疑人和刑事辩护律师就没指望了。改进还是有的，例如死刑制度改革。所有的死刑上诉案件必须开庭审理，最高人民法院收回了死刑案件的核准权（原来这部分权力掌握在省法院手中）。这些改革减少了死刑判决的数量。有报告指出，死刑案件在这之后减少了15%。① 主要评论揭示，不同的省份对诸如毒品走私之类的死刑犯罪的认定

① Supreme People's Court Targets “Judicial Injustice”, at http://www.legalinfo.gov.cn/english/News/2007-07/INFO_20070707.htm.

标准还不一致。目前，统一认定标准的举措已经启动。

其他的改进包括减轻刑罚（Zhu：215）、取消劳动改造这种行政拘留形式（激进派的律师和学者在这里扮演了重要的角色，Hand 2007；Pils 2007）、建议修改《刑法》以解决困扰律师很久的一些问题。在劳动教养这种行政拘留形式究竟是改还是废上，争论也十分激烈。

无疑，刑事辩护律师在这些变化中扮演了一定的角色，但这些变化主要是由于国内外对刑事诉讼体制极端失败的抨击，由于越来越难找到律师代理刑事案件（Zhu：354）和法治和法律职业化的大潮流而导致的。

四、公益律师在中低收入的中国面临的挑战

社会经济类案件包括养老金和其他社会福利请求、劳动争议、土地征收和环境案件给发展中国家带来了问题，因为这些国家的制度薄弱，国家缺乏财力来解决这些本质上属于经济领域内的问题。在中国，社会经济纠纷解决途径有以下特点：（1）解决效果明显不如经济类案件。（2）与经济类案件相反，倾向于非司法途径解决。也就是说，在法院明显缺乏资源、能力和地位缓解形势的情况下，政府将社会经济纠纷交给法庭之外的其他机制，诸如行政复议、调解、仲裁、听证以及其他一般性的政治程序（Peerenboom 2008）。（3）公益型诉讼陡增。（4）以文字、请愿和社会抗议等形式反对法院和其他体制在满足公民的要求和希望上表现出的无能。（5）作为限制社会不稳定因素以及建设和谐社会的举措，重新分配资源给社会获益最小者，与此同时加强对潜在非稳定因素的压制，其对象包括政治上的异己分子、非政府组织和激进派律师。

不少社会经济类案件涉及公益诉讼。2004 年有538 941项集团诉讼，比 2003 年增长了9%（Peerenboom and He 2008）。土地征收、劳动权纠纷和要求获得社会保障是集团诉讼的三个最主要的类型。仅在 2004 年，上海市第一中级人民法院就处理了 21 项此类诉讼案件，其中有 17 项涉及土地征收，安置和不动产争议。2006 年共有14 000项集团法律争议，涉及350 000名工人，占参与劳动权纠纷案件的工人总数的五成以上。

很多此类案件最终都引发了公众抗议。公众抗议的数量急剧上升，从 2003 年的58 000个到 2004 年的超过74 000个。很多抗议活动采用了暴力形式，对社会稳定和经济持续增长造成了威胁。据官方报道，仅在 2005 年的前 9 个月中，就有超过1 800名警察在抗议活动中受伤，并死亡 23 例。

法院拿出了一些对策来缓解舆论压力，包括将原告拆分成一些较小的团体，重视调解，以及派一个发言人与原告和媒体接触，对案件的法律问题进行解释，以期促成解决办法的达成甚至撤案。一些法院也试图通过法律途径安抚抗议者，例如加速获得政府救济金的程序。基层法院往往通过维持社会稳定办公室同高级人民法院和其他政府部门保持密切的工作往来。

2006 年，全国律师协会发布了指导方针，试图在社会秩序与保护公民及其律师权利行

使之间取得平衡。[1] 这些方针提醒律师应当遵守其职业义务：律师应当鼓励当事人和证人说出全案事实，鼓励他们不要隐瞒或歪曲事实；应当避免捏造证据；应明确拒绝当事人不合理的要求；不应鼓励当事人干扰政府部门的工作；应当在与媒体的接触中正确地陈述事实，并避免雇记者替己方说话；应当向律师协会汇报并受其监督。另一方面，律师协会应当对政府干预律师合法行为的事件及时通报，并向政府施加压力采取适当措施维护律师权利。必要的情形下，地方律师协会可以申请全国律协的支援。

在更大的范围内，对那些在变革上过于激进的非政府组织和律所，政府或予以关闭，或予以压制。在刑事诉讼辩护以及公民因反对政府以发展为由作出的土地征用决定及赔偿费纠纷中，一些单独活动的律师遭到逮捕，受到胁迫或被没收了律师执照（Fu 2006）。同时，公民也努力保护其财产权、支持环境治理，或者对政府在暴徒和流氓团伙面前表现出来的无能提出质疑，这些暴徒和流氓团伙或者与地方政府有染，或者妨碍了政府的举措（CECC 2004）。

五、结语

中国法律职业的发展主要属于经济发展现代化这盘棋。法律职业和广大法律界已经成为以实现法治为目的的法律体制改革中的一股重要力量。然而，律师过去未曾、现在也不太可能成为政治自由主义和自由民主主义的中坚力量。与一般公民一样，律师的政治观点各不相同。他们中的很多人在政治上是保守的，是政治稳定和现有体制的既得利益者，或者只是因为忙于赚钱糊口而无暇操心政治。并且法律职业还过于稚嫩、地位相对低下，加之职业内部甚至在一个激进律所的各部门之间都存在不同的利益，这就使得法律职业无法在政治体制改革中充当领导者。其他障碍包括市民社会和媒体的性质以及受到的政治约束；公众对严惩犯罪的支持；缺乏宪法法院；制度薄弱以及公益律师受到的资源制约；东亚发展模式限制了政治律师的机会；以及现存体制的不断巩固并对任何可能对社会政治稳定造成威胁的团体实施控制。

但是希望仍然存在。法律职业在国家权力的现代化和个体权利的保护中扮演着一定的角色。一个有着更为强烈的权利意识的公民社会正在产生。要求提高司法机关的独立性和权威以及批准中国已经加入的《公民权利和政治权利国际公约》的呼声越来越高。国家机关中受过法律训练的人数正在增加。拥有法律教育背景的人如今已经跻身于中共高层和政府官员的行列。伴随中国更为富裕、城市化的推进以及更加融入世界法律秩序，自由主义在中国获得支持、或者至少是实现对人权更为宽泛的解释，并不是没有希望的。

尽管自由主义并不是法律职业和社会的主流观点，但是其他国家的经验证明，加

---

① Guidance Notice of the All-China Lawyers Association Regarding Lawyers' Handling of Multi-party Cases, March 20, 2006.

强人权保护以及为建设更为自由的政治共同体奠基，并不必然由律师来实现（Halliday et al. 2007）。法律职业在政治倾向上很少联合起来，在策略和时间上也很难达成共识。真实的情况是，在个别问题上，当机会出现时，激进派律师往往与同道中人结盟，他们可能是法官、检察官、立法者、政府官员或者公民个人。

中国律师也可以吸取其他亚洲国家（地区）成功的经验。新加坡、日本、韩国和中国香港、台湾地区这些经济富裕国家（地区）都拥有符合法治标准的法律体制并较好地实现了人权保护。可以确定的是，这些国家（地区）并不全都是民主政体，很多是不太自由的民主政体。由此，它们并不符合经典现代化理论的直线式思维，认为所有的国家（地区）都将步欧美自由民主制度的后尘。尽管这会打击自由主义者并使之失望（Mann 2007），但是标准上可接受的政体的范围要广于欧美那些不同的自由民主政体。并且，这些国家（地区）的法律体制在推动政治自由主义上扮演的角色也不尽相同：与中国香港地区[①]、新加坡和日本的律师相比，韩国和中国台湾地区的律师在政治体制改革中扮演了更为活跃的角色。

还存在其他差异，一些特点可能在一国（地区）的政体改革中奏效，而放到别国（地区）就会失灵。在中国台湾地区，民族划分促生了政见相冲突的党派，律师在这里扮演了关键角色，很多律师都是台湾本地人。在中国大陆，鉴于汉族人口占人口绝大多数和多民族并存的状况，民族划分就不可能起到像在台湾地区那样的作用。无论如何，中央决策层都不会允许存在一个真正对立的党派，无论其性质如何，正如韩国的情形一样。

韩国依赖于国际援助和美国的支持，中国并没有这样。伴随经济增长，中国更加自信。国务院2005年发表的《中国的民主政治建设》白皮书明确地指出，中国将按照自己的模式和进度实现民主。国际压力在一些方面或多或少地影响着中国的改革，但是改革主要还是受国内因素的影响。也就是说，国内对深化法律和政治体制改革的呼声正在增长。

在韩国和日本，法律职业受到司法考试低通过率的制约。结果是，这些国家的律师比中国的律师在经济上拥有更多的特权，更不容易站到政治激进主义的行列中去（Ginsburg 2007）。在中国，很多律师无法在更有利可图的经济法领域谋到职位，这部分人就潜在地成为激进派律师的后备军。中国的法院处理着五花八门的争议案件，这为公益律师提供了机会，并为政治律师也提供了有限的空间（Hand 2007；Peerenboom and He 2008）。此外，行政法体系固然存在缺陷，但结果却是中国的行政诉讼原告胜诉率要远远高于日本、韩国（Peerenboom and He 2008）。

推动法治并确保社会公正，法律职业还有很多事要做。伴随时间的推移，其在其他领域的影响力也将不断增加。

---

① 自香港回归之后，香港地区出现了一小派政治上激进的律师。来自于各种渠道不断要求民主化的压力，包括律师界的呼声，都会影响中央政府的决策，虽然最终这些决策将首先基于域内的考虑作出。

6.5 瑶老制、寨（乡）老制、石牌制、翁村制、议榔制、乡（村）规民约——南方民族走廊的社会组织法人类学研究*

李远龙**

近年来，无论是法哲学、法理学等理论法学，还是其他部门法学，对法人类学的研究都表现出强烈的兴趣。对于传统法学而言，法人类学不仅展示出了一个全新的学术视野，而且提供了一套极具特色且行之有效的思考进路和研究方法。本文在长期田野作业的基础上，收集了大量原始材料，重点论证了南方民族走廊地区的瑶老制、寨（乡）老制、石牌制、翁村制、乡（村）规民约。笔者认为，我们应该把法律当作一个文化现象，重视非国家的法律和法律多元的问题，注重对民间的传统习惯法进行功能分析，为我国法制建设的发展提供符合需要的法律资源和制度资源。

一、瑶老制、寨（乡）老制：瑶族、壮族原始、朴素的社会组织

“管得越少，政府越好。”① 这是科曼契人喜欢的政治格言。

南方民族走廊地区的各个族群虽然没有霍贝尔笔下的科曼契人对待政府对其社区的统治和治理那样富有哲理，但是其间“自治”的观念确实深入人心。

研究中，我们发现：在原始社会形态里，老人主政不仅仅在我国南方民族走廊地区是这样，其他地方也有类似的情况出现，老人政府也是远在大洋洲的澳大利亚的社会组织。

“在一些地区氏族首领集会决定一切事务，但在澳大利亚则是老人政府主持和决定一切事务，老人政府是同志集团。老人政府运用手中的权利来实施贯彻氏族的规范，成员之间的伤害纠纷由老人政府的成员以审判方式出面解决。”② 下面笔者仅以我国南方广西、广东民族走廊地区为进路进行研究。

（一）瑶老制：维持瑶族内部正常的生产生活、规范村民行为、管理社会和公共事务的一种政治制度与组织形式

桂林知府钱之昌在《粤西诸蛮图记》中说瑶族“有相讼者，集于社，推老人上坐，两造各剪草为筹。每讲一事，举一筹；筹多者胜，盖理诎则筹弃，理直则筹存也，谓之‘赛老’或曰‘论理’。论毕，刻木记之，终身不负”。

1. 村老、村主、保禾苗：广西的瑶老制。在大瑶山山子瑶内部，瑶老处理纠纷与《粤西诸蛮图记》所述颇为相似：纠纷双方先论理，瑶老们再根据双方的论理作出裁决。这说

---

* 原为李远龙博士学位论文，原名《南方民族走廊法人类学研究》。

** 广西民族学院副教授，法学博士。

① 转引自［美］霍贝尔：《原始人的法》，123页，北京，法律出版社，2006。

② ［美］霍贝尔：《原始人的法》，280页，北京，法律出版社，2006。

明山子瑶的瑶老制古已有之。瑶老制是维持山子瑶本族系内部正常的生产生活、规范村民行为的古老传统。

瑶老并不是某一人，而是3个人，即：村老、村主和保禾苗。从地位来讲，村老地位较高，村主次之，保禾苗最低，但3个人既有分工也有配合。

一般来讲，村老、村主、保禾苗的产生是由“神”来决定的，不像现在的群众投票选举。瑶老并不任职终身，任期只有3年，3年期满，在农历二月初一社王节那天重新由“神”决定。在山子瑶社会里，女性是不能充当瑶老的。

瑶老的产生是由“神”确定的，故在有神观念的村民中有较高威信，负责管理村中一切事务，主要是：处理纠纷，执行村规，行使处罚权；组织宗教祭神活动；保持本村正常的生活生产活动；负责对外关系；等等。

在瑶老制里，出现纠纷，一旦瑶老作出了裁决，这种裁决就有权威性，输的一方必须接受处罚，否则强制执行。实际上，山子瑶内部产生的纠纷往往是简单明了的。一方自知理亏，就会老实地接受处罚，抗拒瑶老处罚的事件是没有过的。

与现代诉讼制度不一样，瑶老为村民处理纠纷、解决问题，是不收取酬劳的，他们认为那是自己应尽的义务。事主有条件的请吃一餐也可，不请也罢，瑶老不会因此而处理不公。①

2. 天长公、头目公、管事头、掌庙公、烧香公、放田水公、放食水公：广东的瑶老制。

史料记载，广东瑶老制主要存在于岭南的排瑶地区，是排瑶历史上自然形成的管理社会和公共事务的一种政治制度与组织形式。年事较高又能说会道，在群众中有一定威信的人习惯上是其组织主要成员，执行处理公共事务。他们被称为瑶老，故名“瑶老制”。瑶老平时也和群众一样从事农业生产，有事办事，没有固定的报酬；给人办完事后，由当事人给予一定酬劳。

与广西瑶老制不同，广东瑶老制的组织结构如下：

(1) 天长公——处理排内纠纷，维持排内秩序。天长公是一排之首，一年一任。任职期间，每户人家给他一斤米作为办事费用。调解纠纷时收取一定的酬劳费。若办事不公正，有贿赂行为，群众可向他提出罚款。也有可能被群众罢免，另行改选。

(2) 头目公——负责其他具体性事务。头目公是每条龙（依地域和山势划分的排之下的社会单位）的头目，两年一任。其职责主要是负责具体事务性的工作，比如协助天长公侦查审理盗窃案件，传达瑶老会议决定，收集各户给天长公、头目公和掌庙公等的报酬谷物，以及组织公益劳动和宗教活动。头目公除办事有报酬外，每年另由本龙的人家每户出米一斤作报酬。

(3) 管事头——非常时期的军事首领。管事头，是遇到“搞是非”即械斗时产生的。每条龙各选出六名，一般由年富力强又有胆识的、出生时辰有“未”字的青年人或壮年人充当。管事头负责率领本龙的战士出战，每天可取得三元白银的报酬。此外，如杀死敌人

① 参见李远龙：《大瑶山通讯》（未刊稿），2001，164～168页。

和俘虏敌人，还有额外的奖励。如果管事头战斗不力、畏缩不前，一般也会被免职，另由他人代替。械斗结束，职务终止。

（4）掌庙公和烧香公——管理宗教事务的头领。前者主要负责组织和安排各节日的祭祖活动事宜；后者主要是给大庙里的祖先公烧香。掌庙公和烧香公每年由每户出二斤米给他们作报酬。

（5）放田水公、放食水公——负责灌溉、饮用水用水。前者负责水田灌溉用水，他们不用选举，谁愿意做，就在“白露”那天日出之前到水圳破头处，把长得最长的茅草打一个结。谁先打上结，谁就是放田水公。后者是经过自荐、群众同意后即可当选。其职责是保证饮用水的供给。①

以后，广东瑶族又有瑶长和瑶练的设置。瑶长对内掌管各项事务，对外与驻地的衙门联系，每年从衙门领取粮饷。瑶练是瑶长的助手，给瑶长差遣，每季到驻地衙门去领一次饷。瑶长、瑶练本身没有明显的政治特权。封建的瑶长制虽然建立起来，但仅具形式，真正起作用的仍是传统的瑶老制。事无巨细，其处理定夺之权一如既往仍操瑶老手中。②

（二）寨（乡）老制：壮族内部极具原始民主色彩的社会组织形式

如果说在乡民社会里，瑶族人治理民间社会以石牌制、瑶老制为主的话，那么寨（乡）老制则是壮族的主要社会组织形式。

1. 寨老制。寨老，又称为波板，意为村寨之父。新中国成立前，壮族地区普遍存在寨老制。

（1）任职条件。就任职条件而言，寨老一般都是由上了年纪，有比较丰富的社会阅历，善于言词，为人正派热心，能处理民间各种纠纷，得到人们信任的人充任，所以寨老又有“老人家”之称。

壮族社会里，“寨老”是整个习惯法的核心。在生产和生活条件相对落后的社会，一个被全村人信赖的、具有高度权威性的、公平、公正的领头人是极为重要的。其有效地处理纠纷、稳定社会秩序以及最大限度地保障村寨利益，都是维护和巩固他们的权威的要件。

（2）纠纷处理范围。总的说来，家庭纠纷和邻里纠纷属于寨老处理纠纷的范围。当私权面对国家公权力的时候，例如官府坑害百姓，尽管百姓宁找寨老不找衙门，但毕竟寨老的权力有限，这类属于政府和百姓之间“民告官”的纠纷，他是不敢过问的；官方也只在事情十分难办，强制手段会引起更大麻烦时，才找他出面从中调和。

（3）办事程序。寨老办事一般是经过邀请的，但手续都很简单，只需用红纸包一粒槟榔送去邀请，他便出面，广西龙胜的壮族就是这样。相对于国家法而言，寨老断案或排解纠纷的程序简单明了。在双方当事人陈述完事情的经过、申述各自的理由之后（壮人传统，

---

① 参见广东少数民族社会历史调查组：《连南瑶族自治县瑶族社会调查》，64～66页，广州，广东人民出版社，1987。

② 参见曾思平：《清代以来岭南地区瑶族习惯法初探》，暨南大学2002年硕士学位论文，14～15页。

当事人需如实陈述，否则就违背道德），寨老便根据当事人的陈述和他自己事先所了解的情况，经过思考，迅速判明是非曲直，作出处理的决断。有意思的是，为了充分证明自己意见的正确，他要像现代法官一样引用具体法条。《传扬歌》便是其族群内被奉为圭臬的法典，寨老往往陈述其中的有关段落，讲述案例或者随口而出、妙语连珠地讲一小段民间传说故事、俗语、成语、警句。听寨老排解纠纷，犹如听一堂生动的民族传统伦理道德课。

（4）神判的纠纷解决方式。当原告证据不足，被告不服时，寨老也会感到棘手。这时，唯一的办法就是听天由命，使用神判。具体有两种，一种是对天赌咒，另一种便是下油锅。

寨老办完事之后，当事人不必给钱，请他吃一顿饭就可以了。

新中国成立后，寨老制基本结束了。但仍然还有一些德高望重的老人具有寨老的作用。对有些事情，他们可起到政府工作人员起不到的作用。[①] 当国家法律一时无法渗透时，可以弥补国家法律的不足。

21世纪的今天情况如何？各村寨的不同的家族中，仍有具有权威的、能说得上话的“头人”或者是本村本寨村民小组长，或者是寨中大姓的老人。他们具有和历史上寨老们相似的特点：能说会道、熟悉传统理法、在本村寨中具有高度的影响力、负责本族本寨中纠纷的解决、举办祭祖之类的活动、协调家族与政府之间的关系、与村委会成员商量村里的重大事务等。但是不同的是，与过去的“寨老”相比，现在的“头人”的地位和作用范围大有下降。[②]

2. 乡老制。“乡有乡老，寨有寨头”。壮族地区几个村寨联合而成的类似现在乡的行政机构的传统社会组织一般称为“乡老制”。

布洛陀是壮族最早的乡老形象。《布洛陀》是壮族最具代表性的神话传说，在这本经诗里，布洛陀是一个极聪明能干之人，懂很多的道理，为人们排忧解难，被众人推为头人。“因此，我们可以说乡老制这样的村社首领制度源于原始社会父系氏族制度，形成和发展于农村公社时期，因而近代之寨老制是次生的村社组织，带有强烈的阶级性印迹。”[③]

（1）铜鼓是乡老的标志。拥有铜鼓者，权高位重，一般被推为乡老。如《宋史》卷四九五云：“相攻击，鸣鼓以集众，号有鼓者都老，众推服之”；又如，“用以表示权势，家有铜鼓，便称都老。有些地方用以施放警号，所谓击鼓山岭，群蛮毕集”。这里的都老就是我们所说的寨老。

（2）乡老的产生。按照壮族习惯法，乡老在以下两种条件下产生：一种是自己在平日为人处世中取得村民信任，受他们之拥护、公认而成为头人；另一种是由村民民主选举产生，或是由年迈将卸任之乡老举荐并经村民认可而产生。

（3）乡老具备的条件。充任乡老必须具备这样的条件：上了年纪的老人，办事公道，

① 参见《壮族人的家庭生活》，载http：//bbs. it. com. cn/ShowPost. aspx? TopicID＝73035 26K，2006－10－07。

② 参见梁琛：《广西融水县香粉乡习惯法研究》，中央民族大学2005年硕士学位论文，8～9页。

③ 张洪春：《清末民国壮族习惯法研究》，广西师范大学2005年硕士学位论文，25页。

作风正派，肯为村民服务，并有一定的工作能力和魄力及较好的群众基础等等。

（4）乡老的任期。乡老任期不固定，时间的长短取决于乡老本人办事能力的强弱和处理事情的好坏。①

（5）乡老的必要性。对此《布洛陀》经诗给我们做了最好的诠释："古时篱笆无桩无门，从前天下无官无主；篱笆无桩会倒会散，天下无主无官会紊乱，有事找不到人倾述，出事找不到人管理，反逆就会出现；有相斗相杀，恶人与强人；抢夺吃天下，强人吃弱人，大群吃小群；无人来管理，天下千繁万乱，不成天不成地；因为有祖神，才开天辟地，造太阳月亮，造山川田地，造一人做主，造一人做官，造个郎掌印……全地方听从他管辖，全天下服从他管理。"

（6）乡老的职责。张洪春认为，依据《布洛陀经诗》指导下的习惯法，乡老的具体职责有：1）领导村民制定习惯法规范；2）调解纠纷处理争执，维护村寨社会秩序；3）掌管村中公共财产；4）组织、主持集体祭祀和娱乐活动；5）领导全村寨进行生产和公益事业的建设，如修筑道路桥梁、挖掘水井、植树造林、护林防火和开发水利资源等；6）组织村民开办学校，培养人才；7）代表村民说话，处理村寨各项事务；8）主持各种会议等。

按习惯法，乡老一般是不取报酬的，但乡老可以通过罚款获取利益，以及从原告者和被告者纠纷的调解中获取好处；同时，当事人还须宴请乡老酒宴一顿，但有的地区则分给寨老一些寨老田由其自耕自种，变相地作为报酬。

由此可见，乡老制作为经村民公认或村民大会公举的自然领袖制度，乃是非正式但绝对的具有血缘关系的权威，乡老的权力源于村民大会与民族习惯法的合法性授予。②

二、石牌制：广西金秀大瑶山瑶族又一特有的社会组织形式

"石牌大过天"，石牌制度在广西大瑶山的威权神圣。瑶族老人如此解释："汉人的大衙门设在桂林，管得全广西；瑶人的大石牌设在金秀，管得全瑶山。"可见，石牌制度对整个瑶山曾有着深远的影响。

（一）石牌制的起源：社老制度的基础上产生的社会组织制度

众所周知，由于地处偏远，解放以前，大瑶山是没有山外的国家政治组织的，但维护大瑶山的社会生产和社会秩序仍是大瑶山人民的客观需要，在这种情况下，大瑶山的石牌制度产生了。

石牌是广西金秀大瑶山的瑶族特有的一种社会组织形式。简单地说，它是大瑶山的瑶族人民把有关维持生产活动、保护社会治安等方面的内容与原则，制成若干具体而翔实的规条，并经过一定范围内的人民认可而共同遵守的一种特殊性"约法"。在几百年甚至是更久远的历史中，瑶族人民在这种带有自发性的特殊"约法"下劳作生息，并以其对内维护

① 参见张洪春：《清末民国壮族习惯法研究》，广西师范大学2005年硕士学位论文，25页。

② 参见张洪春：《清末民国壮族习惯法研究》，广西师范大学2005年硕士学位论文，26页。

生产治安，保障瑶民利益；对外防御或抵抗敌对力量的侵扰，使得金秀瑶山内部一直处于较稳定的状态。

频繁的迁徙和缺乏文字记载致使石牌制度的确切创立年代无从考证，问及瑶族老人时，他们都异口同声地说："我们瑶山自古以来就是这样照石牌办事的。我们都跟着'老班'[①]一样做。"或者说："外面大地方，有官府衙门办事；我们瑶山小地方，不归官府管，怕有坏人恶人胡作非为，就由'老班'立起石牌，有人犯事，就按照石牌规条来惩办。"其他的大部分回答均是说他们进瑶山之前就已经有了石牌的存在，或者说已有几千年了。这些回答，姑且不论其对错，但至少可以看出一点：石牌制度的存在已有悠久的历史。

有一个有关大瑶山瑶族祖先的传说或许能说明一些问题。很早以前，茶山瑶、花蓝瑶、坳瑶都在一个地方，彼此都是亲密的邻居。后来一名叫覃千户的汉人把他们赶到平南马练一带的山里，备受他的压迫。当时那里都是深山老林，一次，当覃千户进入深山时，瑶族人民合力把他杀死，并夺得一把13斤的大刀，然后聚集在全香、潭头（现无从考证）开庆功会，把夺得的大刀斩为13段分给每个瑶族支系，以作纪念。随后13个瑶族集团各自分头进入大瑶山，自成村落，便立起了13个石牌。[②]

另外，从某种意义上来说，石牌制与社老制存在一定的渊源关系。大瑶山五个支系都信奉社王。社有社老，每当有重要事情、矛盾冲突或争端及纠纷都由社老判决。另外，当居民在春秋两个社日到共有社庙聚集祭社分肉欢饮的时候，社老还要对居民"料话"[③]，宣布当地有关生产方面的公约，让居民共同遵守。笔者收集到一份春秋两社社老"料话"规条，现录如下：

二月社"料话"内容：

宣布由社老预先择定的日期浸种（稻谷日期，全社同做）。

宣布做秧田的日期（全社同日做）。

宣布扯田基草的日期（全社同日做）。

规定出门行路，肚饱的人（吃饭后由村里出外做工的）做偏路让肚饥的人（由田间回村吃饭的人）走。

割青（绿肥）那天，全田灞口，不许乱开乱挖。别人耕田之后，要过四天才准放水过下游的田里。

犁田耙田时，牵牛过田，要依原来的老路规定的路走，不许随便经过不应走的田基。牛只踹崩踹漏了别人的田基，要及时帮人修好。

各人山上的竹笋，不许乱取。

到田里和上山做工时，各人带去的饭包，放在路旁和挂在树上，不得乱拿。

---

① "老班"：前辈老人。

② 参见广西壮族自治区编写组：《广西瑶族社会历史调查》，第1册，32页，南宁，广西民族出版社，1984。

③ 料话：社日时由社老向社员宣布的有关生产方面的规定过程。

各家用牛之后，犁耙放在田边或路边，不许乱拿。

在田里用笥装泥鳅，各装各得，不许乱拿。如果鱼笥破烂了，装笥的人要把它丢到田外。别人装鱼笥在自己的田里，不许丢开。

过了春明节，各家不许放鸡、鸭、猪出外，以免损坏秧田。

过了二月社后，才得开始在河边钓鱼撵鱼。如果有人生病送鬼，须要鱼作祭品，只许塞滩捉几条。如果老人过世，只许撒网、塞滩、摸鱼一天，作办丧事之用。

八月社“料话”内容：

装有鸟盆的地方，路上插有草标，打鸟的人就不得在附近放枪；走路的人也不得越过草标。凡鸟木脮上砍有标记的，都不许别人乱砍。

不许到别人的老山乱走动。

不许放鸡、鸭、猪下田吃禾。

禾把和饭包放在路边，不许乱拿。

挑禾把过路，肚饱的人要让路给肚饥的人走。

从社老“料话”内容看，其形式及内容都与石牌条规十分相似，只是石牌条规的内容比社老“料话”的内容更广泛、更详细，并多有文字记载，而祭社时的“料话”内容完全由社老默记，“料话”时对众人口述一遍，并无文字记载。从判案过程及社老“料话”的内容及形式看，社老制度极可能是石牌的早期形式。随着时间的推移，人口增长，居住混乱，在社老制度的基础上产生了以地缘关系组织起来的社会组织制度——石牌制。①

（二）石牌制的功能：以石牌头人为中心的纠纷调控模式

就参加的人数及户数而言，可分为“大石牌”及“小石牌”。以前，基本上每个瑶族村寨都有本村的“小石牌”，以维护本村的生产秩序及社会治安；“大石牌”则是由多个“小石牌”组成，最大的石牌为金秀总石牌，即“三十六瑶七十二村”石牌组织。另外还有参加村寨数目多寡、参加石牌户数多少、立牌地点等而定名的石牌形式，如“九村石牌”、“千八百石牌”及“平免石牌”等。石牌条规一经制定，石牌组织的成员便得遵照执行，负责执行其任务的，便是具有特殊身份的石牌头人。

石牌头人，既不是选举也不是世袭，可以说，是自然产生的，由村里为人公正、能说善道以及有胆有识的人担任。村人遇到大小争端，就请这些有能力及为人公正的人去调解，如果他办事令人满意，请他去办事的人就会逐渐增多。当在群众中树立了相当的威信后，就可逐渐扩展到为邻村或外村办事，成为石牌头人。其产生的另一个形式是由老头人培养。平时，老头人会留意在同村或同姓中比较精明、能说会道的青年，带领他去调解争端，让他由见习而逐渐熟悉，便成为石牌头人。② 除此之外，石牌头人还需具备另外两个条件，

① 参见李远龙：《传统与变迁：大瑶山瑶族历史人类学考察》，25～26页，南宁，广西民族出版社，2001。

② 参见上书，28页。

即：能够“唱石牌”、有一定的家产，这也是相对富裕的茶山瑶中石牌头人较多的原因。石牌头人不分性别，男子可以担任，有才干、能为群众办事的女子也可成为石牌头人，100 年前，金秀六拉村茶山瑶妇女刘巴欠即为一著名的女石牌头人。

石牌头人一经取得群众信任，如办事没有很大的差错，群众就会一直信任他直至其逝世；若办事不妥，威信就会因之降低，群众也不再找他办事，于是可能逐渐失去其石牌头人的地位。拥有较高权力的头人一经产生，群众就不得以消极的态度来降低他的威信，从而使其失去权力。相反，当他不断作恶，为群众痛恨时，大家就凑一批“花红”[①] 买通杀手暗中把他杀掉；或纠集群众，同心协力把他除掉。两百多年前金秀、白沙两村十八个石牌头人因作恶多端而被群众溺死，便是一证。

石牌头人虽有执行石牌条规的权力，但平时并没有特权，没有薪俸收入，也不脱离生产劳动，只在村民之间发生纠纷时才行使解决争端的权力。办案过程中，一般是走到哪吃到哪，所需费用由理亏方负责，俨然一位社会公仆。除解决村民纠纷外，石牌头人还充当临时的军事指挥。如有外侮和匪盗滋扰，石牌头人可纠集并率领民众进行抵抗与反击，或者推举有威望和英勇善战的人担任临时军事首领。石牌地域内若发生纠纷或争端，且争执双方解决不下时，就诉之于石牌，由一方或者双方去请到家中判案。石牌头人判案的原则是“大事化小，小事化了”，使每件纠纷及争端处理得尽可能让双方满意。但是，双方的矛盾如果已经激化，转化为“对抗”，那么主人就得杀猪一头招待众头人，定其价钱为二十四元银子，称之为“二十四猪”，所花费用于调处结束后由失败方支付。

综上所述，我们可以看出石牌制带有浓厚的原始民主、国家机器及临时的军事机构等性质。其在长期的生产和生活之中形成的解决纠纷的方法在当时当地的社会中是适用的，不需要国家法律的强制性规定。这对于今天处理国家与社会之间的关系，构建和谐的社会关系具有一定的借鉴意义。

三、翁村制：京族社会中的一种影响很大而又历史悠远的社会组织

“翁村制”是京族社会中的一种影响很大而又历史悠远的社会组织。它的结构由上到下为“嘎古”集团，“翁村”，“翁宽”、“翁记”、“翁模”与“翁得”。

（一）“翁村制”结构形式：由“嘎古”集团、“翁村”、“翁模”、“翁宽”、“翁记”与“翁得”所组成

1. “嘎古”：由最有名望的老人组成的最具权力的集团

“嘎古”为京语，意指村里最有名望的老人。“嘎古”集团拥有很大的权力，村里的大小事务都需经过它讨论决定，然后才能交给“翁村”处理；“翁村”处理不了的问题，也要上交“嘎古”作最后裁定。“嘎古”集团也拥有一定的经济势力，它同时占有渔箔、山林、水田等，靠着这些财产，每年都能获得供处理村民事务的费用。

---

① “花红”，即雇佣杀手所付佣金。

2. “翁村”：由“嘎古”推选出来的所谓的“村长”

“翁村”是正式村长的意思。他是由“嘎古”推选出来的，任期三年。其主要任务就是处理事端、对外交际、筹办“唱哈”、召集会议、主持祭祀及执行村规民约。

“翁村”在乡民社会里充当着“和事佬”的角色，主要负责解决一些小的民事纠纷，大事则交给“嘎古”处理。“翁村”任职期间能从“嘎古”那里得到一些田地及渔箔作为收入，别无其他好处。

3. “翁宽”、“翁记”、“翁模”与“翁得”：有固定任期、各司其职的人员

在京语中，“翁”为老人的意思，“宽”则是“管”的意思，“翁宽”即为看管山林的老人。“翁宽”由选举产生，任期 3 年，每一任 8 人左右，头人叫“宽头”。一般来说，“宽头”是村人成为“翁村”的必由之路，若无过失，任期结束后，“宽头”就自然成为“翁村”的候选人。

“翁记”，即文书，专门负责宗教活动及其他收支账目。由选举产生，任期三年，不得随意罢免，期满后可升任一级。

“翁模”即香公，专职负责“哈亭”的烧香及打扫等事务。就任前，“翁模”要为群众抬棺材，为神庙烧饭、挑水、扫地等做杂工。最主要的是，做“翁模”的人必须儿孙满堂，人财两旺；就任前，要当众进行杯卜，成功者方能当选。“翁模”任期三年。

“翁得”只专门负责观音庙烧香。①

(二)“哈亭”与“唱哈”：京族法文化的外在表现形式

谈到翁村制，与之息息相关的“哈亭”和“唱哈”不得不提。

1. “哈亭”：京族崇宗敬祖的物质表现

京族每一村都建有一座哈亭。京族人民最隆重热烈的民族节日——“哈节”，便是以哈亭为固定场所。“哈亭”既是“哈节”祭神、“乡饮”、“唱哈”、娱乐的场所，又是以往京家议事与供奉保护神的场所。

哈亭有特有的功能：首先，哈亭是宗族的“议事中心”。每逢有重大事情，“嘎古”、“翁村”们便会聚集在哈亭中，共同商讨。之所以成为中心，一则因为哈亭是全村各姓共同的宗祠，在哈亭中议定村约，以示各姓间的平等；二则因为哈亭内供奉着各姓家族祖先，在亭中决定的规约，也可以说是各姓祖先所认可，族权与神权相结合，更具有权威性。

其次，哈亭是村众等级的管理机关。京族中每个人的社会地位，是由他在哈亭中的等级所决定的。哈亭的等级计分为高、中、低、白丁、佚力五等，高级之上还有特级。每一名京族男子到一定年龄，就必须登记“入席”，依照其捐钱情况，来编排等级。这种“入席”制度，一方面使宗族首领能通过哈亭对族中人口（男丁）进行核实管理；另一方面，亦能通过哈亭中对每人等级的划分，严格封建等级秩序，加强宗族族权统治。

最后，哈亭是唤起各姓间宗族认同感的物质形式。哈亭内供奉的各姓祖先的牌位，一

① 参见李远龙：《沿海沿边小康人——京族》，79～81 页，昆明，云南人民出版社、云南大学出版社，2003。

年一度的全族哈亭唱哈，增强了京族各宗族的内聚力，养成了各姓成员间的宗族认同感。①

2. “唱哈”：京族聚族合众的重要手段

“哈节”中的“哈”为越语，其含义有两种：一种是“歌”、“唱”之意，因而“哈节”就是“歌节”、“唱歌节”的意思；另一种意思是“吃”，“哈节”这天，人们要祭神、饮酒，因而又有“祭神节”、“乡饮节”之意。

“哈节”的来历有两种说法：一是纪念“镇海大王”为民除害，二是纪念越南陈朝时的一位歌仙。

“哈节”的时间各地也不同，随着时间的变化而有所改变。整个“哈节”活动主要有四个方面的内容，即：迎神、祭神、入席“听哈”及送神。

迎神。“哈节”前一天，人们穿戴一新，拿着伞、抬着神位，浩浩荡荡来到海边，把“镇海大王”或“陈朝上将”接进“哈亭”。

祭神。当天下午3点钟，祭神开始。众人抬着“养象”祭拜殿堂内的各路神灵。仪式主要有：主祭、陪祭、礼生及执事。伴随着整个祭神仪式，有专人唱“进香歌”，跳“进香舞”、“进酒舞”及“天灯舞”。

入席、唱哈。京族男子到了一定年龄后就有资格进入“哈亭”入席唱哈了。具体年龄因地而异：巫头18岁，山心19岁，万尾12岁，红坎16岁。妇女、小孩不能入席，只能在旁边听唱。“唱哈”的有3人，一个男子，两个女子。男的叫“哈哥”，女的叫“哈妹”。“哈哥”拿着三弦琴伴奏，“哈妹”手里拿着小竹板边敲边唱，“哈妹”唱完一节，“哈哥”便弹奏一曲，一唱一和，如此反复，3天3夜，所有歌曲都用越语演唱。“唱哈”的内容丰富多彩，有各种传说故事，有汉族古典诗词，有情歌，有小歌舞，有哲理诗，也有民间信仰诗等。

“唱哈”结束前，要送走各路神灵。唱着送神词，跳着花棍舞，人们欢欢喜喜送走了荫佑京家子子孙孙的神灵，“唱哈”结束。②

哈亭和“唱哈”是京族法文化的外在表现形式。杨一江先生认为：哈亭是京族崇宗敬祖的物质表现；而“唱哈”是京族聚族合众的重要手段。

从法人类学的角度来看，我们似乎还可以得出这样的结论：

翁村制是1949年以前的基本政治组织，一定程度地保留着原始民主制的色彩。一方面，作为“一村之长”，“翁村”掌管、统治着族群内部的社会、经济事务；另一方面，“嘎古”集团又是村落事务的最高决策者，是民主精神的载体，因而，“翁村”仅仅是村落事务的执行者。因此，我们可以说，“翁村制”是原始民主制的体现，但是，更准确地说，它是封建宗法制和原始民主制的结合。

---

① 参见杨一江：《京族宗法制存在形态研究》，载《广西师范大学学报》，1995（2），41～43页。

② 参见李远龙：《京族风俗志》，载毛公宁：《中国少数民族风俗志》，1691～1692页，北京，民族出版社，2006。

作为“翁村制”的主要载体，“翁村”与“嘎古”是存在隶属关系的。从一定意义上说，“翁村”依附于“嘎古”，“嘎古”集团无论是从政治上还是从经济上都起着绝对的统治作用，这一点从史料里不难看出。首先，“翁村”通过“嘎古”而产生，“嘎古”在政治上操纵着“翁村”的生杀大权；其次，不得不强调的是，“翁村”成员任职期间的田地、渔箔、果树等都是从“嘎古”那里得到的，“嘎古”掌握着“翁村”的经济命脉。

四、议榔制：苗族社会里的原始习惯法，具有很强约束力的社会组织

据字面意思理解，“议榔”有议约组织和议榔会议之意。“作为议约组织是指不同宗的家族组织汇成的地域性村寨组织，即由许多鼓社集合而成的农村公社组织。作为集会是指苗族社会中一个村寨和若干个村寨联合集会共同制定和宣布共同遵守的某种公约的议会组织形式。”①

（一）“议榔”的组织形式：具有原始民主色彩的“议会”式组织形式

“议榔”组织一般以一个大寨为中心，由一个寨子、几个寨子、几十个寨子甚至整个地区组成。“议榔”的构成如下：(1) 议榔大会：最高机构；(2) 总榔头：一人，选举产生；(3) 副榔头：若干，选举产生，由个鼓社鼓头和各寨寨老组成；(4)“硬手”：若干；(5)“老虎汉”：若干；(6) 祭司：一人；(7)“行头”、“理老”：若干，主持司法。

议榔大会一般一到三年举行一次，视具体情况而定，没有严格的时间规定。议榔大会的第一天讨论榔规，如对房屋、财产、山林、田地、河流的保护；家庭纠纷、婚姻矛盾解决；生产生活的安排；伦理道德的宣讲及宗教仪式的规定等。翌日，各榔头综合大家的意见，汇总形成榔款，或刻木记事，或载岩埋岩或诅咒盟誓通过。

（二）“议榔”的功能：发展生产、稳定社会生活

“议榔”这样的社会组织的产生是当地少数民族长期发展过程中的智慧结晶，对于当时生产的发展、稳定社会生活具有重要的作用，其功能主要有以下几个方面：

1. 管理农业生产。贵州苗族《议榔词》说：“为粮食满仓而议榔/在羊子踢庄稼的地方议榔/在猴子坏庄稼的地方议榔/议榔庄稼才有收成/议榔寨子才有吃穿。”②

2. 保护私有财产。广西大苗山《理词》说：“柴山莫乱砍，田地莫相争；房屋莫乱霸，牛羊莫乱擒；瓜果莫乱摘，田水分均匀；捆绳做一股，‘埋岩一条心’。”

3. 弘扬伦理道德。《议榔词》又说：“为开亲议榔、为结戚议榔；交叉捆鸡才紧……在族内结夫妻，瓜才结得多，人才长得旺。”又，“姑姑的女儿，须嫁给舅家的儿子。从古成理下来。如不嫁给舅家，须赔舅家银子三百两”。再有：“多娶妻子的，犯了‘拉留’、‘抗公’的榔约，要杀牛来赔榔规，杀猪来祭榔约。”

4. 规范宗教祭祀。《古理古道》说：“二月初二，是月中的顶日，是季里的心脏，要去

---

① 龙生庭等：《中国苗族制度文化》，56～57页，长沙，湖南人民出版社，2004。

② 吴大华、徐晓光：《苗族习惯法的传承与社会功能》，载《贵州民族学院学报》，2001 (1)，17页。

搭新桥，要去朝旧桥。”

5. 维护社会治安。《议榔词》说：“议榔防盗，议榔防贼，议榔不准开人家田的水口，议榔不准开人家牲口圈。”

6. 组织刑事惩罚。“烧寨里房子的，在山坳抢人的，在路上杀人的，我们撵他翻高岭，越大山，杀其身，要他命。”又，“不准投敌，不准里通敌人。对投敌通敌的，我们要他的命”。再，“窝匪就是匪，藏盗就是盗，暗地收匪赃，想装好人的，最小的送他到衙门里；最大的我们杀其身，要他命”。还有，“谁要是存心阴险，蓄意阴谋，骗人家田地水口，开人家谷仓，撬人家门户，挖人家墙脚，这事可大，罪恶不小，我们要罚他二十四两银；要是他硬顶，罚他四十八两；要是他还藐视榔村鼓社，就整他像滤灰，锤他像舂药，抛他到桥尾鱼滩里，投他到桥头的龙潭中”。“杀其身，要他命。”在天高皇帝远的乡土社会，尤其是古代社会里，即便是刑事案件也是通过这些民间社会组织解决的，而不是诉诸法律。

7. 抵御外蹂内患。《议榔词》说：“为打官家而议榔，为打官兵而议榔……官兵进入寨子，官兵占领地方，九里安一屯，十里设一寨，丢田给官家犁，丢田给官家种，我们跑到高山，我们住在高山……我们吃不饱，我们喝不够，无法无计……故才来议榔……莫存心投官兵，地方才能保全，寨子才能安宁。”①

“千行百样都入了榔，千行百样都归了约，只有水不愿入榔，风不愿归约，水才任性淹没田庄，风才随便拔树倒屋。野火也不愿入榔，芭茅也不愿归约，山火才任意焚烧山野，芭茅才任意划破人们的平脚”。苗族人坚信，如果违反了榔规榔约，是一定要受到大自然的惩罚的。

综上所述，苗族议榔规约，内容广泛，涉及组织管理生产、解决生产资料纠纷、处理偷盗案件、解决婚姻纠纷、处理违犯禁忌行为等等。从习惯法的意义来看，在这几个关系苗族生产、生活的重要方面，“议榔”会议都力图制定明确的禁止性规范和处罚标准，使村寨生活的主要方面有明确的法律规范来调整，以期达到有法可依。②

总之，“议榔”制度的社会职能表现为在氏族社会，讨论氏族内部有关重大问题，制定规约和选举各种执事首领，严格规定议榔成员遵守榔规榔约。诚然，明末清初的“改土归流”使得其社会性质稍微发生了一些变化，带有阶级统治的些许意味。

五、乡（村）规民约：现代乡土社会中调整乡民社会内部关系的行为规范

乡（村）规民约的中心词无疑是“规”、“约”二字。从辞源学意义上考察我们不难发现：规，意指画圆形用的工具，如圆规，引申为集体制订的供大家共同遵守、执行的规定、规则等；约，是指共同订立、共同遵守的条文。③ 是故，所谓乡规民约、村规民约即指居住

---

① 龙生庭等：《中国苗族民间制度文化》，59～65页，长沙，湖南人民出版社，2004。

② 参见吴大华、徐晓光：《苗族习惯法的传承与社会功能》，载《贵州民族学院学报》，2000（1），17页。

③ 参见［日］寺田浩明：《明清时期法秩序中“约”的性质》，王亚新译，载［日］滋贺秀三等：《明清时期的民事审判与民间契约》，139～190页，北京，法律出版社，1998。

在同一地域的乡村居民们共同商量、共同讨论、共同制定，每个乡村居民都必须遵守和执行的行为规范。

本文笔者试图从筛选的一些个案来解读这一社会组织形态。

（一）乡（村）规民约的产生和功能：乡民发展生产、维护治安、遵纪守法的客观需要

"从国家法的视角看，乡规民约作为一种非正式制度，是由民间自动产生，并具有自我实施的效力；从法理的视角讲，深深嵌入乡土社会秩序的乡规民约属于一种与国家制定法相对应的民间法的范畴，作为一种具有本土意义的民间规训机制，在其产生、流传的地域范围内具有法律效力，也是当地社会必须遵守的共同规范。"① 张明新在其最近的一部长篇文章中详尽地论述了这种社会组织的性质。

在人类社会里，以地缘关系为纽带的乡村社区形成之后，为了协调社区各家族、家庭之间乃至各村民之间的社会关系这一超越家庭、家族规范的社区公共规范的客观需要，乡（村）规民约就产生了。

以下以广西融水县香粉乡苗族村规民约为例②：

案例 1：新坪村九扒屯村规民约

为了维护我屯农业、林业生产，稳定社会治安，使我村民能大胆发展经济，搞好粮食生产和有一个良好的社会环境，经召开群众会议讨论决定以一九九五年十月五日新坪村村规民约为准，再补充以下几条：

一、我村各农户责任田的管理：

1. 田边栏：5～10 丈，因田相近的，他户开新田、菜园、水池以后造成损失的，当年赔偿损失和修好。

2. 水按以前原来的水利和水口下，他户不得偷水、短水和加水沟，如有此类的被发现要他户负责此段田粮食减产。

3. 田边草、田基不准他人乱割，如被发现乱割每担罚款 5 元。

二、责任山的管理：

1. 杉木、菌木、杂木、干柴、桶竹等各种竹类和收购的各种菜、瓜等不准任何人采取，如被发现按村规民约第 3 条处理。

2. 不准乱砍和破坏各种经济林（如杉木、南竹、竹笋、芭蕉、菌木等），如被发现赔偿原价一到三倍。

3. 门口沟至滩底田，不准任何人电鱼、炸鱼、毒鱼，如被发现每次罚款 50 元。

4. 我屯责任田，不准任何人毒泥鳅，如被发现每次罚款 30 元。

5. 开春全屯统一看牛以后，不准任何人放牛在田边吃草和踩田基，如被发现每次罚款

---

① 张明新：《从乡规民约到村民自治章程——乡规民约的嬗变》，载支农网，2006－11－01，18：36：58。

② 以下史料来自梁琛：《广西融水县香粉乡习惯法研究》，中央民族大学 2005 年硕士学位论文，36～43 页。

10 元。

6. 以上罚款百分之六十给举报人和原主，百分之四十归村民小组统一管理作公益事业开支费用。

7. 以上条例自公布之日起生效。

九扒村民小组（公章）
一九九八年十一月三十日

抄报：乡人民政府、香粉乡派出所、新坪村委、香粉村委。

抄送：高峰、九干、六岭、九源、本类、赵家、九弄、田角、牛坡。

案例 2：拉庄屯村规民约

为了拉庄长久稳定，经全屯讨论于 2000 年 10 月 30 日，特定以下处罚条例：

1. 果、菜类：每偷盗一次，除赔偿失物价值外，处以 100 元的罚款。

2. 竹、木、笋不论大小每偷盗一根，除赔偿失物价值外，处以 200 元的罚款。

3. 牲畜类（猪、牛、羊、马、狗、猫）每犯一条，除赔偿失物价值外，处以 500～1 000元的罚款。

4. 禽类（鸡、鸭、鹅、鱼、兔）每犯一条，除赔偿失物价值外，处以 200 元的罚款。

5. 电器类，每犯一次，除赔偿失物价值外，处以2 000元的罚款。

6. 机械类，每犯一次，除赔偿失物价值外，处以2 000元的罚款。

7. 八角、香菌类，每犯一次，除赔偿失物价值外，处以 50 元的罚款。

8. 柴火，每犯一次，除赔偿失物价值外，处以 50 元的罚款。（包括生、干柴）

9. 谷、米，每犯一次，除赔偿失物价值外，处以 50 元的罚款。

10. 家具、农具类，每犯一次，除赔偿失物价值外，处以1 000元的罚款。

11. 故意损害他人竹、木的，每犯一次，损坏的竹、木属于山主，损坏者还必须赔偿所损坏的竹、木，再处以 200 元的罚款。

12. 故意放火者，如证据确凿的，当场击毙。

注：若犯以上条例者，如拿不出应赔偿损失及罚款的金额应按如下两项处理：

1. 父母、同胞兄弟不维护的以其自身的财产作为抵押；如无现有财产的，按其应赔偿的金额及罚款金额的总和，按 100 元金额划出一亩土地给受害者承包使用 25 年（承包地面的所有树木属于受害者所有，不作金额补算），承包的土地，由集体指定。

2. 父母、同胞兄弟有谁维护的，以其财产作抵押。

犯以上条例的，除处罚外，另加三个六处罚：

①60 斤肉　②60 斤酒　③60 元钱

若发现犯以上条例的，全屯群众必须全部出动捉拿盗贼，如在捉拿盗贼时，盗贼不承认或是反抗时，群众可将其打伤、打残。

以上条例从2000年10月30日起生效。(以上条例不包括7岁以下儿童)

拉庄屯户主姓名：

杨原胜　杨仁杰　杨仁绍　杨乐荣　杨宣富　杨元学

杨文林　杨仁东　杨元清　杨元光　杨元珍　杨志雄　杨元权　陈　坤

杨元海　杨国清　杨国平　莫　威　杨海宣　杨元相　杨元西　杨元亮

杨文彬　杨元箱　杨彦学　杨　锋　杨达军　杨口平　马春兰

(按手印)

村委会（盖章）

案例3：拉欠天主屯《村规民约》

为维护本屯群众的合法权益，实现自然资源的可持续发展，保障自然环境、生态平衡和群众生活水平不断提高，搞好文明建设，我屯群众结合实际情况，经反复讨论，一致通过如下条款，对我村的《村规民约》作补充规定，在本屯管辖范围内其他村屯群众及过往行人必须一律共同遵守。

1. 我屯群众必须自觉遵守法律法规，遵守社会公德，保持安定团结，维护本屯的公众利益，踊跃参加本屯的公益事业建设。

2. 群众有权管理自己责任山内的野生植物、动物、野生果实及家种作物，不准乱摘我屯责任山内的野生果实（如杨梅、米椎、水榄等)、经济作物（八角、香菇等)、农作物(如瓜、菜、薯等)，不准乱挖、乱砍冬笋、春笋。违者以盗窃论处，除赔偿损失外，每次罚款10～200元，情节严重的，处以2～5倍的罚款，抗拒者扭送公安机关。不准到我屯管辖范围内的山林捕猎、捉蛇或在沟塘、田里毒、电、炸鱼虾，照蚂拐等。违者除没收所得及工具外，每次罚款50～200元，抗拒者扭送公安机关处理。

3. 不准乱进我屯砍伐生、干林木。违者以盗窃论处，除赔偿经济损失外，并没收工具，处以1～5倍罚款。抗拒者扭送公安机关处理。

不准故意毁坏林木。违者按上款处理或者补种损毁树种株数10倍以上。故意盗窃经济林及苗木的，除赔偿损失，并处200元罚款外，一律扭送公安机关处理。

4. 除上述外，凡涉及有经济价值的其他一草一、野生动物，未经我屯责任山管理者的同意，擅自采伐、挖掘、捕捉、猎取的，损毁植被严重的，按第2、3条处理。

5. 严禁任何人故意损坏我屯的公路、桥梁及其他公共设施、围栅等，违者责令其恢复原状并追究相应责任。情节严重者，扭送有关部门处理。

如确实需要进山采摘、砍伐、挖掘、捕捉、猎取的，可与责任山管理、使用者协商，得到允许后方可进行。否则，违犯以上各条款者，除按相应的条款处理外，并要其支出误工费。其他村屯群众举报有证者，给予罚款所得50%的奖励。

此规定呈交乡人民政府、乡派出所、乡林政各一份，送全乡各村委一份、本村委一份、本屯每户一份。

此《村规民约》补充规定从二〇〇一年十一月一日起实行。

户主签名如下：

签名

（按手印）

由于篇幅有限，很多例子不可能一一列举，但是从上面的例子中我们可以大致看出乡（村）规民约的一些主要的功能：维护生产秩序（如封山育林、护山护林、保护水利设施、合理用水、禁止乱放家禽牲畜、禁止滥伐乱砍、保护生态环境），维护社会治安（如遵纪守法、维护社会公共秩序，不偷盗、不赌博、不吸毒、不打架），遵守国家法律（如依法按时交粮纳税、服兵役、计划生育等），提倡社会主义精神文明建设（如我国《宪法》第24条中所提倡的“五爱”公德、思想教育等）。

（二）乡（村）规民约产生的理论依据：以国家制定法为中心

上述列举的乡（村）规民约都是新中国成立后制定的，其性质就是现在的村民自治章程，因而可以说它是乡规民约的当代表现形式。现代的村（乡）规民约也好，村民自治章程也罢，其性质是一样的，其法律依据是《中华人民共和国村民委员会组织法》。

1998年的《中华人民共和国村民委员会组织法》第20条规定：“村民会议可以制定和修改村民自治章程、村规民约，并报乡、民族乡、镇的人民政府备案。村民自治章程、村规民约以及村民会议或者村民代表会议决定的事项不得与宪法、法律、法规和国家的政策相抵触，不得有侵犯村民的人身权利、民主权利和合法财产权利的内容。”

案例4：村规民约示范文本（广西民政厅提供，共分四部分32条）①

第一部分：社会治安，有13条内容：学法、知法、守法、自觉维护法律的权威和尊严；同一切违法犯罪行为作斗争；村民之间应团结友爱，和睦相处，不打架斗殴；自觉维护社会秩序和公共安全；严禁偷盗、敲诈、哄抢国家、集体、个人财物；严禁非法生产、运输、储存和买卖爆炸物品，生产销售烟火、爆竹和购置各种枪支，须经公安机关批准；不得在公路上打场晒粮、挖沟开渠、堆积粪土、设点摆摊，不得以任何理由妨碍交通秩序；不得制作、出售、传播淫秽物品，遵守社会公德；严禁非法限制他人人身自由，或者非法侵犯他人住宅；严禁私自砍伐国家、集体或他人的林木；不准在村附近或田边路旁乱挖土，严禁牛羊啃青；用水用电管理，户口管理，对违犯社会治安条款的处理等。

第二部分：村风民俗，有7条内容：提倡社会主义精神文明；移风易俗，反对封建迷

---

① 参见张明新：《从乡规民约到村民自治章程——乡规民约的嬗变》，载支农网，2006-11-01，18：36：58。

信，树立良好社会风尚；婚、丧事新办、简办；建立正常人际关系，不搞宗派活动；搞好公共卫生和村容整洁；服从村镇建房规划。

第三部分：相邻关系，有5条内容：村民之间互相尊重，相互理解，相互帮助，和睦相处，建立良好邻里关系；在生活、社会交流中，遵循平等、自愿、互利原则，生产过程中自觉服从村委会安排；依法使用宅基地；村民饲养的动物、家畜要严格管理，造成他人损害的，要负经济责任；邻里间纠纷的调解与处理。

第四部分婚姻家庭，有7条内容：遵守婚姻法；婚姻自由；男女平等，自觉做到计划生育；晚婚晚育；对老人、子女的赡养；父母对未成年或无生活能力子女的抚养教育；对父母遗产的继承。

显然村民规约内容涉及村风民俗、社会治安、邻里关系、婚姻家庭等方面，应有尽有，包罗万象。我们可以从宏观和微观两个视角来解读。宏观方面，它指的是前文提及的村（乡）规民约、村民自治章程的立法依据，准确地说其法律基础是《宪法》和《村民委员会组织法》中的相关规定。微观方面，它指的是具体的实施规范，因而，我们可以说其微观操作基础是地方民政部门制定的一整套有关村民自治的运作规范。

宏观也好，微观也罢，其立论和实施的基础是《宪法》、《村民委员会组织法》和地方民政部门制定的有关村民自治的运作规范。所以，我们不难发现，这些民约的行文大都比较规范，能够与国家的法规和政策接轨，基本上也能够反映当地农村的整体情况。但也正如有研究者所意识到的，这一自上而下的制度引入，与其说反映的是村民生活的自然需要，不如说体现了国家对乡土社会的治理原则；与其将这些典章制度视为村民智慧的结晶，不如把它们看作地方政府重建村庄秩序的一种努力；它们所反映的，可能更多的是具体主持村民自治工作的民政部门对村民自治的目标设计和政策追求。①

综上所述，有人认为在可以预见得到的一个时期内，村民自治章程不会被国家法律制度所取代，且在整体上基本不会再有根本性的变化。在表面上，它会与国家正式法律制度更加趋近，互相借鉴、互相补充、互相支持，共存并处，起着有限的但又是国家正式法律制度所起不到的，因而也是必不可少的作用。②

因此，正如张明新说的那样："其文本意义和观念意义往往大于制度变革意义，而制度变革的意义又往往大于实践意义，其实际作用和意义不可过高估计与评价。"也就是说，它被"内化"为一种带有政治意味的文本及设计，越来越彰显其理论意义，而实践操作性则被逐步弱化。群众的参与功能小了，作为一种摆设的形式意义大了。

---

① 参见吴毅：《村治变迁中的权威与秩序——20世纪川东双村的表达》，第八章"村政的重建与村治的接续"，北京，中国社会科学出版社，2002。

② 参见张明新：《从乡规民约到村民自治章程——乡规民约的嬗变》，载支农网，2006-11-01，18：36：58。

小结：南方民族走廊社会组织习惯法——现代化法治建设的理论参考和现实借鉴

综上所述，法是社会需要的产物，原始社会、处于较早社会形态的乡民社会也有其属于自己的法；人类越文明，对它的需求就越大，从而创造的法也就越多。民族法律文化是国家制定法的基础，能够弥补国家制定法的不足，为现代国家法治建设提供必要的理论参考和现实借鉴；反过来，国家制定法也能够规范诸如民间法、习惯法等民间社会规范。

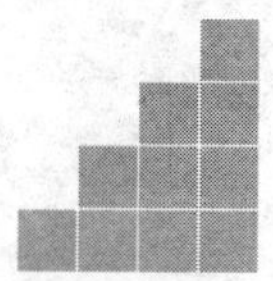

7. 法律解释研究

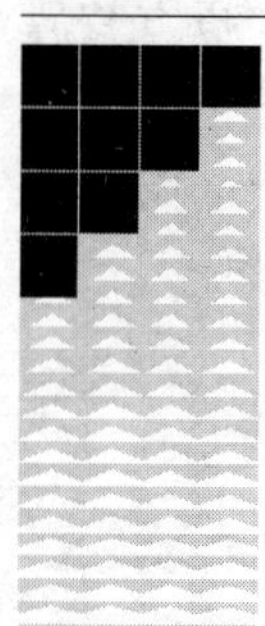

7.1 法律解释原理*

张志铭

一、法治视野中的法律解释

法律解释为什么会在近十几年中国法学研究中凸显出来、被大家所关注、吸引了那么多的人力物力投入到这样一个问题的研究中来？

（一）概念法学衰微，法律解释意义凸现

法律解释的历史与法律存在和发展的历史是同样悠久的，也就是有法律就有对法律的解释，我们可以从学术史的角度进行梳理，人类自从产生法律的那一天起，就出现了大量的对法律的解释。但是从现代社会法律的发展史来看，法律解释意义的凸显、在法律研究

---

* 原载《国家检察官学院学报》，2007（6）。

中的中心地位是伴随着概念法学的衰微而发展的。搞民法研究的人应该对概念法学这个概念比较清晰，大家都知道，概念法学跟德国民法典有一种渊源关系，有一种相伴的因果关系。那么，什么是概念法学？

概念法学曾经盛行于西方19世纪的法典编纂过程。在概念法学的法治图景中，立法者充满理性，对于立法要解决的问题不仅具有科学圆满的论述，而且基于语言的确定性和形式逻辑的完备性，还拥有充分的表达能力和准确的表达手段，由于法律本身可以做到完美无缺，逻辑自足，可以与具体的个案事实形成恰当的对应关系，所以法律的适用者，比如法官，就像是一台“自动售货机”，投入法条和事实，就能输出法律判决。

概念法学关于近代法治的这样一种描述，也是我们今天法治的一种最初图景。近代法治的这种最初预测就建立在这样一整套的观点之上。法治作为社会治理的一种主要方式，就是因为法律有这样一些品德，而法律有这样一些品德是因为有这样一个逻辑上的前提、表达上的一些条件还有我们认知上的一些能力。这是一个关于概念法学的看法，这种看法实际上提供的是我们近现代法治的最初图景。

如果这样讲比较抽象，我们可以举一举拿破仑这个例子。拿破仑在组织编纂《法国民法典》的时候，他就带有这样一种确信：他认为法律可以变得很简单，任何一个可以把两个思想联系在一起的人都可以作出法律上的裁决，都可以做法官，都可以适用法律。大家想，一个人如果不能把两个思想、两个观点联系在一起，只有一种解释——这个人是木头人。正常智商的人都有一个想象力，可以把两个东西联系起来，如果不具有这样一种能力的，可能就是傻瓜或者是我们无法想象的奇才、天才。所以在拿破仑的信念里面，可以通过一种法律创制活动、法典编纂活动对社会提供一种对将来发生之事有充分预见的规则体系，有了这样一个规则体系之后，我们要选拔一些不是傻瓜的人来做法官，就可以实现法治，就可以实现社会的这种有序化。近现代的法治构成基本上就是这样一个问题。我们可以想想，我们中国直到现在为止，是不是还带有很强的这种近现代法治的对比功能认识的状况？这是对法治的一种原初的理解。

关于法治的这种理想构图很快就受到了来自理论和实践的批判。第一，人们发现，法律并不是完美无缺的，在复杂多样的现实生活面前，对法律的解释永远都比法律本身来得更多。这是社会关系决定了法律所能提供的规则难免挂一漏万，尤其是当社会处在转型的情况下，要实现一种规则调整，可能就更要正视法律自身具有的这样一种刚性、在制定当时难免缺乏对预期可能出现的一些问题的预见性。

第二，法律不可能通过强调用语的规范严格达到准确的表达，因为语言本身具有开放的特性，它会因语境的不同而出现歧义和语义模糊，这是我们经常所讲的法律的空缺结构、法律的开放性结构。任何语词、语句可能都有一个核心与边缘，这是分析法学或者分析哲学中强调的一个概念，而在这之前我们对语词的理解是不可能达到一个准确理解的程度的。这就是说任何语言都有一个空缺结构、都有一个灰色地带，而法律是用语词来表达的，司法判决是借助于语词来构书的，当我们读到这些语词并进行理解的时候，可能就不得不面临由于语词的这种开放特性所造成的歧义和语义模糊，这方面的例子是很多的。由于这种局限性，可能对我们在法律的理解上造成一定的障碍。现在由于生活的变化往往造成立法大刀阔斧的修正，大批量的立法显然已没有传统立法的那份从容，而对相关法律用语缺乏相关法理分析的做法必然会加深法律自身的不确定性。

第三，现在全国人大对立法抱有非常高的一种期待，希望在2010年充分建立完备的中国法律制度，在这几年我们每一届人大主要的任务就是立法，制定立法规划，时时刻刻都在讲立法。但是事实上我们现在的立法已经不像德国民法典的时候，可以先对万事万物进行充分的梳理，进行分类，建立相应的概念体系，在这个基础上我们来制定规则，很从容。我们今天面临许多的问题，需要赶紧制定一部法律进行规定，已经没有了以前立法的那份从容的心态。现在人大的立法都是框架的立法，具体的都需要政府制定相应的细则进行推广。所以在这样一种社会关系极其复杂的情况下，我们的立法必然会出现一些问题，以传统的立法理论、传统的法治观念是很难应对的。

第四，立法者在立法的时候不可避免地会带有自己的先见，即使法律制定得完美无缺，适用这部法律也不可能是简单的反映与被反映，我们传统的法律制定的清清楚楚，适用时可以明明白白，法官可以不带成见不带偏见很公正的适用法律，可是现在我们不可能站在一种很纯粹的立场上毫无偏见的适用法律。按照法律实用主义者的观点，如果法官早上一杯咖啡没有喝好就到法庭上，那么对刑事被告可能会更有偏见。一个法律条文，法官在理解上可能都有很大的不同，所以有成见也是正常的，但是怎么看这个成见也是一个很好的问题。如果要对事物达到正确的认识，就必须放弃自己的成见，在正常的思维下思考。但是最新的研究表明，任何认识都不可能是一种没有偏见的过程。对法律条文能理解是因为对法律条文背后包含的那一套原理在这之前、在法学院的教育中已经获得，所以你知道什么叫数罪并罚、什么叫累犯等。研究表明偏见恰恰是认知成为研究可能的前提。而我们传统的做法是，要获取对事物的正确认识、不先入为主，必须以放弃自己的成见、先见作为条件来换取进入认识对象的门槛。所以这就有一个认知上的反映论，这就使得我们传统的规则主义和形式主义变得宽了。当我们的传统法治认识面临种种挑战的时候，我们这些要搞法治的人难免会觉得有一种危机感，自然会去研究这样的问题，法治是可能的吗？法律能够给我们提供一种确定性的指引，从而达到一种稳定的社会秩序吗？大量所谓法律的确定性问题就自然而然的凸显出来了。与这个问题密切相关的就是法律的解释问题，如果把这个问题放在近现代法治的演变过程里面来看，就会发现这个问题特别的重要，甚至关系到法治是不是可能存在的问题。我们在这个问题上没有一个很好的回答，我们主张法治、我们所选择的法治就是捕风捉影、自欺欺人！这也是为什么法律的解释问题这么值得关注的一个重要原因。

（二）法律解释意义凸现的中国语境

大家都知道中国社会已经在人治和法治之间作出了一种抉择，法治化进程在不断地向前推进。但是我们时常也会感觉到困惑，这种困惑就是：我们在理论上所探讨的规则为什么在现实生活中会处处的表现出一种对规则的依赖，法治变成了规则之治。我们确实发现了一些问题，我们理论上所倡导追求的规则之治在现实中却处处表现为一种规则对人的依赖，所以我们会发现法律在很多法律实施者那里像谜一样的令人难以琢磨。老百姓会觉得法律只是一些小儿戏，有些人先是判了死刑，上诉以后又改判无罪，这不是儿戏吗？我们的社会要走法治道路，但我们却处处感觉到法律离我们很远、很难琢磨，这可能是我们中国在选择法治之后所面临的一个最大的问题——就是法律不仅要得到法律人的认可，还要如何在社会中得到认同？中国确定性的选择过程已经完成，就是直接搞法治，走法治之路，建设社会主义法治国家。但是我们在生活中所看到的景象和这样一种趋势有很大的不同，最重要的就是在生活中法律在很多情况下很难以理解，在很多情况下我们所强调的规则都因人而异。针对以上的问题，我们觉得有必要检讨对法律和法治的认识，其中最重要的就是对法律与人的关系问题的认识。

大家可以回顾小平同志关于法治重要性的论证，就是讲制度和人的关系。小平的理解是很质朴的。我觉得这是法治里面最原初的问题。法治是使人的行为服从规则（广义）治理的事业。法律作用的弘扬、法治程度的提高，以对人性弱点的认识、对人的自由意志和自由选择的限制为前提。从这个意义上说，规则因素和人的因素之间的关系，是一种此消彼长的关系。强调规则的结果就必然意味着人的这种自由空间要受限制。人性是扩张的，对懦弱的人来说如果不遇到障碍他也会扩张。这是人性的一种可爱之处，但也是它的一种弱点。每一个人都不仅仅是一个个体，他必须生活在社会中，而在社会中他必然有一种扩张的本性，就会遇到障碍，如果不加以限制可能就会转化为一种扩张，这就涉及原初意义上的法律规则和人之间的对比关系。我不相信一个社会法律越来越多，每个人的自由意志也越来越自由、越来越张扬。如果是这样，也肯定是辩证地说，而不是绝对地说。法治的程度以及法治的作用能不能发生就看我们对人的弱点是不是有所认识，对人的自由意志和自由选择的意向是不是能进行限制。以上是一个方面。

另一个方面，规则因素和人的因素之间也有一个相辅相成的关系。法治是人类社会借助于法律进行自我调控的措施，在法律与人之间，人是能动的因素，无论是法律的创制还是在现实中的实施，缺少人的因素，法律不足以自存，不足以自行。追求法治是人类的一种合目的行为，特别是在法律的具体实施中，要体现这样一种合目的性，就不能没有人的判断和选择，不能排除人的自由意志，法治的贯彻是离不开人的这样一种意志行为的，所以这又是一种互相依存的关系。在实现社会法治的过程中，如何在规则因素和人的因素之间形成一种合理的分配，也就是人与规则之间的关系问题可能是中国今后实现法治过程中要处理好的一个很大的问题。那么解决的方案是：如何在规则限制和人的自由意志之间求得合理的一种张力？如何解决这样的一个问题，我想引用 17 世纪英国著名法官科克爵士在与王权的对抗中强调的“人为理性”（artificial reason）概念。法律所讲的理性不是“自然理性”，而是人为理性，人为理性讲的是一种经验，是经过长期的学习实践而获得的，没有经过这种学习和实践是不能获得的。这就是所谓的“人为理性”。宪政法在英国是最早被发掘的，最初就有这样一种理念，这个理念包含这样一层含义，简单地讲就是规则，相当于现在所讲的法律的概念。所以说，规则和人之间这种相关性的最终的解决，肯定不是说全是规则而不注重人的因素，也不可能完全把希望寄托于一个人，它必然实现规则和人的一种互动，而“人为理性”这样一个概念就提供了一种途径。我们搞了那么多年的普法教育，为什么要搞普法教育？可能我们很难想象古时候的那种愚民政策。我们现在的普法、法学教育、对领导同志的选拔，能不能实现法律与人的这种因素的很好的结合。比如国外很多议员总统都是搞法律的，他们信奉法律，所以能实现法律和人之间的一个很好的互动。而在中国，人与规则之间的这种无序、紧张并没有得到很好的解决，我们必须要理顺它们之间的关系，“人为理性”概念给我们提供了一个很好的思维途径，而从这个概念里面可能就会自然而然引发我们的一整套法律解释系统，它是一种有充分经验基础和共识基础以及正当性的这样一整套体系，集中体现了所谓“人为理性”这样一个概念。如果要了解现在为什么会有那么多的人去研究法律解释，可能它和整个近现代法律进程中所面临的问题，和法治在整个原理上所面临的问题都是分不开的，所以它不是一个局部的问题，而是关系整个中国法治进程的一个很大的问题。如果在法律解释上没有一整套的规则、技术和理论，我们很难建设一个真正意义上所谓法治大国。

法律解释涉及从法律实施的角度对什么是法律问题的回答。对法律解释的关注，是人们对法律现象研究的深入，从抽象的法律研究转入到对具体法律可操作性的研究。法学研究造诣的深浅实际上就在于面对什么是法律这个问题的一种认识。搞法理学的都知道我们的教科书提供的法律的概念是没有任何时空限制的。引入“法律解释”的概念就是提出我们在面对什么是法律的时候，把它和具体的语境结合起来，甚至可以说限制在一个具体的个案当中，来定义什么是法律。原来的法律定义“法律体现国家意志”，对于打官司的人来讲，它能够捕捉到什么有用的信息吗？而如果我们引入“法律解释”概念，我们就可以看到在具体的个案中，对于什么是法律的问题，可能主审法官的认识更加深切，甚至我们会想到这种对法律的定义。传统的法院对“法律解释”最经典的理解就是法的解释，其他如“对法律阶级性的解释”、“是统治阶级意志的体现”都是法律之外的，因为即使你将他理解得再清楚，它还是法律之外的，能说明白什么呢？所以法律解释问题也反映了中国法治视野的一个真理。这样的视野使我们迅速将问题转向具体实施的方面。在这个意义上，我们要实现理论与现实的对接，要填补理论与现实之间的不具体。所以从20世纪90年代中期，法律解释问题在中国的法律理论和实务界受到空前的重视。从总体上看，与上述背景分不开。法律解释是法律实施的前提，抽象的法律条文只有通过解释者的解释才能变得实际有效，才能与复杂多变的现实生活实现对接。法律解释中的一个基本问题，是在对法律的理解和适用中如何妥善处理法律的确定性和妥当性的关系，这在很大程度上也就是法治视野中的规则制约与人的自由裁量的关系问题。同时，法律解释涉及在法律实施的场合对什么是法律的回答，对法律解释问题的关注，反映了人们对法律现象的研究和认识的深入，即从法律条文本身转向法律的实现，从对抽象法律概念的探讨转向对现实制度设计和具体操作技术的研究。

二、法律解释研究的基本内容

法律解释既是一种客观存在的社会现象，又是一种实在的法律活动。对法律解释的研究大致可分为理论与操作两个方面。理论方面的探讨是以厘定概念为依归，它要回答的基本问题即什么是法律解释。法律解释是以指导行动为指向，包括解释技术和解释制度两个层面，要回答的基本问题是如何操作法律解释，即了解法律解释制度发生存在的制度框架和法律解释实际操作的技术和规则——寻找使个案事实和法律形成正当连接的合理途径。

法律解释的基本内容包括法律解释原理、法律解释技术和法律解释体制三方面：到现在为止，法律解释的原理是国内探讨的很少的一个领域。对法律解释原理的探讨最集中的体现为对法律解释的概括，就是什么是法律解释，怎样回答这样一个问题；法律解释技术是以法律解释方法为前提的，但是法律解释技术不仅仅是我们现在所讲的法律解释方法，而是一个有机的体系，我们在静态意义上所列举的方法只是这里面很少的一部分内容，还没法回答为什么法律解释就是这样一个情况，它是不言自明、真实有效的吗？解释体制方面最核心的问题是解释权分配的问题，谁有权解释法律，谁解释的法律是有效的？围绕着这个问题就有一个解释权的分配问题。这在中国的理论上显得尤其重要。现在很多学者都在研究法律解释，研究的是解释体制问题。很多情况下和国外的学者交流，人家会觉得不是司法解释，这可能就是一个体制的问题。我们讲法律内容里面这个问题也应该引起各方面的关注。任何方法的应用或者说任何法律解释的操作都是在一定的制度框架内，而这种制度框架必然要配以方法的运用。比如我们讲方法的时候说到优先性的问题时都会讲到文意解释，为什么它相对系统解释、目的解释更为优越，这个问题如果脱离了整个国家近现代的政治方向，是很难解释的。法律解释是整个近现代法治的必由之路。如果在这方面没有一种好的认识，近现代法治是很难建立的。

从理论上讲有法律就有对法律的解释，法律解释的历史同法律存在和发展的历史是同样久远的。所以基于这样一种考虑，对于什么是法律这个问题的研究我们首先可以选择一种历史的视角，考察人类自古到今法律解释的认识和实践，不仅考察法律解释自身，还要变换视角考察人类社会在不同阶段对法律解释、对法律需求的特点，对解释活动特征的认识以及对法律解释的影响。我们要转换视角，通过描述和概括来把握法律解释的概念，如果在这个方面有一个递进式的研究将会是一个非常好的视角。到现在为止国内的学者研究的并不够，这也是一种很艰难的选择，要在这样的一种视角下把这个问题解答出来，典籍的运用、史料的运用把握就不可缺少，我自己的感觉是到现在为止国内可能还很难提供这样一种条件。我们这里所讲的思路是着重对现实法律现象的逻辑分析，通过对法律解释现象的不同侧面的分析研究，包括对他人认识的考察评论，从这个意义上把握法律解释的一个基本特点。

对法律解释现象的研究往往会有不同的理解，这些不同的理解集中表现在对法律概念的不同看法上。从20世纪50年代开始一直到1990年，按照时间的顺序有九到十种法律的定义，可以发现一种对法律解释内容认识的变化，当然这个层次上是历史上的、仅作为一个线索而已。在这个基础上对于什么是法律解释这样一个问题，如果要进行一种很系统的分析，需要一种定义，需要一种法律解释可操作性的定义，这个可操作性的定义希望今天讲完之后大家能接受这样一个概念。因为做研究一开始经常是从概念切入的，而我们对概念有一种不适当的期待，说出这个概念的定义之后要么就拿着这个定义，要么就不再定义。这是一种期待，但是事实上我们会发现任何一个新的概念都会面临着一个被反复定义的过程。搞学术研究的人尤其是博士，在这方面一定要有一个清醒的认识。在概念的定义问题上也要体会，不能有回避感，但是你所提供的不仅是对你当下研究的一种操作性或者说是临时性的定义。定义是必要的，无论是从叙述的角度还是从研究的角度、交流的角度，我们都需要定义，是操作性意义上的定义，是交流意义上的定义，当然它也涉及一种具体意义上的定义。

对于法律解释的研究我们需要这种操作性的定义，即使是对以前定义的一种提炼，但它依然是操作性的定义。法律解释就是对法律文本意思的理解和说明。话虽简单，但道理不简单，需要做一个简要的解释。这里的法律主要是制定法，法律文本主要是指法律条文，意思就是通常所说的意义、含义，理解就是解释者对法律文本意思的内心把握，说明是对理解的外在展示。最重要的就是大家体会我所讲的理解和说明。之后我发现以前法律解释方法以静态方法的构建、运用展示就是基于这样的一个定义，法律解释所必须要考虑的新理论过程是我们必须要加以关注的。除此之外，对法律解释的结果还要用某种恰当的、正当的方式把它表现出来。理解和说明，说明就是把理解、解释的结果表现出来。一个展开的解释就是解释者将自己对法律文本的理解通过某种方式展示出来，这就是法律解释。

按照这样一个操作定义，我们可以从五个方面对什么是法律解释问题所涉及的内容进行判断。刚才所讲的都是法律解释的原理问题，而这些法律解释的原理问题最后都要归结到对什么是法律解释这样一个问题的回答上来。基于这样一个解释，可以从五个方面对法律解释这个问题进行剖析。

第一个是法律解释的场合：什么时候什么情况需要法律解释？第二个是法律解释的解释权问题，就是谁有权进行法律解释。第三个是法律解释的对象：法律解释解释什么？第四个就是法律解释的目标目的：为什么要进行法律解释？第五个就是法律解释的理论疑问，即如何进行法律解释。

先讲法律解释的场合。法律解释的场合也就是在什么领域、什么时候需要或存在法律解释的问题。国内理论上到目前为止在分析上存在着两个方面的问题：第一个方面是如果把法律实践区分为立法和法律实施两个领域，法律解释是不是只存在于法律实施而不存在于立法？这个问题不是一个简单的问题，而是一个非常大的问题。立法解释是不是解释，香港的一些法律人士对什么是人大的解释到现在也还弄不明白是怎么回事。他们认为法律解释就是法官对适用法律的解释。按照法律实践我们经常讲法律探索、法律实施，法律解释是不是存在于法律实施领域，立法里面有没有法律解释。有也好、没有也好要敢于有一个说法。第二个方面如果法律解释只是存在于法律实施领域，那么它是存在于整个法律实施领域，还是只是存在于法律实施的某个环节。大家阅读会发现，有许多主张说法律解释只有司法解释，其他解释都不存在法律解释的问题，为什么会这么认为，为什么会基于这样一种观点去写一本书？而我们看国外的理论就会发现，他讲的这个法律解释经常放在具体的司法个案裁判中来研究，很少在一般意义上泛泛地谈这个法律问题，为什么是这样？它在法律实施的什么情况下发生，这个是必须要回答的。前一个问题涉及经常所讲的事前解释和事后解释，立法机关对法律的解释即立法解释须分为事前解释和事后解释，前者是指为预防在法律适用时发生疑问而预先在法律中所做的解释，比如诉讼法中什么是当事人、什么是证据就是最典型的例子。后者是指法律适用发生疑问后立法机关所做的解释，立法机关在这个问题提出来之后所做的专门性规定，中国人大做了很多关于这种问题的决定和决议，现在法律分类把它作为立法解释来对待，在这之前因为虽然宪法肯定了全国人大常委会有权解释宪法和法律，但很长时间（在香港回归之前）内很少运用法律解释的定义，而是大量地做决定和决议。围绕这样一种区分，它的分切点在什么地方？有种观点认为事前解释属于法律解释，因为法律解释存在于法律活动的所有领域而不仅存在于法律实施领域，它也存在于立法领域，另一种观点认为法律解释与法律实施密不可分，它只是存在于法律实施的领域，法律解释可以包括立法机关的社会解释，但是绝对不能包括事前解释，因为事后解释属于法律实施的范畴，事前解释属于立法的范畴。立法机关需不需要解释法律，在什么意义上解释法律才能称之为解释法律，这是它们最主要的一个分切点。

这个问题包括具体解释和抽象解释的认识分析，也是一个非常大的问题，具体解释是指具体个案的判断与法律适用相联系的法律活动，它是把法律解释适用于个案解释的大前提。抽象解释与具体解释不同，它是指法定的国家机关如中国的全国人大常委会、最高人民检察院、国务院在法律实施过程中对法律的一般性的解释定义，具有普遍的法律效力。抽象解释是不是法律解释，这个问题只有在中国的语境下才有意义。如果和国外的学者去谈这样一个问题，他会瞪着眼睛看你半天不知道你在讲什么？这就是一种概念法学的问题。抽象解释是一个独特的概念。抽象解释是不是法律解释，是不是法律解释的典型形态。如果在这个问题上没有一个正确的认识，就不能说是研究法律解释的，而只能说是研究立法的。

尽管在认识上人们普遍把法律解释与法律实施相联系，但是非常有趣的一个现象就是就具体的联系方式而言存在着矛盾的现象。即一方面把法律解释与法律实施相联系，另一方面又出现下面这种情况：在制度和实践上一般把法律解释只限于抽象解释，不承认具体解释，所以最高人民法院说只有它才有法律解释的权力，各地方法院都无权解释，这就是非常矛盾的现象。我们现在的制度和实践上讲法律解释有一个解释权问题，解释权只有特定的主体才能行使，其他主体都无权解释，也就是说不承认你解释的。在具体个案裁判中只能适用法律不能解释法律。为什么会有这样一种观念，绝对不是中国的一种怪胎，而是有大陆法的一个源头在这里，这个是很有趣的。一方面，我们讲在法律解释的层面密不可分；另一方面，具体的法律适用无须解释法律，在制度上存在抽象解释。这里又有一个很复杂的问题，这些年我们的理论研究中，一些学院派的学者在近些年出版了很多著作，把法律解释仅仅视为具体解释，而无视抽象解释的存在。还有认为抽象解释不是法律解释而是法律的范畴。我们现在经常把理论法学界作为批评的对象，这就是一个很典型的例子。我们现在的理论研究好像达到一个共识，认为法律解释就是具体解释，抽象解释不是解释，与实践严重脱节。这是分歧点，实际上这已经不是简单的分歧了，甚至已经到了对抗的程度。

对于上面两个问题应该怎样来看呢？我想可以从两个方面来分析和认识。第一个方面法律解释成为一种解释现象，只是解释现象之一，作为这样一种解释现象所存在的场合实际上我们可以做一种推而广之的理解。如果简单地认为法律解释现象在什么情况下存在、在什么情况下不存在，这可能是武断的，或者说会面临很大的说明责任。为什么这么说呢？第一个理由是，如果我们不是固守于某种成见，就会发现解释活动是人类社会生活中一个非常普遍的现象。按照哲学解释学的观点，解释具有文体论这样的意义，文体也就是最根本意义上的这种定义，他至少不是单纯从某个层面上来认识对象，解释植根于人类的理解，是理解范畴的实现，而理解又是人的基本能力，是人的存在方式，有人的存在就有人的理解和解释，有人的活动就有人的理解和解释活动。由此看来，所有的法律活动包括立法、司法、法律监督、法律研究和教学、法律服务等等在广泛意义上都是人的理解和解释，反过来我们至少可以说理解和解释现象存在于所有的法律活动中。解释从最根本意义上讲就是理解，而理解是一种本体论意义上的存在，有人的存在就有人的理解，就有人的意志活动。在绝对意义上无知无觉的人肯定不是人，理解有好坏，有理解上的不同，但绝对不可能没有理解，从这个概念上我们还可以进一步衍生出这个概念。

以前马克思讲语言是人生斗争的一种工具，有没有这个工具好像不影响我的生存存在，但是再想一想如果没有语言我们还有人吗？没有语言肯定没有文化了，语言是文化的开始，没有了文化还有人吗？实际上理解和人的存在是可以等质的一个概念，在这个意义上法律活动当然是人的活动，所有的活动都存在于人对文本的理解，在这样一个意义上，对法律解释在什么意义上有、在什么意义上没有还是采取一个“开门”政策比较好，而且门应该尽可能开得大些。

第二个理由是，现代社会立法与法律实施的两分格局已经被打破了，已经出现了立法与法律实施之间的相互交汇，兼有立法和法律实施性的活动已经使整个局面形成了三分格局，我们姑且可以分为立法活动、实施活动和兼有立法和实施性的交叉活动。在这样一种情况下，如果我们继续按照传统的思路就难以分清立法领域的法律解释、法律实施领域的法律解释。人类一旦形成某种传统之后若要改变他是非常非常困难的，关于法律创制与法律实施，关于立法与司法这样一种划分，如果现在要放弃这样一种传统的划分，要创立一种新的表达，处处都会遇到一种交流上、表达上的障碍，是不经济的。现在由于我们过渡依赖传统表达而存在一些表达乏力的问题。这也是我们面临的问题，比如讲现在大量的立法不是立法机关的立法，有人统计了，大约有百分之八十的法律是政府机关制定的。严格意义上人大制定的法律也只有二三百件，而国务院制定的可能有三千件，政府的规章就更多了，谁是真正的立法者，这个问题还可以进一步深入，即谁是立法的技术精英。

第二个方面承认法律解释作为一种解释现象，它普遍存在于不同场合的法律活动之中。并不妨碍我们在不同场合下对法律的不同解释作出区分，也不影响在研究法律解释时只是限定于某种场合。由于不同场合下的法律解释具有不同的目的和特性，为了不使法律解释的目的陷于泛化而导致混乱，我们才必须作出区分和限定。各种解释都是解释，但是事前解释和事后解释，具体解释和抽象解释它的特点是不一样的、目的是不一样的。把它们混在一起讲就讲不清。所以如果研究法律解释就研究抽象解释，抽象解释的目的就是提出一般性的解释并规定具有普遍适用的效力，他和具体个案中与法律裁判相关的那种解释是不一样的。我想虽然特征不一样，但研究的道理是一样的。比如事前解释，带有很强的法律创制性，而事后解释就不一定这样，当然这个问题比较复杂，事后解释到底怎么看，这种解释对具体问题的解决有特别大的作用。我的意思就是尽管我们对什么是法律解释这个问题采取一种宽泛的立场，但是在这个前提下，我们依然要对不同解释之间的特点有所把握，不能混淆。

法律解释作为一种解释现象是存在于人类法律活动的各个领域的，但是不同领域的法律解释又是具有不同解释特性的。我们研究法律解释首先要说明法律解释所在的场合，研究的到底是什么场合下的法律解释，同时也要看到在人类社会尤其是现代社会的法律实践中，作为一种具有普适性的理解，法律解释一般是指在具体个案当中或者与法律适用相联系的一种活动，如果要和国外学者去交流，就请你记住这句话，他们讲的法律解释必然是在个案裁判中适用法律这样一种解释，而不是我们国内所讲的法律解释。因为我们的法律解释概念是个抽象的概念，而他们的解释是在个案中法官的解释，这种分歧是非常非常大的。当然要承认他们的这种理解是更具普适性的，而我们的理解是关起门来的自我欣赏的理解。

三、法律解释的主体

法律解释主体的范围取决于对法律解释场合的认识。法律解释主体的范围尽管广泛，但不同主体解释法律的效力并不相同。按照法律解释的主体和效力的不同，国内学界通常认为法律解释可分以为法定解释和学理解释。法定解释我们通常又叫有权解释，学理解释又叫无权解释，我觉得这个说法是很让人讨厌的。法定解释包括立法解释、司法解释、检察解释、行政解释，这些都是有权力的机关的解释，学理解释就叫无权解释，但是若没有学理解释法律解释不就成强权解释了吗？为什么说学者的解释就是无权解释呢？把法律解释作为一种权力是我们中国的一种特别的现象。把解释法律这样一种在国外你有权适用法律就有权解释法律单独作为一种权力，只允许少数的主体有，这反映了什么？反映了法律解释的垄断和控制，是在法律解释问题上的一种垄断，这样一种做法在中外历史上是有非常长的渊源。法律解释的权威太多了，肯定影响法律的权威性。例证一：中国古代商鞅变法，为贯彻其“壹刑”思想，树立法律权威，首创官方释律制度。在这种制度下，要求“以吏为师”，主张“法无二解”，严禁私家注律。此后各朝各代，私家注律或得到统治者的承认和鼓励而兴盛，或受到统治者的压制而归于衰落。例证二：在西方，设立法律解释权主要是大陆法系传统的一种实践。公元1世纪前后，罗马皇帝奥古斯都鉴于罗马共和政体后期法律解释的自由发展导致法律适用的混乱，损害法律的安定性，首创了法律解答权制度。他授予一些业绩优异的法学者解答法律问题的资格，从而使法学者的解释活动与国家权力联系起来。公元6世纪，罗马帝国皇帝查士丁尼依靠法学家的帮助成功地完成了《国法大全》的编纂，在《国法大全》颁布的同时，他立即禁止在裁判中参考任何法学家的著作，并禁止对《国法大全》作任何评注，意图借此维护自己和法典的绝对权威。他甚至焚毁主持《国法大全》编纂的大臣特里波里所收集的一些法学家的著作手稿，以此来强化他的禁令。(这与中国古代的“焚书坑儒”实为异曲同工）但查士丁尼的禁令收效甚微，在其在世时就遭到了蔑视。18世纪末，法国在大革命期间曾通过法律（1790年），规定“当法院认为有必要解释一项法律或制定一项新法时必须请求立法会议”，还通过立法创立附属于立法机关的“上诉法庭”负责监督各类法院，以防司法偏离法律条文，侵犯立法权。所以对司法的不信任是大陆法系的一种传统，这种传统尤其体现在法国法。特别是与近现代法治是民主的城堡这种观点是完全不一样的。就像我们刚开始讲的英王的那段对话，形成英国司法法律解释传统的一段对话，后来我们讲英国的法治宪政学也要引用这段话，它形成了一种法治的传统。但大陆法传统直到今天司法和法官更加官僚化、更加行政化。这也是法律传统形成过程中的一个必然。大家也可以追溯到法国民法典第4、5条就规定法官不得以创制一般规则的形式作出裁判，同时又规定法官不得以法律没有规定为由拒绝审判。1794年，在近代启蒙运动和理性法观念的影响下，弗里德里希·威廉二世主持编纂了包含多达17 000个具有决疑效用的琐细条款的《普鲁士邦法》，在该法典的颁行敕令中，他明确禁止法官出于任何理由对法律规定自作解释，在有疑问的情况下，要求法官向专门设立的“立法委员会”提出咨询。近代法律确立之初的那种我们对于法律的概念，法律是通过立法介绍给我们的，可能直到现在为止我们还是有很强的这样一种观点。还可再以拿破仑为例，看看大陆法系传统中统治者对待法律解释的心态。拿破仑同样是在法学家的帮助下完成了《拿破仑法典》的编纂，尽管他没有禁止对民法典进行评注，但却希望评注不要公开发表，以致传说当他得知第一本评注出版时，惊呼“我的民法典完了！”

统治者对法律解释的态度：一方面，历代统治者都不得不借助于法学家的努力完成自己定规立制、编纂法律的任务；另一方面，由于对法律的自由解释、尤其是法学家对法律的不同解释，会导致在法律理解和适用上的混乱，削弱法律的权威，就使得统治者对法律解释活动往往采取戒备或控制的态度。控制的思路和做法主要是推行宏大的法典编纂计划，并建立官方的法律解释权制度，在这同时，或者对民间尤其是法学家的法律解释活动采取否定态度（往往不能成功）；或者采取积极利用的态度。关于法律解释我们现在为什么讲这个背景？为什么中国是这样一个法律解释体制？为什么中国的司法当局会强调自己的司法解释权。

从近代以来大陆法系传统中法律解释权的产生和演变情况看，有四点值得注意，我主要讲趋势问题，刚才讲的是历史问题。

第一，它的目的并不是要排除民间尤其是学者对法律的解释，而是为了体现严格的分权原则，防止法官借解释之名行立法之实，以免司法专横。因此，它是在法律解释主体泛化的前提下对法律解释活动的一种针对性控制。这是德国法的规定，为什么会这样，事实上是为了防止法官借解释行使司法专横。这就是几种模式，一是不同的权力由不同的机构行使，另一种是同一权力由不同的机构分享。德国的这种模式就是不同的权力由不同的机构来行使，而美国的模式就是同样的权力比如立法权只能由不同的机构来行使。这都是分权，直到现在为止都是这样的，观念上并没有改变。大陆法也是这样，并不是像有的学者所讲的，大陆法国家也改变了，这是没有根据的。大陆法国家依然坚持的是司法只是适用法律，并不创制规则。

第二，它最初是设立附属于立法机关的专门机构，如法国的“上诉法庭”、普鲁士的“立法委员会”等，并要求法院把法律解释的疑难问题提交这种机构解答，但是，随着对司法机构通过法律解释发展法律的不信任的消失，这种“立法性法院”逐渐演变成为法院的一部分，如法国的“上诉法庭”演变为刑民事方面的最高法院，其任务是撤销下级法院错误适用法律的判决，并有权作出正确的解释。其他一些国家如德国的最高法院甚至还能作出改判。大家要注意，它讲的是解释适用，不是创制规则。

第三，这种法律解释权自产生起就与具体个案的裁判背景相联系，随着“立法性法院”融入普通法院系统，它也与具体个案的裁判程序融为一体。所以大陆法的法律解释从一开始就没有与个案脱离。这一点与中国的判决是不一样的。

第四，1912 年生效的《瑞士民法典》在第 1 条规定中明确承认现实法律的缺漏，并将填补工作委诸于法官，同时提供了工作标准。法国法学家 Geny 说：“也许这是现代立法者第一次以一般规定正式承认法官在立法上的不可缺少的作用。”该法典的做法代表了大陆法系国家今后的立法走向。

这是 1912 年在瑞士民法典上的一个变化，《瑞士民法典》第 1 条第 2、3 款规定：如本法没有可为适用之规定，法官应依据习惯法，习惯法也无规定时，法官应根据其作为法官阐发的规则判案，在此，他要遵循业已公认的学说和传统。应该指出的是，1811 年《奥地利民法典》第 7 条就已经赋予法官填补法律漏洞的权力：倘若一诉讼案件不能依法律的既有文字规定也不能依法律的自然含义予以判决，法官须参照法律就类似案件规定的解决办法和其他适用法的根据来处理，如仍无法判决，则应按照自然正义的法律原则予以裁断。因此，《瑞士民法典》的规定可能并无新意。它之所以引人注目，就在于它在醒目的位置、以鲜明出色的语言表达了自概念法学衰微以来人们已普遍承认的一个事实：法律存在缺漏，需要法官通过创制活动予以填补。

但是大家一定要注意在法官创制法律规则这个问题上，直到现在为止实际上发生的是这样一种状况：法官在规则创制方面有它一定的作用，在正当性的修饰度上，法官依然并不创制规则，而只是在适用法律、解释法律，且并没有背离立法的原理，所以大陆法传统到现在为止虽然也在创制规则，但是理论上并没有给予真正的承认。但最终都还要依靠理论的支持而不能任意地去创制法律规则。

四、如何看待当代中国的法律解释权制度的“本土特色”

哪些是本土特色？哪些是大陆法传统口语的一个延续？如果没有中国特色的这样一个背景，这个问题就是不清楚的。比如解释权浓淡的想法、关于只有立法机关才能解释法律的问题、否定各地基层法院的法律解释、解释法律和具体个案相脱离的问题，其中有的是口语，有的是与大陆法一脉相承的，有的是大陆法的一种变种，还有的就是我们所说的中国特色，比如司法解释和具体个案相脱离，这就是很纯粹的一种中国特色，有人说司法解释在如今中国法律不完善的情况下起到了很大的作用，而且这也是中国的一个特点、一种国情，为什么不符合经典司法的概念不正当、不能成立呢？我觉得这就是文过饰非。因为你可以肯定中国的法律解释体制里面的很多东西，但是你要在这一点上去肯定它，必须要有一种学理分析在里面，不能简单说经过实践，不能说以前法律不完备、而这个曾经起过历史性的作用，如果没有正当性它还能存在吗？就像黑格尔讲的，只要现实的就是合理的，但只有是合理的才会成为现实的，所以现实终归是肯定的。因此我觉得现在各级法院在法律解释问题上的观点还没有变，但是它缺乏最根本的一个学理，但也有可能它们根本就没有看到这一点。

五、法律解释的对象和目标

怎么看待法律解释的对象和目标？

“有意义的形式”和“意义”：意大利哲学家贝蒂认为，人们展示自己和理解他人总是要通过各种外在的“表达式”，包括口头言谈和书面文件，有声物和无声物，符号语言和形体语言，抽象文字和艺术象征，等等。尽管表达式多种多样，但它们有一个共同点——都是有意义的，所以他把它们统称为“有意义的形式”。他还认为，解释活动实际上包含三个基本要素：第一是有意义的形式，第二是解释者，第三是对象化于有意义的形式中的精神。在解释活动中，有意义的形式是一种“中介”，解释者通过这种“中介”而理解其制作者的内在精神，因此，有意义的解释形式既是解释的前提条件，也是解释结果客观性的保证。哲学家总是把简单的问题说的那么复杂，但是还是有点道理的。这里所表达的是有意义的形式和这个形式所承当的意义的这样一种区分。我国台湾地区学者黄茂荣写的一本书《法律方法与民法》认为，法律解释的对象或标的和法律解释的目标是两个不同概念。法律解释的对象是作为法律意旨表达方式的法律文本，包括法律规范的条文，立法文献如立法理由书、草案、审议记录等，以及立法当时的社会、经济、政治、技术等附随情况。法律解释的目标是解释者通过对法律文本的解释所要探明的法律规范的法律意旨，也就是法律解释的目的。这种对法律解释的对象和目标的区分，对象是文本，目标是文本或法律条文的意义，与刚才所讲哲学家在一般意义上对“有意义的形式”和“意义”的区分思路相像，而且与人们通常所说的形式和内容的区分也大致相当。

当然内容的概念和目标的意义还是要宽泛得多，在肯定上述区分的基本思路的同时，在细致的意义上可以提出以下一些不同看法：

第一，在法律解释的对象上应该区分法律文本和语境材料。“文本”是哲学解释学中广泛使用的一个术语，按照法国哲学家利科广为接受的界定，“文本就是任何由书写所固定下来的话语”，它是语言实现的合理形式之一，是与言谈的话语相对应的书写的话语。这种区分是非常有意义的。法律文本同样是一种“书写的话语”。因此，如果认为法律解释的对象是法律文本，同时又认为其范围包括法律规范的条文，立法文献如立法理由书、草案、审议记录等，以及立法当时的社会、经济、政治、技术等附随情况，那么就会有不对称的问题，因为各种“附随情况”可能会以非文本的形式出现。法律解释所直接针对的法律文本或法律条文，是狭义的法律解释对象，而法律条文与各种与其相关的语境材料一道构成广义的法律解释对象。法律解释在狭义上就是那个法律文本、法律条文，广义上才涉及各种语境材料，这种语境包括书面的，也包括非书面的。一个法律的通过有一定的历史背景，通过这个法律时的情况是怎么样的经常有助于我们对法律的理解。

第二，与上述对法律解释对象的直接——间接或狭义——广义的区分相对应，法律解释的目标上也可以并应该区分最终目标和阶段目标。法律解释活动是一个复杂的过程，如果说法律解释的最终目标是要探明需要适用的法律条文的意思，那么法律解释所可能包含的阶段目标则是要探明各种相关的语境材料的意思。我们讲法律解释，之后我们讲法律解释技术的时候，我们会引进一种复杂因果链，法律解释不是由一个环节完成的，一个法律解释结论的产生可能需要各种层次的理由，而这些理由可能都是阶段性的解释。

第三，应该区分法律条文和法律规范。如果我们所说的法律解释中的“法律”是指成文的制定法，那么准确地说，法律解释的对象应该是法律条文，而非法律条文所体现的法律规范。我们很多法律解释的定义都说法律解释是对法律规范意义的说明，这是错误或者说是不准确的。法律条文是法律规范的载体，法律规范则是法律条文的内容。法律条文是法律解释的直接对象，法律规范属于法律解释的目标。法律解释所探求的“法律意旨”，所指的就是法律条文所包含的规范含义或内容。所以我们对法律的解释就是要揭示法律条文的规范意思，这是法律解释的目标而不是它的对象，这两个概念是不一样的。所以如果对法律条文与法律规范这两个概念不加区分，可能就会使法律解释的对象与目标之间的界限处于模糊状态，可能就会出现定义上的缺陷。我们很多定义的定位都是针对法律文本、而不是针对法律规范的。

第四，在区分法律解释的对象和目标的同时要注意它们之间的关联。因为法律解释的对象和目标是两个不同概念，前者要回答的问题是“解释什么”，后者要回答的问题是“为什么解释"，解释当然是要发现条文的规范含义。但是对后者的不同认识往往会影响对前者的认识。例如，如果解释者奉行的是"主观说"（历史原意说），认为法律解释的目标是探求立法者在制定法律时的主观意图，那么他就会把包括立法准备材料在内的各种反映立法者意图的历史材料归入法律解释对象的范围；反之，如果解释者奉行"客观说"（语义原意说），认为法律解释的目标是探寻体现在法律文本中的客观的规范含义，那么他就不会把这些材料归入法律解释对象的范围。所以解释者在法律解释目标上的偏重，也会导致他在解释材料认识和运用上的偏重。

第五，要分辨法律解释的目标和目的。从通常意义上说，目标和目的是同一个意思，皆相对于方法、手段或路径而言。但是在细致意义上还是可以有一些小的区分：法律解释的目标是指解释者在法律解释活动中所要理解和说明的法律文本的意思，也就是法律文本的规范含义；法律解释的目的则是指法律解释活动及其结果所起的作用，也就是如何妥善的适用法律；前者强调的是弄清法律文本的意思，以便适用法律条文或者形成一般的解释规定，后者凸现的是为了正确适用法律，所以我们需要弄清法律文本的意思。适用法律的要求不仅是简单的理解条文，还要处理好法律文本的本性和确定性的关系问题。所以正确适用法律和如何更好地理解法律之本有非常密切的联系，但是他们的侧重点是不一样的。作为一个律师我们经常会思考，一个法律究竟如何适用才能真正符合外在正义的目的。有时还强调怎么样坚守法律的条文，强调法律自身的这种确定性。

第六，要分辨和把握法律文本解释的两种基本路径。法律解释的直接对象是法律文本或法律条文，但在具体个案的司法裁判和法律适用过程中，对法律文本或法律条文的解释可以采取两种不同的路径，即文本解释和剪裁事实。什么是文本解释？文本解释就是直接就所适用的法律文本或条文进行解释，然后将解释的结果与具体个案事实相联系。剪裁事实就是不直接就所适用的法律文本或条文作出解释，而是就有关的个案事实进行区分、剪裁，然后将事实与法律文本或条文相连接。剪裁事实并不一定意味着对事实采取任意取舍的态度，也不一定意味着对法律采取"普洛克路斯忒斯之床"的态度。这是一个典故：普洛克路斯忒斯是希腊神话中开黑店的强盗，他把劫来的人绑在他的铁床上，强使他们与铁床相齐，短的拉长，长的截短。中国成语中也有"削足适履"的典故。为什么讲这个典故？实际上这两个路径是非常非常重要的。比如中国地方法院无权解释法律，如果它必须要解释法律的时候必然要采用剪裁事实的方法对它解释法律进行正当性操作。而英美法系国家中，法官可以造法，它就可以公开说我在解释法律。所以剪裁事实和解释法律可以说是涉及不同法律传统的价值，对法官创制规则或者说解释法律可以这样理解：文本解释采用的是包容法律，而剪裁事实是把事实推出法律。由于法律解释可以以变相或间接的剪裁事实的方式进行，在一些国家如法国的法律制度和实践中才得以认为司法裁判是将法律适用于具体事实的过程，而无须解释法律；中国的情况大致也是如此。在实际的法律解释过程中，文本解释和事实剪裁往往会同时并用。有的是把事实剪裁成符合法律规则的范围。事实上剪裁事实是一种正当性的要求，不是说剪裁就是任意剪裁。英美法常说的这种区分技术实际上也是一种事实剪裁。同样案件同样审判，这里的同样只能是在人为理性基础上的一种实践。

第七，应该注意研究法律文本不同于其他文本的特性。可以从以下两个方面来分析：一方面，法律文本是文本的一种，它与其他非法律文本一样，都具有文本的共同特性。这里简单讲一下文本理论，希望大家有所关注，法国哲学家利科认为，文本作为以书写方式固定下来的“话语”，相对于以言谈方式出现的“话语”来说有三个不同特点：首先，在言谈的说与听关系中，说话者的意向和说出的话的意义一般是重合的，说话者总是要说他想说的东西，听话者则是要把握说话者的语意，并可以通过问答的方式与说话者直接交流；而在文本中是写与读的关系，作者的当下性没有了，文本成为独立的东西，因此，读者只能通过文本去了解作者的意思，重点落到了文本和它的意义上。其次，言谈一般面对的是确定的听者，而文本面对的是潜在的任何读者，这就使得文本面临无限多样的阅读。写一篇文章，发表一篇作品，你的读者你是无法预测的，这就是他面临一种开放性的阅读，和我们的封闭式交流不一样。再次，文本不受直接指称的限制。按照德国哲学家弗雷格的区分，意义可分主观意义和客观意义两个方面，前者指说话者或作者想说的意思，后者指言语本身的意思；客观意义又可进一步区分为含义和指称，它们大致相当于通常所说的内涵和外延。在言谈中，说话者说的行为与想的过程同步，他可以通过手势、表情、指示词等方式进行直接、实在的指称，而在文本中，由于没有了言谈的当下性，直接指称被悬置了起来。文本的指称只是一种可能性，它在解释的过程中展开。以上三个基本特点显然为包括法律文本在内的任何文本所共有，它们从一个侧面、从一般意义上向我们展示了文本解释的特性。

另一方面，也应该注意研究法律文本的特性。尽管对法律文本特性的完整阐述，是一个需要专门探讨而迄今仍为研究者所忽视的非常有意义的问题，但是，我们还是可以感到法律文本与其他各种文本有明显的不同。比如说与文学作品比较：法律是一种关于人们权利和义务的规范体系，法律文本与文学作品等各种非规范性文本的根本不同，就在于法律文本具有规范性和权威性。A. 什么是规范性？法律文本是一种规范化的文本，这表现在它是立法制度或程序运作的产物，而非个人的自由创作；它必须运用规范的立法语言，追求表意上的平实、直接、严谨和准确，而不能运用比喻、夸张、拟人等修辞手法，不能运用感叹号、问号、引号、省略号等标点符号，不能追求个别化的独特语言风格；它所针对的是法律主体的外部行为，而不能在内心刻画、感情描述上比高低；它的形成不可能无拘无束，而必然要受到人们关于立法活动的各种“预设”的制约，如立法者应该使用规范的普通语词或专门语词，应该遵行宪法，应该避免荒谬或明显不公的结果出现，应该不使立法具有溯及既往的效力，等等。B. 什么是权威性？法律文本是一种权威性的文本，在司法裁判的法律适用过程中，解释者对法律文本的解释必须以对法律文本权威的承认为前提，必须服从制度和程序的制约，而且，强调这种制约并不需要担心被指责为“专制主义”。这和文学作品是不一样的，因为在文学领域，认为确立文学作品的意义是文学批评与文学研究的合法目的这样一种观点受到非常严厉的批评。那种企图限制意义生成的语境范围或者企图使作品意义生成那无休无止、不断推演的不确定过程停止下来的做法，被指责为“专制主义”。但是法律不是这样，波斯纳说：“法律文本与文学文本之间有巨大的差别。”

六、法律解释的理论模型

法律解释的核心涉及我们对法律解释概念的认识，也就是什么是法律解释的问题，回答这样一个问题，如果从语言逻辑的角度来把握的话，主要涉及某一个方面的问题，前面已涉及四个方面的问题：法律解释的场合、主体、对象和目标。下面我们讲第五个方面的问题，就是法律解释的理论模型，也就是法律解释的认识模式。我们下面要着重思考的一个问题，就是如何确定法律文本的意思。前面我们曾对法律解释给出了一个操作性的定义，法律解释就是解释者对法律文本意思的一种理解和说明。那么如何确定法律文本的意思？我觉得这是法律解释过程中非常核心也是最根本的一个问题。我们这一讲就是要探讨一下这个问题，围绕着这个问题有各种各样非常复杂的一些观点。无论是搞基础理论研究的还是搞部门法研究的，可能已经从各种角度涉及过对法律条文的解释问题，也可能已经了解到关于法律解释问题存在着各种各样非常复杂的观点和学说、存在着非常多的争议，我想实际上这些争议都是围绕着法律文本的意思展开的。

如果从分析的角度讲，这个问题涉及三个最根本的因素：立法者、法律文本和解释者。首先交代一下分析进路的问题，我们已经讲过法律解释是对法律文本意思的解释和说明，但什么是法律文本的意思，应该从什么角度以什么标准来理解和把握法律文本的意思，这在理论和实践上有非常大的争论。从总体上看，这种争论主要涉及三个方面因素之间的复杂关系。这三个方面的因素就是立法者、法律文本和解释者。如果我们做一种比较，立法者就类似于我们讲的一部小说、一个作品的作者，法规法典是立法的产物，是立法者活动的结果，所以我们讲第一个要素涉及立法者，这是法律文本的作者。第二个要素就是法律文本。第三个要素就是解释者，也就是法律文本的读者和适用者，在法律实践中律师、法官、检察官还有法律学者、各种各样和法律打交道的人，实际上都可以归为解释者。这是三个非常重要的因素。

围绕着这样三个因素，对于各种复杂的法律解释的观点和学说，其实我们是可以从逻辑的角度把它概括为三种理论。我们搞理论研究的，这几年非常愿意使用的一个概念叫“理想型”，也就是我们把握对象的一种特殊的认识工具，现实生活是复杂多样的，但是我们从理论上对它进行把握可以界定为一种模型，这种模型概括了生活中各种各样的相关现象，但它又不完全和生活中的现象一样。从历史的角度讲，中国的法治有非常复杂的表现形式，但是理论上我们可以基于一定的参数以及这些参数的组合建立相应的理论模型，我翻译的《转变中的法律与社会：迈向回应型法》中就讲到辩证的法律与社会，这是美国伯克利学派的代表观点，他把历史上从古到今各种各样的法治形态概括为三种理想形态：压制型法、自治型法、回应型法。这里我们可以借用这样的思路，基于上面三种要素，把各种各样关于法律解释的观点和学说概括为三种理想形态，当然这只是我的一种概括，仅供大家参考。这三种理想形态就是原意决定说、文本决定说和解释主体决定说。如果把“决定”两个字去掉，就是原意说、文本说和解释主体说，实际上是三种大的解释理论。要了解这三种关于法律解释的理论形态及其面临的否定性的理由，它们都不是没有受到质疑的，它们相互之间是一种辩驳的状态，这里提出常见的一些否定它们的理由，这是从学理上认识如何确定法律文本意思的一个基础。现实中关于法律解释的观点是非常复杂的，借助这三种理想模式我们能不能在总体上对各种各样的法律解释理论学说，包括实践形态进行学理上的把握呢？我认为是可以的。

（一）原意说及其否定理由

原意说的立足点是语言立法，认为法律解释的目标就在于探求立法原意，也就是立法者制定法律的时候的意图和目的。这个观点大家应该都是非常熟悉的。原意说的根据是非常自然也是普遍的，就是法律文本与任何其他的文本一样，都是作者或者立法者有意识有目的活动的产物，它是作者的内在思维活动、价值取向的外化，解释者按照作为民意体现的立法原意解释和适用法律，无论是从认识的角度还是从近现代社会政治哲学的原理来看，都具有实质意义上的正当性。所以它的理由实际上是两个方面：一个是认识意义上的，另一个是价值意义上的。原意说有一些具体的表现形态，什么是立法原意并不是像我们想象的那么简单。

原意说的关键是如何寻找立法原意，由于在探寻立法原意合理的路径这个问题上存在着一些分歧，我们又把原意说根据其不同的表现形态概括为以下三种类型：第一种是语义原意说，第二种是历史原意说，第三种是理性原意说。

上述三种都是以探明或者强调法律原意为法律解释根本点的学说，但是它们具体的表现形态不一样。语义原意说认为立法者的原意与法律语词本身的语义含义是一致的，解释者应从法律语词运用的本身探明立法原意，而不应该从立法语词材料或者其他任何外在材料中确定立法的原意。这种学说在英国的司法实践中特别盛行。我们通常讲立法原意，想象的是立法者在制定法律当初是怎么想的、目的是什么、所赋予文本的意思是什么。这样一种立法意义很大程度上是在取决于我们讲的立法史材料，比如说立法当时议会的辩论、记录，立法时候的说明书，包括立法时社会的状况以及立法当时所要解决的问题等等，这些都称为立法史材料。语义原意说反对通过立法史材料追溯立法原理，主要是通过文本本身语词的表达来探询立法原义。这种语义原意说我们通常称之为客观语义原意说，和下面讲的历史原意说相对应，历史原意说通常被称为一种主观的语义原意说或者叫主观的立法意图概念，这种区分的不同之处在于探询立法者原意途径上的差异。立法者原意本身是一个心理学上主观色彩非常强的概念，语义原意说的观点仅仅意味着我们在探询立法途径的原意上，对解释者所可能有的这种自由度更加严格的一种限定，因为它侧重于法律文本本身，解释素材越广泛，相对来说解释的自由度就越大。所以语义原意说实际上是对解释者自由度的一种高度限定，就是根据法律文本本身来追溯立法的原意。

第二种是历史原意说。历史原意说认为探寻立法原意不能局限于法律语词的本身，而要借助各种立法史材料，尤其是立法准备材料。我们知道，国外立一个法律之前有很复杂的程序，包括非常详备的立法理由书，要提供为什么立这部法律，立这部法律的好处，所付出的成本。通过对这个立法准备材料的研究解释就能了解法律制定时一般舆论的情况，了解使法律得以通过的社会状况，比如说不同的社会利益的冲突以及权衡，立法者意欲通过法律救济的对象和要解决的问题，从而把握存在于法律背后的政治、社会和经济目的。大家可能已经发现这样一种历史原意说和语义原意说相比，它有自己非常正当的一些理由，正是基于这样一种正当性，它在法律实践时更加流行更加普遍。

在一些大陆法传统国家、比如瑞典等一些国家的司法实践中，这样一种主观立法意图的概念占有绝对的优势。刚才讲到的在英国，如果涉及对法律文本的理解，出示当时的立法史材料是不被法庭所认可的。但是在一些大陆法传统国家，这些材料会受到非常高度的重视，这和它对这种立法原意原理的选择是分不开的。

第三种是理性原意说。与上面两种原意说不同的是还存在着一种诉诸理性立法者的理性原意说。这样一种原意说的典型表现就是我们现在在解释理论中经常用到的一个术语——想象重构。所谓想象重构就是解释者基于立法者是以合理手段追求合理目的的理性立法者的假设，想立法者之所想，以重构立法者意图的方式解释法律，弥补法律所可能存在的缺漏。也就是遇到问题，特别是当法律出现模糊不清甚至缺漏的时候，要想象自己是立法者，或者想象立法者处于你现在这个位置，他会怎样来解决这个问题。按照美国法官波斯纳的考察，想象重构理论的历史是非常漫长的，最早可以追溯到古希腊亚里士多德，现代有英国的哈特和萨克斯。萨克斯曾经说过："法院应当努力通过想象，将自己放在采取这些步骤的立法者的位置上，除非出现了不容置疑的相反事实，法院应假设法律是由合理地追求合理目的的人制定的。"立法是由理性的立法者制定的，不是胡思乱想的，不是非理性的。

在司法实践中，特别是普通法国家，法官要假想自己是立法者，或者假想立法者根据当下的语境，会怎样来理解法律、解决问题。比如我们解释法律的时候，关于理性立法者的假设中还包括一些固定的内容，例如：立法者懂得国语并据此使用普通语词或专门语词，立法者意图使自己制定的法律合乎宪法，立法者不想有荒谬或明显不公的结果出现，也就是说立法者的这种表示是善意的。我们还可以假设立法者不想使法律有溯及既往的效力，所有的刑事处罚都要求被处罚者有"犯意"等等。

我们对这种理性立法者实际上有很多的假设——解释法律的时候应该这样去表示，实际上是隐含在我们的这种解释活动中。理性原意说对法律可能有的这种理性和缺漏是很难予以承认的。由于这样一种对立法缺漏或者立法局限性的承认，对立法原意的这样一种理解或者立法原意的这样一个概念就成为一种广泛意义上的概念，任何时候当我们意识到法律所存在的缺漏，在这个时候我们就可以想象，立法者会怎么做，想象自己如果是一个立法者会怎么做，这样理性原意的概念就成了一个语义上的概念，不像在语义原意和历史原意说中，它是一个对解释者高度限定的概念。

对于原意说的质疑，主要涉及五个方面：

第一，立法过程涉及不同的主体，交织着不同主张和观点的争论和妥协，法律往往最终是使用可以包容不同意见甚至不同宗旨的模糊语言才得以通过。因此，人们无法确定谁的意图在最终意义上是相关的，也难以说清什么意图是复数的立法者共同分享的意图。

近现代的民主政治在概念政治中是包含着很多假设在里面的。有人就不愿意顺着那样一种思路规矩的去想问题，他会提出一种反思性的看法，比如什么是立法者，单数还是复数，立法者的意图是不是能够得到一个清晰的表达，或者它的意图本身是不是清晰的。我们知道立法过程中充满着各种争论和妥协，最终到底是谁的意见在其中起着作用，很难说清楚。参与过立法的人都会发现，立法最终特别是在一些争议的问题上经常是通过修辞的手法解决的。比如人权，大家现在都在讲人权，但到底什么是人权，大家都不确定其含义到底是什么，立法恰恰就是这样的一个过程。对于一个立法特别是对于一个马拉松式的立法来讲，也许最后最关键的是通过它去处理问题，弄清楚它本身可能并不是很重要。

我们说在立法中立法者的意图表示得不清楚，涉及立法者的意见也没有什么争议，这都不是立法过程的真实情况。讲立法原意，就有人讲第一个质疑它或者否定它的理由，这就涉及一个实质正当性的问题，如果立法者本身就是没有信心的，还讲什么立法意图呢？

第二，即使立法者是一个人，不是复数的，并且拥有一个完整的意图，他也不可能完整无误地通过法律语言将其意图表述出来，因为人们对语言的研究表明，语言并非精确的表意工具，只要涉及书面表达，就必然存在“书不尽言，言不尽意”的问题。同时，即使立法者的原意在法律文本中得到充分准确的表达，一旦法律文本与立法者脱离，其用语在解释者的理解中也会出现立法者意想不到的意思，即由于语境的变化而使法律语词表达的意义范围超出立法者想要表达的原意，出现所谓的“言外之意”。实际上这里它是从立法者和解释者两个立场所提出的一种质疑，就是假设立法者不是复数，没有疑义，思路也很清晰，一个人也拥有完整清晰的意图，但是你要借助语言来表达法律理念，“书不尽言，言不尽意”，我想我们自己这些经常写东西的人，这种表意是不是充分、表达是不是到位的感受始终是我们靠文字吃饭的人的一个心病。立法同样存在这样的一个问题，即使这个问题没有，书面文本始终会面临着一个问题就是开放性的阅读，语义会随着语境的变化而发生语义的流变，理解中出现所谓言外之意。

第三，即使存在并找到了明确的立法意图，解释者对意图的理解也可能“仁者见仁，智者见智”。这一点甚至可以从作者本人的角度来分析。一般说来，作者本人在创作（相当于立法者在立法）时是了解他自己的意图的，但是，如果在作品出来之后，间隔相当长的时间作者再读自己的作品，他时常也会有似乎变成另一个人的感觉。因此，即使立法者还活着，解释者也可以询问立法者什么是立法原意，这样做也并不妥当。这个问题在现实中也是有一些具体的实例的，我们经常会见到对这个条文有争议，制定这个条文的立法者也在，我们是不是可以请他来作证，质询一下他，问他当时制定这个条文是什么意思，这是我们现在很自然的、愿意做的一件事情。在美国也有这样的例子，在加州，发生争议之后找当时的立法者、参与立法的议员问这个条文当时是什么意思，但是这样的做法受到质疑。一种质疑就是时过境迁，每个人的记忆，实际上我们讲对自己的记忆他会逐渐地产生误差。曾经做过这样的心理测试：一个心理学教师讲课时忽然从门外跑进来两个人，马上又跑出去了。他问在座的人刚才发生了什么事情，结果得到的答案完全是不一样的，甚至连男的女的讲法都不一样。他就是讲人的这种记忆偏差。我认为历史就是一种说事：到底在什么意义上是原汁原味的，很真实地记录所谓当初发生的事情？我们刚才讲，当下发生的事情可能在记忆上都会有误差，我们可能更是对一百年两百年甚至千年前发生的事情的真实性要抱有一种怀疑，搞历史的如果没有这样一种信仰就不要去搞历史了。我总觉得做逻辑分析的比做历史的要重要，人类应该经常往前看而不要总是往后看，经常往后看是要出问题的。

第四，即使存在着立法者的意图，这种意图可以通过查找立法史材料予以辨明，但也不应该具有法律效力，因为立法者通过和颁布的是法律本身。在一个法治国家里人民应该考虑和遵循的仅仅是立法者表现在法律文献中的客观的意思，而不应该是立法者的主观意识。不仅如此，按照有些学者的说法，如果试图通过使用当时的立法准备材料来探求立法目的，这样一种努力过程会充满着陷阱和圈套。我们很难想象立法者们，如果说立法原意就是立法者制定法律当时心里是怎么想的，而这样一种想法又不能借助于法律文本的文字本身来界定、证明或印证，他会使得法律解释中对法律原意的探寻被赋予一种高度的不确定，最后结果必然是谁有权解释法律，这个法律的意思就是谁的。而立法者原意就是刚才所讲的语义上的一种不确定因素所致的，所以说它是充满陷阱和圈套的，到最后就沦为权力游戏，谁有权力谁就有立法的意志。

第五，想象重构理论即所谓的理性原意说试图跨越立法者和解释者之间的距离将两者合一，这样一种做法或者想法被认为是一种碰运气的事情，它的结果只能属于黑色的范围。因为在相关问题上，立法者和解释者可能并没有共同的实践。而且即使有共同的问题和实践，立法者和解释者的认知和价值判断也可能相去甚远，也就是说这样一种换位的思考是很难成立的。就像庄子说的：你不是鱼，你怎么知道鱼是否快乐呢？你不是我，怎么知道我不知道鱼的快乐呢？这看起来像是一种文字游戏，但是法律的解释过程中确实每个人的处境、背景、价值观不一样，我们很难想象能够设身处地地站在对方的立场上、站在敌人的立场上来审视问题。所以想象力重构这样一种观点是缺乏认识基础的。比如说美国宪法制定已经两百多年了，现代的法国站在宪法制定者的位置你想象他们是不是会否决诸如像禁止人工流产、鸡奸性行为、反企业兼并法规及其破产兼并行为、特别检察官法或者特别授权对学生暴动或淫秽录像厅进行审查的法律。我们的宪法制定者没有相关的共同实践，他们没有我们所具有的经验，他们不了解我们所了解的，他们所了解的我们也已经忘记了许多。此外，对他们会如何从他们的价值判断我们的经验，我们一点意识也没有。即使有近年来的立法机构将法律解释补足，也不像一个单纯的人、一对结婚多年的夫妇或一伙在午饭间交谈的朋友那么互相了解。所以他讲这段话的很明确的一个用语就是所谓的想象性重构：假设自己是立法者，假设立法者处于自己的这个位置上，会怎么样来想问题解决问题，是很难成立的。想象重构理论同时允许解释者超越立法史材料去构建而非探寻立法者原意，这就引发了一个实际的问题，即在现代法治社会，对解释者比如说法院或者法官如果不限制，会不会使人们面临“解释是解释者专横武断”的危机。就像尼采讲的：“人最后在事物中找出的东西，只不过是他自己曾经塞入事物的东西……”所谓的想象性重构，实际上是他自己的东西，只是一种修辞手法而已。

这是关于原意说的不同形态以及对原意说的五个方面的质疑和否定的理由。

（二）文本说及其否定的理由

文本说立足于法律文本本身，认为法律解释的目的在于探求法律文本本身合理的意思，法治原则所要求的是法律本身的统治而不是法律制定者的统治，法律一经制定便与立法者分离而成为一种独立的存在，立法者立法时候的目的和意图并不具有约束力，具有约束力的是存在于法律文本内部的合理的意义：“我又不是你肚子里的虫子，我怎么知道你是怎么想的呢?”我们知道法治有一个很重要的原则，就是不能要求别人做不可能做到的事情，即所谓的理性原则。立法者的意思如果没有表现在文本中，要别人遵守法律的时候从文本之外去探寻所谓的立法原意，这就等于要求别人做不可能做到的事情，这是违反法治原则的。所以我们说法治是法律之治，实际上是规则之治，是法律治，而不是法律制定者之治。立法者制定一部法律之后，他就完成了他所要做的所有的事情。这个法律如何在司法实践中运用，已经和他没有什么关系。这恰恰是法律的确定性或者说是法治所赖以存在的确定性的要求。这种文本原意说，主要立足法律文本本身而不管文本的制定者的意思。哲学家利科曾经说过一句话：“文本表明的东西不再与作者意味的东西一致；因此，文本的意志与心理的意义具有不同的命运。”我出了一本书，你读这本书时一定要假设这本书的作者、这个“我”已经不存在了。他的这个理论实际上讲文本是一种意志，一旦出版就有了自己的生命。美国的霍姆斯法官说过（主要是从价值正当性和认知的合理性上讲的）他说：“我们所问的不是‘作者’想说的，而是在使用这些词的环境中、在一个普通说英语的人的口中这些词将会具有什么样的含义。”有一种理论讲，如果碰到了一种法律概念你不清楚，你应该到大街上去问街上的行人，应该到公共汽车上去问乘车的人，看他们是怎么理解的。比如说什么是消费者，你不要去问法律专家，因为“消费者”很难讲是法律上的一个专门词汇，它是一个生活用语，对于生活用语就要借助于大众的一种理解，否则这种立法就是一种词不达意。他讲的下面这句话我觉得更有意思，他说：“如果我的同胞想下地狱，我的工作就是帮助他们到达那里。”也就是说立法从白纸黑字要求的是一个毁灭性的结果，做法官的就是要严格遵守这个法律。当然他这句话显然有夸张的成分。我们经常讲英美法法官对法律持一种怀疑不信任的态度，可从这样的一句话里能看到有不信任的味道在里面吗？他才是不折不扣的制定法律的信奉者，他没有任何的虚化的立场。后面我们会看到实际上同样的人在不同的场合下涉及法律解释的问题，他会做不同的判断，从理论上讲可能他是一个两边倒的人。这实际上就是解释现象的一种复杂性，你在这里看到法律判决说它是一个文本解释，就是一个不折不扣的忠实的法律的信徒。

大家注意，文本原意说同上面所说的语义原意说从外形上看是一样的，语义原意基于法律文本来解释法律，而且确实有很多研究者也往往把文本说和语义原意说相提并论，但实际上它们是有着根本的不同的，不同点就在于文本说是一种与原意说决裂的学说，而语义原意说只不过是把对立法者原意的探寻局限于法律文本的范围而已。所以它们在法律解释正当性渊源的认识上是完全不一样的。文本说在现实中的典型形态可以称为平义文本论，它要求解释者或法官按照同一语言共同体中普通成员所理解的法律条文的意思去解释法律，追求的是一种共识意义上的形式正当性。前面提到的语义原意说和这里讲的文本说实际上都强调法律文本、强调法律的这种白纸黑字的意义。但是两种解释理论的正当性基础是完全不一样的。前一种语义原意说只是说通过法律文本本身去探寻、界定立法原意，而文本说实际上已经否定了所谓的立法原意或者立法者意思的重要性。所以他们在涉及法律解释的这种正当性渊源的认识上是完全不一样的。现在很多的研究者也讲到这个问题，觉得是一回事。其实是形式上一样，实际上不一样。

关于质疑文本说的理由主要有以下一些：

第一个质疑是法律文本的用语常常会有语义不清的情况。哈特认为，任何语言包括法律语言都不是精密的表意工具，都具有一种所谓的“空缺结构”：每一个字、词组和命题在其“核心范围”内具有明确无疑的意思，但随着由核心向边缘的扩展，语言会变得越来越不确定，在一些“边缘地带”，语言则是根本不确定的。波斯纳法官也认为，法律文本存在着“内在含糊”和“外在含糊”：前者是指由于法律用语本身的歧义、模糊、评价特性等而产生的模糊；后者是指由于语境因素的变化而使得原本清楚的法律用语变得模糊。关于语言不清楚有一些具体的例子：什么叫内在的含糊？比如我们上次课也讲到的法律禁止进口植物果实，不禁止进口蔬菜，有人进口番茄，于是发生了番茄是植物果实还是蔬菜的问题。番茄是水果还是蔬菜，我想即使是在中国的语境下也很难讲得清楚。诸如此类的例子还有很多很多，特别是在中国语言里面，比如讲西芹，大家可能讲是芹菜，西芹就真的是蔬菜而不是水果吗？我曾经在一个外国朋友的家里看到人家当水果端上来。还比如胡萝卜，在中国肯定是属于蔬菜的范畴，但是在很多欧洲国家是作为水果来对待的。水果和蔬菜有着很清晰的概念范围，比如苹果、梨、桃子这三个当然是水果，但是有些东西，比如说胡萝卜，你说它是水果还是蔬菜啊？当然，中国的语词非常复杂，能不能把它区分开来就发生了像番茄到底是什么的问题。这实际上是概念本身存在着模糊不清的地方。

关于外在含糊的例子：美国宪法规定，国会有权建立陆军和海军，而没有提到空军，但法律实践中都把这一条款理解为有权建立包括空军和其他必需的武装力量，美国宪法制定当时还没有空军，如果从概念本身理解，显然有权建立陆军、海军，但无权建立空军；美国宪法第一修正案中的“新闻界”一词原来仅仅是指报业，后来出现了广播、电台，其外延也就扩大了。新闻自由包不包括电台以及现在发达了的网络，如果还是基于传统的对新闻的理解，那新闻自由就是报纸自由，其他相关制度就得不到保障。由于这种表达的扩张，现代关于新闻的概念也极大地扩展了。像美国宪法第一修正案关于新闻自由的概念不得不用现在的表达自由来加以充实、加以转化。这些都是由于外在的语境因素的变化，但是大家注意"语境"是一个非常广泛的概念，如果从时间纬度上讲它可能是现实的，也可能是历史的。所谓语义的流变可能是一种历史的流变也可能是故事意义上的流变。所谓故事的流变是指在同样的时代由于不同的人群、不同的地域、不同的场合而发生的这种语义的变化。特别是汉族，我觉得表达尤其复杂。同样"你是个好人"这句话，语调变化后完全会有不同的意思。语言本身并不是像我们想象的那么可靠。

第二个质疑认为法律并非逻辑自足、没有缺漏。文本论与近代西方法典编纂中盛行的概念法学相联系，它所体现的是概念法学的严格决定论的法治模式，以对全知全能的理性立法者的假定和对形式逻辑完备性的信仰为基础。按照韦伯的分析，近现代西方的法治模式意图凭借"一般化"和"体系化"来构筑法律的世界，这个世界是基于五个基本设定。我们现在所讲的法治在近现代产生的时候，需要借助于"一般化"和"体系化"这样两个手段来完成的。具体来讲它涉及五个基本的假定：

(1) 每一项具体的法律决定都是某一抽象的法律命题对某一具体"事实情景"的适用。所谓的法律与事实，任何一个司法决定都是将法律适用于一个具体的案件事实所得出的结论；

(2) 在每一具体案件中，都必定有可能通过逻辑的方法从抽象的法律命题导出判决；

(3) 法律必须实际上是一个由法律命题构成的无空隙的体系，至少我们要这样看待这个问题。我们说法治就是法律的统治，而这个法律是事先制定面向未来适用的。所以我们现在讲依法治国第一个要件就是要有完备的法律体系，我们原来讲过，上下左右体系是一个高度完备的没有缝隙的体系，对以后的事情都有具体的规则，法治才是可能的；

(4) 所有不能用法律术语合理分析的东西都是与法律没有关系的；

(5) 人类的所有社会行为都必须构成或者是对法律命题的"适用"或者"执行"，或者是对它的"违反"，因为法律体系的"没有空隙性"必然导致对所有社会行为的没有空隙的"法律排序"。

可能我们搞理论的这些年对法治想的比较复杂一点，所以对法律体系建设、对法治的可行性问题、对法治作用的铺垫我们可能有更多的思考。但是我相信直到现在为止，不能说搞部门法的人在这方面没有什么思考，但是我们多数搞部门法的人对法律的这种性质的认识比搞法学理论的人要差得多，都想搞一套体系，一劳永逸的解决这些社会的冲突，但是如果发现里面有问题的话是不是还那么有热情？我讲的这些近现代法学基础上的法治观念所勾画的一副法治的图景是基于这样一种一般化、体系化的角度所完成的一个构图。

但是事实证明，这种认为制定法完整无缺、法律和事实严格对应、法官如同"自动售货机"的法治观念，不过是一种幻想、一种"法律神话"。1912 年《瑞士民法典》对法律缺漏以及法官补缺作用的明确承认，是对这种支撑文本论的法治观念的彻底否认。实际上这种质疑、否定在一百年前就已经完成了。但是我相信中国直到现在为止很多主张法治或认为法治是值得追求的法学家、法律官员、法律实务者还是抱有一百年前建立的那种美好法治图景下的法治观念，并且每天孜孜以求忙着做这样一些事情。

第三个质疑是法律文本的意思受制于解释者的理解。法律的语词和语义只能给解释者提供一个大致范围的指引，它给解释者提供的只是一种文本的“视界”，而解释者却不可能超出自己的历史“视界”，他们总是要基于自己的认识和经验，基于自己在一定的制度和文化背景下对价值评价、政策因素和利益权衡等因素的考虑来解释法律。

这是后面我们要讲到的直接解释里面的一个世界融合的问题。文本对解释者的限制毕竟是有限的，活人还能被死的文本所限制吗？当然有一个认识论的基础在这里，还借海德格尔的这句话，他说：“把某某东西作为某某东西加以解释，这在本质上是通过先有、先见、先知来起作用的。解释从来不是对先行给定的东西所作的没有前提的把握。”他认为传统认识论所追求的在主客体分裂基础上把人的历史性作为阻碍获得客观真理的东西——客观知识是不存在的，先有、先见和先知构成了作为理解和解释的先决条件的“前理解”。实际上我们在很多场合下都会涉及海德格尔的这种前理解的重要性。什么是他讲的先有、先见、先知？“先有”是指解释者在开始理解和解释之前，不是处于虚无状态，而是已经存在于某种历史和文化之中，历史和文化自始就已经占有并影响着他；你都已经是法学博士了你再去做法官，你看到的法律条文和别人看到的会是一样的吗？即使是本科生，修完了14门法学课程之后，对法律条文的理解也会和普通人不同。比如现在看到了无罪推定、法不溯及既往，看到了数罪并罚、故意过失、直接故意间接故意等等，对它们的理解和认识显然都不是在你看到的那一刹那才有的，而是在这之前的课堂上、读法学著作、教科书时就已经获得了。这就是所谓的一些先有，你已经通过社会化过程、通过大学的法学教育完成了这个过程。“先见”指理解和解释的角度、方式、切入口，是解释者所看准的“某种可以解释的状态”。这个是很有意思的，我们对一个条文为什么从这个角度而不从另外一个角度去把握呢？比如说我们为什么要从语义角度切入，而不从系统的角度或者历史的角度切入？法律解释不仅仅是一个认知问题，同时它是在一定制度框架下所进行的作业。什么是制度背景的要求、什么是制度背景的制约？为什么运用一种解释方法具有正当性而运用另一种方法就没有正当性呢？为什么在运用解释方法时要分析、遵循某种优先性规则它的效力才真正得到确认，这就是基于我们对解释规则解释方法的一种认识。所谓先见的角度、方式、切入口实际上是你已经看准的可以进行解释操作的状态，这是在解释之前已经具有、已经完成的。“先知”是指理解和解释前已经具有的某种预设，是推知未知的参照系。解释认知从来都是从有到有，从无到有实际上是不成立的。这就是所谓的先知，已经先有了，而不是说在你遇到的那一刻才发生的。

（三）主体说及其否定理由

主体说立足于法律解释的主体，认为法律文本的意思取决于解释者的理解，实际上也就是解释者所理解的意思。宗教解释学和法律解释学最初是有密切关系的。法律解释和教义、神学解释有很大的可类比性，但是他们到底是什么样的渊源关系、在原理上有哪些是相通哪些是不同的，我觉得到目前为止还没有人做过很细致的研究，很值得研究的就是这两种解释之间有很大的可类比性。比如说对《圣经》的解释与对法律的解释：解释《圣经》的人肯定会觉得自己的权威不如《圣经》，而解释法律的人也会觉得法律的权威高于自己，所以都会存在所谓解释学上的张力。如果说没有了这样一种张力，就缺乏了一种典型的解释语境。

霍德利主教说："正是那些有绝对权力去解释任何成文的或口述的法律的人，而不是首先写就或口述法律的人，才是法律之意图和目的的给予者。"由这句话同时联想到美国一位大法官讲的："制定法仅仅是法律的渊源而不是法律的本身。"这特别能够反映出古罗马传统中法官和法律之间的一个关系。制定法也就是国会制定的法律，仅仅是法律的渊源而不是法律自身，Devlin勋爵说："法律就是法官说是法律的东西。"有权说法律的人说的才是法律。如果中国的司法有足够的权威性，可能在具体的案件中就会特别关切主审案件的法官对法律的理解和意见。霍姆斯法官说："法律的意思就是对法院事实上将做什么的预测，而不是什么空话。"目前强调主体，就是强调解释适用法律的主体的重要性。解释主体说与上面所讲的理性原意说有很大相似之处，他们都强调解释者在解释法律特别是在弥补法律缺漏方面的能动作用；所不同的是理性原意说通过回归立法者原意，对这种能动作用进行传统的合法性或正当性包装，是一种修辞学的包装，坚持解释者或者法官作为立法者的代理人、所谓法律的喉舌。我们经常说西方法律制度中法官仅仅是法律的喉舌，也就是指他是立法者的代理人。而解释主体说假借立法者原意的习惯性，连包装都不要了。它把解释者的作用以一种设问的方式展示出来，这是与理性原意说有重大不同的。

对于主体说也有批评，这种批评主要来自于两个方面。第一个方面认为法官在脱离立法者原意和法律语词本身的情况下解释和适用法律，将被指责为"篡权者"，这样做的结果是将彻底破坏法律的确定性和可预期性，使法治的价值丧失殆尽。这显然是从正当性角度所做的一种批评，解释主体说是否具有正当性，以及在多大程度上具有正当性，实际上是取决于解释者所拥有的正当性资源的丰富程度。在这种批评中，每一个解释主体解释法律是不是有正当性是站在不同的法律传统、不同的制度的角度，所以这里我想做一点具体的分析。

比如在法国等大陆法系国家，这样一种不假借立法者和法律文本名义的观点是很难有容身之地的。近代欧洲大陆的法治观念和传统的建立，包含了对以往司法专横往往以法律解释的形式表现出来的否定，包含了对司法的不信任和遏制态度；在严格的分权原则中，法官解释和适用法律的正当性取决于是否遵循立法原意、是否符合法律条文的语义，因此，法官的"造法"功能尽管在事实上甚至在法律上最终获得了确认，但它毕竟是对传统的否定，因而不便以"赤裸"的形式表现出来，而必须以立法者或法律文本的权威加以合法而合理的包装。所以直到现在为止，尽管大陆法传统中法官在面对法律的时候已经不像原来那么谨小慎微，已经有了更大的裁量余地，但是从理论上讲，依然不敢像普通法国家那样说我就是“造法者”。这样一个概念直到现在为止是不成立的。为什么说大陆法的法治中心是在立法系统，而立法经常是以学理为先导，所以学者在立法过程中往往起关键性的作用？大陆法的传统中伟人经常是法律家，而普通法的历史中起作用的恰恰经常是一些法官。

在普通法传统中，法院或法官本身就拥有丰富的正当性资源，“法官造法”是这种传统的基本特征之一。尽管如此，要注意的是这种正当性资源在程度上毕竟无法与立法者和法律文本所具有的正当性资源相抗衡。制定法在当今普通法国家的法律制度中也越来越居于核心地位，至少从我们现在看到的一些统计数字来看制定法已经大大地超过了判例规则，普通法传统中法院或法官对制定法的不信任甚至敌视态度实际上现在已经有了很大程度的改变。所以现在在政治哲学中，对普通法的批判很重要的一点就是认为它的法院缺乏民意基础，丧失与司法检察权、与规则创制权的联系，经常扮演的是凌驾于语义之上的角色。因此很多政治哲学认为普通法的这种政治是不健全的。当然这个如果要讲起来有很多话要说，比如说中国的人民代表大会制度。我们现在是人大下面的“一府”“两院”“三权”的设立，从政治哲学的角度讲到底哪一种政治设计更加合理、更加符合政治学原理，我觉得这里面有很大的思考空间。

这是第一个方面的质疑，是从正当性角度对主体说的一种质疑。区别就在于普通法传统中和大陆法传统中主体所拥有的正当性资源是不一样的，会在措辞、理论包装方面有很大的差异性，所以英美法国家和大陆法国家涉及这个问题的表达是不一样的。甚至你们出国访问和大陆法国家的法官交谈时你会发现他和你的那套讲法和普通法国家法官的讲法是不一样的。道理就在这个地方，就是因为拥有的正当性资源不一样。换句话讲普通法国家的法官腰板更硬一些，大陆法的传统更加弱势一些。

第二个方面的质疑是从认知意义上的质疑。基于解释活动认知属性对解释主体说提出批判：尽管解释者对法律文本的解释只有在“前理解”即自己所接受的语言和文化传统的基础上才有可能，但法律文本和解释者之间的关系毕竟是一种给予和接受的关系，在这种关系中，给予是决定性的，接受只能是给予制约下的接受。因此，解释者对法律文本的理解，应该以承认和服从法律文本的权威为前提，重视法律文本的“视界”，在其所能允许的范围内展开。不顾法律文本所能接纳的理解程度，随心所欲、任意驰骋的解释者的意志和想象，就不是解释法律。

我们曾经在湖北进行地方法官培训，我讲法律解释，梁慧星教授也讲法律解释，讲完后好多学员谈培训的体会时说：听了梁教授的课后发现原来自己的权力那么大，对法律我们不仅仅是适用，还可以创造性地解释，一下好像觉得豁然开朗。我觉得这恰恰是一种误导，从根基上破坏了法治的基础：法官确实有能动作用，比如说自由发挥的余地，但是它是在一种制度框架内的，即在我们法律文化传统的高度制约下，包括法律共同体的这种制约之下，所进行的非常谨慎的一种活动。中国法官恣意的成分还是很大的。

七、法律解释的认知结构：统一、选择、融合

法律解释是在一定的制度框架中理解或认知法律文本意思的活动，从认知的角度看，原意说、文本说和主体说等不同形态的解释理论包含着对认知结构的不同理解，大致可以概括为以下三种模式：统一模式、选择模式、融合模式。

这里要做一个解释，就是刚才所讲的原意说、主体说、文本说等学说和模式都只是我的一种概括，不能以为这就是当然的。实际上任何解释理论都没有这样概括过，我只是从各种各样的理论学说怎么样去把握它分析它的角度所做的一种概括，是原创的，所以不要认为它是一种通说。

（一）传统认识和统一模式

对法律解释的传统认识以概念法学为典型代表，它盛行于西方 19 世纪的法典编纂过程。按照这种观念，立法者是理性的，对于立法所要解决的问题，他们不仅具有科学圆满的认识，而且还拥有充分的表达能力和准确的表达手段，手段就是语言的确定性和形式逻辑的完备性，因此，法律在内容上可以完整无缺、明确无误，它们与具体的个案事实能够形成恰当的对应关系。在这种情况下，法律适用者甚至可以直接、机械地适用法律，而无须解释法律。即使认为需要解释法律，也不过是对法律体现的立法原意的客观反映。近代法治概念已经在很多场合反复强调了这种意思，显然这样一种观点如果联系法律解释的体系，在立法者原意、法律的语义和解释者的理解之间是画上等号的，在认识上带有严格的决定论和反映论特征，即立法者的原意决定了法律的语义以及解释者对法律的理解，解释者对法律的理解是应该客观准确地反映法律的语义或立法者的原意。同时，它还具有浓重的理想主义或可知论色彩，当然是一个非常绝对的可知论色彩，认为法律不仅能为将来发生的个案事实提供答案，而且还能提供唯一正确的答案。有鉴于此，我们可以将传统观念主导下的法律解释理论和活动称为“统一说”或“统一模式”。也就是它在三个因素之间做了等质化的处理，而且这种等质化处理背后的认识论基础就是可知论、决定论和反映论。

在原意说、文本说和解释主体说这三者之中，统一模式与原意说比较相近，因为它们都把法律文本的意思归诸于立法者的原意。但是在原意说的三种主要形态中，统一说又与语义原意说最为相似，甚至可以说统一说也就是以立法者、法律文本和解释者的统一为基础的语义原意说。

（二）对传统认识的质疑和选择模式

语义原意说一旦表现出在立法者、法律文本和解释者三者之间区分和选择的特征，就迈出了统一说的范围。统一说是自然而圆满的统一，它不认为在立法原意、法律语义和解释者的理解之间会有或应有区别、从而需要选择；原意说、文本说和解释主体说则承认这种区别，并在此基础上作出了不同的单一选择，或者选择立法者，或者选择文本，或者选择主体。所以与传统的统一说或统一模式相对，原意说、文本说和解释主体说可以统称为“选择说”或“选择模式”。

选择模式就意味着这三个要素都分化了，但它分化的特征是在三个要素中选择谁是决定性要素、谁是最重要的，所以它体现的是选择的特点而不是等分的特点。

从历史上看，导致对立法原意、法律语义和解释者理解作出区分的原因，主要是人们发现法律并不像概念法学所说的那样完整无缺。法律既存在缺漏，又有模糊和不确定的地方，甚至在法律明确、清楚的时候，也时常会出现不妥当的问题，从而第一次出现妥当性的概念。所有这些都会导致在法律解释和适用中出现“疑难案件”，从而使传统的理想主义的统一构图也就是法条主义或形式主义的法治确信归于破灭。这种构图或确信一旦被打破，各种形态的规则怀疑主义就应运而生，解释者就不得不在价值冲突的背景下面临困难的选择。

这里讲的就是，是坚持法条主义，即传统的法治主义对法律确定性的要求，固守法律文本的语义，还是坚持民意至上原则，强调立法原意，超越法律语词的范围去考察立法史材料？这是一个艰难的选择。是固守立法权和司法权的界限，把疑难问题留待或交由立法者解决，还是直接地或者以“想象重构”的方式间接地承认法官的自由裁量权和法律解释的造法功能？这也是很艰难的选择。在讲解释权和解释主体问题的时候，解释是作为立法来对待的，还是通过在立法机构底下设立一个专门的机构来完成的，在大陆法中是通过直接的演变回归到司法模式中来，其背后所反映的就是这样一种很困难的选择。

哈特认为，规则怀疑论者往往是失望的绝对论者，当他们感到法律规则并不具有形式主义立场所要求的那种确定性时，他们转而以否定规则的存在或规则所可能有的确定性来表达其失望之情。我想最初的法治论者对法律作出解释是抱着满腔的热情，犹如我们现在的父母对于自己的独生子女一样，如果这种希望破灭了，可能都很难活下去。以后可能都会有这样的问题，但是在知识层面这样的问题可能会少一些。搞法律的人对法律都是满腔的热忱，不允许它有丝毫的缝隙、不完美，当突然有一天发现它并不是那么可靠的时候，就成了规则怀疑主义者。以后大家作为一个法律人，作为一个法律家，在规则主义和规则怀疑主义之间采取一种什么样的立场？采取这种立场的根据是什么？应是深思熟虑之后作出的选择，而不是人云亦云。这恰恰是我们搞法律的人需要思考的一个很大、很重要的问题。

第三种选择即解释主体说涉及与法律解释目的相关的解释的正当性问题，解释怎样才是正当的、有效的，才是值得被别人尊重认可的。解释是一种在制度框架下的构建，它不纯粹是个认知问题，这就涉及法律解释的正当性问题。法律解释的正当性问题就是涉及处理好法律解释的确定性与妥当性的关系问题。而对于确定性和妥当性关系的思考，又涉及合理性和可行性的评价。我相信，有理论癖好的同学会对这段话认真思考，因为现在的各种论文经常谈到正当性、确定性、妥当性、合理性、可行性之间到底是什么关系，能不能在这些概念里面梳理出一条线索，使它们成为一个有序的而不是随意表达的一些概念。

对这种线索做一个补充性的解释：这里把“正当性”作为“确定性”和“妥当性”的上位概念，而把“确定性”和“妥当性”作为分析“正当性”的两个基本维度，讲“正当性”的时候必然涉及“确定性”和“妥当性”这两个维度的分析，尤其是在法律解释领域。也就是说正当性概念是由确定性和妥当性两个方面有机构成的，这不同于研究者通常把正当性与确定性相对立的理解，正当性不仅仅是个确定性的问题。同时，还可以在确定性和妥当性两个概念中分离出“合理性”和“可行性”两个下位概念，这里注意，合理性和可行性是确定性和妥当性两个概念分别都共享的。即要判断是不是确定也要从合理性和可行性两个角度来分析，是不是具有妥当性也要从这两个方面来分析。因为在对确定性和妥当性的关系的思考中，研究者会有不同的主张，对于这些主张，我们是可以从合理性和可行性两个维度加以评价。大家注意这里有一个概念系列，正当性的概念的下位概念是确定性和妥当性的概念，确定性和妥当性这两个概念中的成分性概念是合理性和可行性的概念。

这不是凭空的想象，是对很多理论进行争论后概括的结果。比如说写《法律帝国》的德沃金就坚持传统的法律确定性概念，他不同意哈特的观点，认为即使在疑难案件中法律也能提供唯一正确的答案。为此，他首先巧妙地将法律渊源的范围加以拓宽，认为法律不仅由规则组成，而且还包括原则和政策，然后提出其“整合法学”的“建构性解释”的方法，认为对疑难案件的判决应该与法治的整体及其历史发展取得最佳协调，从而把妥当性概念纳入确定性之中。我认为它最有价值的思路就是坚持传统的确定性，坚持法治确定性的概念。但是它在法律渊源问题上做了手脚，由于渊源扩大之后从而使得妥当性概念纳入确定性里面，从而坚持了传统法治的合理性。因为当确定性的概念不复存在的时候，传统的法治概念面临着根本性的挑战，而经过他这样处理之后，法治依然有它的生命力。但是对于德沃金的这个方案，波斯纳在《法理学问题》一书中进行了分析和批判，它的分析和批判就包含了合理性和可行性两个方面。所以我觉得对妥当性和确定性概念按其成分有合理和可行两个角度。对前面的几个概念，无论你是研究法学的哪一个学科，只要涉及理论可能都涉及正当性、确定性的概念，这些概念是什么含义，这里只是给大家提供了一个素材，最后你们还要完成自己的一种概念建构，并且这种建构是可以交流的，而不是说你自己建构了一个和谁说对方都听不懂的概念，一定得是可交流的、有根据的。当然这也是非常艰难的。我想把正当性这个概念说清楚就和把什么是法律这个问题回答好是一样的艰难的，法学修行的高和低、水平的深和浅，可能也就表现在这个地方了。正当性的概念可能还不只是涉及法学理论、法律哲学，甚至还是一个涉及整个政治哲学的问题。《正义论》实际上也就是讲正当性这个问题，这就是解决权威为什么要被服从的问题。

在各种选择说中，语义原意说和文本说偏重法律解释的确定性，历史原意说、理性原意说和解释主体说则偏重法律解释的妥当性。其中解释主体说带有否定传统的正当性观念和更强的规则怀疑主义的色彩。这就涉及各种解释的理论观点及其各自的特点。

(三）认识上的再否定和融合模式

传统观念是统一模式，对传统观念的反思产生了选择的模式，进一步否定之否定就产生了一种融合模式。从原意说、文本说和解释主体说等各种选择说所面临的质疑看，大致有两类理由：

一类理由主要是从价值判断和选择的角度提出，涉及的是法律解释的目的正当性问题。例如，语义原意说和文本说被认为是偏重法律的确定性而牺牲了妥当性。历史原意说、理性原意说和解释主体说被认为是偏重法律的妥当性而牺牲了确定性，或者从传统的正当性概念看，立足于“事实”判断的解释主体说既不利于法律的确定性，又不利于法律的妥当性。这方面的情况在前面也讲到过。尽管法官造法是一个事实，但是如果从批判的立场看就会觉得它既缺乏确定性又不具有正当性。这是第一个理由，主要是从价值正当性、价值判断的角度所做的一个分析。

另一类理由来源于当代哲学解释学的思路，主要是认知意义上的批判，尤其是海德格尔关于“前理解”结构的分析、伽德默尔的“视界融合”观点以及利科的文本理论。它们是从分析解释活动的认知结构的角度提出来的，虽然直接涉及的是法律解释的客观基础问题，但在间接的意义上严重影响着对法律解释目的正当性的认识。所以这是非常大的一个问题，也可以视为对整个近现代法治基础的一种挑战。

什么叫视界融合？伽德默尔认为，解释对象和解释者都有自己的历史性或历史“视界”，理解和解释不可能像传统解释学所要求的那样，让解释者抛弃自己的视界或“先见”，进入文本作者的视界。解释者对解释对象的理解和解释是一种“视界融合”的过程：一方面，解释者无法摆脱自己的先见，先见构成了其理解和解释的基础；另一方面，解释者又不能以自己的先见去曲解对象，对象有自己的视界，它只接纳可以接受的理解和解释。简单地讲就是尽管有自由理解的空间，但这个空间不是无限的。所以只有解释者和对象的“视界融合”才能产生理解中的意义，这种意义既包含对象方面的因素，也有解释者方面的因素。这就是视界融合的理论。这样一个理论是非常具有挑战性的。

法律解释是对法律文本的意思的理解和说明，它具有认知活动的属性。在传统的统一说中，法律解释活动的认知结构以对主体和客体、主观和客观的区分为基础。立法者、法律文本和解释者之间的关系是一种一而三、三而一的关系，一种严格的决定和被决定、反映和被反映的关系，因此，作为法律解释活动的基本要求，解释者必须摒弃各种先入为主的看法，以便客观、准确地理解和把握法律文本的立法原意。这是我们传统的认知模式。

在各种形态的选择说中，立法原意、法律语义和解释者的理解发生了某种分离，并导致了研究者对三者的区分。但是这种区分并非一般意义上的区分，而是在一些疑难案件中的区分，它的缘由是法律条文本身存在缺漏和模糊，从而在某种程度上造成了法律解释和适用的不确定。换句话讲，选择说对传统的统一说的否定，并不是基于对法律解释活动的认知属性和结构的不同认识。在这方面，它们与统一说并没有根本的不同，它们仍然包含了对主客体、主客观的区分，在最终选择上仍然表现为“归之于一”的决定论特征。各种各样的选择说确实是对传统的统一说模式的一种批判、一种发展。但是在认知模式、认知结构上，实际上并没有发生质的变化。它只是讲在这个认知过程中哪个因素最重要，所以它还是三而一、一而三的这种决定论的模式。

与统一说和各种选择说不同，当代哲学解释学对传统解释学特别是19世纪以施莱尔马赫和狄尔泰为代表的方法论解释学的批判，为分析法律解释的认知结构提供了一种全新的视角。按照当代哲学解释学的观点，传统解释学错误地接受了以主客体分裂为基础的主观和客观的区分，从而把解释者的历史性作为阻碍获得正确理解和解释的因素加以排斥和否定，认为“解释学乃是避免误解的学问”。在这之前，对解释一直是这样认为的：无论是在哲学领域还是在法律领域，解释学就是避免误解之学。所以整个解释学讨论的就是什么是正确的解释，我们应该推崇什么样的解释。但实际上哲学解释学的研究结果认为这是错误的，它的具体看法是：

如果承认作者及其所创制的文本有其特殊的历史性，那么也必须承认解释者对文本的理解和解释也会有自己特殊的历史性。历史性是人类存在的基本事实，作者、文本和解释者都内在地镶嵌在历史性之中。人类的历史或文化传统以语言为载体，大家可以想象，搞语义哲学的经常说的一句话就是“语言是假的”。以前我们都讲语言只是一个工具、一种手段，但是按照哲学解释学，语言的存在就是人类的一种存在，没有语言就没有人类，没有社会，没有文化，没有传统，就没有交流的可能性。而语言是一个历史性的存在，它先于主体和主体的反思，大家可以回想笛卡儿的一句话：我思故我在。按照这里的讲法，事实上恰恰是倒过来的，是我在故我思。人类的历史和文化传统是以语言为载体，它先于主体和对主体的反思，先于主体和客体、主观和客观的区分：在我能区分自我和他人之前，我已属于人类社会；在我能区分自然物和自我之前，我已经是自然的一部分。这确实是对传统看法的一种颠覆。

承认理解和解释的历史性，得出这样一个结论，也就是承认传统或“先见”的制约作用：传统把解释者和解释对象不可分割地联系起来，解释者不可能脱离传统或先见以纯粹主体的身份或纯粹主观的状态理解和解释对象，对象也不可能脱离传统或先见而具有可理解性。解释对象、法律文本如果脱离了传统是不具有可理解性的，也就是不具有可解释性。同时，由于解释对象的真正意义“部分地也是由解释者的历史处境所决定，因而是由历史客观进程的总体性所决定的”，它与作者的原意或心理特征、与先前读者或解释者的理解也就不具有必然联系。应该讲这种反思是深刻的。

揭示理解和解释活动所具有的超越主客体、主客观划分的历史性，强调在理解和解释活动中解释者所必然带有的历史先见或前理解，以及这种历史先见和前理解的积极意义，也就是你中有我、我中有你，它就在一般意义上否定了统一说和选择说在法律解释认知结构上三而一、一而三的单一决定论模式。确实是这样，有的时候我们回想古希腊涉及世界的本源是什么的问题，就感觉思考已经走到了极点，就像一层纸一样，人们一捅就破但还是又回头了。人类的认识经常就是这样的，其实反思一下，选择的这种观念已经走得很远很远了，但它最终还是没有走出自己思考问题的思维模式和认知局限，这就好像它捅不破的一层纸，现代哲学的发展恰恰就是捅破这层纸。

具体到法律解释活动中，立法原意、法律语义和解释者的理解（即历史先见或前理解）

是三个不能互相替代的因素，它们构成三种不同的“视界”，在确定法律文本的意思时，它们之间的关系是互相制约、互助互动的融合关系，而不是像传统的认识论所说的那样，是严格的决定和被决定、反映和被反映的复制关系；解释的最终结果是立法者、法律文本和解释者之间的“视界融合”，你中有我，我中有你，融为一体，而不可能仅仅是由其中的哪一个来决定。与统一说或统一模式以及选择说或选择模式相对，这种对法律解释的认识，可以称之为“融合说”或“融合模式”。大家可以细细想一下，这样一种模式下法律解释的有效性和正当性包括解释的目标可能面临着整个重建的问题。

融合说对传统的统一说的否定与选择说不同：选择说只是基于法律解释和适用中“疑难案件”的存在，主要是在疑难案件上的一种发问和在这样一个范围内所作的修补式否定；融合说则是基于对法律解释认知属性和结构的不同解说所作的一种全方位、颠覆性否定。同时，由于选择说与统一说在认识上具有共同的单一决定论特征，融合说对选择说也构成了一种否定。

应该指出的是，在迄今为止对法律解释的认识上，融合说还主要是一种智识领域的“先锋派”观点，一种借鉴其他学科的成果和术语分析法律解释问题的粗糙的理论形态。为什么这样说？我想主要有两个原因：

其一，融合说从认知的角度切入法律解释问题，在价值判断上超越了“固化”于法律制度和法律文化传统中的关于法律解释正当性、客观性或确定性的观念。因此，一方面它会得到许多热衷于创新的研究者的好感，并随着智力的汇聚而逐渐从目前比较粗糙的形态变得精致起来，但是另一方面也使它难以成为一种可用于指导法律解释规范性操作的理论。法律解释是一个认知问题，但它更是一种制度性问题，法律解释是在一定制度下所进行的操作，所以制度制约是特别的重要。融合说从认知的角度对传统观念进行挑战进行否定确实有它的道理，但是没有在正当性问题上、在制度框架的意义上、在制度限定的意义上进行思考，提出思路，解决自己的可行性问题，所以到目前为止，它还不可能成为一种有效的理论，即被制度认可的理论。

其二，从认知的意义上讲，融合说关于理解和解释的“历史性”的概念构造是精巧的，并以此来统合主体和客体、主观和客观的区分，超越对法律解释活动的传统的认识论和方法论的把握，这尽管给人以蕴涵丰富的启示，但同样给人留下很多的疑惑。

比如说很多学者讲语言的不确定、语义的歧义模糊时讲得天花乱坠，波斯纳就说一个法学教授如果被所评论的杂志退稿时会勃然大怒，他不会反向思考被退稿是因为稿子已经被采用了。这就是说融合说既是对哲学语言学理解的前鉴历史性问题，它对这个问题确实有了先知，对交流的确定性概念提出了很多挑战，但法律真的是不确定的吗？语言是那么不可靠吗？交流是那么不可能吗？法学是那么一种充满陷阱和危险的专业吗？所以如果反向来思考这个问题，这个答案还真一下子很难给出来。

这里提出了一个很重要的问题，传统的法律解释理论确实面临很大的挑战，特别是来自现代哲学的非常强有力的一种挑战，这种挑战是我们不能不重视的。但是同时对我们广大从事法律研究和实践的人来说，可能就面临着一个立场选择的问题，不仅面临认知意义上的一种正当性问题，基于对法律认知的一种新的特点的认识进行制度上一种正当性的重建，同时我们要真正解决在这样纷繁复杂的解释论点和学说中关于什么是一个法律家的立场、如何看待确定性和妥当性的问题，是坚持传统的确定性还是彻底地抛弃它，或是还是有第三条道路可以供我们选择、探寻？我觉得这都是需要我们进一步思考的问题。

八、法律解释的正当性：确定性和妥当性之间的合理关系

就前面两讲的内容做一个简要的回顾，主题是如何确定法律文本的意思。首先，如何确定法律文本的意思的关键性要素也即分析要素是三个：立法者、法律文本、解释者，这就涉及分析的路径的问题。法律解释是解释者对法律文本的意思的理解和说明，法律解释是一个从内到外的完整的过程。遵循这样一个定义，我们对法律解释技术的把握肯定就不是我们现在教科书简单罗列的一些法律解释方法，而是一个系统的理论，这个理论的建构就是围绕着理解和说明来展开的。什么是“法律文本的意思”，应该从什么角度、以什么为标准来理解和把握法律文本的意思，对此在理论和实践上都存在复杂的争论，从总体上看，这些争论主要涉及以下三方面因素之间的复杂关系：立法者、法律文本、解释者。就像一部作品有作品本身、有作者还有作品的读者，法律也一样：它是由立法者、法律文本和解释者这样三个因素之间构成的一种复杂关系。我们如果要确定一个法律文本的含义，必然要涉及这三者之间的关系问题。基于这三方面的因素，各种纷繁复杂的关于法律解释关系的学说，从逻辑的角度主要表现为三种理论形态：原意决定说、文本决定说、解释主体决定说，简称原意说、文本说和主体说。各种各样关于法律解释的理论和学说、观点大致都脱离不开这三种逻辑形态或者叫理想形态。对这三种形态的含义、特点和面临的挑战，上两讲我们已经做了细致的介绍，这里就不再赘述。

其次是法律解释的认知结构：统一、选择和融合。法律解释是在一定的制度框架中理解或认知法律文本意思的活动，从认知的角度看，原意说、文本说和主体说等不同形态的法律解释理论包含着对法律解释认知结构的不同理解，这些理解主要表现为以下三种模式：统一模式、选择模式和融合模式。这三种模式的不同组合形成了关于法律解释的不同观点以及不同的认知模式或者叫理论模式。

围绕着这些内容，我们需要思考的一个问题就是法律解释的正当性问题，即法律解释活动何以是正当的、什么是正当性。上面围绕如何决定法律文本的意思这样一个问题概括和分析了各种法律解释观点和主张，这些不同的观点和主张之间的分歧实际上包含了对法律解释正当性的不同理解。什么是更好的解释、什么样的解释是更加正当的？正当性是法律解释特别是作为一个法律家、一个法律职业者从事法律解释活动时所追求的目的，它是法律解释结论在一定的制度场景中被认可和遵循的前提。这里反复强调法律解释是在一定的制度框架中进行的，不是说像做研究那样想怎么理解就怎么理解的问题，它必然有一个受制度场景的制约性，只有符合这种制度要求，具有目的上的正当性，解释结论才能是有

效的，才能被法律同行所认可，所以法律解释的正当性是非常重要的。伽德默尔在《真理与方法》一书中有言："法律不是摆在这儿供历史性的理解，而是要通过解释变得具体有效"。对法律解释来讲最重要的不是给出一个结论，不是比谁理解、解释得更好，而是比你的解释能不能具有制度上的效益。比如在一个司法裁判的过程中，对法律的解释能否具有制度上的正当性，从而具有效益。现在有很多做法律解释研究的人可能会误入歧途，认为解释问题是想怎么解释就怎么解释，或者说追求什么样的解释更具有个性、什么样的解释是更出彩的、什么样的解释是更加完美的。实际上，法律解释不是这样的一个过程，它是一种制度性的事实，是一种制度化的操作，所以伽德默尔这句话讲的不是提供一种历史性的理解。

关于法律解释的正当性，我们还可以作进一步的解析。把握法律解释的正当性含义，不仅仅是认识到法律解释需要在一定的制度框架中进行，还要认识到它还涉及对法律解释的确定性和妥当性之间的合理关系问题的正确把握。我们读有关法律解释的著作，讲到法律解释的正当性、法律解释的目的时可能都会涉及这两个非常关键的概念。确定性和法律的客观性概念或者决定性概念之间经常是可以置换的。确定性（determinacy，certainty）、妥当性（rationality，reasonablity），这种对译不一定是很合适的，但也不一定完全不合适，在外文著作里面可能也有其他的表述，但是大致上和确定性相对的是妥当性，就是解释的结论必须满足法律确定性的要求，同时又是合情合理的。那么什么是确定性？法律是普遍稳定的规范，法律的确定性是法律至关重要的属性，也是法律、法治的基本价值所在，脱离了对法律确定性意义的认同也就没有法律解释的正当性可言，因而确定性是非常重要的。法律解释活动必须有助于法律的确定性的实现，从而彰显法治的价值，没有这种确定性就没有法律和法治的价值。大家可以从历史的角度做一个回顾：近现代的法治从某种意义上说就是克服这种过于宽泛的自由裁量，也就是说为了在人类的社会和政治生活中最大限度的消除这种恣意主观的理性。法律应该具有工具理性和形式理性，法律最基本的功能就是为生活提供一种合理的预期，而为了达到这种目的，它自身必须有一个合理的确定性，两者在逻辑上是互为因果的。确定性是非常非常重要的，法律的很多属性最终都是为了达到确定性，从而使生活变为一种可预期的活动，使交易成本变得比较低廉、生活变得比较舒适。所以法律解释活动必须有助于法律确定性实现的这种追求。法律又是以公正善良为依归的，法律的妥当性是法律的目的所在，也是法律、法治的德性要求，没有对法律妥当性和合目的性的关注，法律解释正当性将缺乏实质意义上的规定。

关于法律的确定性和妥当性之间的关系有两方面的内容。一方面，价值理性、实质合理性需要通过工具理性、形式合理性来体现和实现，对法律确定性的强调，也是法律妥当性或合目的性的要求；当然它要服务于人类生活的某种价值，但是这种价值的实现是以法律固有的属性为前提的，价值问题就是讲价值目的和价值属性，一种是形式工具意义上的，一种是目的和价值伦理意义上的，妥当性的概念实际上必须以确定性作为载体才能很好的体现，才能加以确定并确保实现。另一方面，法律的妥当性也不能仅仅归结为对法律确定性的追求。法律规定可能存在着缺漏、模糊和陈旧过时等情况，从而脱离甚至背离法律的目的或价值追求。这时，法律的合目的性就会表现为一种关于妥当性的评价，并与法律的确定性发生矛盾。确定性是否妥当，对同样一个问题出现多解时也会存在什么是更加妥当的法律追求和法律结论的疑问，这时它就会和法律的确定性追求发生矛盾。合法和正当这两个概念什么时候是合的、什么时候是分的？有时候会发现很多人把合法性就当成一种正当性，这是法条主义、工具主义的态度。如果采用自然法学的视角就会发现在实在法之上有一种超越性，这种超越性思考就是针对法律妥当性的一种评价，特别是当我们由于各种原因觉得实在法有毛病的时候，我们就更需要一种超越性的思考。当人类历史中面临巨大的社会转变需要进行很复杂的法律改造的时候，我们会发现这种超越法的概念就会应运而生，这里就是我们所讲的确定性和妥当性。一方面，妥当性的实现必须有赖于确定性，这是法律的基本的内在属性，而不是外在于法律的，如果没有这样一种属性法律就没有价值；另一方面，法律要追求一种伦理的外在意义上的事物，所以妥当性的概念是关于为什么要有法律的问题，要讲清楚法律的妥当性问题就必须要这样一个概念：一个是法律自身所具有的属性，另一个是法律所追求的目的。

思考到这里就会发现两个概念都很重要，但确定性和妥当性的概念在一定情况下可能会发生矛盾，在发生矛盾的情况下怎么加以解决，法律解释才具有正当性，才能符合这种正当性的要求？从思考的角度可能就有一个决疑点的问题。我认为决疑点就在于法律解释的确定性。在谈及法律解释的确定性和妥当性之间关系的时候，当我们在它们两者之间摆不平的时候，确定性优位。法律解释包含的这种确定性要求应该是优位的，为什么这么说？法律解释是解释者对法律的理解和说明，它内含着对法律确定性的追求。如果解释者可以主观任意地解释和适用法律，法律的确定性、法治的价值就无从谈起，法律解释的妥当性或合目的性就无从保证，法律解释也会因为追求妥当性上的任意而丧失正当性。尤其是在一个观念分歧、价值多元的世界，坚守法律解释活动中确定性追求优位的立场，也就是坚守法律的价值、法治的立场。法律是好的，法律调整的结果也应该是好的，但是对于到底是什么是善的、什么是好的，我们可能会有认知上的分歧，不能够提供一种制度上的制约，那我们对妥当性的追求就会陷入一种任意性，而这种任意性的结果必然是我们对妥当性的追求走向它的反面，出现一种背离的情况。这恰恰是我们在谈到伦理性时经常犯的一个错误。我们是要追求一个好的目的，但是由于缺乏一种程序制度上确定性的制约，经常在这过程中丢失了善本身，所以确定性应该优位，也就是当我们在法律解释活动中追求法律的妥当性时，不应忘记法律的一种基本属性就是它的确定性，这里面有一种辩证的关系。换句话讲，妥当性的追求必须建立在对坚持确定性的基础之上，如果没有这种坚持，或者说没有这种最低限度的对法律确定性的坚守，对于我们搞法律的人来说就没有法律的妥当性，至少不是站在一个法律家的立场上或者一个法治的立场上，这也是在中国的法治实践中要好好思考的一个问题。法治给我们的生活带来最大的一种好处就是合理预期，让我们能够进行一种有序的可预期的安排，当然这个安排不一定是最好的。这种对法治的认识思考在

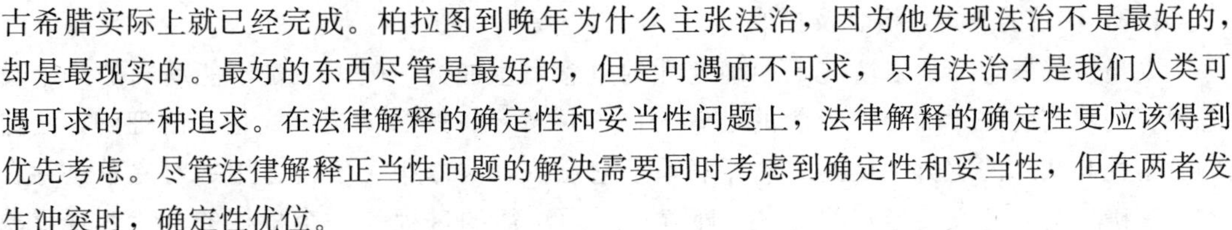

古希腊实际上就已经完成。柏拉图到晚年为什么主张法治，因为他发现法治不是最好的，却是最现实的。最好的东西尽管是最好的，但是可遇而不可求，只有法治才是我们人类可遇可求的一种追求。在法律解释的确定性和妥当性问题上，法律解释的确定性更应该得到优先考虑。尽管法律解释正当性问题的解决需要同时考虑到确定性和妥当性，但在两者发生冲突时，确定性优位。

九、重新认识确定性的概念

既然确定性是优位的，我们对法律解释正当性的思考当然要聚焦到确定性上来，但是我们同时又不能无视法律解释的妥当性的情况下，确定性是法律的基本属性，是一种内在品质，而妥当性是法律的外在追求，这两个当然都不能在绝对的意义上舍弃。一个必须坚持，一个又必须兼顾。在这种情况下怎么处理？从理论争论和观念演进的逻辑看，如果不能怀疑或推翻某种命题，那么最好的选择就是将自己的主张纳入这种命题，而做到这一点的途径可能是修正（极少是放弃）自己的主张，更可能是修正或重新界定命题，当然，也可能两者兼而有之。

确定性的概念不是一个能够充分包容妥当性的概念，它们在很多情况下可能会发生冲突和矛盾。从法治、法律的立场来看，我们又必须坚守确定性的立场，并且在法律解释活动中加以贯彻，在这种情况下怎么完成对法律解释妥当性的关照？在法律的确定性问题上是不能加以克减的。于是我们的思考就面临着一个很坚硬的硬壳，在这个情况下我们如果对妥当性的概念要予以关照，唯一的选择就是重新思考确定性的概念。

在决定法律文本的意思时，怎样才能认为法律解释满足了确定性的要求呢？是不是只有主张统一说、语义原意说或文本说才是坚持法律的确定性，而主张融合说、解释主体说、历史原意说或理性原意说就是放弃对法律确定性的追求呢？可能问题并不那么简单。因为不同观点的持有者可能都认为自己的主张或选择包含了这种追求，甚至更具有合理性。

什么是判断法律确定性的标准？确定性和妥当性有统一的一面也有矛盾的一面，当它们发生矛盾的时候，当确定性的概念无法包容妥当性的概念的时候怎么办？决疑点就提出了确定性优位的概念。确定性优位的概念确立以后，要解决问题就必然提出什么是确定性。法律解释妥当性只有在对确定性有一个明确的说法后才能得到确定，否则，妥当性就无法在法律的意义上加以界定。

围绕法律解释正当性的问题，我们要思考一系列的问题，称为思考点或要点。这些要点涉及确定性的含义以及其他一些复杂的问题和概念。前面讲的是在这个问题上基本的思路，最终我们要回答的是什么是正当的法律解释，什么是一个法律家在法律解释问题上所应该采取的立场。当我们面对那么多解释理论、解释争议和解释学说的时候，我们应该作出怎样的甄别与选择，这些都是涉及法律解释正当性时我们所需要思考的一系列问题。

(一) 传统的确定性概念及挑战

妥当性的概念在很多情况下和确定性的概念发生冲突，确定性是不能动摇的一个概念。我们对传统法律确定性概念的理解先做一种解释。按照传统形式主义的理解，法律的确定性与法律的逻辑自足的观念相联系，它意味着法律相对于所适用的对象总是存在唯一正确（既确定又妥当）的答案；理解和适用法律的过程是一个机械的、纯客观反映的过程，在这一过程中，不需要也不应该掺杂有自由裁量、主观选择的因素。从思路上看，这种传统认识以克服和消除法律问题上的不确定性和主观任意性为目的，它在意思上与法律客观性的概念相同或相近。法律是客观的，法律是可靠的，法律最大限度地消除了人类生活中的恣意、武断和自由裁量，面对争议问题法律的调整可以提供唯一正确的答案。

这里做一点背景上的说明。传统的法律确定性概念是一种形式主义的，在哈特的表述中，与“形式主义”相对的是“规则怀疑主义”。在探讨法律的确定性时，人们经常使用这一对用语，以反映两种截然不同的立场。相对而言，形式主义是一种传统立场，它集中表现在 19 世纪西方法典编纂时期盛行的概念法学及其制度设计之中。规则怀疑主义则是后来对形式主义立场的反对。西方的法理学讲到法治的时候，有一对基本的范畴：规则主义和规则怀疑主义，它整个围绕着这样一对范畴来展开。就像我们讲现代化一样，现代和传统是一对基本的范畴，整个理论是围绕着这样一对范畴建构起来的。法治理论在西方有很通行的一种说法，就是规则主义和规则怀疑主义，这实际上反映了法治发展到今天的一个基本逻辑脉络。换句话说，最初有一个法律的神话，人们对法律是迷信的，觉得法律是靠得住的，法律对社会生活进行无缝隙的调整是可能的，但是之后我们发现法律有很多问题。值得思考的问题是：为了克服和消除法律问题上的不确定性和主观任意性，是否必须赞同对法律确定性的传统界定，即在任何法律问题上都存在唯一正确的答案，从而无须自由裁量？我们都觉得确定性很重要，这没有什么可疑义的，谁也不想放弃，问题在于是不是就一定意味着我们只有选择接受对确定性的传统理解，这实际上是两个问题。日本在第二次世界大战后关于法律解释争论的中心问题是法律解释的客观性或科学性问题。这种争论主要围绕三个论题：第一个是法律解释是否包含价值判断；第二个是价值判断的进入是否导致主观性，或者说损害法律解释结果的客观性；第三个是法律解释中包含主观因素应作为常态加以正当化，还是应作为“病态”加以克服？也就是妥当性概念的引入会不会危及确定性的概念。对妥当性的考虑，在很多情况下会对传统的确定性构成挑战，在法律解释理论界，这是学者普遍思考、做法律解释研究肯定要涉及的一个问题。

对于上面的问题，多数论者的回答是否定的：在法律问题上，常常可能出现没有明确答案（即在法律应予规范的对象上缺少相应的法律规定）或者同时存在两个或两个以上正确答案的情况，从而需要法律适用者作出自由裁量；承认这一点并不意味着丧失对法律确定性或客观性的追求、滑向其反面，因为就与不确定性或主观任意性相对立而言，法律的确定性或客观性可以有不同的含义。因此我们都反对不确定性、反对主观任意性，但是对于什么是确定性、什么是法律的客观性，除了传统的理解之外可能我们也可以有其他不同的意见，这是一种解决办法。

也有另外一种解决的思路。美国法学家德沃金在当代社会背景下坚持传统的法律确定性概念，他不同意哈特的观点，他认为即使在疑难案件中法律也能提供唯一正确的答案。为此，他首先巧妙地将法律渊源的范围加以拓宽，认为法律不仅由规则组成，而且还包括原则和政策，然后提出其“整合法学”（law as integrity）的“建构性解释”（constructive interpretation）的方法，认为对疑难案件的判决应该与法制的整体及其历史发展取得最佳协调，从而把妥当性纳入确定性之中。传统认为法律是由规则构成，是一个规则体系，规则更加刚性、也更加明确严格。而他的处理实际上是把法律渊源扩展了，即法律不仅存在于规则而且也存在于原则和政策之中。既然法律的渊源不限于规则，我们对于法律问题的处理对妥当性的追求任何时候都可以从法律体系中或者从法律本身找到答案，而无须在法律之外去追求。为了把伦理问题法律化，就必须把法律空间拓展，拓展法律的渊源。这是解决法律的确定性所面临的挑战的另外一种处理方法。

（二）重新认识法律的确定性

传统的法律确定性概念面临挑战之后有两种应急的方法：一种是德沃金的处理方法，另一种就是重新认识法律的确定性。在这方面，美国的波斯纳法官提供了一种好的思路。他认为法律问题比如法律解释、司法判决等上的客观性一词与确定性、非个人化等用语同义，它大致可以区分为三种强弱不同的含义：（1）形而上的或本体论上的客观性，它指的是对法律问题的认识和处理与某种外部实在或客观真理相符合。这是一种本体论或者说形而上学意义上的，比如我们说立法原意，法律规则是立法者制定的，制定这个规则的时候，他有一个想法，这个想法对一个法律适用者来讲是外在于他的，正确适用法律就是要使得这种对于法律的理解和立法原意相吻合，所以如果说任何规则之后都有一个立法原意的话，这个规则的意思就有一个本体意义上的存在。因此也可以讲法律的确定性可能在最常识的意义上就确实存在着这样一个东西。（2）科学意义上的可复制性，即对法律问题的认识和处理如同科学实验一样，只要运用正确的方法，那么不同的研究者对同一问题就能找到相同的答案。（3）这种客观性或者合理性指的是交谈或交流意义上的合理性，即对法律问题的认识和处理是基于有说服力的合理根据而非主观任意的判断，它在交谈中被认同，并可合理地加以修改。这同样也是一种确定性。确定性与不确定性，和非个人与主观任意性是一对矛盾的概念。只要他不是主观任意的，不是想当然的，就有客观的效果。波斯纳认为在前两种意义上的客观性并无根本不同，如果客观性指的是这两种意思，那么当面临疑难法律问题时，人们就不得不在形式主义的确定性和规则怀疑主义的不确定性之间作出抉择。他认为只有选用客观性的第三种含义即交谈的合理性，人们才能超越这种非此即彼的抉择，采取一种中间立场。同时他认为在一个社会或共同体中，成员在政治思想、文化传统、价值观念、生活方式等各方面是高度同质的，同质性程度越高，多元性程度越低，他们就法律问题达成共识的机会就越大，对法律问题的处理也就越具有客观性。什么是法律职业共同体？法律职业共同体实际上就是一个解释共同体，作为一个法律职业共同体，由于受过共同的训练，信奉共同的学说，做同样可以共同从事的职业，有共同的一些偏好，有利益上的这种相关性，所以面临同样的问题时，其思考也总是大同小异的。传统的确定性概念是科学的本体论意义上的确定性概念，这种确定性概念无法对妥当性概念进行充分的关照，在法律解释正当性问题上，会面临解不开的结或者处理不了的问题。在波斯纳概括的三种确定性概念中只有本体论和科学意义上的客观性有可能符合唯一确定性的传统答案标准，而作为交谈合理性的客观性是不可能符合的，它只能满足于获得合乎情理或者相对正确的答案。但是波斯纳的匠心独具也恰恰就在这个地方，当面临疑难法律问题时，他把分析确定性或客观性的视角从追求答案的“唯一正确”，转向关注获得答案的过程和理由的合乎情理。而这样一种处理也同样符合法律或法律解释对确定性的追求，同样是对主观任意性的批评或挑战。一个结论出来之后总是有人欢喜有人愁，但是只要这个结论不是任意的，不是哪个人想当然的做法，而是大家共同参与之后议决得出的，那就没有什么可说的。

作为交谈合理性的客观性概念，既超越了传统确定性观念中对客观和主观、确定和不确定、非个人化和个人化的截然两分，使人们看到在对立的两极之间有许多疑难的法律问题处于“灰色地带”，而且还通过对“有说服力的合理依据”和“可合理修改”的强调，突出了在这些问题的认识和处理上客观、确定而非个人化的一面。所以这个概念是非常重要的。上面主要讲了对法律确定性概念的一种重新阐释或者是一种系统的阐释。

（三）疑难法律问题的确定性

1. 疑难法律问题成因分析

要认识波斯纳提出的作为交谈合理性的客观性概念，不能忽视它产生和所针对的是疑难法律问题。就法律解释而言，一个法律问题之所以成为“疑难”，根据德国研究者的分析，主要可以归诸于以下三个方面的原因：

第一是法律本身的空缺性。包括法律条文用语的歧义、模糊、评价性、过于笼统等，以及法律在体系上的不连贯、不完整或缺漏、陈旧过时等，所有这些都导致了法律本身的不确定。核心是清晰的，边缘会出现灰色地带，法律作为一个文本同样也具有这样的问题。

第二是法律解释方法上的不确定。它可能是解释方法本身的不确定，即对同一种解释方法，解释者会有不同认识。例如，对于平义或普通含义的解释方法，解释者会在“平义”的理解上发生分歧，对于目的解释方法，解释者会在什么是法律的“目的”这一问题上发生争议，并采取不同的方式，从而产生不同的解释观点。同时，它也可能是不同解释方法之间的关系不确定，即在同一个法律问题上可能同时存在几种可适用的解释方法，它们产生不同的解释观点，而对于它们的运用顺序，由于人们在解释的目标（如主观目的与客观目的）和实体价值判断上存在分歧，也难以达成共识。

第三是价值观念上的分歧。法律解释必然直接或间接涉及法律在一定的案件中要求什么、禁止什么或允许什么的问题，也即法律的规范属性或价值评价问题。在法律本身不确定的情况下，由于人们对法律的内在价值以及各种价值之间的关系存在分歧，对于什么是正确的解释、什么是可适用的解释方法以及解释方法的正确使用方式，也就必然会发生争议。这些都属于价值观念的分歧。

法律解释中所产生的法律疑难问题，主要就是缘于以上三点，这样的概括是有充分的包容性的。以上三个方面的原因相互交织、互为因果：如果法律本身不具有空缺性，就不会引来后两者的问题；如果法律解释方法在每个案件中都能导致单一的结论，其他两者即使存在也不会构成疑难问题；而如果解释者在价值观念上没有分歧，其他两者就可能不会发生，即使发生也易于解决。三者相互交织，共同作用，促使了法律解释中疑难问题的产生。

2. 疑难法律问题的确定性之分析进路

讲法律的确定性或说如何追求法律解释中的确定性，最关键的思考点是在疑难问题中我们如何思考法律的确定性。在疑难法律问题中由于法律本身的空缺性，法律解释方法的不确定性以及解释者在价值观念上的分歧，追求本体论和科学意义上的确定性和妥当性往往是不可能的，当然这也不是绝对的。

在这种情况下，为了克服法律的局限性，避免因固执于传统的法律确定性含义而陷入僵化、刻板，从而背离法律的目的和价值，解释者对法律的解释就不能不考虑法律的妥当性问题。这样一种对法律妥当性的考虑，必然使法律解释具有自由裁量的“造法”性质，具体可能表现为对法律缺漏的补充，也可能表现为在不同的解释观点之间作出判断和选择。

解释与补缺在理论上比较容易区分，按照德国学者的观点，两者的基本界限在于，解释限于陈述法律语义可能的范围，超出这个范围则为补缺。但实际上两者难以区分，解释包含补缺，因为法律是一个成分复杂的体系，法律渊源是非常复杂的一个体系，即使在法律应予规范的对象上缺少对应的法律规定，也不能因此得出没有法律依据的结论。而且，除语义解释方法外，其他各种解释方法如系统解释方法、目的解释方法和意图解释方法等都包含有明显的补缺功能。

但是，在脱离形式主义的确定性立场的同时，如何避免因解释者的主观任意而陷入规则怀疑主义的不确定、非客观，从而丧失法律的确定性或客观性的重要价值呢？引入妥当性的概念同时又如何捍卫法律的确定性？在这种情况下波斯纳所说的作为交谈或交流合理性的客观性概念就应运而生。这是处理问题的一种方式，当然还有另外一种方式，我们还可以看到一种从体制上解决问题的思路，就是基于立法权和司法权的划分，把涉及“造法”的疑难法律问题交由立法者处理，以此避免司法活动侵入立法领域。这种思路不仅在19世纪的大陆法国家居于支配地位，而且至今仍存在于一些国家（包括我国）的法律解释实践；在理论上，则始终作为一种主要思路或主张存在。

3. 作为交谈合理性的确定性

这个概念大家要非常注意。交谈合理性概念的落脚点不在于最终解释结论的“唯一正确”，而在于把法律解释视为一个相关解释主体之间、解释主体与其所在的制度场景之间的交谈或交流的过程，强调最终解释结论是某种合理而客观的过程或程序的结果，强调法律传统、法律职业共同体等因素对解释活动的制约作用，强调解释者对其解释和判断的理由作出说明和展示的责任。因此，基于交谈合理性产生的解释结论并非主观任意和不确定的，尽管它可能并不具有本体论或科学意义上的客观性或确定性。交谈合理性的客观性概念的提出，在理论上缓解了在法律解释中由于解释者自由裁量因素的引入而对传统的法律确定性或客观性概念造成的冲击。它消除了上面所说的各种法律解释主张在确定性或客观性上的紧张关系。比如我们说必须要捍卫坚持这个概念，而这个概念又受到挑战，在这种情况下我们如果仅仅立足于传统的确定性的概念就无法面对这种挑战，就会要么选择确定性要么选择妥当性、牺牲确定性的价值。牺牲确定性的结果就会导致法治危机。因为现实生活中谁有权力说是妥当的，其实还是一种权力意志。因为，如果法律确定性的含义限于本体论和科学意义上的客观性，那么在各种解释主张中，唯有传统的“统一说”有可能追求这种确定性或客观性，唯有主张法律语义的决定性的“语义原意说”和“文本说”才有可能固守传统的确定性立场，这样一来，就必然造成统一说与其他各种解释主张以及各种解释主张之间在法律问题确定性上的紧张关系。

而如果在法律确定性的含义中引入作为交谈或交流合理性的客观性，那么其他各种解释主张，包括“历史原意说”、“理性原意说”，甚至于“解释主体说”、“融合说”，就都能由此获得证明自己符合对法律确定性或客观性追求的根据。同时，它也消除了在疑难法律问题中，由于固执于传统的法律确定性要求而在法律的确定性和妥当性之间造成的两难选择：一方面，通过引入解释者的自由裁量，以寻求妥当的法律解释结果；另一方面，通过对解释过程和理由的合理性的强调，保证对法律妥当性的考虑不蜕变为解释者的主观任意性。所以在这个方面它有一个巨大的功用。

如上所述，融合说是在否定传统的主客体、主客观划分的基础上提出来的，它认为解释结果是一种同时包含主客体、主客观因素的“视界融合”，因此不能以传统的客观性标准予以评价。但是，作为交谈合理性的客观性概念着重于法律解释的过程，这样一种客观性概念与融合说是可以兼容的。甚至可以设想将融合说和交谈合理性概念相结合，以此从理论上对疑难问题中的法律解释作出合理解说，并从制度上予以规范化。

融合说包含了一种新知，把这种新知引入之后又使其不致颠覆我们近现代法治所确立的目标，就需要一个这样的辅助性的概念。这段文字就可以成为引入融合说的制度建议。如果不引入融合说这样一种制度，我们在分析法律解释活动的认知过程时会留下一个很大的盲点，是我们难以解决的。引入之后也会有一种危险，就是融合说引入之后如何加以制度化，这是值得我们搞法律的人加以认真思考的。

(四) 全面把握确定性概念

要充分说明作为交谈合理性的客观性概念的理论价值，必须承认在法律问题中存在上面所说的各种疑难情况。同时，要恰如其分地认识和运用这一概念，也必须强调它所适用和针对的是疑难法律问题。但是，从总体上看，要对法律和法律解释的确定性或客观性作出判断，就不能局限于各种疑难情况，认为在法律问题包括法律解释上只能存在交谈意义上的确定性或客观性。应该看到，在大量存在的普通情况中，法律问题是可能具有本体论或科学意义上的确定性或客观性的。就“如何决定法律文本的意思”而言，立法者、法律文本和解释者构成了三个必须考虑的基本要素，它们之间形成三种基本关系，即立法者和法律文本的关系、法律文本和解释者的关系，以及立法者和解释者的关系。对于三者之间的关系，从根本上应该肯定立法者和法律文本之间的关系是一种创制和被创制、源和流的关系，法律文本和解释者之间的关系是一种制约和被制约、主导和从属（或给予和接受）的关系，立法者和解释者之间的关系则是一种创制和适用、传递和接受的关系。由于存在这样的关系，在立法者的原意、法律文本的语义和解释者的理解这三者之间，就形成了传递和反馈上的基本一致，即立法者的原意体现于法律文本的语义，继而又为解释者所理解和适用，或者说，解释者理解法律文本的语义，这种意思又可以归诸立法者的原意。

承认这种一致性，也就是承认在社会法律生活中基于人的自然和社会（或文化）共性进行成功的书面表达和交流的可能性；没有这种表达和交流的可能性，法治和法律的效用就无从谈起。因此，尽管在疑难情况下，应该承认在立法者原意、法律文本语义和解释者理解这三者之间会发生分歧、错位，但是在通常情况下，则应该肯定传统的统一说对法律问题的确定性或客观性的基本把握，强调三者之间的统一性和兼容性。我们不能认为立法原意只有到法律文本的语义之外去寻找，也不能认为法律文本的语义不能有效地传递给解释者并为解释者所接受。我们不能这么假设，如果这么认为就没有什么法治调整可言了。

法律是立法者活动的结果，无论立法者是“一”还是“多”，立法过程是简单还是复杂，法律都是主持和参与立法的社会成员有意识、有目的活动的结果。在法律解释实践中，尽管立法原意时常难以辨认，人们对立法原意的表现形式、探寻立法原意的合理途径也存在认识和实践上的分歧，但从各国的司法实践看，除了英国之外，其他国家都在不同程度上肯定了这样一点，即考察立法史材料尤其是各种正式的立法准备材料对于解释者探明立法原意、正确理解法律文本的意思具有重要意义。立法史构成了理解法律文本意思的一种基本语境。

从理论上说，对于“如何决定法律文本的意思”这一问题，立法者、法律文本和解释者构成了三个基本视角，因而始终存在哪一个起决定作用的选择或认定，但是，从法律实践的层面看，这三者之间的分歧或者说三者中谁起决定作用的问题，在多数情况下只是一个形而上的潜在问题。在日常法律生活中，对法律的理解和运用并不构成疑难问题，大量存在的只是一些普通的或简易的解释例。这时，法律文本的意思相对于有关的事实是明确的，人们在理解上没有分歧，也不必去深究这种明确的意思到底是立法者的原意，还是法律文本本身的意思，抑或解释者眼里的意思。

在对法律解释的研究中，通常情况下和“简单案件”中的普通解释例恰恰可能成为研究者的一个“盲点”。研究者往往会有“采样偏见”，会把自己的视野局限于存在分歧甚至激烈争议的疑难解释例。这样做的结果，就使得对法律解释的研究不知不觉地变成了对疑难法律问题或法律解释争议的研究，使得立法者、法律文本和解释者这三者之间的分歧在一种不同寻常的背景下凸显出来。对于分歧的过分渲染，必然遮蔽三者之间的基本统一，因而也就必然在一般意义上给人造成法律和法律解释不确定、不客观（按照传统标准衡量）的灰暗印象，在这样一种氛围下，规则怀疑主义就会出现。

波斯纳法官曾谈到因“采样偏见”而导致法律不确定性泛滥的情况。他认为：以诉讼案件作为样本会产生关于法律不确定的偏见，因为如果结果一目了然，纠纷就不会导向诉讼。但是，即使在诉讼案件中，也并非所有的案件都不确定。许多诉讼之所以难分难解，不是因为案件疑难，而是因为当事人或他们的律师迟钝或顽固，或者由于纠纷或诉讼本身很激烈。对于简单案件的判决，法官常常不附公开的理由，因此对案件的汇编往往集中于疑难案件。这些案件的判决挤满了研究者的视野，以至于他们看不到法院的其他判决，于是就产生了这样一种偏见，即多数司法判决是任意专断的，它们是由法官的个性和气质决定的，是由政治偏见或掷硬币来决定的。其实，波斯纳自己也常常为这种“采样偏见”所蒙蔽，所以他才会在主张自己的观点时放弃评论时的清醒立场，认为“无论法律具有什么客观性，这种客观性都出于文化的统一性而不是出于形而上的实体和方法论上的严格”。比较而言，我认为波斯纳的观点远不如哈特的主张明快，哈特基于法律语言的“空缺结构”，在法律形式主义和规则怀疑主义之间确立了一种中间立场。

如何在法律解释的正当性问题上选择一种法律家的立场？法律家的立场就是坚信法律、坚守法治的立场，且义无反顾。在法律、法治的认识和实践上，可以改进，但绝不能放弃。为此，在与法律解释正当性密切相关的确定性问题上，第一要肯定在非疑难问题上存在本体论和科学意义上的确定性或客观性，第二要肯定在疑难法律问题上存在作为交谈合理性的确定性或客观性，第三要同时强调作为交谈合理性的客观性概念在司法裁判的法律解释活动中所具有的普遍意义。因为在司法裁判过程中法律解释会面临很大比例的疑难问题；一个问题是不是属于疑难问题，只有在解释过程中才能作出判断；更深一层的理由在于，法律解释与裁判中的法律适用相联系，其结果将对他人或社会的利益造成重大影响，因此，它不应该也不可能只是解释者个人对法律的一种理解和认知活动，而更应该是解释者在一定的制度框架和法律文化传统中所从事的一种规范化操作、一种必须包含交谈合理性的操作。

法律解释的实际操作具有很强的路径或规则依赖性，需要在把握原理的基础上深入探讨法律解释的技术问题。

7.2 论规范性司法解释作为法律渊源*

季长龙**

一、法律渊源概述

1. 法律渊源的概念

意大利著名罗马法学家彼得罗·彭梵得认为，古希腊的时候已经有了法律渊源意识。按照希腊法律渊源观念，划分法的渊源，考虑的是法律规范的创制途径以及由其决定的外部表现形式：成文法（ius scriptum）通过制定法律形成，不成文法（ius non scriptum）通过习惯形成。① 亚里士多德认为，“要使事务合于正义（公平），须有毫无偏私的权衡；法律恰恰正是这样一个中道的权衡（以上我们只说到了成文法律）。但积习所成的‘不成文法’比‘成文法’实际上还更有权威，所涉及的事情也更为重要；由此，对于一人之治可以这样推想，这个人的智虑可能比成文法更为周详，却未必比所有不成文法还更广博”②。

作为法学概念，“通常人们将‘法的渊源’这一表述的起源归于西塞罗，他当时使用的是‘fons juris’这个词”③。西塞罗的《国家篇·法律篇》中讲道：“在我们的全部对话中我的意图是，尽我所能，联系我们谈话将涉及的每一部门法来研究我们的市民法的相应分类；但我的讨论将只限于指明这种划分的每一部门法的渊源。因为，一旦理解了支撑它的基本原则，任何人，只要他能追寻一定的思路，要了解与任何可能出现的陌生案件和棘手问题有关的具体法律，都不会有困难。”④ 西塞罗讲的是公法和私法部门的法源问题。“这种划分最初是以法的创制渊源为根据而作出的，按照此标准，凡是由国家或公共权力机构制定的规范均属于‘公法’，与此相对应，凡是由私人自主协商约定的或者自愿采纳的规范或习惯则属于‘私法’……按照西塞罗的说法：‘私法是一回事，公法是另一回事：前者是指公共法律、元老院决议和盟约，前者是指私人契约、协议和要式口约等。’”⑤ 后来乌尔比安提出划分公私法的另一个标准，即根据所涉及的利益划分，这种划分广为流传。

笔者认为，法律渊源的概念界定必须细化为具体的所指，包括历史渊源、理论渊源、实质渊源和形式渊源等，笼统而无针对的概念是不可取的。

---

* 原为季长龙博士学位论文，原名《规范性司法解释的法源地位研究》。

** 浙江工商大学讲师，法学博士。

① 参见［意］彼德罗·彭梵得：《罗马法教科书》，黄风译，12页，北京，中国政法大学出版社，2005。

② ［古希腊］亚里士多德：《政治学》，吴彭寿译，169～170页，北京，商务印书馆，1965。

③ ［法］雅克·盖斯旦、吉勒·古勒等：《法国民法总论》，陈鹏等译，187页，北京，法律出版社，2004。

④ ［古罗马］西塞罗：《国家篇·法律篇》，沈叔平、苏立译，201～202页，北京，商务印书馆，1999。

⑤ 黄风：《罗马私法导论》，7页正文及脚注，北京，中国政法大学出版社，2003。

2. 法律渊源的分类

(1) 实质渊源与形式渊源。1902年萨蒙德(Salmond)明确区分了"形式渊源"(formal source)和"实质渊源"(material source),后者决定法律规则的内容,前者赋予法律规则以国家权威的印迹。① 法律渊源"这一概念在马克思主义的法学著作中通常有两种使用,即实质意义上的渊源和形式意义上的渊源。实质意义或实际意义上的渊源,指法的来源、发源、源泉、根源等而言,亦即法的内容导源、派生于何处,发生原因为何;易言之即法律内容的最终的决定力量,通常即指法的经济根源,即统治阶级赖以生存的物质生活条件中的生产方式,法归根到底是由一定的生产方式所决定或派生的。所谓形式意义上的渊源,一般是指法律规范的创制方式或外部表现形式,如法规、法律、习惯、判例、命令、章程等"②。实质渊源即使含有行为规则也没有法律效力,而形式渊源就是要赋予它法律效力,即整个立法活动包括规范性文件的宣告,所以形式渊源从最初的文件宣告转到文件本身是很自然的。

(2) 正式渊源和非正式渊源。按照形式渊源是否具有国家强制力作此分类,也可以称为主要渊源和次要渊源、直接渊源和间接渊源、基本渊源和辅助渊源。博登海默认为:"将法律渊源分为两大类别,亦即我们所称之为的正式渊源和非正式渊源,看来是恰当的和可欲的。"③ 格伦顿认为,"在所有大陆法制度中,基本渊源都是制定法和习惯,而前者又具有绝对重要的地位……权威典据在基本渊源阙如、不明确或不完备时,或可以发生作用,但其适用并无拘束力。它们既非必不可少,更不足以用作司法判决的基础。判例法和法学家的著作就是这类辅助性渊源,而在荷兰,还包括草拟中的民法典草案"④。法国学者雅克·盖斯坦将法律渊源分为广义、狭义和适中三种概念的思路⑤,并坚持适中的法律渊源概念。这就为非正式法律渊源保留了余地,它是实质渊源中十分接近形式渊源并形成了普遍法律确信的规则载体。这种分类的意义在于说明规范性司法解释属于正式渊源,下面还会加以阐述。

(3) 制定法渊源和解释法渊源。这种分类没有其他学者提出,是笔者的观点。它是把

---

① 参见[美]庞德:《法理学》,第3卷,廖德宇译,285~286页,北京,法律出版社,2007。

② 孙国华主编:《法理学》,304页,北京,法律出版社,1995。

③ [美]E.博登海默:《法理学:法律哲学与法律方法》,邓正来译,414页,北京,中国政法大学出版社,1999。

④ [美]格伦顿·戈登·奥萨魁:《比较法律传统》,米健等译,75页,北京,中国政法大学出版社,1993。

⑤ 法国学者雅克·盖斯坦认为,存在广义法的渊源概念和狭义法的渊源概念,他采用了一种适中的法的渊源的概念,即"处于广义的——所有对法的形成产生影响的因素——和狭义的——只限于强制性法律规则——法的渊源之间的一种概念。在此意义上,'法的渊源是一种提出法律主张的权威(autorite),不论这些主张是否被赋予制度性权力,即不论其是否是强制性的。'换言之,即'凡可以确定某种法的权威,即使它并没有被强制推行,都可以被定性为法的渊源。'例如学说就是一种法的渊源,因为它有提出、建议与法有关的陈述(des enonces relatifs audroit)的作用"([法]雅克·盖斯旦、吉勒·古勒等:《法国民法总论》,陈鹏等译,188~189页,北京,法律出版社,2004)。

成文法渊源根据法律规则的创制方式作的分类，无论人大立法还是行政机关立法，都是制定法，是原始的法律创制；而立法解释、行政解释和规范性司法解释作为法律解释，都具有普遍法律拘束力，是解释法渊源，是以解释的方式进行补充性或修补性立法。这种分类的意义在于说明规范性司法解释作为法律渊源的特点，以及其所属的范畴。

3. 法律渊源问题的主要困惑

第一，法律渊源的含义众多。不同学科的人对法律渊源有不同的理解和用法，历史学和法制史学一般从历史开端和演变脉络意义上使用法律渊源一词。例如罗马历史学家塔西陀说《十二表法》是整个罗马公法和私法的渊源（fons ominis publici privatique iuris)。塔西陀所说的“渊源（fons)”，是“泉源”或“根源”的意思，也包含有开端和起点的意思。类似于法学上所说的法的历史渊源。法制史学者将法的渊源理解为法的历史源头及其演变脉络，当涉及法的效力来源及其外部表现形式时，他们用的是“法律形式”一词。即使是在法学内部，法律渊源一词仍然包含同样丰富的含义。凯尔森很极端地指出：“法律的‘渊源’是一个比喻性并且极端模糊不明的说法。它被用来不仅指上面提到过的创造法律的方法……而且也被用来说明法律效力的理由以及尤其是最终理由。”“‘法律渊源’这一用语的模糊不明似乎使这一用语无甚用处。人们应当采用一个明确地并直接地说明心里所想的现象的说法以替代这一会使人误解的比喻语。”① 由此有学者提出用法律形式一词来替代法律渊源。笔者认为并不妥当，这一困惑通过使用更具体的概念例如历史渊源、形式渊源等即可解决。

第二，法律渊源是否具有法律效力。这个问题的实质是：法律渊源是法律形成以前的东西，还是法律形成以后的东西。这个概念给人的误解就是前一种理解，而在法律实践中约定俗成的是后一种理解。有学者将法律渊源理解为法律的“原料”。“法的渊源是由三项基本要素所构成的综合的概念和事物，这三项基本要素分别为：资源、进路和动因。所谓资源，指法和法律制度是基于什么样的原料形成的，是基于习惯、判例、先前法、外来法，还是基于道德、宗教戒律、乡规民约、政策、决策、学说之类形成的。所谓进路，指法是基于什么样的途径形成的，是基于立法、行政、司法，还是基于国际交往之类形成的。所谓动因，指法是基于什么样的动力和原因形成的，是基于日常社会生活、社会发展的需要，还是基于经济、政治、文化、历史之类的作用形成的。”② 这种观点是对法律概念的文字理解，而不顾概念的实用价值。使法律渊源成为立法学和法律本质问题，从而与法律实践脱钩，这只会给部门法学增添混乱。

有学者将法律渊源理解为“个案规范”的原料。“正如人们用原料制作产品一样，形成具有判决意义的‘法律规范’或者‘法’，依赖各种各样的作为渊源的‘原料’。‘原料’终

---

① ［奥］凯尔森：《法与国家的一般理论》，沈宗灵译，148页，北京，中国大百科全书出版社，2003。

② 周旺生：《重新研究法的渊源》，载《比较法研究》，2005（4），3页。

究不是‘产品’，不是‘法律规范’或者‘法’。”[①] 刘星教授支持这种观点。“形式意义上的法源也称为狭义的法律渊源。在这里，法源之法特指法官用于裁判案件的法律，所谓法源指的就是作为法官之法的裁判规范（个别规范）来自何处。”[②] 这种观点对判例法有一定合理性，但是，必然导致只有法官的判决才是法，而否定立法机关是立法者。具有判决意义的“法律规范”就是个案规范，这是用活法的概念替代了纸面法律的概念，不符合我国成文法的传统。

第三，法律渊源与法律形式能否分开？这个问题与法律渊源是否具有法律效力相联系，如果认为法律渊源没有法律效力，就会支持法律渊源与法律形式彻底分开，周旺生教授和刘星教授都持该观点。周教授指出，法的形式“它是提取和升华法的渊源的实际成果，是经由法的渊源这种未然的和可能的阶段，而成为已然的和现实的法，是法的既成产品，有鲜明的现实性”。刘教授指出，法律渊源“这个概念，与‘法的形式’有些类似，但又与之不同。不同的原因，有时与法的概念有关，有时与‘法的效力’有关”[③]。实际上法的渊源确实不等于法的形式，因为它是包含了创制活动的法的外部形式，它排除了法的内部结构等形式。但法的渊源又包含法的外部形式，不能与其分开。否则法的渊源就成为纯粹的立法前问题，而用法律形式替代法律渊源，则不但会导致理论的混乱，更缺乏对法律规范冲突的解释力。

第四，规范性司法解释是否能作为一种法律渊源？这个问题在我国法学理论和立法实践中都未能解决。1955 年 6 月一届全国人大常委会通过的《关于解释法律问题的决议》、1979 年《人民法院组织法》、1981 年 6 月五届全国人大常委会制定的《关于加强法律解释的决议》都规定最高人民法院可以进行法律解释，但是 2000 年的《中华人民共和国立法法》第 42 条规定：“法律解释权属于全国人民代表大会常务委员会。”第 43 条规定：“国务院、中央军事委员会、最高人民法院、最高人民检察院和全国人民代表大会各专门委员会以及省、自治区、直辖市的人民代表大会常务委员会可以向全国人民代表大会常务委员会提出法律解释要求。”有学者以此认为司法解释没有合法性基础，“权力执行者无权把授予自己的权力再转授给其他机关。并且全国人大常委会可以授权其他机关对自己制定法律进行解释，而不能规定其他机关对不属于自己制定的法律进行解释”[④]。笔者认为该观点不能成立，并在后面加以阐述。

二、规范性司法解释概述

1. 规范性司法解释的概念

首先要说说法律解释的分类，西方的法律解释主要是指适用法律的技术和方法，仅针

---

① 刘星：《法理学导论》，115～119 页，北京，法律出版社，2005。

② 陈金钊：《法律渊源：司法视角的定位》，载《甘肃政法学院学报》，2005。

③ 刘星：《法理学导论》，112 页，北京，法律出版社，2005。

④ 纪诚：《最高人民法院司法解释研究——对最高人民法院司法解释合理性的反思》，中国政法大学 2006 年博士学位论文，40 页。

对个案，是个别性解释。而我国的法律解释则不同，它包括规范性解释，它是法定机关以规范性法律文件的方式作出的，“对于实施法律规范的一切场合、情况和对象都具有普遍约束力的解释”[①]。它具有补充法律规则的特点，其中以立法解释最为典型。行政解释和司法解释也都包括规范性解释和非规范（个别）性解释。个别性法律解释，是由执法和司法人员针对个案作出的、发生一次法律效力的解释。这种解释不具有反复适用性，解释结果的表现形式是法律文书。两种解释并行，在各自范围内有效。

规范性司法解释属于法定（有权）解释，是由最高人民法院审判委员会和最高人民检察检察委员会（本文主要探讨的是前者）作出的、具有规范性的、可以反复适用的解释。而任何法官、合议庭和其他各级法院作出的解释，只发生一次性效力，或没有国家强制力，是个别性司法解释。有学者将规范性司法解释称为抽象解释，并不准确，因为有的规范性司法解释是以案例的形式发布的，并不抽象，但也有规范性；而有的司法解释虽然是抽象的、条文式的，但却是由最高司法机关以外的主体发布的，也只能是个别性解释。

2. 规范性司法解释的特征

第一，解释主体的法定性和垄断性。它必须根据法律明确授权才得以行使，目前只包括最高人民法院、最高人民检察院的解释，一些高级人民法院和中级人民法院也发布抽象解释或指导文件，但不具有规范性效力。有学者对这种垄断性提出质疑，认为制约了办案法官的积极性，压抑了他们的创造性，阻碍他们提高审判素质，这是不客观的。[②] 作者的结论以规范性司法解释完全剥夺办案法官的解释空间为假设，事实上并非如此。规范性司法解释不能穷尽对社会关系的概括，不可能对所有预料到的问题提出解决方案。而禁止其他各级法院进行规范性解释，目的也在于为法官保留解释余地。

第二，解释过程对法律的依赖性、从属性。依赖性是针对解释对象而言的，法律解释是对法律文本这个对象进行的理解和说明活动，离开法律文本和法律规范，法律解释就成为无源之水。从属性包含两层含义，其一是目的上的从属性，司法解释的目的是探求立法原义（或立法原意[③]）和立法意图，这决定了司法解释的方式和方法及其解释的合法性与有效性；其二是效力上的从属性，规范性司法解释的效力依附于被解释的法律，如果解释对象失去效力，那么它也失效。

第三，解释程序、内容和效力的规范性。程序的规范性即解释过程有严格的规定，防止作出不严肃的、任意性的解释，通过 1997 年和 2007 年两个《关于司法解释若干问题的规定》已达到程序上的基本规范化。内容的规范性即对公民行为的更明确指引。效力的规范性即效力对象的不特定性，不限于具体的当事人和法官，而是不特定的当事人和法官。

---

① 朱景文主编：《法理学》，455～456 页，北京，中国人民大学出版社，2008。

② 参见李洁：《论罪刑法定的实现》，349 页，北京，清华大学出版社，2006。

③ 有学者建议区分立法原义和立法原意，用后者表示立法意图。笔者认为并无必要，如果用立法原意表示立法意图，那立法意图不就成为多余的了吗。

3. 规范性司法解释的类型

2007 年《关于司法解释工作的规定》将司法解释分为解释、规定、批复和决定四种。其存在的问题是分类标准不统一，笔者根据不同标准作以下分类：

(1) 主动解释与被动解释。

主动解释是最高人民法院不经过解释请求，根据司法实践反馈的法律需求而进行的类型解释、系统解释或规定。主动解释的特点是内容完备、系统性强。优点是便于查找和应用，对法官和公民能起到全面的指引作用。缺点是针对性不强，有的解释条文没有应用价值；更尖锐的批评来自对其合法性的质疑：纪诚认为这种类型的文件由于其往往有部门法作为解释的基础，在形式上更规范，意见更成熟、更系统，更具有法律解释的性质，同时也更明显具有立法的特征。①

被动解释是最高人民法院根据合法主体的请求所作的解释，目前表现为批复。根据 2007 年最高人民法院《关于司法解释工作的规定》第 10 条，最高人民法院制定司法解释的立项来源如下：1）最高人民法院审判委员会提出制定司法解释的要求；2）最高人民法院各审判业务部门提出制定司法解释的建议；3）各高级人民法院、解放军军事法院提出制定司法解释的建议或者对法律应用问题的请示；4）全国人大代表、全国政协委员提出制定司法解释的议案、提案；5）有关国家机关、社会团体或者其他组织以及公民提出制定司法解释的建议；6）最高人民法院认为需要制定司法解释的其他情形。被动解释的优点在于坚持了司法权的被动属性，具有更强的针对性，使其解释更短小精悍，避免陷入解释的泡沫化，增强解释的权威性。不过，批复的形式具有较强的行政化色彩，与司法独立、提高法官素质等司法改革方向背离，进一步的改良势在必行。

(2) 规范解释、制度解释和文件解释。

根据规范性司法解释对象的范围和系统性，将其分为规范解释、制度解释和文件解释。规范解释一般对应被动解释，制度解释和文件解释多属于主动解释。

规范解释，也就是法条解释，是针对一条或个别法条所作的解释。批复占据这一种类的绝大部分，它所针对的解释对象是一个或少数法条。例如 1988 年 3 月最高人民法院、最高人民检察院《关于如何适用刑法第一百五十三条的批复》。此外还包括少量的其他解释，例如 1986 年 6 月最高人民法院和最高人民检察院《关于刑法第一百一十四条规定的犯罪主体的适用范围的联合通知》。规范解释的优点是解释的对象十分明确，最符合司法解释的特征，排除了侵犯立法权的嫌疑；批复还有一个明显的优点是它对请求解释的法院是雪中送炭，针对性强。其缺点也很明显，由于解释非常零碎，不容易引起法官和公民注意，也不方便查找。针对一个法条召集审判委员会讨论，成本太大，效率较低。

类型解释，是针对某一类型的问题进行的解释，比如 1993 年最高人民法院《关于人民

---

① 参见纪诚：《最高人民法院司法解释研究——对最高人民法院司法解释合理性之反思》，中国政法大学 2006 年博士学位论文，34～35 页。

法院审理离婚案件处理子女抚养问题的若干具体意见》。批复也可以算作类型解释，它并非仅针对请求的案件，而是那一类案件。从某种意义上说，任何解释都是类型解释。而制度解释所针对的解释对象是某种法律制度，是若干法律规范的集合体，这些法律规范所在法条可能分属不同的法律渊源，但却调整同类社会关系，属于同一法律部门。制度解释的优点是具有系统性，充分体现系统解释方法，能更准确理解法律原意，保持解释与原法律制度的和谐统一。另外可以避免对同一法律制度的法条多次分散解释，造成解释文件的散乱。

文件解释，也可以叫系统解释，是指最高人民法院对某个法律文件整体进行的系统性解释。这种解释在过去使用比较频繁，于今仍有存在必要。这是由制定法的特点决定的，制定法最大的特点和优点就是明确性、系统性。那么对制定法进行的解释也应遵循这一特点。虽然规范解释和制度解释更有针对性，但是文件解释更有系统性，既有内容的系统性，也有形式的系统性。由于系统解释方法的集中应用，可以避免分散解释造成的前后矛盾，相互冲突。系统解释是最宏观的解释，是规范解释、制度解释这一解释趋向的继续发展，最终形成了三位一体的完整解释结构。

三、规范性司法解释作为法源的合理性

1. 现实必要性

第一，法律体系不够健全。陶凯元认为我国司法解释发展壮大的原因有：其一，立法存在欠缺必须发挥司法解释的补充作用；其二，主观上的放任促进了司法解释制度的形成和发展；其三，倾向于尽量限制法官个人在适用法律上的自由裁量权是司法解释制度形成与发展的原因之一。① 新中国成立初的法制现状提供了最高人民法院创造性“司法解释”的条件。1949 年中华人民共和国刚成立，中共中央就发布指示，废除国民党“六法全书”。旧法已废，新法并未随之而立。人民法院的审判却不能停止，为此，最高人民法院不得不发布一些具有规范性的指示，来填补立法上的缺位。在 1954 年宪法颁布以前，由于全国人民代表大会缺位，在镇压反革命运动中，一些司法方面的规范性文件是政务院与最高人民法院联合颁布的。② 这些指示并不是对任何法律的解释，其本身就是立法。最高行政机关代行全国人大的职能进行立法，为了让法律内容更符合实际、便于人民法院贯彻执行，就吸纳最高人民法院参与进来。这充分体现了议行合一政治体制的特点，说明我国自始就不迷信三权分立，不否认司法立法。1950 年周恩来发布的指示指出：“目前，我们国家新的法律还不能力求完备，但如基本大法中国人民政协共同纲领及中央人民政府委员会、政务院、最高人民法院及其他机关所发布的许多法律、法令、指示、决定，都是人民司法工作的重要依据。这是根据马列主义的国家学说和对中国实际情况（阶级关系、社会经济关系等）的具体分析而逐渐

---

① 参见陶凯元：《中国法律解释制度现状之剖析》，载《法律科学》，1999（6）。

② 例如《中央人民政府政务院、最高人民法院关于人民镇压反革命活动的指示》，《政务院、最高人民法院关于清理反革命罪犯积案的指示》等。参见张培田主编：《新中国法制研究史资料通鉴》，第 2 卷，1096、1098 页，北京，中国政法大学出版社，2003。

产生出来的。"①

第二，司法机关依附性明显、行政化严重。长期的封建传统导致司法是行政的附庸，长期的革命战争，也形成了习惯于发布命令的行政机关、习惯于服从命令的各个部门的官员、也包括法官。由于司法独立性太弱，在人事、财政上对行政机关依赖性太强，法官必然受到行政官员的隐性干预，而最高人民法院为了减轻这种危险，必然以解释的方式加大对各级法院和法官的约束，从而也就细化法律、创制规则。纪诚指出，"最高法院也只不过是中央政府的一个部门而已。并且也正因为它是中央政府的一个部门，所以最高法院必然就是人民法院系统的最高行政机关……作为法院系统的最高行政机关，管理全国这么大地方的法院，其管理的方式必然以发布规范性的政策或规章制度为主。"②

纪诚的说法有一定道理，但也不能全部归因于集权体制和司法行政化，还要充分考虑社会变革的因素。由于是白手起家，法律体系漏洞很多、缝隙很大。立法部门化倾向严重，缺乏对立法的有效监督，立法的较多规则含混不清，为任意解释留下了方便之门。而且判例制度没有形成，丰富的案例资源几乎得不到有效利用。最高人民法院以解释方式创制成文法规则既是形势所需，也是形势所迫。

第三，立法和立法解释的不作为与不能为。从 1978 年邓小平确立加强民主法制方针以来，由于法制基本上是一片空白，不得不进行"大跃进"式的立法，短短 20 年立法四百多部。这些法律存在着大量的含义不清，或者随着新情况的出现而需要明确适用法律依据的地方，需要全国人大常委会经常进行法律解释。但实际上全国人大常委会极少行使解释职权，新中国成立 60 年间总共只作出 13 件解释，其中 5 件还是以"决定"的名义作出的，只有 8 件是以"解释"的名义作出。③ 这导致大量的属于法律条文本身需要进一步明确界限或作补充规定，而立法解释总是缺位，最高司法机关则见缝插针地行使了这种权力。

---

① 张培田主编:《新中国法制研究史资料通鉴》，第 2 卷，1102 页，北京，中国政法大学出版社，2003。

② 纪诚:《最高人民法院司法解释研究——对最高人民法院司法解释合理性之反思》，中国政法大学 2006 年博士学位论文，33 页。

③ 以"决定"名义作出的是:(1) 1983 年 3 月《关于由对外经济贸易部行使外国投资管理委员会的批准权的决定》;(2) 1983 年 9 月《关于国家安全机关行使公安机关的侦查、拘留、预审和执行逮捕的职权的决定》;(3) 1993 年 12 月《关于中国人民解放军保卫部门对军队内部发生的刑事案件行使公安机关的侦查、拘留、预审和执行逮捕的职权的决定》;(4) 1997 年 2 月全国人大常委会《关于根据〈中华人民共和国香港特别行政区基本法〉第一百六十条处理香港原有法律的决定》;(5) 1999 年 10 月全国人大常委会《关于根据〈中华人民共和国澳门特别行政区基本法〉第一百四十五条处理澳门原有法律的决定》。

以"解释"名义作出的是:(1) 1996 年 5 月全国人大常委会《关于〈中华人民共和国国籍法〉在香港特别行政区实施的几个问题的解释》;(2) 1998 年 12 月全国人大常委会《关于〈中华人民共和国国籍法〉在澳门特别行政区实施的几个问题的解释》;(3) 1999 年 6 月全国人大常委会《关于〈中华人民共和国香港特别行政区基本法〉第二十二条第四款和第二十四条第二款第(三)项的解释》;(4) 2001 年 8 月全国人大常委会《关于〈中华人民共和国刑法〉第二百二十八条、第三百四十二条、第四百一十条的解释》;(5) 2002 年 4 月全国人大常委会《关于〈中华人民共和国刑法〉第二百九十四条第一款的解释》;(6) 2002 年 8 月全国人大常委会《关于〈中华人民共和国刑法〉第三百一十三条的解释》;(7) 2004 年 4 月全国人大常委会《关于〈中华人民共和国香港特别行政区基本法〉附件一第七条和附件二第三条的解释》;(8) 2005 年 4 月全国人大常委会《关于〈中华人民共和国香港特别行政区基本法〉第五十三条第二款的解释》。

参见杨孚中:《立法不作为问题研究》，中国人民大学 2007 年博士学位论文，178 页。

立法解释很少进行，看似应由立法解释完成的任务也常常制定为司法解释。不作为的原因在于不能为，而不能为的主要原因是解释机构不独立，立法解释由全国人大常委会进行，与立法共用一套机构。由于立法解释需求很大，其繁重程度甚至超过立法本身，如果让全国人大常委会原有机构、人员来承担，根本无法胜任。而且立法解释要比立法更明确，更有操作性，这对解释者提出了更高的素质和技术要求，同时还有更繁重的调研任务，这些调查必须以法官为主要对象，这对于全国人大常委会是很不方便的。实际上需要在全国人大常委会内部建立独立的机构来从事解释的各种工作，而目前这一机构是缺位的。就算建立了独立的解释机构，由于人大常委会成员们对纠纷细节难有深切了解，无力对技术性规则、经验性规则作出解释，还是要求助于法院系统。

2. 规范性司法解释的功能

规范性司法解释的现实必要性与其功能紧密联系，由于立法机关不可能制定包罗万象的法典，法律的粗陋和漏洞要求经常的补充立法活动，既然立法解释无力全部胜任，就必然需要替代的机构发挥这一功能，即最高人民法院。

第一，完善法律规则，促进法律发展。法律的品质是妥协、和谐与稳定，但是社会的发展要求法律必须及时更新，这就产生了矛盾。随着社会发展加速，这种矛盾也日益加剧，判例法国家以司法造法来回应这一需求。我国处于转型社会的提速阶段，法律稳定性与适应性的矛盾更加突出，法的安定性价值将不得不在某种程度上让位于法的适应性，判例法的缺位要求类似的机制来替代。这种机制所创造的规则是法典与个案规范之间的折中，来调整相对较长时期产生的新型社会关系。两种看似背离的运动实际上并行不悖：一种是法典化，一种是法源多元化。前者提供权威性框架，而后者提供操作性更强的行为规则。多元化在我国应该有两个表现，一个是授权立法，一个是规范性司法解释，范愉教授甚至将后者也认定为授权立法。规范性司法解释通过对法官审判提供法律规范的细化版，这些细化内容相当于法律体系的组成部分，满足了社会发展的新需要，促进了法律体系的发展，并为法律修改和法典编纂提供了很好的参考蓝本。

第二，规范性司法解释发展了法律体系，这一成果也产生了另外一种重要功能，即缩小法官裁量空间，促进法律统一适用，趋近公平正义。陈志军认为："我国的刑法司法解释相当于在刑法立法和法官的自由裁量权之间的一个阀门，这个阀门在立法的基础上通过明确其含义而减小其抽象性，从而限缩法官的自由裁量权。"① 法律规则的滞后和粗疏、加上法官的行政化形成的机械思维，甚至人情关系介入和行政干预，会导致更多合法而不合理的判决，对弱势当事人不公。最高人民法院所提供的细则本属法律缝隙，法官相当于这一区域的立法者。但是我国法官的行政化和地方化导致较多的外来干预，强势群体借机在判决中攫取不正当但又不违法的利益，正是这种不违法的侵害，极大损害了司法机关以及法治的权威性。规范性司法解释虽然会抑制法官的创造性，甚至导致规则僵化背离地方化的

① 陈志军：《刑法司法解释研究》，中国人民大学2004年博士学位论文，48页。

特殊情况，导致一定的不尽合理，但是两害相权取其轻，这也是最高人民法院与行政机关、地方法院之间的博弈选择。

3. 规范性司法解释符合中国国情，具有中国特色

第一，对中华法系的延续和发展

中华法系的标志是《唐律疏议》的创制。疏议是一种立法解释，它是由立法者进行的补充说明。其目的是阐明某项制度的历史源头、现实背景、立法目的等，便于司法官和百姓统一理解法律，同时起到普及法律、提高人们法律意识的作用。这是一种完善法律体系的好办法，是中华法系的一大特色。它体现了对法律准确性的追求，对法律说理性的重视。同时也反映了中华法系的另一法律传统，即礼法合流，将道德内容法律化，比如在疏议中常引用儒家经典说明法律制度的合理性。中华法系虽然整体上不复存在，因为不再有一些效仿我国法律体系的法律制度群体。但是中华法系的若干传统并非消失，包括重视法律的道德性、道德在司法中发挥重要作用，注重和谐调解，轻易不愿诉讼等。还有很重要的就是立法的框架化和法律解释的配套性。法律解释权由立法解释向司法解释逐渐让渡，但在功能和风格上一脉相承。作为一种补充性立法机制、一种灵活应变的立法措施、一种协调法律与社会关系的系统，法律解释无论由谁承担，都是一种法律文化的传承。

第二，对两大法系法律渊源的借鉴和超越

普通法系以判例法为主要法律渊源，但是判例法本身也存在很大的危机，比如它带来法律的不明确，不统一，还有很大的法律检索成本。实际上普通法系正在向以制定法为主、判例法为辅的道路前进。司法先例中的判决理由类似规范性解释，它经常超越制定法，这导致整个法律渊源体系民主性不足。我国规范性司法解释吸收了判例法的优点，具有较强的针对性和灵活性，可以满足法律不断发展的需求，同时又吸收了大陆法系民主立法的观念。它在两个方面突破了判例法的局限，其一，它是成文的，更加明确，更便于搜索，也便于法律体系内部的统一。其二，更关键的是，它的地位低于人大立法，在一定程度上消解了民主性的缺陷。

大陆法系以法典法为主，判例的适用范围比较有限，法典法的稳定性产生了越来越多的法律供给不足，行政立法对这一法律缺口的补充能力相对有限。以某种方式赋予司法机关以解释性规则的创制权是十分必要的。大陆法系对司法系统的不够信任，和对民主性的过高苛求，使得司法机关在这方面的功能受到压制。这一难题现在仍然困扰着大陆法系的学者和法官们。我国的规范性司法解释缓解了这一法律供给压力，作为法典法的附属成分，日益纳入法律渊源体系。司法造法在经典三权分立理论下是无法认可的，而我国是社会主义国家，以马克思主义辩证唯物主义为指导，既需要权力分工，又不主张权力的截然分立。我国实行是人民代表大会主导下的权力分工与配合，根据各自优势配置相应的职能和任务，当然也包括法律供给。

第三，具有鲜明的中国特色社会主义风格

规范性司法解释与法律移植保持适当距离，并努力将其本土化。我国自清末修律以来，

一直在进行法律现代化过程，这是一个虽有自己的法律创造，但仍充满法律移植、照搬西方法律的过程。这一过程的主力军是学者和人大法制委员会。这是由我国的法律现代化引起的法律饥渴所致，并由激进的法律大跃进思潮推动，同时与法律全球化的梦想有很大关系。有作者指出，“中国统治者为了谋求政治上的改良，在当时急功近利和悲观浮躁的社会背景下，更多的是注意法典形式上的袭取，得其形而未得其神，没有很好地实现新法典与传统旧律的良好契合……于是，法律文化的骤然断裂和人们心中的巨大落差，使得这时期新编纂的法典缺乏牢固的现实根基，难以对当时的中国社会产生巨大的冲击和震撼。”① 立法的大跃进伴随着强烈的西化因素，其消极后果也日益凸显，大量法律与历史传统断裂，缺乏群众基础。在法律与现实之间、传统与现代之间越来越需要架起一座桥梁。司法机关处于以法律为手段调整社会关系的前沿，对法律与社会关系的背离了解得最清楚，对法律盲目与世界接轨的危害感触最深。最高人民法院必须在“纸面法律”与现实需求之间进行协调，并以自己的智慧和经验指导全国的司法实践。规范性司法解释作为一种优秀法律文化传统，应时而作，在法律理想与民众习惯、中国现实与西方价值之间发挥着文化融合和制度润滑的作用。

我国是社会主义国家，国体是人民民主专政，广大人民拥有一切权力。我国的政体是人民代表大会制度，它要求人大掌握最高的立法权力。但人民代表大会并不需要掌握一切立法权力，行政机关可以拥有立法权，并不因此影响其公正性，那么司法机关也不该有什么不同。我国不实行三权分立，实行的是议行合一，立法机关与执法机关在一定程度上的合一并无不当。经典三权分立理论要求三种国家机关互不干涉，分别只执掌一种权力，认为一种机关如果执掌两种或以上的权力就会导致腐败。其实三权分立和议行合一都不能绝对化，需要对二者进行全面理解，议行合一中也有权力分立，权力分立中也包含议行合一。规范性司法解释行使一定的立法职能，充分体现了辩证统一的唯物主义原理。

四、规范性司法解释的合法性

1. 形式合法性

(1) 宪法性文件的规定。

1982宪法第67条规定：“全国人民代表大会常务委员行使下列职权……（四）解释法律……”这里既没有赋予最高人民法院司法解释权，也没有排除这种权力。1979年五届全国人大二次会议通过的《人民法院组织法》第33条规定：“最高人民法院对于在审判过程中如何具体应用法律、法令的问题，进行解释。”这是一个宪法性文件，对宪法典的内容进行了补充，又不违背宪法典条文，是规范性司法解释权的直接依据。1981年全国人大常委会作出《关于加强法律解释工作的决议》，特别指出这一决议的宗旨：“第五届全国人民代表大会第二次会议通过几个法律以来，各地、各部门不断提出一些法律问题要求解释。同

① 封丽霞：《法典编纂论——一个比较法的视角》，378～383页，北京，清华大学出版社，2002。

时，在实际工作中，由于对某些法律条文的理解不一致，也影响了法律的正确实施。为了健全社会主义法制，必须加强立法和法律解释工作。”决议将立法和法律解释并列，说明了法律解释的性质与立法是同类或接近。1983 年和 2006 年全国人大常委会两次修订《人民法院组织法》，对第 33 条没有进行任何修改。这说明了全国人大常委会对规范性司法解释的合法性是完全支持的。

(2)《监督法》的规定。

2007 年 1 月 1 日生效的《中华人民共和国各级人民代表大会常务委员会监督法》第 31 条规定：“最高人民法院、最高人民检察院作出的属于审判、检察工作中具体应用法律的解释，应当自公布之日起 30 日内报全国人民代表大会常务委员会备案。”第 33 条规定：“全国人民代表大会法律委员会和有关专门委员会经审查认为最高人民法院或者最高人民检察院作出的具体应用法律的解释同法律规定相抵触，而最高人民法院或者最高人民检察院不予修改或者废止的，可以提出要求最高人民法院或者最高人民检察院予以修改、废止的议案，或者提出由全国人民代表大会常务委员会作出法律解释的议案，由委员长会议决定提请常务委员会审议。”

这些规定包含以下内容：1）由于规范性司法解释需要向全国人大常委会备案，说明它不是只发生一次法律效力的文书，而是反复发生效力的规范性文件，具有和其他立法性文件同样的性质。2）这一法律文件再次认可了规范性司法解释的合法性，只要不与宪法、法律相抵触，这些解释就是有效的。即使与宪法、法律相抵触，也并非自然无效，而是由法律委员会或专门委员会要求最高人民法院、最高人民检察院修改、废止，或提请制定立法解释，以终止司法解释的效力。3）监督的相关规定作为权力机关对立法活动的监督，体现了宪法赋予人大及其常委会的职权，其宗旨是保持法律体系的统一性，保证立法活动的合法性。既然将规范性司法解释纳入备案审查范围，就表明了对其立法性质及其合法性的确认。

(3) 最高人民法院的规定。

最高人民法院于 1997 年发布了《关于司法解释工作的若干规定》，第 4 条规定：最高人民法院制定并发布的司法解释，具有法律效力。第 14 条规定：司法解释与有关法律规定一并作为人民法院判决或者裁定的依据时，应当在司法文书中援引。援引司法解释作为判决或者裁定的依据，应当先引用适用的法律条款，再引用适用的司法解释条款。2007 年最高人民法院再次发布《关于司法解释工作的规定》，第 5 条规定：最高人民法院发布的司法解释，具有法律效力。第 27 条规定：司法解释施行后，人民法院作为裁判依据的，应当在司法文书中援引。人民法院同时引用法律和司法解释作为裁判依据的，应当先援引法律，后援引司法解释。

这些规定虽然不是基本法律，但它们是对司法实践有效的规范性文件，属于司法解释文件。而且这些规定向全国人大常委会进行了备案，就完成了所有创制程序，只要没有被常委会撤销，就对全国法院具有法律效力。这是对宪法性文件关于司法解释问题的细化，从制度上完善了司法解释的各个操作环节，从而使这一制度的合法性得到了巩固。

2. 实质合法性

(1) 经典三权分立理论不符合我国实际。

三权分立学说的目的就是防止权力的过度扩张，避免权力滥用。但是绝对分权则会背离其制约宗旨，导致各自为政。汉密尔顿修正了绝对分权，他指出，所谓三权分立并不是权力绝对分离分治，而是存在相互联系，局部混合，正是为了相互制约。[①] 美国是这一理论的实践者，后来的国家多效仿美国，包括开始采纳第一种理论的欧洲各国。[②] 如果立法机关不享有对法律实施活动的监督权，那么针对法律实施机关的违法专权，它就没有办法。如果法律实施机关不能参与立法机关的职能，立法机关就会不作为，立恶法、笨法，甚至立法专制。如果立法机关不作为，最高行政机关和最高司法机关不参与立法，下级行政机关和法院就不能很好理解法律，就会导致随意司法，挟持法律牟取私利。

全国人大具有民主性，但它的权力也有扩张性，也会把自己权力的边界向司法机关和行政机关挤压。预先设定的权力界限与实际运行的边界存在差别。前者反映了建构者的理性，后者反映了实践者的理性。经典三权分立忽视了两个问题：第一，立法机关如何受到监督，并保持对民意的尊重和敬畏；第二，立法机关的代表是否有能力创制任何领域、任何问题的法律。经典三权分立理论对政治问题的考虑远远超过了法律问题，超出了现实生活的微观需要。

绝对分权迷信的破除，就为司法造法提供了一定的空间。凯尔森指出，"国家的基本职能并不是三个而是只有两个：法律的创造和适用……国家的大多数行为都既是创造法律又是适用法律的行为"[③]。"在政治现实中，决不会发生一个国内法律秩序的全部一般规范都必须专门由称为立法者的一个机关来创造。根据任何一个现代国家的法律秩序，都没有法院和行政机关被排除在创造一般法律规范之外，即被排除在立法之外，不仅在制定法和习惯法基础上，并且还直接在宪法基础上从事立法。"[④] 陈兴良指出："在当今世界各国，立法机关独揽立法大权的局面已经有所改观。立法机关之立法性质，已由过去的专属立法权转变为优先的立法权，而司法因而取得对立法机关所制定法律之补充权，亦即在法律补充意义上的候补立法权。这种司法机关的候补立法权具有候补性和针对个案性。"[⑤]

理论上讲，说我国的人大是立法机关，国务院是行政机关，法院是司法机关的说法并不准确。实际上人大不仅仅是立法的机关，人大还有行政职能；国务院也不仅是行政的机关，它还有立法职能，行政法规的数量远远多于人大的法律；最高人民法院也一样。司法

---

① 参见张宏生、谷春德：《西方法律思想史》，248页，北京，北京大学出版社，1990。

② 参见纪建文：《论司法解释权与立法权的"冲突"与融合》，载刘士国主编：《法解释的基本问题》，327页，济南，山东人民出版社，2003。

③ [奥] 凯尔森：《法与国家的一般理论》，沈宗灵译，299页，北京，中国大百科全书出版社，1996。

④ 同上书，287页。

⑤ 陈兴良、周光权：《刑法司法解释的限度——兼论司法法之存在及其合理性》，载《法学》，1997（3）。

立法对人大立法并不形成冲击，司法机关并没有抗衡立法机关的实力。在西方法官造法的情况下，司法机关具有立法权限，通过判例，它可以创制很多法律，甚至解释和修改宪法。但这不表明它是高于议会的机关，它仍然是最弱小的机关。它只是与立法权互动，或者在一定程度上竞争，作出对法治的贡献。立法机关如果不认可法官所造之法，它可以立新法加以替代。在我国，全国人大可以直接作出决议对其加以废止。反过来说，司法机关如果不喜欢议会或人大所立之法，它只能在既定框架内微调，或者进行续造，或者进行拟制，而不能背离或废止。当然，司法机关以其独特的视角和思维，可以对法律加以完善，既是对人大或议会的辅助，也是对它们的刺激，促使它们改变笼统、粗糙的立法思维，以及激情冲动的立法理念和立法哲学。

（2）司法解释与立法解释可以和谐共处。

有学者认为立法解释与司法解释的界定不清晰，导致司法解释侵犯立法解释，从而产生合法性问题。立法解释与司法解释的界限是否存在，界限在哪里？苏力提出了一个看法。在分析2003年1月8日最高人民法院《关于行为人不明知是不满14周岁的幼女，双方自愿发生性关系是否构成强奸罪问题的批复》时，他提供了一个判断标准：某个问题是一般性问题还是可以具体分析的问题。“由于同幼女发生性关系作为一类社会现象是否具有‘严重后果’，以及与哪个年龄段的幼女或少女在性关系上的意思表示是无效的，这些都是些一般性的问题，而不是一个必须逐案考察的司法判断问题……立法已经完全事先排除了（preempted）将这一问题留待法院或法官斟酌决定的可能性。”① 不过，下一步的难题是一般性问题如何判断。艾森博格也指出，“由于人们对立法机关的普遍要求、立法机关组成成员的多样化以及立法机关为在游说、新闻报道、游行、听证和议员席中充分表达相互冲突的观点提供了场所，所以把受到高度指责且易引起分歧的问题归于立法机关是适当的”②。这一标准比较具体一些，但什么是更容易受到高度指责且容易引起分歧的问题，还有待司法解释机关来判断。周旺生教授进一步细化了标准。他指出：“立法法和1981年决议分别对全国人大常委会和最高司法机关法律解释权限范围所作的规定，形式上似乎划清了界限，实际上没有真正划清界限。”③ 他提出的解决方案是进一步界定二者界限，并总结了实践中立法解释的所针对的情况：一是使法律中的有关规定或名词术语的含义得以明确和具体，二是使法律中有关规定或所确定的有关制度得以变通、弥补或完善，三是使法律或法律规定在特别的时空条件下得以有效实施，四是使法律或法律规定在有关方面对其理解或适用发生较大意见分歧的情况下得以达成共识或得以正确实施，五是使法律或法律规定在情况发生变化时得以实施或适用，六是其他情形。④

① 苏力：《司法解释、公共政策和最高法院——从最高法院有关“奸淫幼女”的司法解释切入》，载《法学》，2003（8）。

② ［美］迈尔文·艾隆·艾森伯格：《普通法的本质》，张曙光等译，33页，北京，法律出版社，2004。

③ 周旺生：《中国现行法律解释制度研究》，载《现代法学》，2003（2）。

④ 参见周旺生：《中国现行法律解释制度研究》，载《现代法学》，2003（2）。

周教授的建议值得吸取，但也要考虑保底的方法，不能指望一般性的标准可以划清二者界限，二者之间必然存在模糊地带，留给实践者的理性判断去解决。然而如果发生了争议，则由立法机关来裁决。从世界潮流来看，司法解释在数量上占据主流，有的甚至独揽法律解释权，而立法解释从法律解释概念中被排除或仅占有较小比例。虽然比利时宪法第 28 条规定"解释法律之权，属于立法机关"，但莫纪宏教授认为，这并非表明立法机关亲自解释法律，而是从合宪性的角度所作的规定，意在宣告：司法机关不能宣告立法机关制定的法律违宪。[①] 那么，我国宪法的规定与此类似，也可以从这一角度进行理解。我国当前是司法解释与立法解释并存，二者之间的边界主要是动态的，即如立法解释增加，则司法解释减少。有作者认为：一般情况下，立法机关无须对法律作出解释，只有在行政机关与司法机关之间、不同行政机关之间、不同司法机关之间对同一法律的理解不一，威胁到国家法制统一时，才需要立法机关通过立法解释，使其明确化。[②] 在原则上这个观点是可以的，但也要注意对特别重要的问题，例如关于犯罪构成问题的刑法解释，还是应由立法解释为好。也就是说，对于涉及公民基本权利限制或剥夺的问题，应由立法机关解释。

五、规范性司法解释的发展趋势

1. 注重解释质量，增加解释理由

第一，解释数量的减少。我国的司法解释继承了传统立法解释的权力，而没有继承其详细说理的解释形式。过分追求解释数量，省略了解释理由，也造成解释质量的诸多问题。"据不完全统计，仅 1978 年至 1993 年 15 年间最高人民法院作出的司法解释就相当于过去 30 年所作的司法解释总和的近两倍。"[③] 但是从 1993 年到 2007 年的 14 年间司法解释的数量大大减少。一个重要原因就是最高人民法院对司法解释制度的完善，注重提高质量，以增强其权威性。

自 1997 年最高人民法院司法解释规范化至 2005 年年底，最高人民法院公布 236 件司法解释（法释系列），具体类别及数量如下：

（单位：件）

年份	解释	批复	规定	决定	其他	总计
1997	2	6	4	0	0	12
1998	8	18	5	0	0	31

① 参见莫纪宏：《宪政新论》，143 页，北京，中国方正出版社，1997。

② 参见黎枫：《论立法解释制度——兼评〈立法法〉对法律解释制度的规定》，载《政治与法律》，2000（6）。

③ 宋锐：《司法解释的性质、功能与发展》，中国人民大学 2005 年硕士学位论文，7 页。

续前表

年份	解释	批复	规定	决定	其他	总计
1999	4	13	1	0	1	19
2000	20	19	7	1	1	48
2001	14	7	10	1	1	33
2002	11	14	12	2	0	39
2003	8	6	6	0	0	20
2004	5	9	6	1	0	21
2005	5	4	4	0	0	13

我们以 3 年为一个阶段来统计，1997～1999 年为第一阶段，2000～2002 年为第二阶段，2003～2005 年为第三阶段。统计如下：

阶段	解释	批复	规定	决定	其他	总数
1997～1999 年	14	37	10	0	1	62
2000～2002 年	45	40	29	4	2	120
2003～2005 年	18	19	16	1	0	54

从三个阶段来看，司法解释总数在第三阶段是最少的，“解释”的数量在第三阶段大大减少，基本降低到第一阶段的数量，而且从年份来看，有逐年降低的趋势。这就反驳了一些作者所谓司法解释不断强化的结论。

第二，期待解释理由。法律解释的主要内涵是理解和说明，说明以理解为前提，包括对理解过程的说明和理解结果的说明。我国当前的规范性司法解释缺乏解释理由，即对理解过程的说明。这种解释由于没有说理、推理过程，缺乏说服力和公信力。直接公布解释结果，给人以直接创制的印象，反映不出司法解释的形式特征——解释理由所在。讲理可以让司法解释在形式要件上与立法构成鲜明区分，降低对其合法性的质疑。司法解释所受攻击最大的地方在于它酷似立法，尤其是形式上的条文化。形式是一种程序，程序本身既对内容的优劣具有影响力，同时其本身也具有独立价值，程序和形式恰当会给人以名副其实、表里如一的信服感和安全感。司法解释在形式上的独断化使其陷入本来可以避免的质疑，造成大量无谓的理论争议。“讲理”的环节可以抑制司法机关的主观臆断，减少越权解释，保证其合法行使。为此必须严把司法解释质量关，以制度化的严格解释程序和解释要件（解释理由作为必备要件）来保证。

2. 规范性司法解释方式和类型的完善。

(1) 从主动解释到被动解释。

规范性司法解释的方式包括主动解释和被动解释。主动式解释包括“规定”、系统性解释、类型化解释和法条性解释，被动解释只有批复。主动解释有其优点，例如容易发动，省去申请环节；可以进行“批量”解释，提高效率；具有前瞻性，减少司法不公造成的损失，通过主动解释，防患于未然，减少发生问题然后申请解释所造成的损失。但主动解释的缺陷则更为明显：第一，它会导致解释的盲目性。有些被解释的条文很少适用，基本没有什么实践价值，即使实践中发生类似案件，法官也有能力作出大致合理的解释，没有必要进行规范性解释，导致解释文件的篇幅过分膨胀。第二，它会导致无对象的解释，发生越权解释，这使它遭受猛烈批评。其实这不是真正的法律解释，而是原创性的“规定”。尽管最高人民法院把“规定”作为解释的一种，但这是经不起检验的。第三，主动解释违反法律解释的固有特性，这是由法律解释的本质决定的。如果没有人请求，主动去解释法律文件，无疑是无的放矢的表现，是自以为法律需要解释。它会导致人们这样的担心：既然它可以主动解释法律，就可能利用这种权力去歪曲法律。

最高人民法院也认识到这一问题，并在2007年《关于司法解释工作的规定》中增加了司法解释的立项来源问题。[①] 有权提出司法解释请求的主体包括了从国家机关、社会团体到公民个人的一切社会主体。但是，这里存在的问题在于：最高人民法院审判委员会本身也是其中之一，这样一来，主动性司法解释仍然存在。而且审判委员会以外的其他主体的申请未必能够被采纳，规定指出：“对其他制定司法解释的立项来源，由研究室审查是否立项。”这充分说明这种由主动解释向被动解释的转变是渐进的，需要一个过程。不过，毕竟它允许了公民个人提起解释请求，这就增加了解释的针对性。原来的被动解释主要体现为批复，许多学者认为批复干预下级法院的独立审判权。这点值得重视，批复的名称可以保留，但是应该表明是对某案件所涉法律问题的批复，而不是直接对案件批复，给人以直接进行判决的印象。随着司法解释的发展完善，解释方式的被动性应该确立，主动解释应该彻底退出。

(2) 从“批复”到“解释”。

“批复”这种解释形式由来已久，它可以及时解决下级法院的解释需求。最高人民法院于1986年3月24日和1990年8月16日曾先后下发《关于报送请示案件应注意的问题的通知》和《关于报送请示案件应注意的问题的补充通知》，对案件请示的做法予以确认和规

① 《关于司法解释工作的规定》明确列明了司法解释立项来源主要有三种：一是最高人民法院的审判委员会或者其他审判部门可以建议立项制定司法解释；二是下级人民法院可以建议制定司法解释。各高级人民法院和解放军军事法院可以直接提请最高人民法院制定司法解释，基层人民法院和中级人民法院认为需要制定司法解释的，应当层报高级人民法院，由高级人民法院审查决定是否向最高人民法院提出制定司法解释的建议或者对法律应用问题进行请示；三是有关国家机关、社会团体等组织和公民个人也可以直接向最高人民法院建议立项司法解释。

范，并使之制度化。后来1997年《最高人民法院关于司法解释工作的若干规定》第9条第3款规定："对于高级人民法院、解放军军事法院就审判工作中具体应用法律问题的请示所作的答复，采用'批复'的形式。案件请示制度进一步制度化。"[①] 它的优点主要是可以避免抽象解释的某种无针对性，保证解释是现实所需要的。同时它具有被动性，谦抑性，从而更符合司法机关的角色定位。但"批复"的弊端也很突出，有学者认为案件请示制度有四大弊端：一是违反独立审判原则；二是违反二审终审原则，实际上是变二审为一审，变相剥夺当事人的上诉权和申请再审权；三是滋生上级法院的主观武断，削弱下级法院的责任心，不利于提高办案质量；四是增加了诉讼的社会成本。[②] 其实还有以下弊端：第一，所批复的案件在以后的案件中很少重复出现，使用效率很低。第二，它可能干涉下级法院独立审判。司法解释主要应对人民法院在审判工作具体应用法律时遇到的问题进行高度的抽象后，正确地阐释法律，提出具体的解决方案，以便宏观地指导地方各级人民法院正确地适用法律，而不应是针对这具体的"个案"超前作出"终审判决"[③]。第三，这种批复从名称上导致一种危险，既然是对所请示案件的答复，那么是否对以后的案件有效力，从名称上毫无表现。

我们应该将"批复"改变成两种措施：一是等待请示积累到一定数量，将同类的问题进行集中解释，不针对所请示的案件，而是针对以后的案件，摆脱干涉个案的嫌疑。二是将疑难案件提审，可以从中级人民法院或高级人民法院提到最高人民法院审理，条件是最高人民法院认为有典型性，这就形成一个判例，最高人民法院在判例中进行解释，即判例解释。但判例解释不是规范性司法解释，不是正式法律渊源。"批复"具有明显的行政管理色彩，早已列入改革项目之列。按照《人民法院第一个五年改革纲要》的要求，在2004年到2008年期间，要"改革下级人民法院就法律适用疑难问题向上级人民法院请示的做法。对于具有普遍法律适用意义的案件，下级人民法院可以根据当事人的申请或者依职权报请上级人民法院审理。上级人民法院经审查认为符合条件的可以直接审理"[④]。

（3）从"规定"到授权立法。

1997年《关于司法解释工作的若干规定》和2007年《关于司法解释工作的规定》都包括"规定"这种司法解释类型。但是这种所谓的解释面临合法性质疑：法律解释必须有解释对象，并遵循解释规则，否则就会导致越权解释。当前迫切需要解决的是规范性司法解释的合法性，而对合法性造成最大损害的就是"规定"这种所谓的解释。由于"规定"没有解释对象，从内容来看，它是典型的直接立法，不符合司法解释的本质，破坏了司法解释文件体系的纯粹性、合法性；从"规定"这一名称来看，它同样师出无名，给人以抨击

① 谢雪雁：《中国司法解释体制解读》，武汉大学2005年硕士学位论文，15～16页。

② 参见景汉朝、卢子娟：《经济审判方式改革若干问题研究》，载《法学研究》，1997（5）。

③ 罗书平：《论立法解释与司法解释》，载《云南大学学报》（法学版），2002（2）。

④ 王学辉、邵长茂：《指导性案例在行政诉讼中的效力》，载《行政法学研究》，2006（2）。

司法解释的口实。例如《最高人民法院关于民事诉讼证据的若干规定》(以下简称《证据规定》),其在实质上更接近于一种单纯的立法活动。

最高人民法院并非不可以或不应该对某些程序性问题作出规定,而是这种规定首先要遵循一定的程序和规范。由于它是比解释更具有立法性质的文件,就需要另立新的创制程序,而不是套用司法解释模式,假借解释之名,行原创立法之实。笔者的观点是,规定性司法解释应该首先列入授权立法。对于类似证据规则这样的问题,没有独立的相关立法,就不存在司法解释的问题。"规定"这种司法解释可以通过授权立法的方式获得立法的名分,取消"规定"这一司法解释名称。这样既符合概念使用的科学性,又有利于这种"规定"获得更高的法律地位和法律效力。

3. 规范性司法解释的系统化

任何法律文件都需要系统化,而对于规范性司法解释文件尤其需要系统化。理由如下:第一,规范性司法解释本身的作出程序不是十分严格,对过去的同类司法解释考虑不够全面,缺乏认真全面的梳理,更容易导致前后司法解释的矛盾。司法解释贵在质量,而不是数量,越是面临不利的舆论环境,越是处于成长当中,就越应该注重程序,注重内容的前后一致性。这种一致性往往需要合并制定或合并编纂才能做到。当前最高人民法院的做法是不能令人满意的,它规定的是:如果其他司法解释文件与本司法解释不一致,以本解释为准。这种说法看似解决了问题,也遵循了后法优于前法的原则。但却是十分不负责任的做法,它减少了自己的工作量,但却增加了公民、律师查找,比较司法解释内容的沉重负担,尤其是遗漏、失误和错误成本。这也是当前律师界和法官对司法解释极为不满的主要问题。通过笔者的调查问卷,许多律师和法官都提出了司法解释之间以及司法解释与法律之间互相矛盾的问题。第二,规范性司法解释中有大量的批复,这些批复针对非常细小的法律问题,非常分散。同一类问题,下级法院请求解释的时间相差很大,就导致这些批复非常零散,前后战线拉得很长。这就难免导致类似问题作出矛盾的解释,导致人们无所适从。

笔者建议,第一,加大系统解释和类型化解释的比例,进行更为集中的解释,而不是对一个很小的问题、很具体的案件进行批复或解释。规范性司法解释应该加强规模效应,提高集中程度,减少解释文件的数量。目前还可以对某部法律文件进行集中解释,但是集中解释也必须针对具体条文,不能进行无条文的解释。如果要进行这样的解释,除非经过全国人大或其常委会的授权。第二,对于已经作出的批复和其他司法解释,根据问题性质,将同类问题集中进行清理,失去效力的就明确剔除,有效力的保留,冲突的要调整,最后合并成一部解释文件,只有这样才能完善司法解释外在形式,提高内在质量。我们知道判例都是要进行汇编的,那么批复和其他解释为什么不能汇编和编纂呢?

7.3 试论指导性案例的“指导性”*

张 骐**

中国最高人民法院于2005年10月26日发布了《人民法院第二个五年改革纲要》，针对司法体制中存在的问题，系统部署法院改革各项措施，启动人民法院新一轮的全面改革。该纲要的一项重要内容就是规范和完善案例指导制度，建立指导性案例的编选标准、编选程序、发布方式、指导规则。这项改革对于统一司法、准确适用法律、运用法律解决社会问题，进而构建在法治原则基础上的和谐社会具有重要的意义。

从实践的角度看，中国的律师已经开始把案例（不一定只限于我们所界定的指导性案例）用于他们的执业实践，并初步取得了令他们满意的效果。但现在的问题是：其一，使用不方便，因为不系统，零散、不连贯；其二，不稳定，会没有规则地变化；其三，缺乏权威性，律师们不知道法院是否会服从（其实法院也不十分清楚是否应当服从指导性案例）。从理论层面上看，规范和完善这一制度的首要问题是：指导性案例的“指导性”是什么意思？意味着什么？什么是案例的指导作用？是不是要求法院和法官遵从指导性案例审理案件？如果要求遵从，那么遵从指导性案例的哪一部分？进一步的问题是：指导性案例是否为法律渊源？这些问题不仅具有学理上的意义，而且直接关系到司法实践以及我们案例指导制度的发展方向。一些学者近年来纷纷撰文探讨与之有关的若干问题，并取得了令人鼓舞的成果。① 笔者在此也将自己近年来对这些问题的研究心得呈现给公众，以就教于法律界同行，并期有助于司法实践。

一、指导性案例的指导性、权威性与合法性

《现代汉语词典》（修订本）对“指导”的解释是“指示教导；指点引导”②。按照这个

---

* 原载《法制与社会发展》，2007（6）。初稿、二稿曾先后于2006年5月在“法律和社会科学第二届研讨会——法学与人类学对话”研讨会、2007年4月底在北京大学法学院“五四”学术讨论会上交流；笔者感谢张文显教授、陈兴良教授、崔军法官、范愉教授、高鸿钧教授、葛维宝教授（Prof. Paul Gewirtz）、何涛法官、何杰森博士、贺卫方教授、季卫东教授、蒋惠岭法官、今井弘道教授、铃木贤教授、刘作翔教授、王亚新教授、吴红艳法官、武树臣教授、湛中乐教授、张志铭教授、朱苏力教授等先生的鼓励、批评、讨论和指教；感谢福特基金会及刘晓缇女士和黑龙江省高级人民法院对本研究的宝贵支持；感谢北京大学法学院2006级博士研究生李锦同学所提供的许多整理和帮助；永远是，文责自负。

** 北京大学法学院教授。

① 例如：刘作翔：《案例指导制度的理论基础》，载《法学研究》，2006（3）；最高人民法院课题组：《关于德国判例考察情况的报告》，载《人民司法》，2006（7）；汪世荣：《补强效力与补充规则：中国案例制度的目标定位》，载《华东政法学院学报》，2007（2）；沈志先等：《重视典型案例 努力提升司法水平和能力——上海市第二中级人民法院的若干实践》，载《人民司法》，2006（7）。

② 《现代汉语词典》（修订本），北京，商务印书馆，1998。

解释，我们可以把指导性归纳为：指示、引导、指点。不过，词典只是解释了字面含义，虽然简单明了，但仍不足以说明我们所要探究的在当代中国法律制度中的指导性案例的“指导性”的含义。例如，法院在多大程度上、怎样接受指导性案例的指导？这需要根据该术语被提出时的语境进行分析和理解。最高人民法院有关负责人就“二五”改革纲要答《人民法院报》记者问时指出：指导性案例在中国早已有之，（但是）“二五”改革纲要第一次从制度的角度提出对案例指导的建立和完善；指导性案例的作用有三，即：统一法律适用标准、指导下级法院审判工作、丰富和发展法学理论。这里所说的案例指导制度与大陆法系国家实行的判例制度相似。① 最高人民法院给指导性案例的定位给我们提供了把握指导性案例的性质的基本线索。

根据上述定位以及与各级法院有关人士交谈，笔者以为，指导性案例的一个重要含义是其权威性。因为，指导性案例之所以具有上述作用，与下面两个相互联系的因素密切相关：一个是发布指导性案例的上级法院所具有的地位②，另一个是指导性案例本身所体现出、所具有的对法律和法理的解释、丰富和发展。这两个因素集合在一起，构成了指导性案例的权威性。这里的权威性包含两层意思：一个是发布机关所具有的法律地位的权威性；另一个是案例本身所体现出的在法律的解释、丰富和发展方面所具有的学术、法理上的权威性。③ 在中国，如果指导性案例不具有权威性，就很难发挥上述三方面的作用。

其实，有相当一部分指导性案例中的判决是在法律没有明确规定的情况下作出的；后来的法官把指导性案例用于指导案件的审理，这些指导性案例实际上起到法官审理案件的规则依据的作用，就像在没有明确的法律依据时法官会依据政策、道德规范审理案件一样。这其实也是为什么需要指导性案例的重要原因之一。在这种情况下，指导性案例构成了对法律的发展或补充，例如贾某诉某气雾剂公司及某厨房配套设备用具厂案。④ 以这类案例为指导审理案件，其实是按照由人民法院发展、形成的具有法律性质的裁判规则审理案件。因此，指导性案例实际上起着一种非正式意义上的法律渊源的作用。既然是具有裁判依据作用的规则，就存在着制定规则机关的权限和保持规则体系的统一性的问题。例如，编选、发布指导性案例的法院是否需要一定级别的限制，是只限于最高人民法院，还是高级人民法院也可以参与其中？这些问题自然涉及案例指导制度在我国现有法律规则体系中的性质和法律地位的问题。从学理上讲，首要问题就是案例指导制度作为审理案件的规则依据，

---

① 参见陈永辉：《最高法院有关负责人就二五改革纲要答本报记者问》，载《人民法院报》，2005－10－20，2版。

② 笔者曾经与一位江苏省某基层人民法院的派出法庭的庭长交谈，请教他们是否在审判实践中参看案例汇编之类的出版物，回答是肯定的。当笔者问是参看什么样的案例汇编时，他回答是省法院编的《参阅案例》；当笔者问是否参看《最高人民法院公报》时，回答是否定的。形成有趣对照的是，省法院看重的是《最高人民法院公报》以及由最高人民法院的有关机构编辑出版的案例汇编。

③ 有学者用“指导性案例”的效力基础的形式基础与实质基础表达了与笔者观点相近似的意思。

④ 参见《中华人民共和国最高人民法院公报》，1997（2）。

是否可以成为当代中国法律体系中的一种非正式意义的法律渊源？它作为一种非正式法律渊源是否具有合法性？

这是一个使人为难的问题。中国学者不大愿意把它作为一个问题来讨论。像某些大陆法系国家的法律家在回答他们国家的司法先例的性质时感到为难一样，中国的许多法律家对回答案例指导制度的性质的问题也是有困难的。造成这种困难的原因，既有学理上的原因，也有文化上的原因。所谓学理上的困难，就是认为中国属于大陆法系，误以为大陆法系（民法法系）国家的制定法体系与判例制度水火不容；所谓文化上的原因，就是长期以来误以为中国历史上是一个制定法国家，排斥判例制度的存在。尽管这是一种误会，一些学者已经对此进行过认真的说明[1]，但许多人士还是习惯性地很难接受指导性案例作为一种非正式意义上的法律渊源。因为人们担心，如果承认指导性案例（可以）是一种非正式法律渊源，似乎就等于承认最高司法机关具有立法的职能，而这似乎是不正确的。因此，对于这个问题最好不谈。

然而，如果不解决指导性案例制度的合法性问题，不从根本上为指导性案例制度正名，其权威性基础就不牢靠，指导性也无法真正落实。因此笔者接下来就讨论指导性案例作为当代中国非正式法律渊源的合法性问题。

二、指导性案例作为非正式法律渊源的合法性

（一）合法性之辩

这里讲的合法性，是指一种判断法律是否合格的指标。一些学者建议将指导性案例的发布限制在一定级别的一个重要原因，在一定程度上也与这个问题有关。[2] 讨论案例指导制度作为非正式法律渊源的合法性的意义在于，它不仅直接关系到案例指导制度的性质，而且在某种程度上影响着建立和完善案例指导制度的方法。

合法性（legitimacy）一词被学者们在不同的意义上使用于不同的用途，因此有必要在这里先说明笔者是在什么意义上使用这个词，以便保持该术语的同一性[3]，顺利进行学术讨论。

合法性的概念是一个舶来品。它可以用在经验意义和规范意义两个方面。经验意义上的合法性指法律整体或个体法律规范的事实上被接受。如果在有关团体中实际存在着服从法律的义务感，表现在实际生活中，人们按照法律的要求行事，法律有实效，那么法律就具有经验意义的合法性。规范意义上的合法性指这些法律的可接受性，相当于伦理和道德

---

① 关于学理上的说明请见米健：《此‘先例’非彼先例》，载《人民法院报》，2005－12－28，B1版；关于历史上的说明请见武树臣主编：《判例制度研究》（上），6～17页，北京，人民法院出版社，2004。

② 在中国，是否成为指导性案例与一定的权力或国家的权力结构紧密相连。笔者将在第五小节说明这点。

③ 在汉语学界，有些学者把 legitimacy 译为“正统性”，并以正统性来使用它。但是在汉西对译中，已经有一个约定俗成的词与正统性相对应，这就是 orthodoxy；而且从语义上看，合法性比正统性更能把 legitimacy 的含义表达出来。

上的正当化的服从义务。[①] 这里，法的合法性的主词“法”，可以包括若干不同的层次：既可以是一个完整的法律体系，也可以是一条具体的法律规范，或者可以是某一个具体的法律制度，例如陪审制度或者案例指导制度。决定规范意义合法性的关键是法律体系、单个的法律规范或某个具体的法律制度是否符合一定社会的价值和道德原则。

与实质意义的合法性（legitimacy）意思相近而又有所不同的概念是形式意义的合法性（legality），“指法律的合法性来自规则自身或源于被接受的事实，无须任何基础性价值的支撑”[②]，或者可以说，它是指法律在程序上符合既定的法律制度所要求的生效条件，因而具有法律效力。当然，这种区别并不一定是绝对的，有时，有些西文作者并不一定是在两种合法性（legitimacy，legality）严格区别的意义上使用这两个概念的。[③]

（二）法律多样与当代社会

以往的法律概念把法律视为人们主观意志的体现，并且它不是所有人的意志的体现，而只是统治阶级意志的体现，统治阶级通过国家使自己的意志上升为法律，所以法律就是国家意志的体现；由于议会是国家的立法机关，因此法律就是立法机关的意志的体现，只有议会通过的制定法才是法律。这是一种标准的、但是过于简单的法律概念。它建立在英国法学家奥斯汀的狭隘的、权威主义法律概念基础之上。它或许与某些国家的法律发展历史相吻合，但与许多国家的法律发展历史不相符合。在古罗马，在西欧中世纪，法律都是在国家之外形成、发展并发挥作用的。[④] 可以说，从立法机关的制定法的角度界定法律概念，仅仅是法学理论中的一派观点。如果不囿于此种观点，我们其实可以看到在制定法之外有多种法律渊源存在并发挥作用。德国比较法学家茨威格特和克茨在谈到司法判例在法国是否为一种严格意义上的法律渊源的时候指出：

“一个人对此作出的答复完全是依据他自己对‘法律渊源’的界说。倘若一项规则的标准是其在社会现实中的效力和其于事实上的生存力，那么毫无疑问，完全会有那些由法院创制的、复审判决确认的、具备全部法律规则要件的法律规则。”[⑤]

多元主义的法律观认为法律与国家并没有必然的联系。不只是国家，而且国家内的许多其他组织也是法律的渊源。一个医药协会禁止会员刊登营业广告的规定，就和政府的任何法令一样具有法律性质。[⑥]

---

① See Christopher Berry Gray, *The Philosophy of Law*, VolumeⅡ, New York, Garland Publishing Inc., 1999.

② 高鸿钧：《法范式与合法性：哈贝马斯现代性理论评析》，载《中外法学》，2002（6）。

③ 在汉语学界，有些学者把 Legitimacy 译为“正统性”，并以正统性来使用它。但是在汉西对译中，已经有一个约定俗成的词与正统性相对应，这就是 orthodoxy；而且从语义上看，合法性比正统性更能把 Legitimacy 的含义表达出来。

④ 这一点可以从古罗马法律形成的历史得到证明，参见［意］朱塞佩·格罗索：《罗马法史》，黄风译，24～25页，北京，中国政法大学出版社，1994；［美］格伦顿·戈登·奥萨魁：《比较法律传统》，米健、贺卫方、高鸿钧译，13～17页，北京，中国政法大学出版社，1993。

⑤ ［美］富勒：《法律的道德性》，郑戈译，北京，商务印书馆，2005。

⑥ 参见［德］K. 茨威格特、H. 克茨：《比较法总论》，潘汉典等译，贵阳，贵州人民出版社，1992。

在某种意义上说，法律多元与社会多元相连。社会多元与社会的经济性质具有一定的相关性。一般来说，多元社会都是某种工商业社会，人们的商业经济活动导致社会形成社会连带关系服务的多样化的法律规则。当代中国正在从传统的农业经济社会向工商业社会发展，多样化的法律渊源正是这种社会转型的必然要求和结果。在中国渐受重视的软法，正是这种法律多样性的一种体现。①

如果说以前对法律的简单化界定就已经受到过质疑和否定但没有被太多人所意识到的话，那么在今天这样一个多元社会，越来越多的人开始意识到传统法律概念已经不适应社会发展和时代发展的需要。意大利法学家卡佩莱蒂从现代社会的急剧转变以及由此所致的法律与政府变化着的作用之中分析了法官造法的原因，他指出：立法的扩张导致了法官造法的并行扩散。司法的能动性（activism）、推动力（dynamism）和创造性的理由就在于："'即使最好的立法技术也会留下司法填补的空间，还会留有隐藏的模棱两可和不确定之处交由司法解释'，制定法的扩张'已不可避免且仍然在增大司法必定要运作的空间'。"② 在这个问题上，法国学者表明了十分相似的观点。③ 德国学者拉伦茨对司法权应恪守"裁判本分"有强烈、明确的表示，即便如此，他也认为："假使立法者未发挥其功能，而司法权如果不自己发现规则，将产生不能符合最低的法安定性及正义的要求之状态时，则前述要求亦不完全禁止司法权自己去寻求规则，事实上它也多次这样做。"④ 另一位德国法学家贡塔·托依布纳则指出，在环球化时代，法律多元主义需要对其核心概念重新界定，将关注的焦点从团体和共同体转到话语和沟通的网络。⑤

笔者以为，在传统上制定法为主要法律渊源的民法法系的国家，司法先例或判例至少是一种重要的非正式意义上的法律渊源。⑥ 在对于这样一种法律发展的认识上，问题不在于是否存在一种多样化的法律渊源，而在于我们是否需要转变我们对法律的看法。因为实际上存在着多样化的法律渊源，如果我们转变旧有的法律观，我们就可以发现多样化的法律发展的客观现实，在理解法律现象的过程中实现一种"视阈融合"。

（三）指导性案例作为非正式法律渊源的合法性

指导性案例是随着当代中国社会转型的展开和深入而出现和发展的。指导性案例具有

---

① 参见姜明安：《软法的兴起与软法之治》，载《中国法学》，2006（2）。笔者在这里以"多样"代替"多元"是为了避免读者无意间与"政治多元"的联想或误解。

② ［美］爱·麦·伯恩斯：《当代世界政治理论》，曾炳钧译，北京，商务印书馆，1983。

③ 参见［意］莫诺·卡佩莱蒂：《比较法中的司法程序视野》，徐昕、王奕译，北京，清华大学出版社，2005。

④ ［法］雅克·盖斯旦、吉勒·古博：《法国民法总论》，陈鹏等译，北京，法律出版社，2004。

⑤ 参见［德］卡尔·拉伦茨：《法学方法论》，陈爱娥译，北京，商务印书馆，2003。

⑥ 正如最高人民法院课题组在《关于德国判例考察情况的报告》中所描述的："从整体上看，遵从判例是普遍性的，偏离判例只是一种例外。按照联邦法院法官的说法，这种事实做法是完全依靠法官的自愿来保证实施的，不存在立法上的、司法上的任何制度强制。"［最高人民法院课题组：《关于德国判例考察情况的报告》，载《人民司法》，2006（7），10～12页。］

一般性，即它的效力不仅限于此案件，对于同类案件它同样有效。这种一般性使得它不同于其他的司法判决。指导性案例的一般性，既是指导性的另一个重要含义，也是其作为一种非正式法律渊源的一个重要证明。

这里所说的非正式法律渊源，是与正式法律渊源相对的，它是"不具有明文规定的法律效力，但却具有法律意义并可能构成审理案件之依据的准则来源"[①]，它的效力主要是一种说服力，人们服从它是因为它的正确和正当。它作为非正式法律渊源的合法性既包括形式合法性（legality），也包括实质合法性（legitimacy）。

指导性案例形式合法性的依据，是《法院组织法》以及全国人大常委会有关法律解释问题的决议。1979 年 7 月 1 日第五届全国人民代表大会第二次会议通过、1983 年 9 月 2 日第六届全国人民代表大会常务委员会修订的《中华人民共和国人民法院组织法》第 33 条规定："最高人民法院对于在审判过程中如何具体应用法律、法令的问题，进行解释。"1981 年 6 月 10 日五届全国人大常委会第十九次会议通过的《全国人民代表大会常务委员会关于加强法律解释工作的决议》规定："凡属于法院审判工作中具体应用法律、法令的问题，由最高人民法院进行解释。"有学者可能会说，这里只是为最高人民法院进行法律解释提供了法律依据，并不等于承认指导性案例可以作为非正式意义上的法律渊源。这个说法是有一定道理的，但是并不全面。因为：首先，一个众所周知的事实是，最高人民法院根据这些条款发布了许多发展法律、弥补立法不足的司法解释。这些司法解释不仅是包括人民法院在内的广大法律工作者理解、适用法律的重要依据，而且人民法院在依法裁判的过程中，如果适用了司法解释，还需要在判决书中予以载明。[②] 其次，长期以来，通过个案解释法律，是最高人民法院进行法律解释的一种有效方式。这种以个案进行的法律解释以其比较强的针对性和与案件事实紧密联系的具体性，在司法实践中发挥了重要的作用。目前的指导性案例是以前就有的以个案进行的法律解释的一种自然发展。法院在指导性案例中通过法律解释发展法律的比较新近的实例就是《中国案例指导》。[③] 周佑勇教授在分析其中的"行政［2005］004 号案例"时，针对法院对所争议的第二个问题的解释指出："法院对这个问题的解释是对法律规定的一种具体化，可以理解为对法律规则的创设，是一种具有规则或原则形成意义的解释。"[④] 当然，从这个角度看，具有此种形式合法性的指导性案例仅限于最高人民法院公布的指导性案例。

对指导性案例的实质合法性进行考察，可以更好地帮助我们为指导性案例定位。自 1985 年以来，仅以《最高人民法院公报》"案例"的方式公布的指导性案例就有 560 件，2006 年一年就公布 40 件。近些年来，最高人民法院其他机关和一些省级高级人民法院公布

---

① Gunther Teubner，*Global Law without a State*，Aldershot，Dartmouth Publishing Company，1997.

② 参见舒国滢：《法理学导论》，北京，北京大学出版社，2006。

③ 最高人民法院和最高人民检察院联合编辑、法律出版社出版的《中国案例指导》丛书于 2005 年 8 月出版了 2 卷本的第 1 辑。

④ 《最高人民法院关于司法解释工作的规定》，载《人民法院报》，2007-03-23。

的具有指导性的案例数量就更多了。有关专家在论述指导性案例的性质时说，它们“是协调全国法院审判工作的重要形式，为国家立法机关制定和修改法律提供可资借鉴的经验，是宣传法制的生动教材”；从《最高人民法院公报》登载的案例的实际效果看，它们“受到广大法官、律师、教授和其他读者的欢迎”①。笔者本人接触到的几位律师都表示，包括《最高人民法院公报》所刊登的案例在内的指导性案例在诉讼代理工作中具有重要的作用。可以说，指导性案例在司法实践中发挥着非常重要的作用。② 指导性案例在事实上被接受，表明它们具有经验意义上的实质合法性。我们可以从此经验意义的实质合法性判断它的规范意义的实质合法性。假如它们不符合我们社会的价值和道德原则，是不可能在二十多年的时间里得以存在并发展的。③

把指导性案例定位于以司法解释形式出现的法律渊源，这一点与法国的判例是相似的。④ 在法国，“每当法律‘无规定’，‘不明确’或者‘不完备’时，判例的创造性权力就显现，因为在这种情况下，必须进行审判否则会被以拒绝审判罪论处（民法典第4条）的法官，将在法律中发现没有明确出现在法律中的一般规则”⑤。如果说有区别的话，就是笔者在这里明确地使用了非正式的法律渊源来定位目前中国的案例指导制度（我们将在后面集中讨论这一问题）。而在法国，“人们从立法机关的默示接受中，或者从司法管辖者的接受中，推断出判例的强制力，将其作为一种习惯法”⑥。当然，中国的指导性案例与法律解释的关系和法国的判例与法律解释的关系的另一个主要区别是，在法国，判例是法律解释的唯一形式⑦，而中国不是。

三、指导性案例的辅助性

笔者以为，虽然我国目前的指导性案例具有权威性、一般性与合法性，但是它的权威性、一般性与合法性既不同于我国作为法律的制定法，目前也实际上并应当有别于其他民法法系国家的判例法或司法先例制度。作为一种非正式意义上的法律渊源，指导性案例的

---

① 周佑勇：《作为过渡措施的案例指导制度——以“行政（2005）004号案例”为观察对象》，载《法学评论》，2006（3）。

② 用《中国案例指导》丛书的编者和一些学者的话说，就是这些指导性案例具有实然的法律效力。参见该书，2页。

③ 王学辉教授、邵长茂同学认为：“从‘指导性案例’确立的规则的内容上看，构成其内在力量的主要成分，是凝结于其中的具有真理性的知识和经验。”“这种规则之所以能够被人们自觉遵守，其主要原因也是这些规则反映了人类的实践理性。”[王学辉、邵长茂：《“指导性案例”在行政诉讼中的效力——兼论案例分类指导制度的构建》，载《行政法学研究》，2006（2），32页。]

④ 法国学者指出：在法国“法律的司法解释为法律带来重要补充，判例的创造性和规范性作用基本上是通过这种补充得以实现的。”今天判例在实体法中已占有重要一席。无论对之遗憾还是赞许，所有的人都一致承认，忽视判例对法律的解释，就不可能认识实体法。参见[法]雅克·盖斯旦、吉勒·古博：《法国民法总论》，陈鹏等译，356、369、370页，北京，法律出版社，2004。

⑤⑥ [意]莫诺·卡佩莱蒂：《比较法中的司法程序视野》，徐昕、王奕译，北京，清华大学出版社，2005。

⑦ 感谢天元律师事务所合伙人、法国巴黎上诉法院注册律师程诚先生在此问题上的指教。

辅助性表现在效力上的说服性和参考性，功能上的从属性，效力位阶上的次级性和产生方法的有限性。

指导性案例在效力性质上的说服性或参考性，是指它的效力取决于它的正确性、妥当性，即对法律的正确解释、对法理的正确发展、对法律原则的正确发现；人们遵从它是因为信服它的正确性。指导性案例的效力来自于法官在其中对有关法律解释观点的论证，来自于其中法律论证所具有的合理性和说服力。[①] 在最近的几年内，它不具有制定法所具有的强制约束力意义上的效力。作为一种制度，它还需要发展。

指导性案例在功能上的从属性，是指它的功能是在解决案件的过程中揭示深藏于事物或法律制度中的正义。

指导性案例在效力位阶上的次级性，是指在效力等级上它是低于制定法的法的渊源。它不能违反法律，不能取法律而代之。

指导性案例的产生方法是有限制的，即法官在制作指导性案例时要受到法律的限制。首先，指导性案例要受到有关法律原则的限制。这里所说的法律原则，既包括我国宪法规定的宪法原则，也包括相应部门法、实体法与程序法的基本法律原则。我们会遇到对某一个（类）案件缺乏明确的法律条文的情况，但是，法院或法官在案例中对法律的创造性解释应当与我国的宪法原则和相应的法律基本原则相一致。其次，指导性案例的形成要受到一定的诉讼案件的限制。这意味着指导性案例永远与一定的案件事实密不可分，相应的诉讼程序的规定对指导性案例的形成具有制约性的意义。[②] 再次，指导性案例要受到相应法律规定所体现出的法律精神的限制。例如，在“贾国宇诉案”中，虽然我国《产品质量法》没有规定制造商对产品缺陷导致的被害人精神损害的赔偿，但是，根据我国《民法通则》第 119 条有关民事责任的规定和《产品质量法》第 32 条有关产品质量责任的规定的法律精神，应当对由于产品缺陷导致的被害人精神损害给予赔偿。[③]

上述这些辅助性的特点，反过来，又构成考量指导性案例的标准，这些标准是使指导性案例正确发挥作用的保证。为了保证指导性案例作用的正确发挥，为了保证案例指导制度的健康发展，除了上述标准之外，案例指导性的保证还涉及另两个重要问题：一个是有关指导性案例本身的问题，即确定与选择什么样的案例作为指导性案例；另一个是有关指导性案例的司法机关的制度安排。笔者在下面尝试分别探讨。

---

① 也有法国学者从这个角度认识法国的判例。欧陆国家在这方面有着很长的历史。

② 参见［意］莫诺·卡佩莱蒂：《比较法中的司法程序视野》，徐昕、王奕译，北京，清华大学出版社，2005。

③ 参见《中华人民共和国最高人民法院公报》，1997（2），68～70 页；张骐：《法律推理与法律制度》，286 页，济南，山东人民出版社，2003。

四、案例指导性的保证之一——确定与选择什么样的案例以保证指导性

（一）确定指导性案例的内容标准与形式标准

确定与选择指导性案例可以从内容和形式两个方面考虑。

从内容上来说，笔者以为指导性案例应当包含有关对法律规则的解释、或者有关某一或某些法律尚无规定或规定不清的问题的法律解决方法。如果做进一步的细分，指导性案例可以分为对疑难案件具有指导性的案例和对新类型案件具有指导性的案例。这两类案例的共同点是包含前述新的法律解决方法、扩展人们对法律的理解。如果仅仅是具有代表性、或有重大社会影响或者易发、多发的案例，而不涉及前述有关法律解决方法方面的内容，则可以只作为一些地方法院已经在积极开展的示范性案例、精品案例或典型案例。这些案例在指导各地各级法院法官正确开展审判工作方面具有积极的参考和示范作用。但是否需要作为指导性案例是值得进一步研究的。①

从形式标准上说，作为指导性案例的判决书应当提供法官对相应法律问题或观点或法律解决方法的判决理由，并且通过法律推理或者说法律论证对该判决理由进行充分、清晰的论证。② 在判决书中陈述判决理由并加以公开，这同时也是法律职业共同体和社会公众确信案例正当性并对之进行批评以利于今后加以改进的一种重要方式。③ 当然，笔者建议指导性案例应当进行充分说理，并不是说所有判决书都必须千篇一律地提供法律推理，而是当繁则繁，当简则简。这是保证司法公正、提高司法工作效率的共同要求。

（二）指导性案例的什么部分具有指导性

这里主要有三种可能的选择：一是针对相应案件事实而作出的判决的具体内容，二是案例中说明判决赖以建立的法律主张的理由，三是案例对有关法律问题或观点的类似于规则的表述。

前两种选择的可能性与法国有关判例性规则的问题相似④，他们的解决办法是“根据每一个判决的具体情况来解决”⑤。德国学者拉伦茨认为，发生先例拘束力的不是有既判力的个案裁判，而是法院在判决理由中对某法律问题所做的答复，是在判例中“被正确理解或

---

① 参见陈灿平：《案例指导制度中操作性难点问题探讨》，载《法学杂志》，2006（3）；也有法律界同事与笔者有相似的考虑，主张区分指导性案例与参考性案例对指导性案例作狭义的理解。参见沈志先、刘力、范黎红：《重视典型案例 努力提升司法水平和能力——上海市第二中级人民法院的若干实践》，载《人民司法》，2006（7）。

② 法国学者指出，判决理由必须包括法官得出争议实际解决方法所根据的法律推理，特别是判决理由必须表达对法律规则的解释。参见［法］雅克·盖斯旦、吉勒·古博：《法国民法总论》，陈鹏等译，426页，北京，法律出版社，2004。

③ 参见［美］爱·麦·伯恩斯：《当代世界政治理论》，曾炳钧译，北京，商务印书馆，1983。

④ 法国学者的问题是：“应当重视鉴于事实情况而作出的裁判决定的具体内容，还是应当重视说明裁判决定赖以建立的陈述法律主张的理由？”（［法］雅克·盖斯旦、吉勒·古博：《法国民法总论》，陈鹏等译，406页，北京，法律出版社，2006。）

⑤ ［意］莫诺·卡佩莱蒂：《比较法中的司法程序视野》，徐昕、王奕译，北京，清华大学出版社，2005。

具体化的规范”，或者说，“是裁判中宣示的标准具有‘拘束力’，后者尚须以‘适切的’规范解释或补充为基础，或以范例性的方式具体化法律原则乃可”。而先例中的问题于当下待判个案又以同一方式发生。[①] 借鉴德国与法国在这个问题上的做法，笔者以为，一般情况下，指导性案例中具有指导性、一般性的部分，是判决中所确立的法律观点或对有关问题的法律解决方案以及对该观点或该方案的法律论证。

上述三种选择可能性中的第三种，稍微有点中国特色，但也与其他民法法系国家的司法机关所提出的问题相似。这个选择在目前中国司法实践中的体现，就是法律人常见的“裁判要旨”和新近在《中国案例指导》中出现的“案例指导原则”的问题。[②] 这涉及民法法系背景下的司法机关如何理解先例的问题。民法法系的法官由于多年的法律训练，习惯于在先例中寻找类似于规则的表述。正像出身民法法系而如今在普通法法系的美国任教的达玛什卡教授，在谈到欧陆法官对先例的理解的特点时所指出的：“法官在‘先例’中所寻找的是更高的权威所作出的类似于规则的表述，而案件的事实却被弃置一旁。”[③] 如果试图在案例中寻找对有关法律问题或观点的类似于规则的表述只是可能没有结果的实践的话，那么在案例之前配编“裁判要旨”一类的东西，则是需要格外谨慎的尝试了。德国法学家拉伦茨认为：制作司法先例的法官首先考虑的是他所裁判的事件，这些要旨不过是裁判理由中蒸馏出来的结晶，与案件事实密切相关，在很大程度上本身也需要解释。与立法者相比，他比较不能预见他的“要旨”未来可能适用的情况。[④] 因此，离开相应的案件事实，它很难被妥当理解并正确适用。拉伦茨的观点不可不思。

五、案例指导性的保证之二——谁来以及怎样确定与选择案例以保证指导性

这方面的问题有：其一，谁来制作可以成为指导性案例的判决？其二，谁来选择与编辑、出版指导性案例？其三，怎样确定与选择指导性案例？

（一）目前的实际做法

按照案例编选和公布、出版机关的性质和层级划分，目前我国的案例可以分为以下五类：

第一类，《最高人民法院公报》上刊登的案例。自1985年《最高人民法院公报》创刊起，每期都要刊登几个案例。这一直以来被公认为指导性案例，而且具有正式依据。[⑤]

---

①④ 参见［法］雅克·盖斯旦、吉勒·古博：《法国民法总论》，陈鹏等译，北京，法律出版社，2004。

② 我国台湾地区的法律界，也同样有所谓“裁判要旨”。周佑勇教授在他的文章中有对这种“案例指导原则”更为具体的分析。

③ 周道鸾：《中国案例指导的历史发展》，载《法律适用》，2004（5）。

⑤ 参见周佑勇：《作为过渡措施的案例指导制度——以“行政（2005）004号案例”为观察对象》，载《法学评论》，2006（3）。

第二类，最高人民法院和最高人民检察院联合组成的《中国案例指导》编辑委员会编辑的于2005年8月开始出版的《中国案例指导》丛书。编辑委员会在该丛书前言中指出它具有权威性、新颖性、应用性与客观性这四个特点。①

第三类，最高人民法院有关部门选编的案例。② 据有关人士估计，以最高人民法院名义编辑出版的案例选编多达十几种。笔者按照选编部门的不同，将这个类别的案例，细分为如下三种：

（1）《人民法院案例选》，由最高人民法院中国应用法学研究所编辑出版，因其根据案件性质进行分类编排，每个案例后有对该案的比较细致的法律分析，因而受到法律界、法学界特别是法官们的欢迎。

（2）由最高人民法院各审判业务庭编辑出版的各种审判参考、审判指导书籍中所刊登的案例。例如刑一庭与刑二庭主编的《刑事审判参考》中所刊登的案例，其中每个案例由基本案情、主要问题和裁判理由三部分组成，重点是论述裁判理由。由于这些审判业务庭掌握相应诉讼的最终裁判权，因此它们所编的案例同样受到法律界、法学界特别是各高级人民法院法官们的重视，被有关人士认为具有一定参考价值。③

（3）由中国高级法官培训中心（国家法官学院前身）与中国人民大学法学院联合编辑出版的《中国审判案例要览》。这是一部大型的、内容更为丰富的、有影响的案例汇编。但是由于其内容、篇幅和价钱都超过前两种案例选编，因此限制了它在一些基层法院的使用。

第四类，由地方人民法院选编的案例。选编案例的地方法院在高级、中级和基层都有分布。

（1）高级人民法院编辑的案例。例如：最早的如天津市高级人民法院选编的、登载于《天津审判》上的民商事案例，成为天津市高级人民法院实行的“判例指导”制度的重要文本；四川省高级人民法院选编的登载于《四川审判》的“典型案例”④；江苏省高级人民法院审判委员会主办的《参阅案例》，被作为发布全省各级法院典型案例的权威载体，该刊的办刊方针是“推出典型案例、塑造知名法官、宣传人民法院、指导审判工作”。据笔者了解，该省基层法院的法官也确实很看重其省院所编选的案例选编。

（2）中级人民法院编辑的案例选编。例如：北京市第二中级人民法院撰写、编辑的《民事裁判要旨》；云南省昆明市中级人民法院编辑的《精品案例汇编》。2003年8月和2004年8月，云南省高级人民法院审判委员会经过审查，先后两次批准将昆明中院首批评选出的精品案例在昆明辖区法院作为指导案例使用，作为全市法院审判工作的指导案例；

---

① 最高人民法院、最高人民检察院：《中国案例指导民事卷》，第1辑，北京，法律出版社，2005。

② 这些案例被有关人士认定为是不同于公报上的案例，而是“为教学、研究和指导工作需要而选编的审判案例”。参见周道鸾：《中国案例制度的历史发展》，载《法律适用》，2004（5）。

③ 参见周佑勇：《作为过渡措施的案例指导制度——以“行政（2005）004号案例”为观察对象》，载《法学评论》，2006（3）。

④ 周佑勇：《作为过渡措施的案例指导制度——以“行政（2005）004号案例”为观察对象》，载《法学评论》，2006（3）。

四川省成都市中级人民法院发布的登载于《审判委员会快报》上的“裁判规则”；河南省郑州市中级人民法院的“指导性典型案例”。

（3）基层人民法院编辑的案例选编。如河南省郑州市中原区法院编辑的、登载于该院“公告”上的作为先例判决的案例。该院审判委员会决定，合议庭及独任审判员在审理同类案件时应当参照先例判决作出裁判。

第五类，由各种教学与研究单位或人士编选的案例选编。例如，由最高人民法院建立的全国法院干部业余法律大学，以及由最高人民法院和国家教委联合创办的中国高级法官培训中心曾经编印的多种案例选编。这些被认为“属于教学辅导性教材”①。

在这些案例中，最高人民法院及其下属单位编辑的各类案例被认为“都属于指导性案例”，有些学者或法律界人士认为高级人民法院确认的案例也应当是指导性案例。而中级人民法院和基层人民所编选的案例由于其编选者被认为不宜行使确认指导性案例的权力而不被认为是指导性案例。② 照此类推，由教学和研究机构编选的案例也应当不属于指导性案例。在这里，是否成为指导性案例与一定的权力或国家的权力结构紧密相连。

（二）谁来确定与选择案例以保证指导性?

以前我国在指导性案例编选方面的实际做法，基本上是按照审判权限各自为政。它基本上没有考虑到建立和发展当代中国统一的指导性案例和案例指导制度的需要。这种做法有其历史原因。它的优点是可以发挥各方面的积极性，其缺点是：零散、不系统。③ 因此，它既不便于对指导性案例的使用，也不利于指导性案例和案例指导制度的发展。《中国案例指导》丛书的出版，将会在相当程度上改变上述局面。但是笔者不清楚这套丛书是否可以解决中国指导性案例的确定与选择的所有问题。

从建立和发展统一的指导性案例和案例指导制度的需要来考虑，指导性案例和案例指导制度应当具有统一性（内在和谐、协调）、普遍性和系统性。

从统一性的角度考虑，由最高人民法院来制作指导性案例，比较来说最能保证指导性案例的统一性。因为它处在司法等级的顶峰，全国独此一家，因而便于在指导性案例的统一上发挥决定性的作用。包括法国、德国、日本在内的许多国家的最高法院都对统一判例起着决定性的作用。④ 但是，这里有几个问题需要考虑。其一，这要求最高法院审理案件的数量不能太多。意大利的国际著名比较法学家卡佩莱蒂指出：“当一个国家最高法院的裁决

---

① 周佑勇：《作为过渡措施的案例指导制度——以“行政（2005）004号案例”为观察对象》，载《法学评论》，2006（3）。

② 参见周佑勇：《作为过渡措施的案例指导制度——以“行政（2005）004号案例”为观察对象》，载《法学评论》，2006（3）。

③ 一位法官在对笔者谈到判决先例的出版问题时说：“感觉市场上也比较混乱，除了应用法学研究所，最高院的公报出版机构，各个庭室也会编辑出版一下，让人应接不暇，反而降低了权威性。”

④ 参见［意］莫诺·卡佩莱蒂：《比较法中的司法程序视野》，徐昕、王奕译，北京，清华大学出版社，2005。

数以千计时，其质量、谨慎和终极权威都必定会受损。”无关紧要的裁决之洪水淹没了少数几项有意义的判决。[①] 我们可以不完全同意他的观察和研究。但是，我们很难不同意：如果最高人民法院的审判案件数量太多，在客观上至少会影响它的权威。据学者研究，最高人民法院每年进入实质性审判的案件在3 000件以上，各庭法官每年承办的案件多者达四十余件，参与合议的案件大约一百件。[②] 其二，我国最高人民法院目前对具体案件的审理并非明确的法律审，即只负责审理法律问题，而不处理事实问题。这点与上述一些民法法系国家的最高法院有所不同。[③] 这大大增加了最高人民法院各业务庭在每一单个案件审理上的负担。其三，案件数量多导致了一个有关最高人民法院判决结果的特点：正是由于案件数量多，所以无法保证其所审案件在法律上的典型性、代表性，而指导性案例的普遍性是以案件在法律上的典型性和代表性为基础的，由于不能保证案件的这种典型性和代表性，因而很难保证案件的普遍性。因此，最高人民法院审判案件数量多，使得最高审判机关的许多判决不具有普遍性，因而不能成为指导性案例。当然，最高人民法院审判案件数量多也影响到了案例的统一性（对于同一法律问题或法律条文的理解，各庭之间的判决都可能不协调）。

目前中国最高人民法院在案件审判方面的数量和方式与中国现行法律和政治框架中最高人民法院的功能和职能有着直接的关系，不是在短时间内可以改变的。考虑到此实际情况，以及中国目前在指导性案例方面的现有做法和经验，笔者主张在确定与选择案例的问题上，采取“制作机关的多样性、确定机关的相对单一性”的办法。具体来说，为了保证指导性案例具有建立在案件在法律上的典型性和代表性基础上的普遍性与权威性，需要各级法院特别是各高级人民法院参与指导性案例的制作和选择。而事实上，如前所述，一些省级高级人民法院早就进行了有关指导性案例的积极实践并积累了一定的经验。所以，笔者以为，指导性案例可以来自各级法院，而主要由最高人民法院、最高人民检察院和高级人民法院对指导性案例进行选择和确定[④]，或者在省高级人民法院的指导下由有条件的中级人民法院进行限于本管辖区的指导性案例的确定与选择；所有指导性案例都不得与法律、法规、最高人民法院的有关司法解释、最高人民法院制作、确定与选择的指导性案例相矛盾。由此呈现一种“一元、两级、多层”的格局。

有些法律界人士反对省级的高级人民法院参与确定和选择指导性案例，担心这样会影响指导性案例的统一性。也有法律界人士认为高级人民法院同样可以确定指导性案例。笔者基于四点理由主张高级人民法院可以成为指导性案例的确定机关。其一，高级人民

---

① 参见［法］雅克·盖斯旦、吉勒·古博：《法国民法总论》，陈鹏等译，北京，法律出版社，2004。

② 参见蒋惠岭：《建立案例指导制度的几个具体问题》，载《法律适用》，2004（5）。

③ 法国学者指出：“同比利时和意大利（和美国——引者注）最高法院一样，法国最高司法法院不是一个第三级法院。其审理的不是诉讼案件，而是审查向其提交的裁判决定，检查这些裁判决定是否是依照法律作出的。因此，最高司法法院的法官是法律法官而不是事实法官。”

④ 根据笔者的调查与访谈，多数受访者的回答是：编选、发布指导性案例的法院需要限制在最高人民法院，也有些法官认为可以扩展至高级人民法院。

法院参与确定和选择指导性案例已经是事实，硬性禁止或不予承认并不现实；其二，高级人民法院参与指导性案例的选择与确定有利于提高指导性案例的普遍性和权威性；其三，在普通法系国家，是否构成判例法中的判例是由后来的法官在审理新的案件时来决定的；在民法法系的德国，一个先前判决是否“对正在审理的案件具有某种正式的或者非正式的约束力”，也是由后来的法官选择、决定的[①]；当代中国指导性案例不是正式意义的法律渊源，它的效力主要是一种说服力，这种说服力的基础是案例本身所提出的、具有一般性的对法律规则的解释或者有关某一或某些法律尚无规定或规定不清的问题的法律解决方法，而这更应当主要是由后来的法院在审理他们所面临的新案件时来判断、决定的，因此，可以不必过于严格地划界，把高级人民法院排除出去；其四，通过高级人民法院所确定和编选的指导性案例的公布和出版，可以在实践中发现并纠正与最高人民法院所确定的指导性案例相矛盾的案例。[②]

指导性案例的统一性与系统性的保证不仅要靠对确定与选择机关的规范来解决，还要通过确定与选择指导性案例的方法来保证。

(三) 怎样确定与选择案例以保证指导性?

案例指导制度的统一性和系统性需要以具有统一性和连续性的指导性案例汇编为载体，并且，指导性案例汇编还应当把便利性，即方便作为制定法国家的中国的各地各级法院的法官使用作为一个重要标准。[③] 以这些标准来考量，这种指导性案例汇编可以与制定法相对应，按照一定的部门法、一定的法律制度和一定的法律条文的编辑顺序，将各个时期、各个法院有关同一问题的指导性案例汇集到一起，进行筛选、编辑。这样可以避免有法官担心的“法律知识的非系统性”的问题。[④] 汇集和编辑指导性案例的过程，也是发现并消除指导性案例中的矛盾、不协调以保持指导性案例统一性和系统性的过程。汇集和编辑者可以按照制作指导性案例的法院管辖等级并仿照法律渊源的效力等级确定发生冲突的有关案例的取舍，以保持案例汇编的统一性和系统性。

这种具有连续性的指导性案例汇编，不仅方便使用，而且，将来如果在一个缺乏制定法规定的问题上或在制定法规定模糊的问题上存在一组法律见解相同或一致的指导性案例，那么这组案例本身就具有比较强的要求人们服从的说服力量。[⑤] 同时，它也更便于法律共同

---

① 参见傅玉琳：《论最高法院的职能》，载《中外法学》，2003 (5)。

② 关于高级人民法院编选案例公布出版的问题，笔者受到美国学者 Prof. Donald Clark（郭丹青教授）的启发。

③ 笔者当然没有丝毫轻视、贬低已经出版发行的《中国案例指导》的重要价值的意思，仅仅是考虑指导性案例汇编可以有不止一种的模式。

④ 参见黄海：《构建案例指导制度的思考》，载《人民司法》，2006 (10)。不过笔者不以为有必要刻意限制指导性案例的数量、实行“少而精”的做法。指导性案例太少，一方面可能无法反映司法实践中指导性案例的真实情况，另一方面会使指导性案例无法充分发挥其作用。

⑤ 法国学者认为：“先例越是数量众多并趋于同一方向，参考就会越经常并对法官越有约束力。”另一位欧洲学者甚至认为，在法国、墨西哥和西班牙语国家，和谐一致的司法决定的重复出现，就具有“遵循先例”的效力或成为具有约束力的先例。

体的成员对指导性案例进行分析、研究和批评，为司法和立法创造一个更有效的平台。

考虑到指导性案例的发展，为了使指导性案例汇编与时俱进，这样一种指导性案例汇编应当是动态的和开放的，即它可以在体系上和技术上不断充实、修改和更新。在技术上，可以分别制作出版相对稳定的精装版、相对灵活的平装版以及随时更新的活页版，并在条件成熟时发行电子版。不同的版本在满足法律实践和法律市场不同需要的同时，也保持了案例指导制度自身的稳定与鲜活。

为此，可以在现有案例选编、出版格局的基础上，由最高人民法院下属的中国应用法学研究所承担这种指导性案例汇编的组织工作。因为首先，它是一个研究机构，拥有从事这种案例汇编所需要的智力资源和人力资源；其次，它直接隶属于最高人民法院，这种身份使得它可以比较有效和灵活地与最高人民法院、地方人民法院和法学教育与研究机构合作，组织大量富有经验的资深法官、资深律师、资深检察官、退休法官及检察官和公认的在相应领域具有学术造诣和广泛影响的法学家协同工作；再次，长期以来，它也一直在进行着具有广泛影响的案例选编的工作，具有从事指导性案例汇编的经验基础。因此，由中国应用法学研究所牵头组织新型指导性案例汇编的汇集、编辑工作是较为适宜的。

汇集和编辑这种新型的案例汇编是一个需要较大资金投入的工作。开始可以向有关的基金会申请资助，一旦新的案例汇编投入使用并投放市场，由于其巨大的市场需求，该汇编的赢利将完全可以使它进入自我更新、不断发展的良性循环中。

六、指导性案例的规范性使用（代结语）

新的指导性案例汇编肯定会在司法实践、法学理论研究与法律教育中发挥更为重要的作用。规范指导性案例在司法实践中的使用，不仅可以最大限度地发挥指导性案例在司法实践中的指导作用，而且有助于案例指导制度的进一步健康发展。关于指导性案例的使用规范可以有很多内容，这里择其要者，重点讨论指导性案例在法庭审判和法院判决中的使用。

首先，应当鼓励律师、检察官和法官使用指导性案例。律师和检察官在发表法律意见的过程中使用指导性案例作为法庭辩论理由时，应当规范引用指导性案例，即指导性案例应当出自有效的、正式的版本，引用时应当包括案例的名称、案例出版的卷、册（案例制作的法院、案例公布的时间）。

其次，法官应当在法庭审判中认真倾听有关指导性案例的提出、使用和辩论，并应当在判决书中对有关意见给予采纳、不采纳、部分采纳等的明确回应并说明理由，法官在将指导性案例作为裁判理由引用时同样应当规范引用；如果在某个问题上存在有连续一致的指导性案例，而法院要偏离这些案例作出判决，则必须提供更为充分的理由。

再次，对指导性案例的使用可以比照对重要证据的使用，如果当事人不服本案主审法官在判决中对指导性案例的观点，特别是对主审法官偏离连续一致的指导性案例而没有提供充分理由的，可以提起上诉或申诉，请求上一级或上级法院进行二审或再审。

最后，由于指导性案例的说服力的特点，对于主审法官在审判中没有注意或者没有充分注意指导性案例中的有关规则或解释，应当从程序公正的角度，根据最高人民法院有关审判程序及证据使用的规定区别情况分别对待。如果不是由于徇私枉法有意不理会律师或检察官在本案中提出的指导性案例，原则上不宜仅仅由于没有注意到指导性案例而采取任何惩戒措施，也不宜由于没有遵从指导性案例而采取任何惩戒措施。当然，对于律师，如果由于其业务不熟，不了解在《中国案例指导》、《最高人民法院公报》或其他权威性的指导性案例发布机构所公布的指导性案例而导致败诉，当事人是有理由索赔的。

总之，在中国建立案例指导制度是一个长期的、复杂的工作，无法做到毕其功于一役，需要法律共同体的成员多方面的、持续不懈的努力。

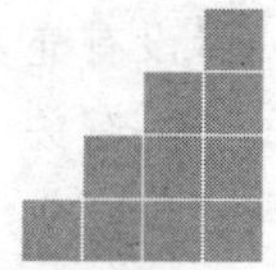

8. 法学和法律范畴研究

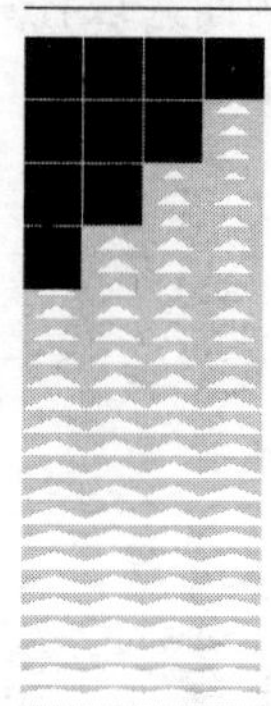

8.3
法的溯及力问题
研究

8.1 理论法学的前提性问题解读
——法学思维范式、法学思潮及其相关的法学科*

吕世伦**

一、问题的提出

法学有理论法学和应用法学之分。无疑，理论法学应当包括法史学；不过，鉴于法史学以“史”为特征，而且外延广阔（包括中外法律思想史与中外法制史）、内容丰盈，所以通常做法是将其当作单独部分而从理论法学中剥离出来，并与理论法学相并列。这样看待法理与法史的学科关系虽然不无道理，然而法理学乃至整个理论法学面临着怎样的问题，回答也许是多样的。我以为，整个理论法学的前提性问题包括法学思维范式、法学思潮及相关学科之间的关系问题需要引起我们的重视。

本文的结构逻辑是，从我国理论法学的现状出发，以法学思维范式为核心，结合与此核心紧密相关的法学思潮，最终落脚于理论法学诸学科的建设上面。其中，法学思维范式是内在主导性的核心要素，而法学思潮与理论法学诸学科是外在形式或载体。毋庸赘言，一种法学思维范式的流行，源自于一个社会中的法律共同体内，包括法学家个人对一种关于“法律是什么”的观点的思考和接受。但是，一种法学思维范式要形成一种法学思潮和一门法学学科，则非单个学者所能为之。乍然看来，谈及的这些问题皆为人们耳熟能详、不言而喻的前提性的常识，没有什么值得认真对待的。可是仔细琢磨，却不是这么回事：越是前提性“常识”，就越需要弄个明白，这样才能够正确而深刻地对面临

* 原载《学习与探索》，2009（4）。
** 中国人民大学法学院教授、博士生导师。

的理论法学问题予以思考，进而付诸建设行动。

纵观当代科学发展的大趋势，有两个并行不悖的特征：其一是研究的学科愈益走向细密；其二是学科与学科之间的关系愈益因边缘重叠而相互交错，每个学科均不存在绝对的独立性。但这丝毫不意味着，学科之间没有适当的分工。首先，这种分工对于确定科研的对象范围和促进研究的深入都是有利的。其次，就科学教育本身而言，也需要按照受教育者的情况，使相关学科的教育由浅入深，从基础学科到应用学科，或者先由应用学科入手再提升到基础学科，这样分步骤地进行。如果忽视科学教育的规律，不顾学科间的区分，就难免造成混乱，不能期望获得良好的效果。

法学作为科学的门类之一，亦无例外。就目前的法学研究和法学教育的总体状况来看，应用法学（部门法学）方面做得较好；相形之下，理论法学方面就不太令人满意：除法史学（法律思想史与法制史）以外，整个理论法学大体上尚处于没有严格学科区分的芜杂局面。最刺目的是，“法理学”几乎囊括一切理论法学的各学科，简直成了“理论法学”的替身。这就难免导致孔子所说的那样：“名不正，言不顺”。名不正，缘于“法理学”所讲的内容，大多不属于它所研究的范围，而属于它研究范围的东西却又讲得肤浅；言不顺，缘于“法理学”缺少自己相对确定的内容范围和理论体系，任意性太大。显而易见，这不仅极大地妨碍理论法学诸学科（含法理学）研究的深化，更影响到普遍作为大学法学理论基础学科的法理学本身的教学效果：一直以来，法理学的教师觉得这门课不好讲，而学生更觉得这门课难以掌握。

各理论法学学科间的混淆还表现在：法理学与法哲学甚至法社会学被当成同义语，相互替代。很长时期，先是在西方进而在国内，法理学与法哲学两者的混用已经成为惯常的现象。如美国一位综合法学代表人物 E. 博登海默撰写的在我国备受关注的《法理学——法哲学与法律方法》，在书名中就把法理学与法哲学等同起来。又如，2007 年夏几个不乏影响的法学研究单位联合主办的学术会议，叫做“法理学与部门法哲学理论研讨会”。这里的“法理学”显然指法哲学，因为与“部门法哲学”相对应的当是“法哲学”（总论）而非“法理学”；从实证法学的意义上说，与法理学相对应的才是部门法学。另外，随着法社会学的兴旺繁荣，在西方（我国也有部分）又出现了法社会学统摄法哲学和法理学的现象。早在 20 世纪 80 年代，笔者阅读过一部日文版的《法社会学》著作，该书最后附列的长达百余页的“法社会学文献”中，绝大部分篇目属于法哲学与法理学，而严格意义上的法社会学的文献则比例甚小。在欧美，类似情况亦到处可见。

为了消除可能的误解，有必要说明：强调理论法学诸学科的特定研究范围，并不否认它们之间的关联性。如同研究生理学不能不涉及生物学、物理学、化学等一样，理论法学的研究者尽管其研究对象具有特定范围，但也常常要对别的学科予以观照，甚至进行交叉研究。这是由思维的延展性及学科间的相关性决定的，是正常现象。但它与学科之间的混同与替代是两码事。

顺便提一下，近年来国内出版界推出的法学书籍已是琳琅满目。但其中绝大多数是应用学科方面的，刑法、民商法和行政法领域的书籍尤为突出。相较之下，除了名为"法理学"的书籍之外，其余理论法学诸学科的著作稀若晨星。绝非夸张地说，现今亟须"正其名"和"顺其言"的，不单纯是法理学一个学科，这也是涉及整个理论法学科学体系的举足轻重的事情。

二、法学思维范式

那么，建构科学的理论法学体系，应从哪里着手呢？在法学界对此肯定会有不同的思路和回答。但是，无论如何都不应忽略法学思维范式这个核心问题，特别是不应忽略将法学思维范式所蕴涵的核心概念转化为法律、法律论据和法律实践的思考和表达方式。

范式是比基本理论更复杂、更特别的概念结构。① 所谓法学思维范式，是指基于一定的视角与视阈，考察、理解和研究法现象的各种模型（式）。美国学者 T. 库恩（Kuhn）在《科学革命的结构》（1962 年）一书中指出：科学界总不免受一种流行的范式（paradigm）所支配。此范式指导和决定着问题、数据和理论的选择，进而形成一种学科。可是，当科学家们对于既存学科思维范式的正确性发生疑问或动摇时，该范式便会面临危机。在这种情况下，他们就会追求或创造一个新的范式，随之可能逐渐地形成一个新学科。库恩关于科学思维范式的论断，也适用于法学。如果说，在库恩那里，范式通常是指那些公认的科学成就，它们在一段时间里为科学共同体提供典型的问题和解答②，那么，在法学家看来，法学思维范式就是指一种有特色的、相对确定的法律研究方式，它们在一段时间里，同样要为法律共同体提供典型的问题和解答。美国法学家 H. J. 伯尔曼的《法律与革命——西方法律传统的形成》和美国宪法学家 L. H. 却伯的《弯曲的宪法空间：法律人能够从现代物理学中学到什么》等论著中，都接受并成功地运用了库恩的"范式"观点。③

---

① 中国法学采用"范式"概念的方式大体上有三种，一种是苏力所采用的方式："所谓范式，大致可以说是指获得了一批坚定拥护者的'学术共同体'，同时又为某个领域提供了比较稳定且有待解决的一组核心问题、解决问题的基本进路和共享的研究成果。"二是梁治平所采用的方式："范式概念指历史学家自觉地或不自觉地引以为据的一套不容置疑的理论或信念，这套理论或者信念支配了历史家的工作，决定了他们提问的方式乃至最后的结论……范式不仅包含方法，也可能包含意识形态因素；范式可以有层次上的差别，其内容可能部分地重叠，而不同的范式可以并存。"三是张文显等论者所采用的方式："把权利本位概括为法哲学研究范式"，并对其主张的"权利本位范式"与"阶级斗争范式"之间的论争做了论证。在邓正来先生看来，"这三种方式都把'范式'概念适用于某一不仅信奉某套相同的不容置疑的前设或信念、采用某种相同的视角（或方法），而基本上同属一个'学派'或理论模式的学者共同体"（邓正来：《中国法学向何处去》，39～46 页，北京，商务印书馆，2006）。

② 参见［美］托马斯·库恩：《科学革命的结构》，金吾伦等译，"序"，4 页，北京，北京大学出版社，2003。

③ 例如，《法律与革命》一书的作者伯尔曼就认为：在西方法律中，像在西方科学中一样，预先假定材料即"已知的"东西（条件）将发生变化，这些变化将被吸收到现存的制度或范例中去；如果它们不被吸收，则将作为异常之物而被接受；但如果它们中不能被吸收的数量过多，那么该制度本身的某些方面便需要巨大的改革。（参见［美］哈德罗·J·伯尔曼：《法律与革命——西方法律传统的形成》，贺卫方等译，35～36 页，北京，中国大百科全书出版社，1993。）又如，却伯教授承认自己"在某种程度上受到托马斯·库恩在其开创性著作中关于范式探讨的启发"，但他更相信对物理学中某些发展的反思，能够帮助我们得到法律推理与宪法分析的新范式，从而使这些"变革中的法律范式"能够丰富我们对社会与法律议题的理解。参见［美］却伯等：《哈佛法律评论·宪法学精粹》，张千帆组织编译，439～442 页，443 页注［11］，北京，法律出版社，2005。

对于法学思维范式的功能和作用，我们可以从以下三个方面来理解：

第一，法学思维范式有助于组织和阐释材料，决定某个观察是否具有适用性。在大多数情况下，法学思维范式是解释法律行为和法律举动的一种标准、态度、方法和概念性框架。据此，法学思维范式不需要完全排斥其他学说、框架或理论，而是对其他学说、框架或理论的信息依据相关研究者的问题进行筛选，且以相关的格式组织起来。事实上，库恩的“范式”概念正是这样使用的：科学家是通过“范式”产生知识的。因此，法学思维范式是“法律是什么”得以理解的概念架构，所有的关于“法律是什么”的理解都发生在法学思维范式这一框架之内。

第二，法学思维范式可以发挥预期功能。一般而言，“范式”被用于所发生事情的相关信息和对重要关系事件的确认，会使研究者运用推导方式来预测未来的事件。范式适用于这一方面的能力不等，既可用于高度具体的事物也可适用于相对普遍的事项。法学思维范式意味着要尝试将法律理解为一种表达“实践”的形式，一种人类行动的结果。只有将法律过程理解为一种实践，法学思维范式才能展开它的解释性功能。实际上，在我们的现代生活中，是法律（制定法）首先给了我们有关具体的应然规范（如法律应有权威、法律应有效力）的法律思维。正是这种法学思维使我们建立起人类生活与法律规范之间的互动联系。可见，如果一种法学思维范式不能提供典型的、应然的法律规范与人类生活的问题和解答，就意味着我们的法学思维需要一种“变革中的法律范式”或进行“法律范式的选择”。正如库恩在《科学革命的结构》一书中所说的：“范式的改变的确使科学家对他们研究所及的世界的看法变了。”① 同样，法学思维范式的改变也的确使法学家对他们研究所及的世界的看法变了。

第三，“一个完整的法律理论大体是社会理论，但是它将考虑其他法律行为人主张的社会结构和价值观”②。如此说来，法律理论旨在解释法律现象。然而，传统的法律理论和旧的批判方法都未能充分解释法律背景下的人类行为是如何在社会中建构起来的。法学思维范式并不如此，法学思维范式旨在说明法律关系与可能富有的理论成果与研究途径，它是思维范式在法律理论中的一种新的表现形式与存在形式，其认识论上的意义是揭示法律结论与研究途径之间的内在联系。法律理论与法学思维范式最主要的区别就在于，法律理论并不需要说明某一结论得来的思维路径，而法学思维范式却向人们展示了这种思维路径。虽然法律领域中的理论革命的最初发生可能往往只是基于一种现实性的需要，但它的最终完成却是与思维范式的转换分不开的。正是在此意义上，法学思维范式意味着既要努力超越对法律自身的理解，从而表达其在法律实践和制度当中更为丰富的内涵；又要超越对法律理论直接的工具性后果，揭示法律实践中体现的关于政治和社会生活秩序的推断，从而使我们法律思维的想象力得以释放，并且获得我们所面临的情形之内的

① ［美］托马斯·库恩：《科学革命的结构》，金吾伦等译，101页，北京，北京大学出版社，2003。

② ［美］弗里德曼：《法律制度——从社会科学角度观察》，189页，北京，中国政法大学出版社，2004。

改革可能性。

法学思维范式的内涵，包含三个部分：

第一，法之前见（preconception）。即法学研究主体已形成的法律观，其中主要包括对于法的本体与价值的见解，以及由此而对自己选定主题的基本思考。研究主体的法之前见是他或他们进行法学思维的理论基础、出发点，亦是对于法学的创新或倒退，因而其有决定性意义。不论何种法学思维范式都不是哪个人凭空地突然从头脑中冒出来的，而必然是在前人和外域的影响下，经过长年累月、艰苦曲折的努力的结晶。后现代法学派也认为，跨学科的比较带来了对“前见”的更为清晰的认知，而对此类潜在知识的挖掘往往创造了选择与知识进步的可能性。就这一点言之，后现代派法哲学家的论证是极具说服力的。当然，这并不意味着在相同或相类似的社会历史传统和现实社会环境之下，人们的法之前见都相同或相近。刚刚相反，人是能动的。一个或一批法学家，并不因为面临相同或相似的客观时空条件而都怀持同样的想法。实际情况是，每位学者缘于具体处境、机遇及种种偶然因素，在其主观上形成彼此相异甚至对立的反应和成见。就像我们已知晓的，各法学流派之间，进而各派别内部不同代表人物之间，他们的思想进路常常存在程度不等的距离。准确些说，这种必然的矛盾，对于法学思维范式非但不是坏事而是好事。因为，它推动着每种范式自身的完善，促使新范式的产生，淘汰过时的旧范式，如此等等。这就是“百花齐放，百家争鸣”的裨益在法学领域中的显现。①

第二，法学方法。一般认为，方法的基本含义即思考和行动的手段或工具。而法学方法是指，为实现法学理论创新的目的，以研究主体的法之前见为起点所运用的手段或工具——它体现于展开与推进法之前见的过程。现代解释学的理论也证明，任何解释或理解都包含了前见的解释或理解。这个意义上所讲的法学方法，包括能够运用到法学思维过程中的一切方法，而不限于法学独有的方法。

按照应用的范围大小，法学方法有广狭之不同。首先，作为世界观的法学方法，是以基本哲学观点来理解与分析法现象的方法（如唯物辩证法）。这种方法适用于看待万事万物，当然也适用于法。例如，探讨法现象究竟是物质还是精神，法与生产力、经济基础、地理环境是何种关系，法与宗教、道德、风俗习惯是何种关系之类问题，就离不开这种方法。这是宏观的法学方法。其次，作为研究法现象的一般方法，比如探讨法的产生、发展

---

① 据邓正来先生的判断，自 1978 年改革开放始，中国法学基本上是通过“专政与权利”、“逻辑与社会”、“国家与革命”和“移植与本土”这四大彼此纠缠在一起的论争而逐渐展现自身的。在这四大论争中，较有影响力的乃是“权利本位论”、“法条主义”、“本土资源论”和“法律文化论”这几种理论模式，因为它们在一定程度上构成了当下中国法学的基本格局。“基本上为我所谓的‘现代化范式’所支配”……导致了至少这样两个结果：第一，未加批判地把“西方法律理想图景”误作中国自己的法律理想图景，甚至连研究“中国法律理想图景”的必要性也消解了。第二，导致“不可能或者没必要对中国的现实世界做‘切实’的关注，更无法将中国的现实世界置于当下的世界结构之中做‘问题化’的理论处理”……且不说此结论如何，但上述四种“法学”理论模式的概括，并受“现代化范式”所支配的表达也是“百花齐放，百家争鸣”裨益的表现。参见邓正来：《中国法学向何处去》，50～81 页，北京，商务印书馆，2006。

及前景的规律、法的精神、法的基本原则及法的全球化之类的问题中采用的方法。这是中观的法学方法。最后，作为实践性法现象的法学方法，是指在立法、执法、司法运行中采用的方法，包括法律程序和法定的技术规程，其共同特点是具有操作性。这是微观的法学方法。

对于法学方法的功能和作用，我们可以从以下几方面来认识：其一，按照微观的法学方法论，法学方法有利于平等对待与法的安定性。法律适用者有义务首先说明其用来评价事实的一般法律规范。如果缺乏法律规范，法官在法律续造的时候就有义务自己采用一个规则。该规则不能只适用于正在经手的案件，还应当具备一般性和普遍性。如果出现类似案件，原则上法院有义务适用早先所采用的规则。① 其二，按照中观的法学方法论，法学方法有利于权力分立，这是有关国家权力的分配及其透明度的问题。这一问题，意味着要防止司法披着“解释”的外衣篡夺立法的功能。法学方法有利于法治国家属性的实现。美国法学家富勒曾用“法的内在道德性”来强调法的规则特征。这一概念也涉及法治国家原则的要素，其中包括以下法律规定：法律规范是一般性表达的规则，而不只涉及个别案例；国家机关根据这些规则对待任何人；规则为公众所知晓；规则长期稳定；从理论上看，规则自身具有内部的协调性；任何人都只能在规则的范围内尽力而为。对富勒而言，“法的内在道德性”具有自身价值，但是，如果没有法学方法，这种价值就得不到保持。② 其三，按照宏观的法学方法论，法学方法对于法学思维范式而言往往有决定性意义。就是说，研究主体既定的法之前见和确定的主题思想最终能否创造出理想的产品，关键就在于采用的方法是否得当。当代德国著名的法理学家伯恩·魏德士曾说，“法律工作者在认识了他们在制度转变期间及其后所发挥的作用之后，不得不在法学和司法实践中进行方法上的反省。由于规范体系的复杂性和方法工具的多样性，就有必要通过添加与解释来适应世界观的变化。这表明，非历史和非政治的方法论是不切实际的”③。

由法的性质所决定，法学方法亦有双重性质：一方面是客观性。就是说，任何一种法

---

① 在当代德国法学家魏德士看来，法学方法还要求法官公开其法律适用的步骤。这一点是必要的，否则将完全不知道法官为什么对某一事实适用某一法律规范。只有这样才可能检验法官是否在事实上对同样的案件也作出了相同的裁判。为了达到这样的目的，法学方法论最终要求在用以判决的前提（法律和规则）与法官的推论之间存在一个可检验的推导关系。此处，法学方法还有利于对法院裁决进行批判性讨论，使议会（立法机关）关于适用于待解决的社会事实的相关规则的讨论在另外的层面上继续进行。参见［德］伯恩·魏德士：《法理学》，丁小春、吴越译，292～293页，北京，法律出版社，2003。

② 参见［德］伯恩·魏德士：《法理学》，丁小春、吴越译，292、294页，北京，法律出版社，2003。

③ 虽然，“大多数关于法理学和方法论的文献都在很大程度上表现出非历史性、非政治性”，然而，这种“危险的”非历史和非政治的法律适用的“幻想”，其共同之处在于试图将解释者的主观价值转换为科学确定的客观的法律内容，而人们很少以批判的眼光去分析这种在学术研究和实践中根深蒂固的论证模式。因此，不难理解，即使最高级别的联邦法院的司法实践对法学方法的意识也非常有限。（参见［德］伯恩·魏德士：《法理学》，丁小春、吴越译，290～302页，北京，法律出版社，2003。）值得进一步讨论的是，法理学对现实的法学和法律实践具有重要作用，“因此，法理学是否有必要，完全取决于法律工作者是否想知道他们要做些什么，或者说是否有意无意地迷失方向。这又涉及法律工作者对自身的认识”（同上书，24～25页）。

学方法都不是主体能够随心所欲地杜撰的产物。它或者借鉴前人和外域的成就，或者经过潜心地总结自己实践经验之所悟而形成，总之都有现实的根据；另一方面是主观性。不言而喻，不论创造法学方法或运用法学方法，都离不开主体的思维。从总体上说，将法学方法放在法律思维范式的研究范围内是很妥当的，对研究法理学和法哲学的一般原理会有所贡献，因为从本质上说它所涉及的是思维模式问题，而不只限于法律专业或法律职业领域中的问题、原则与规则。

第三，独创的成果。法之前见随各研究者而不同，其主题的精神意蕴也不同，相应的研究方法更不尽相同。这些不同就决定了每个人所进行的论证、采用的论据及最后的论点肯定会有其独具的创意。虽然某些创意并不那么鲜明、充分、完整和有说服力甚至可能被视为谬误，但终究还是拥有独具特色的见解。在文风上，这同抄袭、模仿和变相的人云亦云的做法相比，总是值得倡导的。这对于我们的法学教育和年轻法学家的培养，均不失为一件至关重要的大事。

综上，笔者认为，基本上每一种理论法学学科都是某种思维范式的体系。从研究的意义上说，研究法律思维范式就在于向人们揭示法律思维的实践和方法，从而为人类确定一种新的法律思维模式。其一，法学思维范式的研究有助于对我们前人法律思想的历史和各种法律学说进行归纳性的整理与研究。例如，各种各样的法的价值研究的观点和方法，可以归纳为自然法学的思维范式之特征；各种各样的法律实证分析研究的观点和方法，可以归纳为分析实证主义法学思维范式之特征；各种社会学的法学研究的观点和方法，可以归纳为社会学法学思维范式之特征。这种归纳对总结、借鉴外域法学经验是有帮助的，这也是法学思维范式研究的重点所在。这种意义上的法学思维范式研究也有助于人们从理论上建构能够解决中国法治建设和法治发展过程中的实际问题的基本理论问题和分析模型，帮助人们深化对法律的认识，并提供解决现实法律问题的理论思路。其二，法学思维范式的研究对理论法学的创新很有帮助，使我们能够在借鉴不同的法学思维范式和“范式”指导下的法学方法的基础上进行理论创新。其三，法学思维范式的研究对于应用法学（部门法学）的研究也很有帮助。如果没有法学思维范式的研究，没有独立的法学思维“范式”的理论指导，部门法学就会变得就事论事，很零散。同时，解决好部门法学与理论法学的关系等诸多问题，都需要有对法学思维范式的系统研究与思考。

三、法学思潮与理论法学诸学科的形成

两千多年的法学发展、尤其近现代以来的历史，呈现出一个亟待关注与追索的规律性现象。在中国古代，对于法的思考范式影响最大者，莫过于法家学派和儒家学派分别代表的两大主流观点。① 在外域，西方人对法的考察视角主要体现在由自然法学、分析实证主义法学、社会学法学所代表的主流观点上。某一特定时代的法学所应用的技术即方法，必定

① 参见吕世伦主编：《法的真善美：法美学初探》，1页，北京，法律出版社，2004。

会给法学的思维风格打上烙印。当然，这种思维风格也会受到很多法的情况和法之外的情况的制约。更为重要的是，某种法学思维范式一旦唤起较多的法学家的趋向，在或长或短的时期内，经过这些人群内部相互切磋、整合和加工提炼，外部的批判与订正、认同与补充，以及时间与空间的考验，往往会凝聚成为一股强弱不等的法学思潮。这股思潮若达到相对稳定的状态，其主要的理论观点较为一致，并有若干公认的权威性代表人物，那么就成为一个法学流派。通常，一个理论法学学科正是某个法学思潮或法学流派的主要理论观点之系统化的产物。

为了具体地印证法学思潮如何创造理论法学诸学科，颇需耗费点笔墨。话先由现代西方三大法学主要流派谈起。

(1) 自然法学思潮。它的价值体现为法之前见，其采取判断或评价的演绎方法推导和解读法概念和理论体系。概括地说，其主要表现是：古希腊学者认为法是社会化的“自然”；中世纪经院学者认为法是神的意志；17—18 世纪启蒙思想家认为法是人的先验理性；19 世纪以康德、黑格尔为代表的德国古典法哲学认为法是自由的实在；现代自然法学家认为法是社会理性。到目前为止，这股历史最为悠久而又阵容强大的法学思潮，先后缔造了法哲学与法伦理学两个学科。

(2) 分析实证主义法学思潮。它以规范（法律）为法之前见，采取规范的实证分析、尤其形式逻辑的方法推导和解读法概念和理论体系。此种思潮发展过程亦可追溯至古代：第一阶段，依次是古罗马法学家的注释法学、中世纪波伦亚学派对罗马法的注释和评论、19 世纪初法兰西、比利时等国法学家对拿破仑民法典的注释。第二阶段，以 J. 边沁、A. 奥斯丁为代表的英美分析法学和德国实证主义法学（概念法学）。第三阶段，20 世纪有两大法学派别：一是奥地利的 H. 凯尔森、A. 维德罗斯及德国的 J. 孔兹等学者倡导的纯粹法学或规范法学，二是英国的 H. L. A. 哈特及 J. 拉兹等倡导的新分析法学。分析实证主义法学思潮缔造了纯粹意义上的法理学，这最先归功于奥斯丁与凯尔森。其后哈特以其特有的“规则说”，有力地充实了该学科，但他主张的“最低限度的道德”观点却减损了法理学的纯粹性；至于近期英国的 N. 麦考密克和奥地利的 A. 魏因伯格，虽然不无道理地把法理学推向制度研究的方向（即制度法学），但他们受到综合法学的影响，过多地吸纳了自然法学、社会学法学的成分，特别是对后者的吸纳使法理学的纯粹性大为淡化。

(3) 社会学法学思潮。它以社会事实为法之前见，采取社会学立场的归纳方法，推导和解读法概念和理论体系。与前两股思潮相比较，社会学法学思潮非常年轻，是 19 世纪末的产物，但其成长的气势异常迅猛，在短短的几十年间便变成实力最强的法学思潮。其矛头所向是分析实证主义传统。社会学法学思潮分为欧洲和美国两大部分：一是欧洲社会学法学思潮。其以 A. 孔德的实证主义社会学为理论基础，在其发展过程中，法社会学家的功绩甚为突出。社会学法学思潮的最初形态是 R. Von. 耶林的目的法学及 O. F. Von. 祁克的学说。其后，Ph. 赫克的利益法学，强调社会利益与权利的分配；而E. 艾利希和 H. 康特洛维奇的自由法学则转向法官的行为而突出“活法”。最终，杰出的社会学家 M. 韦伯完善了德国社会学法学体系。在法国，社会学家 E. 涂尔干（又译杜尔克姆）与弟子 L. 狄骥创立社会连带主义法学。20 世纪上半期，在北欧形成的以瑞典的A. 哈格斯特利姆为首的斯堪的那维亚法学派即乌普萨拉法学派提出了现实主义法学，同美国现实主义法学思潮遥相呼应。二是美国社会学法学思潮。它以美国联邦最高法院大法官 O. 霍姆斯的实用主义法学为启端和主导，追随者有 N. 卡多佐、R. 庞德诸人。庞德绕开实用主义的某些片面性，造就了较全面和稳定的社会学法学体系。但不久，K. 卢埃林、J. N. 弗兰克等一大批年轻学者附和罗斯福的"新政"，提出"法律政策"，于是轰然呈现一股强大的现实主义法律思潮，并且很快在高校法学教育中居于支配地位，成为"官方法学"。他们以霍姆斯的重经验轻逻辑、法律预测说及自由法学上的"活法"说为基础，同时吸取一些非理性的心理学法律观，他们强调执法行为、尤其法官行为就是法，其虚无主义色彩相当浓厚。但总体上看，这股现实主义思潮对于避免传统法学的某些绝对化的弊病，推进法学与法律实践，起到了积极的作用。正是社会学法学强有力的发展，使当代的法社会学这个学科受到了普遍的青睐。

此外，还有必要再考察一下当代西方其余一些对于理论法学学科的形成攸关的法学思潮。

（1）经济分析法学思潮。该思潮以经济效益为法之前见，采取投入—产出的经济学分析方法，推导和解读法概念和理论体系。以 R. 波斯纳为代表的法律经济分析学说，现已被各国学界广泛采纳，但它根深蒂固的"劫富济贫"的功利主义情结，遭到了各方的指责。经济分析法学思潮直接创建了法经济学。

（2）法的政治学思潮。该思潮以政治（主要是政策）为法之前见，采取政治与法律互动的分析方法，推导和解读法概念和理论体系。它所形成的学科，便是法政治学。自现代特别是第二次世界大战以来，西方国家逐步转向社会化。其集中表现在，法越来越强化国家的政治机制，强化国家对社会的普遍福利和公益事业的干预而实现"福利国家"；同时，国家还要促进和保障多元形态的民主及广泛的自由与平等。围绕这样的宗旨，客观上就要求将法与国家政策密切结合。恰是从这种视角上，不少学者把法政治学称为法政策学。

（3）法的伦理学思潮。该思潮以人际道德关系为法之前见，采取价值判断或分析方法，推导和解读法的概念与理论体系，它所形成的学科是法伦理学。这股思潮形成的契机，是法学界对第二次世界大战期间法西斯主义灭绝人性、惨无人道的暴行进行了刻骨铭心的反思。[①] 同时，它也与西方的现实，如与战后美国经济高度发达同步滋生的一系列问题——对外侵略扩张（尤其是朝鲜战争与越南战争）、贫富差距拉大、种族歧视、性别不平等、青年造反等——带来的社会道德沉沦、精神失落和良心不安的严重情况是分不开的。值得注意的是，法伦理学形成的过程与自然法的复兴与快速发展有紧密的关系。

---

① 正如德国法学家伯恩士所指出的那样，"可以断定的：人们对法哲学和法理学深入且全面的思考总是紧跟社会灾难、制度危机和政治变革。因此，法理学也是处理法学、社会制度与政治制度的新的（危机）局势的工具。而每当事件刚刚过去的时候，人们总是要思索如何用法律手段来防范恶法制度的出现"（［德］伯恩·魏德士：《法理学》，丁小春、吴越译，17 页，北京，法律出版社，2003）。

（4）法的文化思潮。该思潮以文化为法之前见，采取历时性与共时性的对比考证方法，推导和解读法概念和理论体系。这里所讲的作为法之前见的文化，是以人文主义理念为底蕴的。历时性，是指对不同时期的法文化传统加以对比考察；共时性，是指对同一时期的不同地域、民族或国家的法文化加以对比考察。考察的标准是相互差异的文化之间各自具有的特征与一致性，以及其文明进步的程度。只有将特征与进步性两者并重，考察才会有其意义。法文化思潮所积淀和结晶的学科，是法文化学。

（5）法的人类学思潮。该思潮以文化人类学为法之前见，采取考古学和社会学田野调查等方法，推导和解读法概念和理论体系。其形成的学科就是法人类学。该学科的基本目标是掌握原始（初民）社会的法生活。它对于揭示法的起源和发展、探讨法运行的历史规律是不可或缺的。法人类学同法文化学、法社会学在部分内容和方法上有许多近似之处，但主题和宗旨有区别。文化人类学开拓出了一个与法律知识有关的完整的新世界。19 世纪末到 20 世纪初，有关法律人类学的资料大量涌现，有许多理由说明法律与人类学应该公开对话，这会大大有助于扩大立法者、法学家和法官的眼界和理解力。①

（6）法的审美思潮。该思潮以法之美为前见，采取源自人之心灵深处的审美方法，推导和解读法概念和理论体系。法美学就是来源于这个思潮的。马克思认为，人不纯系依靠本能或简单地模仿对象世界过生活，而是按照美的规律来建造。相应的，立法者的使命就是把精神关系的内在规律表现在法律之中。法美学正是要从崇高的精神层次上探索与鉴赏现实的法是否及如何体现绝好的人性或“人的类本质”。如果说对没有人参与的自然界，人尚可对它加以人化、赋予其生命力，并由此陶冶情操、获得美感的话，那么，直接复现人的类本质的法，就必会给人提供更丰富、更扣动心弦的美感。从审美的视角出发，人们（公民）能够把理性与感情结合起来追求法的真理，鞭挞恶法和弘扬良法，这对于一个法治国家而言，是令人神往和期盼的福音。

其他法学思潮，在这里无法一一列举，但要看到，新的法学思潮和法学思维范式会不断生长出来，无法穷尽。

四、理论法学诸学科的分类

不言而喻，对于范围宽阔、内容浩繁的理论法学如何进行学科分类，是见仁见智的。法律本身是个广泛的知识领域，而不是一个封闭的知识盒子。它在自己的边缘处渐渐变化而形成一大群其他学科。但对于作为其结构之要素的主要学科，大抵已形成共识，歧见不多。这里，简要地把它们概括为三类：

（一）纯粹法理学

就如前文提到的，法理学在形成之初（从奥斯丁到凯尔森），原被赋予确定的内涵和外延，只是后人才将它弄得不伦不类、面目全非。兴许正是为了改变这种状况，凯尔森刻意

① 参见［澳］维拉曼特：《法律导引》，张智仁、周伟文译，100～105 页，上海，上海人民出版社，2003。

倡导一种"纯粹法理学"[①]。本来意义上的法理学就是纯粹的以规范或法律本身为对象的学科，而不与以别的内容为对象的学科，特别是不与交叉性学科相混淆。在各理论法学学科中，法理学是唯一保持此种性质的学科。许多西方学者管它叫做"法教义学"[②]，是十分有道理的。

(二) 边缘性的理论法学学科

除纯粹法理学以外，其余理论法学诸学科全是边缘性的，即法学与非法学之间相交叉的学科。

1. 法哲学，是法学与哲学的交叉，以哲学的观点和方法，来观察和理解法现象，因而抽象的形而上色彩浓厚。法哲学的进一步划分，有理论法哲学（总论）和应用（部门）法哲学。两者虽存在性质上的共同点，但对象范围不一样，各自有其相对独立性，它们相互提携与促进，并不存在谁"指导"谁的关系。但一定要说明，这里讲的法哲学具有特定的含义，与学界大而化之的"法理学"并不是一回事。

2. 法社会学，是法学与社会学的交叉。当今世界，伴随国家、政治、经济、文化普遍社会化进程的加速，法社会学变成最热的学科之一，法理学与法哲学都有向其靠拢的趋势。在今天，法社会学主要在法国、斯堪的那维亚与美国获得了长足的进展。尽管"更新过的法社会学变成事实科学式地澄清法律条件之方法的中心，并且可以整合法律史与法比较的结论"[③]，但是，每个学科仍应坚持自己研究对象的特定性。

3. 法经济学，是法学与经济法的交叉。

4. 法政治学，是法学与政治学的交叉。根据以往的经验，需要注意在法政治学中，政治不是法律的附属品，法律也不是政治的附属品，更不能在它们之间画等号。如同其他学科一样，法政治学自身有一套稳定的法学思维范式。

5. 法伦理学，是法学与伦理学的交叉。对此要力戒片面地进行法律伦理化和伦理法律化。

6. 法文化学，是法学与文化学的交叉。

7. 法人类学，是法学与人类学的交叉。

---

① 凯尔森的理论在两种意义上是"纯粹"的：一是它被称为脱离了任何意识形态的考虑，对法律体系没有作任何价值判断，"法律规范"的分析不受正义法是什么的任何概念的影响；二是守法的社会学研究和法律发展的政治、经济或历史影响因素研究处于纯粹法学的范围之外。

② 法哲学并非法学，更非法律教义学。据康德的观点，教义学是"对自身能力未先予批判的纯粹理性的独断过程"……在法律教义学的定式里，这种态度完全正确。只是当它把法哲学和法律理论的非教义学（超教义学）思维方式当作不必要、"纯理论"、甚至非科学的东西加以拒绝时，危险便显示出来。此外，如何区分法哲学与法律理论，尚无一个令人满意的答案。在德国法学家阿图尔·考夫曼看来，对在法哲学旁还存在法律理论这一现象，只能作历史解释。他认为，法哲学更为关注内容，而法律理论对形式更为看重。参见［德］阿图尔·考夫曼、温弗里德·哈斯默尔：《当代法哲学和法律理论导论》，郑永流译，4、11～12页，北京，法律出版社，2002。

③ ［德］弗朗茨·维亚克尔：《近代私法史——以德意志的发展为观察重点》，陈爱娥、黄建辉译，548页，上海，上海三联书店，2006。

8. 法美学，是法学与美学的交叉。

(三) 法学方法性质的学科

1. 法学方法论。其从总体上论述法学方法的性质、原理、意义，以及对法学使用的基本方法进行理论分析与概括。

2. 法解释学。法解释并不等于法学方法，但它所涉及的诸如为什么需要解释、解释什么、怎样解释等等，却与方法问题密切相关。正是从这个意义，法解释学才被归类为法学方法性质的学科。

3. 比较法学。依惯例，它是指宏观地对不同法系、各国总体制度、法律体系的比较，因而惯称为“比较法总论”。至于比较法分论应如何确定，则属尚待解决的问题。

五、尾语

刚刚讲过关于理论法学前提性的几个问题，可以说均属宏大话语。但它们确实又都是不可轻视的。为了建设中国特色的理论法学体系，培养高质量的理论法学人才，首要的应是对法学思维范式的理解、把握与运用。法学思维范式不仅体现于法学思潮、流派及各学科之中，而且更为普遍地和首先地体现于每位学者的学术攻研的整个过程之中。对这些学者而言，弥足珍贵的是“创新”二字。而创新之路的起点和一以贯之的东西，无非就是要求每位学者形成和拥有自己的一套独立的和科学的法学思维范式。当遇到某种法现象和确定某个法学题目时，他能习惯性地灵活启动个人的头脑进行思索与探究，不轻易步入别人的思路上去。即使在同意别人观点的场合，也绝非简单地人云亦云，而是经过一番筛滤，含有自己的见地。由此可知，建立独立的法学思维范式，是非常艰辛和不间断的，甚至可以说是无止境的思想解放历程。一旦多数法学家能如此做下去——迄今已有一批中青年学者获得成功，那么，我国理论法学领域将成为鲜花竞放、思潮泛涌、流派纵横的生机盎然的胜境。

8.2 法律因果关系研究*

孙晓东

法律中的因果关系①的本体、性质、功能、判断标准一直是困扰法律学者们的难题。西方国家的法律学者们虽然较早关注这一问题并且总结出许多有影响的理论，然而，各种主

---

* 原为孙晓东博士学位论文，原名《法律因果关系研究》。

① 笔者认为，法律领域中的因果关系是一个同一的范畴；因果关系二元区分的理论，即将因果关系分为事实上的因果关系和法律上的因果关系的理论，混淆了因果关系问题和归责问题，因而是不可取的。因而，我们使用的“法律中的因果关系”、“法律因果关系”等概念，是对法律领域中因果关系的统一描述，与因果关系二元区分理论中的“法律上的因果关系”等概念不同。

要理论之间存在很大的冲突，被各种主要理论所描述的因果关系现象也存在巨大的差异，可以说因果关系为法律学者们所创设的困惑远远没有得到解决。如果不在理论上对法律领域中因果关系的本体、性质、功能、判断标准进行全面的澄清与界定，因果关系就仍将是法律领域中的一个飘忽不定的“幽灵”。在法理学的范围内，以体系性、一般性的视角对法律因果关系问题进行研究具有重要意义。

一、法律因果关系的研究范式

法律中的因果关系问题是一个甚为复杂的问题，也是理论观点冲突最为激烈的法律研究领域之一。中外学者们在法律因果关系问题上莫衷一是、理论分歧严重的一个重要原因在于：学者们一定程度上在各自不同的世界观的指导下、从各自单一的角度观察问题，自说自话、盲人摸象，而缺乏系统性、整体性、一般性的研究手段。本文中，我们将注意研究的系统性、整体性及一般性，采用范式分析的方法来确立法律因果关系的研究范式，并将其作为分析法律因果关系问题的主要手段。

通过对大陆法系国家、英美法系国家以及我国的典型法律因果关系理论的历史流变过程中所关注的主要问题的分析，笔者认为，法律因果关系的整体研究范式是由“法律因果关系的本体分析”、“法律因果关系的性质分析”、“法律因果关系的功能分析”和“法律因果关系的认定标准分析”四个有机联系的、不可或缺的因素构成的问题系统；“法律因果关系的本体分析范式”、“法律因果关系的性质分析范式”、“法律因果关系的功能分析范式”、“法律因果关系认定标准的分析范式”则是法律因果关系的个别研究范式。法律因果关系的研究范式具有指引和增强研究的系统性的功能，可以推动法律因果关系研究的深化。

笔者认为，确立法律因果关系的研究范式具有如下意义：

第一，范式对法律因果关系研究具有指引作用。如果说法律中的因果关系研究是一种解谜活动，那么法律因果关系的研究范式就是谜题。只有找到合适的谜题，研究活动才能有正确的方向。一方面，范式设定了法律因果关系的研究范围和框架；另一方面，范式也会凝聚思考、讨论法律因果关系共同问题的学术共同体，有了范式的指引，他们才有共同的讨论前提。这样的有指引的研究才有可能是高效率的、才有可能走向深化。法律因果关系研究范式会推动因果关系理论的进步，而因果关系理论的进步也会不断使人们看清范式的真正结构从而更有效地指引理论进步，在这样的进程中，法律因果关系的研究才能走向深化。

第二，范式可以增加法律因果关系研究的系统性。因果关系可以说是理论观点冲突较为激烈、认识比较混乱的法律领域之一。造成这种局面的一个重要原因在于，学者们在某种程度上缺乏体系性和一般性的眼光，他们总是站在各自的立场上、抓住问题的一个方面而大肆发挥。而范式可以增加法律因果关系研究的系统性。“法律因果关系的整体研究范式”中，法律因果关系的本体、性质、功能和认定标准四大构成要素相互影响：因果关系的本体是正确认识问题的基础，对本体的认识将直接影响到对法律因果关系性质、功能和认定标准的认识；对于法律因果关系性质和功能的正确定位，将会直接影响到认定标准的确立；而法律因果关系的认定标准是理论研究的最终目标，一种好的法律因果关系理论就是要给人们一种清晰的、可操作的因果关系的认定标准。然而合适的认定标准的建立离不开对法律因果关系的本体、性质、功能的合适定位。可见，法律因果关系的研究范式对于增进法律因果关系研究的系统性具有重要意义，可以帮助研究者克服局限性和盲目性，从而获得一般性的、整体性的、系统性的研究方法。

二、法律因果关系的本体分析

笔者认为，马克思主义的因果关系哲学观是我们研究法律因果关系的根本指导思想。而休谟和穆勒的因果关系哲学观既有不合理成分，也有合理的成分（恩格斯也认为休谟的因果关系哲学观点有合理的成分①），对于其不合理的成分，要以马克思主义哲学为根本指导思想进行批判，同时，我们的法律因果关系研究也可以在一定意义上，吸收其合理的成分。我们可以将休谟和穆勒因果关系理论所揭示的心理形式和逻辑形式的因果关系称为经验范畴上的因果关系，而将在马克思主义的因果关系哲学观的指引下，以事物之间相互联系和作用的客观规律为存在形式的因果关系称为客观规律意义上的因果关系。这两者在一定程度上是相互联系的：在一定意义上，事物之间的因果性的客观联系和作用是心理形式和逻辑形式的因果关系的基础，可以说，客观规律意义上的因果关系和经验范畴上的因果关系是同一本体的不同方面。然而，在因果关系认识的来源上，两者又表现出一定程度的相互独立性：客观规律意义上的因果关系和经验范畴上的因果关系虽然都是确定性因果知识的一个来源，但科学发展的局限性和客观事物的复杂性使得我们在对事物之间联系和作用的客观规律的认识上总存在未知领域，相较之下，经验范畴上的因果关系在这些领域更具意义。简言之，客观规律意义上的因果关系和经验范畴上的因果关系相结合的本体范式是正确认识和分析法律领域中因果关系的基础，这里的结合主要是指因果关系认识来源的结合。②

1. 经验范畴上的因果关系

穆勒的因果关系理论在一定程度上是对休谟的因果关系理论的继承和发展，二者都将

---

① 恩格斯认为：“的确，单是某些自然现象的有规则的前后相继，就能造成因果观念：热和光随太阳而来；但是这里不存在任何证明，而且就这个意义来看休谟的怀疑论说得很对：有规则的出现的 Post hoc（此后）决不能为 Propter hoc（由此）提供根据。”通过这条因果关系原理我们可以发现，马克思主义的哲学观点认为客观事物之间相互作用是因果关系的本质，但是休谟和穆勒的经验范畴中的因果关系理论，在因果关系认识的来源上，也具有一定的合理性。参见［德］恩格斯：《自然辩证法》，载《马克思恩格斯选集》，2 版，第 4 卷，328～329 页，北京，人民出版社，1995。

② 笔者认为，马克思主义哲学理论是研究法律因果关系的根本性指导思想，客观规律意义上的因果关系是经验范畴上因果关系的基础，二者是同一本体的不同表现方面；这里所说的结合主要是指两种因果关系认识来源的结合，而不是两种本体的结合。

因果关系的分析局限于感觉经验范畴并对经验范畴之外的知识持不可知的态度，因而，他们的因果关系理论都是对心理经验世界的因果关系的描述。休谟更注重因果关系的心理形式分析，而穆勒更注重因果关系的逻辑形式的分析，在一定意义上可以认为，穆勒将休谟的因果关系原理由心理学形式发展为逻辑学形式。而我们通常将休谟和穆勒因果关系理论所描述的心理和逻辑形式的因果关系统称为经验范畴上的因果关系。

人们对因果知识的获得是一个复杂的过程。人们在科学研究等实践活动中认识到的事物之间相互联系和作用的客观规律是因果知识的一个重要来源，同时，在一定程度上，人们的经验范畴内的心理和逻辑形式的因果关系也是因果知识的一个来源。科学研究等实践活动固然可以不断揭示出科学规律以及其他客观规律，使人们不断认清因果关系的本质，但是人们对事物之间相互联系和作用的客观规律的认识总是有局限的，客观事物之间许多方面的联系是目前科学和人类认识所无法合理解释的。相比之下，经验范畴上的因果关系从认识来源上讲，在一定范围内，尤其是在科学对事物之间的联系和作用无法解释的未知领域，具有一定程度的独立意义。人们的经验范畴上的因果知识带有一定的含混性，但是从中可以找到确定性的原则，所以其在一定程度上也是一种确定性的知识。这种确定性的因果知识是法律中因果关系分析的基础，而法律中因果关系分析的合理性在一定程度上也是来源于对这种确定性知识的认同。休谟和穆勒因果关系理论的合理性，就在于这种理论较好地解释了经验范畴内的心理形式和逻辑形式因果关系的形成和认定。通过探讨休谟和穆勒的经验范畴上的因果关系理论对法律中因果关系分析的基础性影响，笔者认为，可以借鉴该理论的合理性成分对法律因果关系的本体进行分析。

2. 客观规律意义上的因果关系

马克思主义因果关系哲学理论将对因果关系的理解建立在物质世界的普遍联系和相互作用以及规律性的基础之上，这就使我们充分认识到反映事物之间相互影响和相互作用的自然科学规律等客观规律对法律因果关系分析的重要意义。科学的发展使人们掌握了越来越多的自然科学规律等客观规律，这也使得人们对事物之间相互影响和作用的客观规律的认识不断加深，休谟和穆勒的因果关系理论分析的缺陷也因而被暴露出来，这也使我们发现在法律因果关系本体的分析上，客观规律意义上的因果关系知识是经验范畴上的因果关系知识的基础。

三、法律因果关系的性质分析

因果关系是一种带有很强确定性的事实，法律中的因果关系分析应该以这种确定性的事实为基础。法律是一种规范性手段，法律中的因果关系分析领域以及与其密切相关的归责领域都包含着这样或那样的规范性分析因素，然而这些规范性因素必须以确定性的因果关系事实为基础，法律分析的理性在一定程度上来自对事实的认同。

1. 规范性法律因果关系分析范式的缺陷

法律中的因果关系从总体上讲是一个事实性的范畴，大陆法系的“相当因果关系理论”

与英美法系“法律上因果关系理论”等规范性的法律因果关系性质分析范式忽视法律因果关系分析的事实性基础，而将价值判断、法律政策等规范性因素不恰当地引入了法律因果关系的分析领域，带来了种种问题。可以说，规范性法律因果关系性质分析范式的存在是法律因果关系研究领域中的种种混乱与模糊的根源之一。笔者认为，规范性法律因果关系性质分析范式的缺陷主要有：第一，在很大程度上，因果关系是人们生活中的一种确定性的事实知识；法律对法律领域外的事实的认同是法律分析的合理性的一个重要来源；规范性法律因果关系性质分析范式将价值判断、法律政策等因素作为因果关系的认定标准，这将会与人们生活中的事实性的因果知识产生冲突，也将会降低法律分析的合理性。第二，法律领域中的事实性因素和规范性因素承担着不同的功能。价值判断、法律评价以及法律政策等规范性因素在法律责任的认定过程中往往承担着“确定违法性”或者“确定法律责任”等功能。将这些规范性因素引入因果关系这一事实性领域，不仅造成了法律责任认定中的各个要件之间界限的模糊不清，还造成了法律责任认定步骤的混乱。

2. 法律因果关系的事实性分析

随着哲学的发展，人们对“事实”的认识也不断加深。事实不仅包括物质世界的自然事实，也包括社会世界中的事实；事实不仅包括人们的感官可以感知的客体，也包括人们的精神可以觉察到的客体。龚群教授认为：“我们可以将事实界定为人类的感性经验可以感知到的存在物（感觉呈现的客体），以及人类的思维可以把握到的存在物（思维中的客体）。人类的经验可以描述、人类的思维可以把握的是这样两类事实：一类是自然事实，另一类是社会事实……可以把人类社会的事实再分为精神性的事实与以物质为载体的事实。但是，任何事实都不可能是纯精神的，因为即使是精神性的事实，也是以语言为载体的（语言总是具有某种物质的外壳）。不过，这里的‘物质性’，是指在自然物理意义上的物质。以物质为载体的社会事物也不可能没有精神性的内涵，否则也就不是社会事实”①。杨曾宪先生区分了科学事实和价值事实并指出：“科学事实，特指从科学认识角度把握的客观存在；价值事实，特指从价值认识角度把握的客观效用价值存在。这里的‘把握’，便意味着客观现象及价值现象的存在未必都构成事实。我们进行科学研究或价值应用，显然必须依赖客观确定的科学事实或价值事实，而不能凭借虚拟的、不可确认的科学事实或价值事实。但科学事实未必都经得起科学实践的检验，即科学事实未必都是科学真理，价值事实也未必都是价值真理”②。笔者认为，事实可以包括两类：第一类事实是自然意义上的事实，主要是指自然物及其相互作用和关系的自然性存在；第二类事实是社会意义的事实，主要是指人及其相互作用和关系的社会性存在。

因果关系是一个事实性的范畴，这在法律领域之内和法律领域之外都是一样的。确定性的因果事实是法律领域中的因果关系分析的基础。上文已经分析并指出，因果关系或者

① 龚群：《论社会事实与三种价值的内在关系》，载《中国人民大学学报》，2005（1）。
② 杨曾宪：《论与“科学事实”对举的“价值事实”及其认识路径》，载《社会科学辑刊》，2004（3）。

说进入法律领域中的因果关系主要包括客观规律意义上的因果关系和经验范畴上的因果关系，客观规律意义上的因果关系是一种确定性的客观事实，经验范畴上的因果关系也是一种带有较强确定性的事实。这些事实的确定性是法律因果关系分析的理性基础。

四、法律因果关系的功能分析

法律因果关系的功能的正确界定，即因果关系在法律责任的归结过程中所扮演的角色的正确界定，是深入研究法律因果关系的基础性问题。国内外既有的法律因果关系理论在法律因果关系功能的界定问题上主要有两种分析范式：第一，归因的功能分析范式。这种分析范式认为因果关系在法律责任的归结过程中，仅仅扮演着将结果归结于行为的角色，也就是说因果关系的存在只是法律责任成立的必要条件。在存在因果关系的前提下，法律责任能否归结于行为人还要取决于其他条件，因果关系在法律责任的归结过程中只起着次要的作用。第二，归责的功能分析范式。这种分析范式认为因果关系还扮演着将法律责任归结于行为人的角色，也就说因果关系是法律责任成立的充分条件甚至是充分必要条件，应该在法律责任能否归结于行为人的层面上分析因果关系的存在与否，因果关系在法律责任的归结过程中发挥着万能的作用。笔者是在存在论的意义上研究因果关系的，因果关系是一个事实性的范畴，故笔者认为，因果关系的归责功能分析范式不恰当地将因果关系理论与归责理论相混淆，是导致对因果关系认识的混乱与模糊的重要根源之一；因果关系在法律责任的归结过程中扮演着次要的角色，仅仅起着归因的功能。

1. 法律因果关系归责功能分析范式的缺陷

因果关系属于事实性的范畴，通过自然科学的研究和经验观察，人们对因果关系有着确定性的认识。事实性的因果关系是法律分析的基础，因果关系的事实性也决定着进入法律分析领域的因果关系只能扮演固定的和有限的角色。法律因果关系的归责功能分析范式，将“预见性”、“直接性”、“自愿性”、“法律政策”和“公平正义观念”等归责性因素不恰当地引入了因果关系的分析范畴，不恰当地扩大了因果关系在法律责任确定过程中的功能，使因果关系领域成为形形色色、或明或暗的归责因素的“避难所”。这一分析范式的缺陷是明显的：第一，形形色色的归责分析使得因果关系的判断变得极为混乱和任意，因果关系的法律判断会与因果关系事实产生极大的冲突，这将大大降低法律分析的合理性；第二，法律责任确定过程中的各个步骤应该具有一定逻辑性，法律责任确定过程中的各个要件也应该具有一定的界限区别，因果关系与归责因素的混淆，将降低法律责任确定过程中各个步骤之间的逻辑性，也会使得法律责任确定过程中的各个构成要件之间的界限变得模糊不清。

2. 法律因果关系的归因性功能分析

因果关系是一个事实性的范畴，法律领域中的因果关系只应该起到有限的归因功能，即将结果归属于行为的功能。法律责任的确定离不开规范性分析，然而，许多归责性的规范分析是与因果关系的事实性质相冲突的，归责性的规范分析是因果关系所无法承载的功能。法律责任与因果关系的关系是一个十分复杂的问题，从法律中因果关系功能演变的历史分析中我们可以看出：从因果关系进入法律领域的初期，就存在因果关系事实性的归因认定和规范性归责评价的矛盾；在法律调整技术较为简单、人们对法律责任的认识较为粗浅的时期，因果关系领域中的事实性归因评价和规范性的归责评价的冲突还并不十分明显；随着法律调整技术的复杂化、人们对法律责任认识的深化，因果关系领域中事实性归因评价和规范性的归责评价的冲突逐渐加剧，因果关系已经无法承载日益复杂的规范性的归责分析功能。

在古代法律中已经出现了将规范性的归责评价纳入到因果关系这一事实性领域中的分析模式，可见，因果关系的事实性归因评价和规范性归责评价的紧张关系在古代法律中就已经朦胧出现了。但是由于在此阶段法律的整体调整水平还不高，因果关系的事实性归因评价和规范性归责评价的冲突还不明显，规范性归责评价还是能够隐藏于“因果关系的避难所”之中。

从总体上看，条件说和原因说都属于存在论上的因果关系理论，也就是说将因果关系看成一种事实性的存在范畴，这些学说的主张者也大都坚持原因和责任相区分的观点；可以认为，在大陆法系的刑法学研究领域，当因果关系作为一个正式的问题被确立并被学者们系统研究时，很多学者都将因果关系视为一个事实性的存在范畴并且很注重因果关系的归因性功能的分析。①

随着经济和社会的发展，法律所调整的社会关系日益复杂化，相应的调整水平也在逐渐提高；人们对法律责任的认识也在逐步深化，法律责任已经不仅仅是一种惩罚和报复的方法，更是一种保护人权的手段；法律中规范性分析因素也越来越多，法律责任的确定已经成了一个融合事实认定和规范性评价的十分复杂的过程。与此相适应，法律因果关系领域中的规范性的归责分析成分也越来越明确和复杂；在古代法律中已经萌芽的法律因果关系功能二元化的分析模式，在一些主流的法律因果关系理论中被明确提出并加以系统研究。这些理论认为，法律中的因果关系既具有事实性的归因功能，也具有规范性的归责功能。这使得法律因果关系领域中的事实性的归因认定和规范性归责评价的冲突逐渐加剧，因为因果关系这一事实性的领域已无法容纳日益复杂的归责性分析。

随着法律调整技术水平的提高和归责理论的深入化，许多学者认识到法律领域、尤其是因果关系分析领域中的归因与归责的不同，并主张将规范性的归责分析从因果关系分析领域中分离出来，从而构建与因果关系分析不同的归责理论。在作为相当因果关系发源地的德国，更多的学者认为该理论是一种归责理论。德国刑法学者罗克辛在主观归责理论的基础上发展出客观归责理论。根据罗克辛的思想，归责理论已经不是一种因果关系理论，也就是说，相当因果关系理论不是因果理论而是归责理论。②笔者认为，有必要将牵强地委身于“因果关系分析”之中“归责分析”独立出来，将归责作为独立的规范性问题来研究。这一方面可以避免法律中的规范性分析与因果关系事实性分析的矛盾冲突，另一方面也可

①② 参见陈兴良：《从归因到归责：客观归责理论研究》，载《法学研究》，2006 (2)。

以增强法律分析中的各个步骤之间的逻辑性和清晰性。

五、法律因果关系的认定标准分析

笔者认为，法律因果关系的认定标准应该采用逻辑和规律相结合的分析范式。充分条件之必要因素（NESS）理论为因果关系的逻辑判断提供了正确的标准，自然科学规律等客观规律意义上的因果关系是因果关系逻辑判断的基础和补充。

1. 法律因果关系的逻辑认定标准分析

基于日常生活的观察，人们积累了丰富的有关因果关系的经验性知识。这些以现象与现象之间的恒常结合关系、前后连接关系等为表现形式的经验知识，构成了人们对因果关系理解的重要部分。与此相适应，现象间的恒常结合关系、前后连接关系等逻辑分析形式，也成了人们认定因果关系的重要标准。法律中的因果关系分析是以自然界和人类社会中的存在性的因果关系事实为基础的，因果关系的逻辑性分析形式应该成为法律中因果关系认定的重要手段之一。笔者认为，必要条件标准虽为因果关系认定的重要标准，但是其在某些特殊类型的案例中的适用存在一定的障碍，而对必要条件标准修正而形成的充分条件之必要因素（NESS）标准，可以作为对法律中因果关系进行逻辑认定的合适标准。

原因的充分性思想在休谟的理论中即已体现出来，在穆尔的理论中得到系统总结。根据休谟的理论，因果关系是经验领域中现象间恒常结合的一般通则。一个完全详尽的因果通则应能够解释原因与结果的不变联系：给定一组事实存在的完全的现行条件，结果必定会随之发生；换句话说，完全详尽的现行性条件的集合与结果的发生的关系是充分性的，而在类型化的单称因果陈述中，因果陈述只是或明或暗地包含了现行条件的一部分。[①] 后来，穆勒的因果关系识别五法对原因的充分性思想进行了明确而系统的总结。休谟理论的一个主要缺陷在于，他认为某项原因不仅应是结果发生的充分条件而且还应该是必要条件，也就是说，对于某项结果而言，只有一组现行条件作为原因。穆勒对休谟的观点进行修正并提出了复数原因理论，也就是说，对于结果的发生，不可能只存在一组现行条件，常常存在多组充分性条件的集合而作为导致结果之原因。原因的充分性原理和原因的复数性原理是充分条件之必要因素（NESS）理论的基石。

综上，充分条件之必要因素（NESS）标准指的是：一个特定的条件是一个特定结果的原因，当且仅当这一特定条件是一组先行条件集合的一个必要因素，而这组先行条件对于结果的发生具有充分性（需要注意的是这里提到的一组充分性条件集合是允许其他复数的充分性条件集合的存在的）。[②]

---

① See Richard W. Wright, "Causation in Tort Law", in *California Law Review*, Vol. 73, No. 6. (Dec., 1985), p. 1789.

② Ibid., p. 1790.

2. 法律因果关系的客观规律认定标准分析

自然科学规律等客观规律反映了事物之间的相互联系和作用，反映了事物之间因果关系的事实性的作用机制，这是事物之间逻辑联系的基础。因而，在因果关系的认定上，逻辑分析应该以描述事物之间因果关系作用机制的自然科学规律等客观规律为基础。普通人基于常识性的经验积累和自然科学知识，可以对很多领域中事物之间的因果关系作用机制有所了解，以此为基础，这时逻辑分析可以为人们提供简洁和清楚的因果关系测试标准；而在有些领域，由于常识性知识的局限，普通人对这些领域中事物之间的因果关系作用机制无从了解，这时逻辑分析在因果关系测试中会失去效力，这时的因果关系测试往往需要专业人士的专业知识。由此可见，因果关系的逻辑认定在一般情况下是行之有效的，但在有些情况下会失去效力，这时经专业人士探究而知的反映事物之间因果关系作用机制的自然科学规律等客观规律才是测试因果关系的有效标准。

(1) 法律因果关系逻辑认定标准的局限分析

法律因果关系的逻辑分析能够顺利地进行的前提是必须就一个事物对另一个事物作用的"原因力"具有充分的认识，也就是说对反映事物之间相互影响和相互作用的自然科学规律等客观规律具有充分的认识。我们对事物之间相互关系的充分性和必要性的逻辑分析，都是以这种认识为基础的。例如，我们说假若没有行为人的抛扔烟头的行为，就不会发生火灾，这种逻辑分析要能够顺利进行，必须建立在这样的认识的基础上：未燃尽的烟头可以和氧气、干草发生反应，引起火焰，从而引起森林火灾。我们说假若没有行为人的射杀行为，就不会有被害人的死亡结果，这种逻辑分析能够顺利进行，必须建立在这样的认识的基础上：子弹射入人的心脏，其爆炸力足以使心脏损坏，心脏停止跳动，人就会死亡。在一般情况下，普通人根据常识性的经验知识和自然科学知识，对很多领域中事物之间的相互作用机制都能够有所认识。

因果关系的逻辑认定标准的局限出现在下面的情况中：在有些领域中，基于普通人的常识性经验知识和自然科学知识，人们无法了解这些领域中一事物对另一事物作用的"原因力"，因此，因果关系的逻辑测试将失去效力。这种情况下的因果关系的判定有赖于专业人士通过专业手段对反映事物之间相互作用的自然科学规律等客观规律的探求，甚至于寄希望于将来科学的进一步发展，从而能够揭示出未知领域中反映事物之间相互作用的规律。

(2) 法律因果关系的客观规律认定标准分析

自然科学规律等客观规律反应了事物之间的相互联系和相互作用，这也是法律中因果关系认定的重要标准。在有些情况下，法律案件中的因果关系的合理认定和裁判的合理形成离不开对事物之间相互作用规律的探知。反映事物之间真实联系和作用的自然科学规律等客观规律是法律分析合理性的最终基础。

事物之间的相互作用机制是事物之间逻辑形式联系的基础，事物之间的逻辑形式联系是事物之间的相互作用机制的表现。反映事物之间相互作用的自然科学规律等客观规律是事物之间逻辑联系规则的基础，在法律领域中的因果关系判断过程中，因果关系的自然科学规律等客观规律标准是因果关系的逻辑分析标准的基础。在一般情况下，自然科学规律等客观规律已经融入了普通人的常识经验之中；在很多领域中，普通人依据常识性的自然科学知识和经验知识，可以顺利地应用因果关系逻辑分析标准对因果关系进行有效的测试。但在有些情况下，普通人依据常识性的自然科学知识和经验知识，对有些领域中事物之间的相互作用机制无从获知，因果关系的逻辑测试方法也就失去效力，此时的因果关系判定有赖于专业人士通过专业手段对事物之间相互作用规律的所获得的了解。由此可知，因果关系的自然科学规律等客观规律标准是因果关系的逻辑分析标准的基础，在实际应用中，在特定的情况下，因果关系的自然科学规律等客观规律标准是因果关系的逻辑分析标准的补充。

科学的发展使得人们对事物之间相互联系和作用的因果关系事实的认识越来越深入，法律中因果关系分析以及法律裁判的形成也越来越具有合理性。在现有的科学知识背景和技术手段下，人们对许多领域中事物之间相互作用的规律都能清楚地确信，从而为法律中的因果关系分析的合理性和法律裁判的形成的合理性提供充足的证据基础。但是，在现有的科学知识领域和技术领域中，人们对一些事物之间相互作用的规律还无法清楚地确信，此时，基于价值衡量和政策考虑的规范性归责方法，虽不失为解决问题的权益之策，但是我们也必须认识到，事物之间相互作用的事实联系和规律才是法律中因果关系分析和法律裁判的最终合理性基础。

总之，笔者认为，对法律因果关系本体的理解应该采用经验和规律相结合的分析范式；以法律因果关系的本体分析为基础，对法律因果关系性质的理解应该采取事实性的分析范式；以法律因果关系的本体分析、性质分析为基础，对法律因果关系功能的理解应该采取归因的功能分析范式；以法律因果关系的本体分析、性质分析、功能分析为基础，对法律因果关系认定标准的理解应该采取逻辑与规律相结合的分析范式。

8.3 法的溯及力问题研究*

孙晓红**

法的溯及力是法学的基础理论问题，是法的时间效力的重要方面。法的溯及力不仅涉及法律变动时界定新旧法律效力范围，以正确适用法律、定分止争，更关乎法的价值取向和价值目标的实现，研究法的溯及力问题具有重要的理论和现实意义。本文试图从法理学

---

* 原载孙晓红博士学位论文《法的说服力问题研究》。

** 山西财经大学副教授，法学博士。

的角度展开对这一问题的研究。[①]

一、法的溯及力的概念

(一) 权威教科书及词典中法的溯及力的定义

在国内法理学界，不同学者关于法的溯及力的定义虽然表述有异，但是内涵相同，已基本形成共识。国内权威法理学教材对法的溯及力的定义代表了学界对这一概念的理解。中国人民大学孙国华、朱景文教授主编的《法理学》将法的溯及力定义为："法的溯及力又称法律溯及既往的效力，是指新法律可否适用于其生效以前发生的事件和行为的问题。如果可以适用，该法就有溯及力；如果不能适用，则没有溯及力。"[②] 张文显教授主编的《法理学》中的定义为："法的溯及力，指新法对它生效以前所发生的事件和行为可否加以适用的效力。"[③] 沈宗灵教授主编的《法理学》和徐显明教授主编的《法理学教程》中都有类似的定义。[④]

在国际上，比较权威的法律词典也对"有追溯力的法律"或"溯及既往的法律"作了界定，从另外的侧面阐释了法的溯及力概念。《元照英美法词典》将"有追溯力的法律（retroactive law）"界定为"效力及于其生效以前所发生的事件和行为的法律"[⑤]。世界著名的《牛津法律大辞典》将"溯及既往的法律（ex post facto law）"界定为"指回溯过去的法律，如规定在行为时尚非犯罪的行为为犯罪，加重刑罚，或改变诉讼程序从而不利于被告的法律"；"对应于这种溯及既往的法律的原则是'法无明文规定不为罪'，它认为溯及既往的法律不具有公正性"[⑥]。世界著名的《布莱克法律词典》将"有追溯力的法律（retroactive law）"界定为"立法机关制定的回溯过去的法律，效力及于其生效以前所发生的行为和事件"[⑦]。

从上述教科书和词典对法的溯及力的定义可以看出，溯及既往的法律就是效力及于其生效以前的事件和行为（笔者将其统称为法律事实）的法律，法的溯及力或称溯及既往的效力就是新法对它生效前所发生的法律事实可以加以适用的效力。上述定义中包含两个关

---

① 需要明确的是，本文研究的主要是主权国家国内法的溯及力，且以制定法为主。由于判例法溯及力本身的特殊性，本文对此不作研究。按照美国学者特洛伊教授的说法，"在司法裁判中，溯及既往的判决是不可避免的"（Daniel E. Troy, *Retroactive Legislation*, the A. E. I. Press, 1998, pp. 2-3）。

② 孙国华、朱景文主编：《法理学》，302页，北京，中国人民大学出版社，2004。

③ 张文显主编：《法理学》，86页，北京，高等教育出版社，2003。

④ 参见沈宗灵主编：《法理学》，350页，北京，高等教育出版社，1994；徐显明主编：《法理学教程》，244页，北京，中国政法大学出版社，1999。

⑤ 薛波主编，潘汉典总审订：《元照英美法词典》，1194页，北京，法律出版社，2003。

⑥ ［英］戴维·M·沃克（David M. Walker）：《牛津法律大辞典》，李双元等译，402页，北京，法律出版社，2003。

⑦ *Black's Law Dictionary*, eighth edition, Bryan A. Garner editor in chief, 2004 West, A Thomson Business, p. 1343.

键要素：一是时间分界点“生效”，法律溯及既往效力的有无以法的“生效”为分界点，法律适用于其生效以前发生的事件和行为，将其纳入自己的效力范围，就说明该法有溯及既往的效力，反之则没有；二是新法的效力对象是“行为和事件（法律事实）”，围绕这两个要素对法的溯及力概念的简明描述无疑抓住了法的溯及力的最本质的特征。需要进一步研究的是法的溯及力问题中法律事实的复杂性，这对更准确地把握法的溯及力概念至关重要。

（二）法律事实及其效果的瞬间性与持续性：何为法的“溯及既往”

如上文所述，长久以来理论界和实务界所认同的法的溯及力的定义是以法律事实发生和法律生效的先后来界定的。如果法律事实是瞬间性的，比如即时完成的盗窃，法律是否溯及既往一目了然。但是，使问题复杂化的是，如果法律事实及其法律上的效果具有延续性[①]，跨越新法生效时间点，比如贷款合同履行完毕前新法提高利率、某项行政许可在新法中被撤销等，那么对于这样处于持续状态、横跨新旧两个法律生效期间的法律事实或其法律上的效果，究竟应该适用旧法，还是用新法来确定或改变其法律上的效果？如果适用新法改变有关事实已经发生的法律上的效果，则新法溯及既往没有疑问；如果新法仅影响其生效以后有关事实的存续部分及其法律上的效果，是否也属于溯及既往？要准确界定法的溯及力定义，必须对此类问题作出回答。我国学界在这方面的研究比较缺乏，只有少数学者论及。[②] 虽然立法上有零星的规定，法律适用中司法机关也有针对特定问题的司法解释，但是并没有系统化和理论化。而在国外，关于法的溯及既往的概念已经有许多成熟的理论值得借鉴。

德国学界和联邦宪法法院为廓清法的溯及既往的概念，率先提出将溯及既往分为真正溯及（又译“纯粹溯及”）和不真正溯及（又译“不纯粹溯及”）。所谓真正溯及是指法令适用于其生效前已经开始、且已经终结的案例事实；不真正溯及是指法令虽然未适用于其生效以前已经终结的案例事实，但却适用于其生效以前已经开始而尚未终结的案例事实并且针对未来予以影响。[③] 在德国的上述理论中，真正溯及是新法对其生效前已经发生的法律上的效果予以改变，毫无疑问，此时新法具有溯及效力。而不真正溯及的法律对其生效前已经发生的法律上的效果不予改变，而只对其生效后处于延续中的事实或法律关系向将来发

---

① 本文此处所称的“法律上的效果”是指根据特定法律事实所形成的法律状态（包括法律关系但不限于法律关系，还可以指单方面的状态如能力、权利、资格等）。其既可以是积极的效果，如依法签订的合同、年满18周岁从而具有完全民事行为能力，依法缔结的婚姻关系、依法取得的著作权、商标专用权、依法取得的法人资格、成立公司、已获得的行政许可等；也可以指消极的效果，如法律行为的无效、无行为能力、无效婚姻、剥夺权利等等。

② 国内研究法的溯及力概念的成果就笔者掌握的资料，包括杨登峰：《何为法的溯及既往？在事实或其效果持续过程中法的变更与适用》，载《中外法学》，2007（5）；胡建淼：《关于理解与掌握“法不溯及既往”原则中应注意的几个理论与实践问题——从一出租司机状告市政府的行政案件谈起》，载《法学》，2001（12）；郭曰君：《论法的溯及力的几个问题》，载《中国社会科学院研究生院学报》，2004（1）。

③ 参见林三钦：《行政法令变迁与信赖保护——论行政机关处理新旧法秩序交替问题之原则》，载《东吴大学法律学报》，第16卷第1期；陈爱娥：《“国小”校长的“遴用”或“遴选”——法律溯及既往原则的相关问题》，载《台湾本土法学》，2001（4）；陈新民：《德国公法学基础理论》，558～559页，济南，山东人民出版社，2001。

生效力并影响其法律上的效果。不真正溯及事实上只是要求，法律自其生效的当下时点能立即开始适用。

法国的即行效力理论也包含了类似的分类。法国的卢彼埃（Roubier）就提出了“新法律的即行效力原则”理论（以下简称即行效力理论），该理论建立在一种双重区别之上。首先，它从法律状态的概念出发，区别关于形成或消灭这样一种状态的法律和关于这些法律状态效力的法律这两大类型。其次，在此基础上，它又分出两种可能的情形：一方面是新法律的即行效力，其为原则；另一方面是新法律的追溯力以及旧法律的延续，其为例外。法国的即行效力理论主要适用于民法领域。具体而言，当新法律调整其生效之前的事实时，就发生新法律的追溯既往；当旧法律继续调整一些处于新法律生效之后的事实时，就发生旧法律的延续；对正在发生的事实，新法律自生效时起调整其后发生的部分，同时旧法律继续适用于以前的事实部分，就是新法律的即行效力。[①] 虽然即行效力原则主要适用于民事领域，但是由于其考虑到法律事实及法律关系的持续状态，对准确界定法的溯及力概念、明确何为法的“溯及既往”仍然具有较大的理论借鉴意义。

法国和德国有关法的溯及力的理论虽然在关注问题的角度上有所不同，但是都主要包含了三层意思：新法的不溯及既往（包括了旧法延续）、真正溯及既往（新法律的追溯既往）和不真正溯及既往（新法律的即行效力）。笔者认为，这是研究法的溯及力概念必须兼顾的三个方面。

瞬间性和持续性法律事实及效果的区别，尤其是持续性法律事实及效果的存在，使法的溯及力概念的新内涵被揭示出来，即在不溯及既往和真正溯及既往之间有一个中间地带——不真正溯及既往。这是传统的法的溯及力定义所没有明确的。

综上，笔者认为，完整的法的溯及力，就是指新法可否适用于其生效以前发生或正在发生的事件和行为，并对这些事件和行为法律上的效果发生面向过去和未来的影响。前文中法的溯及力定义中所称的“新法律适用于其生效以前发生的事件和行为，法就有溯及力”，应当既包括新法对过去的瞬间性事实生效而具有溯及力（真正溯及既往），也包括对持续性事实向过去（真正溯及既往）以及将来（不真正溯及既往）发生效力并影响其法律上的效果而产生溯及力。

有学者根据法的“溯及既往”是否包括不真正溯及既往（新法即行效力）而将法的“溯及既往”概念作广义和狭义之分。如果溯及既往的概念的外延包括不真正溯及既往（新法即行效力），则是广义的法的“溯及既往”；反之，则是狭义的溯及既往。[②] 笔者认为，在当代，法的“溯及既往”应限制在真正溯及既往的范围内，如果说在自由法治国家时期，广义的溯及既往概念可以增加法的可预见性，保护个人因信赖旧法而选择的行为、维护信

---

① 参见［法］雅克·盖斯旦等：《法国民法总论》，陈鹏等译，327～354页，北京，法律出版社，2004。

② 参见杨登峰：《何为法的溯及既往？——在事实或其效果持续过程中法的变更与适用》，载《中外法学》，2007（5）。

赖利益，那么在社会利益和社会公平亟待重视的今天，狭义的溯及既往概念则能在保障必要的信赖利益的前提下，更大程度地促进新法的即时、统一适用，实现国家有效干预社会经济生活的职能，从而提高法律调整的效率。正如朱景文教授所言，建立在个人自由、限制权力和保障人权基础上的法治必须以全体公民基本生活需要的保障为补充，要做到这一点就需要有一个强有力的政府，通过一系列的法律政策，对社会财富重新分配。[①] 因此本文也采取狭义的溯及既往概念，后文中法的"溯及既往"在没有特殊说明的情况下，指的是真正溯及既往，这也是法不溯及既往原则所指的"溯及既往"。

二、法不溯及既往原则

法的溯及力是各国法的时间效力的重要组成部分，而不同国家、同一国家的不同历史时期有不同的规定，采纳不同的原则。有关法的溯及力问题，世界各国有过如下几种原则性规定：一是从旧原则。按照这个原则，新的法律颁布后，对其生效以前发生的事件和行为一律不适用。二是从新原则。按照这个原则，新的法律颁布后，对其生效以前发生的事件和行为一律适用。三是从轻原则。按照这个原则，在具体适用法律时要对新法与旧法的内容进行比较，从中选择对行为人更加有利的或者处罚较轻的法律加以适用。四是从新兼从轻原则。即新法原则上溯及既往，但旧法对行为人的处罚较轻时则依照旧法适用。五是从旧兼从轻原则，或称从旧兼有利原则。即新法生效前发生的事件和行为原则上适用旧法，但新法的规定对行为人更有利或处罚较轻时则适用新法，即以法不溯及既往为原则，溯及既往为例外，这是目前世界上多数国家采用的原则。

（一）法不溯及既往原则的理论基础

在法制史上，法的预先公布和可预测性是早期法不溯及既往原则的理论基础，其强调法律生效以预先公布为前提，法的效力不能回溯到公布以前。进入十九世纪后，作为对法的预先公布和可预测性理论的补强，既得权理论开始成为法不溯及既往的理论基础。"既得权"顾名思义就是已经取得的权利，该理论强调新法就已取得的权利而言，不能溯及地剥夺。但是，随着资本主义制度的建立和稳固，自然法理论趋于衰落，尤其是进入垄断资本主义阶段以后，国家通过法律对经济社会生活的干预日益加强，与此相适应，强调个人权利尤其是财产权利保护的既得权理论逐渐失去了在19世纪时的显著地位，目前各国只在有限的范围内用以禁止法律溯及既往。在当代，法的安定性和信赖利益保护原则成为法不溯及既往原则的重要理论基础。

法的安定性及信赖利益保护原则（或称信赖保护原则）源于德国的法治国家理念。法治国概念在历史上的不同时期可能内涵不尽相同，但是其核心都在于人权保障。按照通说，法治国的内涵包括公民基本权利和自由的保障，以及与此相适应的权力分立、依法行政、司法独立、国家行为的可预测性等。按照德国学者的观点，法治国不仅仅是形式意义的法治国，

① 参见朱景文主编：《全球化条件下的法治国家》，30～31页，北京，中国人民大学出版社，2006。

而且是实质意义的正义国家，“法治国的内在界限为正义，相对于此的外在界限即属于法的安定性。而依一般见解，法的安定性依其重要性，已成为法治国原则之根本要素、特征”[①]。

法的安定性的基本含义包括两个方面：其一，是指借由法律达成的法律秩序的安定，又称不可破坏性、稳定性；其二，是指法律本身的安定，又称法律的确定性。前者以后者为基础。而信赖保护原则，根据学术界的通说，由三要件构成：第一，信赖基础。这是构成信赖保护的大前提，这一基础是有效表示国家意思的“法的外貌”，其可以是行政机关的行政处分、行政计划、承诺等，“然而信赖基础并非只限于国家的具体行为，在法律、行政法令变更之溯及效力这种‘抽象的信赖保护’案型所信赖者为现存的法律状态”[②]。而对法律状态的信赖主要就是对现行法规定的信赖。第二，信赖表现。信赖表现是指人们因信赖而展开具体行为，即为一定的处分行为（不作为亦可）。换言之，这种信赖表现就是人们遵从或依据现行法作出某种行为并获得某种利益。第三，信赖值得保护（即正当的信赖）。值得保护的信赖是正当的信赖，即人们对国家的行为或法律状态深信不疑，且对信赖基础的成立善意并无过失。在上述抽象的信赖保护类型中，主要的是对现存的法律状态信赖无疑，相信其不会改变。

法的安定性和信赖保护原则都要求法具有稳定性、确定性，人们因信赖现行法的规定而安排和处分自己的行为，由此产生的信赖利益法律应当保护。如果适用临时性法律和事后法，则法的安定性及人们的信赖利益都会受到侵害。

这一理论既可解释法何以不能溯及既往——为保护信赖利益，也可以解释为什么在例外的情形下法可以溯及既往——无信赖利益值得保护。同时，与既得权理论产生于自由资本主义时期财产权保护需要的背景相比，法安定性和信赖保护原则发源于法治国家理念，保护信赖利益要求国家公权力包括立法权、行政权和司法权的行使都不得侵害公民基于对现行法的信任而处分自己行为所产生的利益，这在建设法治国家的今天，无疑具有重要意义。

（二）法不溯及既往原则的价值

1. 维护秩序

法律最基本的价值之一在于维护秩序。法的指引、评价、预测、惩罚作用的发挥，推动着人类社会中行为秩序和关系秩序的建立。除此之外，法的秩序价值的实现，还有赖于法律良好的内在品质：法的稳定性、明确性、连续性包括法律不溯及既往都是法的秩序价值得以实现的最基本的要素。其中法不溯及既往是一定的行为秩序建立的基础。“由于法律力图增进社会的秩序价值，因此它就必定注重连续性和稳定性的观念。正如我们所知，社会生活中的秩序所关注的是建构人的行动或行为的模式，而且只有使今天的行为与昨天的

① 邵曼璠：《论公法上之法安定性原则》，载城仲模主编：《行政法之一般法律原则》（二），284 页，台北，三民书局，1997。

② 吴坤城：《公法上信赖保护原则初探》，载城仲模主编：《行政法之一般法律原则》（二），239～240 页，台北，三民书局，1997。

行为相同，才能确立起这种模式。如果法律对频繁且杂乱的变化不能起到制动作用的话，那么其结果便是混乱和失序，因为无人能够预知明天将出现的信息和事件。这样，遵循先例原则与遵守业已颁布的制定法规范，就会成为促进秩序的恰当工具。”① 从这个意义上说，旨在维护旧法下的秩序、保持旧法之下社会关系的连续性和稳定性的法不溯及既往原则有助于树立人们对法律及依法律建立起来的秩序的信心，增加人们的稳定感和安全感，这是法治社会最基本的要求和状态。

2. 促进平等

平等，简言之，就是人与人的同等对待关系。法不溯及既往原则的平等价值在于，对于处于同一法律生效期间的不同人的相同或类似行为，法律给予同等对待是符合平等原则的，如果只因判决先后不同就受到不同待遇，显然有悖于平等原则。可见，法不溯及既往对贯彻“相同情形相同对待”的平等原则是必要的。当然，此时的平等是一种时间上的平等或者形式平等，而本文在后面将讨论在例外的情形下溯及既往的法律对于实现实质平等的意义。

3. 保障自由和人权

法不溯及既往原则从产生时起，就承载着人权和自由保障的诉求。早在重私法、重个人权利的古罗马，法不溯及既往已是查士丁尼民法典中的一项法律原则。近代以来，资产阶级在反封建的斗争中将法不溯及既往作为人权保障原则通过立法固定下来。法国资产阶级大革命是一场彻底的、有生命力的革命，革命中树立起反对封建的罪行擅断、保障人权的旗帜，其政治纲领《人权宣言》第8条规定：“法律只应规定确实需要和显然不可少的刑罚，而且除非根据在犯法前已经制定和公布的且系依法施行的法律以外，不得处罚任何人。”自此之后，罪刑法定作为一项原则开始在法律中正式出现，它也随法国资产阶级革命的影响而波及全世界。此后在不足一个世纪的时间里，欧洲各国的刑法几乎全部接受了这一原则。法不溯及既往作为罪刑法定原则的题中应有之义，从此与人权保障密不可分。在人类历史上，每次因为溯及既往的法律而带给人类深重的人权灾难后，都会引起人们对法不溯及既往原则的重新审视。第二次世界大战后，国际社会反思了纳粹德国废除1871年刑法中罪刑法定原则、溯及既往地滥施刑罚的暴行，强调人的权利和自由保护并重申罪刑法定和法不溯及既往原则，1948年《世界人权宣言》就在这一背景下产生，此后的区域性人权公约也无不规定了罪刑法定原则。如今，在人权、民主、法治成为时代精神和文明标志的现代社会，法不溯及既往原则更是为世界上大多数国家所重视。

（三）法不溯及既往的适用范围和位阶

1. 法不溯及既往原则在法治运行中的作用

从上文法不溯及既往原则保障自由人权的价值取向可知，该原则与法治有深刻的渊源。

---

① ［美］E. 博登海默：《法理学：法哲学与法律方法》，邓正来译，326～327页，北京，中国政法大学出版社，1999。

法治最基本的内涵就是以法律约束和限制国家的公权力、保障公民的权利和自由。该原则与法治在价值上的一致性决定了其作为法治原则的地位。法的可预期性、法不溯及既往既是法治的应然要求，也是现代法治国家一项重要的法治原则。该原则渗透法治运行的各个环节。

(1) 立法原则

作为一项法治原则，法不溯及既往首先应该是立法原则。然而，国内理论界一直以来视“法不溯及既往”为法律适用原则，我国台湾地区的很多学者以往也持相同观点。如郑玉波著《法学绪论》中论及：“惟法律不溯及既往原则乃法律适用之原则，非立法原则，立法时基于国策或社会之需要，乃可明定法律有溯及之效力……良以法律既为社会文化现象之一，自亦宜适应潮流而兴利除弊，倘于立法上亦绝对采用此不溯及既往之原则，势必对于旧法时代所遗留之种种弊病，不能以新法而挽救矣，岂文明国家为政之道呼？故各国对此原则于立法上多不适用。”①

诚如我国台湾地区学者所言，社会处于不断的发展变化过程中，法律作为社会关系的调整手段，也应紧跟社会发展的步伐，回应社会变革提出的新要求。如果束缚立法机关的手脚，禁止其制定溯及既往的法律，不仅在理论上缺乏充分的依据，同时在实践中也无法落实。纵观世界各国的立法史，溯及既往的法律的存在都是不可否认的事实。发达国家的立法实践都试图在法不溯及既往和例外时溯及既往之间寻求平衡。但是，笔者认为，这与法不溯及既往是否为立法原则是两个问题。各国的法律实践表明，立法机关在制定法律时，不溯及既往是常态，而溯及既往只是例外，个别溯及既往的法律虽是法律制度不可缺少的组成部分，但是这些东西不能太普遍，换言之，溯及既往不能成为法律体系的特征。立法机关在制定法律时同司法机关一样，也需要遵循法不溯及既往原则，除非存在特别情势，否则不得制定溯及既往的法律。

从法治目标实现的角度看，法律适用中贯彻法不溯及既往原则无疑是实现法治的重要环节，但是这一环节更多实现的是法治的形式价值——严格适用法律、依法办事，而法治的实体价值——自由、人权保障，除依靠公正的法律适用外，更多的要靠法律本身的德性和正确的价值取向。法律实证主义主张“恶法亦法”，排除法的价值判断，由此带来的人权灾难已经给人类法律留下深刻的警示。从这个意义上，法不溯及既往原则不仅仅是法律适用原则，更是立法原则，“良法之制”是“良法之治”的根本。正如拉兹指出的，法治有两个方面的含义：一是人们应该受法律的统治并服从法律，二是法律应该让人们能够受其引导。他认为，应该关注的是后一种含义。要求人们服从法律，只有当他的法律知识构成了他守法理由的一部分时，他才服从法律。所以，法律要被人们服从，就必须能够引导人们的行为，为此，法律首先应该是可预期的、公开的和明确的。② 这就要求立法机关制定法律

① 郑玉波主编：《法学绪论》，43～44页，台北，三民书局，1984。

② See Joseph Raz, *The Authority of Law: Essays on Law and Morality*, Clarendon Press, 1979, p. 214. 转引自夏勇：《法治是什么？——渊源、规诫与价值》，载夏勇主编：《公法》，第2卷，12页，北京，法律出版社，2000。

时要满足法律的可预期性、公开性和明确性，这是法律正当性的来源。申言之，立法机关不得将事后制定的法律指向其生效以前的行为和事件，法不溯及既往原则是对立法权的一种限制，这对于保障公民自由至关重要。

历史上最早规定立法机关不得制定溯及既往法律的是美国联邦宪法，制宪先贤们的初衷之一便是防止立法机关对立法权的专断使用而侵害民众的个人权利和自由。制宪者之一麦迪逊指出，溯及既往的法律违反了民约的首要原则和每一项健全的立法原则。[①] 在意大利的刑法学界，作为罪刑法定原则基本要求之一的法不溯及既往原则，被视为“主要目标在于限制立法者的权力”，“所谓刑法规范‘不得溯及既往’，实际上就是禁止立法者制定事后法。理由很简单，如果允许制定事后法，法律规范就具有不可预测性，人们不可能知道自己行为的后果，公民的自由就失去了根本保障（因为任何人都不敢担保，一个行为时完全合法的行为，不会被事后的法律规定为非法）……”[②] 在当代，对政府权力包括立法权进行限制是法治最基本的内涵，正如哈耶克强调的，“法治所限制的只是政府的强制性活动”，“由于法治意味着政府除非实施众所周知的规则以外不得对个人实施强制，所以它构成了对政府机构的一切权力的限制，这当然也包括对立法机构的权力的限制”[③]。法不溯及既往作为法治原则之一，其限制立法者的专断性权力的作用，已在世界范围内得到公认。1959 年在印度新德里召开的国际法学家会议通过了关于法治问题的《新德里宣言》，其确认的法治原则之一就是：立法机关的职能在于创造和维持使个人尊严得到尊重和维护的各种条件。立法机关必须排除溯及既往，从而不利当事人的法律，不阻碍个人基本权利与自由的行使，以使上述原则实现。[④] 可见，法不溯及既往原则的目的之一即在于限制立法机关不当行使权力，保护公民自由。

（2）法律适用原则

法不溯及既往原则作为一项法律适用原则在世界范围内已得到广泛的认同。法律适用包括司法机关的司法，也包括行政机关和法律授权机关的执法。法律适用的基本要求是合法，首要原则是法治原则。法治最基本的内涵即是通过限制国家权力来达到保障人权的目的，对司法权的限制也是法治的题中应有之义。如法国《人权宣言》依据法治原则规定：“凡未经法律禁止的行为即不得受到妨碍，而且任何人都不得被迫从事法律所未规定的行为。”可见，对行为人的行为进行法律评价的依据只能是行为当时的法律，除非法律有另外的规定。表现在法的溯及力上，法律适用机关在适用法律时必须严格遵循法不溯及既往原则，除非法律明文规定可以溯及既往；而当法律规定模糊时，只能作不溯及推定，其是英、

---

① 参见［美］汉密尔顿等：《联邦党人文集》，程逢如等译，229 页，北京，商务印书馆，1980。

② 陈忠林：《意大利刑法纲要》，13 页，北京，中国人民大学出版社，1999。

③ ［英］哈耶克：《自由秩序原理》（上），邓正来译，260 页，北京，三联书店，1997。

④ 参见张文显：《二十世纪西方法哲学思潮研究》，623～624 页，北京，法律出版社，1996。

美、法、德等国在溯及效力不明时通行的做法[①]，如德国 Enne、Ccerus 民法教科书中关于民法溯及力的解释原则之一就是："有疑时，推定一切法规只规定将来事实，不溯及既往。"[②]

综上，法不溯及既往是立法机关和法律适用机关的行为准则，其对国家的立法权、行政权和司法权的行使均具有约束作用。法不溯及既往原则贯穿于法的制定和实施全过程，是一项重要的法治原则。

2. 法不溯及既往原则在实体法和程序法中的适用

(1) 实体法原则

法不溯及既往作为一项实体法原则没有疑义，但是对受此原则约束的实体法的范围在理论界却有不同的看法。美国在 Calder v. Bull 案[③]中，界定宪法禁止的溯及既往的法仅指刑法，宣示了溯及既往的民事法律并不属于宪法规定的"*ex post facto* law"（溯及既往的法律），不能据此认定民事法律违宪。我国台湾地区也有学者认为，"民事法规不涉及人民对于公权力行使之信赖，通常不生信赖保护问题"[④]，从而排除法不溯及既往原则对民事法律的适用。但是这种观点也遭到了反对。[⑤] 在我国，从 2000 年制定的《立法法》的相关规定看，法不溯及既往原则适用于各实体法部门，而不仅仅限于刑法。那么该原则究竟适用于哪些实体法?

诚然，由于刑罚乃最严厉的法律制裁手段，刑法溯及既往对人权的侵犯也最为剧烈，因而法不溯及既往原则在刑法领域的价值也最大。但是，不能因此否定该原则在其他法律领域的价值。从应然的角度看，法不溯及既往应适用于各实体法部门，因为法不溯及既往原则保护的是人们基于对旧法秩序的信赖而产生的信赖利益，而这种利益究竟是公法上的还是私法上的并不紧要，民事权益尤其是基于契约所产生的利益受到新法溯及既往的侵害同样是法不溯及既往原则所不容许的。有关契约的法律应尊重当事人的意思自治，对当事人意志的尊重优先于法律的统一适用，所以一般不能以溯及既往的法律侵害当事人因契约而产生的利益。从其他国家的立法看，有关契约的法律不仅不能溯及既往，而且还规定旧法的效力延续至新法生效以后。[⑥] 尽管民事法律溯及既往的限制不如其他部门法严格，但是

---

① 如美国联邦最高法院在 Calder v. Bull (1798) 案和 Landgraf v. USI Film Products (1994) 案中，坚持不溯及推定，尤其是后一个案件，在美国联邦最高法院经历了 20 世纪 70～90 年代容忍大量溯及既往的法律、淡化不溯及推定之后，重塑不溯及推定原则，在一定程度上防御了随意采用溯及既往的法律。该案也抵御了在议会没有明确提出或者语焉不详时对法律溯及既往地适用。

② 转引自史尚宽：《民法总论》，14 页，北京，中国政法大学出版社，2000。

③ 3U. S. 386 (1798).

④ 陈敏：《行政法总论》，3 版，2003。转引自林三钦：《行政法令变迁与信赖保护——论行政机关处理新旧法秩序交替问题之原则》，载《东吴大学法律学报》，第 16 卷第 1 期。

⑤ 参见林三钦：《行政法令变迁与信赖保护——论行政机关处理新旧法秩序交替问题之原则》，载《东吴大学法律学报》，第 16 卷第 1 期。

⑥ 参见［法］雅克·盖斯旦等：《法国民法总论》，陈鹏等译，346 页，北京，法律出版社，2004。

依然以不溯及既往为原则。

（2）程序法原则

法谚云："实体从旧、程序从新"，理论界往往以此为根据认定法不溯及既往仅仅是实体法原则，而不适用于程序法。① 如我国学者认为："实体法以不溯及既往为原则之一……但程序法无此原则，与此相反的是，在新程序法生效时尚未处理的案件，均应采取程序从新原则，依照新程序法处理"②；"程序法溯及既往作为原则是国内外律界的共识"③。大陆法系国家一般也持此观点，即"对溯及既往性刑法的禁止仅仅适用于实质性法律"，"新的程序法条文从生效时起就应适用于尚未完结的程序，这是不言而喻的事"④。在日本，禁止溯及既往的原则只在刑法领域才予肯定，并不及于刑事诉讼法及行刑法的领域，因为程序法总是对现在的程序适用的。⑤

但是，"程序从新"是否是法不溯及既往原则之外的一项原则呢？澄清这一问题的关键是看实体法与程序法的效力对象。实体法调整实体事件和行为及其引起的实体权利义务关系，程序法调整程序事件和行为及其引起的程序权利义务关系。所谓实体法的溯及力问题是指实体法对其生效以前的实体行为和事件是否有效。程序法规范是构成性规范，即组织人们按照规则规定的行为去活动，规则所规定的行为在逻辑上依赖规则本身。新的程序法生效后，依其对"尚未处理的案件"进行处理，是就程序行为和事件（如起诉应诉的行为）而言的，至于实体权利义务则根据实体行为当时的实体法来确定。人们之所以误以为新法具有溯及力，是因为人们混淆了实体法和程序法的调整对象，误以为程序法和实体法一样，也是调整实体事件和行为的。

笔者认为，程序法适用于其生效后的程序行为而不影响其生效前的程序行为恰恰说明程序法是遵循法不溯及既往原则的。因此，那种认为"程序法不适用法不溯及既往原则而适用从新原则"，将"程序从新"看作是法不溯及既往之外的一项原则的观点是不能成立的。"实体从旧、程序从新原则不是法不溯及既往原则之外的新的原则，更不是对法不溯及既往原则的否定；相反，实体从旧、程序从新原则是法不溯及既往原则适用于实体法和程

---

① 程序法（procedural law）是指："规定通过司法途径使权利或义务得到实现应遵循的步骤和手续的法律，区别于规定具体的权利或义务本身的实体法（substantive law）。也称作 adjective law。"（薛波主编、潘汉典总审订：《元照英美法词典》，1099 页，北京，法律出版社，2003。）笔者认为，程序法是规定以保证权利或职权得以实现或行使，义务和责任得以履行的有关程序为主要内容的法律，如行政诉讼法、行政程序法、民事诉讼法、刑事诉讼法、立法程序法等等。在概念的理解上，不能把程序法和诉讼法相等同，程序法是一个外延更大的概念。

② 卓泽渊主编：《法学导论》，20 页，北京，法律出版社，2000。

③ 胡建森、杨登峰：《有利法律溯及原则及其适用中的若干问题》，载《北京大学学报》（哲学社会科学版），2006（6）。

④ ［德］克劳斯·罗克辛：《德国刑法学·总论》，第 1 卷·犯罪原理的基础构造，王世洲译，96 页，北京，法律出版社，2005。

⑤ 参见［日］大塚仁：《刑法概说（总论）》，3 版，冯军译，71 页，北京，中国人民大学出版社，2003。

序法的具体体现，是对法不溯及既往原则的进一步阐释。”①

当然，新的程序法也并非一概可以适用于生效前尚未处理的案件，当其适用影响当事人的实体权利时，比如导致刑罚加重，就应该适用旧法而排除新法的适用。而这恰恰是法不溯及既往原则的体现。比如在法国，“除有相反之明文规定外，一切程序法与管辖权的法律均具有即行适用之效力”②，但法国刑法典第112－2条同时规定，“……但如此种法律所生结果致当事人之地位更加不利时，不在此列”③。从上述规定来看，如果关系到被告人的实体权利并且对其不利，新的程序性法律不能即行适用，而是适用旧的程序法，这显然是法不溯及既往原则在该领域的适用。

3. 法不溯及既往原则的位阶：宪法原则

关于法不溯及既往原则在法律制度中的位阶，国外已有许多立法例将其规定为宪法原则，而国内一直缺乏这方面的研究。通过上文对该原则适用范围的论证，从一个侧面反映了该原则应处的位阶——宪法原则。

法不溯及既往原则与法治、人权等宪法基本原则关系密切，是从法治和人权原则中引申出来的一项原则，其贯穿于法治运行全过程，对法律的制定和实施具有指导性，因此许多国家都在宪法中作了规定，前文提到的美国联邦宪法的规定最为典型，此外，俄罗斯联邦宪法（1993年）第54条规定：“1. 规定和加重责任的法律没有溯及既往的效力。2. 任何人不得为在实施时不被认为是违法的行为承担责任。如果在实施违法行为之后对该行为的责任被排除或减轻，则适用新的法律。”德意志联邦共和国基本法（1949年5月8日，1973年修改）第103条第2款规定：“只有在行为完成前这种行为即已被规定为违法的情况下，该行为才能受到惩处。”

近现代宪政的基本精神就是贯彻人民主权思想，并试图通过制度和程序上的设计达到约束国家机关的权力，保障公民权利的目的，最终使人民主权的思想得到落实。但是，宪法在不同的国家有不同的价值取向，专制的国家也可以借宪法之名而行专制之实，而只有以法治和人权为宪法的价值取向的国家才能够实现以民主为精神的宪政。可见，作为法治和民主原则衍生物的法不溯及既往原则在现代法治国家中具有极为重要的价值和意义，确立其宪法原则的位阶，使其渗透于法治运行的全过程，才能充分发挥其在法治国家建设和人权保障中的作用。

三、法不溯及既往原则的例外：立法原则与界限

（一）例外时法溯及既往的必要性

法不溯及既往因其价值取向而成为一项重要的法治原则和宪法原则，这一点毋庸置

---

① 黄群、刘颖：《〈公证法〉中救济性条款适用程序从新原则的意义——从有利于保障当事人利益的角度来谈》，载《中国司法》，2006（6）。

② ［法］卡斯东·斯特法尼等：《法国刑法总论精义》，罗结珍译，171页，北京，中国政法大学出版社，1998。

③ 同上书，693页。

疑。但是，任何原则都不是而且不能绝对化。绝对的法不溯及既往也是一把双刃剑，尽管其有正确的价值取向，可一旦绝对化，就会使该原则的适用在某些时候背离它的价值追求。

第一，违背社会进步的要求，欠缺实质平等的保护。一般而言，法律应保持稳定以维护现有的法律秩序，但同时法律又不能忽视社会进步和发展提出的要求。而绝对的法不溯及既往过度强调旧法下个人的信赖利益，反对用新法改变旧法下任何法律事实的效果。这就会违背社会进步的要求，造成不公平。法律的平等价值不仅体现为一种时间上的平等，即在同一法律的生效期间“相同情形相同对待”，而且体现为一种空间上的平等，“平等对待那些根据当今社会标准而应受到平等待遇的个人、群体或情势，是符合正义要求的”①。此时的平等是一种实质意义上的平等。比如新刑法规定盗窃罪构成的数额起点高于旧法，对在旧法下实施的构成盗窃罪的盗窃行为如果根据新法不构成犯罪，则对未决案件依新法判决除有利于被告人外，更重要的是适应新形势，给予行为人符合新的社会情况和价值观念的实质上的公平待遇。如果一味坚持法不溯及既往，同样会产生法律的价值背离：法看似维护了一种时间上的平等，但却造成实质上的不平等。

第二，背离自由人权保障的价值目标。禁止法溯及既往最根本的价值追求是保障自由和人权，然而溯及既往的法律并非无一例外地对人权保护不利。在很多情况下，溯及既往的立法更有利于人权的保护，刑法“从旧兼从轻”原则中的“从轻”即是通过新法的溯及既往更好地保护人权的典型例证。新自然法学的代表人物富勒也不得不承认，从法律一般是适用于将来的这一角度而论，可能在有的情况下，溯及既往的法律是一个不可缺少的补救办法。②

在西方法律史上，除了19世纪以前的法国和德国的法律曾经采用绝对的不溯及既往原则外，其他国家和在其他历史时期则打破了法不溯及既往的绝对性，许可立法者在例外的情况下，可以制定溯及既往的规范。③ 由此可见，法不溯及既往原则如同其他法律原则一样，并非是绝对的，原则与作为原则题中应有之义的例外共同构成了法不溯及既往原则的完整内涵。

（二）制定溯及既往法律的一般原则

笔者认为，法溯及既往与否从根本上说是立法问题。法的溯及力是法的时间效力的组成部分，而法的时间效力包括法何时生效、何时失效及法有没有溯及既往的效力的内容，其本身就是立法范围内的事项，需要立法机关在立法中加以明确。

法溯及既往作为法不溯及既往原则的例外，只能存在于有限的领域，立法时应严格遵循一系列原则。从根本上讲，法律的溯及既往不能破坏法的安定性和人们的信赖利益，不

---

① ［美］E. 博登海默：《法理学：法哲学与法律方法》，邓正来译，327页，北京，中国政法大学出版社，1999。

② 参见吕世伦主编：《现代西方法学流派》，66页，北京，中国大百科全书出版社，2000。

③ 参见陈新民：《德国公法学基础理论》（下册），531～547页，济南，山东人民出版社，2001。

能造成对法的人权保护价值目标的背离。而有利于人权保护是制定溯及既往的法律时应遵循的最基本原则。①

1. 有利于人权保护原则

在新法对人权保护更为有利的情况下，允许新法溯及既往是各国通行的做法，根本原因在于此时法溯及既往与法不溯及既往有着一致的价值目标，不会对公民权利及信赖利益造成侵害。

有利人权保护原则作为抽象程度较高的原则，在不同法律的领域有不同的表现。比如在刑法领域是指对被告人有利，在社会法领域是指对弱势群体有利等等。这里需要特别讨论的是在行政法、经济法等公法或以公法为主的法律领域，其在根本价值取向上与“有利人权保护原则”不相矛盾，但就私权利的保护而论，各国的立法中除有利于私权利的溯及既往外，还有少量直接对私权利构成限制的溯及既往的法律。这是因为在现代社会，行政法等公法越来越多地承担着社会公共职能，公共利益成为确定该领域法溯及既往的界限必须考虑的问题，在个体利益与公共利益发生冲突的情况下，如果该社会公共利益远远比个别的个体利益重要，则应牺牲个体利益而维护公共利益，而在社会矛盾突出，社会资源配置存在较为严重的不公平时，对社会整体利益的考量更为重要，所以有利于社会整体利益的溯及既往的法应当被许可，比如特定领域的税法。在现代社会中，税收的职能除获取财政收入之外，还有公平配置资源和保障社会稳定的功用，诸如遗产税、社会保障税、环境税等，都趋向于促进经济公平和社会公平。当这些税收法律规范溯及既往有助于实现社会公共利益时，应承认其溯及力的正当性。而且，从根本上讲，社会整体利益的促进能够提升公共产品和公共服务的品质，使所有社会成员从中受益。从这个角度讲，有利于社会公共利益与保护人权的价值取向是一致的。除此之外，还有一些情形下法溯及既往也会造成对个人权利的减损但仍应被许可，如新法可填补法律漏洞时。

仅从形式上看，上述领域中法律溯及既往是“二元”的，即以“有利”溯及既往为主，辅以“不利”的溯及既往。前者是“有利人权保护原则”的体现，为各国法律所许可；后者则有较严格的限制，“不利”的溯及既往因为其对私权利造成减损，只应在极有限的范围内存在。在这些领域应区分两种溯及既往并针对后一种情况的立法另外确立原则，这样才能增加这些原则的针对性和可操作性，从而为立法机关制定溯及既往的法律提供更明确的标准，也便于对这些立法活动进行监督。笔者认为，下述的一般原则在行政法等公法领域（刑法除外）对制定“不利”溯及既往的法律具有指导作用，并且这些原则协同指导立法机关制定溯及既往法律的活动。

2. 信赖利益排除原则

前文已经指出，保护信赖利益要求国家公权力包括立法权、行政权和司法权的行使都

---

① 当然，人权保护原则在一国政权稳定时期制定溯及既往的法律时更有意义，在政权更迭、社会转型时期，法律溯及既往则还依据其他原则，或服务于法律的其他价值目标，比如正义。

不得侵害公民基于对现行法的信任安排自己的行为所产生的利益，从而拘束立法、行政和司法活动。在法的溯及既往中谈信赖保护原则主要是强调立法机关原则上不得制定具有溯及力的法律法规，以保护信赖利益。但是，无信赖利益或信赖利益不值得保护时，法律可溯及既往。作为社会关系的调整手段，法律规范应该为适应社会发展变化而不断调整、更新，在特定的情形下，新法律的尽快生效和统一适用比维护旧法下的利益更重要，尤其是有更重大的公共利益需要特别保护时，信赖利益保护应被排除，新法可以溯及既往。因此，立法机关制定溯及既往的法律，还需要遵循上述原则。

3. 公共利益保护原则

实践中，能够对信赖利益保护构成限制的首先是公共利益的需要。我国台湾地区学者林合民将"强烈的公益要求"列为信赖保护之"消极要件"，若符合此要件既无法成立信赖保护。[①] 而林锡尧也认为："所谓值得保护之信赖……更须斟酌公益，如公益之要求强于信赖利益，则信赖不值得保护。"[②] 可见，公共利益保护构成法溯及既往的重要根据和基础。这是因为公共利益和个人利益的划分虽然在一定程度上具有相对性，但二者仍会存在某种对立，正如德国学者哈特穆特·毛雷尔指出的，公共利益和个人利益有时相互一致，有时相互冲突。[③] 于是在一个国家，"宪法一方面肯定基本权利的存在及保有和行使这个权利所带给私人的利益，另一方面也承认这个利益亦可能侵及公益，两者间存有一个隐藏的紧张关系。因此，如何促使公益的增进及维持，以及如何调和其与私人的基本权利之间的紧张关系，都是宪法赋予立法者的形成权，由立法者以制定法律的方式来消弭及调和。而这亦应为公共利益的精义所在"[④]。在制定溯及既往的法律尤其是行政法时，公共利益构成法律得以溯及既往进而减损公民信赖利益的理由。但是，在公法领域，公共利益由于其不确定性，很容易成为公权力滥用的借口，同时，立法权本身具有扩张性，为此需要运用比例原则对立法权进行限制。

4. 比例原则

比例原则并不是成文法明文规定的一个法律原则，而是率先由德国联邦宪法法院根据宪法的基本原理引申出来的，联邦宪法法院在很多判决中认为比例原则是渊源于法治国理念及基本人权的本质的最基本法律原则。[⑤] 我国台湾地区学者陈新民认为，"所谓宪法的比例原则问题，就是讨论一个涉及人权的公权力（可能是立法、司法及行政行为），其目的和

---

① 参见林合民：《公法上之信赖保护原则》，台大法研所 1985 年硕士论文，60 页。转引自吴坤城：《公法上信赖保护原则初探》，载城仲模主编：《行政法之一般法律原则》（二），241 页，台北，三民书局，1997。

② 林锡尧：《西德公法上信赖保护原则》（上），载《司法周刊》，第 105 期，1983 年 4 月 13 日。转引自吴坤城：《公法上信赖保护原则初探》，载城仲模主编：《行政法之一般法律原则》（二），241～242 页，台北，三民书局，1997。

③ 参见［德］哈特穆特·毛雷尔：《行政法学总论》，高家伟译，40 页，北京，法律出版社，2000。

④ 胡建淼、邢益精：《公共利益概念透析》，载《法学》，2004（10）。

⑤ 此观点可见于 BVerfGE23，127/133，参见陈新民：《德国公法学基础理论》（下册），375、398 页，济南，山东人民出版社，2001。

所采行的手段之间，有无存在一个相当的比例问题”①。

关于比例原则的内涵，学界通说认为包含三部分内容：（1）适当性原则，即国家措施必须适合所追求的目的或者所实现的目标，有助于自己的目标达成；（2）必要性原则，即如果以国家措施干预公民自由为实现公共利益所不可缺少，那么这种干预必须是最低限度的、最少侵害的、最温和的并不可替代的；（3）狭义比例原则，即干预自由的国家措施对当事人来说是不过分的，对国家所追求的目标来说是适当的。其强调的是国家机关所采取的措施与其所达到的目的之间必须合比例或相称。② 在我国，近年来学者们已经开始将比例原则作为独立原则加以研究，视其为公民权利的有效保障，有些学者将比例原则直接定位为宪法性原则，认为其对立法和行政行为均具有约束作用。③

笔者认为，在立法中引入比例原则有助于确定合理的法溯及既往的界限。立法机关立法时需要结合立法目的、考虑其对公民权利的限制是否必要、是否成比例。简言之，一项溯及既往的法律应该是合乎目的的、必要的及未过度侵犯公民权利的。

上述诸原则虽然都为溯及既往法律的制定提供指导，但这些原则也不能等量齐观，也有“位阶”排列。首先，有利于人权保护原则是价值位阶最高的原则，是溯及既往法律制定的根本原则，适用于所有法律领域。其次，信赖利益排除原则、公共利益保护原则、比例原则是处于第二层次的原则，并且这三项原则主要都是针对立法机关在行政法等公法领域制定“不利”溯及既往法律的活动，但是它们之间也有主次之分。信赖利益排除原则是立法机关遵循的最基本原则，无信赖利益值得保护的情况下，立法机关才能制定溯及既往的法律。在特殊情势下，公共利益可以构成限制信赖利益的理由，此时，即便存在善意的信赖利益，也应根据公共利益保护原则制定溯及既往的法律，不过，立法机关须同时遵循比例原则，可以说比例原则是公共利益保护原则的辅助性原则。

上述原则为制定溯及既往的法律提供了指示和方向，为划定法溯及既往的界限提供了基础。然而，抽象的原则需要具体化，而溯及既往的界限划分也是一个实践性和操作性很强的问题，立法者应在一般原则的指导下，区分不同法律领域，具体确定法溯及既往的范围和界限。比如在刑法领域，有利于被告人是刑法溯及既往的唯一理由；在社会法领域，这一界限是有利于弱势群体；在行政法、经济法等公法领域，“有利”溯及既往应被许可，而“不利”溯及既往在有重大公共利益考量、旨在修补法律的瑕疵和漏洞时应被许可。此外，公民可以合理预期法律的修改与制定、消除旧法的不确定性也是该领域新法“不利”溯及既往的理由。

---

① 陈新民：《德国公法学基础理论》（下册），368页，济南，山东人民出版社，2001。

② 关于比例原则的内涵，可参见城仲模主编：《行政法之一般法律原则》（一），122～127页，台北，三民书局，1997；胡建淼主编：《论公法原则》，538～539页，杭州，浙江大学出版社，2005；陈新民：《德国公法学基础理论》，368～375页，济南，山东人民出版社，2001。

③ 参见范剑虹：《欧盟与德国的比例原则——内涵、渊源、适用与在中国的借鉴》，载《浙江大学学报》（人文社会科学版），2000（10）。另外，认为比例原则为宪法原则的观点还可见于李燕：《论比例原则》，载《行政法学研究》，2001（2）。

四、溯及既往立法合法性审查：美国和德国的实践

本文已经阐明，立法机关在例外情况下可以制定溯及既往的法律，但是此项权力受到严格限制。而立法机关制定溯及既往的法律时，能否严格遵循有关的原则和界限，避免造成对人权的不当侵害，单靠其自律是难以保证的，还需有效的外部监督。在现代法治国家，对立法权进行监督的有效方式之一就是立法的合法性审查。立法的合法性审查包括立法权限、立法内容及立法程序审查等方面，本文讨论的是立法内容的合法性审查。简言之，立法内容的合法性就是下位法不能违反上位法的规定，而立法内容的合法性审查包括对溯及既往立法的合法性审查。从世界范围看，由于法不溯及既往原则的宪法地位和法治意义，对溯及既往立法的合法性审查除合法律性审查之外，违宪审查也是非常重要的途径。① 许多国家都将法的溯及力问题提高到宪法层面来讨论，溯及既往的法律在这些国家都受到合宪性审查。其中，美国和德国的违宪审查模式代表了当今世界违宪审查的潮流②，两国对溯及既往立法的违宪审查制度也最为完备且具有借鉴意义。本文主要选择了美、德两国的相关制度，对其溯及既往立法的违宪审查实践进行介绍和评价，以揭示溯及既往立法合法性审查的宪政意义。

（一）美国的普通法院审查模式

该模式是指由普通法院通过司法程序对正在审理的案件所涉及的，作为该案件依据的法律、法规及行政命令等规范性法律文件是否合宪进行审查监督。③ 汉密尔顿早在美国建国之初就已经指出："所谓限权宪法系指为立法机关规定一定限制的宪法。如规定：立法机关不得制定剥夺公民权利的法案；不得制定有追溯力的法律等。在实际执行中，此类限制须通过法院执行，因而法院必须有宣布违反宪法明文规定的立法为无效之权。如无此项规定，则一切保留特定权利与特权的条款将形同虚设。"④ 汉密尔顿的见解构成了 1803 年"马伯里诉麦迪逊"（Marbury v. Madison）一案的基础⑤，该案开创了由普通法院进行违宪审查的美国模式。在此后二百多年的时间里，美国联邦最高法院对4 000件关系宪法解释的案件进行了审查，总共宣告了美国国会制定的八十多部法律违宪，也宣布了一些州的法律违宪。⑥ 这些法律中包括因溯及既往而被宣布违宪的部分。⑦

---

① 根据违宪审查理论，能够通过合法律性审查解决的问题，就不需要进行合宪性审查；只有进行合法律性审查仍然解决不了的问题，才需要进行合宪性审查。

② 参见赵凤、贾滕：《当代主要违宪审查模式的分析及对我国的借鉴意义》，载《法制与社会》，2007（7）。

③ 由于美国联邦最高法院的违宪审查一直属于附带型的违宪审查制度，对法律的违宪审查是依靠具体的案件涉及法律的违宪问题而发生的，即违宪审查是法院在行使普通司法权的时候附带进行的，所以，美国的违宪审查属于事后审查或称具体审查，没有像德国那样对法律的抽象审查。

④ ［美］汉密尔顿等：《联邦党人文集》，程逢如等译，392 页，北京，商务印书馆，1980。

⑤ 5U. S. 137（1803）.

⑥ 参见莫纪宏主编：《违宪审查的理论与实践》，41 页，北京，法律出版社，2006。

⑦ 例如 Fletcher v. Peck，10 U. S. 87，6 Cranch 87，3 L. Ed. 162（1810）；Lochner v. New York，198 U. S. 45（1905）。

对溯及既往立法的合宪性审查，除刑事法律外（刑法溯及既往的理由是唯一的，即对被告人有利），美国联邦最高法院的立场从某种程度上说是政策导向的，其随着社会经济文化情况的发展变化而处于不断的调整当中，确定法律溯及既往界限的依据亦没有一贯性。马歇尔大法官的看法具有代表性：宪法本身即不禁止溯及既往的立法，只要立法与政府追求的正当目的（legitimate governmental purpose）之间有一个理智的关系，法院便认同此决定。这就是美国法院一直坚持的合理性原则。[①] 围绕着个人自由和财产权的保护，美国联邦最高法院对溯及既往的法律的限制经历着严格——宽松——严格的过程。以 1937 年“新政”为界，在“新政”前的历史时期，美国联邦最高法院主要是运用既得权理论、宪法中的合同条款和正当法律程序来判定溯及既往的民事法律的违宪，如果一项法律侵犯契约自由、损害合同义务，且从根本上说是侵犯个人财产权的，就会被宣布违宪而无效；“新政”后国家加强对社会经济生活的干预，大量有利于劳工权利保护、促进社会经济发展的改革性溯及既往的立法大都可以通过违宪审查而获得合宪性，个人权利尤其是财产权因此受到限制，美国联邦最高法院很少再用合同条款和正当法律程序来判定一项溯及既往的民事法律违宪。[②] 20 世纪 90 年代以来，既得权理论及反对法律溯及既往的主张在美国联邦最高法院又有复兴的迹象，合同或财产权利的保护又开始成为判定溯及既往的民事法律违宪的理由，但总的说来，对立法机关制定溯及既往法律的限制依然较少。另外，人权保护在现代宪法中日益重要的地位也影响到美国联邦最高法院对待溯及既往法律的态度。如何协调社会公共利益和私人利益之间的关系，如何在维护社会整体利益的前提下又有效维护私人利益、保护人权，是美国联邦最高法院判定溯及既往民事法律是否合宪时要着重考虑的问题。

此外，美国联邦最高法院在违宪审查实践中也形成了一些具体的溯及既往立法的合宪性标准，成为政策考量之外判断溯及既往立法合宪性的依据。这些标准包括溯及期限（比如溯及期限不超过 1 年即不违宪）[③]、紧急性立法（国家为了应付严重的危机，包括财经危机，可以出于公共利益的考量制定溯及既往的法律）[④]、填补法律漏洞或瑕疵补正（此类溯及既往的法律往往被判为合宪）。[⑤] 可以说，美国联邦最高法院对溯及既往法律的违宪审查以政策导向为主，又有法理支持，二者共同决定着溯及既往的法律的合宪与否。

（二）德国的宪法法院审查模式

该模式是指建立专门机构即宪法法院进行违宪审查，宪法法院有权审查一般立法是否违宪，其管辖权（审查对象）之一即“联邦法在形式上或实质上是否与基本法相一致”

---

① 参见陈新民：《德国公法学基础理论》（下册），581 页，济南，山东人民出版社，2001。

② See Daniel E. Troy：*Retroactive Legislation*，the A. E. I. Press，1998，p. 35.

③ See Welch v. Henry，305 U. S. 134/147（1938）.

④ 美国国会于 1947 年通过总工时法（Portal-to-Portal Act），溯及既往地规定自 1938 年本法实施，美国联邦最高法院虽然没有过相关判决，但下级法院及州法院在审判中对该法都持合宪解释，理由是为了避免美国财经陷入危机。

⑤ 前注 portal-to-portal 案中涉及的国会立法即属于典型的补救立法，起到填补法律漏洞和瑕疵补正的作用。

（《宪法法院法》第13条）。根据德意志联邦共和国基本法，联邦与各州都设有宪法法院。德国的宪法法院对立法所实施的宪法监督既包括像美国那样的具体审查，又有脱离具体案件的抽象审查。

德国联邦宪法法院对溯及既往立法的违宪审查除以法治国家理念导源出的法的安定性和信赖保护原则为基本依据之外，还对真正溯及既往和不真正溯及既往的界限进行了划分。该划分加上刑法绝对不得溯及既往原则，总共构成溯及既往法律的“三阶论”，即刑法是绝对禁止溯及，真正溯及（纯粹溯及）是原则禁止、例外许可，不真正溯及（不纯粹溯及）是原则许可、例外禁止，这些构成了判断溯及既往立法合宪性的标准体系。① 当然，上述许可界限都是针对对公民权利不利的溯及既往法律的。

德国联邦宪法法院认为，原则上所有具有真正溯及效力的法律应被禁止，在例外情形下才可以许可。有关许可理由主要有以下四种见解：第一，须有可预见性。当人民可以预见会有法律秩序变迁时，事后即使法律回溯地发生效力，既然早在人们的预料之中，则应当许可。第二，消除旧法的不确定性。如果基于旧法立法者的错误，使法律体系发生不明确及混乱的后果时，可由后法加以溯及地澄清。第三，为填补法律漏洞。如果旧法因各种理由，特别是因违宪被宣告无效后，为填补无效法律所遗留下来的法律漏洞，即可由新法加以溯及既往地填补。第四，必须有极重要的公益考量。② 同时德国联邦宪法法院认为不真正溯及原则上具有合宪性，只有例外时才违宪，禁止不真正溯及的理由主要是公共利益考量没有超过对私人信赖利益保护的要求，人民的信赖利益更优越、更值得保护时，例外地否认其合宪性。③

五、结语

本文在重新认识法的溯及力的概念的基础上，对法不溯及既往的理论基础、价值、适用范围和位阶进行了较为深入的分析，探讨了例外情况下制定溯及既往法律时应遵循的原则，同时考察了美国和德国对溯及既往立法的合宪性审查，揭示了法的溯及力问题的宪政意义。上述有关法的溯及力制度的理论及主要国家的实践，对完善我国法的溯及力制度具有指导和借鉴意义。在建设社会主义法治国家的背景下，法不溯及既往原则应受到足够的重视，同时对作为例外的溯及既往法律的许可和限制也应在有关原则的指导下，在立法中得以体现，以便为法律适用机关提供明确的法律依据，另外还需重视对溯及既往立法的合法性审查，并在此基础上构建合理的法的溯及力制度，使其服务于我国的法治建设和人权保障事业。

---

① H. Sshulze-Fielitz，Rdnr. 142. 转引自陈新民：《德国公法学基础理论》（下册），564、571页，济南，山东人民出版社，2001。

② 参见陈新民：《德国公法学基础理论》（下册），562～564页，济南，山东人民出版社，2001。

③ 参见城仲模主编：《行政法之一般法律原则》（二），296页，台北，三民书局，1997。

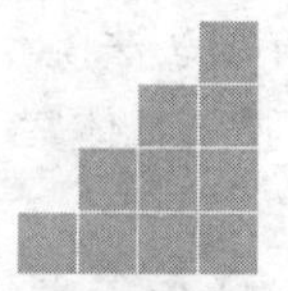

9. 附　录

1. “法律与发展的中国经验”国际研讨会综述*

朱景文　冯玉军　汪公文**

2008年5月10至11日，由中国人民大学法律与全球化研究中心主办的“法律与发展的中国经验国际研讨会”在中国人民大学法学院召开。来自美国、丹麦、荷兰、瑞典、日本和我国大陆和港、澳、台地区的一百多名学者参加了会议，现将这次会议内容纪要如下，以飨读者。

中国人民大学法律与全球化研究中心主任朱景文教授：法律与发展运动如果从20世纪50、60年代美国和欧洲一些国家对新独立国家提供法律与发展的援助算起已经半个世纪了。今天我们非常有幸请到当年美国法律与发展运动的创始人和积极参加者、也是最早对这一运动提出质疑和批判的美国老一辈法学家威斯康星大学的楚贝克教授和波士顿大学的赛德曼教授。今天世界法律和发展运动已经和当年无法同日而语，如果说20世纪50年代～70年代的法律和发展运动主要集中在亚洲、非洲和拉丁美洲的一些国家，在规模、人口、影响力方面都十分有限，70年代～90年代先后出现的亚洲四小龙和五小虎，虽然取得了一定的成就，具有某种样板的作用，但毕竟是那个特殊的时代背景的产物，很难在世界范围内推广，特别是对大国而言意义就更有限。21世纪以来，“金砖四国”即巴西、俄罗斯、印度和中国正在成为世界经济发展的新动力，它们都具有广阔的领土、巨大的人口、丰厚的资源和自己长期的文化传统，包括法律传统，在它们的发展过程中当然也要借鉴国外的经验，但绝非是简单地移植其他国家的经验和法律就能解决问题的。

就中国而言，今年是改革开放30年，大家都在总结改革开放以来的经验、反思改革，召开本次会议的目的就是为了研究法律和发展的中国经验，中国改革开放以来在经济方面取得了举世瞩目的成绩，法律在社会生活中的作用日益突出，其中有许多经验和教训值得汲取。

法律和发展是一个跨学科的问题，这里既包括法律学科内部不同学科之间，理论学科和部门法学科之间的相互交流，也包括法学和其他社会科学如哲学、经济学、政治学、社会学之间的相互交流，因此我们这次会议邀请了许多来自不同学科的学者，我们想通过他们之间的对话，共同探讨法律和发展的中国经验。

一、对西方“法律与发展”运动的反思

会议首先一个议题是对西方“法律与发展”运动进行反思。这场运动兴盛于20世纪

---

* 原载《中国社会科学辑刊》，2009年总第26期，上海，复旦大学出版社，2009。

** 中国计量学院法学院副教授，中国人民大学法学理论博士研究生。

60年代～70年代，其根本观点是：对于广大非西方的欠发达国家和地区而言，无法依靠本国原有传统法律与习俗以实现从传统社会向现代化社会的发展，而必须把西方的法律体系和法律教育模式全面移植进来，才有可能加快其法律现代化的步伐，解决所面临的各种社会问题。正是在这种被神圣化了的法学理论的影响下，由美国政府、国际组织、私人基金和其他私人组织对第三世界国家开展法律援助，试图对第三世界国家进行法律改革，在这些国家建立西方式法律制度以促进经济和社会发展。但是这场在本质上受到“西方中心主义”历史观影响的运动，最终在实践中遭遇惨败。法国人勒内·达维德以《法国民法典》为蓝本起草的《埃塞俄比亚民法典》由于不适应该国国情导致根本无法实施，被讥讽为“法学家的杰作，非洲人的噩梦”；如果再统计一下当时亚非拉发展中国家在西方学者指导下进行的立法和法律教育工作，绝大多数都功败垂成，在实践中遭遇惨败，因此各国学者对这一运动的评价负面居多。然而，迄今为止50年过去了，法律和社会发展的情况在全世界范围内已经和过去有了很大的不同，人们开始谈论所谓新发展中国家中国、印度、巴西、俄罗斯等“金砖四国”的经验。也就是说，传统的发展中大国正在创造着自己的经验，确实走出了一条具有本国特色的道路。另外，自20世纪90年代以来，经济全球化的趋势日益明显，各国各地区的法律交流与合作不断深化，也引发了法律与发展运动复兴的强烈呼声。可以说，法律与发展运动的兴起、衰退与复兴这一视角为我们认识和理解当代中国的法制建设，总结成败与得失的经验提供了宝贵的智识资源。由此，会议邀请到法律与发展运动的亲历者来讲述他们的经验与反思，就显得意义非凡。

“法律与发展”运动的主将、美国批判法学的重要代表人物、威斯康星大学法学院的楚贝克（David M. Trubek）教授首先发言，他的报告题目是“多元视角时代下的法律与发展：新发展国家的法律挑战”。他指出：法律与发展的理论是一个起源于西方的实践性理论。但遗憾的是，我们长期以来对于法律在中国的作用观察和研究得比较少，本次会议将会是总结中国经验的重要里程碑和起点。经济发展理论、法学理论以及实践中的经验是法律与发展理论的三个来源。在经历了第一轮面向亚非拉发展中国家的法律移植和第二轮面向前苏东地区全面推行西方式民主改革阶段之后，我们现在处于从20世纪90年代以来法律与发展的第三阶段。在这个阶段，法律开始扮演约束国家和推动经济发展的角色，私法改革成为社会转型的中心，大家相信私法是保护自由市场经济的核心机制。而在以亚洲“四小龙”和中国为代表的新发展中国家和地区，政府在法治建设中的作用得到加强，法律的灵活性大大增加，人民普遍要求强化对法律调整的可预期性。在此时刻，需要不同的市场部门特别是公私部门之间实现一定程度的合作，同时还必须确保这种合作不会变成国家的控制、不会给少数内部人创造特权，这对新兴国家来说是一个非常大的挑战。

“法律与发展”运动的另一位代表人物、波士顿大学法学院资深教授安·塞德曼（Ann Seidman）教授在发言中指出，一个惊人的事实是：在当今的世界上，有20%的人口享受着

80%的财富，同时又有80%的人享用不到20%的财富。为此，我们希望不断拓展法律条文中关于公共利益的内涵，在法律方面帮助人民实现公正目标。需要强调的是，在很多发展中国家，政策制定者通常会强调加快立法将使人民的生活条件得到改善，但在现实当中，法律只是“看上去很美”，起不到多少实质作用，从而造成立法预期与实际效果的巨大差距，整个法律和发展的研究就应该把焦点放在如何弥补这个差距上。在立法过程中还有两个问题：(1) 权力的不规范使用，那些有权有势的人想通过操纵国家权力使其利益最大化，对此法律人要做的是创造出一定的缓冲带，使人民和各类社会组织对公共权力的运作进行监督。(2) 基于我们在包括中国在内的国家所进行的立法工作经验，在每一个法案草拟和出台之前，要对具体想要解决的问题进行认真分析，整理出造成某种社会后果的影响因素，并同社区里面的人合作，发现问题，然后考虑如何解决。立法机关应该对法律制定和执行的机制进行监督，即评估某项法律是否得到有效的执行，是否达到了预期的社会效果，是不是真的能够解决问题。这是非常有意义的大型工程，非常希望在座中国同事做更多的努力；这同时也是一个真正的问题，也即你怎么适用法律来解决社会问题，怎么利用法律保护人们的利益，这是我们面临的最大挑战。

英国牛津大学法学院的裴文睿教授对上述发言进行了评论。其一，他认为法律与发展的拉丁美洲经验并不能代替东亚经验；其二，人们在观察东亚的时候，经常会说法律在本地区经济发展中不很重要，但事实上，在日本和韩国等高收入的国家，法律实际上却扮演了非比寻常的角色；其三，中国当前还没完全进入后工业时代，在很大程度上还只是一个农业国家，这就导致中国和其他发展中国家的法律发展道路不尽相同，各有特色。清华大学法学院院长王晨光教授对楚贝克教授提了两个问题：第一个是在第三个阶段，也就是公私领域的合作和交融，实际上也给我们提出了一个除了我们传统上所讲的二元对立的模式——市民社会和政府公权力对立的状态，还有一个社会总的平台，很多学者都提到了法律的公共空间问题，很多社会学家都有一些公共的理论。但是这个合作究竟是什么形式的平台，这个平台在制度安排上应该是什么制度的安排。第二个是政府作用的问题。第三个阶段显然不是第一个阶段全能政府、计划经济、强势政府主导的模式，也不是第二阶段纯粹的自由市场的阶段，第三阶段在一定程度上吸取了上述两者不同的弊端和失败的一些教训，提出了一些新的模式。政府显然在第三个阶段中还是起到相当重要的作用，这个政府的作用怎么去限定它？在资源分配方面政府应该起什么作用？政府在公共领域、人权保障、私人领域应该起什么样的作用？这确实又提出了一个新的问题，政府的作用到底怎么界定，在不同的领域当中的作用应该有所不同。关于赛德曼教授的发言，赛德曼教授从她的实践和文章中认为最重要的问题就是立法，但法律是全方位的，不仅仅是立法，而是全方位的。如果我们把全部的精力放在立法上，我们会发现不可能建立一个良好的法治状态。中国从20世纪90年代开始大家意识到不仅仅是立法的问题，而是还有执法的问题、司法的问题，有法不依是中国法治发展的现实问题。我觉得仅仅把立脚点放在立法上，好像不可能完全解决面临的新问题。复旦大学的邓正来教授认为，楚贝克所说的新发展型国家，实际上构成了对华盛顿共识和新自由主义的批判。但用他概括出来的一般模式反观中国法律制度的安排和法学研究，到底跟中国的经验有多少相关，是一个问题。前几年，有一种理论力量，我们称之为新左派力量，对新自由主义进行了批判。从去年开始到今年会有新自由主义重新抬头的问题，这不是一个支配的问题，而是这个问题在中国不是简单的一个问题，不是谁支配谁的问题，是需要根据中国经验重新考量的问题。此外，楚贝克教授的理论主要源自拉美国家的经验，而这种关于一般法律理论的建构是否包含对这种理论所关心的经验本身的批判，其理论是不加选择地总结经验，还是对经验本身进行批判，又是一个问题。《中国社会科学》经济学编辑许建康教授基本赞成楚贝克教授的基本观点和方法，认为从根本上说，这是一个哲学上的正反合过程，楚贝克抓到了全球化进程中新的动向。首先，楚贝克谈了经济实践、经济学理论的变化、法学理论的发展三者之间的矛盾关系。而要解决这种三角矛盾，既需要法律上的灵活性，也需要法律本身的可预见性和稳定性。当前世界经济结构正在发生很大的变化，国家和政府的行政领导作用也要有一个急剧的转变。法律作为概括长期形成的习惯的国家性规则，其灵活性和适应性的一面将会更加凸显出来。其次，可以将楚贝克教授的基本方法稍加补充和引申，在当前的全世界范围内，新自由主义正处于解体当中，楚贝克所说的问题并不仅仅限于发展中国家，而是一个全世界的问题。国际货币基金组织最近得出一个结论，即全球正面临着自1929～1933年大危机以来最严重的金融危机，还有相当多的主流经济学家也是这么看的。楚贝克教授在文章中提到现在我们选择的方向一片混沌，看不出一个清晰的方向，这正说明目前的局势尚处在一个初级的时期，用中国人的话来讲实际上就是“天下大乱”。而最近美国政府为缓解次贷危机所采取的一系列干预，十分类似于罗斯福“新政”，有很多政策从法律上是解释不通的，实际上形成了整个法学研究在这一段时间亟须重构和地位调整的大背景。

楚贝克教授对评议和提问进行了回应。他指出：第一，法律和发展的研究需要我们有一个跨学科的手段，我们所做的无论是理论的还是实践的工作，都必须要有跨学科的方法来支撑。第二，除了要对之前的经验进行总结外，我们也经常会去反思之前的法律和社会发展当中的错误，有些经验也还需要进一步理解和反思。同时我们的不同研究项目之间也需要进行沟通和综合，也会有跨学科的合作，并没有放之四海而皆准的框架和理论。严格说起来，在自己的研究中，大概有一半的时间都是花在做理论模型方面，尽管我的模型经常遭到别人的批判。但是其中的一些原则对某些国家和地区还是适合的；虽然它们并非普适性的，但是还是有一些广泛的适应范围，比如说合作、灵活性、根据实际情况修改法律等，而且自由的市场经济在大多数地方也还是有普遍价值的。第三，不同的模式适用于不同的时代，几位评论人的评论都很有道理。尤其是中国，存在非常复杂的经济状况，在这样一个庞大的经济体当中也还包括不同的层面，有些地方处在前工业时代，有些地方则处在后工业时代，不能把中国放在一个固定的范畴之内去理解。

塞德曼教授也进行了回应：第一，需要强调的是，法律的制定和修改，将在很大程度上影响到公共利益和经济的发展，这是需要大家花更多时间进行讨论的问题。开发一种有效的理论框架来指导我们的立法，不仅仅依靠实践，也要从多种理论资源中汲取养料。比如约翰·杜威的实用主义理论、后来的法律现实主义、法社会学的一些原则都能解决立法中的问题。第二，一件非常重要的事情是，当人们在立法的时候，确实需要有一些非常重要而完善的研究报告，在这个研究报告中必须要有质量控制的措施。我们提交给此次研讨会的长篇论文就是要给立法者一些依据，包括人们为什么会有这样或那样的行为，他们的行为会造成何种社会效果等等，从而便利他们明瞭立法过程中必须要考虑到的因素。第三，采取何种理论框架和方法论原则，从而对于国际法制定也有一个非常好的指导的意义，也是一个大问题，即如何能够保证国际法的立法过程更多地吸收第三世界国家的经验，而不是少数发达国家闭门造车，召开不解决实质问题并且以邻为壑的会议。

香港中文大学於兴中教授在发言中指出，所谓以人为本、以人为中心的发展观，原本是由联合国的开发计划署提出来的，但这种观念或者说人的发展观尚有不完善之处。20 世纪中期产生的所谓以人为本，以权利为本的发展观，其目标是让人们不断享受更加长期和更有创造性的人生。但这种发展模式使我们不得不重新回到黑格尔和马克思提出的重要思想，即人类的异化这个老问题上。这种发展观只是描述了一种环境，而没有提出人要做什么事情，从而容易导致人的主体性的失落。如果，一整套由人所创造出来的具体法律制度及其实践，反过来在折磨人、统治人，怎么能有更好的发展途径呢？因此，需要提出一种新观念，即强调人的禀性的提升。而在西方的人学发展史上，对人的禀性的观念认识比较模糊。此处所说“人的禀性”，主要指的是人摄取精神资源的历史能力，英文是 Human faculties。包括心性、智性和灵性。这三种禀性每个人都有，但是不同的人有不同的表现。我们现在讲发展法律，在其核心内容上需要对人的禀性进行阐发，其关键一个层面就是灵性需要发展。在当前的法律发展运动中，我们不应该光是把眼光盯在法律和社会发展的关系上，而应该包括和处理好宗教和法律发展的关系、道德和法律发展的关系。

针对於兴中教授的讲演，北京大学法学院周旺生教授提出：在人的生存环境和人的秉性之间，应该以生存环境为第一位，在注意生存环境或者说具体的讲时空条件同人的禀性联系的角度来谈人的本性人的自身条件，也就是说，后一个要素即人的本性人的自身的意义同人的生存环境的要素不是对应的两个概念和事物，而是有递进性的发展存在的。荷兰莱顿大学法学院 Benjamin Rooij 教授认为：当今世界千差万别，我们很难对什么是“发展”达成共识，对什么是最新最攸关的发展也会存在分歧。而就某些文化因素，比如宗教和道德究竟是如何来影响整个法律或者说发展的，也需要加以说明。其实，宗教和道德本身也缺乏一些标准，即如何从整个宗教或者道德的角度就什么是好什么是坏进行定性。事实上，发展问题还应关注一些个人的需求和偏好，对他们来说发展有时候未必是一件好事情，例如印度尼西亚的一些学者就认为，尽管他们的国家发展了，但深究起来，它并不完全是一件好事。

於兴中教授对 Benjamin Rooij 的评论作了回应：其一，是发展的概念问题，发言谈论的是 Human faculties，而不是只谈 Faculties，不存在很大的概念界定麻烦。其二，是关于一些新的发展和不同观点，印尼学者对联合国开发署只能满足 Human faculties 发展观的批判，有一定道理。但是对此进行批判，不能闭关锁国，不能只满足于 off life。其实，从人的禀性角度谈论发展观是一个有益的说法，作为研究是很有用的，它有助于帮助我们更清楚地理解现有的发展模式。

二、中国 30 年的法制改革：立法的经验（一）

中国社会科学院法学研究所所长李林教授首先发言，他总结了改革开放 30 年中国立法的主要经验，第一，所谓的中国立法经验有两个方面需要认真考虑。首先，我们的立法所以能够有经验，更重要的是因为我们的改革和发展取得了成功。其次，中国立法经验或者法治经验之所以能够成立，要有一个比较的视角。第二，改革开放以来，我们国家的立法大致分为四个阶段：1978 年到 1982 年，通常认为这是立法的全面恢复和发展时期；1982 年到 1992 年，总体上来讲是有计划商品经济背景下的立法时期；1993 年到 2002 年，建立市场经济体制背景下的立法的展开；2003 年到现在是第四个时期。第三，从法律的视角以及中国和国际相结合的视角来谈立法的中国经验，大致有以下几个方面：A. 立法体制的中国特色，中央和地方分享立法职权的多元立法体制；B. 立法参与和立法博弈的中国特色，中国在民主立法方面不实行两党制或者多党制，通常是通过专家学者、工会妇联、共青团等群体组织以及媒体间接实现利益集团的立法参与；C. 立法必须以经济建设为中心，与改革开放紧密结合；D. 逐步走向开门立法、民主立法。1954 年以来一共有 22 部法律向大家征求意见；E. 制定法律与修改法律并重，有不同角度的统计，从修改次数来看，可以看到修改的频率是很高的；F. 经济立法与社会立法向平衡方向发展；G. 坚持中国国情和特色，充分借鉴外国立法经验。如果立法的中国经验能够成立，那么这种经验应该是中国国情与世界立法文明成果相结合的产物，它既是中国的，也是世界的。

中国人民大学法学院韩大元教授以“中国宪法文化视野下的基本权利理念与体系”为题着重讲述了以下几个问题：（1）我们现在回顾 30 年，应该将其放在中国一百年的法治发展的长时段历史当中。宪法的发展，首先集中在基本权利的理念和基本权利的保障制度的发展上。（2）中国人对基本权利有特殊的评价，绝不是西方所说的公权和私权对立意义上的，而是在国家、社会、公民间既有一定的紧张关系但又强调和谐的理念下我们建构了中国自己的基本权利体系。1）中国人基本权利的政治哲学和西方基本权利的政治哲学是不一样的。西方特别是德国的基本权利理论强调公权与私权的对立，是在防御意义上来讲的。2）中国的基本权利既讲防御又讲合作。3）中国基本权利的实现既靠立法机关、行政机关的保障同时也靠司法机关的保障，如果仅仅是宪法司法化，则不太符合中国的基本传统。4）中国的基本权利是以平等价值作为价值选择的首要因素，在没有平等的环境下，自由是无法保障的。5）在平等和自由的价值中寻求它的平衡，也是中国基本权利的经验。6）中国的基本权利，因为是在富国强兵这样的环境下强调的，所以需要公民的权利，不像西方那样以天赋人权作为基本权利。中国宪法上的基本权利实际上否定了自然法意义上的基本权利，它强调的是宪法规定的基本权利、实用意义上的基本权利。7）中国基本权利的保障和发展是以个案来确立的，在如何保障基本权利的问题上，民众的力量、政府的力量、媒体的力量、学者的力量形成一个合力，共同来推动中国基本权利的发展。

英国牛津大学法学院的裴文睿教授指出：判定司法改革成功与否的第一个标准在于人们是否服从法律（当然即使人们不服从法律，法律也还是有点作用）。例如在美国没有人按照限速开车，但也不会超过太多，否则要罚款。司法改革成功与否的第二个标准是司法有没有效率。第三个标准是司法是否公正。如果有一个司法改革的计划，必须先要分析清楚这是针对什么样的国家，其具体情况如何。当人们谈论发展中国家的问题或者说挑战时，普遍对司法改革抱有很高的期待，但现实是我们没有那么多知识和制度资源，不可能一下子解决很多的问题。换言之，司法改革有很多目的，得有一个先后次序，而怎么定这个次序，不同的国家又有不同的方法，这主要受到下列因素的影响：（1）公民社会，有的国家控制公民社会，其中一个重要的原因是他们不善于发挥公民社会的作用，尤其是不让他们参与正式的立法过程和制定行政法规规章的过程。（2）文化差异，有人觉得文化不同，法治建设就不会成功，但这并不是一个特别大的障碍，因为有的国家同西方国家的文化不同，但是也建立起来了很健全的法治。（3）国际经验。司法改革必须通盘考虑，如果法官都很腐败，即便让他们独立也不一定会增加公正。很多发展中国家都曾遇到这样的问题。因此说直接照搬美国的制度不太可能，你得先看你能做什么，以及可行的能够达得到的目标。因此应该进行司法改革的试点，不同的试点会有不同的解决方案和经验，总结这些经验，然后针对问题进行修改。总体来说，中国的司法改革同其他发展中国家相比是成功的。中国的优势在于：国家很大，而且有很多很聪明的人，有很多资源，中央政府通过调查和研究可以解决一些问题，经常得到外国的关注和帮助，等等。需要特别指出的是，在中国有很多外国的法律援助项目和司法改革项目失败了，其原因在于尽管外国人能给你一个比较完美的法律，但其执行毕竟是国内的问题，要根据本国的情况进行改变和调整。

日本北海道大学的铃木贤教授演讲的题目是“法系的转变——回顾中国法治建设三十年之旅程”。他用“从社会主义法系转变到东亚式的欧陆法系”提法来概括中国法律的30年变迁。他指出：中国对西方法律的第一次继受运动发生于20世纪的清末，当时虽然起草了许多欧陆式的法典，但是没有实行。其中，大清民律草案对今后中国法的发展奠定了基本方向，即引进欧洲大陆法系的方向。其中基于汉字——这一东亚各国共同的财富，中国从日本移植了大量法律用语、法律概念，从而共同形成东亚式的法学模式。第二次继受运动发生在20世纪30年代的南京政府时期，完成了所谓的“六法”立法，基本形成欧陆法的制度框架。但是由于缺乏和平环境和时间这两个法律实施要件，因此国民党“六法全书”渗透到民间的程度非常有限。中华人民共和国成立之后，进入了继受苏联法的新时期，彻底放弃欧陆式旧法，全面接受苏联社会主义及法学理论、教育体系。“文化大革命”结束后，继受过来的学说逐渐发展成为法典，基本完成苏联式的法典的编撰。尽管现在中国的许多立法已经背离前苏联的影响，而朝着西方国家的立法发展，但前苏联法的烙印仍依然处处可见。其典型的例子如：检察机关的定位，倾向于法官职权主义色彩的诉讼法，犯罪概念，等等。中国改革开放之后，进入了第三次法律继受时期，中国法明显地朝着重新回到欧洲大陆法系的道路上发展。首先是从法学理论研究方面有所变化，从美国、德国、日本回来的学者陆续发展研究成果，影响到整个理论框架和立法工作。在民商法、刑法等部门法领域，中国台湾地区法学也开始产生很大的影响，王泽鉴教授的影响在民法学界特别大。这种动向可以梳理为欧陆法继受运动的重新启动，历史上第三次继受欧陆法的运动目前正在进行。在立法上重回大陆法系的最明显成果有《合同法》、《物权法》等。铃木贤教授认为，新中国的第二次法律革命发生在邓小平“南方讲话”之后，而且直到现在还没有结束。在法律继受的过程上，中国的法律继受和日本的法律继受的经验刚好相反。日本继受欧陆法是先有法典的继受，后有学说的继受，即先通盘引进法国民法典，法典颁布之后，再输入德国的民法学说进行解释，有些制度明明是法国的制度，但是用德国的学说来加以解释。中国则恰好相反。

中国政法大学蒋立山教授发言的题目是“中国法治发展面临的目标冲突与前景分析”。当前中国法治发展所面临的冲突主要是外在冲突，就是政治经济文化的冲突。具体表现在法律方面，在非政府组织发展、居民的迁徙权、沉默权等问题上都表现出我们国家在法律价值方面的选择。自 1998 年签署《公民权利和政治权利国际公约》至今 10 年了还没有被批准，这可能与我们国家现在的转型秩序有关。在现阶段中国不得不以极大的实践智慧来处理好自由与秩序、民主与权威、内部自由与外部安全之间的一系列价值冲突。我们国家的法治实际上走的是政治推进型的渐进的法律发展模式，我们希望通过分步推进分摊成本的方式逐步推进法治。如果把中国从 1978 年以来的法治发展分为三大步的话，第一步是从 1978 年到 2000 年，是以经济发展为主导的法治建设时期，大规模的制度建构未能导致法律秩序的生长；第二步是从 2000 年到 2020 年，以跨越社会矛盾凸显期为任务，可称为社会发展主导的法治建设时期；第三步是从 2020 年起步到 2050 年，中国可能要进入一个以政治改革为主导的法治发展时期。

中央党校政法部张恒山教授报告的题目是“中国共产党依法执政的探索”。新中国成立以后由于历史的原因，再加上领导人个人意志的原因以及其他因素，我们党在新中国成立后逐渐形成了独特的执政方式：中共中央制定政策和会议决议，总揽各个行政层级工作，即以党委为中心，指挥国家的各个机构依照中共中央的政策决议去处理国家各个层面的事务。这种执政方式的优越性在于：一旦决策正确，由上而下的推进中央的决策，推动社会的发展效率非常高、速度非常快。但同时这种执政方式也还存在自身的缺陷：体现党的集中领导充分有余，但是体现党的民主和人民当家作主，尚有不足。如果出现重大决策错误的时候，造成的损失损害也非常严重，而且纠错相当困难，这是“文化大革命”给我们的一个教训。当前中共中央提出来加强民主法治建设，标志着我们党执政理念的重大变化。在国家这个层面是依法治国，表现在党的领导方面实际上就是依法执政。首先，在国家组织和构架上强化了法律制度建设，最有代表性的是1982年《中华人民共和国宪法》。其次，在国家制度层面，中国共产党从20世纪70年代后期就致力于完善我们的司法体制。把政府行为纳入司法审理的范围，推进依法行政，1989年还通过了《中华人民共和国行政诉讼法》。此外，中共中央还采取措施加强法律人才的培养和教育，建立退休制度，废除高级领导干部终身制，通过党章规定最高职务的任期制，通过党章规定党必须在宪法和法律范围内进行活动原则，逐步退出对司法案件的直接干预，规范干部推荐选拔工作，加强对党员干部的反腐败监督，等等。

吉林大学法学院黄文艺教授报告的题目是“信息匮乏条件下的立法政策选择”。立法工作面临的最大的一个约束条件就是立法信息不充分或者说匮乏的问题。实证研究表明，那些被提出许多批判意见的立法实际上是全国人大常委会在信息匮乏或者不充分的条件下作出的理性甚至近乎理性的选择。实际上，无论什么样的社会，立法机关都会有信息不充分的问题。对于中国全国人大常委会来说，信息不充分的问题表现得也比较突出。这是由很多因素导致的：第一，中国的改革开放是前所未有的事业，面临着严重的经验、知识和信息匮乏的问题；第二，在这个变革和转型的时期，我们的知识经验也处于不断的流变的过程中；第三，中国是一个地方信息差异很大的国家，要准确搜寻到全国各个地方的情况几乎是一个不可能完成的事业；第四，全国人大常委会与地方人大常委会相比更远离基层，从而增加了信息搜寻成本和信息传递过程中的损耗。为了解决上述难题，全国人大常委会的应对策略有实用和克制两种策略：实用的策略是如何在信息不充分的条件下立法，克制的策略是打破这种信息不充分的策略，尽可能多地获取有效信息进行立法。前者比如成熟一个制定一个，是信息不充分的条件下规避风险的选择。后者比如地方立法先行、行政立法先行、走群众路线等。

针对李林教授的发言荷兰莱顿大学法学院Benjamin Rooij博士提出了两个问题：第一，怎样使整个立法更能够被执行，中国在法律执行方面是不是已经有了实在的发展？第二，关于中国到底有多少法律的问题？我认为中国的法律实在太少了，同时我们看到其实很多人根本不关注这些法律，也不会真正的执行它。也许相比较法律的质量问题，我们更应该讨论那些不同部门制定的法律彼此之间的关系，以及如何切实加以执行。北京大学法学院周旺生教授提出，改革开放30年来，我们一直比较关注法律体系的研究，也就是立法结构的问题，事实上还应该注意立法规模的问题。中国要建成法治国家，到底需要有多少法律？30年间全国人大及其常委会制定了223部法律，但香港特别行政区却有八百多个法律。假如中国内地最终也需要800到1 000个法律，那得多长时间才能立完呢？全国人民代表大会一年只开一次会议，一次搞一个法律，效率太低，这就引发了中国当前立法的时速和效率问题。

李林教授也对Benjamin Rooij和周旺生进行了简短的回应，他指出：就立法目前所存在的数量和质量问题而言，如果中国不解决质量问题，数量还像现在这样发展，很可能会造成社会的悲剧。要在数量和质量之间做选择的话，还是质量更重要些。立法和社会的关系应该是法网恢恢疏而不漏，法和社会经济的关系应该有一个张力和比例的关系，不是越多越好，但肯定不是没有或者越少越好。究竟这个比例怎么测出来的，只能通过科学体系来解决。中国改革开放30年还是以立法为中心的模式，是不是从现在开始到未来应该用全面协调、科学的发展观来指导法治发展，应该把立法中心制度的法治发展模式向宪政、注意实施发展转移，否则立法越多越不能发挥作用，最后法治整个的作用和功能可能会受很大影响。

针对本单元几位发言，楚贝克教授指出，有三个方面的内容非常重要，当我们对这些问题进行处理的时候，第一点是关于社会科学研究，第二点是我们要考虑如何能够将人们真正的融入整个立法的过程中去，第三点我们现在做得还不够，特别是在处理国家立法方面，这就意味着我们必须将我们的研究进一步拓展，并且就我们的立法方面提出不同的问题，像早上我提到的WTO如何作出更好的工作。

清华大学法学院许章润教授总结各位发言人的中心思想时提到，中国的法治包括立法和司法实际上走的是一条累积型的增量发展和试错路径，最终目的是寻求在当代制度下的有限法治进步。黄文艺教授讲的成熟一个制定一个，张恒山教授讲的共产党的执政探索等都不同程度地触及这些问题。韩大元教授指出的通过个案研究和全民讨论，增进中国人对于基本权利的认识这样一种宪政建设的中国式道路也是如此。从这样一个有些集权性质的国家转型到民主法治国家，既要维持基本的社会稳定和政治安定，又要通过对固有政治资源合法性的利用来进行增量式的发展，这就是独特的中国经验和中国道路。事实上，当今中国30年的发展，如同过往一百年的发展一样，我们依旧面临着自由主义和民族主义的深刻冲突和矛盾，稳定与发展、转型与秩序的矛盾背后，体现的都是自由主义与民族主义在当代中国的交替使用以及深层次的矛盾。这体现出从全盘西化到今天实践性逻辑和实践性智慧逐步认同的文化自觉。在中国当下进行的中华文明之宪政秩序的展开，本身就是知性的事业，上述发言都体现出理性的思考、德性的盼望和灵性的愉快。

三、中国30年的法制改革：立法经验（二）

中国人民大学法学院周珂教授在题为“气候变化问题的批判”的发言中指出，从气候变化全球合作来看，目前面临一些挑战性的问题：（1）以往人们认为，气候变化的主要原因是温室气体的排放造成的，但有科研成果表明，稻田才是造成气候变化的一大根源。大量稻田释放出的大量甲烷气体，是引起气候变化的重要因素。（2）以往人们认为气候变化的缓解在很大程度上依赖于森林、植物还有土壤。但目前，也有很多西方学者提出，森林尤其是温带森林对温室气体的作用不是吸收而是负面的作用。换言之，全球气候变化问题的原因并非单一原因，而是多种多样的原因。在应对机制方面，《京都议定书》所确立的减排和增加碳汇这种二元机制正面临挑战。2012年《京都议定书》到期之后未来的走向如何，对此各国之间的矛盾更加复杂，变数更多，合作的机制更困难。如何解决这种同而不和的非良性合作局面呢？可以采取三种措施：（1）减排一定要重视，减排主要对象应是在工业化进程中获取最大利益以及二氧化碳排放最多的经济发达国家。（2）积极增加碳汇，发展中国家应该起到作用。（3）建立水循环的机制，主要就是通过引西藏水救中国的思路调整全球水循环。如此通过和而不同的机制，世界各国都向自己能够作出贡献的方向努力，气候变化问题就一定能够得到有效治理。

中国人民大学法学院杨立新教授借助于《物权法》立法，谈了中国立法的经验问题。《物权法》在2007年3月通过以后，无论是国内还是国际上都给予了很高评价，具体有三点：(1) 从立法方法上说，实现了本国的具体国情与外来形式的一个完美的结合。我们坚定不移地把改革开放的胜利成果写入了《物权法》当中，于是就有了国家所有权、集体所有权、私人所有权，土地承包经营权、宅基地使用权等，而这样的制度只有在中国才有。(2)《物权法》的核心内容就是所有权平等保护，这就使《物权法》有了活生生的灵魂。(3)《物权法》目前也还存在比较多的问题：其一是物权种类不足。现在规定的十几种物权和现实需要的还有差距；其二是物权登记制度，亟须建立一个统一的登记制度，而按照《物权法》第246条，这是将来法律和法规要规定的；其三是现在的《物权法》规定的制度比较粗，缺少具体的规则，法官在具体操作时会感到无法落实。

中国人民大学法学院史际春教授发言的题目是“改革开放30年：应运而生的中国经济法”。他认为经济法不是任何人自觉创造的，它是应改革开放在中国的实践应运而生的。第一阶段的经济法包罗万象，其典型就是经济合同法。第二阶段的经济法彷徨无措，其典型就是《中华人民共和国全民所有制工业企业法》。第三阶段是在博弈中走向规范的经济法。

中国人民大学法学院刘春田教授发言的题目是“中国的知识产权战略”，他指出知识产权的保护是与改革开放同时展开的。知识产权和其他的债权、物权法相比都有私权色彩。在世界范围内重视知识产权是美国人起的作用。日本从明治教育立国、技术立国到2002年开始提出知识产权大国。经过五六年的发展，日本的知识产权战略已经成型。现在面对外面强大的压力和内在的动力，中国从2006年开始寻求制定自己的知识产权战略，具体包括司法、行政管理、权利保护、对行政创新的激励、人才培养等几个方面。现在已经进入“知识产权战略”的实施阶段了。在“知识产权战略”存在的问题方面有如下几点：(1) 由于法律的起草工作、执法工作由行政主导，导致知识产权整个工作变成了行政主导，使它的私权属性大大地打了折扣，进而造成知识产权私权在事实上受到了很大的侵害。(2) 行政机关通过行政规章侵害法律赋予民事主体的知识产权，从而造成知识产权领域的先污染后治理问题。(3) 在知识产权战略实施中欠缺平衡，即侧重于观念宣传，而很少关注到与版权有关的文化产业。(4) 战略的对策性色彩过于浓厚，对策是被动的，战略应该是主动的。

丹麦人权研究所的泰莉（Thelle）教授指出：外国人特别关注中国的法律援助和公益问题，也非常看重研究法律的体系以及投诉的机制。在中国的法律体系当中虽然有政治参与，但这种参与的权利会受到限制。大多数人对什么是公共利益并没有达成一致意见，在《辞海》当中甚至还根本查不到公共利益这个词。这其实是一个非常抽象的概念，而且这个概念经常是和社会公正放在一起使用。在中国的社会政策方面，一个发展方向就是使国家减少对经济的干预，在市场经济的基础上还要把包括教育、医疗、生态保护等现在面临的社会问题通过立法进行完善的规定。中国最近也有一些转变的迹象，政府已经意识到它必须要采取非常有效的方式方法来保证资源的重新分配，这在人们的基本权利保护方面也是如此，尽管这种保护本身也是非常难的一件事情，即很难在自由的经济状况下进行保护。

香港树仁大学法学院的赵文宗教授指出，我们非常注意个人的权益，这构成香港文化的重要组成部分。在香港有非常多的汉文化传统的遗留和代表，汉语的传统也影响和塑造了香港的文化传统。这个演讲想同大家讨论一些比较细节的问题，就是中国传统在整个人类和自然关系方面的构建方式。如果将问题转向性别公益问题的话，就会发现在中国思想传统中存在着大量原本就有的内容。如果采取一种福柯式的研究方法来考虑社会性别的问题，就会发现，虽然香港社会在这方面取得了很大的进步，并且它对香港的文化和法律体系都有着很重要的影响，但是还需要对后殖民时代面临的很多新的问题继续研究。

中国人民大学法学院的刘俊海教授在评议中认为：在中国法治走向现代化的进程中，我们面临着四大困惑：公与私的关系、义与利的关系、粗与细的关系、中与西的关系。处理公与私的关系，就是既要尊重私人利益，又要捍卫公共利益。处理义与利的关系，国家应该强调以义为利，过去立法中为了利却牺牲了义，讲初次分配强调效率，二次分配强调公平是错误的。处理粗与细的关系，过去的立法原则是宜粗不宜细，但部门规章背后的政府部门是有私利的，经常把部门利益、小团体利益塞进规章里了，因此未来的立法应该奉行“宜细不宜粗”的原则；过去立法者把立法权让渡给国务院和特区的做法，现在应该收上来，推行科学立法、民主立法、百姓立法。处理中与西的关系，也就是要处理好中国本土化和国际惯例之间的关系以及人权的普遍性还是特殊性问题。未来的“公共利益”要做慎重的解释，可以采取举证责任倒置的方式，补偿的标准一定要充分、及时，采取实际损失补偿的方式。服务型政府的首要原则是无为，出了问题再有为，但是也要适度有为。对于危害市场经济的三个毒瘤——商业贿赂、商业垄断、商业欺诈，政府都有责任。要树立一个向弱势群体适度倾斜的现代法治理念，只有这样才能实现承诺的立法原则，这才是捍卫了平等，恢复了平等，纯化了平等。法律不仅是斗争的艺术、诉讼的艺术、也是和谐的艺术，治理的艺术。

四、和谐社会的建设和多元化纠纷解决机制（一）

最高人民法院研究室胡云腾主任就中国司法改革的特色和特点发表了演讲：(1) 建设与重建、改革相结合，其与西方建立在很系统、很完善的基础上的改革是不同的。(2) 走了一条“自上而下”的改革和“自下而上”的改革相结合、从分支机构分组改革到中央统筹改革相结合的路线。(3) 拿来主义和摸着石头过河相结合。改革之前对基本的观念、基本的理论、基本的要素可能都不是很清楚，于是从西方国家直接拿来了一些东西，但自己也创造了一些东西，比如说多元化纠纷解决机制等。(4) 动力与压力相结合推动的改革。(5) 比较注重效率。比如说审限管理问题。综合评价的话，我们国家这 30 年间司法改革的成就是巨大的，是历史上没有过的。而中国的司法改革之所以能取得这样的成就，是和国情以及国家的政治制度特点密切相关的。

上海大学法学院的李瑜青教授关注的是“司法过程中的平衡与行动逻辑”。他指出，在当今中国的行政诉讼中，与其说实现的是法律，不如说主要实现的是各方面利益的平衡。行政诉讼过程中的法官会受到行政权力和人民利益的双重压力，同时他又不能够离法律太远。因此法官在诉讼过程中就会有自己的应对策略：(1) 争取支持，采取软硬兼施的做法。(2) 实用主义策略，主要是原则性和灵活性相结合，要寻找到官民之间矛盾的混合，双方的利益都要有所兼顾。(3) 调解主义的运用。绝大多数的行政诉讼案子都是调解结案的。(4) 设定“挡箭牌”，也就是异地审判。进而，对于中国司法发展可能的逻辑，也可分为三个类型：工具型、机械型、回应型。工具型即法律是没有独立的决定权的，它完全是一种政策实施型的法律的表述；机械型即法律是通用的，希望以相同的方式适用于所有案件。回应型审判模式充分考虑社会效果，最终以利益平衡至上。当前中国的司法实践实际上是处在第一类型和第三类型的互相交融，而我们希望第三个类型得到发扬。

荷兰莱顿大学法学院刘本（Benjamin Rooij）教授发言的题目是“致穷人的司法”，其立意在于：(1) 社会发展更重视微观方面，要关注弱者、穷人的利益；(2) 人们批评法制概念的使用，提出法制对穷人有什么帮助？例如联合国发展计划署（UNDP）就规定了一些支持公正的制度，让各国立法更好的对待穷人、弱者；世界银行也有一些做法通过法律使弱者具有保护自己的权利，让弱者更好的使用他们的资源，让其更好的生活。这些政策的共同特点就是“扶贫”，这是核心。实践中这些做法的效果如何呢？事实上这类“自下而上”的项目也还存在很多问题，比如说他们只是把好几个国家的做法统一安排，其实是“从上而下”。再比如荷兰在中国做了一些法律方面的相关项目帮助弱者，那么荷兰人为什么有这样的权利来中国做这样的项目？你又怎么选择这些弱者是谁、谁需要帮助？因此说这些问题并不是马上能解决的，这些“自下而上”的项目也不能替代以前的法制建设，它在很大程度上还是不成型的，需要继续完善。

中国社会科学院法学研究所刘作翔教授阐述了中国实行案例指导制度的理论和实践依据。案例指导制度是2005年10月26日最高人民法院“二五”改革纲要里面的一项。应该说2003年前后这个工作已经进行了一些探索性的试验，最主要的就是地方人民法院的试验。一个最主要的工作就是2005年最高人民法院发布了调研课题，其中有一个课题就是案例指导制度的调研，主要由三个课题组承担。全国现在大概有11个高级人民法院，还有一部分中级人民法院和基层人民法院都实行了类似的制度。大概到2006年4月份最高人民法院搞了一个初步草稿，然后到2007年12月，又在这个基础上搞了“20条”。当前在实践过程中涉及一些问题，有三大争议焦点：一是案例效力问题，关键是看能不能直接援引。二是发布主体，即由谁来发布？三是编选机构的设置，其中的关键是案例该怎么对待。

北京大学法学院张骐教授就指导性案例的法律方法作了发言。(1) 目前中国的法官对指导性案例的认知主要有四种情形：1) 根据案件事实和法律关系进行类比；2) 根据案件的案由来判断相似性；3) 根据案件中的行为判断案件性质；4) 根据行为的法律评价或案件事实的法律争议点进行判断。(2) 价值判断在进行案件相似性和类比判断中具有的作用。(3) 指导中国的法官寻找相似性案例的一个重要方法，就是确定案例是不是做了法律空白的补充和发展。(4) 中国法官的方法和经验，通过主审法官的思路来选择指导性案例。而保证寻找指导性案例的确定性、预测性以及比例性，是发挥指导性案例作用的重要条件。

五、和谐社会的建设和多元化纠纷解决机制（二）

中国人民大学法学院朱景文教授发言的题目是“分流到哪儿去了？——中国诉讼量的数据分析”。改革开放30年间，1978年的诉讼数量是44万件，是最低谷时期，1996年超过了500万件，但是1997年一直到现在这个数字基本保持在500多万件的水平，没有像前几年那样高速增长。而中国的诉讼数量和GDP的指数体现出了一种高度相关，改革开放以来都以10%以上的速度增长，但1997年以后，GDP的增长率仍然是10%以上，而诉讼却几乎变为负增长。既然如此，社会发展和利益分化所产出的新的社会纠纷没有形成诉讼，它们分流到哪里去了呢？可能的解释有这么几种。第一种，社会矛盾没有增加，纠纷没有增加，而这是不可能的，因为中国正处于高速转型时期；第二种，产生的纠纷在法院之外解决了，那么它们分流到哪儿去了呢：(1) 非诉讼纠纷机制；(2) 通过司法政策，推到法院之外；(3) 法院公信力出现了问题，由于司法腐败或者执行难的问题也可能使一部分争端远离法院。发言的基本结论是：第一，传统的民间解决纠纷机制，调解、仲裁和基层法律服务对诉讼的影响属于常量，1997年后它们的影响甚至有变小的趋势，但一些新的民间纠纷解决机制，如消费者协会在解决消费者权益保护的纠纷中起到了明显的分流作用；第二，行政解决纠纷机制，如工商行政管理在解决合同、侵权、权属纠纷中，能够从法院的诉讼中分流相当大的一部分纠纷；第三，司法政策，不受理的司法政策也减少了由于政策变动而引起的相当大的一部分纠纷；第四，法院的公信力，司法腐败尤其是制度不健全会导致法院为了追求利益使诉讼数量在短期内迅速增长。收支两条线、禁止法院办公司、回避制度等等制度建设有助于诉讼增长率的回落，执行难对于诉讼增长率具有明显的影响。

针对朱景文教授的发言，中国社会科学院法学研究所冉井富博士提出：朱老师用了定量的方法进行了描述和解释，我觉得这样的描述和解释是非常有启发性和成功的，同时我觉得其中的问题应该说是非常宏观的，也是非常复杂的，尤其是社会历史领域的因果关系通常都是见仁见智。1997年后诉讼率的下降可能是多重原因造成的。刘作翔教授提出为什么要把诉讼率的变化和GDP的变化相联系，实际诉讼率变化可能和人们的法律意识相关；李瑜青教授提出，纠纷由行政机构解决是一种很危险的办法，对中国行政力量的张扬，您认为这是符合中国当代社会发展的趋势吗？

朱景文教授针对上述问题提出：“分流到哪儿去了”的目的不在于寻找1997年后诉讼率下降的原因，原因的确可能有多种多样，而在于回答纠纷的整体分布的情况，法院诉讼率降低，是否到其他地方去了，由谁来解决这些纠纷，法院通过什么手段分流。产生1997

年后的变化的原因很多，而且不同性质的案件原因也不同，难免挂一漏万。GDP当然是其中的一个因素，但不是本文的主要研究目的。另外我的研究目的是实证分析，而不是价值分析，即纠纷实际到哪去了，而不是纠纷应该到哪里。实际上，在社会变革时期，其他国家行政机构也都起着十分重要的作用，如美国罗斯福新政时期。

中国人民大学法学院的范愉教授发言的题目是“中国经验：多元纠纷解决机制与和谐社会建设”。她认为，纠纷解决研究是一个反思性的视角，主要是从社会、基层和当事人视角对法律规则、制度和理念进行反思性研究。中国与西方国家纠纷解决机制的共性在于：(1) 现代化进程中的法律中心、国家中心和诉讼中心倾向；(2) 当代社会中多元化纠纷解决机制及纠纷解决机制生态平衡的必要性与合理性；(3) 效益、自治、和谐等价值及多元正义观；(4) 其他国家的ADR运动对中国是有影响的。中国的特殊性问题是：(1) 解决社会转型与发展的不平衡性；(2) 法律现代化的课题及其与全球化、本土化课题的交织；(3) 虽然大家强调在ADR研究或者法律研究后期强调自治，但是中国的自治、自律机制是非常不成熟的，现在一下子就把制度建构在市民社会和自治上有很大的困难；(4) 人们的主流观念充斥着一种理想主义、司法至上、诉讼崇拜；(5) 立法与制度发展中的国家中心与法律一元化，也就是单一化，诉讼的增加有立法制度设计的因素；(6) 多元文化与法制统一的矛盾；(7) 司法资源的短缺与能力不足，法律环境也是较差的；(8) 当事人本身能力比较低，他想要的并不是诉讼能给他的，而他却偏好于对公权力有依赖。当前多元纠纷解决机制的发展现状是：第一，社会观念对多元化纠纷解决机制已经逐渐认同，法院在这个问题上表现非常积极，他们的限制主义理念对ADR和多元化纠纷解决机制的发展起到了非常重要的作用；第二，中国传统文化是基础；第三，实用主义治理策略和功能主义是办法；第四，普适性规律是保证，其他国家都走过这个过程。其实，多元化的意义在于避免把纠纷的解决单纯寄予某一种程序，并将其绝对化。以人类社会价值和手段的多元化基本理念，重视民间和社会的各种自发的或组织的力量在纠纷解决中的作用，为当事人提供多种选择的可能性，以实现不同的价值。它可以缓解司法的各式各样的压力，保障法律的循序渐进。进而，在减轻司法压力的情况下能够使司法资源得到合理的运用。

清华大学法学院王亚新教授发言的题目是“商事仲裁在中国的演化发展”。合同纠纷的解决在1995年以前是工商行政部门为主，多的时候占到过全国合同纠纷的50%，但是在法院的经济审判和工商行政仲裁这么一种竞争当中最终合同仲裁败下阵来，现在连1/10都不到了，商事仲裁已经无法在数量上跟法院的商事审判平分秋色。另外，现在有相当一部分商事仲裁机构走向了行政化或者过分的商业化，也就是国家给编制，人员是固定的，然后叫做事业单位，不管有没有功能首先得养起人来。还有就是过度商业化，有的仲裁机构跟律师商量只要你签上仲裁条款，我们就提供多少钱，甚至还出现拿到多少案子就由谁承包仲裁机构。同时还有竞争的恶性化。所以这种制度存在很大的隐忧，在成绩后边掩盖着原来的那种生动的创造性。

西南政法大学徐昕教授演讲的题目是“司法改革中的合作主义：人民监督员调查札

记”。对于人民监督员制度，现在人民检察院的新方案已经在一个地方实施。学者应当由单纯的批判角色转向跟官方合作，而最高人民法院、最高人民检察院也不要对学者进行排斥。我们特别在四个方面做了设计。第一是人民监督员的选择，我们采用了自愿报名的机制，所以凡是自愿报名的只要符合条件，都要进入数据库，这就把西方陪审制和中国经验相结合。第二就是效率问题，在试点后如果有效果再来总结。第三，凡是检察机关自己不能作出最终决定的东西都可以纳入监督的范围。第四是独立性的问题，尽量把检察院和人民监督员分开，费用全部归人大管理。现在我们已经有几个项目在运作了，基本的思路就是以司法部门重要的问题作为核心，围绕其问题进行研究，然后在国家允许的范围内实践，在实践中试点，然后提炼完善的方案，最后看能不能写出一个关于司法改革的研究报告，对有关部门有可供参考的价值。

中国政法大学应星教授报告的题目是“‘迎法入乡’与‘接近正义’”。我们目前的研究当中谈法律和乡土中国的关系时，更多看到的是一种对立关系，即乡土往往是一个被动的角色，比如说“送法下乡”。那么，如果有一种积极、主动的姿态迎接、追逐法律的话，这种追逐是基于对现代法律的敬畏意识，还是说实用者利用法律的态度呢？“赤脚律师”跟“黑律师”的根本不同，就是他不是专门以收取高额费用为手段，其出发点是帮助农民解决法律问题的。其存在的合理性因素在于：正式的律师和法律工作者从数量上来说是不够的，在很多官司当中，特别是很多行政诉讼中，都涉及和政府及全国机关打官司，他们比起正式律师或者法律工作者来能够摆脱人群的压力，“赤脚律师”从根本上重建了法律服务的意义，因为我们通常是把法律服务作为一个商品，实际上是陌生人之间毫无情感利益的关系，而“赤脚律师”更愿意接受以情感为基础的交流，所以可以从根本上改革法律服务这样一种商品的性质。他们并不具备相对复杂专业的知识，但是生于乡土社会，对于这些关系非常敏感，“赤脚律师”就是在这个缝隙中寻找他们的具体行动策略。

六、中国的法律职业和法学教育

中国政法大学方流芳教授的发言题目是“中国法学教育之追问”。进入 21 世纪以后，在法学教育方面出现了一系列问题：（1）中国的法学文凭的产量已经超过了美国，现在我们有了很多的法学院，但是你进入法院和检察院、做律师还是不需要进入法学院的，因为司法考试不要求法学文凭而只要求一般的文凭。（2）什么是中国的第一法学学位？没有法学第一学位我们的教育资源重点应当分配到哪一个学位项目中去。（3）什么样的法律文凭产量是适合中国法律职业市场需求的？当前的法学教育为整个社会锁定了以后几十年的法律服务的提供者。各种各样的培训班、各种各样的有学位没有学历的项目越多，对于最优秀的学生的冲击越大。每个学校都应该对它生产的文凭和职业市场上保持一点点的敏感性，应该从学生的最大利益考虑。（4）中国的法学教育（特别是研究生教育）都是按照二级学科来设置的，每个人进入法学院就要决定专业方向是什么。这实际上导致新的弊端：有些二级学科的划分和法律是无关的；有一些专业和法律职业虽然有关，但他进入律师事务所以后，搞海商法和刑法，成为该方面的专家又要经过一段时间的训练、实践。事实上，把法学教育分成十多个甚至更多的二级学科，对两类人是有利的：一个是有权审批的人，这样的审批制度人为制造了很多寻租机会；另一个是教授。(5) 在目前的情况下，教育机构的排名、评估实际上都缺乏一个根本的基础。这个基础就是标准化的信息披露。标准化的信息披露能够促进不同学校之间的竞争。

清华大学法学院院长王晨光教授也分析了中国法学教育中所存在的问题。第一，规模问题大家有目共睹，中国法学教育在世界上恐怕是总量第一了，全国法学院系去年共有604所，在校法学院系的学生据统计有40万人左右。律师14万人，法官21万人，检察官18万人，总共是53万人。4年之后有五十多万法学院的毕业生，能够把整个法学界现有人员轮换一遍，法学院的毕业生成了就业困难户。我们不得不思考一下，是不是中国的法学教育确实已经超出了社会的需求？第二，数量的激增是一个问题，但是最主要的问题不仅仅是在数量上，而是在结构的失调上。也就是说，我们整个法学教育所有六百多所法律院系都是一个模子刻出来的，都是按照教育部的一个评估标准从上到下来衡量的。大家都从争取硕士点开始，最后再争取博士点。整个都是结构上的失调，法学教育行政主管部门的指挥棒发生了偏差，评估标准整个有很大的失误。首先解决教育主管部门涉及的分类评估指标体系的问题，就要有一个分类评估。其次就是中央和地方教育行政主管部门要对中国法治发展和法律人才市场的实际需求有一个客观分析，不要盲目地去批准或者扩张。第三，要发挥各个法学院系自己的主动性，减少盲目性，每个法学院应该有自己明确的定位。第四，要发挥人才市场的调整作用，仅仅按照行政调整的手段可能还不一定达到目的，还要依赖于我们人才市场的实际需求。

司法部司法鉴定管理局霍宪丹局长在发言中首先分析了中国法学教育发展总体的历程、构成以及存在的问题。第一，30年时间的法学教育从大方面分3个阶段，即1977年到1993年恢复重建阶段，1993年到1999年改革发展的阶段，1999年至今是全面发展的阶段。第二，中国法学教育的构成主要由八个方面组成，不仅仅有国民教育体系下的高校法学院。第三，从统一和分离的视角上看，整个教育制度缺乏连接点，而真正能起到连接作用的是司法考试制度，但遗憾的是，我们的学历教育走上了学术化、学院化的道路，一头扎进学科化的方向，忽略了其他的呼声。建立法律硕士培养制度的原因在于：(1) 我国的社会发展需要，一个是市场经济，一个是法治建设推动。(2) 政法队伍建设需要，由于司法活动日益复杂化、专业化和政策化，法律事务越来越复杂，当时也在申报WTO，涉外经济中缺乏这样的人才。(3) 法律教育自身改革的必然选择。法律硕士的定位问题：(1) 法律硕士教育是培养高层次应用类人才；(2) 法律硕士教育是高级阶段的法律职业教育。

最高人民检察院检察理论研究所的谢鹏程谈到了他对法律职业特点的理解。众所周知，法律职业的结构、素质和精神状况是一个国家法治水平的集中反映。尽管法律职业者的专业性正在逐步加强，但职业流动的非专业倾向仍然在一定程度和一定范围内存在。其具体表现在：(1) 司法机关领导层的非专业流入。这个情况在1983年的《检察官法》、《法官法》里都开了一个口子，其不合理的地方在于，检察官、法官非经过司法考试的不能当，但是检察长、法院院长不经过司法考试就可以当。(2) 法律职业外的吸引力仍比较大。我到一些检察院做调研，发现我们强调专业化、职业化的时候，一些有政治抱负的检察官并不支持，他觉得你把他限定在检察院、检察系统之内，只能逐步地遴选上升，他将来当官的机会就少了。(3) 部门主义的倾向对法律共同体的冲击在一定范围内仍然存在。主要表现在公检法机关之间缺乏制度化的梯度流动化。

在评议阶段，中国人民大学法学院张志铭教授进行了评议。方流芳教授还是秉承了自己一贯的反思和批判风格，非常深刻的对中国的法学教育做了系统的回顾，尤其是对其中存在的问题，隐含着系统地改进方案。我们谈论得更多的是中国的某种实践和做法，这种做法和实践要称为经验，要在评论的意义上做很大的跨越。这里面还有一个从描述的立场向一个评论的立场转变的问题。霍宪丹教授讲了中国JM的问题。他是法律硕士制度的设计者，他在讲中国法律硕士教育的前因后果时如数家珍，包括中国的法硕制度，这是非常大的变革。但是非常遗憾，我在这里要说，中国的法律硕士如果从现在往前看，不管当初设计的意图是多么健全、多么完善，但是实施的结果不能令人满意，所以我想起了中国民间经常讲的俗语“播下的是龙种，收获的是跳蚤”，可能是一堆跳蚤。谢鹏程教授讲的是中国法律职业的特点，更多的是一种描述性的概括。他是一个学者型官员，从事检察理论研究。他的立场和学院派还是有很多的差别。他的评论有超越，但是超越得不像我们那么厉害，而是有限的超越。

七、中国法学30年的反思

复旦大学邓正来教授作了题为“两种全球化观——中国将何去何从?”的主题发言。他指出，在中国法学界目前有两种关于全球化的观点。一种是把全球化看作是一个整体化的同质化进程，不以人的意志偏好为转移的、具有客观化的进程。这种法学观可称为封闭的全球化观。另一种全球化观，是把全球化看成是一个矛盾且多元、主观且能改变的进程，一个可以根据人的认识、利益、传统被建构或重新建构的博弈过程，它在很大程度上属于偶然的。我把这样的一种法学的全球化观说成是一种开放的全球化观。中国法学界目前所秉持的是第一种全球化观，也就是封闭的全球化观。它有两个理论前设：第一就是整体化、同质化，第二是客观必然性。此外还有第三种全球化观点，即居间性全球化观，其代表人物就是朱景文和公丕祥等学者。面对全球化，中国法学者根据各自的立场形成了两种全球化对策。在两种对策当中，一种是对法学全球化持肯定态度的，他们认为应该全力寻求全球的同一性进程，将最终达到共同支持和共同发展的有机进程。另一种是对法律全球化持反对和怀疑态度的，包括沈宗灵先生、罗豪才先生。他们有一个共同的特点，都共同假设全球化和整体化同质化的进程。正是关于全球化整体化和同质化进程的整体设定，在我看来意味着几个值得高度重视的问题。(1) 这种共同的理论设定在本质上是一种用一维或者一元的观点，把全球化看作是一种竭尽全力展开同质化或者积极趋向于固有的一种终极性目的的整体性规划或者谋划。(2) 使得中国法学论者以一种自觉或不自觉的方式将全球化或者法律全球化误作是一种有明确目的的规划，以线性发展为唯一时间观的现代化本身。(3) 一元论的目的论还从更深的层面上表现出了一种认知谬误，它把全球化和法律全球化与同质化本身等同视之。对这些问题，可借用乌尔利希·贝克的观点，他认为广义的全球化不仅是客观现实，也不只是一种主观建构，而更是主、客观的互动进程，而这三个不同的层次便被分别称为全球性、全球主义和全球化三个概念。这样的框架意义在于什么？在于给我们开发了一个重要的思考维度，关于全球化话语斗争的纬度。我们不能简单地认为全球化是孤立存在的客观现象，而要认识到全球主义的建构，这不是一个事实的问题，也是一个话语的问题，我们将以何种视角审查我们的生活方式和生活意义，我们将用何种视角参与影响全球化和全球性质的问题。因此我们不能满足对全球化进行简单的描述的工作，也不能不加反思和批判就在描述全球化的过程中，不知不觉地接受西方论者既有的各种关于全球化话语对我们的支配。最为关键的是，这个要求的逻辑展开还要求我们中国和中国法学界不仅要进入和参与到全球化中，还有可能进入全球主义之中，并参与对全球主义的重构和建构。全球化和法律全球化并不排斥异己化，他们甚至是以冲突纠缠在一起的。表现在以下几点：全球化是普遍化与特殊化、单一化与多样化的统一，是整合与碎裂、一体化与分裂化的统一，是集中化与分散化的统一，是国际化和全球化的统一，是世界主义与民族主义的统一。全球化和法律全球化是一系列或多或少同时发生的多元的相互矛盾相互纠缠相互强化的世界转型进程。这种性质和方向也是不确定的，因为全球化和法律全球化是偶然的非连续性的历史进程。

北京航空航天大学法学院的高全喜教授作了题为“三十年法制变革之何种‘中国经验’?”的主题发言。第一，针对法制建设的理论预设。当前，存在三个与法学或者法治相关联的基本理论预设：现代化模式；本土资源问题；后现代问题。现代化模式在西方理论中，或者在中国当今的社会政治乃至法律的理论中，对它的诟病和质疑是很多的。但是作为中国当代还没有转型完成，即还没有享受到成果的时候，我们没资格谈后现代的问题。在中国近二三十年，与现代化模式相对应的中国特殊论的理论预设基本上也是很盛行的，这就是所谓的中国本土资源论和后现代理论。对这两个理论高全喜教授提出几点质疑：我们确实需要传统，但是本土到底是不是预设了一种绝对的、针对世界文明的普世制度有绝对的不可通约的对立。从某种意义上对中国来说，我们还没有走到后现代这一步，我们的骨骼和大脑还在转型中，我们还是前现代。对于中国这样一个大国，在法治变革这样一个制度性的推进中，通过后现代来质疑和反对甚至颠覆这样一个现代化的法治进程，可以说有点政治浪漫派。当然批判这两种理论并不意味着承认绝对普世的单线逻辑是正确的。第二，中国30年法治变革的过程。包括四个内容：其一，30年的变革是从党治国家到政治和法治二分的过程，这个成就及启动的基点非常伟大。其二，人权理论、宪政理论、法治理论等是我们30年变革的主要理论成就。无论是修改宪法、行政诉讼法、民法通则，这些东西是我们典型30年变革的基础性的东西。其三，政治和法治的二元分离，独立性开辟了一个空间，但是由于政治的滞后，使我们面临一个吊诡的困境，我们能走多远？其四，政治的回归，即要重新回到政治的问题。这不是30年前的旧政治，这是一个立宪政治，还有具体法治。第三，何为中国经验。确实有两个争议，到底是我们走一种现代化模式的修正主义的道路，还是走一条拒斥现代化模式，抗拒普世制度的特殊化的道路？我个人认为，我们应该继续坚持邓小平所开辟的现实主义的实践理性的原则，为我们的法治变革走出一条审慎的改良主义的、修正版的现代化模式道路，这样我们才能达到国家是强大的、社会是繁荣的、个人的权利是能够得到保障的这样一个名副其实的法治社会。

清华大学法学院的许章润教授作了题为“自由在于分享公共权力”的主题发言。他指出，最近二十多年来，中国经济高速与持续的发展，不仅带来了社会相对的稳定，全体中国人对此有高度认同，同时揭示并展现了经济发展所催生催逼出来的人们对于社会自主空间的渴求。而在社会发展、政治进步、经济开放过程中，对民众对自由的追求问题如果不加以妥善解决，就会在实际上高度繁荣的同时带来高度的危机。那么，如何使中国从过去的朝代国家、王朝政治走向此刻我们几代人希望实现的民族国家、中华文明的宪政秩序呢？过去我们采取的是一种实践理性指导下的所谓“摸着石头过河”的路径，但是此刻经济发展、社会进步、政治开放与思想自由四个维度同时袭来，这种实践的进路恐怕难以应付此刻和未来的挑战。以道德立国这样一种王朝政治理论不能满足世俗化社会中国的需要。以法律立国这样一种古典西方政治理论，也不能满足作为东亚国家、有着长期伦理政体传统的中国的需求。由此得出的结论是，以自由立国是别无二致的选择。我们看到30年来中国的改革，包括法律领域的改革，实际上是以对经济领域和公民私人领域的放开以及政治退让的进路来实现经济的发展和社会的进步的。这样一种以对于公民私生活的让渡、将私人转换成公民方式来实现的中国公民社会的进步，在今天其实所要求和呼吁的就是分享着的公共政治领域的出现。这种分享着的公共政治领域不仅要求将权利的定期授受作为经济发展赖以存在的社会稳定的调节器，而且要求将人们的表达自由作为政治机制的自我报警装置，以此实现经济发展、社会进步、政治开放与思想自由四个维度的良性互动。我有一个感受，如果说从政治哲学和法律哲学的角度来看，人类在政体问题上所面临着的最大挑战是所谓的主奴之战。正是在这样的意义上，中国的实践，尤其是晚近30年来的法律改良和社会进步的良性互动，是四五百年来发源于西方的现代性运动在东亚地区的进一步发展。换言之，中国以及中国影响下的包括越南在内的以权威主义政体提供稳定的社会秩序和高速的经济发展来换得公共权益的合法性的这样一种实践进路，正恰恰代表了中国式的实践理性的智慧。以自由立国，自由成为一种公共利益，恰恰具有世界性。

在评议阶段，楚贝克教授指出：首先，从中国的经验来看，在中国的发展过程中，法律确实扮演了非常重要的角色。这样的会议是很好的起点，要把中国法律所扮演的角色的故事传播出去，最终让所有的人都能够了解到，尤其是通过来自西方的与会的法学家们传播出去，让全世界都能够了解。在整个研讨会期间，我们注意了多个方面的内容，也达成了基本的一致。中国的法律方法、法律历史和法律的进程都是非常特殊的，它与任何国家的经验都是不同的。他们可能从前苏联、欧洲及其他的地区吸取了一定的经验，但是总结起来使得整个中国的经验变得非常的特殊，我们称为中国独一无二的情况。其次，大多数人都相信中国有一个完整的法律系统是非常重要的，特别是在中国快速发展的背景下，大家对此都非常同意，虽然说大家有一定的争议，但是我们相信中国的发展是非常快速的。我们在这个会议上提出了这一点，但我们提出的非常多的问题还并没有得到非常好的解答。最后，在最后的几个演讲中，我们都同意整个中国的法律变革中间有非常多的问题和内容还没有做到，没有做到的是什么，我们遇到的挑战是什么？需要中国和国际学者的共同研究和回答。

中国人民大学法学院孙国华教授在评议中指出：同意邓正来教授提出的发挥主体性、正确应对法律全球化的观点。许章润教授讲的我也同意，因为他讲的是经济的发展必然带来的人民自由度的增加，人类社会的发展就是从必然王国向自由王国的过渡。经济发展是基础，但是政治上跟不上也不行，高繁荣、高危机，这个是值得我们警惕的。

於兴中教授评议指出：邓正来教授说我们应该尽量避免掉入西方的“陷阱”。比较赞成他开放的态度，但是是否会掉入西方的陷阱？西方的陷阱是什么？西方关于法律全球化和法学全球化的基本观点，我们尽可能放在法律全球化的观点上看。西方世界其实也是不统一的，有很多不同的类型。就中国经验问题而言，其实可以包容得更多一些，从清末鸦片战争以来一系列的法治变革，更重要的是我们已经形成了不同类型的学派和学问，第一是马克思主义法学怎么发展，第二是怎么样来面对西方，怎样和西方的学问打交道。我们已经借鉴了很多西方的东西，这是我们的经验，西方的一些东西已经被中国化了。我们怎么来重新的解读它？我们知道有普遍主义的解读、相对主义的解读、实践主义的解读，我们并没有很好的分析和总结，如果把这些东西总结起来，也是中国的经验。

在大会结束之际，朱景文教授作了总结性发言。法律与发展的中国经验其实就是两句话，一个是法律与发展，像楚贝克教授所提得那样，我们经过了这么多年，如果从改革开放算起来有 30 年，我们走过的道路是实实在在的，我们应该从走过的实实在在的道路当中去寻找它的轨迹，而不是在我们的脑袋上拍脑瓜去找这个轨迹。我们在立法、司法、多元化解决纠纷机制、法学上，都要找出实际走过的道路到底是什么，这是我们的目的。当然，我们现在的情况与 50 年前楚贝克教授、赛德曼教授倡导法律发展运动的情况已经有很大的不同，他们把西方的、美国的法律模式移植到其他国家，他们面对的对象是非洲、拉丁美洲相对比较小的国家。而像今天中国这样一个大国在世界上和平崛起，出现了这样那样的问题，我们应该面对这些走过的道路作出总结，发现有哪些经验和可汲取的教训，还缺少什么，从而总结出中国自己的经验。

2. 中国人民大学法理学博士学位论文列表（1990—2008 年）

答辩时间	姓名	博士论文题目	指导教师
1990 年	郭华成	法律解释导论	孙国华
1991 年	董国声	社会主义法律关系的一般理论	孙国华
1991 年	陈国庆	法的价值引论	孙国华
1992 年	黄建武	社会主义法的实现的一般理论	孙国华
1993 年	程晓鸣	权利与法律权利要论	孙国华
1994 年	邹列强	论法律面前人人平等	孙国华
1994 年	孙大力	关于澳门法律问题	孙国华
1995 年	张恒山	论义务先定	孙国华
1997 年	黄金华	利益与法的关系研究	孙国华
1997 年	彭汉英	财产法的经济分析	孙国华
1997 年	公丕祥	法制现代化的理论逻辑	孙国华
1998 年	吴 予	法律正义及其运行导论	孙国华
1998 年	叶传星	法律责任导论	孙国华
1999 年	王 梅	科技发展对法学理论的影响	孙国华
1999 年	唐仲清	司法公正论	孙国华
1999 年	朱力宇	彭真民主法制思想研究	孙国华
1999 年	刘 锦	经济全球化与法律的回应	孙国华
2000 年	刘风景	论法律调整对象	孙国华
2001 年	管仁林	审判行为研究	孙国华
2001 年	许 旭	公私法划分的理论与实践——历史与现实	孙国华
2002 年	刘青峰	论审判解释	孙国华
2002 年	张俊杰	当代俄罗斯法治国家理论	孙国华
2002 年	何贝倍	我国立法的价值取向研究	孙国华
2003 年	冯玉军	法经济学范式研究	孙国华
2003 年	王莉君	权力与权利的法理学分析	孙国华
2004 年	贾敬华	不完备合同的经济分析——论经济分析法学的理论模式	孙国华
2004 年	陈力铭	违宪审查与权力制衡	孙国华
2004 年	王立峰	法律惩罚的哲理分析	孙国华

续前表

答辩时间	姓名	博士论文题目	指导教师
2005 年	杨思斌	论法律调整方法	孙国华
2005 年	芦瑞玲	现阶段中国农民负担制度公平与效率辨析	孙国华
2005 年	杨晓青	当代社会民主主义法学思想研究	孙国华
2007 年	廉 思	全民公决制度的法理学辨析	孙国华
2007 年	覃福晓	论中国特色社会主义法律体系的形成和发展	孙国华
2008 年	季长龙	规范性司法解释的法源地位研究	孙国华
2008 年	裴智勇	表达自由与舆论调控	孙国华
2008 年	何贵忠	版权保护与表达自由的关系	孙国华
1996 年	张钢成	法本体论	吕世伦
1997 年	姚建宗	法律与发展研究导论	吕世伦
1998 年	曹茂君	法学方法论若干理论问题研究	吕世伦
1999 年	陈欣新	“一国两制”条件下香港与内地法制协调	吕世伦
1999 年	周世中	论法的合理性	吕世伦
2000 年	贺小荣	论司法权力运行的价值取向	吕世伦
2000 年	刘旺洪	法律意识论	吕世伦
2001 年	孙文恺	法律与女性社会性别角色之理论问题研究	吕世伦
2002 年	邓少岭	法之美初探	吕世伦
2002 年	李瑞强	论毛泽东法律思想的变迁	吕世伦
2003 年	吕景胜	法律政策学导论	吕世伦
2003 年	张德淼	法之真研究——兼论现代法的实证特征	吕世伦
2004 年	钱福臣	论美国宪政生成的深层背景	吕世伦
2004 年	陈根发	现代日本理论法学思潮研究	吕世伦
2004 年	张学超	邓小平民主法制思想研究	吕世伦
2005 年	薄振峰	朱利叶斯·斯通综合法思想研究	吕世伦
2005 年	范季海	利益制衡与制度安排——反腐败制度建构的法哲学思考	吕世伦
2006 年	高 中	国家安全与表达自由的冲突与整合——一种历史与比较的视角	吕世伦
2006 年	付池斌	美国现实主义法学理论研究：以司法裁判为视角	吕世伦
2007 年	任岳鹏	西方马克思主义视域下的“法与意识形态”问题研究	吕世伦
2007 年	李远龙	南方民族走廊法人类学研究	吕世伦
2008 年	马金芳	社会发展视域下的社会法研究	吕世伦

续前表

答辩时间	姓名	博士论文题目	指导教师
1999 年	张保生	法律推理引论	张文显、孙国华
1999 年	黄文艺	论当代中国法制变革	张文显
1999 年	李宪明	法律秩序论	张文显
2000 年	周永胜	法官思维方式研究	张文显
2001 年	矫 波	可持续发展的法哲学分析	张文显
2001 年	程 琥	全球化条件下的国家主权	朱景文
2002 年	胡水君	法律与社会权力	朱景文
2002 年	佟吉清	论我国立法的公众参与	朱景文
2003 年	周 静	论宗教自由——联合国和我国相关文件的比较研究	朱景文
2004 年	王保军	跨国公司的全球治理——主权、人权和环境	朱景文
2004 年	冉井富	当代中国民事诉讼率变迁研究——一个比较法社会学的视角	朱景文
2005 年	张小平	全球环境治理的法律框架	朱景文
2005 年	李 媛	全球化条件下的文化安全及其法律对策	朱景文
2006 年	周少青	结社自由的法治化：解决我国结社权问题的有效路径	朱景文
2006 年	郑万青	全球化条件下的知识产权与人权——一种全球治理的视角	朱景文
2006 年	郭晓飞	中国法视野下的同性恋	朱景文
2006 年	俞 飞	转型正义	朱景文
2007 年	周 琰	社会性别视角下的参政权研究	朱景文
2007 年	刘湘琛	全球化背景下的劳动权法律保护问题	朱景文
2007 年	温晓莉	论法律虚拟——法律拟制、假定的认识论存在论探讨	朱景文
2008 年	刘坤轮	法学教育与法律职业衔接的社会学分析——正规化与非正规化的视角	朱景文
2008 年	杜红波	何必谈“流”色变——当代中国流动人口犯罪客观危害实证研究	朱景文
2008 年	刘 玲	企业社会责任：在法律与道德之间	朱景文
2009 年	周 望	法律职业化的反思：以法官/法院为中心——司法能力与司法需求的视角	朱景文
2005 年	李红勃	去留两彷徨：法治现代化进程中的人民信访	朱力宇
2006 年	赵 辉	论不作为的法律行为	朱力宇
2006 年	徐宏亮	人的主体性的法哲学思考	朱力宇
2007 年	袁 刚	权利回归：国家人权机构研究	朱力宇
2007 年	龚 炜	论普通法系与大陆法系的融合——以欧洲法院制度为例	朱力宇

续前表

答辩时间	姓名	博士论文题目	指导教师
2007 年	粟 丹	立法平等问题研究	朱力宇
2008 年	孙晓红	法的溯及力问题研究	朱力宇
2008 年	孙晓东	法律因果关系研究——一种范式的分析视角	朱力宇
2008 年	周松平	潜规则的法理学研究	朱力宇
2008 年	朱大鹏	法律面对的人类形象	朱力宇
2006 年	阎章荣	法官与律师关系问题研究	范愉
2007 年	陈洪涛	当代中国法官素质研究	范愉
2007 年	巫若枝	当代中国家事法制实践研究——以华南 R 县为例	范愉
2007 年	姚小林	人权保护中的司法功能——以最高法院为视角	范愉
2009 年	彭小龙	非职业法官研究：理论、制度与实践	范愉
2009 年	杨爱兵	业主组织与物业小区善治	范愉
2009 年	陈 群	中国农村土地制度变迁中的政策与法律	范愉
2007 年	卓英子	司法审判中的政治因素——一个比较研究的视角	石泰峰
2008 年	杨 骁	纠纷解决与信访制度	石泰峰
2008 年	林文学	医疗纠纷解决机制研究	石泰峰
2009 年	张国峰	城镇化背景下的农民土地权利保护	张志铭
2009 年	张元元	澳门法治化治理中的角色分析	张志铭

图书在版编目（CIP）数据

法理学专题研究/朱景文主编．2 版．
北京：中国人民大学出版社，2009
（21 世纪法学系列教材·法学研究生用书/曾宪义，王利明总主编）
ISBN 978-7-300-11377-7

Ⅰ．①法…
Ⅱ．①朱…
Ⅲ．①法理学-研究生-教材
Ⅳ．①D90

中国版本图书馆 CIP 数据核字（2009）第 198609 号

21 世纪法学系列教材·法学研究生用书
总主编　曾宪义　王利明
法理学专题研究（第二版）
主　编　朱景文
Falixue Zhuanti Yanjiu

出版发行	中国人民大学出版社		
社　　址	北京中关村大街 31 号	**邮政编码**	100080
电　　话	010－62511242（总编室）		010－62511398（质管部）
	010－82501766（邮购部）		010－62514148（门市部）
	010－62515195（发行公司）		010－62515275（盗版举报）
网　　址	http://www.crup.com.cn		
	http://www.ttrnet.com(人大教研网)		
经　　销	新华书店		
印　　刷	三河汇鑫印务有限公司	**版　　次**	2006 年 1 月第 1 版
规　　格	185 mm×240 mm　16 开本		2010 年 3 月第 2 版
印　　张	37.5 插页 1	**印　　次**	2010 年 3 月第 1 次印刷
字　　数	809 000	**定　　价**	55.00 元